Kathmandu
VIDEHA
KOSI
Mithilā
NEPAL
VAJJI
Darbhanga
INDIA
LICCHAVI
Muzaffarpur
Vesāli
BĀGHMATI
SAPTI KOSI
(Patnā)
SONA
Monghyr
Bhāgalpur
Campā
Nālandā
Rājagaha
AṄGA
GA
DHA
Gayā
Uruvelā
NERAN-
JARĀ
PHALGU

우리말
빠알리 대장경

밀린다팡하

교정재판

ॐ सत्यमेव जयते ॐ

譯註 · 退玄 全在星

철학박사. 서울대학교를 졸업했고,
한국대학생불교연합회 13년차 회장을 역임했다.
동국대학교 인도철학과 석·박사과정을 수료하고,
독일 본대학에서 인도학 및 티베트학을 연구했으며,
독일 본대학과 쾰른 동아시아 박물관 강사,
동국대 강사, 중앙승가대학 교수,
경전연구소 상임연구원, 한국불교대학
(스리랑카 빠알리불교대학 분교)교수,
충남대 강사, 가산불교문화원 객원교수를 역임했고,
현재 한국빠알리성전협회 회장을 역임하고 있다.
역서로는 ‹인도사회와 신불교›(일역, 한길사),
저서에는 ‹거지성자›(선재, 안그라픽스),
그리고 저서 및 역서로 ‹빠알리어사전› ‹티베트어사전›
‹금강경-번개처럼 자르는 지혜의 완성›
‹붓다의 가르침과 팔정도› ‹범어문법학›
‹쌍윳따니까야 전집› ‹오늘 부처님께 묻는다면›
‹맛지마니까야 전집› ‹명상수행의 바다›
‹디가니까야 전집› ‹신들과 인간의 스승›
‹앙굿따라니까야 전집› ‹생활 속의 명상수행›
‹법구경-담마파다› ‹법구경-진리의 말씀› ‹예경지송›
‹숫타니파타› ‹숫타니파타-붓다의 말씀› ‹우다나-감흥어린 싯구›
‹테라가타-장로게› ‹테리가타-장로니게› 이띠붓따까-여시어경›
‹비나야삐따까(마하박가·쭐라박가·빅쿠비방가·빅쿠니비방가·
빠리바라) ‹천수다라니와 붓다의 가르침› ‹초기불교의 연기사상›
(이상, 한국빠알리성전협회)이 있다.
주요논문으로 ‹初期佛敎의 緣起性 硏究› ‹中論歸敬偈無畏疏硏究›
‹學問梵語의 硏究› ‹梵巴藏音聲論› 등 다수 있다.

우리말 빠알리대장경 쿳다까니까야

밀린다팡하

मिलिन्दपञ्ह

밀린다왕문경

퇴현 전 재 성 역주

한국빠알리성전협회
Korea Pali Text Society

밀린다팡하

값 60,000 원

발행일 2024년 7월 10일 초판발행
2025년 3월 20일 교정재판

발행인 도 법

역 주 전재성

교 열 장계영, 이병욱

발행처 한국빠알리성전협회
1999년5월31일(신고번호:제318-1999-000052호)
우)03728, 서울 서대문구 모래내로 430, #102-102
전화 02-2631-1381, 070-7767-8437
팩스 02-2219-3748
전자우편 kpts@naver.com

Korea Pali Text Society
Moraenaero 430, #102-102. Suhdaemunku.
Seoul 03728 Korea
TEL 82-2-2631-1381 FAX 82-2-2219-3748
e-mail. kpts@naver.com

ISBN 978-89-8996-658-6 04220

밀린다팡하

ॐ सत्यमेव जयते ॐ

मिलिन्दपञ्ह
translated by **Jae-Seong Cheon**
Published and Distributed by
Korea Pali Text Society

발 간 사

인간의 근원적 질문은 '나는 누구인가?'입니다. 고대 그리스 현자 탈레스와 소크라테스가 '나에 대한 무지가 가장 큰 해악이다.'라고 설파했듯이, 붓다는 나에 대해 의문을 품고 탐구하여 정교한 심층적 분석과 사유를 통해 마침내 '모든 괴로움은 나에 대한 무지로부터 비롯된 것'임을 깨닫습니다. 그 깨달음을 45년간 설한 내용이 바로 초기불전(니까야)인 바, 신라의 혜초 국사나 당(唐)의 현장 법사가 히말라야를 넘어 갖은 고난을 겪으며 인도를 간 것도 원전을 통해 붓다의 깨달음을 바르게 이해하기 위함이었습니다. '밀린다의 질문'이라는 뜻인 <밀린다팡하>는 불교에 심취했던 대학 시절에 초기불전의 중요성을 일깨워 준 첫 경전으로, 당시 선불교와 대승 불전에만 익숙해 있다가 받은 충격은 신선했습니다. 그 이유는 불교 안에서도 논쟁이 첨예하게 대립하는 명상적 주제들에 대해 2200년 전 그리스 왕과 불교 고승이 나눈 문답이 현대적 사유와 맞닿아 있기 때문이었습니다.

서구문명의 근간을 이룬 헬레니즘은 신중심의 폐쇄적인 헤브라이즘과 달리 고대 그리스 문명과 동방 문명(메소포타미아 및 페르시아 문명)의 만남으로 개방적인 특성을 가집니다. 고대 그리스 문명은 크레타 섬을 중심으로 생겨난 해양 문명이어서, 남으로는 이집트, 동으로는 소아시아 및 페르시아 지역과 활발한 교류를 하여 BC 2-3000년경 유럽 최초의 문명인 미노아 문명을 낳았고, BC 1600년경 미케네 문명이 그리스 본토에서 생겨났습니다. 이후 아테네 스파르타, 테베 등 도시국가들이 마케도니아에 의해 통일되기 전에도 이미 그리스와 인도의 교역이 이루어진 자취가 남아 있습니다. 알렉산더 대왕의 동방 정벌 이후 인도 서북부와 아프가니스탄 지역은 동서문화의 교류의 중심지가 되어 예술 분야에선 간다라 미술과 불상이 출현한 곳이고 학문적으로는 희랍 사상과 불교가 접하면서 대승 불교의 발흥지가 되고 이를 동북아시아로 전파하는 요충지가 되었습니다.

<밀린다팡하>는 바로 이 지역에서 출현하였는데, 당시 불교가 여러 부파로 나뉘고 있는 상황이어서 경장(초기불전)에 입각하여 회통시킬 필요와, 앞으로

도 있을 논쟁들을 예방하려는 목적으로 편찬된 것입니다. 초기불전 이후 아비담마(논장), 나아가 대승 불전으로 전개되는 불교의 전개 과정을 파악할 수 있는 <밀린다팡하>는, 후대에 추가된 하권의 내용들 가운데 붓다를 신중신(神中神; 신들 가운데 신)이라는 표현에서, 이어서 등장할 대승불전들을 예고하고 있다 하겠습니다.

초기불교와 대승불교의 중간지점에서 출현한 <밀린다팡하>는 자칫 개념적 논쟁으로 평행선을 그을만한 주제들에 관하여 메난드로스(밀린다)왕이 질문하고 나가세나 장로(나선비구)가 현실에 입각한 구체적 사례와 적절한 비유를 들어 답하는데, 예를 들면 '무아와 윤회' '업(카르마)의 의미' '영혼의 존재 여부' 및 '동시성' 등 오늘날에도 의견이 대립되는 양날의 칼과 같은 주제들을 다루고 있습니다. 또한 붓다에 대한 믿음에 의해 구원을 얻는 '배의 비유'에서 희랍종교를 접한 서북 인도 불교인들이 브라마니즘의 전통을 살려 대승불교를 출현시켰을 단초를 엿볼 수 있습니다. 이처럼 경전의 성립 과정도 여실하게 볼 수 있어서 불교사적으로도 중요한 경전이지만, 무엇보다 특별한 것은 '열반과 깨달음'을 분명히 정의하는 등 불교 내부에서 혼선을 빚고 있는 주제들이 경장에 근거하여 정리되고 있으며, 그 가운데 '칠각지(七覺支;일곱 깨달음 요소)의 두 번째인 택법각지(擇法覺支)에 의해 깨닫는다.'라는 대목은 <밀린다팡하>의 백미라 할 수 있습니다. '진리에 대한 탐구(분석과 성찰)에 의해 깨달음에 이른다.'는 것으로 사유를 떠난 명상 수행에 경도된 현대의 명상 흐름에 한 걸음 더 나아갈 것을 요구하고 있다 하겠습니다.

대학 시절 받은 <밀린다팡하>의 충격을 되새기기 위해 퇴현 전재성 박사에게 수년 전부터 권유하여 이제 빠알리 원본의 <밀린다팡하>가 완역되니 감사하기 그지없습니다. 불교 사상의 핵심 주제들이 망라된 <밀린다팡하>는 불교를 현대적으로 이해하고 통합적 시각으로 이끌 훌륭한 안내서가 될 것입니다. 마지막으로 20여년간 니까야 명상 강독 모임을 함께 하고 교열에 열정적으로 참여한 회원 여러분에게도 깊은 감사를 드립니다.

2024년 여름 휴앤심 연구소에서

운강 **최훈동** 합장

추 천 사

불교가 유럽에 처음 소개된 것은 중세 말 16세기경에 기독교를 전파하기 위해 중국 일본 등지에서 활동하던 선교사들에 의해서였다고 합니다. 기독교 선교사의 관점에서 바라본 불교는 이단의 종교이기에 당연히 왜곡되고 부정적인 내용으로 가득했을 것이 분명합니다. 그러나 근세로 접어들면서 서양의 근대철학자들은 불교를 종교가 아닌 철학의 관점에서 학문적으로 연구하기 시작하였습니다. 18세기 라이프니츠, 헤겔, 쇼펜하우어, 니체 등과 같은 철학자들이 존재론적이고 형이상학적인 차원에서 불교를 바라보기 시작한 것입니다. 고전적인 합리론 철학자들 뿐 아니라 실존주의 철학자, 낭만주의 철학자들이 불교를 깊이 있게 탐구하기 시작한 것입니다. 물론 이들 가운데 일부는 고정불변하는 실체에 기반한 형이상학과 이성을 강조하는 서양의 전통적인 사유를 지니고 있었고, 일부는 이에 반발하여 새로운 철학적 사유 방식을 강조하기도 하였지만, 당시에 이들이 불교가 담고 있는 철학과 사상을 온전히 이해하기란 매우 어려웠을 것입니다. 그럼에도 근대에 이르러 이처럼 불교와 서양철학 사이에 긴밀한 사상적 교류가 있었다는 것은 인류 지성사에 매우 중요한 사건이라 말하지 않을 수 없습니다.

그리고 오늘날, 이러한 역사적 배경 때문인지 불교와 서양철학의 학문적 교류는 매우 활발합니다. 서로 마주 보고 먼저 대화를 시도하는 쪽은 불교학자들이 아니라 서양철학자들입니다. 한국도 마찬가지입니다. 독일 관념론의 대표 주자라고 할 수 있는 칸트와 불교에 대한 비교연구, 실존주의 철학과 불교의 비교연구, 현상학과 불교의 비교연구 등등, 근현대 서양철학의 큰 줄기에 해당하는 중요 철학사상과 불교 사이의 유사점과 차이점을 분석하는 연구가 매우 활발합니다. 이러한 연구는 단순한 비교 분석을 넘어서서, 역사적으로 더 오래된 불교의 사상이 서양철학에 어떤 영향을 끼쳤고, 그로 인해 서양철학 안에서 어떤 변화가 일어났는지를 탐구하는데 매우 큰 의미를 지닌다고 할 수 있습니다.

이것이 그동안 우리가 통상 알고 있었던 인류 지성사에서 불교와 서양철학 사이의 교류 모습입니다. 그런데 『밀린다팡하』의 이야기는 이렇게 알고 있던 우리에게 엄청난 충격을 던져주고 있습니다. 오늘날 서양철학의 원천이자 서양과학의 기원으로 알려진 기원전 고대 그리스의 철학이 불교와 철학적인 문제로 이미 교류하였고, 불교로부터 적지 않은 영향을 받았을 가능성을 여실히 보여주고 있기 때문입니다. 근현대의 서양 철학자들에 의해 불교 사상이 본격 논의되기 시작하면서 긍정이든 부정이든 비판적 관점에서 수많은 논란이 있었던 모습과는 전혀 다르게, 서양철학이 태동되던 기원전 고대 그리스 시절부터 이미 존재론과 형이상학 나아가 인간의 마음과 실천적 삶에 관한 철학의 중요한 화두들이 불교로부터 소통되고 있었다는 것은 매우 놀라운 일이 아닐 수 없습니다. 적어도 30년 넘게 서양철학을 연구해 온 저에게는 그러합니다. 그런 의미에서 『밀린다팡하』는 그 원천 뿌리에서부터 불교 사상과 서양철학의 관계를 새롭게 보게 만드는, 그래서 새로운 관계 정립이 필요하다고 느껴지는 매우 의미심장한 역사적 사건이라 할 수 있겠습니다.

『밀린다팡하』는 기원전 1-2세기경 메란드로스라고 불리던 그리스의 왕인 밀린다가 나가세나 존자와 나눈 질문과 답변 형식의 철학적인 대화록입니다. 밀린다 왕은 당시 그리스 철학에 매우 능통한 철학자로서 불교 사상 자체에 대한 궁금증만이 아니라 그리스 철학에서 논란이 되고 있던 철학적 쟁점들을 불교에서는 어떻게 보는지에도 관심이 많았던 것으로 보입니다. 그래서인지 놀랍게도 『밀린다팡하』는 서구 교육을 받은 현대를 사는 우리가 질문했을 법한 그러한 질문으로 가득 차 있습니다. 그런 뜻에서 『밀린다팡하』는 '현대인을 위한 불교 입문서'의 역할을 충분히 할 수 있다고 봅니다. 또한 우리가 흔히 접하기 어려운 초기 불교의 모습을 소상히 살펴볼 수 있는 안내서이기도 합니다. 동서양의 사상 교류를 담은 철학서이자, 현대인을 위한 불교 입문서, 그리고 초기 불교 안내서인 『밀린다팡하』를 불교에 관심을 갖고 계신 모든 분들께 적극 추천드리는 바입니다. 다시 한번 『밀린다팡하』의 빠알리어 원전을 국내 최초로 직접 번역해 주신 퇴현 전재성 박사님의 노고에 진심으로 감사드립니다.

불기 2568(2024)년 여름 배봉산 기슭에서 서양철학자

소암 **이중원** 합장

머 리 말

『밀린다팡하』는 불교이해의 역사에서 가장 흥미진진한 철학적 대화를 기록하고 있는 경전입니다. 이미 많은 불교도들에게 고전으로 널리 알려졌고, 미얀마인들은 빠알리성전에 포함시킬 만큼, 높은 평가를 받고 있습니다. 근현대에 최초로 『밀린다팡하』를 동방성서에 포함시켜 영어로 번역한 리스 데이비드는 '의심할 바가 없는 인도의 걸작'이라고 표현했습니다. 『밀린다팡하』는 그 형식이 플라톤의 대화와 유사한 측면이 있습니다. 거기서 불교의 수행승 나가세나는 추론과 비유를 적절히 사용하면서, 소크라테스의 역할을 하여, 문제를 제기하는 그리스의 밀린다 왕에게 승리를 거두었습니다. 물론 거기에는 끈질긴 토론이나 산파술과 같은 것은 없지만, 사상적으로 성립당시 서북인도에 성립했던 불교친화적인 그레코-부디즘의 영향을 받은 것으로 보입니다.

알렉산더(Alexander: BC. 356-323) 대왕의 인도 침입이 실패하자, 그가 남겨놓은 장군들이 박트리아에 그레코-박트리아 왕조를 세웠지만, 인도의 찬드라굽타의 마우리아 왕조에 동쪽 국경을 잃었다가, 전인도를 통일했던 강력한 아쇼카(Aśoka: BC. 304-232) 왕의 마우리야 왕조가 BC. 180년경 붕괴하자, 서북인도는 이민족의 침입이 가능해졌고, 그레코-박트리아 왕조가 동쪽으로 세력을 확장하게 되면서, 인도-그리스 왕조가 설립하는데, 그 왕조에서 가장 강력하고 영명한 군주가 밀린다 왕, 그리스 이름으로 메난드로스였습니다. 그의 통치는 당시에 유통된 동전의 발굴로 증명되고 있습니다. 그가 발행한 많은 동전들이 북부 인도의 넓은 지역에서, 서쪽으로는 카불까지, 동쪽으로는 마두라까지, 북쪽으로는 카슈미르까지 오늘날에도 발견되고 있습니다.

아쇼카 대왕의 혈통에는 이미 그리스 인의 피가 흐르고 있었고, 아쇼카 대왕의 불교로의 개종과 부파불교의 형성, 그리고 인도 -그리스 왕국의 성립으로 당시의 서북인도에는 설일체유부를 바탕으로 한 그레코-부디즘적 토양이 성립되었고, 그 토양 위에서 성립한 것이 『밀린다팡하』라고 볼 수 있습니다. 따라서 『밀린다팡하』를 두고 '테라바다 불교의 진주'라고까지 하는 것은 사실상 이치에 맞지는 않습니다.

이『밀린다팡하』에서 논의되는 내용은 불교교리 전반에 걸쳐 망라되어 있으나, 성립당시의 서북인도의 불교의 관심사를 첨예하게 드러내고 있습니다. 그레코-박트리아인들에게 '사상의 자유'와 '윤회하는 영혼의 주체'는 가장 첨예한 화두로 대두되었습니다. 그리스인 왕 밀린다와 불교의 수행승 나가세나 사이의 대화는 그 두 문제로 시작합니다. 그들은 그리스와 인도에서 모두 문제가 되었던 윤회하는 자아 문제에 관한 한, 부처님의 연기론을 빌어서 인식과 행위의 주체를 먼저 해체시키고 권위에 기초한 왕자의 대론보다는, 원인이나 조건에 대하여 진술하여 반론이 이루어지는 현자의 대론을 선택했습니다. 그 대화는 전반적으로 당시 서북인도의 불교도들의 관심사였던 무아설과 업에 의한 윤회설, 심리론, 실천수행론, 열반론, 불타론 등을 전반적으로 다루고 있습니다.

실천수행론에서 흥미로운 것은『밀린다팡하』가 고행주의처럼 보이는 두타행에 대해서 강한 호기심을 표명하고 있다는 사실입니다. 이것은 아주 오래전부터 그리스인들이 품어왔던 인도인의 고행에 대한 경외감에서 기원한 것입니다. 이러한 경외감은 이후 그리스 철학이 서양의 스콜라철학으로 발전하게 되는 계기가 되었다고 보아도 과언은 아닙니다.

역자는 이『밀린다팡하』의 번역을 2023년 하반기 휴앤심 최훈동 소장의 권유로 시작하여 2024년 상반기에 마무리했습니다. 특히 번역하면서 힘들었던 것은 경전에 인용되는 ≪오부니까야≫와 ≪비나야삐따까≫ 등의 구절에서 본인의 오역을 발견했을 때의 자책과 참괴였습니다. 그러나 노심초사 마침내 완역하여, 세상에 내놓게 되었음을 기쁘게 생각합니다. 이 책이 나오기까지 물심양면으로 후원하신 이중원 교수님과 이근우 변호사님, 도현 스님, 김현수 부사장님, 이준용 선생님, 이진홍 선생님, 유필화 교수님과 독자 여러분, 그리고 무더운 여름에 교열과 교정에 수고를 아끼지 않은 ≪니까야≫ 읽기 명상법회의 장계영, 이병욱, 김명옥, 김은영, 문정원, 김세하, 이현주, 하혜현 님께 감사를 드립니다. 그리고 이번 재간본의 발간에서, 무엇보다도 초판본의 오역들과 착간들을 인터넷상으로 교정하여 주신 백장암 허정 스님의 탁월한 지성적 안목에 심심한 감사드립니다.

불기 2569(2025)년 겨울 창릉천 연구실에서

퇴현 전 재성 합장

밀린다팡하 해제

밀린다팡하는 어떠한 경전인가

『밀린다팡하』는 기원전 2세기 중후반에 인도의 서북부 지역을 지배하던 그리스의 왕 밀린다(pali. Milinda; grk. Menandros)와 승려 나가세나(pali. Nāga-sena; ch. 那先. 龍軍)사이의 대화를 기록하고 있다. 『밀린다팡하』는 불교역사에서 철학적 담론이라는 중차대한 의미를 지닌 것을 제외하고라도, 밀린다 - 그리스 이름으로 메난드로스 - 가 그리스 출신의 인도의 왕이라는 것만으로도 세계인의 관심을 끌어왔다. 『밀린다팡하』는 이 왕과 나가세나라는 영향력 있는 승려 사이의 대화를 기록한 것으로 그 내용은 우파니샤드적 대화나 플라톤적 대화와 비견될 수 있을 만한 철학적 대화를 구성하고 있다. 대화의 형태는 비록 여시아문(如是我聞)으로 시작하는 전형적인 불경의 형식을 취하고 있지 않지만, 부처님의 가르침의 모음집인 경전에서 이미 발견되는 대화형식을 사용하고 있고 그것을 벗어나지는 않는다. 그래서 한역에는 경이라는 이름을 붙이는데, 밀린다 왕 보다는 수행승 나가세나를 더 중시하여 『나선비구경』(那先比丘經)이라고 했다. 이 『밀린다팡하』는 미얀마에서는 ≪쿳닷까니까야≫에 포함시켜 경전으로 취급하고 있다.

이러한 문헌적 형태의 발생에 그리스적 영향이 있었는가에 대해서는 일치된 견해는 없다. 처음에는 많은 학자들이 이 경의 대화의 주인공이 그리스계의 왕이라는 것만 가지고, 이 경을 소크라테스와 플라톤의 영향을 받은 대론서라고 소개했지만, 플라톤의 저술에 나타나는 소크라테스 식의 산파술(産婆術), 하나의 주제를 가지고 길게 대화를 이끌어 상대의 무지를 깨닫게 하는 방식의 집요한 대론은 거의 나오지 않는다. 그러나 『밀린다팡하』의 대론이 산파술이 아니고 문답식이라고 하더라도, 논리와 비유를 들어서 무지를 일깨우는 방식은 산파술과 유사한 것이며, 이는 『나선비구경』과 일치하는 고층부인 상권에서 두드러진다. 직접적으로 그리스 철학에 대한 언급이나 용어가 등장하지 않기 때문에, 독일의 인도학자 오토 슈라더(F. Otto Schrader)는 『밀린다팡하』를 두고 "인도인의 종교철학적 문헌에서 그리스 영향의 흔적을 찾아볼 수 없다는 것은 - 그리스의 영향력은 다른 문헌이나 인도예술에서 발견되거나 후기에 적어도 헬레니즘적 철학의 인도에 대한 영향력은 부정할 수 없는 것임에도 - 이 지역에서 그리스인들은 스스로 약자로서 느끼고 인도인들에게 종속된 것을 의미한다. 이를 무시한다고 하더라고 감수성이 예민한 그리스인들이 인도 철학 무엇보다도 인도 불교철학이 지닌 완결성과 형이상적 깊이에 감명을 받은 것을 의미한다."(Die Fragen des Königs Menandros, Berlin. 1905: S. 21-23)라고 말하고 있다. 『밀린다팡하』의 내용에는 사실상 그리스적 영향을 찾아보기는 쉽지 않다. 당시 그리스인들은 전통적으로 믿어오던 다신교에 충실했으므로 정치적으로 불교 및 인도종교에 호의를 보여준 것이라는 라모뜨(La Motte)의 견해도 있다. 아니면, 진리를 추구하는데 타의 추종을 불허하던 그리스 지성인들이 서북인도에서 만난 불교가 지닌 완결성 앞에 새로운 것을 추구하기 보다는 그것을 이해하는데 총력을 기울였던 것으로 보인다.

『밀린다팡하』는 스리랑카, 태국, 캄보디아 등에 전해오는 빠알리대장경의 장외문헌으로 제1편에서 제7편으로 구성되어 있고, 모든 빠알리경전을 언급하고 있는 방대한 역작이다. 그것의 한역본인 『나선비구경』(那先比丘經)은 빠알리본의 앞부분인 상권의 고층부로만 이루어진 것이다. 빠알리본의 제4편에서 제7편까지의 하권 신층부는 『나선비구경』에 등장하지 않는다. 이 하권 부분은 후대에 스리랑카에서 각각 다른 시대에 첨가된 신층부라고 볼 수 있다.

제1편에서는 세속적 이야기가 전개되는데, 전생에는 존자 나가세나는 강가 강변의 불교승단의 스님이었고 밀린다 왕은 사미였다. 이생에 두 사람의 첫 만남이 이루어질 때까지의 이야기가 전개된다. 제2편은 특징에 대한 질문의 편으로 왕은 존자 나가세나의 이름을 묻는데, 존자는 무아론에 입각한 철학적인 대답을 한다. 그것에 만족한 왕은 스승을 만난 것을 직감하고 대론을 시작한다. 재생과 윤회, 출가와 수행, 개인과 정신현상 등에 관해 질문한다. 제3편은 의혹을 끊음의 편으로, 밀린다 왕은 업보와 업의 다양성, 그리고 열반이 무엇인가 등을 묻고, 그 열반이 모든 사람에게 가능한지를 묻는다. 이 편의 말미에 『밀린다팡하』가 끝났다고 되어 있어 이곳까지가 오리지널한 『밀린다팡하』인 것을 짐작하게 한다, 제4편은 양도논법에 속하는 질문의 편으로, 경전 상에서 서로 모순되는 82개의 딜레마들을 다룬다. 여기서 밀린다 왕이 의혹을 제기하고 나가세나가 역시 해명한다. 제5편에서는 추론으로 풀리는 질문의 편인데,

밀린다 왕은 부처님이 실존했던 인물인가를 묻고 존자 나가세나는 부처님의 역사성을 그가 가르친 진리로 입증한다. 제6편은 두타행의 덕성에 대한 질문의 편인데, 밀린다는 재가신도가 열반을 얻는 것이 가능하지를 질문하는데, 여기서 나가세나는 열세 가지 두타행의 덕성를 언급한다. 제7편은 비유에 관한 이야기의 편인데, 비유에 관하여 의문을 제기하는 밀린다 왕의 질문을 통해서 나가세나는 비유를 통한 거룩한 경지의 특성에 관해 해명한다.

밀린다팡하의 대론

『밀린다팡하』를 우리는 흔히 대론서로 알고 있지만, 자신의 견해에 대하여 정당함을 주장하기 위해 논리적 근거를 들어 상대방을 공격하는 토론방식을 전개하고 있는 대론서도 아니고, 무지를 깨우치기 위한 소크라테스식의 산파술로 이루어진 대론서도 아니다. 『밀린다팡하』는 우파니샤드나 초기불교의 경전에서 흔히 볼 수 있는 문답식으로 질문과 해명을 하는 대화서이다. 고층부에서 「이름에 대한 질문」(Miln. 25)에서처럼 그리스적 사유와 인도적 사유가 생생하게 충돌하는 몇몇 대론을 제외하고는 토론방식으로 전개되는 논쟁은 거의 없고 문답식의 설명형식을 띄고 있다. 질문은 불교적인 것이라고 하더라도 문화적으로나 철학적으로나 그리스의 배경을 깔고 있다고 볼 수밖에 없다. 그리스 철학을 배경으로 하는 대화라고 본다면, 대화는 단순히 대화에 머무는 것이 아니라 대론에 버금가는 흥미를 유발할 수 있다. 밀린다 왕이 당시 유럽을 석권한 그리스 지성을 대표하는 지성인이었고, 나가세나 존자는 동양의 가장 완결적인 사상인 불교를 대변하는 지성인이었으므로 『밀린다팡하』는 동서의 예지가 역사상 처음으로 교류한 현장일 수도 있다.

이런 맥락에서 『밀린다팡하』를 이방인을 위한 포교서나 교리문답서 나아가서는 불교입문서라고 규정할 수도 있을 것이다. 서경수 교수는 그가 번역한 『밀린다왕문경』의 해설에서 다음과 같이 주장했다: "오늘날에도 불교는 그 기초교리조차 이해하기가 쉽지 않은데, 그러한 현상이 BC. 2세기 후반 밀린다 왕 당시에도 있었다는 사실을 상기한다면, 『밀린다왕문경』의 질문 하나하나가 조금도 낡았다는 느낌을 주지 않고 오늘날 우리가 질문하고자하는 질문을 대신해 주고 있다는 인상을 받는다. 그러한 측면에서 오늘날 더구나 서구적 교육을 받은 우리들에게 '현대인들을 위한 불교입문서'로서, 비록 이천 여년이 지났음에도 불구하고, 손색이 없다."

『밀린다팡하』의 신층부인 하권에는 대론이 공동의 적인 반대자들을 조복시키기 위한 것(Miln. 94)이라는 진술이 나온다. 이것은 『밀린다팡하』가 부처님의 가르침 가운데 모순되는 것들에 대하여 미래세대에서 쓸데없는 논쟁을 할 것을 방지하기 위해서 기획된 것임을 드러낸다. 그런 측면에서 『밀린다팡하』는 대론서를 넘어서서 밀린다 왕과 나가세나의 이름을 빌어 불교교단의 안팎에서 제기되었던 난문들에 이르기까지 문답형식의 대화로 풀어나가며 사상을 심화시킨 논서라고 보는 것이 타당하다.

『밀린다팡하』에서 다루는 주제는 포교를 위한 기초교리, 부처님의 생애나 네 가지 거룩한 진리(四聖諦), 조건적 발생의 법칙(緣起法), 여덟 가지 성스러운 길(八正道), 다섯 가지 존재의 다발(五蘊), 여섯 가지 감역(六入)이 아니라, 당시 서북인도에 대두되었던 부파불교의 난문(難問)들, 즉 윤회의 주체 문제, 시간의 존재 문제, 여래의 사후 존재에 대한 문제, 그리고 까다로운 심리론, 해탈론, 수도론 등이었다.

서사(序詞)에서 밀린다 왕은 무지한 장군출신의 그리스 왕이 아니라, 세속적인 모든 학문, 전설, 세속법, 쌍키야, 요가, 니야야, 바이셰시까, 수학, 음악, 의학, 사베다, 고담, 고전설, 천문, 환술, 인명, 주술, 병학, 시학, 지륜술(指輪術)의 열아홉 가지에 통달하는 논객(Miln. 4)으로 질문의 해명자인 나가세나는 '세 가지 베다와 어휘론, 의궤론, 음운론, 어원론 그리고 다섯 번째로 고전설에 관한 눈이 생겨나서, 어구에 밝고, 문법에 밝고, 세속철학과 대인상'(Miln. 10) 뿐만 아니라 모든 논장을 통달한 논사(Miln. 12, 45)로 규정되고 있다. 그리고 AD. 4세기의 위대한 논사인 바쑤반두(Vasubhandu)는 『구사론』(俱舍論 : Abhidharmakośa)의 제9장 「파아집론」(破我執論)에서 『밀린다팡하』를 인용하고 있고 AD. 5세기경의 붓다고싸는 ≪디가니까야≫의 「암밧타의 경」[Ambaṭṭhasutta]의 주석을 위시한 몇몇 주석에서 『밀린다팡하』의 내용의 몇몇 구절을 언급하고 있다. 이들이 『밀린다팡하』를 언급하는 것은 그들이 『밀린다팡하』를 준경장(準經藏)으로 대우한 까닭이다.

밀린다 왕과 메난드로스

밀린다(Milinda) 왕을 메난드로스(Menandros)라고 비정하는 이유는 다음과 같다. 밀린다 왕은 싸갈라(Sāgala) 시의 왕이고, 싸갈라 시는 그리스 인의 도시(Miln.1)라고 되어 있다. 그리고 밀린다 왕은 '전인도의 제일의 왕'(Miln. 27)이었다. 메난드로스 왕의 주화가 인도의 여러 지방에서 발견되었다.

메난드로스가 '밀린다'라고 불린 음성학적인 이유는 리스 데이비즈(QKM. xviii−xix)에 의하면, 다음과 같다. 인도에는 개인의 이름에 제왕을 의미하는 산스크리트어인 인드라(indra) 또는 빠알리어의 인다(inda)를 쓰는 경우가 많은데, 국왕인 메난드로스에게 제왕의 칭호를 붙이는 것은 자연스러운 현상이다. 따라서 안드로스(andros)가 인드라(indra)또는 인다(inda)가 되었다. 그리고 앞의 멘(Men)은 빠알리어에서 엘(l)이 엔(n)으로 변화하는 경우가 있으므로 역으로 멜(Mel)이 되었고, 그 가운데 모음인 에(e)가 뒷모음과 동화되면서 이(i)로 바뀌어 멜(Mel)이 밀(Mil)로 바뀐 것이다. 이렇게 해서 밀(Mil)과 인다(inda)가 합해지면, 범어로는 밀린드라(Milindra) 빠알리어로는 밀린다(Milinda)가 된다. 한역의 음사는 다음과 같다. 진제역의 『구사론』 제22권에는 민린타(旻鄰陀), 현장역 제30권에는 필린타(畢隣陀), 강승회 역 『육도집경』(六度集經) 제4권에는 미란왕(弥蘭王), 『잡보장경』(雜寶藏經) 제9권에서는 난타왕(難陀王), 부다갈마 등 역의 『아비달마비바사론』(阿毗達磨毘婆沙論)에는 무륜다왕(無崙茶王)이라고 되어 있다. 티베트어로는 겔뽀 밀린드라(rGyal po Milindra)이다.

그리스 역사가들에게 메난드로스(재위기간 B.C.163−150)로 알려진 밀린다 왕은 그리스 문헌에 따르면, 그는 박트리아의 왕이라고 불렸고 간다라지방을 지배했었다. 박트리아는 힌두쿠시 산맥과 아무다리아 강 사이에 있는 지역으로 고대 간다라 지역을 마주보고 있는 지역이었고, 박트리아 지방의 언어는 고대 이란어 계열이었으나 지배계층이었던 그리스인들은 그리스어를 사용했다. 박트리아는 오늘날의 우즈베키스탄·타지키스탄의 남쪽과 아프가니스탄의 북쪽이다. 근래의 중앙아시아의 모든 나라에 해당하는 곳이기도 하다. 기후가 온화한 산지로, 물이 많고 땅은 비옥하다. 고대 인도의 기록자들은 메난드로스가 빠딸리뿟따(Patna) 시로 남하해서 갠지스강 계곡의 동쪽 멀리까지 왔다고 지적하고 있으며, 그리스의 지리학자 스트라본(Strabo: BC. 63-AD. 24)은 그가 '알렉산더 대왕보다 더 많은 부족을 정복했다.'라고 기록하고 있다. 인도는 알렉산더 대왕조차 기억해 주지 않았지만, 메난드로스는 인도가 유일하게 기억해준 그리스계의 왕이었다. 아마도 그것은 불교의 대박해자로 알려진 슝가 왕조의 뿌시야미뜨라(Puśyamitra)를 서북인도에서 몰아내주었기 때문이다. 따라서 서북인도의 불교인들은 이방인이 아니라 인도의 왕으로 받들고, '전인도에서 제일가는 왕'이라고 불렀고 '마하라잔(Mahārājan)'이라는 호칭을 부여했다. 메난드로스 시대에 와서, 박트리아는 인도-그리스 왕국으로 변모하게 된다. 이때 그들이 사용하던 주화의 대부분이 아프카니스탄, 파키스탄, 인도에서 발견된다. 22종류나 되는 금·은·구리의 동전이 주조·유통되었는데, 동전의 앞면에는 메난드로스의 초상화가 청년기에서 노년기까지 새겨졌고, 그리스어로 '구세주 왕 메난드로스'라는 글자도 새겨져 있다. 그가 남긴, 동전에 새겨진 법륜(法輪)이나 석가모니 부처님의 사리탑 등을 통해서, 그가 불교에 귀의한 것이 객관적으로 역사적으로 증명된다. 또한 플루타르코스가 기록한 그리스문헌에 따르면, 그는 정의로운 통치자로 전쟁 중에 사망했는데, 도시들이 유골을 두고 서로 분열하여 다투다가 분배해서 탑을 만들어 세우기로 합의했다고 한다.

그리고 『밀린다팡하』에서 대론의 배경이 되는 도시는 싸갈라(Sāgala) 시인데, 메난드로스 왕이 즉위하자 인도-그리스 왕국의 수도가 된 곳이다. 싸갈라 시는 알렉산더 대왕의 아시아 원정시의 동쪽 한계에 가까운 지역인데 현재 파키스탄의 쉬알꼬뜨(Śiālkoṭ)로 펀자브 북부에 위치한 도시이다. 싸갈라 시를 수도로 삼은 인도-그리스 왕국에서는 그 근처의 간다라 지역을 중심으로 동서양 문화가 절충되는 간다라 양식의 독특한 미술이 나타나기 시작했다. 인도-그리스 왕국은 BC.10년 경에 토하라인들이 세운 월지국(月支國: 스키타이)의 침공으로 멸망하고, 쿠산 왕조에 병합되어 인도에서 그리스 세력은 종식된다.

『나선비구경』에서는 밀린다 왕은 장군출신이 아니라 태자로 태어나 왕위를 계승한 것으로 되어 있어 역사적 사실과는 일치하지 않는다. 『밀린다팡하』에서는 출신에 대한 언급 없이 전생에서 현생으로 태어나 싸갈라 시의 왕이 되었다고만 기록하고 있다. 그의 출생지는 『밀린다팡하』에 의하면, 싸갈라 시에서 200 요자나 떨어진 알렉산드리아의 두 강 사이의 지역(Alasando nāma dīpo:

Miln. 82)에 있는 깔라씨(Kalasi)라는 마을이었다. 그런데 『나선비구경』과 『밀린다팡하』만을 놓고 본다면, 밀린다 왕은 인종적으로는 그리스인인지 몰라도, 그리스식 교육을 받고 자랐는지는 불분명하고, 전생에 인도인으로 살았던 바라문 수도자였고 현생에서도 인도식으로 교육을 받은 자였다. 그는 인도의 상층계급에서 받는 모든 학문에 정통했다. 그는 『밀린다팡하』에서 그리스인을 지칭하는 '요나까인'으로 묘사되어 있지만, '요나까인'은 인도에 동화되거나 혼혈화된 '인도-그리스' 왕국인 박트리아의 주민을 의미했을 것이다.

메난드로스가 언제 살았는지는 이설이 많다. 호너(I. B. Horner; MQ. xxii-xxiv)에 의하면, 빈센트 스미스는 B.C.160-140년, 라모떼는 BC. 163-150년, 나레인은 BC. 155-130년, 굿스미드는 BC. 125-95년. 랩슨은 BC.175년. 바샴은 BC. 1세기후반으로 잡고 있다. 그리고 메난드로스의 인도식 이름 '밀린다'는 빠알리문헌에서는 『밀린다팡하』 이외에는 거의 언급이 없다. AD. 1516년 태국의 장로에 의해 쓰여진 치앙마이의 연대기 『지나깔라말리』(Jina-kālamālī)에서 '밀린다는 꾸따깐나띳싸(Kūṭakaṇṇatissa)가 아누라다뿌라를 다스리고 있을 때 인도의 싸갈라 시에 있었다.'라고 기록되어 있는 것이 유일하다. 그러나 꾸따깐나띳싸의 통치시기는 AD. 16/17-38/ 39년이었으므로, 메난드로스가 그렇게 늦은 시기에 등장했을 리는 없다.

나가세나는 실존인물인가

『밀린다팡하』와 『나선비구경』의 주요한 테마에 대하여 밀린다 왕이 질문하는 보조적 역할을 하는데 비해, 나가세나는 정확한 해명을 하는 인물이라는 의미에서, 두 버전의 주인공이라고 볼 수 있다.

윤병식의 「나선비구경연구」에 따르면, 나가세나의 고향에 대해 『나선비구경』의 2권본에서는 천축(天竺)이라고만 되어 있고, 삼권본에서는 설일체유부의 근거지인 카슈미르(罽賓縣)라고 하고, 『밀린다팡하』에서는 중부지방의 동쪽 경계에 있던 상업도시 까장갈라(Kajaṅgala)라고 되어 있는 등 모두가 불일치하고, 이러한 불일치성은 나가세나 존자의 실존을 의심케한다고 주장했다.

그러나 세세한 부분에서 두 판본이 차이가 나지만, 동일한 원전에서 출발한 것이라는 사실과 나가세나가 내부적으로 실존인물일 가능성은 틱민찬 스님의

『밀린다팡하(P)와 나선비구경(C)연구』를 통해 다음과 같이 입증될 수 있다. *1)* P에 따르면 사미와 수행승이 모두 서원을 세웠고, 후에 서원에 따라 밀린다 왕과 수행승 나가세나로 태어났다. C에 따르면, 전생에 코끼리였던 바라문과 신선이자 그 바라문의 친구였던 바라문이 각각 서원을 하였고, 그들의 뜻에 따라 나선(那先)과 미란(彌蘭)으로 태어났다. *2)* P에 따르면, 나가세나는 바라문 가문의 아들로 태어나, 세 가지 베다와 바라문으로서의 지식을 배웠으며 부처님의 가르침과 수행승들에 대해서는 알지 못했다. C에 따르면, 코끼리가 역시 바라문 가문의 아들, 나선(那先)으로 다시 태어나 커서도 부처님의 가르침과 수행승들에 대해서는 알지 못했다. *3)* P에 따르면, 온 일행이 마하쎄나(Mahāsena) 천신에게 세상에 태어나기를 청하러 갔을 때, 앗싸굿따(Assa-gutta)는 그 자리에 참석하지 않은 로하나(Rohaṇa)에게 나가세나의 본가에 가서 7년 반 동안 탁발하고 나가세나를 재가의 삶에서 벗어나게 하고 그를 출가시키는 임무를 맡겼다. C에 따르면, 나선(那先)에게는 아라한인 누한(樓漢)이라는 삼촌이 있었는데 그가 나선을 출가시키고 십계를 준다. 누한은 로하나와 동일인물일 수 있다. *4)* P에 따르면 앗싸굿따는 밧따니야(Vattaniya) 초암에 살고 있었는데, 그의 밑에서 나가세나는 우기 3개월 안거를 보냈다, C에 따르면, 화전사(和戰寺)라는 사원에 500명의 아라한들이 있었는데 제일인자가 존자 알파왈(頞波曰) 밑에서 공부했다. 바타니야 암자는 화전사와, 아라한 앗싸굿따는 알파왈과 동일시 될 수 있다. *5)* P에 따르면, 나가세나는 여성 제자에게 아비담마를 설파했는데, 앗싸굿따는 설법하는 자나 청취하는 자 모두가 흐름에 든 경지를 얻었다고 기뻐하면서 나가세나가 화살 한 방으로 두 목표를 맞혔다고 칭찬했다. C에서도 역시, 나선은 재가신도에게 가르침을 설했는데, 모두 흐름에 든 경지에 들어섰다. 알파왈은 나선이 두 개의 과녁을 화살 한 방에 명중시켰다고 칭찬했다. *6)* P에서는 담마락키따는 나가세나가 '삼장의 부처님 말씀을 기억하더라도 수행자의 삶에 발을 들여놓은 것이 아니다.'라고 그가 거룩한 경지를 얻지 못한 것을 꾸짖었는데, 그 말을 듣고 그날 밤 나가세나는 열심히 노력하여 거룩한 경지를 얻었다. C에서도 나선은 스승의 명령을 따르지 않고 상가에서 쫓겨난 뒤에, 참회하여 열심히 노력하여 아라한과를 얻었다. *7)* P에서는 거룩한 경지를 얻은 뒤에 나가세나는 싸갈라 시로 가서 쌍케이야(Saṅkhyeyya) 승원에 머물면서 왕 밀린다와 대론하였고, C에서도 나선은 사갈국(舍竭國)에 와서 지설지가사(止泄坻迦寺)에 머물면서 미란 왕에게 도전하였다. 싸갈라 시는 사갈국, 쌍케이야 승원은 지설지가사와 일치한다.

위의 일곱 가지 유사점으로부터, 우리는 많은 세부 사항이 다르지만, 빠알리본과 한역본이 모두 동일한 원전의 출처에서 파생되었으며, 공통된 배경을 가지고 있다는 결론에 도달할 수 있다. 적어도 내부적으로 나가세나 존자의 실존을 의심할 만한 근거는 충분하지 않다. 세세한 부분의 차이는 원래의 원전이 다른 장소에서 번역되거나 첨삭되면서 달라진 것이다.

그러나 나가세나 실존의 외부적 증거를 찾으려 한다면, 문제는 달라진다. '모든 논장을 단 한 번의 설명으로 통달한'(Miln. 12)인물이라고까지 설명되는 나가세나라는 위대한 인물이 동시대에 다른 문헌에 한 번도 등장하지 않는다는 것은 기이한 일이다. 그는 위에서 언급한 『지나깔라말리』의 한 신화적 이야기로 부가되었는데, 그의 친교사 로하나나, 스승 담마락키따를 비롯한 나가세나의 인연담에 등장하는 모든 인물이 『지나깔라말리』 이외의 다른 빠알리문헌에 등장하지 않는다. 뿐만 아니라 『나선비구경』의 나선비구도 다른 한역 경전에는 거의 나타나지 않고 단지 『구사론』(권30)에서 나가세나를 용군(龍軍)이라고 지칭하고 『잡보장경』(권9)에서는 나가사나(那伽斯那)로서 난다왕(難陀王)과 문답을 한 것을 기록하고 있지만, 전혀 전기적인 기술은 없다. 따라서 나가세나는 부파불교시대에 논사들에 의해서 만들어진 가공인물일 수 있다는 가정을 배제할 수는 없다. 더구나 『밀린다팡하』에 기록된 나가세나의 행적은 후대 스리랑카의 『마하방싸』에 서술된 목갈리뿟따 띳싸의 젊은 시절과 유사하다. 나가세나에 대하여 정밀히 연구한 대승불교학자 드미에뷰(Demiéville)를 비롯하여 나까무라 하지메(中村元)에 이르기까지 모든 불교학자들이 나가세나의 역사성을 의심하고 있다.

밀린다팡하의 저자와 성립시기

『밀린다팡하』가 언제 누가 저술한 것인지 알려져 있는 것은 없다. 다만 밀린다왕이 서북인도에서 실존했던 메난드로스 왕과 동일인물이라면, 『밀린다팡하』의 성립연대는 메난드로스 왕과 동시대이거나 그의 기억이 사라지지 않고 전설적으로 살아있던 때였을 것이다. 메난드로스왕의 재위 기간은 BC. 2세기 중엽, 즉 BC. 163-150년이었다. 그러나 『나선비구경』과 『밀린다팡하』에 나타난 밀린다 왕의 전기나 나가세나의 전기를 살펴보면, 나가세나는 진위조차 의심되는 인물이고, 메난드로스는 역사적 인물이 아니라 전설적인 인물로 기록되어 있다는 점을 고려해 본다면, 불란서 학자들은 적어도 메난드로스 사후 50년이 지나서 BC. 1세기에 『밀린다팡하』의 원형이 성립된 것으로 보고 있다. 독일학자 에리히 프라우발르너(Erich Frauwallner)도 '메난드로스의 기억이 생생하게 남아있던 BC. 1세기경'(Die Philosophie des Buddhismus, 1956, S. 66)이라고 주장했다. AD. 5세기 전반에 왕 마하나마(Mahānāma : AD. 412~434)의 통치 시에 붓다고싸가 스리랑카에 들어와 ≪니까야≫의 고대의소를 통합하여 주석을 달면서, ≪디가니까야≫의 「암밧타의 경」(Ambaṭṭhasutta)의 주석을 위시한 몇몇 주석에서 『밀린다팡하』 내용 몇몇 구절을 언급했으나, 붓다고싸는 고대의소를 통합했으므로 그 고대의소는 훨씬 이전인 AD. 1세기 후반까지 성립된 것들이라고 본다면, 『밀린다팡하』의 원형적 형태의 성립는 AD. 1세기 중반을 넘어설 수 없다. 따라서 『밀린다팡하』의 성립은 상한이 BC. 1세기 하한이 AD. 1세기로 잡는 것이 합리적이다. 이 시기는 그리스인들이 서북인도에 그리스식의 도시를 세우고 1세기나 2세기가 지나서, 즉 메난드로스 왕 사후 1~2세기가 경과해서 나타나기 시작한 간다라 미술이 등장한 시대와 맞아떨어지기도 한다.

베셔르트(H. Bechert: FKM. 20)에 의하면, 『밀린다팡하』의 원형적 언어는 빠알리어와 친화적인 서북인도의 프라크리트어였거나 그와는 차이가 있는 중세 인도아리안어였다. 한역 『나선비구경』의 원전은 중세인도아리안어, 산스크리트어나 하이브리드산스크리트어 또는 그들의 혼합어로 쓰여진 것이라고 추측할 수 있는데, 제목은 『나가세나빅슈쑤뜨라』(Nāgasenabhikṣusūtra)였을 것이다. 『밀린다팡하』는 고층부분이라도 각각의 상세한 내용이 모두 원래의 초기불교의 가르침이 아니라, 많은 부분이 BC. 1세기에서 AD. 1세기경의 서북인도의 불교를 반영하고 있다. 『밀린다팡하』의 저자도 물론 그 당시에 서북인도에 살았던 인물임에 틀림없다. 왜냐하면 그 내용에 갠지스 강 이남의 지명은 나타나지 않기 때문이다.

그리고 현존하는 『밀린다팡하』는 적어도 제2편의 말미와 제3편의 말미에서도 '밀린다 왕의 질문이 끝났다.'라는 구절이 있는 것으로 보아, 적어도 『밀린다팡하』는 구성적으로 세 부분으로 나뉠 수 있고, 훗날 붓다고싸에 의해서 첨가된 에필로그의 시들까지 포함한다면, 네 부분으로 나뉠 수 있다. 이렇게 유추해 본다면, 최초의 저자는 BC. 1세기에서 AD. 1세기 사이에, 제1편과 제2편까지의 자료를 구전으로 전해 듣고, 제3편의 자료는 다른 저작자가 나중에 수집하여 첨가한 것일 수 있다. 문자화된 것도 이 시기라고 볼 수 있다. 인도에서의 모든 성전의 문자화는 기원전후에 비로소 시작되었기 때문이다. AD. 5세기경 붓다고싸에 의해서 『밀린다팡하』가 그의 주석에서 인용된 것은 제3편까지의 자료(상권)였다. 이때 붓다고싸는 에필로그의 서사를 쓴 것이 된다. 그리고 제4편 이후(하권)의 자료는 『밀린다팡하』가 일단 문자화된 이후에 스리랑카에 전해졌다가 붓다고싸 이후에 또 다른 저작자에 의해서 첨가된 것일 수 있다.

밀린다팡하의 전체 줄거리

『밀린다팡하』의 전체 줄거리는 다음과 같다. 싸갈라 시에 대한 묘사와 나가세나의 생애와 아유빨라(Āyupāla)와의 대담에서 실망한 밀린다 왕의 이야기와 두 사람이 싸갈라 시에서 만남으로써 대론이 시작된다. 드디어 왕은 스님 앞에서 하나하나의 의문을 제기한다. 스님은 왕이 만족하도록 그것들을 풀어낸다. 대화가 끝나자 왕은 의문을 해결해준데 대하여 감사를 표한다. 그는 마침내 재가의 불교신도가 되고 왕위를 아들에게 물려주고, 출가하여 거룩한 경지를 얻고, 밀린다 왕은 정사를 지어 나가세나 존자에게 기증한다. 우리는 빠알리본에 나오는 이러한 진술의 정통성을 증명할 만한 역사적 증거를 갖고 있지 않음에도 불구하고, 그가 불교와 교류한 것은 그리스의 플루타르크(Plutarch)의 기록에서 입증된다.

제1편은 세속적 이야기로서 대론하기까지의 '전생과 금생의 인연담'을 서술한 것이고, 제2편부터 마지막 제7편까지 대론의 형태를 띤다. 대론은 경전적 가르침에서 유래한 것이나 아비담마적인 것으로 특별히 『논쟁요점론』(論事: Kathavatthu)에 발견되는 논제들과 대체로 일치한다. 이러한 주제들은 당시에 설일체유부에 속하는 서북인도의 불교논사들 사이에 잘 알려진 것이었다고

볼 수 있다.

제2편의 대화는 출발부터 그 주제선정이 놀랍다. 나가세나는 '당신의 이름은 무엇입니까?'(Miln. 25)라는 질문에 대답하면서 '나가세나'라고 하지만 '이름뿐이고 거기서 개아(個我)는 발견할 수 없다.'라고 주장하고 있다. 그런데 그레코-박트리아 시대의 불교는 크게는 개아론파(犢子部: pudgalavāda), 실재론파(上座部: sthaviravāda), 유명론파(說假部: prajñaptivāda)로 나뉘는데, 이러한 분파들은 개아(個我)가 실유(實有)인가 가유(假有)인가의 논란에서 파생된 것이다, 여기서 나가세나는 초기불교의 입장에서 이러한 이론을 모두 부정하고 당시에 강한 실재론적 입장을 보여주던 서북인도의 설일체유부도 뛰어넘어 무아론(無我論)의 입장을 취하고 있는데, 이러한 경향은 인도불교의 영향을 받은 것이 확실시 되는 그리스 철학자 피론(Phyrrho)의 '모든 것은 실체를 가지고 있지 않다.'라는 철학과 동조하는 것으로 보인다.

밀린다 왕은 "내가 갓난아이로 어리고 유약하게 침대에 누워있을 때와 내가 지금 성장했을 때는 다르다."(Miln. 40)라고 주장한다. 이것은 불교와 유사한 헤라클레이토스(Heraclitus)의 무상(無常)을 염두에 두고 언급한 것이라고 볼 수 있다. 피타고라스 학파의 에피카르모스(Epicharmus: BC.5세기)는 그의 희곡에서 이와 같이 풍자를 했다: '친구에게 돈을 빌려 쓴 사람이 어느날 친구를 만나자 인간은 계속 변화하기 때문에 자기는 이제 그 당시 돈을 빌린 사람이 아니라고 우겼다. 친구는 그 변명을 받아들이고 대신 저녁식사에 초대했다. 그가 만찬장에 도착했을 때 하인들이 그를 도로 내쫓았다. 친구는 이미 그가 초대했던 사람이 아니었기 때문이다.' 여기서 밀린다 왕도 헤라이클레토스의 함정에 빠진 듯이 보인다. 그러나 모든 것이 지속적인 흐름이면 아무 것도 존재하지 않게 된다. 무상을 끊임없는 변화로 해석한다면, 사물은 전혀 존재하지 않는 것이 된다. 나가세나는 초기불교의 무상(無常)의 이러한 문제점을 인식하고 아비담마의 상속(相續 : santati)이라고 이름 붙여진 이론을 도입하여 해결하고 있다. 나가세나는 주인이 심은 망고 열매와 도둑이 훔친 망고 열매가 달라진 것이라고 진술하여 처벌을 면한다는 것은 가능하지 않다(Miln. 46)는 것을 주장했다.

그리고 피타고라스의 신도였던 플라톤은 윤회사상을 갖고 있었다. 플라톤은

『파이돈』에서 '나는 다시 태어나는 일이 정말로 있고, 살아 있는 것은 죽은 것에서 생기고, 죽은 자의 영혼은 생존하며, 착한 영혼은 악한 영혼보다 좋은 운명을 맞이한다는 것을 확신한다.'라고 말했다. 밀린다 왕은 무엇이 윤회하면서 생을 받는가(Miln. 46), 즉 영혼이 윤회하는가를 묻고 있는데, 여기서 나가세나는 영혼을 명색으로 해체하여 대답하고 있다. 명(名)은 개체의 인식적 측면을 색(色)은 개체의 재료적 측면을 구성한다고 볼 수 있다. 명은 정신적 요소에 속하는 느낌, 지각, 의도, 접촉, 정신활동(vedanā, saññā, cetanā, phassa, manasikāra; SN. 12 : 2)이고, 색은 물질적 요소로서 땅 · 물 · 불 · 바람(地·水·火·風)과 거기에서 파생된 물질(upādāya rūpaṁ : 所造色)이다. 이를 모두 합해서 명색이라고 한다. 따라서 명색은 '정신 · 신체적 과정'이라고 말할 수 있다. 이것이 윤회하면서 무아윤회(無我輪廻: Miln. 46)가 어떻게 이루어지는가를 보여주고 있다.

그리고 밀린다 왕이 '시간이라는 것이 무엇인가?'라고 묻자, 나가쎄나는 '과거의 시간, 미래의 시간, 현재의 시간이 있다.'(Miln. 49)라고 대답했는데, 밀린다 왕의 물음은 헤라클레이토스적으로, 무한한 과정이 수많은 소멸을 가져온다는 점에서 시간과 동일시되는 세계질서를 복선으로 깔고 있는 문답일 지도 모른다. 유위법을 시간의 본질로 보는 설일체유부의 사상과 토대가 같다는 점에서 흥미있는 대화로 이끌어진다. 그리고 이러한 윤회와 시간과 관련하여 알렉산더의 스승 아리스토텔레스는 만물의 제일원인으로서 인과적 효능을 가지는 최초의 시작은 '부동(不動)의 동자(動者)'라고 주장했다. 밀린다 왕은 '시간의 뿌리'(Miln. 50)를 생각하면서 그러한 아리스토텔레스적 철학을 생각했을지 모른다. 그렇다면 자연적인 원인들은 동인을 낳는 원인이 아니라 제일원인이 개입하기 위한 기회원인들이 될 뿐이다. 이것은 절대적인 형이상학이 빠지기 쉬운 함정을 잘 대변하고 있다. 나가세나는 최초의 절대적 시작이 인정되지 않는다고 해서 상대적인 원인과 결과의 무한소급을 요청할 수는 없다고 생각했다.(Miln. 51)

그리고 나가세나의 '지속적 존재 없이 생성되는 어떤 형성들은 없다.'라는 관점(Miln. 52)은 다분히 그레코-부디즘적인 명제이다. 인도철학과 불교철학은 '생성'과 '존재'를 명확히 구분하지 않았다. 플라톤은 그와는 달리, 존재(혹은 존재자)와 생성(혹은 생성자)을 구별했지만, 이 우주는 '언제나 존재하는 동시에 언제나 생성하는 것', 즉 존재자인 동시에 생성자라고 주장했다. 나가세나는 이러한 사유에 동조한다.

그리고 밀린다 왕은 감각기관과 분리된 영혼의 존재(Miln. 54)를 강조하는데, 이러한 생각은 영혼이 불멸하는 존재로서 몸에 정착하여 있다고 주장하는 소크라테스와 플라톤의 견해나 '영혼은 보이는 신체 이외의 것이 틀림없으나 신체 없이 존재할 수 없는 것이다.'라는 아리스토텔레스의 철학을 대변하는 듯 보인다. 나가세나는 감관을 통한 체험에서 오류경험의 가능성을 타진함으로써 그러한 그리스적 영혼관을 수정한다.

제3편에서는 그리스 철학에서는 나타나지 않는 업설에 대한 논쟁으로부터 시작한다. 인간의 사회적 불평등과 생리적 불평등을 구분하지 않았던 밀린다 왕의 자연주의적 질문에 대하여, 그리스나 인도가 모두 계급사회를 유지하고 있었던 만큼, 그러한 불평등이 종자의 차이에 기반한 결과라고 나가세나는 설득력 있게 해명한다.(Miln. 65) 그리고 업의 존재에 대해 의문을 품었던 밀린다 왕은 '어디에 업이 존재하는가?'(Miln. 72)를 묻자, 그 업은 우리의 인격적 개체인 명색에 그림자처럼 따라다니지만, 아직 열매가 열리지 않은 나무에서 어디에 열매가 있는지 보여줄 수 없는 것처럼, 그 업이 어디에 있는지 보여줄 수 없다고 나가세나는 주장한다.

그리고 '열반이 소멸인가?'라는 밀린다 왕의 물음에 대해 나가세나가 '안팎의 감역에 대하여 환호하고 집착하며 생겨나는 그 흐름에 따라 생노병사가 생겨나는데, 그것의 소멸이 열반이다.'라고(Miln. 69) 대답하는 것은, '우리는 대상을 판단함에 오로지 감각에만 의존해서는 안 된다.'라고 주장하고 판단유보를 통해 견해와 편견을 떠나면 아타락시아(ataraxia)를 얻을 수 있다는 피론의 철학을 지지하는 듯이 보인다. 그런데 이러한 열반의 개념은 일반사람도 공덕행의 결과로 열반을 얻을 수 있다는 식으로 변화한다. 스키타이, 그리스, 중국, 알렉산드리아, 카슈미르, 간다라 등에서 올바로 실천하는 자는 누구나 얻을 수 있는 개념으로 변화했다. AD. 134년의 까라완(Karawan) 비문에서 '설일체유부의 스승을 위해 행한 공덕행이 청신녀가 열반을 얻는데 도움을 주었다.'고 기록하고 있다.

그리고 특징적인 것은 밀린다 왕이 "나는 '백 년 동안을 악하고 불건전한 일을 행하더라도, 죽는 순간에 한 번이라도 부처님에 대한 새김을 확립할 수 있다면, 그는 천상에 태어날 것이다.'(Miln. 80)라는 말을 믿지 않는다."라고 고백한 것이다. 그리스인들은 믿음에 의한 구원보다는 현세에서 조화로운 삶을 추구했기 때문이다. 그러나 나가세나는 '아무리 무거운 돌이라도 배 위에 실으면, 물 위에 뜰 수 있다.'는(Miln. 80) 논리를 내세워 그것을 정당화시켰다. 초기불교에 부처님에 대한 새김(佛隨念: Buddhānusati)의 명상이 있었지만, 그것이 믿음에 의한 구원과 연결을 시도하려고 싹을 틔운 것은 그레코-박트리아 시대인 것으로 보인다. 이러한 생각은 대승불교적 경향과 동질적인 것이고, 후대에 대승불교의 정토교(淨土敎)가 등장하면서부터는 가장 중요한 명상수행으로 자리 잡았다.

그리고 하권 제4편부터는 형이상학과 관계된 양도논법에 속한 문제가 크게 부상한다. *1)* 영혼이 없다면 무엇이 윤회하는가? *2)* 왜 부처님처럼 완전히 깨달은 자가 괴로워하고 죽어야 하는가? *3)* 진리란 무엇인가? *4)* 철학적 논의의 잘못은 무엇인가? *5)* 삶이 고통이라면 왜 자살이 출구가 되지 않는가? *6)* 왜 유덕한 자가 고통을 받고 사악한 자가 번영하는가? *7)* 왜 경전의 구절에 모순이 있는가? *8)* 부처님의 신과 같은 특성에 대해서는 의혹이 있는데, 부처님은 실존하는가? 이러한 형이상학적 문제에 의혹(Samsaya)을 제기하는 것은 우파니샤드 시대로 거슬러 올라간다. 이 시대에 지성인의 마음을 지배하는 주된 의문은 주로 죽음과 죽음 이후의 운명, 대상적 우주의 본질, 인간 자신의 자아의 본질, 인간의 업과 사후의 운명, 재생으로 향하거나 최종적 해탈을 얻는 길 등이었다. 우파니샤드는 이러한 문제를 해결하려고 했다. 그러나 부처님은 이러한 질문을 대답을 줄 수 없는 무기(無記: avyakrtavastu)로 분류했다. 부처님에 의하면 이러한 모든 질문은 해탈에 쓸모가 없고 장애로서 작용하는 것이다. 그럼에도 불구하고 『밀린다팡하』에서 유사한 양도논법에 속하는 딜레마가 많이 발견되고 있는 것은 의혹을 표현하고 수수께끼같은 질문을 하는 관행이 인도서북부에 유행하고 있었음을 나타내고 있다. '이것도 저것도 아니다. 모든 것은 불확정적이다.'라고 주장하면서 판단유보, 즉 에포케(epocheé)를 단행한 그레코 부디즘적 피로니즘의 회의주의와 유사하다. 또한 제4편에서는 전생이야기들을 많이 언급하고 있다. 이것은 서북인도의 불교가 윤회전생에 관하여 특별히 많은 관심을 가지고 있었다는 것을 시사한다.

제5편에는 서북인도 불교의 재가신도들을 사로잡은 중요한 문제가 등장한다. 그것은 출가생활의 유용성에 관한 문제였다. 고대 그리스의 피타고라스 교단이 주장했듯이, 가정을 꾸리고 생활하는 것이 영적 지식의 추구를 위해 양립할 수 없는 것이 아니었다는 사실을 알고 있었을 밀린다 왕은 서사(序詞)에서 존자 아유빨라에게 '재가자나 출가자나 여법하게 올바로 사는 것이 목적이라면, 출가자의 이점은 무엇인가?'라고 물었다. 아유빨라는 침묵을 지켰지만,(Miln. 20) 나가세나는 "대왕이여, 출가자는 욕망을 여의고, 만족하고, 멀리 떠나 있고, 사귐을 여의었고, 정근하고, 애착이 없고, 주처가 없고, 계행을 구족하고, 버리고 없애는 삶을 살고, 두타행의 실천에 밝습니다. 그러한 까닭에 출가자에게는 무엇이든 해야 할 일이 속히 성취되는 만큼 오래 걸리지 않습니다."(Miln. 244)라고 정확한 답변을 내린다.

그리고 음식과 물을 바치는 조상숭배는 고대 바라문교의 전통이지만, 『밀린다팡하』에서 장자들이 행하는 풍습으로 언급되고 있다. 이것으로 메난드로스 시대에 서북인도의 불교도들이 바라문교의 전통을 계승하고 있다는 것을 알 수 있다. 그밖에도 『밀린다팡하』에서 서북인도 불교의 중요한 몇몇 문화적 양상에 대한 언급을 발견할 수 있다. 예를 들어 부처님의 유골에 대한 숭배, 부처님의 유골로 사리탑을 세워 부처님에게 예경하는 것, 종교적 공덕의 성취를 위해 승원에 보시하는 것 등, 대중적 불교가 인도-그리스 시대와 그 이후 이어지는 시대에서 널리 유행했다는 사실을 기원전후의 많은 카로슈티 비문이 보여준다.

제6편에서는 밀린다 왕은 두타행에 대해서 강한 호기심을 표명하고 있는데 이것은 그리스인 전체가 품고 있던 인도인의 고행에 대한 경외감에서 유래한 것으로 보인다. 알렉산더 대왕은 자신의 원정의 목적에 인도의 고행주의 철학자를 만나는 것이 포함되어 있었다. 두타행이란 불교적 고행주의라고 할 수 있는데, 이 말은 ≪맛지마니까야≫나 ≪율장≫에 언급되고 있다. 초기불교에서는 두타행은 수행승들에게 의무적인 실천덕목이 아니었다. 그러나 『밀린다팡하』의 배경이 되는 그레코-박트리아의 불교에서는 열반을 얻기 위한 두타행이 승려들 사이에서 뿐만 아니라 재가신도에 의해서도 일반적으로 널리 행해진

것을 알 수 있다.

『밀린다팡하』는 불교교리뿐만 아니라 불교윤리, 형이상학과 심리학에 대한 포괄적 해설을 보여준다. 나아가 서북인도에서의 발전된 불교의 특별한 양상을 이해하는데 큰 도움을 준다. 그러나 서북인도의 불교의 역사적 배경을 알려면 그레코-부디즘에 대한 심층적 이해가 필요하다.

그레코-부디즘(Greco-Buddhism)

우리는 바실리아데스(D. TH. Vassiliades)의 「그리스와 불교」라는 논문을 중심으로 『밀린다팡하』의 대론의 중심지였던 서북인도의 그레코 부디즘적 의미를 좀 더 일반적 측면에서 살펴볼 수 있다.

알렉산더 대왕 이전에 정보가 부족한 그리스인들에게 인도에 대하여 알려진 것은 최초의 그리스 작가들의, 지금은 상실된 책의 파편들을 통해서였다. 그러다가 베다 시대부터 인도 반도에 만연했던 고대 바라문 및 수행자(사문)의 전통에 대한 그리스인의 지식, 인도 금욕주의자들의 독특한 삶의 방식이 알려졌다. 헤로도토스(BC. 484-424)는 아무 것도 죽이지 않고 특이한 방식으로 죽음을 선택한 자인 금욕주의자들의 관습을 소개했다. 이솝(BC. 620-564)이야기에 등장하는 특히 원숭이, 악어, 그리고 다른 열대 동물의 묘사는 인도가 기원일 가능성도 있다.

≪맛지마니까야≫(MN. II. 149)에는 역사적인 부처님(BC. 560-480)이 직접 그리스인에 대해 언급한 구절이 등장한다: "앗쌀라야나여, 그대는 어떻게 생각합니까? 그대는 '요나, 깜보자, 그리고 다른 변경 지방의 백성들에게는 귀족과 노예란 두 계급이 있는데, 귀족으로 있다가 노예가 되기도 하고, 노예로 있다가 귀족이 되기도 한다.'라고 들은 적이 있습니까?" 요나(Yona)는 후세에 야바나(yavana)또는 요나까(yonaka)라고 불리었다. 박트리아인과 관련된 그리스의 이오니아를 뜻하며, 그 지방과 지방민을 모두 뜻한다. 그러나 '요나'라는 나라는 초기경전과 자이나 문헌이 제시하고 있는 국가 목록인 16대국에 포함되어 있지 않다. 다만 『쭐라닛데싸』(Cullaniddesa)는 ≪앙굿따라니까야≫에 제시된 16대국의 목록에서 간다라를 '요나'로 대체하고 있다.

역사적 부처님의 생애를 전후하여, 페르시아의 아케메네스 제국(BC. 559-330)은 트라키아(유럽의 발칸반도)에서 간다라(현대 파키스탄의 대부분)까지 확장되었다. 이 시대에 압데라의 철학자 데모크리토스(Democritus: BC. 460-380)는 마가다 국의 궁정의사인 지바까 의학을 가르쳤던 탁실라 교수들과 동시대 사람이었을 뿐만 아니라, 같은 페르시아 황제의 신하였다. 또한 당시 한 인도인이 소크라테스를 방문하여 철학하는 의미에 관해 질문했는데, 소크라테스가 인간의 삶의 문제를 연구하고 있다고 하자, 인도인은 웃으면서 인간을 연구해서 이해하는데, 신성을 고려하지 않는다면 불가능하다고 대답했다는 기록이 있다.(India and Europe. 8) 아테네에서 빠딸리뿟따 시에 이르는, BC. 5세기 내지 BC. 4세기의 세계는 많은 면에서 상호작용하는 하나의 문화권이었다. 통치자들은 다른 언어와 종교를 가지고 군대에 복무했던 사람들을 고용하여 행정부를 운영하였고, 무역로를 건설하여, 세상의 한쪽 끝에서 다른 쪽 끝으로 사상과 상품을 전달하였다. 아쇼카 왕은 시리아에 있는 그리스 왕 안티오코스에게 불교의 포교사절들을 보냈다. 기원전 1세기경에 인도 중부(현재의 마하라슈트라)에 지어진 신전의 바위 벽에는 '시하다야'와 '담마'라고 불리는 두 그리스 기부자의 이름이 새겨져 있다. 그러나 두 사람 모두 인도의 주요 불교 중심지인, 즉 그리스와 그 반대 방향, 박트리아와 간다라 식민지에서 온 것으로 알려져 있어, 그리스 불교도들이 인도아대륙에 정착한 정도를 보여준다(Lamotte 1988, 512)

≪디가니까야≫(DN. II. 5)에는 개의 삶을 흉내낸 네 발로 걷는 나체수행자인 꼬락캇띠야(Korakkhattiya)가 땅에 던져진 음식을 입으로만 삼키고 입으로만 먹는 것이 묘사되어 있는데, 이와 마찬가지로 시노페의 냉소적인 디오게네스(BC.404-323)는 거리의 통 안에서 살았고, 다른 사람들에게 개로 조롱을 받았고, 자신을 개로 여겼다. 디오게네스의 삶은 대중에게 충격을 주기 시작했고, 자신의 제자들을 불교 수행승처럼 훈련시키면서, '머리를 짧게 자르고 치장하지 않고, 가볍게 옷을 입고, 맨발로 걸으며, 거리에서 두리번거리지 말라'고 가르쳤다(『유명한 철학자들의 생애와 사상』 VI. 31). 그는 어디에서 왔느냐고 물었을 때, 어떤 나라나 도시와도 동일시하기를 거부했고, 자신은 '세계의 시민'이라고 대답했다.

알렉산더 대왕의 등장으로 인도아대륙으로의 그리스의 진출이 본격화되었다. 알렉산더의 동방출정에 동행한 그리스 철학자로는 칼리스테네스(Kallistenes: 아리스토텔레스의 조카), 오네시크리토스(Onesicritos: 디오게네스의 제자), 피론(Pyrrho), 아낙사르코스(Anaxarchos)가 있었다. 그들은 인도에 체류한 18개월 동안, 아리스토텔레스가 데려오길 원했던 짐노소피스트(gymno-sophists: 裸形哲學者)로 묘사되는 금욕을 추구하는 인도철학자들과 교류할 수 있었다. 피론은 평정과 이욕을 주장했는데, 그리스로 돌아와 현대 학자들에 의해 최초의 서양 회의론학파로 간주되는 피로니즘을 창시했다. 냉소주의자 오네시크리토스는 인도에서 '사람에게 일어나는 일은 나쁜 일도 좋은 일도 아니며, 견해들은 단지 꿈에 불과하다. 마음을 즐거움과 괴로움으로부터 해방시키는 것이 최고의 철학이다.'라고 배웠다. 그들은 인도에서 고행주의자들을 만났고 그리스와 인도 철학의 유사성에 주목했다. 오네시크리토스는 인도 나형철학자인 단다미스(Dandamis)와의 대화에서 그의 철학적 이해와 피타고라스(BC. 570-495), 소크라테스(BC. 470-399)의 철학적 이해 사이에 부합되는 점이 많다는 것과, 단다미스가 그리스 인이 자연법칙(physis)을 사회적 규약(nomos)으로 대체한 것에 대해 비판했다는 사실도 주목했다. 알렉산더 대왕의 모험은 인도인의 마음에 아무런 직접적인 인상을 남기지 않았지만, 그의 정복전쟁의 영향으로 그리스 문화가 인도에 끼친 그레코-부디즘적 영향은 지대한 것이었다. 그의 이름은 고대의 인도문헌에서 발견되지 않지만, 알렉산더와 인도 나형고행주의 철학자와의 만남은 헬레니즘 작가들이 죽음과 삶에 대한 그들의 철학적 생각을 표현하는 영감의 원천이 되었다.

알렉산더가 죽은 몇 년 후, 그리스인의 피가 흐르는 황제 아쇼카(Aśoka: BC. 304-232)가 전인도를 통일한 뒤에 불교로 개종하고 전 세계에 불교를 전파했다. 불교는 셀레우코스 제국으로부터 분리된 그레코-박트리아 왕국으로 퍼졌다. 그리스-박트리아인들은 인도의 마우리아 제국 통치 기간 동안 인도의 문턱에서 강력한 헬레니즘 문화를 유지하면서도 불교친화적 태도를 유지했다. 기원전 180년경 마우리아 제국이 슝가 제국(BC. 185-73)에 의해 무너졌을 때, 불교친화적인 그리스-박트리아인들은 슝가 인들로부터 마우리아 인들을 보호했고, 인도로 확장하여 인도-그리스 왕국을 세웠다.

그 왕국의 가장 유명한 왕인 메난드로스는 꽃피는 불교문화의 중심지 중 하나인 싸갈라 시에 수도를 세웠다. 데메트리오스(Demetrius)가 건설하고 메난드로스가 재건한 그리스의 대도시가 탁실라(Taxila) 인근 시르카프(Sirkap) 유적지에서 발굴되었는데, 이곳에는 불교의 스투파들이 힌두교 사원과 그리스 사원들과 나란히 서 있었다. 메난드로스가 불교의 종교적 관용을 잘 실천하고 있었음을 나타낸다. ≪마하방싸≫제29장에 따르면, 메난드로스의 통치 기간 동안, 마하다르마락시따(Mahādharmarakṣita)라는 그리스인 장로가 '오늘날 아프가니스탄 카불에서 북쪽으로 약 150km 떨어진 곳에 있는 코카서스 산맥의 알렉산드리아에서 3만 명의 승려를 이끌고 스리랑카에 스투파를 봉헌했다.'라고 하는 것으로 보아, 불교가 메난드로스의 영토에서 번성했으며 그리스인들이 불교에 적극적으로 참여하고 있었다는 것을 방증한다. 기원전 1세기에 만들어진 스투파 안의 꽃병에서 테오도로스(Theodoros)라는 이름의 그리스 지방총독이 부처님의 사리를 안치했다는, 카로스티 문자로 쓰여진 기록이 발견되었다. 또한 인도의 영향 아래 살았던 그리스인들의 대부분은 불교로 개종했는데, 이는 문헌과 비문에서 발견된 많은 그리스 승려들이 인도식 이름을 채택했다는 사실에서 증명된다. 초기불교가 부처님을 신으로 숭배하는 것을 장려하지 않았기 때문에 인간을 닮은 신의 형태로 표현하지 않았다. 인간의 형태로 부처님을 표현한 가장 초기의 모습은 BC. 1세기부터 AD. 5세기까지 페샤와르 계곡 – 리그베다에서는 간다라로 알려져 있음 – 에 번성했던 헬레니즘적인 간다라 학파의 조각들에서 발견된다. 오늘날 불교 예술은 대부분 그레코-간다라 문화의 영향 하에 성립한 것이다.

부처님의 주요 관심사는 고통으로부터의 해방이었으므로 불교는 기본적으로 실용주의적이고 다원주의적이었으나, 철학적으로는 점점 레우키포스(Leukippus)와 데모크리토스의 원자론에 어느 정도 영향을 받기 시작한 것으로 보인다. 영원한 물질의 존재를 긍정하지 않았지만. 테라바다는 세속적인 존재 전체를 구성하는 28개의 물질적 요소(rūpadhamma)를 인정했다. 설일체유부에 속하는 바이바시까(Vaibhāṣika)는 단일원자(dravyaparamāṇu)와 집합원자(sanghātaparamāṇu)의 두 종류의 원자를 인식했다. 단일원자는 데모크리토스의 원자와 닮았지만, 설일체유부의 논사들은 다른 불교도들과 마찬가지로 영구적인 존재를 인정하지 않았다. 그들은 물질과 마음을 포함한 세상의 모든 것에 대하여 찰나멸론(ksaṇabhaṅgavāda)을 발전시켰다.

불교도들은 아낙사고라스(Anaxagoras: BC. 500-428)처럼 모든 물질적 대상에 네 가지 기본 요소가 존재한다고 주장했지만, 아낙사고라스와는 달리 그것들 사이에 양적 차이를 인정하지 않았다. 테라바다의 불교인들은 그것들이 동등하게 존재한다고 주장했다. 그리고 피타고라스(Pythagoras : BC. 570-495)의 환생 교리는 인도, 특히 쌍키아 철학과 자이나 철학에서 유사점이 발견되는데, 이들은 복수의 영혼을 받아들이고 인간의 노력을 영혼의 정화를 위한 필수조건으로 인식했다. 인간의 영혼이 동물의 몸으로 윤회하는 것에 대한 피타고라스의 믿음은 인도에서도 동일하게 발견된다. 그리스의 플라톤(Platon: BC. 428-348)처럼, 인도철학자들은 미래의 삶을 현재의 행동의 결과로 여겼다. 인도의 전승 교리와 카르마법칙과의 연관성은 자이나교, 불교 및 후기 철학에서 더욱 발전되고 정교화되었다. 피타고라스가 신(헤르메스)의 은총으로 자신의 전생을 알고 있었다고 설명한 것과 가장 유사한 내용이 ≪디가니까야≫의 『비유의 큰 경』(Mahāpadānasutta)에서 발견되다. 여기서 부처님은 자신의 과거칠불이었을 때를 회상하고 과거의 사회적 계급, 이름, 성취 및 해탈 등 자신의 전생에 대한 모든 사실을 회상할 수 있었던 것은 자신의 곧바른 앎(신통)의 능력과 자신에게 알려준 신들의 고지 때문이라고 설명한다.

영혼의 신성한 본성에 대한 경험은 지상의 요소들로부터 최종적으로 떠남으로써 얻을 수 있다. '탄생의 수레바퀴'에서 벗어난 영혼은 다시 불멸의 신이 되어 영원한 행복을 누린다. 이러한 사상은 피타고라스 학파의 영향을 받은 것으로 아랍 철학자 알베루니(Alberuni)에 의하면, 피타고라스의 다음과 같은 말, 즉 '세상에서 당신의 욕망과 노력을, 영원할 수도 있는 당신의 존재 원인인 제일원인과 결합하도록 하라. 당신은 파괴와 전멸로부터 구원을 받을 것이고, 당신은 영원한 즐거움과 환희 속에서 진정한 의미의, 진정한 기쁨의, 진정한 영광의 세계로 갈 것이다.'라는 말에서 알 수 있다. 이 또한 인도철학과 매우 유사하다.

역사적 부처님(Buddha : BC. 560-480)과 동시대인이었던 피타고라스(BC. 570-495)의 교단은 인도의 사문 전통과도 유사했다. 피타고라스는 부처님과 마찬가지로 출생에 의한 차별과 성에 의한 차별을 인정하지 않았다. 그리스와 인도의 수행단체는 출생이나 사회적 부에 기초하지 않았고, 이념적이고 윤리적인 근거 위에 성별과 사회적 지위에 대한 차별 없이 모두에게 열려 있었다. 피타고라스의 교단에서는 심지어, 노예들도 저명한 교사가 될 수 있었고, 입문을 위한 유일한 조건은 그 지원자가 좋은 인격을 배우고 닮으려는데 성실해야 한다는 것이었다.

피타고라스 교단은 계층 구조상, 가장 높은 곳에는 승단의 스님들처럼, 식사를 같이하고 재산을 공유하는 진정한 수행단체, 즉 '마테마티코이'(mathematikoi)가 있었지만, 그들은 피타고라스의 본보기를 따르고 가정을 꾸렸다. 가정을 꾸리고 실천적인 삶을 사는 것이 영적 지식 추구와 양립할 수 없다고 볼 수는 없었다. 이 점에서 피타고라스는 모든 생명체에 대한 탐구, 번식, 자기 수양, 사랑을 재생의 순환에서 벗어나는 충분한 수단으로 여겼던 바라문에 더 가깝다. 피타고라스가 신비로운 사유와 비밀주의를 강조한 점도 바라문교에 더 가까웠다. 인도의 수도승들처럼, 피타고라스인들은 긴 머리와 흰옷과 같은 외적 특징들을 채택함으로써 그들 자신들을 신체적으로 구별했고, 동물의 희생을 금했다. 그리고 그들은 사업에 종사하는 것과 법정에서 자신들을 방어하는 것이 허용되지 않았고, 비폭력을 강조했다. 피타고라스는 친구를 또 다른 자신으로 규정함으로써 우정(philia)을 격려했고, 친구들과 그의 사회 구성원들 사이에 모든 것을 공유하는 것을 지지했다. 자연, 인간, 신들에 대한 기본적인 피타고라스의 태도는 가장 나이 많은 구성원이 저녁 식사 후에 낭독한 다음과 같은 구절에서 알 수 있다: '경작된 땅이나 과일 나무나, 인류에게 해롭지 않은 동물을 해치거나 파괴하지 말아야 한다. 또한, 신들, 악마들, 영웅들뿐만 아니라 부모들과 은인들에게도 존경스럽고 고귀한 태도를 취해야 한다.' 고타마 붓다도 율장에서 비폭력에 관한 유사한 계율들을 지지했지만, 탁발수행승에게 주어진 육식을 금지하지는 않았다. 다만 익히지 않은 고기를 받아들이는 것을 금하고, 오후불식하며, 종자와 식물을 파괴하는 것을 금하도록 했다. 피타고라스인들은 불교와 마찬가지로 오직 청정한 사람만이 세속적인 열정과 망상에서 벗어날 수 있다는 믿음을 지녔고, 정화의식(katharmoi)을 발전시켰고, 성찬의식(orgia)을 발전시켰으나, 음악이 정신 질환을 치료하고, 감정을 훈련하고, 정신의 열정적이고 공격적인 부분을 정화할 수 있기 때문에 음악을 중시한 점은 초기불교와 다른 점이다.

그리고 기독교 시대 초기의 헬레니즘적 근동(近東)과 인도 사이에 긴밀한 역사적 접촉의 증거가 있다. 사도 토마스(Apostle Thomas)가 AD. 21-46년 탁실라의 곤도파레스의 궁정에서 기독교를 전파하였고, 인도와 실론 항구에서는 그리스와의 무역과 선적은 엄청나게 증가했고, 인도 상인들과 이민자들의 작은 공동체들이 이집트와 시리아의 국제적인 중심지에 자리를 잡았다. 헬레니즘 도시인 이집트의 알렉산드리아에 수레바퀴와 삼지창이 있는 묘비가 발견된 것은, 인도 이민자들이 그들의 관습과 종교를 가져왔다는 사실을 입증하는 것이다. 그리고 팔레스타인에서 태어난 사라센인 스키티아노스(Scythianus)는 인도와 무역을 했다. 그는 인도 철학에 대한 지식을 습득한 후에 알렉산드리아에 정착하면서, 이집트의 전설에도 정통하게 되었고, 그의 제자인 테레빈토스(Terebinthus)의 도움으로, 마니가 마니교의 기초를 만들 정도였다. 테레빈토스는 그의 스승을 능가했는데, 그는 자신이 이집트인들의 모든 지혜에서 배웠다고 선포했다. 자신은 새로운 부처님이고, 처녀에게서 태어나 천사에 의해 키워졌다고 선언했다. 근동은 인도와의 교역이 증가하면서 인도와 인도인의 금욕에 관한 놀라운 이야기들이 인기를 얻게 되었고, 동양 신비주의의 중심이 이집트에서 인도로 옮겨가기 시작했다. 인도의 바라문과 사문의 전통이 널리 알려지면서, 신학자들과 영지주의자들은 인도의 금욕주의자들이 신에 대한 헌신과 세상의 쾌락을 포기한 것에 대해 찬사를 보냈다. 시나이산의 금욕주의에서 그리스의 헤시카스트(Hesychasts)로 전해진, 기독교 종교의 중요한 특징인 수도원주의는 인도의 금욕주의의 영향을 받은 것이다. 헤시카스트들의 금욕주의는 불교승려들의 금욕주의와 유사했다. 그들은 기도를 계속해서 암송하고 기도를 호흡과 묵주에 맞추며, 집중, 명상, 금식 등과 같은 수행을 하는데, 이러한 수행의 목적은 욕망으로부터의 해탈과 더 높은 진리의 실현에 있었다. 헤시카스트들과 불교 승려들은 외형적으로 비슷했지만, 전자는 은혜를 베푸는 신에게 절대적인 복종을 가르쳤고, 후자는 최고의 성취인 열반은 인간의 노력과 불보살들의 가피로 가능하다고 생각했다.

인도의 영향은 헬레니즘, 근동에서 번성했던 이교도 그리고 기독교 영지주의 공동체에서도 분명하게 나타난다. 기독교 영지주의는 경전의 문자 그대로의 의미와 그리스도의 역사적 성격을 부정하고, 영지주의에 기초한 신비적 의미만을 인정했다. AD. 2세기 전반에 살았던 영지주의 신학자 바실리데스(Basilides; AD 117-138)는 힌두교와 불교 철학에서 발견되는 것과 매우 유사한 교리를 가르쳤다. 그는 천국이 365개 있는데, 각각의 천국은 아래의 천국보다 더 우수하고 덜 구체적인데, 그 아래 모든 것들의 절대적 제일원칙이자 원인으로 가장 높은 궁극적 천국은 완전한 '무(無)'라고 가르쳤다. 신은 공간, 시간의식 그리고 심지어 존재 그 자체 위에 있고, 겨자씨 한 알이 식물 전체를 포함하고 있는 것처럼, 신은 잠재적으로 자신 안에 모든 것을 포함하며, 창조는 신의 의지의 결과라고 가르쳤다. 바실리데스는 불교도들처럼 고통이 모든 존재의 근본 원칙이고 인간의 인격은 다섯 가지 요소들로 구성된 복합적인 것이라고 믿었다. 윤회의 교리를 전파하고, 우리의 영혼을 최종적인 정화로 이끄는 불굴의 필요에 의해 지배되는 탄생은 전생에서 우리의 행위의 결과라는 관점을 지지했다.

밀린다팡하의 판본과 번역

인도에는 한역이나 현재의 빠알리본 이외에 지금은 전해지지 않는 다른 오리지널한 판본이 존재했다. 나가세나와 밀린다 왕의 대화내용의 일부가 현장역의 『구사론』제30권, 진제역의 『구사론』제22권에 소개되고 있고, 『나선비구경』의 대강과 그 내용의 일부가 『잡보장경』(AD. 472년역) 제9권에 소개되고 있는데, 그 내용은 빠알리본 『밀린다팡하』에도 한역본 『나선비구경』에도 포함되지 않은 것들이다. 이것은 『밀린다팡하』와 『나선비구경』 이전에 더욱 오리지널한 판본이 있었다는 것을 증명한다. 현존하는 『밀린다팡하』의 원전류와 그 한역본 및 번역본은 다음과 같다.

원전류

1. The Milindapañho(트렌크너본 = PTS. 본) : being Dialogue between King Milinda and the Buddhist Sage Nāgasena, The Pāli Text, Edited by V. Trenckner. London, 1880. 트렝트너(Carl Wilhelm Trenckner: 1824-1891)가 각 나라의 고필사본을 교열한 것으로 빠알리성전협회가 성립되지 1년 전에 출판된 것이다. 그의 빠알리판본은 오늘날까지 누구도 따라잡을 수 없을 정도로 완결성을 갖고 있다. 모든 근현대적 번역, 즉 리스 데이비즈(T. W. Rhys Davids), 호너(I. B. Horner)의 영역과

나까무라 하지메(中村元)와 하야지마 쿄쇼(早島鏡正) 역의『ミリンダ王の問い』의 번역에 사용한 원본이다.

2. Milindapañha(샴본 = 태국본): 가네모리 이시토시(金森西俊)의 남전대장경의 번역에 사용한 원본이다. 가장 증보가 많게 편집되었다.

2. Milindapañha(미얀마본): 인터넷에 공개된 미얀마육차결집본(Chaṭṭha Saṅgāyana Tripiṭaka 4.0) 안에 포함된 판본으로 역자가 참고했으나 간혹 오타나 정형구의 반복에서 오류가 있다.

3. Milindaprasnaya(싱할리본 = 스리랑카본) : 왕 끼르띠 스리라자 싱하(Kīrtti Sri Rāja Siṃha; 즉위 1747-1781) 때에 하나띠 꿈부레 쑤낭갈라(Hīnati Kumbure Sumaṅgala)가 싱할리어로 번역한 것으로 리스 데이비즈가 영어번역에서 참고한 판본이다.

한역본

1.『那先比丘經』A본(T. 32; 694-703); 상하2권본으로 역자와 역경연대는 밝혀져 있지 않다. 원래 고려대장경에만 수록되어 있었다. 13,709자(字)로 이루어져있다. 이 A본은 상권의 끝부분부터 B본의 중권의 거의 모든 부분이 탈락되어 있고, B본의 중권 끝부분에서 다시 이어지고 있다. 이 탈락된 부분을 제외하면 양본의 내용은 일치한다.

2.『那先比丘經』B본(T. 32; 703-719); 상중하3권본으로 역자와 역경연대는 밝혀져 있지 않다. 송장(宋藏), 원장(元藏), 명장(明藏)에 실려 있던 중국본이었다. 22,674자(字)로 이루어져있다. 이 B본은 A본을 포함하고 있다. 그러나 빠알리본은 총7편으로 구성된 것에 비해, 이 한역본은 첫3편만으로 구성되어 있다. 나가세나와 밀린다의 전생이야기, 현생이야기로부터 시작해서 양자가 만나 대론하고 제3권에서 대론이 끝난 것으로 되어있다. 이 판본은 트렝크너의 빠알리어본, Miln. 25-89에 해당한다. 이 공통되는 부분이 BC. 2세기 중엽에서 BC. 1세기 중엽까지의 그레코 박트리아의 불교를 대변한다고 볼 수 있다.

주석서

『Milndaṭīkā ed. by Padmanabh』 S. Jaini PTS. 1997. 이 주석서는 마두랏타빠까씨니(Madhuratthapakāsinī)라고도 불리는데, 투센(P. Tuxen) 교수가 1922-

1924년 태국에서 체류하는 동안 발견한 필사본으로, 코펜하겐의 도서관(Det Konglige Bibliotek)에 그 사본이 보관되어 있었다가 1960 년에 자이니(Padma-nabh. S. Jaini) 박사가 로마나이즈화하여 PTS.에서 편찬한 것이다. 주석서로 상좌부의 중세적 발전을 살펴볼 수 있으나 부실하고 오타가 많고 주석적으로는 큰 가치를 지니진 않는다. 주석서의 저자로 알려진 마하삐따까 쭐라바야(Mahāpiṭaka Cūlābhaya)는 태국의 북부 치앙마이에 살았던 승려로 추측된다.

영역본

1. 『The Question of King Milinda』(QKM.); Tr. by T. W. Rhys Davids, SBE 35. 36, 1890. 1894, Rep. 1963. New York. N. Y. 상세한 해제와 간략한 주석이 달려있다.

2. 『Milinda's Questions』(MQ.); Tr. by Miss. I. B. Horner. M. A. 1964 The Pali Text Society. Oxford. 1999 상세한 해제와 비교적 상세한 주석이 달려있다.

3. 『The Debate of King Milinda: an Abridgement of The Milinda Pañha』 Edited by Bhikkhu Pesala, First Hardback Edition 1991, published by Motilal Banarsidass, Delhi. Revised 1998, First Pocket Edition May, 2000

일역본

1. 『國譯彌蘭陀王問經』 山上曹源譯 國譯大藏經, 1919: T. W. Rhys Davids의 영역본을 참조하여 번역한 것이다.

2. 『彌蘭陀王問經』 金森西俊譯, 南傳大藏經, 59: 태국의 Siam본을 원전으로 Trenckner본과 대비하여 번역한 것이다.

3. 『ミリンダ王の問い』(MKQ.) 中村元, 早島鏡正譯, 平凡社 1963, PTS.의 Trenckner 본을 대본으로 하고 Siam본을 참조하여 번역한 것이다. 비교적 상세한 주석이 달려있고, 고층적 부분에 대해서는 무엇보다도 고대희랍철학과 비교하여 주석을 달아준 것이 독창적이다.

독일어본

1. 『Die Fragen des Königs Milindo』(FKM.) übersezt von Nyanatiloka, Leipzig 1919 / teilweise neu übersezt von Nyanatiloka. Ansata Verlag. Schweiz. 1985.

최초의 독일어 번역으로 싱할리 번역서 쌋다르마다싸야(Saddarmādāsaya; by S. Sumaṅgala Thera, 1765)를 참조하여 번역했으므로 내용적으로 정확성이 뛰어나다.

2. 『Die Fragen des Königs Menandros』 übersezt von F. Otto Schrader: Berlin 1905 상세하고 믿을 만한 번역이지만 전체를 모두 번역한 것이 아니라 제1편에서 제3편만 번역한 것이다.

불역본

1. 『Les questions de Milinda』 trduit du Pali par Louis Finot, (Les classiques de l'orient, vol. VIII. Paris 1923.

우리말번역(모두 重譯本 또는 簡略本)

1. 『밀린다왕문경』(고층본) 서경수 역 한글대장경201. 1961 동국역경원
2. 『밀린다왕문경』(1, 2) 불전간행회. 동봉 · 이미령 역 민족사. 1997
3. 『미란타왕문경』 이사카미젠오역. 이원섭 중역, 현암사 2001.
4. 『미란왕의 물음』(요약본) 서정형 역해, 공감과 소통, 2020

중요한 번역술어에 대한 해명

1) 담마(dhamma)와 가르침, 사실, 현상, 원리

다양한 의미를 지닌 빠알리어를 거기에 일대일 대응되는 하나의 한글로 옮긴다는 것은 불가능하다. 한역에는 가능했지만 초기의 한역경전들을 보면, 동일한 빠알리어 경전들도 역자에 따라 다양하게 번역되었음을 알 수가 있다. 그러나 한역에는 모든 담마(dhamma)를 법(法)이라고 번역하는 등의 번역에서의 경직성이 강했다. 이러한 경직성은 한역 장경을 이해하기 어렵게 만드는 중요한 요인이 된다.

담마(dhamma; *sk.* dharma)는 적어도 부처님의 가르침이라는 의미로 가장 많이 쓰이기는 하지만, 담마는 부처님에게서 기원하는 것이 아니라 무시이래로 과거, 현재, 미래의 모든 부처님이 가르치는 진리, 선행, 해탈의 기본적인 '원리'를 말하는 것이다. 이것은 담마가 단지 인간역사의 특수한 시기에 나타나는 종교적인 가르침을 넘어서는, 시공간적으로 보편적인 원리인 것을 의미한다. 그것은 사실, 진리, 정의가 하나로 통일되어 최종목표인 열반으로 이끄는 정신적이고 윤리적인 사실을 말한다. 그 정신적이고 윤리적인 사실 속에서 부처님

은 과학적 인과관계를 배제하지 않았고, 우주 자체를 전적으로 인간의 입김을 배제하는 무도덕적인 것으로 보지 않았다. 부처님에게 도덕적이고 종교적인 현상을 의미하는 담마는 신비적인 것이 아니라 원인과 결과의 법칙이 작용하는 '윤리적 우주' 자체로까지 확장된다.

담마가 담마라자(法王 dhammarāja)가 될 경우에는 그 의미가 '정의로운 왕'이라는 뜻이 된다. 그리고 담마가 복수로 나올 경우에는 가르침이나 사실을 의미하는데, 사실에는 단지 물리적인 사실만이 아니라 정신적인 사실까지 포괄한다. 거기에는 십이연기의 고리, 다섯 가지 존재의 다발, 여섯 감역, 깨달음으로 이끄는 다양한 수행방법도 포함된다. 그리고 두 경전(SN. 12 : 33; 42 : 11)에서 발견되는 '이미나 담메나(imina dhammena)'는 '이러한 원리에 의해서'라고 번역될 수 있다. 그리고 어떤 경전(SN. 7 : 9, 11)에서 발견되는 '담마싸띠(dhammasati)'는 '원리가 있다면'이라고 번역이 가능하다. 또한 복수의 담마는 '현상'이나 '원리' 또는 '사실' 또는 '것들'로 번역할 수 있다. 그러나 빠띳짜싸뭇빤나 담마(paṭiccasamuppannā dhammā : 緣生法; SN. 12 : 20)는 연기법과 대칭되는 의미에서 '조건적으로 발생된 것'이라는 의미에서 '연생의 법'이라고 번역한다. 그러나 다섯 가지 존재의 다발을 두고 로께 로까담마(loke lokadhammā; 22 : 94)라고 할 때 그것을 '세상속의 세상의 사실'이라고 번역할 수 있다. 그리고 심리적인 측면에서 해석될 때에는 담마는 '상태'라고 번역될 수 있다. 담마비짜야삼보장가(dhammavicaya sambojjhaṅga : 擇法覺支)의 경우에는 담마(dhamma)를 생략하여 '탐구의 깨달음 고리'라고 번역했다. 담마야따나(dhammāyatana : 法處)의 경우에는 마나야따나(manāyatana)에 대응되는 말인데 정신의 감역에 대한 정신적 대상으로서의 사실을 의미하지만 역자는 '사실의 감역' 또는 '사실의 세계'로 번역한다. 따라서 담마싸띠빳타나(dhammasatipaṭṭhāna : 法念處)도 사실에 대한 새김의 토대라고 번역했다. 여기서 필자가 사용한 사실이란 광의의 의미로 유위법(有爲法)은 물론이고 정신의 대상으로서의 무위법인 열반까지 포함하는 전체를 지칭한다. 빅쿠 보디(Cdb. 1777)는 그러한 정신의 대상으로서의 담마에 대하여 '현상(phenomena)'이라는 말을 사용했는데 이렇게 되면 불교를 단순히 현상론으로 해석할 소지가 많고, 열반도 단지 현상으로 전락하므로, 이 말은 단지 정신적인 현상을 명확히 지칭할 때를 제외하고는 되도록 피했다. 담마다뚜(dhammadhātu : 法界)도 역시 '사실의 세계'라고 번역하고 거기에 대응하는 마노빈냐나다뚜(manoviññā-nadhātu : 意識界)는 '정신의식의 세계'라고 번역했다. 그리고 복합어의 뒷부분을 구성하는 담마는 문법적으로 독특한 성질을 지닌다. 예를 들어 카야담마(khayadhamma), 바야담마(vayadhamma), 니로다담마(nirodhadhamma)에서 담마는 단순히 '것'이라고 하거나 '해야만 하는 것'이란 문법적 의미를 지니므로 그것들은 '파괴되고야 마는 것, 괴멸되고야 마는 것이고 소멸되고야 마는 것' 또는 '파괴되는 것, 괴멸되는 것이고 소멸되는 것'이라고 번역되어야 한다. 그리고 아닛짜담마(anicca dhamma), 둑카담마(dukkhadhamma), 아낫따담마(anattadhamma)는 '무상한 것, 괴로운 것, 실체가 없는 것'이라고 번역할 수 있다.

2) 쌍카라(saṅkhārā)와 형성

빠알리어 쌍카라는 한역에서 행(行)이라고 하는 것인데, 그것은 불교술어 가운데 번역하기 가장 힘들고 난해한 용어이다. 이 용어에 대한 현대적 번역에는 '결정, 구성, 결합, 형성, 의도'가 있는데 그 가운데 가장 보편적인 것이 형성이다. 원래 쌍카라(saṅkhārā)는 '함께 만들다(saṁkaroti)'의 명사복수형으로 '함께 만드는 것, 조건 짓는 것' 뿐만 아니라 '함께 만들어진 것, 조건지어진 것'을 의미한다. 단어의 철학적인 특성상 주로 복수로 쓰인다. ≪쌍윳따니까야≫에는 이와 관련하여 7가지의 교리적인 문맥이 발견된다. ① 십이연기에서의 형성은 무지나 갈애와 관련하여 윤회를 지속시키는 능동적이고 의도적인 형성이다. 여기서 형성은 업(kamma : 業)과 동의어이고 세 가지가 있다. 즉 신체적 형성, 언어적 형성, 정신적 형성(SN. 12 : 2)또는 공덕을 갖춘 형성, 공덕을 갖추지 못한 형성, 중성적인 형성(SN. 12 : 51)이다. 신체적 형성에는 호흡이 포함된다. ② 다섯 가지 존재의 다발(pañcakkhandha : 五蘊)에서 형성은 여섯 가지 감각대상에 대한 의도(SN. 22 : 56)로서 분류된다. 이때의 형성은 의도로서, 느낌과 지각 이외의 의식의 정신적 동반자는 모두 형성이라고 한다. 따라서 착하고 건전하거나 악하고 불건전한 다양한 모든 정신적인 요소들이 모두 형성에 속한다. ③ 형성은 가장 넓은 의미로 모든 조건지어진 것(SN. 22 : 90)을 뜻한다. 모든 것들은 조건의 결합에 의해서 생겨난다. 형성이라는 말은 우주전체가 조건지어진 것이라는 철학적인 조망을 할 수 있는 주춧돌이 된다. 제행무상(諸行無常)과 일체개고(一切皆苦)의 제행과 일체는 바로 이 형성을 말하는 것이다. ④ 형성의 삼개조 – 신체적 형성, 언어적 형성, 정신적 형성 – 가 지각과 느낌의 소멸(想受滅)과 관련해서 언급된다.(SN. 41 : 6) 신체적 형성은 호흡을 뜻하고 언어적 형성은 사유와 숙고를 뜻하고, 정신적 형성은 지각과 느낌을 뜻하는데, 그 지각과 느낌이 소멸한 자에 도달하려면, 그 소멸의 순서는 언어적 형성, 신체적 형성, 정신적 형성이다. ⑤ 네 가지 신통의 기초(四神足)와 관련하여 정신적인 힘의 기초로서 '노력의 형성(padhāna saṅkhāra)'이 있다. ⑥ 그 밖에 수명의 형성(āyusaṅkhāra; SN. 20 : 6; 51 : 10), 생명의 형성(jīvitasaṅkhāra; SN. 47 : 9), 존재의 형성(bhavasaṅkhāra; SN. 51 : 10)이란 개념이 있는데 그것들은 각각 생명력의 상이한 양상으로 이해할 수 있다. ⑦ 그 밖에 이 쌍카라(saṅkhārā)와 연관된 수동태의 쌍카따(saṅkhata : 有爲)란 단어가 있다. 쌍카라가 조건짓는 것이라면 쌍카따는 조건지어진 것을 의미한다. 쌍카라는 의도에 의해서 활성화되는 능동적 조건짓는 힘으로, 조건지어진 현상인 쌍카따를 만들어낸다. 이에 비해서 쌍카따는 수동적인 의미로 쌍카라에 의해서 만들어진 것으로, 존재의 다발이나 여섯 감역이나 조건지어진 현상세계를 의미한다. 쌍카따에 대해서 한역에 유위(有爲)라는 번역이 있는데 역자는 때로는 유위 때로는 '조건지어진 것'이라고 번역했다. 그 반대의 용어 아쌍카따는 '조건지어지지 않은 것', 즉 무위(無爲)를 뜻하는데 바로 열반을 지칭한 것이다.

3) 나마루빠(nāmarūpa)와 명색(名色)및 정신·신체적 과정

나마루빠(nāmarūpa)곧, 명색(名色)이라는 말은 불교 이전의 우파니샤드 철학에서 유래한 것이다. 유일자인 하느님[梵天]이 세상에 현현할 때의 그 다양한 현현에 대해 사용된 말이다. 현현된 세계는 다양한 이름과 다양한 형상으로 구성되어 있다. 그런데 흥미로운 것은 ≪쌍윳따니까야≫에 명색의 우파니샤드적 의미를 나타내는 '외부의 명색(bahiddhā nāmarūpam)'이라는 단어가 나온다.(SN. 12 : 19) 명색(名色)은 유일자인 신이 이름과 형상으로 현현한 것을 말하는데, 그것들이 세계를 구성하는 개체의 인식적 측면과 재료적 측면을 구성한다고 볼 수 있다. 불교에 와서는 이러한 인식적 측면이 명(名), 즉 정신이 되었고 재료적 측면이 색(色), 즉 물질이 되었다. 그래서 정신적 요소에 속하는 느낌,

지각, 의도, 접촉, 정신활동(vedanā, saññā, cetanā, phassa, manasikāra; SN. 12 : 2)은 명(名)이고 물질적 요소인 땅 · 물 · 불 · 바람(地·水·火·風)과 거기에서 파생된 물질(upādāya rūpaṁ : 所造色)은 색(色)으로서 모두 합해서 명색이라고 한다. 따라서 명색은 '정신 · 신체적 과정'이라고 말할 수 있다. 니까야에서 정신적인 요소를 의미하는 명(名)에 의식이 포함되지 않은 이유는 의식이 물질적인 신체(色)에 접촉하나 정신과 관계된 느낌, 지각, 의도, 접촉, 정신활동에 연결되어 작동하기 때문이다. 그리고 명색의 조건으로서의 의식의 전개(viññāṇassa avakkanti; SN. 12 : 59)라는 말이 등장하는데, 그것은 과거세로부터 새로운 유기체의 시작조건이 되므로써, 현존재로 의식이 흐르는 것을 말하는 것이다. 명색의 전개(nāmarūpassa avakkanti; SN. 12 : 39, 58, 64)라는 말은 새로운 유기체의 시작을 뜻한다. 역자는 문맥에 따라 특히 시에서 쓰일 때, 그 이해를 쉽게 하기 위해 '정신 · 신체적 과정'이라고 번역한다.

4) 칸다(khandha)와 다발 및 존재의 다발

불교의 가장 중요한 술어 가운데 하나가 오온(五蘊)이라는 것이다. 이것은 앞의 명색을 구성하는 요소들이기도 하다. 역자는 오온이라고 하는 것을 다섯 가지 존재의 다발(pañcakkhandha : 五蘊)이라고 번역한다. 이 다섯 가지에는 물질(rūpa : 色), 느낌(vedanā : 受), 지각(saññā : 想), 형성(saṅkhārā : 行), 의식(viññāṇa : 識)이 있다. 여기서 온(蘊), 즉 칸다(khandha)라는 용어는 PTS 사전에 의하면 다음과 같은 의미를 지니고 있다.

> ① 천연적 의미 : 크기가 큰 것, 육중한 것, 거친 물체, 예를 들어 코끼리의 엉덩이, 사람의 어깨, 나무등걸 등으로 하나의 단위를 지니며 크기가 큰 것을 의미한다. 물, 불, 덕성, 부 등도 포함된다. ② 응용적 의미 : 집합적인 의미의 모든 것, 다발, 덩어리, 부분품들, 구성요소 등이다.

붓다고싸는 칸다를 '더미(rāsi)'로 보았다. 그러나 칸다는 어깨의 근육처럼 다발로 뭉쳐있는 상태를 의미한다. 단순히 더미라는 말은 긴밀한 연기적인 의존관계를 반영하기에는 통일성이 없는 개별적 부품처럼 인식될 수가 있다. 역자는 그래서 다발이라는 말을 쓴다. 물질은 물질의 다발이고 정신은 인식의 다발이다. 그들은 상호 연관적으로 작용한다. 정신· 신체적 복합체를 표현하는 칸다에 대한 가장 적절한 표현은 '존재의 다발'일 것이다. 이 책에서는 칸다를

'존재의 다발'이라고 표현한다. 그 원리는 아마도 비트겐슈타인의 섬유론으로 가장 적절하게 설명될 수 있을 것이다.

> "노끈의 강도는 처음에 끈으로 달리는 단 하나의 가닥에만 전적으로 의존하는 것이 아니다. 아무런 가닥도 노끈의 전부를 달리지 않으며 때때로 겹쳐지고 엇갈리는 섬유 사이의 관계에 의존한다."(Die Stärke des Fadens liegt nicht darin, dass irg end eine Faser durch seine ganze Länge lauft, sondern darin, dass viele Fas ern einander übergreifen: Wittgenstein, L. 「Philosophische Untersuchungen」 『Ludwig Wittgenstein Werkausgabe』 Band 1. Frankfurt am Main, 1984, S. 278)

초기불교에서 윤회는 바로 존재의 다발(五蘊)의 지속적 연결이고 그것은 바로 이 노끈의 연결과 유사하다. 거기에는 처음부터 끝까지 영원히 지속되는 한 가닥의 정신적 섬유로서의 자아(atta, *sk.* ātman)는 없지만 그럼에도 불구하고, 즉 주이적(住異的)으로 무상하지만 겹쳐지고 꼬이면서 상호의존하며 수반되는 섬유들로서의 오온에 의해 확증되는 지속성은 있다. 이것은 언제나 변화하면서 지속되는 불꽃의 비유와 같은 것이다. 윤회하는 것은 이러한 존재의 다발인 것이다.

이러한 존재의 다발 가운데 물질, 느낌, 지각, 형성, 의식이 있다. 이 가운데 물질은 지수화풍(地·水·火·風)을 의미하므로 물질이고, 특수하게 명상의 대상세계인 색계(色界)일 때에는 미세한 물질계라고 번역을 하고, 단순히 시각의 대상일 때는 형상이라고 번역한다. 느낌은 감수(感受)라고 번역하는 것이 포괄적이긴 하지만 일상용어가 아니므로 피하고, 주로 경전에서는 고락과 관계된 것이므로 느낌이라고 번역한다. 지각은 사물을 이를테면 '파란 색을 파란 색으로 인식하는 것'을 말한다. 형성은 위의 쌍카라 항목 ①, ②에서 설명했으므로 생략한다. 의식은 대상을 인식하는 것이 아니다. 그것은 일종의 알아차림이다. 대상의 존재를 단지 알아채는 것이다. 예를 들어 눈이 파란 색의 물체를 보았을 때에, 안식은 빛깔과 형상의 존재를 알아챌 뿐이고, 그것이 파란 색의 물체라는 것을 깨닫지 못한다. 이 단계에서는 아무런 인식이 없다. 그것이 파란 색의 물체라는 것을 아는 단계는, 지각(想)의 단계이다. 그래서 '시각의식'이라는 말은 곧 '본다'와 같은 뜻을 지닌 것이다. 이러한 이유로 존재의 다발을 역자는 위와 같이 번역했다.

그 밖에도 '칸다.'라는 말이 단순히 '여러 가지'란 뜻으로도 쓰이지만, 상호의존하는 연결관계를 나타내므로 그 때는 그냥 '다발'로 번역한다. 계행의 다발(sīlakkhandha : 戒蘊), 삼매의 다발(samādhikkhandha : 定蘊), 지혜의 다발(paññakkhandha : 慧蘊)등이 있다.

5) 쌉뿌리싸(sappurisa)와 참사람

빠알리어 쌉뿌리싸(sappurisa)라고 지칭하는 말은 한역에서 다양한 번역용어를 사용하기 때문에 우리말 번역도 그 적절성을 찾기가 힘들다. 빠알리성전협회의 빠알리-영어사전(PED)에서 어원을 추적하면 쌉뿌리싸는 두 단어 싸뜨(sat=sant)와 뿌리싸(purisa)로 구성되어 있다. 어원적으로 싸뜨(sat)는 어근 √as '있다'의 현재분사가 약변화한 어간이다. 이 싸뜨(sat)는 빠알리성전협회의 사전에 의하면, 세 가지의 의미를 지닌다. ① 존재하는(existing : 有) ② 진실한(true : 眞) ③ 착한(good : 善)따라서 싸뜨에는 어원적으로 착하다는 의미 이전에, 실재한다는 의미에서의 진실 즉 참을 뜻한다는 사실을 알 수 있다. 그리고 뿌리싸(purisa)는 원래 단순히 '사람' - 시민적인 의미에서 - 을 지칭하지만 쌉뿌리싸를 지칭하기도 한다. 그래서 한역 중아함경 37에서 이 쌉뿌리싸(sappurisa)는 선남자(善男子)라고 번역한다. '싸뜨' 또는 '쌉'은 선(善)으로 '뿌리싸'는 남자(男子)로 번역되고 있는 것이다. 북전에서 선(善)이라고 번역한 것은 송나라의 구나발타라(求那跋陀羅)가 이렇게 번역한 데 원인이 있겠지만, 아마도 북방불교권의 번역에서 많이 사용되는 특징이기도 하다. 그러나 붓다고싸는 쌉뿌리싸를 '진리(dhamma)를 따르는 진실한 사람(saccapurisa), 즉 선한 사람(kalyāṇapurisa)'으로 정의하고 있다(Pps. Ⅵ. 79). 이러한 고찰을 참고한다면 쌉뿌리싸는 단순히 선남자라고 번역하기 보다는 외연이 보다 넓고 깊은 참사람으로 번역하는 것이 타당하다. 실제로 한역에서도 북전의 법구경에서는 덕인(德人), 북전 아함경에서 정사(正士), 선사(善士), 정인(正人)이라고 번역하고 있는 것을 볼 수 있다. 따라서 한역의 정인, 정사라는 표현은 참사람과 근접한다고 볼 수 있다. 그리고 참고로 Pps. Ⅳ. 79에서는 쌉뿌리싸(sappurisa)를 '가르침(法 : dhamma)을 다루는 진실한 사람(saccapurisa), 또는 선한 사람(kalyāṇapurisa)'으로 정의한다. 이것을 영역에서 호너(I. B. Horner)는 '착한 사람(a good man)' 우드워드(F. L. Woodward)는 '가치 있는 사람(a worthy man)', 리스 데이비즈는 '고귀한 마음을 지닌 사람(the noble minded person)'이라고 번역하고, 가이거는 '완전한 사람(der vollkommenen Menschen)'으로, 빅쿠 보디는 '훌륭한 사람(a superior person)'으로 번역했다. 경전에서 참사람은 오계(五戒)를 지키는 차원의 윤리적 인간에 대해서만 언급한 것이 아니다. 부처님의 혈통에 든 님(gotrabhū : 種姓者)이라는 말은 '네 쌍으로 여덟이 되는 참사람[四雙八輩]이 되기 직전의 참사람의 반열에 입문한 자(種姓者)'의 단계를 말하는데, 그는 선정이나 출세간의 원리적인 길에 들기 전의 감각적 쾌락의 욕망계의 마지막 의식단계를 지니고 있는데, 그 사람부터 부처님에 이르기까지도 참사람에 속한다고 볼 수 있다.

그러므로 참사람에는 고귀한 제자들이 모두 포함되며, 주로 네 쌍으로 여덟이 되는 참사람의 무리(cattāri purisayugāni aṭṭha purisapuggalā : 四雙八輩)를 지칭한다. 이 중에서 흐름에 드는 길을 가는 님(sotāpattimagga : 預流向), 흐름에 든 경지에 도달한 님(sotāpattiphala : 預流果)= 흐름에 든 님(sotāpatti-panna : 預流者)이 있다. 흐름에 든 님은 열 가지 결박[十結 : dasa saṁyoj-janāni] 가운데 ① 개체가 있다는 견해(sakkāyadiṭṭhi : 有身見) ② 회의적 의심(vicikicchā : 疑) ③ 규범과 금계에 대한 집착(sīlabhataparāmāsa : 戒禁取)에서 벗어나야 한다. 둘째, 감각적 쾌락의 욕망계의 천상이나 인간계에 태어나 열반에 들기 위해 한 번 돌아오는 길을 가는 님(sakadāgāmīmagga : 一來向), 한 번 돌아오는 경지에 도달한 님(sakadāgāmīphala : 一來果)= 한 번 돌아오는 님(sakadāgāmin : 一來者)이 있다. 한 번 돌아오는 님은 열 가지 결박 가운데 위 세 가지와 더불어 ④ 감각적 쾌락에 대한 탐욕(kāmarāga : 欲貪) ⑤ 분노(paṭigha : 有對)를 거의 끊어야 한다. 셋째, 미세한 물질계의 천상으로 가면서나 거기에 도달해서 열반에 들기 때문에 이 세상으로 돌아오지 않는 길을 가는 님(anāgamī magga : 不還向), 돌아오지 않는 경지에 도달한 님(anāgamīphala : 不還果)= 돌아오지 않는 님(anāgamin : 不還者)이 있다. 돌아오지 않는 님은 위의 다섯 가지 낮은 단계의 결박을 완전히 끊은 자이다. 넷째, 거룩한 길을 가는 님(arahattamagga : 阿羅漢向), 거룩한 경지에 도달한 님(arahatta-phala : 阿羅漢果)= 거룩한 님(arahat : 阿羅漢)이 있다. 거룩한 님은 위의 다섯 가지 낮은 단계의 결박은 물론 ⑥ 미세한 물질계에 대한 탐욕(rūparāga : 色

貪) ⑦ 비물질계에 대한 탐욕(arūparāga : 無色貪) ⑧ 자만(māna : 慢) ⑨ 자기 정당화(uddhacca : 掉擧) ⑩ 무명(avijjā : 無明)의 다섯 가지 높은 단계의 결박에서 완전히 벗어난 자를 말한다. 이 가운데 거룩한 님을 제외하면 일곱 가지 학인의 단계에 있는 학인(sekha : 有學)이라고 부르고 거룩한 님은 학인의 단계를 초월한 무학(asekha : 無學)이라고 부른다.

6) 승가(僧伽 : saṅgha)와 참모임

초기불교에서 교단을 의미하는 승가(saṅgha : 僧伽)에 관하여 비구승가(bhikkhusaṅgha : 比丘僧伽), 비구니승가(bhikkhunīsaṅgha : 比丘尼僧伽), 사방승가(cattudisasaṅgha : 四方僧伽), 현전승가(sammukhīsaṅgha : 現前僧伽), 승보(saṅgharatana : 僧寶), 성문승가(sāvakasaṅgha : 聲聞僧伽)등의 용어를 찾아볼 수 있다. 여기서 재가의 남자 신도(upāsika : 優婆塞), 재가의 여자 신도(upāsikā : 優婆夷;)의 승가란 말은 나타나지 않는다. 재가신도를 포함시킬 때는 승가라는 말 대신에 사부대중(catasso parisā : 四部大衆)이라는 표현을 쓴다. 그러나 승가 안에 재가신도가 포함되지 않는다고 명시적으로 규정할 수는 없다. 사방승가는 시간적으로 삼세에 걸쳐 확대되고 공간적으로는 우주적으로 확대되는 보편적 승가를 지칭한다. 그렇다면 이 사방승가 안에는 재가신도가 당연히 포함되어야 할 것이다. 그러나 이 사방승가도 재가신도에 관한 언급이 없이 비구·비구니 승가의 확장으로 규정되고 있다. 그리고 현전승가는 시간·공간적으로 제한된 사방승가의 지역승가생활공동체이다. 이 현전승가 역시 비구 또는 비구니 승가이다. 그러나 경전에서는 재가신도인 재가의 남자 신도나 재가의 여자 신도가 없이는 사방승가와 현전승가의 이념이 성립할 수 없음을 경전은 분명히 하고 있다. 왜냐하면 출가자는 생활의 물자를 얻기 위해 노동할 수 없으므로, 재가의 남자 신도와 재가의 여자 신도로부터 의식주를 위한 생필품과 필수약품(四資具)을 공급받아야 생활공동체로서의 현전승가가 유지되며, 재가의 남자 신도와 재가의 여자 신도로부터 승가람(僧伽藍), 승가람물(僧伽藍物), 방(房), 방물(房物)등을 기증받아서 부처님의 가르침을 유지시켜야 '부처님을 상수로 하는 승가' 즉 사방승가가 성립할 수 있다. 한편 승보라고 하는 것은 불교도의 귀의처로 종교적 신앙의 대상 가운데 삼귀의(三歸依)의 하나가 된다. 초기불교의 경전에서는 그 구체적인 범주가 언급되어 있지 않다.

그러나 구사론(俱舍論)이나 대지도론(大智道論)에서는 그 범주를 구체적으로 정하고 있다. 승보(僧寶)에는 비구·비구니 승가가 모두 포함되는 것이 아니라, 진리의 흐름에 들기 시작한 님인 예류향(預流向)에서부터 열반에 도달한 아라한에 이르기까지의, 네 쌍으로 여덟이 되는 참사람[四雙八輩]을 의미한다고 규정하고 있다. 이 승보의 개념은 ≪쌍윳따니까야≫(SN. 12 : 41)에서 규정하는 '세존의 제자들의 모임은 네 쌍으로 여덟이 되는 참사람으로 이루어졌으니 공양받을 만하고 대접받을 만하고 보시받을 만하고 예경받을 만하며 세상에서 위없는 공덕의 밭이다.(yadidaṁ cattāri purisayugāni aṭṭha purisapuggalā esa bhagavato sāvakasaṅgho, āhuneyyo, pāhuṇeyyo, dakkhiṇeyyo, añjali-karaṇīyo, anuttaraṁ puññakkhettaṁ lokassa)'라는 개념과 일치한다. 제자들의 모임은 성문승가의 개념이므로 참사람의 모임인 승가를 역자는 참모임이라고 번역한다. 그리고 그 구성원을 수행승, 수행녀, 재가의 남자 신도, 재가의 여자 신도라고 번역한다. 비구승가는 비구승가 또는 수행승의 참모임, 수행승의 무리로, 비구니승가는 비구니 승가 또는 수행녀의 참모임, 수행녀의 무리로 문맥에 따라 번역한다. 성문승가는 제자들의 참모임 또는 제자들의 모임으로 번역한다. 재가신도는 재가의 남자 신자 또는 재가의 남자 신도로, 재가의 여자 신자 또는 재가의 여자 신도로 번역한다.

7) 싸띠(sati : 念)와 새김

우선 역자의 번역과 다른 초기경전의 역자들 사이에서 가장 두드러진 번역의 차이를 보이는 것은 '싸띠(sati)'에 대한 것이다. 최근에 위빠싸나 수행자들 사이에 이 '싸띠'를 두고 '마음챙김'이라고 번역하는 것이 대세가 되었다. 일부에서는 '마음지킴'이라고 번역하기도 한다. '싸띠'는 내용적으로, 마음이 지금 여기에 현존하는 것이며, 분별적인 사유나 숙고에 휩싸이지 않고 대상을 알아채고 관찰하는 것을 말한다. 이러한 것을 단순히 고려한다면, '싸띠'를 '마음챙김'이나 '마음지킴'으로 번역하는 것이 어느 정도는 타당성을 지니는 것처럼 보인다.

그러나 이러한 번역은 몇 가지 모순을 갖는다. 첫째, 모든 가르침의 요소들이 마음과 관계되는 것인데 유독 '싸띠'에만 별도로 원래는 없는 마음이란 단어가 부가될 이유가 없다. 둘째, 올바른 '마음챙김'이나 '마음지킴'이라는 말은 착하고 건전한 것들을 지향하는 올바른 정진과 특히 내용상 구분이 어려워질 수 있다. 셋째, 네 가지 새김의 토대[四念處]에서 토대가 되는 명상주제의 하나에 마음이 포함되어 있어서 그것을 두고 마음에 대한 마음의 '마음챙김'이나 마음에 대한 마음의 '마음지킴'이라고 삼중적으로 번역하는 잘못이 발생할 수 있다. 넷째 '싸띠'라는 빠알리어 자체에는 '마음'은 커녕 '챙김'이나 '지킴'이라는 뜻도 어원적으로 없다.

이 '싸띠'에 대해서는 부처님이 직접 ≪쌍윳따니까야≫에서 정의 내린 부분 ― '수행승들이여, 이와 같이 수행승이 멀리 떠나 그 가르침을 기억하고 사유하면(anussarati anuvitakketi.), 그 때 새김의 깨달음 고리가 시작한다.(SN. 45 : 3)' ― 을 참고하여 번역하는 것이 제일 타당하다. 여기서 우리는 분명히 기억과 사유가 새김의 전제조건으로 작용하고 있음을 알 수 있고, 확실한 '싸띠'에 대한 해석학적 설명, 즉 기억과 사유의 종합을 지시하고 있음을 알 수 있다. 실제로 '싸띠'라는 말은 범어의 '스므리띠'(*sk.* smṛti)의 빠알리어 형태로 원천적으로 '기억'이란 뜻을 갖고 있으나, 기억과 사유가 일치하는 '지금 여기에서의 분명한 앎'이란 의미도 갖고 있으므로 그 둘 다의 의미를 지닌 우리말을 찾던 역자는 '새김'이란 가장 적당한 번역어라고 생각했다. 새김은 과거에 대한 '기억' 뿐만 아니라 지금 여기에서의 '조각(彫刻)' ― 물론 사유를 은유적으로 이해할 때에 ― 이라는 의미를 모두 함축하기 때문이다. 기억이 없이는 사물에 대한 지각을 올바로 알아차린다는 것은 불가능한 것이다. 따라서 새김의 토대에 대한 경(Satipaṭṭhānasutta MN. 10 : 念處經)에서 '싸띠'가 주로 관찰의 의미로 사용되는 것은 '지금 여기에서의 분명한 앎'으로서의 새김과 관계된 것이다.

8) 요니쏘 마나씨까라(yoniso manasikāra)와 이치에 맞는 정신활동

그 다음에 번역하기 난해한 것은 요니쏘 마나씨까라(yoniso manasikāra : 如理作意)와 아요니쏘 마나씨까라(ayoniso manasikāra : 非如理作意)라는 단어이다. 우선 요니쏘(yoniso)라는 말은 어원적으로 '모태(母胎)적으로'라는 말인데, '철저하게, 근본적으로, 이치에 맞게'라는 뜻으로 쓰이는데, 한역의 여리(如理)라는 말은 그 가운데 '이치에 맞게'라는 뜻을 취했음을 알 수 있다. 물론 이 때에 '이치에 맞게'라는 뜻은 '연기(緣起)의 원리에 맞게'라는 뜻이다. 따라서 '아요니쏘(ayoniso)'는 그 반대의 뜻을 지닌 것임을 알 수 있다. 더욱 번역하

기 어려운 것이 마나씨까라(manasikāra : 作意)라는 말인데, 이 말을 '주의를 기울임'이라고 번역하면, 새김의 특성과 중복되므로 적당하지 않고, 한역에서처럼 작의(作意)라고 하기에는 일상용어가 아니라 그 의미가 애매해진다. '마나씨까라', 즉 작의(作意)는 ≪구사론≫이나 유식철학(唯識哲學)에서는 5위 75법의 하나로 처음 마음을 움직여 다섯 가지 감관의 문을 통해 대상을 향하게 하는 마음의 작용이다. '마니씨까라'는 마나쓰(manas)와 까라(kāra)의 복합어이므로 그것은 각각 역자의 번역에서는 정신과 활동을 의미하므로 '정신활동을 기울임' 또는 '정신활동을 일으킴'이라고 번역한다. 그래서 요니쏘 마나씨까라는 주석서(Srp. II. 21)에 따르면, '방편에 의한 정신활동으로, 교리에 의한 정신활동에 의해서(upāyamanasikārena pāthamanasikārena)'의 두 가지 뜻으로 해석하고 있다. 리스 데이비드 부인(Mrs. Rhys Davids)은 이것을 '체계적으로 주의를 기울임'이라고 해석했고, 빅쿠 보디(Bhikkhu Bodhi)는 ≪쌍윳따니까야≫의 번역에서 '주의 깊게 주의를 기울임'이라고 해석했다.(Cdb. 1584)니야나띨로까(Nyanatiloka)의 『불교사전(Buddhistisches Wörterbuch)』에서는 '철저한 또는 현명한 숙고'이고, 한역에는 여리작의(如理作意)라고 한다. 역자는 피상적이 아닌 연기법에 따른 심오하고 근본적 정신활동을 뜻한다고 보고 한역에도 부합하도록, '이치에 맞게 정신활동을 기울임' 또는 '이치에 맞게 정신활동을 일으킴'이라고 번역한다. 아요니쏘 마나씨까라는 '이치에 맞지 않게 정신활동을 기울임' 또는 '이치에 맞지 않게 정신활동을 일으킴'이라고 번역한다. 단, '요니쏘(yoniso)'가 단독으로 등장할 경우에는 '근본적으로' '철저하게' 또는 '이치에 맞게'라고 번역하고, '아요니쏘(ayoniso)'가 단독으로 등장할 경우에는 '피상적으로' '철저하지 않게' 또는 '이치에 맞지 않게'라고 번역한다.

9) 비딱까(vitakka)·비짜라(vicāra)와 사유·숙고

그 다음으로는 비딱까(vitakka)와 비짜라(vicāra)가 있다. 아비담마적인 전통에 의하면 '적용된 생각'과 '유지된 생각'이라는 뜻이지만, 역자는 '사유'와 '숙고'라고 번역했다. 까마비딱까(kāmavitakka)는 감각적 쾌락의 욕망에 입각한 사유를 뜻하고, 그 반대인 넥캄마비딱까(nekkhammavitakka)는 감각적 쾌락의 욕망의 여읨에 입각한 사유를 말한다. 이것이 첫 번째 선정에 응용되었을 때에는 '비딱까'는 일반적 의식의 사변적 특징이 아니라 마음을 대상에 적용하

는 기능을 말하고 '비짜라'는 마음을 대상에 안착시키기 위해 대상을 조사하는 기능을 말한다. 그러나 이러한 해석은 아비담마적인 것이고 어떻게 보면 새김(sati)의 작용 – 새김이 없는 마음은 호박에 비유되고 새김을 수반하는 마음은 돌에 비유된다. 호박은 수면 위를 떠다니지만 돌은 물 밑바닥에 이를 때까지 가라 앉는다 – 과 혼동을 일으킬 수 있다. 경전상의 첫 번째 선정에 대한 정의 – 수행승들이여, 나는 내가 원하는 대로 감각적 쾌락의 욕망을 떠나고 악하고 불건전한 것들을 떠나 사유와 숙고를 갖추고 멀리 여읨에서 생겨나는 희열과 행복으로 가득한 첫 번째 선정에 도달한다.(SN. 16 : 9) – 를 살펴보면 감각적 쾌락의 욕망이 사라지면 나타나는 사유와 숙고는 앞에서 이야기하는 감각적 쾌락의 욕망에 입각한 사유를 뜻하는 것이 아니고 감각적 쾌락의 욕망의 여읨에 입각한 사유를 뜻한다는 것을 알 수 있고, 착하고 건전한 즉 윤리적이고, 이성적인 사유를 뜻한다는 것을 알 수 있다. 이러한 사유가 정밀하게 지속되는 상태는 곧 숙고라고 볼 수 있다.

10) 싹까야딧티(sakkāyadiṭṭhi)와 개체가 있다는 견해

그리고 학자들 사이에서 쟁점이 되고 있는 것은 싹까야(sakkāya)와 싹까야딧티(sakkāyadiṭṭhi; SN. 1 : 21)라는 말이다. 한역에는 각각 유신(有身)과 유신견(有身見)이라 한다. 싹까야(sakkāya)는 싸뜨(sat : 有)와 까야(kāya : 身)가 합해서 만들어진 복합어이다. 그러나 해석 방식은 두 가지가 있다. 하나는 '존재의 몸' 즉 '존재체(存在體)'라고 번역하는 것이고, 다른 하나는 '존재의 무리'라고 번역하는 것이다. 까야라는 말은 '신체'를 의미하기도 하지만 '무리'를 뜻하기도 한다. 가이거는 싹까야를 '신체적 현존재(Das körperliche Dasein : Ggs. I. 313)'라고 번역했고, 냐나몰리는 '체현(embodyment)', 대부분의 학자들은 '개성(personality)', 빅쿠 보디는 '정체성(identity)'이라는 단어를 번역으로 취했다. 그러나 싸뜨(sat)라는 단어는 원래 바라문교의 철학의 '영원한 존재"에서 유래하는 실체적 존재를 의미하는 것이다. 그러나 불교철학적으로 보면 무상한 존재에 대한 전도된 인식하에서 성립한 것이다. 이러한 철학적인 배경 하에서만 싹까야딧티(sakkāyadiṭṭhi)가 '개체가 있다는 견해'라는 번역이 가능해진다. 물론 그것을 '개성적 견해', '정체성에 입각한 견해'라고 번역할 수 있겠지만, 그렇게 번역하면, 우리말 자체에서 현대 심리학과 관련해서 난해

한 해석학적 문제에 봉착하게 된다. 유신과 관련해서 가이거는 하늘소녀가 '신체적 현존재(sakkāya : 有身)가운데 살기 때문에 불행하다(SN. 9 : 6).'고 번역한 문구에 각각의 번역 '개성'이나 '정체성'이나 '체현'이나 '개체' 등을 대입해 보면, '개체'가 가장 무난함을 발견할 수 있다. 역자는 ≪쌍윳따니까야≫의 초판본에서 유신과 관련해서 '존재의 무리'라고 번역했고, 유신견과 관련해서 '존재의 무리에 실체가 있다는 견해'라고 번역했는데 이를 '개체'와 '개체가 있다는 견해'로 수정한다. 그러나 이 개체라는 말은 단순히 개인이나 개체를 의미하는 것이 아니라 개체와 연관된 정신·신체적인 과정을 의미한다는 것은 의심할 여지가 없다.

11) 봇싹가빠리나마(vossaggapariṇāma)와 완전히 버림으로써 열반으로 회향함

그리고 한글로 번역이 어려웠던 단어 가운데 하나가 봇싹가빠리나마(vossa-ggapariṇāma; SN.3 : 18)라는 단어가 있다. 한역에는 사견회향(捨遣廻向) 또는 향어사(向於捨)라고 되어 있다. 이것은 '버림 가운데 향하는'이라는 의미인데 그 향하는 목표가 어딘지 불분명하다. '자아-극복으로 끝나는(Krs. V. 27)' 또는 '해탈에서 성숙하는(Cdb. 1524)'등의 번역도 있으나 만족스럽지 못하다. 빠리나마는 '성숙하는, 끝나는, 회향하는, 돌아가는'의 뜻을 지니고 있기 때문에 그러한 해석이 불가능한 것은 아니다. 붓다고싸(Srp. I. 159)에 따르면, 봇싹가는 버림(paricāga)의 뜻을 갖고 있고 빠리나마는 뛰어듦(pakkhanda)의 뜻을 갖고 있어 '포기하여 뛰어듦'을 뜻한다. '오염(kilesa)을 버림으로써 열반(nibbāna)으로 회향하는'을 의미한다. 그런데 대승불교권에서는 회향이라는 단어가 '방향을 튼다.'는 의미보다는 '공덕을 돌린다.'는 의미가 강해서 오해의 소지가 없지는 않지만, 그렇다고 '열반으로 방향을 트는' 또는 '열반으로 돌아가는'이라고 하면, 전자는 어감상 안 좋고 후자는 모든 것이 열반에서 왔다가 다시 돌아간다는 의미가 강해지므로 또한 오해의 소지가 있다. 여기서 회향은 '오염에서 돌이켜 열반으로 향한다.'는 의미로 보아야 한다. 역자는 봇싹가빠리나마(vossaggapariṇāma)를 '완전히 버림으로써 열반으로 회향하는'이라고 번역한다.

12) 닙바나(nibbāna)·빠리닙바나(parinibbāna)와 열반·완전한 열반

열반(*pāli.* nibbāna; *sk.* nirvana)은 잘 알려져 있듯이, 글자 그대로 '불이 꺼짐'

을 의미한다. 그런데 대중적 불교문헌에서 열반은 이 생에서의 열반[nibbāna : 涅槃]을 의미하고, 완전한 열반(pari nibbāna : 般涅槃)은 임종시에 도달하는 열반이라고 알려져 있다. 그러나 열반에 대한 이러한 적용은 잘못된 것이다. 토마스(E. J. Thomas)에 의하면, 빠알리어에서 '완전한'을 의미하는 빠리(pari)라는 단어는 '상태표현'에서 '상태획득'으로 변화할 때에 덧붙여진다. 그렇다면, 열반은 '해탈의 상태'이고 완전한 열반은 '해탈상태의 획득'을 의미한다. 따라서 실제도 이 양자는 구별되지 않는다. 동사인 '열반에 든다(nibbāyati)'와 '완전한 열반에 든다(parinibbāyati)'도 실제로 의미상 구별 없이 해탈의 획득행위에 쓰인다. 명사인 열반과 완전한 열반도 모두 완전한 깨달음을 통한 궁극적 해탈이라는 의미로 사용되는데, 동시에 모두가 육체적인 몸의 파괴를 통한 조건지어진 존재로 부터의 궁극적 해탈에도 사용된다. 예를 들어 '완전한 열반에 든다.'는 말이 수행승이 살아 있는 동안의 해탈에 적용될(SN. 12 : 51; 22 : 54; 35 : 31) 뿐만 아니라, 부처님과 아라한의 죽음에도 적용된다(SN. 6 : 15; 47 : 13).

완료수동분사형인 닙부따(nibbuta)와 빠리닙부따(parinibbuta)는, 명사들 닙바나(nibbāna)와 빠리닙바나(parinibbāna)와는 다른 어원을 가진다. 전자는 니르-브리(nir-√vṛ '덮다')에서 후자는 니르-바(nir-√vā '불다')에서 유래했다. 전자의 분사에 고유한 명사형은 닙부띠(nibbuti)이다. 이 닙부띠는 때때로 닙바나와 동의어로 쓰이지만, '완전한 고요, 적멸'이라는 뜻으로 쓰인다. 그러나 빠리닙부띠(parinibbuti)는 니까야에서 발견되지 않는다. 초기에 이미 두 동사가 융합되어 빠리닙부따가 완전한 열반에 든 자를 지시하는데 사용하는 형용사로 쓰였다. 동사처럼 분사형은 살아 있는 부처님과 아라한(SN. 8 : 2)뿐만 아니라 사멸한 부처님이나 아라한(SN. 4 : 24)의 수식어로 사용되었다. 그럼에도 불구하고 완료수동분사형인 빠리닙부따는 시에서는 유독 '살아 있는 아라한'과 관련해서 쓰이고, 산문에서는 '사멸한 아라한'에 한정된다. 경전상에서 사용법으로 보면, 명상형인 빠리닙바나는 '아라한과 부처님의 사멸'을 뜻한다고 할지라도 그것은 '죽음 후의 열반'을 의미하는 것은 결코 아니고 이미 살아서 열반을 얻은 자가 사멸하는 것을 말한다.

경전상에는 두 가지 열반, 즉 '잔여가 있는 열반(有餘依涅槃 : saupādisesanibbāna)'과 '잔여가 없는 열반(無餘依涅槃 : anupādisesanibbāna)'이 있

다. 여기서 잔여란 갈애와 업에 의해서 생겨난 다섯 가지 존재의 다발의 복합체를 말한다(Itv. 38−39). 전자는 살아 있는 동안 아라한이 획득한 탐욕과 성냄과 어리석음의 소멸을 뜻하고, 후자는 아라한의 죽음과 더불어 모든 조건지어진 것들의 남김없는 소멸을 뜻한다. 그러나 양자는 이미 자아에 집착된 유위법적인 세속적 죽음을 완전히 초월해서 불사(不死 : amata)라고 불리며, 아라한은 이미 자아에 집착된 다섯 가지 존재의 집착다발(五取蘊)의 짐을 모두 내려놓은 상태(ohitabhāro)에 있기 때문이다. 아라한에게 죽음은 애초에 적용되지 않는다. 동일한 완전한 소멸임에도 차이가 나는 것은 잔여가 있는 열반의 경우에는 '마치 도자기 만드는 사람이 돌리고 있던 물레에서 손을 떼어버려도 얼마간은 계속 회전하는 것처럼, 열반을 얻은 성인도 과거에 지은 업에 의해 결정된 얼마 동안은 삶을 계속하면서 업에 대한 고락을 받는다.'는 것이다. 과거의 업에 의해서 결정된 삶이 바로 경전에 나와 있는 아직 남아 있는 다섯 가지 감관에 의한 고락의 체험이다. 그리고 육체적인 삶의 죽음과 더불어 업의 잔여물인 다섯 가지 감관마저 사라져버릴 때 잔여가 없는 열반에 이른다. 이러한 두 가지 열반계를 주석서는 각각 아라한의 경지를 얻을 때의 '오염의 완전한 소멸(kilesapari nibbāna)'과 아라한이 목숨을 내려 놓을 때의 존재의 다발의 활동의 소멸을 의미하는 '존재의 다발의 완전한 소멸(khandhaparinibbāna)'로 구별하면서, 열반인 '닙바나(nibbāna)'와 '완전한 소멸' 또는 '완전한 열반'을 의미하는 '빠리닙바나(parinibbāna)'를 상호교환 가능한 동의어로서 본다. 그러나 경전상에서 사용방식은 위 두 종류의 '빠리닙바나'는 '닙바나'의 세계에 접근하는 사건으로 보는 것을 선호하기 때문에 '빠리닙바나'는 소멸하는 행위이고 '닙바나'는 소멸된 상태를 의미한다.

'닙바나'는 한역을 통해 열반으로 잘 알려진 우리말이므로 그리고 해석학적 관점에서 많은 다양성을 지닌 고유한 언어임으로 역자는 열반 이외에 다른 번역을 취하지 않는다. '빠리닙바나'에 대해서는 이제까지의 논의를 바탕으로 하면 빅쿠 보디가 번역한 것처럼 '궁극적 열반'이라고 번역하는 것도 가능하지만, 우리말의 어감상 어려운 느낌을 주기 때문에 역자는 '빠리닙바나'를 그냥 '완전한 열반'이라고 번역한다. 그리고 동사인 '빠리닙바야띠(parinibbāyati)'는 '완전한 열반에 든다.'라고 번역한다. 그 행위자 명사인 '빠리닙바인

(parinibbāyin)'은 '완전한 열반에 든 자'라고 번역하고, 완료수동분사인 닙부따(nibbuta)는 열반과 관계되기도 하고 관계되지 않기도 – '빠리닙바야띠'와 '빠리닙부따'가 ≪맛지마니까야≫(MN. I. 446)에서는 단지 말의 훈련과 관련하여 사용되고 있다 – 하기 때문에 '열반에 든'이나 '적멸에 든'으로, 빠리닙부따(parinib buta)는 '완전한 열반에 든'이나 '완전히 적멸에 든'이라고 번역한다.

13) 서른일곱 가지 깨달음에 도움이 되는 원리(sattatiṁsa bodhipakkhiyā dhammā)

초기 경전에 자주 등장하는 서른일곱 가지 깨달음에 도움이 되는 원리(sattatiṁsa bodhipakkhiyā dhammā : 三十七助道品, 三十七菩提分法)의 각 항목을 다음과 같이 번역한다.

1) 네 가지 새김의 토대(cattāro satipaṭṭhānā : 四念處)
① 몸에 대한 관찰(kāyānupassanā : 身隨觀)
② 느낌에 대한 관찰(vedanānupassanā : 受隨觀)
③ 마음에 대한 관찰(cittānupassanā : 心隨觀)
④ 사실에 대한 관찰(dhammānupassanā : 法隨觀)

2) 네 가지 바른 노력(cattāro sammappadhānā : 四正勤)
① 제어의 노력(saṁvarappadhāna : 律儀勤)
② 버림의 노력(pahānappadhāna : 斷勤)
③ 수행의 노력(bhāvanappadhāna : 修勤)
④ 수호의 노력(anurakkhaṇappadhāna : 守護勤)

3) 네 가지 신통의 기초(四神足 : cattāro iddhipādā):
① 의욕의 삼매에 기반한 노력의 형성을 갖춘 신통의 기초
(chandasamādhipadhānasaṅkhārasamannāgat'iddhipāda : 欲三摩地勤行成就神足)
② 정진의 삼매에 기반한 노력의 형성을 갖춘 신통의 기초
(viriyasamādhipadhānasaṅkhārasamannāgat'iddhipāda : 勤三摩地勤行成就神足)
③ 마음의 삼매에 기반한 노력의 형성을 갖춘 신통의 기초
(cittasamādhipadhānasaṅkhārasamannāgata'iddhipāda : 心三摩地勤行成就神足)
④ 탐구의 삼매에 기반한 노력의 형성을 갖춘 신통의 기초
(vīmaṁsasamādhipadhānasaṅkhārasamannāgat'iddhipāda : 觀三摩地勤行成就神足)

4) 다섯 가지 능력(pañca indiyāni : 五根)
① 믿음의 능력(saddh'indriya : 信根)
② 정진의 능력(viriy'indriya : 精進根)

③ 새김의 능력(sat'indriya : 念根)
④ 집중의 능력(samādh'indriya : 定根)
⑤ 지혜의 능력(paññ'indriya : 慧根)

5) 다섯 가지 힘(pañca balāni : 五力)
① 믿음의 힘(saddhābala : 信力)
② 정진의 힘(viriyabala : 精進力)
③ 새김의 힘(satibala : 念力)
④ 집중의 힘(samādhibala : 定力)
⑤ 지혜의 힘(paññābala : 慧力)

6) 일곱 가지 깨달음 고리(satta sambojjhaṅgā : 七覺支)
① 새김의 깨달음 고리(satisambojjhaṅga : 念覺支)
② 탐구의 깨달음 고리(dhammavicayasambojjhaṅga : 擇法覺支)
③ 정진의 깨달음 고리(viriyasambojjhaṅga : 精進覺支)
④ 희열의 깨달음 고리(pītisambojjhaṅga : 喜覺支)
⑤ 안온의 깨달음 고리(passaddhisambojjhaṅga : 輕安覺支)
⑥ 집중의 깨달음 고리(samādhisambojjhaṅga : 定覺支)
⑦ 평정의 깨달음 고리(upekhāsambojjhaṅga : 捨覺支)

7)여덟 가지 고귀한 길(ariya aṭṭhaṅgikamagga : 八聖道)
① 올바른 견해(sammādiṭṭhi : 正見)
② 올바른 사유(sammāsaṅkappa : 正思惟)
③ 올바른 언어(sammāvācā : 正語)
④ 올바른 행위(sammākammanta : 正業)
⑤ 올바른 생활(sammāājīva : 正命)
⑥ 올바른 정진(sammāvāyāma : 正精進)
⑦ 올바른 새김(sammāsati : 正念)
⑧ 올바른 집중(sammāsamādhi : 正定)

위의 각각의 번역용어와 그에 대한 설명은 이 《맛지마니까야》 안에서 찾을 수 있으나, 다만, 네 가지 신통의 기초에 대한 의의와 다섯 가지 능력과 다섯 가지 힘의 관계에 대해서는 등장하지 않으므로 여기서 설명하기로 한다.

네 가지 신통의 기초에서 '신통의 기초(iddhipāda)'란 말은 '초월적 힘의 기초'를 말하는데, 원래 잇디(iddhi)와 빠다(pāda)의 복합어이다. '잇디'는 원래 '성공, 성장, 번영'을 뜻하는데, 인도의 요가 전통에서 이 단어는 명상을 통해 도달한 특별한 성공, 즉 사건의 일반적 질서에 도전하는 놀라운 재주를 행하는 능력의 성취란 의미를 지닌다. 그러나 이러한 재주는 인도의 영성에서 그것을 행하는 사람의 신적인 지위를 증진하는 기적으로 여겨지는 것이 아니라 오히려 집중[三昧]의 성취를 통해서 명상수행자가 이룰 수 있는 것이라고 여겨진다. 그것은 기적이 아니라 자연적 인과과정이 확장된 것이기 때문이다. 집중에 든 마음은 일반적인 감각적 의식 속에서는 보이지 않는 정신적 물질적 에너지의 내밀한 관계를 인식할 수 있다. 이러한 인식은 명상이 성취된 요가수행자에게 자연적 인과과정의 기저에 놓인 깊은 생명지속의 상태(bhavaṅga: 有分) 속으로 뛰어들게 하여 신비적으로 보이는 능력을 구사할 수 있게 만든다. 초기불교의 가르침이 합리적인 윤리체계로 묘사되고 순수한 명상체계로 알려져 있지만, 그것을 담고 있는 니까야 자체에는 부처님이 신통의 힘을 행사하고 제자들이 그러한 힘의 발휘에 능통한 것으로 기술된 경들로 가득 차 있다. 일반적으로 알려진 것과는 달리 부처님은 그러한 초월적 힘을 획득하는 것에 대하여 부정한 것은 아니다. 그가 부정한 것은 그러한 힘을 책임질 수 없는 대상을 향해 잘못 사용하는 것이다. 그는 수행승들과 수행녀들에게 그러한 힘을 신도들에게 감동을 주거나 이교도를 교화하기 위해 사용하는 것을 금했다. 그는 그러한 힘을 지닌 것 자체가 그것을 소지한 자가 순수한 지혜를 지녔다는 증거가 되지 않는다고 강조했다. 부처님은 또한 '여섯 가지 곧바른 앎' 또는 '여섯 가지 초월적 지혜'라고 번역되는 찰라빈냐(chaḷabhiññā : 六神通)는 보다 높은 지혜의 넓은 범주 속으로 신통을 포함시킴으로써 명상을 통해 얻어질 수 있는 정신적 성취의 유형에 대한 확장된 해석을 제공한다 : ① 여덟 가지 종류의 초월적 능력(iddhi : 神足通) ② 멀고 가까운 소리를 들을 수 있는 하늘귀(dibbasota : 天耳通) ③ 타인의 마음을 읽는 앎(parassa cetopariyañāṇa : 他心通) ④ 자신의 전생에 대한 새김(pubbenivasānussati : 宿命通) ⑤ 타인의 업과 과보를 아는 하늘눈(dibbacakkhu : 天眼通) ⑥ 번뇌 부숨에 대한 궁극적 앎(āsavakkhayañāṇa : 漏盡通)이 있다. 이 가운데 첫 다섯 가지 곧바른 앎은 세속적인 것이고 명상수행자의 장식물로서는 바람직 할지 몰라도 해탈에 필수적인 것은 아니다. 마지막의 번뇌의 부숨에 대한 궁극적 앎은 출세간의 원리적인 것이고 점진적인 수행의 절정에 해당하는 것이다. 부처님은 이러한 보다 넓고 심오한 영적인 성취를 여기에 포함시켜서 초기불교의 교리적 구조 안에 인도 요가문화에서 높게 평가되는 신통을 포함시킬 수 있었던 반면에 자신의 제자들에게도 영적인 성취에 대한 자긍심을 불어 넣을 수 있었다. 네 가지 신통의 기초는 이러한 곧바른 앎 또는 초월적 지혜를 가능하게 하는 토대로서, 세속적이건 출세간의 원리적이건 신통을 획득하기 위한 수단이다. 그래서 서른일곱 가지 깨달음에 도움이 되는 길[三十七助道品]에 포함되어 있다. 그렇지만 다른 유형의 길과는 다른 경향을 갖고 있다. 다른 것들은 오직 깨달음과 열반의 실현에 기여하는 것이지만 네 가지 신통의 기초는 여섯 가지 초월적 지혜의 획득뿐만 아니라 아라한의 최상의 신통을 획득하는 수단이 되는 것이다.

다섯 가지 능력(五根 : pañca indriyāni)과 다섯 가지 힘(五力 : pañca balāni)은 동일한 정신적 요소의 선택에서 유래한 것이지만 그 관계성에 대해서는 의문이 제기된다. ≪비쑷디막가 [淸淨道論 Vism. 491)≫에 따르면, 능력이란 제석천을 의미하는 인드라에서 파생된 단어로 인드라의 모습, 인드라에 의해서 나타난 것, 인드라에 의해서 보여진 것, 인드라에 의해서 생기(生起)된 것, 인드라에 의해서 닦여진 것이라는 의미를 지닌다. 인드라는 원래 강력한 번개를 뜻하며, 아리안 족이 인더스 강 유역에 정착했을 때 유목민에게 풍요를 가져다준 것은 번개였다. 번개가 치면 몬순이 시작되어 들판을 비옥하게 만들고 풍요롭게 만들었기 때문이었다. 따라서 인드라는 능산적(能産的) 지배자를 상징한다. 마찬가지로 경전에서 인드리야는 이러한 능산적이고 지배적인 능력을 의미한다. 그리고 ≪앙굿따라니까야(AN. II. 150≫에 의하면, 아마도 능력은 잠재되어 있거나 약한 초기단계를 나타내는 것 같고, 힘은 강하게 나타나는 발전적 단계인 것 같은데, 경전에서는 이러한 견해에 호의를 보이지 않는다. 부처님은 이 두 깨달음에 도움이 되는 유형들이 동일한 성질을 갖는 유형의 다른 양상에 사용되는 것으로 그 명명만이 다를 뿐 동일하다고 선언한다. 그것들은 섬 주위로 흐르는 하나의 강의 두 흐름과 같다(SN. 48 : 43). 주석서(Vism. 491~493)의 해석에 따르면 다섯 가지는 자체의 제어 즉 자재(自在)의 측면에서는 다섯 가지 능력이 되고, 반대가 되는 것을 극복하는 능력의 작용(作用)측면에서는 다섯 가지 힘이 된다. 곧, 믿음은 자체를 제어하거나 지배한다는 측면에서 믿음의 능력이 되고, 불신을 극복하는 작용을 지니고 있다는 측면에서 믿음의 힘이 된다. 능력들이나 힘들 사이의 상호관계는 경에서는 언급되지 않지만 주석서(Vism. 129~130)에서 논해지는 것에 대해서는 알아둘 가치가 있다 : 믿음은 지혜와 한 쌍이 되어 정신생활에서 감성과 지성의 균형을 취한다. 그리고 정진과 집중이 한 쌍이 되어 활성과 제어의 균형을 취한다. 새김은 그 어느 것들에도 속하지 않지만 각각의 쌍을 상호 강화시켜 긴장 속에 균형을 유지시킨다.

일 러 두 기

1. 빠알리경전의 원본 대조는 로마나이즈한 빠알리성전협회의 트렝크너본을 을 그대로 사용했다. 빠알리성전협회본의 권수는 주석에 페이지는 본문 가운데 괄호 [ ]에 밝혀 놓아 누구나 쉽게 원본과 대조할 수 있도록 했다.
2. 그러나 역자가 실제로 번역할 때, 참조한 것은 미얀마 육차결집본의 인터넷판본이라, 실제 쪽수를 밝혀놓은 빠알리성전협회의 트렝크너본과는 다소간 차이가 있을 수 있다. 각 경의 위치에 있는 각 질문의 제목은 육차결집본에서 유래한 것이다.
2. 한글세대를 위해 가능한 한, 쉬운 우리말을 사용했고, 문의를 분명히 하기 위하여 원전에는 없는 화자를 괄호 안에 삽입하고, 내용에 대한 파악을 용이하게 하기 위해 파래그래프 번호를 매겨 문단을 분류하고, 법수의 분류를 위해 별도의 소번호를 매겼다.
3. 특히 시(詩)에 대한 번역은 학자 마다 번역의 차이가 심하고 다양한 해석의 가능성이나 오역의 가능성이 많기 때문에 빠알리 원문을 주석에 병기하였고, 특히 인용된 시문은 초기경전에서 밝힐 수 있는 원전과 그 쪽수를 주석에서 밝혔다.
4. 산문으로 이루어진 본문 가운데 초기경전으로부터의 인용문은 가능한 주석에서 원문 빠알리어로 싣고, 경전의 위치와 쪽수를 밝혔다.
5. 산문에 등장하는 법수와 어려운 용어에 대해서 주석에서 원어를 밝히고, 여러 근현대 번역본의 주석을 참조해서 가능한 한, 설명을 곁들였다.
5. 주석에서 인용하는 참고 문헌은 약어로 표기해서 독자들의 쓸 데 없는 혼란을 피할 수 있도록 하였고, 필요할 경우 약어표를 조회하여 참고문헌과 대조하면 관련된 책을 찾을 수 있도록 만들었다.
8. 구전되어 반복되어 온 정형구와 부분적으로 변이되어 확장되는 정형구는 가능한 통일을 기했으며, 가능한 한 경전의 산문에서 생략된 내용들은 최대한 복원해서 독자가 알기 쉽게 했다.
9. 부록에는 약어, 참고문헌, 빠알리 표기법, 불교의 세계관 그리고 고유명사와 차례 및 비유색인을 포함시켰다.

목 차

밀린다팡하 상권/73

● 제1편 세속적 이야기 / 75

● 제2편 밀린다 왕의 질문 / 122

제3편 의혹을 끊기 위한 질문 / 201

제4편 양도논법에 속한 질문 / 263

제5편 추론으로 풀리는 질문 / 488

제6편 두타행의 덕성에 대한 질문 / 651

제7편 비유의 논의에 대한 질문 / 677

상권

밀린다팡하

(Milindapañha)

제1편 세속적 이야기
(Bāhirakathā)

I. 서사(序詞)

(Pubbabhāgapāṭha)

1. [1] [송출자] '밀린다'라고 불리는
왕이 수도 싸갈라[1]에서
강가[2] 강이 바다에 다가가듯
나가세나[3]에게 다가갔다.[4]

도착해서 담론에 밝은 왕은
횃불을 든 님, 어둠을 몰아내는 님에게
진위를 살펴보는
다수의 미묘한 질문을 던졌다.[5]

질문에 해답이라는 것은
심오한 의미에 기초하고

---

1) Sāgara : 현재의 첸랍(Chenāb) 강과 라비(Rāvi) 강의 사이에 있는 쉬알꼬뜨(Śiāl-kot)이다. 밀린다 왕 메난드로스가 박트리아 왕국의 수도로 삼은 곳으로, 한때 그 이름이 희랍 이름인 Euthymedia였다.
2) Gaṅgā : 갠지스 강의 원래 명칭이다.
3) Nāgasena : 빠알리어로 '나가쎄나'라고 읽어야 하지만, 기존의 문헌에서 '나가세나'로 표기되어 널리 알려졌으므로 그 관행을 따라 '나가세나'로 표기한다.
4) milindo nāma so rājā | sāgalāyaṁ puruttame | upagañchi nāgasenaṁ | gaṅgā ca yathā sāgaraṁ || MlinṬ.에 의하면 이하의 시는 후대에 붓다고싸(Buddhaghosa)가 지어서 첨가한 것이다.
5) āsajja rājā citrakathiṁ | ukkādhāraṁ tamonudaṁ | apucchi nipuṇe pañhe | ṭhānāṭṭhānagate puthū || 후대에 붓다고싸가 지은 것이다.

마음을 꿰뚫고 귀에 즐겁고
예전에 없었던 것으로
몸의 털을 곤두세우는 것이었다.6)

나가세나의 담론은
아비담마7)와 율장에 뛰어들고
경전의 그물에 의해 결정된
비유와 방법으로 다채롭다.8)

그 자리에 앎을 지향하여
정신을 유쾌하게 하며
의심의 요체를 제거하는
미묘한 문답을 그대들은 들으라.9)

2. [싸갈라 시에 대한 묘사] 이렇게 전해 내려 왔다.10) 요나까인11)들의 갖가지 물자교역의 중심지인 싸갈라 시는 강과 산이 아름다운 쾌적한 지역이었다. 유원과 정원, 작은 숲, 못과 연못, 강과 산, 숲의 아름다운 경치를 갖춘 곳으로 경험 많은 기술자가 설계한 곳이었다. 적은

---

6) pucchā visajjanā ceva | gambhīratthūpanissitā | hadayaṅgamā kaṇṇasukhā | abbhutā lomahaṁsanā ‖ 후대에 붓다고싸가 지은 것이다.

7) abhidhamma : 한역에는 승법(勝法), 무비법(無比法), 음사하여 아비담(阿毘曇) 또는 아비달마(阿毗達磨)이라고 한다. '가르침[法]에 관한 연구'를 의미한다. '아비담마'에는 칠론(七論)이 있다.

8) abhidhammavinayogāḷhā | suttajālasamattitā | nāgasenakathā citrā | opammehi nayehi ca ‖ 후대에 붓다고싸가 지은 것이다.

9) tattha ñāṇaṁ paṇidhāya | hāsayitvāna mānasaṁ | suṇātha nipuṇe pañhe | kaṅkhāṭṭhānavidālaneti ‖ 후대에 붓다고싸가 지은 것이다.

10) taṁ yathānusūyate : 경전은 '이와 같이 나는 들었다(evaṁ me sutaṁ)'라고 시작하는데, 밀린다팡하는 경전이 아니라 '이렇게 전해 내려 왔다(taṁ yathānusūyate)로 시작한다.

11) yonaka : 요나까(yonaka)는 요나(yona) 또는 야바나(yavana)라고도 하며, 한역에는 유나(庾那)라고 한다. 박트리아(Bactria)에 정착한 그리스인 또는 그곳에서 아시아인과 혼혈된 종족을 말한다.

소탕되고 반역자는 추방되어, 위난이 닥칠 수 없는 곳이었다. 또한 갖가지 다양한 높은 망루와 누벽이 있어 주변을 둘러싼 성벽과 아치형 문으로 장엄되어 있었다. 깊은 해자와 희게 칠한 성벽으로 둘러싸였고, 거리와 교차로와 사거리와 광장이 잘 구획되어 있었다. 시장에는 아름답게 진열된 다양한 훌륭한 상품으로 [2] 가득했다. 도시는 여러 수백 채나 되는 보시당(布施堂)으로 장엄되어 있었고, 히말라야 산봉우리처럼 높이 솟은 십만의 저택으로 빛났다. 거리에는 코끼리, 말, 수레, 행인들로 가득 찼고, 아름다운 남녀의 무리가 거닐었다. 도시는 많은 왕족들과 바라문들과 평민들과 노예들로 붐볐고, 다양한 수행자와 바라문에게 주고받는 인사말로 시끌벅적 했는데, 다양한 분야에 종사하는 현자들이 오랜 세월 거주한 곳이었다. 그곳에는 까시 산의 옷과 꼬뚬바라[12] 옷 등의 다양한 의류가 가득했고, 많은 다양한 종류의 꽃과 향을 진열한 화려한 상점으로 달콤하게 향내를 풍겼고, 매혹적인 많은 보석들로 가득 찼고, 사방으로 잘 진열된 상점을 가진 잘 차려입은 상인의 무리들이 살았고, 까하빠나[13]와 은, 금, 동, 보석이 가득했고, 빛나는 보물의 창고가 있었다. 재물과 곡물이 풍부하여 창고와 저장소에 가득 찼다. 음식과 음료는 풍부해서 갖가지 종류의 단단하거나 부드럽거나 찰기가 있거나 마실만한 것으로 넘쳐났다. 곡물을 갖춘 것이 마치 웃따라꾸루[14]와 같고, 신들의 도시 알라까만다[15]와 같았다.

3. 여기서 도시에 관한 묘사는 멈추고 그들의 전생의 행위에 대하여 논의하겠다. 여섯 가지로 나누어서 설하겠다. 즉 *1)* 전생과의 관계,[16]

---

12) koṭumbarika : 그 품질이 당시 최상으로 알려진 옷을 말한다.
13) kahāpaṇa : 화폐의 단위로 4 빠다(pāda), 20 마싸까(māsaka)에 해당하는 금이나 은으로 만든 주화(鑄貨)를 말한다.
14) Uttarakuru : 부유한 신비스런 나라의 이름이다.
15) Āḷakamandā : 비사문천(毘沙門天)인 꾸베라(Kuvera)의 도시이다.

2) 밀린다 왕의 질문, *3)* 특징에 대한 질문, *4)* 양도논법[17]에 속한 질문, *5)* 추론으로 풀리는 질문, *6)* 비유의 논의에 대한 질문이다. 그 가운데 「밀린다 왕의 질문」에는 ① 특징에 대한 질문 ② 의혹을 끊기 위한 질문의 두 가지가 있다. 양도논법에 속한 질문에도 ① 대품과 ② 수행자의 담론에 대한 질문에 두 가지가 있다.[18] 전생과의 관계는 그들의 전생의 행위이다.

II. 세속적 이야기

(Bāhirakathā)

4. [밀린다 왕과 나가세나의 전생] 옛날에 깟싸빠[19] 세존께서 가르

---

16) Pubbayoga : 제1편 세속적 이야기(Bāhirakathā)를 뜻한다.

17) ubhatokoṭika : 양날의 칼과 같은 딜레마를 뜻한다. Miln. 95와 그 주석을 참조하라.

18) pubbayogo milindapañhaṁ lakkhaṇapañhaṁ meṇḍakapañhaṁ anumānapañhaṁ opammakathāpañhan'ti. tattha milindapañho lakkhaṇapañho, vimaticchedanapañho'ti duvidho. meṇḍakapañhopi mahāvaggo, yogikathāpañho'ti duvidho : 이 PTS.의 트렝크너 판본에 소개된 차례와 목차는, 이 미얀마본 육차결집본의 인터넷판본의 이 곳에서도 동일하게 소개되고 있지만 실제 제목의 부여나 내용상의 차례와 일치하지 않는다. 역자는 니야나띨로까(Nyāṇatiloka)의 FKM. 본을 참조하여 7편으로 나누어 분류했다. *1)* 세속적 이야기 *2)* 밀린다 왕의 질문 *3)* 단혹을 위한 질문 *4)* 양도논법에 속한 질문 *5)* 추론으로 풀리는 질문 *6)* 두타행의 덕성에 대한 질문 *7)* 비유의 논의에 대한 질문으로 나누었고 각각의 편은 내용에 따라 고유한 장을 갖도록 다소간 변경했다. 그리고 『나선비구경』과 내용상 공통되는 고층 부분에 속하는 제1편에서 제3편 까지를 상권으로 분류하고 제4편에서 제7편까지를 하권으로 분류하였다.

19) Kassapa : 깟싸빠 부처님은 한역으로 가섭불(迦葉佛)이라고 한다. 역사적인 고따마 부처님 이전의 24불 가운데 24번째 부처님이며, 현재의 우주기인 현겁(賢劫; bhaddakappaṁ: 수많은 부처님 즉 많은 현자들이 출현하여 뭇삶들을 구제하는 우주기를 뜻한다)에서 세 번째 부처님이자 과거칠불(過去七佛)의 한 분이다. 바라나씨의 이씨빠따나(Isipatana) 승원에서 바라문 브라흐마닷따(Brahmadatta)와 다나밧띠(Dhanavatti)를 부모로 태어났다. 그는 항싸(Haṁsa), 야싸(Yasa), 씨리난다(Siri-

침을 설할 때에 강가 강의 근처의 한 처소에서 많은 수행승들의 무리와 함께 계셨다. 그곳에서 규범과 덕행을 갖춘 수행승들이 아침 일찍 일어나 긴 자루가 달린 빗자루를 들고 부처님의 덕성을 성찰하면서 정원을 쓸고 나서 쓰레기를 더미로 만들었다.

5. 그때 한 수행승이 한 사미에게 "사미여 오라. 이 쓰레기를 치워라." 라고 말했다. 그는 못들은 척하고 갔다. 두 번째에도 세 번째에도 부탁했지만 못들은 척하고 갔다. 그러자 그 수행승은 "이 사미는 실로 말을 걸기가 어렵다."라고[20] 화를 내고 빗자루의 대로 [3] 그를 때렸다.[21] 그러자 그는 울면서 두려워 쓰레기를 치우며 "이 쓰레기를 치우는 공덕으로 내가 열반을 얻기까지 태어나면 태어나는 장소마다, 정오의 태양처럼 위대한 힘과 위대한 영광이 있어지어다."라고 첫 번째 서원을 세웠다.

6. 그는 쓰레기를 버리고 목욕을 하러 강가 강의 나룻터에 가서 강가

---

nanda)의 세 궁전에서 지냈으며 아내 쑤난다(Sunandā)와의 사이에서 비지따쎄나(Vijitasena)란 아들을 두었다. 그는 그의 궁전을 여행하며 단지 7일간의 고행을 닦고 해탈을 얻었다. 깨달음 직전에 그의 아내가 유미죽을, 밭지기 쏘마(Soma)가 자리의 풀을 제공했다. 그때의 보리수는 벵골보리수였다. 깨달은 후에 그는 이씨빠따나에서 천만 명의 수행승들에게 초전법륜(初轉法輪)을 전했다. 수제자로는 수행승 띳싸(Tissa), 바라드와자(Bhāradvāja), 수행녀 아눌라(Anulā)와 우루벨라(Uruvelā)가 있었다. 그를 언제나 시봉한 시자는 쌉바밋따(Sabbamitta)였다. 신도 가운데 가장 유명한 장자로서 쑤망갈라(Sumaṅgala)와 가띠까라(Ghatikāra), 여신도로 비지따쎄나(Vijitasenā)와 밧다(Bhaddā)가 있었다. 깟싸빠 부처님의 키는 10미터였으며 2천살의 나이로 까씨(Kāsi) 근처의 쎄따비야(Setavya)에서 완전한 열반에 들었다. 스리랑카의 도사(島史)에 따르면 깟싸빠 부처님은 스리랑카에서 왕 자얀따(Jayanta)와 그의 동생 사이에 전쟁이 일어났을 때 2만여 명의 제자를 거느리고 그 곳을 방문해서 전쟁을 중단시켰다고 한다. 그래서 왕은 마하싸가라(Mahāsāgara) 승원을 기증했고 깟싸빠 부처님은 수행녀 쑤담마(Sudhammā)를 시켜 보리수 가지를 스리랑카에 옮겨 심게 했다. 그는 그녀와 제자 쌉바난다(Sabbananda)를 스리랑카에 남겨 가르침을 설하게 하고 인도로 돌아왔다고 한다.

20) dubbaco vatāyaṁ sāmaṇero'ti : Vin. III. 178 참조.

21) sammajjanidaṇḍena pahāraṁ adāsi : Vin. IV. 146: 화가 나도 남을 때려서는 안 된다.

강의 파도의 너울이 소용돌이치는 것을 보고 "내가 열반을 얻기까지 태어나면 태어나는 장소마다 이 파도의 너울처럼 때맞춰 일어나는 언변이 있고 신속하게 답하는 언변이 있어지이다."라고 두 번째에도 서원을 세웠다.

7. 그 수행승도 청소함에 빗자루를 두고 목욕하러 강가 강의 나룻터를 지나다가 사미의 서원을 듣고 '이 자는 나에게 자극을 받아 이렇게 서원을 세우는데 나에게는 왜 이루어지지 않겠는가?'라고 생각하고 "내가 열반을 얻을 때까지, 태어나면 태어나는 곳마다 이 강가 강의 파도의 너울처럼 신속한 언변이 있어서 이 사미가 제기하는 질문마다 모든 질문에 대하여 답을 풀고 해명할 수 있어지이다."라고 서원을 세웠다.

8. 그 둘은 천상과 인간에서 윤회하다가 한 부처님의 출현과 다음 출현의 사잇시기에 시간을 보냈다. 그때 우리의 세존에 의해 목갈리뿟따 띳싸[22] 장로가 수기를 받은 것처럼, 그들은 "내가 완전한 열반에 든지 오백 년이 지나면, 이들이 다시 나타나 내가 가르친 미묘한 가르침과 계율에 대하여 질문을 제기하고 비유를 들어 풀어 설명하고 해명할 것이다."라고[23] 예언한 대로 수기를 받았다.

9. [밀린다 왕의 위대성] 그들 가운데 사미는 이 잠부디빠[24]의 싸갈

---

22) Moggaliputta Tissa : 제3결집을 주도한 인물로 그는 끝에서 두 번째의 전생에 띳싸라는 하느님(梵天)이었는데, 제2결집을 주도한 아라한들의 요청으로 부처님의 가르침이 퇴락하는 것을 막기 위해 인간세계에 태어나는 것에 동의했다. 그는 빠딸리뿟따 시의 바라문 목갈리의 집안에 태어났다. 그의 이야기는 『밀린다팡하』에 소개된 나가세나의 전기와 유사하다.

23) mama parinibbānato pañcavassasate atikkante ete uppajjissanti, yaṁ mayā sukhumaṁ katvā desitaṁ dhammavinayaṁ, taṁ ete pañhapucch-anaopammayuttivasena nijjaṭaṁ niggumbaṁ katvā vibhajissantīti : 여기 밀린다 왕이 불멸후 오백년 경에 출세할 것이라는 내용은 후대에 부가된 것이다. 특히 대승불교문헌에서 시종일관 부가되는 정형구가 들어가 있다고 보면 된다. 한역 『나선비구경』에는 없는 구절이다.

라 시에서 '밀린다'라는 왕이 되었다. 그는 현명하고 총명하고 슬기롭고 유능했고, 과거 · 현재 · 미래에 관한 기도와 의식을 행할 때에 경건하게 행했다. 그리고 많은 학문을 배웠는데, 예를 들어 ① 천계서, ② 교의서, ③ 쌍키야, ④ 요가, ⑤ 니야야, ⑥ 바이셰시까, ⑦ 수학, ⑧ 음악, ⑨ 의학, ⑩ 사베다, ⑪ 고담, ⑫ 고전설, ⑬ 천문, ⑭ 환술, ⑮ 인명(因明), ⑯ 진언, ⑰ 병학(兵學), ⑱ 시학, ⑲ 지륜술(指輪術)의 열아홉 가지 학문[25]을 [4] 배웠다. 그는 가까이 하기 어렵고 이기기

---

24) Jambudīpa : 한역에서 염부제(閻浮提)라고 한다. 잠부나무(Eugenia jambolana: 閻浮樹; Miln. 165와 주석 참조)의 대륙이라는 뜻으로, 우주의 중심인 수미산의 남방에 있는 대륙, 즉 남섬부주(南贍部洲)로, 인도를 지칭한 것이나, 후세에 오면서 인간세계 또는 이 세상을 일컫는 명칭이 되었다.

25) ekūnavīsati satthāni : ① 천계서(天啓書: suti)는 베다와 우파니샤드의 저작을 말하는데, 인간의 저술이 아니라 고대의 성선(聖仙)들이 영감에 의해 계시를 받은 것이다. ② 교의서(教義書 : sammuti)는 천계서에 대한 고대 성현의 강요서를 말한다. ③ 쌍키야(saṅkhyā)는 까삘라(Kapila: BC. 350-250)를 개조로 하는 수론철학인데, 순수정신인 뿌루샤(puruṣa)와 근본원질인 쁘라끄리띠(prakṛti)의 두 가지 실재가 결합하여 세계가 전재된다고 보았으며 순수정신의 독존이 해탈이라고 보았다. ④ 요가(yogā)는 철학적으로는 쌍키야학파의 설을 따르지만, 고대로부터 내려오는 정좌명상을 체계화한 것으로 마음의 통일을 통해 무상삼매를 얻는 것을 목표로 한다. ⑤ 니야야(nīti : nyāya)는 고대인도의 논리학파로 비조는 가우따마(Gautama: AD. 50-150)이다. 그는 존재의 고통은 잘못된 지식을 토대로 하므로 해탈을 위해서 올바른 지식을 얻는 방법을 가르쳤다. ⑥ 바이셰시까(visesikā, Vaiśeṣika)는 비조가 까나다(Kaṇāda: BC. 150-50)이다. 모든 학파가 일반적으로 베다의 권위를 인정하는데 비해 그 권위를 인정하지 않는다. 어떤 지식도 모두 경험에서 일어나고, 존재의 고통에서 해탈하기 위해서는 여섯 가지 원리를 실천해야 한다. 어떤 활동도 없는 순수한 실체로서의 진아의 현현을 목표로 한다. ③~⑥의 사파철학에 미망싸(Mimāṃsā) 학파와 베단따(Vedānta) 학파를 더하면 육파철학이 된다. ⑦ 수학(數學: gaṇikā)은 제사와 관련된 것으로 천문학과 더불어 발전했는데, 인도인들은 BC.2세기에 제로(0)를 발견했다. 오늘날에도 사용하는 분수의 기재법이나 아라비아숫자도 인도인들이 발견한 것이다. ⑧ 음악(gandhabbā)은 리그-베다의 찬가를 영창하면서 음악이 발전하기 시작했고 더불어 악기를 사용하였다. ⑨ 의학(tikicchā)은 이유르베다(āyurveda)의 학문을 통해 인간의 질병을 치료하는 학문으로 발전했다. ⑩ 사베다(四吠陀: cātubbedā)는 바라문교의 네 가지 근본경전으로 리그-베다(Ṛg-veda: 찬가의 집성), 싸마-베다(Sāmaveda: 가영의 집성), 야주르-베다(Yajurveda: 제사의 집성), 아타르바-베다(Atharvaveda; 주법의 집성)가 있다. ⑪ 고담(古譚: purāṇā)은 유랑하는 음유시인들이 작성한 철학, 종교, 정치, 역사 등을 모든 기술을 포함하는 힌두교의 성전

어려운 논객으로서 모든 종사들 가운데 최상이라고 불렸다. 전 잠부디빠에서 체력, 속력, 용맹, 지혜에서 밀린다 왕과 견줄 자는 없었다. 더구나 그는 부유하고 대부호이고 대자산가인데다가 무한한 군대를 지니고 있었다.

10. 어느 날 밀린다 왕은 사군(四軍)[26]으로 구성된 무한한 군대의 도열, 배병, 열병을 보기 위해 도시를 나와서 성 밖의 군대를 사열하고 보낸 뒤에, 담론을 좋아하여 순세론(順世論)이나 궤변론(詭辯論)을 주장하는 자들[27]과 대론하고자 하는 호기심을 품고 두려움 없이 하품하며 태양을 바라보고 대신들에게 말했다.

[밀린다 왕] "하루가 아직 많이 이르다. 지금부터 도성으로 돌아가서 무엇을 할까? 누군가 현자로서 수행자나 바라문으로 모임을 이끌고 무리를 이끄는 무리의 스승이자, 거룩한 님, 올바로 원만히 깨달은 님으로

이다. ⑫ 고전설(故傳說: itihāsā)은 인도의 역사서이지만 공상적 전설적 색채가 짙어 실증성이나 확실성이 없다. ⑬ 천문(天文: jotisā)은 제사의 일월을 확정하는 방식에서 생겨난 학문으로 베다연구의 여섯 가지 보조적 학문 가운데 하나였다. ⑭ 환술(幻術: māyā)은 인도인들이 좋아하는 초자연적인 힘을 드러내는 마술적 지식을 뜻한다. ⑮ 인명(因明: hetu)은 불교의 논리학이다. 일반 인도인들에게는 앞에서 언급된 니야야가 논리학이다. ⑯ 진언(眞言: mantanā)은 성스러운 언어에 신비적 의미를 부여하여 주술로 사용하는 주문이다. ⑰ 병학(兵學: yuddhā)은 전술학을 뜻한다. ⑱ 시학(詩學: chandasā)은 베다연구의 보조학의 하나인 운율학을 뜻한다. 그 밖에도 베다연구의 네 가지 보조적 학문 즉, 음운학(śikṣā), 어원학(nirkuta), 문법학(vyākaraṇa), 의궤학(儀軌學: kappa)이 있었다. ⑲ 지륜술(指輪術: muddā)은 손가락을 조합하여 부호로 사용하는 비밀한 부호로 사용하는 기술이다. 지산(指算)이나 인산(印算)이라고 번역하기도 한다.

26) caturaṅginī senā : 고대 인도의 군대는 사군(四軍), 즉 코끼리부대(hatthikāya : 象軍), 기마부대(assakāya : 馬軍), 전차부대(rathakāya : 車軍), 보병부대(pattikāya : 步軍)로 형성되어 있었다.

27) lokāyatavitaṇḍajana : 순세론(順世論)은 쾌락론(快樂論)이라고도 하며, 로까야따(Lokāyata) 또는 짜르와까(Cārvakā)라고 한다. 부처님 당시에 순세론의 대표자는 아지따 께싸깜발린(Ajita Kesakambalin: 아래 주석 참조)이다. 궤변론(詭辯論)은 회의론(懷疑論)이라고도 하며, 형이상학적 문제에 대하여 판단중지를 하고 확정적인 답변을 피하는 입장을 취한다. 부처님 당시에 유명한 회의론자로는 싼자야 벨랏티뿟따(Sañjaya Belaṭṭhiputta: 아래 주석참조)가 있었다.

자칭하는 자로서 나와 대론하여 의혹을 제거할 수 있는 자가 있을까?”

11. 이와 같이 말하자 오백 명의 요나까인은 밀린다 왕에게 이렇게 말했다.

[요나까인들] “대왕이여, 여섯 명의 스승[28], 즉 뿌라나 깟싸빠,[29] 막칼리 고쌀라,[30] 니간타 나타뿟따,[31] 싼자야 벨랏티뿟따,[32] 아

---

28) cha satthāro : 여섯 명의 스승은 부처님 당시(BC. 6세기)에 부처님과 동시대인으로 활동했던 이교도의 조사들인 육사외도(六師外道)를 말한다. 『밀린다팡하』의 저자가 이 육사외도와 불멸후 400년 경에 살았던 밀린다 왕(BC. 2세기)과의 대화를 시도했다는 것은 『밀린다팡하』가 역사적 진실을 왜곡한 것으로, 대론에서의 승리를 목표로 의도적으로 쓰여진 것이라는 것을 드러낸다.

29) Puraṇa Kassapa : 뿌라나 깟싸빠의 철학에 대해서는 MN. I. 404. 516. SN. IV. 349에 언급되어 있고 DN. I. 52에도 상세히 밝혀져 있다. 그는 유물론자이자 비결정론자로 절대적인 우연론으로서의 무인론(無因論 : ahetuvāda)을 주장했고, 모든 원인과 결과는 무(無)에서 유(有)가 나오는 것처럼 초월적이고 완전히 우연적이어서 절대적으로 예측가능하지도 않고, 무법칙적으로 변화하므로 인과관계는 애초부터 성립될 수 없으며, 인과적 연속성을 담보할 수 없는 허무주의(斷滅論 : ucchedavāda)를 주장했다. 그는 살생, 도둑질, 간음, 거짓말 등을 해도 악을 행한다고 할 수 없으며 악의 과보도 없다고 주장했다. 또한 제사, 보시, 자제, 진실어를 행하여도 선을 행한다고 할 수 없고 선의 과보도 없다고 주장하였다. 그는 이처럼 도덕적 책임감을 부정하는 무작론(無作論 : akiriyavāda)을 주장했다. 그러나 여기서 뿌라나 깟싸빠가 주장했다는 여섯 계층에 대한 학설은 실제로는 사명외도(使命外道)인 막칼리 고쌀라(Makkhali Gosāla)의 주장일 가능성이 높다.

30) Makkhali Gosāla : 막칼리 고쌀라에 대해서는 DN. I. 53~54와 MN. I. 516~517에 잘 나타나 있다. Gosāla는 결정론자로서 모든 존재는 ‘결정과 종과 자연의 본성(niyatisaṅgatibhāvapariṇatā)’에 의해 지배된다고 주장했다. ‘모든 동물, 모든 유정, 모든 존재, 모든 생명은 … 결정과 종과 자연의 본성에 의해서 서로 변이하여 여섯 가지 종류에 따라서 즐거움과 괴로움을 받는다.

31) Nigaṇṭha Nāthaputta : 니간타 나타뿟따(Nigaṇṭha Nāthaputta)는 니간타 나따뿟따(Nigaṇṭha Nātaputta)로 읽기도 한다. 그는 자이나교의 교조로 본명은 바르다마나(Vardhamāna)였다. 니간타(Nigaṇṭha)의 어원적 의미는 ‘속박에서 벗어난 자’의 뜻이다. 경전에서 니간타라고만 할 경우에는 자이나교도를 의미한다. 경에 자주 등장하지만 부처님이 그를 직접 대면한 적은 없다. 그의 가르침의 중심은 DN. I. 57과 MN. I. 377에 의하면 ‘네 가지의 금계에 의한 제어(cātuyāmasusaṁvara)’이다. 네 가지의 금계에 의한 제어는 ① 모든 물을 사용하지 않고 ② 모든 악을 떠나는 것에 따르고 ③ 모든 악을 떠나는 것을 책임으로 하고 ④ 모든 악을 떠나는 것에 도달한다. 이 네 가지 금계 가운데 첫 번째 모든 물을 사용하지 않는다는 것(sabba-

지따 께싸깜발린,[33] 빠꾸다 깟차야나,[34]가 있는데, 그들은 모임을 이끌고 무리를 이끄는 무리의 스승이고 잘 알려져 있고, 명성이 있고, 일파의 조사(祖師)로서 많은 사람의 존경을 받고 있습니다. 대왕이여, 가서 그들에게 질문을 제기하십시오, 의혹을 해소해줄 것입니다."

12. 그래서 밀린다 왕은 오백 명의 요나까인에 둘러싸여 화려한 최상의 마차를 타고 뿌라나 깟싸빠가 있는 곳으로 다가갔다. 가까이 다가가서

---

vārivārito)은 붓다고싸에 의하면, 생명이 있을지 모르는 차가운 물을 마시는 것에 대한 금지를 뜻한다.

32) Sañjaya Belaṭṭhiputta : Pps. II. 234에 의하면, 싼자야 벨랏티뿟따(Sañjaya Belaṭṭhiputta)에서 '벨랏티(Belaṭṭhi)라는 하녀의 아들'이라는 뜻을 지녔다. DN. I. 58에 따르면, 싼자야 벨랏티뿟따는 회의론을 주장했다. 원래 회의론을 나타내는 '아마라빅케빠바다(amarāvikkhepavāda)'란 용어는 '뱀장어를 잡는 듯이 혼란스러운 이론'을 말한다. 회의론자들은 형이상학적인 문제인 사구분별(catuskoti : 四句分別 : 있다, 없다, 있기도 하고 없기도 하다, 있지도 않고 없지도 않다)에 관해 어떤 궁극적인 판단을 내리길 거부했다. 그는 '당신이 저 세상이 있는가라고 묻는다면 만약 저 세상이 있다고 내가 생각하면 저 세상이 있다고 나는 당신에게 설명할 것이다. 그러나 나는 이러하다고 생각하지도 않고 그러하다고 생각하지도 않으며 다르다고 생각하지도 않고 아니라고 생각하지도 않으며 아닌 것이 아니라고 생각하지도 않는다.'라고 말했다.

33) Ajita Kesakambalin : 아지따 께싸깜발린(Ajita Kesakambalin)은 아지따 게싸깜발라(Ajita Kesakambala)라고도 불린다. MN. I. 515에 따르면, 아지따 께싸깜발린은 인도에서 가장 유명한 유물론자인데, 그는 지수화풍(地·水·火·風)의 네 가지 물질적 원소만이 참된 실재라고 하여 영혼의 존재를 부정하였다. '인간은 네 가지 원소로 만들어졌으며 목숨이 다하고 죽으면 땅은 땅의 세계로 돌아가고 물은 물의 세계로 돌아가며 불은 불의 세계로 돌아가고 바람은 바람의 세계로 돌아가며 모든 감각기관은 허공으로 돌아간다.' 선악의 행위의 과보도 없도 제사도 없다고 주장하는 향략주의를 전개했다.

34) Pakudha Kaccāyana : 빠꾸다 깟차야나는 빠꾸다 까띠야나(Pakudha Kātiyāna)라고도 한다. DN. I. 56에서 그의 사상이 상세히 거론된다. 그는 칠요소설(七要素說 : 地, 水 , 火, 風, 樂, 苦, 靈魂)을 주장했는데, 영혼의 존재를 인정하고 있다는 점에서 본다면 유물론자들과는 다른 이원론적인 입장을 취하는 것같이 보이지만 빠꾸다가 인정하는 영혼은 물질적인 것으로 지극히 유물론적이다. 그는 이 일곱 요소들이 불생산이며 움직이지도 변화하지도 않고 서로 인과적으로 영향을 끼치지도 않는다고 보고 있다. 그는 이런 형이상학적 토대 위에 '만약 날카로운 칼로 머리를 잘라도 아무도 누구의 생명을 앗아간 것이 아니며 단지 일곱 요소 사이를 칼이 통과한 것뿐이다.'라고 주장했다.

뿌라나 깟싸빠와 함께 인사하고, 친절하고 공손한 말을 나누고, 한쪽에 앉았다. 한쪽에 앉아 밀린다 왕은 뿌라나 깟싸빠에게 이렇게 말했다.

[밀린다 왕] "존자여 깟싸빠여, 무엇이 세상을 지지합니까?"

[뿌라나 깟싸빠] "대왕이여, 땅이 세상을 지지합니다."

[밀린다 왕] "존자여 깟싸빠여, 땅이 세상을 지지한다면, 왜 무간지옥에 떨어지는 뭇삶들은 땅을 [5] 지나쳐서 갑니까?"

이렇게 말하자, 뿌라나 깟싸빠는 자신의 말을 삼킬 수도 뱉을 수도 없이, 잠자코 어깨를 떨구고 침묵하여 사념에 잠겨 앉아있었다.

13. 그러자 밀린다 왕은 막칼리 고쌀라에게 이렇게 말했다.

[밀린다 왕] "고쌀라여, 착하고 건전한 업과 악하고 불건전한 업이 있습니까? 선악의 업보가 있습니까?"

[막칼리 고쌀라] "대왕이여, 착하고 건전한 업과 악하고 불건전한 업도 없고, 선악의 업보도 없습니다. 대왕이여, 이 세상에서 왕족인 자들은 저 세상에 가서도 다시 왕족일 것이고, 이 세상에서 바라문, 평민, 노예, 짠달라, 뿍꾸싸인 자들은 저 세상에 가서도 다시 바라문, 평민, 노예, 짠달라, 뿍꾸싸일 것입니다. 착하고 건전한 업과 악하고 불건전한 업이 뭐가 필요합니까?"

[밀린다 왕] "존자여 고쌀라여, 이 세상에서 왕족인 자들은 저 세상에 가서도 다시 왕족일 것이고, 이 세상에서 바라문, 평민, 노예, 짠달라,[35] 뿍꾸싸[36]인 자들은 저 세상에 가서도 다시 바라문, 평민, 노예, 짠달라, 뿍꾸싸일 것이라면, 착하고 건전한 업과 악하고 불건전한 업을 지을 필요가 없습니다. 그렇다면 존자여 고쌀라여, 이 세상에서 손이 잘린 자들은 저 세상에 가서도 다시 손이 잘릴 것이고, 발이 잘린

---

35) caṇḍāla : 죽은 소의 고기를 먹고 사는 가장 하천한 불가촉천민을 말한다.

36) pukkusa : '묘지를 청소하는 자' 또는 '시든 꽃을 제거하는 자' 또는 '분뇨청소부'를 의미한다. 쓰레기나 똥을 치우는 불가촉천민이다.

자들은 발이 잘릴 것이고, 손발이 잘린 자들은 손발이 잘릴 것이고, 귀가 잘린 자들은 귀가 잘릴 것이고, 코가 잘린 자들은 코가 잘릴 것이고, 귀와 코가 잘린 자들은 귀와 코가 잘릴 것입니다."

이렇게 말하자 고쌀라는 아무 말도 하지 못했다.

14. 그러자 밀린다 왕은 '이 잠부디빠는 실로 텅 비어있다! 이 잠부디빠는 실로 공허하다! 나와 대론하여 의혹을 없애줄 수 있는 수행자나 성직자가 아무도 없구나.'라고 생각했다. 그리고 밀린다 왕은 대신들에게 알렸다.

[밀린다 왕] "달빛 비추는 밤이 정말 아름답구나. 그런데, 오늘은 어떤 수행자나 성직자나 장자를 방문하여 대론을 하면서 질문을 제기할까? 누가 나와 대론하여 의혹을 없애줄 수 있을까?"

이렇게 말했을 때, 대신들은 침묵하여 왕의 용안만을 쳐다보고 있었다.

15. 그 당시에 싸갈라 시에는 십이 년 동안 현명한 수행자나 성직자나 장자가 없었다. 현명한 수행자나 성직자나 장자가 사는 곳이 있다고 들으면, 그곳에 가서 왕이 그들에게 질문을 제기하면, 그들 모두가 왕에게 [6] 질문에 대한 답변을 할 수가 없어 여기저기로 떠났다. 다른 곳으로 떠나지 못한 자들은 모두가 침묵했다. 그러나 수행승들은 대부분 히말라야 산에 가있었다.

16. [나가세나의 탄생이야기] 그 당시에 십억의 거룩한 님들이 히말라야 산의 소호평원[37]에 살고 있었다. 그때 존자 앗싸굿따[38]는 하늘

---

37) rakkhitatala : 히말라야 산의 수호된 고원이라는 뜻인데, 한역에는 소호굴(所護窟)이라고 번역한다.

38) Assagutta : 이곳이 그 출처이다. Vism. 430에서 인용하고 있다. 의역을 하면, 마호(馬護)이다. 나가세나(Nāgasena)의 친교사 로하나가 나가세나를 앗싸굿따에게 보냈고, 나가세나는 밧따니야 초암에서 앗싸굿따로부터 3개월간 가르침을 받고 흐름에 든 님이 되었다.

귀로 밀린다 왕에 대한 소문을 듣고 유간다라[39] 산 정상에 수행승들의 무리를 모아놓고 수행승들에게 물었다.

[앗싸굿따] "벗들이여, 어떤 수행승이 밀린다 왕과 대론하여 의혹을 제거할 수 있습니까?"

이렇게 말하자 십억의 거룩한 님들이 침묵을 지켰다. 두 번째 세 번째 질문을 하여도 그들은 침묵했다. 그러자 존자 앗싸굿따는 수행승들의 무리에게 이렇게 말했다.

[앗싸굿따] "벗들이여, 서른셋 신들의 하늘나라[40]에 있는 베자얀따[41] 궁전의 동방에 께뚜마띠[42]라는 천궁이 있습니다. 그곳에 마하쎄나[43]라는 천자(天子)가 살고 있는데, 그가 저 밀린다 왕과 대론하여 의혹을 없애줄 수 있습니다."

그러자 십억의 거룩한 님들은 유간다라 산에서 자취를 감추고 서른셋 신들의 천상세계의 궁전에 나타났다.

---

39) Yugandhara : 세계의 중심에 있는 전설적인 최고의 산 수메루(*sk.* Sumeru)는 한역으로 수미산(須彌山)또는 묘고산(妙高山)이라고 하는데, 바다 속으로 팔만사천 요자나의 깊이를 갖고 있고 높이도 팔만사천 요자나이다. 그 산은 일곱 개의 산맥, 즉 유간다라(Yugandhara), 이싼다라(Īsadhara), 까라비까(Karavīka), 쑤닷싸나(S-udassana), 네민다라(Nemindhara), 비나따가(Vinataka), 앗싸깐나(Assakaṇṇa)로 둘러싸여 있다. 수메루 산의 꼭대기에는 서른 셋 신들의 하늘나라(Tāvatiṃsa : 三十三天)가 있다.

40) Tāvatiṁsa : 제석천이 주재하는 감각적 쾌락의 욕망계의 하늘나라로 한역에는 삼십삼천(三十三天)을 말한다. 서른셋은 리그베다에서 모든 신계를 총칭하여 천계(天界), 공계(空界), 지계(地界)의 삼계에 각각 11신(사방 · 사유 · 상 · 하 · 중앙)이 있다고 보았기 때문에 붙여진 명칭이다.

41) Vejayanta : 제석천이 아수라와의 싸움에서 결정적으로 승리한 날에 서른셋 신들의 하늘나라에 나타난 제석천의 궁전 이름으로 승리를 기념하여 이름 붙여진 것이다. 높이 1000요자나나 되는 거대한 궁전으로, 100개의 탑모양의 요사채가 있고, 각 요사채는 7층으로 이루어졌고, 각 층에는 7명의 천녀가 있고, 7명의 시자들의 섬김을 받는다.

42) Ketumatī : 베자얀따 궁전의 동방에 있는 천궁으로 이곳이 그 출처이다.

43) Mahāsena : 나가세나의 전생의 천상존재로서 이곳이 그 출처이다.

17. 신들의 제왕 제석천[44]은 그 수행승들이 멀리서 오고 있는 것을 보았다. 보고 나서 존자 앗싸긋따가 있는 곳으로 다가갔다. 가까이 가서 존자 앗싸긋따에게 인사하고 한쪽으로 물러나 섰다. 한쪽으로 물러나 선 신들의 제왕 제석천은 앗싸긋따에게 말했다.

[제석천] "존자여, 많은 수행승의 무리가 도착했습니다. 저는 참모임의 승원지기입니다. 무엇이 필요하고, 제가 무엇을 할까요?"

그러자 존자 앗싸긋따는 신들의 제왕 제석천에게 이렇게 말했다.

[앗싸긋따] "대왕이여, 잠부디빠의 싸갈라 시에서 '밀린다'라는 왕은 가까이 하기 어렵고 이기기 어려운 논사로서 모든 사상가들 가운데 최상이라고 불리는데, 그는 수행승들의 무리에 다가가서 궤변으로 질문을 제기하여 수행승들의 무리를 괴롭힙니다."

그러자 신들의 제왕 제석천은 존자 앗싸긋따에게 이렇게 말했다.

[제석천] "존자여, 밀린다 왕은 여기서 죽어서 인간계에 태어난 것입니다. 존자여, 께뚜마띠 천궁에 마하쎄나라고 불리는 천자가 사는데, 그가 밀린다 왕과 대론하여 [7] 의혹을 제거할 수 있습니다. 우리가 그 천자에게 인간계에 태어날 것을 요청할 것입니다."

18. 그래서 신들의 제왕 제석천은 수행승들의 무리에서 사라져서 께뚜마띠 천궁에 들어가 마하쎄나 천자를 포옹하고 이렇게 말했다.

[제석천] "존자여, 수행승들의 무리는 그대가 인간계에 태어나길 요청하고 있습니다."

[마하쎄나] "존자여, 저는 많은 일이 벌어지는 인간계는 원하지 않습니다. 인간계는 고통스러운 곳입니다. 존자여, 저는 여기 신들의

---

44) sakko devānamindo : 한역에는 환인제석(桓因帝釋)이라고 한다. 신들의 제왕 인드라(Indra) 신을 지칭한 것이다. 인드라는 베다 시대에 번개의 신(雷神)으로 영웅신, 전사의 수호신이었다. 그런데 인도아리안 족이 우랄산맥 남쪽에서 민족이동을 시작하면서 천여 년의 세월 황야에서 방황하다가, 인더스 유역에 정착하여 몬순기후의 풍요를 만끽하면서 번개의 신이 최고의 신으로 부상했다.

천상세계에서 다음의 보다 높은 천상세계로 올라가서 완전한 열반에 들겠습니다."

두 번째에도 세 번째에도 신들의 제왕 제석천이 요청했으나 마하쎄나 천자는 이렇게 말했다.

[마하쎄나] "존자여, 저는 많은 일이 벌어지는 인간계는 원하지 않습니다. 인간계는 고통스러운 곳입니다. 존자여, 저는 여기 신들의 천상세계에서 다음의 보다 높은 천상세계로 올라가서 완전한 열반에 들 것입니다."

그러자 존자 앗싸굿따가 마하쎄나 천자에게 이렇게 말했다

[앗싸굿따] "존자여, 우리들은 이 세상에서 신들을 포함한 모든 세상을 살펴보아도 그대 이외에는 밀린다 왕의 논변을 부수고 가르침을 펼 수 있는 다른 자를 보지 못했습니다. 존자여, 수행승들의 무리는 그대를 요청합니다. 존자여, 인간계에 태어나 부처님의 가르침을 펴시면 감사하겠습니다."

이렇게 말하자 마하쎄나 천자는 '나는 참으로 밀린다 왕의 논변을 부수고 부처님의 가르침을 펼 수 있을 것이다.'라고 생각하고 기뻐하고 환희하며 동의했다.

[마하쎄나] "존자여, 알겠습니다. 인간계에 태어나겠습니다."

19. 그리고 그 수행승들은 천상세계에서 할 일을 마치고 서른셋 신들의 천상세계에서 사라져서 히말라야 산의 소호평원(所護平原)에 나타났다. 그때 존자 앗싸굿따는 수행승들의 무리에게 이렇게 말했다.

[앗싸굿따] "벗이여, 이 수행승들의 모임에 누구라도 참석하지 않은 수행승이 있는가?"

이와 같이 말했을 때, 어떤 수행승이 존자 앗싸굿따에게 이렇게 말했다.

[어떤 수행승] "존자여, 존자 로하나[45)]가 지금부터 칠일 전에 히말

라야 산에 [8] 들어가 멸진정(滅盡定)에 들었으니46) 그에게 사자를 보내십시오."

존자 로하나 또한 바로 그 순간에 멸진정에서 깨어나 '참모임이 나를 기다린다.'라고 알고 히말라야 산에서 자취를 감추고 소호평원에 십억 거룩한 님들 앞에 나타났다. 그때 존자 앗싸굿따가 존자 로하나에게 이렇게 말했다.

[앗싸굿따] "벗이여, 로하나여, 부처님의 가르침이 힘을 잃었습니다. 참모임을 위해 무엇을 해야 하는지 알지 못합니까?"

[로하나] "존자여, 제가 마음을 쓰지 못했습니다."

[앗싸굿따] "그렇다면, 로하나여, 처벌을 받으십시오."47)

[로하나] "존자여, 제가 어찌 할까요?"

[앗싸굿따] "벗이여 로하나여, 히말라야 산록에 '까장갈라'48)라는 바라문 마을이 있습니다. 그곳에 '쏘눗따라'49)라는 바라문이 살고 있습니다. 그에게 '나가세나'라는 아들이 태어날 것입니다. 그러면 벗이여 로하나여, 그대는 칠 년 열 달 동안 그 집에 탁발하러 가서 나가세나 동자를 데려다가 출가시키십시오. 그가 출가하면, 그 처벌에서 벗어날 것입니다."

존자 로하나는 대답했다.

[로하나] "좋습니다."

20. 마하쎄나 천자 또한 천상세계에서 죽어 쏘눗따라 바라문의 아내

---

45) Rohaṇa : 앗싸굿따의 제자이자, 나가세나의 친교사로 이곳이 그 출처이다.

46) nirodhaṁ samāpanno : 지각과 느낌의 소멸을 성취(想受滅定: saññāvedayita-nirodhasamāpatti)한 멸진정(滅盡定: nirodha)을 뜻한다. 샴본에는 초선정(初禪定)에 든 것으로 되어 있다.

47) daṇḍakammaṁ karohī'ti : 처벌은 다음 문장에서 알 수 있듯, 나가세나를 참모임에 출가시키는 의무를 완수하는 것이었다.

48) Kajaṅgala : 카슈미르 지역에 있다.

49) Soṇuttara : 나가세나의 아버지로 태생이 바라문이며 이곳이 그 출처이다.

의 모태에 다시 태어남50)을 가졌다. 다시 태어남을 취하는 것과 더불어 세 가지 놀랍고 예전에 없었던 현상이 나타났다. 무기와 병기가 불타올랐고, 첫 수확물이 익었고, 큰 비가 내렸다. 존자 로하나는 그가 다시 태어남을 얻은 이래 칠 년 열 달 동안 그 집에 탁발하러 가면서 하루라도 한 숟갈의 밥이나 한 주걱의 죽이나 인사나 합장이나 공경을 얻지 못하고, 질책을 받고 모욕을 당했고, "존자여, 그냥 가시오."라는 말조차도 듣지 못했다. 그런데 칠 년 하고도 열 달이 지나자 어느 날 그는 "존자여, 그냥 가시오."라는 말이라도 들었다. 그날 바라문 또한 집밖의 [9] 일을 보고 돌아올 때 길 위에서 장로를 보고 물었다.

[쏘눗따라] "출가자여, 우리 집에 오셨던 것입니까?"

[로하나] "바라문이여, 그렇습니다."

[쏘눗따라] "무엇이든 얻으셨습니까?"

[로하나] "바라문이여. 얻었습니다."

그는 그 말에 만족하지 않고 집으로 가서 물었다.

[쏘눗따라] "저 출가자에게 무엇이라도 주었습니까?"

[쏘눗따라의 가족들] "아무것도 주지 않았습니다."

21. 바라문은 다음 날에 집문 앞에 앉아서 '오늘 출가자에게 거짓말을 했다고 꾸짖어야겠다.'라고 생각했다. 장로는 다음 날에 바라문의 집 문 앞에 도착했다. 바라문은 장로를 보고 이렇게 말했다.

[쏘눗따라] "당신은 어제 우리의 집에서 아무것도 얻지 못했는데

---

50) paṭisandhi : 정확히 번역하자면 결생(結生)이라고 해야 한다. 이전의 생이 끊어지고 새로운 생에서 최초의 마음이 일어나는 것은 마치 이전의 생과 새로운 생을 연결하듯 일어나는데, 이때의 마음의 작용을 결생이라고 한다. 이전의 생의 존재의 다발의 상속이 끊어진 뒤에 결생의 작용으로 새로운 생의 조건 속에서의 존재의 다발의 상속으로 윤회한다. 네 가지 결생(catubbidhapaṭisandhi: 四種結生)이 있다. ① 괴로운 곳으로의 결생(apāyapaṭisandhi), ② 욕망계의 좋은 곳으로의 결생(kāmasugatipaṭisandhi), ③ 미세한 물질계로의 결생(rūpâvacarapaṭisandhi), ④ 비물질계로의 결생(arūpâvacarapaṭisandhi).

도 '얻었다.'라고 말했습니다. 당신은 거짓말을 하지 않았습니까?"

장로가 말했다.

[로하나] "바라문이여, 우리는 당신의 집에 들어서면서 칠 년 열 달 동안 '그냥 가시오.'라는 말조차 얻지 못했지만, 어제는 '그냥 가시오.'라는 말이라도 얻었습니다. 이것이 내가 이와 같이 말한 인사말과 관계된 것입니다."

바라문은 '저 출가자는 이러한 작은 인사말이지만 얻어서 사람들 앞에서 '얻었다.'라고 칭찬한다. 다른 어떤 단단하거나 부드러운 음식을 얻는다면 왜 칭찬하지 않겠는가?'라고 생각했다. 그래서 기뻐하며 자신을 위해 준비해놓은 식사에서 한 스푼 음식을 양념과 반찬을 곁들여 말했다.

[쏘눗따라] "당신은 이 음식을 언제든지 얻을 수 있을 것입니다."

그는 다음 날부터 방문하는 장로의 평온을 보고 더욱더 청정한 믿음을 내어 항상 자신의 집에서 음식을 나누어 주길 청하라고 요청했다. 장로는 침묵으로 동의하고 날마다 식사를 하고 가면서 조금씩 부처님 말씀을 하고 갔다.

22. 그 바라문의 아내는 열 달이 지나자 아들을 낳았고 '나가세나'라는 이름을 지어주었다. 그는 점차로 성장하여 일곱 살이 되었다. 그때 나가세나 동자의 아버지는 나가세나 동자에게 말했다.

[쏘눗따라] "얘야 나가세나야, [10] 이 바라문의 가문에서 너는 학문을 배워야 한다."

[나가세나] "아버지, 이 바라문의 가문에서 배우는 학문은 어떤 것입니까?"

[쏘눗따라] "얘야 나가세나야, 학문은 세 가지 베다[51]를 말한다.

---

51) tayo vedā : 세 가지 베다는 리그-베다(Ṛgveda: 찬가의 집성), 싸마-베다(Sāmaveda: 가영의 집성), 야주르-베다(Yajurveda: 제사의 집성)를 말한다.

나머지는 기술이라고 불리는 기술이다."

[나가세나] "아버지, 그렇다면 배우겠습니다."

그때 쏘눗따라 바라문은 바라문 선생에게 천금의 보수를 주고 저택의 일부에 한 거실에 한 평상을 설치하고 바라문 선생에게 이렇게 말했다.

[쏘눗따라] "바라문이여, 당신은 이 아이에게 성전을 가르치십시오."

[바라문 선생] "아이야, 성전을 배워볼까."

바라문 선생은 나가세나를 가르쳤다. 나가세나 동자는 한 번의 교시로 세 가지 베다를 마음으로 꿰뚫고, 고성으로 암송하고, 잘 이해하고, 잘 확립하고, 잘 사유했다. 단 한 번에 세 가지 베다와 그것에 대한 어휘론, 의궤론, 음운론, 어원론 그리고 다섯 번째로 고전설에 관한[52] 눈이 생겨나서, 어구에 밝고, 문법에 밝고, 세속철학[53]과 위대한 사람의 특징[54]에 통달했다.

23. 그리고 나가세나 동자는 아버지에게 이렇게 말했다.

[나가세나] "아버지, 이 바라문 가문에서 더 배울 것이 있습니까, 또는 단지 이러한 것들이 다입니까?"

[쏘눗따라] "얘야, 나가세나야, 이 바라문 가문에서는 더 이상 배울 것이 없고 단지 이러한 것들이 다이다."

그러자 나가세나 동자는 선생의 시험에 통과한 뒤에 저택에서 내려와 전생의 경향에 입각한 내적 성향에 따라 홀로 명상에 들어[55] 자신의 학문의 처음과 중간과 끝을 살피면서 처음이나 중간이나 끝이나

---

52) itihāsapañcamesu : 앞에 '네 번째로 아타르바-베다(Atharvaveda; 주법의 집성)와'라는 말이 생략되어 있다.

53) lokāyata : 순세론(Miln. 4주석을 참조)을 뜻하는데, 여기서는 세속철학이라는 광범위한 뜻으로 쓰인 것이다.

54) mahāpurisalakkhaṇa : 대인상(大人相: 三十二相을 지칭하는 것으로 Miln. 72참조)이라고 한다.

55) paṭisallīno : 한역에는 독좌정관(獨坐靜觀)이라고 한다.

모두 가치가 없는 것을 보고, '이 베다는 공허하고, 껍질뿐이고, 이 베다는 핵심이 없고 내용이 없다.'라고 생각하고 후회하여 기뻐하지 않았다.

그런데 그때 존자 로하나는 바따니야[56] 암자에 앉아 나가세나 동자의 생각을 자신의 마음으로 알아채고 내의를 입고 가사와 발우를 갖추고 밧따니야 암자에서 자취를 감추고 까장갈라 바라문 마을에 모습을 나타내었다. 나가세나 동자는 자신의 문지방에 서서 존자 로하나가 멀리서 오는 것을 보았다. 보고나서 만족하여 환호하고 기뻐하고 희열과 환희로 가득 차, '적어도 이 출가자는 뭔가 핵심을 알 것이다.' 라고 생각하고 존자 로하나가 있는 곳으로 다가갔다. 가까이 가서 존자 [11] 로하나에게 이렇게 말했다.

[나가세나] "존자여, 이와 같이 삭발하고 가사를 입은 그대는 누구입니까?"

[로하나] "애야, 나는 출가자라고 부른다."

[나가세나] "존자여, 왜 출가자라고 부릅니까?"

[로하나] "애야, 모든 악하고 불건전한 티끌을 떠나서 출가했다. 그래서 출가자라고 부른다."

[나가세나] "존자여, 무슨 이유로 다른 사람처럼 머리카락이 자라지 않습니까?"

[로하나] "동자여, 출가자는 이들 열여섯 가지 장애를 보고 머리와 수염을 자르고 출가한다. 열여섯 가지란 무엇인가? *1)* 장엄하는 장애, *2)* 장식하는 장애, *3)* 기름 바르는 장애, *4)* 머리카락을 씻는 장애, *5)* 꽃타래를 꾸미는 장애, *6)* 향료를 사용하는 장애, *7)* 향을 바르는 장애, *8)* 하리륵[57]의 마른 과실처럼 되는 장애, *9)* 아마륵[58]의 마른 과실처

56) Vattaniya : 이곳이 그 출처이다. Vism. 430에서 인용하고 있다.
57) hariṭaka : 한역에서 하리륵(訶梨勒)이라고 하는 것으로 열대아시아산 낙엽교목인데, 다량의 탄닌을 함유하고 있다. Vin. I. 201에 따르면 노란 미로발란 나무로 수행

럼 되는 장애, *10)* 염색하는 장애, *11)* 머리를 묶는 장애, *12)* 머리를 빗는 장애, *13)* 머리를 다듬는 장애, *4)* 머리를 푸는 장애, *15)* 벼룩이 생기는 장애와 *16)* 머리를 뽑을 때의 한탄하고 괴로워하고 슬퍼하고 곤혹에 빠지는 장애이다. 동자여, 이러한 열여섯 가지 장애에 엮인 사람들에게는 모든 승묘한 학예가 상실되는 것이다."

[나가세나] "존자여, 무슨 이유로 복장이 다른 사람과 같지 않습니까?"

[로하나] "동자여, 감각적 쾌락의 욕망59)에 기초한 아름다운 옷들은 재가자의 특징60)을 갖고 있다. 옷에서 생겨나는 어떤 두려움도 가사에는 존재하지 않는다. 그러므로 나의 복장은 다른 사람들과 같지 않다."

[나가세나] "존자여, 학예라는 것을 아십니까?"

[로하나] "동자여, 그렇다. 나는 세상에서 최상의 성전도 알고 있다."

[나가세나] "존자여, 저에게 줄 수 있습니까?"

[로하나] "동자여, 그렇다. 줄 수 있다."

[나가세나] "그렇다면 제게 주십시오."

[로하나] "동자여, 지금은 때가 아니다. 마을로 탁발하러 들어가야 한다."

24. 그러자 나가세나 동자는 존자 로하나의 손에서 발우를 들고 집으로 들어가 맛있는 단단한 음식이나 부드러운 음식61)을 자신의 손으로

승들에게 의약품으로 허락된 것이다.

58) āmalaka : 한역에서 아마륵(阿摩勒)이라고 하는 것으로 Vin. I. 201에 따르면 검은 미로발란 나무로 수행승들에게 의약품으로 허락된 것이다.

59) kāma : 다섯 가지 감각적 쾌락의 욕망의 대상를 의미하는 것이다. Miln. 49의 주석을 보라.

60) gihibyañjana : 출가수행자가 삭발하고 황색의 가사를 걸친 것에 비해서 재가자는 머리와 수염을 기르고 흰옷을 걸치고 있는 것을 뜻한다.

61) khādanīyaṁ vā bhojanīyaṁ vā : 한역에는 작식(爵食)과 담식(噉食)이라고 한

대접하여 제공하고 존자 로하나가 식사를 마치고 발우에서 손을 뗄 때 이렇게 말했다.

[나가세나] "존자여, 이제 제게 그 성전을 주십시오."

[로하나] "동자여, 네가 장애를 떠나서 부모의 허락을 받고 내가 입은 출가자의 옷을 입으면, 그때 줄 것이다."라고 그는 말했다.

25. [나가세나의 출가] 그래서 [12] 나가세나 동자는 부모에게 가까이 다가가서 말했다.

[나가세나] "어머님 아버님, 저 출가자가 '제가 세상에 있는 최상의 성전을 알아야 한다.'라고 말했습니다. 그리고 자기에게 출가하지 않으면, 가르쳐주지 않겠다고 했습니다. 저는 그에게 출가하여 최상의 성전을 배우겠습니다."

그러자 부모는 '출가하더라도 우리 아들이 성전을 배우면 좋겠다. 배운 뒤에는 다시 돌아올 것이다.'라고 생각하면서 "아들아, 배워보라."라고 동의했다.

그래서 존자 로하나는 나가세나 동자를 데리고 밧따니야 암자의 비잠바밧투62) 당으로 다가갔다. 가까이 가서 비잠바밧투 당의 휴식처

다. 일정시간 안에 먹어야 하는 약인 시약(時藥 : yāvakālika)과 때아닌 때의 시간(정오에서 일출 무렵)에 먹을 수 있는 약인 시분약(時分藥 : yāmakālika)과 7일까지 먹을 수 있는 칠일약(七日藥 : sattāhakālika)과 평생 동안에 먹을 수 있는 약인 진형수약(盡形壽藥 : yāvajīvika)을 제외한 나머지가 단단한 음식이다. 시약은 부드러운 음식을 말하는데, '부드러운 음식'이라는 것은 다섯 가지 정식, 즉 밥(odana : 飯), 죽(kummāsa : 粥), 미숫가루(sattu : 麨), 물고기(maccha : 魚), 육고기(maṁsa : 肉)를 뜻한다.(Vin. IV. 83). 주로 민간에서 약품으로 간주되는 음식, 즉 버터기름, 신선한 버터, 기름, 꿀, 당밀이 참모임에서 사용할 수 있는 다섯 가지 약(pañca bhesajjāni)이었다. 처음에는 시약(時藥 : Vin. I. 200)으로 허용되었다가 다시 시분약(時分藥 : Vin. I. 200)으로 허용되었고, 한때는 수행승들이 다섯 가지 약, 즉 버터기름, 신선한 버터, 기름, 꿀, 당밀을 주는 대로 사치스럽게 보관하여 정사가 들쥐에 점령되자 그 보관일은 7일로 국한되었는데, 그것을 칠일약(七日藥 : Vin. I. 209)이라고 한다. 그리고 그 다섯 가지 약들은 평생 보관하면서 언제든지 사용할 수 있었는데, 그렇게 되면 그것을 진형수약이라고 했다.

62) Vijambhavatthu : 이곳에만 등장하는 당(堂)의 이름이다.

에서 하룻밤을 보내고 소호평원이 있는 곳을 찾아갔다. 가까이 가서 십억 거룩한 님들 가운데 나가세나 동자를 출가시켰다.

26. 그런데 출가했을 때, 존자 나가세나는 존자 로하나에게 이렇게 말했다.

[나가세나] "존자여, 나는 스님의 옷을 입었습니다. 이제 저에게 성전을 가르쳐주십시오."

그러자 존자 로하나는 '나는 실로 나가세나에게 먼저 율장이나 경장이나 논장에서 무엇을 가르칠까?'라고 생각하다가 '이 나가세나는 정말 현명하다. 아주 쉽게 논장을 통달할 것이다.'라고 생각하고 논장을 가르쳤다.

존자 나가세나는 '착하고 건전한 원리, 악하고 불건전한 원리, 중립적인 원리'라고 하는 삼개조, 이개조로 장식된 『담마쌍가니』[63] 논서, 존재의 다발의 분류 등 열여덟 가지 분류로 장식된 『비방가』[64] 논서,

---

63) Dhammasaṅgaṇi : 한역에서 법집론(法集論)이라고 하는데, 담마요약론이라고 할 수 있다. 초기경전 ≪니까야≫에 나오는 법수적 주제를 주로 다루고 있다. 즉 논모(論母)가운데 주제 별로 분류하여 다루고 있다. 주로 윤리적인 주제를 심리적인 측면에서 다루고 있다. 주석서로는 붓다고싸가 저술한 『앗타쌀리니』(Atthasālinī)가 있다. 마음과 마음의 작용(心心所法)·물질(色法)·일체법(一切法)의 순서로 평면적, 사전적으로 설하고 있다. 여기서는 마음과 마음의 작용에서의 논의의 주제 가운데 첫 번째 주제로 등장하는 것들이 착하고 건전한 것들은 선법(善法), 악하고 불건전한 것들은 불선법(不善法), 중립적인 것들(無記法)이다. 그 가운데 착하고 건전한 것들을 다루고 있는데, 그들 가운데 단지 '착하고 건전한 것들'이 무엇인가를 여기서 소개하고 있는 것이다. 왜냐하면, '착하고 건전한 것들'이 무엇인가를 알면 나머지 악하고 불건전한 것들은 불선법(不善法), 중립적인 것들(無記法)은 기본적으로 유추될 수가 있기 때문이다. 출처는 다음과 같다 : Dhs. 9.

64) Vibhaṅga : 한역에서 분별론(分別論)이라고 하는데, 『법집론』의 보충서이지만, 그것과는 상이한 범주와 상이한 형식을 취해서 ≪니까야≫의 주제를 분류하고 있다. 그 주석서로는 붓다고싸의 『쌈모하비노다니』(Sammohavinodanī)가 있다. 존재다발 · 감각영역 · 인식세계 · 진리(蘊·處·界·諦)등의 18항목에 관해서 주로 경분별(經分別)·논분별(論分別)·문난(問難)의 입장에서 정의하고 고찰하는 입체적인 설명이 시도되고 있다. 이를테면 '어떤 물질이든지 과거, 미래 또는 현재에 속하든, 내적이든 외적이든, 거칠든 미세하든, 저열하든 탁월하든, 멀리 있든 가까이 있든, 하나의 무리

'포함과 불포함'으로 시작하는 열네 가지 분류의 『다투까타』65) 논서, '존재의 다발의 개념과 세계(界)의 개념'으로 시작되는 여섯 가지 분류의 『뿌갈라빤냣띠』66) 논서, 자설(自說) 오백, 타설(他說) 오백이

로 개괄하고 총괄하면, 바로 그것을 물질의 다발이라고 한다.'라는 경전적인 분석을 다시 과거의 것 등이 무엇이고, 내적인 것 등이 무엇이고, 거친 것 등이 무엇인가를 상세히 설명한다. 출처는 다음과 같다 : Vibh. 1.

65) Dhātukathā : 한역에는 계론(界論)이라고 하는데, 여러 형이심리학적인 현상과 그 범주에 관한 논서이다. 제법(諸法)이 어떤 존재다발 · 감각영역 · 인식세계(蘊·處·界)의 포함관계(相攝)와 연합관계(相應)를 밝힌 것으로 형식적인 번쇄론(煩鎖論)이다.

66) Puggalapaññatti : 한역에서 인시설론(人施設論)이라고 하는데, 여러 인격적 개인의 성격, 그리고 성자의 지위에 대한 물음과 답변으로 이루어져 있다. 여기서는 그 인격적 개인의 범주를 일부만 소개한다. 1) 일시적 해탈자(時解脫者)는 때때로 일시적으로 여덟 가지 해탈을 몸으로 경험하여 지혜로 보고 어떤 특정한 번뇌들을 끊는 자이다. 2) 비일시적 해탈자(不時解脫者)는 상시적 해탈자로 성자의 지위에 든 참사람인 고귀한 님들은 모두가 비일시적 해탈자이다. 3) 동요하기 쉬운 자(動法者)는 미세한 물질계나 비물질계의 성취를 얻었으나 원하는 대로 쉽게 얻지 못하고, 선정에서 원하는 곳에 원하는 때에 들거나 나오지 못하는 자로서 그의 방일 때문에 성취가 동요하는 자이다. 4) 동요하지 않는 자(不動法者)는 색계나 무색계의 성취를 얻었고 원하는 대로 쉽게 얻는 자로서 선정에서 원하는 곳에 원하는 때에 들거나 나오는 자로서 그의 불방일 때문에 성취가 동요하지 않는 자이다. 5) 퇴전하기 쉬운 자(退法者)는 미세한 물질계나 비물질계의 성취를 얻었으나 원하는 대로 쉽게 얻지 못하고, 선정에서 원하는 곳에 원하는 때에 들거나 나오지 못하는 자로서 그의 방일 때문에 성취에서 퇴전하기 쉬운 자이다. 6) 퇴전하지 않는 자(不退法者)는 색계나 무색계의 성취를 얻었고 원하는 대로 쉽게 얻는 자로서 선정에서 원하는 곳에 원하는 때에 들거나 나오는 자로서 그의 불방일 때문에 성취에서 퇴전하지 않는 자이다. 7) 의도로 유능한 자(思能者)는 색계나 무색계의 성취를 얻었으나 원하는 대로 쉽게 얻지 못하는 자, 선정에서 원하는 곳에 원하는 때에 들거나 나오지 못하는 자이지만 만약 그가 전념하면, 그 성취에서 퇴전하지 않지만, 만약 그가 전념하지 않으면 성취에서 퇴전하는 자이다. 8) 수호로 유능한 자(護能者)는 색계나 무색계의 성취를 얻었으나 원하는 대로 쉽게 얻지 못하는 자, 선정에서 원하는 곳에 원하는 때에 들거나 나오지 못하는 자로서 만약 그가 수호되면, 그 성취에서 퇴전하지 않지만, 만약 그가 수호되지 않으면 성취에서 퇴전하는 자이다. 9) 배우지 못한 일반인(凡夫)은 세 가지 결박, 즉 개체가 있다는 견해(sakkāyadiṭṭhi : 有身見), 회의적 의심(vicikicchā : 疑), 규범과 금계에 대한 집착(sīlabhataparāmāsa : 戒禁取)을 끊지 못한 자이다. 10) 고귀한 자의 반열에 든 자(種姓者)는 '네 쌍으로 여덟이 되는 참사람이 되기 직전의 참사람의 반열에 입문한 자'의 단계를 말하는데, 그는 선정이나 출세간적인 길에 들기 전의 감각적 쾌락의 욕망계의 마지막 의식단계를 지니고 있다. 11) 두려움으로 인해 제어하는 자(怖畏抑制者)는 범부와 일곱 분의 배울 것이 남아 있는 님들, 즉

라는 천 개의 논의로 연결되어 분류되는 『까타밧투』67) 논서, '뿌리 한 쌍, 존재 다발 한 쌍'으로 시작되는 열 가지 분류의 『야마까』68)

유학(有學)을 뜻한다. 12) 두려움으로 인해 제어하지 않는 자(不怖畏抑制者)는 거룩한 님 즉 아라한을 말한다. 13) 불가능한 자(不能行者)는 업장(業障) · 번뇌장(煩惱障) · 이숙장(異熟障)의 장애를 갖추었을 뿐만 아니라 믿음도 없고 의욕도 없고, 지혜도 없는 아둔한 자로 착하고 건전한 것들에 결정코 들어갈 수 없는 자를 말한다. 14) 가능한 자(能行者)는 업장(業障) · 번뇌장(煩惱障) · 이숙장(異熟障)의 장애를 여의고, 믿음이 있고 의욕도 있고, 지혜도 있는 슬기로운 자로 착하고 건전한 것들에 결정코 들어갈 수 있는 자를 말한다. 15) 운명이 결정된 자(決定者)는 오무간업(五無間業)을 지은 자들과 네 쌍으로 여덟이 되는 참사람의 성인들은 운명이 결정된 자이다. 16) 운명이 결정되지 않은 자(不決定者)는 운명이 결정된 자 이외의 사람들을 말한다. 17) 길을 가는 자(四向)에는 흐름에 드는 길을 가는 님(sotāpattimagga : 預流向), 한 번 돌아오는 길을 가는 님(sakadāgāmīmagga : 一來向), 돌아오지 않는 길을 가는 님(anāgamī magga : 不還向), 거룩한 길을 가는 님(arahattamagga : 阿羅漢向) 18) 경지를 성취한 자(四果)에는 흐름에 든 경지에 도달한 님(sotāpattiphala : 預流果), 한 번 돌아오는 경지에 도달한 님(sakadāgāmīphala : 一來果), 돌아오지 않는 경지에 도달한 님(anāgamīphala : 不還果) 거룩한 경지에 도달한 님(arahattaphala: 阿羅漢果). 출처는 다음과 같다 : Pug. 1-18.

67) Kathāvatthu : 한역에서 논사(論事)라고 하는데, 논장 가운데 다섯 번째 책인 『논쟁요점론』이다. 아쇼카 왕 시대에 불교가 18부파로 분열되어 혼란을 초래했을 때에 장로 띳싸 목갈리뿟따(Tissa Moggaliputta)가 252가지의 이단사설을 공격한 파사론(破邪論)이다. 논장의 역사에서 중요한 위치를 차지한다. 이 전승은 믿을 만한 것이다. 여기서는 개인의 존재를 두고 논쟁을 벌인 것이 소개되고 있다 : 장로 : 실재적·궁극적 의미로 개인을 파악할 수 있습니까? 이교도 : 예, 그렇습니다. 장로 : 실재적·궁극적 의미가 발견되는 방식으로 실재적·궁극적 의미로 개인이 파악될 수 있습니까? 이교도 : 아니요. 그렇게 말할 수 없습니다. 장로 : 그대는 패배를 인정해야 합니다. 만약 진실의 의미나 궁극의 의미로 개인이 파악될 수 있다면, 실재적·궁극적 의미가 발견되는 방식으로 실재적·궁극적 의미로 개인이 파악될 수 있다고 말해야만 합니다. 장로 : 그런데 그대가 말한 것은 '실재적·궁극적 의미로 개인이 파악될 수 있다고 말할 수 있지만, 실재적·궁극적 의미가 발견되는 방식으로 실재적·궁극적 의미로 개인이 파악될 수 있다고 말할 수 없다.'라는 것이니, 그러므로 그대가 틀린 것입니다. 이 논쟁에서 실재적 의미(諦義)라는 것은 환상이나 그림자나 아지랑이 등과 같이 무실체한 것으로 생각되지 않는 실재적 의미(bhūtaṭṭha)를 뜻한다. 그리고 궁극적 의미(勝義)라는 것은 언표로서 전해질 수 없는 최상의 의미(uttamaṭṭha)를 의미한다. 남방 아비담마에서는 존재다발·감각영역·인식세계(蘊·處·界)등의 75종의 분별법(dhammappabhedo)은 실재적 의미로써 파악될 수 있는 것인데, 그와 같이 실재로 개인이 파악될 수 있느냐고 물어 본 것이다. 출처는 다음과 같다 : Kath. 1

68) Yamaka : 한역에는 쌍론(雙論)이라고 하는데, 논장의 칠론 가운데 여섯 번째에

논서, "원인에 의해 조건지어진 것, 대상에 의한 조건지어진 것"으로 시작하는 스물네 가지 분류의 『빳타나』[69] 논서의 이 모든 논장을 단 한 번의 설명으로 통달하고 말했다.

[나가세나] "존자여, [13] 멈추십시오. 다시 설명하지 마십시오. 이것만으로도 저는 학습할 수 있습니다."

27. [나가세나가 구족계를 받음] 그리고 존자 나가세나는 십억 거룩한 님들이 있는 곳으로 다가갔다. 가까이 가서 십억 거룩한 님들에게 이렇게 말했다.

[나가세나] "존자들이여, 저는 '착하고 건전한 원리, 악하고 불건전한 원리, 중립적인 원리'를 생각하며, 이렇게 세 부분으로 나눈 뒤에 모든 그 논장을 상세히 설명하겠습니다."

[거룩한 님들] "나가세나여, 좋습니다. 설명하시오."

그러자 존자 나가세나는 일곱 달 동안 일곱 가지 논서[70]에 대하여 상세히 설명했다. 대지가 진동하고 모든 신들이 환호했다. 하느님들이 박수갈채를 보냈고, 천상의 전단향분들과 천상의 만다라 꽃들이 비처

해당하는 『쌍대론』이다. 담마의 내용을 설명하는 것이 아니라 상호관계만을 쌍대하여 설하는 논서이다. 모든 현상은 특수한 전제와 감각의 능력(根), 존재다발(蘊), 감각영역(處), 인식의 영역(界), 진리(諦)등의 십쌍대(十雙對)의 품으로 이루어져 있으며, 논장 가운데서 발취론 다음으로 방대하다. 이를테면 쌍대적 설명방식은 아래와 같다 : '어떤 것이든 착하고 건전한 것들은 모두가 착하고 건전한 뿌리를 갖고 착하고 건전한 뿌리를 갖는 것들은 모두가 착하고 건전한 것들이다. 어떤 것이든 착하고 건전한 것들은 모두가 착하고 건전한 뿌리로 동일한 뿌리를 갖고 있다. 또한 착하고 건전한 뿌리로 동일한 뿌리를 갖고 있는 것들은 모두가 착하고 건전한 것들이다.' 여기서 동일한 뿌리는 탐욕의 여읨, 성냄의 여읨, 어리석음의 여읨을 의미한다. 출처는 다음과 같다 : Ymk. 1

69) Paṭṭhāna : 발취론(發趣論)이라고 하는데, 「조건관계론」이라고 볼 수 있다. 논장 가운데 가장 방대한 문헌으로 이십사연(二十四緣)의 분별과 시설에 관한 인과론을 다루고 있다. 그것에 대해 올바로 이해한다는 것은 매우 어렵다. 이십사연(二十四緣)에 대해서는 역자의 『초기불교의 연기사상』: 129~142쪽과 그 밖에 Paṭ. I. 1; Vism. 536~541를 참조하라.

70) satta pakaraṇāni : 위 칠론(七論)을 말한다.

럼 내렸다. 그때 십억 거룩한 님들이 만 이십 세가 되는 존자 나가세나에게 소호평원에서 구족계를 주었다.

28. 그런데 구족계를 받고 존자 나가세나는 그날 밤이 지나자 아침 일찍 옷을 입고 발우와 가사를 갖추고 친교사71)와 함께 마을로 탁발하러 들어가면서 '실로 나의 친교사는 공허하다. 실로 나의 친교사는 어리석다. 부처님의 나머지 말씀을 제쳐두고 나에게 논장을 가르쳤다.'라는 생각을 일으켰다. 그러자 존자 로하나는 존자 나가세나의 생각을 자신의 마음으로 알아채고 존자 나가세나에게 이렇게 말했다.

[로하나] "나가세나여, 그대는 적당하지 않은 생각을 품었다. 나가세나여, 그것은 그대에게 적당하지 않다."

그러자 존자 나가세나에게 '나의 친교사가 나의 생각을 마음으로 알아채다니, 놀라운 일이고 예전에 없었던 일이다. 나의 친교사는 현명하다. 내가 친교사에게 용서를 구하면 어떨까?'라는 생각이 떠올랐다. 그래서 존자 나가세나는 존자 로하나에게 이렇게 말했다.

[나가세나] "존자여, 저를 용서하십시오, 다시는 이와 같이 생각을 품지 않겠습니다."

그러자 존자 로하나는 존자 나가세나에게 이렇게 말했다.

[로하나] "나가세나여, [14] 나는 그 정도로 그대를 용서하지 않겠다. 나가세나여, '싸갈라'라는 이름의 도시가 있는데, 그곳에 '밀린다'라는 왕이 나라를 다스리고 있다. 그가 궤변으로 질문을 제기하여 수행승들의 무리를 괴롭힌다. 만약에 그대가 거기에 가서 그 왕을 교화하여 부처님의 가르침에서 기쁨을 발견하게 한다면, 내가 너를

---

71) upajjhāya : 가정교사나 후견인과 같은 스승으로 출가시키고 구족계를 줄 수 있는 법랍 10년 이상의 스승으로 제자를 둘 자격이 있는 스승을 말한다. 한역에는 음역하여 화상(和尙; 和上), 계화상(戒和尙), 오바다야(烏波陀耶), 화사(和闍), 골사(鶻社)라고 한다. 의역하여 친교사(親教師), 역생(力生), 근송(近誦), 의학(依學)이라고도 한다. 우리나라에서는 흔히 은사(恩師)나 계사(戒師)라고 한다.

용서할 것이다.”

[나가세나] “존자여, 밀린다 왕 한 분이라니요. 존자여, 모든 잠부디빠의 모든 왕이 와서 제게 질문을 제기하더라도, 그 모두에게 답변하여 소탕해보이겠습니다. 존자여, 저를 용서하시겠습니까?”

[로하나] “나는 용서하지 않겠다.”

그럼에도 그 거절하는 말을 듣고 나가세나는 말했다.

[나가세나] “존자여, 그렇다면 올해 삼 개월72) 동안 누구에게서 지냅니까?”

29. [로하나] “나가세나여, 존자 앗싸굿따께서 밧따니야 암자에 계신다. 나가세나여, 그대는 가서 존자 앗싸굿따가 있는 곳을 찾아가라. 가까이 다가가서 나의 이름으로 존자 앗싸굿따의 두 발에 머리를 조아려 인사하라. 이와 같이 그에게 말하라. ‘존자여, 제 친교사께서는 당신의 두 발에 머리를 조아려 인사드립니다. 병이 없고, 아픈 곳이 없고, 경쾌하고, 건강하고, 평안하신지를 여쭙니다. 존자여, 저의 친교사는 올해 삼 개월 동안 스님의 곁에 지내도록 저를 보냈습니다.’ 그리고 ‘그대의 친교사의 이름은 무엇인가?’라고 말하면 ‘존자여, 로하나 장로입니다.’라고 말해야 할 것이고, ‘나의 이름은 무엇인가?’라고 하시면, ‘존자여, 나의 친교사께서 스님의 이름을 알고 있습니다.’라고 말해야 한다.”

[나가세나] “존자여, 알겠습니다.”

존자 나가세나는 존자 로하나에게 인사하고 오른쪽으로 돌아 물러나73) 발우와 가사를 갖추고 차례로 유행하면서 밧따니야 암자에 존자

---

72) temāsa : 삼 개월은 우기(雨期)의 삼 개월 동안의 안거(安居)을 말한다. 4월 중순에서 7월 중순까지이다. 이 기간 중에는 일정한 장소에 주거하며 외출을 삼가고 수행정진한다.

73) padakkhiṇaṁ katvā : 한역에는 우요(右繞)라고 하는데 세 번 돌아 나오는 것을 우요삼잡(右繞三匝)이라고 한다. 부처님이나 불탑에 예배할 때 예경하는 방법이다.

앗싸곳따가 계신 곳을 찾았다. 가까이 다가가서 존자 앗싸곳따에게 인사하고 한쪽에 섰다. 한쪽에 서서 존자 나가세나는 존자 앗싸곳따에게 이렇게 말했다.

[나가세나] "존자여, 제 친교사께서는 당신의 두 발에 머리를 조아려 인사드립니다. 병이 없고, 아픈 곳이 없고, 경쾌하고, 건강하고 평안하신지를 여쭙니다. 존자여, 저의 친교사께서 삼 개월 동안 스님의 곁에 지내도록 저를 보냈습니다."

그러자 존자 앗싸곳따는 존자 나가세나에게 이렇게 말했다.

[앗싸곳따] "그대의 이름은 [15] 무엇인가?"

[나가세나] "존자여, 저는 나가세나라고 합니다."

[앗싸곳따] "그대의 친교사의 이름은 무엇인가?"

[나가세나] "존자여, 저의 친교사는 로하나라고 합니다."

[앗싸곳따] "나의 이름은 무엇인가?"

[나가세나] "존자여, 나의 친교사께서 스님의 이름을 알고 있습니다."

[앗싸곳따] "나가세나여, 좋다. 발우와 가사를 내려놓으라."

[나가세나] "존자여, 감사합니다."

그는 발우와 가사를 내려놓고 다음날 방사를 청소하고 양칫물과 치목을 준비했다. 그런데 장로는 청소된 곳을 다시 청소하고 그 물을 버리고 다른 물을 가져왔고 그 치목을 버리고 다른 치목을 선택했다. 그리고 아무런 대화도 나누지 않았다. 이와 같이 칠일이 지나 칠일째에 다시 질문하고 전과 같이 말하자 안거를 허락했다.

30. 그 당시에 한 훌륭한 재가의 여자신도[74]가 존자 앗싸곳따를 삼십

원래 고대에 오른 쪽 어깨를 드러내어, 즉 편단우견(偏袒右肩)하여 감추어둔 무기가 없음을 표시하는 최상의 예를 갖추어 상대방을 오른쪽에 두고 오른쪽으로 돌아 안심시키는 것을 의미한다.

74) upāsikā : 한역에서 청신녀(淸信女), 음사하여 우바이(優婆夷)라고도 하며, 삼보(三寶)에 귀의하고 다섯 가지 계행(五戒)을 지키는 재가생활을 하는 불교교단의 구성

년간 시봉하고 있었다. 그리고 그 재가의 여자신도는 삼 개월이 지나서 존자 앗싸굿따가 있는 곳으로 찾아갔다. 가까이 다가가서 존자 앗싸굿따에게 이렇게 말했다.

[청신녀] "존자여, 그대에게 다른 수행승이 있습니까?"

[앗싸굿따] "청신녀여, 나에게는 나가세나라는 수행승이 있습니다."

[청신녀] "그렇다면, 앗싸굿따여, 나가세나와 함께 내일 공양을 받아주십시오."

존자 앗싸굿따는 침묵으로 허락했다. 그래서 존자 앗싸굿따는 그날 밤이 지나 아침 일찍 옷을 입고 가사와 발우를 갖추고 존자 나가세나를 시자[75]로 삼아 함께 재가의 여자신도의 처소를 찾아갔다. 가까이 다가가서 마련된 자리에 앉았다. 그러자 그 훌륭한 재가의 여자신도는 존자 앗싸굿따와 존자 나가세나에게 훌륭한 단단하거나 부드러운 음식을 손수 제공하여 대접했다. 존자 앗싸굿따는 식사를 마치고 발우에서 손을 떼자 존자 나가세나에게 말했다.

[앗싸굿따] "나가세나여, 그대가 이 훌륭한 재가의 여자신도에게 감사를 표하라."

그는 이와 같이 말하고 자리에서 일어나 그곳을 떠났다.

31. 그러자 [16] 그 재가의 여자신도는 존자 나가세나에게 이렇게 말했다.

[청신녀] "존자 나가세나여, 나는 늙었습니다. 저에게 심오한 설법으로 축복해 주십시오."

그러자 존자 나가세나는 그 재가의 여자신도에게 출세간적으로 공(空)과 상응하는 심오한 설법으로[76] 축복해 주었다. 그때 그 재가

원이다.

75) pacchāsamaṇa : 한역하자면 수종사문(隨從沙門)인데, 시자(侍者)를 의미한다.

76) gambhīrāya dhammakathāya lokuttarāya suññatappaṭisaṁyuttāya : 부처님은 이와 같이 말씀하셨다: '여래가 설하시는 모든 법문은 심오하여 그 뜻이 깊고 출

의 여자신도에게 그 자리에서 티끌 없고 때 묻지 않은 눈, '어떤 것이든 생겨난 그 모든 것은 소멸하는 것이다.'[77]라는 진리의 눈이 생겨났다. 존자 나가세나는 그 재가의 여자신도를 축복하고 자신이 가르쳐준 진리를 성찰하면서 통찰을 확립하고 그 자리에 앉아 흐름에 든 경지를 성취했다.

32. 그러자 존자 앗싸굿따가 주원당(周圓堂)[78]에 앉아 두 사람이 진리의 눈을 얻은 것을 알고 칭찬했다.

[앗싸굿따] "나가세나여, 훌륭하다.[79] 훌륭하다. 하나의 화살을 쏘아 두 위대한 몸을 꿰뚫었구나."

또한 많은 수천의 천신들이 찬탄했다.

그러자 존자 나가세나가 자리에서 일어나 존자 앗싸굿따가 있는 곳으로 다가갔다. 가까이 다가가 존자 앗싸굿따에게 인사하고 한쪽으로 물러나 앉았다. 한쪽으로 앉자, 존자 나가세나에게 존자 앗싸굿따는 이렇게 말했다.

[앗싸굿따] "나가세나여, 그대는 빠딸리뿟따[80] 시로 가라. 빠딸리

세간적이고 공(空)과 상응하므로 그것들을 설할 때는 우리는 잘 듣고 귀를 기울이고 슬기로운 마음을 내고, 받아 지녀서 통달하고자 그 가르침에 관해 사유하리라.'라고 배워야 한다."(SN. II. 266) 여기서 출세간이란 미혹한 세간을 뛰어넘는다는 것이고 공과 상응한다는 것은 모든 것은 인연에 의해 생겨나므로 실체성이 없다는 뜻이다.

77) virajaṁ vītamalaṁ dhammacakkhuṁ udapādi: yaṁ kiñci samudaya-dhammaṁ sabban taṁ nirodhadhamman'ti : Pps. III. 92에 따르면, '진리의 눈(法眼 : dhammacakkhu)'은 '흐름에 드는 길'을 상징하는 것이다. '어떤 것이든 생겨난 그 모든 것은 소멸하는 것이다.'라는 문구는 그 길의 발생을 보여주는 것이다. 물론 궁극적으로 그 목표는 열반이다. 따라서 우리는 이 문장이 팔정도의 실천에 대한 결의라고 파악해야 한다.

78) maṇḍalamāḷa : 정원에 있는 정자와 같은 둥근 모양의 당(堂)으로 은둔자의 주거에 부속된 문밖에 있는 목조 혹은 석조의 집이다.

79) sādhu : 한역에서 선재(善哉)라고 한다. 찬탄의 의미로 전용하는 말이다.

80) Pāṭaliputta : 산스크리트어로는 빠딸리뿌뜨라(Pāṭaliputra)이다. 한역에는 화씨성(華氏城)이라고 한다. 중인도 마가다국의 수도로 강가 강의 좌안에 있다. 현재의 빠뜨나(Patna) 시를 말한다. 부처님 당시에는 마을에 불과했으나 — 현장의 기록에 따

뿟따 시에 아쇼카라마[81] 승원에 존자 담마락키따[82]가 살고 있다. 그 분 아래서 부처님의 말씀에 통달하라."

[나가세나] "존자여, 여기서 빠딸리뿟따 시까지 얼마나 멉니까?"

[앗싸굿따] "나가세나여, 일백 요자나[83]이다."

[나가세나] "존자여, 길이 멉니다. 도중에 걸식을 하기가 어렵습니다. 어떻게 제가 갑니까?"

[앗싸굿따] "나가세나여, 가라. 도중에 검은 알갱이를 골라낸 쌀밥과 갖가지 카레, 갖가지 양념을 얻을 것이다."

[나가세나] "존자여, 알겠습니다."

존자 나가세나는 존자 앗싸굿따에게 인사하고 오른 쪽으로 돈 뒤에 가사와 발우를 갖추고 빠딸리뿟따 시를 향해서 출발했다.

르면, 깔라쏘까(Kālāsoka)왕 당시이고 자이나 문헌에 따르면, 아자따쌋뚜 왕의 아들 우다인 당시였다 – 나중에 마가다(Magadha)국의 수도가 되었다. 이 수도는 먼 훗날 아쇼카 왕 때 와서 크게 번성했고 나중에 굽타 왕조의 수도로서도 이름을 떨쳤다. 부처님께서 완전한 열반에 들기 전에 이곳을 방문했는데, 그때까지는 단지 마을에 불과해서 빠딸리가마(Pāṭaligāma)라고 불렸지만 부처님은 이곳이 후대에 크게 융성하리라는 것을 예견했다.

81) Asokārāma : 아쇼카(Aśoka) 대왕이 3년에 걸쳐 세운 빠딸리뿟따 시의 승원이다. 여기에 왕의 형제인 띳싸(Tissa)가 출가했다. 수행승들이 7년 동안 포살을 행하지 않자, 아쇼카가 그 승원으로 대신을 파견했는데, 그 명령을 오인한 대신은 명령을 거절하는 여러 장로들의 목을 베었다. 목갈리뿟따 띳싸(Moggaliputta Tissa)가 삼차 결집을 행한 곳이기도 하다. 아쇼카 왕은 아쇼카라마에서 매일 6만 명의 수행승에게 공양을 베풀었다.

82) Dhammarakkhita : 나가쎄나는 그의 아래서 삼장을 배웠다. 『마하방싸』(Mahāvaṃsa: XXIX)에 따르면, 밀린다 왕의 통치(BC. 165년-135년)기간에, '마하 담마락키따(Mahādhammarakkhita)라는 요나까인(빠알리어: 요나, 그리스어: 이오니아인) 승려가 오늘날 아프가니스탄 카불 북쪽 약 150km 지점에 있는 코카서스 산맥의 알렉산드리아에서 스리랑카로 가서 아누라다뿌라에 대스투파를 봉헌했다.'라고 기록하고 있다. 그는 불교 신앙을 전도하기 위해 마우리아 황제 아쇼카가 보낸 선교사들 중 한 명이었고, 그의 활동은 불교 형성 수세기 동안 헬레니즘의 문화를 간직한 요나까인들이 강력하게 관여했음을 나타낸다. 이는 또한 불교가 메난데르의 영토에서 번성했으며 요나까인들이 불교에 매우 적극적으로 참여했음을 나타낸다.

83) yojana : 한역에는 유순(由旬)이라고 하며, 1 요자나는 약 14km 정도의 거리를 말한다.

33. 그런데 [17] 그때 빠딸리뿟따 시의 부호가 오백의 수레로 빠딸리뿟따 시로 향하는 길을 가고 있었다. 빠딸리뿟따 시의 부호는 존자 나가세나가 멀리서 오는 것을 보았다. 보고나서 존자 나가세나가 있는 곳으로 다가갔다. 가까이 가서 존자 나가세나에게 인사하고 말했다,

[부호] "존자여, 어디로 가고 있습니까?"

[나가세나] "장자[84]여, 빠딸리뿟따 시로 갑니다."

[부호] "존자여, 잘 됐습니다. 우리도 빠딸리뿟따 시로 갑니다. 우리들과 함께 편히 갑시다."

그래서 빠딸리뿟따 시의 부호는 존자 나가세나의 단정하고 기품있는 몸가짐[85]에 기뻐하면서 존자 나가세나에게 맛있는 단단한 음식이나 부드러운 음식을 자신의 손으로 대접하여 제공하고 존자 나가세나가 식사를 마치고 발우에서 손을 뗄 때, 한 낮은 자리를 취해서 한쪽으로 물러나 앉았다. 한쪽에 물러나 앉아 빠딸리뿟따 시의 부호는 존자 나가세나에게 이렇게 말했다.

[부호] "존자여, 그대의 이름은 무엇입니까?"

[나가세나] "장자여, 저는 나가세나입니다."

[부호] "존자여, 그대는 부처님의 말씀을 압니까?"

[나가세나] "장자여, 저는 논장(論藏)의 구절을 압니다."

[부호] "존자여, 우리는 행복합니다. 존자여, 우리는 행복합니다. 저도 논사이고 그대도 논사입니다. 존자여, 논장의 구절들을 말해보시오."

그러자 존자 나가세나는 빠딸리뿟따 시의 부호에게 논장을 가르쳤

---

84) gahapati : 한역에는 거사(居士)라고 한다. 가하빠띠(gahapati)가 집의 주인을 뜻하므로 자산가(資産家)라고 번역하기도 한다. 이에 비해 가핫타(gahaṭṭha)는 재가자(在家者)란 뜻이다. 부처님 당시에 장자는 재가자 가운데 부유한 계층으로 왕족 계급, 바라문 계급의 다음에 위치하는 재3계급이 되었다. 부유한 상인을 의미하는 쎗티(seṭṭhi)와 동일한 의미로 쓰인다.

85) iriyāpatha : 걷고·머물고·앉고·눕는 네 가지 단정하고 기품있는 몸가짐(catu-iriyāpatha : 四威儀路 : 行·住·坐·臥)을 의미한다.

다. 가르치는 동안 빠딸리뿟따 시의 부호에게 티끌 없고 때가 묻지 않은 눈, "어떤 것이든 생겨난 그 모든 것은 소멸하는 것이다.'라는 진리의 눈이 생겨났다.

34. 그리고 빠딸리뿟따 시의 부호는 오백대의 수레를 앞으로 보내고 자신은 그 뒤로 가면서 빠딸리뿟따 시가 멀지 않은 곳에 두 길로 갈라지는 곳에 서서 존자 나가세나에게 이렇게 말했다.

[부호] "존자여 나가세나여, 이 길이 아쇼카라마 승원으로 가는 길입니다. 존자여, 이 아름다운 모포는 길이 십육 완척이고 넓이 팔 완척입니다. 존자여, 이것을 받아주십시오. 존자여, 이 아름다운 모포를 [18] 애민히 여겨 받아주십시오."

존자 나가세나는 그 아름다운 모포를 애민히 여겨 받아주었다. 그러자 빠딸리뿟따 시의 부호는 만족하여, 용약하고 기뻐하고 환희하며 존자 나가세나에게 인사하고 오른 쪽으로 돌아 그곳을 떠났다.

35. [나가세나의 거룩한 경지의 성취] 그리고 존자 나가세나는 아쇼카라마 승원의 담마락키따가 있는 곳을 찾아갔다. 가까이 다가가서 존자 담마락키따에게 인사를 하고, 자신이 온 이유를 말하고, 존자 담마락키따 아래에서, 삼장[86]의 부처님 말씀을, 단 한 번의 설명만으로, 삼 개월에 걸쳐 표현상으로 습득한 뒤에, 다시 삼 개월에 걸쳐 내용상으로 통달했다.

한때 존자 담마락키따는 존자 나가세나에게 이렇게 말했다.

[담마락키따] "나가세나여, 마치 목우자가 소를 수호하지만 다른 자들은 소의 산출물[87]을 즐기듯이, 이와 같이 나가세나여, 그대가

86) tepiṭaka : 삼장(三藏)은 경장(經藏), 율장(律藏), 논장(論藏)을 뜻한다.
87) gorasa : 유제품(乳製品)으로 오종미(五種味), 즉 우유(乳 : khīra), 응유(酪: dadhi), 버터우유(酪漿: takka), 버터(生酥: navanīta), 버터기름(熟酥: sappi)을 뜻한다. 때로는 버터우유 대신에 버터크림(醍醐: sappimaṇḍa)을 포함시킨다.

삼장의 부처님 말씀을 기억하더라도, 수행자의 삶의 결실[88]을 누리는 것은 아니다."

[나가세나] "존자여, 그렇습니다. 그렇지만 그것만으로도 충분합니다."

그런데 바로 그날 밤에 분석적인 앎[89]으로 그는 거룩한 경지를 얻었다. 진리[90]를 꿰뚫는 것과 동시에 존자 나가세나에게 모든 신들이 환호했다. 대지가 진동했고, 하느님들이 박수갈채를 보냈고, 천상의 전단향분들과 천상의 만다라 꽃들이 비처럼 내렸다.

36. 그때에 십억 거룩한 님들이 히말라야 산에서 소호평원에서 모여서 존자 나가세나에게 사자를 보냈다.

[사자] "나가세나께서는 오십시오. 우리는 나가세나를 보고 싶습니다."

존자 나가세나는 사자의 말을 듣고 아쇼카라마에서 자취를 감추고 히말라야 산의 소호평원에 십억 거룩한 님들의 앞에 나타났다. 그러나 십억 거룩한 님들은 존자 나가세나에게 이렇게 말했다.

[거룩한 님들] "나가세나여, 밀린다 왕께서 수행승들의 참모임을 대론을 통해 질문으로 괴롭힙니다. 나가세나여, 그대가 가서 밀린다 왕을 교화하시면 [19] 감사하겠습니다."

[나가세나] "존자들이여, '밀린다'라는 왕 한 분은 차치하고라도, 존자들이여, 온 잠부디빠의 왕들이 와서 제게 질문을 제기해도 그 모두에게 답변하여 소탕할 것입니다. 존자들이여, 두려움 없이 싸갈라시로 가십시오."

---

88) sāmañña : 한역에서 사문과(沙門果)인데, 네 가지 수행자의 삶의 결실(四沙門果)을 말한다. 네 가지 성자의 과위(四果: 흐름에 든 경지, 한 번 돌아오는 경지, 돌아오지 않는 경지, 거룩한 경지; 해제를 참조하라)를 뜻한다.

89) paṭisambhidā : 네 가지 분석적인 앎(Miln. 339의 주석을 보라)을 말한다.

90) sacca : 네 가지 진리, 즉 사성제(四聖諦)를 뜻한다.

그러자 장로 수행승들은 싸갈라 시를 가사의 광명으로 빛나고 선인의 바람이 부는 곳으로 만들었다.

37. [밀린다 왕과 아유빨라의 대론] 그 당시 존자 아유빨라[91]가 쌍케이야[92] 승원에서 살고 있었다. 그때 밀린다 왕이 대신들에게 이렇게 말했다.

[밀린다 왕] "달빛 비추는 밤이 정말 아름답구나. 그런데 오늘은 어떤 수행자나 성직자를 방문하여 대론을 통해 질문을 제기할까? 누가 나와 대론하여 의혹을 없애줄 수 있을까?"

이와 같이 말하자 오백 명의 요나까인들은 밀린다 왕에게 이렇게 말했다.

[요나까인들] "대왕이여, 삼장에 밝고 많이 배우고 전승에 전통한 '아유빨라'라는 장로가 있습니다. 그가 지금 쌍케이야 승원에 살고 있습니다. 대왕이여, 가셔서 존자 아유빨라에게 질문을 제기하십시오."

[밀린다 왕] "그렇다면 확실히 존자에게 알리라."

그러자 점성가[93]가 존자 아유빨라에게 사자를 보냈다.

[사자] "존자여, 밀린다 왕이 존자 아유빨라를 뵙고자 합니다."

존자 아유빨라는 이렇게 말했다.

[아유빨라] "그렇다면 오시라고 하십시오."

그러자 밀린다 왕은 오백 명의 요나까인들에 둘러싸여 왕립수레에 올라 쌍케이야 승원에 계신 아유빨라가 있는 곳을 찾아갔다. 가까이 다가가서 존자 아유빨라와 함께 인사하고, 친절하고 공손한 말을 나누고 한쪽으로 앉았다. 한쪽으로 앉아서 밀린다 왕은 존자 아유빨라에게

91) Āyupāla : 밀린다 왕 당시에 삼장에 밝고 많이 배우고 전승에 전통한 승려로 이곳이 그 출처이다.

92) Saṅkhyeyya : 한역에는 설지가사(泄坻迦寺)라고 한다. 아유빨라와 나가세나가 살았던 싸갈라 시의 승원으로 이곳이 그 출처이다.

93) nemittika : 한역에는 왕이 첨미리(沾弥利: devamantiya)에게 명하여 아유빨라를 청해오라고 했다.

이렇게 말했다.

38. [밀린다 왕] "존자 아유빨라여, 그대의 출가는 어떤 목적이 있습니까? 당신의 최상의 목표는 무엇입니까?"

장로가 말했다.

[아유빨라] "대왕이여, 출가는 여법하게 올바로 사는 것입니다."

[밀린다 왕] "존자여, 재가자도 여법하게 올바로 사는 어떤 자가 있습니까?"

[아유빨라] "대왕이여, 그렇습니다. 재가자도 여법하게 올바로 사는 자가 있습니다. 세존께서 바라나씨[94] 시의 이씨빠따나[95]에 있는 미가다야[96]에서 [20] 가르침의 수레바퀴를 굴릴 때 일억 팔천만 하느님들이 가르침을 이해했고, 또한 숫자를 헤아릴 수가 없는 천신들도 가르침을 이해했는데, 이들 모두는 재가자들이고 출가자는 아닙니다.

---

94) Bārāṇasi : 바라나씨는 부처님 당시 까씨 국의 수도로 지금의 베나레스를 말한다. 불교도들이 참배하는 사대성지 — 까삘라밧투, 붓다가야, 꾸씨나라와 함께 — 의 하나이다. 이 바라나씨의 이씨빠따나에서 최초의 설법인 초전법륜이 이루어졌기 때문이다. 바라나씨는 상업과 산업의 중심도시로 싸밧티(Savatthī), 딱까씰라(Takkasilā), 베란자(Verañjā), 라자가하(Rājagaha) 시와는 직접 무역을 하는 요충지였다. 특히 의류산업의 중심지로서 까시 국의 옷, 즉 바라나씨의 옷은 유명했다.

95) Isīpatane : 한역에서 이씨빠따나(Isīpatana)는 선인타처(仙人墮處)라고 번역한다. 부처님은 우루벨라(Uruvelā)에서 바르고 원만한 깨달음을 이룬 이후, 고행을 포기한 자신을 비난하고 떠났던 유명한 다섯 수행승을 아쌀하(Āsāḷha)월[칠월(七月 : 양력 6월 16일 - 7월 15일; 남방음력 3월 16일 - 4월 15일)]의 보름날에 이곳에서 다시 만났다.

96) Migadāya : 이씨빠따나(Isīpatana)의 미가다야, 즉 녹야원(鹿野園)은 부처님이 처음으로 설법한 장소에 세워진 승원이다. 부처님은 우루벨라(Uruvelā)에서 바르고 원만한 깨달음을 이룬 이후, 최초의 설법인 초전법륜을 굴린 장소이므로 네 가지 버려질 수 없는 장소(avijahitaṭṭhānāni) — 일체 부처님의 보리좌(菩提座), 즉 성도 시에 앉은 장소(bodhipallaṅka), 초전법륜의 장소(初傳法輪地 : dhammacakkappavattana)인 이씨빠따나 지역의 미가다야(鹿野苑), 천상으로부터의 강림시(devorohanakāla)에 쌍깟싸(Saṅkassa) 시의 문 앞에 있는 제일보결처(第一步結處: paṭhamapādagaṇṭhi). 제따바나 정사의 향실의 네 개의 침대각장소(寢臺脚場所 : catumañcapādaṭṭhāna) —의 하나로 유명하다.

더구나 대왕이여, 세존께서 「광대한 모임의 경」[97]을 가르칠 때, 「고귀한축복의경」[98]를 가르칠 때, 「평등한 마음에 대한 설명의 경」[99]을 가르칠 때 「라훌라에 대한 훈계의 경」[100]을 가르칠 때, 「파멸의 경」[101]을 가르칠 때, 헤아릴 수 없이 많은 천신들이 가르침을 이해했는데, 그 모두가 재가자였고 출가자가 아니었습니다."

[밀린다 왕] "그렇다면 존자 아유빨라여, 당신의 출가는 쓸데가 없는 것입니다. 과거에 저지른 악하고 불건전한 업의 결과로 싸끼야의 아들[102]들이 출가하여 두타행의 고리[103]를 실천합니다. 존자 아유빨라여, 한 자리에서 식사하는 수행승들은 아마도 전생에 타인들의 음식을 훔친 도둑으로서, 그들은 타인의 음식을 약탈하여 그 업이 지금 한 자리에서 식사하고 때때로 식사할 수 없는, 계행도 없고 고행도 없고 청정행도 없는 도둑들이 아닐까요? 그리고 존자 아유빨라여, 노천에서 수행하는 그 수행승들은, 아마도 전생에 마을을 약탈한 도둑으로서, 그들은 타인들의 집들을 부수고 그 업의 결과로 지금 노천에서 지내면서 처소를 향유하지 못하는, 계행도 없고 고행도 없고 청정행도 없는 도둑들이 아닐까요? 그리고 존자 아유빨라여, 항상 눕지 않고 지내는 그 수행승들은 아마도 전생에 노상강도인 도둑으로서, 그들은 노상의 사람들을 붙들고 묶어 앉힌 뒤에 그 업의 결과로 지금 눕지 않고 지내면서 침상에 눕지 못하는, 계행도 없고 고행도 없고 청정행도 없는 도둑들이 아닐까요?"

---

97) Mahāsamayasutta : DN. 20
98) Mahāmaṅgalasutta : Stn. 46
99) Samacittapariyāyasutta : AN. I. 64
100) Rāhulovādasutta : MN. 61; 62; 147
101) Parābhavasutta : Stn. 18
102) Sakyaputtiya : 싸끼야 족의 아들에 속한 자라는 뜻이다. 석가족에 속한 부처님의 자손 내지는 제자를 의미한다.
103) dhutaṅgāni : 열세 가지 두타행의 덕성 또는 고리(dhutaguṇā=dhut- aṅgāni)에 관해서는 Miln. 359와 주석을 참조하라.

39. 이와 같이 말하자 존자 아유빨라는 침묵하고 아무런 대꾸도 하지 않았다. 그러자 오백 명의 요나까인들은 밀린다 왕에게 이렇게 말했다.

[요나까인들] "대왕이여, 장로는 현명합니다만, 자신이 없어 아무런 답변도 하지 못합니다."

그러자 밀린다 왕은 존자 아유빨라가 침묵하는 것을 보고 손뼉을 치고 환호하고 [21] 요나까인들에게 이렇게 말했다.

[밀린다 왕] "실로 잠부디빠는 텅 비었다. 실로 잠부디빠는 껍데기뿐이다, 나와 대론을 하여 의혹을 제거해줄 수 있는 수행자도 성직자도 없다."

이때 밀린다 왕은 모든 주변 사람들을 둘러보고, 요나까인들이 두려움 없고 얼굴을 붉히지 않는 것을 알아채고 '분명히 생각건대 이 요나까인들이 당혹하지 않는 것으로 보아 나와 함께 대론할 수 있는 다른 어떤 현명한 수행승이 있을 것이다.'라고 생각했다. 그러자 밀린다 왕은 요나까인들에게 이렇게 말했다.

[밀린다 왕] "여보게들, 누가 나와 대론하여 의혹을 없애줄 수 있는 다른 어떤 현명한 수행승이라도 있는가?"

40. [나가세나의 등장] 그때 존자 나가세나가, 참모임의 지도자, 무리의 지도자, 무리의 스승으로서, 유명하고, 명성있고, 많은 사람에게 크게 존경받고, 현명하고, 경험있고, 슬기롭고, 심원하고, 학식있고, 지성적이고, 단련되고, 두려움 없고, 박학하고, 삼장(三藏)에 밝고, 지식에 밝고,104) 이해로 성숙했고, 전승의 조예가 깊고, 분석적인 앎105)으로 성장했고, 스승의 가르침 가운데 아홉 부류의 가르침106)

---

104) vedagū : 원래 베다에 통달한 자라는 뜻인데, 여기서는 삼장에 통달한 자라는 의미로 쓰인 것이다. 그러나 나중에는 영혼(Miln. 54) 혹은 체험자, 인식과 행위의 주체자라는 의미로 사용된다.

105) paṭisambhida : 네 가지 분석적인 앎(四無碍解)에 관해서는 Miln. 339와 주석을 참조하라.

에 관하여 교법에 통달했고,107) 초월의 길에 들어섰고,108) 최승자의 말씀 가운데 진리의 본질에 대한 원리의 꿰뚫음에 밝고, 신뢰할 만한 다양한 언변이 있고, 다양한 화제를 갖고 있고, 사랑스런 음성을 갖고 있고, 견줄 수 없고, 이길 수 없고, 넘을 수 없고, 차단할 수 없고,

---

106) navaṅgasāsana : 구분교(九分教 : navaṅgabuddhasāsana)라고 하는 것인데, 학자들은 후대에 첨가된 것으로 보고 있고 그 각각의 정의를 정확히 구분 짓는 것은 매우 힘들다고 말하고 있다. 그러나 이러한 분류는 Lba. II. 203에 따르면, 제일결집 이전에 이러한 분류방식이 정해져서 경전결집에 영향을 끼친 것일 수도 있다. 다양한 부처님의 법문을 형식적으로나 내용적으로 분류하려는 경향은 매우 오래된 것이기 때문이다. ① 경(經 : Sutta)에는 부처님의 일반적인 법문과 율장의 결집에서 생긴 텍스트와 순수한 시로 구성되어 있지만 경이라고 불리는 것, 예를 들어, 숫타니파타의 축복의 경(Mangalasutta), 보배의 경(Ratanasutta)등이 포함된다. ② 응송(應頌 : geyya)은 시문과 산문이 뒤섞인 것으로 ≪쌍윳따니까야≫의 「시와 함께의 품」(Sagāthavagga)이 여기에 속한다. ③ 수기(授記 : Veyyākaraṇa)는 산문 속에서의 질문과 응답으로 구성된 것으로 모든 아비담마의 텍스트와 다른 분류에 들어가지 않는 산문의 텍스트들이 여기에 속한다. ④ 게송(偈頌 : Gāthā)은 경으로 표시되지 않은 시문으로 구성된 텍스트로 법구(法句 : Dhammapada)나 장로게(長老偈 : Theragāthā), 장로니게(長老尼偈 : Therīgāthā)가 여기에 속한다. ⑤ 감흥어(感興語 : Udāna)는 쿳다까니까야의 한 부분으로 부처님이 감흥에 겨워 설법한 82개의 법문을 특칭한 것을 말한다. ⑥ 여시어(如是語 : Itivuttaka)도 쿳다까니까야의 한 부분으로 부처님이 '이와 같이 말씀하셨다.'등으로 전개되는 110개의 법문을 특칭한 것을 말한다. ⑦ 전생담(前生譚 : Jātaka)은 쿳다까니까야의 한 부분으로 부처님이 보살이었을 때의 이야기를 서술한 547개의 게송을 포함하는 이야기를 말한다. 그러나 실제로는 이 가운데 오직 게송만이 경장에 속한다. ⑧ 미증유법(未曾有法 : Abbhutadhamma)은 '아주 놀랍고 예전에 없었던 진리'에 대한 것으로 AN. 4 : 127과 같은 경을 말한다. ⑨ 교리문답(教理問答 : Vedalla)은 어원적으로는 '고양이의 눈'이라는 뜻인데, 정의하기는 매우 어렵지만 팔만사천(八萬四天) 진리의 다발(法蘊) 가운데 한 단위로, 고귀한 지혜와 요익에 대한 문답으로 MN. 9, 43, 44, 109; DN. 21 등이 속한다.

107) pariyattidharo : '교법에 통달했고'나 '경전을 외우고 있고'라는 뜻이다.

108) pāramippatto : 역자가 번역한 '초월의 길'의 원어인 바라밀(波羅蜜), 즉 빠라미따(pāramitā)란 '궁극을 향해 간'이란 의미를 지니는데, 한역에는 '피안으로 건너감(到彼岸 = 度彼岸)'이란 번역이 널리 알려져 있다. 그러나 의미상 가장 적확한 번역은 『점비일체지덕경』(漸備一切智德經)에서 축법호(竺法護)가 번역한 '궁극 없는 궁극으로 감(度無極)'이다. 깨달음을 향한 님, 즉 보살의 정신의 지평을 이보다 더 잘 표현하기란 힘들 것이다. 서양학자들은 바라밀을 완성이라고 번역하지만, 바라밀이란 굳이 완성이라는 표현을 빌어 설명하자면, '완성 없는 완성'이라고 해야 할 것이다.

방해할 수 없고, 바다처럼 교란되지 않고, 산왕처럼 부동이고, 갈등을 화해시키고,[109] 어둠을 몰아내고, 광명을 만들어내는 자, 위대한 대론자, 다른 무리의 추종자들을 교란하는 자, 이교도를 쳐부수는 자, 수행승들, 수행녀들, 청신사들, 청신녀들, 제왕들과 제왕들의 대신들에게 존경받고 존중받고 존숭받고 공양받고 영예받는 자, 의복과 발우와 와자구와 필수의약을 수용하는 자, 최상의 이득과 최상의 명성을 얻은 자, '아홉 부류의 가르침'이라는 최승자의 보물[110]을 설명하면서 귀를 내주는 현자들과 식자들에게 진리의 길을 제시하고, 진리의 광명을 빛나게 하고, 진리의 기둥[111]을 세우고 진리의 제물[112]을 바치고, 진리의 깃대를 꽂고, 진리의 깃발을 세우고, 진리의 고동을 불고, 진리의 북을 치고, 사자후를 외치고, 인드라[113] 신의 천둥을 울리면서, [22] 달콤한 소리로 포효하고, 최상의 앎의 섬광으로 둘러싸고, 연민의 물을 가득 실은 광대한 진리의 감로 구름으로 온 세상을 완전히 만족시키면서, 수행자들의 무리에 둘러싸여, 마을과 소도시와 수도를 유행하면서 마침내 싸갈라 시에 도착했다.

41. 그곳에 있는 동안 존자 나가세나는 팔만 명의 수행승들과 함께 쌍케이야 승원에서 지냈다. 그래서 옛사람들이 싯구를 읊었다.[114]

[옛사람들] '그는 많이 배우고

---

109) raṇañjaho : '갈등을 버리고'라는 뜻을 지니고 있다.
110) navaṅgaṁ jinasāsanaratana : 아홉 부류의 가르침(九分教)에 대해서는 Miln. 21과 주석을 참조하라.
111) dhammayūpa : 바라문교의 공희(供犧)에서 희생에 바쳐질 동물을 묶어두는 '성스러운 희생주(犧牲柱)'가 있는데, 그것에 비유한 것이다.
112) dhammayāga : 재시(財施: āmisadāna)와 법시(法施: dhammadāna)가 있는데, 법시를 표현한 것이다.
113) Inda : 인드라(Indra) 신, 신들의 제왕 '제석천(帝釋天)'을 말하지만, 여기서는 문맥상 베다 시대의 번개의 신인 인드라를 의미한다.
114) tenāhu porāṇā : 옛사람들은 붓다고싸가 사용한 고대 싱할리 의소에 나오는 뽀라나짜리야(Porāṇācariyā)로 보인다.

담론에 능하고, 총명하고 두려움 없고
시기를 맞추고 능숙하고,
올바른 답변에 통달했다.[115)]

나가세나를 추종하는 수행승들 가운데는
삼장에 정통한 자[116)]들과
오부 니까야에 정통한 자[117)]들 그리고 또한
사부 니까야에 정통한 자[118)]들이 있었다.[119)]

깊은 지혜를 지니고 슬기롭고,
길과 길 아닌 길에 밝고
최상의 목표를 이루어,
나가세나에게는 두려움이 없었다.[120)]

총명하고 진실을 말하는
수행승들에게 둘러싸여,
마을과 도시를 유행하며
싸갈라 시에 도착했다.[121)]

그때 나가세나는
쌍케이야 승원에서 지냈다.

---

115) bahussuto citrakathī | nipuṇo ca visārado | sāmayiko ca kusalo | paṭibhāne ca kovido ||
116) tepiṭaka : 경율론 삼장에 통달한 삼장사(三藏師)를 말한다.
117) pañcanekāyika : 오부 니까야에 정통한 오부사(五部師)를 말한다.
118) catunekāyika : 사부 니까야에 정통한 사부사(四部師)를 말한다.
119) te ca tepiṭakā bhikkhū | pañcanekāyikāpi ca | catunekāyikā c'eva | nāgasenaṁ purakkharuṁ ||
120) gambhīrapañño medhāvī | maggāmaggassa kovido | uttamatthaṁ anuppatto | nāgaseno visārado ||
121) tehi bhikkhūhi parivuto | nipuṇehi saccavādibhi | caranto gāmanigamaṁ | sāgalaṁ upasaṅkami ||

그가 사람들과 말할 때에는
산속의 사자와 같았다.'[122)]

42. [밀린다 왕의 내왕] 그런데 데바만띠야[123)]가 밀린다 왕에게 이렇게 말했다.

[데바만띠야] "대왕이여, 오십시오. 대왕이여, 나가세나[124)]라는 이름의 장로는 현명하고, 경험있고, 슬기롭고, 심원하고, 학식있고, 지성적이고, 단련되고, 두려움 없고, 박학하고, 담론에 능하고, 훌륭한 언변을 갖고 있고, 의취와 원리와 언어와 맥락에 대한 분석적인 앎에서 완벽성에 도달했습니다. 그는 지금 쌍케이야 승원에서 살고 있습니다. 대왕이여, 가셔서 존자 나가세나에게 질문을 제기하십시오. 그와 함께 대화를 나누면 그가 의혹을 제거할 수 있을 것입니다."

그러자 밀린다 왕이 갑자기 '나가세나'라는 이름을 들었을 때, 그는 매우 두렵고 매우 혼란되어 몸의 털이 곤두섰다. 그때 밀린다 왕은 데바만띠야에게 이렇게 말했다.

[밀린다 왕] "수행승 나가세나가 정말 나와 함께 대론할 수 있을까?"

[데바만띠야] "대왕이여, 그는 제석천,[125)] 야마,[126)] 바루나,[127)]

---

122) saṅkhyeyyapariveṇasmiṁ | nāgaseno tadā vasi | katheti so manussehi | pabbate kesarī yathā'ti ||

123) Devamantiya : 한역에는 첨미리(沾弥利)라고 한다. 밀린다 왕의 대신으로 그리스 이름으로는 데메트리오스(Demetrios)로 이곳이 그 출처이다.

124) Nāgasena : 나가세나의 나가(nāga)는 용이나 코끼리를 의미하고 세나(sena)는 매(鷹)나 군대(軍隊)를 의미한다. 한역에서 번역하여 용군(龍軍), 음사하여 나선(那先)이라고 한다. 자이나교의 교조 마하비라가 나가세나라고 불렸는데, 그 칭호를 『밀린다팡하』의 저자가 채용한 것이 아닌가 생각이 된다.

125) Inda : 인드라(Indra) 신, 신들의 제왕 '제석천(帝釋天)'을 말한다. '신들의 제왕(devānaṃ indo : 釋帝桓因)'이라고 불린다. SN. I. 229에서 부처님은 이 제석천에 대하여 상세히 설명하고 있다 : '수행승들이여, 신들의 제왕 제석천은 예전에 사람이었을 때 수행자로서 마가반(Maghavan)이라고 일컬어지는 학생이었다. 그래서 그는 마가반이라고 일컬어진다. 수행승들이여, 신들의 제왕 제석천이 예전에 사람이었을 때 수행자로서 이 도시에서 저 도시로 다니며 보시를 행했다. 그래서 뿌린다다(Purindada)라고 일컬어진다. 수행승들이여, 신들의 제왕 제석천이 예전에 사람이었을 때 수행자로서 올바

꾸베라,[128] 빠자빠띠,[129] [23] 쑤야마,[130] 싼뚜씨따,[131] 세계의 수호신과도, 그리고 또한 위대한 조상들의 조상인 위대한 하느님[132]과도 대론할 수가 있습니다. 하물며 인간이겠습니까?"

그러자 밀린다 왕은 데바만띠야에게 이렇게 말했다.

[밀린다 왕] "그렇다면, 데바만띠야여, 존자에게 사자를 파견하라."

른 방법으로 보시를 행했다. 그래서 그는 싹까(Sakka)라고 일컬어진다. 수행승들이여, 신들의 제왕 제석천이 예전에 사람이었을 때 수행자로서 머물 장소를 보시했다. 그래서 그는 바싸바(Vāsava)라고 일컬어진다. 수행승들이여, 신들의 제왕 제석천은 천 가지 사물이라도 순식간에 생각한다. 그래서 그는 싸하싹카(Sahassakkha)라고 일컬어진다. 수행승들이여, 신들의 제왕 제석천에게 쑤자(Sujā)라고 하는 아수라의 딸인 아내가 있었다. 그래서 그는 쑤잠빠띠(Sujampati)라고 일컬어진다. 수행승들이여, 신들의 제왕 제석천은 도리천의 신들을 지배하고 통치한다. 그래서 그는 신들의 제왕이라고 일컬어진다. 수행승들이여, 신들의 제왕인 제석천이 예전에 사람이었을 때 일곱 가지 서원을 받아 지켰다. 그것들을 지켰기 때문에 제석천은 제석천의 지위를 얻었다. 일곱 가지 서원이란 무엇인가? '① 살아 있는 한 서른 셋 아버지와 어머니를 부양하리라. ② 살아 있는 한 서른 셋 가문의 연장자를 공경하리라. ③ 살아 있는 한 온화하게 말하리라. ④ 살아 있는 한 모함하지 않으리라. ⑤ 살아있는 한 번뇌와 간탐에서 벗어난 마음과 관대하고 청정한 손으로 주는 것을 좋아하고 탁발하는 자가 접근하기 쉽게 보시하는 것을 즐거워하며 집에서 살리라. ⑥ 살아 있는 한 진실을 말하리라. ⑦ 살아 있는 한 화내지 않으며 만약 나에게 화가 나면 곧바로 그것을 제거하리라.'

126) Yama : 죽음의 신. 죽은 자의 왕으로 남방을 수호하는 신이기도 하며, 지옥의 염라대왕이기도 하다.

127) Varuṇa : 우주의 운행(運行)을 관장하는 사법신(司法神)으로, 인드라신 과 더불어 인도아리안 족에게 최상의 신이었다.

128) Kubera : 비사문천(毘沙門天), 다문천(多聞天)이라고 하며, 재보를 관장하는 부(富)의 신으로 야차를 통솔하며 북방의 수호신이다.

129) Pajāpati(*sk.* prajāpati) : '생류의 아버지'란 뜻이다. 만물창조신으로 창조주를 뜻하는 베다 시대의 신이다.

130) Suyāma : 축복 받는 신들의 하늘나라(夜摩天:Yamā devā)의 지배자이다.

131) Santusita : 만족을 아는 신들의 하늘나라(兜率天: Tusitā devā)의 지배자이다. 이 하늘나라는 한역에서 도솔천이라고 하는데, 다음 생에 사바세계에 와서 부처님이 되는 과거·현재·미래의 보살이 머물렀거나 머물거나 머물 곳으로 불교의 세계관에서는 중요한 위치를 차지한다. 미륵(Maitreya) 보살이 이 천계에 머물다가 1겁의 우주기를 지나면 지상에 내려와 뭇삶을 제도하는 부처님이 된다.

132) Mahābrahma : 우주의 창조를 담당하는 브라흐마(Brahman)를 지칭한 것이다. 참고로 우주의 유지를 당당하는 신은 비슈누(Viṣṇu)이고, 우주의 파괴를 당당하는 신은 시바(Śiva)이다.

[데바만띠야] "폐하, 알겠습니다."

데바만띠야는 존자 나가세나에게 사자를 파견했다.

[사자] "존자여, 폐하께서 밀린다 왕께서 존자를 뵙고자 합니다."

존자 나가세나는 이렇게 말했다.

[나가세나] "그렇다면 오시라고 하십시오."

그러자 왕 밀린다는 오백 명의 요나까인들에 둘러싸여 왕립수레에 올라타고 많은 군대와 함께 쌍케이야 승원에서 지내는 나가세나 존자를 찾아갔다.

43. 그때 존자 나가세나는 팔만 명의 수행승과 함께 주원당(周圓堂)에 앉아 있었다. 밀린다 왕은 존자 나가세나의 대중을 멀리서 둘러보았다. 보고나서 데바만띠야에게 이렇게 말했다.

[밀린다 왕] "데바만띠야여, 이 많은 무리는 누구의 대중인가?"

[데바만띠야] "대왕이여, 존자 나가세나의 대중입니다."

그런데 밀린다 왕이 멀리서 존자 나가세나의 대중을 보았을 때에 그는 매우 두려워하고 매우 혼란되고 몸의 털이 곤두섰다. 그때 밀린다 왕은 무소의 뿔에 둘러싸인 코끼리, 금시조[133]에 둘러싸인 용, 비단뱀에 감긴 승냥이, 물소에 둘러싸인 곰, 뱀에 쫓기는 개구리, 표범에 쫓기는 사슴, 뱀사육자를 만난 뱀, 고양이를 만난 쥐, 퇴마사를 만난 악귀,[134] 라후[135]의 입에 들어가는 달, 바구니에 안에 들어간 뱀,

133) Supaṇṇa : 신비스런 새로 용들과 적대적인 관계에 있다. 가룰라(Garuḷa) 또는 가루다(Garuḍa)라고도 한다. 용인 '나가'와 함께 언급되는 신화적인 새의 이름인데, 때로는 날개달린 사람의 모습으로 묘사되기도 한다. 그들은 씸발리 숲(Simbalivana)에 사는 거대한 새로 날개와 날개 사이가 150 요자나 정도 된다. 날갯짓을 하면 가루다 폭풍이라는 폭풍이 몰아친다. 이 폭풍은 온 도시를 어둠에 휩싸이게 만들고 건물들을 부수어버린다. 부처님과 싸리뿟따는 먼 과거생에 이 금시조로 태어난 적이 있었다.

134) Pisāca(piśāca) : 음사하여 필사차(畢舍遮) 또는 비사차(毘舍遮)라고 하는데, 동방지국천의 권속이고, 아귀의 형상을 갖고 손에는 잘린 팔을 들고 있다. 식혈육귀(食血肉鬼)이자, 담인정기귀(噉人精氣鬼)이고, 전광귀(癲狂鬼)이다.

135) Rāhu : 인도의 민간설화에 따르면, 일식과 월식의 현상은 악마적인 존재인 라후

새장 안에 들어간 새, 그물 안으로 들어간 물고기, 맹수의 숲으로 들어간 사람, 벳싸바나[136]의 비위를 거스린 야차,[137] 수명이 다한 천신처럼, 두려워하고, 당황하고, 무서워하고, 당혹되고, 몸의 털이 곤두서고, 혼란되고, 혼미하고, 방황하고 목표를 잃고 '이 대중이 나를 경멸하게 해서는 안 된다.'라고 생각하고 새김을 확립하고 데바만띠야에게 이렇게 말했다.

[밀린다 왕] "데바만띠야여, [24] 그대는 존자 나가세나를 나에게 지목하지 말라. 지목하지 않더라도 내가 나가세나를 알아볼 수 있을 것이다."

[데바만띠야] "대왕이여, 그렇습니다. 폐하께서 아실 것입니다."

44. 그때 존자 나가세나는 그 수행승들의 무리 앞으로 법랍이 보다 적은 수행승들을 두었고, 뒤로는 법랍이 보다 많은 사만 명의 수행승을 두고 있었다. 그런데 밀린다 왕은 그 모든 수행승의 무리를 앞으로 뒤로 중간으로 살펴보다가 존자 나가세나가 멀리 수행승들의 무리의 중간에 앉아있는 것을 보았다. 그는 갈기가 있는 사자처럼 두려움과 공포를 여의고, 몸의 털이 곤두서는 것을 여의고, 불안과 전율을 여의

(Rāhu)가 해와 달을 삼키는 것을 의미한다. 라후가 놓아주면 일식과 월식이 끝난다.

136) Vessavaṇa : 벳싸바나(Vessavaṇa : 多聞天王)는 야차들을 다스리는 네 위대한 왕들의 천상세계(Cātummahārājikā devā : 四大王天)의 왕들 가운데 한 분이다. 네 위대한 왕들의 천상세계는 감각적 쾌락에 대한 욕망의 세계에 최하층에 속하는 천상세계로 동방의 다따랏타(Dhataraṭṭha : 持國天王)는 천상의 음악가들인 건달바(Gandhabba)들을, 남방의 비룰라까(Virūḷhaka : 增長天王)는 산이나 들의 숨겨진 보물을 관리하는 꿈반다(Kumbhaṇḍa)들을, 서방의 비루빡카(Virūpakkha : 廣目天王)는 나가(Nāga, 용이나 코끼리를 상징)들을, 북방의 벳싸바나(Vessavaṇa : 多聞天王)는 야차(Yakkha)들을 통치한다.

137) Yakkha(Yakṣa) : 야차는 원래 뿌루샤(Puruṣa; 原人)와 쁘라자빠띠(Prajāpati: 生主神)와 비견되는 세계창조주의 호칭이었다. 그러나 힌두신화에 와서는 야차는 초목이나 산과 언덕의 신이자 원래 다산성을 상징하는 뚱뚱한 배를 지닌 드라비다적인 농경신으로 변모했다. 어원은 불분명하지만 '신비한 존재' '초월적 존재'(<√yaj)를 뜻한다. 때로는 죽은 사람의 영혼인 사령(死靈)을 뜻하기도 하고 지상과 공중에서 사람을 괴롭히는 악귀로 나타나기도 하고 불교를 수호하는 수호신이 되기도 한다.

였는데, 그를 보고 나서 그 모습으로 '여기 이자가 나가세나다.'라고 알아챘다. 그러자 밀린다 왕은 데바만띠야에게 이렇게 말했다.

[밀린다 왕] "데바만띠야여, 이 분이 바로 존자 나가세나이다."

[데바만띠야] "대왕이여, 그렇습니다. 이 분이 바로 나가세나입니다. 대왕이여, 폐하께서는 나가세나를 알아보셨습니다."

그러자 왕은 '지목하지 않아도 내가 나가세나를 알아보았다.'라고 생각하고 만족해했다. 그리고 밀린다 왕이 존자 나가세나를 보았을 때, 그는 매우 두렵고 매우 혼란되어 몸의 털이 곤두섰다. 그래서 옛사람들이 이와 같이 싯구를 읊었다.

[옛사람들] 품행을 갖추고,
최상의 제어로 잘 제어된,
나가세나를 왕이 보고
이러한 말을 하였다.138)

'많은 논자를 보았고
많은 대론에 참여했다.
오늘 나의 전율과 같은
이러한 두려움은 없었다.139)

의심할 바 없이 오늘
나는 패배할 것이다.
마음이 안립되지 않았으니,
승리는 나가세나의 것이다.'140)

제1편 세속적 이야기가 끝났다.

---

138) caraṇena ca sampannaṁ | sudantaṁ uttame dame | disvā rājā nāgasenaṁ | idaṁ vacanamabravi ||

139) kathitā mayā bahū diṭṭhā | sākacchā osaṭā bahū | na tādisaṁ bhayaṁ āsi | ajja tāso yathā mama ||

140) nissaṁsayaṁ parājayo | mama ajja bhavissati | jayo ca nāgasenassa | yathā cittaṁ na saṇṭhitan'ti ||

제2편 밀린다 왕의 질문
(Milindapañha)

제1장 대품

(Mahāvagga)

1. [이름에 대한 질문]

(Paññattipañha)[141]

1. 그때 [25] 밀린다 왕은 존자 나가세나가 있는 곳으로 다가갔다. 가까이 다가가서 함께 인사하고, 친절하고 공손한 말을 나누고, 한쪽에 물러앉았다. 존자 나가세나도 실로 밀린다 왕의 마음에 들도록 친절한 인사로 답례했다. 그러자 밀린다 왕은 존자 나가세나에게 이렇게 말했다.

[밀린다 왕] "존자께서는 어떻게 불립니까? 존자여, 당신의 이름은 무엇입니까?"

[나가세나] "대왕이여, 나는 나가세나라고 합니다. 대왕이여, 나를 나가세나라고 도반들이 부릅니다. 또한 부모가 나가세나 혹은 쑤라쎄나[142] 혹은 비라쎄나[143] 또는 씨하쎄나[144]라고 이름을 짓든지 간에, 대왕이여, 명칭이고 통칭이고 개념이고 언설로서, 나가세나라는 것은 이름일 뿐이고 거기서 개아(個我)는 발견할 수 없습니다."[145]

---

141) Paññattipañha : 원래 '시설(施設) 또는 개념(槪念)에 대한 질문'이라는 뜻이나, 쉽게 표현하자면 '이름에 대한 질문'이다.

142) Sūrasena : '영웅의 군대'라는 뜻을 지닌 이름이다.

143) Vīrasena : '용자의 군대'라는 뜻을 지닌 이름이다.

144) Sīhasena : '사자의 군대'라는 뜻을 지닌 이름이다.

145) api ca kho, mahārāja, saṅkhā samaññā paññatti vohāro nāmamatt-

2 그러자 밀린다 왕이 이렇게 말했다.

[밀린다 왕] "여러분, 오백 명의 요나까인들과 팔만 명의 수행승들께서는 내 말을 들어보십시오. 이 분 존자 나가세나께서 '거기서 개아(個我)는 발견할 수 없다.'라고 하였는데, 그것을 긍정하는 것이 옳습니까?"

그리고 밀린다 왕은 존자 나가세나에게 이렇게 말했다.

[밀린다 왕] "존자 나가세나여, 개인이 발견되지 않는다면, 누가 그대의 의복과 탁발음식과 와좌구와 필수의약을 조달하고, 누가 그것을 사용하고 누가 계행을 지키고 누가 수행을 하고, 누가 길[道]과 경지[果]와 열반을 실현시키고, 누가 살생하고, 누가 주지 않는 것을 빼앗고, 누가 사랑을 나눔에 잘못을 행하고, 누가 거짓말을 하고, 누가 취기있는 것을 마시고, 누가 오무간업(五無間業)146)을 짓습니까? 그러므로 착하고 건전한 것이 없고, 악하고 불건전한 것이 없고, 선악업의 행위자도 행위 하게 하는 자도 없고, 선행과 악행의 업의 결과와 이숙(異熟)147)이 없습니다, 존자 나가쎄나여, 만약에 누가 그대를

---

aṁ yadidaṁ nāgasenoti, na hettha puggalo upalabbhatī'ti : 그레코-박트리아 시대에 이미 불교는 18-20 종류의 부파불교로 나뉘었다. 크게 나누면 개아론(犢子部: pudgalavāda), 실재론(上座部: sthaviravāda), 유명론(說假部: prajñaptivāda)로 나뉘는데, 이러한 분파들은 개아(個我)가 실유(實有)인가 가유(假有)인가의 논란에서 파생된 것이다. 여기서 나가세나는 초기불교의 해석에서 이러한 이론들을 모두 부정하고 당시에 강한 실재론의 입장을 보여주던 당시 서북인도의 설일체유부도 뛰어넘어 무아론을 취하고 있는데, 이러한 경향은 알렉산더 대왕의 동방원정에 동행했고 당시에 인도불교의 영향을 받은 것이 확실시되는 그리스 철학자 피론(Phyrrho)의 '모든 것은 실체를 가지고 있지 않다.'(McEvilly, Thomas, Pyrrhonism and Mādhyamika, 2002, p. 3)는 견해와 동조하는 것으로 보인다.

146) pañcānantariyakamma : 오무간업(五無間業)은 오역죄(五逆罪) - ① 어머니를 살해하는 것 ② 아버지를 살해하는 것 ③ 거룩한 님을 죽이는 것 ④ 악심을 품고 부처님의 몸에 피가 나게 하는 것 ⑤ 참모임의 화합을 깨뜨리는 것 -를 지으면, 그 죄의 즉각적으로 효과가 나타나 지옥의 칠흑 같이 어두운 간극세계인 무간지옥(無間地獄)에 떨어지므로 붙여진 이름이다. Vin. II. 193; AN. II. 130을 참조하라.

147) vipāka : 한역에서 이숙(異熟)이라고 한 것으로 도덕적 선행조건에 의한 도덕적으로 중립적 결과를 의미한다. 선악의 업인으로 조건으로 생겨난 중립적 결과를 의미한다.

죽이더라도, 그에게도 [26] 살생은 없습니다. 존자 나가세나여, 그대에게는 궤범사[148]도 없고 친교사도 없고 구족계[149]도 없는 것입니다. 그대가 '대왕이여, 나를 나가세나라고 도반들이 부른다.'라고 말했는데, 여기서 어떤 것이 나가세나입니까?"

3. [밀린다 왕] "혹시 머리카락이 나가세나입니까?"[150]

[나가세나] "대왕이여, 그렇지 않습니다."

[밀린다 왕] "몸털이 나가세나입니까?"

[나가세나] "대왕이여, 그렇지 않습니다."

[밀린다 왕] "손발톱, 이빨, 피부, 살, 힘줄, 뼈, 골수, 신장, 심장, 간장, 늑막, 비장, 폐, 내장, 장간막, 위장물, 똥, 담즙, 점액, 고름, 피, 땀, 지방, 눈물, 림프액, 침, 콧물, 관절액, 오줌, 머리에 있는 뇌수가 나가세나입니까?"[151]

---

148) ācariya : 한역에는 궤범사(軌範師) 또는 음사하여 '아사리(阿闍梨)'라고 한다. 인도에서는 원래 일반적인 스승을 일컫는 말이었다. 학인(antevāsika)을 바르게 교육할 만한 선생으로 계율에 밝고 갈마에 능한 스승을 말한다. 특히 출가한지 5년이 안 된 수행승이나 5년이 지났어도 홀로 지낼 만한 소양을 갖추지 못했으면, 친교사인 은사 스님과 떨어져 지내게 될 때, 모시는 스승을 말한다. Smp. 1085에 따르면, 네 종류의 궤범사, 즉 출가를 위한 궤범사(pabbajjācariya), 구족계를 위한 궤범사(upasampadācariya), 의지를 위한 궤범사(nissayācariya), 송출을 위한 궤범사(uddesācariya)가 있다.

149) upasampadā : 구족계(具足戒)는 승단에의 입단을 뜻한다. Vin. I. 58; Vin. IV. 130을 참조하라. Mrp. II. 165에 따르면, 구족계에는 다음과 같은 종류가 있다. ① '수행승이여 오라.'에 의한 구족계(ehibhikkhūpasampadā) ② 귀의를 통한 구족계(saraṇāgamanūpasampadā) ③ 질의응답을 통한 구족계(pañhavyākaraṇūpasampadā) ④ 한번제안세번의결갈마를 통한 구족계(ñatticatutthakammūpasampadā) ⑤ 공경의 원리(八敬法)을 통한 구족계(garudhammūpasampadā) ⑥ 양중 - 승단에서의 구족계(ubhatosaṅgheupasampadā) ⑦ 사자(使者) 또는 전법사에 의한 구족계(dūtūpasampadā)가 있다.

150) kesā nāgaseno'ti : 이 구절과 이 구절에 대한 대답이 트렝크너본을 비롯한 모든 판본에 누락되어 있다.

151) kesā, lomā, nakhā, dantā, taco, maṁsaṁ, nhāru, aṭṭhi, aṭṭhimiñjaṁ, vakkaṁ, hadayaṁ, yakanaṁ, kilomakaṁ, pihakaṁ, papphāsaṁ, antaṁ, antaguṇaṁ, udariyaṁ, karīsaṁ, pittaṁ, semhaṁ, pubbo, lohitaṁ, sedo, me-

[나가세나] "대왕이여, 그렇지 않습니다."

[밀린다 왕] "존자여, 또는 물질적인 몸이 나가세나입니까?"

[나가세나] "대왕이여, 그렇지 않습니다."

4. [밀린다 왕] "느낌이 나가세나입니까?"

[나가세나] "대왕이여, 그렇지 않습니다."

[밀린다 왕] "지각이 나가세나입니까?"

[나가세나] "대왕이여, 그렇지 않습니다."

[밀린다 왕] "형성이 나가세나입니까?"

[나가세나] "대왕이여, 그렇지 않습니다."

[밀린다 왕] "의식이 나가세나입니까?"

[나가세나] "대왕이여, 그렇지 않습니다."

[밀린다 왕] "물질, 느낌, 지각, 형성, 의식[152]이 나가세나입니까?"

[나가세나] "대왕이여, 그렇지 않습니다."

[밀린다 왕] "물질, 느낌, 지각, 형성, 의식 이외에 있는 것이 나가세나입니까?

[나가세나] "대왕이여, 그렇지 않습니다."

5. [밀린다 왕] "존자여, 내가 그대에게 묻고 또 물어도 나가세나를 보지 못합니다. 존자여, 단지 나가세나라는 말이 나가세나입니까?"

[나가세나] "대왕이여, 그렇지 않습니다."

[밀린다 왕] "여기서 누가 나가세나입니까? 존자여 그대는 진실이 아닌 거짓을 말합니다. 나가세나는 존재하지 않습니다."

6. 그러자 존자 나가세나는 밀린다 왕에게 이렇게 말했다.

---

do, assu, vasā, kheḷo, siṅghāṇikā, lasikā, muttaṁ, matthake matthaluṅgaṁ : 머리카락을 비롯한 서른두 가지 신체의 형태(dvattiṁsākāra: Vism. 240)를 말한다.

152) rūpavedanāsaññāsaṅkhāraviññāṇa : 다섯 가지 존재의 다발, 즉 오온(五蘊: 色受想行識)을 말한다.

[나가세나] "대왕이여, 그대는 왕자로서 걱정 없이 지극히 유복하게 자랐습니다. 대왕이여, 그대가 정오에 열기있는 땅, 뜨거운 모래 위에 거친 자갈과 돌부리를 짓밟고 걸어간다면, 두 발이 상하고 몸이 피로해지고 마음이 상하고 고통을 동반하는 감촉의 의식이 일어납니다. 그대는 걸어서 왔습니까? 혹은 탈 것을 타고 왔습니까?"

[밀린다 왕] "존자여, 나는 걸어서 오지 않았습니다. [27] 수레를 타고 왔습니다."

7. [나가세나] "대왕이여, 만약에 그대가 수레를 타고 왔다면, 그 수레가 어떤 것인지 나에게 알려주십시오. 대왕이여, 나릇이 수레입니까?"

[밀린다 왕] "존자여, 그렇지 않습니다."

[나가세나] "굴대가 수레입니까?"

[밀린다 왕] "존자여, 그렇지 않습니다.",

[나가세나] "바퀴가 수레입니까?"

[밀린다 왕] "존자여, 그렇지 않습니다."

[나가세나] "차체가 수레입니까?"

[밀린다 왕] "존자여, 그렇지 않습니다."

[나가세나] "차봉(車棒)이 수레입니까?"

[밀린다 왕] "존자여, 그렇지 않습니다."

[나가세나] "멍에가 수레입니까?"

[밀린다 왕] "존자여, 그렇지 않습니다."

[나가세나] "바퀴살이 수레입니까?"

[밀린다 왕] "존자여, 그렇지 않습니다."

[나가세나] "몰이막대가 수레입니까?"

[밀린다 왕] "존자여, 그렇지 않습니다."

[나가세나] "대왕이여, 그렇다면 나릇, 굴대, 바퀴, 차체, 차봉, 멍에, 바퀴살, 몰이막대를 지닌 것이 수레입니까?"

[밀린다 왕] "존자여, 그렇지 않습니다."

[나가세나] "대왕이여, 그렇다면 수레나릇, 굴대, 바퀴, 차체, 차봉, 멍에, 바퀴살, 몰이막대 이외에 수레가 있습니까?

[밀린다 왕] "존자여, 그렇지 않습니다."

8. [나가세나] "대왕이여, 나는 몇 번이고 물어보아도 수레를 발견하지 못합니다. 대왕이여, 수레는 '수레'라는 말뿐입니까?"

[밀린다 왕] "존자여, 그렇지 않습니다."

[나가세나] "대왕이여, 그대는 진실이 아닌 거짓을 말합니다. 수레는 존재하지 않습니다. 대왕이여, 그대는 잠부디빠에서 최상의 왕인데, 무엇이 두려워 거짓말을 합니까? 오백 명의 요나까인들과 팔만 명의 수행승들께서는 제 말을 들으십시오. 이 밀린다 왕께서는 '나는 수레를 타고 왔습니다.'라고 말했는데, '만약 수레를 타고 왔다면 그 수레가 어떤 것인지 나에게 알려주십시오.'라고 말하는데도 그 수레가 어떤 것인지 알려주지 못했습니다. 그것을 긍정하는 것이 옳습니까?"

9. 이와 같이 말하자 오백 명의 요나까인들은 존자 나가세나에게 동의하고 밀린다 왕에게 이렇게 말했다.

[요나까인들] "대왕이여, 지금 폐하께서 가능하다면 말씀하시는 것이 좋겠습니다."

그러자 밀린다 왕은 존자 나가세나에게 이렇게 말했다.

[밀린다 왕] "존자여, 나는 거짓말을 하는 것이 아닙니다. 수레나릇을 조건으로, 굴대를 조건으로, 바퀴를 조건으로, 차체를 조건으로, 차봉을 조건으로, 멍에를 조건으로, 바퀴살을 조건으로, 몰이막대를 조건으로 수레라는 명칭, 통칭, 개념, 언설, 이름이 생겨난 것입니다.

[나가세나] "대왕이여, 훌륭하십니다. 당신은 수레가 어떤 것인지 알고 있습니다. 이와 같이 대왕이여, 나도 머리카락을 조건으로, 몸털 등을 비롯해서 뇌수를 조건으로, [28] 물질을 조건으로, 느낌을 조건

으로, 지각을 조건으로, 형성을 조건으로, 의식을 조건으로 나가세나라는 명칭, 통칭, 개념, 언설, 이름이 생겨난 것입니다. 그러나 궁극적 의미153)로 본다면, 개인은 발견되지 않습니다. 대왕이여, 수행녀 바지라154)는 세존 앞에서 이와 같은 싯구를 읊었습니다.

'마치 모든 부속이 모여서
수레라는 명칭이 있듯이,
존재의 다발에 의해
'뭇삶(存在)'이란 명칭이 있을 뿐이다.'"155)

[밀린다 왕] "존자 나가세나여, 놀라운 일입니다. 예전에 없었던 일입니다. 질문에 대한 답변이 멋지게 이루어졌습니다. 부처님께서 계셨더라면 칭찬했을 것입니다. 나가세나여, 훌륭합니다. 질문에 대한 답변이 멋지게 이루어졌습니다."

첫 번째 개념에 대한 질문이 끝났다.

2. [나이의 숫자에 대한 질문]
(Vassagaṇanapañha)

1. [밀린다 왕] "존자 나가세나여, 그대의 나이는 몇입니까?"

[나가세나] "대왕이여, 나는 법랍 일곱 살입니다."

[밀린다 왕] "존자여, 당신에게 일곱이란 무엇입니까? 그대가 일곱입니까, 아니면 숫자가 일곱입니까?"

2. 그런데 마침 그때 온갖 장신구로 꾸미고 장엄하게 차려입은 밀린다

---

153) paramatthena : 궁극적 의미(paramattha)란 한역에는 승의(勝義) 또는 제일의(第一義)라고 한다. Miln. 160과 그 주석을 참조하라.

154) Vajirā : 그녀는 SN. I. 134에서 아래의 시와 관련해서 등장하는 것으로 보아 매우 현명한 수행녀였다. 그러나 Thig.에는 포함되어 있지 않다.

155) yathā hi aṅgasambhārā | hoti saddo ratho iti | evaṁ khandhesu santesu | hoti satto ti sammuti || SN. I. 135

왕의 그림자가 땅 위에 비쳤고 또한 물단지 위에도 비쳤다. 그러자 존자 나가세나는 밀린다 왕에게 이렇게 말했다.

[나가세나] "대왕이여, 그대의 그림자가 땅위와 물단지에 비쳤습니다. 대왕이여, 그런데 그대가 왕입니까? 그림자가 왕입니까?"

[밀린다 왕] "존자여, 나가세나여, 나는 왕입니다. 이 그림자는 왕이 아닙니다. 그러나 나로 인하여 그림자가 생겨난 것입니다."

3. [나가세나] "대왕이여, 이와 같이 법랍의 숫자는 일곱이지만 나는 일곱이 아닙니다. 그런데 대왕이여, 그림자처럼 나로 인하여 일곱이 생겨난 것입니다."

[밀린다 왕] "존자 나가세나여, 놀라운 일입니다. 존자 나가세나여, 예전에 없었던 일입니다. 질문에 대한 멋진 답변을 주셨습니다."

두 번째 나이의 숫자에 대한 질문이 끝났다.

3. [깊은 성찰에 의한 질문]
(Vīmaṁsanapañha)

1. 왕이 말했다.

[밀린다 왕] "존자 나가세나여, 나와 함께 대화할 수 있습니까?"

[나가세나] "대왕이여, 만약에 그대가 현자로서 대론한다면 내가 대론할 것입니다. 그러나 만약에 그대가 왕자로서 대론한다면 내가 대론하지 않을 것입니다."156)

---

156) sace, tvaṁ mahārāja, paṇḍitavādaṁ sallapissasi sallapissāmi, sace pana rājavādaṁ sallapissasi na sallapissāmī'ti : '왕자와의 대론'은 알렉산더 대왕과 피론의 만남을 상기시킨다. Oh. 41에 따르면, 피론은 알렉산더 대왕을 찬양하는 시를 써 바친 공로로 거금을 하사받았는데, 이를 보고 한 인도인 철학자가 그의 스승 아낙사르쿠스를 심하게 비판했다. 그와 같이 왕을 섬기면서 궁중에서 아부하는 자는 제자를 제대로 가르칠 수 없을 것이라는 이유에서였다. 그래서 피론은 돈 때문에 찬양시를 쓰는 자신을 돌아보게 되었고, 알렉산더 대왕의 사후에 세속을 떠나 고향으로 돌아가 지중해에서 불교와 유사한 자신의 깨우친 바를 가르쳤다.

[밀린다 왕] "존자 나가세나여, 현자들은 어떻게 대론합니까?"

[나가세나] "대왕이여, 현자들이 대론할 때에는 해설하고, 해명하고, 반론하고, 수정하고, 분석하고, [29] 상세히 구별하지만, 현자들은 그 때문에 분노하지 않습니다. 대왕이여, 현자들은 이렇게 대론합니다."

[밀린다 왕] "존자여, 왕자들은 어떻게 대론합니까?"

[나가세나] "대왕이여, 왕자들은 대론할 때에 한 가지 일만을 주장합니다. 그 주장을 따르지 않는 자에게는 '이 자에게 처벌을 주어라.'라고 명령합니다. 대왕이여, 왕자들은 이렇게 대론합니다."

2. [밀린다 왕] "존자여, 나는 왕자의 대론이 아니라 현자의 대론으로서 대론할 것입니다. 존자께서는 수행승이나 사미나 재가신도나 승원지기[157]와 함께 대론하듯이, 안심하고 대론하십시오. 두려워하지 마십시오."

장로는 동의했다.

[나가세나] "대왕이여, 좋습니다."

3. 왕은 말했다.

[밀린다 왕] "존자 나가세나여, 내가 묻겠습니다."

[나가세나] "대왕이여, 질문하십시오"

[밀린다 왕] "존자여, 그대는 이미 질문을 받았습니다."

[나가세나] "대왕이여, 대답은 이미 주어졌습니다."

[밀린다 왕] "존자여, 그대에 의해 무슨 대답이 주어졌습니까?"

[나가세나] "대왕이여, 그대에 의해 무슨 질문이 주어졌습니까?"

세 번째 깊은 성찰에 의한 질문이 끝났다.

4. [아난따까야의 질문]

(Anantakāyapañha)

---

157) ārāmika : 승원지기. 승원에 소속된 일꾼으로 정인(淨人)이라고 한다.

1. 그러자 밀린다 왕은 '이 수행승은 현자로서 나와 대론할 수 있다. 나에게는 그에게 질문해야할 것들이 많은데, 다 묻기도 전에 이미 태양이 서쪽으로 기울 것이다. 내일 궁정에서 대론하면 어떨까?'라고 생각했다. 그래서 왕은 데바만띠야에게 이렇게 말했다.

[밀린다 왕] "데바만띠야여, 그대는 존자에게 '내일 궁정에서 왕과 대론이 있을 것이다.'라고 알려라."

2. 이렇게 말하고 밀린다 왕은 자리에서 일어나 장로 나가세나에게 작별을 하고 수레에 올라 '나가세나, 나가세나'라고 되뇌면서 그곳을 떠났다.

그때 데바만띠야는 존자 나가세나에게 이렇게 말했다.

[데바만띠야] "존자여, 밀린다 왕께서 '내일 궁정에서 왕과 대론이 있을 것이다.'라고 말씀하셨습니다."

[나가세나] "좋습니다." 장로는 동의했다.

3. 그날 밤이 지나 데바만띠야와 아난따까야[158]와 망꾸라[159]와 쌉바딘나[160]는 밀린다 왕을 찾아갔다. 가까이 다가가서 밀린다 왕에게 이렇게 말했다.

[데바만띠야 등] "대왕이여, 존자 나가세나는 오십니까?"

[밀린다 왕] "그렇다. [30] 올 것이다."

[데바만띠야 등] "어느 정도의 수행승들과 함께 오십니까?"

[밀린다 왕] "어느 정도 원하는지 그만큼의 수행승들과 함께 오시

158) Anantakāya : 밀린다 왕의 신하로서 그리스어로 안티오코스(Antiokhos)로 추정된다.

159) Maṅkura : 밀린다 왕의 신하로 한역은 망군(望群)이고 그리스어로 메네클레스(Menekles)로 추정된다.

160) Sabbadinna : 밀린다 왕의 신하로 한역은 주장자(主藏者)라고 부르고 간(慳)이라고 호칭한다. 간(慳)은 왕의 물건을 아낀다라는 뜻이 있다. 그리스어로 싸라포도토스(Sarapodotos)로 추정된다.

게 하라."

그러자 쌉바딘나가 말했다.

[쌉바딘나] "대왕이여, 열 명의 수행승들과 함께 와야 할 것입니다."

두 번째에도 왕은 말했다.

[밀린다 왕] "어느 정도 원하는지 그만큼의 수행승들과 함께 오시게 하라."

두 번째에도 쌉바딘나가 말했다.

[쌉바딘다] "대왕이여, 열 명의 수행승들과 함께 와야 할 것입니다."

세 번째에도 왕은 말했다.

[밀린다 왕] "어느 정도 원하는지 그만큼의 수행승들과 함께 오시게 하라."

세 번째에도 쌉바딘나가 말했다.

[쌉바딘나] "대왕이여, 열 명의 수행승들과 함께 와야 할 것입니다."

[밀린다 왕] "모든 환영 준비가 되었다. 나는 '어느 정도 원하는지 그만큼의 수행승들과 함께 오시게 하라.'라고 말한다. 내가 이렇게 말하는 데도 이 쌉바딘나는 달리 말한다. 그러면 내가 수행승들에게 음식을 공양할 수 없지 않겠는가?"

이와 같이 말하자 쌉바딘나는 실망했다.

4. 그 후 데바만띠야와 아난따까야와 망꾸라는 존자 나가세나가 있는 곳을 찾아갔다. 가까이 다가가서 존자 나가세나에게 이렇게 말했다.

[데바만띠야 등] "존자여, 밀린다 왕께서 '존자여, 밀린다 왕께서 어느 정도 원하는지 그만큼의 수행승들과 함께 오십시오.'라고 말했습니다."

그러자 존자 나가세나는 아침 일찍 옷을 갈아입고 가사와 발우를 갖추고 팔만 명의 수행승들과 함께 싸갈라 시에 들어섰다.

5. 그때 아난따까야는 존자 나가세나의 곁으로 가면서 존자 나가세나에게 이렇게 말했다.

[아난따까야] "존자 나가세나여, 내가 나가세나라고 했는데, 여기서 어떤 것이 나가세나입니까?"

장로가 말했다.

[나가세나] "그대는 여기 어떤 것이 나가세나라고 생각합니까?"

[아난따까야] "존자여, 내부에 존재하고, 바람(호흡)으로 드나드는 생명(영혼)을 나가세나라고 생각합니다."161)

[나가세나] "그런데, 바람이 나오고 들어가지 않거나 또는 들어가서 나오지 않는다면, 그 사람은 살아있을 수 있습니까?"

[아난따까야] "존자여, 살아있을 수 없습니다."

[나가세나] "그리고 [31] 이 소라고동을 부는 자들이 소라고둥을 불면, 그들에게 바람이 다시 들어갑니까?"

[아난따까야] "존자여, 그렇지 않습니다."

[나가세나] "대나무 악기를 부는 자들이 악기를 불면, 그들에게 바람이 다시 들어갑니까?"

[아난따까야] "존자여, 그렇지 않습니다."

[나가세나] "뿔로 만든 악기를 부는 자들이 악기를 불면, 그들에게 바람이 다시 들어갑니까?"

[아난따까야] "존자여, 그렇지 않습니다."

[나가세나] "그렇다면 그들은 왜 죽지 않습니까?"

6. [아난따까야] "나는 당신 같은 논자와 대론할 수 없습니다. 존자여,

---

161) yo so, bhante, abbhantare vāto jīvo pavisati ca nikkhamati ca, so 'nāgaseno'ti maññāmī'ti : 바람은 호흡을 뜻하는데, MKQ. 102에 따르면, 고대 그리스 철학에서는 영혼을 의미하는 프쉬케(psykhe)는 숨, 호흡을 뜻했는데, 심지어 원자론자들 조차 '영혼의 원자는 호흡을 통해서 체내로 들어온다.'라고 생각했다. 그리고 고대 인도아리안들에게도 진아(ātman)는 바로 호흡(prāṇa)이었다.

그 의미를 일러주십시오."

[나가세나] "그것은 생명(영혼)이 아닙니다. 단지 그것들은 호흡으로서 신체적 형성162)일 뿐입니다."

장로는 아비담마의 해설을 말했다. 그러자 아난따까야는 재가의 남자신자가 될 것을 선언하였다.

네 번째, 아난따까야의 질문이 끝났다.

5. [출가에 대한 질문]
(Pabbajjapañha)

1. 그 후 존자 나가세나는 밀린다 왕의 처소를 찾았다. 가까이 다가가서 마련된 자리에 앉았다. 그러자 밀린다 왕은 존자 나가세나와 대중에게 맛있는 단단한 음식이나 부드러운 음식을 손수 제공하고 대접하고 한분 한분의 수행승에게 한 벌의 옷감163)을 선물한 뒤에, 존자 나가세나에게는 세 벌 옷164)을 선물하고 말했다.

---

162) kāyasaṅkhāra : SN. II. 2에 따르면 형성에는 형성의 삼개조 — ① 신체적 형성(kāyasaṅkhāro : 身行) ② 언어적 형성(vācisaṅkhāro : 言行) ③ 정신적 형성(manosaṅkhāro : 意行) — 가 있다. 신체적 형성은 호흡을 뜻하고 언어적 형성은 사유와 숙고를 뜻하고, 정신적 형성은 지각과 느낌을 뜻하는데, 그 지각과 느낌이 소멸한 자에 도달하려면, 그 소멸의 순서는 언어적 형성, 신체적 형성, 정신적 형성이다.

163) dussayuga : 한역에는 일전(一揃), 일습(一襲)이라고 한다.

164) ticīvara : 승단에서 개인의 소유를 허용한 삼의(三衣), 즉 세벌 가사(袈裟)이다. ① saṅghāṭī : 한역음사는 승가리(僧伽梨)로 세벌 옷 가운데 가장 크므로 대의(大衣)라고 한다. 베 조각들을 거듭 이어서 만들므로 중의(重衣), 조(條)의 수가 가장 많으므로 잡쇄의(雜碎衣)라고 함. 직사각형의 베 조각들을 세로로 나란히 꿰맨 것을 1조(條)로 하여, 9조 내지 25조를 가로로 나란히 꿰맨 것. 설법할 때, 걸식하러 갈 때, 왕궁에 갈 때 입는다. ② uttarāsaṅga : 한역음사는 울다라승(鬱多羅僧)으로 윗도리로 입기 때문에 상의(上衣)·상착의(上著衣)라고 하며, 세벌 옷 가운데 그 가치가 중간이므로 중가의(中價衣)라고 한다. 대중이 모인 의식 때 입으므로 입중의(入衆衣)라고 한다. 직사각형의 베 조각들을 세로로 나란히 꿰맨 것을 1조(條)로 하여, 7조를 가로로 나란히 꿰맨 것. 의식을 행할 때 입는다. ③ antaravāsaka : 한역음사는 안타회(安陀會)로 하의(下衣)·내의(內衣)·중숙의(中宿衣)라고 한다. 직사각형의 베 조각

[밀린다 왕] "존자 나가세나여, 열 명의 수행승과 함께 여기에 앉으십시오. 나머지 분들은 돌아가십시오."

2. 그리고 밀린다 왕은 존자 나가세나가 식사를 마치고 손을 발우에서 떼는 것을 알고 다른 낮은 자리에 취해서 한쪽으로 물러앉았다. 한쪽으로 물러앉은 밀린다 왕은 존자 나가세나에게 이렇게 말했다.

[밀린다 왕] "존자 나가세나여, 무엇에 대하여 대론할까요?"

[나가세나] "대왕이여, 우리는 모두 목표를 지향합니다. 목표에 대하여 대론합시다."

3. 왕이 말했다.

[밀린다 왕] "존자 나가세나여, 그대가 출가한 목표는 무엇입니까? 그대의 최상의 목표는 무엇입니까?"165)

장로가 말했다.

[나가세나] "대왕이여, 우리는 원컨대 이 괴로움이 소멸되고 다른 괴로움이 일어나지 않기를 기원합니다. 대왕이여, 우리의 출가는 그것이 목표입니다. 집착 없이 완전한 열반에 드는 것이 우리의 최상의 목표입니다."

[밀린다 왕] "존자 나가세나여, 모든 사람이 [32] 그 목표를 위하여 출가합니까?"

[나가세나] "대왕이여, 그렇지 않습니다. 어떤 자들은 그 목표로 출가했지만, 어떤 자들은 왕의 처벌이 두려워 출가했고, 어떤 자들은 도적에 대한 두려움으로 출가했고, 어떤 자들은 빚에 쪼들려 출가했

들을 세로로 나란히 꿰맨 것을 1조(條)로 하여, 5조를 가로로 나란히 꿰맨 것이라서 오조가사(五條袈裟)라고도 하는데, 작업하거나 잠잘 때나 길을 갈 때나 사원의 실내에서 입는다.

165) kimatthiyā, bhante nāgasena, tumhākaṁ pabbajjā, ko ca tumhākaṁ paramattho'ti : 그레코 박트리아의 그리스인들에게는 당시에는 아직 기독교적 수도원생활도 없었으므로 인도인들이 출가하여 금욕생활을 하는 것이 기이하게 여겨졌을 것이기 때문에 그 의의에 대하여 질문하는 것이다.

고,[166] 어떤 자들은 생계를 위하여 출가했습니다.[167] 그러나 올바로 출가한 자들은 그 목표를 위하여 출가합니다."

4. [밀린다 왕] "존자여, 그러면 그대는 그 목표를 위하여 출가했습니까?"

[나가세나] "대왕이여, 나는 어려서 출가했습니다. 나는 그 목표에 대하여 알지 못하고 출가했습니다. 그러나 나는 이렇게 생각했습니다. '이 사문들은 싸끼야의 아들들이니, 그들이 나를 학습시킬 것이다.' 나는 그들의 가르침을 받고 '이러한 목표를 위하여 출가가 있다.'라고 알고 또한 보았습니다."

[밀린다 왕] "존자 나가세나여, 현명하십니다."

다섯 번째 출가에 대한 질문이 끝났다.

6. [다시 태어남에 대한 질문] (Paṭisandhipañha)

1. 왕이 말했다.

[밀린다 왕] "존자 나가세나여, 죽은 뒤에 다시 태어나지 않는 누군가가 있습니까?"

장로가 말했다.

[나가세나] "어떤 자는 다시 태어나고 어떤 자는 다시 태어나지 않습니다."

[밀린다 왕] "누가 다시 태어나고 누가 다시 태어나지 않습니까?"

---

166) keci rājābhinītā pabbajanti, keci corābhinītā pabbajanti, keci iṇaṭṭā pabbajanti : MN. I. 463을 참조하라. Vin. I. 72에서는 출가시켜서는 안 되는 자의 목록에 들어가 있다.

167) keci ājīvikatthāya pabbajanti : MKQ. 104에 따르면, 기원전후의 불교교단은 거대한 장원을 소유하고 신도가 기부한 금액을 상공업자에게 대부하여 지대와 이자를 얻어 비교적 여유있는 생활을 했기 때문에, 생계를 위해 출가하는 것이 허용되었다고 추측하고 있다.

[나가세나] "대왕이여, 번뇌가 있는 자는 다시 태어나고, 번뇌를 여읜 자는 다시 태어나지 않습니다."

2. [밀린다] "그런데 존자 나가세나여, 그대는 다시 태어날 것입니까?"

[나가세나] "대왕이여, 만약에 내가 집착을 갖고 있다면 다시 태어날 것이고, 만약에 내가 집착을 갖고 있지 않다면 다시 태어나지 않을 것입니다."

[밀린다 왕] "존자 나가세나여, 현명하십니다."

여섯 번째 다시 태어남에 대한 질문이 끝났다.

7. [이치에 맞게 정신활동을 기울임에 대한 질문] (Yonisomanasikārapañha)

1. 왕이 말했다.

[밀린다 왕] "존자 나가세나여, 다시 태어나지 않는 자는 이치에 맞게 정신활동을 기울이는 것[168]으로 인해 다시 태어나지 않는 것입니까?"

[나가세나] "대왕이여, 그것은 이치에 맞게 정신활동을 기울이는 것, 지혜, 그리고 다른 착하고 건전한 원리로 인한 것입니다."

2. [밀린다 왕] "존자여, 이치에 맞게 정신활동을 기울이는 것[169]이 지혜가 아닙니까?"

[나가세나] "대왕이여, 그렇지 않습니다. 정신활동을 기울이는 것과 지혜는 다른 것입니다. 대왕이여, 양, 산양, 소, 물소, 낙타, 당나귀에

---

168) yoniso manasikāra : 한역에는 여리작의(如理作意)라고 한다. 피상적이 아닌 연기법에 따른 심오하고 근본적 정신활동을 뜻한다. 한역에도 부합하도록, '이치에 맞게 정신활동을 기울임' 또는 '이치에 맞게 정신활동을 일으킴'이라고 번역한다.

169) manasikāra : 한역에서 작의(作意)라고 하는 것으로 작의(作意)는 ≪구사론≫이나 유식철학(唯識哲學)에서는 5위75법의 하나로 처음 마음을 움직여 다섯 가지 감관의 문을 통해 대상을 향하게 하는 마음의 작용이다.

게도 정신활동이 있습니다. 그러나 그들에게 지혜는 없습니다."

[밀린다 왕] "존자 나가세나여, 현명하십니다."

일곱 번째 이치에 맞게 정신활동을 기울임에 대한 질문이 끝났다.

8. [정신활동을 기울임의 특징에 대한 질문]
(Manasikāralakkhaṇapañha)

1. 왕이 말했다.

[밀린다 왕] "존자 나가세나여, 정신활동을 기울이는 것은 무엇을 특징으로 하고 지혜는 무엇을 특징으로 합니까?"

[나가세나] "대왕이여, 정신활동을 기울이는 것은 파지(把持)를 특징으로 하고 지혜는 절단(切斷)을 특징으로 합니다."

2. [밀린다 왕] "정신활동을 기울이는 것이 어떻게 파지를 특징으로 하고, 지혜가 어떻게 절단을 특징으로 합니까? 비유를 들어주십시오."

[나가세나] "대왕이여, 보리를 베는 자들을 아십니까?"

[밀린다 왕] "존자여, [33] 그렇습니다. 압니다."

[나가세나] "대왕이여, 보리를 베는 자는 보리를 어떻게 벱니까?"

[밀린다 왕] "존자여, 왼손으로 보리단을 잡고 오른 손으로 낫을 들어 보리를 자릅니다."

[나가세나] "대왕이여, 보리이삭을 베는 자가 왼손으로 보리단을 잡고 오른 손으로 낫을 들어 보리를 자르듯이, 대왕이여, 이와 마찬가지로 수행자는 정신활동을 기울이는 것으로 마음을 파지하고 지혜로서 번뇌를 자릅니다. 이와 같이 정신활동을 기울이는 것은 파지를 특징으로 하고, 지혜는 절단을 특징으로 합니다."

[밀린다 왕] "존자 나가세나여, 현명하십니다."

여덟 번째 정신활동을 기울이는 것의 특징에 대한 질문이 끝났다.

9. [계행의 특징에 대한 질문] (Sīlalakkhaṇapañha)

1. 왕이 말했다.

[밀린다 왕] "존자 나가세나여, 그대가 '다른 착하고 건전한 원리'라고 말했는데, 그대에게 착하고 건전한 원리란 무엇입니까?"

[나가세나] "대왕이여, 계행, 믿음, 정진, 새김, 집중, 지혜가 있는데, 이러한 것들이 그 착하고 건전한 원리입니다."[170]

2. [밀린다 왕] "존자여, 계행은 어떤 특징을 갖고 있습니까?

[나가세나] "대왕이여, 계행은 모든 착하고 건전한 원리의 토대라는 특징을 갖고 있습니다. 즉 능력, 힘, 깨달음 고리, 고귀한 길, 새김의 토대, 올바른 노력, 신통의 기초, 선정, 해탈, 삼매, 성취[171]가 계행을 토대로 합니다. 대왕이여, 계행에 확립된 수행자는 계행을 의지하고 계행을 토대로 하여 믿음의 능력, 정진의 능력, 새김의 능력, 집중의 능력, 지혜의 능력을 닦아 일체의 착하고 건전한 원리가 퇴전하지 않습니다."

3. [밀린다 왕] "비유를 들어주십시오."

[나가세나] "대왕이여, 어떤 종류이건 종자와 식물이라면 성장하고 번성하고 증대하는데 모두 이 땅을 의존하고 땅을 토대로 성장하고 번성하고 증대하는 것처럼, 수행자는 계행을 의지하고 계행을 토대로 하여 믿음의 능력, 정진의 능력, 새김의 능력, 집중의 능력, 지혜의

170) sīlaṁ, mahārāja, saddhā vīriyaṁ sati samādhi paññā, ime te kusalā dhammā'ti : 트렝크너본과 육차결집본에는 지혜(paññā)가 누락되어 있어 이어지는 맥락과 맞지 않아 한역본에 따라 보완한 것이다.

171) indriya-bala-bojjhaṅga-maggaṅga-satipaṭṭhāna-sammappadhāna-iddhipāda-jhāna-vimokkha-samādhi-samāpattī : (다섯 가지) 능력, (다섯 가지) 힘, (일곱 가지) 깨달음 고리, (여덟 가지) 고귀한 길, (네 가지) 새김의 토대, (네 가지) 올바른 노력, (네 가지) 신통의 기초, (네 가지) 선정, (여덟 가지) 해탈, 삼매, (여덟 가지) 성취를 말한다. 이 책의 해제를 보라.

능력을 닦습니다.”

4. [밀린다 왕] “비유를 [34] 더 들어주십시오.”

[나가세나] “대왕이여, 힘을 들여야 하는 어떤 노동이라도 이루어져야 한다면 모두 이 땅을 의존하고 땅을 토대로 이루어져야 하는 것처럼, 수행자는 계행을 의지하고 계행을 토대로 하여 믿음의 능력, 정진의 능력, 새김의 능력, 집중의 능력, 지혜의 능력172)을 닦습니다.”

5. [밀린다 왕] “비유를 더 들어주십시오.”

[나가세나] “대왕이여, 도시의 건축가가 도시를 만들고자 한다면 먼저 도시의 부지를 청소하고 나무 그루터기들와 나무 가시들을 제거하고 땅을 고르게 다듬고 그 위에 거리와 사거리와 광장 등을 구획하고 나눈 뒤에 도시를 건축하는 것처럼, 수행자는 계행을 의지하고 계행을 토대로 하여 믿음의 능력, 정진의 능력, 새김의 능력, 집중의 능력, 지혜의 능력을 닦습니다.”

6. [밀린다 왕] “비유를 더 들어주십시오.”

[나가세나] “대왕이여, 곡예사가 기술을 보여주고자 하면 땅을 파내고 자갈과 거친 돌조각을 제거하고 땅을 고른 뒤에 부드러운 땅 위에서 기술을 보이는 것처럼, 수행자는 계행을 의지하고 계행을 토대로 하여 믿음의 능력, 정진의 능력, 새김의 능력, 집중의 능력, 지혜의 능력을 닦습니다. 대왕이여, 세존께서는 이와 같은 비유를 설했습니다.

[세존] ‘지혜로운 사람이 계행에 기초하여
선정과 지혜를 닦는다.173)
열심히 노력하고 슬기로운 수행승이라면,

---

172) saddhindriya, vīriyindriya, satindriya, samādhindriya paññindriya : 한역에는 다섯 가지 능력(五根)을 오무루근(五無漏根)이라고도 한다.

173) cittaṁ paññañ ca bhāvayaṁ : 원문에는 cittaṁ paññañ ca(마음과 지혜)로 되어 있으나, 문맥상 Srp. I. 50에 따라 선정과 지혜로 번역한다.

이 얽힌 매듭을 풀 수 있으리.174)

이 대지가 생명들에게 확립되어 있듯이,
계행의 다발인 수승한 빠띠목카175)는
착하고 건전한 것을 성장시키는 근본이고
모든 최승자의 가르침에 들어가는 문이다.'"176)

[밀린다 왕] "존자 나가세나여, 현명하십니다."

아홉 번째 계행의 특징에 대한 질문이 끝났다.

10. [정화를 특징으로 하는 믿음에 대한 질문]
(Sampasādanalakkhaṇasaddhāpañha)

1. 왕이 말했다.

[밀린다 왕] "존자 나가세나여, 믿음은 어떤 특징을 지녔습니까?"

[나가세나] "대왕이여, 믿음은 정화(淨化)의 특징과 뛰어듦의 특징을 지녔습니다."177)

---

174) sīle patiṭṭhāya naro sapañño | cittaṁ paññañca bhāvayaṁ | ātāpi nipako bhikkhu | so imaṁ vijaṭaye jaṭan'ti ‖ SN. I. 13; Vism. 1; Peṭ 44(45); Mil. 34; Uv. 6 : 8와 병행한다. Srp. I. 50에 따르면, 사람이 땅 위에 서서 잘 드는 날카로운 칼로 대나무가 엉킨 것을 잘라내듯, 수행승은 계행 위에 서서 집중의 돌로 잘 갈아진 통찰적 지혜라는 칼을 잡고, 정진의 힘에 의해 발휘된 실천적 지혜의 손으로, 갈애의 얽힘을 자르고 부수어 버린다.

175) pāṭimokkha : '빠띠목카'는 율장에 포함된 수행승의 의무계율들의 항목을 말한다. 번역하자면 별해탈(別解脫)인데, 별해탈이란 의미는 계율 하나 하나가 해탈로 이끈다는 뜻이다. DN. III. 77 참조. 비구의무계율에 포함된 학습계율의 숫자는 각 부파불교마다 다르다. 빠알리율(Vinayapāḷi)에서 비구계는 227계로 이루어져 있고 비구니계는 311계로 이루어져 있다.

176) ayaṁ patiṭṭhā dharaṇīva pāṇinaṁ | idañca mūlaṁ kusalābhivuḍḍhiyā | mukhañcidaṁ sabbajinānusāsane | yo sīlakkhandho varapātimokkhiyo'ti ‖ 경전에서 추적불가

177) sampasādanalakkhaṇā ca, mahārāja, saddhā, sampakkhandanalakkhaṇā cā'ti : 정화(淨化: sampasādana)는 맑고 밝게 하는 것(淨明)이고, 뛰어듦(跳入: sampakkhandana)은 도약하여 뛰어드는 것을 말한다.

2 [밀린다 왕] "존자여, 어떻게 믿음이 정화의 특징을 지녔습니까?"

[나가세나] "대왕이여, 믿음이 생겨나면 장애들을[178]을 근절시키고, 장애가 끊어지면 마음은 [35] 맑고 청정하고 혼탁이 없게 됩니다. 대왕이여, 이와 같이 믿음은 정화를 특징으로 합니다."

3 [밀린다 왕] "비유를 들어주십시오."

[나가세나] "대왕이여, 전륜왕[179]이 사군을 거느리고 도중에 길을 가다가 작은 강을 건넌다면, 그 물은 코끼리들, 말들, 수레들, 보병들에 의해서 흔들려서 흐려지고 더러워지고 흙탕물이 될 것입니다. 강을 건넌 전륜왕은 부하들에게 명령할 것입니다. '이보게들, 마실 물을 떠오라. 내가 마시겠다.' 왕에게 물을 정화하는 마니보주[180]가 있다면, '폐하, 그렇게 하겠습니다.'라고 부하들은 전륜왕의 동의를 얻어 물을 정화하는 마니보주를 물속에 던져 넣을 것입니다. 마니보주가 물속에 들어가자마자, 쌍카,[181] 쎄발라[182]와 같은 수초는 사라지고 진흙은 가라앉을 것이고, 물은 맑고 청정하고 혼탁이 없게 될 것입니다, 그러면 전륜왕에게 '폐하, 물을 드십시오.'라고 마실 물을 건네 줄 수 있을

178) nīvaraṇe : 장애란 다섯 가지 장애를 말한다. 다섯 가지 장애(五障 : pañca nīvaraṇāni), 즉 ① 감각적 쾌락의 욕망(欲 : kāma) ② 분노(瞋恚 : vyāpāda) ③ 해태와 혼침(混沈 : thīnamiddha) ④ 흥분과 회한(掉悔 : uddhaccakukkucca) ⑤ 회의적 의심(疑 : vicikicchā)을 말한다.

179) Cakkavattin : 전륜왕(轉輪王)은 불교에서의 이상적인 왕을 말한다. MN. II. 134에 따르면, 전륜왕은 법에 의해 통치하는 정의로운 법왕으로서 사방을 정복하여 나라에 평화를 가져온다. 그에게는 일곱 가지 보물, 즉 ① 보물 수레바퀴 ② 보물 코끼리 ③ 보물 말 ④ 보물 보석 ⑤ 보물 ⑥ 보물 장자 ⑦ 보물 대신이 있다. 또한 그에게는 용맹하고 영웅적이어서 적군을 부수는 천명 이상의 자녀가 있다. 그는 크나큰 바다에 이르기까지 대륙을 정복하되 몽둥이를 사용하지 않고 칼을 사용하지 않고 정법을 사용한다. 상세한 것은 DN. 17의 마하쑤닷싸나의 경(Ma- hāsudassana-sutta)이나 DN. 26의 전륜왕 사자후의 경(Cakkavattisīhanādasutta)을 참조하라.

180) udakappasādakamaṇi maṇi : 수청주(水淸珠)라고 한다. 마니보주(摩尼寶珠)는 전륜왕의 칠보가운데 하나이다.

181) saṅkha : 수초의 이름이다.

182) sevāla : 수초의 이름이다.

것입니다. 대왕이여, 여기서 물은 마음과 같다고 보아야 하고, 부하들은 수행자와 같다고 보아야 하고, 쌍카, 쎄발라와 같은 수초가 있는 진흙은 번뇌라고 보아야 합니다. 물을 정화하는 마니주는 믿음이라고 보아야 합니다. 물을 정화하는 마니주가 물속에 들어가자마자, 쌍카, 쎄발라와 같은 수초는 사라지고 진흙은 가라 앉고, 물은 맑고 청정하고 혼탁이 없게 되는 것처럼, 이와 같이 대왕이여, 믿음이 생겨나면 장애들이 근절되고, 장애가 끊어진 마음은 맑고 청정하고 혼탁이 없게 됩니다. 대왕이여, 이와 같이 믿음은 정화를 특징으로 합니다."

[밀린다 왕] "존자 나가세나여, 현명하십니다."

열 번째 정화를 특징으로 하는 믿음에 대한 질문이 끝났다.

11. [뛰어듦을 특징으로 하는 믿음에 대한 질문] (Sampakkhandanalakkhaṇasaddhāpañha)

1. [밀린다 왕] "존자여, 어떻게 믿음은 뛰어듦의 특징을 지닙니까?"

[나가세나] "대왕이여, 수행자가 다른 사람의 마음이 해탈된 것을 보고, 흐름에 든 경지나 한 번 돌아오는 경지나 돌아오지 않는 경지나 거룩한 경지로 뛰어들어, 얻지 못한 경지를 얻거나 도달하지 못한 경지를 도달하거나 깨닫지 못한 경지를 깨닫기 위해 수행합니다. 대왕이여, 이와 같이 믿음은 뛰어듦의 특징을 지닙니다."

2. [밀린다 왕] "비유를 들어주십시오."

[나가세나] "대왕이여, 산의 정상에 큰 구름이 비를 [36] 내리면, 그 물이 낮은 곳으로 흘러 산의 협곡, 골짜기, 지류를 채우고 강을 채우고, 강은 양쪽 언덕에 범람하면서 흘러갈 것인데, 이때에 많은 사람들이 와서 그 강의 얕고 깊음을 모르기 때문에 두려워하고 전율하면서 그 언덕에 서있다고 합시다. 그때 어떤 사람이 와서 자신의 체력과 역량을 알아차리고 허리띠를 매고 뛰어들어 건너면, 그가 건넌 것

을 보고 많은 사람들이 따라 건널 것입니다. 이와 같이 대왕이여, 수행자는 다른 사람의 마음이 해탈된 것을 보고, 흐름에 든 경지나 한 번 돌아오는 경지나 돌아오지 않는 경지나 거룩한 경지로 뛰어들어, 얻지 못한 경지를 얻거나 도달하지 못한 경지를 도달하거나 깨닫지 못한 경지를 깨닫기 위해 수행합니다. 대왕이여, 이와 같이 믿음은 뛰어듦의 특징을 지니는 것입니다. 대왕이여, 세존께서는 탁월한 ≪쌍윳따니까야≫에서 이러한 시를 읊으셨습니다.

[세존] '사람은 믿음으로 거센 흐름[183]을 건너고,
방일하지 않음으로 커다란 바다를[184] 건넌다.
정진으로 괴로움을 뛰어넘고,[185]
지혜로 완전히 청정[186]해진다.'"[187]

[밀린다 왕] "존자 나가세나여, 현명하십니다."

열한 번째 뛰어듦을 특징으로 하는 믿음에 대한 질문이 끝났다.

12. [정진의 특징에 대한 질문] (Vīriyalakkhaṇapañha)

---

183) ogha : 윤회의 바다에서 생사가 거듭되는 것을 거센 흐름[暴流]에 비유한다. 열반은 그러한 거듭되는 윤회가 끝나 파도가 미치지 않는 해안을 뜻한다. Srp. I. 17에 따르면, 존재를 존재의 영역에 가라앉게 하고 보다 높은 상태나 열반으로 향하는 것을 용납하지 않기 때문에 거센 흐름이라고 한다. 거센 흐름에는 ① 감각적 쾌락의 욕망의 거센 흐름[欲流 kām'ogha] ② 존재의 거센 흐름[有流 bhav'ogha] ③ 견해의 거센 흐름[見流 diṭṭh'ogha] ④ 무지의 거센 흐름[無明流 avijj'ogha]이 있다.

184) appamādena aṇṇavaṁ : Prj. II. 234에 따르면, 방일하지 않음으로 존재의 거센 흐름을 건너는 한 번 돌아오는 님이나 한 번 돌아오는 길을 가는 님을 말한다.

185) viriyena dukkhamacceti : Prj. II. 234에 따르면, 정진으로 존재의 거센 흐름을 건너는 돌아오지 않는 님이나 돌아오지 않는 길을 가는 님을 말한다.

186) paññāya parisujjhati : Prj. 234에 따르면, 무명의 거센 흐름을 건넌 거룩한 님이나 거룩한 길을 가는 님을 말한다.

187) saddhāya taratī oghaṁ | appamādena aṇṇavaṁ | viriyena dukkham acceti | paññāya parisujjhati ‖ SN. I. 214; Stn. 184; Uv. 10 : 5와 병행한다.

1. 왕이 말했다.

[밀린다 왕] "존자여, 정진은 무엇을 특징으로 합니까?"

[나가세나] "대왕이여, 정진은 지탱을 특징으로 합니다. 정진의 지탱으로 모든 착하고 건전한 원리들이 퇴전하지 않습니다."

2. [밀린다 왕] "비유를 들어주십시오."

[나가세나] "대왕이여, 집이 무너질 때 사람이 다른 목재로 지탱하는데, 지탱하게 된다면 그 집은 무너지지 않을 것입니다. 이와 같이 대왕이여, 정진은 지탱의 특징을 갖고 있습니다. 정진의 지탱으로 모든 착하고 건전한 원리들이 퇴전하지 않습니다."

3. [밀린다 왕] "비유를 더 들어주십시오."

[나가세나] "대왕이여, 소수의 군대를 다수의 군대가 쳐부수려고 한다면, 그때 왕은 다른 왕에게 보내고 파견하여 자신의 소수의 군대로 힘을 연합하여 그와 함께 소수의 군대가 다수의 군대를 쳐부술 수 있는 것처럼, 대왕이여, 이와 마찬가지로 정진은 지탱의 특징을 갖고 있습니다. 정진의 지탱으로 모든 착하고 건전한 원리들이 퇴전하지 않습니다. 대왕이여, 세존께서는 [37] '수행승들이여, 정진하는 고귀한 제자는 악하고 불건전한 것을 버리고 착하고 건전한 것을 닦고, 허물을 버리고 허물없음을 닦고, 자신의 청정을 돌봅니다.'라고 말씀하셨습니다."

[밀린다 왕] "존자 나가세나여, 현명하십니다."

열두 번째 정진의 특징에 대한 질문이 끝났다.

13. [새김의 특징에 대한 질문]
(Satilakkhaṇapañha)

1. 왕이 말했다.

[밀린다 왕] "존자 나가세나여, 새김은 무엇을 특징으로 합니까?"

[나가세나] "대왕이여, 새김은 기억[188]을 특징으로 하고 파악[189]을 특징으로 합니다."

2. [밀린다 왕] "존자여, 새김은 어떻게 기억을 특징으로 합니까?"

[나가세나] "대왕이여, 새김이 생겨날 때, 착하거나 악한 것, 허물과 허물없음, 저열한 것과 탁월한 것, 어두운 것과 밝은 것, 대조적인 것들에 관하여 '이것들이 네 가지 새김의 토대이다. 이것들이 네 가지 올바른 노력이다. 이것들이 네 가지 신통의 기초이다. 이것들이 다섯 가지 능력이다. 이것들이 다섯 가지 힘이다. 이것들이 일곱 가지 깨달음 고리이다. 이것들이 여덟 가지 고귀한 길이다.[190] 이것이 멈춤이다. 이것이 통찰이다.[191] 이것이 명지이다.[192] 이것이 해탈이다.'라고 기억합니다. 그래

---

188) apilāpana : 떠도는 것(浮遊)의 여읨, 잊지 않음, 망각의 여읨, 열거(列擧) 등의 뜻을 지니지만, 어느 하나로 확정하기 힘들다. 어원적으로 보면 √plu일 경우, 부유(浮游)의 여읨, √lap일 경우는 열거(列擧)를 의미한다. MQ. I. 50에서는 불안정의 여읨(not-wobbing), MKQ. I. 92에서는 열거(列擧)라고 번역하고 있다.

189) upaggaṇhana : MQ. I. 50에서는 집지(taking up), MKQ. I. 92에서는 주시(注視)라고 번역하고 있다.

190) ime cattāro satipaṭṭhānā, ime cattāro sammappadhānā, ime cattāro iddhipādā, imāni pañcindriyāni, imāni pañca balāni, ime satta bojjhaṅgā, ayaṁ ariyo aṭṭhaṅgiko maggo : 한역의 삼십칠조도품(三十七助道品), 즉 서른일곱 가지 깨달음에 도움이 되는 원리(sattatiṁsa bodhipakkhiyā dhammā : 三十七菩提分法)를 나열한 것이다. 상세한 설명은 이 책의 해제를 보라.

191) ayaṁ samatho, ayaṁ vipassanā : 멈춤(samatha)과 통찰(vipassanā)에 대하여 한역에는 지관(止觀)이라고 번역한다. 중요한 술어이므로 사마타(奢摩他)와 비바사나(毘婆舍那)라고 음역하기도 한다. 멈춤은 √*śam* (그치다. 고요해 지다)'에서 파생된 남성명사로서 의미는 '고요, 평정, 평온'으로 번역되기도 하지만 그러한 의미의 다른 불교술어들과 혼동될 여지가 있다. 통찰은 비(vi : 나눔)' — 예를 들어 사과를 칼로 자르면, 그것을 나누고 꿰뚫는다 — 와 '빳싸나(passanā : 봄)'의 합성으로 이루어진 단어로 '분석적으로 꿰뚫어 봄', 즉 '통찰'을 의미한다. AN. I. 61의 경전상의 정의는 다음과 같다. '수행승들이여, 이와 같은 명지로 이끄는 두 가지 원리가 있다. 두 가지란 어떤 것인가? 멈춤과 통찰이다. 수행승들이여, 멈춤이 닦여지면 어떤 목표가 성취되는가? 마음이 닦여진다. 마음이 닦여지면 어떤 목표가 성취되는가? 탐욕이 있다면, 그것이 끊어져 버린다. 수행승들이여, 통찰이 닦여지면 어떤 목표가 성취되는가? 지혜가 닦여진다. 지혜가 닦여지면 어떤 목표가 성취되는가? 무명이 있다면 그것이 끊어져 버린다. 수행승들이여, 탐욕에 물들면 마음은 해탈되지 못한다. 무

서 수행자는 섬겨야 할 원리를 섬기고 섬기지 말아야할 원리를 섬기지 않고, 돌보아야 할 원리를 돌보고 돌보지 말아야 할 원리를 돌보지 않습니다. 이와 같이 대왕이여, 새김은 기억을 특징으로 합니다."

3. [밀린다 왕] "비유를 들어주십시오."

[나가세나] "대왕이여, 전륜왕의 재정관이 전륜왕에게 아침저녁으로 '대왕이여, 폐하께는 코끼리가 이 정도이고, 말이 이 정도이고, 전차가 이 정도이고, 보병이 이 정도이고, 황금이 이 정도이고, 금화가 이 정도입니다. 재보는 이 정도입니다. 폐하께서는 상기하십시오.'라고 영광을 상기시키며, 왕의 재보에 관하여 기억합니다. 대왕이여, 새김이 생겨날 때, 착하거나 악한 것, 허물과 허물없음, 저열한 것과 탁월한 것, 어두운 것과 밝은 것, 대조적인 것들에 관하여 '이것들이 네 가지 새김의 토대이다. 이것들이 네 가지 올바른 노력이다. 이것들이 네 가지 신통의 기초이다. 이것들이 다섯 가지 능력이다. 이것들이 다섯 가지 힘이다. 이것들이 일곱 가지 깨달음 고리이다. 이것들이 여덟 가지 고귀한 길이다. 이것이 멈춤이다. 이것이 통찰이다. 이것이 명지이고 이것이 해탈이다.'라고 기억합니다. 그래서 수행자는 섬겨야 할 원리를 섬기고 섬기지 말아야 할 원리를 섬기지 않고, 돌보아야 할 원리를 돌보고 돌보지 말아야 할 원리를 돌보지 않습니다. 이와 같이 새김은 기억을 특징으로 합니다."

4. [밀린다 왕] "존자여, 새김은 어떻게 파악을 특징으로 합니까?"

[나가세나] "대왕이여, 새김이 생겨날 때, 유익하고 유익하지 않은 상태의 성질에 대하여 '이것들은 유익하다, 이것들은 무익하다. 이것

명에 물들면, 지혜가 닦여지지 못한다. 수행승들이여, 탐욕이 사라지면, 마음에 의한 해탈이 이루어지고 무명이 사라지면, 지혜에 의한 해탈이 이루어진다.' 그리고 주석서의 정의를 살펴보자. Mrp. II. 119에 따르면, 멈춤은 마음의 통일(cittekaggatā)을 의미하고 통찰은 '조건지어진 것들, 즉 형성된 것들을 파악하는 앎(saṅkhāra-pariggāhikañāṇa)을 의미한다. Smv. 983에 따르면, '멈춤은 집중[三昧]이고, 통찰은 지혜이다.(samatho samādhi vipassanā paññā)'

192) ayaṁ vijjā : 명지(明知)는 네 가지 거룩한 진리(四聖諦)에 대한 앎을 의미한다.

들은 도움이 된다. 이것들은 도움이 되지 않는다.'라고 조사합니다. 그래서 수행자는 유익하지 않은 것들을 제거하고, 유익한 것들을 파악합니다. 도움이 되지 않는 것들을 제거하고 도움이 되는 것들을 파악합니다. 이와 같이 새김은 파악을 특징으로 합니다."

[밀린다 왕] "비유를 들어 주십시오."

[나가세나] "대왕이여, 전륜왕의 '보물 대신'193)이 왕을 위한 유익과 불익을 알고 '왕에게 이러한 것들은 유익하고 이러한 것들은 유익하지 않고, 이러한 것들은 도움이 되고 이러한 것들은 도움이 되지 않는다.'라고 압니다. 그래서 유익하지 않은 것을 제거하고 유익한 것을 파악하고, 도움이 되지 않는 것을 제거하고, 도움이 되는 것을 파악합니다. 이와 같이 대왕이여, 새김이 생겨나면, '이러한 것들이 유익하고 이러한 것들이 유익하지 않고, 이러한 것들이 도움이 되고 이러한 것들은 도움이 되지 않는다.'라고 [38] 유익한 것과 유익하지 않은 상태의 성질을 살펴봅니다. 그래서 수행자는 유익하지 않은 것들을 제거하고, 유익한 것들을 파악합니다. 도움이 되지 않는 것들을 제거하고 도움이 되는 것들을 파악합니다. 이와 같이 새김은 파악을 특징으로 합니다. 대왕이여, 세존께서는 '수행승들이여, 새김은 어떤 경우에도 유익하다.'고 말씀하셨습니다."

[밀린다 왕] "존자 나가세나여, 현명하십니다."

열세 번째 새김의 특징에 대한 질문이 끝났다.

14. [삼매에 대한 질문]

(Samādhipañha)

---

193) pariṇāyakaratana : 전륜왕(轉輪王)의 칠보(七寶 : sataratanāni)에는 ① 보룰 수레바퀴(cakkaratana). ② 보물 코끼리(hatthiratana) ③ 보물 말 (assaratana) ④ 보물 보석(maṇiratana) ⑤ 보물 여자(itthiratana) ⑥ 보물 장자(gahapatiratana): ⑦ 보물 대신(pariṇāyakaratana)이 있다. 일곱 가지 보물에 대해 MN. 129에서 상세히 설명되고 있다.

1. 왕이 말했다.

[밀린다 왕] "존자여, 삼매는 무엇을 특징으로 합니까?"

[나가세나] "대왕이여, 삼매는 통솔(統率)194)을 특징으로 합니다. 어떤 착하고 건전한 원리들이든지 그 모든 것들은 삼매를 통솔로 하고, 삼매로 향하고 삼매로 기울고 삼매로 모여듭니다."

2. [밀린다 왕] "비유를 들어주십시오."

[나가세나] "대왕이여, 어떤 누각의 어떤 서까래든지 모두 용마루로 향하고, 용마루로 기울고, 용마루로 모여 들고, 용마루를 그들 가운데 최상이라고 하듯. 대왕이여, 어떤 착하고 건전한 원리들이든지 그 모든 것들은 삼매를 통솔로 하고, 삼매로 향하고 삼매로 기울고 삼매로 모여듭니다."

3. [밀린다 왕] "비유를 더 들어주십시오."

[나가세나] "대왕이여, 어떤 왕이든지 사군을 거느리고 전장에 나아가면, 모든 군대, 코끼리들, 말들, 전차들, 보병들이 왕을 통솔자로 하여, 왕에게 향하고 왕에게 기울고 왕에게 모여들어 언제나 왕의 주변을 감싸 돕니다. 어떤 착하고 건전한 원리들이든지 그 모든 것들은 삼매를 통솔로 하고, 삼매로 향하고 [39] 삼매로 기울고 삼매로 모여듭니다. 이와 같이 대왕이여, 어떤 착하고 건전한 원리들이든지 그 모든 것들은 삼매를 통솔로 하고, 삼매로 향하고 삼매로 기울고 삼매로 모여듭니다. 대왕이여, 이와 같이 삼매는 통솔을 특징으로 합니다. 대왕이여, 세존께서는 '수행승들이여, 삼매를 닦아라. 수행승들이여, 삼매를 닦으면, 있는 그대로 볼 수 있다.'라고 말씀하셨습니다."

[밀린다 왕] "존자 나가세나여, 현명하십니다."

열네 번째 삼매에 대한 질문이 끝났다.

---

194) pamukha : 원래 상수(上首) 또는 주요(主要), 선두(先頭)라는 뜻이 있다.

15. [지혜의 특징에 대한 질문]
(Paññālakkhaṇapañha)

1. 왕이 말했다.

[밀린다 왕] "존자여, 지혜는 무엇을 특징으로 합니까?"

[나가세나] "대왕이여, 이전에 나는 '지혜는 절단을 특징으로 한다.'라고 말했습니다.195) 또한 지혜는 조명(照明)을 특징으로 합니다."

[밀린다 왕] "존자여, 어떻게 지혜가 조명을 특징으로 합니까?"

[나가세나] "대왕이여, 지혜가 생겨나면, 그것은 무명의 어둠을 부수고, 명지의 조명을 낳고. 앎의 광명을 나타내고, 거룩한 진리를 드러냅니다. 그러므로 수행자는 '무상하다'라든가 '괴로운 것이다'라든가 '무아이다(실체가 없다)'라는 것을 올바른 지혜로 볼 수 있습니다."196)

2. [밀린다 왕] "비유를 들어주십시오."

[나가세나] "대왕이여, 사람이 어두운 집안에 등불을 들고 들어가면, 들고 온 등불은 어둠을 부수고 밝음을 일으키고, 광명을 나타내고 형상을 드러냅니다. 대왕이여, 이와 같이 지혜가 생겨나면, 그것은 무명의 어둠을 부수고, 명지의 조명을 낳고. 앎의 광명을 나타내고, 거룩한 진리를 드러냅니다. 그러므로 수행자는 '무상하다'라든가 '괴로운 것이다'라든가 '무아이다(실체가 없다)'라는 것을 올바른 지혜로 볼 수 있습니다. 대왕이여, 이와 같이 지혜는 조명을 특징으로 합니다."

[밀린다 왕] "존자 나가세나여, 현명하십니다."

---

195) chedanalakkhaṇā paññā'ti : Miln. 32

196) tato yogāvacaro 'aniccan'ti vā 'dukkhan'ti vā 'anattā'ti vā sammappaññāya passatī'ti : 무상(無常) · 고(苦) · 무아(無我)의 삼법인(三法印)을 말하는 것이다. 알렉산더와 동시대인 그리스 철학자 피론은 불교의 수행자인 사문들과 접촉하여 크게 영향을 받은 것으로 알려져 있다. 그의 철학의 핵심원리, 아네피크리타(anepikrita)는 제행무상의 원리, 아스타트메타(astathmeta)는 일체개고의 원리, 아디아포라(adiaphora)는 제법무아의 원리와 유사하다고 볼 수 있다(Beckwith. 2015. pp.29-30).

열다섯 번째 지혜의 특징에 대한 질문이 끝났다.

16. [다양한 가르침들의 동일한 목표에 대한 질문]

(Nānādhammānaṁ ekakiccaabhinipphādanapañha)

1. 왕이 말했다.

[밀린다 왕] "존자 나가세나여, 이 가르침들은 다양하지만 하나의 목표를 완수합니까?"

[나가세나] "대왕이여, 그렇습니다. 이 가르침들은 다양하지만 하나의 목표인 번뇌를 끊음을 완수합니다."

2. [밀린다 왕] "존자여, 어떻게 이 가르침들은 다양하지만 하나의 목표인 번뇌의 끊음을 완수합니까? 비유를 들어주십시오."

[나가세나] "대왕이여, 군대가 코끼리들, 말들, 전차들, 보병들이 있지만, 하나의 목표인 전쟁에서의 적군의 격파를 완수합니다. 이와 같이 대왕이여, 이 가르침들은 다양하지만 하나의 목표인 번뇌의 끊음을 완수합니다."

[밀린다 왕] "존자 나가세나여, 현명하십니다."

열여섯 번째 다양한 가르침들의 동일한 목표가 끝났다.
첫 번째 대품이 끝났다.
이 품은 열여섯 개의 질문으로 이루어졌다.

제2장 시간의 품

(Addhānavagga)

1. [상속에 대한 질문]

(Dhammasantatipañha)

1. 왕이 [40] 말했다.

[밀린다 왕] "존자 나가세나여, 다시 태어나는 자는 죽는 자와 같습니까, 아니면 다릅니까?"

장로는 대답했다.

[나가세나] "같지도 않고 다르지도 않습니다."

2. [밀린다 왕] "비유를 들어주십시오."

[나가세나] "대왕이여, 어떻게 생각하십니까? 그대가 갓난아이로 어리고 유약하게 침대에 누워있을 때와 그대가 지금 성장했을 때가 같습니까?"

[밀린다 왕] "존자여, 그렇지 않습니다. 내가 갓난아이로 어리고 유약하게 침대에 누워있을 때와 지금 성장했을 때와는 다릅니다."197)

3. [나가세나] "대왕이여, 그렇다면, 어머니라는 분도 없을 것이고,

---

197) na hi, bhante, añño so daharo taruṇo mando uttānaseyyako ahosi, añño ahaṁ etarahi mahanto'ti : Bor. 14에 따르면, 피타고라스 학파의 에피카르모스(Epicharmus: BC.5세기)는 그의 희곡에서 이와 같이 풍자를 했다: '친구에게 돈을 빌려 쓴 사람이 어느 날 친구를 만나자 인간은 계속 변화하기 때문에 자기는 이제 그 당시 돈을 빌린 사람이 아니라고 우겼다. 친구는 그 변명을 받아들이고 대신 저녁식사에 초대했다. 그가 만찬장에 도착했을 때 하인들이 그를 내쫓았다. 친구는 이미 그가 초대했던 사람이 아니었기 때문이었다.' 이것은 헤라클레이토스(Heraclitus)의 무상성(無常性)을 풍자한 것이다. 그는 '누구도 같은 강을 두 번 건널 수 없다'라고 주장했을 때 그의 제자는 '모든 것이 지속적인 흐름이면 누구도 같은 강을 한 번도 건널 수 없다'라고 말했다. 이러한 대답을 한 헤라클레이토스의 제자에 대해 키에르케고르(Kierkegaard)는 바보스럽게 지나치다고 해석했으나 웨띠무니는 키에르케고르가 그 지나친 이유를 보지 못했다고 주장했다. 그렇게 해야만 헤라클레이토스의 이론이 지속적 흐름을 불가피한 귀결로 이끌 수 있었던 것이다. 여기서 밀린다 왕도 헤라이클레토스의 함정에 빠진 듯이 보인다. 그러나 모든 것이 지속적인 흐름이면 아무 것도 존재하지 않게 된다. 무상을 끊임없는 변화로 해석한다면, 가능한 가장 짧은 시간은 제로 시간이므로 사물은 존재하지 않는 것이 된다. 그렇게 되면 거기에는 건널 강조차 없게 된다. 그런 측면에서 변화의 이론은 옛날부터 하나의 악명 높은 수수께끼였다. 나가세나는 초기불교의 무상(無常)의 이러한 문제점을 인식하고 아비담마의 상속(相續 : santati)이라고 이름 붙여진 이론을 도입하여 해결하고 있다. 상세한 것은 필자의 『초기불교의 연기사상』 360-369쪽을 참조하라.

아버지라는 분도 없을 것이고, 스승이라는 분도 없을 것이고, 학예를 지닌 분도 없을 것이고, 계행을 지닌 분도 없을 것이고, 지혜를 지닌 분도 없을 것입니다. 대왕이시여, 깔랄라 시기(임신1주)의 어머니가 다르고, 압부다 시기(임신2~3주)의 어머니가 다르고, 뻬씨 시기(임신3~4주)의 어머니가 다르고, 가나 시기(임신4~5주)의 어머니가 다르고,[198] 어릴 때의 어머니와 성인이 되었을 때의 어머니가 다르고, 학예를 배우는 때가 다르고, 학예를 배운 후가 다르고, 악행을 행하는 때가 다르고, 악행으로 수족이 잘린 때가 다릅니까?"

[밀린다 왕] "존자여, 그렇지 않습니다. 그런데 존자여, 이렇게 말해서 무엇을 말하려고 하십니까?"

4. 장로가 말했다.

[나가세나] "갓난아이로 어리고 유약하게 침대에 누워있을 때의 내가 바로 지금 성장했을 때의 내가 되었습니다. 참으로 이 몸에 의존하여 모든 이것들이 하나로 통섭되어 있습니다."

5. [밀린다 왕] "비유를 들어주십시오."

[밀린다 왕] "대왕이여, 어떤 사람이 등불을 켰다면, 그것은 밤새도록 타오를 것입니까?"

[밀린다 왕] "존자여, 그렇습니다. 밤새도록 타오를 것입니다."

[나가세나] "대왕이여, 초야(初夜)의 불꽃이 중야(中夜)의 불꽃

---

198) kalala … abbuda … pesī … ghano (… pasākhā) : 여기서는 어머니의 모태에서의 아이의 상태, 즉 태내오위(胎內五位)의 첫 네 단계만 언급하고 있다. Srp. I. 300-301에 따르면, 태내오위(胎內五位)는 다음과 같아. ① 임신 직후의 1주가 깔랄라(kalala)라고 하는데, 세 가닥의 양모로 이루어진 실타래의 끝에 놓인 기름방울 크기이다. ② 임신 후 2~3주가 압부다(abbuda)라고 하는데, 고기 씻은 물의 색깔을 하고 있다. ③ 임신 후 3~4주는 뻬씨(pesī)라고 하는데, 용해된 주석(朱錫) 모양이며 색깔은 핑크색이다. ④ 임신 후 4~5주는 가나(ghana)라고 하는데, 달걀 모양을 하고 있다. ⑤ 임신 후 6주 이상은 빠싸카(pasākhā)라고 하는데, 두 팔, 두 다리, 머리의 기초가 되는 다섯 개의 돌기가 생겨난 상태를 말한다. 그러나 머리카락, 몸털, 손발톱은 38주가 지나면 생겨나기 시작하고 40주에 모태를 벗어난다.

과 같은 것입니까?"[199]

[밀린다 왕] "존자여, 그렇지 않습니다."

[나가세나] "대왕이여, 중야의 불꽃이 후야(後夜)[200]의 불꽃과 같은 것입니까?"

[밀린다 왕] "존자여, 그렇지 않습니다."

[나가세나] "대왕이여, 초야의 등불과 중야의 등불과 후야의 등불은 제 각기 다른 것입니까?"

[밀린다 왕] "존자여, 그렇지 않습니다. 동일한 불꽃에 의존하여 밤새도록 등불이 타오르는 것입니다."

[나가세나] "대왕이여, 이와 마찬가지로 사실의 상속(相續)[201]은 지속되고, 다른 것이 생성하고 다른 것이 소멸하지만, 이전도 이후도 없는 것처럼 지속합니다. 그렇게 해서 그것은 같은 것도 아니고 다른 것도 아닌 것으로서 최후의 의식에 통섭됩니다."

6. [밀린다 왕] "비유를 더 들어주십시오."

[나가세나] "대왕이여, 우유를 [41] 짰는데 시간이 지나, 응유로 바뀌고, 응유에서 버터로, 버터에서 버터기름으로 바뀔 때, 대왕이여, '우유가 바로 응유이고, 응유가 바로 버터이고, 버터가 바로 버터기름이다.'라고 말하는 사람이 있다면, 대왕이여, 그는 올바로 말하는 것입니까?"

[밀린다 왕] "존자여, 그렇지 않습니다. 바로 그것에 의존하여 다른

---

199) purimayāma, majjhimayāma, (pacchimayāma) : 인도에서는 밤을 세 부분으로 나누었는데, 그 가운데 초야(初夜)는 저녁6시에서 저녁10시까지 중야(中夜)는 저녁10시에서 새벽2시까지, 후야(後夜)는 새벽2시에서 오전6시까지였다.

200) pacchimayāma : 앞의 주석을 보라.

201) dhammasantati : 법(法)의 상속(相續)을 의미한다. 여기서 법은 '사람과 정신'을 모두 의미한다. FKM. 66에서는 '현상의 연쇄(Kette der Erscheinung)', MKQ. I. 112에서는 '사상(事象)의 연속'이라고 번역했다. MQ. I. 56에서는 담마의 지속(the continuity of dhammas)'이라고 번역했다.

것이 생겨난 것입니다."

[나가세나] "대왕이여, 이와 마찬가지로 사실의 상속은 지속되고, 다른 것이 생성하고 다른 것이 소멸하지만, 이전도 이후도 없는 것처럼 지속합니다. 그렇게 해서 그것은 같은 것도 아니고 다른 것도 아닌 것으로서 최후의 의식에 통섭됩니다."

[밀린다 왕] "존자 나가세나여, 현명하십니다."

첫 번째 상속에 대한 질문이 끝났다.

2. [다시 태어남을 여읜 자에 대한 질문] (Paṭisandahanapañha)

1. 왕이 말했다.

[밀린다 왕] "존자여, 나가세나여, 다시 태어남을 여읜 자[202]는, '나는 다시 태어나지 않는다.'라고 알고 있습니까?"

[나가세나] "대왕이여, 그렇습니다. 다시 태어남을 여읜 자는, '나는 다시 태어나지 않는다.'라고 알고 있습니다."

[밀린다 왕] "존자여, 어떻게 그가 알고 있습니까?"

[나가세나] "대왕이여, 다시 태어남의 원인과 조건이 되는 그 원인과 조건이 정지되었기 때문에, '나는 다시 태어나지 않을 것이다.' 라고 아는 것입니다."

2. [밀린다 왕] "비유를 들어주십시오."

[나가세나] "대왕이여, 예를 들어, 농부인 장자가 경작을 하고 파종을 하고 곡물창고를 채웠습니다. 그가 나중에 경작도 하지 않고 파종도 하지 않고 쌓아둔 곡물을 먹어치우거나 소비해버리거나 필요에 따라 소모한다면, 농부인 장자는 '나의 곡물창고는 채워지지 않을 것이다.'라고 알겠습니까?"

---

202) yo na paṭisandahati : 거룩한 님(阿羅漢)을 뜻한다.

[밀린다 왕] "존자여, 그렇습니다. 알 것입니다."

[나가세나] "어떻게 알 것입니까?"

[밀린다 왕] "곡물창고가 채워질 원인과 조건이 되는 그 원인과 조건이 정지되었기 때문에 '나의 곡물창고는 채워지지 않을 것이다.' 라고 알 것입니다."

[나가세나] "이와 같이 대왕이여, 다시 태어남의 원인과 조건이 되는 그 원인과 조건이 정지되었기 때문에, 그는 '나는 다시 태어나지 않을 것이다.'라고 아는 것입니다."

[밀린다 왕] "존자 나가세나여, 현명합니다."

두 번째 다시 태어남을 여읜 자에 대한 질문이 끝났다.

3. [앎과 지혜에 대한 질문]
(Ñāṇapaññāpañha)

1. 왕이 말했다.

[밀린다 왕] "존자여, 나가세나여, 앎이 생겨나는 자에게 지혜가 생겨납니까?"

[나가세나] "대왕이여, 앎이 생겨나는 자에게 지혜가 생겨납니다."

[밀린다 왕] "존자여, 앎이 [42] 바로 지혜입니까?"

[나가세나] "대왕이여, 그렇습니다. 앎이 바로 지혜입니다."

2. [밀린다 왕] "존자여, 앎인 지혜가 생겨난 자도 미혹에 빠집니까, 아니면 미혹에 빠지지 않습니까?"

[나가세나] "대왕이여, 어떤 것에는 미혹에 빠질 수 있고, 어떤 것에는 미혹에 빠지지 않습니다."

[밀린다 왕] "존자여, 어떤 것에 대하여 미혹에 빠질 수 있습니까?"

[나가세나] "대왕이여, 일찍이 알려지지 않은 학예의 영역이나 일찍이 가보지 않은 지방이나 일찍이 들어보지 못한 이름이나 개념에

대해서는 미혹에 빠질 수 있습니다."

3. [밀린다 왕] "존자여, 어떤 것에 대하여 미혹에 빠지지 않습니까?"

[나가세나] "대왕이여, 그 지혜에 의해 얻어진 '무상하다'라든가 '괴로운 것이다'라든가 '무아이다(실체가 없다)'라고 하는 깨달음에 대해서는 미혹에 빠지지 않습니다."

4. [밀린다 왕] "존자여, 미혹은 어디로 갑니까?"

[나가세나] "대왕이여, 미혹은 앎이 생겨날 때마다 바로 그 자리에서 소멸합니다."

[밀린다 왕] "비유를 들어주십시오."

[나가세나] "대왕이여, 어떤 사람이 어두운 집안에 등불을 밝히면, 그 때문에 어둠이 사라지고 광명이 나타나듯이, 대왕이여, 이와 마찬가지로 앎이 생겨나면 그때 미혹은 바로 그 자리에서 소멸합니다."

5. [밀린다 왕] "존자여, 그러면 지혜는 어디로 갑니까?"

[나가세나] "대왕이여, 지혜도 자신의 해야 할 일을 하고 바로 그 자리에서 사라지지만, 그러나 그 지혜에 의해 얻어진 '무상하다'라든가 '괴롭다.'이라든가 '무아이다(실체가 없다).'라고 하는 깨달음은 사라지지 않습니다."

6. [밀린다 왕] "존자 나가세나여, 그대가 '지혜도 자신의 해야 할 일을 하고 바로 그 자리에서 사라지지만, 그러나 그 지혜에 의해 얻어진 '무상하다'라든가 '괴로운 것이다'라든가 '무아이다(실체가 없다)'라고 하는 깨달음은 사라지지 않는다.'고 했는데, 그것에 대하여 비유를 들어주십시오."

[나가세나] "대왕이여, 어떤 사람이 밤에 편지를 보내고자 서기를 불러서 등불을 켜고 편지를 쓰게 하고 편지를 다 썼을 때에 등불을 껐다고 하면, 등불이 꺼지지만, 그러나 편지는 사라지지 않습니다, 대

왕이여, 이와 마찬가지로 지혜도 자신의 해야 할 일을 하고 바로 그 자리에서 사라지지만, 그러나 지혜에 의해 얻어진 '무상하다'라든가 '괴로운 것이다'라든가 '무아이다(실체가 없다)'라고 하는 깨달음은 사라지지 않습니다."

7. [밀린다 왕] "비유를 더 들어주십시오."

[나가세나] "대왕이여, 동방의 한 지방에서는 [43] 사람들이 집집마다 다섯 개씩의 물단지를 화재를 예방하기 위해 비치하고, 집에 불이 나면 이 다섯 개의 물단지를 집 위에 던져서 그것으로 불을 끕니다. 대왕이여, 그 사람들은 '그 물단지들을 가지고 다시 물단지로 사용하겠다.'라고 생각하겠습니까?"

[밀린다 왕] "존자여, 그렇지 않습니다. 그 물단지들은 쓸모가 없어졌습니다. 그 물단지들이 무슨 소용이 있겠습니까?"

[나가세나] "대왕이여, 여기서 다섯 가지 능력, 즉 믿음의 능력, 정진의 능력, 새김의 능력, 집중의 능력, 지혜의 능력은 다섯 개의 단지들과 같다고 보아야 하고, 수행자는 그 동방의 사람들과 같다고 보아야 하고, 번뇌는 불과 같다고 보아야 합니다. 마치 다섯 개의 물단지로 불이 꺼지듯이, 다섯 가지 능력으로 번뇌가 꺼지고, 꺼진 번뇌는 다시 생겨나지 않습니다. 대왕이여, 이와 마찬가지로 지혜는 자신의 해야 할 일을 하고 바로 그 자리에서 사라지지만, 그러나 그 지혜에 의해 얻어진 '무상하다'라든가 '괴로운 것이다'라든가 '무아이다(실체가 없다)'라고 하는 깨달음은 사라지지 않습니다."

8. [밀린다 왕] "비유를 더 들어주십시오."

[나가세나] "대왕이여, 의사가 다섯 가지 뿌리약재[203]를 채취해

---

203) pañcamūlabhesajjāni : Vin. I. 201에 여러 가지 뿌리약, 즉 심황(haliddi), 생강(siṅgivera), 창포(vaca), 백창포(vacattha), 마늘(ativisa), 신호련(kaṭukarohiṇi), 나도기름새(usīra), 향부자(bhaddamuttaka)가 언급되고 있다.

환자를 찾아가 그 다섯 가지 뿌리약재를 갈아서 환자에게 마시게 하면, 그것으로 아픈 곳은 사라질 것입니다. 대왕이여, 그 의사는 '다섯 가지 뿌리약재를 가지고 다시 약재로 사용하겠다.'라고 생각하겠습니까?"

[밀린다 왕] "존자여, 그렇지 않습니다. 그 다섯 가지 뿌리약재들은 쓸모가 없어졌습니다. 그 다섯 가지 뿌리약재들이 무슨 소용이 있겠습니까?"

[나가세나] "대왕이여, 여기서 다섯 가지 능력, 즉 믿음의 능력, 정진의 능력, 새김의 능력, 집중의 능력, 지혜의 능력을 다섯 가지 뿌리약재들과 같다고 보아야 하고, 수행자는 의사와 같다고 보아야 하고, 번뇌는 질병과 같다고 보아야 하고, 범부는 환자와 같다고 보아야 합니다. 마치 다섯 가지 뿌리약재로 환자의 아픈 곳이 제거되고 아픈 곳이 제거되면 환자는 무병하게 되듯이, 이와 같이 다섯 가지 능력으로 번뇌가 제거되고, 번뇌가 제거되면 다시는 생겨나지 않습니다. 대왕이여, 이와 마찬가지로 지혜는 자신의 해야 할 일을 하고 바로 그곳에서 사라지지만, 그러나 그 지혜에 의해 얻어진 '무상하다'라든가 '괴로운 것이다.'라든가 [44] '무아이다(실체가 없다)'라고 하는 깨달음은 사라지지 않습니다."

9. [밀린다 왕] "비유를 더 들어주십시오."

[나가세나] "대왕이여, 전장에 밝은 전사가 다섯 개의 화살을 가지고 전장에서 적군을 격파하러 나갈 때, 그가 그 다섯 개의 화살을 쏘아 그 적군을 제압했다고 하면, 대왕이여, 전장에 밝은 그 전사는 '이 화살들을 가지고 다시 화살로 사용하겠다.'라고 생각하겠습니까?"

[밀린다 왕] "존자여, 그렇지 않습니다. 그 다섯 가지 화살들은 쓸모가 없어졌습니다. 그 다섯 가지 화살들이 무슨 소용이 있겠습니까?"

[나가세나] "대왕이여, 여기서 다섯 가지 능력, 즉 믿음의 능력,

정진의 능력, 새김의 능력, 집중의 능력, 지혜의 능력은 다섯 가지 화살과 같다고 보아야 하고, 수행자는 전장에 밝은 전사와 같다고 보아야 하고, 번뇌는 적군과 같다고 보아야 합니다. 마치 다섯 가지 화살로 적군이 격파되듯이, 다섯 가지 능력으로 번뇌가 부수어지고, 부수어진 번뇌는 다시는 생겨나지 않습니다. 대왕이여, 이와 마찬가지로 지혜는 자신의 해야 할 일을 하고 바로 그 자리에서 사라지지만, 그러나 그 지혜에 의해 얻어진 '무상하다'라든가 '괴로운 것이다'라든가 '무아이다(실체가 없다)'라고 하는 깨달음은 사라지지 않습니다."

[밀린다 왕] "존자 나가세나여, 현명하십니다."

세 번째 앎과 지혜에 관한 질문이 끝났다.

4. [다시 태어남을 여읜 자의 고통에 관한 질문]
(Paṭisandahanapuggalavediyanapañha)

1. 왕이 말했다.

[밀린다 왕] "존자 나가세나여, 다시 태어남을 여읜 자는 어떤 괴로운 느낌을 느낍니까?"

장로가 말했다.

[나가세나] "어떤 것은 느끼고 어떤 것은 느끼지 않습니다."

[밀린다 왕] "어떤 것은 느끼고 어떤 것은 느끼지 않습니까?"

[나가세나] "대왕이여, 신체적인 괴로움은 느끼고 정신적인 괴로움은 느끼지 않습니다."

2. [밀린다 왕] "존자여, 어떻게 신체적인 괴로움은 느끼고 정신적인 괴로움은 느끼지 않습니까?"

[나가세나] "신체적인 괴로움의 원인과 조건이 생겨나는, 그 원인과 조건이 정지되지 않았기 때문에, 신체적인 괴로움을 느끼고, 정신적인 괴로움의 원인과 조건이 생겨나는, 그 원인과 조건이 정지되었기

때문에, 정신적인 괴로움을 느끼지 않습니다. 세존께서는 '그는 신체적인 하나의 괴로움만을 느끼지 정신적인 괴로움은 느끼지 않는다.'라고 말씀하셨습니다."

3. [밀린다 왕] "존자 나가세나여, 괴로운 느낌을 느낀다면, 왜 그가 완전한 열반에 들지 않습니까?"

[나가세나] "대왕이여, 거룩한 님에게는 애착도 없고 혐오도 없습니다. 거룩한 님들은 미숙을 제거하지 않고, 현자들은 성숙을 기다립니다.[204] 대왕이여, 가르침의 장군인 [45] 장로 싸리뿟따[205]가 이렇게 말했습니다.

---

204) na ca arahanto apakkaṁ pātenti paripākaṁ āgamenti paṇḍitā : '거룩한 님들은 미숙한 과실인 신체를 탈락시키지 않고, 현자들인 그들은 그 과실이 성숙하여 탈락하는 것을 기다린다.'라는 뜻이다. DN. II. 332에서 부처님은 '왕자여, 계행을 갖추고 선한 원리를 갖춘 수행자들이나 성직자들은 아직 설익은 것이 익도록 강요하지 않고, 완전히 익도록 기다린다.'라고 말씀하셨다. Miln. 195의 자살과 관련해서도 이 구절을 참조해야 한다.

205) Sāriputta : AN. I. 23에 따르면, 부처님의 제자 수행승 가운데 '위대한 지혜를 지닌 자 가운데 제일(mahāpaññānaṁ aggaṁ)'이다. Ppn. II. 1108에 따르면, 고따마 붓다의 수제자로 지혜제일(Mahāpaññānaṁ aggam)로 일컬어졌다. 일설에 의하면, 그는 우빠띳싸(Upatissa) 마을에서 태어났으므로 우빠띳싸라고도 불렸다. 그의 아버지는 바라문 방간따(Vaṅganta)였고 어머니는 루빠싸리(Rūpasārī)였다. 싸리뿟따는 어머니 이름을 딴 것이다. 일설에 의하면 그의 아버지는 날라까(Nālaka)였다. 그에게는 세 명의 형제 쭌다(Cunda), 우빠쎄나(Upasena), 레바따(Revata)와 세 명의 누이 짤라(Cālā), 우빠짤라(Upacālā), 씨쑤빠짤라(Sisūpacālā)가 있었는데, 모두 출가하여 승려가 되었다. 싸리뿟따는 수행승 앗싸지에게 인과법에 대한 두 줄의 시로 된 부처님의 가르침을 듣고 '흐름에 든 님(sotāpanna : 須陀洹, 預流者)'이 되었다. 그가 친구인 목갈라나에게 그 시를 들려주자 목갈라나도 같은 경지에 오르게 되었다. 싸리뿟따는 목갈라나와 함께 벨루바나에 계신 부처님을 찾아가기 전에 그들이 모시던 회의주의자인 스승 싼자야(Sañjaya)를 모시고 가려했으나 싼자야는 거절했다. 목갈라나는 불교교단에 출가한 지 칠일 만에 거룩한 님(arahant : 阿羅漢)이 되었으나 싸리뿟따는 보름 후에 거룩한 님이 되었다. 부처님은 대중 앞에서 자주 주제만 제시하고 싸리뿟따가 대신 설법을 했다. 그래서 아난다가 '법의 창고(Dhammabhaṇḍāgārika)'라고 불린 데 반해 그는 '법의 장군(Dhammasenāpati)'이라고 불렸다. 그는 아나타삔디까의 임종 때 감동적 설법을 하기도 했다.

[싸리뿟따] '죽음을 기뻐하지 않고
삶을 환희하지도 않는다.206)
일꾼이 급여를 기다리듯이,
단지 나는 때를 기다207)린다.208)

죽음을 기뻐하지 않고
삶을 환희하지도 않으니,
올바로 알아차리고 새김을 확립하여,
단지 나는 때를 기다린다.'"209)

[밀린다 왕] "존자 나가세나여, 현명하십니다."

네 번째 다시 태어남을 여읜 자의 괴로움에 대한 질문이 끝났다.

5. [느낌에 대한 질문]
(Vedanāpañha)

1. 왕이 말했다.

[밀린다 왕] "존자 나가세나여, 즐거운 느낌은 선한 것입니까, 악하

---

206) nābhinandāmi maraṇaṁ, nābhanandāmi jīvitaṁ : ThagA. II. 64에 따르면, 삶을 환희하지 않음으로 죽음도 환희하지 않는다는 뜻이다. 미래의 생사에서 오염에 의한 의도적 조작(kilesābhisaṅkhāra)으로 생겨나고 파괴되는 자가 거듭 존재로의 태어남을 환희하면서 그것을 끝내지 않고 자신의 죽음을 환희한다는 것은 그러한 과정을 버리지 못했기 때문이고, 번뇌를 부수지 못했기 때문이다.

207) kālañ ca paṭikaṅkhāmi : ThagA. II. 63에 따르면, 번뇌의 완전한 적멸(kilesaparinibbāna)이 성취되면, 광대한 지혜에 도달하여 새김을 갖추게 되고 올바로 알아차림을 갖추게 되어 완전한 존재의 다발의 적멸(khandhaparinibbāna)의 때를 기다린다.

208) nābhinandāmi maraṇaṁ | nābhinandāmi jīvitaṁ | kālañ ca paṭikaṅkhāmi | nibbisaṁ bhatako yathā ‖ Thag. 1002; Thag. 606(쌍낏짜); Thag. 685(앙냐 꼰당냐)와 병행한다.

209) nābhinandāmi maraṇaṁ | nābhinandāmi jīvitaṁ | kālañ ca paṭikaṅkhāmi | sampajāno patissato'ti ‖ Thag. 1003; Thag. 606(쌍낏짜); Thag. 685(앙냐 꼰당냐)와 병행한다.

한 것입니까, 도덕적으로 중립적인 것210)입니까?"

[나가세나] "대왕이여, 즐거운 느낌은 선한 것일 수도 있고, 악한 것일 수도 있고, 도덕적으로 중립적인 것일 수도 있습니다."

[밀린다 왕] "존자여, 만약에 선한 것이 괴로움이 아니고, 괴로움이 선한 것이 아니라면, '선한 것은 괴로운 것이다.'라는 사실은 일어나지 않습니다."211)

2 [나가세나] "대왕이여, 어떻게 생각하십니까? 여기 사람의 손에 뜨거운 쇠구슬을 놓고 다른 손에는 차가운 눈덩이를 놓았다면 대왕이여, 양손 모두가 아프지 않을까요?"

[밀린다 왕] "존자여, 그렇습니다. 양손 모두가 아플 것입니다."

[나가세나] "대왕이여, 양손 모두가 뜨겁겠습니까?"

[밀린다 왕] "존자여, 그렇지 않습니다."

[나가세나] "대왕이여, 양손 모두가 차갑겠습니까?"

[밀린다 왕] "존자여, 그렇지 않습니다."

[나가세나] "그대는 잘못된 논증임을 알아야 합니다. 만약 뜨거운 것이 아픔을 준다면, 양손이 모두 뜨거운 것이 아닌 까닭에 양손의 아픔은 일어나지 않습니다. 만약 차가운 것이 아픔을 준다면, 양손이 모두 차가운 것이 아닌 까닭에 그 양손의 아픔은 일어나지 않습니다. 대왕이여, 그렇다면 어째서 양손이 아픔을 줍니까? 양손 모두가 뜨거운 것도 아니고 양손 모두가 차가운 것도 아니고, 한쪽은 뜨겁고, 한쪽은 차지만, 양손이 모두 아픔을 줍니다. 그 때문에 양손의 아픔이 일어

---

210) abyākata : 한역에는 무기(無記)라고 한다. 여기서는 선도 아니고 악도 아닌 것을 지칭한다.

211) yadi, bhante, kusalā na dukkhā, yadi dukkhā na kusalā, kusalaṁ dukkhanti nuppajjātī'ti : MKQ. 134에 의하면, 선(善)은 유능한 것, 유쾌한 것이라는 그리스인의 사상이 잘 나타나 있다. 소크라테스도 '선이라는 것은 유쾌한 것, 역할을 다하는 것이다.'라고 했는데, 이러한 사상은 아리스티포스(Aristippos)에게 계승되었고, 그것이 밀린다 왕의 발언의 사상적 토대를 이룬 것이다.

나지 않겠습니까?"

3. [밀린다 왕] "나는 그대와 같은 논사와 대론할 수 없습니다. 그 의취를 말해 주신다면 감사하겠습니다."

그러자 장로는 아비담마에 연결된 논의로써 밀린다 왕을 가르쳤다.

[나가세나] "대왕이여, 여섯 가지 재가(在家)212)에 의존하는 즐거움이 있고, 여섯 가지 출리에 의존하는 즐거움이 있고, 여섯 가지 재가에 의존하는 괴로움이 있고, 여섯 가지 출리(出離)213)에 의존하는 괴로움이 있고, 여섯 가지 재가에 의존하는 평정이 있고, 여섯 가지 출리에 의존하는 평정이 있고,214) 이와 같은 여섯의 [46] 여섯 부류가 있어서, 과거의 서른여섯 가지 느낌이 있고, 미래의 서른여섯 가지 느낌이 있고, 현재의 서른여섯 가지 느낌이 있고, 그것을 한군데 모아서 합치면 백팔 가지 느낌이 됩니다."215)

[밀린다 왕] "존자 나가세나여, 현명하십니다."

다섯 번째, 느낌에 대한 질문이 끝났다.

---

212) geha : '집'이라는 뜻인데, 여기서는 '감각적 쾌락의 욕망에 매이는 상태'를 지칭한다.

213) nekkhamma : 출리(出離)는 '감각적 쾌락의 욕망을 벗어나는 것'을 뜻한다.

214) chayimāni, mahārāja, gehanissitāni somanassāni, cha nekkhammanissitāni somanassāni, cha gehanissitāni domanassāni, cha nekkhammanissitāni domanassāni, cha gehanissitā upekkhā, cha nekkhammanissitā upekkhāti : 여섯 가지란 여섯 감역과 관계된 것을 말한다. MN. III. 217; SN. IV. 232를 참조하라. 『나선비구경』(T. 32권710)에서는 다음과 같이 설명하고 있다. ① 육사(六事: 眼耳鼻舌身意)가 사람으로 하여금 안으로 기쁘게 한다, ② 육사가 사람으로 하여금 안으로 괴롭게 한다. ③ 육사가 사람으로 하여금 안으로 기쁘지도 않게 하고 슬프지도 않게 한다, ④ 육사가 사람으로 하여금 밖으로 기쁘게 한다, ⑤ 육사가 사람으로 하여금 밖으로 괴롭게 한다. ⑥ 육사가 사람으로 하여금 밖으로 기쁘지도 않게 하고 괴롭지도 않게 한다. 여기서 각각 육사(六事)에 육종(六種)을 곱하면 36이 되고 여기에 과거·현재·미래를 곱하면, 108개의 느낌이 된다.

215) imāni cha chakkāni, atītāpi chattiṁsavidhā vedanā, anāgatāpi chattiṁsavidhā vedanā, paccuppannāpi chattiṁsavidhā vedanā, tadekajjhaṁ abhisaññuhitvā abhisampiṇḍetvā aṭṭhasataṁ vedanā hontī'ti : MN. I. 397-398; SN. IV. 231, 232를 참조하라.

6. [명색은 같은 것인가 다른 것인가에 대한 질문] (Nāmarūpaekattanānattapañha)

1. 왕이 말했다.

[밀린다 왕] "존자 나가세나여, 무엇이 다시 태어납니까?"216)

장로가 말했다.

[나가세나] "대왕이여, 명색(名色)217)이 다시 태어나는 것입니다."

[밀린다 왕] "참으로 이 명색이 다시 태어나는 것입니까?"

[나가세나] "대왕이여, 바로 이 명색이 다시 태어나는 것이 아닙니다. 그러나 대왕이여, 그 명색으로 좋거나 나쁜 업을 짓고 그 업에 의해서 다른 명색이 다시 태어나는 것입니다."

2. [밀린다 왕] "존자여, 바로 이 명색이 다시 태어나는 것이 아니라면, 나쁜 업에서 벗어날 수 있는 것이 아닙니까?"218)

---

216) bhante nāgasena, ko paṭisandahatī'ti? : 이것은 윤회의 주체문제를 묻는 것이다. 피타고라스의 신도였던 플라톤은 윤회사상을 갖고 있었고 윤회는 고대 그리스인들에게 지배적인 사상이 되었다. 플라톤은 『파이돈』에서 '나는 다시 태어나는 일이 정말로 있고, 살아 있는 것은 죽은 것에서 생기고, 죽은 자의 영혼은 생존하며, 착한 영혼은 악한 영혼보다 좋은 운명을 맞이한다는 것을 확신한다.'라고 말했다. 착한 영혼의 좋은 운명은 인도의 업사상과 결합할 소지가 있다.

217) nāmañ ca rūpañ ca : 명색(名色)을 의미하는데, 정신·신체적인 모든 과정을 말한다. 상세한 것은 해제를 참조하라. 밀린다 왕은 무엇이 윤회해서 생을 받는가, 즉 영혼이 윤회하는가를 묻고 있는데, 여기서 나가세나는 영혼을 명색으로 해체하여 대답하고 있다. 명(名)은 개체의 인식적 측면을 색(色)은 개체의 재료적 측면을 구성한다고 볼 수 있다. 명은 정신적 요소에 속하는 느낌, 지각, 의도, 접촉, 정신활동(vedanā, saññā, cetanā, phassa, manasikāra; SN. 12 : 2)이고, 색은 물질적 요소로서 땅 · 물 · 불 · 바람(地·水·火·風)의 사대(四大)와 거기에서 파생된 파생물질(upādāya rūpaṁ : 所造色)'이다. 이를 모두 합해서 명색이라고 한다. 따라서 명색은 '정신 · 신체적 과정'이라고 말할 수 있다. 이것이 윤회하면서 무아윤회가 어떻게 이루지는가는 아래에서 보여주고 있다.

218) yadi, bhante, na imaṁ yeva nāmarūpaṁ paṭisandahati, nanu so mutto bhavissati pāpakehi kammehī'ti? : 불교의 무아설에 결합된 윤리적 난점을 지적하고 있다. 항존적 주체가 없다면 행위의 책임을 어떻게 물을 수 있는가하는 문제가 발생한다.

장로가 말했다.

[나가세나] "다시 태어나지 않는다면, 나쁜 업에서 벗어날 수 있을 것입니다. 대왕이여, 다시 태어나기 때문에 나쁜 업에서 벗어날 수 없습니다."

3. [밀린다 왕] "비유를 들어주십시오."

[나가세나] "대왕이여, 어떤 사람이 다른 사람의 망고 열매를 훔쳤다고 하면, 망고나무의 주인이 그를 붙잡아 왕에게 '폐하, 이 사람이 저의 망고열매를 훔쳤습니다.'라고 보여주면, 그가 '폐하, 저는 이 사람의 망고열매를 훔치지 않았습니다. 이 사람이 심은 망고 열매와 제가 훔친 망고 열매는 다른 것입니다. 저는 처벌을 받을 수 없습니다.'라고 말할 것입니다. 대왕이여, 그 사람은 처벌을 받아야 하지 않을까요?"

[밀린다 왕] "존자여, 그렇습니다. 처벌을 받아야 합니다."

[나가세나] "무슨 까닭입니까?"

[밀린다 왕] "존자여, 그가 어떻게 말하더라도, 이전의 원인이 되는 망고열매는 현존하지 않는 까닭에 나중의 망고열매로 그 사람은 처벌을 받아야 합니다."

[나가세나] "대왕이여, 이와 마찬가지로 이 명색으로 좋거나 나쁜 업을 짓고, 그 업에 의해서 다른 명색이 다시 태어남을 이루므로, 나쁜 업에서 벗어날 수는 없습니다."

4. [밀린다 왕] "비유를 더 들어 주십시오"

[나가세나] "대왕이여, 어떤 사람이 다른 사람의 쌀을 훔쳤다고 하면, 쌀의 주인이 그를 붙잡아 왕에게 '폐하, 이 사람이 저의 쌀을 훔쳤습니다.'라고 보여주면, 그가 '폐하, 저는 이 사람의 쌀을 훔치지 않았습니다. 이 사람이 심은 쌀과 제가 훔친 쌀은 다른 것입니다. 저는 처벌을 받을 수 없습니다.'라고 말할 것입니다. 대왕이여, 그 사람은 처벌을 받아야 하지 않을까요?"

[밀린다 왕] "존자여, 그렇습니다. 처벌을 받아야 합니다."

[나가세나] "무슨 까닭입니까?"

[밀린다 왕] "존자여, 그가 어떻게 말하더라도, 이전의 원인이 되는 쌀은 현존하지 않아도 나중의 쌀로 그 사람은 처벌을 받아야 합니다."

[나가세나] "대왕이여, 이와 같이 이 명색으로 좋거나 나쁜 업을 짓고, 그 업에 의해서 다른 명색이 다시 태어남을 이루므로, 나쁜 업에서 벗어날 수는 없습니다."

5. [밀린다 왕] "비유를 더 들어 주십시오"

[나가세나] "대왕이여, 어떤 사람이 다른 사람의 사탕수수를 훔쳤다고 하면, 사탕수수의 주인이 그를 붙잡아 왕에게 '폐하, 이 사람이 저의 사탕수수를 훔쳤습니다.'라고 보여주면, 그가 '폐하, 저는 이 사람의 사탕수수를 훔치지 않았습니다. 이 사람이 심은 사탕수수와 제가 훔친 사탕수수는 다른 것입니다. 저는 처벌을 받을 수 없습니다.'라고 말할 것입니다. 대왕이여, 그 사람은 처벌을 받아야 하지 않을까요?"219)

[밀린다 왕] "존자여, 그렇습니다. 처벌을 받아야 합니다."

[나가세나] "무슨 까닭입니까?"

[밀린다 왕] "존자여, 그가 어떻게 말하더라도, 이전의 원인이 되는 사탕수수는 현존하지 않아도 나중의 사탕수수로 그 사람은 처벌을 받아야 합니다."

[나가세나] "대왕이여, 이와 같이 이 명색으로 좋거나 나쁜 업을 짓고, 그 업에 의해서 다른 명색이 다시 태어남을 이루므로, 나쁜 업에서 벗어날 수는 없습니다."

6. [밀린다 왕] "비유를 더 들어 주십시오"

[나가세나] "대왕이여, 어떤 사람이 겨울철에 불을 피우고 몸을

---

219) Miln. 40의 역자주석에 나오는 에피카르모스(Epicharmus)의 희곡을 참조하라.

녹이고 끄지 않고 떠나버렸는데, 그때 그 불이 다른 사람의 밭을 태웠다고 하면, 그 밭의 주인이 그를 붙잡아 왕에게 '폐하, 이 사람이 저의 밭을 태웠습니다.'라고 보여주면, 그가 '폐하, 저는 이 사람의 밭을 태우지 않았습니다. 제가 끄지 않은 불과 이 사람의 밭을 태운 불은 다른 것입니다. 저는 처벌을 받을 수 없습니다.'라고 말할 것입니다. 대왕이여, 그 사람은 처벌을 받아야 하지 않을까요?"

[밀린다 왕] "존자여, 그렇습니다. 처벌을 받아야 합니다."

[나가세나] "무슨 까닭입니까?"

[밀린다 왕] "존자여, 그가 어떻게 말하더라도, 이전의 원인이 되는 불은 현존하지 않아도 나중의 불로 그 사람은 처벌을 받아야 합니다."

[나가세나] "대왕이여, [47] 이와 같이 이 명색으로 좋거나 나쁜 업을 짓고, 그 업에 의해서 다른 명색이 다시 태어남을 이루므로, 나쁜 업에서 벗어날 수는 없습니다."

7. [밀린다 왕] "비유를 더 들어주십시오"

[나가세나] "대왕이여, 어떤 사람이 등불을 가지고 정자에 올라 사용한 뒤에, 등불이 불타서 풀을 태우고 풀이 타면서 집을 태우고 집이 타면서 마을을 태우고 마을이 타자, 마을사람들이 그를 붙잡아 '이보게, 어째서 그대가 마을을 태웠는가?'라고 물으면, 그가 '나는 이 마을을 태우지 않았습니다. 내가 사용한 등불과 마을을 태운 등불은 다른 것입니다.'라고 말할 것입니다. 그들이 싸우면서 그대의 앞으로 온다면. 대왕이여, 누구의 말을 지지하겠습니까?"

[밀린다 왕] "존자여, 마을사람들의 말을 지지합니다."

[나가세나] "무슨 까닭입니까?"

[밀린다 왕] "존자여, 그가 어떻게 말하더라도, 그 불은 거기서 생겨났기 때문입니다."

[나가세나] "대왕이여, 이와 같이 죽음으로 끝나는 명색은 다시

태어날 때의 명색과는 다르지만, 그것은 거기에서 생겨난 것이기 때문에 나쁜 업에서 벗어날 수 없습니다."

8. [밀린다 왕] "비유를 더 들어 주십시오"

[나가세나] "대왕이여, 어떤 남자가 어린 소녀에게 구혼하고 혼납금220)을 치르고 떠났습니다. 그 소녀가 나중에 성장하여 [48] 나이가 찼는데, 다른 남자가 혼납금을 치르고 그녀와 결혼하려고 한다면, 이전의 남자가 와서 '이 사람아, 어째서 그대는 나의 아내를 데려갑니까?' 라고 말할 것이고, 그는 '나는 당신의 아내를 데려가지 않습니다. 그대가 구혼하고 혼납금을 준, 어린 소녀와, 내가 결혼하려고 혼납금을 준, 이제는 나이가 차서 성숙한 이 처녀는 다른 자입니다.'라고 말할 것입니다. 그들이 싸우면서 그대의 앞으로 온다면. 대왕이여, 그대는 누구의 말을 지지하겠습니까?"

[밀린다 왕] "존자여, 이전의 남자의 말을 지지합니다."

[나가세나] "무슨 까닭입니까?"

[밀린다 왕] "존자여, 그가 어떻게 말하더라도, 성숙한 그녀는 거기서 생겨났기 때문입니다."

[나가세나] "대왕이여, 이와 같이 죽음으로 끝나는 명색은 다시 태어날 때의 명색과는 다르지만, 그것은 거기에서 생겨난 것이기 때문에 나쁜 업에서 벗어날 수 없습니다."

9. [밀린다 왕] "비유를 더 들어주십시오"

[나가세나] "대왕이여, 어떤 사람이 목우자의 손에서 우유 한 병을 사서 그의 손에 맡겨놓고 '내일 가지고 가겠소.'라고 떠났습니다. 그것

---

220) suṅka : 혼납금(婚納金) 또는 신대금(身代金)이라고도 한다. 인도에서는 남자 측이 아내를 맞아들일 때 여자 측에 주는 혼납금(婚納金)을 뜻한다. 그러나 현재 남방이나 스리랑카에서는 여자 측이 신분에 상응하는 것을 지아비가 될 자에게 주고 결혼하는 습관이 있는데, 그것을 '다우리'라고 한다.

은 다음 날 응유로 변할 것입니다. 그가 와서 '나에게 어제 맡겨놓은 우유를 주십시오.'라고 말하면 그 목우자는 응유를 보여줄 것입니다. 그는 '나는 그대의 손에서 응유를 산 것이 아니니, 우유를 주십시오.'라고 말할 것이고, 그러면 목우자는 '그대의 우유가 응유로 변한 것을 알지 못합니까?'라고 대꾸할 것입니다. 그들이 싸우면서 폐하의 앞으로 온다면. 대왕이여, 누구의 말을 지지하겠습니까?"

[밀린다 왕] "존자여, 목우자의 말을 지지합니다."

[나가세나] "무슨 까닭입니까?"

[밀린다 왕] "존자여, 그가 어떻게 말하더라도, 응유는 거기서 생겨났기 때문입니다."

[나가세나] "대왕이여, 이와 같이 죽음으로 끝나는 명색은 다시 태어날 때의 명색과는 다르지만, 그것은 거기에서 생겨난 것이기 때문에 나쁜 업에서 벗어날 수 없습니다."

[밀린다 왕] "존자 나가세나여, 현명하십니다."

여섯 번째 명색은 같은 것인가 다른 것인가에 대한 질문이 끝났다.

7. [장로의 다시 태어남에 대한 질문]
(Therapaṭisandahanāpaṭisandahanapañha)

1. 왕이 말했다.

[밀린다 왕] "존자 나가세나여, 그런데 그대는 다시 태어날 것입니까?"

[나가세나] "대왕이여, 그만 두십시오. 그 질문이 무슨 소용이 있습니까? 내가 이미 지적하지 않았습니까? '대왕이여, 만약에 내가 집착을 갖고 있으면, [49] 다시 태어날 것이고, 내가 집착을 갖고 있지 않다면, 다시 태어나지 않을 것입니다.'라고 말입니다."

2. [밀린다 왕] "비유를 들어주십시오."

[나가세나] "대왕이여, 누군가 왕을 위해 공무를 행했다면, 왕은 만족하여 공직을 줄 것이고, 그는 그 공직으로 다섯 가지 감각적 쾌락의 욕망의 대상221)을 부여받아 갖추고 살아갈 것입니다. 그런데 그가 사람들에게 '왕은 나에게 어떤 보상도 하지 않았다.'라고 알린다면, 대왕이여, 그 사람은 적절하게 처신하는 것입니까?"

[밀린다 왕] "존자여, 그렇지 않습니다."

[나가세나] "대왕이여, 마찬가지로. 그 질문이 무슨 소용이 있습니까? 내가 이미 지적하지 않았습니까? '대왕이여, 만약에 내가 집착을 갖고 있으면, 다시 태어날 것이고, 내가 집착을 갖고 있지 않다면 다시 태어나지 않을 것입니다.'라고 말입니다."

[밀린다 왕] "존자 나가세나여, 현명하십니다."

일곱 번째 장로의 다시 태어남에 대한 질문이 끝났다

8. [명색과 다시 태어남에 대한 질문]
(Nāmarūpapaṭisandahanapañha)

1. 왕이 말했다.

[밀린다 왕] "존자 나가세나여, 명색(名色)이라고 말했는데, 그 가운데 어떤 것이 물질(色)이고 어떤 것이 정신(名)입니까?"

[나가세나] "대왕이여, 그 가운데 거친 것은 물질(色)이고 거기서

---

221) pañcakāmaguṇa : 오욕락(五欲樂)의 종류를 말한다. MN. I. 85에 따르면, *1)* 시각에 의해서 인식되는, 원하는 것이고 사랑스럽고 마음에 들고 아름답고 감각적 쾌락을 유발하고 탐욕을 야기하는 형상이 있다. *2)* 청각에 의해서 인식되는, 원하는 것이고 사랑스럽고 마음에 들고 아름답고 감각적 쾌락을 유발하고 탐욕을 야기하는, 소리가 있다. *3)* 후각에 의해서 인식되는, 원하는 것이고 사랑스럽고 마음에 들고 아름답고 감각적 쾌락을 유발하고 탐욕을 야기하는 냄새가 있다. *4)* 미각에 의해서 인식되는, 원하는 것이고 사랑스럽고 마음에 들고 아름답고 감각적 쾌락을 유발하고 탐욕을 야기하는 맛이 있다. *5)* 촉각에 의해서 인식되는, 원하는 것이고 사랑스럽고 마음에 들고 아름답고 감각적 쾌락을 유발하고 탐욕을 야기하는 감촉이 있다.

섬세한 마음과 마음의 작용은 정신(名)입니다."

2. [밀린다 왕] "존자 나가세나여, 어떤 까닭에 물질만이 다시 태어나지 않거나, 정신만이 다시 태어나지 않는 것입니까?"

[나가세나] "대왕이여, 이것들은 상호 의존하고 있어 함께 생겨나는 것입니다."

3. [밀린다 왕] "비유를 들어주십시오."

[나가세나] "대왕이여, 계란의 노른자가 없다면, 계란도 없을 것입니다. 거기서 노른자와 계란이라는 양자는 상호 의존하고 있어 함께 생겨나는 것입니다. 대왕이여, 이와 같이 그 가운데 정신이 없다면 물질도 없을 것입니다. 그 가운데 정신이라는 것과 물질이라는 것은 상호 의존하고 있어 함께 생겨나는 것입니다. 이와 같이 그것은 오랜 시간 유전하여 온 것입니다."

[밀린다 왕] "존자 나가세나여, 현명하십니다."

여덟 번째 명색과 다시 태어남에 대한 질문이 끝났다.

9. [시간에 대한 질문]
(Addhānapañha)

1. 왕이 말했다. [밀린다 왕] "존자 나가세나여, 그대가 오랜 시간이라고 말했는데, 그 시간이라는 것은 무엇입니까?"

[나가세나] "대왕이여, 과거의 시간, 미래의 시간, 현재의 시간이 있습니다."

2. [밀린다 왕] "존자여, 모든 시간은 존재합니까?"222)

---

222) kiṁ pana, bhante, sabbe addhā atthi'ti?: 트렝크너본은 '어떤 시간이 존재합니까?'라고 되어 있다. MKQ. 139-140에 따르면, 헤라클레이토스는 영원하게 생겨나는 불(火)의 세계질서, 그것을 무한한 과정이 수많은 소멸을 가져온다는 점에서 시간과 동일시하였고, 그것이 원질이라고 보았다. 이러한 점에서 유위법을 시간의

[나가세나] "대왕이여, 어떤 것은 존재하고 어떤 것은 존재하지 않습니다."

3. [밀린다 왕] "존자여, 어떤 시간은 존재하고 어떤 시간은 존재하지 않습니까?"

[나가세나] "대왕이여, [50] 과거의 지나가고 소멸되고 변화된 형성들이 있는데, 여기서 그것들에 대한 시간은 존재하지 않습니다.[223)]이숙(異熟)인 상태들이거나[224)] 이숙을 일으키는 상태들이거나[225)] 어떤 곳에 다시 태어남을 부여하는 상태들이 있는데, 여기서 그것들에 대한 시간은 존재합니다. 죽어서 어딘가에 태어나는 뭇삶들이 있는데, 여기서 그들에 대한 시간은 존재합니다. 죽어서 어딘가에 태어나지 않는 뭇삶들이 있는데, 여기서 그들에 대한 시간은 존재하지 않습니다. 완전한 열반에 든 자들이 있는데, 여기서 그들에 대한 시간은 존재하지 않습니다."

[밀린다 왕] "존자 나가세나여, 현명하십니다."

아홉 번째 시간에 대한 질문이 끝났다.
두 번째 시간의 품이 끝났다.
이 품에 아홉 개의 질문으로 이루어졌다.

본질로 본 설일체유부의 사상과 일치한다. 밀린다 왕의 이러한 질문은 이러한 관점에서 나온 것이라고 볼 수 있다.

223) ye te, mahārāja, saṅkhārā atītā vigatā niruddhā vipariṇatā, so addhā natthi : 나가세나의 사상은 설일체유부의 삼세실유(三世實有), 법체항유(法體恒有)의 사상과 다른 것처럼 보인다.

224) ye dhammā vipākā : 인과의 결과는 그 자체가 선이냐 악이냐를 결정하기 어려우나, 결과를 낳게 하는 원인은 선악의 번뇌이므로, 그 결과를 이숙이라고 하는 것이다.

225) ye ca vipākadhammadhammā : Dhs. 998에 따르면, 이숙을 초래할 수 있는 선악의 업을 말한다.

제3장 숙고의 품

(Vicāravagga)

1. [시간의 근본에 대한 질문]
(Addhānamūlapañha)

1. 왕이 말했다. [밀린다 왕] "존자여, 과거의 시간의 뿌리는 무엇이고 미래의 시간의 뿌리는 무엇이고 현재의 시간의 뿌리는 무엇입니까?"

2. [나가세나] "대왕이여, 과거의 시간과 미래의 시간과 현재의 시간의 뿌리는 무명입니다.[226] 무명을 조건으로 형성이 생겨나고, 형성을 조건으로 의식이 생겨나고, 의식을 조건으로 명색이 생겨나고, 명색을 조건으로 여섯 감역이 생겨나고, 여섯 감역을 조건으로 접촉이 생겨나고, 접촉을 조건으로 느낌이 생겨나고, 느낌을 조건으로 갈애가 생겨나고, 갈애를 조건으로 집착이 생겨나고, 집착을 조건으로 존재가 생겨나고, 존재를 조건으로 태어남이 생겨나고, 태어남을 조건으로 늙음과 죽음, 슬픔, 비탄, 고통, 근심, 절망이 생겨납니다.[227] 이 모든 괴로움의

---

226) atītassa ca, mahārāja, addhānassa anāgatassa ca addhānassa paccuppannassa ca addhānassa avijjā mūlaṁ : 무명(無明: avijjā)은 치암무명대명(癡闇無明大冥)이라고 불린다. 무지(無知)가 단순히 인식론적인 무지를 뜻하는 것이 아니라 실존적인 무지를 뜻하기 때문이다. 어떤 사람이 연기법이나 사성제에 대해서 무지하다면 그는 그것에 대한 무지 때문에 괴로워하지 않는다. 그는 연기법을 알아야 한다는 사실을 모르는 것조차 모른다. 그래서 그의 무지는 단순한 무지가 아니라 무지에 대한 무지이다. 이것이 시간의 뿌리라는 사실은 무명이 우주만물이 창조된 최초의 시작과 혼동되어서는 안 된다는 사실을 함축하고 있다. 다음에 등장하는 밀린다 왕의 질문의 주석을 참조하라.

227) avijjāpaccayā saṅkhārā, saṅkhārapaccayā viññāṇaṁ, viññāṇapaccayā nāmarūpaṁ, nāmarūpapaccayā saḷāyatanaṁ, saḷāyatanapaccayā phasso, phassapaccayā vedanā, vedanāpaccayā taṇhā, taṇhāpaccayā upādānaṁ, upādānapaccayā bhavo, bhavapaccayā jāti, jātipaccayā jarāmaraṇaṁ sokaparidevadukkhadomanassupāyāsā sambhavanti : ① 무명(無明)→ 형성(行) ② 형성(行)→ 의식(識) ③ 의식(識)→ 명색(名色) ④ 명색(名色)→ 감역(六入) ⑤ 감역

다발들로 이루어진 시간의 최초의 시작은 알려질 수 없습니다."228)

[밀린다 왕] "존자여, 나가세나여, 훌륭하십니다."

첫 번째 시간에 근본에 대한 질문이 끝났다.

2. [최초의 시작에 대한 질문]
(Purimakoṭipañha)

1. 왕이 말했다.

[밀린다 왕] "존자 나가세나여, 그대가 '최초의 시작은 알 수 없습니다.'라고 말했는데, 그것에 대하여 비유를 들어주십시오."229)

[나가세나] "대왕이여, 사람이 작은 씨앗을 땅에 심으면, 거기서 싹이 솟아나고 점차 자라고 성장하고 광대하게 되어 열매를 맺을 것입니다. 거기서 씨앗을 [51] 받아 다시 심으면, 거기에서도 싹이 솟아나고 점차 자라고 성장하고 광대하게 되어 열매를 맺을 것입니다. 이와 같이 그 상속(相續)에서 끝이 있습니까?"

[밀린다 왕] "존자여, 없습니다."

[나가세나] "대왕이여, 이와 같이 최초의 시작은 알 수 없습니다."

2. [밀린다 왕] "비유를 더 들어주십시오."

(六入)→ 접촉(觸) ⑥ 접촉(觸)→ 감수(受) ⑦ 감수(受)→ 갈애(愛) ⑧ 갈애(愛)→ 취착(取) ⑨ 취착(取)→ 존재(有) ⑩ 존재(有)→ 태어남(生) ⑪ 태어남(生)→ ⑫ 노사우비고뇌(老死憂悲苦惱)의 십이연기(十二緣起)를 밝힌 것이다. SN. II. 178 참조.

228) evametassa kevalassa dukkhakkhandhassa addhānassa purimā koṭi na paññāyatī'ti : SN. II. 178 참조. 다음에 등장하는 질문을 참조하라.

229) bhante nāgasena, yaṁ panetaṁ brūsi 'purimā koṭi na paññāyatī'ti, tassa opammaṁ karohī'ti : 알렉산더의 스승 아리스토텔레스는 만물의 제일원인으로서 인과적 효능을 가지는 '부동(不動)의 동자(動者)'를 주장했다. 그에 의하면, 그것은 완벽히 아름답고, 불가분하며 완벽한 관조만을 관조하는 자, 즉 본인만을 관조하는 자이자, 능동적 이성이다. 밀린다 왕은 최초의 원인을 생각하면서 이러한 아리스토텔레스적 유의 철학을 생각했을지 모른다. 그렇다면 자연적인 원인들은 동인을 낳는 원인이 아니라 제일원인이 개입하기 위한 기회원인들이 될 뿐이다. 이것은 절대적인 형이상학이 빠지기 쉬운 함정을 잘 대변하고 있다.

[나가세나] "대왕이여, 닭에서 알이 나오고, 알에서 닭이 나오고, 닭에서 알이 나오듯이, 이와 마찬가지로 그 상속에서 끝이 있습니까?"

[밀린다 왕] "존자여, 없습니다."

[나가세나] "대왕이여, 이와 같이 최초의 시작은 알 수 없습니다."230)

3. [밀린다 왕] "비유를 더 들어주십시오."

장로는 땅 위에 수레바퀴를 새기고 밀린다 왕에게 이렇게 말했다.

[나가세나] "대왕이여, 수레바퀴의 끝이 있습니까?"

[밀린다 왕] "존자여, 없습니다."

[나가세나] "대왕이여, 이와 마찬가지로 세존께서는 이러한 수레바퀴를 언급하셨습니다. 즉 '시각과 형상을 조건으로 시각의식이 생겨난다. 세 가지가 화합하여 접촉이 생겨난다. 접촉을 조건으로 느낌이 생겨나고, 느낌을 조건으로 갈애가 생겨나고, 갈애를 조건으로 집착이 생겨나고, 집착을 조건으로 업(業)이 생겨나고, 업에서 다시 시각이 생겨난다.'라고231) 말씀하셨습니다. 이와 같이 그 상속에 끝이 있습니까?"

[밀린다 왕] "존자여, 없습니다."

[나가세나] "대왕이여, 이와 같이 최초의 시작은 알 수 없습니다."

---

230) evameva kho, mahārāja, addhānassāpi purimā koṭi na paññāyatī'ti : 최초의 절대적 시작이 인정되지 않는다고 해서 상대적인 원인과 결과의 무한소급을 요청할 수는 없다. 그렇게 해서 인과율의 무제한적 타당성을 구할 수는 있지만, 그것은 불행하게도 존재론적으로 허구이고 인식론적으로 효력이 없다. 존재론적으로 허구인 것은 무한소급(regressus ad infinitum)이 원인과 결과의 선형적 계열의 지나친 단순화라는 것 때문이며, 인식론적으로 효력이 없는 이유는 알려지지 않은 것으로 알려진 것을 설명하려하기 때문이다.

231) cakkhuñca paṭicca rūpe ca uppajjāti cakkhuviññāṇaṁ, tiṇṇaṁ saṅgati phasso, phassapaccayā vedanā, vedanāpaccayā taṇhā, taṇhāpaccayā upādānaṁ, upādānapaccayā kammaṁ, kammato puna cakkhuṁ jāyatī'ti : 앞의 고리들은 MN. I. 112; SN. IV 32등에 자주 등장하지만, 마지막 두 개의 고리의 표현은 경전에서 직접적으로 나오지 않는 나가세나 식의 표현이다.

4. [나가세나] "대왕이여, 또한 세존께서는 이러한 수레바퀴를 언급하셨습니다. '청각과 소리를 조건으로 청각의식이 생겨난다. 세 가지가 화합하여 접촉이 생겨난다. 접촉을 조건으로 느낌이 생겨나고, 느낌을 조건으로 갈애가 생겨나고, 갈애를 조건으로 집착이 생겨나고, 집착을 조건으로 업이 생겨나고, 업에서 청각이 다시 생겨난다.'라고 말씀하셨습니다. 이와 같이 그 상속에 끝이 있습니까?"

[밀린다 왕] "존자여, 없습니다."

[나가세나] "대왕이여, 이와 같이 최초의 시작은 알 수 없습니다."

5. [나가세나] "대왕이여, 또한 세존께서는 이러한 수레바퀴를 언급하셨습니다. '후각과 냄새를 조건으로 후각의식이 생겨난다. 세 가지가 화합하여 접촉이 생겨난다. 접촉을 조건으로 느낌이 생겨나고, 느낌을 조건으로 갈애가 생겨나고, 갈애를 조건으로 집착이 생겨나고, 집착을 조건으로 업이 생겨나고, 업에서 다시 후각이 생겨난다.'라고 말씀하셨습니다. 이와 같이 그 상속에 끝이 있습니까?"

[밀린다 왕] "존자여, 없습니다."

[나가세나] "대왕이여, 이와 같이 최초의 시작은 알 수 없습니다."

6. [나가세나] "대왕이여, 또한 세존께서는 이러한 수레바퀴를 언급하셨습니다. '미각과 맛을 조건으로 미각의식이 생겨난다. 세 가지가 화합하여 접촉이 생겨난다. 접촉을 조건으로 느낌이 생겨나고, 느낌을 조건으로 갈애가 생겨나고, 갈애를 조건으로 집착이 생겨나고, 집착을 조건으로 업이 생겨나고, 업에서 다시 미각이 생겨난다.'라고 말씀하셨습니다. 이와 같이 그 상속에 끝이 있습니까?"

[밀린다 왕] "존자여, 없습니다."

[나가세나] "대왕이여, 이와 같이 최초의 시작은 알려질 수 없습니다. 대왕이여, 또한 세존께서는 이러한 수레바퀴를 언급하셨습니다. '촉각과 감촉을 조건으로 촉각의식이 생겨난다. 세 가지가 화합하여

접촉이 생겨난다. 접촉을 조건으로 느낌이 생겨나고, 느낌을 조건으로 갈애가 생겨나고, 갈애를 조건으로 집착이 생겨나고, 집착을 조건으로 업이 생겨나고, 업에서 다시 촉각이 생겨난다.'라고 말씀하셨습니다. 이와 같이 그 상속에 끝이 있습니까?"

[밀린다 왕] "존자여, 없습니다."

[나가세나] "대왕이여, 이와 같이 최초의 시작은 알 수 없습니다."

7. [나가세나] "대왕이여, 또한 세존께서는 이러한 수레바퀴를 언급하셨습니다. '정신과 사실을 조건으로 정신의식이 생겨난다. 세 가지가 화합하여 접촉이 생겨난다. 접촉을 조건으로 느낌이 생겨나고, 느낌을 조건으로 갈애가 생겨나고, 갈애를 조건으로 집착이 생겨나고, 집착을 조건으로 업이 생겨나고, 업에서 다시 정신이 생겨난다.'라고 말씀하셨습니다. 이와 같이 그 상속에서 끝이 있습니까?"

[밀린다 왕] "존자여, 없습니다."

[나가세나] "대왕이여, 이와 같이 최초의 시작은 알 수 없습니다."

[밀린다 왕] "존자 나가세나여, 현명하십니다."

두 번째 최초의 시작에 대한 질문이 끝났다.

3. [시작의 알려짐에 대한 질문]
(Koṭipaññāyanapañha)

1. 왕이 말했다.

[밀린다 왕] "존자 나가세나여, 그대는 '최초의 시작은 알 수 없습니다.'라고 말했는데, 그 최초의 시작은 어떤 것입니까?"

[나가세나] "대왕이여, 과거의 시간, 이것이 최초의 시작입니다."

2. [밀린다 왕] "존자 나가세나여, 그대가 이와 같이 '최초의 시작은 알 수 없습니다.'라고 말했는데, 존자여, 어떤 것이라도 최초의 시작은 알 수 없습니까?"

[나가세나] "대왕이여, 어떤 것은 알 수 있고, 어떤 것은 알 수 없습니다."

3. [나가세나] "대왕이여, 어떤 것은 알 수 있고, 어떤 것은 알 수 없습니까?"

[나가세나] "대왕이여, 이보다 이전에 일체 어디서든 일체 어떤 방식으로든 무명이 존재하지 않았다고 하는 이러한 최초의 시작은 알 수 없습니다. 그러나 존재하지 않다가 생겨나고, 존재하다가 사라지는[232] 그 최초의 시작은 알 수 있습니다."

4. [밀린다 왕] "존자 나가세나여, [52] 존재하지 않다가 생겨나고, 존재하다가 사라지는 것은 양쪽으로부터 단절되어 없어진 것이 아닐까요?"

[나가세나] "대왕이여, 양쪽으로부터 단절되어 없어진 것이라면, 양쪽으로부터 단절된 것들이 성장할 수 있습니까?"

[밀린다 왕] "그렇습니다. 그것들도 성장할 수 있습니다. 그러나 존자여, 나는 그것을 묻는 것이 아닙니다. 단절된 끝에서부터 성장할 수 있습니까?"

[나가세나] "그렇습니다. 성장할 수 있습니다."

5. [밀린다 왕] "비유를 들어주십시오."

장로는 그에게 '존재의 다발(五蘊)은 모두 괴로움의 다발이 생겨나는 종자'라는 나무의 비유[233]를 들었다.

---

232) yaṁ ahutvā sambhoti, hutvā paṭivigacchati : 찰나멸(刹那滅: ksaṇabhaṅga)의 존재를 의미한다.

233) rukkhūpama : SN. II. 87을 참조하라. "수행승들이여, 예를 들면, 큰 나무가 한 그루 있는데, 그 뿌리들이 밑으로 향하고 옆으로 향하면서 그들 모두가 위로 수액을 빨아올린다면, 수행승들이여, 이와 같이 그 큰 나무는 그러한 자양과 양분으로 길고 오랜 시간 동안 성장할 것이다. 수행승들이여, 이와 같이 집착의 대상이 되는 현상에서 즐거움을 보는 자에게는 갈애가 성장한다. 그 갈애를 조건으로 집착이 생겨나고, 집착을 조건으로 존재가 생겨나고, 존재를 조건으로 태어남이 생겨나고, 태

[밀린다 왕] "존자 나가세나여, 현명하십니다."

세 번째 시작의 알려짐에 대한 질문이 끝났다.

4. [생성되는 형성들에 대한 질문]
(Saṅkhārajāyamānapañha)

1. 왕이 말했다.
[밀린다 왕] "존자 나가세나여, 생겨나는 형성들이 있습니까?"
[나가세나] "대왕이여, 그렇습니다. 생겨나는 형성들이 있습니다."

2. [밀린다 왕] "존자여, 어떤 것들이 있습니까?"
[나가세나] "대왕이여, 시각과 형상이 있을 때 시각의식이 있고, 시각의식이 있을 때 시각접촉이 있고, 시각접촉이 있을 때 느낌이 있고, 느낌이 있을 때 갈애가 있고, 갈애가 있을 때 집착이 있고, 집착이 있을 때, 존재가 있고, 존재가 있을 때 태어남이 있고, 태어남이 있을 때 늙고 죽음, 슬픔, 비탄, 고통, 근심, 절망이 있고, 이 모든 괴로움의 다발들은 이와 같이 있게 됩니다. 시각과 형상이 없을 때 시각의식이 없고, 시각의식이 없을 때 시각접촉이 없고, 시각접촉이 없을 때 느낌이 없고, 느낌이 없을 때 갈애가 없고, 갈애가 없을 때 집착이 없고, 집착이 없을 때, 존재가 없고, 존재가 없을 때 태어남이 없고, 태어남이 없을 때 늙고 죽음, 슬픔, 비탄, 고통, 근심, 절망이 없고, 모든 괴로움의 다발들은 이와 같이 없게 됩니다."234)

어남을 조건으로 늙음과 죽음, 슬픔, 비탄, 고통, 근심, 절망이 생겨난다. 이 모든 괴로움의 다발들은 이와 같이 생겨난다."

234) atthi keci saṅkhārā … dukkhakkhandhassa nirodho hotī'ti : 한역의 『나선비구경』에서는 이 문답의 문맥이 다르다: 왕이 묻는다. '사람은 생사와 동시에 무에서 유가 되는 자입니까 아닙니까?(人生死寧有從旁增益者不)' 나가세나가 대답한다. '세상사람 내지 기고 걷고 꿈틀거리고 움직이는 무리가 동시에 무에서 유가 되는 자입니까? 아닙니까?(世間人及蚑行蠕動之類寧有從旁增益者不). 왕이 말했다. '나는 나가세나에게 세상사람 내지 기고 걷고 꿈틀거리고 움직이는 무리에 대해 묻지 않았고, 단지 경의 생사의 본령을 묻고자 했을 뿐입니다(我不問那先世間人及蚑行蠕動之類. 我

[밀린다 왕] "존자 나가세나여, 현명하십니다."

네 번째 생성되는 형성에 대한 질문이 끝났다.

5. [지속적 존재와 생성되는 형성에 대한 질문]

(Bhavantasaṅkhārajāyamānapañha)

1. 왕이 말했다.

[밀린다 왕] "존자 나가세나여, 지속적 존재 없이 생겨나는 형성들이 있습니까?"235)

[나가세나] "대왕이여, 지속적 존재 없이 생겨나는 형성들은 결코 없습니다. 지속적인 존재가 있을 때 형성들이 생겨납니다."

2. [밀린다 왕] "비유를 들어주십시오."

[나가세나] "대왕이여, 어떻게 생각하십니까? 당신이 [53] 앉아 있는 이 집은 지속적 존재 없이 생겨난 것입니까?"

[밀린다 왕] "존자여, 세상에 지속적 존재 없이 생겨나는 것은 결코 없습니다. 지속적 존재가 있을 때 생겨나는 것입니다. 존자여, 이 나무들은 숲속에 있었고, 이 진흙은 땅속에 있었는데, 이것들과 여자들과 남자들의 상응하는 노동력으로 이 집이 생겨난 것입니다."

[나가세나] "대왕이여, 이와 마찬가지로 지속적 존재 없이 생겨나

但欲問卿人生死本耳: T. 32. 712a). MKQ. 169에 따르면, 여기서 인간의 생사문제를 중시하는 밀린다 왕의 그리스적 사유와 만유의 생사유전을 중시하는 나가세나의 인도적 사유가 충돌하는 것을 볼 수 있다.

235) atthi keci saṅkhārā, ye abhavantā jāyantī'ti? : 여기 밀린다 왕의 물음에서 바반따(bhavanta)를 QKM. I. 62에서는 '점진적 생성', MQ. 73에서는 '지속적 생성', MKQ. I. 147에서는 '현재 존재하는 것'이라고 번역했다. 역자는 '지속적 존재'라고 번역한다. 그러나 리스 데이비즈는 '점진적 생성'이라고 번역했다. 인도철학과 불교철학에서는 '생성'과 '존재'가 명확히 구분되지 않는다. 그러나 플라톤은 존재(혹은 존재자)와 생성(혹은 생성자)을 구별했고, 그에 의하면, 이 우주는 '언제나 존재하는 동시에 언제나 생성하는 것', 즉 존재자인 동시에 생성자이다. '지속적 존재 없이 생성되는 어떤 형성도 없다.'라는 관점은 다분히 그레코-부디즘적인 명제이다.

는 형성들은 결코 없습니다. 지속적 존재가 있을 때 비로소 형성들이 생겨납니다."

3. [밀린다 왕] "비유를 더 들어주십시오."

[나가세나] "대왕이여, 어떤 종류든 종자와 식물은 땅에 심으면, 점차적으로 성장하고 번성하고 증대하면서 꽃을 피우고 열매를 맺는데, 그 나무들은 지속적 존재 없이 생겨나는 것이 아니라 지속적 존재가 있을 때 비로소 생겨나는 것처럼, 대왕이여, 이와 마찬가지로 지속적 존재 없이 생겨나는 형성들은 결코 없습니다. 지속적 존재가 있을 때 비로소 형성들이 생겨납니다."

4. [밀린다 왕] "비유를 더 들어주십시오."

[나가세나] "대왕이여, 옹기장이가 땅에서 점토를 파내어 각종 그릇을 만든다면, 그 그릇들은 지속적 존재 없이 생겨나는 것이 아니라 지속적 존재가 있을 때 비로소 생겨나는 것처럼, 대왕이여, 이와 마찬가지로 지속적 존재 없이 생겨나는 형성들은 결코 없습니다. 지속적 존재가 있을 때 비로소 형성들이 생겨납니다."

5. [밀린다 왕] "비유를 더 들어주십시오."

[나가세나] "대왕이여, 비파에 받침이 없고, 가죽이 없고, 나무통이 없고, 목이 없고, 현이 없고, 활이 없고, 사람의 상응하는 노력이 없다면, 소리가 생겨나겠습니까?"

[밀린다 왕] "존자여, 그렇지 않습니다."

[나가세나] "대왕이여, 비파에 받침이 있고, 가죽이 있고, 나무통이 있고, 목이 있고, 현이 있고, 활이 있고, 사람의 상응하는 노력이 있다면, 소리가 생겨날 수 있습니까?"

[밀린다 왕] "존자여, 그렇습니다. 소리가 생겨날 것입니다."

[나가세나] "대왕이여, 이와 마찬가지로 지속적 존재 없이 생겨나는 형성들은 결코 없습니다. 지속적 존재가 있을 때 비로소 형성들이

생겨납니다."

6. [밀린다 왕] "비유를 더 들어주십시오."

[나가세나] "대왕이여, 부싯목이 없고, 작은 마찰목이 없고, 부싯목의 줄이 없고, 부싯목의 주형이 없고, 불쏘시개가 없고, 그것에 상응하는 사람의 노력이 없다면, 불이 생겨날 수 있습니까?"

[밀린다 왕] "존자여, 그렇지 않습니다."

[나가세나] "대왕이여, 부싯목이 있고, 작은 마찰목이 있고, 부싯목의 줄이 있고, 부싯목의 주형이 있고, 불쏘시개가 있고, 그것에 상응하는 사람의 노력이 있다면, 불이 생겨날 수 있습니까?"

[밀린다 왕] "존자여, 그렇습니다. 불이 생겨날 것입니다."

[나가세나] "대왕이여, [54] 이와 마찬가지로 지속적 존재 없이 생겨나는 형성들은 결코 없습니다. 지속적 존재가 있을 때 비로소 형성들이 생겨납니다."

7. [밀린다 왕] "비유를 더 들어주십시오."

[나가세나] "대왕이여, 점화경이 없고, 태양빛이 없고, 쇠똥이 없으면, 불이 생겨날 수 있습니까?"

[밀린다 왕] "존자여, 그렇지 않습니다."

[나가세나] "대왕이여, 점화경이 있고, 태양빛이 있고, 쇠똥이 있다면, 불이 생겨날 수 있습니까?"

[밀린다 왕] "존자여, 그렇습니다. 불이 생겨날 것입니다."

[나가세나] "대왕이여, 이와 마찬가지로 지속적 존재 없이 생겨나는 형성들은 결코 없습니다. 지속적 존재가 있을 때 비로소 형성들이 생겨납니다."

8. [밀린다 왕] "비유를 더 들어주십시오."

[나가세나] "대왕이여, 거울이 없고, 빛이 없고, 얼굴이 없다면, 자신의 모습이 생겨납니까?"

[밀린다 왕] "존자여, 그렇지 않습니다."

[나가세나] "대왕이여, 거울이 있고, 빛이 있고, 얼굴이 있다면, 자신의 모습이 생겨납니까?"

[밀린다 왕] "존자여, 그렇습니다. 모습이 생겨날 것입니다."

[나가세나] "대왕이여, 이와 마찬가지로 지속적 존재 없이 생겨나는 형성들은 결코 없습니다. 지속적 존재가 있을 때 비로소 형성들이 생겨납니다."

[밀린다 왕] "존자 나가세나여, 현명하십니다."

다섯 번째 지속적 존재와 생성되는 형성에 대한 질문이 끝났다.

6. [영혼에 대한 질문]
(Vedagūpañha)

1. 왕이 말했다. [밀린다 왕] "존자 나가세나여, 영혼[236]은 존재합니까?"

[나가세나] "대왕이여, 영혼이란 어떤 것입니까?"

[밀린다 왕] "존자여, 시각으로 형상을 보고, 청각으로 소리를 듣고, 후각으로 냄새를 맡고, 미각으로 맛을 맛보고, 신체로 감촉을 접촉하고, 정신으로 사실을 아는 내면에 있는 영혼[237]입니다. 여기 우리가

---

236) vedagū : Vism. 576, 578, 610의 베다까(vedaka)의 속어형으로 카타우파니샤드(K-Upaniṣad. 47)의 빠띠쌈베딘(patisamvedin), 즉 체험하는 자로서의 인간을 의미한다. KM. 86, MK. 150에서는 '영혼(soul)', FKM. 81에서는 지각자(Wahrnehmer), MQ.77에서는 체험자(Experiencer)라고 번역하고 있다. 초기불교에서는 베다구(vedagū)라는 용어는 최상의 지혜를 획득한 사람으로 부처님을 의미하는 경우가 많다. 『나선비구경』에서는 사람(人)또는 상주(常主)라고 번역하고 있다.

237) abbhantarajīva : 초기불교에서 영혼(jīva)의 유무는 사견(邪見)에 바탕을 둔 사유의 지나친 확장에 불과하므로 붓다가 설명이나 대답을 할 필요를 느끼지 않은 무기(無記: avyākata)에 속한다. 그러나 여기서 밀린다 왕은 감각기관과 분리된 영혼의 존재를 강조하는데, 이러한 견해는 영혼은 불멸하는 존재로서 몸에 정착하여 있다고 주장하는 소크라테스와 플라톤의 견해나 영혼은 보이는 신체 이외의 것이 틀림없으나 신체 없이 존재할 수 없는 것이라는 아리스토텔레스의 철학을 대변하는 듯

전당에 앉아 어떤 창문으로든 보고자 하는 대로 각각의 창문을 통해서 볼 수 있듯이, 우리는 동쪽의 창문을 통해서 볼 수 있고, 서쪽의 [55] 창문을 통해서 볼 수 있고, 북쪽의 창문을 통해서 볼 수 있고, 남쪽의 창문을 통해서 볼 수 있습니다. 존자여, 이와 마찬가지로 내면에 있는 영혼은 어떤 감관의 문으로든 보고자 하는 대로 각각의 감관의 문을 통해서 보는 것입니다."

2. 장로가 말했다. [나가세나] "대왕이여, 다섯 가지 감관의 문에 관하여238) 말 할 것이니, 그것을 듣고 잘 새기십시오. 우리가 여기 전당에 앉아 어떤 창문으로든 보고자 하는 대로 각각의 창문을 통해서 볼 수 있고, 동쪽의 창문을 통해서 볼 수 있고, 서쪽의 창문을 통해서 볼 수 있고, 북쪽의 창문을 통해서 볼 수 있고, 남쪽의 창문을 통해서 볼 수 있을 것처럼, 내면에 있는 영혼이 *1)* 시각으로 형상을 볼 수 있다면, 그와 같이 그 내면에 있는 영혼이 청각으로 형상을 볼 수 있고, 후각으로 형상을 볼 수 있고, 미각으로 형상을 볼 수 있고, 촉각으로도 형상을 볼 수 있고, 정신으로도 형상을 볼 수 있고, *2)* 시각으로 소리를 들을 수 있고, 후각으로 소리를 들을 수 있고, 미각으로 소리를 들을 수 있고, 촉각으로 소리를 들을 수 있고, 정신으로 소리를 들을 수 있고, *3)* 시각으로 향기를 맡을 수 있고, 청각으로 향기를 맡을 수 있고, 미각으로 향기를 맡을 수 있고, 촉각으로 향기를 맡을 수 있고, 정신으로 향기를 맡을 수 있고, *4)* 시각으로 맛을 볼 수 있고, 청각으로 맛을 볼 수 있고, 후각으로 맛을 볼 수 있고, 촉각으로 맛을 볼 수 있고, 정신으로 맛을 볼 수 있고, *5)* 시각으로 감촉을 촉지할 수 있고, 청각으로 감촉을 촉지할 수 있고, 후각으로 감촉을 촉지할 수 있고, 미각으로

보인다. 나가세나는 이러한 그리스적 영혼관에 대하여 감관을 통한 체험의 오류 가능성을 타진한다.

238) pañcadvāraṁ : 다섯 가지라고 했지만, 여기에 마음을 포함하여 실제로 여섯 가지를 이야기하고 있다.

감촉을 촉지할 수 있고, 정신으로 감촉을 촉지할 수 있고, 6) 시각으로 사실을 식별할 수 있고, 청각으로 사실을 식별할 수 있고, 후각으로 사실을 식별할 수 있고, 미각으로 사실을 식별할 수 있고, 촉각으로 사실을 식별할 수 있습니까?"

[밀린다 왕] "존자여, 그렇지 않습니다."

[나가세나] "대왕이여, 그대의 말은 앞과 뒤가, 뒤와 앞이 맞지 않습니다."

3. [나가세나] "대왕이여, 우리가 여기 전당에 앉아 격자창문을 열면 큰 허공으로 우리 앞에서239) 훨씬 형상을 잘 볼 수 있는 것처럼, 그와 같이 이 내면에 있는 영혼이, 시각의 문이 제거되면, 큰 허공을 통해 훨씬 형상을 잘 볼 수 있을 것이고, 청각의 문이 제거되면, 큰 허공을 통해 훨씬 소리를 잘 들을 수 있을 것이고, 후각의 문이 제거되면, 큰 허공을 통해 훨씬 냄새를 잘 맡을 수 있을 것이고, 미각의 문이 제거되면, 큰 허공을 통해 훨씬 맛을 잘 맛볼 수 있을 것이고, 촉각의 문이 제거되면, 큰 허공을 통해 훨씬 감촉을 잘 촉지할 수 있습니까?"

[밀린다 왕] "존자여, 그렇지 않습니다."

[나가세나] "대왕이여, [56] 그대의 말은 앞과 뒤가, 뒤와 앞이 맞지 않습니다."

4. [나가세나] "대왕이여, 여기 딘나240)가 밖으로 나가 문밖 현관에 서있다고 하면, 대왕이여, 그대는 '이 딘나가 밖으로 나가 문밖 현관에 서있다.'라고 압니까?"

[밀린다 왕] "존자여, 그렇습니다."

---

239) bahimukhā : 글자 그대로 '얼굴 밖으로 내놓고'라는 뜻이지만 '우리 앞에서'라고 해석한다.

240) Dinna : 예로 든 인물로 Miln. 29에 등장하는 쌉바딘나(Sabbadinna)를 지칭한 것이다.

[나가세나] "대왕이여, 그런데 이 딘나가 안으로 들어와 폐하의 앞에 서있다면 '이 딘나가 안으로 들어와 내 앞에 서있다.'라고 압니까?"

[밀린다 왕] "존자여, 그렇습니다. 압니다."

[나가세나] "대왕이여, 이와 마찬가지로 내면의 그 영혼이, 미각에 맛이 놓였을 때, 시거나 짜거나 쓰거나 맵거나 떫거나 단 것을 압니까?"

[밀린다 왕] "존자여, 그렇습니다. 그것이 알 것입니다."

[나가세나] "그 영혼은, 그 맛이 몸 안으로 들어가면, 시거나 짜거나 쓰거나 맵거나 떫거나 단 것을 압니까?"

[밀린다 왕] "존자여, 그렇지 않습니다."

[나가세나] "대왕이여, 그대의 말은 앞과 뒤가, 뒤와 앞이 맞지 않습니다."

5. [나가세나] "대왕이여, 여기 어떤 사람이 백 개의 꿀단지를 가져와 꿀통에 부어 채운 뒤에, 한 사람의 입을 닫고 그 꿀통에 집어넣었다면, 대왕이여, 그 사람은 거기에 꿀이 채워져 있는지 채워져 있지 않은지를 압니까?"

[밀린다 왕] "존자여, 알지 못합니다."

[나가세나] "무슨 까닭입니까?"

[밀린다 왕] "존자여, 입에 꿀이 들어가지 않았기 때문입니다."

[나가세나] "대왕이여, 그대의 말은 앞과 뒤가, 뒤와 앞이 맞지 않습니다."

6. [밀린다 왕] "나는 그대와 같은 논자와 대론할 수 없습니다. 존자여, 그 의취를 말씀해 주시면 감사하겠습니다."

장로는 아비담마와 관련된 교의로 밀린다 왕을 가르쳤다.

[나가세나] "대왕이여, 여기 시각과 형상을 조건으로 시각의식이 생겨납니다. 그와 동시에 접촉, 느낌, 지각, 의도, 심일경성(心一境性),[241] [57] 명근(命根),[242] 정신활동 등 이와 같은 모든 원리들이 조건

적으로 생겨납니다. 여기에 영혼은 없습니다. 대왕이여, 여기 청각과 소리를 조건으로 청각의식이 생겨납니다. 그와 동시에 접촉, 느낌, 지각, 의도, 심일경성, 명근, 정신활동 등 이와 같은 모든 원리들이 조건적으로 생겨납니다. 여기에 영혼은 없습니다. 대왕이여, 여기 후각과 냄새를 조건으로 후각의식이 생겨납니다. 그와 동시에 접촉, 느낌, 지각, 의도, 심일경성, 명근, 정신활동 등 이와 같은 모든 원리들이 조건적으로 생겨납니다. 여기에 영혼은 없습니다. 대왕이여, 여기 미각과 맛을 조건으로 미각의식이 생겨납니다. 그와 동시에 접촉, 느낌, 지각, 의도, 심일경성, 명근, 정신활동 등 이와 같은 모든 원리들이 조건적으로 생겨납니다. 여기에 영혼은 없습니다. 대왕이여, 여기 촉각과 감촉을 조건으로 촉각의식이 생겨납니다. 그와 동시에 접촉, 느낌, 지각, 의도, 심일경성, 명근, 정신활동 등 이와 같은 모든 원리들이 조건적으로 생겨납니다. 여기에 영혼은 없습니다. 대왕이여, 여기 정신과 사실을 조건으로 정신의식이 생겨납니다. 그와 동시에 접촉, 느낌, 지각, 의도, 심일경성, 명근, 정신활동 등 이와 같은 모든 원리들이 조건적으로 생겨납니다. 여기에 영혼은 없습니다.”

[밀린다 왕] “존자 나가세나여, 현명하십니다.”

여섯 번째 영혼에 대한 질문이 끝났다.

7. [시각의식 등에 대한 질문]
(Cakkhuviññāṇādipañha)

1. 왕이 말했다. [밀린다 왕] “존자 나가세나여, 시각의식이 생겨나는 그곳에 정신의식도 생겨납니까?”

---

241) ekaggatā : 역자가 한역의 심일경성(心一境性)을 따른 것이다. 마음이 한 곳으로 통일된 상태를 말한다.
242) jīvitindriya : 목숨 또는 수명의 능력이라는 뜻으로 한역에는 명근(命根)이라고 한다.

[나가세나] "대왕이여, 그렇습니다. 시각의식이 생겨나는 그곳에 정신의식도 생겨납니다."[243]

2 [밀린다 왕] "존자 나가세나여, 먼저 시각의식이 생겨나면 나중에 정신의식도 생겨납니까? 또는 먼저 정신의식이 생겨나면 나중에 시각의식도 생겨납니까?"

[나가세나] "대왕이여, 먼저 시각의식이 생겨나면 나중에 정신의식도 생겨납니다."

3 [밀린다 왕] "존자 나가세나여, 시각의식이 정신의식에게 '내가 생겨나는 곳에 그대도 생겨나라.'라고 명령합니까? 또는 정신의식이 시각의식에게 '그대가 생겨나는 곳에 나도 생겨날 것이다.'라고 보고합니까?"

[나가세나] "대왕이여, 그렇지 않습니다. 그것들 사이에 대화는 없습니다."

4 [밀린다 왕] "존자 나가세나여, 왜 시각의식이 생겨나는 그곳에 정신의식도 생겨납니까?"

[나가세나] "대왕이여, 경향이 있고 감관의 문이 있고 습관이 있고 실천이 있기 때문입니다."

5 [밀린다 왕] "존자 나가세나여, 왜 경향이 있기 때문에 시각의식이 생겨나는 그곳에 정신의식도 생겨납니까? 비유를 들어주십시오."

[나가세나] "대왕이여, 어떻게 생각하십니까? 비가 내릴 때 어떻게

---

243) yattha cakkhuviññāṇaṁ uppajjāti, tattha manoviññāṇampi uppajjātī'ti : 『구사론』(1권12)에 따르면, 여섯 개의 의식(識: viññāṇa)이 소멸했을 때 한정하여 정신(意: mano)이라고 한다. 그것은 나중에 의식이 생하기 위한 근거가 된다. 설일체유부(說一切有部)에서는 한 찰나에 두 개의 의식이 동시에 일어나는 것 즉 이식구기(二識俱起)가 불가능하다. 그러므로 어떤 의식이 현존하기 위해서는 반드시 이전의 의식이 사라지지 않으면 안 된다. 현재의 의식에는 여섯 가지 구별이 있으나, 정신에는 구별이 없다. 어떤 의식도 과거로 사라져버렸을 때에는 정신으로서의 기능을 한다고 한다. 참고로 『나선비구경』에서는 정신의식을 신(神)이라고 번역하고 있다.

물이 흐릅니까?"

[밀린다 왕] "존자여, 경사진 곳으로 흐릅니다."

[나가세나] "그런데 그 다음에 비가 내리면, 물이 어떻게 흐릅니까?"

[밀린다 왕] "존자여, 먼저 비가 내렸던 곳을 따라 흐릅니다."

[나가세나] "대왕이여, 먼저의 물이 나중의 물에게 '내가 흐르는 곳을 그대도 따라서 흐르라.'라고 명령합니까?

[밀린다 왕] "존자여, 그것들 사이에 대화는 없습니다. 경사가 있기 때문에 흐릅니다."

[나가세나] "대왕이여, 이와 같이 경향이 있기 때문에 시각의식이 생겨나는 곳에 정신의식이 생겨납니다. 시각의식이 [58] 정신의식에게 '내가 생겨나는 곳에 그대도 생겨나라.'라고 명령하는 것도 아니고, 정신의식이 시각의식에게 '그대가 생겨나는 곳에 나도 생겨날 것이다.'라고 보고하는 것도 아닙니다. 그것들 사이에 대화는 없습니다. 경향이 있기 때문에 생겨나는 것입니다."

6. [밀린다 왕] "존자 나가세나여, 왜 감관의 문이 있기 때문에 시각의식이 생겨나는 그곳에 정신의식도 생겨납니까? 비유를 들어주십시오."

[나가세나] "대왕이여, 그대는 어떻게 생각합니까? 왕의 국경도시는 견고한 성벽과 아치형 문이 있는데, 그 문은 오직 하나입니다. 그 도시에서 나오고자 한다면, 어떻게 나올 수 있겠습니까?"

[밀린다 왕] "존자여, 그 문으로 나와야 합니다."

[나가세나] "다음 사람이 나오고자 하면, 어떻게 나올 수 있겠습니까?"

[밀린다 왕] "존자여, 앞의 사람이 나온 그곳으로 그도 나와야 합니다."

[나가세나] "대왕이여, 앞의 사람이 뒤의 사람에게 '내가 나가는 곳으로 그대도 나가라.'라고 명령합니까? 또는 뒤의 사람이 앞의 사람에게 '그대가 나가는 곳으로 나도 나갈 것이다.'라고 보고합니까?

[밀린다 왕] "존자여, 그것들 사이에 대화는 없습니다. 문이 있기

때문에 나가는 것입니다."

[나가세나] "대왕이여, 이와 같이 감관의 문이 있기 때문에 시각의식이 생겨나는 곳에 정신의식이 생겨나고, 시각의식이 정신의식에게 '내가 생겨나는 곳에 그대도 생겨나라.'라고 명령하는 것도 아니고, 정신의식이 시각의식에게 '그대가 생겨나는 곳에 나도 생겨날 것이다.'라고 보고하는 것도 아닙니다. 그것들 사이에 대화는 없습니다. 감관의 문이 있기 때문에 생겨나는 것입니다."

7. [밀린다 왕] "존자 나가세나여, 왜 습관이 있기 때문에 시각의식이 생겨나는 그곳에 정신의식도 생겨납니까? 비유를 들어주십시오."

[나가세나] "대왕이여, 어떻게 생각합니까? 앞의 한 수레가 통과했다면 나중에 두 번째 수레는 어떻게 통과합니까?"

[밀린다 왕] "존자여, 앞의 한 수레가 통과한 그 길로 통과합니다."

[나가세나] "대왕이여, 앞의 수레가 나중의 수레에게 '내가 통과하는 곳으로 그대도 통과하라.'라고 명령합니까? 또는 나중의 수레가 앞의 [59] 수레에게 '그대가 통과하는 곳으로 나도 통과하겠다.'라고 보고합니까?"

[밀린다 왕] "존자여, 그것들 사이에 대화는 없습니다. 습관에 있기 때문에 통과합니다."

[나가세나] "대왕이여, 이와 같이 습관이 있기 때문에 시각의식이 생겨나는 곳에 정신의식이 생겨나고, 시각의식이 정신의식에게 '내가 생겨나는 곳에 그대도 생겨나라.'라고 명령하는 것도 아니고, 정신의식이 시각의식에게 '그대가 생겨나는 곳에 나도 생겨날 것이다.'라고 보고하는 것도 아닙니다. 그것들 사이에 대화는 없습니다. 습관이 있기 때문에 생겨나는 것입니다."

8. [밀린다 왕] "존자 나가세나여, 왜 실천이 있기 때문에 시각의식이 생겨나는 그곳에 정신의식도 생겨납니까? 비유를 들어주십시오."

[나가세나] "대왕이여, 지륜술(指輪術),[244] 산술, 계산, 서사(書

寫)의 학예에 있어서 초보자는 느리지만, 나중에는 주의를 기울이는 것과 실천이 있기 때문에 빠르게 됩니다. 대왕이여, 이와 같이 실천이 있기 때문에 시각의식이 생겨나는 곳에 정신의식이 생겨나고, 시각의식이 정신의식에게 '내가 생겨나는 곳에 그대도 생겨나라.'라고 명령하는 것도 아니고, 또는 정신의식이 시각의식에게 '그대가 생겨나는 곳에 나도 생겨날 것이다.'라고 보고하는 것도 아닙니다. 그것들 사이에 대화는 없습니다. 실천이 있기 때문에 생겨나는 것입니다."

9. [밀린다 왕] "존자 나가세나여, 청각의식이 생겨난 곳에 정신의식도 생겨납니까? 후각의식 … 미각의식 … 촉각의식이 생겨난 곳에 정신의식도 생겨납니까?"

[나가세나] "대왕이여, 그렇습니다. 청각의식이 생겨난 곳에 정신의식도 생겨납니다. 후각의식 … 미각의식 … … 촉각의식이 생겨나는 곳에 정신의식도 생겨납니다."

[밀린다 왕] "존자여, 나가세나여, 먼저 촉각의식이 생겨나고 나중에 정신의식이 생겨납니까? 또는 정신의식이 먼저 생겨나고 나중에 촉각의식이 생겨납니까?"

[나가세나] "대왕이여, 먼저 촉각의식이 생겨나고 나중에 정신의식이 생겨납니다."

[밀린다 왕] "존자 나가세나여, … "

[나가세나] "대왕이여, … 그것들 사이에 대화는 없습니다. 실천이 있기 때문에 [60] 생겨나는 것입니다."

[밀린다 왕] "존자 나가세나여, 현명하십니다."

일곱 번째 시각의식 등에 대한 질문이 끝났다.

---

244) muddā : 손가락을 조합하여 부호로 사용하거나, 비밀한 암호로 사용하는 기술이다. 지산(指算)이나 인산(印算)이라고 번역하기도 한다.

8. [접촉의 특징에 대한 질문]
(Phassalakkhaṇapañha)

1. 왕이 말했다.

[밀린다 왕] "존자 나가세나여, 정신의식이 생겨나면, 접촉도 느낌도 거기에 생겨납니까?"

[나가세나] "대왕이여, 그렇습니다. 정신의식이 생겨나면, 접촉도 거기에 생겨나며, 느낌도 거기에 생겨나며, 지각도 거기에 생겨나며, 의도도 거기에 생겨나며, 사유도 거기에 생겨나며, 숙고도 거기에 생겨나며, 접촉을 선두로 일체의 현상들이 거기에 생겨납니다."245)

2. [밀린다 왕] "존자 나가세나여, 접촉은 무엇을 특징으로 합니까?"

[나가세나] "대왕이여, 접촉은 감촉을 특징으로 합니다."

3. [밀린다 왕] "비유를 들어주십시오."

[나가세나] "대왕이여, 예를 들어, 두 숫양이 싸운다면, 그들 가운데 한 숫양은 시각이라고 보아야 하고, 두 번째 숫양은 형상이라고 보아야 하고, 그들의 만남은 감촉이라고 보아야 합니다."

4. [밀린다 왕] "비유를 더 들어주십시오."

[나가세나] "대왕이여, 예를 들어 두 손바닥을 마주치면, 그것들 가운데 한 손바닥은 시각으로 보아야 하고, 두 번째 손바닥은 형상으로 보아야 합니다. 그것들의 만남은 감촉이라고 보아야 합니다."

---

245) yattha manoviññāṇaṁ uppajjāti, phassopi tattha uppajjāti, vedanāpi tattha uppajjāti, saññāpi tattha uppajjāti, cetanāpi tattha uppajjāti, vitakko pi tattha uppajjāti, vicāropi tattha uppajjāti, sabbepi phassappamukhā dhammā tattha uppajjantī'ti : 설일체유부(Abhikośa. 127)에서는 대지법(大地法)에서 느낌(vedanā), 지각(saṃjnā), 의도(setanā), 접촉(sparśa), 의욕(chanda), 지혜(prajñā), 새김(smṛti), 정신활동을 기울임(manaskāra), 승해(adhimukti), 집중(samādhi)의 열 가지를 들고 있다. 그것에 반해서 사유(vitakka)와 숙고(vicāra)는 부정지법(不定地法)에 속해 있다.

5. [밀린다 왕] "비유를 더 들어주십시오."

[나가세나] "대왕이여, 예를 들어 두 심벌즈를 마주치면, 그것들 가운데 한 심벌즈는 시각으로 보아야 하고, 두 번째 심벌즈는 형상으로 보아야 합니다. 그것들의 만남은 감촉이라고 보아야 합니다."

[밀린다 왕] "존자, 나가세나여, 현명하십니다."

여덟 번째 접촉의 특징에 대한 질문이 끝났다.

9. [느낌의 특징에 대한 질문]
(Vedanālakkhaṇapañha)

1. [밀린다 왕] "존자 나가세나여, 느낌은 무엇을 특징으로 합니까?"

[나가세나] "대왕이여, 느낌은 향수를 특징으로 하고 체험을 특징으로 합니다."

2. [밀린다 왕] "비유를 들어주십시오."

[나가세나] "대왕이여, 누군가 왕을 위해 공무를 행한다면, 왕은 만족하여 공직을 줄 것이고, 그는 그 공직으로 다섯 가지 감각적 쾌락의 욕망의 대상을 부여받아 갖추고 살아갈 것이고, 그는 '이전에 나는 왕의 공무를 행했다. 그러한 나에게 왕은 만족하여 공직을 주었다. 그래서 나는 그것을 인연으로 이와 같은 느낌을 향수하고 있다.'라고 생각할 것입니다. 대왕이여, 어떤 사람이 [61] 착하고 건전한 업을 지어 몸이 파괴되어 죽은 후에 좋은 곳, 행복한 천상세계에 태어나면, 그는 거기서 천상의 다섯 가지 감각적 쾌락의 종류를 갖추고 구비하여 지낼 것이고 그는 '이전에 나는 착하고 건전한 업을 지었다. 그래서 나는 그것을 인연으로 나는 이와 같은 느낌을 체험하고 있다.'라고 생각할 것입니다. 대왕이여, 이와 같이 느낌은 향수를 특징으로 하고 체험을 특징으로 합니다."

[밀린다 왕] "존자 나가세나여, 현명하십니다."

아홉 번째 느낌의 특징에 대한 질문이 끝났다.

10. [지각의 특징에 대한 질문] (Saññālakkhaṇapañha)

1. [밀린다 왕] "존자여, 나가세나여, 지각은 무엇을 특징으로 합니까?"

[나가세나] "대왕이여, 지각은 표상을 특징으로 합니다."

[밀린다 왕] "무엇을 표상합니까?"

[나가세나] "푸른 색도 표상하고, 노란 색도 표상하고, 붉은 색도 표상하고, 흰 색도 표상하고, 심홍색도 표상합니다."

2. [밀린다 왕] "비유를 들어주십시오."

[나가세나] "대왕이여, 왕의 재정관이 창고에 들어가 푸른 색, 노란 색, 붉은 색, 흰 색, 심홍색의 왕의 재보를 보고 표상하는 것처럼, 이와 같이 대왕이여, 이와 같이 지각은 표상을 특징으로 합니다."

[밀린다 왕] "존자 나까쎄나여, 현명하십니다."

열 번째 지각의 특징에 대한 질문이 끝났다.

11. [의도의 특징에 대한 질문] (Cetanālakkhaṇapañha)

1. [밀린다 왕] "존자여, 나가세나여, 의도는 무엇을 특징으로 합니까?"

[나가세나] "대왕이여, 의도는 도모하는 것을 특징으로 하고, 또한 준비를 특징으로 합니다."

2. [밀린다 왕] "비유를 들어주십시오."

[나가세나] "대왕이여, 어떤 사람이 독(毒)을 준비하여 자신이 먹고 남들에게도 먹이면, 그 자신도 괴로워 할 것이고, 남들도 괴로워 할 것입니다. 이와 같이 대왕이여, [62] 이 세상에 어떤 사람은 악하고 불건전한 행위를 도모하면 몸이 파괴되고 죽은 뒤에 괴로운 곳, 나쁜

곳, 비참한 곳, 지옥246)에 태어날 것입니다. 그를 본받은 사람들도 몸이 파괴되고 죽은 뒤에 괴로운 곳, 나쁜 곳, 비참한 곳, 지옥에 태어날 것입니다. 대왕이여, 어떤 사람이 버터기름, 버터, 기름, 꿀, 당밀을 혼합하여 준비한 뒤에 자신도 먹고 남들에게도 먹게 하면, 그 자신도 즐거울 것이고 남들도 즐거울 것입니다. 대왕이여, 이와 같이 세상에 한 사람이 착하고 건전한 행위를 도모하면 몸이 파괴되고 죽은 뒤에 좋은 곳, 천상세계에 태어날 것입니다. 그를 본받은 사람들도 몸이 파괴되고 죽은 뒤에 좋은 곳, 천상세계에 태어날 것입니다. 대왕이여, 이와 같이 의도는 도모를 특징으로 하고 준비를 특징으로 합니다."

[밀린다 왕] "존자 나가세나여, 현명하십니다."

열한 번째 의도의 특징에 대한 질문이 끝났다.

12. [의식의 특징에 대한 질문]
(Viññāṇalakkhaṇapañha)

1. [밀린다 왕] "존자여, 나가세나여, 의식은 무엇을 특징으로 합니까?"

[나가세나] "대왕이여, 의식은 식별을 특징으로 합니다."

2. [밀린다 왕] "비유를 들어주십시오."

[나가세나] "대왕이여, 시장이 중앙에 있는 도시의 광장에 앉아 동쪽에서 사람이 오는 것을 보고, 남쪽에서 사람이 오는 것을 보고, 서쪽에서 사람이 오는 것을 보고, 북쪽에서 사람이 오는 것을 보는 것처럼, 대왕이여, 이와 마찬가지로 사람이 시각으로 형상을 보고 그것을 의식으로 식별하고, 청각으로 소리를 듣고 그것을 의식으로 식별하고, 후각으로 냄새를 맡고 그것을 의식으로 식별하고, 미각으로 맛을 맛보고 그것을 의식으로 식별하고, 촉각으로 감촉을 촉지하고 그것을 의식으로 식별하고, 정신으로 사실을 보고 그것을 의식으로 식별합니다. 이와 같이 대왕이여, 의식은 식별을 특징으로 합니다."

[밀린다 왕] "존자 나가세나여, 현명하십니다."

---

246) apāya, duggati, vinipāta, niraya : Miln. 404의 '지옥'과 그 주석을 보라.

열두 번째 의식의 특징에 대한 질문이 끝났다.

13. [사유의 특징에 대한 질문]
(Vitakkalakkhaṇapañha)

1. [밀린다 왕] "존자여, 나가세나여, 사유는 무엇을 특징으로 합니까?"
[나가세나] "대왕이여, 사유는 장착(裝着)을 특징으로 합니다."

2. [밀린다 왕] "비유를 들어주십시오."
[나가세나] "대왕이여, 목수가 잘 다듬어진 나뭇조각을 틈새에 장착시키듯이, 대왕이여, 이와 마찬가지로 사유는 장착을 특징으로 합니다."
[밀린다 왕] "존자 나가세나여, 현명하십니다."

열세 번째 사유의 특징에 대한 질문이 끝났다.

14. [숙고의 특징에 대한 질문]
(Vicāralakkhaṇapañha)

1. [밀린다 왕] "존자여, 나가세나여, 숙고는 무엇을 특징으로 합니까?"
[나가세나] "대왕이여, 숙고는 성찰247)을 특징으로 합니다."

2. [밀린다 왕] "비유를 들어주십시오."
[나가세나] "대왕이여, 징을 치면 나중에 여운이 울리고 [63] 반향이 남습니다. 대왕이여, 여기서 징을 치는 것은 사유와 같다고 볼 수 있고, 여운이 울리는 것은 숙고와 같다고 볼 수 있습니다"
[밀린다 왕] "존자 나가세나여, 현명하십니다."

열네 번째 숙고의 특징에 대한 질문이 끝났다.
세 번째 숙고의 품이 끝났다.
이 품에 열네 개의 질문으로 이루어졌다.

---

247) Anumajjana : 타작, 탈곡이라는 의미에서 온 것이다.

제4장 나가세나의 질문에 대한 품

(Nāgasenapañhavagga)

1. [접촉 등의 차별에 대한 질문]
(Phassādivinibbhujanapañha)

1. 왕이 말했다.

[밀린다 왕] "존자 나가세나여, 이러한 정신현상들은 함께 일어나 작용하는데,[248] 그것들을 낱낱이 분석하여 '이것이 접촉이고, 이것이 느낌이고, 이것이 지각이고, 이것이 의도이고, 이것이 의식이고, 이것이 사유이고, 이것이 숙고이다.'라고 그 차별을 드러낼 수 있습니까?"

[나가세나] "대왕이여, 이러한 정신현상들은 함께 일어나 작용하는데, 그것들을 낱낱이 분석하여 '이것이 접촉이고, 이것이 느낌이고, 이것이 지각이고, 이것이 의도이고, 이것이 의식이고, 이것이 사유이고, 이것이 숙고이다.'라고 그 차별을 드러낼 수 없습니다."

2. [밀린다 왕] "비유를 들어주십시오."

[나가세나] "대왕이여, 왕의 요리사가 스프에 소스를 넣어 조리하는데, 거기에 응유를 넣고 소금도 넣고 생강도 넣고 커민[249]도 넣고, 후추도 넣고, 그 밖의 다른 조미료도 넣었다고 합시다. 그리고 왕이 그에게 '나에게 응유의 소스를 가져오라. 소금의 소스를 가져오라. 생강의 소스를 가져오라. 커민의 소스를 가져오라. 후추의 소스를 가져오라. 나를 위해 집어넣은 모든 소스를 나에게 가져오라.'라고 말했다

---

248) imesaṁ dhammānaṁ ekatobhāvagatānaṁ : MKQ. 177에서는 '이러한 제사상(諸事象)이 합일되어 있는 것을'이라고 번역했는데, 문제가 있어 보인다. 합일되어 있다고 하면, 진아를 연상시키기에 충분하기 때문이다. 후세의 설일체유부의 교리에 의하면, 정신현상들은 독립된 실체(dravya)라고 여겨졌다. 그렇지만 실제로 그것들을 분리할 수는 없고 함께 일어나는 것으로 보아야 한다.

249) jīraka : 미나리과의 향신료로 한역에는 갈루자(葛樓子)라고 한다.

면, 대왕이여, 그 소스들은 함께 일어나 작용하는데, 그것들을 [64] 낱낱이 분석하여 신 것이거나 짠 것이거나, 쓴 것이거나, 매운 것이거나, 떫은 것이거나, 단 것의 소스를 가져올 수 있습니까?"

[밀린다 왕] "존자여, 그러한 소스들은 함께 일어나 작용하는데 그것들을 낱낱이 분석하여 신 것이거나 짠 것이거나, 쓴 것이거나, 매운 것이거나, 떫은 것이거나, 단 것의 소스를 가져올 수 없습니다. 다만 각각의 특징에 의해서 나타나는 것일 뿐입니다."

3. [나가세나] "대왕이여, 이와 마찬가지로 이러한 정신현상들은 함께 일어나 작용하는데, 그것들을 낱낱이 분석하여 '이것이 접촉이고, 이것이 느낌이고, 이것이 지각이고, 이것이 의도이고, 이것이 의식이고, 이것이 사유이고, 이것이 숙고이다.'라고 그 차별을 드러낼 수 없습니다. 다만 각각의 특징에 의해서 나타나는 것일 뿐입니다."

[밀린다 왕] "존자 나가세나여, 현명하십니다."

첫 번째 접촉 등의 분석에 대한 질문이 끝났다.

2. [나가세나의 질문]
(Nāgasenapañha)

1. 장로가 말했다.

[나가세나] "대왕이여, 소금은 시각으로 식별할 수 있습니까?"

[밀린다 왕] "존자여, 그렇습니다. 시각으로 식별할 수 있습니다."

[나가세나] "대왕이여, 잘 알아차리십시오."

[밀린다 왕] "존자여, 미각에 의해 식별되는 것입니까?"

[나가세나] "대왕이여, 그렇습니다. 미각에 의해 식별되는 것입니다."

[밀린다 왕] "존자여, 모든 소금은 미각으로 식별하는 것입니까?"

[나가세나] "대왕이여, 그렇습니다. 모든 소금을 미각으로 식별하는 것입니다."

2. [밀린다 왕] "존자여, 만약에 모든 소금을 미각으로 식별하는 것이라면, 어째서 황소는 그것을 수레로 실어 나릅니까? 짠맛만을 실어 나를 수는 없을까요?"

[나가세나] "대왕이여, 짠맛만을 실어 나를 수는 없습니다. 소금과 무게는 함께 일어나 작용하지만, 이 사실들은 영역[250]에서 차별이 있기 때문입니다."

3. [나가세나] "대왕이여, 소금을 저울로 달 수 있습니까?"

[밀린다 왕] "존자여, 달 수 있습니다."

[나가세나] "대왕이여, 소금을 저울로 달 수 없습니다. 무게가 저울로 달리는 것입니다."

[밀린다 왕] "존자 나가세나여, 현명하십니다."

두 번째 나가세나의 질문이 끝났다.
네 번째 나가세나 질문의 품이 끝났다.
이 품은 두 개의 질문으로 이루어졌다.
제2편 밀린다 왕의 질문이 끝났다.[251]

---

250) gocara : 소금은 미각의 대상이고 무게는 촉각의 대상이다.

251) nāgasenamilindarājapañhā niṭṭhitā : PTS.본(트렝크너본)에는 '나가세나와 밀린다 왕의 질문이 끝났다.'라고 되어 있는 이 구절은 MQ. 88에서 지적하듯, 둘 사이의 대화와 대론이 끝나지 않았는데, 이러한 구절이 삽입된 것은 이상한 일이다. 여기까지가 한역의 B본 중권에 해당하는 것으로 고층 가운데 최고층이라는 것을 입증하고 있다. 그 다음에 한역의 B본 하권(빠알리본3편)이 뒤에 부가된 것일 수 있다. 그 하권의 내용은 상권이나 중권에 비해 미흡한 것들(Miln. 85, 86)이 포함되어 있고, 중권에 나오는 내용이 하권에서 되풀이되고 있는 것들(Miln. 46=72; 55=71)이 있기 때문이다. 또한 MQ. 88에서 호너(I. B. Horner)는 미얀마 본의 제4장 열반의 품에 속해 있는 마지막 두 대화는 제3장의 후반에 귀속시키는 것이 옳다고 보았는데, 역자도 제3장의 후반에 귀속시키고 제3편의 대화를 MQ. 89에서처럼 제4장 열반의 품으로 시작하는 것이 아니라 FKM. 92처럼 장을 배열하고 제1장 열반의 품으로 시작하도록 조치했다.

제3편 의혹을 끊기 위한 질문
(Vimatichedanapañha)

제1장 열반의 품

(Nibbānavagga)

1. [다섯 감역과 업에 의한 생성에 대한 질문]
(Pañcāyatanakammanibbattapañha)

1. 왕이 [65] 말했다.

[밀린다 왕] "존자 나가세나여, 이러한 다섯 가지 감역은 그 다양한 업들로 생겨난 것입니까? 혹은 동일한 업으로 생겨난 것입니까?"

[나가세나] "대왕이여, 다양한 업들로 생겨난 것이지 동일한 업으로 생겨난 것이 아닙니다."252)

2. [밀린다 왕] "비유를 들어주십시오."

[나가세나] "대왕이여, 어떻게 생각하십니까? 하나의 밭에 다양한 씨앗들을 뿌리면, 그 다양한 씨앗들이 다양한 열매를 생산합니까?"

[밀린다 왕] "존자여, 그렇습니다. 생산합니다."

---

252) nānākammehi, mahārāja, nibbattāni, na ekena kammenā'ti : MKQ. 191-192에 따르면, 업설을 인정하지 않는 그리스 인이 보자면, 개인의 감각에는 일반적 유사성이 있는데, 이것이 단순히 과거의 업에 기초한다는 것은 납득할 수 없었을 것이다. 각 개인의 신체에 있는 감각과 대상과의 대응관계(āyatana)의 질서는 만인에게 공통된 것이기 때문에 각 개인의 선악의 행위인 업과는 무관한 것이다. 하물며 개개인의 감관 내지 대상이 행위의 주체로서 업을 만든다고 생각할 수 없다. 여기서 나가세나가 말하는 업은 불공업(不共業: 개인에게 고유한 업)이 아니라 만인에 공통으로 나타나는 공업(共業)을 의미하며 자연필연성에 상당하는 업의 관념에 의해서 설명할 수 있을 것이다. 이것은 고대 그리스 철학에서의 자연법칙(physis)에 가까운 것이다.

[나가세나] "대왕이여, 이와 마찬가지로 이들 다섯 가지 감역은 각각 다양한 업들로 인해서 생겨난 것이지 동일한 업으로 생겨난 것이 아닙니다."

[밀린다 왕] "존자 나가세나여, 현명하십니다."

첫 번째 다섯 감역과 업에 의한 생성에 대한 질문이 끝났다.

2. [업의 다양성에 대한 질문]
(Kammanānākaraṇapañha)

1. 왕이 말했다.

[밀린다 왕] "존자 나가세나여, 어떤 원인으로 사람들은 모두가 평등하지 않고, 어떤 자들은 단명하고, 어떤 자들은 장수하고, 어떤 자들은 다병(多病)하고, 어떤 자들은 건강하고, 어떤 자들은 못생기고, 어떤 자들은 잘생기고, 어떤 자들은 세력이 있고, 어떤 자들은 세력이 없고, 어떤 자들은 가난하고, 어떤 자들은 부유하고, 어떤 자들은 비천하고, 어떤 자들은 고귀하고, 어떤 자들은 어리석고, 어떤 자들은 현명합니까?"

2. 장로가 말했다. [나가세나] "대왕이여, 어째서 나무들은 모두가 평등하지 않고, 그 열매가 어떤 것은 시고, 어떤 것은 쓰고, 어떤 것은 맵고, 어떤 것은 떫고, 어떤 것은 단 것입니까?"

[밀린다 왕] "존자여, 종자가 서로 다르기 때문입니다."

[나가세나] "대왕이여, 이와 마찬가지로, 업의 다양성에 의해서 사람들은 모두가 평등하지 않고,[253] 어떤 자들은 단명하고, 어떤 자들은

---

253) kammānaṁ nānākaraṇena manussā na sabbe samakā : MKQ. 192-193에 따르면, 여기서 나가세나는 밀린다 왕이 인간의 사회적 불평등과 생리적 불평등을 구별하지 않고 질문한 것과 동일하게 인간의 사회적 불평등과 생리적 불평등을 구별하지 않고 대답하고 있다. 나가세나 시대의 인도는 마우리야 왕조의 붕괴 이후 바라문교가 다시 부흥하면서 카스트제도가 서서히 부활하고 있어서 불교의 업설에서도 보수적인 견해가 반영된 것으로 보인다.

장수하고, 어떤 자들은 다병하고, 어떤 자들은 건강하고, 어떤 자들은 못생기고, 어떤 자들은 잘생기고, 어떤 자들은 세력이 있고, 어떤 자들은 세력이 없고, 어떤 자들은 가난하고, 어떤 자들은 부유하고, 어떤 자들은 비천하고, 어떤 자들은 고귀하고, 어떤 자들은 어리석고, 어떤 자들은 현명한 것입니다. 대왕이여, 세존께서는 '바라문 청년이여, 뭇 삶들은 자신의 업을 소유하는 자이고, 그 업을 상속하는 자이며, 그 업을 모태로 하는 자이며, 그 업을 친척으로 하는 자이며, 그 업을 의지처로 하는 자이다.[254] 업이 존재들을 차별하여 천하고 귀한 상태가 생겨난다.'라고 말씀하셨습니다."

[밀린다 왕] "존자 나가세나여, 현명하십니다."

두 번째 업의 다양성에 대한 질문이 끝났다.

---

254) kammassakā, māṇava, sattā kammadāyādā kammayonī kammabandhū kammapaṭisaraṇā : MN. III. 203; AN. III. 186; V. 268. 이렇게 파악하는 것을 두고 초기불교에서, 네 가지 거룩한 진리(cattāri ariyasaccāni : 四聖諦; MN. 141과 주석을 보라)를 아는 출세간적인 올바른 견해에 비해, 세간적인 올바른 견해라고 한다. ① 업을 소유하는 자(kammassakā): 신체적, 언어적, 정신적으로 선하거나 악한 경향성의 업(業)은 정신적 지속 속에서 적절한 다른 조건들이 생겨나면 결과를 초래한다. ② 업을 상속하는 자(kammadāyādā): 업의 소유자는 과거의 업에 의해 결정되는 상속자임과 동시에 현재의 업에 의해 새롭게 바뀌어가는 상속자이다. 여기서 주의할 것은 모든 존재가 과거의 업에 의해 결정된다는 견해(宿作因見 : pubbekatahetudiṭṭhi)와 구별되어야 한다는 점이다. ③ 업을 모태로 하는 자(kammayonī): 업이라고 하는 것은 조건으로서 마치 씨앗이 적절한 흙과 습기를 만나서 발아해서 싹이 트는 것과 같다; '업은 땅이고 의식은 씨앗이고 갈애는 물기이다 … 이와 같이 미래에 다시 태어남이 있게 된다.(SN. III. 54)' ④ 업을 친척으로 하는 자(kammabandhū): 신체적, 언어적, 정신적 행위에 의해 생겨나는 업은 인과적 생성원리에 따라 윤회하는 동안 수반된다. 형제, 친척, 친구들은 모였다가 흩어지지만 업은 기나긴 생사여로의 윤회를 함께 하는 진정한 동반자로서 친척이나 친구이므로 선업을 닦아야 한다. '오랜 세월 타향을 헤매던 나그네가 무사히 돌아왔을 때 친척들이나 친구들이 귀환을 반기듯 공덕들을 쌓고 이 세상에서 저 세상으로 갈 때 공덕들이 친지들처럼 사랑스럽게 그를 반긴다.(Dhp. 219~220), ⑤ 업을 의지처로 하는 자(kammapaṭisaraṇā): 육체적으로 몸이 아플 때 의사를 의지처로 삼듯, 선한 업을 쌓지 못해 저열한 세계에 태어났을 때 그 고통은 심각하므로, 진정한 질병의 치료는 자발적 치유력이듯, 우리의 진정한 귀의처는 자발적 선업을 쌓는 것이다.

3. [노력의 행위에 대한 질문]

(Vāyāmakaraṇapañha)

1. 왕이 말했다.

[밀린다 왕] "존자 나가세나여, 그대는 '원컨대 이 괴로움이 소멸되고 다른 괴로움이 일어나지 않기를 기원한다.'라고[255] 말했습니다."

[나가세나] "대왕이여, [66] 우리의 출가는 그것이 목표입니다."

2. [밀린다 왕] "그것은 미리 노력을 기울인 것의 결과입니까? 때가 되었을 때 노력해야 하는 것입니까?"

장로가 말했다.

[나가세나] "대왕이여, 때가 되었을 때의 노력은 해야 할 일을 하지 않은 것입니다. 미리 노력을 기울이는 것이 해야 할 일을 하는 것입니다."

3. [밀린다 왕] "비유를 들어주십시오."

[나가세나] "대왕이여, 그대는 어떻게 생각합니까? 그대가 목이 마를 때, 그때 그대가 '내가 물을 마시겠다.'라고 우물을 파게 하고, 저수지를 파게 하겠습니까?"

[밀린다 왕] "존자여, 그렇지 않습니다."

[나가세나] "대왕이여, 이와 마찬가지로 때가 되었을 때의 노력은 해야 할 일을 하지 않은 것입니다. 미리 노력을 기울이는 것이 해야 할 일을 하는 것입니다."

4. [밀린다 왕] "비유를 더 들어주십시오."

[나가세나] "대왕이여, 그대는 어떻게 생각합니까? 그대가 배가

---

255) kinti imaṁ dukkhaṁ nirujjheyya, aññañca dukkhaṁ nuppajjeyyā'ti : Miln. 31, 81. MKQ. 193에 따르면, 밀린다 왕은 그리스 인이 지닌 일반적인 견해 – 인생은 분명히 즐겁다 –를 품었으므로, 인생은 괴로움뿐이라는 염세적 견해를 이해하지 못했기 때문에 이 구절을 인용하면서 문답을 시작한 것이다.

고플 때, 그때 그대가 '내가 식사를 해야겠다.'라고 밭을 경작하게 하고 벼를 심게 하고 곡식을 거두게 하겠습니까?"

[밀린다 왕] "존자여, 그렇지 않습니다."

[나가세나] "대왕이여, 이와 마찬가지로 때가 되었을 때의 노력은 해야할 일을 하지 않은 것입니다. 미리 노력을 기울이는 것이 해야 할 일을 하는 것입니다."

5. [밀린다 왕] "비유를 더 들어주십시오."

[나가세나] "대왕이여, 어떻게 생각하십니까? 전쟁이 일어나면, 그때 비로소 그대는 해자를 파게 하고, 성벽을 쌓게 하고, 성문을 만들게 하고, 망루를 조성하게 하고, 곡물을 조달하게 하고, 그때 비로소 그대는 코끼리를 다루는 것을 배우게 하고, 말을 다루는 것을 배우게 하고, 전차를 다루는 것을 배우게 하겠습니까?"

[밀린다 왕] "존자여, 그렇지 않습니다."

[나가세나] "대왕이여, 이와 마찬가지로 때가 되었을 때의 노력은 해야 할 일을 하지 않은 것입니다. 미리 노력을 기울이는 것이 해야 할 일을 하는 것입니다. 대왕이여, 세존께서는 이렇게 말씀하셨습니다.

[세존] "슬기롭고 지혜로운 님은
자신에게 유익한 것을 알아서
어리석은 마부를 본받지 않고
올바로 실천하고 정진한다.256)

참으로 어리석은 마부는
평탄한 큰길을 벗어나

---

256) paṭigacceva taṁ kayirā | yaṁ jaññā hitamattano | na sākaṭikaṁ cintāya | mantādhīro parakkame || SN. I. 77. P-Dhp. 110-112와 병행한다. 이 시들에 대한 해석은 난해해서 각 나라의 번역에 크게 차이가 난다. Ggs. I. 92, Krs. I. 32, Cdb. 154, 상응 I. 97을 참고하기 바란다.

평탄하지 않은 길을 가다가
차축을 망가뜨려 걱정한다.257)

어리석은 자는 [67] 가르침을 따르지 않고
가르침 아닌 것을 따르니,
죽음의 문턱에 떨어진다.
차축을 망가뜨려 걱정하듯."258)

[밀린다 왕] "존자 나가세나여, 현명하십니다."

세 번째 노력의 행위에 대한 질문이 끝났다.

4. [지옥의 불의 열기에 대한 질문]
(Nerayikaggiuṇhabhāvapañha)

1. 왕이 말했다.

[밀린다 왕] "존자 나가세나여, 그대들은 '자연의 불 보다도 지옥의 불은 더욱더 맹렬하다. 조약돌을 자연의 불길 속에 던져 넣으면 하루가 지나도 용해되지 않는다. 그러나 누각 크기의 돌이라도 지옥에 던져 넣으면 순식간에 용해되어버린다.'라고 말하는데, 이 말을 나는 믿지 않습니다.259) 그리고 그대들은 '거기에 태어난 뭇삶들은 몇 천 년을 지옥의 고통 속에 들볶이더라도 용해되지 않는다.'라고 말하는데, 나는 그 말도 믿지 않습니다."

2. 장로가 말했다.

---

257) yathā sākaṭiko pattham | samaṁ hitvā mahāpathaṁ | visamaṁ maggam āruyha | akkhacchinno vajhāyati || = SN. I. 77.

258) evaṁ dhammā apakkamma | adhammam anuvattiya | mando maccumukhaṁ patto | akkhacchinno va jhāyatī'ti || = SN. I. 77.

259) etaṁ vacanaṁ na saddahāmi : 아마도 플라톤적 이성과 직관을 신뢰했던 밀린다 왕은 신화적 세계관이나 서른두 가지 상호(三十二相: Miln.75) 등에 대하여 회의적 눈을 갖고 있었다.

[나가세나] “대왕이여, 그대는 어떻게 생각합니까? 모든 암상어들도, 암악어들도, 암거북이들도, 암공작새도, 암비둘기도 단단한 돌이나 모래를 먹습니까?”

[밀린다 왕] “존자여, 그렇습니다. 먹습니다.”

[나가세나] “그러한 것들이 그들의 위장과 [68] 창자에 들어가면 용해됩니까?”

[밀린다 왕] “존자여, 그렇습니다. 용해됩니다.”260)

[나가세나] “그런데 그들의 뱃속에 태아가 있다면, 그것도 용해됩니까?”

[밀린다 왕] “존자여, 그렇지 않습니다.”

[나가세나] “무슨 까닭입니까?”

[밀린다 왕] “존자여, 업의 영향으로 용해되지 않는다고 생각합니다.”

[나가세나] “대왕이여, 이와 마찬가지로 업의 영향으로 지옥의 뭇 삶들은 몇 천 년을 지옥의 고통 속에 들볶이더라도 용해되지 않습니다. 그래서 세존께서는 ‘그 악업이 소멸되지 않는 한, 그는 죽지 않는다.’라고261) 말씀하셨습니다.”

3. [밀린다 왕] “비유를 더 들어주십시오.”

[나가세나] “대왕이여, 어떻게 생각하십니까? 모든 암사자들도, 암호랑이들도, 암표범들도, 암캐들도 단단한 뼈와 고기를 삼킵니까?”

[밀린다 왕] “존자여, 그렇습니다. 삼킵니다.”

[나가세나] “그러한 것들이 그들의 위장과 창자에 들어가면 용해됩니까?”

[밀린다 왕] “존자여, 그렇습니다. 용해됩니다.”

---

260) āma, bhante, vilayaṁ gacchantī'ti : 삼킨 돌이나 모래는 소화작용을 돕는 것이지 용해되는 것은 아니다.

261) so na tāva kālaṁ karoti, yāva na taṁ pāpakammaṁ byantīhotī'ti : MN. III. 166, 188; AN. I. 141

[나가세나] "그런데 그들의 뱃속에 태아가 있다면, 그것도 용해됩니까?"

[밀린다 왕] "존자여, 그렇지 않습니다."

[나가세나] "무슨 까닭입니까?"

[밀린다 왕] "존자여, 업의 영향으로 용해되지 않는다고 생각합니다."

[나가세나] "대왕이여, 이와 마찬가지로 업의 영향으로 지옥의 뭇삶들은 몇 천 년을 지옥의 고통 속에 들볶이더라도 용해되지 않습니다."

4. [밀린다 왕] "비유를 더 들어주십시오."

[나가세나] "대왕이여, 어떻게 생각하십니까? 모든 요나까의 미녀, 왕족의 미녀, 바라문의 미녀, 장자의 미녀들도, 단단한 고기를 먹습니까?"

[밀린다 왕] "존자여, 그렇습니다. 먹습니다."

[나가세나] "그러한 것들이 그들의 위장과 창자에 들어가면 용해됩니까?"

[밀린다 왕] "존자여, 그렇습니다. 용해됩니다."

[나가세나] "그런데 그들의 뱃속에 태아가 있다면, 그것도 용해됩니까?"

[밀린다 왕] "존자여, 그렇지 않습니다."

[나가세나] "무슨 까닭입니까?"

[밀린다 왕] "존자여, 업의 영향으로 용해되지 않는다고 생각합니다."

[나가세나] "대왕이여, 이와 마찬가지로 업의 영향으로 지옥의 뭇삶들은 몇 천 년을 지옥의 고통 속에 들볶이더라도 용해되지 않습니다. 그래서 세존께서는 '그 악업이 소멸되지 않는 한, 그는 죽지 않는다.'라고262) 말씀하셨습니다."

[밀린다 왕] "존자 나가세나여, 현명하십니다."

네 번째 지옥의 불의 열기에 대한 질문이 끝났다.

---

262) so na tāva kālaṁ karoti, yāva na taṁ pāpakammaṁ byantīhotī'ti : MN. III. 166, 188; AN. I. 141

5. [땅의 지탱에 대한 질문]
(Pathavisandhārakapañha)

1. 왕이 말했다.

[밀린다 왕] "존자 나가세나여, 그대들은 '이 땅은 물 위에 확립되어 있고, 물은 바람 위에 확립되어 있고, 바람은 허공 위에 확립되어 있다.'라고[263] 말하는데, 그 말을 나는 믿지 않습니다."

2. 장로는 수행자가 사용하는 물병[264]으로 물을 떠서 밀린다 왕에게 보여주면서 말했다.

[나가세나] "이 물이 바람에 의해서 들어 올려진 것처럼 그 물도 바람에 의해서 들어 올려진 것입니다."

[밀린다 왕] "존자 나가세나여, 현명하십니다."

다섯 번째 땅의 지탱에 대한 질문이 끝났다.

6. [소멸로서의 열반에 대한 질문]
(Nirodhanibbānapañha)

1. 왕이 말했다.

[밀린다 왕] "존자 나가세나여, 소멸이 열반입니까?"

[나가세나] "대왕이여, 그렇습니다. 소멸이 열반입니다."[265]

2. [밀린다 왕] "존자 나가세나여, [69] 어떻게 소멸이 열반입니까?"

[나가세나] "대왕이여, 모든 어리석은 범부는 안팎의 감역에 대하

---

263) ayaṁ mahā pathavī udake patiṭṭhitā, udakaṁ vāte patiṭṭhitaṁ, vāto ākāse patiṭṭhito'ti : DN. II. 107을 보라. 불교의 우주구조(宇宙構造)를 설명하는 수미산설에서 나온 것이다.

264) dhammakaraka : 한역에서 법병(法甁)이라고 하는데, MKQ. 195에 따르면, 수행승이 가지고 다니던 일종의 여과기와 같은 것이다. Vin. II. 118, 177, 302. Vin. III. 100에 따르면, 물은 법병(法甁) 속의 공기의 압력에 의해서 어느 정도 높이까지 유지된다.

265) nirodho nibbānan'ti : SN. II. 11; AN. V. 9

여 환영하고 환호하고 집착합니다. 그들은 그 흐름을 따라 전전하다가 태어남, 늙음, 죽음, 슬픔, 비탄, 고통, 근심, 절망에서 벗어나지 못한다고 나는 말합니다.[266] 대왕이여, 잘 배운 고귀한 제자는 안팎의 감역에 대하여 환영하지 않고 환호하지 않고 집착하지 않습니다. 그들은 그것에 대하여 환영하지 않고 환호하지 않고 집착하지 않아서 갈애가 소멸하고 갈애가 소멸하므로 집착이 소멸하고, 집착이 소멸하므로 존재가 소멸하고, 존재가 소멸하므로 태어남이 소멸하고, 태어남이 소멸하므로 늙음, 죽음, 슬픔, 비탄, 고통, 근심, 절망이 소멸합니다. 이와 같이 모든 괴로움의 다발이 소멸합니다. 대왕이여, 이와 같이 소멸이 열반입니다."

[밀린다 왕] "존자 나가세나여, 현명하십니다."

여섯 번째 소멸로서의 열반에 대한 질문이 끝났다.

7. [열반의 깨달음에 대한 질문]
(Nibbānalabhanapañha)

1. 왕이 말했다.

[밀린다 왕] "존자 나가세나여, 모두가 열반을 깨닫습니까?"

2. [나가세나] "대왕이여, 모두가 열반을 깨닫는 것은 아닙니다. 대왕이여, 올바로 실천하면서 곧바로 알아야 할 것들을 곧바로 알고, 두루

---

266) sabbe bālaputhujjanā kho, mahārāja, ajjhattikabāhire āyatane abhinandanti abhivadanti ajjhosāya tiṭṭhanti, te tena sotena vuyhanti, na parimuccanti jātiyā jarāya maraṇena sokena paridevena dukkhehi domanassehi upāyāsehi na parimuccanti dukkhasmāti vadāmi : 밀린다 왕의 '열반이 소멸인가?'라는 물음에 대해 나가세나가 '안팎의 감역에 환호하고 집착하며 생겨나는 그 흐름에 따라 생노병사가 생겨나는데, 그것의 소멸이 열반이다.'라고 대답하는 것은, '우리는 대상을 판단함에 오로지 감각에만 의존해서는 안 된다. 감각을 통해 실제로 무언가를 파악할 수 있는 지 알 수 없기 때문이다.'(Empilicus/Annes 2000, p.80)라고 주장하고 판단유보를 통해 견해와 편견을 떠나면 아타락시아(ataraxia)를 얻을 수 있다는 피론의 철학을 보는 듯하다.

알아야 할 것들을 두루 알고, 버려야 할 것들을 버리고, 닦아야 할 것들을 닦고, 깨달아야 할 것들을 깨달으면,267) 그가 열반을 깨닫는 것입니다."

[밀린다 왕] "존자 나가세나여, 현명하십니다."

일곱 번째 열반의 깨달음에 대한 질문이 끝났다.

8. [열반의 행복을 아는 것에 대한 질문]
(Nibbānasukhajānanapañha)

1. 왕이 말했다.

[밀린다 왕] "존자 나가세나여, 열반을 깨닫지 못한 자가 '열반은 행복하다.'라고268) 압니까?"

[나가세나] "대왕이여, 그렇습니다. 열반을 깨닫지 못한 자라도 '열반은 행복하다.'라고 압니다."

2. [밀린다 왕] "존자 나가세나여, 어떻게 열반을 깨닫지 못한 자가 '열반은 행복하다.'라고 압니까?"

[나가세나] "대왕이여, 어떻게 생각합니까? 대왕이여, 손발이 잘리지 않은 자들이 '손발이 잘리는 것은 괴로운 것이다.'라고 알 수 있습니까?"

[밀린다 왕] "존자여, [70] 그렇습니다. 알 수 있습니다."

3. [나가세나] "어떻게 그들이 알 수 있습니까?"

[밀린다 왕] "존자여, 그들은 다른 사람들이 손발이 잘려 비탄하는 소리를 듣고 '손발이 잘리는 것은 괴로운 것이다.'라고 압니다."

[나가세나] "대왕이여, 이와 같이 열반을 깨달은 님들의 말씀을

---

267) abhiññeyye dhamme abhijānāti, pariññeyye dhamme parijānāti, pahātabbe dhamme pajahati, bhāvetabbe dhamme bhāveti, sacchikātabbe dhamme sacchikaroti : SN. IV. 29; V. 52; MN. II. 143 참조.
268) sukhaṁ nibbānan'ti : Dhp. 204; Stn. 257; MN. I. 508

듣고 '열반은 행복하다.'라고 압니다."

[밀린다 왕] "존자 나가세나여, 현명하십니다."

여덟 번째 열반의 행복을 아는 것에 대한 질문이 끝났다.
첫 째 열반의 품이 끝났다.
이 품에 여덟 개의 질문으로 이루어졌다.

제2장 부처님의 품

(Buddhavagga)

1. [부처님의 존재유무에 대한 질문]

(Buddhassa atthinatthibhāvapañha)

1. 왕이 말했다.

[밀린다 왕] "존자 나가세나여, 그대는 부처님을 본 적이 있습니까?"[269]

[나가세나] "대왕이여, 본 적이 없습니다."

[밀린다 왕] "그러면 그대의 스승은 부처님을 본 적이 없습니까?"

[나가세나] "대왕이여, 본 적이 없습니다."

[밀린다 왕] "존자 나가세나여, 그렇다면 부처님은 존재하지 않습니다."[270]

2. [나가세나] "대왕이여, 그대는 히말라야 산에서 우하[271] 강을 본

---

269) bhante nāgasena, buddho tayā diṭṭho'ti : 그리스 인 밀린다 왕은 인간이면서 신적인 존재인 부처님의 존재를 믿을 수가 없었다. 그래서 부처님이 실존했던 인물인가라는 질문을 던진 것이다. Miln. 329-347에서도 이 문제를 다루고 있다.

270) natthi buddho'ti : 고따마 붓다 자신은 바라문들이 하느님의 실재를 믿는 것에 대하여 이처럼 비난을 하고 있다(DN. I. 235-252), 그와 관련해서 역으로 질문의 화살이 부처님을 향하고 있는 것이다.

271) Ūhā : 히말라야 산에 있는 강의 이름이다. 작은 강으로 이곳이 그 출처이고 현재 어디인지는 알 수 없다.

적이 있습니까?"

[밀린다 왕] "존자여, 본 적이 없습니다."

[나가세나] "그대의 아버지가 우하 강을 본 적이 있습니까?"

[밀린다 왕] "존자여, 본 적이 없습니다."

[나가세나] "대왕이여, 그렇다면 우하 강은 없습니까?"

[밀린다 왕] "존자여, 내가 우하 강을 본 적이 없고 나의 아버지가 우하 강을 본 적이 없더라도, 우하 강은 존재합니다."

[나가세나] "대왕이여, 이와 마찬가지로 내가 세존을 본 적이 없고 나의 스승이 세존을 본 적이 없더라도, 세존은 존재합니다.

[밀린다 왕] "존자 나가세나여, 현명하십니다."[272]

첫 번째 부처님의 존재유무에 대한 질문이 끝났다.

2. [부처님은 위없는 존재인가에 대한 질문] (Buddhassa anuttarabhāvapañha)

1. 왕이 말했다.

[밀린다 왕] "존자 나가세나여, 부처님은 위없는 분입니까?"

[나가세나] "대왕이여, 그렇습니다. 위없는 분입니다."

2. [밀린다 왕] "존자 나가세나여, 어떻게 그대는 예전에 본 적이 없는데, '부처님은 위없는 분이다.'라고 압니까?"

[나가세나] "대왕이여, 그대는 어떻게 생각하십니까? 예전에 큰 바다를 본 적이 없는 사람들이 '큰 바다는 실로 크고 깊어 측량할 수 없고 바닥을 알 수 없다. 거기에는 이러한 다섯 개의 큰 강, 즉 강가 강, 야무나 강, 아찌라바띠 강, 싸라부 강, 마히 강[273]이 항상 합류하여

---

272) 여기까지가 『나선비구경』(那先比丘經)B본 권중(卷中)에 해당한다.

273) gaṅgā yamunā aciravatī sarabhū mahī : 여기에 언급된 강들은 북인도의 오대강(五大江 : pañcamahānadā)이다. 강가 강은 갠지스 강, 야무나(Yamunā) 강은 꼬쌈비(Kosambī) 시를 지나 갠지스(Gāṅgā) 강으로 흘러들고, 히말라야에서 흘러오

흘러가는데, 결코 줄어들거나 넘치는 일이 없다.'라고[274] 압니까?

[밀린다 왕] "존자여, 그렇습니다. 압니다."

[나가세나] "대왕이여, 이와 마찬가지로 위대한 제자들이 완전한 열반에 든 것을 보고, 나는 [71] '세존께서는 위없는 분이다.'라고 압니다."

[밀린다 왕] "존자 나가세나여, 현명하십니다."

두 번째 부처님은 위없는 존재인가에 대한 질문이 끝났다

3. [부처님이 위없는 분인지를 아는가에 대한 질문]
(Buddhassa anuttarabhāvajānanapañha)

1. 왕이 말했다.

[밀린다 왕] "존자 나가세나여, 부처님은 위없는 분인 것을 알 수 있습니까?"

[나가세나] "대왕이여, 그렇습니다. 부처님은 위없는 분인 것을 알 수 있습니다."

2. [밀린다 왕] "존자 나가세나여, 어떻게 부처님은 위없는 분인 것을 알 수 있습니까?"

[나가세나] "대왕이여, 예전에 띳싸[275] 장로라고 하는 서사(書寫)의 스승[276]이 있었습니다. 그가 죽은 지 여러 해가 지났는데, 어떻게 그가

는 아찌라바띠(Aciravatī) 강은 싸라부(Sarabhū) 강과 만나 북 꼬쌀라와 남 꼬쌀라 사이를 가르면서 흐르다가 갠지스 강에 합류한다. 마히(Mahī) 강은 아라발리(Aravalli) 산맥에서 기원하여 캠베이(Cambay) 만에 도달하는 강의 이름이다.

274) mahanto kho mahāsamuddo gambhīro appameyyo duppariyogāho, yatthimā pañca mahānadiyo satataṁ samitaṁ appenti, seyyathidaṁ, gaṅgā yamunā aciravatī sarabhū mahī, neva tassa ūnattaṁ vā pūrattaṁ vā paññāyatī'ti : 유사한 비유가 Vin. II 237-238; AN. IV. 206에 나온다. 그리고 SN. IV. 376; MN. I. 487을 참조하라.

275) Tissa : 이곳이 그 출처이다.

276) lekhācariya : 경전을 서사(書寫)의 스승을 말한다.

알려집니까?"

[밀린다 왕] "존자여, 서사를 통해서입니다."

[나가세나] "대왕이여, 이와 마찬가지로 진리를 보는 자는 세존을 보는 것입니다.[277] 대왕이여, 진리는 세존께서 설하신 것이기 때문입니다."

[밀린다 왕] "존자 나가세나여, 현명하십니다."

세 번째 부처님이 위없는 분인 것을 아는가에 대한 질문이 끝났다.

4. [진리를 본 적이 있는가에 대한 질문]
(Dhammadiṭṭhapañha)

1. 왕이 말했다.

[밀린다 왕] "존자 나가세나여, 그대는 진리를 본 적이 있습니까?"

2. [나가세나] "대왕이여, 부처님께서 이끄는 대로, 부처님께서 말씀하신 대로 제자들은 평생을 살아야 하지 않겠습니까?"[278]

[밀린다 왕] "존자 나가세나여, 현명하십니다."

네 번째 진리를 본 적이 있는가에 대한 질문이 끝났다.

5. [옮겨감 없이 다시 태어남에 대한 질문]
(Asaṅkamanapaṭisandahanapañha)

1. 왕이 말했다.

---

277) yo dhammaṁ passati, so bhagavantaṁ passati: '진리를 보는 자는 나를 보고 나를 보는 자는 진리를 본다(yo kho dhammaṁ passati so maṁ passati, yo maṁ passati so dhammaṁ passati: SN. III. 120; Itv. 90-91)'

278) buddhapaññattiyā yāvajīvaṁ sāvakehi vattitabban'ti : DN. II. 154; MN. I. 310; AN. I. 199를 참조하라. 리스 데이비즈는 일종의 수수께끼같은 답을 한 것으로 보았으나, 이것은 밀린다 왕 당시의 서북인도의 불교적 성향을 보여주는 것이다. 진리인 법에 의해서 살아가는 것이 진정한 의미에서 진리를 보는 것을 함축하고 있다는 뜻이다.

[밀린다 왕] "존자 나가세나여, 옮겨가지 않고 다시 태어납니까?"

[나가세나] "대왕이여, 그렇습니다. 옮겨가지 않고 다시 태어납니다."[279)]

2. [밀린다 왕] "존자 나가세나여, 어떻게 옮겨가지 않고 다시 태어납니까? 비유를 들어주십시오."

[나가세나] "대왕이여, 어떤 사람이 등불에서 등불로 불을 붙일 경우, 대왕이여, 등불은 등불로부터 옮겨간 것입니까?"

[밀린다 왕] "존자여, 그렇지 않습니다."

[나가세나] "대왕이여, 이와 마찬가지로 옮겨가지 않고 다시 태어납니다."

3. [밀린다 왕] "비유를 더 들어주십시오."

[나가세나] "대왕이여, 그대가 어린아이였을 때 시의 스승[280)]에게서 시를 배운 것을 기억하고 계십니까?"

[밀린다 왕] "존자여, 그렇습니다."

[나가세나] "대왕이여, 그 시는 스승에게서 옮겨간 것입니까?"

[밀린다 왕] "존자여, 그렇지 않습니다."

[나가세나] "대왕이여, 이와 마찬가지로 옮겨가지 않고 다시 태어납니다."

[밀린다 왕] "존자 나가세나여, 현명하십니다."

다섯 번째 전이와 다시 태어남에 대한 질문이 끝났다.

6. [영혼에 대한 질문]

(Vedagūpañha)

---

279) na ca saṅkamati paṭisandahati cā'ti : 윤회의 주체가 없기 때문에, 옮겨가지 않고, 즉 전이(轉移)하지 않고, 행위의 조건에 따라 새롭게 다시 태어나는 것이다.

280) silokācariya : 게송(偈頌), 즉 시(詩)의 스승[師]이라는 뜻이다.

1. 왕이 말했다.

[밀린다 왕] "존자 나가세나여, 영혼은 있습니까?"

2. 장로가 말했다.

[나가세나] "대왕이여, 궁극적 의미로는 영혼은 없습니다."281)

[밀린다 왕] "존자 나가세나여, 현명하십니다."

여섯 번째 영혼에 대한 질문이 끝났다.

7. [다른 몸으로의 옮겨감에 대한 질문]
(Aññakāyasaṅkamanapañha)

1. 왕이 말했다.

[밀린다 왕] "존자 나가세나여, [72] 이 몸에서 다른 몸으로 옮겨가는 어떤 존재라도 있습니까?"

[나가세나] "대왕이여, 없습니다."

2. [밀린다 왕] "존자 나가세나여, 이 몸에서 다른 몸으로 옮겨가는 것이 없다면, 나쁜 업에서 벗어날 수 있겠습니까?"

[나가세나] "대왕이여, 그렇습니다. 다시 태어남이 존재하지 않는다면, 나쁜 업에서 벗어날 수 있습니다. 그러나 다시 태어남이 존재하기 때문에 나쁜 업에서 벗어날 수는 없습니다."

3. [밀린다 왕] "비유를 들어주십시오."

[나가세나] "대왕이여, 어떤 사람이 다른 사람의 망고 나무의 열매

---

281) paramatthena kho, mahārāja, vedagū nupalabbhatī'ti : 궁극적 의미란 한역에는 승의(勝義) 또는 제일의(第一義)라고 한다. 영혼(Miln. 54 참조) 또는 인식이나 행위의 주체는 존재할 수 없다. 경험의 주체를 상정하는 질문은 승의의 관점에서 인식되는 연기의 법칙 속에서 조건에 관한 질문으로 대체되어야 한다는 것을 지시하고 있다. 결국 주체문제는 원인에 대한 탐구에 불과하다. 경험의 주체가 존재한다면 그 주체는 인과의 존재상의 계기에서의 원인의 우선성에 불과한 것이다. 만약에 행위의 주체가 실체로서 존재한다면 그 주체는 불변성을 요청하게 되고 엄밀한 의미에서 연기의 존재상의 계기에서 그 계기성을 박탈하는 심각한 위협을 초래하게 된다.

를 훔쳤다면, 그는 처벌을 받아야합니까?"

[밀린다 왕] "존자여, 처벌을 받아야 합니다."

[나가세나] "대왕이여, 그가 다른 사람이 심었던 그 동일한 망고나무의 열매를 훔친 것이 아니라면, 왜 처벌을 받아야합니까?"

[밀린다 왕] "존자여, 그 동일한 망고 나무에 의지하여 생겨난 것이므로 처벌받아야 합니다."

[나가세나] "대왕이여, 이와 마찬가지로 이 명색으로 좋거나 나쁜 업을 짓고, 그 업에 의해서 다른 명색이 다시 태어남을 이루므로, 나쁜 업에서 벗어날 수는 없습니다."

[밀린다 왕] "존자 나가세나여, 현명하십니다."

일곱 번째 다른 몸으로의 옮겨감에 대한 질문이 끝났다.

8. [업보의 유무에 대한 질문]
(Kammaphalaatthibhāvapañha)

1. 왕이 말했다.

[밀린다 왕] "존자 나가세나여, 이 명색으로 착하고 건전하거나 악하고 불건전한 업을 지었다면, 어디에 이 업들이 존재합니까?"

[나가세나] "대왕이여, 그 업들은 그림자가 형체를 떠나지 않듯이, 명색을 따라다닙니다."[282]

2. [밀린다 왕] "존자여, 그 업들에 관해 '여기 또는 저기에 그 업들이 존재한다.'라고 보여줄 수 있습니까?"

[나가세나] "대왕이여, 그 업들에 관해 '여기 또는 저기에 그 업들

---

282) anubandheyyuṁ kho, mahārāja, tāni kammāni chāyāva anapāyinī'ti : 선악의 업들은 그림자처럼 인격적 개체인 명색을 따라다닌다는 뜻이다. MKQ. 211에 따르면, 윤회는 우리가 지은 행위(業)와 그림자처럼 동반하는 것이다. 그러나 업은 실체로서의 윤회의 주체가 아니므로 여기에 있다든가 저기에 있다라고 언어로서 지시될 수 있는 것은 아니다.

이 존재한다.'라고 보여줄 수 없습니다."

3. [밀린다 왕] "비유를 들어주십시오."

[나가세나] "대왕이여, 어떻게 생각하십니까? 이 나무들이 아직 열매를 맺지 않았는데, 그것들의 열매에 관하여 '여기 또는 저기에 그 열매들이 존재한다.'라고 보여줄 수 있습니까?"

[밀린다 왕] "존자여, 그렇지 않습니다."

[나가세나] "대왕이여, 이와 마찬가지로 끊임없는 상속에서 그 업들에 관해 '여기 또는 저기에 그 업들이 존재한다.'라고 보여줄 수 없습니다."

[밀린다 왕] "존자 나가세나여, 현명하십니다."

여덟 번째 업보의 유무에 관한 질문이 끝났다.

9. [다시 태어남의 인식에 대한 질문]
(Uppajjātijānanapañha)

1. 왕이 [73] 말했다.

[밀린다 왕] "존자 나가세나여, 다시 태어나는 자는 그가 다시 태어날 것을 알 수 있습니까?"283)

[나가세나] "대왕이여, 다시 태어나는 자는 그가 '나는 다시 태어날 것이다.'라고 알 수 있습니다."

2. [밀린다 왕] "비유를 들어주십시오."

[나가세나] "대왕이여, 농부인 장자는 씨앗을 땅에 뿌리고 올바로 비가 내리면, '곡식이 생겨날 것이다.'라고 알 수 있습니까?"

[밀린다 왕] "존자여, 그렇습니다. 알 수 있을 것입니다."

[나가세나] "대왕이여, 이와 마찬가지로 다시 태어나는 자는 그가 '나는 다시 태어날 것이다.'라고 알 수 있습니다.

---

283) yo uppajjāti, jānāti so 'uppajjissāmī'ti : Miln. 41을 참조하라.

[밀린다 왕] "존자 나가세나여, 현명하십니다."

아홉 번째 다시 태어남의 인식에 대한 질문이 끝났다.

10. [부처님의 존재에 대한 질문] (Buddhanidassanapañha)

1. 왕이 말했다.

[밀린다 왕] "존자 나가세나여, 부처님은 존재합니까?"

[나가세나] "대왕이여, 그렇습니다. 부처님은 존재합니다."

2. [밀린다 왕] "존자 나가세나여, 부처님께서 '여기에 계신다, 혹은 저기에 계신다.'라고 보여줄 수 있습니까?"

[나가세나] "대왕이여, 세존께서는 잔여가 없는 열반[284]에 완전히 들었으므로, 그 세존에 관하여 '여기에 계신다, 혹은 저기에 계신다.'라고 보여줄 수 없습니다."

3. [밀린다 왕] "비유를 들어주십시오."

[나가세나] "대왕이여, 어떻게 생각하십니까? 큰 불더미가 타고 있다가 그 불꽃이 소멸했다면, 그 불꽃에 관하여 '여기에 있다, 혹은 저기에 있다.'라고 보여줄 수 있습니까?"[285]

---

284) anupādisesanibbāna : 열반에는 두 가지가 있다. '잔여가 있는 열반(有餘依涅槃 : saupādisesanibbāna)'과 '잔여가 없는 열반(無餘依涅槃 : anupādisesanibbāna)'이 있다. 여기서 잔여란 갈애와 업에 의해서 생겨난 다섯 가지 존재의 다발의 복합체를 말한다.(Itv. 38-39) 전자는 살아 있는 동안 아라한이 획득한 탐욕과 성냄과 어리석음의 소멸을 뜻하고, 후자는 아라한의 죽음과 더불어 모든 조건지어진 것들의 남김없는 소멸을 뜻한다.

285) taṁ kiṁ maññasi, mahārāja, mahato aggikkhandhassa jalamānassa yā acci atthaṅgatā, sakkā sā acci dassetuṁ 'idha vā idha vā'ti : '밧차여, 그대 앞에 불이 꺼진다면, '그 불은 이곳에서 동쪽이나 서쪽이나 북쪽이나 남쪽의 어느 방향으로 간 것인가?'라고 묻는다면, 밧차여, 그 물음에 대하여 그대는 어떻게 설명하겠는가? 존자 고따마여, 그것은 타당하지 않습니다. 그 불은 섶과 나무라는 땔감을 조건으로 하여 타오르고, 그 땔감이 사라지고 다른 땔감이 공급되지 않으면, 자양이 없으므로 꺼져버립니다.'(MN. I. 487)

[밀린다 왕] "존자여, 그렇지 않습니다. 꺼지면 그 불꽃에 관하여 보여줄 수 없습니다."

[나가세나] "대왕이여, 이와 마찬가지로 세존께서는 잔여가 없는 열반에 완전히 들었으므로, 그 세존에 관하여 '여기에 계신다, 혹은 저기에 계신다.'라고 보여줄 수 없습니다. 그러나 대왕이여, 진리의 몸으로는[286] 세존의 존재를 보여줄 수 있습니다. 대왕이여, 세존께서는 진리를 가르치셨기 때문입니다."

[밀린다 왕] "존자 나가세나여, 현명하십니다."

열 번째 부처님의 존재에 대한 질문이 끝났다.
두 번째 부처님의 품이 끝났다.
이 품은 열 개의 질문으로 이루어졌다.

제3장 새김의 품

(Sativagga)

1. [몸의 사랑스러움의 대한 질문]

(Kāyapiyāyanapañha)

1. 왕이 말했다.

[밀린다 왕] "출가자에게도 이 몸은 사랑스런 것입니까?"

[나가세나] "대왕이여, 출가자에게 몸은 사랑스럽지 않습니다."

2. [밀린다 왕] "존자여, 그런데 어째서 소중히 하고 보살피는 것입니까?"

---

286) dhammakāyena : 법신(法身)이라는 말이지만, 후대의 대승불교에서 말하는 상주하는 법신(法身)의 개념은 초기불교에는 존재하지 않았다. 따라서 나가세나가 여래의 완전한 소멸인 '무여의열반(無餘依涅槃)'을 강조하는 마당에 법신이라고 번역하는 것은 타당하지 않다. 그래서 역자는 '진리의 몸'이라고 번역한다.

[나가세나] "대왕이여, 그대는 언젠가 어느 땐가 전쟁에 나아가 화살을 맞아 본 적이 있습니까?"[287]

[밀린다 왕] "존자여, 그렇습니다."

[나가세나] "대왕이여, [74] 상처에 연고를 바르고 기름을 칠하고 섬세한 붕대를 감지 않았습니까?"

[밀린다 왕] "존자여, 그렇습니다. 상처에 연고를 바르고 기름을 칠하고 섬세한 붕대를 감았습니다."

[나가세나] "대왕이여, 연고를 바르고 기름을 칠하고 섬세한 붕대를 감았는데, 그대의 상처는 사랑스러운 것입니까?"

[밀린다 왕] "존자여, 상처는 저에게 사랑스런 것이 아닙니다. 그러나 새살이 돋아나도록 연고를 바르고 기름을 칠하고 섬세한 붕대를 감았던 것입니다."

3. [나가세나] "대왕이여, 이와 마찬가지로 출가자에게 몸은 사랑스럽지 않습니다. 다만 출가자는 집착을 여의고 청정한 삶을 돕기 위해 몸을 보살피는 것입니다. 대왕이여, 세존께서는 몸은 상처와 같다고[288] 말씀하셨습니다. 그러므로 출가자는 집착을 여의고 상처처럼 몸을 보살핍니다. 대왕이여, 세존께서는 이렇게 말씀하셨습니다.

[세존] '젖은 피부로 싸여 있고
큰 상처인 아홉 개의 문[289]이 있으니,
부정하고 불결하고 악취나는 것이
온통 사방에서 흘러나온다.'"[290]

---

287) kiṁ pana te, mahārāja, kadāci karahaci saṅgāmagatassa kaṇḍappahāro hotī'ti? : 나가세나의 이 반문은 그리스 철학의 궁극적 목표, '승패에 집착하지 않지만, 잘 무장되어 있고 싸울 준비가 되어 있는 병사의 마음 상태'를 의미하는 아타락시아를 상기시킨다.

288) vaṇūpamo kāyo vutto bhagavatā : SN. IV. 177; MN. I. 500, II. 260을 참조하라.

289) navadvāra : 두 눈, 두 귀, 두 콧구멍, 입, 대소변의 문을 말한다.

[밀린다 왕] "존자 나가세나여, 현명하십니다."

첫 번째 몸의 사랑스러움에 대한 질문이 끝났다.

2. [일체지자의 존재에 대한 질문] (Sabbaññūbhāvapañha)

1. 왕이 말했다.

[밀린다 왕] "존자 나가세나여, 부처님께서는 일체지자(一切智者)[291]이자 일체견자(一切見者)[292]입니까?"

---

290) allacammapaṭicchanno | navadvāro mahāvaṇo | samantato paggharati | asucipūtigandhiyo || 경전에서 추적불가. KhpA. 46; Vism. 196에서 인용.

291) sabbaññū : 일체지자(一切智者)에 대하여 MN. I. 171에서 부처님은 스스로 '나는 모든 것에서 승리한 자, 일체를 아는 자. 모든 상태에 오염되는 것이 없으니 일체를 버리고 갈애를 부수어 해탈을 이루었다. 스스로 알았으니 누구를 스승이라 하겠는가?'라고 선언한다. 여기서 '일체를 아는 자(sabbavidū)'가 '일체지자(sarvajña)'이다. 또한 MN. II. 127에서 부처님은 빠세나디 왕에게 "대왕이여, 수행자 고따마가 '모든 것을 알고 모든 것을 보고, 완전한 앎과 봄을 주장할 수 있는 수행자나 성직자는 없다. 그것은 있을 수 없다.'고 말했다라고 이와 같이 말하는 사람들은 나에 대하여 내가 말한 바대로 말하는 것이 아니고, 나를 사실이 아닌 말로 비방하는 것입니다. … 대왕이여, 나는 '동시에 모든 것을 알고 모든 것을 보는 수행자나 성직자는 없다. 그것은 있을 수 없다.'라고 실제로 말했던 것을 분명히 압니다."라고 말씀하신다. 이것은 Pps. III. 357에 따르면, 한 번에 주의를 기울여, 한마음(ekacitta)으로 과거·현재·미래를 모두 알고 또한 보는 자는 없다는 것을 나타낸다. 여기서 (Miln. 107) 부처님의 일체지는 좀 더 구체적으로 주의를 기울여 원하는 것을 모두 아는 것을 의미한다. 예를 들어, 부처님께서 주의를 기울여 알려고 할 때는, 다른 사람이 한 쪽 손에 있는 물건을 다른 쪽 손에 옮길 때, 그 행위보다 빠르게 부처님의 일체지가 그것을 안다. 한편 일체지자의 일체지성(一切智性)에 대하여 『청정도론』(Vism. 202-203)에 다음과 같은 설명이 있다 : '명지(vijjā: 明智)를 갖추었다는 것은 일체지성(sabbaññutā: 一切智性)을 완성시켰다는 것이고, 덕행(caraṇa: 德行)을 갖추었다는 것은 대자비성(mahā- kāruṇikatā: 大慈悲性)을 완성시켰다는 것이다. 세존은 일체지성에 의해서 일체 뭇삶의 요익과 불익을 알고, 대비성에 의해서 일체 뭇삶의 불익을 피하고 요익을 증진시킨다.' 명지와 지혜의 완성적 표현인 일체지성과 쌍을 이루는 대자비성(大慈悲性)은 실천행과 자비의 완성적 표현이라는 사실을 알 수 있다. 여기서 명지란 삼명(三明: MN. I. 22) — 과거생을 기억하는 앎(pubbenivāsānussatiñāṇa: 宿命通), 생사에 대한 앎(cutûpapātañāṇa: 天眼通), 번뇌의 부숨에 대한 앎(āsavakkhayañāṇa: 漏盡通) — 또는 팔명(八明: DN. I. 100) — 삼

[나가세나] “대왕이여, 그렇습니다. 부처님께서는 일체지자이자 일체견자입니다.”293)

명(三明)과 통찰의 앎(vipassanāñāṇa), 정신으로 이루어진 앎(manomayañāṇa), 다양한 신통의 앎(iddhividhañāṇa: 神足通), 하늘귀의 앎(dibbasotañāṇa: 天耳通), 타인의 마음을 읽는 앎(cetopariyañāṇa: 他心通) ― 을 갖춘 것을 말하는데, 이것이 일체지성을 완성시킨다. 덕행을 갖추었다는 것은 ① 계행을 지키는 것, ② 감관의 수호, ③ 음식의 분량을 아는 것, ④ 깨어있는 것, ⑤ 믿음·부끄러움을 아는 것·창피함을 아는 것·많이 배우는 것·정진·새김·지혜의 일곱 가지 묘법(七妙法) ⑥ 네 가지 선정(四禪定)의 열다섯 가지 원리(十五法)를 갖춘 것을 말하는데, 이것이 대자비성을 완성시킨다. Smv. 1038에 이미 ‘지혜에 입각해서 세 가지 선행(三善行), 다섯 가지 계행(五戒), 열 가지 계행(十戒)을 채워서 천상계로 가는 자가 되고, 성문의 바라밀지(波羅密智), 연각의 보리지(菩提智), 부처님의 일체지지(一切智智)를 꿰뚫는다.’는 설명이 나온다. Mrp. I. 115에 따르면, 네 가지의 부처님이 있다. 즉 성문 부처님(聲聞佛 : sutabuddha), 사제 부처님(四諦佛 : catusaccabuddha), 연각 부처님(緣覺佛 : paccekabuddha), 일체지 부처님(一切智佛 : sabbaññubuddha)이 있다. 많이 배운 수행승은 성문 부처님이 되고, 번뇌를 부순 수행승은 사제 부처님이 되고, 이 아승지 십만 겁이 넘는 동안 바라밀을 닦아 스스로 연각의 지혜를 꿰뚫으면, 연각 부처님이 된다. 사 아승지 십만 겁, 팔 아승지 십만 겁, 십육 아승지 십만 겁이 넘는 동안 바라밀을 닦아 세 악마의 머리를 부수고 일체지의 지혜를 꿰뚫으면, 일체지자인 부처님이 된다. 이 네 부처님 가운데 일체지 부처님을 두고 유일무이(唯一無二)의 이렇게 오신 님, 거룩한 님, 올바로 원만히 깨달은 님이라고 한다. 『구사론』(大正25, 58b)에 따르면, 대중부 계통에서는 부처님은 일찰나심(一刹那心)에 일체를 알 수 있다고 주장했다. 그 근거는 분별을 뛰어넘는 무분별지에 의해 일체를 한 찰나에 알 수 있는 초월적 지혜, 즉 부처님에게만 고유한 성품이 있다는 것인데, 대승불교와 화엄경은 이러한 입장을 계승했다고 볼 수 있다.

292) sabbadassāvin : 일체지자(一切智者)와 동일한 의미로 쓰인 것이다. 부처님의 가르침에서 앎과 봄은 가장 중요한 가르침이다. 시각장애인이 ‘붉은 신호등일 때 서고 푸른 신호등일 때 가야 한다.’는 앎이 있어도, 실제 신호등 앞에서는 봄이 없기 때문에 그의 앎은 소용이 없다. 또 어린 아이는 신호등 앞에서 붉은 신호등이나 푸른 신호등을 볼 수 있어도, ‘붉은 신호등일 때 서야 하고 푸른 신호등일 때 가야 한다.’는 앎이 없기 때문에 그의 봄은 아무런 소용이 없다. 따라서 일체지자와 일체견자는 앎과 봄을 모두 갖춘 것이지만 한 측면을 강조하기 위해 쓰여진 것이다.

293) buddho sabbaññū sabbadassāvī'ti : MN. I. 171에서 부처님은 사명외도(使命外道) 우빠까에게 이렇게 말했다. 사명외도 우빠까에게 ‘나는 모든 것에서 승리한 자, 일체를 아는 자. 모든 상태에 오염되는 것이 없으니 일체를 버리고 갈애를 부수어 해탈을 이루었다. 스스로 알았으니 누구를 스승이라 하겠는가.’라고 말했다. 기타 일체지자 논쟁에 대해서는 MN. I. 92, 482, 519; II. 31, 126-127; AN. I. 220; Miln. 142, 301을 참조하라.

2. [밀린다 왕] "그런데 존자 나가세나여, 어째서 부처님께서는 제자들에게 때가 되었을 때에 학습계율을 제정했습니까?"294)

[나가세나] "그런데 대왕이여, 이 지상의 모든 약초를 알고 있는 어떤 의사가 있을까요?"

[밀린다 왕] "존자여, 그렇습니다. 있습니다."

[나가세나] "대왕이여, 그 의사는 환자에게 때가 되었을 때 약을 복용시킵니까? 혹은 때가 되지 않았는데 약을 복용시킵니까?"

[밀린다 왕] "존자여, 때가 되었을 때 약을 복용시키지, 때가 되지 않았을 때는 아닙니다."

3. [나가세나] "대왕이여, 이와 마찬가지로 부처님은 일체지자이자 일체견자로서 때가 되었을 때, 제자들에게 평생토록 범하지 말아야 할 학습계율을 제정하신 것입니다."

[밀린다 왕] "존자 나가세나여, 현명하십니다."

두 번째 일체지자의 존재에 대한 질문이 끝났다.

3. [위대한 사람의 특징에 대한 질문]
(Mahāpurisalakkhaṇapañha)

1. 왕이 말했다.

[밀린다 왕] "존자 나가세나여, [75] 부처님께서는 서른두 가지 위대한 사람의 특징295)을 갖추었고 여든 가지 미세한 특징296)으로

---

294) atha kissa nu kho, bhante nāgasena, sāvakānaṁ anupubbena sikkhāpadaṁ paññapesī'ti? : 부처님께서는 제자들에게 문제가 생길 때마다 학습계율을 제정했고, 상황이 바뀌면 이미 제정한 학습계율도 수정했다.

295) dvattiṁsamahāpurisalakkhaṇa : 한역으로 삼십이상 또는 삽십이대인상(三十二相, 三十二大人相)이라고 한다. DN. II. 17; MN. II. 136을 보라: *1)* 땅에 적응해서 안착되는 발, *2)* 발바닥에 천 개의 바퀴살과 테와 축이 달린 모든 형태가 완벽한 수레바퀴 문양, *3)* 넓고 원만한 발뒤꿈치, *4)* 긴 손발가락, *5)* 부드럽고 유연한 손발, *6)* 격자문양처럼 가지런한 손발가락, *7)* 복사뼈가 높은 위치에 있는 발, *8)* 사슴과 같

은 장딴지, 9) 똑바로 서서 구부리지 않아도 무릎에 와 닿는 두 손, 10) 몸속에 감추어진 성기, 11) 황금빛을 띤 황금과 같은 피부, 12) 섬세한 피부를 갖고 있는데, 피부가 섬세하므로 먼지나 때가 몸에 끼지 않음, 13) 몸의 털이 뭉치지 않고 제각기 자라는데, 그 각각의 털은 털구멍에 하나씩 자람, 14) 끝이 위로 향하는 몸의 털을 갖고 있는데, 위로 향하는 털은 감청색이고 검은 색깔이고 오른쪽으로 감겨 올라감, 15) 하느님처럼 단정한 몸매, 16) 일곱 군데가 융기된 몸, 17) 사자의 상반신과 같은 몸, 18) 양 어깨 사이에 패인 곳이 없음, 19) 니그로다 나무와 같은 균형잡힌 몸을 갖고 있는데, 양손을 활짝 뻗은 크기가 몸의 키와 같고, 몸의 키는 양손을 활짝 뻗은 크기와 같음, 20) 골고루 원만한 상반신, 21) 최상의 탁월한 맛을 느끼는 감각, 22) 사자와 같은 턱, 23) 마흔 개의 치아, 24) 평평하고 가지런한 치아, 25) 간격 없이 고른 치아, 26) 희고 빛나는 치아, 27) 넓고 긴 혀, 28) 까라비까 새의 소리처럼 청정한 음성, 29) 깊고 푸른 눈, 30) 황소의 것과 같은 속눈썹, 31) 미간에 희고 부드러운 솜과 같은 털, 32) 머리 위에 육계.

296) asītianuvyañjana : 한역으로 팔십종호(八十種好)라고 한다. 1) 손톱이 좁고 길고 엷고 구리빛으로 윤택한 것, 2) 손가락과 발가락이 둥글고 길어서 다른 사람보다 고운 것, 3) 손과 발이 제각기 같아서 다름이 없는 것, 4) 손발이 원만하고 부드러워 다른 사람보다 훌륭한 것, 5) 힘줄과 핏대가 잘 서리어 부드러운 것, 6) 복사뼈가 살 속에 숨어 나타나지 않는 것, 7) 걸음걸이가 곧고 반듯한 것이 코끼리와 같은 것, 8) 걸음 걷는 풍모가 사자와 같은 것, 9) 걸음걸이가 평안하길 받침대와 같은 것, 10) 걸음걸이가 위엄이 있어 주위에 감동을 주는 것, 11) 몸을 돌려 돌아보는 것이 코끼리 같은 것, 12) 팔다리의 마디가 수승하고 원만하고 긴 것, 13) 뼈마디가 서로 얽혀 조밀한 것이 용의 골반과 같은 것, 14) 무릎이 원만하고 곧고 아름다운 것, 15) 남근이 살 속에 숨어 있는 것이 말과 같은 것, 16) 몸과 팔다리가 윤택하고 미끄럽고 깨끗하고 부드러운 것, 17) 몸매가 바르고 곧아서 두려움이 없는 것, 18) 몸과 팔다리가 견고하고 조밀한 것, 19) 몸매가 반듯하고 동요가 없고 부수어지지 않는 것, 20) 몸매가 단정하고 신선과 같고 때가 없는 것, 21) 몸에 둥근 광명이 있어 한 길씩 뻗치는 것, 22) 배가 반듯하여 결점이 없고 유연하고 원만한 것, 23) 배꼽이 깊숙이 오른 쪽으로 감겨 오묘한 것, 24) 배꼽이 두텁고 두드러지거나 오목하지 않은 것, 25) 살갗이 깨끗하고 청정하여 허물이 없는 것, 26) 손바닥이 충만하고 유연하고 단정한 것, 27) 손금이 깊고 끊어지지 않고 분명하고 바른 것, 28) 입술이 붉고 윤택하여 빔바열매 같은 것, 29) 얼굴이 원만하여 크지도 작지도 않고 단엄한 것, 30) 혀가 넓고 길고 붉고, 신축성이 있어 이마까지 닿는 것, 31) 말소리가 위엄 있게 떨치는 것이 코끼리의 표호와 같은 것, 32) 목소리가 훌륭하고 계곡의 메아리 같은 것, 33) 코가 높고 곧아 콧구멍이 드러나지 않는 것, 34) 치아가 반듯하고 흰 것, 35) 송곳니가 깨끗하고 맑고 둥글고 끝이 날카로운 것, 36) 눈이 넓고 깨끗하여 눈동자에 검은 광명이 있는 것, 37) 눈이 커서 청련화처럼 사랑스러운 것, 38) 속눈썹이 가지런하여 소의 눈썹과 같은 것, 39) 두 눈썹이 길고 검고 빛나고 부드러운 것, 40) 두 눈썹이 아름답고 가지런하여 검붉은 에메랄드같은 것, 41) 두 눈썹이 높고 빛나 초승달과 같은 것, 42) 귀가 두텁고 길고 귓불이 늘어진 것, 43) 두 귀의 모양이 아름답고 가지

구별되었고, 몸은 황금색으로 빛나고, 피부는 황금과 닮았고, 한 발의 후광297)을 지니고 있었습니까?"

[나가세나] "대왕이여, 그렇습니다. 세존께서는 서른두 가지 위대한 사람의 특징을 갖추었고 여든 가지 미세한 특징으로 구별되었고, 몸은 황금색으로 빛나고 피부는 황금과 닮았고 한 발의 후광을 지니고 있었습니다."

련한 것, *44)* 입이 단정하고 아름다워 보기 싫지 않은 것, *45)* 이마가 넓고 원만하여 반듯하고 수승한 것, *46)* 윗몸이 원만하여 사자왕과 같은 것, *47)* 머리카락이 검고 길고 빽빽한 것, *48)* 머리카락이 향기나고 깨끗하고 부드럽고 윤택한 것, *49)* 머리카락이 고르고 가지런한 것, *50)* 머리카락이 단단하여 떨어지지 않는 것, *51)* 머리카락이 빛나고 매끄럽고 때가 끼지 않는 것, *52)* 몸매가 견고하고 충실한 것이 나라야나신(那羅延天) – 인도신화에서 가장 아름답게 표현되는 신이기도 하다. 그는 영원한 인간이자 창조주로서의 비슈누신의 화현 – 과 같은 것, *53)* 몸집이 장대하고 단정하여 곧은 것, *54)* 몸의 일곱 구멍이 맑고 깨끗하여 때가 끼지 않는 것, *55)* 근력이 충실하여 견줄 사람이 없는 것, *56)* 몸매가 엄숙하고 좋아 보는 사람마다 즐거워하는 것, *57)* 얼굴이 둥글고 넓고 깨끗한 것이 보름달 같은 것, *58)* 얼굴빛이 화평하여 미소를 띠운 것, *59)* 얼굴이 빛나고 주름이나 푸르고 붉은 빛이 없는 것, *60)* 몸과 팔다리가 청정하고 악취나 더러움이 없는 것, *61)* 털구멍에서 좋은 향기가 풍기는 것, *62)* 입에서 아름다운 향기가 나는 것, *63)* 목이 아름답고 둥글고 평평한 것, *64)* 몸의 털이 부드럽고 검푸른 빛으로 공작새의 깃털과 같은 것, *65)* 법문이 원만하여 듣는 사람의 많고 적음에 따라 널리 전달되는 것, *66)* 정수리가 높고 묘하여 볼 수가 없는 것, *67)* 격자문양처럼 손발가락이 가지런한 것, *68)* 걸어다닐 때에 발이 땅에 닿지 않고 네 치쯤 땅에 떠서 발자국을 남기지 않는 것, *69)* 신통으로 자신을 수호하여 다른 사람의 호위를 받지 않는 것, *70)* 위덕이 널리 미쳐 선한 이들이 듣기 좋아하고 악마와 외도들이 두려워 굴복하는 것, *71)* 목소리가 화평하고 맑아 여러 사람의 마음을 즐겁게 하는 것, *72)* 뭇삶의 근기에 따라 거기에 맞추어 법문을 설하는 것, *73)* 한 음성으로 법을 말하되 여러 부류가 알게 하는 것, *74)* 설법은 차례로 하되 반드시 인연을 살펴 잘못되지 않도록 설하는 것, *75)* 뭇삶을 관찰하여 선을 칭찬하고 악을 비난하는 법을 설하되 애증에 사로잡히지 않는 것, *76)* 일을 하되 먼저 관찰하고 뒤에 실행하여 제각기 마땅함을 얻는 것, *77)* 온갖 상호를 구족하여 아무리 보아도 다함이 없는 것, *78)* 머리의 뼈가 단단하여 여러 겁을 지내더라도 부서지지 않는 것, *79)* 용모가 준수하고 항상 젊은이와 같은 것, *80)* 손과 발과 가슴에 상서로운 공덕의 상과 모양을 구족한 것이다.

297) byāmappabha : 일심(一尋)으로 약1.83m에 해당한다. 양손을 완전히 폈을 때의 거리에 해당한다.

2. [밀린다 왕] "존자여, 그런데 그의 부모도 서른두 가지 위대한 사람의 특징을 갖추었고 여든 가지 미세한 특징으로 구별되었고, 몸은 황금색으로 빛나고 피부는 황금과 닮았고 한 발의 후광을 지니고 있었습니까?"

[나가세나] "대왕이여, 그렇지 않습니다. 그의 부모는 서른두 가지 위대한 사람의 특징을 갖추지 않았고 여든 가지 미세한 특징으로 구별되지도 않고, 몸은 황금색으로 빛나지 않았고 피부는 황금과 닮지 않았고 한 발의 후광을 지니고 있지 않았습니다."

[밀린다 왕] "존자 나가세나여, 그렇다면 서른두 가지 위대한 사람의 특징을 갖추었고 여든 가지 미세한 특징으로 구별되었고, 몸은 황금색으로 빛나고 피부는 황금과 닮았고 한 발의 후광을 지닌 부처님이 어떻게 태어난 것입니까? 분명히 아들은 어머니나 어머니의 친척과 닮을 것이고, 아버지나 아버지의 친척과 닮을 것입니다."

3. 장로가 말했다. [나가세나] "대왕이여, 백 개의 꽃잎을 지닌 연꽃이 있습니까?"

[밀린다 왕] "존자여, 그렇습니다. 있습니다."

[나가세나] "그런데 그것은 어디에서 생겨난 것입니까?'

[밀린다 왕] "진흙 속에서 생겨나 물속에서 자랍니다."[298]

[나가세나] "대왕이여, 그 연꽃은 색깔에 관해서, 혹은 향기에 관해서, 혹은 맛에 관하여, 진흙과 닮았습니까?"

[밀린다 왕] "존자여, 그렇지 않습니다."

[나가세나] "또는 색깔에 관해서, 혹은 향기에 관해서, 혹은 맛에 관하여, 물과 닮았습니까?"

[밀린다 왕] "존자여, 그렇지 않습니다."

---

298) kaddame jāyati udake āsīyatī'ti : SN. III. 140을 참조하라.

4. [나가세나] "대왕이여, 이와 마찬가지로 부모는 서른두 가지 위대한 사람의 특징을 갖추지 않았고 여든 가지 미세한 특징으로 구별되지도 않았고, 몸은 황금색으로 빛나지 않았고 피부는 황금과 같지 않았고, 한 발의 후광을 지니고 있지 않았지만, 세존께서는 서른두 가지 위대한 사람의 특징을 갖추었고 여든 가지 미세한 특징으로 구별되었고, 몸은 황금색으로 빛났고 피부는 황금과 같았고, 한 발의 후광을 지니고 있었습니다."

[밀린다 왕] "존자여, 나가세나여, 현명하십니다."

세 번째 위대한 사람의 특징에 대한 질문이 끝났다.

4. [세존의 하느님의 삶에 대한 질문]
(Bhagavato brahmacāripañha)

1. 왕이 말했다.

[밀린다 왕] "세존께서는 하느님의 삶을 사는 자[299]입니까?"

[나가세나] "대왕이여, 그렇습니다. 세존께서는 하느님의 삶을 사는 자입니다."

2. [밀린다 왕] "존자 나가세나여, 그렇다면, 부처님께서는 하느님의 제자입니까?"

[나가세나] "대왕이여, 그대에게 최상의 코끼리가 있습니까?"

[밀린다 왕] "존자여, 있습니다."

[나가세나] "대왕이여, [76] 그 코끼리는 언제 어디서나 왜가리[300]의 소리를 내지 않습니까?"

[밀린다 왕] "존자여, 그렇습니다. 왜가리의 소리를 냅니다."

---

299) brahmacārin : 한역에는 청정행자(淸淨行者) 또는 범행자(梵行者)라고 번역하는데, 하느님을 따르는 자 또는 하느님의 삶을 사는 자라고 할 수 있다.
300) koñcanāda : Miln. 404를 참조하라.

[나가세나] "대왕이여, 그렇다면, 그 코끼리는 왜가리의 제자입니까?"
[밀린다 왕] "존자여, 그렇지 않습니다."

3. [나가세나] "대왕이여, 하느님은 지혜가 있습니까, 지혜가 없습니까?"
[밀린다 왕] "존자여, 지혜가 있습니다."
[나가세나] "대왕이여, 그렇다면, 하느님은 세존의 제자입니까?"
[밀린다 왕] "존자 나가세나여, 현명하십니다."

네 번째 세존의 하느님의 삶에 대한 질문이 끝났다.

5. [세존의 구족계에 대한 질문]
(Bhagavato upasampadāpañha)

1. 왕이 말했다.
[밀린다 왕] "존자 나가세나여, 구족계는 아름다운 것입니까?"
[나가세나] "대왕이여, 구족계는 아름다운 것입니다."

2. [밀린다 왕] "존자여, 부처님께는 구족계를 받은 적이 있습니까, 없습니까?"

[나가세나] "대왕이여, 세존께서는 보리수 아래에서 일체지의 앎과 더불어 구족계를 갖춘 것입니다.301) 그러나 대왕이여, 세존께서 제자들을 위하여 평생을 어기지 말아야 할 학습계율을 제정해준 것처럼, 타인이 구족계를 세존께 제정해준 것은 없습니다."

[밀린다 왕] "존자 나가세나여, 현명하십니다."

다섯 번째 세존의 구족계에 대한 질문이 끝났다.

6. [눈물의 약성의 유무에 대한 질문]
(Assubhesajjābhesajjapañha)

---

301) upasampanno kho, mahārāja, bhagavā bodhirukkhamūle saha sabbaññutañāṇena : 부처님께서는 스스로 계행과 선정과 지혜를 닦아 구족계를 갖춘 것이라는 뜻이다.

1. 왕이 말했다.

[밀린다 왕] "존자 나가세나여, 어머니가 돌아가시어 우는 자와 진리를 사랑하여서 우는 자가 있다면, 그 둘 가운데 누구의 눈물이 약성이 있고 누구의 눈물이 약성이 없습니까?"

2. [나가세나] "대왕이여, 한 사람에게는 탐욕, 성냄, 어리석음으로 오염에 묶인 열뇌가 있을 것이고, 한 사람에게는 기쁨과 희열로 오염을 여읜 청량이 있을 것입니다. 대왕이여, 청량한 것은 약성이 있지만, 열뇌는 약성이 없습니다."

[밀린다 왕] "존자 나가세나여, 현명하십니다."

여섯 번째 눈물의 약성의 유무에 대한 질문이 끝났다.

7. [탐욕이 있는 자와 탐욕을 여읜 자의 차이에 대한 질문]
(Sarāgavītarāganānākaraṇapañha)

1. 왕이 말했다. [밀린다 왕] "존자 나가세나여, 탐욕이 있는 자와 탐욕을 여읜 자의 차이는 무엇입니까?"

[나가세나] "대왕이여, 한 쪽은 탐착하고 한 쪽은 탐착하지 않는 것입니다."

[밀린다 왕] "존자여, 탐착한다는 것과 탐착하지 않는다는 것은 어떤 것입니까?"

[나가세나] "대왕이여, 하나는 원하는 것이고, 하나는 원하지 않는 것입니다."

2. [밀린다 왕] "존자여, 나는 '탐욕이 있는 자나 탐욕을 여읜 자나 모두 단단한 음식이나 부드러운 음식에서 좋은 음식을 원하지 아무도 나쁜 음식을 원하지 않는다.'라고 보고 있습니다."

[나가세나] "대왕이여, 탐욕을 여의지 않은 자는 맛을 감지하고 맛에 대한 탐욕도 감지하면서 음식을 먹습니다만, 탐욕을 여읜 자는

맛을 감지하고 먹지만, [77] 맛에 대한 탐욕을 감지하고 먹지는 않습니다."

[밀린다 왕] "존자 나가세나여, 현명하십니다."

일곱 번째 탐욕이 있는 자와 탐욕을 여읜 자의 차이에 대한 질문이 끝났다.

8. [지혜의 소재에 대한 질문]
(Paññāpatiṭṭhānapañha)

1. 왕이 말했다.

[밀린다 왕] "존자 나가세나여, 지혜는 어디에 있습니까?"

[나가세나] "대왕이여, 아무 곳에도 없습니다."

2. [밀린다 왕] "존자 나가세나여, 그렇다면 지혜는 실재하지 않는 것입니까?"

[나가세나] "대왕이여, 바람은 어디에 있습니까?"

[밀린다 왕] "존자여, 아무 곳에도 없습니다."

[나가세나] "대왕이여, 그렇다면 바람은 실재하지 않는 것입니까?"

[밀린다 왕] "존자 나가세나여, 현명하십니다."

여덟 번째 지혜의 소재에 대한 질문이 끝났다.

9. [윤회에 대한 질문]
(Saṁsārapañha)

1. 왕이 말했다.

[밀린다 왕] "존자 나가세나여, 그대가 '윤회'라고 말하는 그 윤회는 어떤 것입니까?"302)

---

302) bhante nāgasena, yaṁ panetaṁ brūsi 'saṁsāro'ti, katamo so saṁsāro'ti? : 밀린다 왕의 질문에는 다음과 같은 그레코-부디즘적 복선이 깔려 있을 것이다. Bor. 11. 30에 따르면, 피타고라스는 전생에서 트로이 전쟁에 참여했던 헤르모티모였는데, 그 전생에서 사용한 방패를 어느 사원에서 발견했다고 하고, 플라톤

[나가세나] "대왕이여, 이 세상에 태어나 이 세상에서 죽고, 이 세상에 죽은 뒤에 다른 곳에 태어나고, 저 세상에서 태어나 저 세상에서 죽고, 저 세상에 죽은 뒤에 다른 곳에 태어납니다. 대왕이여, 이와 같이 윤회가 있습니다."

2. [밀린다 왕] "비유를 들어주십시오."

[나가세나] "대왕이여, 어떤 사람이 망고 열매를 먹고 씨앗을 심으면, 그곳에서 커다란 망고 나무가 생겨나고 열매를 맺을 것이고, 그때 그 사람이 거기서도 망고 열매를 먹고 씨앗을 심으면, 그곳에서도 커다란 망고나무가 생겨나 망고 열매를 맺을 것입니다. 이와 같이 우리는 그 나무들의 끝을 알 수가 없습니다. 대왕이여, 이와 마찬가지로 이 세상에 태어나 이 세상에서 죽어서, 이 세상에 죽은 뒤에 다른 곳에 태어나고, 저 세상에 태어나 저 세상에서 죽어서, 저 세상에 죽은 뒤에 다른 곳에 태어납니다. 대왕이여, 이와 같이 윤회가 있습니다."

[밀린다 왕] "존자 나가세나여, 현명하십니다."

아홉 번째 윤회에 대한 질문이 끝났다.

10. [오래된 것의 기억에 대한 질문]
(Cirakatasaraṇapañha)

1. 왕이 말했다.

[밀린다 왕] "존자 나가세나여, 무엇으로 과거의 오래된 것을 기억합니까?"303)

은 『신국론』에서 '에르'라는 이름을 가진 병사의 꿈 이야기 가운데 환생할 영혼들이 망각의 강물에서 자신의 운명을 선택하는 것을 기록하고 있다. 예를 들어 트로이전쟁의 그리스 총사령관인 아가멤논은 독수리, 오르페우스(그리스신화의 하프의 신)는 백조, 율리시스는 인간 중에서 가장 비천한 자를 선택하여 환생했다. 그리고 엠페도클레스는 자신의 전생을 '아가씨였고, 사슴이었고, 바다의 말 못하는 물고기였다.'라고 기억했다.

303) kena atītaṁ cirakataṁ saratī'ti : 무아설(無我說)의 이론적 난점으로 인도의

[나가세나] "대왕이여, 새김[304]으로 기억합니다."

2. [밀린다 왕] "존자 나가세나여, 마음으로 기억하는 것이지 새김으로 기억하는 것이 아니지 않습니까?"[305]

[나가세나] "대왕이여, 그대는 무엇인가 할 일을 하고 잊어버린 경험이 있습니까?"

[밀린다 왕] "존자여, 그렇습니다."

3. [나가세나] "대왕이여, 그 당시에 그대에게는 마음이 없었습니까?"

[밀린다 왕] "존자여, 그렇지 않습니다. 그 당시에 새김이 없었습니다."

[나가세나] "대왕이여, 그렇다면 왜 '마음으로 기억하는 것이지 새김으로 기억하는 것이 아니다.'라고 말했습니까?"

[밀린다 왕] "존자 나가세나여, 현명하십니다."

열 번째 오래된 기억에 대한 질문이 끝났다.

11. [자각적 인식으로서의 새김에 대한 질문]
(Abhijānantasatipañha)

1. 왕이 말했다.

[밀린다 왕] "존자 나가세나여, 모든 새김은 자각적 인식에서[306]

제학파의 공격을 받은 기억의 문제를 제시한 것이다. 주체로서의 자아가 없다면 기억의 파지나 과거의 상기라는 것이 어떻게 가능한가라는 질문과 같다. 이러한 입장은 무아설이 낯설었던 그리스 인에게도 마찬가지였을 것이다.

304) sati : MQ. I. 106의 '마음챙김(mindfulness)'이라는 번역은 적당하지 않다. 역자가 '새김'이라고 번역한 것은 그것이 우리말에서 과거에 대한 '기억' 뿐만 아니라 지금 여기에서의 '조각(彫刻)' — 물론 사유를 은유적으로 이해할 때에 — 이라는 의미를 모두 함축하기 때문이다. 기억이 없이는 사물에 대하여 지각한다는 것은 불가능한 것이다. FKM. 106에서도 역자처럼 새김(Gedächtnis)이라고 번역하고 있다. 상세한 설명에 관해서는 이 책의 해제를 참조하라.

305) nanu, bhante nāgasena, cittena sarati no satiyā'ti? : 밀린다 왕은 무의식적으로 마음이라는 인식의 주체를 세우려고 노력하고 있다.

생겨나는 것입니까? 혹은 외부적 동기에서[307] 생겨나는 것입니까?"

[나가세나] "대왕이여, [78] 새김은 자각적 인식에서 생겨나기도 하고 외부적 동기에서 생겨나기도 합니다."

2. [밀린다 왕] "존자 나가세나여, 모든 새김이 자각적 인식에서 생겨난다면, 외부적 동기에서 생겨나는 새김은 없는 것입니까?"

[나가세나] "대왕이여, 외부적 동기에서 생겨나는 새김이 존재하지 않는다면, 학예를 배우는 자들이 일의 분야나 기술의 분야나 학문의 분야를 통해서 해야 할 일이 결코 없을 것이고 스승도 필요가 없을 것입니다. 그러나 대왕이여, 새김이 외부적 동기에서도 생겨나기 때문에, 학예를 배우는 자들이 일의 분야나 기술의 분야나 학문의 분야를 통해서 해야 할 일이 있고 스승도 필요한 것입니다."

[밀린다 왕] "존자 나가세나여, 현명하십니다."

열한 번째 자각적 인식으로서의 새김에 대한 질문이 끝났다.
세 번째 새김의 품이 끝났다.
이 품은 열 한개의 질문으로 이루어졌다.

제4장 비물질적 원리의 결정의 품

(Arūpadhammavavattanavagga)

1. [새김의 발생에 대한 질문]

(Satiuppajjanapañha)

---

306) abhijānantā : MQ. 106에서는 '객관적 인지(knowing objectively)' 또는 '개인적 인지(knowing personally)', FKM. 106에서는 '자기의 인식(eignes Erkennen)', MKQ. 224에서는 '자각적 회상(回想)'이라고 번역하고 있다. 광의적 의미의 '곧바른 앎'을 지칭할 수 있으나, 협의적 의미로는 여섯 가지 '신통력'을 뜻한다.

307) kaṭumikā : MQ. 107에서는'인위적 도움(artificial aid)', FKM. 107에서는 '외부적 동기(äußere Veranlassung)', MKQ. 224에서는 외부적 동기에 해당하는 '시사(示唆)'라고 번역하고 있다.

1. 왕이 말했다.

[밀린다 왕] "존자 나가세나여, 몇 가지 형태로 새김이 생겨납니까?"

[나가세나] "대왕이여, 열일곱 가지 형태로 새김이 생겨납니다."308)

[밀린다 왕] "열일곱 가지 형태란 어떤 것입니까?"

[나가세나] "대왕이여, *1)* 자각적 인식에서 새김이 생겨나고, *2)* 외부적 동기에서도 새김이 생겨나고, *3)* 강력한 의식에서도 새김이 생겨나고, *4)* 요익의 식별에서도 새김이 생겨나고, *5)* 불익의 식별에서도 새김이 생겨나고, *6)* 유사성에서도 새김이 생겨나고, *7)* 차별성에서도 새김이 생겨나고, *8)* 대화의 이해에서도 새김이 생겨나고, *9)* 특징에서도 새김이 생겨나고, *10)* 기억에서도 새김이 생겨나고, *11)* 기호에서도 새김이 생겨나고, *12)* 산술에서도 새김이 생겨나고, *13)* 암송에서도 새김이 생겨나고, *14)* 수행에서도 새김이 생겨나고, *15)* 서책의 참조에서도 새김이 생겨나고, *16)* 관념의 연관에서도309) 새김이 생겨나고, *17)* 경험에서도 새김이 생겨납니다."

2. [나가세나] "*1)* 어떻게 자각적 인식에서 새김이 생겨납니까? 대왕이여, 존자 아난다310)와 재가의 여자신도 쿠줏따라311)와 다른 누구

308) sattarasahākārehi, mahārāja, sati uppajjātī'ti : 트렝크너본에는 '열여섯 가지 형태'라고 되어 있다. 그러나 본문의 설명에서는 열일곱 가지 형태이다. 한역을 하자면 십칠행상(十七行相)이 된다.

309) upanikkhepata : 가까이 둔 것, 저장한 것이라는 두 가지 뜻이 있다. MQ. 108에서는 전자를 기초로 관념의 연관성, FKM. 107에서는 '저당물'로 해석했다.

310) Ānanda : 부처님의 제자 수행승 가운데 '많이 배운 자 가운데 제일(多聞第一 : bahussutānaṁ aggaṁ)'이고, '새김 있는 님 가운데 제일(satimantānaṁ aggaṁ)'이고, '행동거취가 분명한 님 가운데 제일(gatimantānaṁ aggaṁ)'이고, '의지가 확고한 님 가운데 제일(dhitimantānaṁ aggaṁ)'이고, '시중드는 님 가운데 제일(upaṭṭhākānaṁ aggaṁ)'이었다. 그는 싸끼야무니 부처님의 사촌으로 같은 날에 태어났으며, 나중에 부처님의 시자가 되었다. 그의 아버지는 싸끼야 족의 쑷도다나(Suddhodana)왕의 형제인 아미또다나(Amitodana)였다. 아난다의 형제로는 이복형제인지 분명하지 않지만 마하나마(Mahānāma)와 아누룻다(Anuruddha)가 있었다. 그는 부처님께서 법륜을 굴리기 시작한 이듬해에 싸끼야 족의 왕자 밧디야(Bhaddiya), 아

라도 [79] 전생을 기억하는 자들이 전생을 회상하듯이, 이와 같이 자각적 인식에서 새김이 생겨납니다. 2) 어떻게 외부적 동기에서도 새김이 생겨납니까? 본래부터 기억을 잘 잊어버리는 자가 있다면, 다른 사람들이 그에게 졸라대어 기억을 떠올리게 하듯이, 이와 같이 외부적 동기로 새김이 생겨납니다. 3) 어떻게 강력한 의식에서도 새김이 생겨납니까? 왕위의 관정을 받을 때나, 흐름에 든 경지에 도달 할 때에, 그와 같이 생겨나는 강력한 의식으로부터 새김이 생겨납니다. 4) 어떻게 요익의 식별에서도 새김이 생겨납니까? 행복을 얻은 자가 '이러한

누룻다, 바구(Bhagu), 낌빌라(Kimbila), 데바닷따와 함께 교단에 들어갔다. 그의 친교사(親教師)는 벨랏타씨싸(Belaṭṭhasīsa)였고 뿐나 만따니뿟따(Puṇṇa Mantāniputta)의 설법을 듣고 흐름에 든 님[豫流者 : sotāpaṇṇa]의 경지에 이르렀다. 깨달은 뒤 20년간 부처님에게는 시자가 없었다. 그러나 20년 뒤 모든 위대한 제자들이 부처님을 시봉하길 원했을 때 부처님은 말없이 앉아 있던 아난다를 시자로 택했다. 아난다는 가사나 생필품이나 잠자리를 마련하고 방문객을 맞거나 여행을 준비하는 등의 일을 맡기로 하고 마지막으로 자신의 부재중에 한 설법을 자신에게 반복해 주길 요청해서 허락을 받았다. 그 후 25년간 아난다는 부처님을 그림자처럼 따라다니며 씻을 물을 준비하고 발을 씻어드리고 방청소를 하고 모든 곳을 따라다녔다. 그는 언제나 스승의 손이 닿는 곳에 있다가 필요한 것은 미리 알아서 조치했다. 밤에는 단단한 지팡이와 크나큰 등불을 들고 부처님의 향실(香室 : Gandhakuṭi)주변을 아홉 번이나 돌았다. 그 이유는 필요하면 부처님을 깨우고 때로는 주무시는 데 장애가 되는 요인을 제거하기 위해서였다. 그는 부처님이 열반에 드신 이후에 아라한의 경지를 얻어 칠엽굴(七葉窟 : Sattapaṇṇaguhā)에서 경전을 결집할 당시에 참여할 수 있었다. 그때 아난다가 대부분의 경들을 송출하여 후대에 대장경으로 남게 되었다.

311) Khujjuttarā : 부처님의 여제자인 재가의 여자신도 가운데 '많이 배운 님 가운데 제일(bahussutānaṁ aggaṁ)'이다. 그녀는 꼬쌈비 국의 부호 고씨따(Ghosita)의 하녀로 태어났다가 나중에 우데나 왕의 왕비 싸마바띠의 시녀가 되었다. 왕비는 그녀에게 하루에 8 까하빠나의 대가를 주고 꽃을 사오도록 했다. 쿳줏따라는 정원사 쑤마나(Sumana)에게서 4 까하빠나로 꽃을 사고 나머지 4 까하빠나는 자신이 가졌다. 어느날 부처님이 쑤마나를 방문하여 설법을 했는데 그녀는 그것을 듣고 흐름에 든 님이 되었다. 그날 그녀는 8 까하빠나를 다주고 꽃을 샀다. 왕비는 오늘 왜 꽃이 이렇게 많은가라고 묻자 그녀는 모든 이야기를 털어놓았다. 그때부터 왕비는 그녀를 향료를 탄 물에 목욕시키고 어머니처럼 대했다. 그녀가 부처님을 찾아가 설법을 듣고 오면, 왕비는 그녀에게 부처님의 가르침을 들었고 왕비가 부처님의 모습을 보고 싶어 하면, 궁전의 벽에 구멍을 내어 거리를 지나가는 부처님 모습을 보게 했다. 왕비가 마간디야의 음모에 희생된 이후 그녀는 주로 부처님의 설법을 들으며 보냈다.

상황에 이렇게 행복을 얻었다.'라고 상기하듯이, 이와 같이 요익의 식별에서도 새김이 생겨납니다. *5)* 어떻게 불익의 식별에서도 새김이 생겨납니까? 불행을 얻은 자가 '이러한 상황에 이렇게 불행을 얻었다.'라고 상기하듯이, 이와 같이 불익의 식별에서도 새김이 생겨납니다. *6)* 어떻게 유사성에서도 새김이 생겨납니까? 비슷한 사람을 보고 어머니나 아버지나 형제나 자매를 상기하거나, 낙타나 소나 나귀를 보고 다른 유사한 낙타나 소나 나귀를 상기하듯이, 이와 같이 유사성에서도 새김이 생겨납니다. *7)* 어떻게 차별성에서도 새김이 생겨납니까? 어떤 것에 대하여 '색깔은 이러하고, 소리는 이러하고, 냄새는 이러하고, 맛은 이러하고, 감촉은 이러하다'라고 상기하듯이, 이와 같이 차별성에서도 새김이 생겨납니다. *8)* 어떻게 대화의 이해에서도 새김이 생겨납니까? 본래부터 기억을 잘 잊어버리는 자가 있다면, 다른 사람들이 그를 상기시키면 그 때문에 그가 기억을 되살리듯이, 이와 같이 대화의 이해에서도 새김이 생겨납니다. *9)* 어떻게 특징에서도 새김이 생겨납니까? 밭을 가는 황소를 낙인(烙印)이라는 특징으로 알아채듯이, 이와 같이 특징에서도 새김이 생겨납니다. *10)* 어떻게 기억에서도 새김이 생겨납니까? 본래부터 기억을 잘 잊어버리는 자에게 '존자여, 기억하라. 존자여, 기억하라.'라고 거듭해서 상기시키듯이, 이와 같이 기억에서도 새김이 생겨납니다. *11)* 어떻게 기호에서도 새김이 생겨납니까? 서사를 배운 것으로 '이 철자의 다음에 이 철자를 써야 한다.'라고 알 수 있듯이, 이와 같이 기호에서도 새김이 생겨납니다. *12)* 어떻게 산술에서도 새김이 생겨납니까? 산술을 배운 것으로 계산하는 자들이 많은 수를 계산하듯이, 이와 같이 산술에서도 새김이 생겨납니다. *13)* 어떻게 암송에서도 새김이 생겨납니까? 암송을 배운 것으로 암송하는 자들이 [80] 많은 것을 암송하듯이, 이와 같이 암송에서도 새김이 생겨납니다. *14)* 어떻게 수행에서도 새김이 생겨납니까? 여기 수행승이 다양한 전생의 삶을 기억합니다. 예를 들어, '한 번 태어나고 두 번 태어나고 세 번 태어나고 네 번 태어나고 다섯 번 태어나고 열 번 태어나고 스무 번 태어나고 서른 번 태어나고 마흔 번 태어나고 쉰 번 태어나고 백 번 태어나고 천 번 태어나고 십만 번 태어나고 수많은 세계 파괴의 겁을 지나고 수많은 세계 발생의 겁을 지나고 수많은 세계 파괴와 세계 발생의 겁을[312] 지나면서, 당시에 나는 이러한 이름과 이러한 성을 지니고 이러한 용모를 지니고 이러한 음식을 먹고 이러한 괴로움과 즐거움을 맛보고 이러한 수명을 지녔고, 나는 그곳에서 죽은 뒤에 다른 곳에 태어났는데, 거기서 나는 이러한 이름과 이러한 성을 지니고 이러한 용모를 지니고 이러한 음식을 먹고 이러한 괴로움과 즐거움을 맛보고 이러한 수명을 지녔었고, 그곳에서 죽은 뒤에 여기에 태어났다.'라고 그가 그 자신의 다양한 전생의 삶을 구체적으로 상세히 기억하듯이, 이와 같이 수행에서도 새김이 생겨납니다. *15)* 어떻게 서책의 참조에서도 새김이 생겨납니까? 왕들이 교서를 상기하다가 '서책을 가져오라.'라고 하여, 그 서책으로 상기하듯이, 이와 같이 서책의 참조에서도 새김이 생겨납니다. *16)* 어떻게 관념의 연관에서도 새김이 생겨납니까? 가까이 놓여 있는 물건을 보고 다른 물건을 상기하듯이, 이와 같이 관념의 연관에서도 새김이 생겨납니다. *17)* 어떻게 경험에서도 새김이 생겨납니까? 보았기 때문에 형상을 기억하고, 들었기 때문에 소리를 기억하고, 맡았기 때문에 냄새를 기억하고, 맛보았기 때문에 맛을 기억하고, 접촉했기 때문에 감촉을 기억

312) aneke pi saṁvaṭṭakappe aneke pi vivaṭṭakappe, aneke pi saṁvaṭṭavivaṭṭakappe : '수많은 괴겁(壞劫)과 수많은 성겁(成劫), 수많은 성괴겁(成壞劫)을 지나면서'의 뜻이다. 'saṁvaṭṭakappa'는 세계소멸의 시기인 괴겁(壞劫)을 말하고, 'vivaṭṭakappa'는 세계생성의 시기인 성겁(成劫)을 말한다. 이것은 네 가지 우주의 순환과정 가운데 두 단계를 나타낸 것이다. 네 우주기는 아래와 같다: ① 우주소멸기(壞劫 : saṁvaṭṭakappa) ② 우주혼돈기(空劫 : saṁvaṭṭaṭṭhāyikappa) ③ 우주유지기(住劫 : vivaṭṭaṭṭhāyikappa) ④ 우주생성기(成劫 : vivaṭṭakappa)

하고, 의식했기 때문에 사실을 기억하듯이, 이와 같이 경험에서도 새김이 생겨납니다. 대왕이여, 이와 같이 열일곱 가지 형태로 새김이 생겨납니다.”

[밀린다 왕] “존자 나가세나여, 현명하십니다.”

첫 번째 새김의 생겨남에 대한 질문이 끝났다.

2. [부처님의 덕성에 관한 새김에 대한 질문]
(Buddhaguṇasatipaṭilābhapañha)

1. 왕이 말했다.

[밀린다 왕] “존자 나가세나여, 그대들은 ‘백 년 동안을 악하고 불건전한 일을 행하더라도, 죽는 순간에 한 번이라도 부처님에 대한 새김을 확립할 수 있다면, 그는 천상에 태어날 것이다.’313)라고 말했는데, 이 말을 나는 믿지 않습니다. 그러나 마찬가지로 ‘이 살생으로 지옥에 태어날 것이다.’라고 말했는데 이 말도 나는 믿지 않습니다.”

2. [나가세나] “대왕이여, 어떻게 생각하십니까? 작은 돌이라도 배가 없다면 물위에 뜰 수 있습니까?”

[밀린다 왕] “존자여, 그렇지 않습니다.”

[나가세나] “대왕이여, 백 대의 수레에 실은 돌들이라도 배에 실으면, 물위에 뜰 수 있습니까?”314)

---

313) yo vassasataṁ akusalaṁ kareyya, maraṇakāle ca ekaṁ buddhagataṁ satiṁ paṭilabheyya, so devesu uppajjeyyā'ti : 초기불교에서 부처님에 대한 새김(佛隨念, 念佛: Buddhānusati)의 명상이 있었지만, 그것이 믿음에 의한 구원과 연결을 시도하려고 싹을 틔운 것은 그레코-박트리아 시대인 것으로 보인다. 밀린다 왕이 이러한 사상을 믿을 수가 없는 것이라고 고백하는 이유가 있다. 그리스인들은 현세에서 조화로운 삶을 추구했으므로 밀린다 왕에게는 무시이래로 탐진치에 묶여 죄악을 범하며 윤회하는 인간의 근원적 악을 자각하고 믿음에 의한 구원을 얻고자하는 종교적 의식이 결핍되어 있었기 때문이다. 후대에 대승불교의 정토교(淨土敎)가 등장하면서부터는 이러한 생각이 가장 중요한 명상수행으로 자리 잡았다.

314) kiṁ nu kho, mahārāja, vāhasatampi pāsāṇānaṁ nāvāya āropitaṁ uda-

[밀린다 왕] "존자여, 그렇습니다."

[나가세나] "대왕이여, 배와 같이, 이와 같이 착하고 건전한 업들을 보아야 합니다."315)

[밀린다 왕] "존자 나가세나여, 현명하십니다."

세 번째 부처님의 덕성에 관한 새김에 대한 질문이 끝났다.

3. [괴로움을 버리기 위한 노력에 대한 질문] (Dukkhappahānavāyamapañha)

1. 왕이 말했다.

[밀린다 왕] "존자 나가세나여, 그대들은 과거의 괴로움을 버리기 위해 노력합니까?"

[나가세나] "대왕이여, 그렇지 않습니다."

[밀린다 왕] "존자여, 그러면 미래의 괴로움을 버리기 위해 노력합니까?"

[나가세나] "대왕이여, 그렇지 않습니다."

[밀린다 왕] "그러면, 현재의 괴로움을 [81] 버리기 위해 노력합니까?"

[나가세나] "대왕이여, 그렇지 않습니다."

---

ke uppilaveyyā'ti? : 이 구절과 관련해서 『나선비구경』에는 다음과 같은 나가세나의 말이 상세히 기록되어 있다: '배 가운데 있는 백장(百丈)의 큰 바위는 배로 인하여 가라앉지 않는다. 사람에게 본래 악이 있을지라도 한 번 부처님을 새기면, 그로 인해서 지옥에 들지 않고 문득 천상에 태어난다. 작은 돌이 가라앉는다는 것은 사람이 악을 저지르고 불경(佛經)을 알지 못하여 사후에 지옥에 떨어지는 것과 같다(船中百丈大石因船故不得沒. 人雖有本惡. 一時念佛. 用是故不入泥犁中. 便得生天上. 其小石沒者. 如人作惡不知佛經. 死後便入泥犁中.: T32. 717)' 이러한 이론에 기초해서 훗날 대승불교에서 나가르쥬나(龍樹: AD. 150-250)는 자력수행의 난행도(難行道)와 타력수행의 이행도(易行道)를 비교했다.

315) yathā, mahārāja, nāvā, evaṁ kusalāni kammāni daṭṭhabbānī'ti : 나가세나는 선업의 힘이 악업보다 강하다는 사실을 설하고 있다. 나가세나는 부처님에 대한 새김을 타력적 믿음이라고 보기보다는 자력적 선업의 일종이라고 설득하고 있다.

2. [밀린다 왕] "과거의 괴로움을 버리기 위해 노력하지 않고, 미래의 괴로움을 버리기 위해 노력하지 않고, 현재의 괴로움을 버리기 위해 노력하지 않는다면, 그대들은 무엇을 위하여 노력하는 것입니까?"

장로가 말했다.

[나가세나] "대왕이여, 원컨대 이 괴로움이 소멸되고 다른 괴로움이 일어나지 않기를 기원하며, 우리는 그 목적을 위하여 노력합니다."316)

[밀린다 왕] "존자여, 그러면 미래의 괴로움은 존재합니까?"

[나가세나] "대왕이여, 존재하지 않습니다."317)

[밀린다 왕] "존자 나가세나여, 그대들이 존재하지 않는 미래의 괴로움을 제거하기 위해 노력한다니 지나치게 현명하십니다."

3. [나가세나] "대왕이여, 어떤 적왕들, 적대자들, 반대자들이 그대와 맞선 적이 있습니까?"

[밀린다 왕] "존자여, 그렇습니다. 있습니다."

[나가세나] "대왕이여, 그때 비로소 그대들은 해자를 파게 하고, 성벽을 쌓게 하고, 성문을 만들게 하고, 망루를 조성하게 하고, 곡물을 조달하게 하겠습니까?"

[밀린다 왕] "존자여, 그렇지 않습니다. 그것은 미리 준비되어 있어야 합니다."

[나가세나] "대왕이여, 그때 비로소 그대들은 코끼리를 다루는 것을 배우게 하고, 말을 다루는 것, 전차를 다루는 것, 활쏘는 법. 칼쓰는 법을 배우게 하겠습니까?"

[밀린다 왕] "존자여, 그렇지 않습니다. 그것은 미리 학습되어 있어

---

316) kinti, mahārāja, idañca dukkhaṁ nirujjheyya, aññañca dukkhaṁ na uppajjeyyā'ti etadatthāya vāyamāmā'ti : Miln. 66-67을 참조하라.

317) natthi mahārājā'ti : 샴본에는 '존재합니다.'라고 되어 있다. 샴본의 긍정의 의미는 거기서 생겨날 괴로움을 버리고, 이미 생겨난 괴로움이 버려질 수 있도록, 미리 미래로 향한 노력을 계속한다고 하는 점이다.

야 합니다."

[나가세나] "무엇을 위해서입니까?"

[밀린다 왕] "존자여, 미래의 두려움을 예방하기 위해서입니다."

[나가세나] "대왕이여, 미래의 두려움은 있는 것입니까?"

[밀린다 왕] "존자여, 없습니다."

[나가세나] "대왕이여, 그대들이 존재하지 않는 미래의 두려움을 예방하기 위해 노력한다니 지나치게 현명하십니다."

4. [밀린다 왕] "비유를 더 들어주십시오."

[나가세나] "대왕이여, 어떻게 생각하십니까? 그대는 목이 마르게 되면, 그때 비로소 그대는 '내가 물을 마시겠다.'라고 우물을 파게 하고, 못을 파게 하고, 저수지를 파게 하겠습니까?"

[밀린다 왕] "존자여, 그렇지 않습니다. 그것은 미리 준비되어 있어야 있는 것입니다."

[나가세나] "무엇을 위해서입니까?"

[밀린다 왕] "존자여, 미래의 갈증을 예방하기 위해서입니다."

[나가세나] "대왕이여, 미래의 갈증은 있는 것입니까?"

[밀린다 왕] "존자여, 없습니다."

[나가세나] "대왕이여, 그대들이 존재하지 않는 [82] 미래의 갈증을 예방하기 위해 노력한다니 지나치게 현명하십니다."

5. [밀린다 왕] "비유를 더 들어주십시오."

[나가세나] "대왕이여, 그대는 어떻게 생각합니까? 그대가 배가 고플 때, 그때 그대가 '내가 식사를 해야겠다.'라고 밭을 경작하게 하고 벼를 심게 하겠습니까?"

[밀린다 왕] "존자여, 그렇지 않습니다. 그것은 미리 준비되어 있어야 합니다."

[나가세나] "무엇을 위해서입니까?"

[밀린다 왕] "존자여, 미래의 배고픔을 예방하기 위해서입니다."

[나가세나] "대왕이여, 미래의 배고픔은 있는 것입니까?"

[밀린다 왕] "존자여, 없습니다."

[나가세나] "대왕이여, 그대들이 존재하지 않는 미래의 배고픔을 예방하기 위해 노력한다니 지나치게 현명하십니다."

[밀린다 왕] "존자 나가세나여, 현명하십니다."

세 번째 괴로움을 버리기 위한 노력에 대한 질문이 끝났다.

4. [하느님세계에 대한 질문]
(Brahmalokapañha)

1. 왕이 말했다.

[밀린다 왕] "존자 나가세나여, 하느님세계는 여기서 얼마나 먼 것입니까?"

[나가세나] "대왕이여, 하느님세계는 여기서 아주 멉니다. 중각강당(重閣) 크기의 돌이 그곳에서 떨어져 밤낮으로 사만팔천 요자나를 떨어지다 보면, 넉 달 만에 땅에 떨어질 것입니다."

2. [밀린다 왕] "존자 나가세나여, 그대들이 '힘센 사람이 굽혀진 팔을 펴고 펴진 팔을 굽히는 듯한 사이에 신통변화를 갖추고 마음이 자재한 수행승은 잠부디빠에서 자취를 감추고 하느님세계에 나타날 것이다.'[318]라고 말하는 것을 나는 믿지 않습니다. 그가 이와 같이

---

318) seyyathāpi balavā puriso samiñjitaṁ vā bāhaṁ pasāreyya, pasāritaṁ vā bāhaṁ samiñjeyya, evameva iddhimā bhikkhu cetovasippatto jambudīpe antarahito brahmaloke pātubhaveyyā'ti : Vism. 378에 따르면 열 가지 신통변화(dasa iddhiyo)가 있다: ① 결의에 의한 신통변화, ② 신변에 의한 신통변화, ③ 정신에 의한 신통변화, ④ 앎의 편만(遍滿)에 의한 신통변화, ⑤ 삼매의 편만에 의한 신통변화, ⑥ 고귀한 신통변화, ⑦ 업이숙(業異熟)에 의한 신통변화, ⑧ 공덕에 의한 신통변화, ⑨ 명술(明術)로 이루어진 신통변화, ⑩ 그때그때 올바른 실천을 조건으로 성취된다는 뜻의 신통변화. 여기서 그리스인들은 이러한 신통변화를 믿지 않았다. 이어지는 대화에서 알 수 있듯이, 이러한 신통변화는 객관적 자연계에서 실재로 일어나는

아주 빠르게 몇 백 요자나를 갈 수 있습니까?"

장로가 말했다. [나가세나] "대왕이여, 그대의 출생지는 어디입니까?"

[밀린다 왕] "존자여, '알렉산드리아'로 두 강 사이의 지역입니다.[319] 거기서 나는 태어났습니다."

[나가세나] "대왕이여, 그 알렉산드리아는 여기서 얼마나 먼 것입니까?"

[밀린다 왕] "존자여, 이백 요자나 정도입니다."

3. [나가세나] "대왕이여, 그대가 거기서 무엇인가 할 일을 했고 기억하는 자로서 몸소 기억하고 있지 않습니까?"

[밀린다 왕] "존자여, 그렇습니다. 나는 기억하고 있습니다."

[나가세나] "대왕이여, 그대는 이백 요자나 거리를 쉽게 간 것입니다."

[밀린다 왕] "존자 나가세나여, 현명하십니다."

네 번째 하느님세계에 대한 질문이 끝났다.

5. [두 세계에 태어난 자들의 동시성에 대한 질문]
(Dvinnaṁ lokuppannānaṁ samakabhāvapañha)

1. 왕이 말했다.

일은 아니라는 것을 나가세나는 스스로 인정하게 된다. 따라서 그러한 측면에서는 대론에서 밀린다 왕이 승리한 셈인데, 주관적 관념계에서라도 일어난다는 측면에서는 나가세나가 승리한 셈이다.

319) alasando nāma dīpo : 알라싼다(Alasanda)는 그리스어 알렉산드리아(Alexandria)가 와전된 것이고 두 강사이의 지역으로 여기서 섬(dīpa)으로 표기된 것은 페르시아어 두 강 사이에 존재하는 육지란 의미의 두압(Duāb)에서 유래한 것이다. 아프가니스탄의 판쥐르(Panjshir) 강과 까뿌르(Kapur) 강 사이에 있는 차리까르(Chārikār) 근처에 알렉산드리아 시의 유적이 존재한다. 이곳이 싸갈라 시에서 200요자나 거리에 있는 곳이다. 1요자나는 시대에 따라 상이했는데, 차리까르(Chārikār)에서 싸갈라 시였던 쉬알꼬뜨(Śiālkoṭ)까지는 약500마일 정도이므로 1요자나가 2.5마일 정도라면 200요자나 거리가 된다. 한역에는 '나의 고향은 대진국(大秦國: Bactria)이고, 국명은 아려산(阿荔散: Alexandria)이다'(我本生大秦國. 國名阿荔散: T. 32, 717)라고 되어 있다.

[밀린다 왕] "존자 나가세나여, 누군가 이 세계에서 죽어서 하느님세계에 태어나는 것과 누군가 이 세계에서 죽어서 카슈미르[320]에 태어나는 것 가운데 누가 보다 오래 걸리고, 누가 보다 빠른 것입니까?"

[나가세나] "대왕이여, 동시적입니다."

2. [나가세나] "대왕이여, 그대가 [83] 태어난 마을은 어디입니까?"

[밀린다 왕] "존자여, '깔라씨'[321]라는 마을입니다. 나는 거기서 태어났습니다."

[나가세나] "대왕이여, 깔라씨 마을은 얼마나 먼 것입니까?"

[밀린다 왕] "존자여, 이백 요자나 정도입니다."

[나가세나] "대왕이여, 여기서 카슈미르까지는 얼마나 먼 것입니까?"

[밀린다 왕] "존자여, 십이 요자나 정도입니다."

3. [나가세나] "대왕이여, 깔라씨 마을을 생각해보십시오."

[밀린다 왕] "존자여, 생각했습니다."

[나가세나] "대왕이여, 카슈미르를 생각해보십시오."

[밀린다 왕] "존자여, 생각했습니다."

[나가세나] "대왕이여, 어느 쪽이 보다 멀고 어느 쪽이 보다 빠르다고 생각했습니까?"

[밀린다 왕] "존자여, 동시적입니다."

[나가세나] "대왕이여, 이와 마찬가지로 누군가 이 세계에서 죽어서 하느님세계에 태어나고, 누군가 이 세계에서 죽어서 카슈미르에 태어나면, 그들은 동시적으로 태어나는 것입니다."

4. [밀린다 왕] "비유를 더 들어주십시오."

---

320) Kasmīra(Kaśmīra) : 서북인도의 지방을 말한다.

321) Kalasigāma : 인더스 강의 알라싼다(Alasanda: Alexandria)의 섬에 있는 밀린다 왕이 태어난 마을이다. 리스 데이비즈(MQ. xxiii)은 이곳이 그리스 인의 정착촌인 카리시(Karisi)라고 추정한다. 이곳이 그 출처이다.

[나가세나] "대왕이여, 그대는 어떻게 생각하십니까? 두 마리의 새가 허공으로 난다면, 그들 가운데 한 마리는 윗가지에 내려앉고, 한 마리는 아랫 가지에 내려앉는데, 그들이 동시적으로 내려앉는다면, 어떤 그림자가 먼저 지상에 떨어지고, 어떤 그림자가 나중에 지상에 떨어지겠습니까?"

[밀린다 왕] "존자여, 동시적입니다."

[나가세나] "대왕이여, 이와 마찬가지로 누군가 이 세계에서 죽어서 하느님세계에 태어나고, 누군가 이 세계에서 죽어서 카슈미르에 태어나면, 그들은 동시적으로 태어나는 것입니다."

[밀린다 왕] "존자 나가세나여, 현명하십니다."

다섯 번째 두 세계에 태어난 자들의 동시성에 대한 질문이 끝났다.

6. [깨달음 고리에 대한 질문]
(Bojjhaṅgapañha)

1. 왕이 말했다.

[밀린다 왕] "존자 나가세나여, 깨달음 고리[322]는 몇 개입니까?"

[나가세나] "대왕이여, 일곱 개입니다."

[밀린다 왕] "존자여, 몇 개의 깨달음 고리로 깨닫는 것입니까?"

[나가세나] "대왕이여, 하나의 깨달음 고리, 즉 탐구의 깨달음 고리[323]로 깨닫는 것입니다."

2. [밀린다 왕] "존자여, 그렇다면 어째서 일곱 가지 깨달음 고리[324]

---

322) bojjhaṅgā : 아래의 일곱 가지 깨달음 고리를 참조하라.

323) ekena bojjhaṅgena bujjhati dhammavicayasambojjhaṅgenā'ti : 이러한 주장은 그레코-부디즘적 성격을 띠는 피론의 철학에 영향을 받은 것일 수 있다. 피론주의에 의하면, '절대적'인 것은 없으므로 진리는 끊임없는 '탐구'를 통해서만 드러난다.

324) satta bojjhaṅgā : 일곱 가지 깨달음 고리(七覺支)에 대해서는 이 책의 해제를 보라. 일곱 가지의 깨달음 고리는 다음과 같다 : ① 새김의 깨달음 고리(satisam-

라고 불립니까?"

[나가세나] "대왕이여, 어떻게 생각하십니까? 칼이 칼집에 꽂혀있거나 손에 놓여있지 않다면, 베어야 할 것을 벨 수 있습니까?"

[밀린다 왕] "존자여, 벨 수 없습니다."

[나가세나] "대왕이여, 이와 마찬가지로 탐구의 깨달음 고리가 없이 나머지 여섯 깨달음 고리로 깨달을 수가 없습니다."325)

[밀린다 왕] "존자 나가세나여, 현명하십니다."

네 번째 깨달음 고리에 대한 질문이 끝났다.

7. [악덕의 크고 작음에 대한 질문]
(Pāpapuññānaṁ appānappabhāvapañha)

1. 왕이 말했다.

[밀린다 왕] "존자 나가세나여, 공덕과 악덕 가운데 어떤 것이 더 큽니까?"

[나가세나] "대왕이여, [84] 공덕이 더욱 크고 악덕은 작습니다."

---

bojjhaṅga : 念覺支) : 신체적 · 언어적 · 정신적인 모든 행위와 움직임을 세밀히 기억하고 관찰하는 것을 말한다. ② 탐구의 깨달음 고리(dhammavicayasambojjhaṅga : 擇法覺支) : 교리의 여러 가지 문제에 관해 조사하고 연구하는 것을 말한다. 여기에는 종교적 · 윤리적 · 철학적 연구, 독서, 탐구, 논의, 대화를 비롯해서 교리문제에 관한 강연에 참가하는 것까지 포함된다. ③ 정진의 깨달음 고리(viriyasambojjhaṅga : 精進覺支) : 끝까지 결의를 다지고 밀고 나아가는 것을 말한다. ④ 희열의 깨달음 고리(pītisambojjhaṅga : 喜覺支) : 마음이 염세적이고 우울한 것과는 정반대로 경이와 희열에 넘친 상태를 지향한다. ⑤ 안온의 깨달음 고리(passaddhisambojjhaṅga : 輕安覺支) : 신체와 정신이 휴식을 취하는 상태로 신체적 정신적인 괴로움의 소멸을 지향한다. ⑥ 집중의 깨달음 고리(samādhisambojjhaṅga : 定覺支) : 정신집중이 되어 삼매에 든 상태를 지향한다. ⑦ 평정의 깨달음 고리(upekhāsambojjhaṅga : 捨覺支) : 인생의 파란곡절에서 침착한 마음을 유지하는 것으로 근심이 없고 평온한 마음의 상태를 말한다.

325) evameva kho, mahārāja, dhammavicayasambojjhaṅgena vinā chahi bojjhaṅgehi na bujjhatī'ti : 일곱 가지 깨달음 고리 가운데 탐구의 깨달음 고리가 가장 중요한 것으로 그것을 통해 궁극적 깨달음을 얻게 된다. 나머지 새김, 정진, 희열, 안온, 집중, 평정의 여섯 가지 깨달음 고리는 보조적 역할을 수행하는 것이다.

2. [밀린다 왕] "무슨 까닭입니까?"

[나가세나] "대왕이여, 악덕을 행하면 '내가 악덕을 지었다.'고 후회합니다. 그래서 악덕은 증가하지 않습니다. 그러나 대왕이여, 공덕을 지으면 후회가 없어지고, 후회가 없어지면 희열이 생겨나고, 희열이 생겨나면 기쁨이 생겨나고, 기쁨이 생겨나면 몸이 편안해지고, 몸이 편안해지면 행복을 느끼고, 행복해지면 마음이 집중되고, 집중되면 있는 그대로 분명히 압니다. 그러한 까닭에 공덕이 증대됩니다. 대왕이여, 사람이 형벌로 손발이 잘렸어도 세존께 한 움큼의 연꽃을 바치면, 구십일 겁의 우주기 동안 비참한 곳으로 떨어지지 않을 것입니다.[326] 대왕이여, 이러한 이유로 나는 '공덕이 더욱 크고 악덕은 작다.'라고 말합니다."[327]

[밀린다 왕] "존자 나가세나여, 현명하십니다.

일곱 번째 악덕의 크고 작음에 대한 질문이 끝났다.

8. [알거나 모르면서 악업을 짓는 것에 대한 질문]

(Jānantājānantapāpakaraṇapañha)

1. 왕이 말했다.

[밀린다 왕] "존자 나가세나여, 알면서 악업을 저지르고 모르면서

---

326) ekanavutikappāni vinipātaṁ na gacchissati : 샴본은 '구십일 겁 동안 복덕을 받을 것입니다.'라고 되어 있다. 『나선비구경』에는 구십일 겁 동안 다시 떨어져 지옥, 축생, 아귀 가운데 들지 않고, 천상에 태어났다가 천상에서 수명이 다하면 다시 돌아와 인간이 된다(九十一劫不復墮入泥犂中畜生薜茘道中. 得生天上. 天上壽終復還作人: T. 32, 718)라고 되어 있다. MQ. 116에 따르면, 구십일 겁은 특별한 숫자이다. MN. I. 483에 따르면, 고따마 붓다는 과거 구십일 겁의 생을 기억한다.

327) imināpi, mahārāja, kāraṇena bhaṇāmi 'puññaṁ bahutaraṁ, apuññaṁ thokan'ti : Miln. 290에서도 선(공덕)과 악(악덕) 가운데 어느 것이 더욱 강한 것인지에 대한 유사한 대론이 전개되는데 참조하기 바란다. 서북인도의 불교가 인간의 실존적 고통에도 불구하고 인간의 궁극의 운명에 대해서는 지극히 낙관적으로 보고 있었다는 것을 입증하는 것이다.

악업을 저지르는데, 어느 쪽이 더 악덕을 행한 것입니까?"328)

장로가 말했다. [나가세나] "대왕이여, 모르면서 악업을 저지르는 자가 더 악덕을 행한 것입니다."329)

2. [밀린다 왕] "존자 나가세나여, 우리의 왕자나 대신이 모르고 악업을 저지르면, 우리가 그를 두 배나 처벌해야 합니까?"

[나가세나] "대왕이여, 어떻게 생각하십니까? 뜨겁고 작열하고 불타오르고 불꽃이 이는 철환(鐵丸)을, 한 사람은 알고서 만지고, 한 사람은 모르면서 만진다면, 누가 더 심하게 화상을 입겠습니까?"

[밀린다 왕] "존자여, 모르고 잡는 자가 더 심하게 화상을 입을 것입니다."

[나가세나] "대왕이여, 이와 마찬가지로 모르면서 악업을 저지르는 자가 더 악덕을 행한 것입니다."

[밀린다 왕] "존자 나가세나여, 현명하십니다."

여덟 번째 알거나 모르면서 악업을 짓는 것에 대한 질문이 끝났다.

9. [웃다라꾸루 등에 가는 것에 대한 질문]
(Uttarakurukādigamanapañha)

---

328) bhante nāgasena, yo jānanto pāpakammaṁ karoti, yo ajānanto pāpakammaṁ karoti, kassa bahutaraṁ apuññan'ti? : 밀린다 왕의 이러한 질문은 그리스 비극을 통해서 혼돈과 무질서에 직면하여 괴로워하는 인간이 어쩔 수 없이 모순적이고 비도덕적인 방식으로 행동하는 모습을 상기시킨다.

329) yo kho, mahārāja, ajānanto pāpakammaṁ karoti, tassa bahutaraṁ apuññan'ti : MKQ. 264에 따르면, 나가세나의 이 주장은 '알고서 악을 행하는 자는 알지 못하고 악을 행하는 자보다 낫다'라는 소크라테스의 주장과 일치한다. 여기에는 알고서도 어쩔 수 없이 비도덕적으로 행동하는 인간의 비극에 대한 그레코-부디즘적 연민이 깔려 있다. 여기에 대하여 『나선비구경』에서는 '어리석은 자는 악을 저지르고 스스로 뉘우치지 못하므로 재앙이 크고, 현명한 자는 악을 저지르고서도 부당한 것을 알아 하루에 스스로 뉘우치는 까닭에 그 재앙이 적다.'(愚者作惡不能自悔故其殃大. 智者作惡知不當所爲. 日自悔過故其殃少: T. 32. 718)라는 말이 추가되어 있다.

1. 왕이 말했다.

[밀린다 왕] "존자 나가세나여, 이 육신으로써 웃따라꾸루[330)]나 하느님세계나 다른 대륙으로 갈 수 있는 자가 있습니까?"

[나가세나] "대왕이여, 그렇습니다. 이 네 가지 위대한 존재로 구성된 몸으로 웃따라꾸루나 하느님세계나 다른 대륙으로 갈 수 있는 자가 있습니다."[331)]

2. [밀린다 왕] "존자 나가세나여, 어떻게 그가 이 네 가지 위대한 존재로 구성된 몸으로 웃따라꾸루나 하느님세계나 다른 [85] 대륙으로 갈 수 있습니까?"

[나가세나] "대왕이여, 그대는 이 땅 위에서 한 뼘이나 한 완척(腕尺)을 뛰어오른 개인적 체험이 있습니까?"

[밀린다 왕] "존자여, 그렇습니다. 나는 개인적 체험을 갖고 있습니다. 존자 나가세나여, 나는 여덟 완척도 뛰어오릅니다. 존자 나가세나여, 어떻게 여덟 완척도 뛰어오를까요? 존자여, '여기서 뛰어내리겠다.'라고 발심하는 것과 동시에 나의 몸이 가벼워지기 때문입니다."

[나가세나] "대왕이여, 이와 마찬가지로 신통변화를 갖추고 마음의 자재를 얻은 수행승은 마음 가운데 몸을 상승시켜 마음의 힘으로

---

330) Uttarakuru : 북구로주(北倶盧洲) 또는 울단월주(鬱單越州)라고 한다. 수미산(須彌山 : Sineru)을 둘러싼 남섬부주(南贍部洲 : Jambūdīpa), 서우화주(西牛貨州 : Aparagoyāna), 북구로주(北拘盧州 : Uttarakuru), 동승신주(東勝身州 : Pubbavideha)의 하나이다.

331) yo iminā cātummahābhūtikena kāyena uttarakuruṁ vā gaccheyya, brahmalokaṁ vā, aññaṁ vā pana dīpan'ti : 지수화풍의 제원소로 구성된 육체가 천상의 세계로 간다고 말할 수 없지만, 정신으로 이루어진 몸을 만들어서 가는 것은 가능하다. DN. I.77에 "정신으로 만들어진 몸의 창조에 마음을 지향하게 하고 기울게 하여, 이 몸으로부터, 형상을 갖추고, 정신으로 만들어지고, 모든 사지를 갖추고, 감관이 결여되지 않은 다른 몸을 만든다."라는 구절이 있다. 대승불교의 정토사상에서도 자신의 자재력이나 부처님의 원력에 의해서 정토에 태어나는 것이 가능하지만 현재의 몸을 가지고 왕생하는 것은 아니다.

허공을 가는 것입니다.”

[밀린다 왕] “존자 나가세나여, 현명하십니다.”

아홉 번째 웃따라꾸루 등으로 가는 것에 대한 질문이 끝났다.

10. [커다란 뼈에 대한 질문]
(Dīghaṭṭhipañha)

1. 왕이 말했다.

[밀린다 왕] “존자 나가세나여, 그대들은 ‘백 요자나가 되는 커다란 뼈들이 있다.’라고 말하는데, 나무도 결코 백 요자나가 되지 않습니다. 어떻게 백 요자나가 되는 커다란 뼈들이 있겠습니까?”

2. [나가세나] “대왕이여, 어떻게 생각하십니까? ‘큰 바다에는 오백 요자나가 되는 물고기가 있다.’라고 들은 적이 있습니까?”

[밀린다 왕] “존자여, 들은 적이 있습니다.”

[나가세나] “대왕이여, 오백 요자나의 물고기의 뼈가 커다란 것입니까 백 요자나의 뼈가 커다란 것입니까?”

[밀린다 왕] “존자 나가세나여, 현명하십니다.”

열 번째 커다란 뼈에 대한 질문이 끝났다.

11. [호흡의 사라짐에 대한 질문]
(Assāsapassāsanirodhapañha)

1. 왕이 말했다.

[밀린다 왕] “존자 나가세나여, 그대들은 ‘호흡을 사라지게 할 수 있다.’라고 말했습니까?”

[나가세나] “대왕이여, 그렇습니다. 사라지게 할 수 있습니다.”

[밀린다 왕] “존자 나가세나여, 호흡을 어떻게 사라지게 할 수 있단 말입니까?”

2. [나가세나] "대왕이여, 그대는 예전에 누군가가 코고는 소리를 들은 적이 있습니까?"

[밀린다 왕] "존자여, 그렇습니다. 예전에 들은 적이 있습니다."

3. [나가세나] "대왕이여, 그 코고는 소리는, 그가 몸을 굽히면, 사라지겠습니까?"

[밀린다 왕] "존자여, 그렇습니다. 사라질 것입니다."

[나가세나] "대왕이여, 그 코고는 소리는, 몸을 닦지 않고 계행을 닦지 않고 마음을 닦지 않고 지혜를 닦지 않은 자에게도, 몸을 굽힐 때 사라질 것입니다. 하물며 몸을 닦고 계행을 닦고 마음을 닦고 지혜를 닦아 네 번째 선정332)에 도달한 자에게서 호흡이 사라지지 않겠습니까?"

[밀린다 왕] "존자 나가세나여, 현명하십니다."

열한 번째 호흡의 지멸에 대한 질문이 끝났다.

12. [바다에 대한 질문]
(Samuddapañha)

1. 왕이 말했다.

[밀린다 왕] "존자 나가세나여, '바다, 바다'라고 하는데, 무슨 까닭에 물을 '바다'라고 하는 것입니까?"

2. 장로가 [86] 말했다. [나가세나] "대왕이여, 물이 있는 만큼, 소금이 있고, 소금이 있는 만큼, 물이 있으므로 '바다'라고 하는 것입니다."333)

---

332) catutthajjhāna : Pps. II. 365에 따르면, 언어적 형성인 '사유와 숙고'는 두 번째 선정(二禪: dutiyajjhāna)에서 소멸하고, 신체적 형성인 '호흡'은 네 번째 선정(四禪: catutthajjhāna)에서 소멸하고, 정신적 형성인 '지각과 느낌'은 아홉 번째 선정(九禪)인 지각과 느낌의 소멸(想受滅: saññāvedayitanirodha)을 성취함으로써 소멸한다.

333) yattakaṁ, mahārāja, udakaṁ, tattakaṁ loṇaṁ. yattakaṁ loṇaṁ, tattakaṁ udakaṁ. tasmā 'samuddo'ti vuccatī'ti : 이것은 다소간 유사언어학적 해석

[밀린다 왕] “존자 나가세나여, 현명하십니다.”

열두 번째 바다에 대한 질문이 끝났다.

13. [바다의 한 가지 맛에 대한 질문]
(Samuddaekarasapañha)

왕이 말했다.

[밀린다 왕] “존자 나가세나여, 무슨 까닭에 바다는 한 가지 맛, 소금의 맛을 지녔습니까?”

[나가세나] “대왕이여, 물이 오랜 시간을 존재했기 때문에 바다는 한 가지 맛, 소금의 맛을 지녔습니다.”334)

[밀린다 왕] “존자 나가세나여, 현명하십니다.”

열세 번째 바다의 한 가지 맛에 대한 질문이 끝났다.

14. [미세한 것에 대한 질문]
(Sukhumapañha)

1. 왕이 말했다.

[밀린다 왕] “존자 나가세나여, 지극히 미세한 것을 절단할 수 있습니까?”

[나가세나] “대왕이여, 지극히 미세한 것을 절단할 수 있습니다.”

2. [밀린다 왕] “존자여, 지극히 미세한 것이 어떤 것입니까?”

[나가세나] “대왕이여, 지극히 미세한 것은 정신현상335)입니다.

에 유래한 견해이다. ‘바다(samudra)’를 ‘같다(sama)’와 ‘물(ud)’로 분리하여 ‘물이 소금과 같은 것’이라고 해석을 한 것이다.

334) cirasaṇṭhitattā kho, mahārāja, udakassa samuddo ekaraso loṇaraso’ti : 바다가 일미(一味)를 지니듯, 해탈의 경지는 일미를 지닌다. ‘크나큰 바다가 유일한 맛인 짠 맛을 지니고 있듯, 이 가르침과 계율은 유일한 맛인 해탈의 맛을 지니고 있다.’(Vin. II. 239; AN. IV. 203; Ud. 56)

335) dhamma : 정신의 대상으로서의 사실(法: dhamma)을 뜻하는데, 이해의 편의를

대왕이여, 그러나 정신현상이 모두 미세한 것은 아닙니다. 정신현상은 '미세한 것' 혹은 '거친 것'이라고 불립니다. 그런데 무엇인가를 절단해야 한다면, 모두 지혜로써 절단해야 합니다.336) 지혜를 절단할 수 있는 두 번째의 것은 없습니다."337)

[밀린다 왕] "존자 나가세나여, 현명하십니다."

열네 번째 미세한 것에 대한 질문이 끝났다.

15. [의식의 의미의 같고 다름에 대한 질문] (Viññāṇanānatthapañha)

1. 왕이 말했다.

[밀린다 왕] "존자 나가세나여, '의식'이라든가 '지혜'라든가 '생명체 안에 있는 영혼'이라는 것들은 의미도 다르고 표현도 다른 것입니까, 혹은 의미는 같은데 표현만 다른 것입니까?"

[나가세나] "대왕이여, 의식은 식별을 특징으로 하고, 지혜는 분명히 아는 것을 특징으로 하지만, 생명체 안에 있는 영혼의 존재는 인정되지 않습니다."338)

돕기 위해 역자는 정신현상이라고 번역한다. 가장 미세한 것은 정신현상이라는 뜻이 된다. 정신현상을 자를 수 있는 것은 지혜뿐이다.

336) yaṁ kiñci chinditabbaṁ, sabbaṁ taṁ paññāya chindati : Miln. 32를 참조하라. MKQ. 267에 따르면, 나가세나에게는 지혜는 단순히 여실하게 대상을 아는 것이 아니라, 앎과 동시에 미혹한 생존형태로서의 일체의 사실을 절단하여 모든 번뇌를 부수어버리는 작용을 한다. 지혜는 가장 궁극적인 것으로 이것을 자를 수 있는 것은 없다.

337) natthi dutiyaṁ paññāya chedanan'ti : MKQ. I. 267에 따르면, 지혜는 단순히 객관적인 것을 아는 정신작용이 아니라, 안다고 하는 것과 동시에 대상을 지배하는 것이다. 지혜의 활동에 의해 미혹한 생존의 현상인 정신현상을 절단하여 번뇌를 부수는 것이다. 지혜는 가장 궁극적인 것이고 지혜를 자를 수 있는 지혜와는 다른 두 번째 것은 없다.

338) vijānanalakkhaṇaṁ, mahārāja, viññāṇaṁ, pajānanalakkhaṇā paññā, bhūtasmiṁ jīvo nupalabbhati'ti : 밀린다 왕의 이 질문은 '인간의 영혼이 놓여 있는 장소는 심장에서 뇌까지이고, 심장 안의 영혼은 감정이고, 뇌 안에 있는 영혼은

2. [밀린다 왕] "만약 영혼의 존재가 인정되지 않는다면, 어떤 것이 시각으로 형상을 보고, 청각으로 소리를 듣고, 후각으로 냄새를 맡고, 미각으로 맛을 맛보고, 촉각으로 감촉을 접촉하고, 정신으로 사실을 식별합니까?"

장로가 말했다. [나가세나] "영혼이 시각으로 형상을 보고, 청각으로 소리를 듣고, 후각으로 냄새를 맡고, 미각으로 맛을 맛보고, 촉각으로 감촉을 접촉하고, 정신으로 사실을 식별한다면, 그 영혼은 시각의 문이 제거되면, 큰 허공을 통해 앞에 있는 형상을 훨씬 잘 볼 수 있을 것이고, 청각의 문이 제거되면, 큰 허공을 통해 소리를 훨씬 잘 들을 수 있을 것이고, 후각의 문이 제거되면, 큰 허공을 통해 냄새를 훨씬 잘 맡을 수 있을 것이고, 미각의 문이 제거되면, 큰 허공을 통해 맛을 훨씬 잘 맛볼 수 있을 것이고, 촉각의 문이 제거되면, 큰 허공을 통해 감촉을 훨씬 잘 촉지할 수 있습니까?"339)

[밀린다 왕] "존자여, [87] 그렇지 않습니다."

3. [나가세나] "그렇다면, 대왕이여, 생명체 안에 있는 영혼의 존재는 인정되지 않습니다."

[밀린다 왕] "존자 나가세나여, 현명하십니다."

열다섯 번째 의식의 의미의 같고 다름에 대한 질문이 끝났다.

16. [비물질적 것들의 구별하기 어려움에 대한 질문]
(Arūpadhammavavatthānadukkarapañha)

1. 왕이 말했다.

[밀린다 왕] "존자 나가세나여, 세존께서는 참으로 어려운 일을

이성과 지성이다. 영혼을 묶는 끈은 정맥, 동맥, 힘줄이다. … 영혼이 지상으로 내던져지면 육신과 비슷한 형태를 하고 공중을 방황하게 된다.'(유명한 철학자들의 생애, 2권172쪽)이라는 피타고라스의 영혼론을 대변하는 듯하다.

339) Miln. 55쪽에서도 유사한 논리가 전개된다.

하셨습니까?"

장로가 말했다. [나가세나] "대왕이여, 세존께서는 어려운 일을 하셨습니다."

2. [밀린다 왕] "그런데 존자여, 세존께서는 어떤 어려운 일을 하셨습니까?"

[나가세나] "대왕이여, 세존께서 하신 어려운 일은, 이 비물질적인 마음과 마음의 작용의 원리들이 한 대상에 작용하고 결정되는 것에 대하여 '이것이 접촉이고, 이것이 느낌이고, 이것이 지각이고, 이것이 의도이고, 이것이 마음이다.'라고 구별하여 설명하신 것입니다."340)

3. [밀린다 왕] "비유를 들어주십시오."

[나가세나] "대왕이여, 어떤 사람이 배를 타고 큰 바다로 나아가 손바닥으로 물을 떠서 혀로 맛보면, 그 사람은 '이것이 강가 강의 물이다. 이것이 야무나 강의 물이다. 이것이 아찌라바띠 강의 물이다. 이것이 싸라부 강의 물이다. 이것이 마히 강의 물이다.'라고 알 수 있습니까?"

[밀린다 왕] "존자여, 알기 어렵습니다."

[나가세나] "대왕이여, 이것보다 어려운 것을 세존께서 행하신 것입니다. 세존께서는 이 비물질적인 마음과, 마음의 작용의 원리들이 한 대상에 작용하고 결정되는 것에 대하여 '이것이 접촉이고, 이것이 느낌이고, 이것이 지각이고, 이것이 의도이고, 이것이 마음이다.'라고 구별하여 설명하셨습니다."

[밀린다 왕] "존자여, 훌륭하십니다."라고 왕은 아주 기뻐했다.

340) cittacetasikānaṁ dhammānaṁ ekārammaṇe vattamānānaṁ vavatthānaṁ akkhātaṁ 'ayaṁ phasso, ayaṁ vedanā, ayaṁ saññā, ayaṁ cetanā, idaṁ cittan'ti : 아비담마 교학이 일체의 법을 다섯 가지 - ① 색법(色法) ② 마음(心法) ③ 마음의 작용(心所法: 心作用) ④ 무위법(無爲法) ⑤ 심불상응행법(心不相應行法) - 로 분류한 것 가운데 ②와 ③을 특별히 지적한 것이다.

열여섯 번째 비물질적인 것들의 결정하기 어려움에 대한 질문이 끝났다.
제4장 비물질적 원리의 결정의 품이 끝났다.
이 품에 열여섯 개의 질문으로 이루어졌다.

- 밀린다팡하의 문답을 끝내며 -

(Milindapañhapucchāvisajjanā niṭṭhitā)

1. 장로가 말했다. [나가세나] "대왕이여, 지금 몇 시인지 아십니까?"

[밀린다 왕] "존자여, 지금 초야가 지나고 중야가 되었습니다. 횃불이 켜져 있습니다. 명령을 내렸으니 네 개의 깃발이 세워지고, 왕의 선물이 보고(寶庫)에서 조달될 것입니다."

2. 요나까인들은 이렇게 말했다.

[요나까인들] "대왕이여, 폐하께서는 슬기롭고, 장로께서는 현명합니다."

[밀린다 왕] "경들이여, 그렇습니다. 장로는 현자입니다. 그와 같은 스승이 있고 나와 같은 [88] 제자가 있다면, 현명한 사람이 진리를 터득하는 데 오랜 시간이 걸리지 않을 것입니다."

3. 왕은 질문과 답변에 만족하여 장로 나가세나에게 십만 금이 나가는 모포를 선물하고 말했다.

[밀린다 왕] "존자 나가세나여, 오늘부터 그대를 위해 팔백 일간 식사를 준비하겠습니다. 무엇이든 궁중에 그대에게 알맞은 것이 있으면, 그대를 초대하겠습니다."

[나가세나] "대왕이여, 그만 됐습니다. 나는 잘살고 있습니다."

[밀린다 왕] "존자 나가세나여, 나는 그대가 잘살고 있는 것을 알고 있습니다. 그렇다면 자신을 옹호하고 나를 옹호해 주십시오. 어떻게 자신을 옹호합니까? '나가세나가 밀린다 왕에게 신심을 일으키게 했으나 아무것도 얻은 것이 없다.'라고 세상의 악평이 닥쳐오면, 자신을

옹호하십시오. 어떻게 나를 옹호해줍니까? '밀린다 왕은 청정한 믿음을 갖게 되었지만, 믿음을 얻었다는 표시를 하지 않는다.'라고 세상의 악평이 닥쳐오면, 나를 옹호해 주십시오."

[나가세나] "대왕이여, 그렇게 하겠습니다."

4. [밀린다 왕] "존자여, 백수의 왕인 사자는 황금우리 속에 들어갔어도 밖으로 향하듯이, 이와 같이 나는 재가에 살고 있지만 언제나 밖을 향하여 살고 있습니다. 존자여, 만약에 내가 집에서 집 없는 곳으로 출가하면, 오래 살지는 못할 것입니다. 나에게는 적들이 많습니다."

그리고 존자 나가세나는 밀린다 왕의 물음에 해명했기 때문에 자리에서 일어나 승원으로 돌아갔다.

5. 존자 나가세나가 떠난 지 오래지 않아 밀린다 왕은 '내가 무엇을 질문했고 존자 나가세나가 무엇을 대답했는가?'라고 자문했다. 그리고 밀린다 왕은 '나는 모든 것을 잘 질문했고 존자 나가세나는 모든 것을 잘 대답했다.'라고 생각했다. 존자 나가세나도 승원으로 갔을 때 '밀린다 왕이 무엇을 질문했고 내가 무엇을 대답했는가?'라고 자문했다. 그리고 존자 나가세나는 '왕이 모든 것을 잘 질문했고 내가 모든 것을 잘 대답했다.'라고 생각했다.

6. 그 후 존자 나가세나는 그날 밤이 지나 아침 일찍 옷을 입고 가사와 발우를 갖추고 밀린다 왕이 있는 처소를 찾았다. 가까이 다가가서 마련된 [89] 자리에 앉았다. 그러자 밀린다 왕은 존자 나가세나에게 인사를 하고 한쪽으로 물러나 앉았다. 한쪽으로 앉아 밀린다 왕은 존자 나가세나에게 이렇게 말했다.

[밀린다 왕] "존자께서는 '내가 나가세나에게 질문했다.'라는 그 기쁨으로 밤을 지새웠다라고 보지 말아주십시오. 존자여, 나는 그날 밤 '내가 무엇을 질문했고 존자 나가세나가 무엇을 대답했는가?'라고 자문하고, '모든 것을 내가 잘 질문했고 모든 것을 존자 나가세나는

잘 대답했다.'라고 생각했습니다."

장로도 이렇게 말했다.

[나가세나] "대왕께서는 '내가 밀린다 왕의 질문에 답변했다.'라고 그 기쁨으로 밤을 지새웠다라고 보지 말아주십시오. 존자여, 나는 그 날 밤 '밀린다 왕이 무엇을 질문했고 내가 무엇을 대답했는가?'라고 자문하고 '왕이 모든 것을 잘 질문했고 내가 모든 것을 잘 대답했다.'라고 생각했습니다."

이렇게 그들 두 위대한 용은 서로가 잘 말한 것에 함께 기뻐했다.

제3편 밀린다팡하의 문답이 끝났다.[341]

341) milindapañhapucchāvisajjanā niṭṭhitā : 여기서 트랭크너본과 『나선비구경』A본과 B본이 모두 끝난다. 샴본에는 이 다음에 나오는 별기 「고따미의 옷보시에 대한 질문」(Gotamīvatthadānapañha)은 Miln. 240-242에서 따온 것이다. 후세에 붓다고싸가 다른 문헌에서 인용하는 『밀린다팡하』의 내용도 제3편까지로 국한된다.

하권

밀린다팡하

(Milindapañha)

제4편 양도논법에 속한 질문
(Meṇḍakapañha)

I. 서사(序詞)

(Pubbabhāgapāṭha)

1. [여덟 가지 논의에서 피해야 할 장소들]
(Aṭṭhamantaparivajjanīyaṭṭhānāni)

1. [송출자] 토론가이고 [90] 논쟁가이고
아주 슬기롭고, 감수성이 있는
밀린다 왕은 지혜를 나누기 위해
나가세나 존자에게 왔다.342)

그의 그늘 아래 살면서
거듭해서 질문하면서
지혜를 나누게 되어
그도 또한 삼장에 정통한 자가 되었다.343)

아홉 부류의 가르침을 천착하면서
한 밤중에 홀로`
난해하고 논란의 여지가 있는
여러 난문을 발견하였다.344)

---

342) bhassappavādo vetaṇḍī | atibuddhi vicakkhaṇo | milindo ñāṇabhedāya | nāgasenamupāgami ||
343) vasanto tassa chāyāya | paripuccham punappunaṁ | pabhinnabuddhi hutvāna | sopi āsi tipeṭako ||
344) navaṅgaṁ anumajjanto | rattibhāge rahogato | addakkhi meṇḍake pañhe | dunniveṭhe saniggahe || 아홉 부류의 가르침(九分敎)에 대해서는 Miln. 21과 주

2. [밀린다 왕은 이와 같이 생각했다.]

'진리의 제왕(法王)의 가르침에는
방편을 언급한 말씀이 있고,
연관을 언급한 말씀이 있고,
핵심을 언급한 말씀이 있다.345)

최승자께서 설한 난문에서
그 의미를 식별하지 못하면,
미래의 시대에
논쟁이 일어날 것이다.346)

논사에게 청정한 믿음을 내어
난문을 해결하게 하리라.
그가 현시하는 길을 따라
미래의 사람들은 그 길을 드러내리.347)

3. 이제 밀린다 왕은 날이 밝아 해가 솟아올랐을 때, 머리를 감고 이마에 두 손을 합장하고 과거, 미래, 현재에 올바로 원만히 깨달은 님들을 생각하면서 여덟 가지 서계348)를 다짐했다.

[밀린다 왕] "지금부터 이레 동안 여덟 가지 덕성을 취하여 고행을 실천하겠다. 그래서 나는 고행을 마치고 스승에게 호감을 산 뒤에349)

석을 참조하라.

345) pariyāyabhāsitaṁ atthi | atthi sandhāyabhāsitaṁ | sabhāvabhāsitaṁ atthi | dhammarājassa sāsane ‖

346) tesamatthaṁ aviññāya | meṇḍake jinabhāsite | anāgatamhi addhāne | viggaho tattha hessati ‖

347) handa kathiṁ pasādetvā | chejjāpessāmi meṇḍake | tassa niddiṭṭhamaggena | niddisissantyanāgate'ti ‖

348) aṭṭha vattapadāni : 여덟 가지 덕성으로 아래의 '정사를 돌보지 않겠다.' 등을 말한다.

349) ācariyaṁ ārādhetvā : 스승에게 인사의 예를 갖춘 것을 의미한다.

난문을 제기하겠다."

그래서 밀린다 왕은 왕의 한 벌 평복을 벗어버리고 장식을 떼어내고 가사를 몸에 걸치고 머리에 삭발한 것처럼 두건을 쓰고, 현자의 모습으로 여덟 가지 덕성의 서계를 다짐했다.

[밀린다 왕] "이레 동안 나는 왕으로서 *1)* 정사를 돌보지 않겠다. *2)* 탐욕을 수반하는 생각을 일으키지 않겠다. *3)* 분노를 수반하는 생각을 일으키지 않겠다. *4)* 어리석음을 수반하는 생각을 일으키지 않겠다. *5)* 노비와 일꾼 그리고 신하들에 대해서도 겸허한 태도를 취하겠다. *6)* 신체적으로나 [91] 언어적으로 나를 수호하겠다. *7)* 여섯 감역[350]도 남김없이 수호하겠다. *8)* 자애명상으로 마음을 향하게 하겠다."

4. 그는 이러한 여덟 가지 덕성의 서계를 다짐하고 여덟 가지 덕성의 서계를 마음에 확립한 뒤에 밖으로 나가지 않고 이레 동안 보내다가, 여드레째 날이 밝자, 아침 일찍 식사를 마치고 눈을 내리뜨고 말을 삼가고 단정하고 기품있는 몸가짐을 확립하고 마음을 흐트러지지 않게 하고, 기뻐하고 감격하고 청정한 믿음으로 가득 차, 장로 나가세나에게 다가가서 장로의 두발에 머리를 조아리고 인사한 뒤에 한쪽에 서서 이렇게 말했다.

[밀린다 왕] "존자 나가세나여, 나에게는 그대와 함께 논의해야 할 사항들이 있는데, 거기에 어떤 다른 제삼자라도 있기를 원하지 않습니다. 텅 빈 공간에 있고 한적한 장소인, 여덟 가지 관점[351]에서 수행자가 살기에 적당한 숲속에서 그 질문이 제기되어야 하겠습니다. 거기서 그대는 나에게 감추어야 하고 숨겨야 할 것은 없습니다. 고귀한 논의에 들어갔을 때에 나는 지켜야 하는 비밀을 들을 가치가 있는

---

350) saḷāyatana : 육처(六處) 또는 육입(六入)으로 여섯 가지 감각능력과 감각대상을 말한다.

351) aṭṭhaṅga : 아래의 여덟 가지 장소, 여덟 가지 논의를 훼손시키는 사람들의 관점을 말한다.

사람입니다. 비유에 의해서도 그 사실은 구체적으로 확인될 것입니다. 마치 이러한 것과 같습니다. 존자 나가세나여, 재보를 숨기려 할 때 대지가 거기에 적합하듯이, 존자 나가세나여, 이와 마찬가지로 고귀한 논의에 들어갔을 때에 나는 지켜야 하는 비밀을 들을 가치가 있는 사람입니다."

5. 왕은 존자와 함께 한적한 숲속에 들어가서 이렇게 말했다.

[밀린다 왕] "존자 나가세나여, 세상에는 논의하고자 하는 사람이 피해야 할 여덟 가지 장소가 있습니다. 그 장소에서는 현명한 자가 주제를 심의하지 않고, 심의하더라도 주제가 붕괴되어 성립하지 않습니다. 어떤 여덟 가지 장소입니까? *1)* 평탄하지 않은 장소는 피해야 합니다. *2)* 공포스러운 장소는 피해야 합니다. *3)* 바람이 심한 장소는 피해야 합니다. *4)* 가려진 장소는 피해야 합니다. *5)* 신성한 장소는 피해야 합니다. *6)* 길거리는 피해야 합니다. *7)* 교각은 피해야 합니다. *8)* 목욕장은 피해야 합니다."

6. 장로가 말했다. [나가세나] "어떤 결점이 평탄하지 않은 장소, 공포스러운 장소, 바람이 심한 장소, 가려진 장소, 신성한 장소, 길거리, 교각, 물가의 욕장에 있습니까?"

[밀린다 왕] "존자 나가세나여, [92] *1)* 평탄하지 않은 장소에서 논의하면, 주제는 흩어지고 파괴되고 유출되어 생겨나지 않습니다. *2)* 공포스러운 장소에서는 마음이 떨고, 떨면 올바로 사태를 관찰하지 못합니다. *3)* 바람이 심한 장소에서는 소리가 명료하지 않게 됩니다. *4)* 가려진 장소에서는 사람들이 엿듣습니다. *5)* 신성한 장소에서 논의하면, 주제가 무거워집니다. *6)* 길거리에서 논의하면, 주제가 허망해집니다. *7)* 교각에서 논의하면, 주제가 동요합니다. *8)* 물가의 욕장에서 논의하면 주제가 공개적이 됩니다. 그래서 이러한 시가 있습니다.[352]

'평탄하지 않은 곳, 공포스러운 곳,

바람이 심한 곳, 가려진 곳,
신성한 곳, 길거리, 교각, 물가의 욕장,
이 여덟 장소를 피해야 하리.'"353)

첫 번째 여덟 가지 논의에서 피해야 할 장소들이 끝났다.

2. [여덟 가지 논의를 훼손시키는 사람들]
(Aṭṭhamantavināsakapuggalā)

7. [밀린다 왕] "존자 나가세나여, 이러한 여덟 부류의 사람은 논의할 때에 논의의 주제를 훼손시킵니다. 어떤 여덟 부류인가? ① 탐욕을 행하는 자, ② 성냄을 행하는 자, ③ 미혹을 행하는 자, ④ 교만을 부리는 자, ⑤ 욕심이 많은 자, ⑥ 나태한 자, ⑦ 한 가지 일밖에 모르는 자, ⑧ 어리석은 자입니다. 이러한 여덟 부류의 사람들이 논의의 주제를 훼손시킵니다."

장로가 말했다.

[나가세나] "그들에게는 어떤 잘못이 있습니까?"

[밀린다 왕] "존자 나가세나여, *1)* 탐욕을 행하는 자는 탐욕으로 논의의 주제를 훼손시킵니다. *2)* 성냄을 행하는 자는 성냄으로 논의의 주제를 훼손시킵니다. *3)* 미혹을 행하는 자는 미혹으로 논의의 주제를 훼손시킵니다. *4)* 교만을 부리는 자는 교만으로 논의의 주제를 훼손시킵니다. *5)* 욕심이 많은 자는 욕심으로 논의의 주제를 훼손시킵니다. *6)* 나태한 자는 나태로 논의의 주제를 훼손시킵니다. *7)* 한 가지 일밖에 모르는 자는 한 가지 일로 논의의 주제를 훼손시킵니다. *8)* 어리석은 자는 어리석음으로 논의의 주제를 훼손시킵니다."

그래서 이러한 시가 있습니다.

---

352) bhavatīha : 이 경에서만 보이는 표현이다.
353) visamaṁ sabhayaṁ ativāto | paṭicchannaṁ devanissitaṁ | pantho ca saṅgāmo titthaṁ | aṭṭhete parivajjiyā'ti || 경전에서 추적불가

'탐욕에 물든 자, 성내는 자, 미혹한 자, 교만한 자,
욕심이 많은 자, 나태한 자,
한 가지 일밖에 모르는 자, 어리석은 자
이들이 논의의 주제를 훼손시킨다.'"354)

두 번째 여덟 가지 논의를 훼손시키는 사람들이 끝났다.

3. [아홉 부류의 비밀과 관련하여 논의를 망치는 사람들] (Navaguyhamantavidhaṁsakā puggalā)

8. [밀린다 왕] "존자 나가세나여, 이러한 아홉 부류의 사람은 논의의 비밀을 폭로하고 비밀을 유지하지 못합니다. 아홉 부류란 무엇입니까? ① 탐욕을 행하는 자, ② 성냄을 행하는 자, ③ 미혹을 행하는 자, ④ 비겁한 자, ⑤ 재물을 중시하는 자, ⑥ 여자, ⑦ 술꾼, ⑧ 성도착자,355) ⑨ 어린아이입니다."

---

354) ratto duṭṭho ca mūḷho ca | mānī luddho tathālaso | ekacintī ca bālo ca | ete atthavināsakā'ti ‖ 경전에서 추적불가

355) paṇḍaka : 성도착자(性倒錯者)의 원어인 빤다까는 어원적으로 불분명하지만 '알이 없는 사람(apa-aṇḍa-ka)', 즉 고환이 없는 자에게서 유래된 것이라고 해석할 수 있다. 종래에 이 뜻은 Bd. IV. 87에서처럼 '내시(eunuch)'라고 번역되거나 南傳. III. 117에서처럼 황문(黃門)이라고 번역되었다. 그런데 내시라는 용어는 인도에서는 무슬림 시대 이전에는 알려진 바가 없으므로 내시라고 단정하기는 힘들고 허약하거나 소심하거나 우유부단한 사람을 비유적으로 지칭했을 가능성도 있다. 붓다고싸(Buddhaghosa)는 빤다까를 다섯 가지 유형으로 분류하고 있다 : ① āsittapaṇḍaka : '뿜어내는 빤다까'로 다른 남자의 성기를 입으로 빨아 사정에 이르게 함으로써 자신의 욕망을 해소하는 자로 동성애자를 뜻한다. ② usūyapaṇḍaka : '시샘하는 빤다까'로 다른 사람의 성행위를 지켜보며 질투심으로 자신의 욕망을 해소하는 자로 관음증환자를 뜻한다. ③ opakkamikapaṇḍaka : '야기되는 빤다까'로 어떤 특별한 수단으로 야기되어 자신의 정액을 사정하는 자로 자위행위자를 뜻한다. (대승불교에 속한 Yaśomitra는 이 자위행위자 대신에 'lūṇapaṇḍaka '거세된 자', 즉 내시나 환관을 거론하고 있다.) ④ pakkhapaṇḍaka : '보름 간의 빤다까'로 과거의 업력으로 음력 한 달 가운데 절반인 이주간만 빤다까가 되는 자를 뜻한다. ⑤ napuṁsakapaṇḍaka : '남성이 아닌 빤다까'로 임신 순간부터 남성성이 결여된 자를 뜻한다. 이것으로 보아 빤다까는 동성애자나 변태성욕자나 성기능장애자를 지칭한다고 볼 수

장로가 말했다.

[나가세나] "그들에게 어떤 잘못이 있습니까?"

[밀린다 왕] "존자 나가세나여, *1)* 탐욕을 행하는 자는 탐욕으로 논의의 비밀을 폭로하고 비밀을 유지하지 못합니다. *2)* 성냄을 행하는 자는 성냄으로 논의의 비밀을 폭로하고 비밀을 유지하지 못합니다. *3)* 미혹을 행하는 자는 미혹으로 논의의 비밀을 폭로하고 [93] 비밀을 유지하지 못합니다. *4)* 겁 많은 자는 겁 많음으로 논의의 비밀을 폭로하고 비밀을 유지하지 못합니다. *5)* 재물을 중시하는 자는 재물을 원인으로 논의의 비밀을 폭로하고 비밀을 유지하지 못합니다. *6)* 여자는 변덕스러움으로 논의의 비밀을 폭로하고 비밀을 유지하지 못합니다. *7)* 술꾼은 술에 대한 열망으로 논의의 비밀을 폭로하고 비밀을 유지하지 못합니다. *8)* 성도착자는 음행으로 인하여356) 논의의 비밀을 폭로하고 비밀을 유지하지 못합니다. *9)* 어린아이는 침착하지 못함으로 논의의 비밀을 폭로하고 비밀을 유지하지 못합니다. 그래서 이러한 시가 있습니다.

'탐욕을 행하는 자, 성냄을 행하는 자,
미혹을 행하는 자,
겁 많은 자, 재물을 중시하는 자,
여자, 술꾼, 성도착자, 어린아이,357)

있다. 이 빤다까의 출가를 율장(MV. I. 61)에서 금지 시키는 것은 동성애나 유사성 행위로 교단의 질서가 파괴되는 것을 염려했기 때문이다. Leonard Zwilling. 'Homosexuality As seen in Indian Buddhist Texts' in Jose Lgnnacio Cabezon ed. Buddhism, Sexuallity, and Gender(Delhi, India; Sri Satguru Publication, 1992), p. 206.

356) anekaṃsikatāya : 샴본에는 '과도하게 욕정을 즐기기 때문에(sinehavasikatāya atikkantitāya)라고 되어 있다.

357) ratto duṭṭho ca mūḷho ca | bhīru āmisagaruko | itthī soṇḍo paṇḍako ca | navamo bhavati dārako ‖ 경전에서 추적불가

이러한 아홉 부류의 사람들이
변덕스럽고 동요하고 침착하지 못하다.
이들에 의해 논의되면 비밀은
신속히 세상에 알려지게 된다.'"358)

세 번째 아홉 부류의 비밀과 관련하여 논의를 망치는 사람이 끝났다.

4. [여덟 가지 지혜를 얻는 방법]
(Aṭṭha paññāpaṭilābhakāraṇāni)

9. [밀린다 왕] "존자 나가세나여, 여덟 가지 방법으로 지혜가 익어가고 성숙해갑니다. 여덟 가지란 어떤 것입니까? *1)* 나이가 들어감에 따라 지혜가 익어가고 성숙합니다. *2)* 명성이 더해감에 따라 지혜가 익어가고 성숙해갑니다. *3)* 자주 질문하는 것에 따라 지혜가 익어가고 성숙해갑니다. *4)* 현자와 함께 지내는 것으로 지혜가 익어가고 성숙해갑니다. *5)* 이치에 맞게 정신활동을 기울이는 것으로 지혜가 익어가고 성숙해갑니다. *6)* 대화를 통해서 지혜가 익어가고 성숙해갑니다. *7)* 친애하는 자와의 교류로 지혜가 익어가고 성숙해갑니다. *8)* 알맞은 곳에서 지내는 것으로 지혜가 익어가고 성숙해갑니다. 그래서 이러한 시가 있습니다.

'나이로, 명성으로, 질문으로,
현자와 함께 지내는 것으로, 이치에 맞게,
대화를 통해, 친애하는 자와의 교류로,
알맞는 곳에서 지내는 것으로.359)

---

358) navete puggalā loke | ittarā calitā calā' | etehi mantitaṁ guyhaṁ | khippaṁ bhavati pākaṭan'ti ‖ 경전에서 추적불가
359) vayena yasapucchāhi | titthavāsena yoniso | sākacchā snehasaṁsevā | patirūpavasena ca ‖ 경전에서 추적불가

이러한 여덟 가지 경우가
지혜를 명확히 만드는 것이다.
이것들이 존재하는 자들,
그들 가운데 지혜가 개화된다.'"360)

네 번째 여덟 가지 지혜를 얻는 방법이 끝났다.

5. [스승의 덕성]
(Ācariyaguṇa)

10. [밀린다 왕] "존자 나가세나여, 이 지역은 논의와 관련된 여덟 가지 장애로부터 벗어난 곳입니다. 나는 세상에서 위없는 논의의 벗입니다. 또한 나는 비밀을 지키는 사람으로서 내가 살아있는 한 비밀을 지킬 것입니다. 그리고 여덟 가지 방법으로 나에게 지혜가 성숙했습니다. 오늘날 나와 같은 제자를 얻기가 어려울 것입니다.

제자가 올바로 [94] 실천할 때에 스승들에게는 스물다섯 가지 스승의 덕성이 있습니다. 그 덕성으로 스승은 올바로 실천해야 합니다. 스물다섯 가지 덕성은 어떤 것입니까? 존자 나가세나여, 스승은 제자에 대하여 *1)* 항상 지속적으로 돌봄을 확립해야 합니다. *2)* 섬겨야 할 것과 섬기지 말아야 할 것을 알게 해야 합니다. *3)* 방일함과 방일하지 않은 것을 알게 해야 합니다. *4)* 잠잘 시기를 알게 해야 합니다. *5)* 질병에 관하여 알게 해야 합니다. *6)* 받아야 할 음식인지 받지 말아야 할 음식인지를 알게 해야 합니다. *7)* 특성을 알게 해야 합니다. *8)* 발우에 얻은 음식을 나누어야 합니다. *9)* '두려워 말라. 그대의 목표는 다가오고 있다.'라고 격려해야 합니다. *10)* '이러한 사람과 왕래한다.'라고 방문하는 법을 알게 해야 합니다. *11)* 마을을 방문하는 법을 알게 해야 합니다. *12)* 승원을 방문하는 법을 알게 해야 합니다. *13)* 쓸데없는

---

360) etāni aṭṭha ṭhānāni, buddhivisadakāraṇā | yesaṁ etāni sambhonti | tesaṁ buddhi pabhijJātī'ti ‖ 경전에서 추적불가

대화를 나누어서는 안 됩니다. *14)* 결점을 보고 관용을 베풀어야 합니다. *15)* 철저하게 가르쳐야 합니다. *16)* 생략하는 것이 없이 가르쳐야 합니다. *17)* 감추는 것이 없이 가르쳐야 합니다. *18)* 남김 없이 가르쳐야 합니다. *19)* '학예에 관한 한, 나는 이 제자를 낳았다.'라고 아버지와 같은 마음을 확립해야 합니다. *20)* '어떻게 하면 이자가 퇴전하지 않을까?'라고 성장에 대하여 고려해야 합니다. *21)* '학습계율의 힘으로 이 자를 강하게 만들겠다.'라고 마음을 확립해야 합니다. *22)* 자애의 마음을 확립해야 합니다. *23)* 곤경에 처했을 때 내버려 두어서는 안 됩니다. *24)* 해야 할 일에 방일해서는 안 됩니다. *25)* 실패했을 때에 바르게 일으켜 주어야 합니다. 존자여, 이러한 것들이 스승이 지녀야 할 스물다섯 가지 스승의 덕목입니다.[361] 그 덕목으로 나에 대하여 올바로 다루어주십시오.

존자여, 나에게 의문이 생겼습니다. 최승자께서 말씀하신 양도논법에 속한 질문이 있는데, 미래세에 그것에 대해 논쟁이 일어날 것입니다. 그러나 미래세에는 그대와 같은 지혜가 있는 사람을 만나기 어려울 것입니다. 반대자들의 대론을 논박하기 위해, 이러한 나의 질문들에 관하여 통찰의 눈을 주십시오."

다섯 번째 스승의 덕성이 끝났다.

6. [재가신도의 덕성]
(Upāsakaguṇa)

11. 장로는 "훌륭하십니다."라고 동의하고 재가신도가 지녀야 할 열 가지 재가신도의 덕성에 관하여 설명했다.

[나가세나] "대왕이여, 재가신도가 지녀야 할 열 가지 재가신도의 덕성이 있습니다. 열 가지란 어떤 것입니까? 대왕이여, 세상에서 재가신도는 *1)* 참모임과 고락을 같이합니다. *2)* 가르침을 길라잡이로 삼습

361) 스승과 제자의 상호간의 의무에 대해서는 Vin. I. 25-26을 참조하라.

니다. *3)* 힘닿은 대로 보시하는 것을 기뻐합니다. *4)* 최승자의 가르침이 퇴전하려는 것을 보면 화복시키려고 노력합니다. *5)* 올바른 견해를 가진 자가 됩니다. *6)* 미신적인 길흉을 버리고 생계를 위해 다른 스승을 섬기지 않습니다. *7)* 신체적 행위와 언어적 행위를 수호합니다. *8)* 화합을 좋아하고 화합을 즐거워합니다. *9)* 질투하지 않고 [95] 위선으로 가르침을 실천하지 않습니다. *10)* 부처님께 귀의하고 가르침에 귀의하고 참모임에 귀의합니다.

대왕이여, 이러한 것들이 재가신도가 지녀야 할 열 가지 재가신도의 덕성입니다. 그 모든 덕성은 그대에게 있습니다. 그대가 최승자의 가르침이 퇴전한 것을 보고 성장시키고자 원하는 것은 그대에게 알맞고 어울리고 적합한 것입니다. 나는 그대에게 기회를 주겠습니다. 그대가 원하는 대로 질문하십시오."

여섯 번째 재가신도의 덕성이 끝났다.
서사가 끝났다.

II. 양도논법에 속한 질문 (Meṇḍakapañha)

제1장 신통력의 품

(Iddhibalavagga)

1. [공양을 행한 것의 효력에 대한 질문]

(Katādhikārasaphalapañha)

1. 그래서 밀린다 왕은 질문의 기회를 얻고 스승의 두 발에 머리를 조아리고 합장하고 이렇게 말했다.

[밀린다 왕] "존자 나가세나여, 이 이교도들은 '만약 부처님이 공양을 받아주면, 부처님은 완전한 열반에 든 것이 아니고 세상과 연결되어 세상 안에 존재하고 세상에서 세상과 함께 하는 것이다. 그러므로 그에게 행한 공양은 효과가 있고 결실이 있다. 만약 부처님이 완전한 열반에 들어 세상과 연결되지 않고 모든 존재로부터 벗어나있다면, 부처님에 대한 공양은 일어나지 않고, 완전한 열반에 들어 아무것도 받지 않으니, 받아들이지 않는 여래에게 행한 공양은 효과가 없고 결실이 없다.'라고 말합니다. 이 문제는 양도논법362)에 속한 것입니다. 이것은 완전을 얻지 못한 자들의 영역이 아니라, 바로 위대한 사람이 다루어야 할 영역입니다. 이 사견의 그물을 부수고 한쪽에 내려놓으십시오. 이 질문은 그대에게 제기된 것이니, 반대론자들의 교설을 논박할 수 있도록, 미래의 최승자의 아들들을 위하여 통찰의 눈을 주십시오."

장로가 말했다.

[나가세나] "대왕이여, 세존께서는 완전한 열반에 드셨습니다. 그러므로 세존께서는 공양을 받지 않습니다. 보리수 아래에서조차 세존께서는 공양을 받는 것을 떠났습니다. 하물며 남김 없는 열반계에서 완전히 열반에 드신 분은 말할 것도 없는 것입니다. 대왕이여, 가르침의 장군 싸리뿟따는 이렇게 말했습니다.

[싸리뿟따] "신들을 포함한 인간이
공양을 하더라도, 견줄 수 없는 자들은,
그 공경을 받지 않는다.

---

362) ubhatokoṭika : 딜레마를 뜻한다. MN. I. 393에 나따뿟따는 아바야 왕자에게 '수행자 고따마에게 양쪽에 뿔이 달린 질문을 제기하면, 그는 그것을 삼키지도 못하고 뱉지도 못할 것입니다.'라고 말한다.

이것이 부처님들의 법성이다."[363]

2 왕이 말했다. [밀린다 왕] "존자 나가세나여, 아들이 아버지를 칭찬하고, 아버지가 아들을 칭찬하면, 그것은 다른 교설을 지닌 자들에 대한 논박의 이유가 되지 못합니다. 그것은 단지 신뢰를 드러내는 것입니다. 자, 그대는 자신의 교설을 [96] 확립하고 사견의 그물을 풀기 위해 그것에 대해 이유를 올바로 말씀해 주십시오."

장로가 말했다. [나가세나] "대왕이여, 세존께서는 완전한 열반에 드셨기에 세존께서는 공양을 받지 않습니다. 신들과 인간은 여래가 공양을 받지 않을 때조차, 유골의 보배를 위한 토대를 만든 뒤에 여래의 지혜의 보배를 대상으로 올바른 실천을 닦아서 세 가지 성취 – 천상에 태어나거나 인간으로 태어나거나 열반을 성취하는 것[364] – 를 얻습니다."

[나가세나] "대왕이여, 아주 커다란 불덩이가 타다가 꺼졌다고 합시다. 대왕이여, 그 아주 커다란 불덩이는 다시 풀이나 섶과 같은 연료를 받아들이겠습니까?"

[밀린다 왕] "존자여, 그 아주 커다란 불덩이는 타다가 꺼지면, 풀이나 섶과 같은 연료를 받아들이지 않는데, 하물며 꺼져서 고요해지고 지각이 없는 것이[365] 어떻게 그것들을 받아들이겠습니까?"

[나가세나] "대왕이여, 불덩이가 꺼져서 고요해지면, 세상에서 불은 없는 것이 됩니까?"

---

363) pūjiyantā asamasamā | sadevamānusehi te | na sādiyanti sakkāraṁ | buddhānaṁ esa dhammatā'ti ‖ 경전에서 추적불가. BudvA. 188에 따르면, 견줄 수 없는 자들은 과거와 미래의 부처님들을 뜻한다.

364) tisampattī : Miln. 410을 보라. 세 가지 성취는 ① 천상의 행복의 성취, ② 인간의 행복의 성취, ③ 열반의 행복의 성취(dibba-, manusika-, nibbānasukha-sampatti)를 의미한다. 혹은 계행 · 삼매 · 지혜(戒定慧)의 세 가지 배움(三學)의 성취를 의미한다.

365) nibbuto upasanto acetano : 사람이 아닌 사물에 적용된 것이다.

[밀린다 왕] "존자여, 그렇지 않습니다. 섶은 불의 토대로서 연료입니다. 어떤 사람들이든지 불을 원하면, 그들은 자신의 기운, 힘, 노력의 각자의 역량으로, 부싯목을 마찰하여 불을 일으키고 그 불로 불이 필요한 일을 하는 것입니다."

[나가세나] "대왕이여, 그러므로, '받아들이지 않는 여래에게 행한 공양은 효과가 없고 결실이 없다.'라고 하는 이교도의 말은 잘못된 것입니다. 대왕이여, 아주 큰 불덩이가 타오르는 것처럼, 이와 마찬가지로 세존께서는 일만 세계에서 불광(佛光)으로 비추다가, 대왕이여, 아주 큰 불덩이가 타다가 꺼지는 것처럼, 이와 마찬가지로 세존께서는 일만 세계에서 불광으로 타오르다가 잔여가 없는 열반계로 완전히 열반에 드신 것입니다. 대왕이여, 이미 꺼진 불덩이가 풀과 섶과 같은 연료를 받아들이지 않듯이, 세상에 요익을 주는 님366)에게 공양을 받아들이는 것은 버려져서 지멸(止滅)된 것입니다. 대왕이여, 사람들이 불덩이가 꺼지고 연료가 없을 때 자신의 기운, 힘, 노력의 각자의 역량으로 부싯목을 마찰하여 불을 일으켜서 그 불로 불이 필요한 일을 하는 것처럼, 이와 마찬가지로 신들과 인간은 여래께서 완전한 열반에 들어 공양을 받지 않을 때조차, 유골의 보배를 위한 토대를 만든 뒤에 여래의 지혜의 보배를 대상으로 [97] 올바른 실천을 닦아서 세 가지 성취를 얻습니다. 대왕이여, 이러한 이유로 여래가 완전한 열반에 들어, 받아들이지 않을 때조차, 여래에게 행한 공양은 효과가 있고 결실이 있는 것입니다."

3. [나가세나] "또한 대왕이여, 여래께서 완전한 열반에 들어 공양을 받지 않을 때조차, 여래에게 행해진 공양이 효과가 있고 결실이 있는 이유를 더 들어보십시오. 대왕이여, 큰 바람이 불다가 그쳤다면, 대왕이여, 이미 그쳐버린 바람이 다시 생겨남을 받아들이겠습니까?"

---

366) lokahita : 부처님을 뜻한다.

[밀린다 왕] "존자여, 그쳐버린 바람은 다시 새로 생겨나는데 관심이나 정신활동을 기울이지 않습니다. 그것은 무슨 까닭입니까? 바람의 요소에는 정신작용이 없기 때문입니다."

[나가세나] "대왕이여, 이미 바람이 그쳤을 때, '바람'이라는 명칭이 어울리지 않는 것입니까?"

[밀린다 왕] "존자여, 그렇지 않습니다. 다라선(多羅扇)367)이나 부채는 바람을 일으키는 수단인데, 어떤 사람들이라도 더위에 시달리고 열기에 괴로워하면 다라선이나 부채로, 자신의 기운, 힘, 노력의 각자의 역량으로 바람을 일으키고 그 바람으로 더위를 식히고 열기를 가라앉히는 것입니다."

[나가세나] "대왕이여, 그러므로, '받아들이지 않는 여래에게 행한 공양은 효과가 없고 결실이 없다.'라고 하는 이교도의 말은 잘못된 것입니다. 대왕이여, 큰 바람이 불듯이, 이와 같이 세존께서는 일만세계에 청량하고 달콤하고 평화롭고 미세한 자애의 바람으로 바람을 보내십니다. 대왕이여, 큰 바람이 불고 그치듯이, 이와 같이 세존께서는 청량하고 달콤하고 평화롭고 미세한 자애의 바람으로 바람을 보낸 뒤에 잔여가 없는 열반계로 완전한 열반에 드셨습니다. 대왕이여, 이미 그쳐버린 바람이 다시 생겨남을 받아들이지 않듯이, 이와 같이 세상에 요익을 주는 님에게 다시 생겨남을 받아들이는 것은 제거되었고 지멸되었습니다. 대왕이여, 사람들이 더위에 시달리고 열기에 괴로워하듯이, 이와 같이 신들과 인간이 세 종류의 불368)의 열기에 시달리고 괴로워하고 있습니다. 다라선이나 부채가 바람을 일으키는 수단이듯이, 이와 같이 여래의 유골의 보배와 지혜의 보배는 [98] 세 가지 성취를 얻기 위한 수단입니다. 사람들이 더위에 시달리고 열기에 괴로

367) tālavaṇṭa : 종려나무 잎으로 만든 부채를 말한다.
368) tividhaggi : 탐욕 · 성냄 · 어리석음의 불을 말한다.

워하면, 다라선이나 부채로 바람을 일으키고, 더위를 식히고 열기를 가라앉히듯이, 이와 같이 신들과 인간은 여래께서 완전히 열반에 들어 받아들이지 않을 때조차도 여래의 유골의 보배와 지혜의 보배에 공양하여 착하고 건전한 것을 일으키고 그 착하고 건전한 것으로 세 종류의 불의 열기에 시달리는 것을 식히고 가라앉히는 것입니다. 대왕이여, 이러한 까닭에 여래께서 완전한 열반에 들어 공양을 받지 않을 때조차도, 여래에게 행해진 공양이 효과가 있고 결실이 있는 것입니다."

4. [나가세나] "대왕이여, 다른 교설을 지닌 자들을 논박하기 위한 또 다른 이유를 들어보십시오. 대왕이여, 사람이 큰 북을 쳐서 소리를 냈다하면, 그 큰 북 소리는 사람에 의해 생겨났지만, 그 소리는 사라질 것입니다. 대왕이여, 그 소리가 다시 생겨남을 받아들이겠습니까?"

[밀린다 왕] "존자여, 그렇지 않습니다. 그 소리는 사라집니다. 그것이 다시 생겨남을 위한 관심이나 정신활동은 거기에 없습니다. 한 번 생겨난 큰 북 소리가 사라졌을 때 그 큰 북 소리는 완전히 끊긴 것입니다. 그러나 큰 북은 소리가 생겨나기 위한 조건입니다. 그래서 조건이 있다면, 자신의 노력으로 큰 북을 친 사람은 소리를 낼 것입니다."

[나가세나] "대왕이여, 이와 같이 세존께서는 *1)* 계행, *2)* 삼매, *3)* 지혜, *4)* 해탈, *5)* 해탈에 대한 앎과 봄[369]으로 닦여진, 유골의 보배와 교법과 계율과 교계를 스승으로 지정하신 후에, 스스로 잔여가 없는

369) sīlasamādhipaññāvimuttivimuttiñāṇadassana : 한역에서 오분법신(五分法身)이라고 하는 것이다. ① 계행(戒): 세간적으로는 오계, 팔계, 십계 등이고, 출세간적으로는 팔정도의 올바른 언어, 올바른 행위, 올바른 생계와 관련되어 일어나는 형성들이다. ② 삼매(定): 세간적으로는 근접삼매, 근본삼매, 찰나삼매를 뜻하고 출세간적으로 길(道)과 경지(果)를 뜻한다. ③ 지혜(慧): 세간적으로는 누진통(漏盡通)을 제외한 다섯 가지 곧바른 앎(五神通)을 뜻하고, 출세간적으로는 길(道)과 경지(果)에 대한 앎을 뜻한다. ④ 해탈(解脫): 길(道)의 결과로 경지(果)를 얻는 것이다. ⑤ 해탈에 대한 앎과 봄(解脫知見) : 길(道)을 얻은 후에 길(道)과 경지(果)와 열반(涅槃)을 성찰하는 것이다.

열반계로 완전한 열반에 드신 것입니다. 그러나 세존께서 완전히 열반에 드셨다고, 뭇삶들에게 세 가지 성취를 얻는 것이 끊어진 것은 아닙니다. 존재의 고통에 시달리는 뭇삶들은 유골의 보배와 교법과 계율과 교계를 수단으로 성취를 원하는 자들은 성취를 얻는 것입니다. 대왕이여, 그러므로 여래께서 완전한 열반에 들어 공양을 받지 않을 때조차도, 여래에게 행해진 공양은 효과가 있고 결실이 있는 것입니다."

[나가세나] "대왕이여, 이것은 세존께서 미래세대와 관련하여 보여주고 설하고 말씀하고 설명하신 것입니다. '그런데 아난다여, 그대들은 이처럼 '스승의 교계는 지나갔다. [99] 우리에게 스승은 존재하지 않는다.'라고 생각할지 모른다. 그러나 아난다여, 그렇게 보아서는 안 된다. 아난다여, 내가 가고 난 뒤에 내가 가르치고 제정한 가르침과 계율이 그대들의 스승이 될 것이다.'370) 그러므로 '완전한 열반에 든 여래께서 공양을 받지 않는다고, 여래에게 행해진 공양이 효과가 없고 결실이 없다.'라고 하는 이교도들의 말은 잘못이고, 허구이고, 진실이 아니고, 헛된 것이고, 어긋난 것이고, 전도된 것이고, 괴로움을 야기하는 것이고, 괴로움을 초래하는 것이고, 악한 존재의 운명으로 이끄는 것입니다."

5. [나가세나] "대왕이여, 완전한 열반에 든 여래께서 공양을 받지 않아도, 여래에게 행해진 공양이 효과가 있고 결실이 있는 다른 이유를 들어보십시오. 대왕이여, 이 대지는 '내 안에서 모든 씨앗이 자라나라.'라는 생각을 받아들입니까?"

[밀린다 왕] "존자여, 그렇지 않습니다."

[나가세나] "대왕이여, 어째서 씨앗들은 받아들이지도 않는 대지

---

370) siyā kho panānanda, tumhākaṁ evamassa atītasatthukaṁ pāvacanaṁ natthi no satthāti, na kho panetaṁ, ānanda, evaṁ daṭṭhabbaṁ, yo vo, ānanda, mayā dhammo ca vinayo ca desito paññatto, so vo mamaccayena satthā'ti : DN. II. 154

위에 성장하고 단단한 뿌리를 내어 정착하고 단단한 나무에서 가지를 뻗어 꽃과 열매를 맺겠습니까?"

[밀린다 왕] "존자여, 받아들이지 않아도 대지는 그 씨앗들의 터전이 되고 성장의 조건을 제공합니다. 그 씨앗들은 그 터전에 의지하고 그 조건에 의존하여 성장하고 단단한 뿌리를 내어 정착하고 단단한 나무에서 가지를 뻗어 꽃과 열매를 맺는 것입니다."

[나가세나] "대왕이여, 그러므로, 만약 그들이 '받아들이지 않는 여래에게 행한 공양은 효과가 없고 결실이 없다.'라고 말한다면, 그 이교도들은 자신의 교설로 망하고 격파되고 논파된 것입니다. 대왕이여, 이렇게 오신 님, 거룩한 님, 올바로 깨달은 님은 대지와 같습니다. 대왕이여, 대지는 아무 것도 받아들이지 않듯이, 이와 같이 여래께서는 아무것도 받아들이지 않습니다. 대왕이여, 씨앗들은 받아들이지도 않는 대지위에 성장하고 단단한 뿌리를 내어 정착하고 단단한 나무에서 가지를 뻗어 꽃과 열매를 맺듯이, 이와 같이 신들과 인간은 여래께서 완전한 열반에 들어 공양을 받지 않을 때조차도, 유골과 지혜의 보배에 의지하여 착하고 건전한 것의 뿌리를 단단히 정착시키고 삼매의 줄기, 가르침의 나무심, 계행의 가지를 뻗고, 해탈의 꽃과 수행자의 삶의 결실이라는 열매를 맺는 것입니다. 대왕이여, [100] 이러한 까닭에 여래께서 완전한 열반에 들어 공양을 받지 않을 때조차도, 여래에게 행해진 공양이 효과가 있고 결실이 있는 것입니다."

6. [나가세나] "대왕이여, 완전한 열반에 든 여래께서 공양을 받지 않아도, 여래에게 행해진 공양이 효과가 있고 결실이 있다고 하는 또 다른 이유를 들어보십시오. 대왕이여, 이 낙타들, 소들, 나귀들, 염소들, 가축들, 인간들은 뱃속에 기생충이 생기는 것을 받아들입니까?"

[밀린다 왕] "존자여, 그렇지 않습니다."

[나가세나] "대왕이여, 어째서 기생충들은 그들을 받아들이지 않는

뱃속에서 생겨나 많은 자손들을 통해서 엄청나게 증식하는 것입니까?"

[밀린다 왕] "존자여, 악업이 강력하기 때문에 받아들여지지 않음에도 불구하고, 그 뭇삶들의 뱃속에서 기생충들이 생겨나 많은 자손들을 통해서 엄청나게 증식하는 것입니다."

[나가세나] "대왕이여, 이와 마찬가지로 여래께서 완전한 열반에 들어, 받아들여지지 않음에도, 유골과 지혜의 영향이 강력하기 때문에, 여래에게 행해진 공양은 효과가 있고 결실이 있는 것입니다."

7. [나가세나] "대왕이여, 완전한 열반에 든 여래께서 공양을 받지 않아도, 여래에게 행해진 공양이 효과가 있고 결실이 있는 또 다른 이유를 들어보십시오. 대왕이여, 사람들은 이러한 아흔여덟 가지 질병들371)이 몸 안에 생겨나길 바랍니까?"

[밀린다 왕] "존자여, 그렇지 않습니다."

[나가세나] "대왕이여, 어째서 질병이 받아들여지지 않아도 몸에 생겨납니까?"

[밀린다 왕] "존자여, 전생에 지은 악행에 의해서입니다."

[나가세나] "대왕이여, 전생에 지은 악업이 현생에서 감수되는 것이라고 한다면, 대왕이여, 전생에 지은 것이라도 현생에서 지은 것이라도 선악의 업은 효과가 있고 결실이 있는 것입니다. 대왕이여, 이러한 까닭에 여래께서 완전한 열반에 들어 공양을 받지 않을 때조차도, 여래에게 행해진 공양은 효과가 있고 결실이 있는 것입니다."

8. [나가세나] "대왕이여, 그대는 '난다까'372)라는 이름의 야차가 장

---

371) aṭṭhanavuti rogā : Stn. 311에서 부처님은 바라문들의 입을 빌어 다음과 같이 말한다: '예전에는 탐욕과 굶주림과 늙음의 세 가지 병밖에는 없었다. 그런데 많은 가축들을 살해한 까닭에 아흔여덟 가지나 되는 병이 생긴 것이다.'

372) Nandaka : 난다까는 야차였는데, 어느 날 친구와 허공을 가다가, 싸리뿟따가 새로 삭발하고 삼매에 든 것을 보았는데, 친구의 경고를 무시하고 싸리뿟따의 머리를 때렸다. 그러자 그 때문에 난다까는 즉시 쓰러지고 몸은 불타서 땅속으로 빠져 들어갔다.

로 싸리뿟따를 때리고 땅속으로 빠져 들어갔다는 이야기를 예전에 들어 본 적이 있습니까?"

[밀린다 왕] "존자여, 그렇습니다. 들어보았습니다. 세상에 알려진 이야기입니다."

[나가세나] "대왕이여, 장로 싸리뿟따가, 야차 난다까가 대지에 삼켜지는 것에 대해 동의했겠습니까?"

[밀린다 왕] "존자여, [101] 신들을 포함한 인간의 세상이 무너지더라도, 해와 달이 지상에 떨어지더라도, 수메루 산이 가루가 되더라도 장로 싸리뿟따가 다른 사람이 고통을 겪는 것을 받아들이지 않았을 것입니다. 그것은 무슨 까닭입니까? 장로 싸리뿟따가 화내거나 해를 끼치는 그 원인은 장로 싸리뿟따에게 뿌리째 뽑히고 제거되었습니다. 존자여, 원인이 제거되었기 때문에, 존자여, 장로 싸리뿟따는 생명을 빼앗으려는 자에 대해서도 화를 내지 않았을 것입니다."

[나가세나] "대왕이여, 만약에 장로 싸리뿟따가, 야차 난다까가 땅에 삼켜지는 것을 동의하지 않았다면, 어째서 야차 난다까는 땅속으로 빠져 들어갔습니까?"

[밀린다 왕] "존자여, 악업이 강했기 때문입니다."

[나가세나] "대왕이여, 악업이 강했기 때문에 야차 난다까가 땅속으로 빠져 들어갔다면, 처벌을 받아들이지 않을 때조차도, 행해진 죄악은 무효가 아니라 결과를 낳는 것입니다. 대왕이여, 그러므로 악업이 강했기 때문에 공양을 바라지 않는 자에 대해서도 행해진 공양은 효과가 있고 결실이 있는 것입니다. 대왕이여, 이러한 이유에 의해서도 여래께서 완전히 열반에 들어 공양을 받아들지 않더라도, 여래에게 행해진 공양은 효과가 있고 결실이 있는 것입니다."

9. [나가세나] "대왕이여, 이 생에서 땅 속으로 빠져든 사람들은 몇 명입니까? 그대는 그것에 대해 들어보았습니까?"

[밀린다 왕] "존자여, 그렇습니다. 들어보았습니다."

[나가세나] "대왕이여, 자, 들려주십시오."

[밀린다 왕] "존자여, 찐짜마나비까,[373] 싸끼야 족의 쑵빠붓

---

373) Ciñcamāṇavikā : DhpA. III. 178-183에 따르면, 부처님께서 깨달은 이후의 초기에 부처님의 제자들이 많아지고 헤아릴 수 없는 신들과 인간들이 고귀한 경지를 성취하자, 부처님의 덕성이 퍼지고 제자들에게 커다란 이익과 명성이 생겨났다. 그러나 이교도들은 태양이 뜬 뒤의 개똥벌레처럼, 이익과 명성을 잃었다. 그들은 거리에 모여 서서 '수행자 고따마만 깨달은 자인가? 우리도 깨달은 자이다. 그에게만 큰 열매가 주어지는가? 우리에게도 큰 열매가 주어져야 한다. 우리에게도 이익을 주고 명성을 달라.'라고 외쳤다. 대중들이 반응이 없자 그들은 비밀리에 모임을 갖고 '수행자 고따마를 사람들 가운데서 치욕스럽게 만들어, 그의 이익과 명성을 없앨 수 있을까?'라고 논의했다. 당시에 싸밧티 시에는 최상의 아름다움을 갖고 요정과 같은 유행녀 찐짜마나비까가 살고 있었다. 그녀의 몸에서는 광채가 뿜어 나왔다. 한 야만적인 조언자가 '찐자마나비까를 시켜 수행자 고따마에게 치욕을 주어 그의 이익과 명성을 없애버리자.'라고 말했다. 이교도들은 '그것이 방법이다.'라고 수용했다. 찐자마나비까가 이교도의 사원에 오자 이교도들은 그녀에게 '자매여, 수행자 고따마가 우리에게서 이익과 명성을 빼앗고 우리를 해치려고 하는 것을 아는가?'라고 물었다. '존자들이여, 저는 그를 모릅니다. 그러나 제가 그 일로 그대들을 도울 수 있는 어떤 것이 있습니까?' '자매여, 우리가 잘 되길 바라다면, 수행자 고따마에게 치욕을 주어 그의 이익과 명성을 없애주길 바랍니다.' '존자들이여, 좋습니다. 제가 책임지겠습니다. 걱정하지 마십시오.'라고 말했다. 그때부터 그녀는 목적을 달성하기 위해 여성의 기교를 십분 발휘했다. 싸밧티 시의 시민들이 법문을 듣고 제따 숲에서 돌아 올 때, 그녀는 분홍색 옷을 입고 손에 향과 꽃다발을 들고 제따 숲쪽으로 들어갔다. 사람들이 '이 시간에 어딜 가는가?'라고 물으면 '내가 가는데 그대가 무슨 상관인가?'라고 말했다. 그녀는 제따 숲 근처의 이교도의 사원에서 밤에 시간을 보내고 다음 날 아침 일찍, 재가신도들이 부처님께 아침 인사를 드리러 갈 때, 그녀는 거꾸로 도시로 돌아왔다. 사람들이 '밤새 어디서 보냈니?'라고 물으면, 그녀는 '내가 밤에 어디서 지냈는지 무슨 상관인가?'라고 대답했다. 한 달이 지나자 그녀는 사람들에게 '나는 제따 숲에서 수행자 고따마와 향실에서 함께 지냈다.'라고 말했다. 배우지 못한 일반 사람들은 '사실인가 거짓인가'라고 의아해 했다. 서너 달이 지나자 그녀는 천조각으로 배를 감싸서 임신한 것처럼 임신복을 입고 '나는 수행자 고따마의 아이를 뱄다.'라고 하며 돌아다녔다. 팔 구 개월이 지나자, 그녀는 배에 둥근 나무를 묶고 위에 천을 대고 손등과 발등을 소의 턱뼈로 두드려 부풀게 만들고 감관을 피곤하게 만들어 저녁 무렵 여래가 잘 장엄된 법좌에 앉아 설법할 때 법당에 들어가 여래의 앞에 서서 '위대한 수행자여, 많은 사람에게 가르침을 설하는구나. 그대의 목소리는 달콤하고 입술은 부드럽다. 내가 임신한 것은 너 때문이다. 해산할 때가 되었다. 그럼에도 불구하고 너는 나를 위해 산실을 마련하지도 않고 버터, 기름, 필수품을 준비하지도 않았다. 네가 해야 할 일을 하지 않고, 유명한 재가신도인 꼬쌀라 국의 왕이나

다,[374] 장로 데바닷따,[375] 야차 난다까,[376] 난다마나비까[377]입니

아나타삔디까나 비싸카에게 도움을 요청하지도 않았다. 쾌락을 즐길 줄은 알지만, 네가 낳는 아이는 돌볼 줄을 모르는구나.'라고 대중 앞에서 부처님께 모욕을 주었다. 부처님께서는 법문을 중단하고 사자후를 했다. '자매여, 그대 말한 것이 진실인지 거짓인지 그대와 나만이 알뿐이다.' '위대한 수행자여, 그렇다. 그대와 나만이 아는 것을 거짓인지 진실인지 어떻게 알겠는가?' 그 순간 제석천의 보좌가 뜨거워졌다. 제석천은 그 원인이 찐자마나비까의 거짓에 있음을 알고 네 명의 신들과 함께 갔다. 신들은 쥐로 변해 둥근 나무를 묶은 줄을 끊어버렸다. 그 순간 바람이 불어 그녀의 치마가 날리자 둥근 나무가 발등에 떨어졌다. 그러자 대중들이 '마귀가 올바로 원만히 깨달은 님을 매도하다니!'라고 머리에 침을 뱉고 손에 흙덩이와 몽둥이를 들고 그녀를 제따 숲에서 쫓아내었다. 그녀가 부처님의 시야에서 멀어져가자 땅이 갈라지고 불꽃이 넘실대는 아비지옥이 그녀의 발아래 펼쳐졌다. 그녀는 아비지옥에 삼켜졌다.

374) Suppabuddha : DhpA. II. 33-37에 따르면, 어느 날 나병환자 쑵빠붓다(Suppabuddha)는 대중의 끝에 앉아 부처님의 설법을 듣고는 흐름에 든 님이 되었다. 그는 자신의 성취를 부처님께 알리고자 대중을 제치고 다가갈 수가 없었다. 대중들이 흩어질 때까지 기다리다가 부처님께 다가갔다. 그 순간 신들의 제왕 제석천이 그를 시험하기 위해 그에게 다가가 '쑵빠붓다여, 그대는 가난한 사람이고 불쌍한 사람이다. 나는 그대가 부처님을 부정하고, 가르침을 부정하고, 참모임을 부정하면 무한한 재산을 주겠다.'라고 말했다. 그러자 나병환자 쑵빠붓다는 '그대가 나를 불쌍하고 가난하다고 했지만 나는 행복을 성취하였고 막대한 재산, 믿음의 재산, 계행의 재산, 부끄러움을 아는 재산, 창피함을 아는 재산, 배움의 재산, 보시의 재산, 지혜의 재산의 일곱 가지 재산을 얻었다. 이러한 재산을 얻은 사람은 여자이건 남자이건 가난하지 않다. 그러한 사람의 삶은 헛되지 않다.'라고 말했다. 제석천은 이 이야기를 부처님께 전했고 부처님께서는 쑵빠붓다에게 십만 금의 재산을 주어도 불법승 삼보를 부정하게 만들 수는 없다고 말했다. 한편 쑵빠붓다도 부처님을 찾아뵙고 자신의 성취에 감사를 표했다. 그런데 그는 제따 숲을 나와 길을 가다가 어린 암소에 치어 죽었다. 이 이야기를 전해들은 부처님께서는 그에 얽힌 전생의 인연담을 수행승들에게 이야기했다. 그 암소는 야차녀였는데. 백번을 암소로 윤회하면서 네 젊은이, 즉 훌륭한 가문의 아들인 뿍꾸싸띠(Pukkusati), 나무껍질 옷을 입은 고행자인 바히야(Bāhiya), 강도무법자인 땀바티까(Tambāṭhika), 문둥이인 쑵빠붓다를 죽였다. 이들 청년들은 모두 전생에 부유한 상인의 아들들이었는데, 한 아름다운 유녀와 놀다가 저녁에 그녀에게 준 막대한 화대를 다시 빼앗고는 그 유녀를 죽였다. 그 유녀는 죽을 때에 야차녀로 태어나 그들에게 복수를 하리라고 마음을 먹고는 그것을 실행한 것이다. 그리고 쑵빠붓다가 나병환자로 태어난 것은 전생에 연각불인 따가라씨킨(Tagarasikhin)에게 침을 뱉어 모욕을 주었기 때문에 오랜 세월 지옥에서 고생하다가 나병환자로 태어난 것이었다. 부처님께서는 이와 같은 이야기를 하고는 '수행승들이여, 이 세상의 모든 뭇삶들은 그들이 저지른 낱낱의 죄의 혹독한 과보를 거둔다.'라고 말했다.

375) Devadatta : Ppn. I. 1107에 따르면, 싸끼야 족의 쑵빠붓다(Suppabuddha)와 그의 아내 아미따(Amitā)의 아들이었다. 그에게는 왕자 씻닷타(Siddhattha)와 결혼한 누이 밧다깟짜나(Bhaddakaccānā)가 있었다. 부처님이 깨달은 직후 까삘라밧투를 방문해서 싸끼야(Sākya) 족에게 설법했을 때 데바닷따는 아난다, 바구(Bhagu), 낌빌라(Kimbala), 밧디야(Bhaddiya), 아누룻다와 이발사 우빨리와 함께 출가를 결심했고 아누삐야(Anupiyā)에 계신 부처님을 방문해서 수행승이 되었다. 그해 우기가 닥치자 신통력[凡夫의 神通 : puthujjanikaiddhi]을 얻었다. 한동안 그는 교단에서 크나큰 존경을 받았고 부처님이 칭찬한 11번째의 장로였다. 그러나 그는 사악한 마음 때문에 의심을 받기 시작했다. 부처님께서 열반에 들기 8년 전, 부처님을 질투하고 이익과 명성을 위해 아자따쌋뚜 왕자를 자기편으로 끌어들였다. 뱀들로 장식된 띠를 차고 어린 아이 모습으로 변해 아자따쌋뚜의 무릎 위에 나타나 그를 놀라게 했다. 그리고는 자신의 모습을 다시 취했다. 아자따쌋뚜는 아주 깊은 인상을 받아 그에게 경의를 표시했고 아침 저녁으로 오백 대의 수레에 음식을 채워 그를 방문했다. 데바닷따는 거기에 고무되어 자신이 승단의 지도자가 되어야 한다는 야심을 품게 되었다. 그러나 그런 생각을 품게 되자 그의 신통의 힘은 사라졌다. 데바닷따가 아자따쌋뚜로 하여금 아버지 빔비싸라 왕을 죽이게 한 것도 그 무렵이며, 자신은 부처님을 살해할 계획을 세웠고 아자따쌋뚜는 이에 동의했다. 꼴리야(Koliyā) 족의 까꾸다(Kakudha)는 목갈라나의 추종자인데, 그는 신으로 태어나서 데바닷따의 계획을 점치고 목갈라나에게 알렸다. 목갈라나가 부처님께 그 계획을 알렸으나, 부처님은 그런 이야기는 불필요하다고 했다. 그 후 데바닷따는 직접 부처님을 찾아가 부처님은 연로하니 승단의 지도권을 자신에게 물려달라고 했으나, 부처님은 그를 꾸짖었다. 복수를 맹세한 데바닷따는 16명의 궁술사로 부처님을 살해하려고 했으나 모두 부처님에게 교화되었다. 그래서 데바닷따는 부처님이 깃자꾸따(Gijjhakūṭa) 산기슭을 지나갈 때 크나큰 바위를 굴렸는데, 두 개의 바위조각이 튕겨 나와 그 중 한 조각으로 인해 부처님 발에서 피가 났다. 부처님은 맛다꿋치(Maddakucchi)로 자리를 옮겨 의사 지바까(Jīvaka)의 치료를 받았다. 그 후 데바닷따는 사나운 코끼리를 취하게 하여 부처님이 지나는 길목에 풀어놓았으나, 부처님은 자비로운 마음으로 난폭한 코끼리의 이마를 쓰다듬었다. 데바닷따는 연이은 야비한 행동으로 사람들의 비난을 받게 되었고, 마침내 아자따쌋뚜의 마음도 그를 떠나 이익과 명성이 실추되었다. 종권 장악에 실패하자 이번에는 꼬깔리까(Kokālika), 까따모라까띳싸(Kaṭamorakatissa), 칸나데비야뿟따(Khaṇṇadeviyāputta), 싸뭇닷따(Samuddatta) 등과 음모하여 교단을 분열시켰다. 그는 이와 같은 계율을 만들었다. ① 수행승들은 숲에서만 살아야 한다. ② 탁발에만 의존하고 식사에 초대받아서는 안 된다. ③ 분소의를 입어야지 선물받은 가사를 입어서는 안 된다. ④ 나무 밑에서 자야지 지붕 밑에서 자서는 안 된다. ⑤ 물고기나 고기를 먹어서는 안 된다. 부처님은 이와 같은 주장에 대하여 우기에 나무 밑에서 수면을 예외로 한다면, 그렇게 살기로 작정한 사람은 그 계율을 따라도 좋다고 했다. 그러자 데바닷따는 부처님이 사치와 쾌락을 좇으려 한다고 비난했다. 부처님이 승단의 분열에 대하여 경고했음에도 불구하고, 데바닷따는 부처님과는 별도로 포살일을 지내겠다고 하고 새로 수행승이 된 오백 명을 데리고 가야씨싸

다. 존자여, 이 다섯 사람들이 땅속으로 빠져들었다고 이렇게 들었습니다.”

[나가세나] “대왕이여, 그들은 누구에게 죄악을 범했습니까?”

[밀린다 왕] “존자여, 세존과 제자들에게 그랬습니다.”

[나가세나] “대왕이여, 세존과 제자들은 이자들이 땅속으로 빠져드는 것을 받아들였습니까?”

[밀린다 왕] “존자여, 그렇지 않습니다.”

[나가세나] “대왕이여, 이러한 까닭에 여래께서 완전한 열반에 들어 공양을 받지 않을 때조차도, 여래에게 행해진 공양이 효과가 있고 결실이 있는 것입니다.

[밀린다 왕] “존자 나가세나여, 잘 짜인 심오한 질문이 해명되었고 숨겨진 뜻이 분명해졌고, [102] 매듭은 풀리고, 밀림은 개간되었고, 이교적 교설은 파괴되었고, 잘못된 견해는 부서졌고, 이교를 믿는 자들은 빛을 잃었습니다. 그대는 고귀한 참모임의 탁월한 지도자입니다.”

첫 번째 공양을 행한 것의 효력에 대한 질문이 끝났다.

(Gayāsīsa)로 갔다. 그러자 부처님은 싸리뿟따와 목갈라나를 가야씨싸에 보내 어리석은 자들을 데려오게 했다. 꼬깔리까가 눈치 채고 경고했으나, 데바닷따는 싸리뿟따와 목갈라나를 환영했다. 밤늦게 싸리뿟따와 목갈라나는 오백 명의 수행승들을 설득해서 돌아가게 만들었는데, 꼬깔리까가 잠자는 데바닷따를 깨우자 무슨 일이 일어났는지를 안 데바닷따는 입에서 피를 토하고 그로부터 아홉 달 동안 심하게 앓았다. 자신의 죽음이 가까워지자 부처님을 뵙기를 원했으나, 부처님은 이 생에는 볼 수 없다고 거부했다. 그러나 데바닷따는 들것에 실려 여행을 시도했다. 그가 들것에 실려 제따바나 숲에 도착했을 때, 들것이 연못가에서 멈추자 물속으로 빨려 들어갔고 땅이 열려 아비지옥에 떨어지게 되었다. 그러나 그는 마지막으로 '부처님 외에는 귀의처가 없다.'고 고백했다.

376) Nandaka : Miln. 100과 주석을 참조하라.

377) Nandamāṇavaka : 여기에 부처님과 제자를 모욕하고 지옥에 빠져 들어간 자로 나오는데, 수행녀 우빨라반나(Upalavaṇṇā)를 겁탈한 바라문 아난다(Ānanda)를 지칭하는 것이다.

2. [일체지자의 존재에 대한 질문]
(Sabbaññubhāvapañha)

1. [밀린다 왕] “존자 나가세나여, 부처님은 일체지자378)입니까?”

[나가세나] “대왕이여, 그렇습니다. 세존께서는 일체지자입니다. 그러나 세존께 항상 계속해서 앎과 봄이 현전하는 것은 아닙니다. 세존의 일체지의 앎은 주의를 기울임379)에 달려있습니다. 주의를 기울인 뒤에 원하는 것을 아는 것입니다.”

[밀린다 왕] “존자 나가세나여, 그렇다면, 만약 부처님의 일체지가 탐구에 의한 것이라면, 부처님은 일체지의 앎을 지닌 것이 아닙니다.”

[나가세나] “대왕이여, 백 대의 수레가 있는데, 각 수레마다 일곱 암마나380) 반과 두 뚬바381)의 쌀이 있는데, 한 번 손가락 튕기는 순간에 일어난 마음으로 몇 십만의 쌀알이 적재되어 있는 지를 헤아려서 끝낼 수 있겠습니까? 이것과 관련해서 이러한 일곱 가지 마음이 일어납니다. 대왕이여, 탐욕을 수반하고, 성냄을 수반하고, 미혹을 수반하고, 번뇌를 수반하고, 신체를 닦지 않고, 계행을 닦지 않고, 마음을 닦지 않고, 지혜를 닦지 않는382) 사람들이 있다면, 그들에게 그 마음은 무겁게 일어나고 더디게 일어납니다. 그것은 무슨 까닭입니까? 마음을 닦지 않은 까닭입니다. 대왕이여, 대나무 줄기가 번성하고 성장하고 무성하여 얽히고 설켜 있어, 가지가 뒤엉켜 잡아당기면, 당겨

---

378) sabbaññū : Miln. 74, 209를 참조하라.
379) āvajjana : 적당한 우리말이 없어서 ‘주의를 기울임’이라고 했는데, 좀 더 정확히 표현하자면 마음의 전향(āvajjana: 轉向)을 뜻한다.
380) ammaṇa : 1 ammaṇa= 1 doṇa(나무통)= 4 karīsa: 8말 정도이다.
381) tumba : 1 tumba(항아리) = 용량의 단위로 2 āḷhaka: 약 2리터 정도이다.
382) sarāgā sadosā samohā sakilesā abhāvitakāyā abhāvitasīlā abhāvitacittā abhāvitapaññā : 앞서 일곱 가지 마음이 일어난다고 했는데, 실제로 여덟 가지 마음이 언급되고 있다. 아니면 별도로 Vibh. 401에서는 일곱 가지 마음(七心)으로 안식(眼識), 이식(耳識), 비식(鼻識), 설식(舌識), 신식(身識), 의계(意界), 의식계(意識界)를 염두에 둔 언표인지 알 수 없다.

오는 것이 무겁고 더디게 됩니다. 무슨 까닭입니까? 가지들이 엉키고 설켜 있기 때문입니다. 대왕이여, 이와 마찬가지로 탐욕을 수반하고, 성냄을 수반하고, 미혹을 수반하고, 번뇌를 수반하고, 신체를 닦지 않고, 계행을 닦지 않고, 마음을 닦지 않고, 지혜를 닦지 않은 사람들이 있다면, 그들에게 그 마음은 무겁게 생겨나고 더디게 일어납니다. 그것은 무슨 까닭입니까? 번뇌로 얽히고 설켜 있기 때문입니다. 이것이 첫 번째 마음입니다."

2. [나가세나] "이것과 관련하여 두 번째 마음은 이렇게 구별됩니다. 대왕이여, 흐름에 들었고 악한 존재의 운명은 닫혀지고,[383] 올바른 견해에 도달하여 스승의 가르침을 식별하는 자들이 있는데, 그들에게 세 가지 경우와 관련해서는[384] 그 마음이 가볍게 생겨나고 가볍게 일어나지만, [103] 그 윗 단계와 관련해서는 무겁게 생겨나고 더디게 일어납니다. 그것은 무슨 까닭입니까? 세 가지 경우와 관련해서는 청정한 상태이지만 그 위에서는 번뇌가 끊어지지 않았기 때문입니다. 대왕이여, 예를 들어 대나무 줄기가 세 마디까지는 매끄럽고 그 위에서는 가지가 얽히고 설켜 있다면, 잡아당길 때 세 마디까지는 가볍게 움직이지만 그 위에서 그 움직임은 더딥니다. 그것은 무슨 까닭입니까? 아래로는 매끄럽기 때문이고 위로는 가지가 얽히고 설켜 있기 때문입니다. 대왕이여, 이와 마찬가지로 흐름에 들었고 악한 존재의 운명은 닫히고, 바른 견해에 도달하여 스승의 가르침을 이해하는 자들이 있는데, 그들에게 세 가지 경우와 관련해서는 그 마음이 가볍게 생겨나고 가볍게 일어나지만, 그 윗 단계와 관련해서는 무겁게 생겨나고 더디게 일어납

---

383) pihitāpāya : 흐름에 든 자는 깨달음과 연결되어 괴로운 운명의 상태에 태어나지 않는다.

384) tīsu ṭhānesu : '세 가지 결박, 즉 ① 개체가 있다는 견해(sakkāyadiṭṭhi : 有身見), ② 의심(vicikicchā : 疑), ③ 규범과 금계에 대한 집착(sīlabbataparāmāsa : 戒禁取)을 끊는 것과 관련해서는'이라는 뜻이다.

니다. 그것은 무슨 까닭입니까? 세 가지 경우와 관련하여 마음이 청정하고 그 위 단계와 관련해서는 번뇌가 끊어지지 않았기 때문입니다. 이것이 두 번째 마음입니다."

3. [나가세나] "이것과 관련하여 세 번째 마음은 이렇게 구별됩니다. 대왕이여, 탐욕과 분노와 어리석음이 엷어지는 한 번 돌아오는 님들이 있는데, 그들 가운데 그 마음은 다섯 가지 경우와 관련해서는[385] 그 마음이 가볍게 생겨나고 가볍게 일어나지만, 그 윗 단계와 관련해서는 무겁게 생겨나고 더디게 일어납니다. 그것은 무슨 까닭입니까? 다섯 가지 경우와 관련해서는 마음이 청정하지만, 그 윗단계와 관련해서는 번뇌가 끊어지지 않은 까닭입니다. 대왕이여, 마치 대나무 줄기가 다섯 마디까지는 매끄럽고 그 위에서는 가지가 얽히고 설켜 있다면, 잡아당길 때 다섯 마디까지는 가볍게 움직이지만 그 위에서 그 움직임은 더딥니다. 그것은 무슨 까닭입니까? 아래로는 매끄럽기 때문이고 위로는 가지가 얽히고 설켜 있기 때문입니다. 대왕이여, 이와 마찬가지로 탐욕과 분노와 어리석음이 엷어지는 한 번 돌아오는 님들이 있는데, 그들 가운데 그 마음은 다섯 가지 경우와 관련해서는 그 마음이 가볍게 생겨나고 가볍게 일어나지만, 그 윗 단계와 관련해서는 무겁게 생겨나고 더디게 일어납니다. 그것은 무슨 까닭입니까? 다섯 가지 경우와 관련하여 마음이 청정해졌고 그 윗 단계와 관련해서는 번뇌가 끊어지지 않았기 때문입니다. 이것이 세 번째 마음입니다."

4. [나가세나] "이것과 관련하여 네 번째 마음은 이렇게 구별됩니다. 대왕이여, 다섯 가지 낮은 단계의 결박을 끊은 돌아오지 않는 님들이 있는데, 그들 가운데 그 마음은 열 가지 경우와 관련해서는[386] 그

---

385) pañcasu ṭhānesu : 한 번 돌아오는 님의 경우 위 세 가지와 더불어 ④ 감각적 쾌락에 대한 탐욕(kāmarāga : 欲貪) ⑤ 분노(byāpāda 혹은 paṭigha : 瞋恚 혹은 有對)를 거의 끊어야 한다.

마음이 가볍게 생겨나고 가볍게 [104] 일어나지만, 그 윗 단계와 관련해서는 무겁게 생겨나고 더디게 일어납니다. 그것은 무슨 까닭입니까? 열 가지 경우와 관련해서는 마음이 청정하지만, 그 윗 단계와 관련해서는 번뇌가 끊어지지 않은 까닭입니다. 대왕이여, 마치 대나무 줄기가 열 마디까지는 매끄럽고 그 위에서는 가지가 얽히고 설켜 있다면, 잡아당길 때 열 마디까지는 가볍게 움직이지만 그 위에서 그 움직임은 더딥니다. 그것은 무슨 까닭입니까? 아래로는 매끄럽기 때문이고 위로는 가지가 얽히고 설켜 있기 때문입니다. 대왕이여, 이와 마찬가지로 다섯 가지 낮은 단계의 결박을 끊은 돌아오지 않는 님들이 있는데, 그들 가운데 그 마음은 열 가지 경우와 관련해서는 그 마음이 가볍게 생겨나고 가볍게 일어나지만, 그 윗 단계와 관련해서는 무겁게 생겨나고 더디게 일어납니다. 그것은 무슨 까닭입니까? 열 가지 경우와 관련하여 마음이 청정해졌고 그 윗 단계와 관련해서는 번뇌가 끊어지지 않았기 때문입니다. 이것이 네 번째 마음입니다."

5. [나가세나] "이것과 관련하여 다섯 번째 마음은 이렇게 구별됩니다. 대왕이여, 번뇌를 부수고 티끌과 때를 씻어내고 오염을 버리고, 수행이 원만하고, 해야 할 일을 마치고, 짐을 내려놓고, 이상을 실현하고, 생존의 결박을 끊고, 분석적인 앎에 도달하고, 제자의 지위에서 지극히 청정하게 된 거룩한 님들이 있는데, 그들 가운데 그 마음은 제자의 경계와 관련해서는 그 마음이 가볍게 생겨나고 가볍게 일어나지만, 연기법을

386) dasasu ṭhānesu : 돌아오지 않는 님의 경우 다섯 가지 낮은 단계의 결박, 즉 ① 개체가 있다는 견해(sakkāyadiṭṭhi : 有身見), ② 의심(vicikicchā : 疑), ③ 규범과 금계에 대한 집착(sīlabhataparāmāsa : 戒禁取)과 더불어 ④ 감각적 쾌락에 대한 탐욕(kāmarāga : 欲貪) ⑤ 분노(byāpāda 혹은 paṭigha : 瞋恚 혹은 有對)을 끊어야 한다. 여기서는 열 가지 단계와 관련시킨 것은 다섯 가지 높은 단계의 결박, 즉 ⑥ 미세한 물질계에 대한 탐욕(rūparāga : 色貪), ⑦ 비물질계에 대한 탐욕(arūparāga : 無色貪), ⑧ 자만(māna : 慢), ⑨ 자기정당화(uddhacca : 掉擧), ⑩ 무명(avijjā : 無明)과도 관련된 것을 뜻하는데, 주목할 만한 것이다.

홀로 깨달은 님[387])의 경계와 관련해서는 무겁게 생겨나고 더디게 일어납니다. 그것은 무슨 까닭입니까? 제자의 경계와 관련해서는 청정하지만, 연기법을 홀로 깨달은 님의 경계와 관련해서는 청정하지 못한 까닭입니다. 대왕이여, 마치 대나무줄기의 모든 마디가 매끄러우므로 잡아당기면 당겨 오는 것이 가볍고 더디지 않습니다. 그것은 무슨 까닭입니까? 모든 마디가 매끄럽고 줄기가 얽힌 것이 없기 때문입니다. 대왕이여, 이와 마찬가지로 번뇌를 부수고 티끌과 때를 씻어내고 오염을 버리고, 수행이 원만하고, 해야 할 일을 마치고, 짐을 내려놓고, 이상을 실현하고, 생존의 결박을 끊고, 분석적인 앎에 도달하고, 제자의 지위에서 지극히 청정하게 된 거룩한 님들이 있는데, 그들 가운데 그 마음은 제자의 경계와 관련해서는 그 마음이 가볍게 생겨나고 가볍게 일어나지만, 연기법을 홀로 깨달은 님의 경계와 관련해서는 무겁게 생겨나고 더디게 일어납니다. 그것은 무슨 까닭입니까? 제자의 경계와 관련해서는 청정하지만, 연기법을 홀로 깨달은 님의 경계와 관련해서는 청정하지 못한 까닭입니다. 이것이 다섯 번째 마음입니다."

6. [나가세나] "이것과 관련하여 [105] 여섯 번째 마음은 이렇게 구별됩니다. 자신에 의지하고 스승이 없고, 무소의 뿔[388])처럼 홀로 다니

387) paccekabuddha : 이 단어는 보통 벽지불(辟支佛)이라고 알려진 것으로 부처님처럼 '홀로 깨달은 님(獨覺)'이라고 번역된다. 그러나 벽지불은 부처님처럼 전지성(全知性 : sabbaññūtā)을 갖고 있지는 않다. 벽지불의 범어 쁘라띠야야붓다(pratyaya-buddha)는 한역에서 독각(獨覺: 홀로 깨달은 님)과 연각(緣覺; 연기법을 깨달은 님)의 두 가지로 번역된다. 올바로 원만히 깨달은 님(正等覺者 sammāsambuddha)과 다른 것은 이들은 홀로 다니고 대중과 함께 하지 않고, 대중에게 가르침을 설하지 않는다는 점이다. 그러나 노만(K. R. Norman : Collected Papers II. Oxford, 1991. pp. 233-249)은 '외부의 원인에 의해 깨달은 사람'이라고 했으나, '홀로 연기법을 깨달은 님'으로 번역할 수 있다. 그러면 독각(獨覺)과 연각(緣覺)은 큰 차이가 없는 것이 될 것이다. 그런데 이와 유사하게 형성된 벽지범천(辟支梵天)은 빳쩨까브라흐만(paccekabrahman)이라고 하는데, 이것은 무리와 떨어져 '홀로 있는 하느님'이라는 뜻으로 인연법과는 상관없는 표현이다.

388) khaggavisāṇa : 숫타니파타의 『무소의 뿔의 경』(Khaggavisāṇasutta: Stn. 35-

고, 자신의 경계에서 청정무구한 마음을 지닌 연기법을 홀로 깨달은 님들이 있는데, 그들 가운데 그 마음은 제자의 경계와 관련해서는 그 마음이 가볍게 생겨나고 가볍게 일어나지만, 일체지자인 부처님의 경계와 관련해서는 무겁게 생겨나고 더디게 일어납니다. 그것은 무슨 까닭입니까? 자신의 경계와 관련해서는 청정하지만 일체지자인 부처님의 경계는 광대하기 때문입니다.389) 사람이 자신의 경계에 있는 작은 강을 밤이건 낮이건 원할 때에 당황하지 않고 건널 수 있지만, 그러나 저편의 깊고 넓고 바닥을 알 수 없는 큰 바다를 보면 두려워하고 주저하며 감히 건널 수가 없을 것입니다. 그것은 무슨 까닭입니까? 자신의 경계에는 친숙해있지만, 큰 바다는 광대하기 때문입니다. 대왕이여, 이와 마찬가지로 자신에 의지하고 스승이 없고, 무소의 뿔처럼 홀로 다니고, 자신의 경계에서 청정무구한 마음을 지닌 연기법을 홀로 깨달은 님들이 있는데, 그들 가운데 그 마음은 자신의 경계와 관련해서는 그 마음이 가볍게 생겨나고 가볍게 일어나지만, 일체지자인 부처님의 경계와 관련해서는 무겁게 생겨나고 더디게 일어납니다. 그것은 무슨 까닭입니까? 자신의 경계와 관련해서는 청정하지만 일체지자인 부처님의 경계는 광대하기 때문입니다."

7. [나가세나] "이것과 관련하여 일곱 번째 마음은 이렇게 구별됩니다. 대왕이여, 일체지자이고, 열 가지 힘390)을 지닌 자이고, 네 가지

75)을 참조하라.

389) mahantattā sabbaññubuddhavisayassa : MN. I. 488

390) dasabala : 십력(十力) 또는 여래십력(如來十力). 1. 경우와 경우 아닌 것을 여실히 아는 힘, 즉 경우를 경우로, 경우가 아닌 것을 경우가 아닌 것으로 아는 힘(處非處智力), 2. 과거·미래·현재의 업의 수용에 관해 필연적으로 조건적으로 여실히 그 과보를 아는 힘(業異熟智力), 3. 모든 곳으로 인도하는 길에 관해 아는 힘(遍趣行智力), 4. 많은 요소로 구성된 다양한 요소의 세계에 관해 아는 힘(種種界智力), 5. 다른 뭇삶들이 여러 가지 결정에 관해 아는 힘(種種勝解智力), 6. 그들의 능력의 높고 낮음에 관해 아는 힘(根上下智力), 7. 선정·해탈·삼매·성취에서 오염과 청정의 발생을 아는 힘(靜慮解脫等持等至智力), 8. 전생에 살던 곳에 대한 기억을 아는 힘(宿住隨

두려움 없음391)을 지닌 자이고, 열여덟 가지 부처님의 특성을 갖춘 자이고,392) 무한승자이고,393) 장애 없는 앎을 갖춘 자인 올바로 원만히 깨달은 님들이 있는데, 그들 가운데 그 마음은 모든 경우에 빠르게 생겨나고 빠르게 일어납니다. 그것은 무슨 까닭입니까? 모든 경우에 청정하기 때문입니다. 대왕이여, 잘 닦여있고, 녹이 슬지 않고, 마디가 없고, 예리하고, 휘지 않고, 굽어지지 않고, 반듯하고, 강한 활에 장착된 화살이 강력한 사수에 의해서 부드러운 아마천이나 부드러운 면직천 또는 부드러운 모직천에 쏘아졌다면, 더디거나 지체되겠습니까?"

[밀린다 왕] "존자여, 그렇지 않습니다. 그것은 무슨 까닭입니까? 천들은 부드럽고 화살은 잘 닦여있고 사수는 강력하기 때문입니다."

[나가세나] "대왕이여, [106] 이와 마찬가지로 일체지자이고, 열

念智力), 9. 뭇삶의 죽음과 삶에 관해 아는 힘(死生智力), 10. 번뇌의 소멸에 관해 아는 힘(漏盡智力)

391) catāri vesārajjāni : 한역에는 사무소외(四無所畏)라고 번역한다. 이 네 가지의 두려움 없음에 관해서는 MN. I. 68에 상세히 나온다. ① '올바로 깨달은 자라고 당신이 인정하더라도 그 가르침들은 올바로 깨달아진 것이 아니다.'라고 나에 대해 사문이나 바라문, 신, 악마, 하느님이나 이 세상의 어떤 자라도 정당하게 비난하려 해도, 싸리뿟따여, 나는 그것을 근거로 간주하지 않는다. 싸리뿟따여, 그것을 근거로 간주하지 않음으로써 안온에 도달하고 공포 없음을 얻고 두려움 없음을 성취한다. ② '번뇌를 부순 자(漏盡者)라고 당신이 인정하더라도, 그 번뇌들은 부서진 것이 아니다.'라고 나에 대해 … 간주하지 않는다 … 성취한다. ③ '장애가 되는 것이라고 정의된 것들이라도 탐닉하는 자에게는 장애가 될 수 없다.'라고 나에 대해 … 간주하지 않는다 … 성취한다. ④ '그 목적을 위해서 법이 설해져도 그것은 그 법을 실천한 자를 올바른 괴로움의 소멸로 이끌지 못한다.'라고 나에 대해 … 간주하지 않는다 … 성취한다. 이에 대해 구사론(俱舍論) 제27권에서는 각각 ① 정등각무외(正等覺無畏) ② 누영진무외(漏永盡無畏) ③ 설장법무외(說障法無畏) ④ 설출도무외(說出道無畏)라고 번역하고 있다.

392) aṭṭhārasa buddhadhammā : Miln.216, 285 부처님에게 고유한 열여덟 가지 특성은 다음과 같다: ①~⑩ 열 가지 힘과 ⑪~⑭ 네 가지 두려움 없음 ⑮~⑰ 세 가지 평정심(1. 제자가 열심히 법을 듣고 가르침을 실천하여도 함부로 기뻐하여 평정심을 잃지 않는다. 2. 그 역의 경우도 걱정하는 마음을 일으켜 평정심을 잃지 않는다. 3. 열심히 하거나 열심히 하지 않는 양자의 제자에 대하여 기뻐하거나 근심하여 평정심을 잃지 않는다.) ⑱ 광대한 자비심이다.

393) anantajinā : Vin. I. 8 나형외도 Upaka가 부처님을 지칭한 호칭이다.

가지 힘을 지닌 자이고, 네 가지 두려움 없음을 지닌 자이고, 열여덟 가지 부처님의 특성을 갖춘 자이고, 무한승자이고, 장애 없는 앎을 갖춘 자인 올바로 원만히 깨달은 님들이 있는데, 그들 가운데 그 마음은 모든 경우에 빠르게 생겨나고 빠르게 일어납니다. 그것은 무슨 까닭입니까? 모든 경우에 청정하기 때문입니다. 이것이 일곱 번째 마음입니다."

8. [나가세나] "이것과 관련하여 대왕이여, 일체지자인 부처님의 마음은 그러한 다른 여섯 가지 마음의 헤아림을 초월하여 헤아릴 수 없는 덕성을 갖추어 청정하고 경쾌합니다. 세존의 마음은 청정하고 경쾌하기 때문에 대왕이여, 세존께서는 쌍신변(雙神變)394)을 보여 주었습니다. 대왕이여, 쌍신변에 대해서는 '세존이신 부처님들의 마음은 이와 같이 빠르게 변화한다.'라고 알아야 합니다. 그것에 대해 더 이상 이유를 말할 수 없습니다. 대왕이여, 그 신통변화는 일체지자인 부처님의 마음과 관련되기 때문에 헤아리거나 계산하거나 나누거나 분리하는 것이 불가능합니다. 대왕이여, 세존의 일체지자로서의 앎은 주의를 기울임에 달린 것입니다. 주의를 기울인 뒤에 원하는 것을 아시는 것입니다. 대왕이여, 사람이 한 손에 놓았던 어떤 것이든 다른 손에 놓거나, 입을 열어 말하거나, 입속에 들어간 음식을 삼키거나,

394) yamakapāṭihāriya : DhpA. III. 199-226에 쌍신변(雙神變)에 대해서 상세한 기술이 있다 : 상반신에서는 불꽃의 다발이 나왔고 하반신에서는 물결의 흐름이 솟아나왔다. 하반신에서는 불꽃의 다발이 나왔고 상반신에서는 물결의 흐름이 솟아나왔다. 전반신에서는 불꽃의 다발이 나왔고 후반신에서는 물결의 흐름이 솟아나왔다. 후반신에서는 불꽃의 다발이 나왔고 전반신에서는 물결의 흐름이 솟아나왔다. 이처럼 오른쪽 눈과 왼쪽 눈, 오른쪽 귀와 왼쪽 귀, 오른쪽 콧구멍과 왼쪽 콧구멍, 오른쪽 어깨과 왼쪽 어깨, 오른쪽 옆구리과 왼쪽 옆구리, 오른쪽 발과 왼쪽 발, 손가락 끝과 손가락 뿌리에서도 마찬가지였다. 그리고 몸의 모든 구멍에서는 물결의 흐름이 솟아나왔다. 그것들은 여섯 가지 색깔 ― 청·황·적·백·주황과 무색광채 ― 을 띠었다. 부처님께서 걸으면, 영상(nimitta)은 서거나 앉거나 누웠다. 영상이 누우면, 부처님께서는 걷거나 서거나 앉았다.

눈을 떴다가 감거나, 눈을 감았다가 뜨거나, 굽힌 팔을 펴거나, 편 팔을 굽히거나, 이것은 보다 느린 것입니다. 대왕이여, 세존의 일체지자로서의 앎이 보다 빠른 것입니다. 주의를 기울임이 보다 빠른 것으로 주의를 기울인 뒤에 원하는 것을 아는 것입니다. 조금도 주의를 기울이지 않고 있다는 것만을 이유로 세존이신 부처님들이 일체지자가 아니라고 말해서는 안 됩니다."

[밀린다 왕] "존자 나가세나여, 왜 주의를 기울임이 탐구395)에 의해서 이루어지는지, 그 이유에 대하여 가르쳐주십시오."

[나가세나] "대왕이여, 예를 들어, 부유하고 대부호인 대자산가로서 많은 금은을 소유하고, 많은 재보와 상품, 많은 곡물과 곡류를 지닌 사람이 쌀, 벼, 보리, 쌀알, 깨, 콩, 완두콩, 버터기름, 기름, 버터, 우유, 응유, 꿀, 설탕, [107] 당밀을 단지, 항아리, 선반, 용기, 저장고에 저장하고 있는데, 그 사람에게 대접을 받을 가치가 있고 대접을 바라는 손님이 왔지만, 그 집안에 요리된 음식이 다 떨어져서 항아리에서 정미를 꺼내 와서 음식을 요리한다면, 대왕이여, 음식물이 떨어져 없는 것만으로 그가 부유하지 않고 불쌍하다고 말할 수 있습니까?

[밀린다 왕] "존자여, 그렇지 않습니다. 전륜왕의 집안에 있어도, 때로는 음식이 떨어져 없는 경우가 있습니다. 하물며 장자의 집에서는 말할 것도 없습니다."

[나가세나] "대왕이여, 이와 마찬가지로 여래께서는 주의를 기울이지 않을 때에도, 일체지자의 앎을 갖고 계시며, 주의를 기울여 원한 것을 아는 것입니다. 대왕이여, 예를 들어, 어떤 나무가 열매를 맺어 송이의 무게에 실려 휘어지고 구부러졌는데, 어떤 열매도 거기서 떨어진 적이 없다고 한다면, 대왕이여, 그 나무는 떨어진 열매가 없다고 하여 열매가 없다고 할 수 있겠습니까?"

---

395) pariyesanā : 탐색(探索), 탐구(探究)를 뜻한다.

[밀린다 왕] "존자여, 그렇지 않습니다. 그 나무의 열매들은 떨어지는 것에 관련되어 있고, 떨어졌을 때 원하는 것을 얻는 것처럼, 대왕이여, 이와 마찬가지로 여래가 지닌 일체지자의 앎은 주의를 기울이는 것에 달려있고, 일체지자의 앎으로 주의를 기울여 원한 것이 있으면 아는 것입니다."

[밀린다 왕] "존자 나가세나여, 부처님께서는 언제나 주의를 기울여 원하는 것을 아는 것입니까?"

[나가세나] "대왕이여, 그렇습니다. 세존께서는 언제나 주의를 기울여 원하는 것을 아는 것입니다."

[나가세나] "대왕이여, 전륜왕이 '보물 수레바퀴가 나에게 나타나라.'라고[396] 떠올리면, 떠올릴 때에 보물 수레바퀴가 나타나는 것처럼, 대왕이여, 이와 마찬가지로 여래께서는 언제나 주의를 기울여 원하는 것을 아는 것입니다."

[밀린다 왕] "존자 나가세나여, 그 이유가 분명합니다. 부처님께서는 일체지자입니다. 부처님께서 일체지자인 것을 받아들입니다."

두 번째 일체지자의 존재에 대한 질문이 끝났다.

3. [데바닷따의 출가에 대한 질문] (Devadattapabbajjapañha)

1. [밀린다 왕] "존자 나가세나여, 데바닷따는 누구에 의해 출가했습니까?"

[나가세나] "대왕이여, 이 여섯 명의 왕족 청년, 밧디야,[397] 아누

---

396) upetu me cakkaratanan'ti : MN. III. 172 참조.

397) Bhaddiya Kāḷigodhāyaputta : 부처님의 제자 수행승 가운데 '높은 가문 출신 가운데 제일(uccākulikānaṃ aggaṁ)'이다. 그의 어머니 깔리고다(Kāḷigodhā)는 싸끼야 족의 여인으로 흐름에 든 경지에 이르렀다. Mrp. I. 109에 따르면, 그녀의 이름은 고다(Godhā)였는데 피부가 검었으므로 깔리(Kāḷī)라고 불렸다. 그는 아누삐야(Anupiya)의 망고 숲에서 아누룻다(Anuruddha)와 함께 출가하였다. 그는 나무 아

룻다,[398] 아난다, 바구,[399] 낌빌라,[400] 데바닷따, [108] 그리고 일곱 번째로 이발사 우빨리[401]가 스승께서 올바로 원만히 깨달은 뒤에,

---

래서 열반의 지복을 체험하며, '오 행복이여, 오 지복이여!'라고 외치곤 했다.

398) Anuruddha : 부처님의 제자 수행승 가운데 '하늘눈을 지닌 님 가운데 제일(dibbacakkhukānaṃ aggaṃ)'이다. Ppn. I. 85에 따르면, 아누룻다는 부처님의 사촌으로 아미또다나(Amitodana)의 아들이자 마하나마의 형제였다. 부처님의 소식을 듣고 마하나마가 그에게 출가를 제안했으나 궁중의 화려한 생활을 포기할 수 없어 거부했다. 그러나 결국에는 제안을 받아들여 조카인 밧디야(Bhaddiya)와 함께 출가했다. 그들은 아난다, 바구(Bhagu), 낌빌라(Kimbila), 데바닷따, 그리고 우빨리와 함께 아누삐야(Anupiya) 마을의 망고나무 숲에 계신 부처님을 찾아뵙고 출가했다. 그는 출가하자마자 첫 번째 우기가 오기 전에 하늘눈[天眼]을 얻었다.

399) Bhagu : ThagA. II. 111에 따르면, 그는 빠두뭇따라(Padumuttara) 부처님 당시에 훌륭한 가문에 태어나, 성년이 되어 스승께서 완전한 열반에 들었을 때에 그의 사리에 꽃공양을 올렸다. 그는 그 공덕으로 천상계와 인간계를 윤회하다가 고따마 부처님 당시에 싸끼야 왕족의 가문에 태어나 '바구'라는 이름을 얻었다. 그는 청년이 되어 아누룻다와 낌빌라와 함께 집을 나와 출가하여 발라깔로나까(Bālakaloṇaka) 마을에 살면서 어느 날 혼침 상태를 제거하기 위해 정사를 나와서 경행처로 올라가다가 넘어졌는데, 그것을 동기로 해태와 혼침을 제거하고 통찰을 계발하여 거룩한 경지를 얻었다.(Ap. II. 405 참조) 그는 거룩한 경지에 도달하고 나서 경지의 즐거움과 열반의 즐거움을 누리면서 보내다가, 스승께서 홀로 사는 것을 함께 기뻐하며 다가와 '수행승이여, 방일하지 않고 정진하는 그대는 누구인가?'라고 묻자 자신의 방일하지 않는 삶을 알리면서 아래의 네 편의 시(Thag. 271-274)를 읊었다.

400) Kimbila : 끼밀라(Kimila) 또는 낌밀라(Kimmila)라고도 부른다. Vin. II. 182에 따르면, 까삘라밧투 시(Kapilavatthu)의 사끼야 족 사람으로 부처님께서 까삘라밧투 시를 방문했을 때에 밧디야(Baddhiya)와 다른 네 명의 싸끼야 족 왕족들과 함께 출가했다. ThagA. I. 235에 따르면, 부처님께서 아누삐야(Anupiya)에 있을 때에 낌빌라(Kimbila)를 위하여 신통으로 젊고 아름다운 여인을 보여 그녀가 늙어가는 모습을 보여주자 크게 충격을 받은 낌빌라가 출가해서 마침내 거룩한 님이 되었다고 한다.

401) Upāli : AN. I. 23에 따르면, 부처님의 제자 중에 지계제일(持戒第一 : vinayadharāṇaṁ aggaṁ)이다. Ppn. I. 408에 따르면, 그는 싸끼야 족의 궁전 이발사였다. 아누룻다와 그의 조카들이 아누삐야(Anupiyā)숲에서 부처님의 가르침을 따라 출가할 때 동행했는데, 왕자들이 값비싼 패물을 모두 그에게 넘겨주었으나 그는 거절하고 함께 출가하여 수행승이 되었다. 그가 거절한 사유는 그 패물을 받아 돌아가면 싸끼야 족의 왕자들을 살해하고 패물을 훔쳐왔다는 혐의를 받을까 두려워서였다. 부처님은 왕자들과 함께 천한 신분인 우빨리의 출가를 허락했기 때문에 왕자들은 자존심이 상했으나 어쩔 수 없었다. 우빨리의 친교사는 깝삐따까(Kappitaka)였다. 우빨리는 선정수행을 위해 숲속에서만 살길 원했으나 부처님은 가르침도 함께 배워야 한다고 충고했다. 그래서 우빨리는 다른 수행승들과 함께 수행해서 아라한이 되었다.

싸끼야 족에게 환희가 생겨나자, 세존을 따라 출가를 한 것입니다. 세존께서는 그들을 출가시켰습니다."

[밀린다 왕] "존자여, 데바닷따가 출가한 뒤에 참모임은 분열되지 않았습니까?"

[나가세나] "대왕이여, 그렇습니다. 데바닷따가 출가한 뒤에 참모임은 분열되었습니다. 재가신도가 참모임을 분열시키지 않습니다. 수행녀,402) 정학녀,403) 사미,404) 사미니405)가 참모임을 분열시키지 않습니다. 동일결계에 함께 사는 일반 수행승406)이 참모임을 분열시킵니다."407)

[밀린다 왕] "존자여, 참모임을 분열시키는 자는 어떤 업을 얻습니까?"

부처님은 특히 우빨리에게 율장 전부를 가르쳤다. 율에 관련된 우빨리와 부처님의 질의응답은 율장부수(Parivāra)의 우빨리빤짜까(Upāli-Pañcaka)에 나온다. 라자가하의 결집에서 우빨리는 율장의 결집을 주도했다.

402) bhikkhunī : 산스크리트어로 빅슈니(bhikṣuṇī)로 한역에는 걸사녀(乞士女), 근사녀(勤事女)라고 하고 음사해서 필추니(苾芻尼)라고 한다. 출가하여 20 세 이상이 되어 구족계(具足戒)를 받은 여자를 뜻한다.

403) sikkhamānā : 한역의 정학녀(正學女) 또는 식차마나(式叉摩那)이다. 20세 이전의 여자 출가자 가운데 20세 이전의 2년간은 정학녀라고 하고 그 이전은 사미니라고 한다. 만약에 여자출가자가 20세 이후에 출가해도 구족계를 받기 전에 2년간 견습하는 기간을 거쳐야 한다. 이 기간의 출가여인을 말한다.

404) sāmaṇera : 산스크리트어도 동일하며, 한역에는 음사해서 사미(沙彌)라고 한다. 수행승이 되기 이전의 도제승(徒弟僧)으로 10계를 받은 7세 이상 20세 미만의 출가한 남자를 말한다.

405) sāmaṇerī : 산스크리트어도 동일하며, 한역에는 근책녀(勤策女)라고 하고 음사해서 사미니(沙彌尼)라고 한다. 20세 이전의 여자 출가자 가운데 20세 이전의 2년간은 정학녀라고 하고 그 이전은 사미니라고 한다.

406) bhikkhu : 산스크리트어로 빅슈(bhikṣu)로 한역에는 걸사(乞士), 근사남(勤事男), 포마(怖魔), 파악(破惡), 제근(除饉)이라고 하고 음사해서 필추(苾芻), 비호(比呼)라고 한다. 출가하여 20 세 이상이 되어 구족계(具足戒)를 받은 남자를 뜻한다.

407) bhikkhu pakatatto samānasaṁvāsako samānasīmāyaṁ ṭhito saṅghaṁ bhindatīti : Vin. II. 204 : 우빨리여, 함께 살고 있고 동일결계에 있는 일반수행승들이 참모임을 분열시킨다

[나가세나] "대왕이여, 일 겁의 우주기를 지속하는 업을 얻습니다."

[밀린다 왕] "존자 나가세나여, 부처님은 '데바닷따가 출가한 뒤에 참모임이 분열할 것이다. 참모임이 분열한 뒤에 일 겁의 우주기를 지옥에서 고통받을 것이다.'라는 사실을 알았습니까?"

[나가세나] "대왕이여, 그렇습니다. 여래께서는 '데바닷따가 출가한 뒤에 참모임을 분열시킬 것이다. 참모임이 분열한 뒤에 일 겁의 우주기를 지옥에서 고통받을 것이다.'라는 사실을 알았습니다."

[밀린다 왕] "존자 나가세나여, 만약에 부처님께서 '데바닷따가 출가한 뒤에 참모임을 분열시킬 것이다. 참모임이 분열한 뒤에 일 겁의 우주기를 지옥에서 고통받을 것이다.'라는 사실을 알았다면, 존자 나가세나여, '부처님께서는 모든 뭇삶에 대하여 자애를 지닌 님, 연민을 지닌 님, 요익을 주는 님으로서 불익을 제거하고 이익을 제공하는 분이다.'라고 하는 말은 잘못된 것입니다. 만약 그것을 모르고 출가시켰다면, 그 때문에 부처님은 일체지자가 아닙니다. 이것도 그대에게 제기하는 양도논법의 질문입니다. 이 커다란 얽힘을 풀어주십시오. 다른 자들의 이설을 타파해 주십시오. 미래에 그대와 같은 현명한 수행승들은 얻기 어려울 것입니다. 이와 관련하여 그대의 힘을 보여주십시오."

2. [나가세나] "대왕이여, 세존께서는 연민을 지닌 일체지자입니다. 대왕이여, 연민을 지닌 세존께서는 일체지자의 앎으로 데바닷따의 운명을 관찰하면서 데바닷따가 지옥의 업을 쌓아 수조겁의 우주기 동안 지옥에서 지옥으로 비참한 곳에서 비참한 곳으로 가는 것을 알아챘습니다. 세존께서는 그 모든 것을 아시는 지혜로 '그의 한량없는 업은 나의 교의에 출가하면 끝낼 수 있을 것이다. [109] 전생과 관련하여 조건지어진 고통이 끝을 볼 것이다. 그러나 출가하지 않는다면 이 어리석은 자는 한 겁 동안이나 업을 쌓을 것이다.'라고 아시고 연민으로써 데바닷따를 출가시킨 것입니다."

[밀린다 왕] "존자 나가세나여, 그렇다면 부처님께서는 사람을 때리고 상처에 연고를 발라주고, 지옥에 떨어뜨리고 손길을 내밀고, 죽인 뒤에 소생을 추구합니다. 즉 그 분은 먼저 고통을 주고 나중에 행복을 주십니까?"

[나가세나] "대왕이여, 여래께서는 뭇삶들의 요익을 위해 때리고, 뭇삶들의 요익을 위해 떨어뜨리고, 뭇삶들의 요익을 위해 죽이기도 합니다. 대왕이여, 여래께서는 때린 뒤에 뭇삶들에게 요익을 주고, 떨어뜨린 뒤에 뭇삶들에게 요익을 주고, 죽인 뒤에 뭇삶들에게 요익을 주기도 합니다. 대왕이여, 부모가 때리고 떨어뜨려서라도 자녀들에게 이익을 주듯이, 대왕이여, 이와 마찬가지로 여래께서는 뭇삶들의 요익을 위해 때리고, 뭇삶들의 요익을 위해 떨어뜨리고, 뭇삶들의 요익을 위해 죽이기도 합니다. 대왕이여, 여래께서는 때린 뒤에 뭇삶들에게 요익을 주고, 떨어뜨린 뒤에 뭇삶들에게 요익을 주고, 죽인 뒤에 뭇삶들에게 요익을 주기도 합니다. 어떠한 방편으로든 뭇삶들의 공덕을 증대시키는 그러한 방편으로 일체의 뭇삶에게 요익을 주십니다. 대왕이여, 만약에 데바닷따가 출가하지 않았다면, 재가자로 있으면서 지옥에 태어날 많은 악업을 짓고 수조겁의 우주기를 지옥에서 지옥으로 비참한 곳에서 비참한 곳으로 가면서 많은 괴로움을 겪었을 것입니다. 세존께서는 그것을 아시고 연민으로 데바닷따를 출가시킨 것입니다. '나의 교의에 출가하면, 괴로움을 끝낼 수 있을 것이다.'라고 연민으로 무거운 고통을 가볍게 만든 것입니다."

3. [나가세나] "대왕이여, 재산, 명성, 영예, 친지의 힘으로 권세 있는 사람이 자신의 친지나 친구가 왕으로부터 중형을 받으면 자신이 크게 신임을 받고 있는 것을 통해서 무거운 죄를 가볍게 할 수 있듯이, 대왕이여, 이와 마찬가지로 세존께서는 수조겁의 우주기 동안 고통을 겪어야 하는 것을 아시고 데바닷따를 [110] 출가시켜 계행, 삼매, 지혜,

해탈의 힘의 능력으로 무거운 고통을 가볍게 하신 것입니다. 대왕이여, 유능한 내과의사나 외과의사가 심각한 질병을 강력한 약초로 가볍게 치료하듯이, 대왕이여, 이와 마찬가지로 수조겁의 우주기 동안 고통을 겪어야 하는 것을 아시고 데바닷따를 세존께서는 치유에 대한 앎을 통해 출가시켜 연민을 통해 지지된 진리의 약초의 힘으로 무거운 고통을 가볍게 하신 것입니다. 대왕이여, 세존께서는 많이 고통을 겪어야 하는 데바닷따로 하여금 적게 고통을 겪도록 조치했는데, 무엇인가 부덕한 일을 한 것입니까?"

[밀린다 왕] "존자여, 그렇지 않습니다. 한 순간조차도 부덕한 일을 한 것이 아닙니다."

[나가세나] "대왕이여, 세존께서 데바닷따를 출가시킨 그 이유에 대해서는 취지에 맞게 받아들이십시오."

4. [나가세나] "대왕이여, 세존께서 데바닷따를 출가시킨 또 다른 이유를 들어보십시오. 대왕이여, 사람들이 범죄를 지은 도둑을 붙잡아서 왕에게 대령하여 '폐하, 이 자는 범죄를 지은 도둑입니다. 원하시는 형벌을 그에게 내리십시오.'라고 하면, 왕은 그들에게 '이보게들, 이 도둑을 교외로 끌어내어 처형대에서 머리를 참수하라.'라고 명할 것입니다. 그들은 '폐하, 그렇게 하겠습니다.'라고 왕에게 대답하고 그를 교외로 끌어내어 처형대로 데려갈 것입니다. 그런데 누군가 어떤 사람이 왕의 측근이고 호감을 받고 명성을 얻고 부와 재산이 있고 말에 신빙성이 있고, 영향력이 있는 인물인데, 그가 그에게 연민을 일으켜 사람들에게 '여러분, 멈추시오 그대들이 머리를 잘라서 무엇을 하겠소. 그러니 이 자의 손이나 발을 자르고 목숨은 살려주시오. 내가 이자를 위해 왕에게 해명할 것입니다.'라고 말한다면, 그들은 그 영향력 있는 자의 말에 따라 그 도둑의 손이나 발을 자르고 목숨을 살려 둘 것입니다."

[나가세나] "대왕이여, 그 사람이 이와 같이 행하면 그 도둑에 대한 해야 할 일을 행한 것일까요?"

[밀린다 왕] "존자여, 그 사람은 그 도둑의 목숨을 살려준 자입니다. 목숨을 주었는데 그에게 잘못한 일이 있겠습니까? 그리고 [111] 그의 손발이 잘렸을 때 겪은 고통의 경험을 통해서 그가 무엇인가 부덕한 일을 한 것입니까?"

[밀린다 왕] "존자여, 자신의 행위로 인하여 도둑이 고통의 느낌을 겪지만, 목숨을 준 사람은 어떤 악덕도 저지른 것은 아닙니다."

[나가세나] "대왕이여, 이와 마찬가지로 세존께서는 연민을 일으켜 '나의 교의에 출가하면, 괴로움을 끝낼 수 있을 것이다.'라고 생각하고 데바닷따를 출가시킨 것입니다."

5. [나가세나] "대왕이여, 데바닷따의 고통은 끝났습니다. 대왕이여, 데바닷따는 죽을 때에 말했습니다.

[데바닷따] '이 몸(해골들)으로
최상의 사람인 그분, 신들 가운데 신,
사람을 길들이는 분,
널리 보는 눈을 지닌 분,
백 가지 공덕과 특징을 지닌 분,
뭇삶들과 더불어 나는 그 부처님께 귀의합니다.'408)

대왕이여, 데바닷따는 목숨이 붙어 있을 때에 귀의했습니다. 일 겁의 우주기를 여섯 부분으로 나눈다면 첫 번째 부분이 지났을 때에 참모임이 파괴되었고, 나머지 다섯 부분 동안에 지옥의 고통을 받고 그곳에서 벗어나 앗티싸라409)라는 연기법을 홀로 깨달은 님이 될 것입니다.

---

408) imehi aṭṭhīhi tamaggapuggalaṁ | devātidevaṁ naradammasārathiṁ | samantacakkhuṁ satapuññalakkhaṇaṁ | pāṇehi buddhaṁ saraṇaṁ upemī'ti || = DhA. I. 147

대왕이여, 세존께서 이와 같이 행하면 데바닷따에게 해야 할 일을 행한 것이 아니겠습니까?"

[밀린다 왕] "존자 나가세나여, 여래께서는 데바닷따를 연기법에 대한 깨달음을 얻도록 길들였으니, 데바닷따에게 모든 것을 준 것입니다. 여래께서 데바닷따에게 잘못 행한 것이 있겠습니까?"

[나가세나] "대왕이여, 그러나 데바닷따는 참모임을 파괴한 뒤에 지옥에서 괴로움의 고통을 겪고 있는데, 세존께서는 그러한 이유로 어떤 악덕이라도 저지른 것이 아닐까요?"

[밀린다 왕] "존자여, 그렇지 않습니다. 자신의 행위로 데바닷따는 일 겁의 우주기를 지옥에서 고통을 받고 있습니다. 그 고통을 끝내려고 하는 스승께서는 아무런 악덕도 저지른 것이 아닙니다."

[나가세나] "대왕이여, 세존께서 데바닷따를 출가시킨 그 이유에 대해서는 의취에 맞게 받아들여야 합니다."

6. [나가세나] "대왕이여, 세존께서 데바닷따를 출가시킨 또 다른 이유를 들어보십시오. 대왕이여, 유능한 [112] 내과의사나 외과의사가 화살이 안쪽으로 깊이 박혀 고름과 피로 가득하고, 바람, 담즙, 점액,[410] 체질, 계절의 변화, 부주의한 돌봄, 돌발의 상황[411]에 영향을 받아, 부패한 시체와 같은 악취로 뒤덮인 상처를 치유할 경우, 상처 부위를 거칠고 매섭고 통렬하고 쓰라린 약을 발라 화농시키고, 화농시킨 뒤에 부드럽게 된 부위를 칼로 절개하고, 달구어진 침으로 지지고, 지진 뒤에 상처에 회즙과 소금을 뿌리고, 약을 바르는데, 그것은 상처를

---

409) aṭṭhissara : 데바닷따가 5/6겁 동안 지옥에서 고통을 받고 벗어나 연각불(緣覺佛)이 된 그 이름이다.

410) vātapittasemha : 바람(vāta), 담즙(pitta), 점액(semha)은 인도의 의학서인 아유르-베다(Ayurveda)에서 인간의 세 가지 체질을 나타낸다.

411) sannipātautupariṇāmavisamaparihāraopakkamikopakkanta : Miln. 134-135와 그 주석을 참조하라.

치료하여 질병으로 고통 받는 환자를 완쾌시키기 위한 것입니다. 대왕이여, 그 내과의사나 외과의사는 요익을 주는 마음이 없이 약을 바르고, 칼로 절개하고, 침으로 지지고, 상처에 회즙과 소금을 뿌립니까?"

[밀린다 왕] "존자여, 그렇지 않습니다. 요익을 주는 마음을 가지고 안녕을 원하여 그러한 조치를 한 것입니다."

[나가세나] "그러나 그가 약을 사용한 것을 원인으로 고통이 생겨났다면, 그러한 이유로 그 내과의사나 외과의사는 어떤 악덕이라도 행한 것입니까?"

[밀린다 왕] "존자여, 그 내과의사나 외과의사는 요익을 주는 마음을 가지고 안녕을 위하여 그러한 조치를 한 것입니다. 하물며 어떤 악덕을 행했겠습니까? 존자여, 그 내과의사나 외과의사는 천상세계로 갈 것입니다."

[나가세나] "대왕이여, 이와 마찬가지로 세존께서는 자애를 통해 데바닷따를 고통에서 벗어나게 하기 위해 출가시킨 것입니다."

7. [나가세나] "대왕이여, 세존께서 데바닷따를 출가시킨 또 다른 이유를 들어보십시오. 대왕이여, 한 사람이 가시에 찔렸는데, 어떤 다른 사람이 그의 요익을 위하고 안녕을 위하여 날카로운 가시나 칼날로 주위를 절개하고 피가 흐르게 하여 그 가시를 꺼냈다고 하면, 대왕이여, 그 사람은 불익을 원하여 가시를 빼냈겠습니까?"

[밀린다 왕] "존자여, 그렇지 않습니다. 그는 요익을 원하고 안녕을 원하여 그 가시를 빼낸 것입니다. 존자여, 만약에 그가 가시를 빼내지 않았으면, 그는 죽음이나 죽음에 이를 정도의 고통을 겪을 것입니다."

[나가세나] "대왕이여, 이와 마찬가지로 세존께서는 자애를 통해 데바닷따를 고통에서 벗어나게 하기 위해 출가시킨 것입니다. 대왕이여, 만약에 세존께서 데바닷따를 출가시키지 않았다면, 일조겁의 우주기 동안 [113] 데바닷따는 생을 거듭하면서 지옥에서 고통을 겪었을

것입니다.”

[밀린다 왕] “존자 나가세나여, 여래께서는 번뇌의 흐름을 따라 떠내려가는 데바닷따를 흐름을 거슬러 올라가도록 만들었습니다. 잘못된 길을 걷는 데바닷따를 올바른 길로 걷게 했습니다. 절벽에 떨어진 데바닷따에게 발판을 마련해 주었습니다. 평탄하지 않은 길을 가는 데바닷따를 평탄한 길로 인도했습니다. 존자 나가세나여, 그대와 같은 지혜로운 자를 제쳐두고, 다른 누구도 이러한 원인들, 이러한 이유들을 제시할 수 없습니다.”

세 번째 데바닷따의 출가에 대한 질문이 끝났다.

4. [대지의 진동에 대한 질문] (Pathavicalanapañha)

1. [밀린다 왕] “존자 나가세나여, 세존께서 ‘대지의 진동이 출현하는 것에 관하여 여덟 가지 원인과 여덟 가지 조건이 있다.’라고[412] 말씀

412) aṭṭhime, bhikkhave, hetū aṭṭha paccayā mahato bhūmicālassa pātubhāvāyā'ti : AN. IV. 312; DN. II. 107 “아난다여, 이와 같은 대지의 진동이 나타나게 되는 여덟 가지 원인이 있고 이와 같은 여덟 가지 조건이 있다. 여덟 가지란 무엇인가? 아난다여, 이 대지는 물위에 있고, 물은 바람 안에 있고, 바람은 허공 안에 있다. 아난다여, 때가 되면 크나큰 바람이 인다. 크나큰 바람이 일면, 물이 요동한다. 물이 요동하면 땅이 진동한다. 아난다여, 이것이 이와 같은 대지의 진동이 나타나게 되는 첫 번째 원인이고 첫 번째 조건이다. 아난다여, 또한 신통력을 갖추고 마음의 지배력을 갖춘 수행자들이나 성직자들, 또는 위대한 신통력이나 위대한 능력을 지닌 신들이 한계 있는 땅에 대한 지각을 계발하고 한계 없는 물에 대한 지각을 계발하면, 이 땅이 흔들리고 진동하고 요동한다. 아난다여, 이것이 이와 같은 대지의 진동이 나타나게 되는 두 번째 원인이고 두 번째 조건이다. 아난다여, 또한 보살이 만족을 아는 천상세계 신들의 세계에서 죽어서 새김을 확립하고 올바로 알아차리며 모태에 들 때, 이 땅이 흔들리고 진동하고 요동한다. 아난다여, 이것이 이와 같은 대지의 진동이 나타나게 되는 세 번째 원인이고 세 번째 조건이다. 아난다여, 또한 보살이 새김을 확립하고 올바로 알아차리며 모태에서 나올 때, 이 땅이 흔들리고 진동하고 요동한다. 아난다여, 이것이 이와 같은 대지의 진동이 나타나게 되는 네 번째 원인이고 네 번째 조건이다. 아난다여, 또한 여래께서 위없이 바르고 원만한 깨달음을 곧바로 원만히 깨달을 때, 이 땅이 흔들리고 진동하고 요동한다. 아난다여, 이것

하셨습니다. 이것은 완전한 말씀이고, 완벽한 말씀이고, 결정적인 말씀입니다. 대지의 진동이 출현하는 것에 관하여 다른 아홉 번째 원인은 없습니다. 존자 나가세나여, 대지의 진동이 출현하는 것에 관하여 다른 아홉 번째 원인이 있다면, 세존께서 그 원인에 관하여 말씀하셨을 것입니다. 존자 나가세나여, 대지의 진동이 출현하는 것에 관하여 다른 아홉 번째 원인이 없으므로, 세존께서는 말씀하시지 않았던 것입니다. 그렇지만 벳싼따라[413] 왕이 대보시를 했을 때 일곱 번 대지가 진동했다는 이것이 아홉 번째 원인으로 보입니다. 존자 나가세나여, 대지의 진동이 출현하는 것에 관하여 여덟 가지 원인과 여덟 가지 조건이 있다면, 벳싼따라 왕이 대보시를 했을 때에 일곱 번 대지가 진동했다는 말은 잘못입니다. 만약 벳싼따라 왕이 대보시를 했을 때에 일곱 번 대지가 진동했다면, 대지의 진동이 출현하는 것에 관하여 여덟 가지 원인과 여덟 가지 조건이 있다는 말은 잘못입니다. 이것도 양도논법의 질문으로 미세하고 정교하고 심오하고 심원하여 해명하기 어려운 것입니다. 이것이 그대에게 제기된 것입니다. 그것은 그대와 같이 [114] 현명한 자 이외에 다른 지혜가 적은 자에 의해서는 해결될 수 없습니다."

이 이와 같은 대지의 진동이 나타나게 되는 다섯 번째 원인이고 다섯 번째 조건이다. 아난다여, 또한 여래께서 위없는 가르침의 수레바퀴를 굴릴 때, 이 땅이 흔들리고 진동하고 요동한다. 아난다여, 이것이 이와 같은 대지의 진동이 나타나게 되는 여섯 번째 원인이고 여섯 번째 조건이다. 아난다여, 또한 여래께서 새김을 확립하고 올바로 알아차리며 수명의 형성을 놓아버릴 때, 이 땅이 흔들리고 진동하고 요동한다. 아난다여, 이것이 이와 같은 대지의 진동이 나타나게 되는 일곱 번째 원인이고 일곱 번째 조건이다. 아난다여, 또한 여래께서 잔여가 없는 열반계로 완전한 열반에 들 때, 이 땅이 흔들리고 진동하고 요동한다. 아난다여, 이것이 이와 같은 대지의 진동이 나타나게 되는 여덟 번째 원인이고 여덟 번째 조건이다.

413) Vessantara : 씨비(Sivi)왕국의 왕으로 태어난 보살의 이름으로 그에 대한 상세한 이야기는 Jāt. 547에 등장한다. 그는 8살 때 대보시를 서원하여 대지를 진동시켰고, 16살에 맛디(Maddī)와 결혼하여 아들 잘린(Jālin)과 딸 까하지나(Kaṇhajinā)를 두었는데, 그는 바르고 원만한 깨달음을 위해 처자식마저 보시하는 대보시를 행했다.

2. [나가세나] "대왕이여, 세존께서는 '수행승들이여, 대지의 진동이 출현하는 것에 관하여 여덟 가지 원인과 여덟 가지 조건이 있다'라고 말씀하셨습니다. 벳싼따라 왕이 대보시를 했을 때에 일곱 번 대지가 진동했다는 것은 때아닌 때에 어쩌다 일어난 것으로 여덟 가지 원인에서 벗어난 것이고 여덟 가지 원인으로 계산되지 않는 것입니다. 대왕이여, 세상에는 세 가지의 비구름으로 우기철의 것, 겨울철의 것, 여름철의 것이 계산되는데, 만일 그것들을 빼놓고 다른 비구름이 비를 내린다면, 그 비구름은 일반적인 비구름으로 계산되지 않고 때아닌 때의 비구름으로 계산됩니다. 대왕이여, 이와 마찬가지로 벳싼따라 왕이 대보시를 행했을 때에 일곱 번 대지가 진동했는데, 때아닌 때에 어쩌다 일어난 것으로 여덟 가지 원인에서 벗어난 것이고 여덟 가지 원인에 계산되지 않는 것입니다. 대왕이여, 히말라야 산에서 오백 개의 강이 흘러내리는데, 대왕이여, 그 오백 개의 강 가운데 열 개의 강만이 강으로 계산됩니다. 예를 들어, 강가 강, 야무나 강, 아찌라바띠 강, 싸라부 강, 마히 강, 씬두 강, 싸랏싸띠 강, 베뜨라바띠 강, 비땅싸 강, 짠다바가 띠 강[414]입니다. 나머지 강들은 강으로 계산되지 않습니다. 그것은 무슨 까닭입니까? 그 강들은 항상 물이 있는 것은 아니기 때문입니다. 대왕이여, 이와 마찬가지로 벳싼따라 왕이 대보시를 행했을 때에 일곱 번 대지가 진동했는데, 때아닌 때에 어쩌다 일어난 것으로 여덟 가지 원인에서 벗어난 것이고 여덟 가지 원인에 계산되지 않는 것입니다. 대왕이여, 왕에게는 백 명, 이백 명, 삼백 명의 대신들도 있지만, 그들 가운데 여섯 명만이 대신으로 계산되는데, 예를 들어 사령관, 제사장, 대법관, 재무장관, 정무장관, 경무장관입니다. 이들이야말로 대신으

414) Gaṅgā Yamunā Aciravatī Sarabhū Mahī Sindhu Sarassatī Vetravatī Vītaṁsā Candabhāgā : 강가(갠지스), 야무나, 아찌라바띠, 싸라부, 마히는 오대하(五大河: Miln. 70), 씬두는 인더스 강, 베뜨라바띠는 강가의 작은 지류 베뜨와(Betvā). 비땅싸는 제룸(Jherum), 짠다바가는 씬두의 지류인 치납(Chināb)을 뜻한다.

로 계산됩니다. 그것은 무슨 까닭입니까? 그들은 왕의 권세와 결합되어 있기 때문입니다. 나머지들은 헤아려지지 않고 모두가 대신이라고만 불리는 것입니다. 대왕이여, [115] 이와 마찬가지로 벳싼따라 왕이 대보시를 행했을 때에 일곱 번 대지가 진동했는데, 때아닌 때에 어쩌다 일어난 것으로 여덟 가지 원인에서 벗어난 것이고 여덟 가지 원인에 계산되지 않는 것입니다."

3. [나가세나] "대왕이여, 지금 최승자의 교법에서 스스로 노력하는 자들이 현세에서 행복을 누리는 업을 짓고, 그들의 명성이 신들과 인간에까지 이르렀다라고 들은 적이 있습니까?"

[밀린다 왕] "존자여, 그렇습니다. 지금 최승자의 교법에서 스스로 노력하는 자들이 현세에서 행복을 누리는 업을 짓고, 그들의 명성이 신들과 인간에까지 이르렀다라고 들은 적이 있습니다. 일곱 명입니다."

[나가세나] "대왕이여, 그들은 누구입니까?"

[밀린다 왕] "꽃타래의 장인[415] 쑤마나, 바라문 에까싸따까, 하인 뿐나, 왕비 말리까, 왕비 고빨라마따, 청신녀 쑵삐야, 하녀 뿐나[416]의 이러한 일곱 사람이 현세에서 행복을 누리는 뭇삶들로서, 그들의 명성이 신들과 인간에까지 이르렀습니다."

[나가세나] "또한 과거에 인간의 몸으로 서른셋 천상세계의 궁전으로 올라간 자들에 대하여 들어 본 적이 있습니까?"

[밀린다 왕] "존자여, 그렇습니다. 들어본 적이 있습니다."

---

415) mālākāra : 꽃타래를 만드는 자를 한역에서 화만사(花鬘師)라고 한다. 화만(花鬘: mālā)은 목에 걸거나 몸에 장식하는 화륜(花輪), 꽃장식, 꽃타래를 총칭하는 말이다.

416) Sumana, Ekasāṭaka, Puṇṇa, Mallikā, Gopālamātā, Suppiyā, Puṇṇā : 쑤마나의 이야기는 DhpA. II. 40, 에까싸따까는 DhpA. III. 1, 하인 뿐나는 DhpA. III. 302, 말리까는 빠쎄나디 왕의 왕비로 Jāt. III. 405, 고빨라마따는 우데나 왕의 왕비로 Mrp. I. 207, 쑵삐야는 Vin. I. 216: DhpA. I. 411, 하녀 뿐나는 수행녀가 되었는데, Thag. 236-251에 등장한다.

[나가세나] "대왕이여, 그들은 누구입니까?

[밀린다 왕] "악사 굿띨라,417) 왕 싸디나,418) 왕 니미,419) 왕 만다따르420)입니다. 이러한 네 명의 사람이 '인간의 몸으로 서른셋 천상세계의 궁전으로 올라갔다.'라고 하는 것과, '또한 오랫동안 잘한 일과 잘못한 일을 행했다.'라는 것을 들었습니다."

[나가세나] "대왕이여, 과거나 현재나 미래에 이러이러한 보시가 행해지고 있을 때에 한 번이나 두 번이나 세 번이나 대지가 진동했다고 들어본 적이 있습니까?

[밀린다 왕] "존자여, 없습니다."

[나가세나] "대왕이여, 나는 전승을 터득하고 문헌을 배우고 학력을 키우고 듣기를 좋아하고 두루 질문하고 스승을 모셨지만, 왕중의 왕인 벳싼따라의 최상의 보시를 제외하곤 나는 '과거나 현재나 미래에 이러이러한 보시가 행해지고 있을 때에 한 번이나 두 번이나 세 번이나 대지가 진동했다.'라고 들어본 적이 없습니다. 대왕이여, 세존 깟싸빠와 세존 싸끼야무니라는 두 부처님 사이 시기를 [116] 보내고 천만년으로 헤아려지는 시간이 경과했지만, 거기에서도 나는 '과거나 현재나 미래에 이러이러한 보시가 행해지고 있을 때에 한 번이나 두 번이나 세 번이나 대지가 진동했다.'라고 들어본 적이 없습니다. 대왕이여, 어지간한 노력 어지간한 용맹으로 대지가 진동하지 않습니다. 대왕이여, 공덕의 짐에 무겁게 짓눌리고, 완전한 청정행의 덕성의 짐에 무겁게 짓눌려졌기 때문에 견딜 수가 없게 되면 대지가 움직이고 진동하고 전율한 것입니다. 대왕이여, 수레에 너무 많은 짐이 실리면, 바퀴통과

---

417) Guttila : Jāt. 243 보살의 이름으로 베나레스의 악사의 집안에 태어나 결혼하지 않고 눈먼 부모를 모셨다.

418) Sādhīna : Jāt. 494. 미틸라(Mithilā)시의 왕으로 태어난 보살의 이름이다.

419) Nimi : Jāt. 541. 비데하 국의 미틸라 시의 왕으로 태어난 보살의 이름이다.

420) Mandhātar : Jāt. 258. 태고 시대의 왕으로 싸끼야 족의 조상이었던 보살의 이름이다.

외륜이 갈라지고 차축이 부서지듯이, 대왕이여, 이와 마찬가지로 완전한 청정행의 덕성의 짐에 무겁게 짓눌려졌기 때문에 견딜 수가 없게 되면 대지가 움직이고 진동하고 전율한 것입니다. 대왕이여, 왜냐하면 하늘이 폭풍우로 뒤덮이고 과도한 비바람의 무거운 짐에 눌리고 강풍을 맞닥뜨리면 울부짖고 포효하고 천둥을 치듯이, 대왕이여, 이와 마찬가지로 베싼따라왕의 보시의 크고 과도한 덕성의 무게에 짓눌려졌기 때문에 견딜 수가 없게 되어 대지가 움직이고 진동하고 전율한 것입니다. 대왕이여, 벳싼따라 왕의 마음은 탐욕으로 움직인 것이 아니고 성냄으로 움직인 것이 아니고 어리석음으로 움직인 것이 아니고 교만으로 움직인 것이 아니고 견해로 움직인 것이 아니고 번뇌로 움직인 것이 아니고 사유로 움직인 것이 아니고 불만으로 움직인 것이 아니고, 오로지 보시로 가득 차 움직인 것입니다. 그는 '어떻게 아직 오지 않은 청원자들을 나의 앞에 오게 할 수 있을까? 이미 온 청원자들을 원하는 대로 얻게 하여 만족시킬 수 있을까?'라는 생각 속에서 항상 끊임없이 시주자로서 마음을 정초시켰던 것입니다. 대왕이여, 벳싼따라 왕은 항상 끊임없이 열 가지 경우, 즉 단련, 적정, 인내, 방호, 억제, 제어, 분노의 여읨, 상해의 여읨, 진실, 청정에 마음을 정초시켰습니다. 대왕이여, 벳싼따라 왕에게는 감각적 쾌락의 욕망에의 욕구가 끊어지고 존재에의 욕구가 사라지고, 청정한 삶에로의 추구만이 선망이었습니다. 대왕이여, 벳싼따라 왕에게 자기의 수호가 끊어졌습니다. 그는 모든 뭇삶의 수호를 선망하여 '어떻게 하면 이 뭇삶들이 화합하고 무병하고 부유하고 장수할 수 있을까?'라고 [117] 생각하며 오로지 열심히 마음을 기울였습니다. 대왕이여, 보시하면서 벳싼따라 왕은 그 보시를 풍요로운 삶을 위해 보시하지 않고, 재보를 위해 보시하지 않고, 보답을 위해 보시하지 않고, 설득을 위해 보시하지 않고, 수명을 위해 보시하지 않고, 용모를 위해 보시하지 않고, 행복을 위해 보시하지 않고, 기력을 위해 보시하지 않고, 명성을 위해 보시하지 않고, 아들을 위해 보시하지 않고, 딸을 위해 보시하지 않고, 단지 일체지자의 앎을 위해, 일체지자의 앎의 보배를 얻기 위해 이와 같이 비길 데 없이 광대하고 위없는 최상의 보시를 행한 것입니다. 일체지자가 되었을 때에 이러한 시를 읊었습니다.

[벳싼따라] '아들 잘린과 딸 깐하지나,
정숙한 왕비 맛디를
나는 보시하였으나 근심하지 않았다,
깨달음을 위한 것이기 때문이었다.'"421)

4. [나가세나] "대왕이여, 벳싼따라 왕은 분노의 여읨으로 분노를 이겼고, 악을 선으로 이기고, 인색을 보시로 이기고, 거짓을 말하는 자를 진리로 이기고, 모든 악하고 불건전한 것을 착하고 건전한 것으로 이겼습니다. 그가 이와 같이 보시하면서, 진리를 따르고 진리를 앞세우는 동안, 보시의 결과의 힘, 광대하게 작용하는 활동력에 의해서, 아래로 작용하는 큰 바람이 움직여 아주 천천히 점차 차례로 혼돈을 더하여 불면서 아래로 행하고 위로 향하고 회전하면서 잎사귀를 떨어뜨리고 나무들이 쓰러졌습니다. 뭉게뭉게 번개구름이 하늘로 달리고, 잔혹한 바람이 흙먼지를 싣고, 하늘을 압도하는 바람이 불고, 강하게 굉음을 내고, 무서운 소리가 발생합니다. 그 바람들이 격동할 때에 물이 천천히 움직였고, 물이 흔들리자 물고기들와 거북이들이 동요하고 큰 물결이 쌍쌍으로 일어나고 수중의 동물은 두려움을 머금고, 물결이 서로 뒤섞이고, 파도의 포효가 일어나고, 무서운 포말이 솟구치고, 거품의 꽃타래가 흩어지고, 큰 바다가 솟아오르고, 물은 사방팔방으로 치닫

421) jāliṁ kaṇhājinaṁ dhītaṁ | maddiṁ deviṁ patibbataṁ | cajamāno na cintesiṁ | bodhiyāyeva kāraṇā ‖ Jāt. 547. 벳싼따라 왕은 부인 맛디(Maddī)와의 사이에 아들 잘린(Jālin)와 딸 까하지나(Kaṇhajinā)를 두었다.

고, 물줄기가 위쪽으로 역류하고 아래쪽으로 순류하자, 아수라[422]들, 금시조들, 용들, 야차들이 무서워하고 떨면서 '무슨 일이지? 어쩐 일이지? 바다가 뒤집히려고 한다.'라고 두려운 나머지 출구를 찾아 나섰습니다. 수류가 격동하고 요동치자 대지는 산들과 바다와 함께 진동했습니다. 수메루 산의 [118] 바위산 봉우리는 뒤틀어져서 완전히 변해버렸습니다. 뱀들, 망구스들, 고양이들, 재칼들, 돼지들, 사슴들, 새들은 곤혹에 빠졌습니다. 대지가 진동하고 있을 때 힘없는 야차는 울었고, 힘있는 야차는 웃었습니다."

5. [나가세나] "대왕이여, 큰 가마솥을 부뚜막에 놓고 물을 채우고 쌀을 넣고 아래에서 불을 붙였을 때 먼저 가마솥이 뜨거워지고, 가마솥이 뜨거워지면 물이 끓습니다. 물이 끓으면 쌀이 익고, 쌀이 익으면 위로 치닫고 아래로 치닫으면서 기포를 일으키고, 거품의 다발로 끓어오릅니다. 대왕이여, 이와 마찬가지로 벳싼따라 왕은 세상에서 버리기 어려운 것을 버렸고, 그 버리기 어려운 것을 버리는 동안, 보시의 본성의 결과로 아래로부터 큰 바람을 지탱할 수 없어 요동했고, 큰 바람이 요동치자 물이 진동했고, 물이 진동하자 대지가 진동했던 것입니다. 그래서 그때 큰 바람과 물과 대지의 세 가지가 대보시의 결과로 크고 강력한 힘을 통해 하나가 되었습니다. 대왕이여, 벳산따라 왕의 대보시의 위력과 같은, 이와 같은 위력을 지닌 다른 보시는 없습니다."

6. [나가세나] "대왕이여, 대지에는 많은 종류의 보배가 있는데, 예를 들어, 사파이어, 에메랄드, 조띠싸라, 청금석, 움마뿝파, 씨리싸뿝빠, 마노하라, 쑤리야깐따, 짠다깐따, 금강석, 캇죠빠나까, 황옥, 루비, 묘안석[423]입니다. 이 모든 것을 뛰어넘어 전륜왕의 마니보주가 최상이라

---

422) Asura : 한역은 음사하여 아수라(阿修羅)라고 한다. ≪니까야≫에 의하면, 아수라는 신들의 적대자로 서른셋 신들의 천상세계[忉利天]의 근처에 있다가 자주 신들에게 전쟁을 일으키는 무리를 말한다.

고 불리웁니다. 대왕이여, 전륜왕의 마니보주는 사방으로 한 요자나를 비춥니다. 대왕이여, 이와 마찬가지로 지상에서 견줄 수 없는 최상의 어떤 보시가 있더라도 그 모든 보시를 뛰어넘어 벳싼따라 왕의 대보시가 최상이라고 일컬어집니다. 대왕이여, 벳싼따라 왕의 대보시가 행해질 때에 대지가 일곱 번 진동했습니다."

7. [밀린다 왕] "여래께서 보살이었을 때 세상에서 견줄 수 없는 이와 같은 인내, [119] 이와 같은 마음, 이와 같은 결의, 이와 같은 의도를 지녔었다는 것은, 존자 나가세나여, 놀라운 일입니다. 존자 나가세나여, 예전에 없던 일입니다. 존자 나가세나여, 보살들의 용맹이 드러났고, 최승자들의 초월의 길이 한층 더 밝아졌고, 여래께서 청정한 삶을 살 때, 신들을 포함한 세상에서 최상의 존재인 것이 밝혀졌습니다. 존자 나가세나여, 지당하십니다. 최승자의 교법은 찬탄되었고, 최승자들의 초월의 길은 해명되었고, 이교도들의 쟁점의 마디는 잘려졌고, 반대파들의 논쟁의 항아리는 깨졌습니다. 심오한 질문은 정체를 드러냈고, 밀림은 개간되었고, 최승자들의 자제들을 위해 출구는 올바로 확보되었습니다. 그러하니, 무리의 지도자 가운데 최상자여, 그렇게 나는 받아들이겠습니다."

네 번째 대지의 진동에 대한 질문이 끝났다.

5. [씨비 왕의 두 눈 보시에 대한 질문]
(Sivirājacakkhudānapañha)

---

423) indanīla, mahānīla, jotirasa, veḷuriya, ummāpuppha, sirīsapuppha, manohara, sūriyakanta, candakanta, vajira, khajjopanaka, phussarāga, lohitaṅga, masāragalla : 싸파이어, 에메랄드, 조띠싸라(여의주의 일종), 청금석, 움마뿝파(아마꽃-보석), 씨리싸뿝빠(아카시아꽃-보석), 마노하라(여의주의 일종), 쑤리야깐따(해-보석), 짠다깐따(달-보석), 바지라(금강석), 캇조빠나까(반디불-보석), 풋싸라가(황옥), 로히땅가(루비), 마싸라갈라(묘안석)이다.

1. [밀린다 왕] "존자 나가세나여, 그대들은 '씨비 왕이 청원자에게 두 눈을 주었는데, 장님이 되었을 때 다시 천안이 생겨났다.'라고 말했습니다. 이 말도 허물이 있고 비난할 점이 있고 잘못이 있습니다. '원인이 제거되어 원인 없이 근거 없이 천안이 생겨나는 것은 없다.'라고 경전에서[424] 언급하고 있는데, 존자 나가세나여, 만약 '씨비[425] 왕이 청원자에게 두 눈을 주었다면, 그 때문에 '다시 천안이 생겨났다.'라는 말은 잘못된 것입니다. 만약 천안이 생겨났다면, 그 때문에 '씨비 왕이 청원자에게 두 눈을 주었다.'는 말은 잘못된 것입니다. 이것도 양도논법의 질문으로 매듭보다 더욱 얽혀져 있고 싸개보다 더욱 싸여져있고, 밀림보다 더욱 복잡합니다. 그것이 그대에게 제출된 것입니다. 이것에 대하여 출구를 마련하고 이설을 논박하기 위하여 의욕을 일으켜주십시오."

[나가세나] "대왕이여, 씨비 왕이 청원자에게 두 눈을 주었는데. 그것에 대해 의혹을 일으켜서는 안 됩니다. 다시 천안이 생겨났는데, 그것에 대해서도 의혹을 일으켜서는 안 됩니다."

[밀린다 왕] "'존자 나가세나여, 원인이 제거되어 원인 없이 근거 없이 천안이 생겨나는 것일까요?'

[나가세나] "대왕이여, 그렇지 않습니다."

[밀린다 왕] "존자여, 여기에 [120] 어떤 이유가 있어 원인이 제거되어 원인 없이 근거 없이 천안이 생겨난 것입니까? 자 우선 그 이유에 관하여 나를 설득시켜 보십시오."

2. [나가세나] "대왕이여, 세상에는 진실이라는 것이 있는데, 그것으로 진실을 말하는 자가 서언(誓言)을 행하는 것이 있습니까?"

---

424) sutte : 어느 경인지 추적할 수 없다.

425) Sivi : 나라의 이름이자 왕의 이름. 싸비 국의 수도는 아릿타뿌라(Ariṭṭhapura)였고 그 도시의 왕도 씨비였다. Jāt. 499를 참조하라.

[밀린다 왕] "존자여, 그렇습니다. 세상에는 진실이라는 것이 있습니다. 존자 나가세나여, 그 진실에 의해서 진실을 말하는 자가 서언(誓言)을 행하여 비를 내리게 하기도 하고, 불을 끄게 하기도 하고, 독을 막아내기도 하고, 다른 여러 가지 일을 하기도 합니다."

[나가세나] "대왕이여, 그렇다면 씨비 왕의 진실의 힘으로 천안이 생겨났다고 하는 것은 그것과 들어맞고 일치하는 것입니다. 대왕이여, 진실의 힘으로 원인 없이 천안이 생겨난 것입니다. 그 경우 진실 그 자체가 천안이 생겨나는 근거가 되는 것입니다. 대왕이여, 어떤 사람들이 '큰 비가 내려라.'라고 진실을 노래해서, 그들이 진신을 노래함과 동시에 큰 비가 내렸다면, 대왕이여, 허공에 '그러한 원인으로 큰 비가 내릴 만한' 원인이 축적되어 그 원인에 의해서 큰 비가 내렸을까요?"

[밀린다 왕] "존자여, 그렇지 않습니다. 진실 자체가 큰 비가 내릴 만한 원인입니다."

[나가세나] "대왕이여, 이와 마찬가지로 천안이 생겨날 만한 자연적인 원인은 없고, 진실 자체가 그 경우에 근거가 되는 것입니다."

3. [나가세나] "대왕이여, 어떤 사람들이 '타오르고 작열하는 큰 불덩어리가 꺼져라.'라고 진실을 노래해, 그들이 진실을 노래함과 동시에 타오르고 작열하는 큰 불덩어리가 순식간에 꺼진다면, 대왕이여, 그 타오르고 작열하는 큰 불덩어리에 '그러한 원인으로 타오르고 작열하는 큰 불덩어리가 순식간에 꺼지는' 원인이 축적되어 그 원인에 의해서 큰 비가 내렸을까요?"

[밀린다 왕] "존자여, 그렇지 않습니다. 그 경우에 진실 자체가 타오르고 작열하는 큰 불덩어리가 순식간에 꺼지는 근거가 되는 것입니다."

4. [나가세나] "대왕이여, 이와 마찬가지로 천안이 생겨날 만한 자연적인 원인은 없고, 진실 자체가 그 경우에 근거가 되는 것입니다. 대왕이여, 어떤 사람들이 [121] '할라할라 맹독[426]이 해독제[427]가 되어

라.'라고 진실을 노래해, 그들이 진실을 노래함과 동시에 할라할라 맹독이 순식간에 해독제로 된다면, 대왕이여, 그 할라할라 맹독에 '그러한 원인으로 할라할라 맹독이 순식간에 해독제로 되는' 원인이 축적되어있는 것일까요?"

[밀린다 왕] "존자여, 그렇지 않습니다. 그 경우에 진실 자체가 할라할라 맹독을 순식간에 몰아내는 원인이 되는 것입니다."

[나가세나] "대왕이여, 이와 마찬가지로 천안이 생겨날 만한 자연적인 원인은 없고, 진실 자체가 그 경우에 근거가 되는 것입니다."

5. [나가세나] "대왕이여, 네 가지 거룩한 진리를 꿰뚫는 데는 다른 근거가 없습니다. 진실을 근거로 하여 네 가지 거룩한 진리를 꿰뚫는 것입니다. 대왕이여, 중국에 중국의 한 왕이 있었는데, 그는 큰 바다에 공물을 바치기 위해 넉 달 동안 진실에 입각한 서언을 하고 수레를 타고 큰 바다 안으로 한 요자나를 들어갔습니다. 큰 물보라가 그 수레 머리 앞에서 물러갔다가, 물러간 뒤에 다시 몰려왔습니다. 대왕이여, 신들과 인간을 포함한 세상의 자연스런 힘이 그 큰 바다를 물리칠 수가 있을까요?"

[밀린다 왕] "존자여, 신들과 인간을 포함한 세상의 자연스런 힘은 아주 작은 연못의 물도 물리칠 수가 없는데, 하물며 큰 바다의 물은 말할 것이 있겠습니까?"

[나가세나] "대왕이여, 이러한 이유로 진실의 힘을 알아야 합니다. 진실을 통해 달성할 수 없는 경우는 없습니다."

6. [나가세나] "대왕이여, 아쇼카 법왕이 빠딸리뿟따 시에서 시민, 백성, 신하들, 군인들, 그리고 대신들에 둘러싸여, 강가 강이 새 물로

---

426) halāhala : 죽음에 이르는 독약이다.

427) agada : 해독제로 한역에는 음사하여 아가다약(阿伽陀藥)이라고도 한다. '병 없는, 무병(無病)의'라는 의미를 지니고 있다.

가득 하여 오백 요자나 길이의 제방의 높이까지 채우고 일 요자나 폭으로 흐르는 것을 보고, 대신들에게 이렇게 말했습니다.

[아쇼카 왕] '이보게들, 이 큰 강가 강을 역류시킬 수 있는 누군가가 있는가?'

대신들이 말했습니다.

[대신들] '대왕이여, 어렵습니다.'

그런데 그 강가 강의 언덕에 서있던 반두마띠[428]라는 [122] 유녀가 왕이 '이 큰 강가 강을 역류시킬 수 있는가?'라고 말하는 소리를 들었습니다. 그녀는 이렇게 말했습니다.

[반두마띠] '저는 빠딸리뿟따 시에 사는 유녀로, 몸을 팔아 사는, 가장 천한 생활을 하고 있습니다. 왕께서는 저의 진실에 입각한 서언을 보아주십시오.'

그리고 그녀는 진실에 입각한 서언을 행했고, 그녀의 진실에 입각한 서언과 더불어 순식간에 큰 강가 강이 많은 사람이 보는 앞에서 굉음을 내면서 역류했습니다.

그러자 왕은 강가 강이 소용돌이치는 파도의 힘으로 생겨난 무서운 굉음을 듣고, 당황하기도 하고 놀랍고 경이로워 대신들에게 이렇게 말했습니다.

[아쇼카 왕] '이보게들, 어째서 이 큰 강가 강이 역류하는가?'

[대신들] '대왕이여, 유녀 반두마띠가 폐하의 말을 듣고 진실에 입각한 서언을 행했는데, 그녀의 진실에 입각한 서언으로 큰 강가 강이 상류로 향해 흐르는 것입니다.'

그러자 왕은 마음에 감동을 받아 서둘러 몸소 그 유녀에게로 다가가 물었습니다.

[아쇼카 왕] '그대가 진실에 입각한 서언으로 큰 강가 강을 역류시

---

428) Bandhumatī : 아쇼카 왕 당시의 유녀로 이곳이 그 출처이다.

켰다는 것이 사실인가?'

[반두마띠] '폐하 그렇습니다.'

왕은 말했습니다.

[아쇼카 왕] '그대에게 그러한 힘이 있는가? 정신이상이 아니라면 누가 그대의 말을 진지하게 받아들이겠는가? 어떤 힘으로 그대는 이 큰 강가 강을 역류시켰는가?'

그녀는 말했습니다.

[반두마띠] '대왕이여, 진실의 힘으로 저는 이 큰 강가 강을 역류시킨 것입니다.'

왕이 말했습니다.

[아쇼카 왕] '어찌 그대에게 진실의 힘이 있겠는가? 도둑질하고, 퇴락하고, 부정하고, 사기치고, 사악하고, 방종하고, 무법이고, 어리석은 자를 약탈하는 자가 아닌가?'

[반두마띠] '대왕이여, 저는 그러한 사람입니다. 대왕이여, 그러한 사람이지만 저에게는 진실에 입각한 서언이 있습니다. 제가 원하면 신들을 포함한 세상을 변화시킬 수가 있습니다.'

왕이 말했습니다.

[아쇼카 왕] '그러면 그 진실에 입각한 서언이란 어떤 것인가? 자 나에게 들려다오.'

[반두마띠] '대왕이여, 왕족이나 바라문이나 평민이나 노예나 다른 누구라도 제게 재물을 주면, 그들에게 저는 평등하게 봉사합니다. 왕족이라고 특별하게 대하지 않고 노예라고 경멸하지 않고, 애착과 혐오를 떠나 재물의 주인에게 봉사합니다. 폐하, 이것이 저의 진실에 입각한 서언입니다. 그것으로 제가 이 큰 강가 강을 역류시킨 것입니다.'"

7. [나가세나] "대왕이여, 이와 같이 진실에 입각한 자들은 어떤 요익이라도 향수하지 못하는 일은 없습니다. 대왕이여, 그러므로 씨비 왕

은 청원자에게 두 눈을 주고 [123] 천안을 얻은 것입니다. 그것도 진실에 입각한 서언에 의한 것입니다. 그래서 경전에 '육안을 잃었을 때 원인 없이 근거 없이 천안의 생겨남은 없다.'라고429) 설해진 것입니다. 그것은 수행으로 이루어진 눈에 관하여 언급한 것인데, 대왕이여, 이와 같이 그것을 받아 지니십시오."

[밀린다 왕] "존자 나가세나여, 알겠습니다. 질문은 잘 풀렸고, 논박은 잘 해명되었고, 이설을 지닌 자들은 타파되었습니다. 참으로 그러하니, 그렇게 나는 받아들이겠습니다."

다섯 번째 씨비 왕의 두 눈 보시에 대한 질문이 끝났다.

6. [입태에 대한 질문]
(Gabbhāvakkantipañha)

1. [밀린다 왕] "존자 나가세나여, 세존께서는 '수행승들이여, 세 가지 일이 화합하여 입태가 이루어진다. 세상에서 어머니와 아버지가 결합하고, 어머니가 가임기에 있고, 태어나야 할 존재가 현존하여, 이러한 세 가지 일이 화합하여 입태가 이루어진다.'라고430) 말씀하셨습니다.

---

429) maṁsacakkhusmiṁ naṭṭhe ahetusmiṁ avatthusmiṁ natthi dibbacakkhussa uppādo'ti : 경전을 추적할 수 없다.

430) idha matāpitaro va sannipatitā honti, mātā ca utunī hoti, gandhabbo va paccupaṭṭhito hoti ; evaṁ tiṇṇaṁ sannipatā gabbhassa avakkanti hoti : MN. I. 265-266. 이것은 개인의 생물학적인 발생에 대한 조건적·수반적인 생성의 연기를 구체적으로 설명한 것이다. 여기서 '태어나야 할 존재'라고 번역한 간답바(gandhabba)의 한역은 '건달바(乾達婆)'인데, 생명현상으로서의 의식을 말하는 것인지 다른 어떤 것을 말하는 것인지 애매하다. 만약에 그것이 주석가들의 의견처럼, 재생의식, 즉 결생식(paṭisandhiviññāṇa : 結生識)을 의미한다면, 의식이 윤회의 주체라는 이론이 생기는데, 그것은 무아설(無我說)과 모순되는 이론이다. 그래서 역자는 붓다고싸처럼(Pps. II. 310), '태어나야 할 존재'라고 번역한다. 그러나 그것을 용인한다면, 생명체가 어떤 종으로 태어나기 위해서는 ① 암수의 교합 ② 적당한 시기 ③ 생명현상으로서의 의식이라는 세 가지 조건이 충족되어야 함을 보여주고 있다. 여기서 말하는 이 건달바는 일반사람들이 이해하듯이 미래의 부모가 성교할 때, 그들을 바라보고 서있는 영혼과 같은 존재가 아니라, 업의 힘에 의해 태어날 준비가

이것은 완전한 말씀이고, 이것은 완벽한 말씀이고, 이것은 결정적인 말씀이고, 비밀이 없는 말씀입니다. 신들과 인간 가운데 앉아서 말씀하신 것입니다. 그리고 이것은 두 가지가 화합하여 입태가 이루어진다는 것을 보여줍니다. 고행자 두꿀라[431]는 고행녀 빠리까[432]가 가임기에 있을 때, 오른손 엄지손가락으로 그녀의 배꼽을 문질렀습니다. 그가 그 배꼽을 만진 것으로 인해서 동자 싸마[433]가 태어났습니다. 선인 마땅가[434]도 바라문 소녀가 가임기에 있을 때 오른손 엄지손가락으로 그녀의 배꼽을 문질렀습니다. 그가 그 배꼽을 만진 것으로 인해서 동자 만다비야[435]가 태어났습니다. 존자 나가세나여, 만약에 세존께서 '수행승들이여, 세 가지 일이 화합하여 입태가 이루어진다.'라고 말씀하셨다면, 그러니까, '동자 싸마와 바라문 소년 만다비야 양자는 배꼽을 만진 것으로 인하여 태어났다.'라고 하는 말은 거짓이 됩니다. 존자여, 여래께서 '동자 싸마와 바라문 소년 만다비야 양자는 배꼽을 만진 것으로 인하여 태어났다.'라고 말씀하셨다면, 그러니까, '수행승들이여, 세 가지 일이 화합하여 [124] 입태가 이루어진다.'라고 하는 말도 거짓이 됩니다. 이것도 양도논법의 질문으로 아주 심오하고 아주 미묘하여 지혜로운 자들의 영역에 속합니다. 이것이 그대에게 제기된 것입니다. 의혹의 길을 끊고 지혜의 뛰어난 등불을 들어주십시오."

2. [나가세나] "대왕이여, 세존께서는 수행승들이여, 세 가지 일이 화합하여 입태가 이루어진다. 세상에서 어머니와 아버지가 결합하고,

---

된 존재를 의미한다.

431) Dukūla : Jāt. 540; Sāmajātaka를 보라.

432) Pārikā : Jāt. 540; Sāmajātaka를 보라.

433) Sāma : Jāt. 540; Sāmajātaka를 보라.

434) Mātaṅga : Jāt. 497; Mātaṅgajātaka를 보라.

435) Maṇḍabya : Jāt. 497; Mātaṅgajātaka를 참조하라.

어머니가 가임기에 있고, 태어나야 할 존재가 현존하여, 이러한 세 가지 일이 화합하여 입태가 이루어진다.'라고 말씀하셨습니다. 또한 '동자 싸마와 바라문 소년 만다비야 양자는 배꼽을 만진 것으로 인하여 태어났다.'라고 말씀하셨습니다."

[밀린다 왕] "존자 나가세나여, 어떤 근거를 들어 질문이 잘 해결된다면, 그러한 근거로써 납득시켜 주십시오."

3. [나가세나] "대왕이여, 동자 쌍낏짜[436]와 고행자 이씨씽가[437] 장로 꾸마라 깟싸빠[438]가 '이렇게 해서 그들이 태어났다.'라고 들어본 적이 있습니까?"

[밀린다 왕] "존자여, 그렇습니다. 들었습니다. 그들의 출생은 널리 알려져 있습니다. 두 마리의 암사슴이 가임기에 있을 때 두 고행자들의 오줌을 눈 장소에 가서 정액이 들어있는 오줌을 마셨습니다. 그 정액을 마심으로써 동자 쌍낏짜와 고행자 이씨씽가가 태어났습니다. 장로 우다인은 수행녀의 처소에 갔다가 마음이 흥분하여 수행녀의 여근을 바라보다가 정액을 가사에 흘렸습니다. 그러자 존자 우다인[439]이 수행녀에게 이렇게 말했습니다. '자매여, 가서 물을 가져오

---

436) Saṁkicca : Jāt. 530; Saṁkiccajātaka를 보라.

437) Isisiṅga: Jāt. 523; 526을 참조하라.

438) Kumāra Kassapa : 부처님의 제자 수행승 가운데 '재기에 넘친 설교를 하는 님 가운데 제일(cittakathikānaṁ aggaṁ)'이다. 그의 어머니는 라자가하 시의 은행가의 딸이었다. 그녀는 수행녀가 되고자 했으나 부모의 동의를 얻지 못하고 결혼했다가 남편의 동의를 얻어 출가했다. 출가할 때에 그녀는 아이를 밴지 모르고 있다가 나중에 꼬쌀라 국의 왕 앞에서 그녀의 죄가 면밀히 검토되면서 무죄가 밝혀진 후에 출산할 수가 있었고, 아이는 왕가에서 키웠다. 소년은 7살 되자 승단에 입단했다. 그래서 그는 꾸마라라고 불렸다. MN. 23의 「개미 언덕의 경」에 보면, 그가 안다바나 숲에서 명상하고 있을 때 하늘사람이 나타나 수수께끼를 냈는데, 이 꾸마라 깟싸빠가 그 수수께끼에 관하여 부처님께 질문하자, 부처님이 답하는 형식을 취하고 있다.

439) Udāyin : 경전에는 깔루다인(Kāḷudāyin), 랄루다인(Lāḷudāyin), 싸꿀루다인(Sakuludāyin)이 모두 우다인이라는 이름으로 나오는데, 구분하기가 쉽지 않고, 주석서는 크게 도움이 되지 못한다. 여기서 언급되듯이, 그는 까마귀 목소리를 갖고 있어 그의 의무계율의 송출이 다른 사람에 들리게 하는데 특별한 노력을 기울여야 했고,

시오. 내의를 세탁해야겠소.' '존자여, 그렇지 않습니다. 제가 세탁해드리겠습니다.' 그 수행녀는 가임기에 있었는데, 그 정액을 일부는 입에 넣고 일부는 여근 속에 넣었습니다. 그로 인해서 장로 꾸마라 깟싸빠가 태어났다고 사람들이 말합니다."440)

[나가세나] "대왕이여, 그대는 그 말을 믿는 것입니까?"

[밀린다 왕] "존자여, 그렇습니다. 이것과 관련하여 '이러한 이유로 태어났다.'라고 하는 내가 믿는 유력한 이유를 찾았기 때문입니다."

[나가세나] "대왕이여, 이것과 관련하여 이유란 무엇입니까?"

[밀린다 왕] "존자여, [125] 잘 준비된 태반441)에 정자가 떨어지면 빨리 생장합니까?"

[나가세나] "대왕이여, 그렇습니다."

[밀린다 왕] "존자여, 이와 마찬가지로 그 수행녀가 가임기에 있으면서 태반에 피가 급격히 멈추고, 가임상태에서 정자를 취해 태반에 넣으면, 그것에 의해 그녀의 탁태(托胎)442)가 성립하는 것입니다.

다수의 승단잔류죄의 주인공이고, 거듭되는 죄에도 여러 가지 처벌이 부과되었음에도 죄를 범하는 것을 반복했다. 그는 감각적 쾌락을 좋아하고, 까마귀를 쏘아잡고 목을 부러뜨릴 정도로 잔인하고, 비만이었다. Ppn. I. 376에 따르면, 그는 아마도 랄루다인과 동일인물일 가능성이 있다. 그렇다면, 그는 잘못된 것을 정당화하는 교묘한 재주를 가진 사람으로 축제에 가서는 장송곡을 부르고 장례에 가서는 축가를 부르는 인물이었다. Mrp. II. 344에 따르면, 랄루다인(Lāḷudāyin)은 한동안 부처님의 시자였다. 그는 나중에 시자의 임무를 맡은 아난다에게 질투를 품었다. Mrp. III. 369에 따르면, 깔루다인(Kāḷudāyin)은 분석력이 뛰어난 장로를 뜻한다.

440) tena thero kumārakassapo nibbattoti etaṁ jano āhā'ti : 이 이야기는 Vin. III. 205에 있으나 꾸마라 깟싸빠와는 관계가 없다. 꾸라마 깟싸바의 어머니에 대해서는 앞의 꾸마라 깟싸빠에 대한 주석을 보라. 『밀린다팡하』의 편집자는 무엇인가 착오를 일으킨 것이다.

441) kalala : 태내오위(胎內五位) 가운데 임신 직후의 1주가 깔랄라(kalala)라고 하는데, 세 가닥의 양모로 이루어진 실타래의 끝에 놓인 기름방울 크기이다. 여기서는 의미상 태반이라고 보아야 한다.

442) gabbha : 여기서 갑바(gabbha)는 갑바박까나나(gabbhāvakkamana를 줄인 것으로 탁태(托胎)를 지시하는데, 탁태는 전생의 인연으로 뭇삶의 모태에 몸을 붙이는 것을 뜻한다. 다시 태어남의 과정에서 위의 태어날 준비가 된 존재인 건달바(gan-

이와 같이 그들이 태어난 이유를 이해합니다."

[나가세나] "대왕이여, 그렇습니다. '태내로 들어감으로 탁태가 성립되었다.'라고 인정합니다. 대왕이여, 그런데 그대는 꾸마라 깟싸빠의 탁태를 인정합니까?"

[밀린다 왕] "존자여, 그렇습니다."

[나가세나] "대왕이여, 좋습니다. 그대는 나의 입장으로 돌아온 것입니다. 한 종류만으로도 탁태를 이야기하면 나의 입장을 따르는 것입니다. 그러나 두 마리의 암사슴이 오줌을 먹고 탁태했다는데, 그대는 그 탁태를 믿습니까?"

[밀린다 왕] "존자여, 그렇습니다. 온갖 먹고 마시고 삼키고 맛본 것 그 모든 것은 태반으로 들어가 사라진 곳에서 성장합니다. 존자 나가세나여, 어떤 강이라도 그 모든 강은 큰 바다로 들어가 사라진 곳에서 성장합니다. 존자 나가세나여, 이와 마찬가지로 온갖 먹고 마시고 삼키고 맛본 것 그 모든 것은 태반으로 들어가 사라진 곳에서 성장합니다. 그러한 이유로 나는 '입으로 들어간 것을 통해서도 탁태가 된다.'라고 믿습니다."

[나가세나] "대왕이여, 훌륭하십니다. 그대는 한층 강력하게 나의 입장에 가까워졌습니다. 입으로 마시는 것에 의해서도 두 가지의 화합이 있는 것입니다. 대왕이여, 그대는 동자 쌍낏짜, 고행자 이씨씽가, 장로 꾸마라 깟싸빠의 탁태를 인정하십니까?"

[밀린다 왕] "존자여, 그렇습니다. 화합하여 탁태된 것입니다."

---

dhabba)가 모태에 탁태(托胎)되는 것을 표현한 빠알리어 'okkamati(avakkamati)'를 초기불교의 학자들이 서로 다르게 번역하고 있는데, 그것이 재생의 관점을 혼란스럽게 만드는 주요한 원인이다. 'okkamati'를 'descend', 즉 하강의 의미로 해석하면 결과적으로 영혼과 육체의 분리를 가정하는 것이고 develope, 즉 전개의 의미로 해석하면 영혼과 육체의 비분리를 가정하는 것이다. 그러나 초기불교에서의 영혼과 육체의 일이중도(一異中道)는 연기론적으로 후자의 입장을 지지한다.

4. [나가세나] "대왕이여, 동자 싸마도 바라문 청년 만다비야도 세 가지의 화합에 속하는 자들로서 전자와 동일한 자들입니다. 이것과 관련하여 이유를 말하겠습니다. 대왕이여, 고행자 두꿀라와 고행녀 빠리까는 양자가 모두 숲속에 거주하는 자로서 멀리 여읨에 전념하고 최상의 도리를 탐구하는 자로서 고행의 위력으로 하느님세계까지 빛을 놓았습니다. 그때 [126] 신들의 제왕 제석천이 그들에게 아침저녁으로 문안 왔습니다. 그는 그들에 대하여 존경의 마음으로 살피다가 미래에 두 사람이 모두 그들의 두 눈을 잃을 것이라는 사실을 알아챘습니다. 알고 나서 그들에게 '존자들이여, 한 말씀 올리겠습니다. 한 아들을 낳으면 좋겠습니다. 그가 당신들의 시자가 될 것이고 부양자가 될 것입니다.' '꼬씨야443)여, 그만 됐습니다. 그렇게 말하지 마십시오.' 그들은 그 말을 받아들이지 않았습니다. 제석천은 연민어리고 이타적이어서 두 번째에도 세 번째에도 이렇게 말했습니다. '존자들이여, 제 한 말씀 올리겠습니다. 한 아들을 낳으면 좋겠습니다. 그가 당신들의 시자가 될 것이고 부양자가 될 것입니다.' 그들은 세 번째에 말했습니다. '꼬씨야여, 그만 됐습니다. 그렇게 그대는 우리에게 무익한 것을 권하지 마십시오. 언젠가 이 몸은 파괴될 것입니다. 이 몸은 파괴되고야 마는 것입니다. 대지도 파괴되고, 바위산 봉우리도 떨어지고, 허공도 파열되고, 해와 달도 떨어지더라도, 우리는 결코 세속적인 것과 타협하지 않을 것입니다. 그대는 우리 앞에 다가오지 마십시오. 다가오면 생각건대 그대가 무익한 것을 행하는 자라고 간주할 것입니다.'

이렇게 신들의 제왕 제석천은 그들의 마음을 얻을 수가 없자, 경의를 표하고 합장하고 다시 청했습니다. '만약에 나의 말을 따를 수 없다면, 고행녀가 월경이 있어 가능한 가임기에 있을 때, 존자여, 그때 오른손 엄지손가락으로 그녀의 배꼽을 만져주면, 그로 인해 그녀가 탁태할

443) Kosiya : 제석천의 다른 이름이다.

것입니다. 이것이야말로 탁태를 위한 화합입니다.' 그들은 '꼬씨야여, 나는 그대의 말을 따를 수 있습니다. 그 정도로 나의 고행은 부서지지 않습니다. 그렇게 하겠습니다.'라고 받아들였습니다.

그런데 그때에 천궁에 사는 한 천자가 착하고 건전한 것의 근본을 쌓아왔는데, 수명이 다하여 전륜왕의 가문에도 그가 원하는 대로 태어날 수 있었습니다. 그때 신들의 제왕 제석천은 그 천자에게 다가가서 이렇게 말했습니다. '벗이여, 그대의 날이 훤히 밝았습니다. 목적의 성공적 달성이 가까이 있습니다. 내가 그대의 시자가 되어 살았던 즐거운 장소에 살게 될 것입니다. 적당한 가문에 태어날 [127] 것이고, 아름다운 부모에 의해서 양육될 것입니다, 자, 내 말을 들으십시오.' 그는 요청했습니다. 두 번째 세 번째에도 머리를 조아려 합장하여 요청했습니다.

그러자 그 천자는 이렇게 말했습니다. '벗이여, 그대가 거듭해서 자주 칭찬하는 그 가문은 어떤 가문입니까?' '고행자 두꿀라와 고행녀 빠리까입니다.' 그는 그의 말을 듣고 만족하여 받아들였습니다. '벗이여, 좋습니다. 그대가 바라는 대로 될 것입니다. 벗이여, 원하는 바대로 나는 원해진 가문에 태어날 것입니다. 난생으로든, 태생으로든, 습생으로든, 화생으로든,444) 어떤 가문에 내가 태어날까요?' '벗이여, 태

444) aṇḍaje vā jalābuje vā saṁsedaje vā opapātike vā : 한역에 따라 각각 난생(卵生), 태생(胎生), 습생(濕生), 화생(化生)이라고 번역한 것이다. MN. I. 73에서 부처님은 다음과 같이 말씀하신다. : "싸리뿟따여, 이러한 네 갈래 태어남이 있다. 네 갈래란 어떤 것인가? 난생, 태생, 습생, 화생이다. 싸리뿟따여, 난생이란 어떤 것인가? 싸리뿟따여, 생명체가 그 껍질을 깨고 태어나면, 싸리뿟따여, 이것을 난생이라고 한다. 싸리뿟따여, 태생이란 어떤 것인가? 싸리뿟따여, 생명체가 태의 막을 까고 태어나면, 싸리뿟따여, 이것을 태생이라고 한다. 싸리뿟따여, 습생이란 어떤 것인가? 싸리뿟따여, 생명체가 썩은 물고기, 부패한 시체, 부패한 굳은 우유에서나 물웅덩이나 연못에서 태어나면, 싸리뿟따여, 이것을 습생이라고 한다. 싸리뿟따여, 화생이란 어떤 것인가? 싸리뿟따여, 신들이나 지옥의 뭇삶들이나 특수한 인간이나 특수한 타락한 영혼들이 생겨나는데, 싸리뿟따여, 이것을 마음에서 홀연히 생겨나는 화생이라고 한다." 이 책의 부록에 실린 '존재의 세계'를 참고하라. 구사론(俱舍論 : 8卷2)에

생으로 모태에 태어나십시오.' 그러자 신들의 제왕 제석천은 출생일을 계산한 뒤에 고행자 두꿀라에게 알려주었다. '모일에 고행녀가 월경이 있어 가능한 가임기가 될 것입니다. 존자여, 그때 그대는 오른손의 엄지손가락으로 그녀의 배꼽을 만져주십시오.'

대왕이여, 그날 고행녀는 월경이 있어 가능한 가임기에 있었고, 천자는 그곳에 와서 출현해 있었습니다. 고행자는 오른손의 엄지손가락으로 그녀의 배꼽을 만져주었습니다. 이렇게 삼자가 화합했던 것입니다. 배꼽의 만짐으로 고행녀에게 성욕이 생겨났습니다. 그러나 그녀의 성욕은 배꼽의 만짐에 기인한 것으로 성교라고 생각해서는 안 됩니다. 웃음도 화합이 되고, 찬사도 화합이 되고, 사려도 화합이 되는데, 예전에 있던 성욕이 일어나 만짐에 의해서 화합이 생겨나면 그 화합에서 탁태가 이루어집니다. 대왕이여, 성교를 하지 않더라도, 만짐에 의해 탁태가 이루어집니다. 대왕이여, 타오르는 불은 만지지 않더라도 가까이 가면 냉기가 제거되듯이, 대왕이여, 이와 마찬가지로 성교를 하지 않더라도 만짐에 의해서 탁태가 되는 것입니다. 대왕이여, 뭇삶들의 탁태는 네 가지 수단으로, 즉 업을 수단으로, 모태를 수단으로, 종류를 수단으로, 청원을 수단으로 생겨납니다. 그러나 그 모든 뭇삶들은 업에 의해서 생겨난 것이고 업에서 출현한 것입니다."

5. [나가세나] "대왕이여, [128] 어떻게 업을 수단으로 탁태가 이루어집니까? 대왕이여, 선업의 뿌리가 쌓여서 뭇삶들이 원하는 대로 왕족의 대가문이나 바라문의 대가문이나 장자의 대가문이나 천신들 가운데나 난생의 모태나 태생의 모태나 습생의 모태나 화생의 모태에 태어나는 것입니다. 대왕이여, 부유하고 대부호 대자산가로서 많은 금은을 소유하고, 많은 재보와 상품, 많은 곡물과 곡류를 지니고 많은

서는 아귀에는 태생과 화생이 있으며, 축생에는 태생과 난생과 습생인 것이 있다고 되어 있다. 중음신은 화생이다.

친족과 권속을 가진 사람이 하녀, 하인, 밭, 부지, 마을, 소도시, 지방이나 어떤 것이든 마음으로 얻고자 바라는 것을 두 배나 세 배의 대가를 주고 사는 것처럼, 대왕이여, 이와 마찬가지로 선업의 뿌리가 쌓여서 뭇삶들이 원하는 대로 왕족의 대가문이나 바라문의 대가문이나 장자의 대가문이나 천신들 가운데나 난생의 모태나, 태생의 모태나, 습생의 모태나, 화생의 모태에 태어나는 것입니다. 이와 같이 업을 수단으로 뭇삶들이 탁태하는 것입니다."

6. [나가세나] "어떻게 모태를 수단으로 뭇삶들이 탁태하는 것입니까? 대왕이여, 닭들의 경우는 바람을 수단으로 탁태합니다. 학들의 경우에는 우레소리를 수단으로 탁태합니다. 일체의 천신들은 모태에 의존하지 않습니다. 뭇삶들은 갖가지 방식을 수단으로 탁태합니다. 대왕이여, 사람들은 갖가지 방식으로 지상에서 생활합니다. 어떤 자들은 앞을 가리고, 어떤 자들은 뒤를 가리고, 어떤 자들은 벌거벗고, 어떤 자들은 삭발하고, 어떤 자들은 흰 옷을 입고, 어떤 자들은 상투를 하고, 어떤 자들은 머리를 깎고 가사를 입고, 어떤 자들은 앞을 가리고, 가사를 입고 상투를 하고, 어떤 자들은 결발을 하고 나무껍질옷을 입고, 어떤 자들은 가죽옷을 입고, 어떤 자들은 실로 묶은 옷[445]을 입고 있습니다. 이 모든 사람들이 갖가지 방식으로 지상에서 생활합니다. 대왕이여, 이와 마찬가지로 그 뭇삶들은 모두가 그들의 갖가지 방식을 수단으로 탁태합니다. 이와 같이 모태를 수단으로 뭇삶들이 탁태하는 것입니다."

7. [나가세나] "어떻게 종류를 수단으로 뭇삶들이 탁태합니까? 대왕이여, 종류는 네 가지 종류, 난생 · 태생 · 습생 · 화생을 [129] 말합니다. 만약 태어나야 할 존재가 어디서라도 와서 난생의 종류에 태어난다면, 그때 그것은 난생이 되고, 만약 태어나야 할 존재가 어디서라도

445) rasmiyo : 실로 묶은 옷인지 몸에서 나오는 광선을 뜻하는지 분명하지 않다.

와서 태생의 종류에 태어난다면, 그때 그것은 태생이 되고, 만약 태어나야 할 존재가 어디서라도 와서 습생의 종류에 태어난다면, 그때 그것은 습생이 되고, 만약 태어나야 할 존재가 어디서라도 와서 화생의 종류에 태어난다면, 그때 그것은 화생이 됩니다. 대왕이여, 그 종류에 따라 그에 일치하는 뭇삶들이 생겨나는 것입니다. 대왕이여, 히말라야의 수메루 산에 어떤 짐승들이나 새들이 가까이 가도 그 모두가 자신의 색을 잃고 황금색을 취하듯이, 대왕이여, 이와 같이 어떤 태어날 준비가 되어 있는 존재라도 와서 난생의 종류에 태어난다면, 그때 그것은 난생이 되고, 만약 태어나야 할 존재가 어디서라도 와서 태생의 종류에 태어난다면, 그때 그것은 태생이 되고, 만약 태어나야 할 존재가 어디서라도 와서 습생의 종류에 태어난다면, 그때 그것은 습생이 되고, 만약 태어나야 할 존재가 어디서라도 와서 화생의 종류에 태어난다면, 그때 그것은 화생이 됩니다. 이와 같이 종류를 수단으로 뭇삶들이 탁태하는 것입니다."

8. [나가세나] "어떻게 청원을 수단으로 탁태하는 것입니까? 대왕이여, 여기 자녀가 없고, 재산이 많고 믿음이 있고 경건하고 계행을 지니고 선법을 지니고 고행에 의존하는 가문이 있고, 착하고 건전한 것의 뿌리를 쌓았으나 죽어야만 하는 천자가 있다고 합시다. 그때 신들의 제왕 제석천이 그의 가문에 연민을 내어 그 천자에게 '벗이여, 아무개 가문의 첫 번째 부인의 모태로 향하십시오.'라고 청원했습니다. 그는 그의 요청에 따라 그 가문으로 향했습니다. 대왕이여, 공덕을 바라는 사람들이 마음이 닦여 있는 수행자에게 청원하여 '이 사람이 오면 온 집안에 행복이 될 것이다.'라고 집으로 모셔오듯이, 대왕이여, 이와 마찬가지로 신들의 제왕 제석천은 그 천자에게 청원하여 그 가문에 모셔온 것입니다. 이와 같이 청원을 수단으로 뭇삶들은 탁태하는 것입니다.

9. [나가세나] "대왕이여, 동자 싸마는 신들의 제왕 제석천에게 청원하여 고행녀 빠리까의 모태에 탁태하였습니다. 대왕이여, 싸마 동자는 공덕을 지은 자였고, 부모는 계행을 지키는 선법을 지닌 자였고, 청원자는 유능한 자였는데, 그 세 사람의 마음의 서원으로 동자 싸마가 탄생한 것입니다. 대왕이여, 여기 솜씨 좋은 사람이 잘 갈아놓고 물을 댄 논에 씨앗을 뿌리고, 또한 그 씨앗의 장애를 제거하면, 성장에 어떤 것이라도 방해가 되겠습니까?"

[밀린다 왕] "존자여, [130] 그렇지 않습니다. 방해받는 일이 없이 종자는 신속히 성장할 것입니다."

[나가세나] "대왕이여, 이와 마찬가지로 동자 싸마는 생겨난 장애를 벗어나 세 사람의 마음의 서원으로 태어난 것입니다. 대왕이여, 그대는 일찍이 '선인들의 분노로 부유하고 번영하고 붐비는 큰 지역이 파멸되었다.'라고 들어본 적이 있습니까?"

[밀린다 왕] "존자여, 그렇습니다. 들어본 적이 있습니다. 지상에서 단다까란냐 숲, 맛자란냐 숲, 깔링가란냐 숲, 마땅가란냐 숲446)은 도시가 숲으로 변한 것으로, 이 모든 숲은 선인들의 분노로 파멸된 것들입니다.

[나가세나] "대왕이여, 만약에 그들의 마음의 악의로 잘 번영하던

---

446) daṇḍakārañña, kāliṅgārañña, majjhārañña mātaṅgārañña : MN. I. 378에 등장하는데 맛자가 멧자(mejjha)로 되어 있다. 한역에는 숲을 아란야(阿蘭若)라고 음역을 하는데 한적하고 나무들이 있는 수행처를 말하기도 하지만 여기서는 무성한 숲이 나무가 몇 그루 없는 황폐한 황무지가 되었다는 의미를 갖고 있다. 까링가(Kaliṅga)의 꿈비바띠(Kumbhavati)의 왕 단다낀(Daṇḍakin)이 선인 끼싸밧차(Kisavaccha)를 모독하여 신들이 저주하여 왕이 죽고 나라는 황폐하게 되었다. 그 황폐한 곳을 단다까란냐(Daṇḍakārañña) 또는 까링가란냐(Kāliṅgārañña)라고 한다. 멧자(Mejjha)는 왕의 이름이자 그 나라를 말하는데 마땅가(Mātaṅga)라는 선인을 죽였기 때문에 멧자(Mejjha)는 멧자아란냐(Mejjhārañña)라는 황무지가 되었다. 그리고 이 황무지는 마땅가아란냐(Mātaṅgārañña)라고도 불렸다. Jāt. III. 463; V. 133, 267; V. 144; VI. 389; V. 267; V. 114, 267 참조.

지역이 멸망하였다면, 그들의 마음의 선의로 어떤 것이 생겨날 수 있었습니까?"

[밀린다 왕] "존자여, 그렇습니다."

[나가세나] "대왕이여, 그래서 동자 싸마는 세 사람의 강력한 마음의 선의, 즉 선인에 의해 조성되고, 천신에 의해 조성되고, 공덕에 의해 조성된 선의로 태어난 것입니다. 대왕이여, 이와 같이 파악해야 합니다. 대왕이여, 이 세 사람의 천자는 신들의 제왕 제석천의 청원으로 훌륭한 가문에 태어난 것입니다. 셋이란 어떤 사람입니까? 동자 싸마, 왕 마하빠나다.447) 왕 꾸싸448)입니다. 이들 세 사람은 보살이었습니다."

[밀린다 왕] "존자 나가세나여, 탁태는 잘 설명되었고, 이유는 잘 해명되었고, 어둠은 광명이 되었고, 매듭은 풀렸고, 이설을 지닌 자들은 척파되었습니다. 참으로 그러하니, 그렇게 나는 받아들이겠습니다.

여섯 번째 입태에 대한 질문이 끝났다.

7. [정법의 사라짐에 대한 질문]
(Saddhammantaradhānapañha)

1. [밀린다 왕] "존자 나가세나여, 세존께서는 '아난다여, 정법은 오백 년 간 존속할 것이다.'라고449) 말씀하셨습니다. 그런데 또한 완전한 열반에 드실 때에 유행자 쑤밧다450)가 질문하자 세존께서는 '쑤밧다여, 수행승들이 올바로 삶을 영위한다면, 세상에서 거룩한 님들이 텅

447) Mahāpanāda : Jāt. 489를 참조하라.
448) Kusa : Jāt. 531
449) pañceva dāni, ānanda, vassasatāni saddhammo ṭhassatī'ti : Vin. II. 256; AN. IV. 278
450) Subhadda : Smv. 588에 따르면, 그는 최상층 바라문 대부호 출신의 옷을 걸친 유행자였다. 그는 이 경에서 처럼 부처님의 마지막 여행 당시에 꾸씨나라 시에서 지냈다. 그는 부처님에 의해 교화된 마지막 제자이다.

비게 되는 일이 없을 것이다.'라고[451] 말씀하셨습니다. 이것은 완전한 말씀이고, 이것이 완벽한 말씀이고, 이것이 결정적인 말씀입니다. 존자 나가세나여, 세존께서 만약에 '정법은 오백년 간 존속할 것이다.' 라고 말씀하셨다면, 그로 인해 '세상에서 거룩한 님들이 텅 비게 되는 일이 없을 것이다.'라는 그 말씀은 [131] 거짓이 되고, 만약에 '세상에서 거룩한 님들이 텅 비게 되는 일이 없을 것이다.'라고 말씀하셨다면, 그로 인해 '정법은 오백년 간 존속할 것이다.'라는 그 말씀이 거짓이 됩니다. 이것도 양도논법의 질문으로 밀림보다 더욱 복잡하고, 힘센 자보다 더욱 강력하고, 매듭보다 더욱 얽혀 있습니다. 이것이 그대에게 제기된 것입니다. 그것에 관하여 그대가 바다 속에 사는 '마까라'[452]라는 거대한 물고기처럼, 앎의 광대한 힘을 보여주십시오."

2. [나가세나] "대왕이여, 세존께서는 '아난다여, 정법은 오백년 간 존속할 것이다.'라고 말씀하셨습니다. 그런데 또한 완전한 열반에 드실 때에 유행자 쑤밧다가 질문하자 세존께서는 '쑤밧다여, 수행승들이 올바로 삶을 영위한다면, 세상에서 거룩한 님들이 텅 비게 되는 일이 없을 것이다.'라고 말씀하셨습니다. 대왕이여, 그러나 세존의 말씀은 의미도 다르고 표현도 다릅니다. 한쪽은 가르침에 관한 존속기한, 한쪽은 가르침에 관한 실천해명을 언급한 것으로 그 양자는 서로 멀리 떨어져 있는 것입니다. 대왕이여, 하늘이 땅에서 멀리 떨어져 있고, 지옥이 하늘에서 멀리 떨어져 있고, 착하고 건전한 것이 악하고 불건전한 것보다 멀리 떨어져 있고, 행복이 고통과 멀리 떨어져 있듯이, 대왕이여, 이와 마찬가지로 그 양자는 서로 멀리 떨어져 있습니다.

---

451) ime ca, subhadda bhikkhū sammā vihareyyuṁ, asuñño loko arahantehi assā'ti : DN. II. 152

452) Makara : 고대인도의 신화적인 해수로 악어나 상어, 코끼리 등에 영감을 받아 생겨난 것이다. 물의 생명력을 상징하고 어둠을 세상의 빛으로 바꾸는 역할을 한다. 동시에 물이 지닌 공포와 자애의 힘을 상징한다.

대왕이여, 그러나 그대의 물음이 헛되지는 않을 것입니다. 내가 본질적으로 그것들을 연관시켜 설명해줄 것입니다."

3. [나가세나] "세존께서는 '아난다여, 정법은 오백년 간 존속할 것이다.'라고 그 소멸을 밝히면서 '아난다여, 만약에 수행녀가 출가하지 않았다면 정법은 천년을 존속할 것이지만, 이제는 아난다여, 정법은 오백년 간 존속할 것이다.'라고 잔여기간을 확정했습니다. 대왕이여, 세존께서는 이와 같이 말씀하시면서 정법의 소멸을 말씀하신 것입니까, 아니면 정법의 꿰뚫음을 부인하신 것입니까?"

[밀린다 왕] "존자여, 그렇지 않습니다."

[나가세나] "대왕이여, 잃어버린 것을 선언하시고 남은 것을 설명하면서 정법의 존속기간을 한정지으신 것입니다. 대왕이여, 재산을 잃은 사람이 모든 나머지 재산을 취해 '이 정도로 재산을 잃었습니다. 이것이 나머지입니다.'라고 설명하듯이, 대왕이여, [132] 이와 마찬가지로 잃어버린 것을 선언하시고 남은 것을 신들과 인간에게 '아난다여, 정법은 오백년 간 존속할 것이다.'라고 말씀하신 것입니다. 그러나 대왕이여, 세존께서 '아난다여, 정법은 오백년 간 존속할 것이다.'라고 말씀하신 그것은 정법의 존속기한입니다. 그러나 완전한 열반에 드실 때에 유행자 쑤밧다가 질문하자 세존께서는 '쑤밧다여, 수행승들이 올바로 삶을 영위한다면, 세상에서 거룩한 님들이 텅 비게 되는 일이 없을 것이다.'라고 말씀하는 그것은 실천해명입니다. 그러나 그대는 존속기한과 실천해명을 동일한 본질의 것으로 만들었습니다. 만약 그대가 원하다면, 동일한 본질로 만들어 설명하겠습니다. 주의를 기울여 침착하게 잘 들어주십시오."

4. [나가세나] "대왕이여, 여기 새로운 물이 가득 차고 가장자리까지 넘쳐흐르고 제방으로 둘러싸인 저수지가 있다고 합시다. 그 저수지가 마르지 않을 때에 큰 구름이 물위로 차례로 계속해서 비를 내린다면,

대왕이여, 그 저수지에 물이 소모되어 말라버리겠습니까?"

[밀린다 왕] "존자여, 그렇지 않습니다."

[나가세나] "대왕이여, 그것은 무슨 까닭입니까?"

[밀린다 왕] "존자여, 구름으로부터 비가 계속해서 내리기 때문입니다."

[나가세나] "대왕이여, 이와 마찬가지로 최승자의 최상의 가르침인 정법의 저수지는 품행과 계행과 덕성과 바른 습관과 바른 실천이라는, 오염의 때를 여읜, 새로운 물이 가득차고 넘쳐흐르면서 존재의 정상453)까지 가득 찹니다. 만약 거기에 불자들이 품행과 계행과 덕성과 바른 습관과 바른 실천이라는, 구름으로부터의 비를 차례로 계속해서 내리게 한다면, 이 최승자의 최상의 가르침인 정법의 저수지는 오랜 세월동안 존속할 것이고, 거룩한 님들은 세상에서 텅 비지 않을 것입니다. 세존께서는 이러한 취지로 '쑤밧다여, 수행승들이 올바로 삶을 영위한다면, 세상에서 거룩한 님들이 텅 비게 되는 일이 없을 것이다.'라고 말씀하신 것입니다."

5. [나가세나] "대왕이여, 그리고 그 경우에 큰 불꽃더미가 타오를 때, 차례대로 마른 건초와 섶과 쇠똥을 던져쌓는다면, 대왕이여, 그 불꽃더미가 꺼질 수 있겠습니까?"

[밀린다 왕] "존자여, [133] 그렇지 않습니다. 더욱더 그 불꽃더미는 타오를 것입니다."

[나가세나] "대왕이여, 이와 마찬가지로 일만세계에서 최승자의 최상의 가르침도 품행과 계행과 덕성과 바른 습관과 바른 실천으로 불타오르고 빛날 것입니다. 대왕이여, 또한 그 위에 불자들이 다섯

453) bhavagga : 원래 유정천(有頂天)을 말한다. 원래 궁극적인 미세한 물질로 이루어진 신들의 하느님세계(Akaniṭṭhā devā : 色究竟天=有頂天)를 뜻하나 여기서는 일반적 의미의 존재의 정상이다.

가지 정근의 고리454)를 갖추고 항상 방일하지 않게 정진하고, 세 가지 배움455)에 의욕을 내어 학습하고, 품행과 계행을 평등하게 완성한다면, 이와 같이 이 최승자의 최상의 가르침은 더욱더 오랜 장구한 세월

454) pañca padhāniyaṅgāni : DN. III. 237. 한역의 오근지(五勤支)로 Smv. 1028에 따르면, 정근은 노력하는 것을 뜻하고 정근이 있기 때문에 '정근에 속한 것(padhāniya)'이고 정근이 수행승의 요소이기 때문에 '정근의 고리'라고 한다. ① 믿음이 있어 '이와 같이 그분 세존께서는 거룩한 님, 올바로 원만히 깨달은 님, 명지와 덕행을 갖춘 님, 올바른 길로 잘 가신 님, 세상을 아는 님, 위없이 높은 님, 사람을 길들이는 님, 신들과 인간의 스승이신 님, 깨달은 님, 세상에서 존귀한 님입니다.'라고 여래의 깨달음을 믿습니다. ② 그는 건강하고 고통을 받지 않고 음식을 잘 소화하고 흡수하고 다른 사람보다 몸이 너무 차거나 너무 뜨겁지 않아 정진을 감내합니다. ③ 그는 숨기지 않고 속임이 없어 스승이나 현자들이나 동료수행자들에게 있는 그대로 자신을 드러냅니다. ④ 그는 악하고 불건전한 것을 버리고 착하고 건전한 것을 갖추고 굳세고 확고하게 분투하여 착하고 건전한 것에 대한 멍에를 져버리지 않고 열심히 정진합니다. ⑤ 그는 슬기로워 생성과 소멸에 대한 지혜를 갖추었을 뿐만 아니라 고귀한, 꿰뚫음이 있는, 올바른 괴로움의 소멸로 이끄는 지혜를 갖춥니다.

455) tisso sikkhā: adhisīlasikkhā, adhicittasikkhā, adhipaññāsikkhā : 한역의 삼학(三學)으로 Smv. 1003에 따르면, 배워야 할 것이므로 보다 높은 것(增上)이다. ① 보다 높은 계행에 대한 배움(增上戒學) : 계행은 오계·십계를 말하고 보다 높은 계행은 의무계율의 방호계(paṭimokkhasaṁvara)를 말한다. 오계·십계는 부처님께서 출현하시거나 하시지 않거나 생겨나지만 의무계율의 방호계는 부처님께서 출현하셔야만 생겨나므로 보다 높은 계행에 대한 배움이다. 또한 열반을 원하는 자에게 갖추어지는 오계·십계도 보다 높은 계행에 대한 배움이다. 또한 일체 세간의 것이 계행이면, 출세간의 원리의 것은 보다 높은 계행이다. ② 보다 높은 마음에 대한 배움(增上心學) : 마음이라는 것은 여덟 가지 성취(八等至 : aṭṭhasamapatti)를 말하고, 보다 높은 마음은 통찰의 기초가 되는 선정(vipassanāpādakajhāna)을 말한다. 여덟 가지 성취는 부처님께서 출현하시거나 하시지 않거나 생겨나지만 통찰의 기초로서의 선정은 부처님께서 출현하셔야만 생겨나므로 보다 높은 마음에 대한 배움이다. 또한 열반을 원하는 자에게 갖추어지는 여덟 가지 성취도 보다 높은 마음에 대한 배움이다. 또한 일체 세간의 것이 마음이면, 출세간의 원리의 것은 보다 높은 마음이다. ③ 보다 높은 지혜에 대한 배움(增上慧學) : 지혜는 업자성(業自性)을 아는 지혜(kammassakatājānapaññā)이고, 보다 높은 지혜는 통찰의 지혜(vipassanāpaññā)이다. 업자성을 아는 지혜는 부처님께서 출현하시거나 하시지 않거나 생겨나지만 통찰의 지혜는 부처님께서 출현하셔야만 생겨나므로 보다 높은 마음에 대한 배움이다. 또한 열반을 원하는 자에게 갖추어지는 업자성(業自性)을 아는 지혜도 보다 높은 지혜에 대한 배움이다. 또한 일체 세간의 것이 지혜이면, 출세간의 원리의 것은 보다 높은 지혜이다.

을 존속할 것이고, '세상에는 거룩한 님들이 텅 비지 않을 것이다.'라고 이러한 의취에 관하여 세존께서는 '쑤밧다여, 수행승들이 올바로 삶을 영위한다면, 세상에서 거룩한 님들이 텅 비게 되는 일이 없을 것이다.' 라고 말씀하신 것입니다."

6. [나가세나] "대왕이여, 또한 여기 매끄럽고 평평하고 잘 닦여지고 윤이 나고 티끌이 없는 거울을 부드럽고 섬세하고 붉은 색 마분(磨粉)으로 거듭해서 닦는다면, 대왕이여, 그 거울에 때나 진흙이나 먼지나 티끌이 나타나겠습니까?"

[밀린다 왕] "존자여, 그렇지 않습니다. 틀림없이 더욱더 깨끗해질 것입니다."

[나가세나] "대왕이여, 이와 마찬가지로 최승자의 최상의 가르침은 본래 오염을 여의어, 번뇌의 때와 먼지와 티끌을 떠나있습니다. 만약 불자들이 품행과 계행과 덕성과 바른 습관과 바른 실천, 버리고 없애는 삶, 두타행의 덕목으로 최승자의 최상의 가르침을 따른다면, 이와 같이 이 최승자의 최상의 가르침은 오랜 장구한 세월을 존속할 것이고 '세상에는 거룩한 님들이 텅 비지 않을 것이다.'라고 이러한 의취에 관하여 세존께서는 '쑤밧다여, 수행승들이 올바로 삶을 영위한다면, 세상에서 거룩한 님들이 텅 비게 되는 일이 없을 것이다.'라고 말씀하신 것입니다. 대왕이여, 스승의 가르침은 실천에 입각하고 실천을 뿌리로 하는 것입니다. 실천이 사라지지 않는 한 존속할 것입니다."

7. [밀린다 왕] "존자 나가세나여, 당신은 '정법의 사라짐'에 관해 말했는데, 어떤 것이 정법의 사라짐입니까?"

[나가세나] "대왕이여, 세 가지 가르침의 사라짐이 있습니다. 세 가지란 무엇입니까? 파악의 사라짐, 실천의 사라짐, 특징의 사라짐입니다.[456] 대왕이여, [134] 파악이 사라지면, 잘 실천하는 자에게도 진리에 대한 꿰뚫음이 없게 됩니다. 실천이 사라지면 학습계율의 개념

이 사라지고 특징만이 존재하게 됩니다. 특징이 사라지면, 전통이 단절됩니다. 대왕이여, 이와 같은 세 가지 사라짐이 있습니다."

[밀린다 왕] "존자 나가세나여, 잘 짜여진 심오한 질문이, 무리의 지도자 가운데 최상의 그대를 만나, 해명되었고, 매듭은 풀렸고, 이교의 교설은 파괴되었고, 타파되었고, 빛을 잃었습니다."

일곱 번째 정법의 사라짐에 대한 질문이 끝났다.

8. [악하고 불건전한 것을 끊음에 대한 질문] (Akusalacchedanapañha)

1. [밀린다 왕] "존자 나가세나여, 여래께서는 모든 악하고 불건전한 것을 태워버리고 일체지자에 도달하신 것입니까? 또는 악하고 불건전한 것이 남아있는데 일체지자에 도달하신 것입니까?"

[나가세나] "대왕이여, 세존께서는 모든 악하고 불건전한 것을 태워버리고 일체지자에 도달하신 것이지, 악하고 불건전한 것이 남아있는데 일체지자에 도달하신 것이 아닙니다."

[밀린다 왕] "존자여, 여래의 몸에는 고통의 느낌이 생겨난 적이 있었습니까?"

[나가세나] "대왕이여, 그렇습니다. 라자가하 시에서 세존께서 발에 돌조각으로 상처를 입고,[457] 이질에 걸리시고,[458] 채액에 불균형이 생겨나 지바까[459]의 하제를 처방받았고,[460] 풍병이 생겨나 시자

---

456) adhigamantaradhāna, paṭipattantaradhāna, liṅgantaradhāna : 파악의 사라짐, 실천의 사라짐, 특징이 사라짐에서 '파악'은 네 쌍으로 여덟이 되는 참사람(四向四果)와 네 가지 분석적인 앎(四無礙解), 세 가지 명지(三明), 여섯 가지 곧바른 앎(六神通)의 획득을 말하고, '특징'은 외적 특징으로서 수행승이 입는 황색가사를 뜻한다.

457) rājagahe bhagavato pādo sakalikāya khato : SN. I. 27; Vin. II. 193

458) lohitapakkhandikābādho uppanno : DN. II. 127; Ud. 82

459) Jīvaka : 지바까 꼬마라밧차(Jīvaka Komārabhacca)로, 부처님의 제자인 재가의 남자 신자 가운데 '사람들에게 사랑받는 님 가운데 제일(puggalappasannān-

인 장로로부터 뜨거운 물로 시중을 받았습니다."461)

[밀린다 왕] "존자 나가세나여, 여래께서 모든 악하고 불건전한 것을 태워버리고 일체지자에 도달하신 것이라면, 그로 인해 세존께서 발에 돌조각으로 상처를 입거나, 이질과 질병에 걸리셨다는 그 말은 거짓이 됩니다. 만약에 여래께서 발에 돌조각으로 상처를 입거나, 이질과 질병에 걸리셨다면. 그로 인해 여래께서 모든 악하고 불건전한 것을 태워버리고 일체지자에 도달하셨다는 그 말이 거짓이 됩니다. 존자여, 업이 없다면 체험되는 것이 없습니다. 모든 체험되는 것은 업을 뿌리로 하고, 그 업에 의해서만 느끼는 것입니다. 이것도 양도논법의 질문으로 그대에게 제기된 것입니다. 그것이 그대가 해명해야 할 몫입니다."

2 [나가세나] "대왕이여, 모든 체험되는 것이 업을 뿌리로 하는 것은

---

aṃ aggaṃ)'이다. 지바까의 완전한 이름은 지바까 꼬마라밧짜(Jīvaka Komārabhacca)였다. 그는 마가다(Magadha) 국 라자가하(Rājagaha) 시에서 태어났다. 고급 창부의 버려진 아이로 태어났다. 왕자 아바야(Abhaya)가 발견하고는 키웠다. 마가다 국의 빔비싸라(Bimbisāra) 왕과 부처님의 시의(侍醫)로서 지바까에 얽힌 재미있는 일화가 있다. 그는 의사가 되려고, 딱까실라(Takkasilā)에 왔다. 거기에 도착해서 그는 앗떼이야(Atteya)라는 의사 앞에 나아갔는데 그 스승이 "의술에 대하여 어떤 대가를 지불할 수 있는가?"라고 묻자 그는 이와 같이 대답했다. "선생님, 저는 학문을 원하여, 마가다 국에서 이처럼 먼 거리를 왔습니다. 저의 집에서 떠나오면서 저는 저의 의도를 부모나 친구들에게 이야기하지 않았습니다. 그래서 저는 돈으로 어떤 보답을 할 수가 없습니다. 그러나 저의 배움이 끝나면 제 자신이 당신의 의지처가 될 것입니다."고 말했다. 이 말에 만족해서 앗떼이야는 그를 자신의 제자로 삼았다. 지바까는 그 스승 앞에서 칠년간을 치료술과 의학을 배웠다. 최종시험에서 딱까실라 시 주변의 15마일지역에 자라는 푸성귀, 덩쿨, 풀, 뿌리 등의 모든 초목들 가운데 약이 될만한 것을 기술하라고 요청받고 지바까는 4일 동안 그 곳에서 나는 모든 약초의 종류를 조사한 결과 '약에 사용되지 못할 푸성귀는 하나도 없다.'라고 자신의 스승에게 밝혀 시험에 합격했다. 그는 당대에 가장 유명한 의사가 되었다. 그는 부처님의 가르침을 듣고 '흐름에 든 님(豫流者)'이 되었다.

460) kāye abhisanne jīvakena vireko kārito : Vin. I. 279

461) vātābādhe uppanne upaṭṭhākena therena uṇhodakaṁ pariyiṭṭhan : SN. I. 174 ThagA. II. 57.

아닙니다. 대왕이여, 많은 뭇삶들에게 느낌이 체험되는 여덟 가지 이유가 있는데, 그 이유로 모든 체험되는 것이 생겨나는 것입니다. 여덟 가지란 어떤 것입니까? ① 대왕이여, 바람을 원인으로도 특정한 느낌들이 생겨납니다. ② 대왕이여, 담즙을 원인으로도 여기 [135] 체험되는 어떤 것이 생겨납니다. ③ 대왕이여, 점액을 원인으로도 특정한 느낌들이 생겨납니다. ④ 대왕이여, 체질462)을 원인으로도 특정한 느낌들이 생겨납니다. ⑤ 대왕이여, 계절의 변화를 원인으로도 특정한 느낌들이 생겨납니다. ⑥ 대왕이여, 부주의한 돌봄463)을 원인으로도 특정한 느낌들이 생겨납니다. ⑦ 대왕이여, 돌발의 상황464)을 원인으로도 특정한 느낌들이 생겨납니다. ⑧ 대왕이여, 업보를 원인으로도 특정한 느낌들은 생겨납니다. 대왕이여, 이러한 여덟 가지 이유로 많은 뭇삶들에게 느낌이 체험되는 것입니다. 그것에 관하여 어떤 사람들이 '업이 뭇삶들을 고통스럽게 한다.'라고 말한다면 그 사람들은 일곱 가지 이유를 인정하지 않는 것인데, 그들에게 그 말은 거짓이 됩니다."

[밀린다 왕] "존자 나가세나여, 바람, 담즙, 점액, 체질, 계절의 변화, 부주의한 돌봄, 돌발의 상황에 속하는 모든 것들은 업의 출현인 것이니, 결국 업에 의해서 생겨난 것입니다."

[나가세나] "대왕이여, 그 모든 것들이 업의 출현에 의한 질병이라

---

462) sannipātika : Srp. III. 81에 따르면, 앞에서 언급된 세 가지 '바람, 담즙, 점액'(Miln. 112와 주석참조)의 상호작용에 의한 체질을 뜻한다.

463) visamaparihārajāni : Srp. III. 81에 따르면, '많은 짐을 나르는데 채찍질 당하거나 때아닌 때에 우물가에서 뱀에 물리는 등'의 부주의한 돌봄을 말한다.

464) opakkamikāni : Srp. III. 81에 따르면, 예를 들어 '이 자가 도둑이나 간통자라고 하면, 그를 체포해서 무릎이나 팔꿈치 곤봉 등으로 때리고 공격하여 발생된 것'을 두고 말한다. Miln. 136에서는 부처님께서 돌조각에 우연히 발을 다친 것을 여기에 귀속시키기도 한다. Mrp. III. 114에 따르면, 갑자기 닥친 태형, 감금, 구타 등의 돌발의 상황과 관계된 것이다. 그러나 Milp. 302에 따르면, 굶주림이나 목마름, 중독, 물림, 불타고, 익사하고, 살해되는 것은 제때에 업보에 따라 죽지 못한 것으로 본다. 이러한 것은 업의 성숙과는 달리 의학적으로 처리될 수 있는 것이다.

고 한다면, 그것들을 분류하는 특징들이 존재하지 않을 것입니다. *1)* 대왕이여, 바람이 혼란을 야기할 때, 열 가지로, 즉 추위, 더위, 굶주림, 목마름, 과식, 기립, 과로, 질주, 상해, 업보에 의해서 혼란을 야기합니다. 그 가운데 앞의 아홉 가지는 과거에도 일어나지 않고 미래에도 일어나지 않고, 현재의 생존에서만 일어납니다. 그러므로 '모든 느낌이 업에 의해서 생겨나는 것이다.'라고 말해서는 안 됩니다. *2)* 대왕이여, 담즙이 혼란을 야기할 때, 세 가지로, 즉 추위, 더위, 불건강한 음식에 의해서 혼란을 야기합니다. *3)* 대왕이여, 점액이 혼란을 야기할 때, 세 가지로, 즉 추위, 더위, 음식과 음료에 의해서 혼란을 야기합니다. *4)* 대왕이여, 바람, 담즙, 점액이 혼합된 것은465) 그 어느 하나의 혼란으로 야기되어 뒤섞임에 의해서, 각각 그 느낌을 야기합니다. *5)* 대왕이여, 계절의 변화에서 생겨나는 느낌은 계절의 변화에 의해서 생겨나는 것입니다. *6)* 부주의한 돌봄으로 생겨나는 느낌은 부주의한 돌봄에 의해서 생겨납니다. *7)* 돌발의 상황으로 생겨나는 느낌은 단지 물리적 작용에 의해서 생겨납니다. *8)* 업보가 있는데, 업보에서 생겨나는 느낌은 예전에 행한 업에 의해서 생겨나는 것입니다. 대왕이여, 그러므로 업보에서 생겨나는 것은 적고, 나머지 것은 더욱 많습니다. 그것에 관하여, 어리석은 자들이 [136] '모든 것은 업보에서 생겨나는 것일 뿐이다.'라고 너무 지나치게 말합니다. 그 업을 부처님의 앎이 없이는 단정할 수 없습니다."

3. [나가세나] "대왕이여, 세존의 발이 돌조각에 상처를 입었는데, 그 고통은 바람에 기인한 것도 아니고, 담즙에 기인한 것도 아니고, 점액에 기인한 것도 아니고, 체질에 기인한 것도 아니고, 계절의 변화에 기인한 것도 아니고, 부주의한 돌봄에 기인한 것도 아니고, 업보에

---

465) yo ca, mahārāja, vāto yañca pittaṁ yañca semhaṁ : 앞에서 언급한 체질의 변화와 관계된 언표이다.

기인한 것도 아니고, 돌발의 상황에 기인한 것이었습니다. 대왕이여, 데바닷따는 수십만의 생을 겪으면서 여래에 대하여 원한을 품고 있었습니다. 그는 그 원한으로 크고 무거운 돌을 들어서 '머리 위에 떨어뜨려야겠다.'라고 생각하고 던졌던 것입니다. 그런데 다른 두 개의 바위가 그 돌에 다가와 여래에 도달하기 전에 부딪쳤습니다. 그 타격으로 인해 파편이 갈라져 세존의 발에 떨어져 피를 낸 것입니다. 대왕이여, 세존의 이 고통은 업보에서 생겨난 것이거나 물리적 작용에서 생겨난 것입니다. 그 외에 다른 고통은 없기 때문입니다. 대왕이여, 밭이 나쁘거나 씨앗이 나쁘면 씨앗이 발아하지 않는 것처럼, 대왕이여, 이와 마찬가지로 세존의 이 고통은 업보에서 생겨난 것이거나 물리적 작용에서 생겨난 것입니다. 그 외에 다른 고통은 없기 때문입니다. 대왕이여, 위장이 나쁘거나 음식이 나쁘면 음식물이 소화되지 않습니다. 세존의 이 고통은 업보에서 생겨난 것이거나 물리적 작용에서 생겨난 것입니다. 그 외에 다른 고통은 없기 때문입니다."

4. [나가세나] "대왕이여, 그러나 세존께는 업보에 기인하는 고통은 없고, 세존께는 부주의한 돌봄에서 생겨나는 고통도 없지만, 나머지 여섯 가지 원인에 기인하는 고통은 일어납니다. 그러나 그 고통에도 불구하고 그것이 세존의 목숨을 빼앗을 수는 없습니다. 대왕이여, 네 가지 위대한 요소로 구성된 이 몸이 있기에, 좋아하거나 싫어하고, 즐겁거나 불쾌한 느낌이 있는 것입니다. 대왕이여, 여기 허공에 던져진 흙덩이는 대지에 떨어지는데, 대왕이여, 그 흙덩이는 예전의 업에 의해 대지에 떨어진 것입니까?"

[밀린다 왕] "존자여, 그렇지 않습니다. 존자여, 대지에는 그 원인으로 선악의 업보를 체험할 수 있는 그러한 원인이 없습니다. 그 흙덩이가 대지에 떨어지는 것은 [137] 업과는 관계없는 현재의 원인에 의한 것입니다."

[나가세나] "대왕이여, 여기서 대지는 여래와 같다고 보아야 합니다. 흙덩이가 예전의 업에 기인하여 대지위에 떨어진 것이 아닌 것처럼 대왕이여, 이와 같이 여래에게 예전의 업에 기인하여 발에 돌조각이 떨어진 것이 아닙니다."

5. [나가세나] "대왕이여, 여기 사람들이 대지를 부순다든가 파내는데, 대왕이여, 그 사람들이 예전의 업에 기인하여 대지를 부순다든가 파냅니까?"

[밀린다 왕] "존자여, 그렇지 않습니다."

[나가세나] "대왕이여, 이와 마찬가지로 세존의 발에 떨어진 그 돌조각은 예전의 업에 기인하여 세존의 발에 떨어진 것이 아닙니다. 대왕이여, 세존께서 이질에 걸리셨어도 그 질병은 예전의 업에 기인하여 생겨난 것이 아니고, 체질에 의해서 생겨난 것입니다. 대왕이여, 세존께서는 어떤 신체적인 질병이 생겨나더라도, 그것들은 업에 의해서 생겨난 것이 아니라 이러한 여섯 가지 원인 가운데에 어떤 것에서 생겨난 것입니다. 대왕이여, 신들 가운데 신466)인 세존께서는 ≪쌍윳따니까야≫의 탁월한 해명인 몰리야 씨바까467)에 대한 해명에서 이렇게 말씀하셨습니다.

[세존] '*1)* 씨바까여, 여기 어떤 느낌들은 담즙에서 생겨납니다.468)

---

466) devātideva : 한역에는 천중천(天中天)이라고 한다. 초기 경전 상에는 나타나지 않는 표현으로 그레코 박트리아의 다신교적 신들 내지는 바라문교의 신들에 대한 우위를 점하기 위해 부처님을 신격화하려는 서북인도불교의 특성이 보인다.

467) Moḷiya Sīvaka : SN. IV. 230; 몰리야(Moliya)는 인도의 왕족이었다. 부처님의 사리의 분배를 요구한 왕족 가운데 하나가 삡팔리바나(Pipphalivana)의 몰리야 가문이었다. 그들은 나중에 부처님의 재를 분배받는 것으로 만족했다. 아쇼카 왕의 할아버지 짠드라굽타(Candragupta)도 이 몰리야 가문에 속했다. 몰리야는 '상투를 묶은 자'라는 뜻이기도 하다. 몰리야 씨바까는 부처님을 만나서 운명에 대해 물었다. 이에 대해 부처님은 '고통이라는 것은 많은 원인들에 의해서 생겨난다.'라는 사실을 설명해 주자 거기에 동조하여 출가한다.

468) pittasamuṭṭhānānipi kho, sīvaka, idhekaccāni vedayitāni uppajjanti. : 이

씨바까여, 여기 어떤 느낌들은 담즙에서 생겨난다는 사실을 알아야 합니다. 씨바까여, 여기 어떤 느낌들은 담즙에서 생겨난다는 사실을 세상의 진실로서 인정해야 합니다. 씨바까여, 어떤 수행자들이나 성직자들은 '개인이 느끼는 즐거움이나 괴로움이나 즐겁지도 괴롭지도 않은 모든 것은 과거의 원인에서 만들어진 것이다.'라고 이와 같이 말하고 이와 같이 여기는데, 그들은 자신의 상식적 지식을 넘어서는 것이고 세상의 진실로서 인정된 것을 넘어서는 것입니다. 그러므로 그들 수행자들이나 성직자들은 잘못된 것이라고 나는 말합니다.

2) 씨바까여, 여기 어떤 느낌들은 점액에서 생겨납니다. 씨바까여, 여기 어떤 느낌들은 점액에서 생겨난다는 사실을 알아야 합니다. 씨바까여, 여기 어떤 느낌들은 점액에서 생겨난다는 사실을 세상의 진실로서 인정해야 합니다. 씨바까여, 어떤 수행자들이나 성직자들은 '개인이 느끼는 즐거움이나 괴로움이나 즐겁지도 괴롭지도 않은 모든 것은 과거의 원인에서 만들어진 것이다.'라고 이와 같이 말하고 이와 같이 여기는데, 그들은 자신의 상식적 지식을 넘어서는 것이고 세상의 진실로서 인정된 것을 넘어서는 것입니다. 그러므로 그들 수행자들이나 성직자들은 잘못된 것이라고 나는 말합니다.

3) 씨바까여, 여기 어떤 느낌들은 바람에서 생겨납니다. 씨바까여, 여기 어떤 느낌들은 바람에서 생겨난다는 사실을 알아야 합니다. 씨바까여, 여기 어떤 느낌들은 바람에서 생겨난다는 사실을 세상의 진실로서 인정해야 합니다. 씨바까여, 어떤 수행자들이나 성직자들은 '개인이 느끼는 즐거움이나 괴로움이나 즐겁지도 괴롭지도 않은 모든 것은

경문 이후에 전개되는 담즙(pitta), 점액(semha), 바람(vāta)은 인도의 의학서인 아유르-베다(Ayurveda)에서 인간의 세 가지 체질을 나타낸다. 여기서 부처님은 현재의 느낌이 과거의 업에 의해 전적으로, 배타적으로, 유일하고 충분하게, 결정된다는 것을 반대한다. 연기법에서는 인과적 동시성이 배제되지 않는다. 따라서 과거에 의해서만 결정되는 숙명론적 결정론은 오히려 인과를 성립시키지 못한다.

과거의 원인에서 만들어진 것이다.'라고 이와 같이 말하고 이와 같이 여기는데, 그들은 자신의 상식적 지식을 넘어서는 것이고 세상의 진실로서 인정된 것을 넘어서는 것입니다. 그러므로 그들 수행자들이나 성직자들은 잘못된 것이라고 나는 말합니다.

4) 씨바까여, 여기 어떤 느낌들은 체질에서 생겨납니다. 씨바까여, 여기 어떤 느낌들은 체질에서 생겨난다는 사실을 알아야 합니다. 씨바까여, 여기 어떤 느낌들은 체질에서 생겨난다는 사실을 세상의 진실로서 인정해야 합니다. 씨바까여, 어떤 수행자들이나 성직자들은 '개인이 느끼는 즐거움이나 괴로움이나 즐겁지도 괴롭지도 않은 모든 것은 과거의 원인에서 만들어진 것이다.'라고 이와 같이 말하고 이와 같이 여기는데, 그들은 자신의 상식적 지식을 넘어서는 것이고 세상의 진실로서 인정된 것을 넘어서는 것입니다. 그러므로 그들 수행자들이나 성직자들은 잘못된 것이라고 나는 말합니다.

5) 씨바까여, 여기 어떤 느낌들은 계절의 변화에서 생겨납니다. 씨바까여, 여기 어떤 느낌들은 계절의 변화에서 생겨난다는 사실을 알아야 합니다. 씨바까여, 여기 어떤 느낌들은 계절의 변화에서 생겨난다는 사실을 세상의 진실로서 인정해야 합니다. 씨바까여, 어떤 수행자들이나 성직자들은 '개인이 느끼는 즐거움이나 괴로움이나 즐겁지도 괴롭지도 않은 모든 것은 과거의 원인에서 만들어진 것이다.'라고 이와 같이 말하고 이와 같이 여기는데, 그들은 자신의 상식적 지식을 넘어서는 것이고 세상의 진실로서 인정된 것을 넘어서는 것입니다. 그러므로 그들 수행자들이나 성직자들은 잘못된 것이라고 나는 말합니다.

6) 씨바까여, 여기 어떤 느낌들은 부주의한 돌봄에서 생겨납니다. 씨바까여, 여기 어떤 느낌들은 부주의한 돌봄에서 생겨난다는 사실을 알아야 합니다. 씨바까여, 여기 어떤 느낌들은 부주의한 돌봄에서 생

겨난다는 사실을 세상의 진실로서 인정해야 합니다. 씨바까여, 어떤 수행자들이나 성직자들은 '개인이 느끼는 즐거움이나 괴로움이나 즐겁지도 괴롭지도 않은 모든 것은 과거의 원인에서 만들어진 것이다.' 라고 이와 같이 말하고 이와 같이 여기는데, 그들은 자신의 상식적 지식을 넘어서는 것이고 세상의 진실로서 인정된 것을 넘어서는 것입니다. 그러므로 그들 수행자들이나 성직자들은 잘못된 것이라고 나는 말합니다.

7) 씨바까여, [138] 여기 어떤 느낌들은 돌발의 상황에서 생겨납니다. 씨바까여, 여기 어떤 느낌들은 돌발의 상황에서 생겨난다는 사실을 알아야 합니다. 씨바까여, 여기 어떤 느낌들은 돌발의 상황에서 생겨난다는 사실을 세상의 진실로서 인정해야 합니다. 씨바까여, 어떤 수행자들이나 성직자들은 '개인이 느끼는 즐거움이나 괴로움이나 즐겁지도 괴롭지도 않은 모든 것은 과거의 원인에서 만들어진 것이다.' 라고 이와 같이 말하고 이와 같이 여기는데, 그들은 자신의 상식적 지식을 넘어서는 것이고 세상의 진실로서 인정된 것을 넘어서는 것입니다. 그러므로 그들 수행자들이나 성직자들은 잘못된 것이라고 나는 말합니다.

8) 씨바까여, 여기 어떤 느낌들은 업보에서[469] 생겨납니다. 씨바까여, 여기 어떤 느낌들은 업보에서 생겨난다는 사실을 알아야 합니다. 씨바까여, 여기 어떤 느낌들은 업보에서 생겨난다는 사실을 세상의 진실로서 인정해야 합니다. 씨바까여, 어떤 수행자들이나 성직자들은 '개인이 느끼는 즐거움이나 괴로움이나 즐겁지도 괴롭지도 않은 모든 것은 과거의 원인에서 만들어진 것이다.'라고 이와 같이 말하고 이와

469) kammavipākajāni : Srp. III. 82에 따르면, '어떤 의약도 어떤 주문도 업보를 막을 수 없다.' 따라서 업보가 아닌 그 이외의 경우는 의학적으로 처리될 수 있다. 그러나 아비담마에서는 업보의 이론을 정교화하다 보니 모든 신체적인 고통이 업보에서 기인한다고 보고 있다.

같이 여기는데, 그들은 자신의 상식적 지식을 넘어서는 것이고 세상의 진실로서 인정된 것을 넘어서는 것입니다. 그러므로 그들 수행자들이나 성직자들은 잘못된 것이라고 나는 말합니다.'470)

대왕이여, 그러므로 모든 느낌이 업보에서 생겨나는 것이 아닙니다. 대왕이여, '모든 악하고 불건전한 것을 태워버리고 세존께서는 일체지자에 도달했다.'라고 이와 같이 새기십시오."

[밀린다 왕] "존자 나가세나여, 현명하십니다. 참으로 그러하니, 그렇게 받아들이겠습니다."

여덟 번째 악하고 불건전한 것을 끊음에 대한 질문이 끝났다.

9. [더욱 닦아야 하는가에 대한 질문] (Uttarikaraṇīyapañha)

1. [밀린다 왕] "존자 나가세나여, 그대들은 '여래에게 어떤 것이라도 닦아야 할 것이 있다면 그 모든 것은 보리수 아래에서 완성했고, 여래에게는 더 이상 닦아야 할 것이 없고, 닦은 것에 부가해야 할 것도 없다.'라고471) 말했습니다. 그런데 부처님께서는 '삼 개월 간 홀로

470) pittasamuṭṭhānāni, semhasamuṭṭhānāni, vātasamuṭṭhānāni, sannipātikāni, utuparināmajāni, visamaparihārajāni, opakkamikāni, kammavipākajāni : SN. IV. 230; 이상은 인간 체험 또는 느낌(vedayitāni)의 8가지 원인들을 다루고 있다. 즉 ① 담즙에 의한 발생 ② 점액에 의한 발생 ③ 바람에 의한 발생 ④ 체질에 의한 발생 ⑤ 계절의 변화에 의한 발생 ⑥ 부주의한 돌봄에 의한 발생 ⑦ 돌발의 상황에 의한 발생 ⑧ 업보에 의한 발생. 이 가운데 세 가지 즉 ⑤, ⑥, ⑦은 우연적인 것이다. 그러나 초기불교에서는 절대적 의미에서의 우연, 즉 무인(無因 : ahetu)과 일상적 의미(sammutisacca)의 우연을 명확히 구분했으며, 일상적 의미에서의 우연은 연기론적인 인과관계로서 인정했다. 이들 가운데 자신의 업보에 의한 발생(kamma- vipākajāni)는 오직 한 가지에 해당한다. 모든 개인의 고통은 전생의 업 때문만은 아니다. 이러한 일상적 의미에서의 우연적 사건이 인과적으로 야기된 것이라는 것을 부정한 불교의 문헌은 없다.

471) yaṁ kiñci karaṇīyaṁ tathāgatassa, sabbaṁ taṁ bodhiyā yeva mūle pariniṭṭhitaṁ, natthi tathāgatassa uttariṁ karaṇīyaṁ, katassa vā paticayo'ti : 경전에서 추적불가.

명상에 드셨다.'라고 알려졌습니다. 존자 나가세나여, 만약에 '여래에게 어떤 것이라도 닦아야 할 것이 있다면 그 모든 것은 보리수 아래에서 완성했고, 여래에게는 더 이상 닦아야 할 것이 없고, 닦은 것에 부가해야 할 것도 없다.'라면, 그로 인해 '삼 개월 간 홀로 명상에 드셨다.'라고 하는 그 말은 거짓이 되고, 만약에 '삼 개월 간 홀로 명상에 드셨다.'라고 한다면, 그로 인해 '여래에게 어떤 것이라도 닦아야 할 것이 있다면 그 모든 것은 보리수 아래에서 완성했고, 여래에게는 더 이상 닦아야 할 것이 없고, 닦은 것에 부가해야 할 것도 없다.'라는 그 말이 거짓이 됩니다. 닦아야 할 것을 성취한 자에게는 홀로 명상에 드는 것이 필요 없고, 닦아야 할 것이 있는 자에게 홀로 명상에 드는 것이 필요합니다. 병든 자에게 [139] 약이 필요하지만, 병들지 않은 자에게 약이 무슨 소용이 있고, 배고픈 자에게는 음식이 필요하지만, 배부른 자에게 음식이 무슨 소용이 있는 것처럼, 존자 나가세나여, 이와 마찬가지로 닦아야 할 것을 성취한 자에게는 홀로 명상에 드는 것이 필요 없고, 닦아야 할 것이 있는 자에게 홀로 명상에 드는 것이 필요합니다. 이것도 양도논법의 질문으로 그대에게 제기된 것입니다. 그것이 그대가 해명해야 할 몫입니다."

2. [나가세나] "대왕이여, 여래에게 어떤 것이라도 닦아야 할 것이 있다면 그 모든 것은 보리수 아래에서 완성했고, 여래에게는 더 이상 닦아야 할 것이 없고, 닦은 것에 부가해야 할 것도 없습니다. 그리고 세존께서는 삼 개월 간 홀로 명상에 드셨습니다. 대왕이여, 홀로 명상에 드는 것에는 많은 공덕이 있습니다. 일체의 여래께서 홀로 명상을 닦아 일체지자에 도달했으나, 그 선공덕(善功德)을 회상하면서 거듭해서 홀로 명상에 드는 것입니다. 대왕이여, 어떤 사람이 왕에게서 최상의 지위를 얻고 부를 부여받았으나, 그 선공덕의 요익을 회상하면서 거듭해서 왕에게 봉사하듯이, 대왕이여, 이와 마찬가지로 일체의

여래께서 홀로 명상을 닦아 일체지자에 도달했으나, 그 선공덕을 회상하면서 거듭해서 홀로 명상에 드는 것입니다. 대왕이여, 그리고 또한 어떤 사람이 병들어 괴로워하다가 중태에 빠졌는데 의약을 복용하고 완쾌되었지만, 그 선공덕의 치유를 회상하면서 거듭해서 의약을 복용하듯이, 대왕이여, 이와 마찬가지로 일체의 여래께서 홀로 명상을 닦아 일체지자에 도달했으나, 그 선공덕을 회상하면서 거듭해서 홀로 명상에 드는 것입니다."

3. [나가세나] "대왕이여, 여래들이 그 공덕을 회상하면서 홀로 명상에 드는, 스물여덟 가지 홀로 닦는 명상의 공덕472)이 있습니다. 스물여덟 가지란 무엇입니까? 대왕이여, 홀로 명상에 드는 것은 *1)* 명상하는 자를 수호하고 *2)* 수명을 증진시키고 *3)* 체력을 부여하고 *4)* 잘못이 생기는 것을 저지하고 *5)* 불명예를 제거하고 *6)* 명성을 얻게 하고 *7)* 불만을 제거하고 *8)* 만족을 주고 *9)* 두려움을 제거하고 *10)* 자신을 갖게 하고 *11)* 나태를 제거하고 *12)* 정근을 일으키고 *13)* 탐욕을 제거하고 *14)* 성냄을 제거하고 *15)* 어리석음을 제거하고 *16)* 교만을 없애고 *17)* 사유를 부수고 *18)* 마음을 통일시키고 *19)* 정신을 부드럽게 하고 *20)* 환희를 생기게 하고 *21)* 진지하게 만들고 [140] *22)* 이득이 생기기에 하고 *23)* 존경을 받게 하고 *24)* 희열을 얻게 하고 *25)* 희락을 생기게 하고 *26)* 형성의 근원을473) 보게 하고 *27)* 존재의 다시 태어남을 끝내고 *28)* 일체 수행자의 삶의 결실을 부여하는 것입니다. 대왕이여, 여래께서 그 공덕을 회상하면서 홀로 명상에 드는, 이러한 홀로 닦는 명상의 스물여덟 가지 공덕이 있습니다. 대왕이여, 여래들은 고요하고 안락하고 성취의 기쁨을 향수하기 위해 의도를 기울여 거듭해서 홀로 명상에 드는 것입니다."

---

472) aṭṭhavīsati paṭisallānaguṇā : 아래와 같다.
473) saṅkhārānaṁ sabhāvaṁ : 조건지어진 것들의 본성을 뜻한다.

4. [나가세나] "대왕이여, 여래들은 네 가지 이유474)로 홀로 명상에 드는 것입니다. 네 가지란 무엇입니까? *1)* 대왕이여, 편안한 거주를 위해서도, 여래들은 홀로 명상을 닦습니다. *2)* 대왕이여, 잘못을 여의는 좋은 덕성을 위해서도, 여래들은 홀로 명상을 닦습니다. *3)* 대왕이여, 완전한 고귀한 모범을 위해서도, 여래들은 홀로 명상을 닦습니다. *4)* 대왕이여, 모든 부처님에 의해 기림, 칭찬, 찬탄, 찬양받는 것이기에 여래들은 홀로 명상을 닦습니다. 대왕이여, 이러한 네 가지 이유로 여래께서는 홀로 명상에 드는 것입니다. 대왕이여, 그러므로 여래들은 닦아야 할 것이 있어 홀로 명상에 드는 것이 아니고, 닦은 것에 부가할 것이 있어 홀로 명상에 드는 것도 아닙니다. 단지 모든 여래이 수승한 공덕을 보기 때문에 홀로 명상에 드는 것입니다."

[밀린다 왕] "존자 나가세나여, 현명하십니다. 참으로 그러하니, 그렇게 받아들이겠습니다."

아홉 번째 더욱 닦아야 하는가에 대한 질문이 끝났다.

10. [신통력의 통찰에 대한 질문] (Iddhibaladassanapañha)

1. [밀린다 왕] "존자 나가세나여, 세존께서는 '아난다여, 여래는 네 가지 신통의 기초를 닦고 익히고 수레로 삼고 토대로 만들고 확립하고 구현시켜 훌륭하게 성취했다. 아난다여, 여래가 원한다면 일 겁이나 일 겁 남짓 머물 수 있을 것이다.'라고475) 말씀하셨습니다. 또한 '지금

---

474) catukāraṇa : 아래와 같다.

475) tathāgatassa kho, ānanda, cattāro iddhipādā bhāvitā bahulīkatā yānīkatā vatthukatā anuṭṭhitā paricitā susamāraddhā, so ākaṅkhamāno, ānanda, tathāgato kappaṁ vā tiṭṭheyya kappāvasesaṁ vā'ti : DN. II. 103; Ud. 62; 여기서 '겁(kappa)'이란 우주기 곧 우주의 성주괴공(成住壞空)에 걸리는 엄청난 기간을 암시하지만, Srp. III. 251에 따르면, 단지 '목숨이 붙어 있는 기간 곧 일수명겁(一壽命劫 : āyukappaṁ)'을 말한다. 곧 '특정한 시대에 완전히 채운 인간의 정

부터 삼 개월이 지난 뒤에 여래는 완전한 열반에 들겠다.'라고[476] 말씀하셨습니다. 존자 나가세나여, 세존께서는 '아난다여, 여래는 네 가지 신통의 기초를 닦고 익히고 수레로 삼고 토대로 만들고 확립하고 구현시켜 훌륭하게 성취했다. 아난다여, 여래가 원한다면 일 겁이나 일 겁 남짓 머물 수 있을 것이다.' 라고 말씀하셨다면, 그로 인해 '삼 개월의 한정'은 거짓이 됩니다. 만약에 '지금부터 삼 개월이 지난 뒤에 여래께서는 [141] 완전한 열반에 들겠다.'라고 말씀하셨다면, 그로 인해 '아난다여, 여래는 네 가지 신통의 기초를 닦고 익히고 수레로 삼고 토대로 만들고 확립하고 구현시켜 훌륭하게 성취했다. 아난다여, 여래가 원한다면 일 겁이나 일 겁 남짓 머물 수 있을 것이다.'라는 그 말도 거짓이 됩니다. 여래들은 이유 없이 천둥을 치지 않습니다. 부처님들은 허망한 말씀을 하지 않습니다. 세존들께서는 있는 그대로 말씀하시고 모순되는 말씀을 하지 않습니다. 이것도 양도논법의 질문으로 심오하고 아주 미묘하고 해명하기 어려운 것입니다. 이것이 그대에게 제기된 것입니다. 이 견해의 그물을 끊어서 한쪽에 놓고 다른 자들의 이설을 타파하여 주십시오."

2 [나가세나] "대왕이여, 세존께서는 '아난다여, 여래는 네 가지 신통의 기초를 닦고 익히고 수레로 삼고 토대로 만들고 확립하고 구현시켜 훌륭하게 성취했다. 아난다여, 여래가 원한다면 일 겁이나 일 겁 남짓

상적인 수명(tasmin tasmiṁ kāle yaṁ manussānam āyuppamāṇaṁ, taṁ paripuṇṇaṁ karonto)'을 말한다. kappāvasesaṁ은 '우주기의 잔여'라는 말인데 '일 겁 남짓'이란 뜻이다. 위 문장에서 한 우주기를 '수명'이라고 해석한다면 '120세나 120세 남짓 머물 수 있을 것이다.'가 될 것이다. 그러나 Srp. III. 251에는 마하씨바(Mahāsīva)장로가 '부처님께서는 현겁(賢劫; bhaddakappaṁ) 동안 머물 것이다.'라고 했다는 주장이 동시에 실려 있다. Cdb. 1940에 따르면, 니까야에서 결코 우주기가 수명(āyukappaṁ)으로 쓰인 적이 없다. 필자는 문맥상 다음 문장의 '광대한 징조'라는 말과 일치시키기 위해 그대로 우주기라고 표현한다.

476) ito tiṇṇaṁ māsānaṁ accayena tathāgato parinibbāyissatī'ti : DN. II. 119; SN. V. 262; Ud. 64

머물 수 있을 것이다.'라고 말씀하시고, '삼 개월의 한정'에 대해서도 말씀하셨습니다. 그러나 그 일 겁의 우주기는 수명의 기간을 말한 것입니다. 대왕이여, 세존께서는 자신의 힘을 알리면서 그렇게 말씀하신 것이 아니라, 대왕이여, 세존께서는 신통의 힘을 알리면서 '아난다여, 여래는 네 가지 신통의 기초를 닦고 익히고 수레로 삼고 토대로 만들고 확립하고 구현시켜 훌륭하게 성취했다. 아난다여, 여래가 원한다면 일 겁의 우주기나 일 겁의 우주기 남짓 머물 수 있을 것이다.'라고 말씀하신 것입니다. 대왕이여, 왕의 준마가 바람의 속도로 빨리 달린다고 합시다. 왕은 그의 속력을 알리면서 시민들, 지방민들, 고용인들, 군인들, 바라문들, 장자들, 대신들, 군중들 가운데 이렇게 '여러분들, 원한다면 나의 이 뛰어난 준마가 바다의 물로 둘러싸인 대지를 돌아 달려서 순식간에 여기로 돌아올 것이다.'라고 말할 것입니다. 그 속력을 그 대중에게 보여줄 수는 없었지만, 그 속력은 있는 만큼, 그는 순식간에 바다의 물로 둘러싸인 대지를 돌아 달릴 수 있는 것입니다. 대왕이여, 이와 마찬가지로 세존께서는 신통의 힘을 알리면서 이와 같이 말씀하신 것인데, 세 가지 명지[477]와 여섯 가지 곧바른 앎[478]을

477) tevijjā(*sk.* traividdya) : 한역에서 삼명(三明)이라고 하고 각각 숙명명[宿命明], 천안명(天眼明), 누진명(漏盡明)이라고 한다. 자신의 전생에 대한 새김(宿命通 : pubbenivasānussati), 타인의 업과 과보를 아는 하늘눈(天眼通 : dibbacakkhu), 번뇌 부숨에 대한 궁극의 앎(漏盡通 : āsavakkhayañāṇa)을 말하며, 여섯 가지 곧바른 앎(chaḷabhiññā : 六神通) 가운데의 일부이기도 하다.

478) chaḷabhiññā : 육신통(六神通 : chaḷabhiññā)을 말한다. 그것은 보다 높은 지혜의 넓은 범주 속으로 초월적 능력을 포함시킴으로써 명상을 통해 얻어질 수 있는 정신적 성취의 유형에 대한 확장된 해석을 제공한다 : ① 여덟 가지 종류의 초월적 능력(神足通 : iddhi), ② 멀고 가까운 소리를 들을 수 있는 하늘귀(天耳通 : dibbasota), ③ 타자의 마음을 꿰뚫는 앎(他心通 : parassa cetopariyañāṇa) ④ 자신의 전생에 대한 새김(宿命通 : pubbenivasānussati) ⑤ 타인의 업과 과보를 아는 하늘눈(天眼通 : dibbacakkhu) ⑥ 번뇌 부숨에 대한 궁극의 앎(漏盡通 : āsavakkhayañāṇa)이 있다. 이 가운데 첫 다섯 가지 곧바른 앎은 세속적인 것이고 명상수행자의 장식물로서는 바람직 할지 몰라도 해탈에 필수적인 것은 아니다. 마지막의 번뇌의 소멸에 대한 곧바른 앎[漏盡通]은 출세간적인 것이고 점진적인 수행의 절정

갖춘 거룩한 님들, 때를 여의고 번뇌를 부순 신들과 인간들 가운데 앉아 '아난다여, 여래는 네 가지 신통의 기초를 닦고 익히고 수레로 삼고 토대로 만들고 확립하고 구현시켜 훌륭하게 성취했다. 아난다여, 여래가 원한다면 일 겁의 우주기나 일 겁의 우주기 남짓 머물 수 있을 것이다.'라고 말씀하신 것입니다. 대왕이여, 세존께는 신통의 힘이 있고, 세존께서는 신통의 힘을 통해 일 겁의 우주기나 일 겁의 우주기 남짓 머물 수 있습니다. 그러나 세존께서는 그 신통의 힘을 [142] 대중에게 보여주지 않았습니다. 대왕이여, 세존께는 모든 존재에 관한 한 갈애가 없습니다. 여래에게는 모든 존재는 염오의 대상이었습니다. 대왕이여, 세존께서는 '수행승들이여, 예를 들어, 소량만 있어도 똥은 악취를 풍긴다. 수행승들이여, 이와 마찬가지로 손가락이 튕기는 동안 존속하며 소량만이 있어도 존재에 대하여 나는 칭찬하지 않는다.'라고[479] 말씀하셨습니다. 더구나 대왕이여, 세존께서 모든 존재의 영역과 태어남을 똥과 같이 보셨는데, 신통의 힘에 의지하여 존재에 대하여 욕망과 탐욕을 품겠습니까?"

[밀린다 왕] "존자여, 그렇지 않습니다."

[나가세나] "대왕이여, 그러므로 세존께서 신통의 힘을 알리면서 이와 같이 사자후를 하신 것입니다."

[밀린다 왕] "존자 나가세나여, 현명하십니다. 참으로 그러하니, 그렇게 받아들이겠습니다."

에 해당하는 것이다.

479) seyyathāpi, bhikkhave, appamattakopi gūtho duggandho hoti. Evameva kho ahaṁ, bhikkhave, appamattakampi bhavaṁ na vaṇṇemi antamaso accharāsaṅghātamattampī'ti : AN. I. 34; 여기서 존재(存在=生存)라는 것은 육도윤회하는 세계의 존재를 말한다. 이 책의 부록 「불교의 세계관」을 참조하라. Mrp. II. 34에 따르면, 여기서 '소량'이나 '손가락을 튕기는 순간'이라는 말의 의미는 '존재 속으로의 다시 태어남, 정확히 말하자면, 결생(結生 : paṭisandhi)'과 관련하여 말한 것이다.

열 번째 신통력의 통찰에 대한 질문이 끝났다.
첫 번째 신통의 힘의 품이 끝났다.
이 품에 열 개의 질문으로 이루어졌다.

제2장 분열될 수 없는 것의 품

(Abhejjavagga)

1. [작고 사소한 계율에 대한 질문]

(Khuddānukhuddakapañha)

1. [밀린다 왕] "존자 나가세나여, 세존께서는 '수행승들이여, 나는 곧바른 앎에 의해 가르침을 설하지, 곧바른 앎에 의하지 않고는 가르침을 설하지 않는다.'라고480) 말씀하셨습니다. 또한 계율의 가르침에 관하여 '아난다여, 원한다면 참모임은 나의 사후에 작고 사소한 학습계율은 폐기하라.'라고481) 말씀하셨습니다. 존자 나가세나여, 세존께서 자신의 사후에 작고 사소한 학습계율은 폐기하기로 한, 그 작고 사소한 학습계율들은 잘못 제정된 것입니까, 혹은 토대 없이 무지 속에서 제정된 것입니까? 존자 나가세나여, 만약에 '수행승들이여, 나는 곧바른 앎에 의해 가르침을 설하지, 곧바른 앎에 의하지 않고는 가르침을 설하지 않는다.'라고 말씀하셨다면, 그로 인해 '아난다여, 원한다

480) 'abhiññāyāhaṁ, bhikkhave, dhammaṁ desemi no anabhiññāyā'ti : AN. I. 34

481) ākaṅkhamāno, ānanda, saṅgho mamaccayena khuddānukhuddakāni sikkhāpadāni samūhanatū'ti : DN. II. 154; Vin. II. 9; Vin. II. 287 참조하라. 그러나 거기서 사소한 학습계율이 무엇인가에 대한 결론을 내리지 못하고 마하 깟싸빠에 의해서 '참모임은 아직 시설되지 않은 것을 시설하지 않을 것이고, 이미 시설된 것은 폐기하지 않고, 시설된 것에 따라서 학습계율을 지켜나가겠습니다. 참모임이 찬성하여 침묵했으므로, 저는 그와 같이 알겠습니다.'라고 사소한 학습계율도 지켜나가기로 결론 짓고 있다.

면 참모임은 나의 사후에 작고 사소한 학습계율은 폐기하라.'라고 말씀하신 것은 거짓이 됩니다. 만약에 여래께서 [143] 계율의 가르침에 관해 '아난다여, 원한다면 참모임은 나의 사후에 작고 사소한 학습계율은 폐기하라.'라고 말씀하셨다면, 그로 인해 '수행승들이여, 나는 곧바른 앎에 의해 가르침을 설하지, 곧바른 앎에 의하지 않고는 가르침을 설하지 않는다.'라고 말씀하신 것은 거짓이 됩니다. 이것도 양도논법의 질문으로 미세하고 정교하고 심오하고 매우 깊어 해명하기 어려운 것입니다. 이것이 그대에게 제기된 것입니다. 그것에 관해 그대의 지혜의 충만한 힘을 보여주십시오."

2. [나가세나] "대왕이여, 세존께서는 '수행승들이여, 나는 곧바른 앎에 의해 가르침을 설하지, 곧바른 앎에 의하지 않고는 가르침을 설하지 않는다.'라고 말씀하셨습니다. 또한 계율의 가르침에 관하여 '아난다여, 원한다면 참모임은 나의 사후에 작고 사소한 학습계율은 폐기하라.'라고 말씀하셨습니다. 대왕이여, 그러나 여래께서는 수행승들을 시험하면서 '나의 제자들이 나의 사후에 폐기가 허락되었을 때 작고 사소한 학습계율을 폐기할 것인가 혹은 유지할 것인가?'라고 말씀하신 것입니다. 대왕이여, 전륜왕이 아들들에게 '아들들아, 이 나라는 모든 방향이 바다로 둘러싸여 있다. 아들들아, 이 정도의 국력으로 유지하기가 힘들다. 아들들아, 너희들은 나의 사후에 각 변경의 지방을 포기하라.'라고 말했다고 합시다. 대왕이여, 그렇다고 왕자들이 아버지의 사후, 자신의 손아귀에 있는 지방 가운데 그 모든 각 변경지방을 버리겠습니까?"

[밀린다 왕] "존자여, 그렇지 않습니다. 왕자들은 탐욕이 더욱 많습니다. 왕자들은 통치에 대한 욕구 때문에 그보다 두 배 세 배의 지역을 정복할 것인데, 하물며 자신의 손아귀에 들어온 지방을 버리겠습니까?"

[나가세나] "대왕이여, 그렇습니다. 여래께서는 수행승들을 시험

하면서 '아난다여, 참모임이 원한다면 나의 사후에 작고 사소한 학습계율을 폐기하라!'라고 말씀하신 것입니다. 대왕이여, 부처님의 제자들은 괴로움에서 벗어나기 위해 가르침에 대한 사랑으로 다른 일백오십 개의 학습계율을 지킬 것인데, 하물며 본래 제정된 학습계율을 버리겠습니까?"

3. [밀린다 왕] "존자 나가세나여, 세존께서 '작고 사소한 학습계율'이라고 [144] 말씀하셨는데, 이것에 관해 사람들은 '작은 학습계율이란 어떤 것이고 사소한 학습계율이란 어떤 것인가?'라고 혼란되고 당혹하고 망설이고 의혹에 빠질 것입니다."

[나가세나] "대왕이여, 작은 학습계율이란 악작죄482)입니다. 사소한 학습계율이란 악설죄483)입니다. 이러한 두 가지가 작고 사소한 학습계율입니다. 대왕이여, 옛날 대장로들도 이것에 관해 의심을 내었고, 그들은 교법을 확정하는 과정에도 합의에 도달하지 못했습니다. 세존께서는 이 문제를 지적하신 것입니다."

[밀린다 왕] "존자 나가세나여, 오랫동안 감추어진 최승자의 비밀이 오늘 지금 세상에 열리고 밝혀졌습니다."

첫 번째 작고 사소한 계율에 대한 질문이 끝났다.

2. [답변되어질 수 없는 질문]
(Abyākaraṇīyapañha)

---

482) dukkaṭa : 한역으로 악작(惡作) 또는 돌길라(突吉羅)라고 한다. 중학죄법(衆學罪 : sekhiya)의 일종으로 어겼을 때, 의도적으로 범한 경우에는 한 사람 앞에서 고백하고, 의도적이 아닌 경우는 마음속으로만 고백하면 된다.

483) dubbhāsita : 한역으로 악설(惡說)이라고 한다. 중학죄법(衆學罪 : sekhiya)의 일종으로 어겼을 때, 악작죄와 마찬가지로 의도적으로 범한 경우에는 한 사람 앞에서 고백하고, 의도적이 아닌 경우에는 마음속으로만 고백하면 된다.

1. [밀린다 왕] "존자 나가세나여, 세존께서는 '아난다여, 여래의 가르침에 감추어진 사권(師拳)484)은 없다.'라고485) 말씀하셨습니다. 그러나 장로 말룽끼야뿟따486)가 질문했을 때는 답변하지 않았습니다.487) 존자 나가세나여, 이 질문은 알지 못하던가, 숨기는 것이 있는 양극단을 갖고 있습니다. 존자 나가세나여, 세존께서 '아난다여, 여래의 가르침에 감추어진 사권은 없다.'라고 말씀하셨다면, 그로 인해 장로 말룽끼야뿟따에게 알지 못해서 답변하지 않은 것이 됩니다. 만약에 알면서 답변하지 않았다면, 그로 인해 여래에게 가르침에 대한 사권이 있는 것이 됩니다. 이것도 양도논법의 질문으로 그대에게 제기된 것입니다. 그것이 그대가 해명해야 할 몫입니다."

---

484) ācariyamuṭṭhi : 한역의 사권(師拳)을 그대로 취했다. '스승의 주먹'이라는 의미를 지닌다. Srp. III. 203에 따르면, '젊었을 때에 누구에게도 말하지 않고 최후의 시간에 죽음의 침상 위에 누워, 사랑스럽고 마음에 드는 제자에게 말하는 외도의 스승들에게는 사권이 있지만, 여래에게는 늙어 최후의 시간에 '내가 이것을 말할 것이다.'라고 주먹을 쥐고 비밀로 되어 정해진 어떤 것도 없다는 것을 보여 준다.'

485) natthānanda tathāgatassa dhammesu ācariyamuṭṭhī'ti : DN. II. 100; SN. V. 153

486) Māluṅkyaputta : 그는 꼬쌀라(Kosala) 왕의 감정평가사(agghāpanika)의 아들, 그의 어머니의 이름이 말룽끼야(Māluṅkiyā)였다. 그는 원래 종교적인 인물이어서 어려서 유행자의 삶에 출가했다가 나중에 부처님의 설법을 듣고 승단에 가입했다. ThagA. II. 170에 따르면, 그도 이전의 부처님들 아래서 덕성을 닦고, 여기저기 생에서 공덕을 쌓으면서 고따마 부처님 당시에 싸밧티 시의 꼬쌀라 국의 감정평가사의 아들로 태어났다. 그의 어머니는 말룽끼야였기 때문에 그는 '말룽끼야뿟따'라고 알려졌다. 그는 청년이 되자 출리의 의도로 재가생활을 버리고, 유행자의 삶에 출가하여 돌아다니다가 스승에게 가르침을 듣고, 가르침에 확신을 얻어 출가하여, 통찰수행을 닦으면서 머지않아 여섯 가지 곧바른 앎을 얻었다. 그는 친지들을 애민히 여겨 친지들의 가족을 찾아갔다. 친지들은 그를 맛있는 단단하거나 부드러운 음식으로 대접하고 재물로 유혹하기 위해 많은 돈꾸러미를 제공하며 '이 돈은 당신 것입니다. 환속해서 이 돈으로 처자식을 키우면서 공덕을 쌓으십시오.'라고 요청했다. 장로는 그들의 의도를 뒤엎으면서 허공에 서서 여섯 편의 시(Thag. 399-404)를 읊었다.

487) puna ca therena māluṅkyaputtena pañhaṁ puṭṭho na byākāsi. : 말룽끼야뿟따에 대한 작은 경[Cūḷamāluṅkyaputtasutta: MN. 63]을 참조하라. 부처님은 세계는 영원한가 등의 형이상학적 질문에 대해 답변하지 않았다.

2. [나가세나] "대왕이여, 세존께서는 '아난다여, 여래의 가르침에 감추어진 사권은 없다.'라고 말씀하셨습니다. 그러나 장로 말룽끼야뿟따가 질문했을 때는 답변하지 않았습니다. 그런데 그것은 알지 못해서가 아니고 숨기는 것을 지키기 위한 것도 아닙니다. 대왕이여, 네 가지 질문에 대한 답변방식이 있습니다. 네 가지란 어떤 것입니까? ① 단언적으로 답변해 주어야 할 질문, ② 분석적으로 답변해 주어야 할 질문, ③ 질문의 화살을 되돌려 주어야 할 질문, ④ 질문을 제쳐 두어야 할 질문[488]입니다.

1) 대왕이여, 단언적으로 답변해 주어야 할 질문은 어떤 것입니까? '물질은 무상한가?'는 단언적으로 답변해 주어야 할 [145] 질문이고, '느낌은 무상한가?'는 단언적으로 답변해 주어야 할 질문이고, '지각은 무상한가?'는 단언적으로 답변해 주어야 할 질문이고 '의식은 무상한가?'는 단언적으로 답변해 주어야 할 질문이니, 이러한 것이 단언적으로 답변해 주어야 할 질문입니다.

2) 분석적으로 답변해 주어야 할 질문은 어떤 것입니까? '무상한 것이 물질인가?'는 분석적으로 답변해 주어야 할 질문이고, '무상한 것이 느낌인가?'는 분석적으로 답변해 주어야 할 질문이고, '무상한 것이 지각인가?'는 분석적으로 답변해 주어야 할 질문이고 '무상한 것이 의식인가?'는 분석적으로 답변해 주어야 할 질문이니, 이러한 것이 분석적으로 답변해 주어야 할 질문입니다.

3) 질문의 화살을 되돌려 주어야 할 질문이란 어떤 것입니까? '시각으로 모든 것을 식별하겠는가?'라는[489] 이것은 질문의 화살을 되돌려

488) cattārimāni pañhabyākaraṇāni : ① 단언적으로 답변해야 할 질문(應一向記問 : pañho ekaṃsavyākaraṇīyo) ② 분석적으로 답변해야 할 질문(應分別記問 : pañho vibhajjavyākaraṇīyo) ③ 질문의 화살을 되돌려야 할 질문(應反詰記問 pañho paṭipucchāvyākaraṇīyo) ④ 질문을 제쳐두어야 할 질문(應捨置記問 : pañho ṭhapaṇīyo)

주어야 할 질문입니다.

4) 질문을 제쳐 두어야 할 질문이란 어떤 것입니까? '세상은 영원한 것인가?' '세상은 영원하지 않은 것인가?' '세상은 유한한 것인가?' '세상은 무한한 것인가?' '세상은 유한하기도 하고 무한하기도 한 것인가?' '세상은 유한하지도 않고 무한하지도 않은 것인가?' '영혼과 신체는 동일한 것인가?' '영혼과 신체는 다른 것인가?' '여래께서는 사후에 존재하는가?' '여래께서는 사후에 존재하지 않는가?' '여래께서는 사후에 존재하기도 하고 존재하지 않기도 하는가?' '여래께서는 사후에 존재하는 것도 아니고 존재하지 않는 것도 아닌 것인가?'라는 질문을 제쳐 두어야 하는 질문이니, 이러한 것이 질문을 제쳐 두어야 할 질문입니다. 대왕이여, 세존께서는 장로 말룽끼야뿟따가 제기한, 질문을 제쳐두어야 할 질문에 답변하지 않은 것입니다. 그런데 그 질문은 무슨 이유로 제쳐두어야 하는 것입니까? 그것에 답변해야 할 원인이나 이유가 없기 때문입니다. 그러므로 그 질문은 제쳐두어야 하는 것입니다. 모든 세존이신 부처님들께는 원인 없고 이유가 없는 말씀은 존재하지 않습니다.

[밀린다 왕] "존자 나가세나여, 현명하십니다. 참으로 그러하니, 그렇게 받아들이겠습니다."

두 번째 답변되어질 수 없는 질문이 끝났다.

3. [죽음의 두려움 여부에 대한 질문] (Maccubhāyanābhāyanapañha)

1. [밀린다 왕] "존자 나가세나여, 세존께서는 '어느 누구나 폭력을 무서워한다. 모든 존재들은 죽음을 두려워한다.'라고[490] 말씀하셨습

489) kiṁ nu kho cakkhunā sabbaṁ vijānātī'ti : 경전상 증거를 찾기 어렵다.
490) sabbe tasanti daṇḍassa sabbe bhāyanti maccuno : Dhp. 129; DhpA. III. 49에 따르면, 모든 존재가 죽음을 두려워한다. 여기서 어법은 예외가 없음을 인정하

니다. 그러나 또한 '거룩한 님은 모든 두려움을 초월해 있다.'라고491) 말씀하셨습니다. 존자 나가세나여, 거룩한 님은 폭력에 대한 공포로 두려워합니까, 지옥에 [146] 떨어진 뭇삶들이 불타고 볶여지고 지저지고 태워지면서 그 작열하는 대지옥에서 죽어갈 때에 죽음을 두려워합니까? 존자 나가세나여, 세존께서는 '어느 누구나 폭력을 무서워한다. 모든 존재들은 죽음을 두려워한다.'라고 말씀하셨다면, 그로 인해 '거룩한 님은 모든 두려움을 초월해 있다.'라는 말씀은 잘못이 되고, 만약 세존께서 '거룩한 님은 모든 두려움을 초월해 있다.'라고 말씀하셨다면, 그로 인해 '어느 누구나 폭력을 무서워한다. 모든 존재들은 죽음을 두려워한다.'라고 하는 말씀은 거짓이 됩니다. 이것도 양도논법의 질문으로 그대에게 제기된 것입니다. 그것이 그대가 해명해야 할 몫입니다."

2. [나가세나] "대왕이여, 세존께서 거룩한 님에 관하여 '어느 누구나 폭력을 무서워한다. 모든 존재들은 죽음을 두려워한다.'라는 이러한 말씀을 하신 것이 아닙니다. 그 진술에는 거룩한 님은 제외되어 있습니다. 거룩한 님에게는 두려움의 원인이 제거되어 있습니다. 대왕이여, 번뇌가 있고 극단적으로 자아의 견해에 사로잡혀 있고 즐거움과 괴로움 속에서 오르락내리락 하고 있는 뭇삶들이 있는데, 그들에 관하여 세존께서는 '어느 누구나 폭력을 무서워한다. 모든 존재들은 죽음

지만, 그 의미는 다르다. '모두 모여라.'라고 북소리로 집합을 알리면, 왕자들과 대신들을 빼놓고는 모두 모인다. 이와 마찬가지로 '모두가 폭력과 죽음을 두려워한다.'고 말했더라도, 다음의 네 가지, 즉 혈통이 좋은 말, 혈통이 좋은 코끼리, 혈통이 좋은 황소, 거룩한 님은 예외로 하고, 모두가 두려워한다는 뜻이다. 거룩한 님[阿羅漢]에게는 죽음에 대한 두려움이 없다. 그에게는 자아에 대한 실체적 관념이 사라져서 죽어야 하는 존재를 자신에게서 발견할 수 없기 때문이다. 다른 혈통이 좋은 존재들은 자아에 대한 관념이 매우 강해서 그들 자신에게 적대할 존재를 발견할 수 없기 때문에 두려움이 없다.

491) arahā sabbabhayamatikkanto'ti : 이 문장은 정확히 그대로는 경전상에서 발견되지 않는다. SN. I. 125l Thag. 707을 참조하라.

을 두려워한다.'라는 말씀을 하신 것입니다. 대왕이여, 거룩한 님에게는 모든 존재의 운명은 끊어졌고 모태는 파괴되었으며, 다시 태어남은 끊어졌고, 존재의 구조는 부서졌고, 일체 존재에 대한 집착은 제거되었고, 일체의 조건지어진 것들이 근절되었고, 선악이 종식되었고, 무명은 파괴되었고, 의식은 새로운 종자 없이 작용하고, 모든 번뇌가 불타버리고, 세속적인 것들은 정복되었습니다. 그러므로 거룩한 님은 일체의 두려움에 흔들리지 않습니다."

3. [나가세나] "대왕이여, 여기 왕에게 충실하고, 명성을 얻었고, 믿을 만하고, 높은 권력의 지위에 있는 네 명의 대신이 있는데, 왕이 무언가 위급한 일이 생겨, 자신의 나라 안에 모든 사람에게 '모두 짐에게 세금을 바쳐야 한다. 경들, 네 명의 대신들이 그 일을 맡아라.'라고 명령했다고 한다면, 대왕이여, 그 네 명의 대신들에게 세금의 공포에서 기인하는 두려움이 생겨나겠습니까?"

[밀린다 왕] "존자여, 그렇지 않습니다."

[나가세나] "대왕이여, 무슨 까닭입니까?"

[밀린다 왕] "존자여, 그들은 왕이 최상의 자리에 임명한 자들입니다. 그들에게는 납세가 없고 납세의 의무를 떠난 자들입니다, 나머지 다른 사람들과 관련하여 왕이 [147] '모두 짐에게 세금을 바쳐야 한다.'라고 명령한 것입니다."

[나가세나] "대왕이여, 이와 마찬가지로 그 말은 세존께서 거룩한 님과 관련하여 말씀하신 것이 아닙니다. 그 진술에는 거룩한 님은 제외되어 있습니다. 거룩한 님에게는 두려움의 원인이 제거되어 있습니다. 대왕이여, 번뇌가 있고 극단적으로 자아의 견해에 사로잡혀 있고 즐거움과 괴로움 속에서 오르락내리락 하고 있는 뭇삶들이 있는데, 그들에 관하여 세존께서는 '어느 누구나 폭력을 무서워한다. 모든 존재들은 죽음을 두려워한다.'라는 말씀을 하신 것입니다. 그러므로 거

룩한 님은 일체의 두려움에 흔들리지 않습니다.

4. [밀린다 왕] "존자 나가세나여, '모든'이라는 그 말씀은 '남김이 있다는 말'이 아니라 '남김이 없다는 말'입니다. 그것에 관해 그 말을 규정하기 위해 나에게 그 이상의 이유를 말해 주십시오."

[나가세나] "대왕이여, 예를 들어, 마을의 촌장이 전령에게 '이보게, 전령이여, 마을에 사는 모든 사람을 빨리 내 앞으로 집합시키시오.'라고 명령했습니다. 그는 '촌장이여, 알겠습니다.'라고 대답하고 마을의 중앙에 서서 세 번 '마을에 사는 모든 사람은 빨리 촌장 앞으로 집합하시오.'라고 불렀습니다. 그래서 그 마을사람들이 전령의 말 대로 급히 서둘러 모여서 촌장에게 '촌장이여, 모든 마을 사람이 모였습니다. 분부를 내리십시오.'라고 알렸습니다. 대왕이여, 그 촌장은 호주들을 집합시키려고 모든 마을사람들에게 명령한 것입니다. 그들은 명령 때문에 모두가 모인 것은 아닙니다. 호주들만 모인 것입니다. '우리 마을사람들은 이정도이다.'라고 촌장은 그대로 받아들인 것입니다. 다른 오지 않은 남녀들, 여종들와 남종들, 고용인들, 노동자들, 마을사람들, 환자들, 소들, 물소들, 염소와 양들, 개들 등 오지 않은 자들이 더욱 많은데, 그들 모두를 계산하지 않고, 호주들만 관련해서 '모두가 모이게 하라.'라고 명령한 것입니다. 대왕이여, 이와 마찬가지로 그 말은 세존께서 거룩한 님과 관련하여 말씀하신 것이 아닙니다. 그 진술에는 거룩한 님은 제외되어 있습니다. 거룩한 님에게는 두려움의 원인이 제거되어 있습니다. 대왕이여, 번뇌가 있고 극단적으로 자아의 견해에 사로잡혀 있고 즐거움과 괴로움 속에서 오르락내리락 하고 있는 뭇삶들이 있는데, 그들에 관하여 세존께서는 '어느 누구나 폭력을 무서워한다. 모든 존재들은 죽음을 두려워한다.'라는 말씀을 하신 것입니다. 그러므로 [148] 거룩한 님은 일체의 두려움에 흔들리지 않습니다."

5. [나가세나] “대왕이여, 의미가 불완전하고, 표현이 불완전한 진술이 있고, 의미가 완전하고, 표현이 불완전한 진술이 있고, 의미가 불완전하고 표현이 완전한 진술이 있고, 의미가 완전하고 표현이 완전한 진술이 있습니다. 대왕이여, 다섯 가지 종류의 방법으로, 즉 ① 인용구에 따라서, ② 내용에 따라서, ③ 스승의 전승에 따라서, ④ 의도에 따라서, ⑤ 근거의 타당성에 따라서 의미를 받아들여야 합니다. 그 가운데 *1)* 인용구라는 것은 경전을 의미합니다. *2)* 내용이라는 것은 경전에 일치하는 것입니다, *3)* 스승의 전승이라는 것은 스승의 언설입니다. *4)* 의도라는 것은 자신의 의견입니다. *5)* 근거의 타당성이라는 것은 이 네 가지가 결합된 근거입니다. 대왕이여, 이러한 다섯 가지 근거에 따라서 의미를 받아들여야 합니다. 이와 같이 그 질문은 잘 해명되었습니다.”

6. [밀린다 왕] “존자 나가세나여, 그렇군요, 그렇게 받아들이겠습니다. 그 진술에는 거룩한 님은 제외되어 있습니다. 나머지 다른 뭇삶들이 전율하는 것입니다. 그러나 지옥에 떨어진 뭇삶들이 괴롭고 모질고 격심한 느낌을 느끼면서, 모든 사지와 관절이 불타고 작열하고, 입으로는 울부짖고, 연민에 호소하고, 비탄하고, 통곡하면서, 참을 수 없는 날카로운 고통에 사무쳐, 도움도 없고 피난처도 없고 의지할 곳도 없이, 적지 않은 근심으로 괴로워하고, 극악한 최후의 운명의 존재로서 오로지 비통을 구경으로 삼고, 뜨겁고 가혹하고 잔혹하고 거친 불에 태워지고, 공포와 두려움에서 생겨나는 비명과 고함을 지르며, 여섯 겹의 불꽃의 꽃타래가 모든 방향으로 백 요자나 거리에서 급속히 확산하여 참담하게 불타는 대지옥에서 죽을 때, 죽음을 두려워합니까?”

[나가세나] “대왕이여, 그렇습니다.”

[밀린다 왕] “존자 나가세나여, 지옥은 오로지 고통만을 느끼는 곳인데 어째서 그 지옥의 뭇삶들이 오로지 고통만을 느끼는 지옥에서

죽을 때 죽음을 두려워합니까? 어째서 지옥을 향유하는 것입니까?"

[나가세나] "대왕이여, 그 지옥의 뭇삶들이 지옥을 향유하는 것이 아닙니다. 그들은 지옥에서 벗어나려고 합니다. 대왕이여, 죽음의 위력이 있는데, 그 때문에 그들에게 두려움이 일어나는 것입니다."

[밀린다 왕] "존자 나가세나여, 지옥에서 벗어나고자 하는 자들에게 죽음의 공포가 생겨난다고 [149] 하는 것을 나는 믿지 않습니다. 존자 나가세나여, 그들이 원하는 것을 얻는다는 것은 기뻐해야 할 일입니다. 이유를 들어 납득시켜 주십시오."

7. [나가세나] "대왕이여, 죽음이란 진리를 보지 못하는 자들이 두려워해야 하는 근거입니다. 사람들은 그것에 대하여 두려워하고 걱정합니다. 대왕이여, 흑사뱀을 두려워하는 자는 죽음을 두려워하기 때문에 흑사뱀을 두려워하는 것입니다. 대왕이여, 코끼리를 두려워하는 자는 죽음을 두려워하기 때문에 코끼리를 두려워하는 것입니다. 대왕이여, 사자를 두려워하는 자는 죽음을 두려워하기 때문에 사자를 두려워하는 것입니다. 대왕이여, 표범을 두려워하는 자는 죽음을 두려워하기 때문에 표범을 두려워하는 것입니다. 대왕이여, 곰을 두려워하는 자는 죽음을 두려워하기 때문에 곰을 두려워하는 것입니다. 대왕이여, 승냥이를 두려워하는 자는 죽음을 두려워하기 때문에 승냥이를 두려워하는 것입니다. 대왕이여, 물소를 두려워하는 자는 죽음을 두려워하기 때문에 물소를 두려워하는 것입니다. 대왕이여, 소를 두려워하는 자는 죽음을 두려워하기 때문에 소를 두려워하는 것입니다. 대왕이여, 불을 두려워하는 자는 죽음을 두려워하기 때문에 불을 두려워하는 것입니다. 대왕이여, 물을 두려워하는 자는 죽음을 두려워하기 때문에 물을 두려워하는 것입니다. 대왕이여, 막대를 두려워하는 자는 죽음을 두려워하기 때문에 막대를 두려워하는 것입니다. 대왕이여, 가시를 두려워하는 자는 죽음을 두려워하기 때문에 가시를 두려워하는 것입니다.

대왕이여, 칼을 두려워하는 자는 죽음을 두려워하기 때문에 칼을 두려워하는 것입니다. 대왕이여, 이것이 본래 죽음의 본성이 지닌 위력입니다. 그 본래 죽음의 본성이 지닌 위력으로 인해서 번뇌에 물든 뭇삶들이 죽음을 두려워하는 것입니다. 대왕이여, 지옥에서 벗어나고 싶지만, 지옥의 뭇삶들은 죽음을 두려워하고 무서워합니다."

8. [나가세나] "대왕이여, 여기 사람에게 종양이 생겼다고 합시다. 그가 그 질병으로 괴로워하면 그 고통에서 벗어나고자 내과의사나 외과의사를 부를 것이고, 그의 말에 내과의사나 외과의사는 동의하고 그의 질병을 제거하기 위해 자구를 준비할 것입니다, 칼을 날카롭게 갈고, 한 쌍의 침을 불에 달구고, 회즙과 소금을 숫돌위에 놓고 갈 것입니다. 대왕이여, 그 환자에게 날카로운 칼로 절개하고, 한쌍의 침을 불에 지지고, 회즙과 소금을 주입하는 것으로 두려움이 생겨나겠습니까?"

[밀린다 왕] "존자여, 그렇습니다."

[나가세나] "대왕이여, 이와 같이 그 환자가 질병에서 벗어나고자 하여도 공포의 느낌으로부터 두려움이 생겨납니다. 대왕이여, 이와 마찬가지로 지옥에서 벗어나고자 하여도 지옥의 뭇삶들에게는 죽음의 공포로부터 두려움이 생겨나는 것입니다."

9. [나가세나] "대왕이여, 여기 어떤 사람이 국사범으로 잡혀 쇠사슬에 묶여 감옥에 던져졌는데, 벗어나고자 하고, 왕이 석방시키려고 그를 불러낸다고 합시다. 대왕이여, 그 국사범인 사람이 '나는 잘못을 저질렀다.'라고 [150] 안다면 왕을 만날 때에 두려움이 생겨나지 않겠습니까?"

[밀린다 왕] "존자여, 그렇습니다."

[나가세나] "대왕이여, 이렇게 국사범인 사람이 감옥에서 벗어나고자 하여도 왕에 대한 공포로부터 두려움이 생겨납니다. 대왕이여, 이와 마찬가지로 지옥에서 벗어나고자 하여도 지옥의 뭇삶들이 지닌

죽음에 대한 공포로부터 두려움이 생겨나는 것입니다."

10. [밀린다 왕] "존자여, 내가 믿을 수 있는 또 다른 이유를 말해 주십시오."

[나가세나] "대왕이여, 어떤 사람이 독 있는 엄니를 지닌 독사뱀에 물렸는데 그 때문에 독이 퍼져 엎치락뒤치락하면서 꼬고 경련한다고 합시다. 그런데 다른 사람이 강력한 진언으로 독 있는 엄니를 지닌 독사뱀을 데려와 그 독 있는 엄니로 하여금 독을 빼내게 한다면, 대왕이여, 독이 퍼진 사람을 치료하기 위해 그 독 있는 엄니를 지닌 독사뱀이 가까이 올 때 그에게 두려움이 생겨나겠습니까?"

[밀린다 왕] "존자여, 그렇습니다."

[나가세나] "이와 같이 대왕이여, 치료를 위해 뱀이 가까이 올 때도 그에게 두려움이 생겨납니다. 대왕이여, 이와 마찬가지로 지옥에서 벗어나고자 하여도 지옥의 뭇삶들이 지닌 죽음에 대한 공포로부터 두려움이 생겨나는 것입니다. 대왕이여, 모든 뭇삶들에게 죽음은 원하지 않는 것입니다. 그러므로 지옥의 뭇삶들은 지옥에서 벗어나고자 하여도 죽음을 두려워하는 것입니다."

[밀린다 왕] "존자 나가세나여, 현명하십니다. 참으로 그러하니, 그렇게 받아들이겠습니다."

세 번째 죽음의 두려움 여부에 대한 질문이 끝났다.

4. [죽음의 올가미에서 벗어남에 대한 질문] (Maccupāsamuttipañha)

1. [밀린다 왕] "세존께서는 이렇게 말씀하셨습니다.

'죽음의 올가미 벗어날 곳은
공중에도 바다 한 가운데도 없고
산의 협곡에 들어가도 없으니

이 세상 어느 곳에도 없다.'492)

그러나 또한 세존께서는 수호주, 예를 들어 「보배의 경」,493) 「자애의 경」,494) 다발부의 수호주,495) 공작새의 수호주,496) 깃발의 수호주,497) 아따나띠야의 수호주,498) [151] 앙굴리말라의 수호주499)를

492) na antalikkhe na samuddamajjhe | na pabbatānaṁ vivaraṁ pavissa | na vijJāti so jagatippadeso | yatthaṭṭhito mucceyya maccupāsā'ti ‖ Dhp. 128과 유사하나 마지막 구절은 'yatthaṭṭhitaṁ nappasahetha maccu' 죽음이 닥치지 않는 곳은 없다'라고 되어있다.

493) Ratanasutta : 보배의 경(宝經). Stn. 39; '이 세상과 내세의 어떤 재물이라도, 천상의 뛰어난 보배라 할지라도, 여래에 견줄 만한 것은 없습니다. 부처님 안에야말로 이 훌륭한 보배가 있으니, 이러한 진실로 인해 모두 행복하여지이다.' 등 삼보에 대한 귀의를 통해 모든 뭇삶의 행복을 기원하는 내용으로 이루어져 있다.

494) Mettasutta : 트렝크너의 PTS.본에는 누락되어 있으나, 미얀마6차결집본에는 수호주에 포함되어 있다. 자애의 경(慈經). Stn. 25; "살아 있는 생명이면 어떤 것이나, 동물이거나 식물이거나 남김없이, 길다랗거나 커다란 것이나, 중간 것이거나 짧은 것이거나, 미세하거나 거친 것이거나,보이는 것이나 보이지 않는 것이나, 멀리 사는 것이나 가까이 사는 것이나, 이미 생겨난 것이나 생겨날 것이나, 모든 님들은 행복하여지이다."라는 내용으로 되어 있다.

495) Khandhaparitta : 한역으로 온호주(蘊護呪)라고 한다. 원래 율장의 다발부(犍度部: Khandaka)에 등장하는 수호주라는 말에서 온호주(蘊護呪: khandhaparitta)라고 번역한 것이다. 뱀에 대한 수호주로 ≪앙굿따라니까야≫의 뱀의 경(Ahindasutta)에 나오는 수호주을 뜻한다. Vin. II. 109; AN. II. 72; 한 수행승이 뱀에 물려 죽자, 부처님께서 설한 수호주이다. '모든 뭇삶들, 모든 생명들, 모든 존재들은 모두 선하고 슬기로운 것만 보고 일체 악한 것을 만나지 않기를!'이라고 기원하는 내용이다.

496) Moraparitta : 공작호주(孔雀護呪). Jāt. 491를 보라. 공작새는 산의 한복판에 동쪽을 향해 앉아 솟아오르는 해를 보고, 낮 동안의 자신의 수호를 위해, "저 눈 있는 유일왕이 떠오른다."라고 수호진언을 외우고, 먹이를 구하러 내려가 먹이를 먹고는, 저녁에 돌아와 산의 한복판에서 서쪽으로 향해서 앉아 지는 해를 보고, 낮 동안의 자신의 수호를 위해 "저 눈 있는 유일왕이 진다."라고 수호진언을 외었다.

497) Dhajaggaparitta : 당수호주(幢首護呪). SN. I. 218-220 부처님께서는 "수행승들이여, 신들의 제왕 제석천의 깃발을 쳐다보더라도, 신왕인 빠자빠띠의 깃발을 쳐다보더라도, 신왕인 바루나의 깃발을 쳐다보더라도, 신왕인 이싸나의 깃발을 쳐다보더라도, 공포나 전율이나 소름끼치는 두려움이 사라지기도 하고 사라지지 않기도 할 것이다. 그것은 무엇 때문인가? 신들의 제왕 제석천은 탐욕에서 벗어나지 못하고 성냄에서 벗어나지 못하고 어리석음에서 벗어나지 못했기 때문에 두려워하고 전율하며 불안해하고 무서워하는 것이다."라고 말씀하신 뒤에 "탐욕과 성냄과 어리석음에서 벗어난 부처님을 먼저 생각하고 가르침과 참모임의 삼보의 깃발에 귀의하는 것이 공

설하셨습니다. 존자 나가세나여, 사람이 허공을 가더라도, 바다 속으로 가더라도, 궁전, 초암, 동혈, 동굴, 산의 경사면, 틈, 산굴, 열개된 바위 속으로 가더라도, 죽음의 올가미에서 벗어날 수 없습니다. 그런 까닭에 수호주를 외우는 것은 거짓이 됩니다. 만약에 수호주를 외우는 것으로 죽음의 올가미에서 벗어난다면, 그로 인해 '죽음의 올가미 벗어날 곳은 공중에도 바다 한 가운데도 없고 산의 협곡에 들어가도 없으니 이 세상 어느 곳에도 없다.'라는 말씀은 거짓이 됩니다. 이것도 양도논법의 질문으로 매듭보다도 더욱 매듭지어져 있는데, 그대에게 제기된 것입니다. 그것이 그대가 해명해야 할 몫입니다."

2. [나가세나] "대왕이여, 세존께서는 이와 같이 '죽음의 올가미 벗어날 곳은 공중에도 바다 한 가운데도 없고 산의 협곡에 들어가도 없으니, 이 세상 어느 곳에도 없다.'라고 말씀하셨습니다. 그리고 또한 수호주를 설하셨습니다. 그러나 그것은 수명이 남아있고 젊음을 갖추고 업장이 없는 자에 대한 것입니다. 대왕이여, 수명이 다한 자를 살리는 행위나 수단은 없습니다. 대왕이여, 마르고 생기 없고 수액을 잃고 생명력이 파괴되고 목숨이 다한 죽은 나무에 수천 통의 물을 부어도 다시 살아나 싹을 틔우고 잎사귀를 내는 일이 없는 것처럼, 대왕이여, 이와 마찬가지

포나 전율이나 소름끼치는 두려움에서 벗어나는 길이다."라고 설하신다.

498) Āṭānāṭiyaparitta : 아타낭지호주(阿吒囊胝護呪). DN. III. 195-202: 부처님께서 라자가하 시의 깃자꾸따 산에 계실 때, 그때 천상세계의 대왕들이 방문해서 부처님에게 부처님의 제자들에게 해를 끼치는 많은 보이지 않는 존재들이 있다고 말했다. 그래서 천상세계의 대왕들은 그들이 제자들을 해치지 않도록 부처님께서 제자들에게 아따나띠야 수호주를 가르쳐줄 것을 청원하였다. 부처님께서 침묵으로 허락하자, 그들은 아따나띠야 수호주를 외웠다. 부처님은 그것을 제자들에게 배워서 새기도록 가르쳐주었다. 그 아따나띠야 수호주는 부처님에 대한 찬양으로 이루어졌다.

499) Aṅgulimālaparitta : 앙굴마호주(鴦掘魔護呪) MN. II. 103 '자매여, 내가 고귀한 태어남으로 거듭난 이래 나는 의도적으로 뭇삶의 생명을 빼앗은 적이 없습니다. 이러한 진실로 인하여 당신이 잘 되고 당신의 아이가 잘 되길 바랍니다.'라는 내용을 지닌 것이다. 오늘날에도 남방에서 이 진술은 분만에 가까운 임신한 여인을 위한 수호주(paritta)로서 자주 사용된다.

로 의약으로서의 수호주 역할로 수명이 다한 자를 살리는 행위나 수단은 없습니다. 대왕이여, 지상에 온갖 약초와 의약이 있어도 수명이 다한 자를 어쩔 수는 없습니다. 대왕이여, 수호주는 수명이 남아있고 젊음을 갖추고 업으로 야기되는 장애가 없는 자를 보호하고 지킵니다. 세존께서는 그러한 자를 위하여 수호주를 설한 것입니다. 대왕이여, 농부가 곡식이 여물고 줄기가 비었다고 생각되면 물을 대는 것을 멈추지만, 그러나 낟알이 풋풋하고 구름과 같은 색을 띄고 젊음을 갖추었을 때 물을 대는 것으로 성장하듯이, 대왕이여, 이와 마찬가지로 수명이 다한 자에게는 의약으로서의 수호주의 사용이 그치고 멈추어지지만, 그러나 수명이 남아있고 [152] 젊음을 갖춘 자들을 위해 의약으로서의 수호주가 설해지는 것이고 그들은 의약으로서의 호주로 성장하는 것입니다."

3. [밀린다 왕] "존자 나가세나여, 수명이 다한 자가 죽고 수명이 남아 있는 자가 산다면, 그로 인해 의약으로서의 수호주는 소용이 없는 것이 아닙니까?"

[나가세나] "대왕이여, 그대는 어떤 질병이라도 의약으로 회복된 것을 보신 적인 있습니까?"

[밀린다 왕] "존자여, 있습니다. 수백 번 보았습니다."

[나가세나] "대왕이여, 그렇다면 의약으로서의 수호주의 작용이 소용이 없다는 말은 거짓이 됩니다."

[밀린다 왕] "존자 나가세나여, 의사의 처방에는 그 처방으로 질병에서 회복하는, 의약과 음료와 연고가 있습니다."

[나가세나] "대왕이여, 수호주를 외우는 사람들의 소리가 들릴 때에, 그들의 혀는 마르고, 심장은 약하게 뛰고, 목은 아프지만, 그들이 그것을 외우는 것으로 인해서, 모든 질병이 그치고 온갖 재난이 사라집니다."

[나가세나] "대왕이여, 누군가 독사에게 물렸을 때, 진언으로 독을

제거하고 독을 뽑아내고 위아래로 씻어내는 것을 본 적이 있습니까?"

[밀린다 왕] "존자여, 그렇습니다. 오늘날에도 그것은 세상에서 행해집니다."

[나가세나] "대왕이여, 그러면 '의약으로서의 수호주의 실천은 소용이 없는 것이다.'라는 말은 거짓이 됩니다. 대왕이여, 수호주를 실천하는 사람을 향해서는 뱀이 그를 물고자 해도 물지 못하고 자신의 벌린 입을 닫습니다. 도적들은 몽둥이를 들더라도 소용이 없고, 몽둥이를 내던지고 친절을 보입니다. 사나운 코끼리도 그를 만나면 그칩니다. 작열하는 커다란 불더미도 그에게 다가와서 꺼집니다. 할라할라 맹독이 삼켜지더라도 해독제가 되고, 음식으로 작용합니다. 살인자가 그를 죽이려고 그에게 접근하더라도, 그는 섬기는 하인으로 변하고, 올가미의 공격을 받아도 걸려들지 않습니다."

4. [나가세나] "대왕이여, 그대는 '공작새가 수호주를 실천하기 때문에 칠백 년 동안 사냥꾼이 그를 올가미로 유인할 수 없었는데, 수호주를 실천하는데 실패한 그날 바로 그 사냥꾼이 그를 올가미로 유인했다.'500)는 말을 들어본 적이 있습니까?"

[밀린다 왕] "존자여, [153] 그렇습니다. 들었습니다. 그 소문은 신들과 인간의 세계에 널리 알려진 것입니다."

[나가세나] "대왕이여, 그렇다면 의약으로서의 수호주의 작용이 소용이 없다는 말은 거짓이 됩니다."

[나가세나] "대왕이여, 그대는 '다나바501)가 아내를 수호하면서 상자에 집어넣어 삼켜서 뱃속에 운반하며 돌보았는데, 그때 한 주술사가 다나바의 입으로 들어가 그녀와 즐겼습니다. 다나바가 그 사실을

---

500) morassa kataparittassa sattavassasatāni luddako nāsakkhi pāsaṁ upanetuṁ, akataparittassa taṁ yeva divasaṁ pāsaṁ upanesī'ti : Jāt. 159, 459를 참조하라.

501) Dānava : 다누(Danu)의 자손이란 뜻으로 거인(巨人) 아수라의 이름이다.

알았을 때 그 상자를 토해내고 그것을 열었습니다. 상자가 열리자 주술사는 그가 원하는 곳으로 도망갔다.'는 말을 들어보지 않았습니까?"

[밀린다 왕] "존자여, 그렇습니다. 들었습니다. 그 소문은 신들과 인간의 세계에 널리 알려진 것입니다."

[나가세나] "대왕이여, 그 주술사는 수호주의 힘으로 체포를 면한 것이 아닙니까?"

[밀린다 왕] "존자여, 그렇습니다."

[나가세나] "대왕이여, 그렇다면 수호주의 힘은 있는 것입니다."

[나가세나] "대왕이여, 그대는 '또 다른 주술사가 바라나씨 시의 왕의 궁전에서 왕비와 불륜을 저지르고 체포되었으나 잠시 진언의 힘으로 보이지 않게 되었다.'라는 말을 들어본 적이 있습니까?"

[밀린다 왕] "존자여, 그렇습니다. 들어보았습니다."

[나가세나] "대왕이여, 주술사는 수호주의 힘으로 체포를 면한 것이 아닙니까?"

[밀린다 왕] "존자여, 그렇습니다."

[나가세나] "대왕이여, 그렇다면, 수호주의 힘이 있는 것입니다."

5. [밀린다 왕] "존자 나가세나여, '수호주는 모든 자를 수호합니까?"

[나가세나] "대왕이여, 어떤 자들은 수호하고 어떤 자들은 수호하지 않습니다."

[밀린다 왕] "존자 나가세나여, 그렇다면 수호주는 모든 자에게 소용되는 것은 아니군요."

[나가세나] "대왕이여, 음식은 모든 사람들의 생명을 보호합니까?"

[밀린다 왕] "존자여, 어떤 자들은 보호하고 어떤 자들은 보호하지 않습니다.

[나가세나] "무슨 까닭입니까?"

[밀린다 왕] "존자여, 어떤 자들은 음식을 과식하고 콜레라에 걸려

죽습니다."

[나가세나] "대왕이여, 그렇다면 음식은 모든 자들의 생명을 보호하지는 않는군요?"

[밀린다 왕] "존자 나가세나여, 두 가지 이유에서 음식은 목숨을 앗아갑니다. 과식에 의해서나 소화불량에 의해서입니다. 존자 나가세나여, 목숨을 주는 음식도 잘못 접근하면 목숨을 앗아갑니다."

[나가세나] "대왕이여, 이와 마찬가지로 수호주는 어떤 자들은 수호하고 어떤 자들은 수호하지 않습니다."

[나가세나] "대왕이여, 세 가지 이유, [154] 업에 기인하는 장애, 번뇌에 기인하는 장애, 그리고 믿음의 부족으로 인해서 수호주는 수호의 역할을 하지 못합니다. 대왕이여, 뭇삶을 수호하는 수호주는 자신의 행위에 의해서 수호의 힘을 잃는 것입니다. 대왕이여, 어머니가 아들을 모태에서 키워 섬세한 보살핌으로 출산합니다. 출산해서 부정한 것, 때, 콧물을 걷어내고 가장 뛰어나고 훌륭한 향수를 바릅니다. 나중에 다른 아이들이 그를 욕하거나 그를 때리면, 흥분하여 그들을 데리고 남편에게 데리고 갑니다. 그러나 그녀의 아이가 짓궂고 철이 없다면, 그녀는 그를 막대기, 몽둥이, 무릎, 주먹으로 두드리고 때립니다. 대왕이여, 그의 어머니가 그렇다고 잡아끌고 당기면서 붙잡아 남편에게 데려가겠습니까?"

[밀린다 왕] "존자여, 그렇지 않습니다."

[나가세나] "대왕이여, 무슨 까닭입니까?"

[밀린다 왕] "존자여, 그 자신(아이)의 잘못이기 때문입니다."

[나가세나] "대왕이여, 이와 마찬가지로 사람은, 뭇삶들을 수호하는 수호주를, 자신의 잘못으로, 소용없게 만드는 것입니다."

[밀린다 왕] "존자 나가세나여, 질문은 잘 분석되었고, 밀림은 개간되었고, 암흑은 광명이 되었고, 견해의 그물은 풀렸습니다. 모든 선생

가운데 가장 뛰어나고 탁월한 그대를 만난 덕분입니다."

죽음의 올가미에서 벗어남에 대한 질문이 끝났다.

5. [부처님과 보시의 방해에 대한 질문]
(Buddhalābhantarāyapañha)

1. [밀린다 왕] "존자 나가세나여, 그대들은 '여래께서는 옷과 탁발음식과 와좌구와 필수의약을 얻는 자이다."라고[502] 말합니다. 그러나 또한 여래께서는 '빤짜쌀라'[503]라는 바라문 마을에 탁발하러 들어갔다가 아무것도 얻지 못하고 씻은 듯한 발우를 가지고 돌아왔습니다. 존자 나가세나여, 만약에 여래께서 옷과 탁발음식과 와좌구와 필수의약을 얻는 자라면, 그로 인해 빤짜쌀라 바라문 마을에 탁발하러 들어갔다가 아무것도 얻지 못하고 씻은 듯한 발우를 가지고 돌아왔다는 그 말은 거짓이 되고, 만약에 빤짜쌀라 바라문 마을에 탁발하러 들어갔다가 아무것도 얻지 못하고 씻은 듯한 발우를 가지고 돌아왔다면, 그로 인해 '여래께서는 옷과 탁발음식과 와좌구와 필수의약을 얻는 자이다.'라는 [155] 그 말이 거짓이 됩니다. 이것도 양도논법의 질문으로 대단히 풀기 어려운 것인데, 그대에게 제기된 것입니다. 그것이 그대가 해명해야 할 몫입니다."

2. [나가세나] "대왕이여, 여래께서는 옷과 탁발음식과 와좌구와 필수의약을 얻는 자입니다. 그러나 또한 여래께서는 빤짜쌀라 바라문 마을에 탁발하러 들어갔다가 아무것도 얻지 못하고 씻은 듯한 발우를 가지고 돌아왔습니다. 그러나 그것은 악마 빠삐만[504]의 소행입니다."

---

502) lābhī tathāgato cīvarapiṇḍapātasenāsanagilānappaccayabhesajjaparikkhāranan'ti : AN. IV. 399

503) Pañcasālā : 이 마을에는 다섯 그루의 사라수(沙羅樹)가 있어서 이런 이름이 붙여졌다. SN. I. 113에 따르면 '세존께서는 빤짜쌀라 바라문 마을로 탁발을 하러 들어갈 때의 빈 발우를 그대로 들고 돌아오셨다.'

[밀린다 왕] "존자 나가세나여, 헤아릴 수 없는 겁의 시간 동안 쌓아온 선한 행위는 어째서 끝난 것입니까? 지금 출현한 악마 마라 때문에 그 착하고 건전한 것의 힘과 세기가 어째서 닫혀진 것입니까? 그렇다면 존자 나가세나여, 그 진술에서 '선보다는 악이 더욱 힘이 세거나, 부처님의 힘보다 악마의 힘이 더욱 센 것이다.'라고 두 가지 점에서 비난이 생겨납니다. 그렇다면, 나무의 뿌리보다도 꼭대기가 더욱 무겁고, 공덕을 쌓는 것보다 악이 더욱 힘이 세게 됩니다."

3. [나가세나] "대왕이여, 그것만으로 '선보다는 악이 더욱 힘이 세거나, 부처님의 힘보다 악마의 힘이 더욱 센 것이다.'라고 말할 수 없습니다. 여기에 대하여 또 다른 이유가 필요할 것입니다. 대왕이여, 어떤 사람이 전륜왕을 위해 꿀이나 꿀로 만든 음식이나 다른 공물을 가져온다고 하면, 왕의 문지기는 그것에 대하여 '이보게, 지금은 왕을 알현할 때가 아니니, 왕이 그대를 처벌하기 전에, 그대의 공물을 가지고 서둘러 돌아가라.'라고 말할 것입니다. 그러면 그 사람은 처벌이 두려워 떨면서 그 공물을 가지고 서둘러 돌아갈 것입니다. 대왕이여, 그 전륜왕은 그 정도의 때아닌 때의 공물이라는 것만으로, 문지기보다 힘이 약한 자입니까, 아니면 다른 어떤 공물도 받을 수 없는 자입니까?"

---

504) Papiman : 악마 마라(Māra)의 별명이 빠삐만이다. 악마는 모든 경우에 부처님과는 다른 입장에 선다. 악마는 일반적으로 감각적 쾌락의 욕망을 유혹하는 자의 입장에 있지만, 여기서는 반대로 엄격한 고행을 주장하고 있다. 이것은 두 가지 극단이 그렇지 않은 것보다 악마에 가깝다는 것을 시사한다. 한편, 악마는 다른 종교에서의 악마와는 달리 대조적인 견해를 드러내서 깨달음의 길을 분명히 하는데 이용된다. 철학적으로는 악마는 번뇌, 업의 형성력, 존재의 다발 등을 상징한다. Prj. I. 44에 따르면, 악마 마라는 자재천(Vasavatti)으로 천자 다마리까(Dāmarika)라고 불리며, 감각적 쾌락의 욕망계에 속한 천상세계에서 그 최고천인 '다른 신들이 창조한 것을 누리는 신들의 천상세계(他化自在天 : Paranimmitavasavatti)'에 살면서 수행자들이 감각적 쾌락의 욕계를 벗어나는 것을 방해하는 자이다. Ppn. II. 613에 따르면, 악마는 제석천처럼 군대를 거느리는데 그가 거느린 군대를 마군(mārasena)이라고 한다.

[밀린다 왕] "존자여, 그렇지 않습니다. 문지기는 질투 때문에 공물을 배척했습니다. 그러나 다른 문으로 왕에게는 그 가치가 십만 배인 공물이 당도할 것입니다."

[나가세나] "대왕이여, [156] 이와 마찬가지로 악마 빠삐만의 질투의 본성 때문에 빤짜쌀라 마을의 바라문장자들을 손에 넣은 것입니다. 그러나 다른 수십만의 신들은 불사의 신묘한 자양(滋養)을 들고 세존께 다가와서 '우리가 세존의 몸에 자양을 불어넣겠습니다.'라고 예배하며 합장했습니다."

4. [밀린다 왕] "존자 나가세나여, 그렇습니다. 세상에서 위없는 사람인 세존께서는 네 가지 필수자구[505]을 쉽게 얻습니다. 세존께서는 신들과 인간의 청원에 의해서 네 가지 필수자구를 수용하신 것입니다. 그러나 다른 한편 세존께서 악마의 의도가 잠시 동안 성공하여 세존께서 음식을 얻는 것을 방해한 셈입니다."

[밀린다 왕] "존자여, 그것에 대하여 나는 의혹이 끊이질 않습니다. 나는 의심하고 있고 당혹해하고 있습니다. 그와 관련해서 이렇게 오신 님, 거룩한 님, 올바로 원만히 깨달은 님, 신들과 인간의 세계에서 최상의 위없는 분, 최상의 선과 복덕의 근원이신 분, 동등할 수 없는 분, 비교할 수 없는 분, 견줄 수 없는 분께서 공양을 받는 것을 천하고 저열하고 하찮고 사악하고 비속하게 악마가 방해한 것에 관하여 나의 마음은 흡족하지 않기 때문입니다."

5. [나가세나] "대왕이여, 네 가지 보시의 방해가 있습니다. ① 특정한 사람을 지정하지 않은 보시의 방해, ② 특정한 사람을 지정한 보시

---

505) cattāro paccayā : 네 가지 필수자구. 네 가지 필수자구. 한역에는 사의(四依). 사자구(四資具)라고 한다. ① 의복(cīvara), ② 발우(鉢盂 : piṇḍapatta), ③ 와좌구(臥坐具 : senāsana), ④ 필수의약(醫藥資具 : gilānapaccaya bhesajjaparik- kāra)이다.

의 방해, ③ 준비된 시물에 대한 보시의 방해, ④ 시물의 사용에 대한 보시의 방해가 있습니다.506) 여기서 *1)* 어떤 것이 특정한 사람을 지정하지 않은 보시의 방해입니까? 누구도 지정되지 않고 보지 못한 것으로 방해하여 '다른 사람에게 베풀어서 무슨 소용인가?'라고 하면 이것이 특정한 사람을 지정하지 않은 보시의 방해입니다. *2)* 어떤 것이 특정한 사람을 지정한 보시의 방해입니까? 여기 어떤 사람을 지시하고 지정하여 음식이 준비되어 있는데, 그것을 누군가가 방해합니다. 이것이 특정한 사람을 지정한 보시의 방해입니다. *3)* 어떤 것이 준비된 시물에 대한 보시의 방해입니까? 여기 무엇인가 준비되어 있으나 수용되지 않은 것이 있는데, 그것에 대해 누군가가 방해합니다. 이것이 준비된 시물에 대한 보시의 방해입니다. *4)* 어떤 것이 시물의 사용에 대한 보시의 방해입니까? 여기 무엇인가 사용하는데, 그것에 대해 누군가가 방해합니다. 이것이 시물의 사용에 대한 보시의 방해입니다. 대왕이여, 이와 같이 네 가지 보시의 방해가 있습니다."

6. [나가세나] "그러나 악마 빠삐만이 빤짜쌀라507) 마을의 바라문장자들을 손아귀에 넣었는데, 그가 세존을 위한 시물의 사용에 대한 보시의 방해를 한 것도 아니고, 세존을 위해 준비된 시물에 대한 보시의 방해를 한 것도 아니고, 세존이라는 특정한 분을 지정한 보시의 방해를 한 것도 아닌 것으로, 아직 오지 않고 [157] 도착하지 않아, 단지 그 보시 받는 사람을 보지 못한 경우의 특정한 사람을 지정하지 않은 보시의 방해를 한 것입니다. 그래서 단지 한분 세존뿐만 아니라 그때

---

506) cattāro kho, mahārāja, antarāyā adiṭṭhantarāyo uddissakatantarāyo upakkhaṭantarāyo paribhogantarāyo'ti : ① 특정한 사람을 지정하지 않은 보시의 방해(adiṭṭhantarāya) ② 특정한 사람을 지정한 보시의 방해(uddissakaṭantarāya) ③ 시물이 준비된 보시의 방해(upakkhaṭantarāya) ④ 시물의 사용에 대한 보시의 방해(paribhogantarāya)

507) pañcasālā : 이 마을에는 다섯 그루의 사라수(沙羅樹)가 있어서 이런 이름이 붙여졌다. 이 마을에 얽힌 이야기는 이 경전뿐이다.

외출하여 마을에 도착한 모두가 그날 음식을 얻을 수 없었던 것입니다. 대왕이여, 신들의 세계, 악마들의 세계, 하느님들의 세계, 성직자들과 수행자들, 그리고 왕들과 백성들과 그 후예들의 세계에서, 세존이라는 특정한 사람을 지정한 보시의 방해를 하는 것도, 세존을 위해 준비된 보시의 방해하는 것도, 세존을 위한 시물의 사용에 대한 보시의 방해를 하는 것도 보지 못했습니다. 만약에 누군가가 질투하여 특정한 사람을 대상으로 지정한 보시의 방해, 준비된 시물에 대한 보시의 방해, 시물의 사용에 대한 보시의 방해를 행한다면, 그의 머리가 백 조각이나 천 조각으로 갈라질 것입니다."

7. [나가세나] "대왕이여, 여래에게는 누구에 의해서도 방해받을 수 없는 이러한 네 가지 특성이 있습니다. 네 가지란 무엇입니까? *1)* 대왕이여, 세존을 위해 특정되고 준비된 시물은 어느 누구에 의해서도 방해받을 수 없습니다. *2)* 대왕이여, 세존의 몸을 둘러싼 한 발(1.8미터)의 광명은 어느 누구에 의해서도 방해받을 수 없습니다. *3)* 대왕이여, 세존께서 지니신 일체지자의 앎의 보배는 어느 누구에 의해서도 방해받을 수 없습니다. *4)* 대왕이여, 세존의 생명은 어느 누구에 의해서도 방해받을 수 없습니다. 대왕이여, 이러한 여래의 네 가지 특성은 누구에 의해서도 방해받을 수 없습니다. 대왕이여, 모든 이 특성들은 동일한 본질을 지니고 있어, 질병을 여의고, 동요를 여의고, 타자의 공격을 여의고, 다른 작용에 의한 영향을 여윕니다. 그러나 대왕이여, 악마 빠삐만은 자신이 보이지 않게 숨어서 빤짜쌀라 마을의 바라문장자들을 손아귀에 넣었습니다. 대왕이여, 왕의 험한 변경지방에 보이지 않게 숨어서 도적들이 길을 위협하였으나, 왕이 그 도적들을 발견한다면, 그 도적들은 안전하겠습니까?"

[밀린다 왕] "존자여 그렇지 않습니다. 도끼로 백 조각 천 조각낼 것입니다."

[나가세나] "대왕이여, 이와 마찬가지로 악마 빠삐만은 자신이 보이지 않게 숨어서 빤짜쌀라 마을의 바라문장자들을 손아귀에 넣었습니다. 대왕이여, 남편이 있는 여인이 자신을 보이지 않게 숨기고 다른 남자와 교제하는 것처럼, 대왕이여, 이와 마찬가지로 악마 빠삐만은 자신이 보이지 않게 숨어서 빤짜쌀라 마을의 바라문장자들을 손아귀에 넣었습니다. 만약에 대왕이여, [158] 여인이 남편이 보는 앞에서 다른 남자와 교제한다면, 그 여인은 안전하겠습니까?"

[밀린다 왕] "존자여, 그렇지 않습니다. 존자여, 남편은 그녀를 죽이거나 때리거나 묶거나 노예로 삼을 것입니다."

[나가세나] "대왕이여, 이와 마찬가지로 악마 빠삐만은 자신이 보이지 않게 숨어서 빤짜쌀라 마을의 바라문장자들을 손아귀에 넣었습니다. 대왕이여, 만약에 악마 빠삐만이 세존이라는 특정한 분을 지정한 보시의 방해, 세존을 위해 준비된 시물에 대한 보시의 방해, 세존을 위한 시물의 사용에 대한 보시의 방해를 행한다면, 그의 머리가 백 조각이나 천 조각으로 갈라질 것입니다."

[밀린다 왕] "존자 나가세나여, 이와 마찬가지로 악마 빠삐만은 도적의 소행을 저지른 것입니다. 악마 빠삐만은 자신이 보이지 않게 숨어서 빤짜쌀라 마을의 바라문장자들을 손아귀에 넣었습니다. 존자여, 만약에 악마 빠삐만이 세존이라는 특정한 분을 지정한 보시의 방해, 세존을 위해 준비된 시물에 대한 보시의 방해, 세존을 위한 시물의 사용에 대한 보시의 방해를 행한다면, 그의 머리가 백 조각이나 천 조각으로 갈라질 것입니다. 아니면 그의 몸은 한 줌의 왕겨처럼 흩어질 것입니다. 존자 나가세나여, 훌륭합니다. 참으로 그러하니 그렇게 받아들이겠습니다.

다섯 번째 부처님과 보시의 방해에 대한 질문이 끝났다.

6. [악덕에 대한 질문]
(Apuññapañha)

1. [밀린다 왕] “존자 나가세나여, 그대들은 ‘알지 못하고 살생하는 자는 한층 더 심각한 악덕을 낳는다.’라고[508] 말합니다. 그러나 세존께서는 계율의 가르침에서 ‘알지 못한 자에게는 죄가 없다.’라고[509] 말씀하셨습니다. 존자 나가세나여, 알지 못하고 살생하는 자는 한층 더 심각한 악덕을 낳는다면, 그로 인해 ‘알지 못한 자에게는 죄가 없다.’라는 말씀은 거짓이 되고, ‘알지 못한 자에게는 죄가 없다면, ‘알지 못하고 살생하는 자는 한층 더 심각한 악덕을 낳는다.’라는 그 말씀도 거짓이 됩니다. 이것도 양도논법의 질문으로 건너기 어렵고 넘어서기 어려운 것으로 그대에게 제기된 것입니다. 그것이 그대가 해명해야 할 몫입니다.”

2. [나가세나] “대왕이여, 세존께서는 ‘알지 못하고 살생하는 자는 한층 더 심각한 악덕을 낳는다.’라고 말씀하셨습니다. 그러나 세존께서는 계율의 가르침에서 ‘알지 못한 자에게는 죄가 없다.’라고 말씀하셨습니다. 거기에는 의미의 차이가 있습니다. 의미의 차이가 어떤 것입니까? [159] 대왕이여, 알아차리면 면죄가 되는 죄가 있고 알아차려도 면죄가 되지 않는 죄가 있는데,[510] 대왕이여, 그 가운데 알아차리면 면죄가 되는 죄에 관하여 세존께서 ‘알지 못한 자에게는 죄가 없다.’라고 말씀하신 것입니다.”

---

508) yo ajānanto pāṇātipātaṁ karoti, so balavataraṁ apuññaṁ pasavatī'ti : 이 말은 사실상 경전이나 율장에서 추적하기 힘들다.

509) anāpatti ajānantassā'ti. : Vin. III. 78; IV. 49(Pāc. 20), IV.125(Pāc. 61)

510) atthi, mahārāja, āpatti saññāvimokkhā, atthi āpatti nosaññāvimokkhā : Vin. V. 116을 참조하라. MKQ. II. 102에서는 ‘그 좋고 나쁨을 생각하여 알지 못하고 죄를 범하는 것이 있고, 그 좋고 나쁨을 생각하여 알고 죄를 범하는 것이 있다.’라고 번역하고 있다. MQ. I. 223에서는 ‘알아차림이 면죄의 요소가 되는 죄가 있고 알아차림이 면죄의 요소가 되지 않는 죄가 있다.’라고 번역하고 있다.

[밀린다 왕] "존자 나가세나여, 현명하십니다. 참으로 그러하니 그렇게 받아들이겠습니다."

여섯 번째 악덕에 대한 질문이 끝났다.

7. [수행승의 참모임의 지도에 대한 질문] (Bhikkhusaṅghapariharaṇapañha)

1. [밀린다 왕] "존자 나가세나여, 세존께서는 '아난다여, 여래께서는 '내가 수행승의 승단을 이끌어 간다.'라든가 '수행승의 승단이 나에게 지시를 받는다.'라고 생각하지 않는다.'라고511) 말씀하셨습니다. 그러나 세존께서는 미륵세존의512) 본래의 특성을 설명하면서 '내가 지금 수백의 수행승의 승단을 이끌어가듯이, 그가 수천의 수행승의 승단을 이끌어 갈 것이다.'라고513) 말씀하셨습니다. 존자 나가세나여, 세존께서는 '아난다여, 여래께서는 '내가 수행승의 승단을 이끌어 간다.'라든가 '수행승의 승단이 나에게 지시를 받는다.'라고 생각하지 않는다.'라고 말씀하셨다면, 그로 인해 '내가 지금 수백의 수행승의 승단을 이끌어간다.'라는 말씀은 거짓이 되고, 만약에 여래께서 '내가 지금 수백의 수행승의 승단을 이끌어가듯이, 그가 수천의 수행승의 승단을 이끌어 갈 것이다.'라고 말씀하셨다면, 그로 인해 '아난다여, 여래께서는 '내가 수행승의 승단을 이끌어 간다.'라든가 '수행승의 승단이 나에게 지시를 받는다.'라고 생각하지 않는다.'라는 말씀은 거짓이 됩니다. 이것도 양도논법의 질문으로 그대에게 제기된 것입니다. 그것은 그대가 해명해야 할 몫입니다."

---

511) tathāgatassa kho, ānanda, na evaṁ hoti 'ahaṁ bhikkhusaṅghaṁ pariharissāmī'ti vā, 'mamuddesiko bhikkhusaṅgho'ti vā'ti : DN. II. 100

512) metteyyassa bhagavato : DN. III. 76

513) so anekasahassaṁ bhikkhusaṅghaṁ pariharissati, seyyathāpi ahaṁ etarahi anekasataṁ bhikkhusaṅghaṁ pariharāmī'ti : DN. III. 76

2. [나가세나] "대왕이여, 세존께서는 '아난다여, 여래께서는 '내가 수행승의 승단을 이끌어 간다.'라든가 '수행승의 승단이 나에게 지시를 받는다.'라고 생각하지 않는다.'라고 말씀하셨고, 또한 미륵세존의 본래의 특성을 설명하면서 세존께서는 '내가 지금 수백의 수행승의 승단을 이끌어가듯이, 그가 수천의 수행승의 승단을 이끌어 갈 것이다.'라고 말씀하셨습니다. 대왕이여, 그 질문에서 하나의 의미는 설명의 여지가 있는 것이고 다른 하나의 의미는 설명의 여지가 없는 명백한 것입니다. 대왕이여, 여래께서 대중을 따라가는 것이 아니고, 대중이 여래를 따라가는 것입니다. 대왕이여, [160] '나'라든가 '나의 것'이라는 것은 세속적 의미의 진리514)이지, 궁극적인 의미의 진리515)가 아닙니다. 대왕이여, 여래께서는 애착을 떠나고 집착을 떠났습니다. 여래에게는 '나의 것'이라고 붙잡는 것이 없습니다. 그러나 여래는 자신에 대한 의착을 수용하여 사람들을 위한 의지처가 됩니다."

3. [나가세나] "대왕이여, 대지는 지상에 안주하는 뭇삶들의 안주처이고 거주처이고, 이 뭇삶들은 지상에 존재하지만 대지가 '이들은 나의 것이다.'라고 애착을 갖고 있지 않습니다. 대왕이여, 이와 마찬가지로 여래께서는 모든 뭇삶의 안주처이자 거주처이고, 이 뭇삶들은 여래에 안주하고 있지만, 여래께서는 '이들은 나의 것이다.'라고 애착을 갖고 있지 않습니다. 대왕이여, 큰 구름이 비를 내리면서 초목과 가축과 인간을 키우고 지속적으로 수호합니다. 그 뭇삶들은 모두 비로 인해 생장하지만, 큰 구름은 '이들은 나의 것이다.'라는 애착이 없습니다. 대왕이여, 이와 마찬가지로 여래께서는 모든 뭇삶들을 위하여 착하고

514) sammuti : 세속적 가르침. 가명(假名)이란 뜻으로, 세속적 진리(俗諦; sammutisacca)를 의미한다.

515) paramattha : 최상의 의미. 궁극적 의미. 이상(理想). 궁극(窮極). 절대(絶對). 최승의(最勝義). 승의(勝義). 제일의(第一義)로 궁극적 진리(勝義諦, 第一義諦: paramatthasacca)를 뜻한다.

건전한 상태를 만들어내고 수호합니다. 이 뭇삶들은 모두 스승으로 인해 삶을 영위하지만, 여래에게는 '이들은 나의 것이다.'라는 애착이 없습니다. 그것은 무슨 까닭입니까? 자아에 대한 잘못된 견해[516]가 끊어졌기 때문입니다."

[밀린다 왕] "존자 나가세나여, 현명하십니다. 질문은 여러 가지 방법으로 잘 풀렸습니다. 심오한 것이 드러나고, 매듭이 풀리고, 밀림이 개간되고, 어둠이 광명이 되고, 다른 자들의 이론이 부수어졌습니다. 최승자의 자식들에게 눈이 생겨났습니다."

일곱 번째 수행승의 참모임의 지도에 대한 질문이 끝났다.

8. [분열될 수 없는 대중에 대한 질문] (Abhejjaparisapañha)

1. [밀린다 왕] "존자 나가세나여, 그대들은 '여래께서는 분열될 수 없는 대중을 갖추었다.'라고[517] 말합니다. 또한 그대들은 '데바닷따의 일격으로 오백 수행승이 분열되었다.'라고[518] 말합니다. 존자 나가세나여, 여래께서 분열될 수 없는 대중을 갖추었다면, 그로 인해 데바닷따의 일격으로 오백 수행승이 분열되었다.'라는 말은 거짓이 되고, 만약에 데바닷따의 일격으로 오백 수행승이 [161] 분열되었다면, 그로 인해 '여래께서 분열될 수 없는 대중을 갖추었다.'는 말이 거짓이 됩니다. 이것도 양도논법의 질문으로 그대에게 제기된 것입니다. 심오하여 풀어내기 어렵고 매듭보다도 더욱 매듭지어진 것입니다. 이것에 관해 세상 사람들은 닫혀있고 갇혀있고 차단되고 덮여있고 가려져있습니다. 이것에 관한 이설들 가운데 그대의 지혜의 힘을 보여

516) attānudiṭṭhi : 한역의 아집(我執)이라고 한다.
517) tathāgato abhejjapariso'ti : DN. III. 172를 참조하라.
518) devadattena ekappahāraṁ pañca bhikkhusatāni bhinnānī'ti. : Vin. II. 199 참조

주십시오."

2 [나가세나] "대왕이여, 여래께서는 분열될 수 없는 대중을 갖추었으나 데밧다따의 일격으로 오백 수행승이 분열되었습니다. 그러나 그것은 파괴자의 힘 때문이었습니다. 대왕이여, 파괴자가 존재하면 분열되지 않는 것이 없습니다. 분열자가 존재하면, 어머니도 아들과 헤어지고, 아들도 어머니와 헤어지고, 아버지도 아들과 헤어지고, 아들도 아버지와 헤어지고, 형제도 자매와 헤어지고, 자매도 형제와 헤어지고, 친구도 친구와 헤어지고 갖가지 나무로 조립된 배도 파도의 힘과 부딪혀 파괴되고, 달콤한 액즙을 갖춘 열매가 열린 나무도 바람의 힘과 세기에 맞닥뜨려 파괴되고, 질 좋은 황금조차 동과 분리됩니다. 대왕이여, '여래께서는 분열될 수 없는 대중을 갖추었다.'라는 것은 식자들의 의도가 아니고, 부처님들의 의향도 아니고, 현자들의 욕망도 아닙니다. 그러나 그것에 대한 근거가 있는데, 여래께서 '분열될 수 없는 대중을 갖추었다.'라고 불리는 그 근거가 있습니다. 어떤 것이 그 근거입니까? 대왕이여, 여래가 행한, 보시하지 않고, 사랑스런 말을 하지 않고, 유익한 일을 하지 않고, 동등하게 배려하지 않는, 어떤 행위에 의해서,[519] 대중이 분열되었다는 사실을 들어본 적이 없습니다. 그로 인해 여래께서는 '분열될 수 없는 대중을 갖추었다.'라고 불리는 것입니다. 대왕이여, 아홉 부류의 가르침[520]이 경전에 전해져 오는데, 그것을 근거로 보살이 행한 것 때문에 여래의 대중이 분열되었다는 사실을 들어본 적이 있습니까?"

---

519) tathāgatassa, mahārāja, katena adānena vā appiyavacanena vā anatthacariyāya vā asamānattatāya vā yato kutoci cariyaṁ carantassapi : 네 가지 섭수의 토대(四攝事:cattāri saṅgahavatthūni: Miln. 391 주석참조)와는 반대로 행하는 것이다.

520) navaṅgasāsana : 아홉 부류의 가르침(九分教)에 대해서는 Miln. 21과 주석을 참조하라.

[밀린다 왕] "존자여, 없습니다. 그것은 세상에서 발견되지 않고 들어본 적도 없습니다. 존자 나가세나여, 현명하십니다. 존자 나가세나여, 참으로 그렇습니다. 그렇게 받아들이겠습니다."

여덟 번째 분열될 수 없는 대중에 대한 질문이 끝났다.
두 번째 분열될 수 없는 것의 품이 끝났다.
이 품에서는 여덟 개의 질문으로 이루어졌다.

제3장 쫓아냄의 품

(Paṇāmitavagga)

1. [최상의 진리에 대한 질문]

(Seṭṭhadhammapañha)

1. [밀린다 왕] "존자 나가세나여, [162] 세존께서는 '바쎗타521)여, 진리야말로 현세에서도 내세에서도 사람들 가운데 최상자이다.'라고522) 말씀하셨습니다. 그런데 또한 '재가신도는 흐름에 든 님으로서 악한 존재의 운명을 끊고 바른 견해에 도달하여 가르침을 식별하여도, 범부인 수행승이나 사미에게 예경하고 일어나 맞이해야 한다.'라고523) 말씀하셨습니다. 존자 나가세나여, 세존께서 '바쎗타여, 진리야말로 현세에서도 내세에서도 사람들 가운데 최상자이다.'라고 말씀하셨다면, 그로 인해 '재가신도는, 흐름에 든 님으로 악한 존재의 운명

521) Vāseṭṭha : Smv. 399에 따르면, 바라문 뽁카라싸띠(Pokkkharasāti)의 제자로서 훌륭한 가문에 출생하여 세 가지 베다에 정통한 자이다.
522) dhammo hi, vāseṭṭha, seṭṭho janetasmiṁ diṭṭhe ceva dhamme abhisamparāye cā'ti : DN. III. 97; MN. I. 358; SN. I. 153; AN. V. 327
523) upāsako gihī sotāpanno pihitāpāyo diṭṭhippatto viññātasāsano bhikkhuṁ vā sāmaṇeraṁ vā puthujjanaṁ abhivādeti paccuṭṭhetī'ti : DN. I. 60- 61; MN. II. 101 참조하라.

을 끊고 바른 견해에 도달하여 가르침을 식별하여도, 범부인 수행승이나 사미에게 예경하고 일어나 맞이해야 한다.'라는 말은 거짓이 됩니다. 만약에 '재가신도는, 흐름에 든 님으로 악한 존재의 운명을 끊고 바른 견해에 도달하여 가르침을 식별하여도, 범부인 수행승이나 사미에게 예경하고 일어나 맞이해야 한다.'라고 한다면, 그로 인해 '바쎗타여, 진리야말로 현세에서도 내세에서도 사람들 가운데 최상자이다.'라고 하는 그 말씀은 거짓이 됩니다. 이것도 양도논법이 질문으로 그대에게 제기된 것입니다. 그것은 그대가 해명해야할 몫입니다.

2. [나가세나] "대왕이여, 세존께서는 '바쎗타여, 진리야말로 현세에서도 내세에서도 사람들 가운데 최상자이다.'라고 말씀하셨습니다. 그런데 또한 '재가신도는, 흐름에 든 님으로 악한 존재의 운명을 끊고 바른 견해에 도달하여 가르침을 식별하여도, 범부인 수행승이나 사미에게 예경하고 일어나 맞이해야 한다.'라고 말씀하셨습니다. 그러나 거기에는 이유가 있습니다. 그 이유는 어떤 것입니까? 대왕이여, 수행자를 수행자로 만드는 스무 가지 원리와 두 가지 특징이 있습니다. 그것으로 수행자는 인사를 받고 일어나 맞이함을 받게 되고, 존경을 받고 공양을 받을만하게 됩니다.

수행자를 수행자로 만드는 스무 가지 원리와 두 가지 특징은 어떤 것입니까? 스무 가지 원리는 *1)* 뛰어난 제어, *2)* 최상의 자제, *3)* 바른 품행, *4)* 바른 지냄,[524] *5)* 자신의 제어,[525] *6)* 감관의 제어,[526] *7)* 인내, *8)* 유화,[527] *9)* 홀로 삶, *10)* 홀로 삶에 대한 애호, *11)* 홀로 명상에 드는 것, *12)* 부끄러움과 창피함을 아는 것, *13)* 정진,[528] *14)* 불방일,

---

524) vihāra : 명상이나 단정하고 기품있는 몸가짐(Miln. 17과 주석을 참조)을 뜻한다.
525) saṁyama : 신체적 · 언어적 · 정신적인 제어를 뜻한다.
526) saṁvara : 여섯 감관에 대한 제어를 뜻한다.
527) soracca : 착하고 건전한 성품의 계발과 관려하여 유순한 것을 뜻한다.
528) vīriya : 네 가지 올바른 노력을 뜻한다.

15) 학습계율의 실천, 16) 경전의 송출, 17) 질문, 18) 계행 등의 즐김,[529] 19) 애착의 여읨, 20) 학습계율의 성취이고, 두 가지 원리는 1) 가사를 걸치는 것, 2) 삭발하는 것입니다. 대왕이여, [163] 이것들이 수행자를 수행자로 만드는 스무 가지 원리와 두 가지 특징입니다. 수행승은 이러한 덕성을 지키며 지냅니다. 그는 그러한 원리를 부족함 없고 원만하고 구족하고 겸비하여 더 이상 배울 것이 없는 경지인 거룩한 님의 경지에 들어가고, 존재의 최상의 단계에 들어갑니다.

3. [나가세나] "1) 재가신도로서 흐름에 든 님은, 범부인 수행승이라도 '그는 거룩한 경지에 가깝다.'라고 그에게 예경하고 일어나 맞이하는 것이 옳습니다. 재가신도로서 흐름에 든 님은 범부인 수행승이라도 '그는 번뇌를 부순 자들과 더불어 수행자의 지위에 도달했다. 나에게는 그러한 동아리가 없다.'라고 그에게 예경하고 일어나 맞이하는 것이 옳습니다. 2) 재가신도로서 흐름에 든 님은, 범부인 수행승이라도 '그는 최상의 대중과 가까이 하고 있다. 나에게는 그러한 경우가 없다.'라고 그에게 예경하고 일어나 맞이하는 것이 옳습니다. 재가신도로서 흐름에 든 님은, 범부인 수행승이라도 '그는 빠띠목카 송출을 들을 수 있다. 나는 그것을 들을 수 없다.'라고 그에게 예경하고 일어나 맞이하는 것이 옳습니다. 3) 재가신도로서 흐름에 든 님은, 범부인 수행승이라도 '그는 다른 사람들을 출가시키고 구족계를 받게 하고 최승자의 가르침을 성장시킬 수 있다. 나는 그것을 할 수 없다.'라고 그에게 예경하고 일어나 맞이하는 것이 옳습니다. 4) 재가신도로서 흐름에 든 님은, 범부인 수행승이라도 '그는 학습계율 가운데 사소한 것까지도 완전히 실천한다. 나는 그것들을 실천하지 않는다.'라고 그에게 예경하고 일어나 맞이하는 것이 옳습니다. 5) 재가신도로서 흐름에 든 님은, 범부인 수행승이라도 '그는 수행자의 특징을 갖추고 부처님의 의도를 실천하고 있다.

529) sīlādiabhirati : 계행, 삼매, 지혜의 즐김을 뜻한다.

나는 그러한 특징과는 멀리 떨어져 있다.'라고 그에게 예경하고 일어나 맞이하는 것이 옳습니다. 6) 재가신도로서 흐름에 든 님은, 범부인 수행승이라도 '그는 겨드랑이의 털을 자란 채로 두고, 다듬지 않고, 치장하지 않는다. 그러나 나는 장식하고 장엄하는 것을 좋아한다.'라고 그에게 예경하고 일어나 맞이하는 것이 옳습니다. 7) 재가신도로서 흐름에 든 님은, 범부인 수행승이라도 '수행자를 수행자로 만드는 스무 가지 원리와 두 가지 특징의 그 모든 덕성이 수행승에게 있는데, 그는 그 덕성을 유지시킬 뿐만 아니라 남들에게도 가르치고 있다. 나에게는 그러한 전승의 학습계율이 없다.'라고 그에게 예경하고 일어나 맞이하는 것이 옳습니다. 8) 재가신도로서 흐름에 든 님은, 범부인 수행승이라도 '대왕이여, 왕자가 왕립사제 아래서 학문을 배우고, 왕족의 의무를 배우고, 훗날 관정을 받고 스승에게 '이 분은 나의 선생이다.'라고 예배하고 자리에서 일어나듯이, 대왕이여, 이와 마찬가지로 '수행승은 선생이고 계승자이다.'라고 그에게 예경하고 일어나 맞이하는 것이 옳습니다."

4. [나가세나] "대왕이여, [164] 또한 이러한 탐구에 의해서도 수행승의 지위는 위대하고 견줄 수 없고 광대한 것임을 알아야 합니다. 대왕이여, 재가신도로서 흐름에 든 님이 거룩한 경지를 깨우치면, 그 날로 완전한 열반에 들 것인가, 아니면 수행승의 상태에 이를 것인가의 두 가지의 운명이 있을 뿐, 다른 것은 없습니다. 대왕이여, 그 출가, 즉 수행승의 상태는 부동이고 위대하고 숭고한 것이기 때문입니다.

[밀린다 왕] "존자 나가세나여, 이 심오한 질문을 강력하고 분별력 있는 그대가 잘 풀어내었습니다. 당신과 같은 지혜로운 이를 제쳐두고 다른 사람이 이 질문을 풀 수는 없습니다."

첫 번째 최상의 진리에 대한 질문이 끝났다.

2. [일체 뭇삶에 널리 요익을 주는 것에 대한 질문] (Sabbasattahitapharaṇapañha)

1. [밀린다 왕] "존자 나가세나여, 그대들은 '여래께서는 모든 뭇삶에게 불익을 제거하고 요익을 부여한다.'라고[530] 말합니다. 그런데 또한 불꽃더미 비유의 법문이 설해졌을 때 '육십 명의 수행승들이 뜨거운 피를 입에서 토했다.'라고[531] 말합니다. 존자여, 불꽃더미의 비유[532]의 법문을 설하신 것으로 여래께서는 육십 명의 수행승들에게 요익을 제거하고 불익을 부여한 것입니다. 존자 나가세나여, 만약에 여래께서 모든 뭇삶에게 불익을 제거하고 요익을 부여한다면, 그로 인해 불꽃더미 비유의 법문이 설해졌을 때 '육십 명의 수행승들이 뜨거운 피를 입에서 토했다.'라고 하는 말은 거짓이 되고 만약에 불꽃더미 비유의 법문이 설해졌을 때 '육십 명의 수행승들이 뜨거운 피를 입에서 토했다면, 그로 인해 [165] '여래께서 모든 뭇삶에게 불익을 제거하고 요익을 부여한다.'라는 그 말도 거짓이 됩니다. 이것도 양도논법의 질문으로 그대에게 제기된 것입니다. 그것은 그대가 해명해야 하는 몫입니다."

2. [나가세나] "대왕이여, 여래께서는 모든 뭇삶에게 불익을 제거하고 요익을 부여합니다. 불꽃더미 비유의 법문이 설해졌을 때 육십 명의 수행승들이 뜨거운 피를 입에서 토했습니다. 그러나 그것은 여래의 행위에 의한 것이 아니고 그 자신들의 행위에 의한 것입니다."

[밀린다 왕] "존자 나가세나여, 만약 여래께서 불꽃더미 비유의

530) tathāgato sabbasattānaṁ ahitamapanetvā hitamupadahatī'ti : 빠알리삼장에서 그대로는 발견되지는 않는 문장이지만, 그 내용은 불교에서 일반적인 것이라고 볼 수 있다.

531) saṭṭhimattānaṁ bhikkhūnaṁ uṇhaṁ lohitaṁ mukhato uggatan'ti : AN. IV. 128-135

532) Aggikkhandhūpamasutta : AN. IV. 128-135

법문이 설하지 않았다면, 그들이 뜨거운 피를 입에서 토했겠습니까?"

[나가세나] "대왕이여, 그렇지 않습니다. 그 잘못 실천하는 자들은 세존의 법문을 듣고 몸에 열뇌가 일어났는데, 그 열뇌로 인하여 뜨거운 피를 입에서 토한 것입니다."

[밀린다 왕] "존자 나가세나여, 그렇다면 여래께서 행한 것에 의해 그들이 뜨거운 피를 입에서 토한 것입니다. 여래야말로 그들의 멸망을 야기한 주요원인입니다. 존자 나가세나여, 뱀이 개미굴에 들어갔다고 합시다. 그런데 어떤 사람이 흙이 필요하여 개미굴을 부수고 흙을 꺼냄으로써 개미굴의 동혈을 막게 된다면, 그 뱀은 숨을 쉴 수가 없어 죽고 말 것입니다. 뱀은 그 사람의 행위로 인해 죽음에 이른 것이 아닙니까?"

[나가세나] "대왕이여, 그렇습니다."

[밀린다 왕] "존자 나가세나여, 이와 마찬가지로 여래께서는 그들의 멸망을 야기한 주요 원인입니다."

3. [나가세나] "대왕이여, 여래께서는 가르침을 설할 때에 애착과 혐오로 설하지 않고, 애착과 혐오를 떠나서 가르침을 설하는데, 이와 같이 가르침이 설할 때, 그것에 대해 올바로 실천하는 자들은 깨닫고, 잘못 실천하는 자들은 나락으로 떨어집니다. 대왕이여, 사람이 망고나무, 잠부나무,533) 마두까나무534)를 흔들면, 거기에 단단히 붙은 강한

---

533) Jambu : 한역으로 음사하면 염부수(閻浮樹)이다. 동남아시아나 인도 등과 같은 열대지방에서 자라는 나무이다. 크게 자라면 10~15m 정도이지만 일반적으로 1m정도로 자라면서 옆으로 군락을 이룬다. 인도의 델리 같은 도시에 가면 이 나무로 장관을 이루고 있다. 꽃은 4월에 피고 열매는 7월에 맺는다. 최대 100년까지 살 수 있으며 30m까지 키가 큰다. 나무 수피는 거칠고 어두운 회색이며 과일은 분홍색이거나 보라색의 앵두 모양 과일이다. 과일 등은 염료로 사용되거나 소금에 절여 식용이나 약용으로 사용되고 또는 사료로도 사용된다. 또한 당뇨병에도 효능이 있다고 알려져 있다. 노화 방지로도 탁월하다고 한다.

534) Madhuka : 학명이 Bassia latifolia이다.

열매는 떨어지지 않고 있고, 줄기가 썩어 허약하게 붙어있는 열매는 떨어집니다. [166] 대왕이여, 이와 마찬가지로 여래께서는 가르침을 설할 때에 애착과 혐오로 설하지 않고, 애착과 혐오를 떠나서 가르침을 설하는데, 이렇게 가르침을 설할 때, 그것에 대해 올바로 실천하는 자들은 깨닫지만, 그러나 잘못 실천하는 자들은 나락으로 떨어집니다. 대왕이여, 농부가 곡물을 심고자 밭을 간다면, 그 밭을 갈 때 수십만의 풀들이 죽습니다. 대왕이여, 여래께서는 정신적으로 성숙한 뭇삶들을 일깨우기 위해 애착과 혐오를 떠나서 가르침을 설하는데, 이렇게 가르침을 설할 때, 그것에 대해 올바로 실천하는 자들은 깨닫지만, 잘못 실천하는 자들은 풀처럼 죽습니다. 대왕이여, 사람들이 즙을 얻기 위해 기계로 사탕수수를 압착한다고 합시다. 그들은 사탕수수를 압착하면서, 그때에 기계의 입구로 들어간 벌레가 있다면, 그것들도 압착합니다. 대왕이여, 이와 마찬가지로 여래께서는 정신적으로 성숙한 뭇삶들을 일깨우면서 가르침의 기계로 압착하는데, 그때에 잘못 실천하는 자들은 벌레처럼 죽습니다."

4. [밀린다 왕] "존자 나가세나여, 그 수행승들은 그 법문 때문에 나락으로 떨어진 것이 아닙니까?"

[나가세나] "대왕이여, 목수가 나무를 수호하면서 반듯하고 판판하게 만들 수 있겠습니까?"

[밀린다 왕] "존자여, 그렇지 않습니다. 목수는 부적절한 부분을 제거하고, 반듯하고 판판하게 만듭니다."

[나가세나] "대왕이여, 이와 마찬가지로 여래께서는 단지 대중을 수호하기만 하면서 깨달을 수 있는 뭇삶들을 깨닫게 할 수 없습니다. 그러나 잘못 실천하는 사람들을 제거하고, 깨달을 수 있는 뭇삶들을 깨닫게 할 수 있습니다. 대왕이여, 잘못 실천하는 자들은 자신의 행위로 나락으로 떨어지는 것입니다. 대왕이여, 파초, 대나무, 암노새가

자신이 낳은 것으로 인해 멸망하는 것처럼, 대왕이여, 이와 같이 잘못 실천하는 자들은 자신의 행위로 멸망하고 나락으로 떨어지는 것입니다. 대왕이여, 도적들이 자신의 행위로 인해 두 눈이 뽑히고, 말뚝에 꿰고, 머리가 잘리는 형벌에 처해집니다. 대왕이여, 이와 마찬가지로 잘못 실천하는 사람들이 있다면, 그들은 자신의 행위로 멸망하고 나락으로 떨어지는 것입니다."

5. [나가세나] "대왕이여, [167] 육십 명의 수행승들이 뜨거운 피를 입에서 토했다면, 그것은 세존의 행위에 의한 것이나 다른 사람의 행위에 의한 것이 아니고, 단지 그들 자신의 행위에 의한 것입니다. 대왕이여, 어떤 사람이 모든 사람에게 불사의 감로수를 준다면, 그들은 그 불사의 감로수를 먹고 무병장수하여 모든 질병에서 벗어날 것입니다. 그러나 어떤 사람은 소화불량으로 그것을 먹고 죽을 수 있습니다. 대왕이여, 불사의 감로수를 준 사람은 그로 인해서 무엇인가 악덕을 지은 것이 아닐까요?"

[밀린다 왕] "존자여, 그렇지 않습니다."

[나가세나] "대왕이여, 이와 마찬가지로 여래께서는 일만의 세계에 사는 신들과 인간에게 불사의 가르침을 제공하는데, 그 뭇삶들이 유능하다면 가르침의 감로수로 깨달음을 얻지만, 그 뭇삶들이 무능하다면 가르침의 감로수로 멸망하고 나락으로 떨어집니다. 대왕이여, 음식은 모든 뭇삶의 생명을 보호하지만, 어떤 사람은 그것을 먹고 콜레라에 걸려 사망합니다. 대왕이여, 그 음식을 보시한 사람이 그로 인해서 어떤 악덕이라도 지은 것입니까?"

[밀린다 왕] "존자여 그렇지 않습니다."

[나가세나] "대왕이여, 이와 마찬가지로 여래께서는 일만의 세계에 사는 신들과 인간에게 불사의 가르침을 제공하는데, 그 뭇삶들이 유능하다면 가르침의 감로수로 깨달음을 얻습니다만, 그 뭇삶들이 무

능하다면 가르침의 감로수로 멸망하고 나락으로 떨어집니다."

[밀린다 왕] "존자 나가세나여, 현명하십니다. 참으로 그러하니, 그렇게 받아들이겠습니다."

두 번째 일체 뭇삶에 널리 요익을 주는 것에 대한 질문이 끝났다

3. [음마장상의 현시에 대한 질문] (Vatthaguyhanidassanapañha)

1. [밀린다 왕] "존자 나가세나여, 세존께서는 이렇게 말씀하셨습니다.

'신체를 수호하는 것도 훌륭하고,
언어를 수호하는 것도 훌륭하고,
정신을 수호하는 것도 훌륭하고,
일체의 경우에 수호하는 것도 훌륭하다.'[535]

그런데 여래께서는 사부대중 가운데 앉아 신들과 인간의 앞에서 바라문 쎌라[536]에게 몸속에 감추어진 음부를 보여주었습니다. 존자

---

535) kāyena saṁvaro sādhu | sādhu vācāya saṁvaro | manasā saṁvaro sādhu | sādhu sabbattha saṁvaro || Dhp. 361.

536) Sela : ThagA. III. 44에 따르면, 쎌라는 빠두뭇따라 부처님(Padumuttara Buddha) 당시에 훌륭한 가문에 태어나 성년이 되자, 조합의 수장으로서 삼백 명을 동원하여 그들과 함께 향실을 짓고, 완공되자 향실에서 수행승들의 참모임과 더불어 세존께 크나큰 보시를 행하고, 스승과 수행승들에게 세 벌 옷을 입혀주었다. 그는 그 공덕으로 어떤 부처님과 부처님의 사이 시대에 천상계에 태어나 거기서 죽어서 천상계와 인간계를 윤회하다가 고따마 부처님께서 탄생할 무렵 앙굿따라빠(Aṅguttarāpa) 지방의 아빠나(Āpaṇa)라는 바라문 마을에서 바라문 가문에 태어나 '쎌라'라는 이름을 얻었다. 그는 성년이 되자 세 가지 베다와 바라문 지식을 습득하고 삼백 명의 청년학인에게 진언을 가르치면서 아빠나 마을에 살았다. 그런데 마침 스승께서 싸밧티 시에서 나와 천이백오십 명의 수행승들과 함께 앙굿따라빠 지방을 유행하면서 쎌라의 제자들에게 궁극적 앎이 성숙한 것을 알고 한 우거진 숲에서 지냈다. 그러자 께니야(Keṇiya)라는 결발행자가 스승께서 오신 소식을 듣고, 거기에 와서 수행승들의 참모임과 함께 스승을 다음 날 초대하여 자신의 아슈람에서 많은 단단하거나 부드러운 음식을 준비했다. 그때 바라문 쎌라가 삼백 명의 청년학인들과 함께 걸어서 돌아다니다가 께니야의 아슈람에 와서 결발행자들이 장작과 열매와 화덕을 준

비하는 등 공양을 준비하는 것을 보고 '께니야여, 그대는 큰 제사를 준비하는가?'라고 묻자, 그는 '세존이신 부처님을 내일 초대했다.'라고 대답하자, '부처님'이라는 말을 듣고, 기쁘고 용약하여 희열이 생겨나 즉시 청년학인들과 함께 스승을 찾아가서 영접을 받자 한 쪽에 물러앉아 세존의 몸에서 서른두 가지 위대한 사람의 특징(三十二相 : dvattiṁsalakkhaṇa : Miln. 75의 주석참조) 가운데 서른 가지는 보았으나 감추어진 음부와 긴 혀바닥은 볼 수가 없어 의혹에 싸였으나, 부처님의 신통변화로 그것들을 나투자, 서른두 가지를 모두 보고 의혹을 해소하고 '이러한 특징을 갖춘 자는 전륜왕이 되거나 세상의 덮개를 제거하는 부처님이 될 것이다. 이 출가자가 부처님인지 아닌지 모르겠다. 그러나 나는 '그 세상에 존귀한 님들, 거룩한 님들, 올바로 원만히 깨달은 님들인 그 분들은 자신에 대한 찬탄이 설해지면, 자신을 드러낸다.' 라고 들었다. 올바로 원만히 깨달은 님이 아니라면 그 앞에서 부처님의 덕성을 찬탄한다면 부끄러워서 얼굴이 붉어질 것이다. 두려움 없음에 도달하지 못했고 인내를 할 수 없기 때문일 것이다. 내가 수행자 고따마 앞에서 적당한 싯구로써 찬탄하면 어떨까?'라고 생각하고 첫 여섯 편의 시(Thag. 818-823)를 읊었다. 이와 같이 쎌라가 읊자, 세존께서는 '그 세상에 존귀한 님들, 거룩한 님들, 올바로 원만히 깨달은 님들인 그 분들은 자신에 대한 찬탄이 설해지면, 자신을 드러낸다.'라고 생각하고 쎌라의 의도를 만족시키면서 한 편의 시(Thag. 824)로서 말했다. 그는 세존께서 자신을 드러낸 것을 보고 기쁨과 희열이 생겨나 다시 확인하기 위하여 두 편의 시(Thag. 825-826)를 읊었다. 그러자 세존으로부터 오른쪽 곁에 존자 싸리뿟따가 앉아 있었는데, 황금덩이처럼 상서로움으로 빛나고 있었다. 그를 가리키면서 세존께서는 한 편의 시(Thag. 827)를 읊었다. 그리고 그가 갖고 있는 의문을 제거하기 위하여, '이러한 것만을 내가 선언하는 것이 아니라 나는 이러한 이유에서 깨달은 님이다.'라고 알리기 위해 그 다음 시(Thag. 828)를 읊었다. 이와 같이 순차적으로 자신을 밝히고 자신에 대한 의혹을 제거하고, 바라문을 격려하면서 그 다음 세 편의 시(Thag. 829-831)를 읊었다. 그러자 바라문 쎌라는 즉시 세존께 청정한 믿음을 내어 출가의 의사를 밝히면서 그 다음 세 편의 시(Thag. 832-834)를 읊었다. 그러자 그들 청년학인들도 인연이 되어 거기서 출가의사를 밝히면서 그 다음 시(thag. 835)를 읊었다. 그러자 쎌라는 그 청년학인들을 흡족해하면서 그들을 위하여 출가를 요청하면서 그 다음 시(Thag 836)를 읊었다. 그 후 세존께서는, 쎌라는 앞에서 언급했듯이 빠두뭇따라 부처님 당시에 삼백 명의 조합의 우두머리로서 일을 잘 처리해서, 금생의 최후의 생에서 그들의 스승으로 태어난 것인데, 그와 그들의 궁극적 앎의 성숙이 '수행승이여, 오라.'의 인연이 되었기 때문에, 그들 모두를 '수행승이여, 오라.'고 구족계를 준 상태에서 출가시키면서 그 다음의 시(Thag. 837)를 읊었다. 그러자 그들 모두는 신통력에 의해서 발우와 의복을 갖춘 상태가 되었고 법랍 육십 세의 장로처럼 세존께 예경하고 경의를 표했다. 그는 이와 같이 출가해서 통찰수행을 닦으면서 칠 일만에 대중들과 함께 거룩한 경지를 얻었다.(Ap. I. no. 389 참조) 거룩한 경지를 얻고 나서 스승에게 인사를 하고 궁극적 앎을 선언하면서 그 다음 한 편의 시(Thag. 838)를 읊고 두 편의 시(Thag. 839-840)로써 찬탄을 하고, 마지막 시(Thag. 841)로써 예경을 받아줄 것을 요청했다. 상세한 것은 MN. II. 146 ; Stn. p. 102-112(Stn.

나가세나여, 만약에 세존께서 '신체를 수호하는 것도 훌륭하다.'라고 말씀하셨다면, [168] 바라문 쎌라에게 몸속에 감추어진 음부를 보여주었다는 말은 거짓이 됩니다. 존자 나가세나여, 만약에 바라문 쎌라에게 몸속에 감추어진 음부를 보여주었다면, 그로 인해 '신체를 수호하는 것도 훌륭하다.'라고 한 그 말도 거짓이 됩니다. 이것도 양도논법의 질문으로 그대에게 제기된 것입니다. 그것이 그대가 해명해야 할 몫입니다."

2. [나가세나] "대왕이여, 세존께서 '신체를 수호하는 것도 훌륭하다.' 라고 말씀하셨고, 바라문 쎌라에게 몸속에 감추어진 음부를 보여주었습니다. 대왕이여, 여래에 대하여 의혹이 생겨난 자가 깨우치도록 세존께서는 신통으로 유사한 모습의 신체를 보여준 것인데, 그만이 그 신통변화를 목격한 것입니다."

[밀린다 왕] "존자 나가세나여, 대중 가운데 한 사람만이 그 음부를 보고 나머지는 그곳에 있으면서도 보지 못한 사실을 누가 믿을 수 있겠습니까? 자, 나에게 그 이유를 지적해 주시고, 그 이유로써 납득시켜 주십시오."

[나가세나] "대왕이여, 그대는 어떤 자이든 병자가 친척이나 친구에게 둘러싸여 있는 것을 본 적이 있습니까?"

[밀린다 왕] "존자여, 본 적이 있습니다."

[나가세나] "대왕이여, 그 사람이 느끼는 그 고통을 그 대중이 느낍니까?"

[밀린다 왕] "존자여, 그렇지 않습니다. 존자여, 그 자신, 그 사람만이 느낍니다."

[나가세나] "대왕이여, 이와 마찬가지로 여래에 대하여 의혹이 생겨난 자가 깨우치도록 여래께서는 신통으로 유사한 모습의 신체를 보여준

548-567); Thag 818-837, Thag 838-841(Sela: 570-573)를 참조하라.

것인데, 그만이 그 신통변화를 목격한 것입니다."

[나가세나] "대왕이여, 어떤 사람에게 악마가 들어갔을 때, 대왕이여, 대중이 그 악마가 온 것을 봅니까?"

[밀린다 왕] "존자여, 그렇지 않습니다. 그 괴로워하는 자만이 악마가 온 것을 봅니다."

[나가세나] "대왕이여, 이와 마찬가지로 여래에 대하여 의혹이 생겨난 자가 깨우치도록 여래께서는 신통으로 유사한 모습의 신체를 보여준 것인데, 그만이 그 신통변화를 목격한 것입니다."

[밀린다 왕] "존자 나가세나여, 세존께서는 한 사람에게도 보여줄 수 없는 것을 보이게 하는 어려운 일을 하셨습니다."

[나가세나] "대왕이여, 세존께서는 음부를 보인 것이 아니라, 신통력으로 [169] 그림자를 보여준 것입니다."

[밀린다 왕] "존자여, 본 것이 그림자를 보았더라도 음부이니, 그것을 보고 확정한 것입니다."

3. [나가세나] "대왕이여, 여래께서는 깨달을 수 있는 뭇삶들이 깨닫도록 어려운 일을 했습니다. 대왕이여, 여래께서 해야 할 일을 하지 않았다면, 깨달을 수 있는 뭇삶들이 깨닫지 못했을 것입니다. 대왕이여, 여래께서는 깨달을 수 있는 뭇삶들이 깨달을 수 있는 방법을 알기 때문에, 깨달을 수 있는 자들이 깨닫는 그 각각의 방법으로, 깨달을 수 있는 뭇삶들이 깨닫도록 조치합니다. 대왕이여, 내과의사나 외과의사는 질병을 치유할 수 있는 갖가지 약을 환자에게 처방합니다. 토해야 할 자는 토하게 하고, 하제를 주어야 할 자에게는 하제를 주고, 연고를 발라야 할 자에게는 연고를 바르게 하고, 관장해야 할 자에게는 관장을 시킵니다. 대왕이여, 이와 같이 여래께서는 깨달을 수 있는 뭇삶들이 깨달을 수 있는 방법을 알기 때문에, 깨달을 수 있는 자들이 깨닫는 각각의 방법으로, 뭇삶들이 깨닫도록 조치합니다."

4. [나가세나] "대왕이여, 난산의 여자는 의사에게 보여서는 안 되는 음부를 보여줍니다. 대왕이여, 이와 마찬가지로 여래께서는 깨달을 수 있는 뭇삶들이 깨닫도록, 보여주어서는 안 되는 음부를 신통력으로 그림자로 보여준 것입니다. 대왕이여, 사람과 관련하여 보여주어서는 안 되는 경우는 없습니다. 대왕이여, 누군가가 세존의 심장을 보고 깨달을 수 있다면, 그에게도 세존께서는 방법을 써서 심장을 보여주었을 것입니다. 대왕이여, 여래께서는 방법을 아시는 분으로 가르침에 밝은 분입니다."

5. [나가세나] "대왕이여, 세존께서는 장로 난다537)의 경향을 아시고 '이 훌륭한 가문의 아들은 깨달을 것이다.'라고 생각하시고 그를 천궁으로 데려가서 그에게 천녀들을 보여주지 않았습니까? 그로 인해 그 훌륭한 가문의 아들은 깨달음을 얻었습니다. 대왕이여, 이와 같이 여래께서는 갖가지 법문으로 아름다운 인상을 경멸하고 꾸짖고 혐오하면서 그가 깨닫도록 그에게 구족천녀538)들을 보여주었던 것입니다. 대왕이여, 이와 같이 또한 여래께서는 방법을 아시는 분으로 가르침에 밝은 분입니다."

6. [나가세나] "대왕이여, 또한 여래께서는 장로 쭐라 빤타까539)가 형에게 쫓겨나 괴로워하고 우울해하고 있을 때 다가가서 '이것으로 이 훌륭한 가문의 아들이 깨달음을 이룰 것이다.'라고 생각하시고 섬세한 천조각을 그에게 주었습니다. [170] 그 훌륭한 가문의 아들은 그것으로 최승자의 가르침에 통달했습니다. 대왕이여, 이와 같이 또한 여래께서는 방법을 아시는 분으로 가르침에 밝은 분입니다."

537) Nanda : Ud. 21
538) kakuṭapādinī : 구족천녀(鳩足天女)는 비둘기의 발과 같은 아름다운 발을 지닌 여인을 뜻한다.
539) Cūḷa Panthaka : ThagA. II. 236

7. [나가세나] "대왕이여, 또한 여래께서는 바라문 모가라자[540]가 세 번이나 물었으나 '이렇게 해야 이 훌륭한 가문의 아들이 교만을 그치고, 교만을 그치면 진리의 꿰뚫음을 이룰 것이다.'라고 생각하시고 대답하지 않으셨습니다. 그로 인해 그 이 훌륭한 가문의 아들이 교만을 그치고 교만을 그쳤기 때문에 그 바라문은 여섯 가지 곧바른 앎에 통달할 수 있었습니다. 대왕이여, 이와 같이 여래께서는 방법을 아시는 분으로 가르침에 밝은 분입니다."

[밀린다 왕] "존자 나가세나여, 현명하십니다. 질문은 갖가지 방식으로 해명되었습니다. 밀림은 개간되었고, 어둠은 광명으로 변했고, 매듭은 잘렸고, 이교적 이론은 부수어졌고, 그대를 통해 최승자의 아들들에게 눈이 생겨났습니다. 이교도들은 변명의 여지가 없습니다. 모든 선생 가운데 가장 뛰어나고 탁월한 그대를 만난 덕분입니다."

세 번째 음마장상의 현시에 대한 질문이 끝났다.

4. [거친 말씀의 존재에 대한 질문]
(Pharusavācābhāvapañha)

1. [밀린다 왕] "존자 나가세나여, 가르침의 장군 장로 싸리뿟따는 '벗이여 여래께서는 언어적 행위가 청정함으로 '남이 이러한 것을 알아서는 안 된다.'라고 여래께서 감추어야만 하는 여래의 언어적 악행은 없다.'라고[541] 말했습니다. 그런데 또한 여래께서는 장로 쑤딘나 깔란다뿟따[542]가 저지른 승단추방죄를 제정하면서 거친 말로 '어리

---

540) Mogharāja : Miln. 412의 장로 모가라자를 뜻한다. 그는 바라문 가문에서 태어났다.

541) parisuddhavacīsamācāro āvuso tathāgato, natthi tathāgatassa vacīduccaritaṁ, yaṁ tathāgato rakkheyya 'mā me idaṁ paro aññāsī'ti : DN. III. 217에서는 싸리뿟따의 말이지만 AN. IV. 82에서는 부처님의 말씀으로 되어 있다.

542) Sudinna Kalandaputta : 깔란다까뿟따(Kalandakaputta)라고도 한다. Vin. III. 11-21에 따르면, 쑤딘나는 승단추방죄의 기초를 제공한 첫 번째 수행승이었다. 그는

석은 놈'이라고 말했습니다.543) 그로 인해 그 장로는 어리석은 놈이라는 말 때문에 당혹한 마음에 휩싸여 후회하면서 고귀한 길을 꿰뚫을 수 없었습니다. 존자 나가세나여, 만약 여래께서는 언어적 행위가 청정함으로 여래의 언어적 악행이 없다면, 그로 인해 여래께서 장로 쑤딘나 깔란다뿟따가 저지른 승단추방죄를 제정하면서 거친 말로 '어리석은 놈'이라고 했다는 [171] 그 말씀은 거짓이 되고, 만약 여래께서 장로 쑤딘나 깔란다뿟따가 저지른 승단추방죄를 제정하면서 거친 말로 '어리석은 놈'이라고 했다면, 그로 인해 여래께서는 언어적 행위가 청정함으로 여래의 언어적 악행이 없다는 말도 거짓이 됩니다. 이것도 양도논법의 질문으로 그대에게 제기된 것입니다. 그것이 그대가 해명해야 할 몫입니다."

2. [나가세나] "대왕이여, 가르침의 장군 장로 싸리뿟따는 '벗이여 여래께서는 언어적 행위가 청정함으로 '남이 이러한 것을 알아서는 안 된다.'라고 여래께서 감추어야만 하는 여래의 언어적 악행이 없다.'라고544) 말했습니다. 그런데 또한 여래께서는 장로 쑤딘나 깔란다뿟따가 저지른 승단추방죄를 제정하면서 거친 말로 '어리석은 놈'이라고

부유한 집안의 자제로서 출가 이후에 밧지 국에서 수행생활을 하다 그곳에 기근이 들자 고향인 베쌀리로 가서 동료 수행승들과 탁발하였다. 한 번은 깔란다까마을의 자기 아버지의 집으로 갔는데, 옛 자신의 집의 하녀가 그를 그의 손과 발과 목소리로 알아보고 그의 어머니에게 그 사실을 알렸다. 부모가 환속을 종용했으나 그가 거절했다. 그래서 옛 아내가 그를 찾았으나, 그가 '자매여'라고 부르자, 그녀는 기절하고 말았다. 그의 아내와 어머니가 와서 국가로부터의 나중에 재산의 몰수를 방지하기 위해서라도 아들을 낳아 달고 부탁하자, 그는 세 번에 걸쳐 아내과 성적 교섭을 했고, 그의 아내는 비자까(Bījaka)라는 아들을 낳았다. 나중에 쑤딘나는 자신의 일을 후회하자, 동료 수행승들이 부처님에게 알렸고 부처님은 그를 견책한 것이다.

543) sudinnassa kalandaputtassa aparādhe pārājikaṁ paññapento pharusāhi vācāhi moghapurisavādena samudācari : Pār. 1. Vin. III. 11

544) parisuddhavacīsamācāro āvuso tathāgato, natthi tathāgatassa vacīduccaritaṁ, yaṁ tathāgato rakkheyya 'mā me idaṁ paro aññāsī'ti : DN. III. 217에서는 싸리뿟따의 말이지만 AN. IV. 82에서는 부처님의 말씀으로 되어 있다.

말했습니다. 그러나 그것은 악의 때문도 아니고 분노 때문도 아니고 그의 있는 그대로의 특성 때문이었습니다. 대왕이여, 거기서 있는 그대로의 특성이란 무엇입니까? 사람이 자신의 존재에서 네 가지 진리를 이해하지 못하면, 그의 인간성은 어리석고 일을 하여도 다른 결과가 생겨납니다. 그러므로 '어리석은 놈'이라고 말하는 것입니다. 대왕이여, 세존께서는 존자 쑤딘나 깔란다뿟따의 본성을 지칭하여 거짓이 아닌 말로 말씀하신 것입니다."

3. [밀린다 왕] "존자 나가세나여, 본성을 질책하여 언급하는 자에게 나는 일 까하빠나의 벌금을 물립니다. 그가 사실에 입각하지만, 일반적 표현을 사용하지 않고 질책한다면, 죄를 짓는 것입니다."

[나가세나] "대왕이여, 그대는 범죄자에게 예경하거나, 일어나 맞이하거나, 존경하거나, 공물을 바친 이야기를 들어본 적이 있습니까?"

[밀린다 왕] "존자여, 없습니다. 어떤 이유든지 어디서든지 범죄자는 비난을 받고 질책을 받아야 합니다. 더구나 사람들은 그의 목을 자르고, 그를 때리고, 가두고, 죽이고, 멸망하게 할 것입니다."

[나가세나] "대왕이여, 그렇다면 세존께서는 해야 할 일을 행한 것이지 부당한 일을 행한 것은 아니지 않습니까?"

[밀린다 왕] "존자 나가세나여, 해야 할 일을 행한 것입니다. 해야 할 일을 올바로 행한 것이고 알맞게 행한 것입니다. 존자 나가세나여, 신들과 인간의 세계는 여래의 말씀을 듣는 것만으로도, 그리고 더욱 친견하고 나아가 접근하고 공경함으로써 부끄럽고 창피하게 여길 것입니다."

4. [나가세나] "대왕이여, [172] 의사가 나쁜 체액으로 몸에 병소가 도진 환자에게 부드러운 약을 줍니까?"

[밀린다 왕] "존자여, 그렇지 않습니다. 아주 강하고 씁쓸한 약을 줍니다."

[나가세나] "대왕이여, 이와 마찬가지로 여래께서는 모든 번뇌의 병이 그치도록 교계를 줍니다. 대왕이여, 거칠더라도 여래의 말씀은 뭇삶들을 편안하게 하고 온화하게 합니다. 대왕이여, 뜨거운 물은 어떤 것이든 부드러워질 수 있는 것을 유연하게 하고 온화하게 하듯이, 대왕이여, 이와 마찬가지로 거칠더라도 여래의 말씀은 요익을 동반하고 연민을 수반합니다. 대왕이여, 자식들에 대한 아버지의 말씀이 요익을 동반하고 연민을 수반하듯이, 대왕이여, 이와 마찬가지로 거칠더라도 여래의 말씀은 요익을 동반하고 연민을 수반합니다. 대왕이여, 거칠더라도 여래의 말씀은 뭇삶들에게 번뇌를 끊어줍니다. 대왕이여, 악취가 나더라도 소의 오줌을 마시고, 맛없더라도 해독제를 마시면, 뭇삶들에게 질병이 제거되듯. 대왕이여, 이와 마찬가지로 거칠더라도 여래의 말씀은 요익을 동반하고 연민을 수반합니다. 대왕이여, 솜뭉치가 크더라도 다른 사람의 몸에 떨어져 해를 끼치지 않듯. 대왕이여, 이와 마찬가지로 거칠더라도 여래의 말씀은 누구에게도 고통을 일으키지 않습니다."

[밀린다 왕] "존자 나가세나여, 질문은 여러 가지 방식으로 잘 해명되었습니다. 존자 나가세나여, 훌륭합니다. 참으로 그러하니 그렇게 받아들이겠습니다."

네 번째 거친 말씀의 존재에 대한 질문이 끝났다.

5. [나무는 의식이 없는 존재인가에 대한 질문] (Rukkhaacetanābhāvapañha)

1. [밀린다 왕] "존자 나가세나여, 여래께서는 이렇게 말씀하셨습니다.

[세존] '바라문이여, [24] 의식이 없고
듣지도 못하는 알지도 못하는
이 빨라싸 나무를 향해,

아는 자가 애써 정진하며
항상 방일하지 않고
안녕히 주무셨는지를 묻는데,
그 이유가 무엇인가?'545)

또한 [173] 이렇게 말씀하셨습니다.

[세존] '이처럼 판다나 나무도
즉시로 그자에게 말했다.
'나도 할 말이 있으니,
바라드와자여, 나에게 들어라.'546)

존자 나가세나여, 나무가 의식이 없다면, 그로 인해 판다나 나무와 바라드와자가 대화를 했다는 그 말은 거짓이 됩니다. 만약에 판다나 나무와 바라드와자가 함께 대화했다면, 그로 인해 나무가 의식이 없다는 그 말씀도 거짓이 됩니다. 이것도 양도논법의 질문으로 그대에게 제기된 것입니다. 그것이 그대가 해명해야 할 몫입니다."

2 [나가세나] "대왕이여, 세존께서는 '나무는 의식이 없다.'라고 말씀하셨고, 판다나 나무와 바라드와자가 대화를 했다고 말씀하셨습니다. 그러나 그 말씀은 세간의 통칭에 의해서 말해진 것입니다. 대왕이여, 의식이 없는 나무에게 대화는 없습니다. 대왕이여, 그 나무에 깃든 천신의 동의어가 그 나무입니다. '나무가 대화한다.'라면 그것은 세간의 표현일 뿐입니다. 대왕이여, 수레에 곡물이 가득 차있으면 곡물수

---

545) acetanaṁ brāhmaṇa assuṇantaṁ | jāno ajānantamimaṁ palāsaṁ | āraddhaviriyo dhuvaṁ appamatto | sukhaseyyaṁ pucchasi kissa hetū'ti ‖ Jāt. 307

546) iti phandanarukkho pi | tāvade ajjhabhāsatha | mayham pi vacanaṁ atthi | bhāradvāja suṇohi me ‖ Jāt. 475. 바라드와자(Bhāradvāja)는 목수의 이름이고, 판다나 나무는 판다나 나무에 깃든 천신을 뜻한다. 판다나는 작은 나무의 일종으로 Dalbergia를 말한다.

레라고 사람들이 통칭합니다. 그러나 그것은 곡물로 만들어진 수레가 아니고 나무로 만들어진 수레입니다. 그러나 그 수레에 곡물이 실려 있기 때문에 곡물수레라고 사람들이 통칭하는 것입니다. 대왕이여, 이와 마찬가지로 나무는 대화하지 않고, 나무에게는 의식이 없습니다. 대왕이여, 다만 그 나무에 깃든 천신의 동의어가 그 나무입니다. '나무가 대화한다.'라면 그것은 세간의 표현일 뿐입니다. 대왕이여, 응유를 휘저으면서 '버터우유[酪漿]를 휘젓는다.'라고 사람들이 통칭하는데, 휘젓고 있는 것은 버터우유가 아니고 응유인데, 휘저으면서 '버터우유를 휘젓는다.'라고 통칭하는 것일 뿐입니다. 대왕이여, 이와 마찬가지로 나무는 대화하지 않고, 나무에게는 의식이 없습니다. 대왕이여, 다만 그 나무에 깃든 천신의 동의어가 그 나무입니다. '나무가 대화한다.' 라면 그것은 세간의 표현일 뿐입니다. 대왕이여, 존재하지 않는 것을 준비하려는 자는 '존재하는 것을 준비한다.'라고 통칭합니다. 준비되지 않은 것을 [174] 준비된 것이라고 통칭하는 것입니다. 이와 같이 그것은 세간의 통칭입니다. 대왕이여, 이와 마찬가지로 나무는 대화하지 않고 나무에게는 의식이 없습니다. 대왕이여, 다만 그 나무에 깃든 천신의 동의어가 그 나무입니다. '나무가 대화한다.'라면 그것은 세간의 표현일 뿐입니다. 사람들이 사용하는 세간의 통칭으로 여래도 뭇삶들에게 가르침을 설하신 것입니다."

[밀린다 왕] "존자 나가세나여, 현명하십니다. 참으로 그러하니, 그렇게 받아들이겠습니다."

다섯 번째 나무는 의식이 없는 존재인가에 대한 질문이 끝났다.

6. [공양의 위대한 과보에 대한 질문]
(Piṇḍapātamahapphalapañha)

1. [밀린다 왕] "존자 나가세나여, 교법의 결집[547]을 행한 장로들은

이와 같이 말했습니다.

[결집자들] '나는 이렇게 들었다.
금세공사의 아들 쭌다[548]가 바친 공양을 들고
죽음에 이를 정도로
현명한 님께서는 극심한 병에 걸리셨다.'[549]

또한 세존께서는 '아난다여, 두 가지 공양은 동등한 과보, 동등한 공덕이 있는데, 다른 과보나 다른 공덕을 훨씬 능가한다. 두 가지란 무엇인가? 그 공양을 들고 여래께서 위없이 바르고 원만한 깨달음을 얻는 때와 그 공양을 들고 여래께서 잔여가 없는 완전한 열반에 드는 때의 그 두 공양은 동등한 과보, 동등한 공덕이 있는데, 다른 과보나 다른 공덕을 훨씬 능가한다.'라고[550] 말씀하셨습니다. 존자 나가세나여, 세존께서 쭌다의 공양을 드신 후에 중병이 생겨나 죽음에 이를 정도의 고통을 겪었다면, 그로 인해 '그 두 공양은 동등한 과보, 동등한 공덕이 있는데, 다른 공양의 과보나 공덕을 훨씬 능가한다.'는 그 말씀

547) dhammasaṅgīti : 여기서 '교법(敎法)의 결집(結集)'이란 부처님께서 완전한 열반에 드신 이후에 라자가하 시의 칠엽굴에서 개최된 제1결집을 뜻한다. 결집이란 합송(合誦)을 뜻한다. 가르침의 합송을 통해 삼장을 결집했다.

548) Cunda kammāraputta : 일반적으로 '대장장이'라고 번역하는 '깜마라(kammāra)'는 대장장이나 금속세공사 또는 금세공사를 뜻하는 포괄적인 단어이다. Smv. 568에 따르면, 그는 금세공사(suvaṇṇakāra)의 아들이었다. 부유한 대자산가였고 부처님을 처음 만나 흐름에 든 님이 되었고, 자신의 망고 숲을 기증하여 승원을 만들어 시주했다.

549) cundassa bhattaṃ bhuñjitvā | kammārassāti me sutaṃ | ābādhaṃ samphusī dhīro | pabāḷhaṃ māraṇantikaṃ || DN. II. 128; Ud. 82

550) dveme, ānanda, piṇḍapātā samasamaphalā samavipākā ativiya aññehi piṇḍapātehi mahapphalatarā ca mahānisaṁsatarā ca. katame dve? yañca piṇḍapātaṁ paribhuñjitvā tathāgato anuttaraṁ sammāsambodhiṁ abhisambujjhi, yañca piṇḍapātaṁ paribhuñjitvā tathāgato anupādisesāya nibbānadhātuyā parinibbāyati. ime dve piṇḍapātā samasamaphalā samavipākā, ativiya aññehi piṇḍapātehi mahapphalatarā ca mahānisaṁsatarā cā'ti : DN. II. 135

은 거짓이 되고, 만약에 그 두 공양은 동등한 과보, 동등한 공덕이 있는데, 다른 공양의 과보나 공덕을 훨씬 능가한다면, 그로 인해 쭌다의 공양을 드신 후에 중병이 생겨나 죽음에 이를 정도의 고통을 겪었다는 그 말도 거짓이 됩니다. 존자 나가세나여, 그 음식이 독으로 변했기 때문에 과보가 큰 것입니까? 병이 나게 했기 때문에 과보가 큰 것입니까? [175] 목숨을 괴멸시켰기 때문에 큰 과보가 있는 것입니까? 세존의 목숨을 앗아갔기 때문에 큰 과보가 있는 것입니까? 이설을 지닌 자들을 논박하기 위해, 그 이유를 나에게 말씀해 주십시오. 그것에 관해 세상 사람들은 '탐욕으로 과식하여 이질에 걸리신 것이다.'라고 당혹해 하고 있습니다. 이것도 양도논법의 질문으로 그대에게 제기된 것입니다. 이것이 그대가 해명해야할 몫입니다."

2. [나가세나] "대왕이여, 교법의 결집을 행한 장로들이 '나는 이렇게 들었다. 금세공사의 아들 쭌다가 바친 공양을 들고, 죽음에 이를 정도로 현명한 님께서는 극심한 병에 걸리셨다.'라고 말했습니다. 또한 세존께서는 '아난다여, 두 공양은 동등한 과보, 동등한 공덕이 있는데, 다른 과보나 다른 공덕을 훨씬 능가한다. 두 가지란 무엇인가? 공양을 들고 여래께서 위없이 바르고 원만한 깨달음을 얻는 때와 공양을 들고 여래께서 잔여가 없는 완전한 열반에 드는 때의 그 두 공양은 동등한 과보, 동등한 공덕이 있는데, 다른 공양의 과보나 공덕을 훨씬 능가한다.'라고 말씀하셨습니다. 그 공양은 많은 덕성과 수많은 공덕을 지니고 있기 때문입니다. 대왕이여, 신들은 환희하고 기쁜 마음으로 '이것이 세존의 마지막 공양이다.'라고 하늘의 자양551)을 쑤까라맛다바552)에 뿌렸습니다. 그리고 그것은 잘 요리되고 충분히 삶아졌고

551) dibba-oja : 천상의 자양(滋養), 신성한 자양분을 뜻한다.
552) Sūkaramaddava : 쑤까라맛다바는 이 경에 나와 있듯이, 세존께서 꾸씨나라 시(Kusinārа)로 가는 도중 빠바 시에 들렀을 때, 금세공사의 아들 쭌다가 베푼 최후의 공양에 포함되어 있었다. 쭌다가 올린 음식은 맛있는 쌀밥과 케이크 및 쑤까라맛다

쾌적하고 입맛에 맞게 풍미가 있고 소화에 적합하게 조리된 것이었습니다. 대왕이여, 그로 인해서 세존께 예전에 없던 어떤 질병이라도 생겨난 것은 아닙니다. 대왕이여, 자연적으로 쇠약해진 몸이, 수명의 형성이 다하여, 병이 생겨나자 점점 더 심해진 것입니다. 대왕이여, 자연히 타오르는 불이 연료가 주어지면 점점 더 타오릅니다. 대왕이여, 이와 마찬가지로 세존의 자연적으로 쇠약해진 몸이 수명의 형성이 다하여 병이 생겨나자 점점 더 심해진 것입니다. 대왕이여, 자연적 흐름은 [176] 흐르다가, 큰 구름이 비를 내리면, 점점 더 큰 폭류, 큰 홍수가 됩니다. 대왕이여, 이와 마찬가지로 세존의 자연적으로 쇠약해진 몸이, 수명의 형성이 다하여, 병이 생겨나자 점점 더 심해진 것입니다. 대왕이여, 자연적으로 가득 찬 뱃속이 다른 음식을 삼키게

바였다. 그 공양을 들고 부처님께서 심한 설사를 하게 되었고 완전한 열반에 들어야 했다. 세존께서는 그 전에 아난다에게 부탁해서 쭌다가 부처님의 죽음에 대한 가책을 느끼지 않도록 위로했고 최후의 공양이 다른 어떤 것보다 위대한 공덕을 가진 것이라고 격려하게끔 했다. Smv. 568에서 붓다고싸(Budhhaghosa)는 '쑤까라맛다바는 너무 늙거나 너무 어리지도 않은 하나의 우수한 멧돼지의 신선한 고기(ekajeṭṭhasūkarassa pavattanamaṁsa)로 부드럽고 기름진 것이었고 잘 요리된 것'이라고 주장했다. 그리고 담마빨라(Dhamapāla)는 UdA. 399-400에서, '쑤까라맛다바는 대의소(大義疏 : Mahā-aṭṭhakātha)에 나와 있듯이, 멧돼지의 부드럽고 기름지고 신선한 고기이다. 그러나 어떤 사람들은 그것이 멧돼지의 고기가 아니라 멧돼지에 짓밟힌 죽순(kaḷīra)이라고 말한다. 다른 사람들은 멧돼지에 짓밟힌 땅에서 자란 버섯(ahichattaka)라고 말한다. 또 다른 사람들은 불노장생약(rasāyanavidhi)이라고 한다.'라고 기술하고 있다. 이와 유사하게 Smv. 568(미얀마본)은, 쑤까라맛다바가 소에서 얻은 오종미(五種味 : pañcagorasa) – 우유(乳 : khīra), 응유(酪 : dadhi), 버터(生酥 : navanīta), 버터기름(熟酥 : sappi), 버터크림(醍醐: sappimaṇḍa) – 와 함께 끓인 부드러운 쌀밥(mudu odana) 또는 유미죽(yūsa)이거나 불노장생약(rasāyanavidhi)이라는 설이 있다고 소개하고 있다. 그러나 Mil. 174-176에 따르면, 나가세나(Nāgasena)는 밀린다(Milinda)왕에게 부처님의 마지막 식사와 완전한 열반의 관계에 대해서 '대왕이여, 그 마지막 만찬 때문에 생겨나지 않은 질병이 생겨나서가 아니라, 세존의 자연스러운 육체적인 쇠약과 수명이 다해서 생겨나는 질병이 더 심해져서 … 대왕이여, 그 탁발음식에 잘못이 없고, 거기에 잘못을 전가할 수는 없습니다.'라고 말했다. 북전의 장아함경(長阿含經)에서는 쑤까라맛다바가 전단수이(栴檀樹耳) – 간다리(Gandhari) 범어인 짠다나까르나(Candanakarṇa)를 번역한 것 – 라는 버섯의 일종으로 번역되어 있다.

되면 점점 더 팽창합니다. 대왕이여, 이와 마찬가지로 세존의 자연적으로 쇠약해진 몸이, 수명의 형성이 다하여, 병이 생겨나자 점점 더 심해진 것입니다. 대왕이여, 그 공양에 잘못이 있는 것이 아닙니다. 그것에 잘못을 돌릴 수 없습니다."

3. [밀린다 왕] "존자 나가세나여, 어떤 이유로 그 두 공양은 동등한 과보, 동등한 공덕이 있는데, 다른 공양의 과보나 공덕을 훨씬 능가하는 것입니까?"

[나가세나] "대왕이여, 진리에 대한 거듭되는 성찰의 성취553)를 통해서 그 두 공양은 동등한 과보, 동등한 공덕이 있는데, 다른 공양의 과보나 공덕을 훨씬 능가하는 것입니다."

[밀린다 왕] "존자 나가세나여, 어떤 진리에 대한 거듭되는 성찰의 성취를 통해서 그 두 공양은 동등한 과보, 동등한 공덕이 있는데, 다른 공양의 과보나 공덕을 훨씬 능가하는 것입니까?"

[나가세나] "대왕이여, 아홉 가지 단계적 명상554)의 성취에 대하

---

553) dhammānumajjanasamāpatti : DN. II. 156의 완전한 열반에 드시는 부처님의 초선에서 지각과 느낌의 소멸(想受滅定)에 이르고, 다시 역순으로 초선에 이르다가 이선, 삼선에 이르고 마침내 네 번째 선정에 완전한 열반에 드는 과정을 뜻한다.

554) nava anupubbavihārā : 아홉 가지 차제적 명상을 뜻한다. 한역으로 구차제주(九次第住)로 구차제정(九次第定)을 말한다. *1)* 감각적 쾌락의 욕망을 여의고 악하고 불건전한 상태를 떠난 뒤, 사유와 숙고를 갖추고 멀리 여읨에서 생겨나는 희열과 행복을 갖춘 첫 번째 선정(色界一禪). *2)* 사유와 숙고가 멈추어진 뒤, 내적인 평온과 마음의 통일을 이루고, 사유와 숙고를 여의어, 삼매에서 생겨나는 희열과 행복을 갖춘 두 번째 선정((色界二禪). *3)* 희열이 사라진 뒤, 평정하고 새김이 있고 올바른 알아차림을 갖추며 신체적으로 행복을 느끼며 고귀한 님들이 평정하고 새김이 있고 행복하다고 표현하는 세 번째 선정(色界三禪). *4)* 행복과 고통이 버려지고 만족과 불만도 사라진 뒤, 괴로움도 없고 즐거움도 없는, 평정하고 새김이 있고 청정한 네 번째 선정((色界四禪). *5)* 미세한 물질계에 대한 지각을 완전히 뛰어넘어 감각적 저촉에 대한 지각이 사라진 뒤에 다양성에 대한 지각에 정신활동을 여읨으로써 '공간이 무한하다.'라는 무한공간의 세계의 성취(無色界一禪). *6)* 무한공간의 세계를 완전히 뛰어넘어 '의식이 무한하다.'라는 무한의식의 세계(無色界二禪). *7)* 무한의식의 세계를 완

여 순역으로 들어가는 것을 통해서 그 두 공양은 동등한 과보, 동등한 공덕이 있는데, 다른 공양의 과보나 공덕을 훨씬 능가하는 것입니다."

[밀린다 왕] "존자 나가세나여, 여래께서는 이틀 동안만 아홉 가지 단계적 명상에 순역으로 들어가신 것입니까?"

[나가세나] "대왕이여, 그렇습니다."

[밀린다 왕] "존자 나가세나여, 놀라운 일입니다. 존자 나가세나여, 예전에 없었던 일입니다. 이 부처님의 복전[555]에 비교할 수 없는 최상의 보시가 있어도, 그 두 공양에 견줄 수 없습니다."

[밀린다 왕] "존자 나가세나여, 놀라운 일입니다. 존자 나가세나여, 예전에 없었던 일입니다. 아홉 가지 단계적 명상의 성취가 위대한 것인 한, 아홉 가지 단계적 명상의 성취를 통해서 보시가 [177] 더욱 큰 과보 더욱 큰 공덕을 갖는 것입니다. 존자 나가세나여, 현명하십니다. 참으로 그러하니, 그렇게 받아들이겠습니다."

여섯 번째 공양의 위대한 과보에 대한 질문이 끝났다.

7. [부처님 공양에 관한 질문]
(Buddhapūjanapañha)

1. [밀린다 왕] "존자 나가세나여, 여래께서는 이와 같이 '아난다여, 그대들은 여래의 사리[556] 공양에 관여하지 마라.'라고[557] 말씀하셨

전히 뛰어넘어 '아무 것도 없다.'고 알아채며 아무 것도 없는 세계(無色界三禪). *8)* 아무 것도 없는 세계를 완전히 뛰어넘어 지각하는 것도 아니고 지각하지 않는 것도 아닌 세계(無色界四禪). *9)* 지각하는 것도 아니고 지각하지 않는 것도 아닌 세계를 완전히 뛰어넘어 지각과 느낌의 소멸(想受滅定).

555) buddhakkhetta : 빠알리 경전에는 등장하지 않는다.

556) sarīra : Smv. 603-604에 따르면, 이전에는 합성되어 유체(sārīrāni : 遺體)라고 불렸으나 이제는 흩어져서 사리(dhātu : 舍利) - 유체(sārīrāni : 遺體)와 사리(dhātu : 舍利)는 한역경전에서는 그 의미가 혼동되어 거꾸로 표기되었음 - 라고 불린다. 재스민의 싹과 같고, 깨끗한 진주와 같고, 황금과 같은 사리가 남았다. 그런데 어떤 사리가 분산되고 어떤 사리가 분산되지 않았는가? 네 개의 이빨(dāṭha), 두 개의 경

습니다. 또한 이렇게 말씀하셨습니다.

'숭배 받아야 할 분의
사리에 대해 공양하라.
이와 같이 하면 그대들은
이 세상에서 천계로 가리라.'[558)]

존자 나가세나여, 만약에 여래께서 '아난다여, 그대들은 여래의 사리 공양에 관여하지 마라.'라고 말씀하셨다면, 그로 인해 '숭배 받아야 할 분의 사리에 대해 공양하라. 이와 같이 하면 그대들은 이 세상에서 천계로 가리라.'라고 하신 말씀은 거짓이 됩니다. 만약에 여래께서 '숭배 받아야 할 분의 사리에 대해 공양하라. 이와 같이 하면 그대들은 이 세상에서 천계로 가리라.'라고 말씀하셨다면, 그로 인해 '아난다여, 그대들은 여래의 사리 공양에 관여하지 마라.'라고 한 말씀은 거짓이 됩니다. 이것도 양도논법의 질문으로 그대에게 제기된 것입니다. 그것이 그대가 해명해야 할 몫입니다."

2. [나가세나] "대왕이여, 세존께서는 '아난다여, 그대들은 여래의 사리 공양에 관여하지 마라.'라고 말씀하셨고, 또한 '숭배 받아야 할 분의 사리를 공양하라. 이와 같이 하면 그대들은 이 세상에서 천계로 가리라.'라고 말씀하셨습니다. 그러나 '아난다여, 그대들은 여래의 사리 공양에 관여하지 마라.'라고 말씀하신 것은 모든 사람에 관해서가 아니라 최승자의 아들에 관해서만 말씀하신 것입니다. 공양은 [178]

골(akkhaka : 頸骨), 육계(uṇhīsa : 肉髻)의 일곱 가지 사리가 분산되지 않았으나 나머지는 분산되었다. 그 가운데 가장 작은 사리는 겨자(sasāpa)의 씨앗 크기이고 큰 사리는 가운데가 나뉜 쌀알(taṇḍula)크기이고, 아주 큰 것은 나뉜 완두(mugga)크기였다.

557) abyāvaṭā tumhe, ānanda, hotha tathāgatassa sarīrapūjāyā'ti : DN. II. 141

558) pūjetha naṁ pūjaniyassa dhātuṁ | evaṁ karā saggamito gamissathā'ti ‖ Vv. 75; Dhp. 195, 196은 부처님에 대한 공양(Buddhapūja)이다.

최승자의 아들을 위한 일이 아닙니다. 모든 형성된 것들에 대한 성찰, 이치에 맞는 정신활동, 새김의 확립과 관찰, 대상에서 본질의 파악, 번뇌와의 싸움, 목표의 실현, 이것이 최승자의 아들이 해야 할 일이고, 공양은 나머지 신들과 인간이 해야 할 일입니다."

3. [나가세나] "대왕이여, 지상의 왕자들에게는 코끼리 말, 전차, 활, 칼, 서사, 손가락계산, 정책, 전문, 관습, 전술, 용병술에 관한 훈련이 해야 할 일이고, 나머지 일반적인 평민이나 노예는 경작, 상업, 목축이 해야 할 일입니다. 대왕이여, 이와 마찬가지로 공양은 최승자의 아들을 위한 일이 아닙니다. 모든 형성된 것들에 대한 성찰, 이치에 맞는 정신활동, 새김의 확립과 관찰, 대상에서 본질의 파악, 번뇌와의 싸움, 목표의 실현, 이것이 최승자의 아들이 해야 할 일이고, 공양은 나머지 신들과 인간이 해야 할 일입니다. 대왕이여, 리그베다, 야주르베다, 사마베다, 아타르바베다,[559] 인상학, 고전설, 어휘론, 의궤론, 음운론, 어원론, 문법학, 어법론, 조짐, 해몽, 점상, 여섯 가지 보조적 학문,[560] 월식, 일식, 행성에 의한 엄폐,[561] 천체에 의한 엄폐,[562] 우신(雨神)의 북소리, 유성의 출몰, 지진, 땅과 공중에서 사방의 작열하는 홍조, 천문학, 개소리에 의한 점, 짐승에 의한 점, 나침반의 중간 지점에 의한 점,[563] 혼합적 징조에 의한 점,[564] 새의 울음과 신호에 의한 점을

559) iruveda, yajuveda, sāmaveda, athabbaṇaveda : 사베다(四吠陀: cātubbedā)로 바라문교의 네 가지 근본경전으로 삼베다(三吠陀)[리그베다(Ṛgveda: 讚歌의 집성), 사마베다(Sāmaveda: 歌詠의 집성), 야주르-베다(Yajurveda: 祭事의 집성)]에 아타르바베다(Atharvaveda: 呪法의 집성)를 더한 것이다.

560) chaḷaṅga : 베다 연구를 위한 보조학으로 제사학, 음운학, 운율학, 천문학, 어원학, 문법학을 말한다.

561) sukkarāhucarita : 혹성이나 유성이나 행성에 의한 엄폐를 뜻한다.

562) uḷuggahayuddha : '월숙(月宿)을 차지하기 위한 전쟁'이라는 뜻이지만, MQ. 253에 의하면 천체에 의한 엄폐를 말한다.

563) antaracakka : 중심의 순환[점성학의 일종]이라는 뜻인데, MQ. 253에서는 나침반의 중간지점을 의미한다.

배우는 것은 바라문 청년들이 해야 하는 일이지만, 나머지 일반적인 평민이나 노예는 경작, 상업, 목축이 해야 할 일입니다. 대왕이여, 이와 마찬가지로 공양은 최승자의 아들을 위한 일이 아닙니다. 모든 형성된 것들에 대한 성찰, 이치에 맞는 정신활동, 새김의 확립과 관찰, 대상에서 본질의 파악, 번뇌와의 싸움, 목표의 실현, 이것이 최승자의 아들이 해야 할 일이고, 공양은 나머지 신들과 인간이 해야 할 일입니다. 대왕이여, 그러므로 여래께서는 '본래의 일이 아닌 것을 행하지 말고, 본래의 일을 행하라.'라고565) '아난다여, [179] 여래의 사리 공양에 관여하지 마라.'라고 말씀하신 것입니다. 대왕이여, 여래께서 그 말씀을 하지 않았다면, 자신의 발우와 가사마저도 내어주고 수행승들은 부처님만을 공양했을 것입니다."

[밀린다 왕] "존자 나가세나여, 현명하십니다. 참으로 그러하니, 그렇게 받아들이겠습니다."

일곱 번째 부처님공양에 관한 질문이 끝났다.

8. [발에 돌조각을 맞은 것에 대한 질문] (Pādasakalikāhatapañha)

1. [밀린다 왕] "존자 나가세나여, 그대들은 '세존께서 걸을 때에 이 의식이 없는 대지가 낮은 곳을 높이고, 높은 곳을 낮게 하여 평탄하게 한다.'라고566) 말합니다. 그런데 또한 '세존의 발이 돌조각에 상처를 입었다.'라고567) 말합니다. 그 돌조각이 세존의 발에 떨어졌다는데, 어째서 그 돌조각이 세존의 발을 피해가지 않았을까요? 존자 나가세

564) missakuppāda : 'uppāda'는 유성우(流星雨)나 사방의 불꽃과 같은 갑작스런 사건의 전조를 뜻한다.
565) mā ime akamme yuñjantu, kamme ime yuñjantū'ti : 경전에서 추적불가.
566) bhagavato gacchantassa ayaṁ acetanā mahāpathavī ninnaṁ unnamati, unnataṁ onamatī'ti : Smv. 45를 참조하라.
567) 'bhagavato pādo sakalikāya khato'ti : SN. I. 27; Vin. II. 193

나여, 세존께서 걸을 때에 이 의식이 없는 대지가 낮은 곳을 높이고, 높은 곳을 낮게 하여 평탄하게 한다면, 그로 인해 "세존의 발이 돌조각에 상처를 입었다.'라는 그 말은 거짓이 되고, 만약에 '세존의 발이 돌조각에 상처를 입었다면, 그로 인해 '세존께서 걸을 때에 이 의식이 없는 대지가 낮은 곳을 높이고, 높은 곳을 낮게 하여 평탄하게 한다.'라는 말이 거짓이 됩니다. 이것도 양도논법의 질문으로 그대에게 제기된 것입니다. 그것이 그대가 해명해야 할 몫입니다."

2. [나가세나] "대왕이여, 이 일은 진실입니다. 세존께서 걸을 때에 이 의식이 없는 대지가 낮은 곳을 높이고, 높은 곳을 낮게 하여 평탄하게 합니다. 그리고 세존의 발이 돌조각에 상처를 입었습니다. 그러나 그 돌조각은 자신의 원리적 성질에 의해서 떨어진 것이 아니라, 데바닷따의 음모에 의해서 떨어진 것입니다. 대왕이여, 데바닷따는 수많은 십만 생을 세존께 원한을 품어왔습니다. 그는 그 원한으로 큰 누각만 한 바위를 '세존의 위에 떨어뜨리겠다.'라고 생각하고 떨어뜨린 것입니다. 그때 두 개의 돌이 땅에서 솟아올라 그 바위를 막아냈습니다. 그때 그들의 충돌로 바위에서 파편이 튀어나와 여기저기 떨어지면서 세존의 [180] 발에 떨어진 것입니다."

3. [밀린다 왕] "존자 나가세나여, 두 개의 돌이 바위를 막아내듯이, 파편들도 막아낼 수 있었습니다."

[나가세나] "대왕이여, 막아냈더라도 어떤 것은 빠져나가고 새어나가고 그 장소를 벗어납니다. 대왕이여, 물을 손으로 붙잡으면 손가락 사이로 빠져나가고 새어나가고 그 장소를 벗어나고, 우유, 버터우유, 꿀, 버터기름, 기름, 물고기즙, 육고기즙은 손으로 붙잡으면 손가락 사이로 빠져나가고 새어나가고 그 장소를 벗어나는 것처럼, 대왕이여, 이와 마찬가지로 막기 위해 접근한 두 개의 돌과 충돌하여 바위에서 파편이 튀어나와 여기저기 떨어지면서 세존의 발에 떨어진 것입니다.

대왕이여, 매끄럽고 미세하여 먼지와 같고 극미와 같은 모래는 주먹으로 쥐면 손가락 사이로 빠져나가고 새어나가고 그 장소를 벗어나는 것처럼 대왕이여, 이와 마찬가지로 막기 위해 접근한 두 개의 돌과 충돌하여 바위에서 파편이 튀어나와 여기저기 떨어지면서 세존의 발에 떨어진 것입니다. 대왕이여, 한 덩어리 밥은 입으로 넣으면 그 가운데 어떤 것은 입에서 빠져나가고 새어나가고 그 장소를 벗어나는 것처럼, 대왕이여, 이와 마찬가지로 막기 위해 접근한 두 개의 돌과 충돌하여 바위에서 파편이 튀어나와 여기저기 떨어지면서 세존의 발에 떨어진 것입니다."

4. [밀린다 왕] "존자 나가세나여, 좋습니다. 돌들이 바위를 막아냈습니다. 그러나 파편들 또한 대지가 그러했듯이, 경의를 표했어야만 하지 않겠습니까?"

[나가세나] "대왕이여, 열두 명의 사람은 경의를 표하지 않습니다. 열두 명이란 어떤 사람입니까? *1)* 탐욕이 많은 자는 탐욕 때문에, *2)* 성내는 자는 성냄 때문에, *3)* 미혹한 자는 미혹 때문에, *4)* 거만한 자는 교만 때문에, *5)* 덕성이 없는 자는 덕성이 없기 때문에, *6)* 완고한 자는 유순이 없기 때문에, *7)* 비천한 자는 비천한 본성 때문에, *8)* 하인은 주인이 아니기 때문에, *9)* 악한은 이기심 때문에, *10)* 고통을 겪은 자는 고통을 야기하기 때문에, *11)* 탐욕스런 자는 [181] 탐욕에 정복되기 때문에, *12)* 바쁜 사람은 이익의 실현 때문에 경의를 표하지 않습니다. 대왕이여, 이러한 열두 명의 사람은 경의를 표하지 않습니다. 그러나 그 파편은 바위와 충돌하여 튀어나와 예상치 못한 방향으로 여기저기 떨어지면서 세존의 발에 떨어진 것입니다. 대왕이여, 매끄럽고 미세하여 먼지와 같은 극미의 먼지가 바람의 세기에 부딪혔을 때 예상치 못한 방향으로 여기저기 흩어지는 것처럼, 대왕이여, 이와 마찬가지로 그 파편은 바위와 충돌하여 튀어나와 예상치 못한 방향으로 여기저기

떨어지면서 세존의 발에 떨어진 것입니다. 대왕이여, 그 파편이 바위에서 분리되지 않았다면, 그 두 개의 돌이 바위가 튀어오를 때 그 바위의 파편도 막아냈을 것입니다. 대왕이여, 그러나 이 파편은 지상에도 머물지 않고 허공에도 머물지 않고 바위의 충돌의 힘으로 튀어나와 예상치 못한 방향으로 여기저기 떨어지면서 세존의 발에 떨어진 것입니다. 대왕이여, 회오리바람으로 솟아오른 마른 잎사귀가 예상치 못한 방향으로 여기저기 떨어지는 것처럼, 대왕이여, 이와 마찬가지로 그 파편은 바위와 충돌하여 튀어나와 예상치 못한 방향으로 여기저기 떨어지면서 세존의 발에 떨어진 것입니다. 그러나 대왕이여, 세존의 발에 떨어진 파편은 은혜를 모르고 고귀하지 못한 데바닷따가 극심한 고통을 겪게 되는 계기가 된 것입니다."

[밀린다 왕] "존자 나가세나여, 현명하십니다. 참으로 그러하니, 그렇게 받아들이겠습니다."

여덟 번째 발에 돌조각을 맞은 것에 대한 질문이 끝났다.

9. [최상자인 최상의 수행자에 대한 질문] (Aggaggasamaṇapañha)

1. [밀린다 왕] "존자 나가세나여, 세존께서는 '번뇌를 부숨으로써 수행자가 된다.'라고[568] 말씀하셨습니다. 그러나 또한 '네 가지 원리를 갖춘 그 사람을 세상에서 수행자라고 부른다.'라고[569] 말씀하셨습니다. 거기서 네 가지 원리란 *1)* 인내하는 것, *2)* 음식의 적량을 아는 것, *3)* 쾌락을 버리는 것, *4)* 아무것도 소유하지 않는 것입니다.[570]

---

568) āsavānaṁ khayā samaṇo hotī'ti : AN. II. 238, Pug. 63

569) catubbhi dhammehi samaṅgibhūtaṁ, taṁ ve naraṁ samaṇaṁ āhu loke'ti : AN. II. 238 그러나 이하에서 언급하는 '인내하는 것, 음식의 적량을 알기, 쾌락의 포기, 아무것도 소유하지 않는 것'의 네 가지 원리는 아니다.

570) cattāro dhammā khanti appāhāratā rativippahānaṁ ākiñcaññaṁ : ① 인내하는 것(khanti), ② 음식의 적량을 아는 것(appāhāratā), ③ 쾌락을 버리는 것

그러나 모든 이것들은 번뇌를 부수지 못한, [182] 번뇌가 있는 자에게만 있는 것입니다. 존자 나가세나여, 번뇌를 부숨으로써 수행자가 된다면, 그로 인해 '네 가지 원리를 갖춘 그 사람을 세상에서 수행자라고 부른다.'라는 말은 거짓이 됩니다. 만약에 네 가지 원리를 갖춘 그 사람을 수행자라면, 그로 인해 번뇌를 부숨으로써 수행자가 된다는 말이 거짓이 됩니다. 이것도 양도논법의 질문으로 그대에게 제기된 것입니다. 그것이 그대가 해명해야 할 몫입니다."

2. [나가세나] "대왕이여, 세존께서는 '번뇌를 부숨으로써 수행자가 된다.'라고 말씀하셨습니다. 그러나 또한 '네 가지 원리를 갖춘 그 사람을 세상에서 수행자라고 부른다.'라고 말씀하셨습니다. 대왕이여, 그때 그 '네 가지 원리를 갖춘 그 사람을 세상에서 수행자라고 부른다.'라는 말씀은 각각의 사람들의 덕성에 관하여 언급하신 것입니다. 그러나 이 "번뇌를 부숨으로써 수행자가 된다.'라는 말씀은 포괄적인 진술입니다. 대왕이여, 누구라도 번뇌의 소멸을 위해 실천하는 모든 자들을 이러저러한 관점에서 비교하면 번뇌를 부순 수행자가 최상자라고 불립니다. 대왕이여, 온갖 물에서 생겨나고 뭍에서 생겨나는 꽃들 가운데 재스민이 그들 가운데 최상이라고 불리고 나머지들은 어떤 것이라도 다양한 꽃의 종류로 단순히 꽃들일 뿐이고, 이러저러한 관점에서 비교하면 재스민꽃만이 사람들이 애호하는 꽃인 것처럼, 대왕이여, 이와 마찬가지로 누구라도 번뇌의 소멸을 위해 실천하는 모든 자들을 이러저러한 관점에서 비교하면 번뇌를 부순 수행자가 최상자라고 불립니다. 대왕이여, 모든 곡물가운데 쌀이 최상이라고 불리고, 어떤 것이라도 나머지는 다양한 곡물의 종류이고 그 모든 것들은 이런저런 점에서 비교하면 [183] 몸을 기르는 음식이지만 그 가운데 쌀만이 최상이라고 불리는 것처럼, 대왕이여, 이와 마찬가지로 누구라도 번뇌

(rativippahāna), ④ 아무것도 소유하지 않는 것(ākiñcañña).

의 소멸을 위해 실천하는 모든 자들을 이러저러한 관점에서 비교하면 번뇌를 부순 수행자가 최상자라고 불립니다.

[밀린다 왕] "존자 나가세나여, 현명하십니다. 참으로 그러하니, 그렇게 받아들이겠습니다."

아홉 번때 최상자인 최상의 수행자에 대한 질문이 끝났다.

10. [찬탄의 말에 대한 질문]
(Vaṇṇabhaṇanapañha)

1. [밀린다 왕] "존자 나가세나여, 세존께서는 '수행승들이여, 다른 자들이 나를 칭찬하고, 가르침을 칭찬하고, 참모임을 칭찬하더라도, 그것에 대하여 그대들은 기뻐하지 말고 환희하지 말고 마음으로 환호하지 말아야 한다.'라고571) 말씀하셨습니다. 그런데 여래께서는 쎌라572) 바라문이 있는 그대로 찬탄의 말을 했을 때 환희하고 기뻐하고 용약하고 더욱더 자신(부처님)의 덕성을 기렸습니다.

[세존] '쎌라여, 왕이지만
나는 위없는 가르침의 제왕으로
진리의 수레바퀴를 굴린다.
결코 거꾸로 돌릴 수 없는 수레바퀴를 굴린다.'573)

존자 나가세나여, 만약에 '수행승들이여, 다른 자들이 나를 칭찬하고, 가르침을 칭찬하고, 참모임을 칭찬하더라도, 그것에 대하여 그대들은 기뻐하지 말고 환희하지 말고 마음으로 환호하지 말아야 한다.'라고

---

571) mamaṁ vā, bhikkhave, pare vaṇṇaṁ bhāseyyuṁ, dhammassa vā, saṅghassa vā vaṇṇaṁ bhāseyyuṁ, tatra tumhehi na ānando, na somanassaṁ, na cetaso uppilāvitattaṁ karaṇīyan'ti : DN. I. 3
572) Sela : Miln. 167과 주석을 참조하라.
573) rājāhamasmi selā ti | dhammarājā anuttaro | dhammena cakkaṁ vattemi | cakkaṁ appativattiyaṁ ‖ Thag. 824.

말씀하셨다면, 그로 인해 '바라문 쎌라가 있는 그대로 찬탄의 말을 했을 때 환희하고 기뻐하고 용약하고 더욱더 자신의 덕성을 기렸다.'라는 말은 거짓이 되고, 만약에 바라문 쎌라가 있는 그대로 찬탄의 말을 했을 때 환희하고 기뻐하고 용약하고 더욱더 자신의 덕성을 기렸다면, 그로 인해 '수행승들이여, 다른 자들이 나를 칭찬하고, 가르침을 칭찬하고, 참모임을 칭찬하더라도, 그것에 대하여 그대들은 기뻐하지 말고 환희하지 말고 마음으로 환호하지 말아야 한다.'라는 말씀은 거짓이 됩니다. 이것도 양도논법의 질문으로 그대에게 제기된 것입니다. 그것이 그대가 해명해야 할 몫입니다.

2. [나가세나] "대왕이여, [184] '수행승들이여, 다른 자들이 나를 칭찬하고, 가르침을 칭찬하고, 참모임을 칭찬하더라도, 그것에 대하여 그대들은 기뻐하지 말고 환희하지 말고 마음으로 환호하지 말아야 한다.'라고 말씀하셨고, 또한 바라문 쎌라가 있는 그대로 찬탄의 말을 했을 때 환희하고 기뻐하고 용약하고 '쎌라여, 왕이지만 나는 위없는 가르침의 제왕으로 진리의 수레바퀴를 굴린다. 결코 거꾸로 돌릴 수 없는 수레바퀴를 굴린다.'라고 더욱더 자신의 덕성을 기렸습니다. 대왕이여, 전자의 진술은 세존께서 진리의 본성, 본질, 특성을 본래적으로 허망하지 않게 진실하게 있는 그대로 여실하게 보이기 위해 '수행승들이여, 다른 자들이 나를 칭찬하고, 가르침을 칭찬하고, 참모임을 칭찬하더라도, 그것에 대하여 그대들은 기뻐하지 말고 환희하지 말고 마음으로 환호하지 말아야 한다.'라고 말씀하신 것이고, 그러나 바라문 쎌라가 있는 그대로 찬탄의 말을 했을 때, 환희하고 기뻐하고 용약하고 '쎌라여, 왕이지만 나는 위없는 가르침의 제왕으로 진리의 수레바퀴를 굴린다. 결코 거꾸로 돌릴 수 없는 수레바퀴를 굴린다.'라고 더욱더 자신의 덕성을 기린 것은 이익을 위한 것이 아니고 명성을 위한 것이 아니고 무리를 짓기 위한 것도 아니고, 제자를 원해서가

아니고, 오히려 연민과 자비와 요익을 위해 '이와 같이 이자와 삼백 명의 바라문 청년들이 진리의 꿰뚫음에 이를 것이다.'라고 생각하여 '쎌라여, 왕이지만 나는 위없는 가르침의 제왕이다.'라고 한층 더 자신의 덕성에 관하여 말씀하신 것입니다."

[밀린다 왕] "존자 나가세나여, 현명하십니다. 참으로 그러하니, 그렇게 받아들이겠습니다."

열 번째 찬탄의 말에 대한 질문이 끝났다.

11. [불상해와 절복에 대한 질문] (Ahiṁsāniggahapañha)

1. [밀린다 왕] "존자 나가세나여, 세존께서는 이렇게 말씀하셨습니다.

'세상에서 남을 상해하지 않으며,
친절하고 사랑스럽게 대하라.'574)

또한 '절복해야 할 자를 조복하고, 책려해야 할 자를 책려하라.'라고575) 말씀하셨습니다. 존자 나가세나여, [185] 절복이란 손을 자르고, 발을 자르고, 때리고, 감옥에 넣고, 고문하고, 죽이고, 생명을 존속을 해치는 것입니다. 이 말은 세존에게 어울리지 않고 세존께서 이 말을 입에 담기에는 부적절합니다. 존자 나가세나여, 세존께서 '세상에서 남을 상해하지 않으며, 친절하고 사랑스럽게 대하라.'라고 말씀하셨다면 그로 인해 '절복해야 할 자를 조복하고, 책려해야 할 자를 책려하라.'라고 말씀하신 것은 거짓이 되고, 만약에 여래께서 '절복해야 할 자를 조복하고, 책려해야 할 자를 책려하라.'라고 말씀하셨다면, 그로 인해 '세상에서 남을 상해하지 않으며, 친절하고 사랑스럽게 대하라.'라고 한 말씀이 거짓이 됩니다. 이것도 양도논법의 질문으로 그대에게 제기

574) 'ahiṁsayaṁ paraṁ loke, piyo hohisi māmako'ti : Jāt. 451 참조
575) 'niggaṇhe niggahārahaṁ, paggaṇhe paggahārahan'ti : Jāt. 521

된 것입니다. 그것이 그대가 해명해야 할 몫입니다."

2. [나가세나] "대왕이여, 세존께서 '세상에서 남을 상해하지 않으며, 친절하고 사랑스럽게 대하라.'라고 말씀하셨습니다, 또한 '절복해야 할 자를 조복하고, 책려해야 할 자를 책려하라.'라고 말씀하셨습니다. 대왕이여, '세상에서 남을 상해하지 않으며, 친절하고 사랑스럽게 대하라.'라고 한 것은 모든 여래께서 승인한 것이고, 이것은 교계이고, 이것은 가르침의 교시입니다. 대왕이여, 가르침은 불상해를 특징으로 합니다. 이것은 진리의 본성에 관한 진술입니다. 대왕이여, 그러나 여래께서 '절복해야 할 자를 조복하고, 책려해야 할 자를 책려하라.'라고 말씀하신 것은 다음과 같은 의미가 있습니다. 대왕이여, 혼란된 마음은 절복되어야 하고, 나태한 마음은 책려되어야 하고, 악하고 불건전한 마음은 절복되어야 하고, 착하고 건전한 마음은 책려되어야 하고, 이치에 맞지 않는 정신활동은 절복되어야 하고, 이치에 맞는 정신활동은 책려되어야 하고, 잘못된 실천은 [186] 절복되어야 하고, 올바른 실천은 책려되어야 하고, 고귀하지 못한 것은 절복되어야 하고, 고귀한 것은 책려되어야 하고, 도적질하는 자는 절복되어야 하고, 도적질하지 않는 자는 책려되어야 합니다."

3. [밀린다 왕] "존자 나가세나여, 좋습니다. 이제 그대는 나의 입장에 도달했습니다. 내가 묻고자 하는 나의 의취에 도달했습니다. 존자 나가세나여, 도적은 어떻게 절복자에 의해 절복되어야 합니까?"

[나가세나] "대왕이여, 도적은 절복자에 의해 절복되어야 합니다. 꾸짖어야할 자는 꾸짖어야 하고, 처벌해야 할 자는 처벌해야 하고, 추방해야 할 자는 추방해야 하고, 감옥에 넣어야 할 자는 감옥에 넣고, 사형에 처할 자는 사형에 처해야 합니다."

[밀린다 왕] "존자 나가세나여, 도적들을 사형에 처하는 것에 여래들께서는 동의하는 것입니까?"

[나가세나] "대왕이여, 그렇지 않습니다."

[밀린다 왕] "그렇다면 어째서 도적이 교계되어야 할 자라고 여래들께서는 동의합니까?"

[나가세나] "대왕이여, 사형에 처해지는 자는 여래들의 동의에 의해서 사형에 처해지는 것이 아닙니다. 자신의 행위에 의해서 사형에 처해지는 것입니다. 그러나 가르침에 맞는 교계로 교계 받는 현명한 자가, 대왕이여, 잘못 없고 죄 없이 길을 가는 사람을 붙잡아 사형에 처할 수 있습니까?"

[밀린다 왕] "존자여, 그렇지 않습니다."

[나가세나] "대왕이여, 무슨 까닭입니까?"

[밀린다 왕] "존자여, 잘못이 없기 때문입니다."

[나가세나] "대왕이여, 이와 마찬가지로 도적은 여래들의 동의로 사형에 처해지는 것이 아닙니다. 자신의 행위에 의해서 사형에 처해지는 것입니다. 여기서 교계하는 자가 무엇인가 잘못을 저질렀습니까?"

[밀린다 왕] "존자여, 그렇지 않습니다."

[나가세나] "대왕이여, 그러므로 여래들의 교계는 올바른 교계입니다."

[밀린다 왕] "'존자 나가세나여, 현명하십니다. 참으로 그러하니, 그렇게 받아들이겠습니다."

열한 번째 불상해와 절복에 대한 질문이 끝났다.

12. [수행승들을 쫓아낸 것에 대한 질문]
(Bhikkhupaṇāmitapañha)

1. [밀린다 왕] "존자 나가세나여, 세존께서는 '나는 분노하지 않아 마음의 황무지가 사라졌다.'라고[576] 말씀하셨습니다. 그러나 또한

576) akkodhano vigatakhilohamasmī'ti : Stn. 19

여래께서는 장로 싸리뿟따와 목갈라나를 대중과 함께 쫓아냈습니다.577) 존자 나가세나여, 여래께서는 분노하여 [187] 대중을 쫓아낸 것입니까, 아니면 만족하여 대중을 쫓아낸 것입니까? 이것이 어떻게 된 것인지 알려주십시오.578) 존자 나가세나여, 만약에 분노하여 대중을 쫓아냈다면, 그로 인해 여래의 분노는 극복되지 못한 것이고, 만약에 만족해서 쫓아냈다면, 그로 인해 근거 없이 무지 때문에 쫓아낸 것입니다. 이것도 양도논법의 질문으로 그대에게 제기된 것입니다. 그것이 그대가 해명해야 할 몫입니다."

2. [나가세나] "대왕이여, 세존께서는 '나는 분노하지 않아 마음의 황무지가 사라졌다.'라고 말씀하셨습니다. 그리고 장로 싸리뿟따와 목갈라나를 대중과 함께 쫓아냈습니다. 그러나 그것은 분노에 의한 것이 아닙니다. 대왕이여, 여기 어떤 사람이 대지 위의 나무뿌리나 그루터기나 돌이나 자갈이나 울퉁불퉁한 표면에 걸려서 넘어졌다면, 대왕이여, 대지가 분노하여 그를 넘어뜨린 것입니까?"

[밀린다 왕] "존자여, 그렇지 않습니다. 대지에게는 분노나 만족이 없습니다.579) 대지는 애착과 혐오를 벗어나 있습니다. 그는 스스로 부주의로 인해 걸려서 넘어진 것입니다. 대왕이여, 이와 마찬가지로 여래들에게는 분노나 만족이 없습니다. 여래들, 거룩한 님들, 올바로 원만히 깨달은 님들은 애착과 혐오를 벗어나 있습니다. 그러니 그들은 스스로 지은 것에 의해서 자신의 잘못으로 인해서 쫓겨난 것입니다."

3. [나가세나] "대왕이여, 여기 큰 바다는 죽은 시체와 공존하지 않고, 큰 바다에 죽은 시체가 있다면 그것을 신속하게 밀어내어 육지에 올려

---

577) there sāriputtamoggallāne saparise paṇāmesi : MN. 67 '짜뚜마 마을의 경[Cātumāsutta]'을 보라.

578) etaṁ tāva jānāhi imaṁ nāmāti : MQ. 265에 따르면, 난해한 문장이다. 리스 데비비즈의 노트에는 'nāmāti'를 'jānāmā ti'라고 읽어야 한다.

579) natthi mahāpathaviyā kopo vā pasādo vā : MN. I. 424 참조

놓습니다.580) 대왕이여, 그렇다면 큰 바다가 분노하여 시체를 밀어내는 것입니까?"

[밀린다 왕] "존자여, 그렇지 않습니다. 큰 바다에게는 분노나 만족이 없습니다. 큰 바다는 애착과 혐오를 벗어나 있습니다."

[나가세나] "대왕이여, 이와 마찬가지로 여래들에게는 분노나 만족이 없습니다. 여래들, 거룩한 님들, 올바로 원만히 깨달은 님들은 애착과 혐오를 벗어나 있습니다. 그런데 그들은 스스로 지은 것에 의해서 자신의 잘못으로 인해서 쫓겨난 것입니다. 대왕이여, 대지에 걸려서 넘어지듯이, 그들은 최승자의 뛰어난 가르침에 걸려서 쫓겨난 것입니다. 대왕이여, 큰 바다에서 죽은 시체가 밀려나듯이, 그들은 최승자의 뛰어난 가르침에 걸려서 [188] 쫓겨난 것입니다. 여래께서는 그들의 요익을 위하고 안녕을 위하고 행복을 위하고 정화를 위하여 '이와 같이 하면 이들이 생노병사로부터 벗어날 것이다.'라고 생각하시고 그들을 쫓아낸 것입니다.

[밀린다 왕] "존자 나가세나여, 현명하십니다. 참으로 그러하니, 그렇게 받아들이겠습니다."

열두 번째 수행승들을 쫓아낸 것에 대한 질문이 끝났다.
세 번째 쫓아냄의 품이 끝났다.
이 품은 열두 개의 질문으로 이루어졌다.

제4장 일체지의 품

(Sabbaññutañāṇavagga)

---

580) mahāsamuddo na matena kuṇapena saṁvasati, yaṁ hoti mahāsamudde mataṁ kuṇapaṁ, taṁ khippameva nicchubhati thalaṁ ussāreti : Vin. II. 237; AN. IV. 198; Ud. 53 참조.

1. [신통과 업보에 대한 질문]
(Iddhikammavipākapañha)

1. [밀린다 왕] "존자 나가세나여, 세존께서는 '수행승들이여, 나의 제자 수행승 가운데 마하 목갈라나[581]는 신통을 지닌 님 가운데 제일이다.'라고[582] 말씀하셨습니다. 그런데 그는 몽둥이로 두들겨 맞아 머리가 깨지고 뼈가 으스러지고 근육과 혈관이 찢겨져 나아가 완전한 열반에 들었습니다.[583] 존자 나가세나여, 만약에 장로 마하 목갈라나가 신통의 궁극에 달했다면 그로 인해 '몽둥이에 두들겨 맞아 열반에 들었다.'라는 말은 거짓이 되고, 만약에 몽둥이에 두들겨 맞아 열반에 들었다면, 그로 인해 '신통의 궁극에 달했다.'라는 말이 거짓이 됩니다. 신들과 인간이 사는 세상의 의지처가 될 수 있을만한 자가 어떻게 자신의 신통의 힘으로 자신의 살해를 피할 수 없었겠습니까? 이것도 양도논법의 질문으로 그대에게 제기된 것입니다. 그것이 그대가 해명해야 할 몫입니다."

---

581) Mahā Moggallāna : 부처님의 제자 수행승 가운데 '신통을 지닌 님 가운데 제일(iddhimantānaṁ aggaṁ)'이다. Ppn. II. 541에 따르면, 마하 목갈라나는 부처님의 주요 제자 가운데 두 번째 제자로서 신통력에서 제일인자이다. 그는 싸리뿟따와 같은 날 라자가하 시 근처 꼴리따가마(Kolitagāma)에서 태어났다. (그들은 부처님보다 나이가 많았다.) 그래서 그는 꼴리따(Kolita)라고 불렸다. 아버지는 마을의 장자였고, 어머니는 목갈리(Moggalī)였다. 목갈라나와 싸리뿟따의 집안은 7대에 걸쳐 친밀하게 교제해 오고 있는 친한 집안이었다. 싸리뿟따에게는 오백 대의 황금가마, 목갈라나에게는 오백 대의 마차가 있었다. 어느 날 두 친구는 광대놀이를 보러 갔다가 무상함을 깨닫고 출가를 결심했다. 그들은 먼저 회의론자 싼자야(Sañjaya)의 제자가 되어 전 인도를 돌아다녔다. 그러다 어느 날 싸리뿟따가 라자가하 시에서 부처님의 제자 앗싸지(Assaji)를 만나 '모든 현상은 원인으로 말미암아 생겨난다(ye dhammā hetuppabhavā).'는 말을 듣고 부처님의 제자가 되었다. 싸리뿟따에게 동일한 말을 전해들은 목갈라나도 부처님 제자가 되었다. 그들은 자신들의 동료이자 싼자야의 제자 250명과 함께 벨루바나에서 부처님을 만나 모두 불교에 귀의했다.

582) etadaggaṁ, bhikkhave, mama sāvakānaṁ bhikkhūnaṁ iddhimantānaṁ yadidaṁ mahāmoggallāno'ti : AN. I. 23

583) so laguḷehi paripothito bhinnasīso sañcuṇṇitaṭṭhimaṁsadhamanichinna-parigatto parinibbuto : DhA. III. 65; Jāt. V. 125 참조.

2. [나가세나] "대왕이여, 세존께서는 '수행승들이여, 나의 제자 수행승 가운데 마하 목갈라나는 신통을 지닌 님 가운데 제일이다.'라고 말씀하셨습니다. 그리고 존자 마하 목갈라나는 몽둥이로 두들겨 맞아 완전한 열반에 들었습니다. 그러나 그것은 업력에 제압당한 까닭입니다."

3. [밀린다 왕] "존자 나가세나여, 신통력을 지닌 자의 신통의 경지나 업력의 과보 [189] 두 가지는 불가사의한 것입니까? 불가사의한 것은 불가사의한 것으로 제거할 수 없습니까? 존자여, 어떤 자라도 과실을 얻으려고 하는 자들은 사과로서 사과를 맞혀 떨어뜨리고, 망고로서 망고를 맞혀 떨어뜨리듯이, 존자 나가세나여, 이와 마찬가지로 불가사의한 것은 불가사의한 것으로 제거할 수 없습니까?"

[나가세나] "대왕이여, 불가사의한 것들 가운데라도 어느 하나는 다른 것보다 우월하고 더욱 강력합니다. 대왕이여, 예들 들어 지상에 태생이 같은 여러 왕들이 있는데, 그 태생이 같은 자들 가운데서도 한 왕이 다른 모두를 정복하고 명령을 내리는 것처럼, 대왕이여, 이와 마찬가지로 그 불가사의한 것들 가운데 업력의 과보야말로 우월하고 더욱 강력하고, 업력의 과보야말로 모든 것을 정복하고 명령을 내립니다. 업력에 제압당하면, 나머지 활동은 기회를 얻지 못합니다."

4. [나가세나] "대왕이여, 여기 어떤 사람이 어떤 일로 죄를 지었다면, 어머니나 아버지나 자매나 형제가 친구나 동료가 그를 보호하지 못합니다. 그때 왕이야말로 그 상황에 군림하면서 명령을 내립니다. 무슨 까닭입니까? 죄를 지었기 때문입니다. 대왕이여, 이와 마찬가지로 그 불가사의한 것들 가운데 업력의 과보야말로 우월하고 더욱 강력합니다. 업력의 과보가 모든 것을 정복하고 명령을 내립니다. 업력에 제압당하면, 나머지 활동은 기회를 얻지 못합니다. 대왕이여, 지상에 있는 숲에 대화재가 일어나면 천개의 병으로도 불을 끌 수 없습니다. 그때

는 불만이 그 상황에 군림하면서 명령을 내립니다. 무슨 까닭입니까? 불의 세력이 강력하기 때문입니다. 대왕이여, 이와 마찬가지로 그 불가사의한 것들 가운데 업력의 과보야말로 우월하고 더욱 강력하고, 업력의 과보야말로 모든 것을 정복하고 명령을 내립니다. 업력에 제압당하면 나머지 활동은 기회를 얻지 못합니다. 그러므로 대왕이여, 존자 마하 목갈라나는 업력에 제압되어 몽둥이로 두들겨 맞을 때 신통에 주의를 집중할 수가 없었던 것입니다."

[밀린다 왕] "존자 나가세나여, 현명하십니다. 참으로 그러하니, 그렇게 받아들이겠습니다."

첫 번째 신통과 업보에 대한 질문이 끝났다.

2. [가르침과 계율의 은폐와 개방에 대한 질문] (Dhammavinayapaṭicchannāpaṭicchannapañha)

1. [밀린다 왕] "존자 나가세나여, [190] 세존께서는 '여래께서 설한 가르침과 계율은 개방되어 있을 때 빛나고 은폐되어 있을 때 빛나지 않는다.'라고584) 말씀하셨습니다. 그런데 또한 빠띠목카 송출과 전체 율장은 닫혀져 있고 은폐되어 있습니다.585) 존자 나가세나여, 최승자의 가르침에 적응하거나 획득하거나 통달한다면, 계율의 가르침은 개방되었을 때 빛날 것입니다. 그것은 무슨 까닭입니까? 그때 모든 학습계율, 즉 제어, 자제, 계행, 덕성, 품행의 가르침은 요익을 본질로 하고 진리를 본질로 하고 해탈을 본질로 하기 때문입니다. 존자 나가세나여, 세존께서는 '여래께서 설한 가르침과 계율은 개방되어 있을 때

584) tathāgatappavedito, bhikkhave, dhammavinayo vivaṭo virocati no paṭicchanno'ti : AN. I. 283

585) pātimokkhuddeso kevalañca vinayapiṭakaṁ pihitaṁ paṭicchannaṁ : '수행승들이여, 재가인이 포함된 대중 가운데 빠띠목카를 송출해서는 안 된다. 송출하면, 악작죄를 범하는 것이다.'(na bhikkhave, sagahaṭṭhāya parisāya pāṭimokkhaṁ uddisitabbaṁ. yo uddiseyya, āpatti dukkaṭassa'ti: Vin. I. 115

빛나고 은폐되어 있을 때 빛나지 않는다.'라고 말씀하셨다면, 그로 인해 '빠띠목카 송출과 전체 율장은 닫혀져 있고 은폐되어 있다.'라는 말은 거짓이 되고, 만약에 빠띠목카 송출과 전체 율장은 닫혀져 있고 은폐되어 있다면, 그로 인해 '여래께서 설한 가르침과 계율은 개방되어 있을 때 빛나고 은폐되어 있을 때 빛나지 않는다.'라고 한 그 말씀도 거짓이 됩니다. 이것도 양도논법의 질문으로 그대에게 제기된 것입니다. 그것이 그대가 해명해야 할 몫입니다."

2. [나가세나] "대왕이여, 세존께서는 '여래께서 설한 가르침과 계율은 개방되어 있을 때 빛나고 은폐되어 있을 때 빛나지 않는다.'라고 말씀하셨고, 또한 빠띠목카 송출과 전체 율장은 닫혀져 있고 은폐되어 있습니다. 그러나 그것은 모두를 위한 것이 아니고, 결계가 지어져 닫혀 있는 것입니다. 대왕이여, 세 가지 방식으로 세존에 의해서 빠띠목카 송출은 결계가 지어져 닫혔습니다. *1)* 예전의 여래들의 전승에 따라서 빠띠목카의 송출은 결계가 지어져 닫혔습니다. *2)* 가르침에 대한 존중 때문에 닫혔습니다. *3)* 수행승의 지위에 대한 존중 때문에 닫혔습니다."

3. [나가세나] "어떻게 예전의 여래들의 전승에 따라서 빠띠목카 송출은 결계가 지어져 닫혔습니까? 대왕이여, 수행승들 가운데 빠띠목카 송출이 다른 자들에게 닫혔다는 것은 모든 예전의 여래들의 전승이었습니다. 대왕이여, 마치 전사들의 신주(神呪)586)는 전사들 사이에서만 통용되는데, 그것은 전사들의 세계에서 전승되어 내려온 것으로 다른 자들에게는 닫혀 있듯이, 대왕이여, 이와 마찬가지로 수행승들 가운데 [191] 빠띠목카 송출이 다른 자들에게 닫혔다는 것은 모든 예전의 여래들의 전승이었습니다. 대왕이여, 지상에는 많

586) khattiyamāyā : 일종의 암호로 DhA. I. 166에 따르면, 남전사가 여전사에게 그녀의 요청에 따라 전사의 신주(戰士의 神呪: khattiyamāyā)를 말한다.

은 무리들이 존재합니다. 예를 들어 씨름꾼, 요술쟁이, 곡예사, 배우, 연출자, 익살꾼, 무희, 오뚝이, 권투선수, 마니밧다를 따르는 자들,[587] 뿐나밧다를 따르는 자들,[588] 달의 신을 따르는 자들, 태양의 신을 믿는 자들, 길상의 신을 믿는 자들, 불운의 신을 믿는 자들, 부의 신을 믿는 자들, 구름의 신을 믿는 자들, 아씨빠싸들,[589] 밧디뿟따들[590]이 있는데, 각각 비밀은 각각의 무리에서만 통용되고 다른 자들에게는 닫혀져 있습니다. 대왕이여, 이와 마찬가지로 수행승들 가운데 빠띠목카 송출이 다른 자들에게 닫혔다는 것은 모든 예전의 여래들의 전승이었습니다. 이와 같이 예전의 여래의 전승을 통해서 빠띠목카 송출은 결계가 지어져 닫혔습니다."

4. [나가세나] "어떻게 가르침에 대한 존중 때문에 빠띠목카 송출은 결계가 지어져 닫혔습니까? 대왕이여, 가르침은 존엄하고 무거운 것입니다. 가르침을 올바로 실천하면 궁극적 앎을 성취합니다. 가르침을 전승에 따라 올바로 실천하면 그것을 얻지만, 가르침을 전승에 따라 올바로 실천하지 않으면, 그것을 얻지 못합니다. 이와 같은 핵심의 가르침, 최상의 가르침이 올바로 실천하지 않는 자들의 수중에 들어가서 무시되고 멸시되고 경멸되고 우스개가 되고 비난받는 일이 없어야 합니다. 이와 같은 핵심의 가르침, 최상의 가르침이 악한 사람들의 수중에 들어가 무시되고 멸시되고 경멸되고 우스개가 되고 비난받는 일이 없어야 합니다. 가르침에 대한 존중 때문에 빠띠목카 송출은 결계가 지워져 닫혔습니다. 대왕이여, 값비싸고 탁월하고 품질 좋고 우량하고 양질의 붉은 전단이 싸바라의 도시[591]에 들어가면 무시되고

587) maṇibhaddā : 마니밧다(maṇibhadda) 신의 습관을 따르는 곡예사들이다.
588) puṇṇabaddhā : 뿐나밧다(puṇṇabaddha) 신의 습관을 따르는 곡예사들이다.
589) asipāsā : 올가미에 사용하는 칼을 지닌 자들로서 신들의 부류인 것 같다.
590) bhaddiputtā : 어떤 부류들인지는 알려져 있지 않다.
591) Savarapura : 짠달라(Caṇḍāla)의 도시, 즉 천민의 도시를 말한다.

멸시되고 경멸되고 우스개가 되고 비난받는 것처럼, 대왕이여, 이와 마찬가지로 이와 같은 핵심의 가르침, 최상의 가르침이 전승에 따라 올바로 실천하지 않는 자들의 수중에 들어가 무시되고 멸시되고 경멸되고 우스개가 되고 비난받는 일이 없어야 하고, 이와 같은 핵심의 가르침, 최상의 가르침이 악한 사람들의 수중에 들어가 무시되고 멸시되고 경멸되고 우스개가 되고 비난받는 일이 없어야 합니다. 이렇게 가르침에 대한 존중 때문에 빠띠목카 송출은 결계가 [192] 지어져 닫혔습니다."

5. [나가세나] "어떻게 수행승의 지위의 존중 때문에 빠띠목카 송출이 결계가 지어져 닫혔습니까? 대왕이여, 수행승의 지위는 세상에서 견줄 수 없고 헤아릴 수 없고 값어치를 매길 수 없는 것입니다. 어떤 자에 의해서도 평가되거나 비교되거나 측량될 수 없습니다. '이와 같은 수행승의 신분에 있는 자는 세상 사람과 동일해서는 안 된다.'라는 생각에서 수행승들 사이에 빠띠목카 송출이 행해집니다. 대왕이여, 세상에서 가장 뛰어난 최상의 품질을 지닌 의복이나 깔개나 코끼리, 준마, 수레, 황금, 은, 마니주, 진주, 보물 여자(女寶) 등이나, 전쟁에서 승리한 용사들이 있다면, 그 모든 것들이 왕에게 옮겨가듯이, 대왕이여, 이와 마찬가지로 세상에 학습계율이 있고 행복한 님의 전승, 교설, 품행, 제어, 계행, 자제, 덕성이 있는 한, 그 모든 것들은 수행승의 참모임에 옮겨갑니다. 이렇게 수행승들의 지위의 존중 때문에 빠띠목카 송출이 결계가 지어져 닫혔습니다."

[밀린다 왕] "존자 나가세나여, 현명하십니다. 참으로 그러하니, 그렇게 받아들이겠습니다."

두 번째 가르침과 계율의 은폐와 개방에 대한 질문이 끝났다.

3. [거짓말의 중죄와 경죄에 대한 질문]
(Musāvādagarulahubhāvapañha)

1. [밀린다 왕] "존자 나가세나여, 세존께서는 '의도적으로 거짓말을 하면 승단추방죄가 된다.'라고[592] 말씀하셨습니다. 그런데 또한 '의도적으로 거짓말을 하면 한 사람 앞에서 고백해야 하는 가벼운 죄를 지은 것이다.'라고[593] 말씀하셨습니다. 존자 나가세나여, 하나의 거짓말로 인해 추방되는 것과 하나의 거짓말로 용서받는 것이 있는데, 여기에 어떤 차이, 어떤 이유가 있습니까? 존자 나가세나여, 만약에 세존께서는 '의도적으로 거짓말을 하면 승단추방죄가 된다.'라고 말씀하셨다면, 그로 인해 '의도적으로 거짓말을 하면 한 사람 앞에서 고백해야 하는 가벼운 죄를 지은 것이다.'라는 말씀은 거짓이 됩니다. 만약에 여래께서 '의도적으로 거짓말을 하면 한 사람 앞에서 고백해야 하는 가벼운 죄를 지은 것이다.'라는 말씀하셨다면, 그로 인해 '의도적으로 거짓말을 하면 승단추방죄가 된다.'라는 그 말씀도 거짓이 됩니다. 이것도 양도논법의 질문으로 그대에게 제기된 것입니다. 그것이 그대가 해명해야 할 몫입니다."

2. [나가세나] "대왕이여, 세존께서는 [193] '의도적으로 거짓말을 하면 승단추방죄가 된다.'라고 말씀하셨고, 또한 '의도적으로 거짓말을 하면 한 사람 앞에서 고백해야 하는 가벼운 죄를 지은 것이다.'라는 말씀하셨습니다. 그러나 그것은 대상에 따라서 무거운 죄나 가벼운 죄가 됩니다. 대왕이여, 어떻게 생각하십니까? 여기 어떤 사람이 남을 손으로 때렸다면, 그에게 그대는 어떤 형벌을 내리겠습니까?"

---

592) sampajānamusāvāde pārājiko hotī'ti. : Vin. III. 94 "인간을 뛰어넘는 상태의 성취(上人法)"에 대한 의도적 망언을 뜻한다.
593) sampajānamusāvāde lahukaṁ āpattiṁ āpajJāti ekassa santike desanāvatthukan'ti : Vin. IV. 244

[밀린다 왕] "존자여, 그가 '나는 용서하지 않는다.'라고 말한다면, 그에게 우리는 용서하지 않고 일 까하빠나의 벌금을 내게 하겠습니다."

[나가세나] "대왕이여, 그러나 여기 그 사람이 그대를 손으로 때렸다면, 그에게 어떤 처벌이 부과됩니까?"

[밀린다 왕] "존자여, 손도 자르게 하고 발도 자르게 할 것입니다. 죽순을 잘라내듯 머리까지 자르게 할 것입니다. 모든 그의 집을 몰수하게 하고 양쪽으로 칠대에 이르기까지 가문을 절멸시킬 것입니다."

[나가세나] "대왕이여, 그런데 한 사람은 손으로 때렸을 때 작은 1까하빠나의 벌금이고, 반면에 그대를 손으로 때렸을 때 손도 잘리고 발도 잘리고 죽순을 잘라내듯 머리까지 잘리고, 모든 집을 몰수당하고 양쪽으로 칠대에 이르기까지 가문이 멸절된다면, 그 차이는 무엇이고 그 이유는 무엇입니까?"

[밀린다 왕] "존자여, 사람의 차이에 기인하는 것입니다."

[나가세나] "대왕이여, 이와 같이 의도적인 거짓말은 대상에 따라서 무거운 죄나 가벼운 죄가 됩니다."

[밀린다 왕] "존자 나가세나여, 현명하십니다. 참으로 그러하니, 그렇게 받아들이겠습니다."

세 번째 거짓말의 무거운 죄와 가벼운 죄에 대한 질문이 끝났다.

4. [보살의 결정성에 대한 질문] (Bodhisattadhammatāpañha)

1. [밀린다 왕] "존자 나가세나여, 세존께서 '법성에 대한 가르침의 경설'594)에서 '예전에 이미 보살의 부모는 결정되어 있었고, 보리수도 결정되어 있었고, 상수제자들도 결정되어 있었고, 아들도 결정되어

594) dhammatādhammapariyāya : ≪쿳다까니까≫에 속하는 '붓다방싸'(佛種性經: Buddhavaṁsa)를 의미하는 것일 것이다. 또는 '비유의 큰 경'[Mahāpadānasutta: DN. 14; §17-30]을 의미한다.

있었고, 시자도 결정되어 있었다.'라고 말씀하셨습니다. 그런데 또한 그대들은 '도솔천에서 천신으로 있을 때 보살은 여덟 가지 크나큰 관찰595), 즉 1) 출생할 시기를 관찰하고, 2) 출생할 대륙을 관찰하고, 3) 출생할 지방을 관찰하고, 4) 출생할 가문을 관찰하고, 5) 잉태할 어머니를 관찰하고, 6) 수태기간을 관찰하고, 7) 출생할 달을 관찰하고, 8) 세속으로부터의 출리를 관찰했다.'라고 말합니다. 존자 나가세나여, 앎이 성숙하지 [194] 않으면 깨우침은 없습니다. 앎이 성숙하면 한 순간이라도 기다릴 수가 없습니다. 왜냐하면 성숙한 마음은 어긋날 수가 없기 때문입니다. 그런데 왜 보살이 '어느 시간에 내가 태어날 것인가?'라고 시간을 관찰합니까? 앎이 성숙하면 한 순간이라도 기다릴 수가 없습니다. 왜 보살이 '어느 가문에 태어날 것인가?'라고 가문을 관찰합니까? 존자 나가세나여, 예전에 이미 보살의 부모가 결정되어 있었다면 그로 인해 '가문을 관찰한다.'라는 말은 거짓이 되고, 가문을 관찰한다면, 그로 인해 '예전에 이미 보살의 부모가 결정되어 있다.'라는 그 말도 거짓이 됩니다. 이것도 양도논법의 질문으로 그대에게 제기된 것입니다. 그것이 그대가 해명해야 할 몫입니다."

2. [나가세나] "대왕이여, 예전에 이미 보살의 부모는 결정되었습니다만 가문을 관찰한 것입니다. 그런데 어떻게 가문을 관찰한 것입니까? '나의 부모가 있는데, 그들은 왕족인가, 아니면 바라문족인가?'라고 이와 같이 가문을 관찰한 것입니다. 대왕이여, 여덟 가지 방식으로 미리 알려지지 않은 것596)을 관찰해야 합니다. 여덟 가지란 어떤 것입니까? 대왕이여, 1) 상인은 미리 팔 상품을 관찰해야 합니다. 2) 코끼리는 미리 코로 가보지 않는 길을 관찰해야 합니다. 3) 수레를 모는 자는

595) aṭṭha mahāvilokanāni : 경전에서는 찾을 수 없으나, 주석서 Smv. 428; Jāt. I. 48; BudvA. 54, 273; Pps. IV. 171-173에 등장한다.
596) anāgata : 미래를 의미한다.

미리 가보지 않은 여울을 관찰해야 합니다. *4)* 도선사는 미리 가보지 않은 항구를 관찰하고 배를 도선해야 합니다. *5)* 의사는 미리 수명[597]을 관찰하고 환자를 대해야 합니다. *6)* 다리를 건너는 자는 미리 다리가 견고한지 아닌지를 알고 건너야 합니다. *7)* 수행승은 미리 아직 오지 않은 시간을 성찰하고 식사를 해야 합니다. *8)* 보살들은 미리 '왕족의 가문인지 바라문의 가문인지' 그 가문을 관찰해야 합니다. 대왕이여, 이러한 여덟 가지 방식으로 미리 알려지지 않은 것을 관찰해야 합니다."[598]

[밀린다 왕] "존자 나가세나여, 현명하십니다. 참으로 그러하니, 그렇게 받아들이겠습니다."

네 번째 보살의 결정성에 대한 질문이 끝났다.

5. [자살에 대한 질문] (Attanipātanapañha)

1. [밀린다 왕] "존자 나가세나여, [195] 세존께서는 '수행승들이여, 자살해서는 안 된다. 자살하는 자는 법규에 따라서 처리되어야 한다.'라고[599] 말씀하셨습니다. 그런데 그대들은 '세존께서 제자들에게 가

597) āyu : 여기서는 나이를 뜻한다.

598) imesaṁ kho, mahārāja, aṭṭhannaṁ pubbeva anāgataṁ oloketabbaṁ hotī'ti : MQ. 279에 따르면 나가세나의 논리는 부적절한 것으로 보인다.

599) na, bhikkhave, attānaṁ pātetabbaṁ, yo pāteyya, yathādhammo kāretabbo'ti : VIn. III. 82에 자살하려다 다른 사람을 죽인 사건이 있었다. "한때 어떤 수행승이 욕구불만으로 괴로워하다가 깃자꾸따 산에 올랐다가 절벽에서 자신을 투척했는데, 어떤 죽세공을 덮쳐서 죽게 했다. 그에게 후회가 생겨났다. 세존께 그 사실을 알렸다. "수행승이여, 그대는 무슨 생각을 하고 있었는가?" "세존이시여, 저에게는 죽일 의도가 없었습니다." "수행승이여, 죽일 의도가 없었다면, 죄가 되지 않는 것이다. 그러나 수행승들이여, 자신을 투척하지 말라. 자신을 투척하면, 악작죄를 범한 것이다." 그러나 Vin. III. 74에 따르면, 승단추방죄에서 '자살'이라는 것은 몸으로 혹은 몸에 부착된 것으로 혹은 던져질 수 있는 것으로 자신을 죽이는 것을 뜻한다.'라고 규정되고 있다. 한편 SN. I. 120에서 중병이 든 거룩한 님인 존자 고디까가 칼로 자결했는데, 그것은 용인되었다.

르침을 설하실 때 마다 수많은 법문에서 생노병사를 끊기 위해서 가르침을 설하셨고, 누구든지 생노병사를 뛰어넘는 자를 최상의 찬사로 찬탄했습니다.'라고[600] 말합니다. 존자 나가세나여, 만약에 세존께서 '수행승들이여, 자살해서는 안 된다, 자살하는 자는 법규에 따라서 처리되어야 한다.'라고 말씀하셨다면, 그로 인해 '생노병사를 끊기 위해서 가르침을 설하셨다.'라는 그 말씀은 거짓이 되고, 만약에 생노병사를 끊기 위해서 가르침을 설하셨다면, 그로 인해 '수행승들이여, 자살해서는 안 된다, 자살하는 자는 법규에 따라서 처리되어야 한다.'라는 그 말씀도 거짓이 됩니다. 이것도 양도논법의 질문으로 그대에게 제기된 것입니다. 그것이 그대가 해명해야 할 몫입니다."

2. [나가세나] "대왕이여, 세존께서는 '수행승들이여, 자살해서는 안 된다, 자살하는 자는 법규에 따라서 처리되어야 한다.'라고 말씀하셨고, 세존께서 제자들에게 가르침을 설하실 때 마다 수많은 법문에서 생노병사를 끊기 위해서 가르침을 설하셨습니다. 그러나 거기에는 세존께서 왜 자살을 물리치셨고 왜 생노병사의 끊음을 권유하셨는지에 대한 이유가 있습니다."

[밀린다 왕] "존자 나가세나여, 여기서 세존께서 왜 물리치셨고 왜 권유하신 것인지 그 이유는 무엇입니까?"

[나가세나] "대왕이여, 계행을 지닌 자, 계행을 갖춘 자는 해독제와 같고, 뭇삶들의 번뇌의 독을 없애고, 약초처럼 뭇삶들의 번뇌의 질병을 치료하고, 물처럼 뭇삶들의 번뇌의 티끌과 때를 제거하고, 마니보주처럼 뭇삶들에게 성취를 부여하고, 배처럼 뭇삶들을 네 가지 거센 흐름[601]의 피안으로 건네주고, 캐러밴의 주인처럼 뭇삶들에게 생의

600) yattha katthaci bhagavā sāvakānaṁ dhammaṁ desayamāno anekapariyāyena jātiyā jarāya byādhino maraṇassa samucchedāya dhammaṁ deseti, yo hi koci jātijarābyādhimaraṇaṁ samatikkamati, taṁ paramāya pasaṁsāya pasaṁsatī'ti : 직접적으로는 경전에서 추적불가.

황야를 건너게 하고, 바람처럼 뭇삶들의 세 가지 뜨거운 불을 꺼주고, 큰 구름처럼 뭇삶들의 마음을 만족시키고, 스승처럼 뭇삶들을 착하고 건전한 것으로 이끌고, 좋은 안내자처럼 뭇삶들에게 안온의 길을 가르쳐줍니다. 대왕이여, 이와 같은 많은 덕성을 지닌 자, 수많은 덕성을 지닌 자, 무량한 덕성을 지닌 자, 덕성의 더미를 지닌 자, [196] 덕성의 쌓임을 지닌 자, 뭇삶들을 성장시키는 자, 계행을 지키는 자, 세존께서는 '자신을 망치지 말라.'라고 뭇삶들을 가엾게 여겨 '수행승들이여, 자살해서는 안 된다 자살하는 자는 법규에 따라서 처리되어야 한다.' 라고 학습계율을 제정하셨습니다. 대왕이여, 여기서 이것이 세존께서 왜 자살을 물리치셨는지에 대한 이유입니다. 대왕이여, 재기에 넘친 설교자 꾸마라 깟싸빠602)가 빠야씨603) 왕에게 저 세상에 대해서 묘사하면서 '왕이여, 계행을 갖추고 선한 원리를 갖춘 수행자들이나 성직자들은 오랜 세월 머무르면 머무를수록, 더욱 많은 공덕을 낳습니

601) ogha : 한역에는 폭류(暴流)라고 한다. 윤회의 바다에서 생사가 거듭되는 것을 거센 흐름에 비유한 것이다. 열반은 그러한 거센 흐름이 미치지 않는 피안을 뜻한다. Srp. I. 17에 따르면, 존재를 존재의 영역에 가라앉게 하고 보다 높은 상태나 열반으로 향하는 것을 용납하지 않기 때문에 거센 흐름이라고 한다. 거센 흐름에는 ① 감각적 쾌락에 대한 욕망의 거센 흐름[欲流 kāmogha] ② 존재의 거센 흐름[有流 : bhav'ogha] ③ 견해의 거센 흐름[見流 diṭṭh'ogha] ④ 무명의 거센 흐름[無明流 avijj'ogha]이 있다.

602) Kumāra Kassapa : 부처님의 제자 수행승 가운데 '재기에 넘친 설교를 하는 님 가운데 제일(cittakathikānaṁ aggaṁ)'이다. 그의 어머니는 라자가하 시의 은행가의 딸이었다. 그녀는 수행녀가 되고자 했으나 부모의 동의를 얻지 못하고 결혼했다가 남편의 동의를 얻어 출가했다. 출가할 때에 그녀는 아이를 밴지 모르고 있다가 나중에 꼬쌀라 국의 왕 앞에서 그녀의 죄가 면밀히 검토되면서 무죄가 밝혀진 후에 출산할 수가 있었고, 아이는 왕가에서 키웠다. 소년은 7살 되자 승단에 입단했다. 그래서 그는 꾸마라라고 불렸다. MN. 23의 「개미 언덕의 경」에 보면, 그가 안다바나 숲에서 명상하고 있을 때 하늘사람이 나타나 수수께끼를 냈는데, 이 꾸마라 깟싸빠가 그 수수께끼에 관하여 부처님께 질문하자, 부처님이 답하는 형식을 취하고 있다.

603) Pāyāsi : DN. 23을 보라. 빠쎄나디 왕이 기증한 땅의 영주였는데, 이 세상 이외에는 행위의 결과도 없고 다시 태어남도 없다고 생각했으나 꾸마라 깟싸빠와의 대화 이후에 자신의 견해가 잘못된 것이라는 사실을 깨닫는다.

다. 그들은 많은 사람의 안녕과 많은 사람의 행복을 위하고, 세상을 애민히 여겨 신들과 인간의 요익과 안녕과 행복을 위하여 길을 닦습니다.'604)라고 말했습니다.

3. [나가세나] "그러면 왜 세존께서는 생노병사의 끊음을 권유하신 것입니까? 대왕이여, 태어남도 괴로움이고, 늙음도 괴로움이고, 병듦도 괴로움이고, 죽음도 괴로움이고, 슬픔도 괴로움이고, 비탄도 괴로움이고, 고통도 괴로움이고, 근심도 괴로움이고, 절망도 괴로움이고, 사랑하지 않는 사람과 만나는 것도 괴로움이고, 사랑하는 사람과 헤어지는 것도 괴로움이고, 어머니의 죽음도 괴로움이고, 아버지의 죽음도 괴로움이고, 형제의 죽음도 괴로움이고, 자매의 죽음도 괴로움이고, 자식의 죽음도 괴로움이고, 아내의 죽음도 괴로움이고, 친척의 죽음도 괴로움이고, 친지의 상실도 괴로움이고, 건강의 상실도 괴로움이고, 재산의 상실도 괴로움이고, 계행의 상실도 괴로움이고, 견해의 상실도 괴로움이고,605) 왕에 대한 두려움도 괴로움이고, 도적에 대한 두려움도 괴로움이고, 적에 대한 두려움도 괴로움이고, 기근에 대한 두려움도 괴로움이고, 불에 대한 두려움도 괴로움이고, 물에 대한 두려움도 괴로움이고, 파도에 대한 두려움도 괴로움이고, 소용돌이에 대한 두려움도 괴로움이고, 악어에 대한 두려움도 괴로움이고, 상어에 대한 두려움도 괴로움이고,606) 자책에 대한 두려움도 괴로움이고, 타책에

---

604) yathā yathā kho rājañña samaṇabrāhmaṇā sīlavanto kalyāṇadhammā ciraṁ dīghamaddhānaṁ tiṭṭhanti, tathā tathā bahuṁ puññaṁ pasavanti, bahujanahitāya ca paṭipajjanti bahujanasukhāya lokānukampāya atthāya hitāya sukhāya devamanussānan'ti : DN. II. 316

605) ñātibyasanampi dukkhaṁ, rogabyasanampi dukkhaṁ, bhogabyasanampi dukkhaṁ, sīlabyasanampi dukkhaṁ, diṭṭhibyasanampi dukkhaṁ : DN. III. 235

606) aggibhayampi dukkhaṁ, udakabhayampi dukkhaṁ, ūmibhayampi dukkhaṁ, āvaṭṭabhayampi dukkhaṁ, kumbhīlabhayampi dukkhaṁ, susukābhayampi dukkhaṁ : MN. I. 459; AN. II. 123 참조.

대한 두려움도 괴로움이고, 처벌에 대한 두려움도 괴로움이고, 비참한 운명에 대한 두려움도 괴로움이고, 대중 속의 위축에 대한 두려움도 괴로움이고, 생계에 대한 두려움도 괴로움이고, 죽음에 대한 두려움도 괴로움이고607) 채찍으로 맞는 것도 괴로움이고, 몽둥이로 맞는 것도 괴로움이고, [197] 곤장으로 맞는 것도 괴로움이고, 손이 잘리는 것도 괴로움이고, 발이 잘리는 것도 괴로움이고, 손발이 함께 잘리는 것도 괴로움이고, 귀가 잘리는 것도 괴로움이고, 코가 잘리는 것도 괴로움이고, 귀와 코가 함께 잘리는 것도 괴로움이고, 두개골이 잘리고 뜨거운 쇳덩이가 부어지는 것도 괴로움이고, 살점이 떼어지고 모래로 씻겨 소라 모양으로 빛나는 해골이 되는 것도 괴로움이고, 막대기로 입이 벌려지고 귀가 뚫어지는 것도 괴로움이고, 몸을 기름에 적셔져 불 위에 태워지는 것도 괴로움이고, 손에 기름이 적셔져 불로 태워지는 것도 괴로움이고, 목에서부터 다리까지 피부가 벗겨져 스스로 밟는 것도 괴로움이고, 상반신의 피부가 벗겨져 하반신에 입혀지는 것도 괴로움이고, 영양의 자세로 양 팔꿈치와 양 무릎에 쇠고리가 채워지고 철판 위에 고정되어 사방에서 뜨거워지는 것도 괴로움이고, 양쪽의 갈고리를 잡아당겨 피부와 살과 힘줄이 찢겨지는 것도 괴로움이고, 동전 모양으로 살점이 떨어져나가는 것도 괴로움이고, 신체가 흉기로 찔리고 회즙이 들어와 분리되어 뼈만 남는 것도 괴로움이고, 양쪽 귓구멍이 철봉으로 뚫리고 그것이 회전되는 것도 괴로움이고, 외피가 잘리고 뼈가 절구에 갈아져 모발에 싸여 짚으로 둥글게 한 발판처럼 되는 것도 괴로움이고, 뜨거운 기름에 끓여지는 것도 괴로움이고, 개에 먹히는 것도 괴로움이고, 산 채로 꼬챙이에 끼워지는 것도 괴로움이고, 칼로 머리가 잘리는 것도 괴로움입니다. 대왕이여, 윤회하는 자는 이

607) daṇḍabhayampi dukkhaṁ, duggatibhayampi dukkhaṁ, parisāsārajjabhayampi dukkhaṁ, ājīvakabhayampi dukkhaṁ, maraṇabhayam pi dukkhaṁ : AN. IV. 364 참조.

와 같은 많은 종류의 다양한 괴로움을 겪는 것입니다. 대왕이여, 히말라야 산에 비가 내리면, 강가 강의 물은 돌, 자갈, 모래, 사락(沙礫), 소용돌이, 회오리, 물결, 굽이, 휘돌아 가는 곳, 나무뿌리와 나뭇가지와 같은 장애물과 방해물 사이로 퍼져나가듯이, 대왕이여, 이와 마찬가지로 윤회하는 자는 이와 같은 많은 종류의 다양한 괴로움을 겪는 것입니다. 전생(轉生)은 괴로움이고, 전생하지 않는 것은 즐거움입니다. 전생하지 않는 자의 덕성과 전생하는 자의 두려움을 밝히면서 대왕이여, 세존께서는 전생하지 않는 것을 깨우치게 하기 위해, 생노병사를 초월하기 위해, 생노병사의 끊음을 권유하신 것입니다. 대왕이여, 이것이 세존께서 왜 생노병사의 끊음을 권유하신 것인지에 대한 이유입니다."

[밀린다 왕] "존자 나가세나여, 현명하십니다. 질문은 잘 해명되었고 이유는 잘 설해졌습니다. 참으로 그러하니 그렇게 받아들이겠습니다."

다섯 번째 자살에 대한 질문이 끝났다.

6. [자애명상의 공덕에 대한 질문] (Mettābhāvanānisaṁsapañha)

1. [밀린다 왕] "존자 나가세나여, [198] 세존께서는 '수행승들이여, 자애의 마음에 의한 해탈을 수습하고 닦고 익히고 수레로 삼고 토대로 만들고 확립하고 구현시켜 훌륭하게 성취하면, 열한 가지 공덕이 기대된다. 열한 가지란 무엇인가? 수행승들이여, *1)* 편안히 잠자고, *2)* 행복하게 깨어나고, *3)* 악몽을 꾸지 않고, *4)* 사람들에게 사랑을 받고, *5)* 비인간[608]들에게조차 사랑을 받고, *6)* 천신들이 보호해 주고, *7)* 불이나 독이나 무기가 해를 끼치지 못하고, *8)* 빠르게 삼매에 들고, *9)* 안색이 맑아지고, *10)* 혼미하지 않게 삶을 마치고, *11)* 최상의 경지를 얻지

608) amanussa : 한역에서 비인(非人)이라고 한다. 비인간에는 신·야차·나찰·다나바·건달바·긴나라·마호라가(deva·rakkhasa·dānava·kinnara·mahoraga) 등이 있다.

못하더라도 하느님세계에 이르게 된다.'라고[609] 말씀하셨습니다. 그리고 또한 그대들은 '동자 싸마[610]가 자애명상을 닦으며 사슴의 무리에 둘러싸여 숲속을 돌아다니다가 삘리약카[611] 왕이 쏜 독묻은 화살에 그 자리에서 정신을 잃고 쓰러졌다.'라고 합니다. 존자 나가세나여, 만약에 세존께서 '수행승들이여, 자애의 마음에 의한 해탈을 수습하고 닦고 익히고 수레로 삼고 토대로 만들고 확립하고 구현시켜 훌륭하게 성취하면, 열한 가지 공덕이 기대된다. 열한 가지란 무엇인가? 수행승들이여, *1)* 편안히 잠자고, *2)* 행복하게 깨어나고, *3)* 악몽을 꾸지 않고, *4)* 사람들에게 사랑을 받고, *5)* 비인간들에게조차 사랑을 받고, *6)* 천신들이 보호해 주고, *7)* 불이나 독이나 무기가 해를 끼치지 못하고, *8)* 빠르게 삼매에 들고, *9)* 안색이 맑아지고, *10)* 혼미하지 않게 삶을 마치고, *11)* 최상의 경지를 얻지 못하더라도 하느님세계에 이르게 된다.'라고 말씀하셨다면, 그로 인해 '동자 싸마가 자애의 명상을 닦으며 사슴의 무리에 둘러싸여 숲속을 돌아다니다가 삘리약카 왕이 쏜 독묻은 화살에 그 자리에서 정신을 잃고 쓰러졌다.'라는 말은 거짓이 되고, 만약에 '동자 싸마가 자애의 명상을 닦으며 사슴의 무리에 둘러싸여 숲속을 돌아다니다가 삘리약카 왕이 쏜 독묻은 화살에 그 자리에서 정신을 잃고 쓰러졌다면, 그로 인해 '수행승들이여, 자애의 마음에 의한 해탈을 수습하고 닦고 익히고 수레로 삼고 토대로 만들고 확립하고

---

609) mettāya bhikkhave cetovimuttiyā āsevitāya bhāvitāya bahulīkatāya yānīkatāya vatthukatāya anuṭṭhitāya paricitāya susamāraddhāya ekādasānisaṁsa pāṭikaṅkhā, katame ekādasa? sukham supati, sukhaṁ paṭibujjhati, na pāpakaṁ supinaṁ passati, manussānaṁ piyo hoti, amanussānaṁ piyo hoti, devatā rakkhanti, nāssa aggi vā visaṁ vā satthaṁ vā kamati,tuvaṭam cittaṁ samādhiyati, mukhavaṇṇo vippasīdati, asammūḷho kālaṁ karoti, uttariṁ appativijjhanto brahmalokūpago hoti : AN. V. 342

610) Sāma : 젊은 사냥꾼, 쑤반나싸마(Suvaṇṇasāma)를 지칭한 것이다. Jāt. 540. Sāmajātaka를 참조하라.

611) Piliyakkha : 바라나씨 시의 왕으로 Jāt. 540이 그 출처이다.

구현시켜 훌륭하게 성취하면, 열한 가지 공덕이 기대된다. 열한 가지란 무엇인가? 수행승들이여, 1) 편안히 잠자고, 2) 행복하게 깨어나고, 3) 악몽을 꾸지 않고, 4) 사람들에게 사랑을 받고, 5) 비인간들에게조차 사랑을 받고, 6) 천신들이 보호해 주고, 7) 불이나 독이나 무기가 해를 끼치지 못하고, 8) 빠르게 삼매에 들고, 9) 안색이 맑아지고, 10) 혼미하지 않게 삶을 마치고, 11) 최상의 경지를 얻지 못하더라도 하느님세계에 이르게 된다.'라는 그 말씀도 거짓이 됩니다. 이것도 아주 정교하고 극히 미묘하고 섬세하고 심오한 양도논법의 질문으로 아주 정교한 사람들의 몸에 땀이 흐를만한 것인데, 그대에게 제기된 것입니다. 그것이 그대가 해명해야 할 몫입니다. 크게 얽히고 설켜 뒤섞인 엉킴을 풀어주시고, 미래의 최승자의 아들들에게 출구를 위한 눈을 주십시오."

2. [나가세나] "대왕이여, 세존께서는 '수행승들이여, 자애의 마음에 의한 해탈을 수습하고 닦고 익히고 수레로 삼고 토대로 만들고 확립하고 구현시켜 훌륭하게 성취하면, 열한 가지 공덕이 기대된다. 열한 가지란 무엇인가? 수행승들이여, 1) 편안히 잠자고, 2) 행복하게 깨어나고, 3) 악몽을 꾸지 않고, 4) 사람들에게 사랑을 받고, 5) 비인간들에게조차 사랑을 받고, 6) 천신들이 보호해 주고, 7) 불이나 독이나 무기가 해를 끼치지 못하고, 8) 빠르게 삼매에 들고, 9) 안색이 맑아지고, 10) 혼미하지 않게 삶을 마치고, 11) 최상의 경지를 얻지 못하더라도 하느님세계에 이르게 된다.'라고 말씀하셨습니다. 또한 '동자 싸마가 자애의 명상을 닦으며 사슴의 무리에 둘러싸여 숲속을 돌아다니다가 삘리약카 왕이 쏜 독묻은 화살에 그 자리에서 정신을 잃고 쓰러졌습니다. 대왕이여, 그러나 [199] 거기에는 이유가 있습니다. 거기에 이유란 어떤 것입니까? 대왕이여, 이러한 덕성들은 사람의 덕성이 아니라, 이러한 덕성들은 자애명상의 덕성입니다. 대왕이여, 동자 싸마가 물단지를 들었을 때, 그 순간 자애명상을 놓쳤습니다. 그러나 대왕이여,

사람이 자애를 갖추고 있는 그 순간에는 그 사람에게 불이나 독이나 칼이 영향을 미치지 못합니다. 그에게 누군가라도 불익을 주고자 다가가도 그를 알아챌 수 없고, 그 기회도 얻지 못합니다. 대왕이여, 이러한 덕성들은 사람의 덕성이 아니라, 이러한 덕성들은 자애명상의 덕성입니다."

3. [나가세나] "대왕이여, 여기 한 사람의 전사가 관통할 수 없는 갑옷을 무장하고 전장에 나갔다면, 그에게 화살이 날아와 다가가도 떨어지고 흩어지고 그 기회를 얻지 못합니다. 대왕이여, 그에게 화살이 날아와 다가가도 떨어지고 흩어진다면, 그것은 전사의 덕성이 아니고 관통할 수 없는 갑옷의 덕성입니다. 대왕이여, 이와 마찬가지로 이러한 덕성들은 사람의 덕성이 아니라, 이러한 덕성들은 자애명상의 덕성입니다. 대왕이여, 사람이 자애를 갖추고 있는 그 순간에는 그 사람에게 불이나 독이나 칼이 영향을 미치지 못합니다. 그에게 누군가라도 불익을 주고자 다가가도 그를 알아챌 수 없고, 그 기회도 얻지 못합니다. 대왕이여, 이러한 덕성들은 사람의 덕성이 아니라, 이러한 덕성들은 자애명상의 덕성입니다."

4. [나가세나] "대왕이여, 여기 한 사람이 신처럼 은신술을 손에 넣었다면, 그 은신술이 그의 손에 있는 한, 다른 누구라도 보통사람은 그 사람을 보지 못합니다. 대왕이여, 그가 보통사람들의 시야에 보이지 않는다면, 그것은 사람의 덕성이 아니고, 그것은 은신술의 덕성입니다. 대왕이여, 이와 마찬가지로 이러한 덕성들은 사람의 덕성이 아니라, 이러한 덕성들은 자애명상의 덕성입니다. 대왕이여, 사람이 자애를 갖추고 있는 그 순간에는 그 사람에게 불이나 독이나 칼이 영향을 미치지 못합니다. 그에게 누군가라도 불익을 주고자 다가가도 그를 알아챌 수 없고, 그 기회도 얻지 못합니다. 대왕이여, 이러한 덕성들은 사람의 덕성이 아니라, 이러한 덕성들은 자애명상의 덕성입니다."

5. [나가세나] "대왕이여, 큰 구름이 비를 내려도 잘 만들어진 큰 동굴에 [200] 들어간 사람을 적실 수는 없습니다. 대왕이여, 큰 비가 내려도 그를 적시지 못한다면, 그것은 사람의 덕성이 아니고 큰 동굴의 덕성입니다. 대왕이여, 이와 마찬가지로 이러한 덕성들은 사람의 덕성이 아니라, 이러한 덕성들은 자애명상의 덕성입니다. 대왕이여, 사람이 자애를 갖추고 있는 그 순간에는 그 사람에게 불이나 독이나 칼이 영향을 미치지 못합니다. 그에게 누군가라도 불익을 주고자 다가가도 그를 알아챌 수 없고, 그 기회도 얻지 못합니다. 대왕이여, 이러한 덕성들은 사람의 덕성이 아니라, 이러한 덕성들은 자애명상의 덕성입니다."

[밀린다 왕] "존자 나가세나여, 놀라운 일입니다. 존자 나가세나여, 예전에 없었던 일입니다. 자애명상은 일체의 악을 막아내는 것입니다."

[나가세나] "대왕이여, 자애명상은 선한 자들에게도 악한 자들에게도 일체의 선한 덕성을 가져옵니다. 의식에 묶여있는 뭇삶들, 그 모두에게 큰 공덕이 있는 자애명상은 나누어져야 합니다."

여섯 번째 자애명상의 공덕에 대한 질문이 끝났다.

7. [선악의 같고 다름에 대한 질문]
(Kusalākusalasamavisamapañha)

1. [밀린다 왕] "존자 나가세나여, 착하고 건전한 것을 행하는 자와 악하고 불건전한 것을 행하는 자의 과보가 동일합니까, 아니면 무엇인가 다른 것입니까?"

[나가세나] "대왕이여, 착하고 건전한 것을 행하는 자와 악하고 불건전한 것을 행하는 자의 과보는 다릅니다. 대왕이여, 착하고 건전한 것은 즐거움의 과보가 있고 천상세계에 태어나게 하고, 악하고 불건전한 것은 괴로움의 과보가 있고 지옥에 태어나게 합니다."

[밀린다 왕] "존자 나가세나여, '데바닷따가 완전히 어둡고, 완전히

어두운 성품을 갖고 있고, 보살은 완전히 밝고 완전히 밝은 성품을 갖고 있다.'라고[612] 말합니다. 그러나 또한 데바닷따는 세세생생 명성으로나 무리로나 보살과 동일했고 어떤 때에는 우세했습니다."

2. [밀린다 왕] "데바닷따가 바라나씨 시에서 브라흐마닷따 왕의 왕립사제였을 때에 보살은 비천한 짠달라였습니다. 그는 주술사로서 주문을 외워 때아닌 때의 망고열매를 맺게 했습니다.[613] 이 경우 보살은 데바닷따보다 출생에서 열악하고 명성에서 열악했습니다."

3. [밀린다 왕] "그리고 [201] 또한 데바닷따가 위대한 지상의 군주로 모든 감각적 쾌락을 누리는 왕이었을 때에 보살은 그의 향유물로서 온갖 장식을 갖춘 코끼리였습니다. 그러나 왕은 그의 아름다운 거동에 매료되어 참아내지 못하고 그를 죽이려고 코끼리 조련사에게 '조련사여, 그대의 코끼리가 길들여지지 않았다. 그가 공중으로 나는 재주를 선보여 보라.'라고[614] 말했습니다. 이 경우에도 보살은 데바닷따보다 출생에서 열악했고, 저열한 축생이었습니다."

4. [밀린다 왕] "그리고 또한 데바닷따가 사람으로서 숲속에 방황할 때에 보살은 마하빠타비[615]라는 원숭이였습니다. 이 경우에도 사람과 동물의 구별이 보이고, 그때에도 또한 보살은 데바닷따보다 출생에서 열악했습니다.

5. [밀린다 왕] "그리고 또한 데바닷따가 사람으로서 강력하여 코끼

---

612) devadatto ekantakaṇho, ekantakaṇhehi dhammehi samannāgato, bodhisatto ekantasukko, ekantasukkehi dhammehi samannāgato'ti : MN. I. 389; AN. II. 230; DN. III. 230에 '어두운 행위에는 어두운 결과가 따릅니다. 밝은 행위에는 밝은 결과가 따릅니다.'라는 구절이 있다.

613) ambaphalāni nibbattesi : Jāt. 474

614) asikkhito te, ācariya, hatthināgo, tassa ākāsagamanaṁ nāma kāraṇaṁ karohī'ti : Jāt. 122

615) Mahāpathavī : 샴본은 마하까삐(Mahākapi)이다. Jāt. 516을 참조하라.

리보다도 힘센 '쏘눗따라'라는 사냥꾼이었을 때, 보살은 '찻단따'라는 코끼리 왕이었습니다.[616] 그때 그 사냥꾼이 그 코끼리를 죽였습니다. 그 경우에도 데바닷따가 우세했습니다.

6. [밀린다 왕] "그리고 또한 데바닷따가 사람으로서 집 없는 숲속의 편력자였을 때, 보살은 진언을 노래하는 자고새[617]였습니다. 그때에도 그는 숲속의 편력자로서 그 새를 죽였습니다. 그 경우에도 데바닷따는 출생에서 우세했습니다."

7. [밀린다 왕] "그리고 또한 데바닷따가 까씨 국의 '깔라부'라는 왕이었을 때에, 보살은 '칸띠바딘'이라는 고행자였습니다.[618] 그때 그 왕은 그 고행자에게 화를 내며 손발을 죽순처럼 자르도록 했습니다. 그 경우에도 데바닷따는 출생에서나 명성에서나 우세했습니다."

8. [밀린다 왕] "그리고 또한 데바닷따가 사람으로서 숲속의 유행자였을 때, 보살은 '난디야'라는 원숭이의 제왕[619]이었습니다. 그때에도 그 숲속의 유행자는 그 원숭이의 제왕을 어미와 동생과 함께 죽였습니다. 그 경우에도 데바닷따는 출생에서 우세했습니다."

9. [밀린다 왕] "그리고 또한 데바닷따가 사람으로서 '까람비야'라는 나형외도였을 때, 보살은 '빤다라까'라는 코끼리의 왕이었습니다.[620] 그 경우에도 데바닷따는 [202] 출생에서 우세했습니다."

---

616) yadā devadatto manusso ahosi soṇuttaro nāma nesādo balavā balavataro nāgabalo, tadā bodhisatto chaddanto nāma nāgarājā ahosi : Jāt. 514를 참조하라.

617) tittiro mantajjhāyī : Jāt. 313을 참조하라.

618) yadā devadatto kalābu nāma kāsirājā ahosi, tadā bodhisatto tāpaso ahosi khantivādī : Jāt. 313을 참조하라.

619) nandiyo nāma vānarindo : Jāt. Jāt. 222를 참조하라.

620) yadā devadatto manusso ahosi acelako kārambhiyo nāma, tadā bodhisatto paṇḍarako nāma nāgarājā ahosi : Jāt. 518

10. [밀린다 왕] "그리고 또한 데바닷따가 사람으로서 숲속의 결발행자였을 때, 보살은 '땃차까'라는 큰 멧돼지621)였습니다. 그 경우에도 데바닷따는 출생에서 우세했습니다."

11. [밀린다 왕] "그리고 또한 데바닷따가 사람 크기 위의 허공에서 걸어 다니는, 쩨띠 국의 '쑤라빠리짜라'라는 왕이었을 때, 보살은 '까삘라'라는 바라문이었습니다.622) 그 경우에도 데바닷따는 출생에서나 명성에서나 우세했습니다."

12. [밀린다 왕] "그리고 또한 데바닷따가 '싸마'라는 이름의 사람이었을 때, 보살은 '루루'라는 이름의 사슴왕이었습니다.623) 그 경우에도 데바닷따는 출생에서 우세했습니다."

13. [밀린다 왕] "그리고 또한 데바닷따가 사람으로서 숲속을 돌아다니는 사냥꾼이었을 때 보살은 코끼리였습니다. 그 사냥꾼은 그 코끼리의 상아를 일곱 번 잘라서 가져갔습니다.624) 그 경우에도 데바닷따는 출생에서 우세했습니다."

14. [밀린다 왕] "그리고 또한 데바닷따가 승냥이었을 때, 왕족의 행세를 하며, 잠부디빠에 있는 각 지방의 왕들을 모조리 예속시켜버렸습니다. 그때 보살은 '비두라'라는 현자625)였습니다. 그 경우에도 데바닷따는 명성에서 우세했습니다."

---

621) tacchako nāma mahāsūkaro : Jāt. 283; Jāt. 492를 참조하라.

622) yadā devadatto cetīsu sūraparicaro nāma rājā ahosi upari purisamatte gagane vehāsaṅgamo, tadā bodhisatto kapilo nāma brāhmaṇo ahosi : Jāt. 422

623) yadā devadatto manusso ahosi sāmo nāma, tadā bodhisatto ruru nāma migarājā ahosi : Jāt. 482

624) so luddako tassa hatthināgassa sattakkhattuṁ dante chinditvā hari : Jāt. 72.

625) vidhuro nāma paṇḍito : Jāt. 241를 참조하라. 보살은 현자가 아니라 왕립사제(purohita)였다.

15. [밀린다 왕] "그리고 또한 데바닷따가 코끼리였다가 매추라기 새끼를 죽였을 때,[626] 보살도 무리의 우두머리인 코끼리였습니다. 그 경우에는 그들 양자가 완전히 같았습니다."

16. [밀린다 왕] "그리고 또한 데바닷따가 '아담마'라는 야차였을 때 보살도 '담마'라는 야차였습니다.[627] 그 경우에도 그들 양자가 완전히 같았습니다."

17. [밀린다 왕] "그리고 또한 데바닷따가 선장으로서 오백 가문의 통솔자이었을 때, 보살도 선장으로서 오백 가문의 통솔자였습니다.[628] 그 경우에도 그들 양자가 완전히 같았습니다."

18. [밀린다 왕] "그리고 또한 데바닷따가 캐러밴의 주인으로서 오백 수레의 주인이었을 때, 보살도 캐러밴의 주인으로서 오백 수레의 주인이었습니다.[629] 그 경우에도 그들 양자가 완전히 같았습니다."

19. [밀린다 왕] "그리고 또한 [203] 데바닷따가 '싸카'라는 이름의 사슴의 왕이었을 때, 보살도 '니그로다'라는 이름의 사슴의 왕이었습니다.[630] 그 경우에도 그들 양자가 완전히 같았습니다."

20. [밀린다 왕] "그리고 또한 데바닷따가 '싸카'라는 이름의 장군이었을 때, 보살도 '니그로다'라는 이름의 왕이었습니다.[631] 그 경우에

---

626) yadā devadatto hatthināgo hutvā laṭukikāya sakuṇikāya puttake ghātesi : Jāt. 357

627) yadā devadatto yakkho ahosi adhammo nāma, tadā bodhisattopi yakkho ahosi dhammo nāma : Jāt. 457

628) yadā devadatto nāviko ahosi pañcannaṁ kulasatāṇaṁ issaro, tadā bodhisattopi nāviko ahosi pañcannaṁ kulasatānaṁ issaro : Jāt. 466

629) yadā devadatto satthavāho ahosi pañcannaṁ sakaṭasatānaṁ issaro, tadā bodhisattopi satthavāho ahosi pañcannaṁ sakaṭasatānaṁ issaro : Jāt. 1

630) yadā devadatto sākho nāma migarājā ahosi, tadā bodhisattopi nigrodho nāma migarājā ahosi : Jāt. 12

631) yadā devadatto sākho nāma senāpati ahosi, tadā bodhisattopi nigrodho

도 그들 양자가 완전히 같았습니다."

21. [밀린다 왕] "그리고 또한 데바닷따가 '칸다할라'라는 이름의 바라문이었을 때, 보살은 '짠다'라는 이름의 왕자였습니다.632) 그때는 그 칸다할라가 우세했습니다."

22. [밀린다 왕] "그리고 또한 데바닷따가 '브라흐마닷따'라는 이름의 왕이었을 때, 보살은 그의 아들로 '마하빠두마'라는 이름의 왕자였습니다.633) 그때 그 왕은 도적을 던져 넣는 절벽에 자신의 아들을 던졌습니다. 어떤 경우에도 아버지가 아들들보다도 우세하고 탁월합니다, 그 경우에도 데바닷따가 우세했습니다."

23. [밀린다 왕] "그리고 또한 데바닷따가 '마하빠따빠'라는 이름의 왕이었을 때, 보살은 그의 아들로 '담마빨라'라는 이름의 왕자였습니다.634) 그때 그 왕은 자신의 아들의 손발과 머리를 잘라버렸습니다. 그 경우에도 데바닷따가 더욱 높고 우세했습니다."

24. [밀린다 왕] "오늘날 현재 양자가 모두 싸끼야 가문에 태어났습니다. 보살은 부처님으로 일체지자이자 세상의 지도자였습니다. 데바닷따는 그 신들 가운데 신의 가르침에 출가하여 신통을 얻어 부처님인 척했습니다. 존자 나가세나여, 내가 말한 것이 모두 사실입니까 사실이 아닙니까?"

25. [나가세나] "대왕이여, 그대가 여러 가지 이유를 제시했는데, 그 모든 것은 사실이지 다른 것이 아닙니다."

---

nāma rājā ahosi : Jāt. 445

632) yadā devadatto khaṇḍahālo nāma brāhmaṇo ahosi, tadā bodhisatto cando nāma rājakumāro ahosi : Jāt. 542

633) yadā devadatto brahmadatto nāma rājā ahosi, tadā bodhisatto tassa putto mahāpadumo nāma kumāro ahosi : Jāt. 472

634) yadā devadatto mahāpatāpo nāma rājā ahosi, tadā bodhisatto tassa putto dhammapālo nāma kumāro ahosi : Jāt. 358

[밀린다 왕] "존자 나가세나여, 어두운 것이나 밝은 것이나 나아가는 운명이 똑같다면, 그로 인해 착하고 건전한 것이나 악하고 불건전한 것이나 과보가 똑같다는 것입니까?"

[나가세나] "대왕이여, 착하고 건전한 것이나 악하고 불건전한 것이 과보가 똑같다는 것이 아닙니다. 대왕이여, 데바닷따는 모든 사람과 적대시하지는 않았고 보살과만 적대시했습니다. 보살과 적대시한 그가 그때그때의 생에서 익은 결과를 낳는 것입니다. 대왕이여, 데바닷따가 [204] 왕권을 쥐었을 때에 나라를 수호하고 다리, 회당, 공덕당을 짓게 하고 수행자들과 성직자들, 빈궁자들, 유랑자들, 여행자들, 의지처가 있는 자들, 의지처가 없는 자들에게 자신이 원하는 대로 보시를 했습니다. 그는 그 과보로 세세생생 영화를 얻었습니다. 대왕이여, 보시, 절제, 제어, 포살행이 없이 영화를 누릴 것이라고 누가 말할 수 있겠습니까? 대왕이여, 그대는 '데바닷따와 보살이 함께 윤회한다.'고 말하지만, 그들은 백 생이 지나 만난 것도 아니고, 천 생이 지나 만난 것도 아니고, 십만 생이 지나서 언제 어느 땐가 많은 세월이 지나 만난 것입니다. 대왕이여, 그것은 세존께서 사람의 몸을 얻기 위해 보여준 눈먼 거북이의 비유635)가 있는데, 대왕이여, 이들의 만남을 그와 같은 것으로 여기십시오. 대왕이여, 보살은 데바닷따와만 함께 만난 것이 아닙니다. 대왕이여, 장로 싸리뿟따도 무수한 십만 생을 걸쳐서 보살의 아버지가 되었고, 큰 아버지가 되었고, 작은 아버지가 되었고, 형제가 되었고, 아들이 되었고, 조카가 되었고, 친구가 되었습니다. 대왕이여, 보살도 무수한 십만 생을 걸쳐서 장로 싸리뿟따의 아버지가 되었고, 큰 아버지가 되었고, 작은 아버지가 되었고, 형제가 되었고, 아들이 되었고, 조카가 되었고, 친구가 되었습니다."

26. [나가세나] "대왕이여, 윤회의 흐름을 따르고 윤회의 흐름에 실려

---

635) kāṇakacchapopama : MN. III. 169

가는 뭇삶의 부류에 속하는 모든 것들은 사랑하지 않는 자와도 만나고 사랑하는 자와도 만납니다. 대왕이여, 흐름에 실려 가는 물은 깨끗한 것, 더러운 것, 좋은 것, 나쁜 것과 만나듯이, 대왕이여, 이와 마찬가지로 윤회의 흐름을 따르고 윤회의 흐름에 실려 가는 뭇삶의 부류에 속하는 모든 자들은 사랑하지 않는 것과도 만나고 사랑하는 것과도 만납니다. 대왕이여, 데바닷따는 야차로 있으면서 스스로 비법을 행하는 자로서 남에게 가르침이 아닌 것을 권하고 5억7천6백만 년 동안 대지옥에서 고통을 겪었습니다. [205] 대왕이여, 보살 또한 야차로 있었으나, 스스로 법을 행하는 자로서 남에게 바른 가르침을 권하고 5억7천6백만 년 동안 천상세계에서 모든 감각적 쾌락을 갖추고 즐거움을 누렸습니다. 대왕이여, 또한 데바닷따는 이번 생에서 위해를 가해서는 안 될 부처님에게 위해를 가하여 화합승단을 깨뜨리고 땅속으로 삼켜져 들어갔습니다. 여래께서는 모든 진리를 깨닫고 윤회의 토대636)를 부수고 완전한 열반에 들었습니다."

[밀린다 왕] "존자 나가세나여, 현명하십니다. 참으로 그러하니, 그렇게 받아들이겠습니다."

일곱 번째 선악의 같고 다름에 대한 질문이 끝났다.

8. [아마라 부인에 대한 질문] (Amarādevīpañha)

1. [밀린다 왕] "존자 나가세나여, 세존께서는 이렇게 말씀하셨습니다.

'기회나 비밀이나,
또는 적당한 유혹자를 얻으면,
모든 여자들이 악을 저지른다.
다른 자가 없으면,

636) upadhi : 의착(依着). 괴로움의 뿌리(MN. I. 454). 윤회의 토대.

앉은뱅이와도 사통한다.'[637]

또한 '마호싸다'의 부인 '아마라'는 [206] 마을에 있으면서 남편이 여행을 떠나자 홀로 남아 떨어져 주군처럼 남편을 생각하고 천금의 유혹에도 악을 저지르지 않았다.'[638]라는 이야기가 있습니다. 존자 나가세나여, 만약에 세존께서 '기회나 비밀이나, 적당한 유혹자를 얻으면, 모든 여자들이 악을 저지른다. 다른 자가 없으면, 앉은뱅이와도 사통한다.'라고 말씀하셨다면, 그로 인해 '마호싸다'의 부인 '아마라'는 마을에 있으면서 남편이 여행을 떠나자 홀로 남아 떨어져 주군처럼 남편을 생각하고 천금의 유혹에도 악을 저지르지 않았다.'는 말은 거짓이 되고, 만약에 마호싸다의 부인 '아마라'라는 마을에 있으면서 남편이 여행을 떠나자 홀로 남아 떨어져 주군처럼 남편을 생각하고 천금의 유혹에도 악을 저지르지 않았다면, 그로 인해 '기회나 비밀이나, 적당한 유혹자를 얻으면, 모든 여자들이 악을 저지른다. 다른 자가 없으면, 앉은뱅이와도 사통한다.'라는 그 말씀도 거짓이 됩니다. 이것도 양도논법의 질문으로 그대에게 제기된 것입니다. 그것이 그대가 해명해야 할 몫입니다."

2. [나가세나] "대왕이여, 만약에 세존께서 '기회나 비밀이나, 적당한 유혹자를 얻으면, 모든 여자들이 악을 저지른다. 다른 자가 없으면, 앉은뱅이와도 사통한다.'라고 말씀하셨습니다. 그리고 '마호싸다'의 부인 '아마라'는 마을에 있으면서 남편이 여행을 떠나자 홀로 남아 떨어져 주군처럼 남편을 대하고 천금의 유혹에도 악을 저지르지 않았다.'라는 이야기가 있습니다. 대왕이여, 그 여자가 천금을 받고 그러한

---

637) sace labhetha khaṇaṁ vā raho vā | nimantakaṁvāpi labhetha tādisaṁ | sabbā ca itthī kayiruṁ nu pāpaṁ | aññaṁ alattha pīṭhasappināpi saddhiṁ ‖ Jāt. 536 참조

638) mahosadhassa bhariyā amarā nāma itthī gāmake ṭhapitā pavutthapatikā raho nisinnā vivittā rājappaṭisamaṁ sāmikaṁ karitvā sahassena nimantīyamānā pāpaṁ nākāsī'ti : Jāt. 546 참조. 보살은 마호싸다, '아마라'는 '야쏘다라'가 역할을 한다.

남자와 부정한 일을 할 수 있었을 것입니다. 만약에 기회나 비밀이나, 적당한 유혹자를 얻었더라면, 왜 안했겠습니까? 대왕이여, 아마라는 그 일을 생각하면서 기회나 비밀이나, 적당한 유혹자를 엿보지 않았습니다. 이 세상에서의 비난을 두려워하여 기회를 엿보지 않았습니다. 저 세상에서의 지옥을 두려워하여 기회를 엿보지 않았습니다. 악이 무서운 과보를 가져온다고 생각하면서 기회를 엿보지 않았습니다. 사랑하는 자를 잃고 싶지 않아 기회를 엿보지 않았습니다. 남편을 존중하기 때문에 기회를 엿보지 않았습니다. 진리를 존귀하게 여기기 때문에 기회를 엿보지 않았습니다. 고귀하지 못한 것을 경멸하면서 기회를 엿보지 않았습니다. 서약을 깨고 싶지 않아 기회를 엿보지 않았습니다. 이와 같은 여러 이유로 기회를 엿보지 않았습니다."

3. [나가세나] "그리고 또한 그녀는 세상에서 그 일을 생각하면서 비밀을 엿보지 않아 부정한 짓을 하지 않았습니다. 만약에 그녀가 [207] 사람들과 비밀로 할 수 있었다 하더라도, 비인간들과는 비밀로 할 수 없었을 것입니다. 그녀가 비인간들과 비밀로 할 수 있었다 하더라도, 남의 마음을 아는 출가자들과는 비밀로 할 수 없었을 것입니다. 남의 마음을 아는 출가자들과는 비밀로 할 수 있었더라도, 남의 마음을 아는 천신들과는 비밀로 할 수 없었을 것입니다. 남의 마음을 아는 천신들과는 비밀로 할 수 있었더라도, 악인인 자기 자신과는 비밀로 할 수 없었을 것입니다. 악인인 자기 자신과 비밀로 할 수 있었더라도, 비법이라는 사실과는 비밀로 할 수 없었을 것입니다. 이와 같은 여러 이유로 비밀을 엿보지 않았습니다."

4. [나가세나] "그리고 또한 그녀는 그 일을 생각하며 적당한 유혹자를 얻지 않아 악을 저지르지 않았습니다. 대왕이여, 마호싸다는 현자로서 스물여덟 가지 특성을 갖추고 있었습니다. 어떤 것이 스물여덟 가지 특성을 갖춘 것입니까? 대왕이여, 마호싸다는 *1)* 용감하고, *2)*

부끄러움을 알고, 3) 창피함을 알고, 4) 지지자를 갖추고, 5) 친구가 있고, 6) 인내를 갖추고, 7) 계행을 지키고, 8) 진실을 말하고, 9) 청정을 갖추고, 10) 분노를 여의고, 11) 자만을 여의고, 12) 질투를 여의고, 13) 정진하고, 14) 노력하고, 15) 친절하고, 16) 관대하고, 17) 상냥하고, 18) 겸손하고, 19) 온화하고, 20) 교활하지 않고, 21) 속이지 않고, 22) 통찰을 갖추고, 23) 슬기롭고, 24) 지식을 갖추고, 25) 의지하는 자의 요익을 구하고, 26) 모든 사람의 사랑을 받고, 27) 부유하고, 28) 명성을 갖추고 있었습니다. 대왕이여, 마호싸다는 현자로서 이러한 스물여덟 가지 특성을 갖추고 있었습니다. 그래서 그녀는 다른 적당한 유혹자를 얻지 않고 악을 저지르지 않았습니다."

[밀린다 왕] "존자 나가세나여, 현명하십니다. 참으로 그러하니, 그렇게 받아들이겠습니다."

여덟 번째 아마라 부인에 대한 질문이 끝났다.

9. [거룩한 님과 두려움 없음에 대한 질문] (Arahantaabhāyanapañha)

1. [밀린다 왕] "존자 나가세나여, 세존께서는 '거룩한 님들은 두려움과 전율을 여의었다.'라고[639] 말씀하셨습니다. 그리고 또한 라자가하 시에서 코끼리 다나빨라까[640]가 세존을 덮치는 것을 보고 오백 명의

639) vigatabhayasantāsā arahanto'ti : Dhp. 351; Stn. 621 MN. I. 116 참조.

640) Dhanapālaka : 코끼리 날라기리(Nālāgiri)의 다른 이름이다. 데바닷따가 부처님 죽이려고 한 이야기와 관계된 것이다. 날라기리는 라자가하(Rājagaha) 시의 왕립 동물원의 코끼리였다. 데바닷따가 부처님을 살해하려고 몇 차례 시도를 한 후에 실패하자 아자따쌋뚜(Ajātasattu) 왕의 허락을 얻어 사나운 날라기리를 이용하여 부처님을 살해하려고 했다. 데바닷따는 코끼리는 부처님의 덕성을 모르기 때문에 주저 없이 부처님을 공격하리라고 생각했다. 데바닷따는 그 코끼리의 잔혹성을 더 키우기 위해 사육사에게 사전에 두 번이나 독주를 마시게 했다. 그리고 시민들에게는 거리에 날라기리를 풀어놓는다고 알려서 거리에 나오면 위험함을 경고했다. 부처님은 이러한 경고도 무시하고 많은 수행승을 데리고 함께 탁발하러 도시로 들어갔다. 날라

번뇌를 부순 자들이 최상의 최승자를 버리고 장로 아난다를 남겨둔 채 사방팔방으로 달아났습니다.641) 존자 나가세나여, 저 거룩한 님들은 두려움 때문에 달아난 것입니까? '자신의 업에 따라 알려질 것이다.' 라고 생각하여 부처님을 쓰러뜨리려고 달아난 것입니까, 아니면 여래의 비길 데 없는 광대하고 [208] 견줄 수 없는 신통변화를 보고 싶어 달아난 것입니까? 존자 나가세나여, 만약에 세존께서 '거룩한 님들은 두려움과 전율을 여의었다.'라고 말씀하셨다면, 그로 인해 '라자가하 시에서 코끼리 다나빨라까가 세존을 덮치는 것을 보고 오백 명의 번뇌를 부순 자들이 최상의 최승자를 버리고 장로 아난다를 남겨둔 채 사방팔방으로 달아났다.'라는 말은 거짓이 되고, 만약에 라자가하 시에서 코끼리 다나빨라까가 세존을 덮치는 것을 보고 오백 명의 번뇌를 부순 자들이 최상의 최승자를 버리고 장로 아난다를 남겨둔 채 사방팔방으로 달아났다면, 그로 인해 '거룩한 님들은 두려움과 전율을 여의었다.'라는 그 말씀도 거짓이 됩니다. 이것도 양도논법의 질문으로 그대에게 제기된 것입니다. 그것이 그대가 해명해야 할 몫입니다."

2\. [나가세나] "대왕이여, 세존께서 '거룩한 님은 두려움과 전율을 여의

기리를 보자 많은 사람들이 혼비백산하여 도망쳤다. 존자 아난다는 코끼리가 부처님에게 다가가자 앞서 가서 가로막았는데, 부처님은 그를 신통력으로 비켜서게 만들었다. 그때 한 여자가 아이를 데리고 오다가 코끼리가 오는 것을 보고 두려운 나머지 아이를 부처님의 발아래 떨어뜨리고 도망갔다. 코끼리가 그 어린아이부터 짓밟으려 하자 부처님께서 어린아이를 안심시키고 오른손을 내밀어 코끼리를 쓰다듬었다. 그러자 코끼리는 환희하여 무릎을 꿇었다. 부처님은 그 코끼리에게 가르침을 설했다. 날라기리가 사나운 짐승이 아니었다면, 흐름에 든 님이 되었을 것이다. 이 놀라운 광경을 목격한 사람들은 장식물들을 코끼리의 몸에 던졌다. 코끼리는 그 장식물들 속에 묻힐 지경이 되었다. 그때부터 그 코끼리는 재물의 수호신으로 '다나빨라'라고 불렸다. 출처는 다음과 같다 : Vin II. 194; Jāt. V. 333.

641) rājagahe dhanapālakaṁ hatthiṁ bhagavati opatantaṁ disvā pañca khīṇāsavasatāni pariccajitvā jinavaraṁ pakkantāni disāvidisaṁ ekaṁ ṭhapetvā theraṁ ānandaṁ : Vin. II. 194 참조. 코끼리의 이름은 다나빨라까(Dhanapālaka) – Jāt. 389에서는 Dhanapāla – 대신에 날라기리(Nālāgiri)이다.

었다.'라고 말씀하셨고, 라자가하 시에서 코끼리 다나빨라까가 세존을 덮치는 것을 보고 오백 명의 번뇌를 부순 자들이 최상의 최승자를 버리고 장로 아난다를 남겨둔 채 사방팔방으로 달아났습니다. 그러나 그것은 두려움 때문이 아니고 세존을 쓰러뜨리려고 해서도 아닙니다. 대왕이여, 거룩한 님들에게는 두려워하거나 전율해야 하는 그 원인이 제거되었으므로 거룩한 님들은 두려움을 여읜 것입니다. 대왕이여, 대지가 파내거나 부수거나 바다와 산과 산봉우리를 지탱할 때 두려워합니까?"

[밀린다 왕] "존자여, 그렇지 않습니다."

[나가세나] "대왕이여, 무슨 까닭입니까?"

[밀린다 왕] "존자여, 대지에게는 두려워하거나 전율해야 하는 그 원인이 없습니다."

[나가세나] "대왕이여, 이와 마찬가지로 거룩한 님들에게는 두려워하거나 전율해야 하는 그 원인이 없습니다. 대왕이여 산봉우리는 자르거나 부수거나 쓰러뜨리거나 불로 태울 때에 두려워합니까?"

[밀린다 왕] "존자여, 그렇지 않습니다."

[나가세나] "대왕이여, 무슨 까닭입니까?"

[밀린다 왕] "존자여, 산봉우리에게는 [209] 두려워하거나 전율해야 하는 그 원인이 없습니다."

[나가세나] "대왕이여, 이와 마찬가지로 거룩한 님들에게는 두려워하거나 전율해야 하는 그 원인이 없습니다. 대왕이여, 십만 세계에 있는 어떤 자들이든 뭇삶의 부류에 속하는 모든 자들이 손에 창을 들고 한 거룩한 님을 공격해서 전율시킨다고 해도, 거룩한 님의 마음에는 아무런 달라짐이 없을 것입니다. 그것은 무슨 까닭입니까? 그 일은 가능하지 않고 일어날 수도 없기 때문입니다. 대왕이여, 저 번뇌를 부순 자들은 마음속으로 '오늘 사람 가운데 최상자이자 최상의 최승자인 모우왕(牡牛王)[642]이 최상의 도시로 들어올 때, 큰 길로 코끼

리 다나빨라까가 돌진할 것이다. 시자는 틀림없이 신들 가운데 신을 버리지 않을 것이다. 만약에 우리 모두가 세존을 버리지 않으면, 아난다의 덕성이 드러나지 않을 것이고, 뿐만 아니라 코끼리도 여래에게 접근하지 않을 것이다. 자, 우리는 떠나자. 이렇게 해서 많은 사람들이 번뇌의 묶임에서 벗어날 수 있을 것이고, 아난다의 덕성이 드러날 것이다.'라고 생각했습니다. 이와 같이 저 거룩한 님들은 유익한 점을 알아채고 사방팔방으로 달아난 것입니다."

[밀린다 왕] "존자 나가세나여, 질문은 잘 해명되었습니다. 거룩한 님들에게는 두려움도 전율도 없습니다. 유익한 점을 알아채고 거룩한 님들은 사방팔방으로 달아난 것입니다."

아홉 번째 거룩한 님과 두려움 없음에 대한 질문이 끝났다.

10. [부처님은 일체지자인가에 대한 질문] (Buddhasabbaññubhāvapañha)

1. [밀린다 왕] "존자 나가세나여, 그대들은 '여래께서 일체지자이다.'라고 말했습니다. 그리고 또한 '여래께서 싸리뿟따와 목갈라나를 상수로 하는 수행승의 참모임을 쫓아냈을 때, 짜뚜마[643] 마을의 싸끼야족과 하느님 싸함빠띠는 묘목의 비유와 송아지의 비유를 들어 세존을 흡족케 하고 만족시키고 기쁘게 했습니다.'라고[644] 말했습니다. 존자 나가세나여, 여래께서 진정하고 화해하고 안식하고 만족한 그 비유가 여래에게 [210] 알려지지 않은 것입니까? 존자 나가세나여, 여래에게

642) vasabha(āsabha) : 황소의 왕이라는 말인데, 한역에서 모우왕(牡牛王)이라고 한다. 비유적인 표현으로 영웅, 위대한 사람, 지도자로서의 부처님을 지칭한다.

643) Cātumā : 아말라끼 숲(Āmalakīvana)이 있는 싸끼야 족의 마을 이름이다.

644) tathāgatena sāriputtamoggallānappamukhe bhikkhusaṅghe paṇāmite cātumeyyakā ca sakyā brahmā ca sahampati bījūpamañca vacchataruṇūpamañca upadassetvā bhagavantaṁ pasādesuṁ khamāpesuṁ nijjhattaṁ akaṁsū'ti : MN. 67. 짜뚜마 마을의 경[Cātumāsutta]을 참조하라.

그 비유가 알려지지 않았다면, 그로 인해 부처님은 일체지자가 아닙니다. 만약에 알려졌다면, 그로 인해 강제적으로 시험하고자 쫓아냈던 것인데, 그러면 그의 무자비가 생겨납니다. 이것도 양도논법의 질문으로 그대에게 제기된 것입니다. 그것이 그대가 해명해야 할 몫입니다."

2. [나가세나] "대왕이여, 여래께서는 일체지자입니다. 세존께서는 그 비유를 통해서 기뻐하고 진정하고 화해하고 안식하고 만족하였습니다. 대왕이여, 여래께서는 진리의 주인입니다. 그들은 여래께서 설한 비유에 의해서 여래를 흡족케 하고 만족시키고 기쁘게 했고, 그들에게 여래께서는 흡족하여 '훌륭하다.'라고 크게 기뻐했습니다. 대왕이여, 부인이 남편의 소유한 재물로 남편을 흡족케 하고 만족시키고 기쁘게 하고, 남편은 그녀에 대하여 '훌륭하다.'라고 크게 기뻐하듯이, 대왕이여, 이와 마찬가지로 짜뚜마의 싸끼야 족과 하느님 싸함빠띠는 묘목의 비유와 송아지의 비유를 들어 세존을 흡족케 하고 만족시키고 기쁘게 했고, 그들에게 여래께서는 흡족하여 '훌륭하다.'라고 크게 기뻐했습니다. 대왕이여, 이발사가 왕의 소유인 뱀의 후드 모양의 황금 빗으로 왕의 머리를 손질하면서 왕을 흡족케 하고 만족시키고 기쁘게 하고, 왕은 흡족하여 '훌륭하다.'라고 크게 기뻐하고 그가 원하는 바에 따라 하사품을 주듯이, 대왕이여, 이와 마찬가지로 짜뚜마의 싸끼야 족과 하느님 싸함빠띠는 묘목의 비유와 송아지의 비유를 들어 세존을 흡족케 하고 만족시키고 기쁘게 했고, 그들에게 여래께서는 흡족하여 '훌륭하다.'라고 크게 기뻐했습니다. 대왕이여, 제자가 친교사가 얻어 가져온 음식을 친교사에게 제공하면서 친교사를 흡족케 하고 만족시키고 기쁘게 하고, 친교사는 그것에 흡족하여 '훌륭하다.'라고 크게 기뻐하듯이, 대왕이여, 이와 마찬가지로 짜뚜마의 싸끼야 족과 하느님 싸함빠띠는 묘목의 비유와 송아지의 비유를 들어 세존을 흡족케하고 화해시키고 만족시켰고, 여래께서는 [211] 흡족하여 '훌륭하다.'라고

크게 기뻐했고, 일체의 고통으로부터 벗어나는 가르침을 설했습니다.
[밀린다 왕] "존자 나가세나여, 현명하십니다. 참으로 그러하니, 그렇게 받아들이겠습니다."

열 번째 부처님은 일체지자인가에 대한 질문이 끝났다.
네 번째 일체지의 앎에 대한 품이 끝났다.
이 품은 열 개의 질문으로 이루어졌다.

제5장 친밀한 것의 품

(Santhavavagga)

1. [친밀한 것에 대한 질문]

(Santhavapañha)

1. [밀린다 왕] "존자 나가세나여, 세존께서는 이렇게 말씀하셨습니다.

'친밀한 데서 두려움이 생기고
거처에서 더러운 먼지가 생겨난다.
거처도 두지 않고 친밀함도 두지 않으니,
이것이 바로 성자의 통찰이다.'645)

또한 세존께서는 '쾌적한 정사를 세우고 그곳에 많이 배운 자들을 살도록 해야 한다.'라고646) 말씀하셨습니다, 존자 나가세나여, 만약에 여래께서 '친밀한 데서 두려움이 생기고, 거처에서 더러운 먼지가 생겨난다. 거처도 두지 않고 친밀함도 두지 않으니, 이것이 바로 성자의 통찰이다.'라고 말씀하셨다면, 그로 인해 '쾌적한 정사를 세우고 그곳에

645) santhavāto bhayaṁ jātaṁ | niketā jāyate rajo | aniketam asanthavaṁ | etaṁ ve munidassanaṁ ‖ Stn. 207.
646) vihāre kāraye ramme, vāsayettha bahussute'ti : Vin. II. 147; SN. I. 100; Jāt. I. 93

많이 배운 자들을 살도록 해야 한다.'라는 말씀은 거짓이 되고, 만약에 여래께서 '쾌적한 정사를 세우고 그곳에 많이 배운 자들을 살도록 해야 한다.'라고 말씀하셨다면, 그로 인해 '친밀한 데서 두려움이 생기고, 거처에서 더러운 먼지가 생겨난다. 거처도 두지 않고 친밀함도 두지 않으니, 이것이 바로 성자의 통찰이다.'라는 그 말씀도 거짓이 됩니다. 이것도 양도논법의 질문으로 그대에게 제기된 것입니다. 그것이 그대가 해명해야 할 몫입니다."

2. [나가세나] "대왕이여, [212] 세존께서는 '친밀한 데서 두려움이 생기고 거처에서 더러운 먼지가 생겨난다. 거처도 두지 않고 친밀함도 두지 않으니, 이것이 바로 성자의 통찰이다.'라고 말씀하셨습니다. 그리고 또한 '쾌적한 정사를 세우고 그곳에 많이 배운 자들을 살도록 해야 한다.'고 말씀하셨습니다. 대왕이여, 세존께서 '친밀한 데서 두려움이 생기고, 거처에서 더러운 먼지가 생겨난다. 거처도 두지 않고 친밀함도 두지 않으니, 이것이 바로 성자의 통찰이다.'라고 하신 말씀은 본성에 관한 말씀이고, 완전한 말씀이고, 완벽한 말씀이고, 이것이 결정적인 말씀입니다. 그것은 수행자에게 알맞고, 수행자에게 해당하고, 수행자에게 적당하고, 수행자에게 가치가 있고, 수행자의 행경이고, 수행자의 실천인 것입니다. 대왕이여, 숲속에 사는 사슴은 숲속이나 삼림에 돌아다니며 거처 없이 집 없이 원하는 대로 눕듯이, 대왕이여, 이와 마찬가지로 수행승은 '친밀한 데서 두려움이 생기고, 거처에서 더러운 먼지가 생겨난다. 거처도 두지 않고 친밀함도 두지 않으니, 이것이 바로 성자의 통찰이다.'라고 생각해야합니다."

3. [나가세나] "대왕이여, 그러나 '쾌적한 정사를 세우고 그곳에 많이 배운 자들을 살도록 해야 한다.'라고 말씀하신 것은 두 가지 이유에서 세존께서 말씀하신 것입니다. 두 가지란 무엇입니까? 정사의 보시는 모든 부처님이 칭찬하고 칭송하고 찬탄하고 기린 것입니다. 그 정사를

보시하고 사람들은 생노병사에서 벗어날 것입니다. 이것이 우선 첫 번째 정사의 보시에 대한 공덕입니다. 그리고 또한 승원이 존재할 때 수행녀들이 식견 있는 수행승과 친교할 수 있고, 회견하고자 하는 사람을 쉽게 회견할 수 있습니다. 수행녀들에게 거처가 없다면 그들과 회견하기 어려울 것입니다. 이것이 정사의 보시에 대한 두 번째 공덕입니다. 이러한 두 가지 이유로 세존께서는 [213] '쾌적한 정사를 세우고 그곳에 많이 배운 자들을 살도록 해야 한다.'라고 말씀하신 것입니다. 그 경우 부처님의 아들은 거처에 집착해서는 안 됩니다."

[밀린다 왕] "존자 나가세나여, 현명하십니다. 참으로 그러하니, 그렇게 받아들이겠습니다."

첫 번째 친밀한 것에 대한 질문이 끝났다.

2. [위장에 관한 절제에 대한 질문]
(Udarasaṁyatapañha)

1. [밀린다 왕] "존자 나가세나여, 세존께서는 '일어서라. 방일하지 말라.[647] 위장과 관련하여 절제해야 한다.'라고[648] 말씀하셨습니다. 그러나 또한 세존께서는 '우다인이여, 그러나 나는 때때로 발우를 가득 채워 먹기도 하고 그보다 많이 먹기도 한다.'라고[649] 말씀하셨습니다. 존자 나가세나여, 만약에 세존께서 '일어서라. 방일하지 말라. 위장과 관련하여 절제해야 한다.'라고 말씀하셨다면, '우다인이여, 그러나 나

647) uttiṭṭhe nappamajjeyya : 주석에 따라 MQ. II. 5에서는 '탁발하기 위해 서있는데 방일하지 말라.'라고 해석하고 있다. DhpA. III. 165에 따르면, 다른 사람의 문지방에 서서 받는 탁발음식과 관련된 진술이다. 탁발수행을 포기하지 않았지만 맛있는 탁발음식을 찾으면, 탁발음식을 위해 자제하는 것을 소홀히 했다고 말한다. 그러나 가정을 위해서 탁발을 다닐 때 맛있는 음식을 제공할 수 있는 집을 고르지 않으면, 방일하지 않은 것이고, 고르면 탁발을 위해 자제하는데 방일한 것이다.

648) udare saṁyato siyā'ti : Stn. 716

649) ahaṁ kho panudāyi, appekadā iminā pattena samatittikampi bhuñjāmi, bhiyyopi bhuñjāmī'ti : MN. II. 7

는 때때로 발우를 가득 채워 먹기도 하고 그보다 많이 먹기도 한다.'라는 말씀은 거짓이 되고, 만약에 여래께서 '우다인이여, 그러나 나는 때때로 발우를 가득 채워 먹기도 하고 그보다 많이 먹기도 한다.'라고 말씀하셨다면, 그로 인해 '일어서라. 방일하지 말라. 위장과 관련하여 절제해야 한다.'라는 그 말씀도 거짓이 됩니다. 이것도 양도논법의 질문으로 그대에게 제기된 것입니다. 그것이 그대가 해명해야 할 몫입니다."

2. [나가세나] "대왕이여, 세존께서는 '일어서라. 방일하지 말라. 위장과 관련하여 절제해야 한다.'라고 말씀하셨고, 그리고 또한 '우다인이여, 그러나 나는 때때로 발우를 가득 채워 먹기도 하고 그보다 많이 먹기도 한다.'라고 말씀하셨습니다. 대왕이여, 세존께서는 '일어서라. 방일하지 말라. 위장과 관련하여 절제해야 한다.'라고 말씀하신 그 말씀은 본성에 [214] 관한 말씀이고, 완전한 말씀이고, 완벽한 말씀이고, 이것이 결정적인 말씀입니다. 진실한 말씀이고 참된 말씀이고, 여실한 말씀이고 뒤바뀌지 않는 말씀이고, 선인의 말씀이고, 성자의 말씀이고, 세존의 말씀이고, 거룩한 님의 말씀이고, 연기법을 깨달은 님의 말씀이고, 최승자의 말씀이고, 일체지자의 말씀이고, 이렇게 오신 님, 거룩한 님, 올바로 원만히 깨달은 님의 말씀입니다. 위장과 관련하여 절제하지 하지 않는 자는 살아있는 생명을 죽이고, 주지 않는 것을 빼앗고, 남의 아내와 사통하고, 거짓말을 하고, 술을 마시고, 어머니의 목숨도 빼앗고, 아버지의 목숨도 빼앗고, 거룩한 님의 목숨도 빼앗고, 참모임을 분열시키고, 악한 마음으로 여래에게 상처를 입혀 피를 내게 합니다. 대왕이여, 데바닷따는 위장과 관련하여 절제하지 않아서, 참모임을 파괴하고 한 겁을 지속하는 업을 쌓지 않았습니까? 대왕이여, 이러한 다른 많은 이유로 세존께서는 '일어서라. 방일하지 말라. 위장과 관련하여 절제해야 한다.'라고 말씀하셨습니다."

3. [나가세나] "대왕이여, 위장과 관련하여 절제하는 자는 네 가지 진

리[650]를 꿰뚫고, 네 가지 수행자의 삶의 결실[651]을 실현하고, 네 가지 분석적인 앎,[652] 여덟 가지 성취,[653] 여섯 가지 곧바른 앎에 자재를 얻고, 모든 수행자의 덕목을 완성합니다. 대왕이여, 어린 앵무새가 위장과 관련하여 절제해서 서른셋 신들의 천상세계까지 진동시키고 신들의 제왕 제석천을 신하로 만들어 섬김을 받지 않았습니까?[654] 대왕이여, 이러한 다른 많은 이유로 세존께서는 '일어서라. 방일하지 말라. 위장과 관련하여 절제해야 한다.'라고 말씀하셨습니다."

4. [나가세나] "대왕이여, 세존께서는 '우다인이여, 그러나 나는 때때로 발우를 가득 채워 먹기도 하고 그보다 많이 먹기도 한다.'라고 말씀하신 것은 할 일을 해마치고 할 일을 끝내고 이상을 실현하고 궁극을 완성하고 장애가 없는 일체지자로서 스스로 깨달은 여래께서 자신에 관하여 말씀하신 것입니다. 대왕이여, 마치 구토하고 설사하고 관장한 환자에게 섭생이 [215] 필요하듯이, 대왕이여, 이와 마찬가지로 번뇌가 있고 진리를 보지 못하는 자에게 위장과 관련하여 절제가 필요합니다. 대왕이여, 마치 광명이 있고 광택이 있고 품질 좋고 순수한 마니보주는 갈고 닦고 청정하게 하는 것이 필요가 없듯이, 대왕이여, 이와 마찬가지로 부처님의 경계의 궁극에 도달한 여래에게는 할 일을 행하는 것에 장애는 없습니다."

[밀린다 왕] "존자 나가세나여, 현명하십니다. 참으로 그러하니,

650) catusacca : 사제(四諦), 즉 사성제(四聖諦)를 말한다.

651) cattāri sāmaññaphalāni : 성자의 과위 - 흐름에 든 경지, 한 번 돌아오는 경지, 돌아오지 않는 경지, 거룩한 경지 - 를 말한다.

652) catupaṭisambhidā : 한역의 사무애해(四無碍解)로 Miln. 339를 참조하라.

653) aṭṭhasamapatti : 한역에는 팔등지(八等至)라고 한다. 미세한 물질계(色界)의 네 가지 선정과 비물질계(無色界)의 네 가지 선정을 합해서 말한 것이다.

654) nanu, mahārāja, sukapotako udare saṁyato hutvā yāva tāvatiṁsabhavanaṁ kampetvā sakkaṁ devānamindaṁ upaṭṭhānamupanesi : Jāt. 429; Jāt. 430

그렇게 받아들이겠습니다."

두 번째 위장에 관한 절제에 대한 질문이 끝났다.

3. [부처님의 무병에 대한 질문] (Buddhaappābādhapañha)

1. [밀린다 왕] "존자 나가세나여, 세존께서는 '수행승들이여, 나는 바라문,[655] 요구에 응하는 자,[656] 항상 청정한 손을 지닌 자,[657] 최후의 몸을 지닌 자,[658] 위없는 내과의사이고 외과의사이다.[659]'라고[660] 말씀하셨습니다. 그리고 또한 세존께서는 '나의 제자 수행승들 가운데 박꿀라[661]가 병들지 않는 자들 가운데 제일이다.'[662]라고 말

---

655) brāhmaṇo : ItA. II. 141; ItA. II. 146에 따르면, 악을 몰아냈기 때문에 바라문이고, 브라흐마를 소리에서 압축했기 때문에 바라문이다. 이와 관련해서 의미는 다음과 같다: '수행승들이여, 나는 최상의 의미에서 바라문이다.' '수행승들이여, 바라문이라고 하는 것도 이렇게 오신 님, 거룩한 님, 올바로 원만히 깨달은 님을 두고 하는 말이다.'(AN. IV. 340)

656) yācayogo : ItA. II. 142에 따르면, 걸식자와 관계된 자로, 걸식자들은 세존에게 접근해서 가르침을 구걸한다: '세존이시여, 세계의 존귀한 님께서는 진리를 가르쳐 주십시오. 올바른 길로 잘 가신 님께서는 진리를 가르쳐 주십시오.'(DN. II. 37)

657) sadā payatapāṇī : ItA. II. 143에 따르면, '항상'은 '언제나'이며 정법의 위대한 보시가 중단없이 일어나는 것을 뜻한다. 보시를 지향하고, 물질적 보시를 하고, 정중하게 자신의 손으로 시물을 주기 위해 항상 깨끗한 손을 지닌다면, 그는 청정한 손을 지닌 자라고 불린다.

658) antimadehadharo : ItA. II. 143에 따르면, 청정한 삶(brahmacariya)을 통해서 성직자를 만드는 원리들의 완성에 기인하는 최종적인 존재를 말한다.

659) anuttaro bhisakko sallakatto : QKM. II. 8에서는 '치료사와 의사', MQ. II. 7에서는 '위없는 내과의사이고 외과의사이다'라고 번역하고 있다. It. 101의 주석인 ItA. II. 143; ItA. II. 146에 따르면, '화살을 뽑아버리는 위없는 의사'라는 뜻이다. 그는 치유하기 어려운 윤회라는 괴로움의 질병을 치유하는 최상의 의0사로서, 다른 사람에 의해서 제거될 수 없는 탐욕 등의 화살을 자르고 제거하고 뽑아내기 때문에, 화살을 뽑아버리는 위없는 의사이다: '화살을 뽑아버리는 의사는 이렇게 오신 님, 거룩한 님, 올바로 완전히 깨달은 님을 말합니다.'(MN. II. 260)

660) ahamasmi, bhikkhave, brāhmaṇo yācayogo sadā payatapāṇi antimadehadharo anuttaro bhisakko sallakatto'ti : It. 101

661) Bakkula (=Bākula, Vakkula) : 부처님의 제자 수행승 가운데 '잘 병들지 않는

씀하셨습니다. 그리고 세존의 몸에는 여러 번 질병이 생겨난 것은 분명합니다. 존자 나가세나여, 만약에 세존이 위없는 분이라면 그로 인해 '나의 제자 수행승들 가운데 박꿀라가 병들지 않는 자 가운데 제일이다.'라고 하는 말씀은 거짓이 되고, 만약에 장로 박꿀라가 병들지 않는 자들 가운데 최상이라면, 그로 인해 '수행승들이여, 나는 바라문, 요구에 응하는 자, 항상 청정한 손을 지닌 자, 최후의 몸을 지닌 자, 위없는 내과의사이고 외과의사이다.'라는 그 말씀도 거짓이 됩니다. 이것도 양도논법의 질문으로 그대에게 제기된 것입니다. 그것이 그대가 해명해야 할 몫입니다."

2 [나가세나] "대왕이여, 세존께서는 '수행승들이여, 나는 바라문, 요구에 응하는 자, 항상 청정한 손을 지닌 자, 최후의 몸을 지닌 자, 위없는 내과의사이고 외과의사이다.'라고 말씀하셨고, 그리고 '나의 제자 수행승들 가운데 박꿀라가 병들지 않는 자 가운데 제일이다.'라고 말씀하셨습니다. 그러나 그것은 외적인 전승의 가르침을 터득하고[663] 그것에 정통한 자들 가운데 그 자신 가운데 존재하는 어떤 특성에 [216] 관련하여 말하는 것입니다. 대왕이여, 세존의 제자들은 서 있는 자들과 걷는 자들이 있는데, 그들은 서 있고 걷는 것으로 밤낮을

님 가운데 제일(appābādhānaṁ aggaṁ)'이다. 꼬쌈비 국의 재무대신의 아들이었다. 야무나 강에서 유모가 목욕을 시키다가 강물에 빠졌는데 물고기가 그를 삼켰다. 그 물고기는 한 어부에게 잡혀서 바라나씨의 재무대신의 아내에게 팔렸다. 그녀가 물고기의 배를 째니 어린 아기가 다친 데도 없이 살아 나왔다. 그래서 그녀는 그를 자신의 아들처럼 애지중지 키웠다. 나중에 그녀는 그에 얽힌 이야기를 알게 되어 부모에게 그를 키울 것을 요청했다. 왕은 양쪽 가족에 모두 속한다는 의미에서 '박꿀라'라는 이름을 지어주었다. 그는 부유한 삶을 살다가 80세에 부처님을 만나 출가하지 8일 만에 거룩한 님이 되었고, 160세까지 살았다. MN. 124 124. 박꿀라의 경[Bakkulasutta]을 참조하라.

662) etadaggaṁ, bhikkhave, mama sāvakānaṁ bhikkhūnaṁ appābādhānaṁ yadidaṁ bākulo'ti : AN. I. 25; Thag. 225-227 참조.

663) bāhirānaṁ āgamānaṁ adhigamānaṁ : '외적'인 이란 '불교 외적인 것'이란 뜻이고 '전승의 가르침'이란 MilnṬ. 35에 의하면, 인도의학인 이유르베다를 뜻한다.

보냅니다. 대왕이여, 그러나 세존께서는 서 있고, 걷고, 앉고 눕는 것으로 밤낮을 보냅니다. 대왕이여, 서있는 자와 걷는 자인 수행승들은 그 점에서 뛰어난 자들입니다. 대왕이여, 세존의 제자들 가운데 한 자리에서만 식사하는 자들이 있는데, 그들은 목숨을 연명하기 위해서 두 번 식사하지 않습니다. 대왕이여, 그러나 세존께서는 두 번이나 세 번 까지도 식사했습니다. 대왕이여, 한 자리에서 식사하는 그 수행승들은 그 점에서 뛰어난 자들입니다. 대왕이여, 이러저러한 자들과 관련된 이러저러한 것에 관하여 무수한 그러한 것들이 언급되어 있습니다. 대왕이여, 세존께서는 계행, 삼매, 지혜, 해탈, 해탈에 의한 앎과 봄, 열 가지 힘, 네 가지 두려움 없음, 열여덟 가지 부처님의 특성,664) 여섯 가지 고유한 앎665)으로 위없는 분입니다. 그리고 모든 부처님의 경계에서 이것과 관련하여 '수행승들이여, 나는 바라문, 요구에 응하는 자, 항상 청정한 손을 지닌 자, 최후의 몸을 지닌 자, 위없는 내과의 사이고 외과의사이다.'라고 말씀하신 것입니다."

3. [나가세나] "대왕이여, 여기 사람들 가운데 어떤 자는 출생을 갖추고, 어떤 자는 재산이 있고, 어떤 자는 지식이 있고, 어떤 자는 기예를 갖추고, 어떤 자는 용감하고, 어떤 자는 주의 깊습니다. 이들 모두보다 왕은 우월하고 그들 가운데 최상자입니다. 대왕이여, 이와 같이 세존께서는 모든 뭇삶보다 가장 최상이고 가장 연로하고 가장 뛰어난 분입니다. 그러나 존자 박꿀라가 병에 걸리지 않았던 것은 그의 전생의 서원 때문이었습니다. 대왕이여, 아노마닷씬666) 세존께서 위에 풍병

---

664) aṭṭhārasa buddhadhammā : Miln. 105와 그 주석을 참조하라.

665) cha asādhāraṇañāṇā : Jāt. I. 78에 등장하는 *1)* 능력의 높고 낮음에 대한 앎 *2)* 의도와 경향에 대한 앎 *3)* 대비에 의한 성취에 대한 앎 *4)* 쌍신변에 대한 앎 *5)* 무애(無碍)에 대한 앎 *6)* 일체지성에 대한 앎을 지칭한다. 그 밖에 AN. III. 440, 444를 참조하라.

666) Anomadassin : 한역에는 고견불(高見佛)이라고 하는데, 과거 24불 가운데 일곱 번째 부처님이다.

이 생겼을 때, 그리고 비빳씬[667] 세존과 육백팔십만 수행승들에게 초화병(草花病)[668]이 생겨났을 때, 그는 스스로 고행자로 있으면서 갖가지 약으로 그 질병을 치유한 뒤에, 그 공덕으로 병이 걸리지 않게 된 것입니다. 그래서 '나의 제자 수행승들 가운데 박꿀라가 병들지 않는 자 가운데 제일이다.'라고 불린 것입니다."

4. [나가세나] "대왕이여, 병이 생겨났을 때나 생겨나지 않았을 때나 두타행을 실천할 때나 실천하지 않을 때나 [217] 세존과 견줄만한 어떤 존재도 없었습니다. 대왕이여, 신들 가운데 신인 세존께서 ≪쌍윳따니까야≫의 뛰어난 해명에서 '수행승들이여, 뭇삶들에 관한 한, 발이 없거나, 두 발을 지녔거나, 네 발을 지녔거나, 많은 발을 지녔거나, 형상을 지녔거나, 형상을 지니지 않았거나, 지각이 있거나, 지각이 없거나, 지각이 있는 것도 아니고 지각이 없는 것도 아니건 그들 가운데 이른바 이렇게 오신 님, 거룩한 님, 올바로 원만히 깨달은 님이 그들 가운데 최상이다.'라고[669] 말씀하셨습니다."

[밀린다 왕] "존자 나가세나여, 현명하십니다. 참으로 그러하니, 그렇게 받아들이겠습니다."

세 번째 부처님의 무병에 대한 질문이 끝났다.

4. [길을 생겨나게 한 것에 대한 질문]

[Magguppādanapañho]

---

667) Vipassin : 한역에는 비바시(毘婆尸)라고 하는데, 과거24불 가운데 열아홉 번째 부처님이다.

668) tiṇapupphakaroga : 의역하면, 초화병(草花病)이다. QKM. II. 10에 따르면, 피(血=花)가 풀(草)의 색으로 변하는 것에 따라 이름지어진 병이다.

669) yāvatā, bhikkhave, sattā apadā vā dvipadā vā catuppadā vā bahuppadā vā rūpino vā arūpino vā saññino vā asaññino vā nevasaññīnāsaññino vā, tathāgato tesaṁ aggamakkhāyati arahaṁ sammāsambuddho'ti : SN. V. 41; AN. II. 34; III. 35; V. 21; Itv. 87

1. [밀린다 왕] "존자 나가세나여, 세존께서는 '수행승들이여, 여기 이렇게 오신 님, 거룩한 님, 올바로 원만히 깨달은 님께서는 아직 생겨나지 않은 길을 생겨나게 했다.'라고670) 말씀하셨습니다. 그리고 또한 '수행승들이여, 나는 전생의 올바로 원만히 깨달은 님들이 거닐던 옛 길과 옛 거리를 발견한 것이다.'라고671) 말씀하셨습니다. 존자 나가세나여, 만약에 여래께서 아직 생겨나지 않은 길을 생겨나게 했다면, 그로 인해 '수행승들이여, 나는 전생의 올바로 원만히 깨달은 님들이 거닐던 옛 길과 옛 거리를 발견한 것이다.'라는 말씀은 거짓이 되고, 만약에 여래께서 '수행승들이여, 나는 전생의 올바로 원만히 깨달은 님들이 거닐던 옛 길과 옛 거리를 발견한 것이다.'라고 말씀했다면, 그로 인해 '수행승들이여, 여기 이렇게 오신 님, 거룩한 님, 올바로 원만히 깨달은 님께서는 아직 생겨나지 않은 길을 생겨나게 했다.'라는 그 말씀도 거짓이 됩니다. 이것도 양도논법의 질문으로 그대에게 제기된 것입니다. 그것이 그대가 해명해야 할 몫입니다."

2. [나가세나] "대왕이여, 세존께서는 '수행승들이여, 여기 이렇게 오신 님, 거룩한 님, 올바로 원만히 깨달은 님께서는 아직 생겨나지 않은 길을 생겨나게 했다.'라고 말씀하셨습니다. 그리고 또한 '수행승들이여, 나는 전생의 올바로 원만히 깨달은 님들이 거닐던 옛 길과 옛 거리를 발견한 것이다.'라고 말씀하셨습니다. 그 두 가지는 본성에 대한 언급입니다. 대왕이여, 과거의 여래들이 사라짐으로써 가르침이 존재하지 않을 때 길도 사라졌는데, 여래께서는 그 길이 부서지고, 파괴되고, 은폐되고, 막히고, 덮여서, 불통된 것을 지혜의 눈으로 [218] 보면

---

670) tathāgato bhikkhave, arahaṁ sammāsambuddho anuppannassa maggassa uppādetā'ti : SN. III. 66

671) addasaṁ khvāhaṁ, bhikkhave, purāṇaṁ maggaṁ purāṇaṁ añjasaṁ pubbakehi sammāsambuddhehi anuyāta'nti : SN. I. 191

서 과거의 올바로 원만히 깨달은 님들이 걸었던 것을 발견한 것이고, 그 때문에 '수행승들이여, 나는 전생의 올바로 원만히 깨달은 님들이 거닐던 옛 길과 옛 거리를 발견한 것이다.'라고 말씀하신 것입니다. 대왕이여, 과거의 여래들이 사라짐으로써 교계하는 자가 존재하지 않을 때 부서지고, 파괴되고, 은폐되고, 막히고, 덮여서, 불통된 길을 이제 여래께서 개통시킨 것이므로, 그 때문에 '수행승들이여, 여기 이렇게 오신 님, 거룩한 님, 올바로 원만히 깨달은 님께서는 아직 생겨나지 않은 길을 생겨나게 했다.'라고 말씀하신 것입니다."

3. [나가세나] "대왕이여, 여기 전륜왕이 사라짐으로써 마니보주가 산봉우리에 감추어지고, 다른 전륜왕이 바르게 통치할 때에 나타납니다. 대왕이여, 그 마니보주는 그 왕에 의해서 만들어진 것입니까?"

[밀린다 왕] "존자여, 그렇지 않습니다. 원래 있었던 마니보주가 생겨난 것입니다."[672)]

[나가세나] "대왕이여, 이와 마찬가지로 원래 있었던 과거의 여래들이 따르던 여덟 가지 상서로운 길이 교계하는 자가 존재하지 않을 때 부서지고, 파괴되고, 은폐되고, 막히고, 덮여서, 불통된 것을 아시고 세존께서 지혜의 눈으로 보면서 생겨나게 하고 개통시킨 것이므로, 그 때문에 '수행승들이여, 여기 이렇게 오신 님, 거룩한 님, 올바로 원만히 깨달은 님께서는 아직 생겨나지 않은 길을 생겨나게 했다.'라고 말씀하신 것입니다."

4. [나가세나] "대왕이여, 이미 존재하는 자식을 모태에서 낳아서 어머니가 산모라고 불리듯이, 대왕이여, 이와 마찬가지로 원래 있었던 과거의 여래들이 따르던 여덟 가지 상서로운 길이 교계하는 자가 존재하지 않을 때 부서지고, 파괴되고, 은폐되고, 막히고, 덮여서, 불통된

---

672) pākatikaṁ yeva taṁ maṇiratanaṁ, tena pana nibbattitan'ti : 여기서 본래 있던 것이 생겨난 것이란 잠재되어 있던 것이 다시 나타났다는 뜻이다.

것을 아시고 세존께서 지혜의 눈으로 보면서 생겨나게 하고 개통시킨 것이므로, 그 때문에 '수행승들이여, 여기 이렇게 오신 님, 거룩한 님, 올바로 원만히 깨달은 님께서는 아직 생겨나지 않은 길을 생겨나게 했다.'라고 말씀하신 것입니다."

5. [나가세나] "대왕이여, 그리고 또한 어떤 사람이 무엇인가 잃어버렸던 것을 발견하면, '그에게 그 물건이 생겨났다.'라고 사람들이 통칭하듯이, 대왕이여, 이와 마찬가지로 원래 있었던 과거의 여래들이 따르던 여덟 가지 상서로운 길이 교계하는 자가 존재하지 않을 때 부서지고, 파괴되고, 은폐되고, 막히고, 덮여서, 불통된 것을 아시고 세존께서 지혜의 눈으로 보면서 [219] 생겨나게 하고 개통시킨 것이므로, 그 때문에 '수행승들이여, 여기 이렇게 오신 님, 거룩한 님, 올바로 원만히 깨달은 님께서는 아직 생겨나지 않은 길을 생겨나게 했다.'라고 말씀하신 것입니다."

6. [나가세나] "대왕이여, 그리고 또한 어떤 사람이 숲을 청소하고 토지를 개간하면 '그에게 땅이 생겨났다.'라고 통칭하고, 그 토지는 그에 의해서 산출된 것은 아니지만, 그 토지를 이용하므로 토지의 주인이라고 하듯이, 대왕이여, 이와 마찬가지로 원래 있었던 과거의 여래들이 따르던 여덟 가지 상서로운 길이 교계하는 자가 존재하지 않을 때 부서지고, 파괴되고, 은폐되고, 막히고, 덮여서, 불통된 것을 아시고 세존께서 지혜의 눈으로 보면서 생겨나게 하고 개통시킨 것이므로, 그 때문에 '수행승들이여, 여기 이렇게 오신 님, 거룩한 님, 올바로 원만히 깨달은 님께서는 아직 생겨나지 않은 길을 생겨나게 했다.'라고 말씀하신 것입니다.

[밀린다 왕] "존자 나가세나여, 현명하십니다. 참으로 그러하니, 그렇게 받아들이겠습니다."

네 번째 길을 생겨나게 한 것에 대한 질문이 끝났다.

5. [부처님의 불상해에 대한 질문] (Buddhaaviheṭhakapañha)

1. [밀린다 왕] "존자 나가세나여, 세존께서는 '예전에 나는 인간의 존재로 있으면서 뭇삶들에게 위해를 가하지 않는 자였다.'라고[673] 말씀하셨습니다. 그런데 또한 '로마싸 깟싸빠[674]라는 선인으로 있으면서 수백의 살아있는 생명을 살해하고 '승리의 축배'라는 대희생제를 지냈다.'라고[675] 말씀하셨습니다. 존자 나가세나여, 만약에 '예전에 나는 인간의 존재로 있으면서 뭇삶들에게 위해를 가하지 않는 자였다.' 라고 말씀하셨다면, 그로 인해 '로마싸 깟싸빠라는 선인으로 있으면서 수백의 살아있는 생명을 살해하고 '승리의 축배'라는 대희생제를 지냈다.'라는 말씀은 거짓이 되고, 만약에 '로마싸 깟싸빠라는 선인으로 있으면서 수백의 살아있는 생명을 살해하고 '승리의 축배'라는 대희생제를 지냈다.'라면, 그로 인해 '예전에 나는 인간의 존재로 있으면서 뭇삶들에게 위해를 가하지 않는 자였다.'라는 그 말씀도 거짓이 됩니다. 이것도 양도논법의 질문으로 그대에게 제기된 것입니다. 그것이 그대가 해명해야 할 몫입니다."

2. [나가세나] "대왕이여, 세존께서는 '예전에 나는 인간의 존재로 있

---

673) pubbe vāhaṁ manussabhūto samāno sattānaṁ aviheṭhakajātiko ahosin'ti : DN. III. 166

674) lomasakassapa : 아래의 주석을 참조하라.

675) lomasakassapo nāma isi samāno anekasate pāṇe ghātayitvā vājapeyyaṁ mahāyaññaṁ yajī'ti : Jāt. 433 참조 그러나 이 말은 거기에 나오지 않는다. 전체 이야기는 이것과는 조금 다르다. 보살의 전생인 '로마싸 깟싸빠'는 감관을 끝까지 항복받는 무서운 고행을 하는 고행자였는데, 그의 열기로 제석천궁이 흔들렸다. 제석천은 바라나씨 왕과 함께 그의 고행을 부수려고 시도했고, 제석천은 바라나씨 왕에게 "로마싸 깟싸빠를 데려다가 짐승을 죽여 희생제를 지내십시오. 그대는 제석천처럼 늙지 않고 온 세상을 다스릴 수 있을 것입니다."라고 유혹한다. 바라나씨 왕은 제석천에게 유혹을 당하고 딸 짠다바띠까지 바쳐가며 목적을 이루나, 유혹에 넘어간 로마싸 깟싸빠는 희생제를 지냈는데, 지내려고 시도하는 순간 희생되는 코끼리의 외마디 소리를 듣고 제정신을 차린다.

으면서 뭇삶들에게 위해를 가하지 않는 자였다.'라고 말씀하셨습니다. 그리고 '로마싸 깟싸빠라는 선인은 수백의 살아있는 [220] 생명을 살해하고 '승리의 축배'라는 대회생제를 지냈다.'라고 말씀하셨는데, 그러나 그것은 탐욕에 사로잡혀 지각을 잃고 정신이 없었기 때문입니다."

[밀린다 왕] "존자 나가세나여, 이러한 여덟 종류의 사람이 살아있는 생명을 해칩니다. 여덟 종류란 어떤 것입니까? *1)* 탐욕에 물든 자는 탐욕으로 인해 살아있는 생명을 해칩니다. *2)* 성내는 자는 성냄으로 인해 생명을 해칩니다. *3)* 어리석은 자는 어리석음으로 인해 살아있는 생명을 해칩니다. *4)* 교만한 자는 교만으로 인해 살아있는 생명을 해칩니다. *5)* 욕심이 많은 자는 욕심으로 인해 살아있는 생명을 해칩니다. *6)* 아무 것도 갖지 않은 자는 생계로 인해 살아있는 생명을 해칩니다. *7)* 바보는 장난으로 인해 살아있는 생명을 해칩니다. *8)* 왕은 법률로 인해 살아있는 생명을 해칩니다. 존자 나가세나여, 이러한 여덟 종류의 사람이 살아있는 생명을 해칩니다. 존자 나가세나여, 보살이 행한 것은 바로 그의 본성에 따른 것입니다."

[나가세나] "대왕이여, 보살이 행한 것은 바로 그의 본성에 따른 것이 아닙니다. 대왕이여, 만약에 보살이 본래 대회생제를 행하려고 마음을 기울였다면, 이러한 '주위가 바다를 경계로 하고 바다로 둘러싸인 대지일라도, 수치스런 일을 통해 그것을 원하지 않는다. 쎄이야여, 이와 같이 알라.'라는[676] 시를 읊지 않았을 것입니다. 대왕이여, 이와 같이 말한 보살은 왕녀 짠다바띠를 보자마자 지각을 잃고 혼란된 마음으로 애욕에 물들었습니다. 그는 지각을 잃고 어찌할 바를 모르고 초조해 하다가, 그 산란하고 흔들리고 동요하는 마음으로 살해된 큰 짐승의 목에서 피를 모아 '승리의 축배'라는 대회생제를 행했습니다. 대왕이여, 미친 사람이 혼란된 마음으로 타오르는 화로에 뛰어들고, 화난 독사도

676) sasamuddapariyāyaṁ | mahiṁ sāgarakuṇḍalaṁ | na icche saha nindāya | evaṁ seyya vijānahi || = Jāt. 310; Jāt. 433

붙잡고, 발정난 코끼리에게도 접근하고, 해안이 보이지 않는 바다에도 뛰어들고, 마을의 웅덩이나 더러운 소택지도 밟고, 가시울타리에도 오르고, 벼랑에도 떨어지고, 부정한 것을 먹고, 나체로 거리를 활보하고, 다른 여러 가지 비행을 저지릅니다. 대왕이여, 이와 같이 말한 보살은 왕녀 짠다바띠를 보자마자 지각을 잃고 혼란된 마음으로 애욕에 물들었습니다. 그는 지각을 잃고 어찌할 바를 모르고 초조해 하다가, 그 산란하고 흔들리고 동요하는 마음으로 살해된 큰 짐승의 목에서 피를 모아 '승리의 축배'라는 대회생제를 행했습니다."

3. [나가세나] "대왕이여, [221] 산란한 마음으로 행한 악은 현세에도 큰 죄가 되지 않고 내세에도 과보에 있어서도 그렇지 않습니다. 대왕이여, 여기 누군가 미친 사람이 죄를 범했다고 하면, 그에게 형벌을 내리겠습니까?"

[밀린다 왕] "존자여, 미친 사람에게 무슨 형벌이 있겠습니까? 우리는 면제해 주고 놓아주겠습니다. 이것이 그에 대한 형벌입니다."

[나가세나] "대왕이여, 이와 같이 미친 사람의 범죄에 대해서는 형벌도 없습니다. 그러므로 미친 사람이 행한 것에도 허물이 없고, 그는 용서받을 수 있습니다. 대왕이여, 이와 같이 말한 보살은 왕녀 짠다바띠를 보자마자 지각을 잃고 혼란된 마음으로 애욕에 물들었습니다. 그는 지각을 잃고 어찌할 바를 모르고 초조해 하다가, 그 산란하고 흔들리고 동요하는 마음으로 살해된 큰 짐승의 목에서 피를 모아 '승리의 축배'라는 대회생제를 행했습니다. 그러나 그가 본래의 마음으로 돌아와 새김을 확립했을 때, 다시 출가하여 다섯 가지 곧바른 앎을 얻고 하느님세계에 도달했습니다."

[밀린다 왕] "존자 나가세나여, 현명하십니다. 참으로 그러하니, 그렇게 받아들이겠습니다."

다섯 번째 부처님의 불상해에 대한 질문이 끝났다.

6. [찻단따와 조띠빨라에 대한 질문] (Chaddantajotipālārabbhapañha)

1. [밀린다 왕] "존자 나가세나여, 세존께서는 찻단따[677] 코끼리에 관하여 이렇게 말씀하셨습니다.

[세존] "내(찻단따)가 이자(사냥꾼)를 죽이겠다.'라고
벼르다가 선인들의 깃발인 황색의 가사를 보았다.
고통을 겪고 있었지만, 생각이 떠올랐다.
'거룩한 자의 깃발을 지녔으니,
현자들에게 침해될 수 없는 자이다.'"[678]

그런데 또한 '바라문 청년 조띠빨라[679]였을 때 존귀한 님, 거룩한 님, 올바로 원만히 깨달은 님이신 깟싸빠를, 까까중이란 말로 사이비수행자라는 말로 무례하게 거친 말로 비난하고 매도했다.'[680]라는 말이 있습니다. 존자 나가세나여, 보살이 축생으로 있을 때 가사를 공경했다면, 그로 인해 '바라문 청년 조띠빨라였을 때 [222] 존귀한 님, 거룩한 님, 올바로 원만히 깨달은 님이신 깟싸빠를, 까까중이란 말로 사이비수행자라는 말로 무례하게 거친 말로 비난하고 매도했다.'라는 말은 거짓

677) Chaddanta : 코끼리왕의 이름. 한역에는 육색아(六色牙)라고 한다.

678) vadhissam etanti parāmasanto | kāsāvam addakkhi dhajaṁ isīnaṁ | dukkhena phuṭṭhass'udapādi saññā | arahaddhajo sabbhi avajjharūpo'ti || Jāt. 514

679) Jotipāla : 깟싸빠 부처님 시대에 베하링가(Vehaliṅga)의 바라문으로 태어난 보살이다. 가띠까라(Ghaṭikāra)가 그의 친구였는데, 어느날 조띠빨라를 초대하여 부처님을 친견하러 가려고 했으나 까까중이란 말로 사이비수행자란 말로 매도하고 따라가지 않았다. 그러나 간곡한 부탁에 조띠빨라는 결국 부처님을 친견하고 수행승이 되었다.

680) jotipālamāṇavo samāno kassapaṁ bhagavantaṁ arahantaṁ sammāsambuddhaṁ muṇḍakavādena samaṇakavādena asabbhāhi pharusāhi vācāhi akkosi paribhāsī'ti : MN. II. 47에서는 조띠빨라가 가띠까라에게 깟싸빠 부처님에 대해서 간접적으로 이야기한 것으로 전해진다. 주석서 UdA. ApA. 115에서는 이러한 모욕의 결과로 보살이 6년간의 고행을 하게 되었다고 한다.

이 되고, 만약에 바라문 청년 조띠빨라가 존귀한 님, 거룩한 님, 올바로 원만히 깨달은 님이신 깟싸빠를, 까까중이란 말로 사이비수행자라는 말로 무례하게 거친 말로 비난하고 매도했다면, 그로 인해 '코끼리 왕 찻단따가 가사를 공경했다.'라는 그 말도 거짓이 됩니다. 만약에 축생으로 태어난 보살이 극심하고 거칠고 매서운 고통을 감수하면서 사냥꾼이 입은 가사를 공경했다면, 인간으로 있으면서 앎이 성숙하고 깨달음이 무르익었을 때, 존귀한 님, 거룩한 님, 올바로 원만히 깨달은 님, 세상을 안내하는 분, 가장 높은 분, 한 발의 후광을 지닌 분, 가장 뛰어난 위없는 분, 가장 뛰어나고 우아한 까씨 산의 가사를 입은 깟싸빠 부처님을 보고, 어찌 공경을 표하지 않았겠습니까? 이것도 양도논법의 질문으로 그대에게 제기된 것입니다. 그것이 그대가 해명해야 할 몫입니다."

2. [나가세나] "대왕이여, 세존께서는 찻단따 코끼리에 관하여 '내가 이자를 죽이겠다.'라고 벼르다가, 선인들의 깃발인 황색의 가사를 보았다. 고통을 겪고 있지만, 생각이 떠올랐다. '거룩한 자의 깃발을 지녔으니, 현자들에게 침해될 수 없는 자이다.'라고 말씀하셨습니다. 그런데 또한 바라문 청년 조띠빨라는 존귀한 님, 거룩한 님, 올바로 원만히 깨달은 님이신 깟싸빠를 까까중이란 말로 사이비수행자라는 말로 무례하게 거친 말로 비난하고 매도했습니다. 그러나 그것은 그의 출생 때문이고 가문 때문이었습니다. 대왕이여, 바라문 청년 조띠빨라는 신심이 없고 청정한 믿음도 없는 가문에 환생했고, 그의 부모, 자매, 형제, 하녀, 하인, 복동(僕童), 권속의 사람들은 하느님을 신으로 모시고 하느님을 숭배하는 자였고, 그들은 '바라문들이야말로 최상자들이고 가장 뛰어난 자들이다.'라고 하며 다른 출가자들을 비난하고 혐오했습니다. 그들의 그러한 말을 듣고 바라문 청년 조띠빨라는 도공 가띠까라가 스승을 찾아뵙도록 권유하자 '그 까까중인 사이비수행자를

만나서 무엇을 한단 말인가.'라고 말했습니다."

3. [나가세나] "대왕이여, [223] 감로가 독을 만나 쓴맛이 되고, 찬물이 불을 만나 뜨거워지듯이, 대왕이여, 이와 마찬가지로 바라문 청년 조띠빨라는 신심이 없고 청정한 믿음도 없는 가문에 환생해서, 가문 때문에 눈이 멀어 여래를 비난하고 매도했습니다. 대왕이여, 불타고 작열하는 큰 불더미는 광채가 나지만 물과 만나 빛과 열기를 잃고 익은 닉군디[681] 열매처럼 차갑고 검게 되듯이, 대왕이여, 이와 마찬가지로 바라문 청년 조띠빨라는 지혜롭고 신심이 있고 앎에 대단히 밝았지만, 신심이 없고 청정한 믿음도 없는 가문에 환생해서, 가문 때문에 눈이 멀어 여래를 비난하고 매도했습니다. 그러나 가까이 가서 부처님의 덕성을 알고는 시종처럼 되었고, 최승자의 가르침에 출가하여 곧바른 앎과 성취을 얻고 하느님세계에 도달했습니다."

[밀린다 왕] "존자 나가세나여, 현명하십니다. 참으로 그러하니, 그렇게 받아들이겠습니다."

여섯 번째 찻단따와 조띠빨라에 대한 질문이 끝났다.

7. [가띠까라에 대한 질문]
(Ghaṭikārapañha)

1. [밀린다 왕] "존자 나가세나여, 세존께서는 '도공 가띠까라의 처소는 석 달 동안 내내 하늘을 지붕으로 삼았으나, 비가 새지 않았다.'라고[682] 말씀하셨습니다. 또한 '존귀한 님, 거룩한 님, 올바로 원만히 깨달은 님의 초막에는 비가 샜다.'라고[683] 말씀하셨습니다. 존자 나가

681) niggundi : 관목의 일종. 학명은 Vitex nigundo이다.
682) ghaṭikārassa kumbhakārassa āvesanaṁ sabbaṁ temāsaṁ ākāsacchadanaṁ aṭṭhāsi, na devotivassī'ti : MN. II. 54
683) kassapassa tathāgatassa [bhagavato arahato sammāsambuddhassa kuṭi ovassatī'ti : MN. II. 53

세나여, 어째서 이와 같이 착하고 건전한 것의 뿌리를 쌓은 여래의 초막에는 비가 샌 것입니까? 여래에게 그것을 막아낼 힘을 기대해야만 하는 것입니까? 세존이시여, 만약에 도공 가띠까라의 처소가 하늘을 지붕으로 삼았으나 비가 새지 않았다면, 그로 인해 '여래의 초막에 비가 샜다.'라는 말씀은 거짓이 되고, 만약에 여래의 초막에 비가 내렸다면, 그로 인해 '도공 가띠까라의 처소가 하늘을 지붕으로 삼았으나, 비가 새지 않았다.'라는 그 말씀도 거짓이 됩니다. 이것도 양도논법의 질문으로 그대에게 제기된 것입니다. 그것이 그대가 해명해야 할 몫입니다."

2. [나가세나] "대왕이여, 세존께서는 '도공 가띠까라의 처소는 석달 동안 내내 하늘을 지붕으로 삼았으나, [224] 비가 새지 않았다.'라고 말씀하셨습니다. 그런데 또한 '깟싸빠 여래의 초막에 비가 샜다.'라고 말씀하셨습니다. 대왕이여, 도공 가띠까라는 계행을 지키고 선한 성품을 지니고 착하고 건전한 것의 뿌리를 쌓고, 눈먼 늙은 부모를 부양했습니다. 그러나 그가 없을 때에 사람들은 묻지도 않고 그의 집에 있는 건초를 가져다가 세존의 초막을 이었습니다. 그럼에도 그는 그 건초를 가져가는 일로 인해 흔들리지 않고 동요하지 않고 확고하고 광대하고 견줄 수 없는 기쁨을 얻었습니다. 그리고 '오 나의 세존은 세상의 최상자이고 나를 가장 신뢰하는 자이다.'라고 결코 비견할 수 없는 축복이 생겨난 것입니다. 그로 인해 그의 현세의 과보가 생겨난 것입니다."

3. [나가세나] "대왕이여, 여래께서는 그러한 변화로 동요하지 않습니다. 대왕이여, 수메루 산왕이 수십만의 바람이 몰아치더라도 동요하지 않고 흔들리지 않고, 크나큰 바다, 최상의 뛰어난 바다가 무수한 백 나유타 십만 개의 큰 강가 강으로도[684] 가득 차거나 변화하는 것이

684) anekasatanahutamahāgaṅgāsatasahassehipi : 여기서 나후따(nahuta)는 산스크리트어로 나유따(sk. niyuta)라고 하고, 음사하여 나유타(那由陀). 나수다(那庾多)라고 하는데, 막대한 수로 때로는 일만이나 천만, 때로는 천억이나 무수(無數)의 의미로 쓰인다.

없듯이, 대왕이여, 이와 마찬가지로 여래께서는 그러한 변화로 동요하지 않습니다. 대왕이여, 여래의 초막에 비가 샌 것은 많은 대중에 대한 연민 때문입니다. 대왕이여, 이러한 두 가지 이유를 생각하면서 여래들께서는 스스로 신통으로 만들어 낸 필수품을 사용하지 않습니다. '신들과 인간들이 '이분은 최상의 보시를 받을 만한 스승이다.'라고 세존께 필수품을 보시하면, 온갖 악한 운명에서 벗어날 것이다.'라고 생각하는 것과, 또한 '신통을 보여주고 생계를 구한다.'라는 것 때문에 다른 사람들이 우리를 꾸짖지 말아야 한다.'라고 생각하는 것입니다. 대왕이여, 이러한 두 가지 이유를 생각하면서 여래들께서는 스스로 신통으로 만들어 낸 필수품을 사용하지 않습니다. 대왕이여, 제석천이나 하느님이나 스스로가 그 초막을 비에 젖지 않게 만들면, 그 일 자체가 죄가 되고 허물이 되고 비난받아야 합니다. 이들은 교묘한 것을 만들고 세상을 현혹시키고 망설이게 만듭니다. 그러므로 그러한 일은 피해야 합니다. 대왕이여, 여래들은 어떤 것도 요구하지 않습니다. 그들이 어떤 것도 요구하지 않기 때문에 비난받을 일이 없습니다."

[밀린다 왕] "존자 나가세나여, 현명하십니다. 참으로 그러하니, 그렇게 받아들이겠습니다."

일곱 번째 가띠까라에 대한 질문이 끝났다.

8. [바라문과 왕이란 칭호에 대한 질문]
(Brāhmaṇarājavādapañha)

1. [밀린다 왕] "존자 나가세나여, [225] 세존께서는 '수행승들이여, 나는 바라문, 요구에 응하는 자이다.'라고[685] 말씀하셨습니다. 그러나 또한 '쎌라여, 나는 왕이다.'라는[686] 말이 있습니다. 존자 나가세나

---

685) ahamasmi, bhikkhave, brāhmaṇo yācayogo'ti : It. 101
686) rājāhamasmi selā'ti : Stn. 554

여, 세존께서는 '수행승들이여, 나는 바라문, 요구에 응하는 자이다.'라고 말씀하셨다면, 그로 인해 '쎌라여, 나는 왕이다.'라는 말은 거짓이 되고, 만약에 여래께서 '쎌라여, 나는 왕이다.'라고 말씀하셨다면, 그로 인해 '수행승들이여, 나는 바라문, 요구에 응하는 자이다.'라는 그 말씀도 거짓이 됩니다. 왕족이든지 바라문이든지여야 합니다. 한 번의 출생에 두 가지 계급은 없습니다. 이것도 양도논법의 질문으로 그대에게 제기된 것입니다. 그것이 그대가 해명해야 할 몫입니다."

2. [나가세나] "대왕이여, 세존께서는 '수행승들이여, 나는 바라문, 요구에 응하는 자이다.'라고 말씀하셨고, 또한 '쎌라여, 나는 왕이다.'라고 말씀하셨습니다. 거기에는 여래께서 바라문이자 왕인 이유가 있습니다."

[밀린다 왕] "존자 나가세나여, 여래께서 바라문이자 왕인 이유는 무엇입니까?"

[나가세나] "대왕이여, 여래에게는 모든 악하고 불건전한 성품이 제거되었고, 버려졌고, 멀어졌고, 떠나갔고, 끊어졌고, 부서졌고, 괴멸되었고, 사라졌고, 그쳤습니다. 그러한 이유로 여래께서는 바라문이라고 불립니다. 바라문이란 혼란, 의혹, 의심을 벗어난 자입니다. 대왕이여, 세존께서도 혼란, 의혹, 의심을 벗어난 자입니다. 그러한 이유로 여래께서는 바라문이라고 불립니다. 바라문이란 온갖 생존, 존재의 운명, 모태에서 떠나서 더러운 때와 티끌의 상태를 벗어나 독존하는 자입니다. 대왕이여, 여래도 온갖 생존, 존재의 운명, 모태에서 떠나서 더러운 때와 티끌의 상태를 벗어나 독존하는 자입니다. 그러한 이유로 여래께서는 바라문이라고 불립니다. 바라문이란 최상, 최승, 최고의 뛰어난 신성한 삶을 풍요롭게 누리는 자입니다. 대왕이여, 세존도 최상, 최승, 최고의 뛰어난 신성한 삶을 풍요롭게 누리는 자입니다. 그러한 이유로 여래께서는 바라문이라고 불립니다. 바라문이란 송출하고,

가르치고, 보시를 받고, 조어, 제어, 자제의 고대의 가르침과 전통과 전승을 지키는 자입니다. 대왕이여, 세존도 송출하고, 가르치고, 보시를 받고, 조어, 제어, 자제의 고대의 최승자들이 [226] 실천한 가르침과 전통과 전승을 지키는 자입니다. 그러한 이유로 여래께서는 바라문이라고 불립니다. 바라문이란 광대한 안락 속에서 사는 자, 선정을 닦는 자입니다. 대왕이여, 세존도 광대한 안락 속에서 사는 자, 선정을 닦는 자입니다. 그러한 이유로 여래께서는 바라문이라고 불립니다. 바라문이란 모든 갖가지 존재의 운명 속에서 벌어지고 일어난 것을 압니다. 대왕이여, 세존도 모든 갖가지 존재의 운명 속에서 벌어지고 일어난 것을 압니다. 그러한 이유로 여래께서는 바라문이라고 불립니다. 대왕이여, '바라문'이란 세존의 이 이름은 어머니가 지은 것도 아니고, 아버지가 지은 것도 아니고, 형제가 지은 것도 아니고, 자매가 지은 것도 아니고, 친구와 동료가 지은 것도 아니고, 친지와 친척이 지은 것도 아니고, 수행자와 성직자가 지은 것도 아니고, 천신이 지은 것도 아니고, 모든 부처님들과 존귀한 분들이 해탈을 얻었을 때 붙여진 명칭입니다. 즉, 보리수 아래에서 마군을 쳐부수고 과거 현재 미래의 악하고 불건전한 성품을 제거하고 일체지자의 앎의 획득과 더불어, 획득하고 나타나고 생겨난 것의 진실한 명칭이 바로 바라문입니다. 그러한 이유로 여래께서는 바라문이라고 불립니다."

3. [밀린다 왕] "존자 나가세나여, 어떤 이유로 여래께서 '왕'이라고 불리는 것입니까?"

[나가세나] "대왕이여, 왕이란 누구라도 나라를 통치하고 세상을 다스립니다. 대왕이여, 세존도 일만세계에서 가르침으로 통치하고 신들의 세계, 악마들의 세계, 하느님들의 세계, 성직자들과 수행자들, 그리고 왕들과 백성들과 그 후예들의 세계를 다스립니다. 그러한 이유로 여래께서는 왕이라고 불립니다. 대왕이여, 왕이란 모든 백성과 사

람 위에 군림하고 친지의 무리에게 즐거움을 안겨주고, 원적의 무리에게 근심을 안겨주며, 커다란 명성과 영광을 가져오고, 나무심의 단단한 막대로 만들어지고, 수백 개의 살로 장식된, 깨끗하고, 때가 없고, 밝은, 산개(傘蓋)를 펼칩니다. 대왕이여, 세존도 잘못 실천하는 마군에게 근심을 안겨주고, 올바로 실천하는 신들과 인간에게 즐거움을 안겨주며, 일만세계에서 [227] 커다란 명성과 영광을 가져오고, 강하고 견고한 인내의 막대로 만들어지고, 뛰어난 지혜의 수백 개의 살로 장식된, 깨끗하고, 때가 없고, 밝은, 최상의 해탈을 상징하는 산개(傘蓋)를 펼칩니다. 그러한 이유로 여래께서는 왕이라고 불립니다. 왕이란 찾아와 만난 사람들 모두로부터 존경의 인사를 받는 자입니다. 대왕이여, 세존도 찾아와 만난 신들과 인간 모두로부터 존경의 인사를 받는 자입니다. 그러한 이유로 여래께서는 왕이라고 불립니다. 왕이란 누군가가 유능한 자가 마음에 들면 원했던 최상의 선물을 주고 욕구에 따라 만족시킵니다. 대왕이여, 세존도 누군가가 신체적으로나 언어적으로나 정신적으로 유능한 자가 마음에 들면 원했던 최상의 선물인 일체의 괴로움으로부터의 해탈을 주고 순전히 고귀한 욕구에 따라 만족시킵니다. 그러한 이유로 여래께서는 왕이라고 불립니다. 왕이란 명령을 어긴 자를 징계하고 벌금을 부과하고 사형에 처합니다. 대왕이여, 세존의 고귀한 가르침에서 교계를 어기는 부끄러움을 모르는 자는 수치로 인해서 경멸당하고 멸시당하고 비난받고 최승자의 고귀한 가르침에서 제외됩니다. 그러한 이유로 여래께서는 왕이라고 불립니다. 왕이란 고대의 정의로운 왕들의 전통적 가르침에 따라 여법한 것과 여법하지 못한 것을 밝혀 정의롭게 나라를 통치하면서 사람들의 신망을 받고 사랑을 받고 총애를 받으며, 정의로운 덕성의 힘으로 왕가의 혈통을 오래 보존시킵니다. 대왕이여, 세존도 고대의 스스로 깨달은 자들의 전통적 가르침에 따라 여법한 것과 여법하지 못한 것을 밝혀

여법하게 세상을 교계하면서 신망을 받고 호감을 받고 애호를 받고, 여법한 덕성의 힘으로 오래 가르침을 보존시킵니다. 그러한 이유로 여래께서는 왕이라고 불립니다. 대왕이여, 이와 같이 여래께서 바라문이기도 하고 왕이기도 한 여러 가지 이유가 있습니다. 아주 총명한 수행승이 일 겁의 우주기 동안 설해도 그것을 설명할 수도 없으니, 더 이상 말해 무엇하겠습니까? 간략히 말한 것을 받아주십시오."

[밀린다 왕] "존자 나가세나여, 현명하십니다. 참으로 그러하니, 그렇게 받아들이겠습니다."

여덟 번째 바라문과 왕이란 칭호에 대한 질문이 끝났다.

9. [시를 읊은 대가의 음식 이야기에 대한 질문] (Gāthābhigītabhojanakathāpañha)

1. [밀린다 왕] "존자 나가세나여, [228] 세존께서는 이렇게 말씀하셨습니다.

[세존] '내게 시를 읊은 대가로 주는 것을
바라문이여, 향유하지 않으리.
올바로 보는 님에게 옳지 않으니,
시를 읊은 대가로 주는 것을 깨달은 님들은 물리친다.
바라문이여, 원리가 있는 한, 그것이 진솔한 삶이다.'687)

그런데 또한 세존께서는 대중에게 가르침을 설할 때 차제설법을 하시면서 먼저 보시에 대한 이야기를 설하시고 나중에 계행에 대한 이야기를 설했는데, 그 일체 세간의 주인이신 세존의 말씀을 듣고 신들과 인간은 시물을 준비하여 보시했고, 그를 위해 제공된 시물을 제자들

---

687) gāthābhigītaṁ me abhojaneyyaṁ | sampassataṁ brāhmaṇa n'esa dhammo | gāthābhigītaṁ panudanti buddhā | dhamme sati brāhmaṇa vuttiresā ‖ Stn. 81-82, 480-481.

이 향유했습니다. 존자 나가세나여, 세존께서 '내게 시를 읊은 대가로 주는 것을 향유하지 않으리.'라고 말씀하셨다면, 그로 인해 '세존께서 보시 이야기를 먼저 설했다.'라는 말씀은 거짓이 되고, 만약에 보시 이야기를 먼저 설했다면, 그로 인해 '내게 시를 읊은 대가로 주는 것을 향유하지 않으리.'라는 그 말씀도 거짓이 됩니다. 무슨 까닭입니까? 존자여, 공양받을 만한 자가 재가자들에게 음식물에 대한 보시의 공덕을 설한다면, 그들은 그의 설법을 듣고 청정한 믿음의 마음으로 계속해서 보시를 하지만, 그 시물을 향유하는 모든 사람들은 시를 외운 대가를 향유하는 것이기 때문입니다. 이것도 양도논법의 질문으로 그대에게 제기된 것입니다. 그것이 그대가 해명해야 할 몫입니다."

2. [나가세나] "대왕이여, 세존께서는 '내게 시를 읊은 대가로 주는 것을 바라문이여, 향유하지 않으리. 올바로 보는 님에게 옳지 않으니, 시를 읊은 대가로 주는 것을 깨달은 님들은 물리친다. 바라문이여, 원리가 있는 한, 그것이 진솔한 삶이다.'라고 말씀하셨습니다. 그리고 또한 세존께서는 먼저 보시에 관한 이야기를 하셨습니다. 그러나 모든 여래들께서 먼저 보시에 대한 이야기를 하는 것은 관례인데, 먼저 보시에 대한 이야기를 하여 마음을 기쁘게 하고 나중에 계행을 권하는 것입니다. 대왕이여, 사람들이 어린 아이들에게 먼저 우선 장난감들, 예를 들어, [229] 장난감쟁기, 자치기, 장난감풍차, 잎사귀됫박, 장난감수레, 장난감활을 주고 나중에 각자의 일을 권하듯이, 대왕이여, 이와 마찬가지로 여래께서는 먼저 보시에 대한 이야기를 하여 마음을 기쁘게 하고 나중에 계행을 권하는 것입니다. 대왕이여, 의사가 환자들에게 우선 체력을 키우고 몸을 부드럽게 하기 위해 나흘이나 닷새 동안 기름을 마시게 하고 나중에 하제를 주듯이, 대왕이여, 이와 마찬가지로 여래께서는 먼저 보시에 대한 이야기를 하여 마음을 기쁘게 하고 나중에 계행을 권하는 것입니다. 대왕이여, 보시자들이나 시주들

들은 자신들의 마음이 부드럽고 유연하고 온화해지면, 보시의 다리와 통로를 건너고, 보시의 배를 타고 윤회의 바다의 피안으로 가는 것입니다. 그러므로 세존께서는 그들에게 먼저 업의 지평을 가르친 것입니다. 그러나 그것으로 결코 암시를 보증한 것은 아닙니다."

3. [밀린다 왕] "존자 나가세나여, 암시라고 말했는데, 얼마나 많은 암시가 있습니까?"

[나가세나] "대왕이여, 두 가지 신체적 암시와 언어적 암시가 있습니다. 그 경우 신체적 암시에 죄가 되는 것과 죄가 되지 않는 것이 있고, 언어적 암시에도 죄가 되는 것과 죄가 되지 않는 것이 있습니다. 어떤 것이 죄가 되는 신체적 암시입니까? 여기 어떤 수행승이 재가자들의 집으로 가다가 부적당한 장소에 서서 그곳을 가로막습니다. 이것이 죄가 되는 신체적 암시입니다. 성자들은 이러한 방식으로 암시된 것을 향유하지 않습니다. 그리고 그 사람은 성자들의 모임에서 무시되고 멸시되고 우스개가 되고 비난받는, 모멸받고 인정받지 못하고 삶이 파괴된 자라고 간주됩니다. 대왕이여, 또한 여기 어떤 수행승이 재가자들의 집으로 가다가 부적당한 장소에 서서 목을 내밀고 공작새가 바라보듯 '이렇게 하면 이들이 보겠지.'라고 쳐다보고, 그래서 그들이 쳐다봅니다. 이것도 죄가 되는 신체적 암시입니다. 성자들은 이러한 방식으로 암시된 것을 향유하지 않습니다. 그리고 그 사람은 성자들의 모임에서 무시되고 멸시되고 우스개가 되고 비난받는, 모멸받고 인정받지 못하고 삶이 파괴된 자라고 간주됩니다. 대왕이여, 그리고 또한 여기 어떤 수행승은 턱으로나 [230] 눈썹으로나 엄지손가락으로 암시합니다. 이것도 죄가 되는 신체적 암시입니다. 성자들은 이러한 방식으로 암시된 것을 향유하지 않습니다. 그리고 그 사람은 성자들의 모임에서 무시되고 멸시되고 우스개가 되고 비난받는, 모멸받고 인정받지 못하고 삶이 파괴된 자라고 간주됩니다."

4. [나가세나] "어떤 것이 죄가 되지 않는 신체적 암시입니까? 여기 어떤 수행승이 재가자들의 집으로 가다가 새김을 갖추고 마음을 집중하고 알아차리며 장소이든 장소가 아닌 곳이든 가르침대로 가서 그 장소에 있다가, 보시하려는 자들 가운데 서고 보시하지 않으려고 하는 자들을 떠납니다. 이것이 죄가 되지 않는 신체적 암시입니다. 성자들은 이러한 방식으로 암시된 것을 향유합니다. 그 사람은 성자들의 모임에서 칭찬받고, 찬탄받고, 찬양받고, 버리고 없애는 삶을 살고, 청정한 삶을 영위하는 자로 간주됩니다. 대왕이여, 신들 가운데 신인 세존께서는 이렇게 말씀하셨습니다.

[세존] '실로 지혜로운 자들은 요청하지 않는다.
고귀한 자들은 요청을 질책한다.
고귀한 자들은 그것에 대해 침묵한다.
이것이 고귀한 자들의 요청하는 방식이다.'"688)

5. [나가세나] "어떤 것이 죄가 되는 언어적 암시입니까? 여기 어떤 수행승이 언어적으로 많은 종류의 의복, 탁발음식, 와좌구, 환자에게 필요한 의약을 암시하다면, 이것이 죄가 되는 언어적 암시입니다. 성자들은 이러한 방식으로 암시된 것을 향유하지 않습니다. 그리고 그 사람은 성자들의 모임에서 무시되고 멸시되고 우스개가 되고 비난받는, 모멸받고 인정받지 못하고 삶이 파괴된 자라고 간주됩니다. 대왕이여, 그리고 또한 여기 어떤 수행승은 남들에게 들려주며 '이것이 나에게 필요하다.'라고 말했는데, 다른 사람들이 그것을 듣고 그것을 얻게 된다면, 이것도 죄가 되는 언어적 암시입니다. 성자들은 이러한

688) na ve yācanti sappaññā | ariyā garahanti yācanaṁ | uddissa ariyā tiṭṭhanti | esā ariyāna yācanā'ti ‖ Jāt. 354: 제2행이 dhīro ca veditum arahati라고 되어 있다. 보살은 '요청이라는 것은 감각적 쾌락의 욕망을 누리는 재가자의 습관이지, 출가자들의 것이 아닙니다.'라고 말한다.

방식으로 암시된 것을 향유하지 않습니다. 그리고 그 사람은 성자들의 모임에서 무시되고 멸시되고 우스개가 되고 비난받는, 모멸받고 인정받지 못하고 삶이 파괴된 자라고 간주됩니다. 대왕이여, 그리고 또한 여기 어떤 수행승은 장담하면서 대중에게 '이러이러한 것을 수행승들에게 주어야 합니다.'라고 들려주고, 그들이 그 말을 듣고 알려준 것을 가져온다면, 이것도 죄가 되는 언어적 암시입니다. 성자들은 이러한 방식으로 암시된 것을 향유하지 않습니다. 그리고 그 사람은 성자들의 모임에서 무시되고 멸시되고 우스개가 되고 [231] 비난받는, 모멸받고 인정받지 못하고 삶이 파괴된 자라고 간주됩니다.

대왕이여, 장로 싸리뿟따는 태양이 진 밤중에 병이 들었을 때, 장로 목갈라나가 약에 관해 묻자, 입을 열었고 그 입을 연 것으로 인해 약을 얻었습니다. 그런데 장로 싸리뿟따는 '입을 연 것으로 인해 나에게 이 약이 얻었는데, 나의 참모임의 삶이 깨지지 않아야 한다.'라고 참모임의 삶이 파괴되는 것에 대한 두려움으로 그 약을 거절하고 복용하지 않았습니다. 이것도 죄가 되는 언어적 암시입니다. 성자들은 이러한 방식으로 암시된 것을 향유하지 않습니다. 그리고 그 사람은 성자들의 모임에서 무시되고 멸시되고 우스개가 되고 비난받는, 모멸받고 인정받지 못하고 삶이 파괴된 자라고 간주됩니다."

6. [나가세나] "어떤 것이 죄가 되지 않는 언어적 암시입니까? 대왕이여, 여기 수행승이 필요가 있어 친지에 의해 둘러싸인 가족들 가운데 암시한다면, 이것은 죄가 되지 않는 언어적 암시입니다. 성자들은 이러한 방식으로 암시된 것을 향유합니다. 그 사람은 성자들의 모임에서 칭찬받고, 찬탄받고, 찬양받고, 버리고 없애는 삶을 살고, 청정한 삶을 영위하는 자로 간주되고, 또한 이렇게 오신 님, 거룩한 님, 올바로 원만히 깨달은 님으로부터 인정을 받습니다. 대왕이여, 그러나 여래께서는 까씨 바라드와자 바라문의 음식을 거절했는데, 그 음식은 그의 생각을

전향시키고 해명하고 거절하고 반박하고 고치기 위해 생겨난 것입니다. 그러므로 여래께서는 그 음식을 거절하고 받지 않은 것입니다."

7. [밀린다 왕] "존자 나가세나여, 여래께서 식사할 때에 언제나 신들이 천상의 자양을 발우에 뿌렸습니까? 또는 '쑤까라맛다비[689]와 달콤한 유미죽'이라고 두 가지 음식에만 뿌렸습니까?"

[나가세나] "대왕이여, 여래께서 식사할 때에 언제나 신들이 천상의 자양을 가져다 곁에 서서 발우에서 뜰 때마다 한 모금 한 모금에 뿌립니다. 대왕이여, 왕의 요리사가 왕이 식사할 때 카레를 가져다가 곁에 서서 한 입 한 입마다 카레를 뿌리듯이, 대왕이여, 이와 마찬가지로 여래께서 식사할 때에 언제나 신들이 천상의 자양을 가져다 곁에 서서 발우에서 뜰 때마다 한 모금 한 모금에 뿌렸습니다.

대왕이여, 베란자에서 여래께서 [232] 마른 보릿가루를 드실 때에 천신들이 천상의 자양으로 적시고 스며들게 하여 보살폈습니다. 그래서 여래의 몸이 보존되었습니다."

[밀린다 왕] "존자 나가세나여, 여래의 몸을 보살피기 위해 항상 한결같이 노력을 기울이는 그 천신들에게 실로 행운이 있기를 바랍니다. 존자 나가세나여, 현명하십니다. 참으로 그러하니, 그렇게 받아들이겠습니다."

아홉 번째 시를 읊은 대가의 음식 이야기에 대한 질문이 끝났다.

10. [설법에 관한 주저에 대한 질문]
(Dhammadesanāya appossukkapañha)

1. [밀린다 왕] "존자 나가세나여, 그대들은 '여래께서는 사 아승지[690] 십만 겁의 우주기 동안 많은 사람을 구제하기 위하여 일체지자

689) Sūkaramaddava : Miln. 175와 그 주석을 보라.

의 앎을 성숙시켰다.'라고691) 말합니다. 그리고 또한 '일체지자에 도달하자 가르침을 설하지 않고 그냥 있기로 마음이 기울었다.'라고692) 말합니다. 존자 나가세나여, 궁수나 궁수의 제자가 오랜 세월 전쟁을 위해 궁술을 배우고 큰 전쟁이 일어나자 주저하는 것처럼, 존자 나가세나여, 이와 마찬가지로 여래께서는 사 아승지 십만 겁의 우주기 동안 많은 사람을 구제하기 위하여 일체지자의 앎을 성숙시키고 일체지에 도달했으나 설법하는 것에 주저했습니다. 존자 나가세나여, 씨름꾼이나 씨름꾼의 제자가 오랜 세월 씨름을 배우고 씨름경기가 벌어지자 주저하는 것처럼, 존자 나가세나여, 이와 마찬가지로 여래께서는 사 아승지 십만 겁의 우주기 동안 많은 사람을 구제하기 위하여 일체지자의 앎을 성숙시키고 일체지에 도달했으나 설법하는 것에 주저했습니다. 존자 나가세나여, 여래께서는 두려움 때문에 주저한 것입니까, 아니면, 불확실성 때문에 주저한 것입니까, 아니면 능력의 부족으로 주저한 것입니까, 아니면 일체지의 결여로 [233] 주저한 것입니까? 무슨 까닭입니까? 그대가 나에게 의혹이 제거되도록 이유를 말해 주십시오. 존자 나가세나여, 만약에 여래께서 사 아승지 십만 겁의 우주기 동안 많은 사람을 구제하기 위하여 일체지자의 앎을 성숙시켰다면, 그로 인해 '일체지자에 도달하자 가르침을 설하지 않고 그냥 있기로 마음이 기울었다.'라는 말은 거짓이 되고, 만약에 일체지자에 도달하자 가르침을 설하지 않고 그냥 있기로 마음으로 기울였다면,

690) asaṅkhyeyya : 한역에서 음사하여 아승지(阿僧祇)라고 하는데, 헤아릴 수 없는 많은 수 또는 기간을 뜻하는데, 10^{56} 또는 10^{104}에 해당한다.

691) tathāgatena catūhi ca asaṅkhyeyyehi kappānaṁ satasahassena ca etthantare sabbaññutañāṇaṁ paripācitaṁ mahato janakāyassa samuddharaṇāyā'ti : Jāt. I. 2 이하 참조. 지금부터 사 아승지 십만 겁 우주기 이전에 부처님은 보살로서 '쑤메다'라는 바라문이었고 수많은 윤회를 통해 일체지자의 앎을 성취했다.

692) sabbaññutaṁ pattassa appossukkatāya cittaṁ nami, no dhammadesanāyā'ti : SN. I. 137; Vin. I. 5

그로 인해 '여래께서 사 아승지 십만 겁의 우주기 동안 많은 사람을 구제하기 위하여 일체지자의 앎을 성숙시켰다.'라는 말도 거짓이 됩니다. 이것도 양도논법의 질문으로 그대에게 제기된 것입니다. 그것이 그대가 해명해야 할 몫입니다."

2. [나가세나] "대왕이여, 여래께서는 사 아승지 십만 겁의 우주기 동안 많은 사람을 구제하기 위하여 일체지자의 앎을 성숙시켰고, 일체지자에 도달하자 가르침을 설하지 않고 그냥 있기로 마음으로 기울었습니다. 그러나 그것은 진리가 심오하고 승묘하고 보기 어렵고, 깨닫기 어렵고, 미묘하고 꿰뚫기 어려운 것과, 뭇삶들은 욕망의 경향을[693] 즐기고, 개체가 있다는 견해[694]에 견고하게 사로잡혀 있는 것을 보았기 때문이고 '무엇을 설할까? 어떻게 설할까?'라고 생각하며 가르침을 설하지 않고 그냥 있기로 마음으로 기울였던 것입니다. 이것이 뭇삶들이 진리를 꿰뚫어야 한다는 여래의 생각과 의도였습니다."

3. [나가세나] "대왕이여, 내과의사나 외과의사는 여러 가지 질병으로 괴로워하는 사람에게 다가가 '어떤 수단으로 어떤 약으로 이 사람의 질병을 치료해줄까?'라고 생각하는 것처럼, 대왕이여, 이와 마찬가지로 여래께서는 일체 번뇌의 질병으로 괴로워하는 사람에게 진리가 심오하고 승묘하고 보기 어렵고, 깨닫기 어렵고, 미묘하고 꿰뚫기 어려운 것을 보시고 '무엇을 설할까? 어떻게 설할까?'라고 생각하며 가르침을 설하지 않고 그냥 있기로 마음으로 기울였던 것입니다. 이것이 뭇삶들이 진리를 [234] 꿰뚫어야 한다는 여래의 생각과 의도였습니다."

4. [나가세나] "대왕이여, 왕족 출신의 왕이 즉위할 때에 문지기, 근위

---

693) ālaya : 한역에는 음사하여 아뢰야(阿賴耶)라고도 하나 여기서는 욕망 또는 집착의 경향을 말한다. Srp. I. 195에 따르면, 다섯 가지 감각적 쾌락에 대한 욕망, 즉 오욕락(五欲樂)에 집착하는 경향을 의미한다.

694) sakkāyadiṭṭhi: 한역에는 유신견(有身見)이라고 한다.

병, 조직의 위원, 시민, 군인, 대신, 왕과 왕에 의존하는 다른 사람들을 보고 '어떤 방식으로 도대체, 어떻게 도대체 이들을 섭수할 것인가?'라고 마음을 내는 것처럼, 대왕이여, 이와 마찬가지로 여래께서는 일체 번뇌의 질병으로 괴로워하는 사람에게 진리가 심오하고 승묘하고 보기 어렵고, 깨닫기 어렵고, 미묘하고 꿰뚫기 어려운 것을 보시고 '무엇을 설할까? 어떻게 설할까?'라고 생각하며 가르침을 설하지 않고 그냥 있기로 마음으로 기울였던 것입니다. 이것이 뭇삶들이 진리를 꿰뚫어야 한다는 여래의 생각과 의도였습니다."

5. [나가세나] "대왕이여, 그런데 하느님의 권청으로 가르침을 설하는 것은 모든 여래의 본래의 특성입니다. 그것은 무슨 까닭인가요? 그 당시 사람들, 고행자들, 유행자들, 수행자들, 성직자들 그 모두가 하느님을 신으로 섬기고 하느님을 존숭하고, 하느님을 피안으로 삼았습니다. 그러므로 '그 힘있고 명성있고 잘 알려졌고 저명하고 드높은 최상자가 귀의한다면 신들을 포함한 모든 사람들이 귀의하고 믿고 신뢰할 것이다.'라는 이유로 대왕이여, 여래께서는 하느님의 권청으로 가르침을 설했습니다. 대왕이여, 어떤 자에게든 왕이나 총리대신이 귀의하고 경의를 표한다면, 그 한층 유력한 자에게 귀의하는 것으로 나머지 사람들도 그에게 귀의하고 경의를 표하듯이, 대왕이여, 이와 마찬가지로 하느님이 귀의하면, 모든 여래에게 신들을 포함한 모든 세상이 귀의할 것입니다. 대왕이여, 세상은 존경받는 자를 존경하기 때문입니다. 그러므로 그 하느님은 모든 여래에게 가르침을 설할 것을 권청하였습니다. 그러한 이유로 여래께서는 하느님의 권청으로 가르침을 설한 것입니다."

[밀린다 왕] "존자 나가세나여, 현명하십니다. 질문을 잘 해명하셨고 답변은 탁월했습니다. 참으로 그러하니 그렇게 받아들이겠습니다."

열 번째 설법에 관한 주저에 대한 질문이 끝났다.

11. [스승의 유무에 대한 질문]
(Ācariyānācariyapañha)

1. [밀린다 왕] "존자 나가세나여, [235] 세존께서는 이렇게 말씀하셨습니다.

[세존] '나에게는 스승도 없고
나와 동등한 이도 없고
천상과 인간의 세계에서
나와 견줄만한 이 없다.'695)

그런데 또한 '수행승들이여, 알라라 깔라마는 나의 스승으로서 오히려 제자인 나에게 그와 동일한 위치에 두고 최상의 경의를 표했습니다.' 라고696) 말씀하셨습니다. 존자 나가세나여, 여래께서 '나에게는 스승도 없고 나와 동등한 이도 없고, 천상과 인간의 세계에서 나와 견줄만한 이 없다.'라고 말씀하셨다면, 그로 인해 '수행승들이여, 알라라 깔라마는 나의 스승으로서 오히려 제자인 나에게 그와 동일한 위치에 두고 최상의 경의를 표했습니다.'라는 그 말씀은 거짓이 되고, 만약에 여래께서 '수행승들이여, 알라라 깔라마는 나의 스승으로서 오히려 제자인 나에게 그와 동일한 위치에 두고 최상의 경의를 표했습니다.'라고 말씀하셨다면, 그로 인해 '나에게는 스승도 없고 나와 동등한 이도 없고, 천상과 인간의 세계에서, 나와 견줄만한 이 없다.'라는 그 말씀도 거짓이 됩니다. 이것도 양도논법의 질문으로 그대에게 제기된 것입니다. 그것이 그대가 해명해야 할 몫입니다."

---

695) na me ācariyo atthi | sadiso me na vijJāti | sadevakasmiṁ lokasmiṁ | natthi me paṭipuggalo || MN. I. 171

696) puna ca bhaṇitaṁ 'iti kho, bhikkhave, āḷāro kālāmo ācariyo me samāno antevāsiṁ maṁ samānaṁ attanā samasamaṁ ṭhapesi, uḷārāya ca maṁ pūjāya pūjesī'ti : MN. I. 165

2. [나가세나] "대왕이여, 여래께서 '나에게는 스승도 없고 나와 동등한 이도 없고, 천상과 인간의 세계에서 나와 견줄만한 이 없다.'라고 말씀하셨고, 그리고 또한 '수행승들이여, 알라라 깔라마는 나의 스승으로서 오히려 제자인 나에게 그와 동일한 위치에 두고 최상의 경의를 표했습니다.'라고 말씀하셨습니다. 그러나 그 말씀은 예전에 올바른 깨달음을 올바로 원만히 깨닫기 이전에 보살이었을 때 스승의 존재에 관하여 언급한 것입니다. 대왕이여, 예전에 올바른 깨달음을 올바로 원만히 깨닫기 이전에 보살이었을 때, 보살이 이러저러한 상황에서 하루를 보내며 가르침을 받던 다섯 분의 스승들이 있습니다. 다섯 분이란 어떤 경우입니까?"

3. [나가세나] "*1)* 대왕이여, 보살이 탄생하자마자 [236] 여덟 명의 바라문들, 곧 라마, 다자, 락카나, 만띠, 얀나, 쑤야마, 쑤보자, 쑤닷따가 인상을 파악하고, 그의 길상을 알려주고 수호를 기원했습니다. 그들이 첫 번째 스승들입니다. *2)* 대왕이여, 그리고 또한 보살의 아버지 쑷도다나 왕은 훌륭한 가문 출신이고[697] 바라문 가문에 태어나고, 베다의 구절에 밝고, 문법에 통달하고, 여섯 가지 학문에 정통한 쌉바밋따라는 바라문을 초빙하여 황금물병으로 물을 뿌리게 하고, '이 아이를 가르치시오.'라고 맡겼습니다. 이 분이 두 번째 스승입니다. *3)* 대왕이여, 그리고 또한 어떤 천신이 보살에게 경각심을 주었는데, 그들의 말을 듣고 보살이 감동하고 분발하여 그 순간에 출리를 감행하여 출가했습니다. 이 분이 세 번째 스승입니다. *4)* 대왕이여, 그리고 또한 아무것도 없는 세계에 도달한 알라라 깔라마가 있는데, 이 분이 네 번째 스승입니다. *5)* 대왕이여, 그리고 또한 지각하는 것도 아니고 지각하지 않는 것도 아닌 세계에 도달한 웃다까 라마뿟따가 있는데, 이

697) abhijāta : 어머니 아버지 7대에 걸쳐 소급하여도 혈통이 순수한 가문을 뜻한다.

분이 다섯 번째 스승입니다. 대왕이여, 예전에 올바른 깨달음을 올바로 원만히 깨닫기 이전에 보살이었을 때, 다섯 분의 스승들이 있었습니다. 그러나 그들은 세속적 원리에 대한 스승이었습니다."

4. [나가세나] "대왕이여, 출세간의 원리에서는 일체지자의 앎의 꿰뚫음에서 여래를 뛰어넘어 가르칠 수 있는 자는 없었습니다. 대왕이여, 여래께서는 스스로 깨달은 자로서 스승이 없습니다. 그러한 이유로 여래께서는 '나에게는 스승도 없고 나와 동등한 이도 없고 ,천상과 인간의 세계에서 나와 견줄만한 이 없다.'라고 말씀하신 것입니다."

[밀린다 왕] "존자 나가세나여, 현명하십니다. 참으로 그러하니, 그렇게 받아들이겠습니다."

열한 번째 스승의 유무에 대한 질문이 끝났다.
다섯 번째 친밀한 것의 품이 끝났다.
이 품은 열한 개의 질문으로 이루어졌다.
제4편 양도논법에 속한 질문이 끝났다.

제5편 추론으로 풀리는 질문 (Anumānapañha)698)

제1장 부처님의 품

(Buddhavagga)

1. [두 부처님의 불출현에 대한 질문]

(Dvinnaṁ buddhānaṁ anuppajjamānapañha)

1. [밀린다 왕] "존자 나가세나여, 세존께서는 '이 하나의 세상에 두 분의 거룩한 님, 올바로 원만히 깨달은 님이 동시에 출현하는 것은 타당하지 않고 [237] 있을 수 없다. 그것은 불가능하다.'라고699) 말씀하셨습니다. 존자 나가세나여, 모든 여래께서는 가르치실 때는 서른일곱 가지 깨달음에 도움이 되는 원리700)를 가르치고, 설하실 때는 네 가지 거룩한 진리를 설하시고, 배우게 할 때는 세 가지 배움으로 배우게 하고, 교계할 때는 불방일의 실천을 교계했습니다. 존자 나가세나

698) Anumānapañha : MQ. II. 40; QKM. II. 47, FKM. 227; MKQ. II. 285에서는 제4편 제6장에 소속시키고 있다.

699) ekissā lokadhātuyā dve arahanto sammāsambuddhā apubbaṁ acarimaṁ uppajjeyyuṁ, n'etaṁ ṭhānaṁ vijJāti : Pps. IV. 113에 따르면, 보살 - 바르고 원만한 깨달음을 이루기 전의 부처님 - 이 어머니의 모태에서 잉태되어 그의 가르침이 완전히 사라질 때까지 다른 부처님은 출현하지 않는다.

700) sattatiṁsa bodhipakkhiyadhamma : 서른일곱 가지 깨달음에 도움이 되는 수행법. 삼십칠조도품(三十七助道品). 삼십칠보리분법(三十七菩提分法)이라고 한다. 네 가지 새김의 토대(四念處 : catāro satipaṭṭhānā), 네 가지 올바른 노력(四正勤 : catāro sammappadhānā), 네 가지 신통의 기초(四神足 : catāro iddhipādā), 다섯 가지 능력(五根 : pañca indriyāni), 다섯 가지 힘 (五力 : pañca balāni). 일곱 가지 깨달음의 고리(七覺支 : satta bojjhaṅgā). 여덟 가지 고귀한 길(八聖道 : ariya aṭṭhaṅgika magga)를 말한다. 상세한 것은 이 책의 해제를 보라.

여, 만약에 모든 여래에게 하나의 가르침, 하나의 설법, 하나의 배움, 하나의 교계가 있다면, 무슨 까닭에 두 여래께서 한 찰나에 출현하지 않습니까? 한 부처님의 출현으로도 이 세상은 광명으로 빛납니다. 만약에 두 부처님이 계시다면, 두 개의 광명으로 이 세상은 더욱더 큰 광명으로 빛날 것입니다. 훈계할 때에 두 분 여래께서 쉽게 훈계할 수 있고, 교계할 때도 쉽게 교계할 수 있을 것입니다. 그것에 대하여 내가 의심을 풀 수 있도록 이유를 말해 주십시오."

2. [나가세나] "대왕이여, 이 일만의 세계는 한 부처님만을 수용하고, 단지 한 분 여래의 공덕을 수용합니다. 만약에 두 부처님이 출현하면, 이 일만 세계가 그들을 수용하지 못하고, 흔들리고, 동요하고, 기울어지고, 굽어지고, 휘어지고, 흩어지고, 괴멸하고, 붕괴되어 버릴 것이고, 그 상태를 유지할 수 없을 것입니다. 대왕이여, 배가 일인승이라면, 한 사람이 타면 그 배는 물위에 뜰 것입니다. 그런데 수명, 용모, 나이, 크기, 체격, 모든 사지가 동일한 두 번째 사람이 와서 그가 그 배위에 오른다고 합시다. 대왕이여, 그 배가 두 사람을 수용할 수가 있습니까?"

[밀린다 왕] "존자여, 그렇지 않습니다. 흔들리고, 동요하고, 기울어지고, 굽어지고, 휘어지고, 흩어지고, 괴멸하고, 붕괴되어 버릴 것이고, 그 상태를 유지할 수 없어 물속에 가라앉을 것입니다."

[나가세나] "대왕이여, 이와 마찬가지로 이 일만 세계는 한 부처님만을 수용하고, 단지 한 분 여래의 공덕을 수용합니다. 만약에 두 부처님이 출현하면, 이 일만 세계가 그들을 수용하지 못하고, 흔들리고, 동요하고, 기울어지고, 굽어지고, 휘어지고, 흩어지고, 괴멸하고, 붕괴되어 버릴 것이고, 그 상태를 유지할 수 없을 것입니다. 대왕이여, 그리고 한 사람이 [238] 원하는 대로 그가 즐겨하는 음식을 목에 차오를 때까지 먹었다면, 그는 잔뜩 먹고 만족하고 포만하여 여지가 없고 식곤증을 느끼고 휘지 않는 경직된 막대처럼 되는데, 다시 그 위에 음식

을 먹는다면, 대왕이여, 그 사람은 편안하겠습니까?"

[밀린다 왕] "존자여, 그렇지 않습니다. 한 번이라도 더 먹으면 죽을 것입니다."

[나가세나] "대왕이여, 이와 마찬가지로 이 일만 세계는 한 부처님만을 수용하고, 단지 한 분 여래의 공덕을 수용합니다. 만약에 두 부처님이 출현하면, 이 일만 세계가 그들을 수용하지 못하고, 흔들리고, 동요하고, 기울어지고, 굽어지고, 휘어지고, 흩어지고, 괴멸하고, 붕괴되어 버릴 것이고, 그 상태를 유지할 수 없을 것입니다."

3. [밀린다 왕] "존자 나가세나여, 가르침을 과중하게 짊어진다면 대지가 진동합니까?"

[나가세나] "대왕이여, 두 대의 수레가 언저리까지 보석이 가득한데, 한 수레에서 보석을 가져다 다른 한 수레에 넣어 싣는다면, 대왕이여, 그 수레가 두 수레의 보석을 지탱합니까?"

[밀린다 왕] "존자여, 그렇지 않습니다. 그 수레의 바퀴통은 갈라질 것이고 그 수레의 바큇살도 부서질 것이고, 그 수레의 바퀴테도 떨어져나가고, 바퀴축도 망가질 것입니다."

[나가세나] "대왕이여, 과중하게 보석을 짊어지면 수레는 망가집니까?"

[밀린다 왕] "존자여, 그렇습니다."

4. [나가세나] "대왕이여, 이와 마찬가지로 가르침을 과중하게 짊어진다면 대지가 진동합니다. 대왕이여, 그러나 이러한 이유는 부처님의 힘을 밝히기 위해 인용한 것입니다. 두 분의 올바로 원만히 깨달은 님이 출현하지 않는가에 대한 다른 적당한 이유가 있습니다. 만약에 두 분의 올바로 원만히 깨달은 님이 동시에 출현한다면, 대중에게는 '당신들의 부처님이다, 우리의 부처님이다.'라고 논쟁이 일어날 것이고 두 파벌이 생겨날 것입니다. 대왕이여, 두 막강한 대신을 따르는

무리에게는 '당신들의 대신이다. 우리들의 대신이다.'라고 논쟁이 생겨나고 두 파벌이 생겨납니다. 대왕이여, 이와 마찬가지로 만약에 두 분의 올바로 원만히 깨달은 님이 동시에 출현한다면, 대중에게는 '당신들의 부처님이다, 우리의 부처님이다.'라고 논쟁이 일어날 것이고 두 파벌이 [239] 생겨날 것입니다. 대왕이여, 이것이 두 분의 올바로 원만히 깨달은 님이 동시에 출현하지 않는 하나의 이유입니다."

5. [나가세나] "대왕이여, 두 분의 올바로 원만히 깨달은 님이 동시에 출현하지 않는 또 다른 이유를 들어보십시오. 대왕이여, 두 분의 올바로 원만히 깨달은 님이 동시에 출현한다면, '부처님이 가장 최상자이다.'라는 말은 거짓이 될 것이고, '부처님이 가장 연장자이다.' '부처님이 가장 뛰어난 자이다.' '부처님이 가장 탁월한 자이다.' '부처님이 가장 최승자이다.' '부처님이 가장 우월한 자이다.' '부처님은 견줄 수 없는 자이다.' '부처님은 견줄 것조차도 없는 자이다.' '부처님은 비길 데 없는 자이다.' '부처님은 상대가 없는 자이다.' '부처님은 적수가 없는 자이다.'라고 하는 말도 거짓이 될 것입니다. 대왕이여, 두 분의 올바로 원만히 깨달은 님이 동시에 출현하지 않는 이러한 이유를, 그 의미를 천착하여 받아들이셔야 합니다."

6. [나가세나] "대왕이여, 또한 한분의 부처님만이 세상에 출현한다는 것은 모든 세존이신 부처님께서 지닌 본래의 본성에 속한 것입니다. 그것은 무슨 까닭입니까? 일체지자인 부처님의 덕성은 광대하기 때문입니다. 대왕이여, 세상에서 광대한 다른 것도 하나밖에 없습니다. 대왕이여, 대지도 광대한데, 하나밖에 없습니다. 바다도 광대한데, 하나밖에 없습니다. 수메루 산도 광대한데, 하나밖에 없습니다. 허공도 광대한데, 하나밖에 없습니다. 제석천도 광대한데, 하나밖에 없습니다. 악마도 광대한데, 하나밖에 없습니다. 위대한 하느님도 광대한데, 하나밖에 없습니다. 이렇게 오신 님, 거룩한 님, 올바로 원만히 깨달은

님도 광대한데, 세상에 하나밖에 없습니다. 그들이 출현하는 곳에는 다른 자들이 출현할 여지가 없습니다. 대왕이여, 그러므로 이렇게 오신 님, 거룩한 님, 올바로 원만히 깨달은 님 한 분만이 세상에 출현하는 것입니다."

[밀린다 왕] "존자 나가세나여, 비유와 이유를 들어 질문에 관해 잘 말씀하셨습니다. 현명하지 못한 자라도 이 이야기를 듣고 만족할 터인데, 하물며 나와 같은 지혜를 지닌 자는 말해 무엇 하겠습니까? 존자 나가세나여, 현명하십니다. 참으로 그러하니, 그렇게 받아들이겠습니다."

첫 번째 두 부처님의 불출현에 대한 질문이 끝났다.

2. [고따미의 법복보시에 대한 질문] (Gotamivatthadānapañha)

1. [밀린다 왕] "존자 나가세나여, [240] 세존께서는 이모인 마하빠자빠띠 고따미[701]에게 '고따미여, 참모임에 이것을 보시하십시오. 그대가 승단에 보시할 때에 곧 나와 참모임을 공양하는 것이 됩니다.'라고[702] 말씀하셨습니다. 존자 나가세나여, 여래께서는 자신의 이모가

---

701) Mahāpajāpatī Gotamī : 부처님의 여제자 수행녀 가운데 '세월을 아는 님 가운데 제일(rattaññūnaṃ aggaṁ)'이다. 부처님의 어머니 마하마야(Mahāmāya) 왕비의 여동생이자 동시에 왕 쑷도다나(Suddhodana)의 아내였다. 마하마야(Mahāmāya)가 죽은 후에, 그녀는 부처님의 양모가 되었다. 쑷도다나 왕이 죽은 뒤에 마하빠자빠띠 고따미는 부처님에게 여인도 승단에 들어오는 것을 허락해달라고 청원하여 그녀가 받아들여지면서부터 비구니승단이 성립했다. 상세한 이야기는 Vin. II. 253-256에 있다.

702) saṅghe gotami dehi; saṅghe te dinne ahañ c'eva pūjito bhavissāmi saṅgho cā : MN. III. 253; Pps. V. 67에 따르면, 부처님께서는 보시가 승단에 주어지길 원했다. 왜냐하면, 보시의 의도가 승단과 자신 모두에게 행해지길 원했고, 그러한 결합된 보시의 의도가 그녀에게 오랜 세월 요익과 행복을 가져오는 공덕을 낳을 것이기 때문이었다. 또한 부처님은 후대의 세대가 승단에 존경을 표하도록 고무시키고, 승단에 네 가지 필수품을 보시하게 함으로써 가르침이 오래가도록 하기 위해, 이러한 말을 한 것이다.

손수 물들이고 손수 고르고 손수 다지고 손수 자르고 손수 짠 한 벌의 새 법복[703]을 자신에게 주려고 했는데 참모임에 보시하도록 한 것은 여래께서 참모임보다 중요하지 않고 존중받지 않고 보시의 가치가 없다는 것인가요? 존자 나가세나여, 여래께서 참모임보다도 위에 있거나 우월하거나 뛰어나다면, '나에게 보시하면 광대한 과보가 있을 것입니다.'라고 말씀하셨을 것이고, 여래께서는 이모가 손수 물들이고 손수 고르고 손수 다진 한 벌의 새 법복을 그녀로 하여금 참모임에 보시하도록 하지 않았을 것입니다. 존자 나가세나여, 여래께서는 자신을 위하여 시물을 원하지 않았고, 또한 그것에 의존하지 않았습니다. 그러므로 여래께서는 그 한 벌의 새 법복을 참모임에 보시하도록 한 것입니다."

2. [나가세나] "대왕이여, 세존께서는 이모인 마하빠자빠띠 고따미가 한 벌의 새 법복을 보시할 때 '고따미여, 참모임에 이것을 보시하십시오. 그대가 참모임에 보시할 때에 곧 나와 참모임을 공양하는 것이 됩니다.'라고 말씀하셨습니다. 그러나 그것은 자신에 대한 존경의 과보가 없다든가 그가 보시받아야 할 가치가 없어서가 아니라, '나의 사후에 미래세대의 참모임이 공경받아야 할 것이다.'라고 생각하면서 그들에 대한 요익과 연민 때문에, 존재하는 참모임의 덕성을 찬탄하면서 '고따미여, 참모임에 이것을 보시하십시오. 그대가 승단에 보시할 때에 곧 나와 참모임을 공양하는 것이 됩니다.'라고 말씀하신 것입니다. 대왕이여, 아버지가 대신, 관리, 병사, 문지기, 근위병, 의원, 시민 가운데 있으면서 왕의 앞에서 '내 자식의 지위가 확립되면, 미래의 시대에 사람들 가운데 존경을 받을 것이다.'라고 생각하면서 아들에게 있는 덕성을 칭찬하는 것처럼, 대왕이여, 이와 마찬가지로 여래께서는

---

703) navadussayuga : 트렝크너의 PTS.본에는 우기옷(vassikasāṭika), 즉 우기(雨期)에 사용하는 외투라고 되어있고 각 나라의 모든 번역이 이것을 따르고 있다. 그러나 샴본에는 '한 쌍의 새 옷(navadussayuga)'이라고 되어 있다. 역자는 이것이 MN. III. 253과 일치하므로 번역도 이것을 따른다.

'나의 사후에 미래세대의 참모임이 공경받아야 할 것이다.'라고 생각하면서 그들에게 대한 요익과 연민 때문에, 존재하는 참모임의 덕성을 찬탄하면서 '고따미여, 참모임에 이것을 보시하십시오. 그대가 승단에 보시할 때에 곧 나와 참모임을 공양하는 것이 됩니다.'라고 말씀하신 것입니다."

3. [나가세나] "대왕이여, [241] 한 벌의 새 법복의 보시를 받는 것만으로 참모임이 여래보다도 우월하거나 뛰어난 것은 아닙니다. 대왕이여, 부모가 아이들에게 향수를 바르고, 마사지하고, 목욕시키고, 머리를 감기는 것과 같습니다. 대왕이여, 향수를 바르고, 마사지하고, 목욕시키고, 머리를 감기는 것만으로 '아이가 부모보다 우월하고 뛰어나다.'라고 할 수 있습니까?"

[밀린다 왕] "존자여, 그렇지 않습니다. 존자여, 아이들은 부모에게 그들의 의지와는 상관없이 대우받습니다. 그러므로 부모는 향수를 바르고, 마사지하고, 목욕시키고, 머리를 감기는 것입니다."

[나가세나] "대왕이여, 이와 마찬가지로 한 벌의 새 법복의 보시를 받는 것만으로 참모임이 여래보다도 우월하거나 뛰어난 것은 아닙니다. 그러므로 여래께서는 이모의 의지와는 상관없이 그 한 벌의 새 법복을 참모임에 보시하게 한 것입니다."

4. [나가세나] "대왕이여, 누군가 어떤 사람이 왕에게 선물을 가져왔고, 그 선물을 왕은 다른 관리나 병사나 장군이나 왕립사제에 주었다면, 대왕이여, 그 사람은 선물을 받은 것만으로도 왕보다 우월하고 뛰어난 것입니까?"

[밀린다 왕] "존자여, 그렇지 않습니다. 그 사람은 왕의 고용인이고 왕에 의존하는 자입니다. 그를 그 지위에 두면서 왕은 선물을 준 것입니다."

[나가세나] "대왕이여, 이와 마찬가지로 한 벌의 새 법복의 보시를

받는 것만으로 참모임이 여래보다도 우월하거나 뛰어난 것은 아닙니다. 그 지위에 두면서 여래께서는 참모임에 한 벌의 새 법복을 보시하게 한 것입니다."

5. [나가세나] "대왕이여, 그리고 또한 여래께서는 '본래 참모임은 공양 받을 만하다. 나에게 소속된 것으로 참모임에 공양해야겠다.'라고 참모임에 한 벌의 새 법복을 보시하게 한 것입니다. 대왕이여, 여래께서는 자신에게만 공양하는 것을 찬탄하지 않고, 세상에서 공양할 만한 자들이 있다면, 그들에게도 여래께서는 공양하는 것을 찬탄했습니다. 대왕이여, 신들 가운데 신인 세존께서는 ≪맛지마니까야≫의 [242] 뛰어난 해명인 「가르침의 상속에 대한 법문」704)에서 소욕의 실천을 칭찬하면서 '그 첫 번째 수행승이 더욱 존경받을 만하고 칭찬받을 만하다.'라고705) 말씀하셨습니다."

6. [나가세나] "대왕이여, 삼계의 존재들 가운데 어떤 뭇삶이라도 여래보다 보시받을 만하거나 최상이고 우월하거나 뛰어나지 않습니다. 여래야말로 최상이고 우월하고 뛰어납니다. 대왕이여, 탁월한 ≪쌍윳따니까야≫에서 천자 마나바가미까706)는 신들과 인간 가운데 서서, 세존 앞에서 이렇게 말했습니다.

[마나바가미까] '라자가하 시의 산들 가운데
비뿔라 산이707) 가장 훌륭하고
히말라야에서는 흰 산이 가장 훌륭하며

---

704) dhammadāyādadhammapariyāya : MN. 3
705) asu yeva me purimo bhikkhu pujJātaro ca pāsaṁsataro cā'ti : MN. I. 13 첫 번째 수행승은 세존께서 '그대들은 가르침의 상속자가 되지 재물의 상속자는 되지 말라.'라고 하신 말씀을 떠올리고 '이 발우의 음식은 하나의 재물이다. 나는 지금 이 음식을 먹지 않고 굶주리고 허기진 몸으로 이 하루를 지내면 어떨까?' 그는 그 음식을 먹지 않고 굶주리고 허기진 몸으로 하루를 지낸 수행승을 지칭한다.
706) Māṇavagāmika : Srp. I. 128에 따르면, 전생에 부처님의 후원자였다.
707) Vipula : 이 산은 라자가하 시 근처에 있다.

하늘을 도는 것 가운데
태양이 가장 훌륭하고[708]

물 가운데 바다가 가장 훌륭하며
별자리 가운데 달이 가장 훌륭하고
하늘사람의 세계와
이 세상에서는 깨달은 님이
가장 훌륭한 님이라 불린다.'[709]

대왕이여, 천자 마나바가미까는 시들을 잘 불렀고, 잘못 부르지 않았고, 잘 읊었고 잘못 읊지 않았습니다. 세존께서 인정하셨습니다. 대왕이여, 또한 가르침의 장군, 장로 싸리뿟따도 이러한 시를 읊지 않았습니까?

[싸리뿟따] '악마의 힘을 부순 부처님에 대하여
하나의 청정한 믿음의 정신을 가지고
귀의하고 합장하면,
윤회의 바다를 건널 수 있으리.'[710]

신들 가운데 신인 세존께서는 '수행승들이여, 많은 사람의 요익과 많은 사람의 행복과 신들과 인간들의 요익과 안녕과 행복을 위하여 세상에 태어난 유일한 사람이 있다. 이 유일한 사람이 누구인가? 이렇게 오신 님, 거룩한 님, 올바로 원만히 깨달은 님이다. 수행승들이여, 이 분은 많은 사람의 요익과 많은 사람의 행복과 신들과 인간들의 요익과 안녕과 행복을 위하여 세상에 태어난 유일한 사람이다.'라고[711]

---

708) vipulo rājagahīyānaṁ | giri seṭṭho pavuccati | seto himavataṁ seṭṭho | ādicco aghagāminaṁ ‖ SN. I. 67

709) samuddo udadhīnaṁ seṭṭho | nakkhattānañ ca candimā | sadevakassa lokassa | buddho aggo pavuccatī'ti ‖ SN. I. 67

710) eko manopasādo | saraṇagamanamañjalipaṇāmo vā | ussahate tārayituṁ | mārabalanisūdane buddhe'ti ‖ 경전에서 추적불가

말씀하셨습니다."

[밀린다 왕] "존자 나가세나여, 현명하십니다. 참으로 그러하니, 그렇게 받아들이겠습니다."

두 번째 고따미의 법복보시에 대한 질문이 끝났다.

3. [재가자와 출가자의 올바른 실천에 대한 질문] (Gihipabbajitasammāpaṭipattipañha)

1. [밀린다 왕] "존자 나가세나여, 세존께서는 '수행승들이여, 나는 재가자이건 출가자이건 올바른 실천에 들어서면, 그들을 칭찬합니다. 수행승들이여, 재가자이건 출가자이건 올바른 실천에 들어서면, 그 올바른 실천을 원인으로 바른 방도,712) 착하고 건전한 원리를 성취합니다.'라고713) 말씀하셨습니다."

2. [밀린다 왕] "존자 나가세나여, [243] 만약에 재가자로서 흰옷을 입고 감각적 쾌락의 욕망을 즐기고 처자가 북적대는 집에서 살고 까씨714) 국에서 나는 전단향을 쓰고 화환과 향수와 크림을 사용하고 금은을 수용하면서 마니주와 황금을 아로새긴 터번을 쓰는 자라도

---

711) ekapuggalo, bhikkhave, loke uppajjamāno uppajjāti bahujanahitāya bahujanasukhāya lokānukampāya atthāya hitāya sukhāya devamanussānaṁ. katamo ekapuggalo? tathāgato arahaṁ sammāsambuddho … pe … devamanussānan'ti : AN. I. 22

712) ñāya : '방법, 진리, 체계'를 의미한다. Srp. III. 177에 따르면 여덟 가지 고귀한 길(ariyo aṭṭhaṅgiko maggo : 八正道)이다.

713) gihino vāhaṁ, bhikkhave, pabbajitassa vā sammāpaṭipattiṁ vaṇṇemi, gihī vā bhikkhave pabbajito vā sammāpaṭipanno sammāpaṭipattādhikaraṇahetu ārādhako hoti ñāyaṁ dhammaṁ kusalan'ti : MN. II. 197(수행승들 대신에 바라문청년); SN. V. 19

714) Kāsī : 부처님 당시의 십육대국(十六大國)가운데 하나였다. 수도가 바라나씨(Bārāṇasī)였다. 이 지역은 꼬쌀라 국의 왕 빠쎄나디의 부왕인 마하꼬쌀라(Mahākosāla)가 딸이 마가다 국의 빔비싸라 왕과 결혼할 때에 까씨 국의 한 마을을 결혼 지참금으로 주었다. 따라서 빠쎄나디 왕 당시에 까씨 국은 꼬쌀라 국에 속해 있는 속국이었다는 사실을 알 수 있다.

올바른 실천에 들어서면, 바른 방도, 착하고 건전한 원리를 성취합니다. 그리고 출가자도 삭발하고 가사를 입고 다른 사람으로부터 탁발음식을 얻고 네 가지 계행의 다발[715]을 완전히 원만하게 하고, 일백오십가지 학습계율을 지키고, 열세 가지 두타행의 고리[716]를 남김없이 실행하면서 올바른 실천에 들어서면, 바른 방도, 착하고 건전한 원리를 성취합니다. 그렇다면, 존자 나가세나여, 재가자와 출가자의 차이는 무엇입니까? 고행은 과보가 없게 되고, 출가는 의미를 상실하게 되고, 학습계율에 대한 수호는 불모가 되고, 두타행을 지키는 것은 헛된 일이 됩니다. 그러한 경우에 고통을 쌓을 필요가 있습니까, 안락에 의해서도 안락에 도달하는 것이 되지 않겠습니까?"

3. [나가세나] "대왕이여, 세존께서는 '수행승들이여, 나는 재가자이건 출가자이건 올바른 실천에 들어서면, 그들을 칭찬합니다. 수행승들이여, 재가자이건 출가자이건 올바른 실천에 들어서면, 그 올바른 실천을 원인으로 바른 방도, 착하고 건전한 원리를 성취합니다.'라고 말씀하셨습니다. 대왕이여, 그것은 이렇습니다. 올바로 실천하는 자가 최상입니다. 대왕이여, 출가자라도 '나는 출가했다.'라고 생각하고 올바로 실천하지 않으면 그는 수행자의 삶에서 멀어지고 성직자의 삶에서 멀어집니다. 하물며 흰옷을 입은 재가자는 말해서 무엇하겠습니까? 대왕이여, 재가자라도 올바른 실천에 들어서면, 바른 방도, 착하고 건전한 원리를 성취합니다. 출가자라도 올바른 실천에 들어서면, 바른 방도, 착하고 건전한 원리를 성취합니다."

---

715) catusīlakkhandha : ① 계율수호적 계행(pātimokkhasaṁvarasīla), ② 감관제어적 계행(indriyasaṁvarasīla), ③ 생활청정적 계행(ājīvapārisuddhisīla), ④ 필수자구의지적 계행(paccayasannissitasīla)으로 네 가지 청정계행(四淨戒 : catupārisuddhisīla)을 말한다.

716) terasa dhutaṅgāni : 한역에는 십삼두타지(十三頭陀支)라고 한다. Miln. 359의 주석을 보라.

4. [나가세나] "대왕이여, 출가자야말로 수행자의 주인이고 우두머리입니다. 대왕이여, 출가는 많은 공덕, 무수한 공덕, 셀 수 없는 공덕을 지녔으므로 출가의 공덕을 헤아릴 수는 없습니다. 대왕이여, 소원을 들어주는 마니보주를 '마니보주의 값이 이만하다.'라고 [244] 돈으로 가치를 평가할 수 없듯이, 대왕이여, 이와 마찬가지로 출가는 많은 공덕, 무수한 공덕, 셀 수 없는 공덕을 지녔으므로 출가의 공덕을 헤아릴 수는 없습니다. 대왕이여, 큰 바다의 파도를 '큰 바다에 파도가 이만큼 있다.'라고 헤아릴 수가 없듯이, 대왕이여, 이와 마찬가지로 출가는 많은 공덕, 무수한 공덕, 셀 수 없는 공덕을 지녔으므로 출가의 공덕을 헤아릴 수는 없습니다."

5. [나가세나] "대왕이여, 출가자에게는 무엇이든 해야 할 일이 속히 성취되고 오래 걸리지 않습니다. 무슨 까닭입니까? 대왕이여, 출가자는 욕망을 여의고, 만족하고, 멀리 떠나 있고, 사귐을 여의었고, 정근하고, 애착이 없고, 주처가 없고, 계행을 구족하고, 버리고 없애는 삶을 살고, 두타행의 실천에 밝습니다. 그러한 까닭에 출가자에게는 무엇이든 해야 할 일이 오래 걸리지 않고 속히 성취됩니다. 대왕이여, 마디가 없고 평활하고 잘 닦이고 반듯하고 때묻지 않은 화살은 잘 쏘아지면 곧바로 날아가듯이, 대왕이여, 이와 마찬가지로 출가자에게는 무엇이든 해야 할 일이 오래 걸리지 않고 속히 성취됩니다."

[밀린다 왕] "존자 나가세나여, 현명하십니다. 참으로 그러하니, 그렇게 받아들이겠습니다."

세 번째 재가자와 출가자의 올바른 실천에 대한 질문이 끝났다.

4. [실천도의 잘못에 대한 질문]
(Paṭipadādosapañha)

1. [밀린다 왕] "존자 나가세나여, 보살이 난행을 하고 있을 때, 그러

한 인내, 그러한 번뇌와의 싸움, 그러한 마군의 분쇄, 그러한 음식의 절제, 그러한 난행의 실천과 견줄만한 다른 용맹적 분발은 없었습니다. 이와 같은 용맹적 분발에 보살은 어떤 만족도 얻지 못하고, 그 마음을 포기하고, '참으로 나는 이러한 극심한 난행의 실천으로도 인간을 뛰어넘는 법, 고귀한 님들이 갖추어야 할 탁월한 앎과 봄을 성취하지 못했다. 깨달음에 이르는 다른 길이 있지 않을까?'라고[717] 말씀하셨습니다. 그 후 그 난행을 싫어하여 떠나서 다른 방법으로 일체지자에 이르렀는데, 다시 그 실천도를 따라서[718] 제자들을 가르쳤고 인도했습니다.

[세존] '힘써 [245] 노력하고 정진하라.[719]
부처님의 가르침에 몰두하라.
코끼리가 갈대 오두막을 휩쓸듯이
죽음의 군대를 쳐부수어라.'[720]

존자 나가세나여, 어떤 이유로 여래께서, 스스로 싫어하여 떠난 실천도로, 제자들을 가르쳤고 인도했습니까?"

2 [나가세나] "대왕이여, 그때나 지금이나 그 난행은 유일한 실천도입니다. 보살은 그 실천도를 따라서 일체지에 도달했습니다. 대왕이여, 보살은 너무 지나친 노력을 기울여 남김없이 음식물을 끊었습니다. 그 단식으로 인해 마음이 허약해졌습니다. 그 허약으로 인해서

717) na kho panāhaṁ imāya kaṭukāya dukkarakārikāya adhigacchāmi uttarimanussadhammaṁ alamariyañāṇadassanavisesaṁ, siyā nu kho añño maggo bodhāyā'ti : MN. I. 246 니간타의 교도 쌋짜까에게 한 말이다.

718) tāya paṭipadāya : 과거 부처님들이 밟았던 길을 뜻한다.

719) ārabhatha nikkhamatha : 이 시는 SN. I. 56에서 씨킨 부처님의 제자 아비부(Abhibhu)에게 소속되어 있다.

720) ārabhatha nikkhamatha | yuñJātha buddhasāsane | dhunātha maccuno senaṁ | naḷāgāraṁva kuñjaro ‖ SN. I. 156; Thag. 256; Nett. 40; Peṭ. 71; Mil. 245; Uv. 4 : 37; G-Dhp. 123에도 등장한다.

일체지에 도달할 수가 없었습니다. 그러나 조금씩 단단한 음식을 섭취하면서 바로 그 실천도에 의해서 머지않아 일체지에 도달했습니다. 대왕이여, 그 실천도야말로 모든 여래에게 일체지의 앎을 얻게 해 주는 것입니다. 대왕이여, 일체 뭇삶에게 음식은 부양하는 것이고, 음식에 의존하여 일체 뭇삶이 행복을 누리는 것처럼 대왕이여, 이와 마찬가지로 그 실천도는 모든 여래에게 일체지의 앎을 얻게 해 주는 것입니다. 여래께서 그 당시에 일체지의 앎에 도달하지 못한 잘못은 용맹적 분발에도 인내에도 번뇌와의 싸움에도 있는 것이 아니라, 그 잘못은 단식 그 자체에 있었습니다. 그 실천도는 언제나 준비되어 있는 것입니다."

3. [나가세나] "대왕이여, 한 남자가 아주 서둘러 길을 가는데, 그로 인해 그가 한쪽이 마비되거나 절름발이가 되어 평지에서 걸을 수가 없다면, 대왕이여, 그 사람이 한쪽이 마비된 것은 대지의 잘못입니까?"

[밀린다 왕] "존자여, 그렇지 않습니다. 대지는 항상 준비되어 있습니다. 어째서 대지에 잘못이 있겠습니까? 그 사람이 한쪽이 마비된 것은 지나친 노력 때문입니다."

[나가세나] "대왕이여, 이와 마찬가지로 여래께서 그 당시에 일체지의 앎에 도달하지 못한 그 잘못은 용맹적 분발에도 인내에도 번뇌와의 싸움에도 있었던 것이 아니라, 그 잘못은 단식 그 자체에 있었습니다. 그 실천도는 [246] 언제나 준비되어 있는 것입니다. 대왕이여, 그 사람이 더러워진 옷을 입었는데, 그가 그것을 세탁하지 않는다면, 그것은 물의 잘못이 아닙니다. 물은 항상 준비가 되어 있습니다. 잘못은 그 사람의 것입니다. 대왕이여, 이와 마찬가지로 여래께서 그 당시에 일체지의 앎에 도달하지 못한 그 잘못은 용맹적 분발에도 인내에도 번뇌와의 싸움에도 있는 것이 아니라, 그 잘못은 단식 그 자체에 있었습니다. 그 실천도는 언제나 준비되어 있는 것입니다. 그러므로 여래

께서는 그 실천도를 통해서 제자들을 가르쳤고 인도했습니다. 대왕이여, 이와 같이 그 실천도는 항상 준비되어 있고 허물이 없는 것입니다."

[밀린다 왕] "존자 나가세나여, 현명하십니다. 참으로 그러하니, 그렇게 받아들이겠습니다."

네 번째 실천도의 잘못에 대한 질문이 끝났다.

5. [환속에 대한 질문]
(Hīnāyāvattanapañha)

1. [밀린다 왕] "존자 나가세나여, 여래의 가르침은 광대하고 진실하고 최상이고 최승이고 고귀하고 견줄 수 없고 청정하고 때를 여의고 밝고 허물이 없습니다. 재가자를 그대로 출가시키는 것은 적당하지 않고, 재가자가 어느 한 지위로 인도되어 다시 퇴전하지 않을 때, 그를 출가시켜야 합니다. 무슨 까닭입니까? 그 경우에 어리석은 자들이 이 청정한 가르침에 출가하여 되돌아 환속하면 그들의 환속으로 인해 많은 사람들이 '이들이 물러났으니 수행자 고따마의 가르침은 헛된 것일 것이다.'라고 생각할 것이기 때문입니다. 이것이 그 이유입니다."

2. [나가세나] "대왕이여, 맑고 때 없는 청량한 물로 가득한 못이 있는데, 그때 어떤 더러운 때와 진흙이 묻은 사람이 그 못에 와서 목욕을 하지 않고 더러운 채로 돌아갔다면, 그 경우 대왕이여, 사람들은 더러운 사람과 못, 어느 쪽을 비난합니까?"

[밀린다 왕] "존자여, 사람들은 '이자는 못에 가서 목욕을 하지 않고 더러운 채로 돌아왔다. 어떻게 목욕하고 싶지 않은 자를 못이 목욕시키겠는가? 못에 무슨 허물이 있겠는가?'라고 더러운 사람을 비난할 것입니다."

[나가세나] "대왕이여, 이와 마찬가지로 [247] 여래께서는 '누구라도 인지와 식별이 있으나 번뇌에 물든 자들은 여기서 목욕을 하면

일체의 번뇌에서 씻어낼 것이다.'라고 생각하고 뛰어난 해탈의 물이 가득한 뛰어난 정법의 못을 만들었습니다. 만약에 누구라도 그 뛰어난 정법의 못에 가서 목욕을 하지 않고 번뇌의 상태로 돌아와서 환속하면 사람들은 그를 '이자는 최승자의 가르침에 출가하여 그곳에 정착하지 못하고 환속했다. 어떻게 최승자의 가르침이 실천하지 않는 자를 스스로 깨우칠 수 있겠는가? 최승자의 가르침에 무슨 허물이 있겠는가?'라고 비난할 것입니다."

3. [나가세나] "대왕이여, 또한 한 사람이 극심한 병에 걸렸는데, 병의 원인에 밝고 효과적이고 지속적으로 치료하는 내과의사나 외과의사를 보고서도 치료받지 않고 병을 가진 채로 돌아왔다고 하면, 그 경우 사람들은 환자와 의사 어느 쪽을 비난하겠습니까?"

[밀린다 왕] "존자여, 사람들은 '병의 원인에 밝고 효과적이고 지속적으로 치료하는 내과의사나 외과의사를 보고 치료받지 않고 병을 가진 채로 돌아 왔다. 이 치료받지 않고 돌아온 자를 의사가 어떻게 스스로 치료하겠는가? 의사에게 어떤 허물이 있겠는가?'라고 환자를 비난할 것입니다."

[나가세나] "대왕이여, 이와 마찬가지로 여래께서는 '누구라도 인지와 식별이 있으나 번뇌의 질병에 고통을 받는 자들은 이 불사약을 마시면 모든 번뇌의 질병을 그치게 할 수 있을 것이다.'라며 가르침이 담긴 상자에 온갖 번뇌의 질병을 완전히 그치게 하기 위한 불사약을 집어넣었습니다. 만약에 누구라도 불사약을 마시지 않고 번뇌를 가진 채로 돌아와 환속하면 사람들은 그를 두고 '이자는 최승자의 가르침에 출가하여 그곳에 정착하지 못하고 환속했다. 최승자의 가르침을 실천하지 않는다면 어떻게 스스로 깨달을 것인가? 최승자의 가르침에 어떤 허물이 있겠는가?'라고 비난할 것입니다."

4. [나가세나] "대왕이여, 굶주린 사람이 크나큰 자선을 위한 급식소

에 도착했으나 음식을 먹지 않고 굶주린 채로 돌아왔다면 그 경우 사람들은 굶주린 사람이나 자선 음식 어느 쪽을 비난하겠습니까?"

[밀린다 왕] "존자여, 사람들은 [248] '이 허기져 고통받는 사람이 자선 음식을 얻고는 먹지 않고 굶주린 채로 돌아왔다. 어떻게 이 먹지 않은 음식이 스스로 그의 입으로 들어가겠는가? 음식에 어떤 잘못이 있겠는가?'라고 비난할 것입니다."

[나가세나] "대왕이여, 이와 마찬가지로 여래께서는 가르침이 담긴 상자에 '누구라도 인지가 있고 식별이 있으나 내부에 번뇌의 굶주림이 있고 마음이 갈애에 정복된 자들은, 이 음식을 먹고 감각적 욕망계와 미세한 물질계와 비물질계에 대한 모든 갈애를 제거할 수 있을 것이다.'라고 생각하여 지극히 뛰어나고 평화롭고 길상이고 탁월하고 불사이고 아주 감미로운, 신체에 대한 새김의 음식을 넣었습니다. 만일 누군가가 그 음식을 먹지 않고 갈애에 사로잡혀 돌아와서 환속한다면, 사람들은 그를 두고 '이자는 최승자의 가르침에 출가하여 그곳에 정착하지 못하고 환속했다. 어떻게 최승자의 가르침 자체가 이 적응하지 못하는 자를 정화시킬 수 있겠는가? 최승자의 가르침에 어떤 허물이 있겠는가?'라고 비난할 것입니다."

5. [나가세나] "대왕이여, 여래께서 재가자들을 가르치고 인도하여 어떤 경지로 들어선 것을 알고 출가시키면, 그 출가는 번뇌를 버리기 위해서나 청정에 도달하기 위해서라고 할 수 없고, 그 출가는 소용이 없게 될 것입니다. 대왕이여, 한 사람이 수백 명의 일꾼으로 못을 파게 해서 대중에게 '여러분 누구라도 더러운 자는 이 못에 들어가서는 안 됩니다. 티끌과 때를 제거하고 청정해지고 더러움을 여읜 사람들이 들어가십시오.'라고 선언한다면, 대왕이여, 티끌과 때를 제거하고 청정해지고 더러움을 여읜 그 사람들에게 그 못이 필요하겠습니까?"

[밀린다 왕] "존자여, 그렇지 않습니다. 그들이 그 못에 다가가기

위한 목적을 다른 곳에서 이루었습니다. 그들에게 못이 무슨 필요가 있겠습니까?"

[나가세나] "대왕이여, 이와 마찬가지로 여래께서 재가자들을 가르치고 인도하여 어떤 경지로 들어선 것을 알고 출가시키면, 그 경우에는 그들에게 해야 할 일은 이루어진 것입니다. 그들에게 출가가 무슨 필요가 있겠습니까?"

6. [나가세나] "대왕이여, 참된 선인을 따르는 자로서 전승된 성전의 구절을 잘 기억하고, 경험에 의존하고, 병의 원인에 밝고, 효과적이고 지속적으로 치료하는 내과의사나 외과의사는 온갖 질병을 가라앉히는 약을 모아놓고 '여러분, 누구든지 [249] 병이 있는 자는 나에게 와서는 안 됩니다. 병이 없는 자만이 나에게 오십시오.'라고 알린다면, 대왕이여, 그 병이 없고 아픈 곳이 없고 건강하고 행복한 자들에게 그 의사가 필요하겠습니까?"

[밀린다 왕] "존자여, 그렇지 않습니다. 그들은 그 내과의사나 외과의사에게 다가가는 그 목적을 다른 곳에서 이루었습니다. 그들에게 의사가 무슨 필요가 있겠습니까?"

[나가세나] "대왕이여, 이와 마찬가지로 여래께서 재가자들을 가르치고 인도하여 어떤 경지로 들어선 것을 알고 출가시키면, 그 경우에는 그들이 해야 할 일은 이루어진 것입니다. 그들에게 출가가 무슨 필요가 있겠습니까?"

7. [나가세나] "대왕이여, 어떤 사람이 수백 그릇의 음식을 준비하고 대중에게 '여러분, 누구라도 굶주린 자들은 이 급식소에 들어와서는 안 됩니다. 잘 먹고, 잔뜩 먹고, 배부르고, 물리고, 만족한 자들이 이 급식소에 들어오십시오.'라고 알린다면, 대왕이여, 그 잘 먹고, 잔뜩 먹고, 배부르고, 물리고, 만족한 자들에게 그 음식이 필요하겠습니까?"

[밀린다 왕] "존자여, 그렇지 않습니다. 그들이 그 급식소에 온 목

적은 이미 다른 곳에서 이루어졌습니다. 그들에게 그 급식소가 무슨 필요가 있겠습니까?"

[나가세나] "대왕이여, 이와 마찬가지로 여래께서 재가자들을 가르치고 인도하여 어떤 경지로 들어선 것을 알고 출가시키면, 그 경우에 그들에게 해야 할 일은 이루어진 것입니다. 그들에게 출가가 무슨 필요가 있겠습니까?"

8. [나가세나] "대왕이여, 그러나 환속한 자들은 최승자의 가르침과 관련하여 다섯 가지 견줄 수 없는 특성을 보여줍니다. 다섯 가지란 무엇입니까? ① 지평[721]이 광대하다는 것을 보여줍니다. ② 청정무구하다는 것을 보여줍니다. ③ 악한 자들과 함께 어울릴 수 없음을 보여줍니다. ④ 꿰뚫기 어려운 것을 보여줍니다. ⑤ 다양한 제어를 통해 지켜져야 하는 것을 보여줍니다."

9. [나가세나] "*1)* 어떻게 지평이 광대하다는 것을 보여줍니까? 대왕이여, 한 사람이 가난하고 비천하고 특별한 것이 없고 지성이 결핍되었는데 위대한 왕국을 얻으면, 머지않아 그는 망하고 몰락하고 명성이 퇴전하고, 통치권을 유지할 수가 없게 됩니다. 무슨 까닭입니까? 통치

---

721) bhūmi : 수행단계를 의미하는 지평의 어원은 '부미(bhūmi)'인데, 모니엄 윌리엄스의 범어사전 등의 범어사전을 보면, '땅, 흙, 장, 영역, 지면, 대지, 지구, 지방, 장소, 부지, 상황, 층, 마루, 단계, 지위, 역할, 정도, 대상, 기회, 범위, 기하적인 모양의 기초' 등의 뜻을 지닌다. 불교범어문헌에서는 '부미'는 정신적인 단계, 즉 단계적인 정신의 지평을 의미하는 철학적인 용어로 사용된다. 보통은 티베트역에서는 '땅(sa)'이라고 번역하고, 영역에서는 '단계(段階: stage)' 그리고 일역에서는 '지(地)'라고 번역한다. 역자는 '지평(地平)'이라고 번역한다. 그것은 다소간 실존철학에서 빌려온 말이기도 하지만, 의식의 지평이라는 용어에 현대인들이 익숙하고, 거기에 정신의 지평 또는 깨침의 지평이나 깨달음 지평이라는 말을 붙여보아도 자연스럽기 때문에 그렇게 번역한 것이다. 또한 단계를 나타날 때는 단계적 지평이라고 표현하면 되기 때문에 현대적인 번역용어로 가장 적당하다고 생각된다. 그런데 "부미"의 어원을 연구한 마이어호퍼(M. Mayrhofer)는 부미가 계사의 어근 "부(√bhū)"에서 왔는지 정확하게 밝혀내지 못하고 있다. 만약에 계사에서 왔다면, 존재의 지평이나 생성의 지평이라는 뜻으로 해석할 수 있다.

권이 [250] 광대한 것이기 때문입니다. 대왕이여, 이와 마찬가지로 어떤 자들이라도 뛰어난 것이 없고 공덕도 쌓지 않고 지성도 결핍된 자들이 최승자의 가르침에 출가하면, 그들은 그 뛰어난 최상의 출가를 유지할 수가 없어 머지않아 최승자의 가르침에서 망하고 몰락하고 퇴전하고, 환속하고, 최승자의 가르침을 유지할 수 없게 됩니다. 무슨 까닭입니까? 최승자의 가르침의 지평이 광대하기 때문입니다. 이와 같이 지평이 광대하다는 것을 보여줍니다."

10. [나가세나] "2) 어떻게 청정무구하다는 것을 보여줍니까? 대왕이여, 연꽃잎 위의 물은 흐트러지고 해체되고 흩어지고 정착하지 않고 오염되지 않습니다. 무슨 까닭입니까? 연꽃이 청정무구하기 때문입니다. 대왕이여, 이와 마찬가지로 거짓되고 속이고 교활하고 왜곡되고 바르지 못한 견해를 가진 자가 최승자의 가르침에 출가하더라도, 그들은 머지않아 청정무구하고 가시가 없고 밝고 최상의 존귀한 가르침에서 흐트러지고 해체되고 흩어져서 존립하지 못하고 오염되어 환속합니다. 무슨 까닭입니까? 최승자의 가르침은 청정무구하기 때문입니다. 이와 같이 청정무구하다는 것을 보여줍니다."

11. [나가세나] "3) 어떻게 악한 자들과 함께 어울릴 수 없음을 보여줍니까? 대왕이여, 큰 바다는 죽은 자나 시체와 함께 지내지 못하고, 그 큰 바다에서 죽은 자나 시체를 신속하게 육지로 이끌어 밀어 올립니다. 무슨 까닭입니까? 큰 바다는 위대한 존재의 주처이기 때문입니다. 대왕이여, 이와 마찬가지로 누구든지 악하고, 둔하고, 정진이 없고, 타락하고, 오염되고, 사악한 사람들이 출가하면, 그들은 머지않아 최승자의 가르침 곧, 티끌 없이 번뇌를 부순 위대한 존재인 거룩한 님들의 주처를 떠나, 거룩한 님들과 함께 지내지 못하고 환속합니다. 무슨 까닭입니까? 최승자의 가르침은 악한 자들과 함께 어울리지 못하기 때문입니다. 이와 같이 악한 자들과 함께 어울릴 수 없음을 보여줍니다."[722]

12. [나가세나] "*4)* 어떻게 꿰뚫기 어려운 것을 보여줍니까? 대왕이여, 어떤 궁수들이라도 현명하지 못하고 훈련받지 못하고 기술을 배우지 못하고 정신을 놓아버린다면, 과녁인 머리카락 끝을 꿰뚫지 못하고 과녁을 놓치고 그곳을 떠납니다. 무슨 까닭입니까? 머리카락 끝은 부드럽고 미세하여 꿰뚫기 어렵기 때문입니다. 대왕이여, [251] 이와 마찬가지로 어떤 자들이라도 지혜가 적고, 어리석고, 철없고, 혼미하고, 굼뜬 자들이 최승자의 가르침에 출가하면, 그들은 그 최상의 정묘하고 미묘한 네 가지 진리를 꿰뚫을 수가 없어 최승자의 가르침에서 과녁을 맞추지 못하고 그곳을 떠나, 머지않아 환속합니다. 무슨 까닭입니까? 네 가지 진리는 최상으로 정묘하고 미묘하여 꿰뚫기 어렵기 때문입니다. 이와 같이 꿰뚫기 어려운 것을 보여줍니다."

13. [나가세나] "*5)* 어떻게 다양한 제어를 통해 지켜져야 하는 것을 보여줍니까? 대왕이여, 어떤 사람이 크나큰 전장에 나아가 적군에 사방팔방으로 모두 포위되었을 때 손에 칼을 든 사람들이 쳐들어오는 것을 보면 두려워 망설이다가 퇴각하여 도망칩니다. 무슨 까닭입니까? 다양한 전선(戰線)에 대한 두려움 때문입니다. 대왕이여, 이와 마찬가지로 누구라도 악하고 자제가 없고 부끄러움을 모르고 어리석고 인내가 없고 동요하고 흔들리고 불안정하고 무지한 자들이 최승자의 가르침에 출가하더라도, 그들은 다양한 학습계율을 지킬 수가 없어 압도되어 퇴각하고 도망치다가 머지않아 환속합니다. 무슨 까닭입니까? 최승자의 가르침에서 다양한 학습계율을 지켜야 하기 때문입니다. 이와 같이 다양한 제어를 통해 지켜져야 하는 것을 보여줍니다."

---

722) pāpehi asaṁvāsiyattā jinasāsanassa. Evaṁ pāpehi asaṁvāsiyabhāvaṁ dassenti : MKQ. II. 307에서는 '최승자의 가르침 가운데서는 선인이 악인과 함께 생활하지 못하기 때문입니다. 이와 같이 큰 바다는 선한 자가 악한 자와 함께 생활할 수 없다는 것을 보여줍니다.'라고 번역하고 있다.

14. [나가세나] "대왕이여, 육지에 나는 꽃 가운데 최상인 재스민 꽃의 덤불에는 벌레에 먹히는 꽃들이 있는데, 그 싹들이 시들어 어느 사이엔가 집니다. 그러나 그들이 진다고 해서 재스민 덤불이 경멸받지는 않습니다. 거기에서 남아 있는 꽃들은 참다운 향기를 사방팔방으로 퍼뜨립니다. 대왕이여, 이와 마찬가지로 최승자의 가르침에 출가하여 환속하면, 그들은 최승자의 가르침에서 벌레에 먹혀 색깔과 향기를 잃은 재스민의 꽃들처럼 계행의 색채가 없어져 성숙하기가 불가능합니다. 그러나 그들이 환속한다고 해도 최승자의 가르침이 경멸받는 일은 없습니다. 거기에 남아있는 수행승들이 있는데, 그들이 신들과 인간의 세계에 뛰어난 계행의 향기를 퍼뜨립니다."

15. [나가세나] "대왕이여, 또한 병이 없는 [252] 붉은 색의 벼들 가운데 까룸바까[723]라는 벼의 일종이 생겨나면 어느 사이엔가 시들게 됩니다. 그러나 그것이 시든다고 해서 붉은 벼가 경멸받지는 않습니다. 거기에 남아 있는 벼가 있으면, 그것들이 왕의 식량이 됩니다. 대왕이여, 이와 마찬가지로 최승자의 가르침에 출가하여 환속하면, 그들은 붉은 벼들 가운데 까룸바까처럼, 최승자의 가르침에서 자라지 못하고 성숙을 얻지 못하고 어느 사이엔가 환속합니다. 그러나 그들이 환속한다고 해도 최승자의 가르침이 경멸받는 일은 없습니다. 거기에 남아있는 수행승들이 있는데, 그들이 거룩한 경지에 도달하는 적합한 자들이 됩니다."

16. [나가세나] "대왕이여, 소원을 들어주는 마니보주에도 어떤 점에서는 조악한 부분이 생겨납니다. 거기에 조악한 부분이 생겨났다고 해서 마니보주가 경멸받는 일은 없습니다. 거기에는 마니보주의 청정성이 있는데, 그것이 사람에게 기쁨을 줍니다. 대왕이여, 이와 마찬가

723) karumbhaka : 붉은 색 벼의 일종이다.

지로 최승자의 가르침에 출가했다가 환속한 자들이 있는데, 그들은 최승자의 가르침에서 떨어진 조악한 파편입니다. 그러나 그들이 환속한다고 해도 최승자의 가르침이 경멸받는 일은 없습니다. 거기에 남아있는 수행승들이 있는데, 그들이 신들과 인간의 세계에게 기쁨을 주는 자들이 됩니다."

17. [나가세나] "대왕이여, 품질 좋은 붉은 전단 가운데 어떤 점에서 썩어서 향기가 없는 부분이 있습니다. 그러나 그 붉은 전단은 경멸받지는 않습니다. 거기서 썩지 않고 좋은 향기가 나는 부분은 두루 향기를 풍기며 향기를 퍼뜨립니다. 대왕이여, 이와 마찬가지로 최승자의 가르침에 출가했다가 환속한 자들이 있는데, 그들은 붉은 전단의 나무심 가운데 썩은 부분처럼 제거되어야 합니다. 그러나 그들이 환속한다고 해도 최승자의 가르침이 경멸받는 일은 없습니다. 거기에 남아있는 수행승들이 있는데, 그들이 신들과 인간의 세계를 뛰어난 계행의 전단향으로 훈습시킵니다."

[밀린다 왕] "존자 나가세나여, 현명하십니다. 각각 적절하고 각각 합당한 이유로 최승자의 가르침이 허물없는 것이 이해되었고, 최승자의 가르침이 가장 수승한 것임이 밝혀졌습니다. 환속하는 자들이더라도 그들은 최승자의 가르침이 가장 수승한 것임을 밝힌 셈입니다."

다섯 번째 환속에 대한 질문이 끝났다.

6. [거룩한 님의 느낌의 감수에 대한 질문] (Arahantavedanāvediyanapañha)

1. [밀린다 왕] "존자 나가세나여, [253] 그대들은 '거룩한 님은 하나의 느낌, 신체적 느낌을 느끼지만 정신적 느낌은 느끼지 않는다.'라고[724] 말합니다. 존자 나가세나여, 거룩한 님의 마음은 신체에 의존하

724) arahā ekaṁ vedanaṁ vedayati kāyikaṁ, na cetasikan'ti : 이 구절은 직접

여 작용하는데, 그것에 대하여 거룩한 님은 주재자가 아니고 주인이 아니고 자재자가 아니란 말입니까?"

[나가세나] "대왕이여, 그렇습니다."

[밀린다 왕] "존자 나가세나여, 자신의 마음이 몸에 작용할 때 그가 주재자가 아니고 주인이 아니고 자재자가 아니라는 것은 적절하지 않습니다. 존자여, 새도 둥지에 사는 동안에는 거기서 그가 주재자이고 주인이고 자재자입니다."

2. [나가세나] "대왕이여, 이러한 열 가지 신체에 수반하는 원리가 세세생생 신체를 좇아 따라다닙니다. 열 가지란 어떤 것입니까? 추위, 더위, 기아, 갈증, 대변, 소변, 해태, 늙음, 질병, 죽음입니다. 대왕이여, 이러한 열 가지 신체에 수반하는 원리가 세세생생 신체를 좇아 따라다닙니다. 그것에 대하여 거룩한 님은 주재자가 아니고 주인이 아니고 자재자가 아닙니다."

[밀린다 왕] "존자 나가세나여, 어떤 이유로 거룩한 님의 신체에 명령이나 통제가 작동하지 않는지에 대하여 이유를 말씀해 주십시오."

[나가세나] "대왕이여, 어떤 뭇삶이라도 땅에 의존하는 자들은 모두 땅에 의존하여 걸어 다니고, 살아가고, 생활을 영위합니다. 대왕이여, 땅에 대하여 그들의 명령이나 통제가 작동합니까?"

[밀린다 왕] "존자여, 그렇지 않습니다."

[나가세나] "대왕이여, 이와 마찬가지로 거룩한 님의 마음은 신체에 의존하여 작용하지만, 거룩한 님의 신체에 명령이나 통제가 작동하지 않습니다."

3. [밀린다 왕] "존자 나가세나여, 무슨 이유로 범부는 신체적으로도 정신적으로도 느낌을 느끼는 것입니까?"

적으로 삼장에 등장하지 않는다.

[나가세나] "대왕이여, 마음의 수행이 부족하기 때문입니다. 범부는 신체적으로도 정신적으로도 느낌을 느낍니다. 대왕이여, 굶주리고 괴로워하는 소가 약하고 힘없는 작은 풀이나 넝쿨에 묶여 있다고 하면, 그 소가 화가 났을 때는 묶고 있는 것과 함께 그곳을 떠납니다. 대왕이여, 이와 마찬가지로 마음을 닦지 않은 자에게 고통이 생겨나면 마음이 흥분하고, 마음이 흥분되면, 그것이 신체를 구부리고 비틀고 나뒹굴게 합니다. 그때 그 마음을 [254] 닦지 않은 자는 전율하고 고함치고 공포의 비명을 지릅니다. 대왕이여, 여기 이것이 범부가 신체적으로도 정신적으로도 느낌을 느낀다는 이유입니다."

4. [밀린다 왕] "존자 나가세나여, 거룩한 님은 하나의 느낌, 신체적 느낌을 느끼지만, 정신적 느낌은 느끼지 않는 이유는 무엇입니까?"

[나가세나] "대왕이여, 거룩한 님의 마음은 닦여져 있되, 잘 닦여져 있고, 길들여져 있되, 잘 길들여져 있고, 유순하고, 순종적입니다. 그는 괴로운 느낌에 접촉하여 '무상하다'라고 굳게 파악하고 삼매의 기둥에 마음을 매어둡니다. 삼매의 기둥에 묶인 그 마음은, 그의 고통이 변화하고 확대됨에 따라 신체가 굽어지고 비틀리고 나뒹굴더라도, 동요하거나 흔들리지 않고 고정되어 흩어지지 않습니다. 대왕이여, 이것이 거룩한 님이 하나의 느낌, 신체적 느낌을 느끼지만, 정신적 느낌은 느끼지 않는 이유입니다."

5. [밀린다 왕] "존자 나가세나여, 세상에서 신체가 움직일 때 마음이 움직이지 않는 것은 놀라운 것입니다. 그것에 대하여 나에게 이유를 말씀해 주십시오."

[나가세나] "대왕이여, 줄기 가지 잎사귀가 무성한 큰 나무가 바람의 힘에 부딪히면 가지가 흔들리는데, 그 줄기도 흔들립니까?"

[밀린다 왕] "존자여, 그렇지 않습니다."

[나가세나] "대왕이여, 이와 같이 거룩한 님은 괴로운 느낌에 접촉

하여 '무상하다'라고 견고하게 파악하고 삼매의 기둥에 마음을 매어둡니다. 그의 고통이 변화하고 확대됨에 따라 신체가 굽어지고 비틀리고 나뒹굴더라도, 삼매의 기둥에 고정된 그의 마음은, 큰 나무의 몸통처럼, 동요하거나 흔들리지 않고 고정되어 흩어지지 않습니다."

[밀린다 왕] "존자 나가세나여, 놀라운 일입니다. 존자 나가세나여, 나는 이와 같은 영원한 진리의 등불을 예전에는 본 적이 없습니다."

여섯 번째 거룩한 님의 느낌의 감수에 대한 질문이 끝났다.

7. [꿰뚫음의 장애에 대한 질문]
(Abhisamayantarāyakarapañha)

1. [밀린다 왕] "존자 나가세나여, [255] 여기 누군가라도 재가신도가 단두죄(斷頭罪)[725]를 지었는데, 그가 나중에 출가했을 때, '나는 재가자였을 때 단두죄를 지었다.'라고 스스로 알지 못하고, 또한 다른 그 누구라도 '그대는 재가자였을 때 단두죄를 지었다.'라고 알려주지 않았다면, 그가 여실하게 부처님의 가르침을 실천한들, 그에게 진리에 대한 꿰뚫음[現觀][726]이 있을 수 있겠습니까?"

[나가세나] "대왕이여, 그렇지 않습니다."

[밀린다 왕] "존자여, 무슨 까닭입니까?"

[나가세나] "그에게는 진리에 대한 꿰뚫음의 원인이 끊겨져 있습니다. 그러므로 진리에 대한 꿰뚫음이 없습니다."

2. [밀린다 왕] "존자 나가세나여, 그대들은 '잘못을 아는 자에게 가책

---

725) gihipārājika : 재가신도의 바라이죄(波羅夷罪)로 승단추방죄를 말하는데, 곧 단두죄(斷頭罪)라고도 표현한다. QKM. II. 78에 따르면, 어머니의 살해, 아버지의 살해, 보리수에 대한 상해, 거룩한 님의 살해, 여래에게 상처를 입히는 것, 수행녀를 유혹하는 것이 속한다.

726) abhisamaya : 다양한 뜻을 지니고 있는데, 한역에는 현관(現觀) 또는 영해(領解)라고 한다. 손에 넣음. 실감. 꿰뚫음. 분명한 이해. 올바른 이해. 이론적 이해를 뜻한다.

이 있고, 가책이 있으면, 장애가 있게 되고, 장애가 있는 마음에는 진리에 대한 꿰뚫음이 없다.'라고 말합니다. 그런데 그가 잘못을 알지 못하고 가책이 없고 마음이 평온할 때에 무슨 이유로 진리에 대한 꿰뚫음이 없는 것입니까? 이 질문은 모순에 모순을 거듭합니다. 숙고한 뒤에 대답해 주십시오."

3. [나가세나] "대왕이여, 잘 개간되고 진흙이 잘 섞인 비옥한 밭에 심어진, 싹이 틀 수 있는 씨앗은 잘 성장할 수 있습니까?"

[밀린다 왕] "존자여, 그렇습니다."

[나가세나] "대왕이여, 그러나 그 씨앗이라도 단단한 암석의 표면 위에서 성장할 수 있습니까?"

[밀린다 왕] "존자여, 그렇지 않습니다."

[나가세나] "대왕이여, 어째서 그 종자가 진흙이 섞인 곳에서는 성장하고, 어째서 단단한 암석위에서는 성장하지 않습니까?"

[밀린다 왕] "존자여, 단단한 바위 위에는 씨앗이 성장할 수 있는 원인이 없습니다. 원인이 없으므로 종자는 성장하지 않습니다."

[나가세나] "대왕이여, 이와 마찬가지로 그에게는 진리에 대한 꿰뚫음의 원인이 될 만한 그 원인이 끊겨져 있습니다. 그러므로 진리에 대한 꿰뚫음이 없습니다."

4. [나가세나] "대왕이여, 또는 막대기, 흙덩이, 몽둥이, 망치들은 땅위의 지점에 놓입니다. 대왕이여, 그런데 그 막대기, 흙덩이, 몽둥이, 망치들은 허공의 지점에는 놓일 수 있는 것일까요?"

[밀린다 왕] "존자여, 그렇지 않습니다."

[나가세나] "대왕이여, 그 막대기, 흙덩이, 몽둥이, 망치들은 땅위의 지점에 놓이는 그 이유는 무엇입니까? 허공의 지점에 놓일 수 없는 이유는 무엇입니까?"

[밀린다 왕] "존자여, 그 막대기, 흙덩이, 몽둥이, 망치들이 안착할

수 있는 안착의 원인이 허공에는 없습니다. 원인이 없으므로 안착되지 않습니다."

[나가세나] "대왕이여, [256] 이와 마찬가지로 그에게는 그 잘못으로 인해서 꿰뚫음의 원인이 끊어졌는데, 원인이 끊어졌으면 원인이 없는 까닭에 꿰뚫음이 없는 것입니다."

[나가세나] "대왕이여, 육지에서 불이 타오르는 것처럼 대왕이여, 그러나 그 불이 물속에서도 타오르겠습니까?"

[밀린다 왕] "존자여, 그렇지 않습니다."

[나가세나] "대왕이여, 육지에서 불이 타오르는 원인은 무엇이고, 물속에서는 타오르지 않는 원인은 무엇입니까?"

[밀린다 왕] "존자여, 물속에는 불이 타오르는 원인이 없고, 원인이 없으므로 타오르지 않는 것입니다."

[나가세나] "대왕이여, 이와 마찬가지로 그에게는 그 잘못으로 인해서 꿰뚫음의 원인이 끊어졌는데, 원인이 끊어졌으면 원인이 없는 까닭에 꿰뚫음이 없는 것입니다."

5. [밀린다 왕] "존자 나가세나여, 다시 이 문제를 숙고해 주십시오. 나는 '잘못을 알지 못하고 가책이 없어도 장애가 된다.'라는 것에 대해 확신이 없습니다. 이유를 들어 납득시켜 주십시오."

[나가세나] "대왕이여, 할라할라 맹독을 모르고 먹었다면 목숨을 앗아갑니까?"

[밀린다 왕] "존자여, 그렇습니다."

[나가세나] "대왕이여, 이와 마찬가지로 모르고 악행을 행했더라도 꿰뚫음의 장애로 작용합니다."

[나가세나] "대왕이여, 불은 모르고 밟아도 밟은 자를 태웁니까?"

[밀린다 왕] "존자여, 그렇습니다."

[나가세나] "대왕이여, 이와 마찬가지로 모르고 악행을 행했더라

도 꿰뚫음의 장애로 작용합니다."

[나가세나] "대왕이여, 모르는 사이에 독사뱀이 물어도 목숨을 앗아갑니까?"

[밀린다 왕] "존자여, 그렇습니다."

[나가세나] "대왕이여, 이와 마찬가지로 모르고 악행을 행했더라도 꿰뚫음의 장애로 작용합니다."

[나가세나] "대왕이여, 까링가 국의 왕 싸마나꼴랑냐[727]는 칠보에 둘러싸여 코끼리의 보물을 타고 가족을 보러 가다가 모르고 보리도량 위쪽으로 지나쳐 갈 수가 없지 않았습니까?[728] 대왕이여, 여기서 이것이 모르고 악행을 행했더라도, 꿰뚫음의 장애로 작용하는가 하는 이유입니다."

[밀린다 왕] "존자 나가세나여, 최승자께서 설하신 말씀에 반박할 수 없습니다. 이것이 그 분의 의취이니, 그대로 받아들이겠습니다."

일곱 번째 꿰뚫음의 장애에 대한 질문이 끝났다.

8. [악계를 지닌 자에 대한 질문]
(Dussīlapañha)

1. [밀린다 왕] "존자 나가세나여, [257] 악계를 지닌 재가자와 악계를 지닌 수행자 사이에는 어떤 차이, 어떤 구별이 있습니까? 이들 양자는 존재의 운명이 완전히 같은 것입니까? 양자의 업보도 완전히 같은 것입니까, 아니면 무엇인가 차이가 있습니까?"

[나가세나] "대왕이여, 악계를 지닌 수행자가 악계를 지닌 재가자

---

727) Samaṇakolañña : Jāt. 479 참조. 그러나 자타카에서는 이 이름은 등장하지 않고 까링가 왕이라고만 되어 있다.

728) ajānantopi nāsakkhi bodhimaṇḍassa uparito gantuṁ : MQ. 68에 따르면, 모르고 지나칠 수 없었다는 것의 이유가 그가 모르고 악행을 저질렀기 때문인지, 보리수가 지나치는 코끼리를 멈추게 할 수 있는 힘이 있었기 때문이었는지는 분명하지 않다.

보다 특별히 뛰어난 열 가지 덕성이 있습니다. 그리고 또한 열 가지 이유로 보시물을 더욱 청정하게 합니다."

2. [나가세나] "어떤 것들이 악계를 지닌 수행자가 악계를 지닌 재가자보다 특별히 뛰어난 열 가지 덕성입니까? 대왕이여, 악계를 지닌 수행자는 *1)* 부처님을 존중하고, *2)* 가르침을 존중하고, *3)* 참모임을 존중하고, *4)* 동료수행자를 존중하고, *5)* 송출과 질문에 노력을 기울이고, *6)* 많이 청문하는 자가 되고, *7)* 계행을 깼더라도 대중 속에서는 올바로 처신하고, *8)* 비난을 두려워하기 때문에 신체적 언어적으로 삼가며, *9)* 마음은 정진을 지향하며 수행승의 수행자로서의 삶에 도달하고, *10)* 대왕이여, 비록 악계를 지녔더라도, 악행을 하면서 숨깁니다.. 대왕이여, 남편이 있는 여자가 숨어서 비밀리에 악행을 하듯이, 대왕이여, 이와 마찬가지로 악계를 지닌 수행자는 악행을 하면서 숨깁니다. 대왕이여, 이러한 것들이 악계를 지닌 수행자가 악계를 지닌 재가자보다 특별히 뛰어난 열 가지 덕성입니다."

3. [나가세나] "어떤 열 가지 이유로 그가 보시물을 더욱 청정하게 합니까? *1)* 허물없는 갑옷을 입은 것으로도[729] 보시물을 청정하게 합니다. *2)* 선인의 수행자적 삶을 나타내는 특징을 지닌 것으로도 보시물을 청정하게 합니다. *3)* 참모임의 집회에 들어가는 것으로도 보시물을 청정하게 합니다. *4)* 부처님과 가르침과 참모임에 귀의하는 것으로도 보시물을 청정하게 합니다. *5)* 정진의 경향을 표방하는 자와 사귀는 것으로도 보시물을 청정하게 합니다. *6)* 최승자의 가르침이라는 재물을 구하는 것으로도 보시물을 청정하게 합니다. *7)* 뛰어난 진리를 보여주는 것으로도 보시물을 청정하게 합니다. *8)* 진리를 섬으로 삼고 피안으로 삼는 것으로도 보시물을 청정하게 합니다. *9)* '부처님이 최상자이다.'라는 지극히 곧바른 견해로서도 보시물을 청정하게 합니다. *10)*

729) anavajjakavacadhāraṇatāya : '계행의 갑옷을 입은 것만으로도'라는 뜻이다.

포살을 지키는 것으로도 보시물을 청정하게 합니다. 대왕이여, 그는 이러한 열 가지 이유로 보시물을 더욱 청정하게 합니다."

4. [나가세나] "대왕이여, [258] 아주 길을 잃은, 악계를 지닌 수행자라도 보시자의 보시물을 청정하게 합니다. 물은 혼탁하더라도 진창이나 진흙이나 먼지나 더러운 때를 제거하듯이, 대왕이여, 이와 마찬가지로 아주 길을 잃은, 악계를 지닌 수행자라도 보시자의 보시물을 청정하게 합니다. 대왕이여, 또한 물은 펄펄 끓더라도 타오르는 큰 불더미를 끄듯이, 대왕이여, 이와 마찬가지로 아주 길을 잃은, 악계를 지닌 수행자라도 보시자의 보시물을 청정하게 합니다. 대왕이여, 그리고 또한 음식은 맛이 없어도 주림과 허기를 제거하듯이, 대왕이여, 이와 마찬가지로 아주 길을 잃은, 악계를 지닌 수행자라도 보시자의 보시물을 청정하게 합니다."

5. [나가세나] "대왕이여, 신들 가운데 신인 여래께서는 ≪맛지마니까야≫의 탁월한 해명인 「보시에 대한 분석」730)의 설명에서 이렇게 말씀하셨습니다.

[세존] '계행을 지키는 자가
계행을 지키지 않는 자에게
행위의 과보가 크다는 믿음을 가지고
여법하게 얻어진 것을
흔쾌한 마음으로 보시하면,
보시하는 자의 덕행으로
보시물은 청정하게 된다.'"731)

[밀린다 왕] "존자 나가세나여, 놀라운 일입니다. 예전에 없었던

---

730) dakkhiṇavibhaṅga : MN. 142
731) yo sīlavā dussīlesu dadāti dānaṁ | dhammena laddhā supasannacinto | abhisaddahaṁ kammaphalaṁ uḷāraṁ | sā dakkhiṇā dāyakato visujjhati ||

일입니다. 우리는 일반적 질문만을 제기했는데 그대는 비유와 이유로써 설명하면서 불사의 감로법문를 들려주었습니다. 존자여, 요리사나 요리사의 제자가 일반적인 고깃조각을 얻어 갖가지 양념으로 조리해서 왕의 음식을 향유하듯이, 존자 나가세나여, 이와 마찬가지로 우리는 일반적 질문만을 제기했는데 그대는 비유와 이유로써 설명하면서 불사의 감로법문를 들려주었습니다."

여덟 번째 악계를 지닌 자에 대한 질문이 끝났다.

9. [물과 영혼과 생명에 대한 질문]
(Udakasattajīvapañha)

1. [밀린다 왕] "존자 나가세나여, 이 물은 불에 데워질 때 치이익, 치이익하면서 여러 가지로 소리를 냅니다. 존자 나가세나여, 물이 살아있는 것입니까? 장난을 치면서 소리를 내는 것입니까, [259] 아니면 다른 고통을 받아 소리를 내는 것입니까?"

[나가세나] "대왕이여, 그렇지 않습니다. 물은 살아있지 않습니다. 물에는 영혼이나 생명이 없습니다. 대왕이여, 그러나 불에 있는 열기의 힘이 크기 때문에 물이 치이익, 치이익하면서 여러 가지 소리를 내는 것입니다."

[밀린다 왕] "존자 나가세나여, 여기 어떤 이교도들은 '물은 살아있다.'라고 차가운 물의 사용을 거부하고[732] 물을 데워서 조금씩 걸러서 물을 먹습니다. 그들은 그대들을 '수행자인 싸끼야 족의 아들들은 하나의 감각능력을 갖고 있는 생명을 해친다.'라고[733] 비난하고 경멸합니다."

---

732) sītodakaṁ paṭikkhipitvā : 이교도는 자이나교도를 말하고 찬물의 사용을 반대하는 것은, 그 속에 살아있는 생명이 있어, 불살생을 지키기 위한 것이었다.

733) ekindriyaṁ samaṇā sakyaputtiyā jīvaṁ viheṭhentī'ti : 이러한 주장은 자이나교도의 교설이다. 여기서 하나의 감각능력은 호흡(呼吸: prāṇa)을 말한다.

2. [나가세나] "대왕이여, 그렇지 않습니다. 물에는 영혼이나 생명이 없습니다. 대왕이여, 그러나 불에 있는 열기의 힘이 크기 때문에 물이 치이익, 치이익하면서 여러 가지로 소리를 내는 것입니다. 대왕이여, 예를 들어 웅덩이, 못, 강, 호수, 저수지, 골짜기, 협곡, 우물, 저지대, 연못에 있는 물은 바람과 태양의 힘이 크기 때문에 말라버리고 고갈되어 버립니다. 거기에서도 물이 치이익, 치이익하면서 여러 가지 소리를 냅니까?"

[밀린다 왕] "존자여, 그렇지 않습니다."

[나가세나] "대왕이여, 물이 살아있다면, 그 경우에는 또한 소리를 낼 것입니다. 대왕이여, 이러한 이유에서도 '물에는 영혼이나 생명이 없다. 불에 있는 열기의 힘이 크기 때문에 물이 치이익, 치이익하면서 여러 가지 소리를 낸다.'라고 알아야 합니다."

3. [나가세나] "대왕이여, 또한 '물에는 영혼이나 생명이 없다. 불에 있는 열기의 힘이 크기 때문에 물이 치이익, 치이익하면서 여러 가지 소리를 낸다.'라고 하는 그 이상의 이유가 있습니다."

[나가세나] "대왕이여, 물과 쌀을 섞어 용기에 넣고 뚜껑을 덮어 아궁이에 놓았을 때, 그때에도 물이 소리를 냅니까?"

[밀린다 왕] "존자여, 그렇지 않습니다. 동요하지 않고 아주 고요히 있습니다."

[나가세나] "대왕이여, 그러나 물을 용기에 담고 불을 지피고 아궁이에 놓았다면, 거기서 물은 동요하지 않고 아주 고요히 있을까요?"

[밀린다 왕] "존자여, 그렇지 않습니다. 움직이고 흔들리고 동요하고 휘돌고 요동하고 위아래로 사방팔방으로 치닫고, 위로 치솟고 아래로 떨어져 [260] 거품의 다발로 만들어집니다."

[나가세나] "대왕이여, 그런데 어째서 자연의 물은 움직이지 않고 아주 고요합니까? 어째서 불속에 있는 물은 움직이고 흔들리고 동요

하고 휘돌고 요동하고 위아래로 사방팔방으로 치닫고, 위로 치솟고 아래로 떨어져 거품의 다발로 만들어집니까?"

[밀린다 왕] "존자여, 자연의 물은 움직이지 않지만, 그러나 불속에 있는 물은 불에 있는 힘이 크기 때문에 치이익, 치이익하면서 여러 가지 소리를 냅니다."

[나가세나] "대왕이여, 이러한 이유에서도 '물에는 영혼이나 생명이 없다. 불에 있는 열기의 힘이 크기 때문에 물이 치이익, 치이익하면서 여러 가지 소리를 낸다.'라고 알아야 합니다."

4. [나가세나] "대왕이여, 또한 '물에는 영혼이나 생명이 없다. 불에 있는 열기의 힘이 크기 때문에 물이 치이익, 치이익하면서 여러 가지 소리를 낸다.'라고 하는 그 이상의 이유를 들어보십시오. 대왕이여, 물은 집집마다 물단지에 넣어지고 닫혀있습니까?"

[밀린다 왕] "존자여, 그렇습니다."

[나가세나] "대왕이여, 그 물이 움직이고 흔들리고 동요하고 휘돌고 요동하고 위아래로 사방팔방으로 치닫고, 위로 치솟고 아래로 떨어져 거품의 다발로 만들어집니까?"

[밀린다 왕] "존자여, 그렇지 않습니다. 물단지에 있는 자연의 물은 움직이지 않습니다."

[나가세나] "대왕이여, '큰 바다의 물이 움직이고 흔들리고 동요하고 휘감아 돌고 요동치고 위아래로 사방팔방으로 치닫고, 위로 치솟고 아래로 떨어져 거품의 다발로 만들어지고, 치솟아오르고 낙하하며 해안에 부딪쳐 여러 가지 소리를 낸다.'라고 들어본 적이 있습니까?"

[밀린다 왕] "존자여, 그렇습니다. 나는 그것에 대하여 '큰 바다의 물은 일백 완척이나 이백 완척 공중으로 치솟는다.'라고 이전에 들었고 본 적도 있습니다."

[나가세나] "대왕이여, 어째서 물단지의 물은 움직이지 않고 소리를

내지 않는데, 어째서 큰 바다의 물은 움직이고 소리를 냅니까?"

[밀린다 왕] "존자여, 바람의 힘이 크기 때문에 큰 바다의 물은 움직이고 소리를 내지만, 물단지의 물은 어떤 것에 의해서도 부딪히지 않기 때문에 움직이지 않고 소리를 내지 않습니다."

[나가세나] "대왕이여, 바람의 힘이 크기 때문에 큰 바다의 물은 움직이고 소리를 내는 것과 같이, [261] 이와 같이 불에 있는 열기의 힘이 크기 때문에 물이 소리를 내는 것입니다."

5. [나가세나] "대왕이여, 사람들은 잘 마른 쇠가죽으로 북과 북머리를 씌웁니까?"

[밀린다 왕] "존자여, 그렇습니다."

[나가세나] "대왕이여, 북에는 영혼이나 생명이 있습니까?"

[밀린다 왕] "존자여, 없습니다."

[나가세나] "대왕이여, 그런데 어째서 북이 소리를 냅니까?"

[밀린다 왕] "존자여, 여자나 남자의 적절한 노력에 의해서입니다."

[나가세나] "대왕이여, 여자나 남자의 적절한 노력에 의해서 북이 소리를 내듯이, 불에 있는 열기의 크기 때문에 물이 소리를 냅니다. 대왕이여, 이러한 이유로 '물에는 영혼이나 생명이 없다. 불에 있는 열기의 힘이 크기 때문에 물이 소리를 낸다.'라고 알아야 합니다."

6. [나가세나] "대왕이여, 나에게도 그대에게 물어볼 것이 있습니다. 이렇게 하면 이 질문이 잘 적절히 해명될 것입니다. 그것은 어떤 것입니까? 대왕이여, 모든 그릇이 물이 뜨거워지면 소리를 냅니까, 아니면 어떤 그릇들만 물이 뜨거워지면 소리를 냅니까?"

[밀린다 왕] "존자여, 모든 그릇이 물이 뜨거워지면 소리를 내는 것이 아니라, 어떤 그릇들만 물이 뜨거워지면 소리를 냅니다."

[나가세나] "대왕이여, 그렇다면 그대는 자신의 입장을 버리고 나의 관점 - 물에는 영혼이나 생명이 없다 - 에 귀결된 것입니다. 대왕이

여, 만약에 모든 그릇이 물이 뜨거워졌을 때 소리를 낸다면, '물은 살아있다.'라고 말하는 것이 적절합니다. 대왕이여, 물은 '소리를 내는 것은 살아있고 소리를 내지 않는 것은 살아 있지 않다.'는 두 가지가 있는 것이 아닙니다. 대왕이여, 만약에 물이 살아있다면, 커다랗고 강대한 몸으로 성장한 코끼리들이 코로 물을 들이마시고 입으로 내뿜고 뱃속으로 들이 보낼 때, 그 물을 이빨 사이로 압착하면 소리를 낼 것입니다. 또한 백 완척의 큰 배들이 무거운 짐을 싣고 수십만의 수하물을 싣고 큰 바다를 항해하는데, 물은 그것에 압착되어 소리를 낼 것입니다. 크기가 수백 요자나나 [262] 되는 커다란 대어들, 즉 거대어, 바다괴어, 바다괴물734)이 큰 바다 속에 들어가 살고 있고 큰 바다를 서식처로 살고 있으면서 조류를 삼켰다가 토해내는데, 그들에게도 이빨 사이에 물이 압착되면 물이 소리를 낼 것입니다. 대왕이여, 이와 같이 방식으로 심하게 압착되어도 물 자체는 소리를 내지 않습니다. 그러므로 물에는 영혼도 생명도 없습니다. 대왕이여, 이와 같이 새기십시오."

[밀린다 왕] "존자 나가세나여, 현명하십니다. 제기된 질문은 적절하게 해명되었습니다. 존자 나가세나여, 아주 값나가는 마니보주가 현명하고 유능하고 숙련된 보석사를 만나면, 칭찬과 찬탄과 찬사를 얻거나, 혹은 보배인 진주가 그러한 진주가공사를, 혹은 보배인 의복이 그러한 재단사를, 혹은 붉은 전단이 그러한 향가공사를 만나면, 칭찬과 찬탄과 찬사를 얻듯이, 존자 나가세나여, 이와 마찬가지로 제기된 질문은 적절하게 해명되었습니다. 참으로 그와 같으니, 그렇게 받아들이겠습니다."

아홉 번째 물과 영혼과 생명에 대한 질문이 끝났다.
첫 번째 부처님의 품이 끝났다.
이 품은 아홉 개의 질문으로 이루어졌다.

---

734) timī timiṅgalā timirapiṅgalā : 거대어는 바다괴어가 삼킬 수 있고, 바다괴어는 바다괴물이 삼킬 수 있다.

제2장 희론의 여읨에 대한 품

(Nippapañcavagga)

1. [희론의 여읨에 대한 질문]

(Nippapañcapañha)

1. [밀린다 왕] "존자 나가세나여, 세존께서는 '수행승들이여, 희론[735]의 여읨을 즐기며 살고 희론의 여읨을 즐기는 자로 살아라.'라고[736] 말씀하셨습니다. 그 희론의 여읨이란 어떤 것입니까?"

[나가세나] "대왕이여, 흐름에 든 경지가 희론을 여읜 것입니다. 한 번 돌아오는 경지가 희론을 여읜 것입니다. 돌아오지 않는 경지가 희론을 여읜 것입니다. 거룩한 경지가 희론을 여읜 것입니다."

[밀린다 왕] "존자 나가세나여, 만약에 흐름에 든 경지가 희론을 여읜 것이고, 한 번 돌아오는 경지가 희론을 여읜 것이고, 돌아오지 않는 경지가 희론을 여읜 것이고, 거룩한 경지가 희론을 여읜 것이라면, [263] 어째서 이 수행승들이 *1)* 경, *2)* 응송, *3)* 수기, *4)* 게송, *5)* 감흥어, *6)* 여시어, *7)* 전생담, *8)* 미증유법, *9)* 교리문답[737]을 송출하거나 질문하는 것입니까? 어째서 그들에게 주어지는 정사의 수리나 보시와 공양으로 고생하는 것입니까? 그들은 최승자에 의해 거부된 일을 하는 것이 아닙니까?"

2. [나가세나] "대왕이여, 그 수행승들이 *1)* 경, *2)* 응송, *3)* 수기, *4)*

---

735) papañca : 희론(戱論)은 Pps. II. 10에 따르면, '갈애와 견해에 지배되는 정신활동(taṇhādiṭṭhimānānaṁ pavattānaṁ)'을 말한다.

736) nippapañcārāmā, bhikkhave, viharatha nippapañcaratino'ti : MN. I. 65; AN. IV. 299 참조. 그러나 삼장에 이 일치하는 구절은 없다.

737) suttaṁ geyyaṁ veyyākaraṇaṁ gāthaṁ udānaṁ itivuttakaṁ jātakaṁ abbhutadhammaṁ vedallaṁ : 아홉 부류의 가르침, 즉 구분교(九分教)이다. Miln. 21의 주석을 참조하라.

계송, *5)* 감흥어, *6)* 여시어, *7)* 전생담, *8)* 미증유법, *9)* 교리문답을 송출하거나 질문하고, 그들에게 주어지는 정사의 수리나 보시와 공양으로 고생하는 것은 모두 그들이 희론의 여읨을 얻기 위해서 하는 것입니다. 대왕이여, 자성이 청정하여,[738] 전생에 행한 선업의 인상에 훈습된 자들이 있는데, 그들은 한 찰나에 마음이 통일되어 희론을 여읩니다. 그러나 눈에 티끌이 많은 수행승들은 이러한 예비적 수행에 의해서[739] 희론을 여읩니다."

3. [나가세나] "대왕이여, 예를 들어 한 사람은 밭에 씨앗을 심고 자신의 힘과 노력에 따라 담이나 울타리를 세우지 않고 곡물을 수확한다고 합시다. 그러나 한 사람은 밭에 씨앗을 심고 숲으로 들어가 나무와 나뭇가지를 잘라서 담이나 울타리를 만들어 곡물을 수확한다고 합시다. 그 경우 그가 담이나 울타리를 세우는 일은 곡물을 위한 것입니다. 대왕이여, 이와 마찬가지로 자성이 청정하여 전생에 행한 선업의 인상에 훈습된 자들이 있는데, 그들은 담이나 울타리가 없이 곡물을 수확하는 자처럼, 한 찰나에 마음이 통일되어 희론을 여읩니다. 그러나 눈에 티끌이 많은 수행승들이 있는데, 그들은 담이나 울타리를 만들어 곡물을 수확하는 자처럼, 그러한 예비적 수행에 의해서 희론을 여읩니다."

---

738) sabhāvaparisuddha : 본성적으로 청정하다는 것은 태어나면서부터 청정하다는 것이 아니라 본래의 심성이 청정하다는 것으로 자성청정(自性淸淨)이라고 한다. 우리 마음은 현실에서 번뇌에 덮여 있지만, 본래의 심성은 청정하다는 사상이다. 이 마음을 자성청정심(自性淸淨心)이라고 한다. 이 마음을 대승불교에서는 여래장심(如來藏心)이나 불성(佛性)이라고 한다. 자성청정심은 AN. I. 10에 등장하는 "수행승들이여, 이 마음은 빛나는 것이다. 그 마음이 다가오는 번뇌로 오염된다."라는 부처님의 말씀에 근거를 두고 있다. 대승불교의 『능가경』에서는 '여래장은 청정한 모습을 지녔지만, 객진번뇌에 의해서 오염되어 부정하다(以如來藏是淸淨相 客塵煩惱垢染不淨)'라고 표현하고 있다.

739) imehi payogehi : payoga는 한역에서 가행(加行)이라고 하는데, 연습, 적용 등을 의미한다. 역자는 예비적 수행이라고 번역한다.

4. [나가세나] "대왕이여, 그리고 예를 들어 큰 망고나무 꼭대기에 한 송이 열매가 있고, 거기에 누구든 신통력이 있는 자가 와서 그 열매를 딴다고 합시다. 그러나 그 신통력이 없는 자는 거기서 나무와 넝쿨을 잘라서 사다리를 엮어 그것으로 나무에 올라가 열매를 딴다고 합시다. 그 경우 그가 사다리를 구하는 일은 열매를 위한 것입니다. 대왕이여, 이와 마찬가지로 본성이 청정하고 전생에 행한 선업의 인상에 훈습된 자들이 있는데, 그들은 신통력이 있어 나무의 열매를 따는 자처럼, 한 찰나에 마음이 통일되어 희론을 여읩니다. 그러나 눈에 티끌이 많은 수행승들이 있는데, 그들은 사다리로 나무열매를 따는 자처럼, 그러한 예비적 수행에 의해서 네 가지 거룩한 진리를 파악합니다."

5. [나가세나] "대왕이여, [264] 그리고 예를 들어 한 사람은 사업에 재주가 있는데, 주인을 찾아가 홀로 사업을 일군다고 합시다. 그러나 한 사람은 부유하여 재력을 통해서 조합을 만들어 조합과 함께 사업을 일군다고 합시다. 그 경우 그가 조합을 구하는 것은 사업을 위한 것입니다. 대왕이여, 이와 마찬가지로 본성이 청정하고 전생에 행한 선업의 인상에 훈습된 자들이 있는데, 그들은 홀로 사업의 성취를 이루는 자처럼, 한 찰나에 여섯 가지 곧바른 앎에 자재를 얻습니다. 그러나 눈에 티끌이 많은 수행승들이 있는데, 그들은 조합과 함께 사업의 성취를 이루는 자처럼, 이러한 예비적 수행에 의해서 수행자의 삶의 목표를 성취합니다."

6. [나가세나] "대왕이여, 이러저러한 필요한 일이 생기면 송출도 많은 도움이 되고, 질문도 많은 도움이 되고, 정사의 수리도 많은 도움이 되고, 보시도 많은 도움이 되고, 공양도 많은 도움이 됩니다. 대왕이여, 예를 들어 한 사람이 왕을 섬기면서 대신, 고용인, 병사, 문지기, 근위병, 조합의 위원인 사람들과 함께 일한다면, 그에게 그들이 필요한 일이 생기면, 그들 모두가 도움을 줍니다. 대왕이여, 이와 마찬가지로

이러저러한 필요한 일이 생기면, 송출도 많은 도움이 되고, 질문도 많은 도움이 되고, 정사의 수리도 많은 도움이 되고, 보시도 많은 도움이 되고, 공양도 많은 도움이 됩니다. 대왕이여, 만약에 모두가 태어나면서부터 청정하다면, 가르치는 자가 필요가 없었을 것입니다. 대왕이여, 배우는 것은 필요한 것이므로, 대왕이여, 장로 싸리뿟따는 헤아릴 수 없는 무수한 겁의 우주기를 지내면서 선근을 쌓고 지혜의 궁극에 이르렀으나, 그도 배우는 것이 없이는 번뇌의 부숨을 얻을 수가 없었습니다. 대왕이여, 그러므로 배우는 것은 많은 도움이 됩니다. 마찬가지로 송출도 질문도 많은 도움이 됩니다. 그러므로 송출과 질문은 또한 희론의 여읨, 무위로 이끄는 길입니다."

[밀린다 왕] "존자 나가세나여, 질문은 잘 해명되었습니다. 참으로 그러하니 그렇게 받아들이겠습니다."

첫 번째 희론의 여읨에 대한 질문이 끝났다.

2. [번뇌를 부순 자의 상태에 대한 질문] (Khīṇāsavabhāvapañha)

1. [밀린다 왕] "존자 나가세나여, 그대들은 '재가자로서 거룩한 경지에 도달한 자는 두 가지 존재의 운명, 즉 그날로 바로 출가하거나 그날로 바로 완전한 열반에 드는 것만이 있고 다른 것은 없다. 그날은 지나쳐질 [265] 수가 없다.'라고[740] 말합니다. 존자 나가세나여, 그

740) yo gihī arahattaṁ patto, dve vāssa gatiyo bhavanti anaññā, tasmiṁ yeva divase pabbaJāti vā parinibbāyati vā. na so divaso sakkā atikkametun'ti : 이 구절은 삼장에서 찾아볼 수 없다. 경전 상에는 재가자로서 흐름에 든 님의 두 가지 존재의 운명이 언급되고 있다. 그러나 Kvu. 267에서는 재가자로서 거룩한 님이 된 자로 Yasa, Uttiya, Setu를 들고 있다. 부처님은 열반을 얻는데 출가자와 재가자의 구분을 두지 않았다. 그러나 여기에 나타나는 '재가 아라한은 그날로 바로 출가하거나 그날로 바로 완전한 열반에 든다.'는 견해는 스리랑카의 마하비하라 승원에서 성립된 것으로 보수적이고 출가 중심적인 재가 아라한 이론을 성문화한 것이다.

날 그가 교계사나 친교사나 발우를 얻지 못하면, 그 거룩한 님은 스스로 출가하겠습니까, 아니면 그날을 지나치겠습니까? 다른 누군가 신통력이 있는 거룩한 님이 와서 그를 출가시키거나 완전한 열반에 들겠습니까?"

[나가세나] "대왕이여, 거룩한 님이 스스로 출가할 수는 없습니다. 스스로 출가하면, 도둑질[741]을 범하게 되고, 그날을 지나칠 수 없습니다. 그리고 다른 거룩한 님이 올 수 있거나 오지 않을 수 있습니다. 그는 그날로 완전한 열반에 들 것입니다."

[밀린다 왕] "존자 나가세나여, 참으로 거룩한 님의 적정의 상태도, 그것을 얻은 생명이 사라지면, 잃게 되는 것입니다."

2. [나가세나] "대왕이여, 그에게 재가자의 특징은 어울리지 않기 때문입니다. 특징이 어울리지 않을 때 특징의 취약성 때문에 거룩한 님에 도달한 재가자는 바로 그날로 출가하던가, 그 날로 완전한 열반에 듭니다. 대왕이여, 그것은 거룩한 경지의 결함이 아니라 재가자의 특징의 결함, 즉 특징의 취약성에 있는 것입니다. 대왕이여, 음식은 모든 뭇삶들의 수명을 수호하고 수명을 보호하는데, 위가 불균형하고 소화력이 취약하여 소화되지 못하면 목숨을 앗아갑니다. 대왕이여, 그것은 음식의 결함이 아니고, 위장의 결함, 즉 소화력의 취약성에 있는 것입니다. 대왕이여, 이와 마찬가지로 특징이 어울리지 않을 때 특징의 취약성 때문에 거룩한 님에 도달한 재가자는 바로 그날로 출가하거나 바로 그날로 완전한 열반에 듭니다. 대왕이여, 그것은 거룩한 경지의 허물이 아니라, 재가자의 특징의 결함, 즉 특징의 취약성에 있는 것입니다."

3. [나가세나] "대왕이여, 작은 풀의 줄기 위에 무거운 돌이 놓이면 그 줄기는 취약성 때문에 찢어지고 쓰러지듯이, 대왕이여, 이와 마찬가

741) theyya : Vin. I. 86에서는 '수행승들이여, 구족계를 받지 않고 도둑처럼 들어와 함께 사는 자에게 구족계를 주어서는 안 된다.'라고 되어 있다.

지로 거룩한 경지에 도달한 재가자는 그 재가자의 특징으로 거룩한 경지를 [266] 유지할 수가 없어 바로 그날로 출가하거나 바로 그날로 완전한 열반에 드는 것입니다. 대왕이여, 허약하고 무력하고 태생이 비천하고 공덕이 없는 자가 크나큰 대국을 얻으면 그 순간에 망하고 몰락하고 퇴전하여 권력를 유지할 수가 없듯이, 대왕이여, 이와 마찬가지로 거룩한 경지에 도달한 재가자는, 그 재가자의 특징으로 거룩한 경지를 유지할 수가 없는 까닭에, 바로 그날로 출가하거나 바로 그날로 완전한 열반에 드는 것입니다."

[밀린다 왕] "존자 나가세나여, 현명하십니다. 참으로 그러하니, 그렇게 받아들이겠습니다."

두 번째 번뇌를 부순 자의 상태에 대한 질문이 끝났다.

3. [번뇌를 부순 자의 새김의 혼란에 대한 질문]
(Khīṇāsavasatisammosapañha)

1. [밀린다 왕] "존자 나가세나여, 거룩한 님에게도 새김의 혼란이 있습니까?"

[나가세나] "대왕이여, 거룩한 님들은 새김의 혼란을 떠났습니다. 거룩한 님들에게는 새김의 혼란이 없습니다."

[밀린다 왕] "존자여, 그런데 거룩한 님이 죄를 범할 수 있습니까?"

[나가세나] "대왕이여, 그렇습니다."

[밀린다 왕] "어떤 경우에 대한 것입니까?"

[나가세나] "대왕이여, 초암의 건축,[742] 성관계의 매개,[743] 때아닌 때를 때라고 생각하는 것,[744] 초대받았는데도 초대받지 않았다고

742) kuṭikāre : Vin. III. 149 '수행승이 스스로 탁발하여 후원자가 없이, 자신들을 위하여, 암자들을 지을 경우 측량해서 지어야 한다.'

743) sañcaritte : 수행승은 어떤 여자도 혼자 방에 들여서는 안 된다는 것과 같은 표면적인 태도와 관계된 것이다.

생각하는 것,745) 잔식이 아닌데도 잔식이라고 생각하는 것746)에 대한 것입니다."

[밀린다 왕] "존자 나가세나여, 그대들은 '죄를 범하는 자들은 두 가지 이유로, 즉 존중하지 않기 때문이거나 모르기 때문에 범한다.'라고 말합니다."

[밀린다 왕] "존자여, 거룩한 님이 죄를 범하는 것은 거룩한 님에게 존중이 없기 때문입니까?"

[나가세나] "대왕이여, 그렇지 않습니다."

[밀린다 왕] "존자 나가세나여, 만약 거룩한 님이 죄를 범하고 거룩한 님에게 존중이 없다면, 그로 인해 거룩한 님에게 새김의 혼란이 있는 것입니까?"

[나가세나] "대왕이여, 거룩한 님에게 새김의 혼란은 없지만 거룩한 님도 죄를 짓습니다."

[밀린다 왕] "존자여, 그 이유로써 납득시켜 주십시오. 거기에 어떤 이유가 있습니까?"

2. [나가세나] "대왕이여, 이러한 두 가지, 세상의 죄와 제정(制定)의 죄747)가 있습니다. 대왕이여, 어떤 것이 세상의 죄입니까? 열 가지 악하고 불건전한 행위의 길748)을 가는 것, 이것을 세상의 죄라고 합니

744) vikāle kālasaññāya : Vin. I. 251 때아닌 때란 정오에서 다음 날 태양이 뜰때까지를 말한다.

745) pavārite appavāritasaññāya : Pāc. 32, 46 참조

746) anatiritte atirittasaññāya : Vin. I. 214; Pāc. 35 참조

747) paṇṇattivajja : 부처님께서 시설(施設)하신, 즉 제정하신 계율을 어기는 죄를 뜻한다.

748) dasa akuslakammapathā : 한역의 십불선업도(十不善業道)로, 살아 있는 생명을 죽이는 것[殺生], 주지 않는 것을 빼앗는 것[偸盜], 사랑을 나눔에 잘못을 행하는 것[邪淫], 거짓말을 하는 것[妄語], 이간질 하는 것[兩舌], 꾸며대는 말[綺語], 욕지거리하는 것[惡口], 탐욕을 부리는 것[貪着], 화를 내는 것[瞋恚], 잘못된 견해를 지니는 것[邪見]을 말한다.

다. 어떤 것이 제정의 죄입니까? 세상에는 수행자들에게는 어울리지 않고 알맞지 않지만, 재가자들에게 죄가 되지 않는 것입니다. 그것에 대하여 세존께서는 제자들에게 '평생토록 어기지 말아야 한다.'라고 학습계율을 제정하였습니다. 대왕이여, 때아닌 때에 식사하는 것은 세상에서는 죄가 아니지만, 최승자의 가르침에서는 죄입니다. 대왕이여, 식물을 해치는 일은[749] 세상에서는 죄가 아니지만, 최승자의 가르침에서는 죄입니다. 대왕이여, 물속에서 노는 일[750]은 세상에서는 죄가 아니지만, 최승자의 가르침에서는 죄입니다. 대왕이여, 이와 같이 이와 같은 최승자의 가르침에 죄가 되는 것을 제정의 죄라고 합니다. 번뇌를 부순 자가 어떤 번뇌이든 세상의 죄가 되는 것을 범할 수 없지만, 번뇌가 되는 제정의 죄를 알지 못하고 [267] 범할 수 있습니다. 대왕이여, 어떤 거룩한 님에게는 모든 것을 안다는 것은 영역 밖의 일입니다. 그에게는 모든 것을 알 수 있는 힘이 없기 때문입니다. 대왕이여, 거룩한 님에게 남녀의 이름이나 성은 알려지지 않을 수 있고, 그에게 지상의 길도 알려지지 않을 수 있습니다. 대왕이여, 그러나 어떤 거룩한 님이라도 해탈에 대해서는 알 수 있습니다. 여섯 가지 곧바른 앎을 갖고 있는 거룩한 님은 자신의 영역을 알 수 있습니다. 대왕이여, 일체지자인 여래께서는 모든 것을 알고 있습니다."

[밀린다 왕] "존자 나가세나여, 현명하십니다. 참으로 그러하니, 그렇게 받아들이겠습니다."

세 번째 번뇌를 부순 자의 새김의 혼란에 대한 질문이 끝났다.

4. [세상에 있는 것과 없는 것에 대한 질문]
(Loke natthibhāvapañha)

---

749) Bhūtagāmavikopana : Pāc. 11
750) udake hassadhammaṁ : Pāc. 53

1. [밀린다 왕] "존자 나가세나여, 부처님들이 있고, 연기법을 깨달은 님들이 있고, 여래의 제자들이 있고, 전륜왕들이 있고, 제후들이 있고, 신들과 인간들이 있고, 부유한 자들이 있고, 가난한 자들이 있고, 행복한 자들이 있고, 불행한 자들이 있고, 남자로서 여자의 특징을 보이는 자들이 있고, 여자로서 남자의 특징을 보이는 자들이 있고,[751] 선행과 악행이 있고, 선악의 행위의 과보를 받는 뭇삶들이 있고, 이 세상에 난생, 태생, 습생, 화생의 뭇삶들이 있고, 무족류, 이족류, 사족류, 다족류의 뭇삶들이 있고, 세상에 야차들, 나찰들, 꿈반다[752]들, 아수라들, 다나바[753]들, 건달바들, 아귀들, 삐싸짜[754]들이 있고, 낀나라[755]들,

---

751) dissati purisassa itthiliṅgaṁ pātubhūtaṁ, dissati itthiyā purisaliṅgaṁ pātubhūtaṁ : Vin. III. 35 한때 어떤 수행승에게 여성의 특징이 드러났다. 세존께 그 사실을 알렸다. "수행승들이여, 그러한 친교사, 그러한 구족계, 그러한 법랍을 지닌 수행녀들과 만나는 것을 허용한다. 수행승에 대한 죄로써 수행녀와 공통되는 그러한 죄는 수행녀에게도 죄이다. 수행승에 대한 죄로써 수행녀와 공통되지 않는 그러한 죄는 죄가 아니다." 한때 어떤 수행녀가 남성의 특징을 드러내었다. 세존께 그 사실을 알렸다. "수행승들이여, 그러한 친교사, 그러한 구족계, 그러한 법랍을 지닌 수행승들과 만나는 것을 허용한다. 수행녀에 대한 죄로써 수행승과 공통되는 그러한 죄는 수행승에게도 죄이다. 수행녀에 대한 죄로써 수행승과 공통되지 않는 그러한 죄는 죄가 아니다."

752) kumbhaṇḍa : 옹형귀(甕形鬼), 음낭귀(陰囊鬼), 동고귀(冬苽鬼)라고 한역하는데, 사람의 정기를 빨아먹는 귀신이다. 형상은 인간의 몸에 백마의 머리를 갖고 있는데, 10형제들이 있다. 사람과 가축에 죽음을 야기하는 사악한 신인 루드라(Rudra) 신을 따르는 귀신이다. 밀교에서는 남녀이체(男女二體)를 갖고 있어, 남자 꿈반다는 발우를 두드리고 여자 꿈반다는 태고를 두드린다. 남방 증장천왕(增長天王)의 권속으로 숨겨진 보물을 관리하는 신이다.

753) dānava : Miln. 153을 참조하라.

754) pisāca : 어둠의 자식(Manu. XII. 44)으로 살코기를 먹는 귀신이다. 나찰과 연결되기도 한다. 시체버리는 곳에 살면서 밤중에 한적한 곳, 버려진 집이나 폐쇄된 길을 돌아다닌다. 음사하여 필사차(畢舍遮) 또는 비사차(毘舍遮)라고 하는데, 동방지국천의 권속이고, 아귀의 형상을 갖고 손에는 잘린 팔을 들고 있다. 식혈육귀(食血肉鬼)이자, 담인정기귀(噉人精氣鬼)이고, 전광귀(癲狂鬼)이다.

755) kinnara : 한역의 긴나라(緊那羅)로 인비인(人非人)의 사람의 얼굴을 가진 수컷의 작은 새를 말한다. 이 새의 암컷은 낀나리(kinnarī : 역자는 낀나라녀라고 번역한다)라고 하고, 한역은 긴나라녀(緊那羅女)라고 한다.

마호라가[756]들, 용들, 금시조들, 마술사들, 주술사들이 있고, 코끼리들, 말들, 소들, 물소들, 낙타들, 노새들, 산양들, 양들, 사슴들, 돼지들, 사자들, 호랑이들, 표범들, 곰들, 늑대들, 하이에나들, 개들, 승냥이들이 있고, 여러 종류의 새들이 있고, 금, 은, 진주, 마니주, 나패, 보석, 산호, 루비, 묘목석, 녹주석, 다이아몬드, 수정, 철, 동, 합금, 청동이 있고, 아마, 비단, 면, 마, 대마, 모직이 있고, 쌀, 벼, 보리, 수수, 피, 콩, 밀, 강낭콩, 팥, 깨, 완두가 있고, 뿌리향, 나무심향, 속껍질향, 겉껍질향, [268] 잎사귀향, 꽃향, 열매향, 일체향이 있고, 풀들, 넝쿨들, 덤불들, 나무들, 약초들, 숲의 주인인 큰 나무들, 강들, 산들, 바다들, 물고기들과 거북이들 등 모든 것이 있습니다. 존자여, 세상에 없는 것을 나에게 말해보십시오."

2. [나가세나] "대왕이여, 세상에 세 가지가 없습니다. 세 가지란 어떤 것입니까? 의식이 있건 의식이 없건 늙거나 죽지 않는 자가 없습니다. 형성된 것들에는 영원한 것이 없습니다. 궁극적 의미로는 뭇삶이 없습니다. 대왕이여, 이러한 세 가지는 세상에 없습니다."

[밀린다 왕] "존자 나가세나여, 현명하십니다. 참으로 그러하니, 그렇게 받아들이겠습니다."

네 번째 세상에 있는 것과 없는 것에 대한 질문이 끝났다.

5. [업에 의해서 생겨나지 않는 것에 대한 질문]
(Akammajādipañha)

1. [밀린다 왕] "존자 나가세나여, 세상에는 업에 의해서 생겨난 것들이 있고, 원인에 의해서 생겨난 것들이 있고, 시절에 의해서 생겨난 것들[757]이 있는데, 업에 의해서 생겨나지 않고, 원인에 의해서 생겨나

---

756) mahoraga : 한역에는 대복행(大腹行)이라고 하는데, 비인간[非人]의 일종이다.
757) utunibbattā : 화학적인 생성을 포함한다. Vism. 416-617를 참조하라.

지 않고, 시절에 의해서 생겨나지 않는 것들이 있다면, 그것에 대해 나에게 말해 주십시오."

[나가세나] "대왕이여, 이러한 두 가지는 세상에서 업에 의해서도 생겨나지 않고, 원인에 의해서도 생겨나지 않고, 시절에 의해서도 생겨나지 않는 것들입니다. 두 가지란 어떤 것입니까? 대왕이여, 허공은 업에 의해서도 생겨나지 않고, 원인에 의해서도 생겨나지 않고, 시절에 의해서도 생겨나지 않는 것입니다. 대왕이여, 열반도 업에 의해서도 생겨나지 않고, 원인에 의해서도 생겨나지 않고, 시절에 의해서도 생겨나지 않는 것입니다. 대왕이여, 이러한 두 가지는 업에 의해서도 생겨나지 않고, 원인에 의해서도 생겨나지 않고, 시절에 의해서도 생겨나지 않는 것들입니다."

[밀린다 왕] "존자 나가세나여, 최승자의 말씀을 더럽히지 마십시오. 알지 못하고 질문에 대답해서는 안 됩니다."

[나가세나] "대왕이여, 그대가 나에게 '승자의 말씀을 더럽히지 마십시오. 알지 못하고 질문에 대답해서는 안 됩니다.'라고 말하는데, 내가 무엇을 말했다는 것입니까?"

[밀린다 왕] "존자 나가세나여, '허공은 업에 의해서도 생겨나지 않고, 원인에 의해서도 생겨나지 않고, 시절에 의해서도 생겨나지 않는 것이다.'라고 먼저 말한 것은 옳습니다. 존자 나가세나여, 그러나 수 백 가지 이유로 여래께서는 제자들에게 열반을 깨닫는 길에 관하여 설하셨는데, 그러나 그대는 '열반은 원인에 의해서 생기지 않는다.'라고 말했습니다."

[나가세나] "대왕이여, 참으로 세존께서는 수 백 가지 이유로 제자들에게 열반을 깨닫는 길에 관하여 설하셨지만, 열반이 생겨나는 원인에 관해서는 설하지 않으셨습니다."

2. [밀린다 왕] "존자 나가세나여, 열반을 깨닫는 원인은 있는데, 그

사실이 생겨나는 원인은 없다고 하니, 여기서 우리는 그와 관련하여 어둠속에서 더욱 어두운 곳으로 [269] 빠져들고, 숲에서 더욱 숲속으로 빠져들고, 밀림에서 더욱 밀림 속으로 빠져듭니다. 존자 나가세나여, 열반을 깨닫는 원인이 있다면, 그로 인해 열반이 생겨나는 원인도 기대될 만한 것입니다."

[밀린다 왕] "존자 나가세나여, 아들에게 아버지가 있다면, 그러한 이유로 아버지에게도 아버지가 기대될 만한 것이고, 제자에게 스승이 있다면, 그러한 이유로 스승에게도 스승이 기대될 만한 것이고, 싹에게 종자가 있다면, 그러한 이유로 종자에게도 종자가 기대될 만한 것이듯이, 존자 나가세나여, 이와 마찬가지로 열반을 깨닫는 원인이 있다면, 그로 인해 열반이 생겨나는 원인도 기대될 만한 것입니다. 나무나 넝쿨의 꼭대기가 있으면 그로 인해 중간도 있고 뿌리도 있듯이, 존자 나가세나여, 이와 마찬가지로 열반을 깨닫는 원인이 있다면, 그로 인해 열반이 생겨나는 원인도 기대될 만한 것입니다."

[나가세나] "대왕이여, 열반은 생성되는 것이 아닙니다. 그러므로 열반이 생겨나는 원인은 설해지지 않은 것입니다."

[밀린다 왕] "존자 나가세나여, 자, '열반을 깨닫는 원인이 있고, 열반이 생겨나는 원인은 없다.'라고 내가 알 수 있도록 이유를 들어서, 그 이유로써 납득시켜 주십시오."

3. [나가세나] "대왕이여, 그러면 주의 깊게 귀를 기울여, 잘 들으십시오. 그것에 대하여 이유를 말하겠습니다. 사람이 본래부터 지닌 힘으로 산의 제왕, 히말라야 산에 오를 수 있습니까?"

[밀린다 왕] "존자여, 그렇습니다."

[나가세나] "대왕이여, 사람이 본래부터 지닌 힘으로 산의 제왕, 히말라야 산을 여기로 가져올 수 있습니까?"

[밀린다 왕] "존자여, 그렇지 않습니다."

[나가세나] “대왕이여, 이와 마찬가지로 열반을 깨닫는 길은 설할 수 있어도, 열반이 생겨나는 원인은 보여줄 수가 없습니다.”

[나가세나] “대왕이여, 사람이 본래부터 지닌 힘으로 큰 바다를 배로 건너 피안으로 갈 수 있습니까?”

[밀린다 왕] “존자여, 그렇습니다.”

[나가세나] “대왕이여, 그 사람이 [270] 본래부터 지닌 힘으로 큰 바다의 피안을 여기로 가져올 수가 있습니까?”

[밀린다 왕] “존자여, 그렇지 않습니다.”

[나가세나] “대왕이여, 이와 마찬가지로 열반을 깨닫는 길은 설할 수 있어도, 열반이 생겨나는 원인은 보여줄 수가 없습니다. 무슨 까닭입니까? 그 사실은 조건지어진 것이 아니기 때문입니다.”

4. [밀린다 왕] “존자 나가세나여, 조건지어지지 않은 것이 열반입니까?”

[나가세나] “대왕이여, 그렇습니다. 조건지어지지 않은 것, 어떤 것에 의해서도 만들어지지 않은 것이 열반입니다. 대왕이여, 열반이 이미 생겨난 것이라든가 아직 생겨나지 않는 것이라든가 지금 생겨나고 있는 것이라든가, 과거라든가 현재라든가 미래라든가, 시각으로 식별할 수 있는 것이라든가 청각으로 식별할 수 있는 것이라든가 후각으로 식별할 수 있는 것이라든가 미각으로 식별할 수 있는 것이라든가 촉각으로 식별할 수 있는 것이라든가로 말할 수 없습니다.”

[밀린다 왕] “존자 나가세나여, 열반이 이미 생겨난 것도 아니고 아직 생겨나지 않는 것도 아니고 지금 생겨나고 있는 것도 아니고, 과거도 아니고 미래도 아니고 현재도 아니고, 시각으로 식별할 수 있는 것도 아니고 청각으로 식별할 수 있는 것도 아니고 후각으로 식별할 수 있는 것도 아니고 미각으로 식별할 수 있는 것도 아니고 촉각으로 식별할 수 있는 것도 아니라면, 존자 나가세나여, 그로 인해 그대는 ‘열반은 존재하지 않는다.’라고 존재하지 않는 사실로서 열반을 언급

하는 것입니다."

[나가세나] "대왕이여, 열반은 정신으로 인식될 수 있는 것입니다. 청정하고 수승하고 곧바르고 장애가 없고 자양을 여의고 올바로 실천하는 고귀한 제자는 열반을 봅니다."

5. [밀린다 왕] "존자여, 열반이란 어떤 것과 같습니까? 그 사실이 존재한다는 것이 해명될 수 있도록, 비유로써 설명하고, 이유를 들어 납득시켜 주십시오."

[나가세나] "대왕이여, 바람이라는 것이 존재합니까?"

[밀린다 왕] "존자여, 존재합니다."

[나가세나] "대왕이여, 자, 바람을 색깔이나 형태나, 크거나 작거나 길거나 짧은 것으로 보여주십시오."

[밀린다 왕] "존자 나가세나여, 바람을 보여줄 수는 없습니다. 그 바람은 손에 잡히는 것이나 만질 수 있는 것이 아닙니다. 그러나 그 바람은 존재합니다."

[나가세나] "대왕이여, 바람을 보여줄 수는 없다면, 그로 인해 바람은 존재하지 않는 것입니까?"

[밀린다 왕] "존자 나가세나여, 나는 바람이 존재한다는 것을 알고 있고, 나의 마음에 확신하고 있습니다. 그러나 나는 [271] 바람을 보여 줄 수는 없습니다."

[나가세나] "대왕이여, 이와 마찬가지로 열반은 존재하지만, 열반을 색깔이나 형태로 보여줄 수는 없습니다."

[밀린다 왕] "존자 나가세나여, 현명하십니다. 비유를 잘 들어서 이유를 잘 밝히셨습니다. 참으로 그러하니, 그렇게 '열반은 존재한다.'라고 받아들이겠습니다."

다섯 번째 업에 의해서 생겨나지 않는 것에 대한 질문이 끝났다.

6. [업에 의해서 생겨나는 것 등에 대한 질문] (Kammajādipañha)

1. [밀린다 왕] "존자 나가세나여, 여기 어떤 것들이 업에 의해서 생겨나는 것들이고, 어떤 것들이 원인에 의해서 생겨나는 것들이고, 어떤 것들이 시절에 의해서 생겨난 것들이고, 어떤 것들이 업에 의해서 생겨나지 않고, 원인에 의해서 생겨나지 않고, 시절에 의해서 생겨나지 않는 것들입니까?"

2. [나가세나] "대왕이여, 어떤 뭇삶들이라도 의도가 있다면 그들 모두는 업에 의해서 생겨나는 것들입니다. 불(火)과 모든 종자로부터 생겨나는 것들은 원인에 의해서 생겨나는 것들입니다. 땅과 산과 물과 바람 그 모두는 시절에 의해서 생겨나는 것들입니다. 허공과 열반 이 두 가지는 업에 의해서 생겨나지 않고, 원인에 의해서 생겨나지 않고, 시절에 의해서 생겨나지 않는 것들입니다. 대왕이여, 그래서 열반은 업에 의해서 생겨나는 것이라든가, 원인에 의해서 생겨나는 것이라든가, 시절에 의해서 생겨나는 것이라든가, 이미 생겨난 것이라든가, 아직 생겨나지 않는 것이라든가, 지금 생겨나고 있는 것이라든가, 과거도 아니고 미래도 아니고 현재도 아니라든가, 시각으로 식별할 수 있는 것이라든가 청각으로 식별할 수 있는 것이라든가 후각으로 식별할 수 있는 것이라든가 미각으로 식별할 수 있는 것이라든가 촉각으로 식별할 수 있는 것이라든가 말할 수 없습니다. 대왕이여, 그러나 열반은 정신으로 식별할 수 있는 것으로, 올바로 실천하는 고귀한 제자가 청정한 앎으로 보는 것입니다."

[밀린다 왕] "존자 나가세나여, 기쁨을 주는 질문이 잘 해결되었고 의심은 완전히 사라졌습니다. 의혹은 끊겼습니다. 모든 선생 가운데 가장 뛰어나고 탁월한 그대를 만난 덕분입니다."

여섯 번째 업에 의해서 생겨나는 것 등에 대한 질문이 끝났다.

7. [야차에 대한 질문]
(Yakkhapañha)

1. [밀린다 왕] "존자 나가세나여, 세상에 '야차'라는 것이 있습니까?"
[나가세나] "대왕이여, 야차라는 것이 있습니다."
[밀린다 왕] "존자여, 그러나 야차는 그 생의 유형으로부터 사망합니까?"
[나가세나] "대왕이여, 그렇습니다. 그 야차들은 그 생의 유형으로부터 사망합니다."

2. [밀린다 왕] "존자 나가세나여, 그러면 어째서 그 죽은 야차들의 육신이 보이지 않고 시신의 냄새도 [272] 나지 않는 것입니까?"
[나가세나] "대왕이여, 죽은 야차들의 육신은 보이고, 시신은 냄새도 납니다. 대왕이여, 죽은 야차들의 육신은 곤충의 모습에서 보이고, 벌레의 모습에서 보이고, 개미의 모습에서 보이고, 나방의 모습에서 보이고, 뱀의 모습에서 보이고, 전갈의 모습에서 보이고, 지네의 모습에서 보이고, 새의 모습에서 보이고, 짐승의 모습에서 보입니다."
[밀린다 왕] "존자 나가세나여, 그대와 같은 지혜로운 자 이외에 다른 누가 이러한 질문에 답변할 수 있겠습니까?"

일곱 번째 야차에 대한 질문이 끝났다.

8. [완전한 학습계율에 대한 질문]
(Anavasesasikkhāpadapañha)

1. [밀린다 왕] "존자 나가세나여, 의사들의 옛날 스승들, 예를 들어 나라다,758) 담만따린,759) 앙기라싸,760) 까삘라, 깐다락기, 싸마, 아

---

758) Nārada : 아타르바베다에 나오는 선인이다.
759) Dhammantarin : Jāt. 510에 독사뱀의 독을 제거한 치료사로 나온다.
760) Aṅgirasa : 아타르바베다에 발견되는 질병을 주문으로 치료한 의사이다.

뚤라, 뿝바깟짜야나761)가 있는데, 이 모든 스승들은 단번에 병의 원인, 연유, 본성, 기원, 치료, 조치, 요법 그 모든 것을 완전히 알고 '이 몸에 이러한 병들이 생겨날 것이다.'라고 단박에 요강을 파악하여 경전을 편찬했는데, 그들은 모두가 일체지자가 아니었습니다. 그러나 어째서 여래께서는 일체지자로서 미래의 사건을 부처님의 앎으로 알고 '이러이러한 사건에 이러이러한 학습계율이 제정되어야 할 것이다.'라고 결정하여 완전히 학습계율을 제정하지 않고, 사건이 일어난 경우마다 불명예가 알려지고 허물이 널리 퍼지고 멀리 가서 사람들이 불평하면, 그때그때마다 제자들에게 학습계율을 제정하였습니까?"

2. [나가세나] "대왕이여, 여래께서는 '이러이러한 때에 이러이러한 사람들을 위하여 제정해야 하는 백오십 가지 학습계율762)이 있을 것이다.'라고 알았습니다. 그러나 여래께서는 '만약에 내가 백오십가지 학습계율을 단박에 제정하면, 많은 사람들이 [273] '여기서는 많은 것을 지켜야 한다. 오! 수행자 고따마의 가르침에 출가하기란 실로 힘들다.'라고 두려움을 일으킬 것이고, 출가하려고 하다가도 출가하지 않고, 나의 말을 믿지도 않을 것이고, 믿지 않는 그 사람들은 악한 존재의 운명에 떨어질 것이다. 그래서 사건이 일어날 때마다 가르침을 설하여 제정하고, 허물이 알려지면 학습계율을 제정해야겠다.'라고 생각하셨습니다."

[밀린다 왕] "존자 나가세나여, 부처님들 가운데 놀라운 일입니다. 부처님들 가운데 예전에 없었던 일입니다. 존자 나가세나여, 여기에서 여래의 일체지성의 앎이 얼마나 위대한지, 그 의취가 잘 해명되었습니다. '여기에 배워야할 것이 많다.'라고 들으면, 뭇삶들에게 두려움이

---

761) Kapila, Kaṇḍaraggi, Sāma, Atula, Pubbakaccāyana : 이곳이 그 출처인 알려져 있지 않은 의사들이다.

762) diyaḍḍhasikkhāpadasata : 빅쿠-빠띠목카의 계율의 숫자가 227계인데, 그 가운데 중학죄법(衆學罪法: Sekhiya)를 빼면, 152계이다.

일어날 것이고, 한 사람도 최승자의 가르침에 출가하지 않을 것입니다. 참으로 그러하오니 그렇게 받아들이겠습니다."

여덟 번째 완전한 학습계율에 대한 질문이 끝났다.

9. [태양의 비춤에 대한 질문]
(Sūriyatapanapañha)

1. [밀린다 왕] "존자 나가세나여, 이 태양은 모든 때에 강하게 비춥니까, 아니면 어떤 때에는 약하게 비춥니까?"

[나가세나] "대왕이여, 이 태양은 모든 때에 강하게 비추지, 어떤 때에 약하게 비추는 것이 아닙니다."

[밀린다 왕] "존자 나가세나여, 만약에 태양이 모든 때에 강하게 비춘다면, 어째서 어떤 때에는 강하게 비추고 어떤 때에는 약하게 비추는 것입니까?"

2. [나가세나] "대왕이여, 이러한 네 가지 태양의 장애가 있습니다. 그 가운데 어느 한 장애에 시달리면 태양은 약하게 비춥니다. 네 가지란 어떤 것입니까? *1)* 대왕이여, 뭉게-구름이 태양의 장애입니다. 그 장애로 시달리면 태양은 약하게 비춥니다. *2)* 대왕이여, 안개-구름이 태양의 장애입니다. 그 장애로 시달리면 태양은 약하게 비춥니다. *3)* 대왕이여, 폭풍-구름이 태양의 장애입니다. 그 장애로 시달리면 태양은 약하게 비춥니다. *4)* 대왕이여, 라후가 태양의 장애입니다. 그 장애로 시달리면 태양은 약하게 비춥니다. 대왕이여, 이러한 네 가지 태양의 장애가 있습니다. 이들 가운데 어느 한 장애에 시달리면 태양이 약하게 비추는 것입니다."

[밀린다 왕] "존자 나가세나여, 놀라운 일입니다. 예전에 없었던 일입니다. 존자 나가세나여, [274] 위력을 갖춘 태양에게조차 장애가 생겨나는데, 다른 뭇삶들에게는 말해 무엇하겠습니까? 존자여, 그대와

같은 지혜로운 자 이외에 다른 자는 상세한 것을 설명하지 못합니다."

아홉 번째 태양의 비춤에 대한 질문이 끝났다.

10. [강하게 비추는 것에 대한 질문]
(Kaṭhinatapanapañha)

1. [밀린다 왕] "존자 나가세나여, 어째서 겨울에 태양이 강하게 비추고, 여름에는 그렇지 않은 것입니까?"763)

[나가세나] "대왕이여, 여름에는 먼지와 티끌이 가라앉지 않고, 흙먼지들이 바람에 휩쓸려 하늘로 날아가고, 허공에도 구름이 조밀해지고, 큰 바람이 강하게 불어댑니다. 이 모든 다양한 것이 섞이고 결합되어 태양의 빛을 차단합니다. 그래서 여름에 태양이 약하게 비춥니다."

2. [나가세나] "대왕이여, 그러나 겨울에는 아래로 대지가 차가워지고, 위로는 큰 구름이 나타나, 먼지와 티끌이 그치고, 흙먼지들도 아주 고요하게 허공을 떠돌고, 허공에는 구름이 걷히고, 바람도 아주 약하게 불고, 이러한 것들이 멈추고, 태양의 광선이 청정해지고, 광선이 차단에서 벗어났을 때, 열기가 극도로 뜨겁게 비춥니다. 대왕이여, 이것이야말로 겨울에 태양이 강하게 비추고, 여름에는 그렇지 않은 이유입니다."

[밀린다 왕] "존자 나가세나여, 모든 장애에서 벗어난 태양은 강하게 비춥니다. 구름 등을 수반하면, 태양은 강하게 비추지 못합니다."

열 번째 강하게 비추는 것에 대한 질문이 끝났다.
두 번째 희론을 여읜 품이 끝났다.
이 품은 열 개의 질문으로 이루어졌다.

---

763) bhante nāgasena, kissa hemante sūriyo kaṭhinaṁ tapati, no tathā gimhe'ti : 우리나라와는 달리, 인도는 겨울에 태양이 강하게 비춘다.

제3장 벳싼따라의 품

(Vessantaravagga)

1. [벳싼따라에 대한 질문]

(Vessantarapañha)

1. [밀린다 왕] "존자 나가세나여, 모든 보살이 처자를 보시합니까, 아니면 벳싼따라764) 왕만이 처자를 보시한 것입니까?"

[나가세나] "대왕이여, 벳싼따라 왕만이 처자를 보시한 것이 아니라, 모든 보살이 처자를 보시합니다."

[밀린다 왕] "존자 나가세나여, [275] 그들의 동의를 얻어 보시하는 것입니까?"

[나가세나] "대왕이여, 아내는 동의했지만, 아이들은 어렸으므로 슬퍼했습니다. 만약에 그들이 취지를 알았다면 그들도 함께 기뻐했을 것이고 슬퍼하지 않았을 것입니다."

[밀린다 왕] "존자 나가세나여, 보살이 자신의 친자식들인 사랑하는 자식들을 바라문의 노예로 보시했다는 것은 그가 행하기 어려운 일을 한 것입니다. 또한 보살이 자신의 친자식들인 사랑하는 자식들이 어리고 연약한데, 넝쿨에 묶여 그 바라문에게 넝쿨로 매질당하는 것을 보고 태연했다는 것은 그가 두 번째로 더욱 행하기 어려운 일을 한 것입니다. 또한 보살이 자신의 힘으로 결박을 풀고 돌아온 아이들이 잔뜩 겁을 먹었는데, 다시 넝쿨로 묶어서 보시했다는 것은 그가 세 번째로 더욱 행하기 어려운 일을 한 것입니다. 또한 보살이 아이들이 '아빠, 이 야차가 우리를 잡아먹으려고 끌고 가요.'라고 울부짖어도 '두려워말라.'라고 달래주지 않았다는 것은 그가 네 번째로 더욱 행하

764) Vessantara : Jāt. 547의 주인공이다. Miln. 113의 주석을 보라.

기 어려운 일을 한 것입니다. 또한 보살이 잘린 왕자가 울면서 두 발 아래 엎어져 '아빠, 됐어요. 깐하지나는 돌려보내세요. 제가 야차와 갈께요. 야차가 나를 잡아먹으라지요.'라고 애원하여도 승낙하지 않았다는 것은 그가 다섯 번째로 더욱 행하기 어려운 일을 한 것입니다. 또한 보살이 잘린 왕자가 '아빠, 아빠는 저희의 고통을 보시면서 인적이 없는 거대한 숲속으로 야차에 의해 끌려가는 것을 말리지 않으니 아빠의 마음은 돌과 같아요.'라고 원망해도 연민을 보이지 않았다는 것은 그가 여섯 번째로 더욱 행하기 어려운 일을 한 것입니다. 또한 보살이 끌려간 아이들이 보이지 않도록 가버리자 큰 고통에 처하고 큰 공포에 사로잡혔을 때, 그의 심장이 백 갈래 천 갈래로 찢어지지 않은 것은 그가 일곱 번째로 더욱 행하기 어려운 일을 한 것입니다. 그러나 공덕을 바라는 사람이 타자를 괴롭힌다면 어찌되겠습니까? 차라리 자신을 보시해야 하지 않았을까요?"

2. [나가세나] "대왕이여, 행하기 어려운 것을 행한 보살의 명성은 일만 세계의 신들과 인간에 드날렸습니다. 신들은 [276] 신들의 세계에서 찬양했고, 이수라들은 이수라들의 세계에서 찬양했고, 금시조들은 금시조들의 세계에서 찬양했고, 용들은 용들의 세계에서 찬양했고, 야차들은 야차들의 세계에서 찬양했고, 마침내 그의 명성은 전해져서 오늘 현세의 우리의 집회에 도착하였습니다. 그 보시에 대하여 우리는 악평하고 깔보면서 '잘 보시된 것일까, 아니면 나쁘게 보시된 것일까?'라고 의문을 제기하고 있습니다. 대왕이여, 그 명성은 총명하고 현명하고 유능하고 슬기로운 보살의 열 가지 특성을 보여주는 것입니다. 열 가지란 어떤 것입니까? ① 탐욕을 여의는 것, ② 애착을 여의는 것, ③ 희사하는 것, ④ 번뇌를 끊어 버리는 것, ⑤ 퇴전하지 않는 것, 그리고 불법(佛法)에 관한 한, ⑥ 미묘한 것, ⑦ 광대한 것, ⑧ 불가해한 것, ⑨ 희소한 것, ⑩ 견줄 수 없는 것입니다. 대왕이여, 그 명성은 이러한

총명하고 현명하고 유능하고 슬기로운 보살의 열 가지 특성을 보여줍니다."

3. [밀린다 왕] "존자 나가세나여, 타자를 괴롭히면서 누군가 보시를 행할 때, 그 보시가 안락의 과보를 지니고 천상세계로 이끄는 것이 됩니까?"

[나가세나] "대왕이여, 그렇습니다. 말해 무엇을 하겠습니까?"

[밀린다 왕] "존자 나가세나여, 자, 그 이유를 들어주십시오."

[나가세나] "대왕이여, 여기 누구이든 수행자이든 성직자이든 계행을 지닌 자이든 선한 성품을 지닌 자이든, 그가 절름발이가 되거나, 앉은뱅이가 되거나, 다른 질병에 걸리게 되었을 때, 그를 어떤 자이든 공덕을 바라는 자가 수레에 태워 원하는 곳으로 데려다 준다고 하면, 대왕이여 그 사람에게 그것을 원인으로 어떤 안락이든 생겨나겠습니까? 그의 행위가 천상세계로 이끄는 것이 되겠습니까?"

[밀린다 왕] "존자여, 그렇습니다. 무슨 말을 하겠습니까? 존자여, 그 사람은 코끼리의 탈것을 얻거나, 말의 탈것을 얻거나, 수레의 탈것을 얻거나, 땅위의 지면을 가는 탈것을 얻거나, 물위의 수면을 가는 탈것을 얻거나, 천상에서 천상의 탈것을 얻거나, 인간세상에서 인간의 탈것을 얻거나, 그 업에 어울리고 그 업에 알맞은 것을 세세생생 얻을 것이고, 그 업에 어울리고 그 업에 알맞은 안락이 그에게 생겨날 것입니다. 좋은 곳에서 좋은 곳으로 갈 것이고, 그 업의 과보로 인해서 신통의 탈것에 올라 원하는 열반의 도시에 도착할 것입니다."

[나가세나] "대왕이여, 그렇다면 타자를 괴롭히면서 행한 보시가 안락한 과보가 있고 천상세계로 이끄는 것이 됩니다. [277] 왜냐하면 사람이 밭가는 소를 괴롭혀서 그러한 안락을 경험하기 때문입니다."

4. [나가세나] "대왕이여, 타자를 괴롭히면서 행한 보시가 안락한 과보가 있고 천상세계로 이끄는 것이 된다고 하는 또 다른 이유를 들어보

십시오. 대왕이여, 어떤 왕이라도 나라에서 여법한 세금을 거둬들이고 명령을 내려서 보시를 행한다고 한다면, 대왕이여, 왕은 그로 인해서 어떤 안락을 경험하겠습니까? 그 보시가 천상세계로 이끄는 것이 되겠습니까?"

[밀린다 왕] "존자여, 그렇습니다. 무슨 말을 하겠습니까? 존자여, 그 왕은 그 위에 수십만의 공덕을 얻을 것입니다. 왕들 가운데 왕이 될 것이고, 신들 가운데 신이 될 것이고, 하느님들 가운데 하느님이 될 것이고, 수행자들 가운데 수행자가 될 것이고, 성직자들 가운데 성직자가 될 것이고, 거룩한 님들 가운데 거룩한 님이 될 것입니다."

[나가세나] "대왕이여, 그렇다면 타자를 괴롭히면서 행한 보시가 안락한 과보가 있고 천상세계로 이끄는 것이 됩니다. 왜냐하면 그 왕은 세금으로 사람들을 괴롭히고 행한 보시로 이와 같은 더욱 높은 명성의 안락을 경험하기 때문입니다."

5. [밀린다 왕] "존자 나가세나여, 자신의 아내를 남의 아내로 보시하고, 자신의 친자식들을 바라문의 노예로 보시한 벳싼따라 왕이 행한 보시는 지나친 보시입니다. 존자 나가세나여, 지나친 보시는 세상에서 현자들이 비난하고 꾸짖는 것입니다. 존자 나가세나여, 예를 들어 지나친 짐으로 수레의 축이 망가지고, 지나친 하물로 배가 가라앉고, 지나친 과식으로 음식을 소화시키지 못하고, 지나친 비로 곡물이 파괴되고, 지나친 보시로 부가 괴멸되고, 지나친 열기로 대지가 불타고, 지나친 욕심으로 미치고, 지나친 분노로 죄수가 되고, 지나친 미혹으로 곤궁에 처하고, 지나친 탐욕으로 도둑질에 사로잡히고, 지나친 공포로 죽고, 지나친 수위로 강이 범람하고, 지나친 바람으로 벼락이 떨어지고, 지나친 불로 밥이 끓어 넘치고, 지나친 음주로 오래 살지 못합니다.[765] 존자 나가세나여, 이와 마찬가지로 지나친 보시는 세상

765) atisūrena na ciraṁ jīvati : PTS.본은 지나친 보행으로 오래 살지 못한다

에서 현자들이 비난하고 꾸짖는 것입니다. 존자 나가세나여, [278] 벳싼따라 왕이 보시한 것은 지나친 보시입니다. 거기에 어떤 과보라도 기대해서는 안 됩니다."

6. [나가세나] "대왕이여, 지나친 보시는 세상에서 현자들이 칭찬하고 찬탄하고 찬양하는 것입니다. 누구든지 어떤 종류의 보시이든 그와 같은 지나친 보시를 행하는 자는 세상에서 명성을 얻습니다. 대왕이여, 예를 들어 지나치게 뛰어난 사람이[766] 신성한 숲속의 나무뿌리를 붙잡았을 때 완척 거리 안에 서있는 다른 사람에게 보이지 않고, 해독제가 고유한 뛰어난 힘에 의해서 고통을 완전히 제거하고 질병을 끝내고, 불이 지나친 열로 모든 것을 태우고, 물이 지나친 냉기로 불을 끄고, 연꽃이 지나친 청정성을 지녔으므로 흙탕물에 젖지 않고, 마니주가 지나친 탁월성을 지녔으므로 욕구를 채워주고, 다이아몬드가 지나친 절단력을 지녔으므로 마니, 진주, 수정을 자르고, 땅이 지나치게 광대한 것이므로 사람이나 뱀, 짐승, 새, 물, 바위, 산, 나무를 지탱하고, 바다가 지나치게 광대한 것이므로 넘치지 않고, 수메루 산이 지나치게 무겁기 때문에 움직이지 않고, 허공은 지나치게 넓기 때문에 한계가 없고, 태양은 지나치게 밝기 때문에 어둠을 일소하고, 사자는 지나치게 고귀한 태생이므로 두려움을 여의고, 역사(力士)는 지나친 힘을 지녔으므로 상대역사를 재빨리 넘어뜨리고, 왕은 지나친 공덕을 지녔으므로 대군주이고, 수행승은 지나친 계행을 지녔으므로 용, 야차, 인간, 풍신의 귀의를 받고, 부처님은 지나친 최상의 존재로 견줄 자가 없습니다. 대왕이여, 이와 마찬가지로 지나친 보시는 세상에서 현자들이 칭찬하고 찬탄하고 찬양하는 것입니다. 누구든지 어떤 종류의 보시

(atisañcaraṇena na ciraṁ jīvati)라고 되어 있다.

766) atipavaratāya : 여기서 나가세나는 '지나친(ati)'을 '뛰어난'이란 의미로 재해석하고 있다.

이든 그와 같은 지나친 보시를 행하는 자는 세상에서 명성을 얻습니다. 지나친 보시로 벳싼따라 왕은 일만 세계에서 칭찬받고 찬탄받고 찬양받고 경배받고 유명해졌습니다. 그러한 지나친 보시로 벳싼따라 왕은 오늘날 지금 부처님으로 태어나 신들을 포함한 인간의 세계에서 최상자가 되었습니다."

7. [나가세나] "대왕이여, 보시받아야 할 사람이 있을 때 그만두어야 할 보시나 주어서는 안 될 보시가 세상에 있습니까?"

[밀린다 왕] "존자 나가세나여, 이러한 열 가지 보시는 세상에서 보시로서 인정되지 않는 것입니다. 그러한 보시를 하는 자는 악한 운명의 존재에 떨어집니다. 열 가지란 어떤 것입니까? 존자 나가세나여, *1)* 술의 보시는 세상에서 보시로서 인정되지 않는 것입니다. 그러한 보시를 하는 자는 악한 운명의 존재에 떨어집니다. *2)* 축제의 보시[767]는 세상에서 보시로서 인정되지 않는 것입니다. 그러한 보시를 하는 자는 악한 운명의 존재에 떨어집니다. *3)* 여자의 보시는 세상에서 보시로서 인정되지 않는 것입니다. 그러한 보시를 하는 자는 악한 운명의 존재에 떨어집니다. *4)* 황소의 보시는 세상에서 보시로서 인정되지 않는 것입니다. 그러한 보시를 하는 자는 악한 운명의 존재에 떨어집니다. *5)* 희화의 보시[768]는 세상에서 보시로서 인정되지 않는 것입니

767) sammajjadāna : Vin. II. 107-108에 등장하는 산정축제(giraggasamajja)에서의 보시를 염두에 둔 것이다. 이 산정축제는 춤과 노래와 음악이 있는 라자가하 시에서 벌어지는 축제로 Smp. 831에 따르면, 이 축제는 일주일간의 공고를 거쳐서 보통 산의 정상과 산기슭에서 벌어졌다. 여섯무리의 수행승들이 이 축제에 참여했다가 "수행승들이여, 춤과 노래와 음악을 보러 가면 안 된다. 가면, 악작죄를 범하는 것이다."라고 꾸지람을 들었고, Vin. IV. 267에 보면, 여섯무리의 수행녀들도 산정축제에 참가했다가 빅쿠니고유단순속죄죄법 제10조(Nī∅Pāc. 10)를 처분 받았다.

768) cittakammadāna : 희화(戲畫: paṭibhānacitta)의 보시를 말한다. Vin. II. 152에 따르면, '여인모습과 남자모습의 희화를 만들어서는 안 된다. 만들면, 악작죄를 범하는 것이다.' 희화는 Smp. 1219에 따르면, 남녀뿐만 아니라 축생, 심지어 지렁이의 모양을 포함한다. Smp. 804에 따르면, 물들인 옷에 남녀의 형상을 성적 교섭

다. 그러한 보시를 하는 자는 악한 운명의 존재에 떨어집니다. 6) 무기의 보시는 세상에서 보시로서 [279] 인정되지 않는 것입니다. 그러한 보시를 하는 자는 악한 운명의 존재에 떨어집니다. 7) 독약의 보시는 세상에서 보시로서 인정되지 않는 것입니다. 그러한 보시를 하는 자는 악한 운명의 존재에 떨어집니다. 8) 쇠사슬의 보시는 세상에서 보시로서 인정되지 않는 것입니다. 그러한 보시를 하는 자는 악한 운명의 존재에 떨어집니다. 9) 닭이나 돼지의 보시는 세상에서 보시로서 인정되지 않는 것입니다. 그러한 보시를 하는 자는 악한 운명의 존재에 떨어집니다. 그리고 존자 나가세나여, 10) 잘못 계량된 것의 보시는 세상에서 보시로서 인정되지 않는 것입니다. 그러한 보시를 하는 자는 악한 운명의 존재에 떨어집니다. 존자 나가세나여, 이러한 열 가지 보시는 세상에서 보시로서 인정되지 않는 것입니다."

[나가세나] "대왕이여, 나는 보시로서 인정되지 않는 것에 대해 묻지 않았습니다. 대왕이여, 나는 그대에게 '보시받아야 할 사람이 있을 때 그만두어야 할 보시나 주어서는 안 될 보시가 세상에 있습니까?'라고 물었던 것입니다."

[밀린다 왕] "존자 나가세나여, 보시받아야 할 사람이 있을 때 그만두어야 할 보시나 주어서는 안 될 보시가 세상에 없습니다. 마음에 청정한 믿음이 생겨나면, 어떤 자들은 보시받아야 할 사람에게 음식을, 어떤 자들은 의복을, 어떤 자들은 침구를, 어떤 자들은 처소를, 어떤 자들은 덮는 천을, 어떤 자들은 하녀나 하인을, 어떤 자들은 밭이나 택지를, 어떤 자들은 두발이나 네 발 달린 동물을, 어떤 자들은 백이나 천이나 십만 금을, 어떤 자들은 큰 왕국을, 어떤 자들은 목숨까지도 보시합니다."

[나가세나] "대왕이여, 그런데 어떤 자들이 목숨까지도 보시한다

하는 형태로 그린 것이다.

면, 무슨 이유로 시주였던 벳싼따라가 처자를 흔쾌히 보시했다고 격렬하게 공격한 것입니까?"

[나가세나] "대왕이여, 그런데 아버지가 빚 때문이라든가 생계 때문에 자식을 저당잡히거나 팔아버릴 수 있는 세상의 관행이나 습관이 있습니까?"

[밀린다 왕] "존자여, 그렇습니다. 아버지가 빚 때문이라든가 생계 때문에 자식을 저당잡히거나 팔아버릴 수 있습니다."

[나가세나] "대왕이여, 아버지가 빚 때문이라든가 생계 때문에 자식을 저당잡히거나 팔아버릴 수 있다면, 대왕이여, 벳싼따라 왕도 일체지자의 앎을 얻지 못해 고민하고 괴로워하다가 그 진리의 재보를 얻기 위해 처자를 저당잡히고 팔았던 것이겠지요? 대왕이여, 이처럼 벳산따라 왕은 다른 사람들이 보시한 것만을 하였고, 행한 것만을 행했는데, 대왕이여, 어째서 그대는 그 보시로 시주 벳싼따라를 격렬하게 비난하는 것입니까?"

8. [밀린다 왕] "존자 나가세나여, 나는 시주 벳싼따라의 보시를 비난하는 것이 아니라, 처자를 달라는 요청과 교환하여 자신을 [280] 보시했어야 한다는 것입니다."

[나가세나] "대왕이여, 처자를 달라고 요청할 때에 자신을 보시하는 것은 타당하지 않는 행위입니다. 무엇이든 요청할 때에 바로 그것을 주어야 합니다. 그것이 참사람의 행위입니다. 대왕이여, 어떤 사람이 마실 것을 가져오길 원했는데, 그에게 먹을 것을 준다면, 대왕이여, 그 사람은 그를 위해 해야 할 일을 하는 것입니까?"

[밀린다 왕] "존자여, 그렇지 않습니다. 그가 가져오길 원했던 그것을 주는 것이 해야 할 일을 하는 것입니다."

[나가세나] "대왕이여, 이와 마찬가지로 벳싼따라 왕은 바라문이 처자를 요청했을 때 처자만을 주었습니다. 대왕이여, 만약에 바라문이

벳싼따라의 몸을 원했다면, 대왕이여, 자신을 보호하지 않고 동요하지 않고 집착하지 않고 그에게 몸마저 보시하고 희사했을 것입니다. 대왕이여, 누군가가 시주 벳싼따라에게 다가가서 '나의 노예가 되라.'라고 요청했다면, 그는 자신의 몸마저 보시하고 희사했을 것이고, 보시하고도 괴로워하지 않았을 것입니다."

9. [나가세나] "대왕이여, 왕 벳싼따라의 삶은769) 많은 사람이 공유하는 것입니다. 대왕이여, 구운 고깃조각은 많은 사람이 공유하듯이, 대왕이여, 이와 마찬가지로 왕 벳싼따라의 삶은 많은 사람이 공유하는 것입니다. 대왕이여, 그리고 열매 달린 나무는 많은 새떼가 공유하듯이, 대왕이여, 이와 마찬가지로 왕 벳싼따라의 삶은 많은 사람이 공유하는 것입니다. 무슨 까닭입니까? '나는 이렇게 실천해서 바르고 원만한 깨달음을 얻겠다.'라고 생각했기 때문입니다. 대왕이여, 가난한 사람이 재산이 필요하여 재산을 구하여 돌아다니며 산양이 다니는 길, 말뚝이 박힌 길, 밀림의 길을 걷고 물과 뭍을 오가며 장사를 하고, 신체적으로나 언어적으로나 정신적으로 재산을 구하고 재산을 얻기 위해 노력하듯이, 대왕이여, 이와 마찬가지로 부처님의 재산이 없었던 가난한 시주 벳싼따라는 일체지자의 앎의 보물을 얻기 위해 요청하는 자들에게 재산, 곡물, 하녀, 하인, 수레, 탈것, 모든 소유, 자신의 처자와 자신마저 희사하면서 바르고 원만한 깨달음을 추구한 것입니다. 대왕이여, 옥쇄를 탐하는 대신이 옥쇄의 주인이 [281] 되기 위해서 어떤 것이든 집에 있는 재산, 곡물, 가공되거나 가공되지 않은 금의 그 모든 것을 주고 옥쇄를 얻기 위해 노력하듯이, 대왕이여, 이와 마찬가지로 시주 벳싼따라는 모든 안팎의 재산을 보시하고 목숨까지도 다른 사람들에게 보시하고 바르고 원만한 깨달음을 추구한 것입니다."

---

769) vessantarassa kāyo : '벳싼따라의 몸'이라는 뜻이긴 하지만, MQ. II. 104에서는 태도(attitude), FKM. 260에서는 삶(Das Leben)이라고 번역하고 있다.

10. [나가세나] "대왕이여, 또한 시주 벳싼따라는 '저 바라문이 요청하는 것을 나는 그에게 보시하여, 해야 할 일을 행하는 자가 되리라.'라고 생각했습니다. 그래서 그는 그에게 처자를 보시한 것입니다. 대왕이여, 시주 벳싼따라는 혐오 때문에 바라문에게 처자를 보시한 것도 아니고, 보기 싫어서 처자를 보시한 것도 아니고, 나에게 너무 많기 때문에 '나는 그들을 부양할 수 없다.'고 처자를 보시한 것도 아니고, 불만하여 '그들이 나에게 사랑스럽지 않다.'고 쫓아내기 위하여 처자를 보시한 것도 아닙니다. 단지 일체지자의 앎의 보배를 사랑하였기 때문에 일체지자의 앎을 위하여 벳싼따라 왕은 견줄 수 없고 광대하고 뛰어넘을 수 없고 사랑스럽고 마음에 들고 귀엽고 목숨과 같은 처자를 바라문에게 고귀한 선물로 보시한 것입니다."

[나가세나] "대왕이여, 신들 가운데 신인 세존께서는 『짜리야삐따까』770)에서 이렇게 말씀하셨습니다.

[벳싼따라] '나는 두 아이가 혐오스럽기 때문도 아니고
맛디 왕비가 혐오스럽기 때문도 아니었다.
일체지성이 나에게 사랑스러운 것이니,
그래서 나는 사랑하는 자들을 보시하였다.'"771)

11. [나가세나] "대왕이여, 벳싼따라 왕은 처자를 보시하고 초암에 들어가 누웠습니다. 그가 극도의 애착으로 괴로워하자 격렬한 슬픔이 생겨나 심장이 뜨거워졌고 코가 막히고 입으로 더운 호흡을 쏟아냈고, 눈물은 변하여 핏방울이 되어 두 눈에서 나왔습니다. 대왕이여, 이와 같이 괴로워하면서 벳싼따라 왕은 '보시의 길이 나에게 퇴전하지 말아

---

770) Cariyāpiṭaka : 한역에서 소행장(所行藏)이라고 한다. 쿳닷까니까야의 하나에 속한다. 25개의 모범적인 전생담을 고른 것이다.

771) na me dessā ubho puttā | maddī devī na dessiyā | sabbaññutaṁ piyaṁ mayhaṁ | tasmā piye adāsahan'ti ||

야 하리.'라고 생각하고 바라문에게 처자를 보시한 것입니다. 대왕이여, 벳싼따라 왕은 두 가지 이유로 바라문에게 두 아이를 보시했습니다. 두 가지란 어떤 것입니까? '보시의 길이 나에게 퇴전하지 말아야 할 것이다.'라는 생각과 '이것을 인연으로 할아버지가 숲속의 근류와 열매로 고통을 당하는 아이들을 고통에서 벗어나게 할 것이다.'라는 생각이었습니다. 대왕이여, 벳싼따라 왕은 [282] '나의 아이들은 누구라도 노예로 부릴 수는 없다. 이 아이들을 할아버지가 도로 사서 우리에게 돌려줄 것이다.'라고 알고 있었기 때문입니다. 대왕이여, 이러한 두 가지 이유로 그가 바라문에게 두 아이를 보시했던 것입니다."

12. [나가세나] "대왕이여, 벳싼따라 왕은 '이 바라문은 늙고, 연로하고, 노령이고, 쇠약하고, 노쇠하고, 지팡이에 의지하고, 수명이 다하고, 공덕도 적다. 이러한 자는 이러한 아이들을 노예로 부릴 수가 없다.'라고 알고 있었습니다. 대왕이여, 사람이 본래부터 지닌 힘으로 이러한 큰 신통과 큰 능력을 지닌 달과 해를 붙잡아서 바구니나 상자에 넣고 빛을 차단하고 접시로 만들어 사용할 수 있겠습니까?"

[밀린다 왕] "존자여, 그렇지 않습니다."

[나가세나] "대왕이여, 이와 마찬가지로 이 세상에서 달과 해를 닮은 벳싼따라의 아이들을 어느 누구라도 노예로 부릴 수 없었습니다."

13. [나가세나] "대왕이여, 그리고 벳싼따라의 아이들을 노예로 부릴 수 없었던 또 다른 이유를 들어보십시오. 대왕이여, 전륜왕의 마니보주는 청정하고, 고귀하고, 팔각의 결정체이고, 잘 가공되었고, 두께가 사 완척이고, 둘레가 수레의 바퀴통과 같은데, 어느 누구도 헝겊에 싸서 바구니에 집어넣고 칼을 가는 숫돌로 사용할 수 없습니다. 대왕이여, 이와 마찬가지로 세상에 전륜왕의 마니보주를 닮은 벳싼따라의 아이들을 어느 누구라도 노예로 부릴 수 없었습니다."

14. [나가세나] "대왕이여, 그리고 벳싼따라의 아이들을 노예로 부릴 수 없었던 또 다른 이유를 들어보십시오. 대왕이여, 코끼리의 왕 우뽀싸타[772]는 세 곳에 발정의 특징이 있고, 모든 부분이 희고, 일곱 곳으로 안착되어 있고, 높이는 팔 완척,[773] 길이와 몸통둘레는 구 완척이고, 우아하고 품위가 있는데, 어느 누구도 키나 받침그릇으로 덮을 수가 없고, 송아지처럼 외양간에 집어넣고 돌볼 수가 없습니다. [283] 대왕이여, 이와 마찬가지로 세상에 코끼리의 왕 우뽀싸타를 닮은 벳싼따라의 아이들을 어느 누구라도 노예로 부릴 수 없었습니다."

15. [나가세나] "대왕이여, 그리고 벳싼따라의 아이들을 노예로 부릴 수 없었던 또 다른 이유를 들어보십시오. 대왕이여, 큰 바다는 길이와 넓이가 광대하고, 깊고, 측량할 수 없고, 뛰어넘기 어렵고, 바닥을 알 수 없고, 덮을 수 없고, 어떤 곳이든지 닫아서 하나의 나루터로 사용할 수가 없습니다. 대왕이여, 이와 마찬가지로 세상에 큰 바다와 닮은 벳싼따라의 아이들을 어느 누구라도 노예로 부릴 수 없었습니다."

16. [나가세나] "대왕이여, 그리고 벳싼따라의 아이들을 노예로 부릴 수 없었던 또 다른 이유를 들어보십시오. 대왕이여, 산의 왕 히말라야는 오백 요자나로 하늘에 높이 솟아있고, 삼백 요자나의 길이와 너비를 지니고, 팔만사천 봉우리로 장엄하고, 오백 개의 큰 강이 발원하고, 거대한 존재의 군집처이고, 다양한 종류의 향기를 지니고 있고, 백 가지 신성한 약초로 장식되어 있고, 하늘의 구름처럼 치솟아 있습니다. 대왕이여, 이와 마찬가지로 세상에 산의 왕 히말라야와 닮은 벳싼따라의 아이들을 어느 누구라도 노예로 부릴 수 없었습니다."

17. [나가세나] "대왕이여, 그리고 벳싼따라의 아이들을 노예로 부릴

---

772) Uposatha : 전륜왕의 보물인 코끼리 이름이다.

773) ratana : 라따나. 주(肘). 완척(腕尺)[길이의 단위. 팔꿈치에서 가운데 손가락 끝까지. 약 18~21인치= 46-56cm]

수 없었던 또 다른 이유를 들어보십시오. 대왕이여, 칠흑 같은 밤의 어둠속에서 산의 정상부근에 타오르는 크나큰 불더미는 아주 먼 곳에서도 보입니다. 대왕이여, 이와 마찬가지로 벳싼따라 왕은 산의 정상부근에 타오르는 크나큰 불더미처럼 아주 먼 곳에서도 분명하게 보입니다. 그의 아이들을 어느 누구라도 노예로 부릴 수 없었습니다."

18. [나가세나] "대왕이여, 그리고 벳싼따라의 아이들을 노예로 부릴 수 없었던 또 다른 이유를 들어보십시오. 대왕이여, 히말라야 산에 쇠나무774)가 꽃을 피울 때, 알맞은 바람이 불어서 십 내지 십이 요자나에 걸쳐 그 나무의 꽃향기가 퍼집니다. 대왕이여, 이와 마찬가지로 벳싼따라 왕도 또한 [284] 신들과 아수라, 가루라, 건달바, 야차, 나찰, 마호라가, 낀나라, 제석천의 주처를 넘어서 궁극적인 미세한 물질로 이루어진 신들의 하느님세계775)에 이르기까지 명성을 드날렸을 때, 수천 요자나에 걸쳐 그의 뛰어난 계행의 향기가 퍼졌습니다. 그로 인해 그의 아이들을 어느 누구라도 노예로 부릴 수 없었습니다."

19. [나가세나] "대왕이여, 아버지 벳싼따라는 잘린 왕자에게 '사랑하는 아들아, 너의 할아버지가 너희들을 바라문에게 대가를 주어 속량할 경우 천 닉카776)의 금화를 주고 속량해야 한다. 깐하지나를 속량할 경우 백명의 하인과 백 명의 하녀, 백 마리의 코끼리, 백 마리의 말, 백 마리의 암소, 백 마리의 황소, 백 닉카의 금화, 모두 백을 주고 속량해야 한다. 사랑하는 아들아, 할아버지가 너희들을 바라문의 손아귀에서 명령이나 힘으로써 무상으로 빼앗는다면, 할아버지의 말을 따르지 말고, 차라리 너희들은 바라문에게 종속된 채로 있어라.'라고 말했습니다.

---

774) nāga : 한역에는 용수(龍樹)라고도 하며, 경질재의 목재를 지닌 나무로 많은 붉은 꽃을 핀다.

775) Akaniṭṭhā devā : 한역에는 색구경천(色究竟天) 또는 유정천(有丁天)이라고 한다. 상세한 것은 이 책의 부록 「불교의 세계관 · 우주관」을 참조하라.

776) nikkha : 금화 또는 금의 무게의 단위(=15 suvaṇṇa)이다.

그는 이렇게 가르치고 아이들을 보냈습니다. 그 후 잘린 왕자가 가서 할아버지의 질문을 받자 말했습니다.

[잘린] '사랑하는 자여, 나를 천금의 값으로
아버지가 바라문에게 보시했다.
그리고 소녀 깐하지나를
백 마리의 코끼리 값으로 보시했다.'"777)

[밀린다 왕] "존자 나가세나여, 의문은 잘 해명되었습니다. 삿된 견해의 그물은 완전히 찢어졌고 이교적 이론은 산산히 분쇄되었습니다. 자신의 입장은 잘 천명되었습니다. 상세한 교설이 잘 드러났고, 의미도 잘 해명되었습니다. 참으로 이와 같으니 그렇게 받아들이겠습니다."

첫 번째 벳싼따라에 대한 질문이 끝났다.

2. [행하기 어려운 난행에 대한 질문]
(Dukkarakārikapañha)

1. [밀린다 왕] "존자 나가세나여, 모든 보살이 행하기 어려운 난행을 행합니까, 아니면 고따마 보살만이 행하기 어려운 난행을 행하는 것입니까?"

[나가세나] "대왕이여, 모든 보살이 행하기 어려운 난행을 행한 것이 아닙니다. 고따마 보살만이 행하기 어려운 난행을 행한 것입니다."

[밀린다 왕] "존자 나가세나여, 그렇다면 보살과 보살 사이에 차별이 있다는 것인데, 그것은 옳지 않습니다."

[나가세나] "대왕이여, [285] 네 가지 관점에서 보살과 보살 사이에 차별이 있습니다. 네 가지란 어떤 것입니까? ① 가문의 차별,778)

---

777) sahassagghañ hi maṁ tāta | brāhmaṇassa pitā adā | atha kaṇhājinaṁ kaññaṁ | hatthinā ca satena cā'ti || Jāt. 547-시671

② 수행기간의 차별,[779] ③ 수명의 차별,[780] ④ 크기의 차별입니다. 대왕이여, 이러한 네 가지 관점에서 보살과 보살 사이에 차별이 있습니다. 대왕이여, 모든 부처님에게는 형상, 계행, 삼매, 지혜, 해탈, 해탈에 대한 앎과 봄, 네 가지 두려움 없음, 열 가지 여래의 힘,[781] 여섯 가지 고유한 앎,[782] 열네 가지 부처님의 앎,[783] 열여덟 가지 부처님의 특성,[784] 모든 부처님의 덕성에서 차별이 존재하지 않습니다. 모든 부처님은 부처님의 덕성에서 평등합니다."

[밀린다 왕] "존자 나가세나여, 모든 부처님이 부처님의 덕성에서 평등하다면, 무슨 까닭에 유독 고따마 보살만이 행하기 어려운 난행을 행한 것입니까?"

[나가세나] "대왕이여, 앎이 성숙하지 않고 깨달음이 성숙하지 않았을 때, 고따마 보살은 세속적 삶에서 출리하여 출가하여 성숙하지 않은 앎을 성숙시키면서 행하기 어려운 난행을 행한 것입니다."

2. [밀린다 왕] "존자 나가세나여, 무슨 까닭에 보살은 앎이 성숙하지 않고 깨달음이 성숙하지 않았을 때, 위대한 출가를 감행한 것입니까? 앎을 성숙시켜 앎이 성숙했을 때, 출가했어야 하는 것이 아닙니까?"

[나가세나] "대왕이여, 보살은 난잡한 시녀들의 방을 보고 혐오했

---

778) kulavemattatā : BudvA. 296에 따르면, 보살은 왕족계급의 가문이나 바라문 계급에 태어난다.

779) addhānavemattatā : MQ. 110에 따르면, 부처님이 되기 위해 완전한 바라밀을 성취하는데 필요한 기간을 말한다.

780) āyuvemattatā : BudvA. 296에 따르면, 십만 년에서 백년 사이에서 차별이 존재한다.

781) dasatathāgatabala : 열 가지 힘, 즉 십력(十力) 또는 여래십력을 말한다. Miln. 105와 그 주석을 참조하라.

782) cha asādhāraṇañāṇā : Miln. 216과 주석을 참조하라.

783) cuddasabuddhañāṇa : BudvA. 185에 따르면, 길과 경지의 여덟 가지와 여섯 가지 곧바른 앎을 말한다.

784) aṭṭhārasa buddhadhammā : Miln. 105와 그 주석을 참조하라.

습니다. 혐오하자 불쾌가 생겨났고, 불쾌한 마음이 생겨난 것을 보고 어떤 한 악마의 종자인 천신이 '이 때가 그의 마음에서 불쾌를 없애줄 기회이다.'라고 생각하고 허공에 서서 이렇게 말했습니다. '존자여, 낙담하지 마시오. 지금부터 이레째 되는 날에 천개의 바큇살을 지니고 바퀴테와 바퀴통, 온갖 부품을 갖춘 신성한 보물 수레바퀴가 나타날 것입니다. 땅에 있거나 허공에 있는 보물들이 스스로 다가올 것입니다. 사대륙과 주위의 이천 개의 작은 섬에서는 오직 그대의 입을 통해 명령이 효력을 발생할 것이고, 그대의 아들들은 천명이 넘을 것인데, 용감하고, 영웅적이고 적군을 격파하는 자들일 것입니다. 그 아들들에 둘러싸여 칠보를 갖추고 사대륙을 섭정할 것입니다.' 대왕이여, 한낮에 달구어지고 온통 [286] 작열하는 쇠꼬챙이를 귀에 집어넣은 듯이, 그 말이 보살의 귀에 들어왔습니다. 이처럼 그가 본래 낙담하고 있었는데 그 천신의 말로 인해 더욱더 심하게 당황하고 초조해지고 절박해졌습니다. 대왕이여, 큰 불더미가 타오를 때 다른 장작으로 보태면 더욱더 심하게 타오를 것입니다. 대왕이여, 이와 마찬가지로 보살이 본래 낙담하고 있었는데 그 천신의 말로 인해 더욱더 심하게 당황하고 초조해지고 절박해졌습니다. 대왕이여, 대지가 본래 젖어 있어 푸른 풀밭이 생겨나고 물을 먹어 진창이 되었는데, 다시 큰 구름이 비를 내리면 더욱더 진창이 됩니다. 대왕이여, 이와 마찬가지로 보살이 본래 낙담하고 있었는데, 그 천신의 말로 인해 더욱더 심하게 당황하고 초조해지고 절박해졌습니다."

3. [밀린다 왕] "존자 나가세나여, 만약에 보살에게 칠일 째 되는 날에 신성한 보물 수레바퀴가 생겨난다면, 신성한 보물 수레바퀴가 생겨났을 때 보살은 목표에서 퇴전하겠습니까?"

[나가세나] "대왕이여, 칠일 째 되는 날에 보살에게 신성한 수레바퀴가 생겨나지 않을 것입니다. 그를 유혹하기 위해 그 천신이 거짓말

을 한 것입니다. 대왕이여, 만약에 칠일 째 되는 날에 신성한 수레바퀴가 생겨난다고 해도, 보살은 목표에서 퇴전하지 않았을 것입니다. 무슨 까닭입니까? 대왕이여, 보살은 '무상하다'라는 것을 견고하게 파악하고 있고, '괴로운 것이고 실체가 없다.'라는 것도 견고하게 파악하여, 집착의 괴멸에 도달했기 때문입니다. 대왕이여, 아노닷따 호수에서 물이 강가 강으로 들어가고, 강가 강에서 큰 바다로 들어가고, 큰 바다에서 해저의 심연으로 들어갑니다. 대왕이여, 그런데 그 물은 해저의 심연을 되돌아 큰 바다로 들어가고, 큰 바다에서 강가 강으로 들어가고, 강가 강에서 다시 아노닷따 호수로 들어가겠습니까?"

[밀린다 왕] "존자여, [287] 그렇지 않습니다."

[나가세나] "대왕이여, 이와 마찬가지로 보살은 이러한 생존을 위하여 사 아승지 십만 겁의 우주기 동안 착하고 건전한 것을 성숙시켜왔는데, 그가 이 최후의 생존에 도달하여 깨달음의 지혜는 성숙하였고 육년 안에 일체지자이자 세상의 최상자 부처님이 될 것인데, 대왕이여, 그 보살이 보물 수레바퀴 때문에 목표에서 퇴전하겠습니까?"

[밀린다 왕] "존자여, 그렇지 않습니다."

[나가세나] "대왕이여, 숲이 있고 산이 있는 대지가 거꾸로 구르더라도, 보살은 결코 바르고 원만한 깨달음을 얻지 않고는 퇴전하지 않을 것입니다. 대왕이여, 강가 강의 물이 역류해 넘치더라도, 보살은 결코 바르고 원만한 깨달음을 얻지 않고는 퇴전하지 않을 것입니다. 대왕이여, 큰 바다가 측량할 수 없는 물을 담고 있는데, 소발자국에 있는 물처럼 말라버리더라도, 보살은 결코 바르고 원만한 깨달음을 얻지 않고는 퇴전하지 않을 것입니다. 대왕이여, 산의 제왕 수메루가 백 갈래 천 갈래로 쪼개질지라도, 보살은 결코 바르고 원만한 깨달음을 얻지 않고는 퇴전하지 않을 것입니다. 대왕이여, 달과 해가 별과 더불어 흙덩이처럼 지상에 떨어질지라도, 보살은 결코 바르고 원만한

깨달음을 얻지 않고는 퇴전하지 않을 것입니다. 대왕이여, 허공이 돗자리처럼 말려들어가도, 보살은 결코 바르고 원만한 깨달음을 얻지 않고는 퇴전하지 않을 것입니다. 무슨 까닭입니까? 모든 속박이 부수어졌기 때문입니다."

4. [밀린다 왕] "존자 나가세나여, 세상에는 몇 가지 속박이 있습니까?"

[나가세나] "대왕이여, 세상에는 이와 같은 열 가지 속박이 있습니다. 그러한 속박에 묶인 뭇삶들은 세속에서 출리하지 못하고 세속에서 출리했다가도 퇴전합니다. 열 가지란 어떤 것입니까? *1)* 대왕이여, 어머니는 세상의 속박입니다. *2)* 대왕이여, 아버지는 세상의 속박입니다. *3)* 대왕이여, 아내는 세상의 속박입니다. *4)* 대왕이여, 자식들은 세상의 속박입니다. *5)* 대왕이여, 친척들은 세상의 속박입니다. *6)* 대왕이여, 친구는 세상의 속박입니다. *7)* 대왕이여, 재산은 세상의 속박입니다. *8)* 대왕이여, 이득과 명성은 [288] 세상의 속박입니다. *9)* 대왕이여, 권세는 세상의 속박입니다. *10)* 대왕이여, 다섯 가지 감각적 욕망의 대상은 세상의 속박입니다. 대왕이여, 세상에는 이와 같은 열 가지 속박이 있습니다. 그러한 속박에 묶인 뭇삶들은 세속에서 출리하지 못하고 세속에서 출리했다가도 퇴전합니다. 보살은 이러한 열 가지 속박을 끊고 부수어버렸습니다. 그러므로 대왕이여, 보살은 세속으로 퇴전하지 않습니다."

5. [밀린다 왕] "존자 나가세나여, 보살이 천신의 말을 듣고 마음에 불쾌가 생겨나자, 앎이 성숙하지 않고 깨달음이 성숙하지 않았는데, 세속에서 출리하여 출가했다면, 어떻게 그가 하기 어려운 난행을 했다는 것인지, 오히려 온갖 종류의 음식을 섭취함으로써 앎이 성숙하기를 기다려야 하지 않았을까요?"

[나가세나] "대왕이여, 이러한 열 가지 종류의 사람이 세상에서 경시받고, 경멸받고, 천시당하고, 조소받고, 질책당하고, 모멸당하고,

존경받지 못합니다. 열 가지란 어떤 것입니까? *1)* 대왕이여, 과부인 여자는 세상에서 경시받고, 경멸받고, 천시당하고, 조소받고, 질책당하고, 모멸당하고, 존경받지 못합니다. *2)* 대왕이여, 허약한 사람은 세상에서 경시받고, 경멸받고, 천시당하고, 조소받고, 질책당하고, 모멸당하고, 존경받지 못합니다. *3)* 대왕이여, 친구나 친척이 없는 사람은 세상에서 경시받고, 경멸받고, 천시당하고, 조소받고, 질책당하고, 모멸당하고, 존경받지 못합니다. *4)* 대왕이여, 많이 먹는 사람은 세상에서 경시받고, 경멸받고, 천시당하고, 조소받고, 질책당하고, 모멸당하고, 존경받지 못합니다. *5)* 대왕이여, 존경받지 못하는 집에 사는 사람은 세상에서 경시받고, 경멸받고, 천시당하고, 조소받고, 질책당하고, 모멸당하고, 존경받지 못합니다. *6)* 대왕이여, 악한 친구가 있는 사람은 세상에서 경시받고, 경멸받고, 천시당하고, 조소받고, 질책당하고, 모멸당하고, 존경받지 못합니다. *7)* 대왕이여, 재산이 없는 사람은 세상에서 경시받고, 경멸받고, 천시당하고, 조소받고, 질책당하고, 모멸당하고, 존경받지 못합니다. *8)* 대왕이여, 품행이 나쁜 사람은 세상에서 경시받고, 경멸받고, 천시당하고, 조소받고, 질책당하고, 모멸당하고, 존경받지 못합니다. *9)* 대왕이여, 행위에 결함이 있는 사람은 세상에서 경시받고, 경멸받고, 천시당하고, 조소받고, 질책당하고, 모멸당하고, 존경받지 못합니다. *10)* 대왕이여, 노력에 결함이 있는 사람은 세상에서 경시받고, 경멸받고, 천시당하고, 조소받고, 질책당하고, 모멸당하고, 존경받지 못합니다. 대왕이여, 이러한 열 가지 종류의 사람이 세상에서 경시받고, 경멸받고, 천시당하고, 조소받고, 질책당하고, 모멸당하고, 존경받지 못합니다. 대왕이여, 이러한 열 가지 사항을 보살이 상기하고 있을 때, 이와 같은 생각이 떠올랐습니다. '내가 행위에서 결함이 없어야 하고, 노력에서 결함이 없어야 하고, 신들과 인간의 질책을 받지 말아야 한다. 내가 행위를 주인으로 삼고, 행위를 존중하고, 행위를 정통으로 삼고, 행위를 습관으로 삼고, 행위를 멍에로 삼고, 행위를 집으로 삼아 방일하지 않고 살아야겠다.' 이와 같이 대왕이여, 보살은 앎을 성숙시켜 하기 어려운 난행을 행한 것입니다."

6. [밀린다 왕] "존자 나가세나여, 보살은 하기 어려운 난행을 행하면서 이와 같이 [289] '그러나 나는 이러한 극심한 고행의 실천으로도 인간을 뛰어넘는 법, 고귀한 님들이 갖추어야 할 탁월한 앎과 봄을 성취하지 못했다. 깨달음에 이르는 다른 길이 있지 않을까?'라고785) 말했습니다. 그때 보살은 길에 관하여 새김의 혼란에 빠진 것입니까?"

[나가세나] "대왕이여, 이러한 스물다섯 가지 원리가 마음을 허약하게 만드는 것입니다. 그것에 의해 허약해진 마음은 올바른 삼매에 이르지 못해 번뇌를 부수지 못합니다. 스물다섯 가지란 어떤 것입니까? *1)* 대왕이여, 분노는 마음을 허약하게 만드는 것으로, 그것에 의해 허약해진 마음은 올바른 삼매에 이르지 못해 번뇌를 부수지 못합니다. *2)* 대왕이여, 원한은 마음을 허약하게 만드는 것으로, 그것에 의해 허약해진 마음은 올바른 삼매에 이르지 못해 번뇌를 부수지 못합니다. *3)* 대왕이여, 위선은 마음을 허약하게 만드는 것으로, 그것에 의해 허약해진 마음은 올바른 삼매에 이르지 못해 번뇌를 부수지 못합니다. *4)* 대왕이여, 악의는 마음을 허약하게 만드는 것으로, 그것에 의해 허약해진 마음은 올바른 삼매에 이르지 못해 번뇌를 부수지 못합니다. *5)* 대왕이여, 질투는 마음을 허약하게 만드는 것으로, 그것에 의해 허약해진 마음은 올바른 삼매에 이르지 못해 번뇌를 부수지 못합니다. *6)* 대왕이여, 간탐은 마음을 허약하게 만드는 것으로, 그것에 의해 허약해진 마음은 올바른 삼매에 이르지 못해 번뇌를 부수지 못합니다.

---

785) na kho panāhaṁ imāya kaṭukāya dukkarakārikāya adhigacchāmi uttarimanussadhammaṁ alamariyañāṇadassanavisesaṁ, siyā nu kho añño maggo bodhāyā'ti: MN. I. 246

7) 대왕이여, 환술은 마음을 허약하게 만드는 것으로, 그것에 의해 허약해진 마음은 올바른 삼매에 이르지 못해 번뇌를 부수지 못합니다. *8)* 대왕이여, 사기는 마음을 허약하게 만드는 것으로, 그것에 의해 허약해진 마음은 올바른 삼매에 이르지 못해 번뇌를 부수지 못합니다. *9)* 대왕이여, 완고는 마음을 허약하게 만드는 것으로, 그것에 의해 허약해진 마음은 올바른 삼매에 이르지 못해 번뇌를 부수지 못합니다. *10)* 대왕이여, 격정은 마음을 허약하게 만드는 것으로, 그것에 의해 허약해진 마음은 올바른 삼매에 이르지 못해 번뇌를 부수지 못합니다. *11)* 대왕이여, 자만은 마음을 허약하게 만드는 것으로, 그것에 의해 허약해진 마음은 올바른 삼매에 이르지 못해 번뇌를 부수지 못합니다. *12)* 대왕이여, 오만은 마음을 허약하게 만드는 것으로, 그것에 의해 허약해진 마음은 올바른 삼매에 이르지 못해 번뇌를 부수지 못합니다. *13)* 대왕이여, 교만은 마음을 허약하게 만드는 것으로, 그것에 의해 허약해진 마음은 올바른 삼매에 이르지 못해 번뇌를 부수지 못합니다. *14)* 대왕이여, 방일은 마음을 허약하게 만드는 것으로, 그것에 의해 허약해진 마음은 올바른 삼매에 이르지 못해 번뇌를 부수지 못합니다. *15)* 대왕이여, 해태와 혼침은 마음을 허약하게 만드는 것으로, 그것에 의해 허약해진 마음은 올바른 삼매에 이르지 못해 번뇌를 부수지 못합니다. *16)* 대왕이여, 나태는 마음을 허약하게 만드는 것으로, 그것에 의해 허약해진 마음은 올바른 삼매에 이르지 못해 번뇌를 부수지 못합니다. *17)* 대왕이여, 게으름은 마음을 허약하게 만드는 것으로, 그것에 의해 허약해진 마음은 올바른 삼매에 이르지 못해 번뇌를 부수지 못합니다. *18)* 대왕이여, 악한 친구를 사귀는 것은 마음을 허약하게 만드는 것으로, 그것에 의해 허약해진 마음은 올바른 삼매에 이르지 못해 번뇌를 부수지 못합니다. *19)* 대왕이여, 형상은 마음을 허약하게 만드는 것으로, 그것에 의해 허약해진 마음은 올바른 삼매에 이르지 못해 번

뇌를 부수지 못합니다. 20) 대왕이여, 소리는 마음을 허약하게 만드는 것으로, 그것에 의해 허약해진 마음은 올바른 삼매에 이르지 못해 번뇌를 부수지 못합니다. 21) 대왕이여, 냄새는 마음을 허약하게 만드는 것으로, 그것에 의해 허약해진 마음은 올바른 삼매에 이르지 못해 번뇌를 부수지 못합니다. 22) 대왕이여, 맛은 마음을 허약하게 만드는 것으로, 그것에 의해 허약해진 마음은 올바른 삼매에 이르지 못해 번뇌를 부수지 못합니다. 23) 대왕이여, 감촉은 마음을 허약하게 만드는 것으로, 그것에 의해 허약해진 마음은 올바른 삼매에 이르지 못해 번뇌를 부수지 못합니다. 24) 대왕이여, 주림과 목마름은 마음을 허약하게 만드는 것으로, 그것에 의해 허약해진 마음은 올바른 삼매에 이르지 못해 번뇌를 부수지 못합니다. 25) 대왕이여, 불쾌는 마음을 허약하게 만드는 것으로, 그것에 의해 허약해진 마음은 올바른 삼매에 이르지 못해 번뇌를 부수지 못합니다. 대왕이여, 이러한 스물다섯 가지 원리가 마음을 허약하게 만드는 것입니다. 그것에 의해 허약해진 마음은 올바른 삼매에 이르지 못해 번뇌를 부수지 못합니다. 대왕이여, 보살은 주림과 목마름으로 몸을 소모시켰으며, 몸이 소모되자 올바른 삼매에 이르지 못해 번뇌를 부수지 못했습니다. 대왕이여, 보살은 사아승지 십만 겁 동안 각각의 생에서 네 가지 거룩한 진리의 통찰을 추구했습니다. 그런데 어떻게 그의 최후의 생인 통찰의 생에서 길에 관하여 새김의 혼란이 일어날 수 있겠습니까? 대왕이여, 그러나 그럼에도 불구하고 보살에게 '깨달음에 이르는 다른 길이 있지 않을까?'라는 생각이 일어났던 것입니다. 대왕이여, 보살이 생후 일 개월 무렵, 석가족 아버지가 일을 하고 있을 때,[786] 보살은 잠부나무의 서늘한 그늘에 길상의 침상 위에서 가부좌를 틀고 앉아, 감각적 쾌락에 대한

---

786) pubbe kho, mahārāja, bodhisatto ekamāsiko samāno pitu sakkassa kammante : MN. I. 246; Jāt. I. 57을 참조하라.

욕망을 여의고 악하고 불건전한 상태를 떠나서, 사유를 갖추고 숙고를 갖추어, 멀리 여읨에서 생겨나는 희열과 행복으로 가득한 첫 번째 선정을 성취했습니다. 그리고 [290] 사유와 숙고가 멈추어진 뒤, 내적인 평온과 마음의 통일을 이루고, 사유를 뛰어넘고 숙고를 뛰어넘어, 삼매에서 생겨나는 희열과 행복으로 가득한 두 번째 선정을 성취했습니다. 그리고 희열이 사라진 뒤, 새김을 확립하고 올바로 알아차리고 평정하게 지내고 신체적으로 행복을 느끼며, 고귀한 님들이 평정하고 새김있는 행복한 삶이라 부르는 세 번째 선정을 성취했습니다. 그리고 즐거움과 괴로움이 버려지고 만족과 불만도 사라진 뒤, 괴로움을 뛰어넘고 즐거움을 뛰어넘어, 평정하고 새김있고 청정한 네 번째 선정을 성취했습니다."

[밀린다 왕] "존자 나가세나여, 현명하십니다. 참으로 그러하니, 그렇게 받아들이겠습니다. 앎을 성숙시키면서 보살은 하기 어려운 난행을 행한 것입니다."

두 번째 행하기 어려운 난행에 대한 질문이 끝났다.

3. [선악 가운데 보다 강한 것에 대한 질문]
(Kusalākusalabalavatarapañha)

1. [밀린다 왕] "존자 나가세나여, 착하고 건전한 것과 악하고 불건전한 것 가운데 어느 쪽이 더욱 강력합니까?"

[나가세나] "대왕이여, 착하고 건전한 것이 더욱 강력하고, 악하고 불건전한 것은 그렇지 못합니다."

[밀린다 왕] "존자 나가세나여, 나는 '착하고 건전한 것이 더욱 강력하고, 악하고 불건전한 것은 그렇지 못하다.'라는 말에 동의하지 못합니다. 존자 나가세나여, 여기 살생하는 자, 도둑질하는 자, 사음하는 자, 거짓말하는 자, 마을을 약탈하는 자, 노상강도, 기만하는 자, 사기

꾼, 그들 모두는 그에 상응하는 악으로 인해 손이 잘리고, 발이 잘리고, 손발이 함께 잘리고, 귀가 잘리고, 코가 잘리고, 귀와 코가 함께 잘리고, 두개골이 잘리고 뜨거운 쇳덩이가 부어지고, 살점이 떼어지고 모래로 씻겨져 소라모양으로 빛나는 해골이 되고, 막대기로 입이 벌려지고 귀가 뚫어지고, 몸에 기름이 적셔져 불 위에 태워지고, 손에 기름이 적셔져 불로 태워지고, 목에서부터 다리까지 피부가 벗겨져 스스로 밟고, 상반신의 피부가 벗겨져 하반신에 입혀지고, 영양의 자세로 양 팔꿈치와 양 무릎에 쇠고리가 채워지고 철판 위에 고정되어 사방에서 뜨거워지고, 양쪽의 갈고리를 잡아당겨 피부와 살과 힘줄이 찢겨지고, 동전 모양으로 살점이 떨어져나가고, 신체가 흉기로 찔리고 회즙이 들어와 분리되어 뼈만 남고, 양쪽 귓구멍이 철봉으로 뚫리고 그것이 회전되고, 외피가 잘리고 뼈가 절구에 갈아져 모발에 싸여 짚으로 둥글게 한 발판처럼 되고, 뜨거운 기름에 끓여지고, 개에 먹히고, 산 채로 꼬챙이에 끼워지고, 칼로 머리가 잘리게 됩니다. 어떤 자들은 밤에 악한 일을 하고 그날 밤에 과보를 받고, 어떤 자들은 밤에 악한 일을 하고 다음 날 낮에 과보를 받고, 어떤 자들은 낮에 악한 일을 하고 그날 낮에 과보를 받고, 어떤 자들은 낮에 악한 일을 하고 그날 밤에 과보를 받고, 어떤 자들은 이삼일 지나서 과보를 받고, 그 모든 자들은 현세에서 과보를 받습니다. 존자 나가세나여, 어떤 자이든 하나나 둘이나 셋이나 넷이나 다섯이나 열이나 백이나 천이나 십만의 사람에게 필요한 것을 갖추어 보시하여 현세에서 부나 명성이나 행복을 누리는 자가 있습니까? 또는 계행이나 포살행을 통해서 현세에서 부나 명성이나 행복을 누리는 자가 있습니까?"

2. [나가세나] "대왕이여, [291] 네 명의 사람들이 있는데, 그들이 보시를 하고 계행을 지키고 포살행을 해서 현세에서 육신을 가진 채로 서른셋 신들의 하늘나라 도시에서 명성을 누립니다."

[밀린다 왕] "존자여, 누구누구입니까?"

[나가세나] "대왕이여, 만다따르 왕, 니미 왕, 싸디나 왕, 악사 굿띨라입니다."787)

[밀린다 왕] "존자 나가세나여, 수천 생의 거리를 둔 일인데, 우리 두 사람의 시야 밖의 일입니다. 가능하다면 현재의 생에서 세존께서 살아계셨을 때의 일을 말해 주십시오."

[나가세나] "대왕이여, 현재의 생에서 하인 뿐나까788)는 장로 싸리뿟따에게 음식을 보시하고 그날로 재정관의 지위를 얻었습니다. 그는 지금 부유한 상인 뿐나까로 알려져 있고, 왕비 고빨라마따789)는 자신의 머리카락을 팔아 얻은 여덟 까하빠나로 장로 마하 깟짜야나와 일곱 명의 동료들에게 탁발음식을 보시하고 그날로 우데나790) 왕의

787) mandhātā, mahārāja, rājā, nimi rājā, sādhīno rājā, guttilo ca gandhabbo'ti : 각각 Jāt. 258, 533, 494, 243에 등장한다.

788) Puṇṇaka : 뿐나까는 라자가하 시의 부호였는데, 몹시 가난해서 부호 쑤마나를 위해서 하인으로 일을 했다. 축제일에 휴가를 받았으나 가난해서 밭으로 일하러 나갔다가 싸리뿟따를 만나 치목과 물을 보시했고 그의 아내는 남편의 음식을 가지고 오다가 싸리뿟따를 만나 그 음식을 보시했다. 그녀는 다시 새로 음식을 요리하여 남편에게 가지고 와서 보시 이야기를 하니 남편이 기뻐했다. 식후에 잠시 아내의 무릎을 베개로 삼아 쉬는 사이, 갈아진 밭이 황금으로 변했다. 그는 왕에게 알렸고, 부하들이 와서 황금을 집으려 하자, 황금은 '왕을 위한 것이다.'라며 다시 흙으로 변했다. 그래서 뿐나까의 이름으로 황금을 주워서 왕에게 바쳤고 왕은 그에게 재정관의 지위를 부여했다.

789) Gopālamātā : 우데나 왕의 왕비이다. 그녀는 가난한 상인의 집에 태어났는데, 길고 아름다운 머리카락을 갖고 있었다. 어느 날 마하 깟짜야나와 일곱 명의 일행이 마을을 방문하자, 자신의 머리카락을 팔아 얻은 여덟 까하빠나로 식사를 대접했는데, 그녀가 마하 깟짜야나를 보자마자 머리카락은 원상복구되었다. 장로는 그날로 허공으로 날아가 웃제니로 가서 우데나 왕에게 그 사실을 설명하자, 우데나 왕이 사자를 보내 그녀를 제일왕비로 맞아들였다.

790) Udena : 꼬쌈비(Kosambī) 시의 왕으로, 빠란따빠(Parantapa)의 아들이었다. 어머니가 그를 임신했을 때 그의 어머니는 괴물새에 의해 공격을 당해 알라깝빠(Allakappa)의 주거지 근처의 나무에 놓아졌다. 아이는 폭풍(utu)이 휘몰아칠 때 태어났다. 그래서 그런 이름을 갖게 되었다. 엄마와 아이를 발견한 알라깝빠는 그들을 데려다 보호했다. 어느 날 우데나가 자랐을 때 알라깝빠는 별자리를 보고 빠란따빠가 죽었다는 것을 알았다. 그가 그 소식을 알렸을 때 우데나의 어머니는 그에게 자신의

제일왕비의 지위에 올랐습니다. 재가의 여자신도 쑵삐야791)는 어떤

신분을 알렸다. 알라깝빠는 코끼리를 길들이기에 대한 자신의 다양한 기술을 우데나에게 가르치고, 왕국을 요구하기 위해 많은 코끼리 무리와 함께 그를 꼬쌈비로 보냈다. 얼마 후 그는 왕이 되었다. 우데나는 고싸까(Ghosaka)를 그의 재상으로 임명했고 어느 날 그의 입양된 딸 싸마바띠(Sāmāvātī)가 목욕을 하러 강으로 가는 것을 보고 그녀를 데려오게 해 그녀와 결혼했다. 후에 그는 웃제니(Ujjeni)의 왕 짠다 빳조따(Caṇḍa Pajjota)의 딸 바쑬라닷따(Vāsuladattā)와 매우 로맨틱하게 결혼했다. 그리고 우데나는 다른 아내 마간디야(Māgandiyā)를 들였는데 그녀는 자신을 한번 모욕한 부처님에게 복수를 하기 위해 자신의 새로운 지위를 이용했다. 싸마바띠(Sāmāvatī)가 하녀 쿳줏따라(Khujjuttarā)에 의해 부처님에게 귀의하였을 때, 마간디야는 왕이 그녀에 대해 나쁜 마음을 갖게 하려고 했다. 그래서 왕의 손으로 싸마바띠가 목숨을 잃게 될 뻔 했으나 그 시도는 좌절되었다. 우데나가 얼마나 그녀에게 잘못했는지 깨달았을 때, 그는 그녀에게 혜택을 줄 것을 약속했고 그녀의 선택의 결과 부처님은 궁정의 여자들에게 설법하기 위해 매일 궁전으로 500명의 수행승과 함께 아난다를 보냈다. 우데나 자신은 종교에 흥미가 있었던 것으로 보이지 않는다. 한때 그가 궁정의 여자들이 아난다에게 500 벌의 값비싼 가사를 주었다는 것을 알았을 때 화를 냈으나, 그의 질책에 대한 대답으로, 아난다가 참모임에 주어진 어떤 것도 쓸데없이 버려지는 것이 아니라고 설명했을 때, 그는 기뻐하며 그 자신이 손수 아난다에게 그것들과 비슷한 가사를 선사했다. 그가 공원에서 삔돌라 바라드와자(Piṇḍola Bhāradvāja)와 함께 우다까바나(Udakavana)를 다소 비슷한 상황에서 만났을 때는 그렇게 행복하게 끝나지 않았다. 우데나의 여자들은 삔돌라(Piṇḍola)에게 그들의 가사를 주었고 왕이 삔돌라(Piṇḍola)에게 선물의 적정성에 대해서 질문했을 때 그는 침묵을 지켰다. 그러자 우데나는 붉은 개미에게 물리게 하겠다고 그를 위협했다. 그러자 삔돌라는 공중으로 사라졌다. 후에 그가 삔돌라를 방문해 다시 우호적인 관계를 맺고, 어떻게 참모임의 수행승들이 그들의 젊음에도 불구하고 욕정을 억제하는 데 성공할 수 있었는지에 관한 정보를 받았다. 거기서 우데나는 그 자신을 부처님의 제자라고 고백했다. 우데나에게는 보디(Bodhi) – 그의 업적 가운데 꼬까나다(Kokanada)라는 궁전을 지은 것이 특별히 기록되어 있다. – 라는 이름의 왕자가 있었으나 그가 아버지의 뒤를 이었는지는 불분명하다.

791) Suppiyā : 부처님의 여제자인 재가의 여자신도 가운데 '환자를 돌보는 님 가운데 제일(gilānupaṭṭhākīnaṃ aggaṁ)'이다. 그녀는 바라나씨에 사는 경건한 재가의 신자였다. 남편의 이름도 쑵삐야(Suppiya)였는데, 그들은 모두 참모임에 헌신했다. 하루는 그녀가 승원으로 가다가 병든 수행승을 보게 되었다. 그에게 필요한 것은 고깃국이었다. 그녀는 집으로 돌아와, 하인에게 고기를 구해보라고 했으나 구할 수가 없었다. 할 수 없이 칼로 자신의 허벅지 살을 도려내어 하인에게 주면서, 고깃국을 끓여 그 수행승에게 공양하도록 했다. 대신 그녀는 자신의 방에 들어가 질병이 들어 침대에 눕게 되었다. 남편이 돌아와서는 그 이야기를 듣고 매우 기뻐해서 승원으로 달려가 부처님을 초대했다. 다음 날 부처님은 쑵삐야의 집을 수행승들과 함께 방문하여 쑵삐야의 안부를 묻는 순간, 쑵삐야의 상처는 치료가 되었고 건강도 회복되었

병든 수행승에게 자신의 허벅지 살로 고기 수프를 만들어 보시했으나 이튿날 상처가 치료되고 피부가 생겨나 건강해졌습니다. 왕비 말리까는 세존께 전날 저녁에 만든 산죽을 보시하고 그날로 꼬쌀라[792] 왕의 제일왕비가 되었습니다. 꽃타래의 장인 쑤마나[793]는 여덟 움큼의 재스민 꽃을 세존께 공양하고 그날로 큰 재산을 얻었습니다. 바라문 에까싸따까[794]는 상의를 세존께 공양하고 그날로 '모든 여덟의 선

다. 그러나 이 일로 부처님은 수행승이, 비록 누군가 자발적으로 주는 것이라도, 인육을 먹어서는 안 된다고 하셨다.

792) Kosala : 꼬쌀라(Kosalā) 인들이 사는 국가로 중부 갠지스 강 지역에 위치하고 마가다 국의 서북쪽에 놓여 있었다. 사대공화국(Magadha, Kosala, Vaṁsa, Avantī) 가운데, 그리고 십육대국(十六大國 : Mahājanapada : 사대공화국과 Kāsi, Aṅga, Vajjī, Malla, Cetiya, Kuru, Pañcala, Maccha, Sūrasena, Assaka, Gandhara, Kamboja) 가운데 두 번째 강대국이었고 수도는 당시 인도 무역의 중심지였던 싸밧티(Sāvatthī)였고 그 밖의 주요한 도시로 싸께따(Saketa) 시와 아욧자(Ayojjha) 시가 있었다. 싸라부(Sarabhū) 강이 꼬쌀라 국을 북-꼬쌀라와 남-꼬쌀라로 가르며 흘렀다. 부처님 당시에는 빠쎄나디(Pasenadi)라는 강력한 왕과 그의 아들 비두다바(Vidūḍabha)가 통치하고 있었다. 빠쎄나디 왕의 누이인 꼬쌀라데비(Kosaladevī)는 당시 제일의 강대국이었던 마가다의 왕 빔비싸라(Bimbisāra)와 결혼하였는데 지참금으로 까씨 국의 한 마을을 바친 것(JA. II. 237)으로 보아 그 결혼은 정략적인 것이었고 당시 강대국의 하나였던 까씨(Kāsī) 국은 꼬쌀라 국의 속국이었다는 사실을 알 수 있다. 빠쎄나디 왕과, 빔비싸라 왕의 아들인 아자따쌋뚜(Ajātasattu) 왕 사이에 전쟁이 일어났을 때, 일승일패하다가 빠쎄나디 왕이 아자따쌋뚜 왕을 사로잡았으나 조카의 목숨을 살려주고 자신의 딸인 바지라(Vajirā)를 왕비로 주었다. 한편 비두다바는 아버지 빠쎄나디 왕을 추방하여 왕위를 물려받은 후에 싸끼야 족을 멸망시킨다. 그리고 부처님의 완전한 열반 이후에 아자따쌋뚜 왕은 릿차비(Licchavi) 족을 멸망시키고 꼬쌀라 국마저도 병합해 버린다.

793) Sumana : 꽃타래의 장인[花鬘師]으로서 빔비싸라(Bibisāra) 왕의 정원사였다. 그는 매일 왕으로부터 8 까하빠나를 받아 재스민꽃의 꽃타래를 8개 만들어서 받쳤는데, 어느 날 궁전으로 가는 길에 부처님을 뵙고 허공에 각각 두 움큼의 꽃타래를 던졌는데 두 움큼은 부처님의 머리 위에 산개를 이루었고, 두 움큼은 왼쪽, 두 움큼은 오른 쪽, 두 움큼은 뒤의 허공에 머물며 부처님이 산책하는 3 요자나의 거리를 동행했다. 빔비싸라 왕은 부처님을 뵙고 난 뒤에 쑤마나를 불러 여덟 명의 하녀, 여덟 개의 장식물, 여덟의 천(千) 까하빠나, 여덟 명의 처첩, 여덟 개의 마을의 '모든 여덟의 선물'을 하사하는 등 큰 부자로 만들어주었다.

794) Ekasāṭaka : 비빳씬(Vipassin) 부처님 당시의 가난한 바라문이었다. 그와 그의 아내는 외출용으로 단 한 벌의 상의만을 소유하고 있었다. 부처님은 칠년마다 한 번

물'795)을 얻었습니다. 대왕이여, 이러한 모든 것들은 현세에서 부와 명성을 누린 것입니다."

[밀린다 왕] "존자 나가세나여, 조사해서 찾아내더니 겨우 여섯 명의 사람을 찾아낸 것입니까?"

[나가세나] "대왕이여, 그렇습니다."

3. [밀린다 왕] "존자 나가세나여, 그렇다면 악하고 불건전한 것이야말로 더욱 강력하고 착하고 건전한 것은 그렇지 못합니다. 존자 나가세나여, 나는 어느 날 열 명의 사람이 악한 행위의 과보로 꼬챙이에 찔리는 처형을 당한 것을 보았습니다. 스무 명도 서른 명도 마흔 명도 쉰 명도, 백 명도, [292] 천 명도 악한 행위의 과보로 꼬챙이에 찔리는 처형을 당한 것을 보았습니다. 존자 나가세나여, 난다796) 가문에 밧다쌀라797)라는 장군의 아들이 있었는데, 그와 왕 짠다굿따798) 사이에 전쟁이 격렬했습니다. 존자 나가세나여, 그 전쟁에서 여든 개의 머리가 없는 시신이 양쪽 군대에서 나왔습니다. 전하는 말에 의하면, 한 머리가 잘렸을 때, 한 머리 없는 시신이 일어났다고 합니다. 이 모든 것들이 악업의 과보로 재앙과 참사를 초래한 것입니다. 존자 나가세나여, 이러한 이유로 나는 악하고 불건전한 것이야말로 더욱 강력하고

씩 설법을 하는데, 그 설법을 듣고 기뻐하여 단 벌의 상의를 보시하고자 마음을 내고는 정신적으로 간탐을 이기고 마침내 보시를 하고 '내가 이겼다.'라고 소리쳤다. 그 도시의 왕이 이 외침을 듣고 그 이유를 알고는 여덟 마리의 코끼리, 여덟 마리의 말, 여덟 명의 하인, 여덟 명의 하녀, 여덟 개의 장식물, 여덟의 천(千) 까하빠나, 여덟 개의 마을의 '모든 여덟의 선물'을 내렸다. 그는 그날로 큰 부자가 되었다.

795) sabbaṭṭhaka : DhpA. II. 45에 따르면, '여덟 마리의 코끼리, 여덟 마리의 말, 여덟 명의 하인, 여덟 명의 하녀, 여덟 개의 장식물, 여덟의 천(千) 까하빠나, 여덟 개의 마을'을 두고 '모든 여덟의 선물'이라고 한다. 그러나 'sabbatthaka'로 읽을 경우 Jāt. II. 30, 74에서처럼 일체 업무를 관장하는 집행자로서 총리대신의 지위를 뜻한다.

796) Nanda : 왕의 이름으로 이곳이 그 출처이다.

797) Bhaddasāla : 난다(Nanda) 왕의 장군으로 이곳이 그 출처이다.

798) Candagutta : 왕의 이름으로 이곳이 그 출처이다.

착하고 건전한 것은 그렇지 못하다고 말합니다."

[밀린다 왕] "존자 나가세나여, 이 부처님의 가르침 안에서 꼬쌀라 왕이 견줄 수 없는 보시를 하였다는 말을 들어보았습니까?"

[나가세나] "대왕이여, 그렇습니다. 들어보았습니다."

[밀린다 왕] "존자 나가세나여, 꼬쌀라 왕이 그 견줄 수 없는 보시를 하고 그것을 인연으로 어떤 것이라도 현세에서 부나 명성이나 행복을 얻었습니까?"

[나가세나] "대왕이여, 그렇지 않습니다."

[밀린다 왕] "존자 나가세나여, 꼬쌀라 왕이 그 견줄 수 없는 보시를 하고 그것을 인연으로 어떤 것이라도 현세에서 부나 명성이나 행복을 얻지 못했다면, 그 때문에 존자 나가세나여, 악하고 불건전한 것이야 말로 더욱 강력하고, 착하고 건전한 것은 그렇지 못한 것이 되는 것이 아닙니까?"

4. [나가세나] "대왕이여, 작기 때문에 악하고 불건전한 것은 빠르게 성숙하고, 크기 때문에 착하고 건전한 것은 오랜 시간에 걸쳐서 성숙합니다. 대왕이여, 비유를 들어서 이것을 조사해보겠습니다. 대왕이여, 서부 지방에서 '꾸무다반디까'799)라는 곡식의 종류는 한 달 안에 집안에 저장되는데, 쌀은 다섯 달이나 여섯 달 만에 무르익습니다. 대왕이여, 그런데 여기에 꾸무다반디까와 쌀 사이에는 어떤 차이가 있습니까?"

[밀린다 왕] "존자여, 꾸무다반디까는 작고 쌀은 큽니다. 존자 나가세나여, 쌀은 왕에게 알맞은 왕의 음식이고, 꾸무다반디까는 노예와 일꾼의 음식입니다."

[나가세나] "대왕이여, [293] 이와 마찬가지로 작기 때문에 악하고 불건전한 것은 빠르게 성숙하고, 크기 때문에 착하고 건전한 것은

799) Kumudabhaṇḍikā : 꾸무다반디까. 곡식의 일종이다.

오랜 시간에 걸쳐서 성숙합니다."

5. [밀린다 왕] "존자 나가세나여, 그 경우 빠르게 성숙하는 것은 세상에서 더욱 강력한 것입니다. 그러므로 악하고 불건전한 것이야말로 더욱 강력하고 착하고 건전한 것은 그렇지 못합니다. 존자 나가세나여, 어떤 자라도 전사가 큰 전투에 들어가 적을 겨드랑이에 끼고 끌면서 아주 빨리 대장에게 인도했다면, 그 전사는 세상에서 유능한 용사라고 불릴 것입니다. 또한 의사가 재빨리 화살을 뽑아 질병을 제거한다면, 그 의사는 명의라고 불릴 것입니다. 회계사가 재빨리 계산해서 신속하게 결과를 보여주면, 그는 현명한 회계사라고 불릴 것입니다. 역사가 재빨리 상대 역사를 내던져서 자빠지게 하면, 그는 유능한 영웅으로 불릴 것입니다. 존자 나가세나여, 이와 마찬가지로 착하고 건전한 것이든 악하고 불건전한 것이든 빠르게 성숙하는 것이 세상에서 더욱 강력한 것입니다."

[나가세나] "대왕이여, 착하고 건전한 것과 악하고 불건전한 것, 그 양자의 업은 모두 다음 생에서 과보를 받습니다. 그러면서도 악하고 불건전한 것은 또한 유죄인 것에 의해서, 그 순간의 현세에서 과보를 받습니다. 대왕이여, 옛날에 왕족들에 의해서 이러한 법령 – '생명을 죽이는 자는 처벌을 받아야 하고, 주지 않은 것을 빼앗는 자는 처벌을 받아야 하고, 간통하는 자는 처벌을 받아야 하고, 거짓말을 하는 자는 처벌을 받아야 하고, 마을을 약탈하는 자는 처벌을 받아야 하고, 노상에서 강도짓을 하는 자는 처벌을 받아야 하고, 속이는 자는 처벌을 받아야 하고, 사기치는 자는 처벌을 받아야 한다. 그는 처형을 받아야 하고, 고문을 받아야 하고, 불구가 되어야 하고, 태형을 받아야 한다.' – 이 확립되었습니다. 그들은 그 법령에 따라서 상세히 수색하여 처벌하고 처형하고 고문하고 불구로 만들고 태형에 처합니다. 대왕이여, 그러나 누군가에 의해서 '보시를 한 자, 계행을 지킨 자, 포살을

행한 자에게 재산이나 명예를 주어야 한다.'라는 법령이 확립되었습니까? 도둑질을 행한 자를 태형에 처하거나 감옥에 가두는 것처럼, 그러한 자들을 상세히 수색하여 재산이나 명예를 부여해 줍니까?"

[밀린다 왕] "존자여 그렇지 않습니다."

[나가세나] "대왕이여, 만약에 보시자들을 상세히 찾아내어 그들에게 재산이나 명예를 준다면, 착하고 건전한 것도 [294] 현세에서 과보를 받을 수 있게 될 것입니다. 대왕이여, 보시자들을 조사해서 '재산이나 명예를 우리가 주겠다.'라고 하지 않으므로 착하고 건전한 것이 현세에서 과보를 받을 수 없게 되는 것입니다. 대왕이여, 이러한 이유에서 악하고 불건전한 것은 현세에서 괴로움의 과보를 받게 되고, 보시하는 자는 다음 생에서 더욱 강력한 즐거움의 과보를 누리게 될 것입니다."

[밀린다 왕] "존자 나가세나여, 현명하십니다. 그대와 같은 식견이 있는 자를 제외하고는 이러한 질문은 해명될 수가 없었습니다. 존자 나가세나여, 그대는 세속적인 나의 질문을 출세간적으로 이해시켰습니다."

세 번째 선악 가운데 보다 강한 것에 대한 질문이 끝났다.

4. [고인이 된 친지들에게 바치는 것에 대한 질문] (Pubbapetādisapañha)

1. [밀린다 왕] "존자 나가세나여, 이 보시자들이 보시할 때, 고인이 된 친지들[800]에게 '이 보시가 그들에게 유익할 지어다.'라고 생각하고 바치면, 저들이 무엇인가 그것을 인연으로 과보를 얻겠습니까?"

[나가세나] "대왕이여, 어떤 자들은 얻고 어떤 자들은 얻지 못합니다."

---

800) pubbapeta : 원래 '고인이 된 아귀들'을 지칭하는데, '세상을 떠난 친지들'을 뜻한다.

[밀린다 왕] "존자여, 어떤 자들이 얻고 어떤 자들이 얻지 못합니까?"

[나가세나] "대왕이여, 지옥에 태어난 자는 얻지 못하고, 하늘에 태어난 자도 얻지 못하고, 축생에 태어난 자도 얻지 못하고, 네 종류의 아귀들 가운데 세 종류의 아귀들, 1) 토한 것을 먹는 아귀들, 2) 주림과 목마름을 지닌 아귀들, 3) 기갈로 소모되는 아귀들은 얻지 못하나, 4) 다른 자의 보시로 살아가는 아귀들은 얻고, 그들을 기억하는 자들도 얻습니다."

[밀린다 왕] "존자 나가세나여, 그렇다면 그들을 위해 바쳤는데 그들이 과보를 얻지 못한다면, 보시자들의 보시는 소모되었고 과보는 없는 것입니까?"

[나가세나] "대왕이여, 보시는 과보가 없고 결과가 없는 것이 아닙니다. 보시자들이야말로 그것의 과보를 누리는 것입니다."

[밀린다 왕] "존자 나가세나여, 그 이유를 납득시켜 주십시오."

[나가세나] "대왕이여, 여기 어떤 사람들이라도 물고기나 육고기, 술, 밥이나 단단한 음식 등을 준비해서 친척의 집으로 갔는데, 저 친척들이 그 선물을 받지 않는다면, 그 선물은 소모되고 망실되겠습니까?"

[밀린다 왕] "존자여, 그렇지 않습니다. 그것은 주인들의 것이 될 것입니다."

[나가세나] "대왕이여, 이와 마찬가지로 보시자들이야말로 그것의 과보를 누리는 것입니다. 대왕이여, 또한 [295] 사람이 방으로 들어가서 앞에 출구가 없다면 어떻게 나오겠습니까?"

[밀린다 왕] "존자여, 들어간 곳으로 나옵니다."

[나가세나] "대왕이여, 이와 마찬가지로 보시자들이야말로 그것의 과보를 누리는 것입니다."

2. [밀린다 왕] "존자 나가세나여, 그러하군요. 참으로 그러하니 그렇게 받아들이겠습니다. 보시자들이야말로 그것의 과보를 누리는 것입

니다. 우리가 그 이유를 논박할 수 없습니다. 존자 나가세나여, 이 보시자들이 바친 보시가 고인이 된 친지들에게 도달하고, 그들이 그것의 과보를 받는다면, 그렇다면, 생명을 죽이고 사납고 손에 피를 묻히고 해치는 마음과 의도를 가지고, 살인을 저지르고 잔혹한 일을 한 사람이, 고인이 된 친지들에게 공물을 바치며 '나의 이 행위의 과보가 고인이 된 친지들에게 유익할 지어다.'라고 말한다면, 그것의 결과가 고인이 된 친지들에게 도달합니까?"

[나가세나] "대왕이여, 그렇지 않습니다."

[밀린다 왕] "존자 나가세나여, 거기서 착하고 건전한 것은 도달하고 악하고 불건전한 것은 도달하지 않는 그 원인, 그 이유는 무엇입니까?"

[나가세나] "대왕이여, 그 질문은 질문할 만한 것이 못됩니다. 대왕이여, 그대는 '대답할 자가 있다.'라고 생각하고 질문할 만한 것이 못되는 질문을 한 것인데, '어째서 허공이 걸려있지 않은가? 어째서 강가강이 상류로 흐르지 않는가? 어째서 사람들과 새들은 두 발이 달리고 짐승들은 네 발이 달렸는가?'라고도 나에게 질문할 것입니까?"

[밀린다 왕] "존자 나가세나여, 나는 괴롭히려고 질문한 것이 아니라, 의혹을 제거하기 위해 질문한 것입니다. 많은 사람이 세상에서 왼손잡이들이거나 눈먼 자들입니다. '왜 저들은 기회를 얻지 못할까?'라고 생각하고 그러한 질문을 한 것입니다."

[나가세나] "대왕이여, 함께 하지도 않고 동의하지도 않은 사람과 악업을 나누어 가질 수는 없습니다. 대왕이여, 사람들이 수로를 통해서 물을 아주 먼 곳까지 운반하는데, 대왕이여, 험악한 큰 바위산을 수로를 통해 원하는 곳으로 운반할 수 있겠습니까?"

[밀린다 왕] "존자여, 그렇지 않습니다."

[나가세나] "대왕이여, 이와 마찬가지로 착하고 건전한 것은 나누

어 가질 수 있지만, 악하고 불건전한 것은 나누어 가질 수 없습니다. 대왕이여, 기름으로 등불을 밝힐 수 있지만, 대왕이여, 물로 등불을 밝힐 [296] 수 있겠습니까?"

[밀린다 왕] "존자여, 그렇지 않습니다."

[나가세나] "대왕이여, 이와 마찬가지로 착하고 건전한 것은 나누어 가질 수 있지만, 악하고 불건전한 것은 나누어 가질 수 없습니다. 대왕이여, 농부가 저수지에서 물을 끌어다가 곡물을 키우지만, 대왕이여, 바다에서 물을 끌어다가 곡물을 키울 수가 있습니까?"

[밀린다 왕] "존자여, 그렇지 않습니다."

[나가세나] "대왕이여, 이와 마찬가지로 착하고 건전한 것은 나누어 가질 수 있지만, 악하고 불건전한 것은 나누어 가질 수 없습니다."

3. [밀린다 왕] "존자 나가세나여, 어떤 이유에서 착하고 건전한 것은 나누어 가질 수 있지만, 악하고 불건전한 것은 나누어 가질 수 없는지, 이유를 들어 납득시켜 주십시오. 나는 눈먼 것이 아니고, 광명이 없는 것이 아닙니다. 들으면 알 것입니다."

[나가세나] "대왕이여, 악하고 불건전한 것은 근소하고, 착하고 건전한 것은 풍요합니다. 악하고 불건전한 것은 근소하기 때문에 행위자에게만 영향을 미칩니다. 착하고 건전한 것은 풍요하기 때문에 신들을 포함한 인간의 세계에 퍼져나갑니다."

[밀린다 왕] "비유를 들어주십시오."

[나가세나] "대왕이여, 근소한 물방울 하나가 땅에 떨어진다면, 대왕이여, 그 물방울이 십 내지 십이 요자나에 걸쳐 퍼져나가겠습니까?"

[밀린다 왕] "존자여, 그렇지 않습니다. 그 물방울이 떨어진 그 장소에만 영향을 미칩니다."

[나가세나] "대왕이여, 무슨 까닭입니까?"

[밀린다 왕] "존자여, 물방울이 근소하기 때문입니다."

[나가세나] "대왕이여, 이와 마찬가지로 악하고 불건전한 것은 근소하고, 근소하기 때문에 행위자에게만 영향을 미치고 나누어 가질 수가 없습니다. 대왕이여, 큰 구름이 대지를 기쁘게 하면서 비를 내리면, 대왕이여, 큰 구름의 비가 사방으로 퍼져나가겠습니까?"

[밀린다 왕] "존자여, 그렇습니다. 그 큰 구름의 비는 웅덩이, 못, 강, 지류, 골짜기, 협곡, 호수, 저수지, 우물, 연못을 가득 채우고 십 내지 십이 요자나에 걸쳐 퍼져나갈 것입니다."

[나가세나] "대왕이여, 무슨 까닭입니까?"

[밀린다 왕] "존자여, 구름이 크기 때문입니다."

[나가세나] "대왕이여, 이와 마찬가지로 악하고 불건전한 것은 근소하고 착하고 건전한 것은 풍요합니다. 착하고 건전한 것은 풍요하기 때문에 신들을 포함한 인간의 세계에 퍼져나갑니다."

4. [밀린다 왕] "존자 나가세나여, 무슨 까닭에 악하고 불건전한 것은 근소하고 [297] 착하고 건전한 것은 풍요합니까?"

[나가세나] "대왕이여, 누구든 보시를 하고, 계행을 지키고, 포살행을 하면, 그는 행복하고, 기뻐하고, 만족하고, 유쾌하고, 환희하고, 마음이 청정한 믿음으로 차고, 희열이 가득하고, 그에게는 계속해서 희열이 생겨나고, 희열의 마음이 점점 더 착하고 건전한 것을 증대시킵니다. 대왕이여, 우물에 많은 물이 가득 차 있는데, 한쪽으로 물이 흘러들어 오고, 한쪽으로 흘러나간다면, 흘러나가더라도 계속 생겨나므로, 그것이 고갈될 수는 없습니다. 대왕이여, 이와 마찬가지로, 착하고 건전한 것은 점점 더 증대됩니다. 대왕이여, 백 년 동안 사람이 그가 행한 착하고 건전한 것에 주의를 기울이면, 주의를 기울일 때마다 더욱더 착하고 건전한 것은 증대합니다. 그는 그의 착하고 건전한 것을 원하는 사람과 함께 나눌 수 있습니다. 대왕이여, 이것이 착하고 건전한 것이 풍요한 것이라는 이유입니다."

5. [나가세나] "대왕이여, 악하고 불건전한 것을 행하면 나중에 후회하게 됩니다. 후회하는 사람의 마음은 정체되고, 위축되고, 퇴전하고, 나아가지 못하고, 슬퍼하고, 괴로워하고, 소모되고, 고갈되고, 성장하지 못하고, 그 가운데서만 영향을 받습니다. 대왕이여, 예를 들어 높낮이가 있고 굴곡이 있는 거대한 모래언덕을 가로지르는 말라버린 강의 위쪽에서 적은 물이 흘러오면, 그것은 소모되고 고갈되고 성장하지 못하고 그 가운데서만 영향을 받습니다. 대왕이여, 이와 마찬가지로 악하고 불건전한 것을 행하면, 마음이 정체되고, 위축되고, 퇴전하고, 나아가지 못하고, 슬퍼하고, 괴로워하고, 소모되고, 고갈되고, 성장하지 못하고, 그 가운데서만 영향을 받습니다."

[밀린다 왕] "존자 나가세나여, 현명하십니다. 참으로 그러하니, 그렇게 받아들이겠습니다."

네 번째 고인이 된 친지들에게 바치는 것에 대한 질문이 끝났다.

5. [꿈에 대한 질문]
(Supinapañha)

1. [밀린다 왕] "존자 나가세나여, 이 세상에서 남자나 여자나 꿈을 꾸는데, 좋거나 나쁜 것, 예전에 본 것이나 예전에 보지 않은 것, 예전에 행한 것이나 예전에 행하지 않은 것, [298] 안온한 것이나 공포스러운 것, 멀거나 가까운 것, 여러 종류나 수천 종류의 꿈을 꿉니다. 이 꿈이라는 것은 무엇이고, 누가 이 꿈을 꾸는 것입니까?"

[나가세나] "대왕이여, 꿈이라는 이것은 마음의 행로에 들어오는 전조입니다. 대왕이여, 이러한 여섯 종류의 사람이 꿈을 꿉니다. *1)* 풍병이 있는 자가 꿈을 꿉니다. *2)* 담즙질인 자가 꿈을 꿉니다. *3)* 점액질인 자가 꿈을 꿉니다. *4)* 천신의 영향을 받은 자가 꿈을 꿉니다. *5)* 습관을 체험하는 자가 꿈을 꿉니다. *6)* 전조로서 알아채는 자가 꿈을

꿉니다. 대왕이여, 그 가운데 전조로서 알아채는 자가 꿈을 꾸는 것이 진실한 것이고 나머지는 허구인 것입니다."

2. [밀린다 왕] "존자 나가세나여, 전조로서 알아채는 자는 그의 마음이 스스로 가서 그 전조를 조사하는 것입니까, 그 전조가 마음의 행로에 들어오는 것입니까, 다른 자가 와서 그에게 알려주는 것입니까?"

[나가세나] "대왕이여, 그의 마음이 스스로 가서 그 전조를 조사하는 것이 아니고, 또한 다른 자가 와서 그에게 알려주는 것도 아닙니다. 확실히 그 전조가 마음의 행로에 들어오는 것입니다. 대왕이여, 거울은 스스로 어딘가로 가서 영상을 조사하는 것이 아니고, 또한 다른 자가 영상을 가져와서 거울에 알려주는 것도 아닙니다. 확실히 어딘가로부터 영상이 와서 거울의 영역에 들어오는 것입니다. 대왕이여, 이와 마찬가지로 그의 마음이 스스로 가서 그 전조를 조사하는 것이 아니고, 또한 다른 자가 와서 그에게 알려주는 것도 아닙니다. 확실히 그 전조가 마음의 행로에 들어오는 것입니다."

3. [밀린다 왕] "존자 나가세나여, 꿈꾸는 마음이 있는데, 바로 그 마음이 '이처럼 안온이나 공포의 결과가 있을 것이다.'라고 압니까?"

[나가세나] "대왕이여, 그 마음이 '이처럼 안온이나 공포의 결과가 있을 것이다.'라고 알지 못합니다. 그러나 전조가 일어났을 때 다른 사람들에게 이야기하면 나중에 그들이 의미를 해명하는 것입니다."

[밀린다 왕] "존자 나가세나여, 자, 이유를 제시해 주십시오."

[나가세나] "대왕이여, 몸에 반점이나 종기나 습진은 생겨나서 이득이나 불익, 명예나 불명예, 비난이나 [299] 칭찬, 안락이나 고통을 초래합니다. 대왕이여, 그런데 그 종기가 알아서 '우리가 이러한 의미를 산출하리라.'라고 생겨납니까?"

[밀린다 왕] "존자여, 그렇지 않습니다. 종기가 생겨난 장소에 있는 그 종기를 보고 점성가가 '이와 같은 결과가 있을 것이다.'라고 해명하

는 것입니다."

[나가세나] "대왕이여, 이와 마찬가지로 꿈꾸는 마음이 있는데, 바로 그 마음이 '이처럼 안온이나 공포의 결과가 있을 것이다.'라고 알지 못합니다. 그러나 전조가 일어났을 때 다른 사람들에게 이야기하면 나중에 그들이 의미를 이야기하는 것입니다."

4. [밀린다 왕] "존자 나가세나여, 꿈을 꾸는 자는 자면서 꾸는 것입니까, 아니면 깨어서 꾸는 것입니까?"

[나가세나] "대왕이여, 꿈을 꾸는 자는 자면서 꾸는 것도 아니고 깨어서 꾸는 것도 아닙니다. 얕은 수면상태에 들었고[801] 생명지속의 상태[802]에 아직 도달하지 않았을 때, 그 동안에 꿈을 꾸는 것입니다. 대왕이여, 수면에 깊이 들어갔을 때 마음은 생명지속의 상태에 들어가고, 몸은 비록 있어도, 생명지속의 상태에 들어간 마음은 작용하지 않고, 작용하지 않는 마음은 즐거움과 괴로움을 인지하지 못합니다. 인지하지 못하는 자에게 꿈은 없습니다. 마음이 작용할 때에 꿈을 꾸는 것입니다. 대왕이여, 칠흑같은 어둠에 광명이 없을 때 아주 맑은

801) okkante middhe : 이 경에서 '원숭이의 잠'이라고 표현하는 얕은 수면에 든 것을 말한다.

802) bhavaṅga : '바방가(bhavaṅga)'에 대한 전통적인 한역은 『해탈도론』에 의하면 유분(有分)인데, 미즈노고겐(水野弘元)의 일역은 '유분'을 그대로 사용했고, 이것에 대해 근대 아비담마 연구자들은 심리학적으로 잠재의식이라고도 말하는 무의식상태와 일치한다고 생각하였는데, 최초로 『청정도론』을 영역한 뻬 마웅 띤(Pe Maung Tin)은 초기의 불교번역자들처럼 '잠재의식(subconsciousness)'이라고 번역했고, 그 후 니야나띨로까(Nyanatiloka)의 번역도 '잠재의식(Unterbewusstsein)'이었다. 나까무라 하지메(中村元)는 '잠재의식의 상태'라고 번역했다. 그러나 원어를 살펴보면, '잠재'라든가 '의식'이라는 용어는 보이지 않는다. 그런데도 불교철학적 인식에 근대 심리학적 용어를 무작위로 적용하는 것이 옳은가 하는 문제를 파생시키자, 니야나몰리는 '생명연속체 또는 생활연속체(the lifecontinuum)'라고 바꾸어 번역했는데, 후에 깔루빠하나(Kalupahana)는 이 번역을 지지했다. 그러나 이러한 번역도 딜타이의 생의 철학이나 후설의 현상학적 용어에 영향을 받은 것이다. 이러한 문제를 피하기 위해 크리스쫑 마스(Christian Maës)는 '존재-모드(le mode existential)'라고 번역했다. 역자가 『청정도론』의 초판본에서는 원어에 가깝게 '존재지속의 고리'라고 번역했으나, 여기서는 좀 더 일상적 용어로 '생명지속의 상태'라고 다시 번역한다.

거울에도 영상이 비치지 않는 것처럼, 대왕이여, 이와 마찬가지로 수면에 깊이 들어갔을 때 마음은 생명지속의 상태에 들어가고, 생명지속의 상태에 들어간 마음은 작용하지 않고, 마음이 작용하지 않을 때 꿈을 꾸지 않습니다. 대왕이여, 여기서 몸은 거울과 같다고 보아야 하고, 수면은 어둠과 같다고 보아야 하고, 마음은 광명과 같다고 보아야 합니다. 대왕이여, 태양이 대지의 안개로 휩싸이면 광명이 보이지 않고, 태양의 빛이 있어도 작용하지 못하고, 작용하지 못하면 태양의 빛은 비추지 못하는 것처럼, 대왕이여, 이와 마찬가지로 수면에 깊이 들어갔을 때 마음은 생명지속의 상태에 들어가고, 생명지속의 상태에 들어간 마음은 작용하지 않고, 마음이 작용하지 않을 때는 꿈을 꾸지 않습니다. 대왕이여, 여기서 몸은 태양과 같다고 보아야 하고, 수면은 대지의 안개와 [300] 같다고 보아야 하고, 마음은 태양의 빛과 같다고 보아야 합니다."

5. [나가세나] "대왕이여, 두 가지 상황에서 몸은 존재하더라도 마음은 작용하지 않습니다. *1)* 수면에 깊이 들어 생명지속의 상태에 들었을 때, 몸은 존재하더라도 마음은 작용하지 않습니다. *2)* 멸진정(滅盡定)에 들었을 때,803) 몸은 존재하더라도 마음은 작용하지 않습니다. 대왕이여, 깨어있는 자의 마음은 활동적이고 개방적이고 드러나서, 어떤 것에도 묶여있지 않습니다. 이러한 마음의 행로에는 전조가 다가가지 못합니다. 대왕이여, 비밀을 원하는 자들은 개방적으로 드러나고 유능하지 못하고 거리낌 없는 자를 피하게 되는 것처럼, 대왕이여, 이와 마찬가지로 신비한 초인적 사항은 깨어있는 자들의 마음의 행로에 다가가지 못합니다. 그러므로 깨어있는 자들은 꿈을 꾸지 않습니다. 대왕이여, 또한 생활이 무너지고 품행이 바르지 못하고 악한 벗을 사귀고 계행이 없고 게으르고 정진이 모자라는 수행승의 마음의 행로

803) nirodhasamāpannassa : Miln. 8과 그 주석을 참조하라.

에 착하고 건전한 깨달음에 도움이 되는 원리들이 다가가지 못하는 것처럼, 대왕이여, 이와 마찬가지로 신비한 초인적 사항은 깨어있는 자의 마음의 행로에 다가가지 못합니다. 그러므로 깨어있는 자들은 꿈을 꾸지 않습니다."

6. [밀린다 왕] "존자 나가세나여, 수면에는 처음과 중간과 끝이 있습니까?"

[나가세나] "대왕이여, 그렇습니다. 수면에는 처음과 중간과 끝이 있습니다."

[밀린다 왕] "어떤 것이 처음이고 어떤 것이 중간이고 어떤 것이 끝입니까?"

[나가세나] "대왕이여, 신체가 감싸지고 덮여지고 무력해지고 둔감해지고 활력을 상실하게 되면, 이것이 수면의 처음입니다. 대왕이여, 원숭이의 잠에 들어 반쯤 잠자고 반쯤 깨어있게 되면, 이것이 수면의 중간입니다. 생명지속의 상태에 도달하게 되면, 이것이 수면의 끝입니다. 대왕이여, 중간의 상태에 들어서서 원숭이의 잠에 들면, 꿈을 꾸는 것입니다. 대왕이여, 누구라도 자제하고, 마음이 통일되어 가르침에 안착하고, 사유에 흔들림이 없고, 소동과 소음을 버리고, 숲속으로 들어가 미묘한 의취를 사유하고, 거기서 수면에 빠지지 않으면, 그가 거기서 삼매에 들어 심일경성[804]을 이루고 미묘한 의취를 꿰뚫듯이, 대왕이여, 이와 마찬가지로 깨어 있고 수면에 들지 않고 중간의 상태에 들어서 원숭이의 잠에 드는 자가 꿈을 [301] 꾸는 것입니다. 대왕이여, 여기서 깨어있는 것은 소동과 소음과 같다고 보아야 하고, 원숭이의 잠에 들어간 것은 격리된 숲과 같다고 보아야 합니다. 소동과 소음을 버리고 수면을 피하고 균형의 상태가 된 그 사람이 미묘한 의취를 꿰뚫는 것처럼, 이와 같이 깨어있고 수면에 들지 않은 자가 원숭이의 잠에

804) ekaggatā : Miln. 56과 그 주석을 보라.

들었을 때, 꿈을 꾸는 것입니다."

[밀린다 왕] "존자 나가세나여, 현명하십니다. 참으로 그러하니, 그렇게 받아들이겠습니다."

다섯 번째 꿈에 대한 질문이 끝났다.

6. [때아닌 때의 죽음에 대한 질문] (Akālamaraṇapañha)

1. [밀린다 왕] "존자 나가세나여, 저들 뭇삶들이 죽으면 그 모두가 때가 되어 죽는 것입니까, 아니면 때아닌 때에 죽는 것입니까?"

[나가세나] "대왕이여, 때가 되어 죽기도 하고, 때아닌 때에 죽기도 합니다."

[밀린다 왕] "존자 나가세나여, 누가 때가 되어 죽고, 누가 때아닌 때에 죽습니까?"

[나가세나] "대왕이여, 그대는 망고나무나 잠부나무나 다른 과일나무의 열매들이 익거나 익지 않았는데, 떨어진 것을 본 적이 있습니까?"

[밀린다 왕] "존자여, 그렇습니다."

[나가세나] "대왕이여, 열매가 나무에서 떨어지면, 그 모든 것들이 때가 되어 떨어집니까, 아니면 때아닌 때에도 떨어집니까?"

[밀린다 왕] "존자 나가세나여, 열매가 성숙하여 여물어서 떨어지면 그 모두가 때가 되어 떨어지는 것입니다. 그러나 나머지 열매들은 어떤 것들은 벌레에 먹혀서 떨어지고, 어떤 것들은 새들에 쪼여서[805] 떨어지고, 어떤 것들은 바람에 맞아서 떨어지고, 어떤 것들은 속이 썩어서 떨어집니다. 이 모든 것들은 때아닌 때에 떨어집니다."

[나가세나] "대왕이여, 이와 마찬가지로 늙음의 영향으로 죽는다면 그들이야말로 때가 되어 죽는 것이고, 나머지 어떤 자는 업에 못

805) sakuṇapahatā : PTS.본은 막대기에 맞아서(laguḷahatāni)라고 되어 있다.

이겨 죽고, 어떤 자들은 존재의 운명에 못 이겨 죽고, 어떤 자들은 일의 영향에 못 이겨 죽습니다."

2. [밀린다 왕] "존자 나가세나여, 업에 못 이겨 죽고, 존재의 운명에 못 이겨 죽고, 일의 영향에 못 이겨 죽고, 늙음의 영향으로 죽는다면, 그들 모두는 때가 되어 죽는 것입니다. 어머니의 뱃속에서 죽는다면, 그것도 그의 때라, 그는 때가 되어 죽는 것입니다. 산실에서 죽는다면, 그것도 그의 때라, 그는 때가 [302] 되어 죽는 것입니다. 일 개월이 되어 죽는다면, 그것도 그의 때라, 그는 때가 되어 죽는 것입니다. 백년이 되어 죽는다면, 그것도 그의 때라, 그는 때가 되어 죽는 것입니다. 존자 나가세나여, 그러므로 때아닌 때의 죽음은 없습니다. 누구든지 죽는다면, 그 모두가 때가 되어 죽는 것입니다."

[나가세나] "대왕이여, 이와 같은 일곱 사람은 그 이상의 수명이 존재하더라도 때아닌 때에 죽습니다. 일곱 사람은 어떤 사람입니까? 대왕이여, *1)* 굶주린 사람은 음식을 얻지 못해 내장이 상하여 그 이상의 수명이 존재하더라도 때아닌 때에 죽습니다. *2)* 대왕이여, 목마른 사람은 음료를 얻지 못해 심장이 고갈되어 그 이상의 수명이 존재하더라도 때아닌 때에 죽습니다. *3)* 대왕이여, 뱀에 물린 사람은 독기에 침해되어 치료를 받지 못하면 그 이상의 수명이 존재하더라도 때아닌 때에 죽습니다. *4)* 대왕이여, 독을 마신 사람은 사지가 타오를 때 해독제를 얻지 못하면 그 이상의 수명이 존재하더라도 때아닌 때에 죽습니다. *5)* 대왕이여, 불속에 들어 불타는 사람은 불을 꺼주는 수단을 얻지 못하면 그 이상의 수명이 존재하더라도 때아닌 때에 죽습니다. *6)* 대왕이여, 물속에 뛰어든 사람은 발판을 얻지 못하면 그 이상의 수명이 존재하더라도 때아닌 때에 죽습니다. *7)* 대왕이여, 칼에 찔려 아픈 사람은 의사를 얻지 못하면 그 이상의 수명이 존재하더라도 때아닌 때에 죽습니다. 대왕이여, 이와 같은 일곱 사람은 그 이상의 수명이 존재하

더라도 때아닌 때에 죽습니다. 대왕이여, 이와 관련하여 나는 결론적으로 말합니다.

대왕이여, 여덟 가지로 뭇삶들은 죽습니다. 대왕이여, *1)* 바람을 원인으로, *2)* 담즙을 원인으로, *3)* 점액을 원인으로, *4)* 체질로, *5)* 계절의 변화로, *6)* 부주의한 돌봄으로, *7)* 돌발의 상황으로, *8)* 업보로 뭇삶들이 죽는 것입니다. 대왕이여, 그 가운데 업보로 죽는 것이 있는데, 그것만이 그 경우에 때맞춘 때에 죽는 것이고, 나머지는 때아닌 때에 죽는 것입니다. 이와 같은 시가 있습니다.

'굶주림, 그리고 목마름,
뱀에 물림, 독, 불,
물, 칼에 의한 것,
이 경우 때아닌 때에 죽는 것이다.806)

바람, 담즙, [303] 점액,
체질, 계절의 변화, 부주의한 돌봄,
돌발의 상황에 의한 것,
이 경우 때아닌 때에 죽는 것이다.'"807)

3. [나가세나] "대왕이여, 그러나 어떤 뭇삶들은 예전에 지은 악하고 불건전한 업의 과보로 죽습니다. *1)* 대왕이여, 세상에서 예전에 다른 사람을 굶겨 죽인 자는 수십만 년 동안 굶주림으로 고통받다가 주리고 지치고 심장이 말라 시들어버리고 여위고 바싹 마르고 내장이 소모되어 타버리고, 그가 청년이건 중년이건 노년이건, 굶주림으로 죽습니다. 이것도 그에게 때맞춘 때의 죽음입니다. *2)* 대왕이여, 예전에 다른

806) jighacchāya pipāsāya | ahidaṭṭhā visena ca | aggiudakasattīhi | akāle tattha mīyati ‖ 경전에서 추적불가
807) vātapittena semhena | sannipātenutūhi ca | visamopakkamakammehi | akāle tattha mīyatī'ti ‖ 경전에서 추적불가

사람을 목마르게 하여 죽인 자는 수십만 년 동안 아귀로 있다가 기갈로 소모되고 비참하고 수척하고 심장이 바싹 말라버리고, 그가 청년이건 중년이건 노년이건, 목마름으로 죽습니다. 이것도 그에게 때맞춘 때의 죽음입니다. 3) 대왕이여, 예전에 다른 사람을 뱀에 물려 죽인 자는 수십만 년 동안 비단구렁이의 입에서 비단구렁이의 입으로 검은 뱀의 입에서 검은 뱀의 입으로 옮겨가면서 그들에게 먹히고 또 먹히고, 그가 청년이건 중년이건 노년이건, 뱀에 물려 죽습니다. 이것도 그에게 때맞춘 때의 죽음입니다. 4) 대왕이여, 예전에 다른 사람을 독을 주어 죽인 자는 수십만 년 동안 모든 사지가 불타며 몸으로 시체냄새를 풍기고, 그가 청년이건 중년이건 노년이건, 독으로 죽습니다. 이것도 그에게 때맞춘 때의 죽음입니다. 5) 대왕이여, 예전에 다른 사람을 불로 죽인 자는 수십만 년 동안 숯불 산에서 숯불 산으로, 야마의 영역에서 야마의 영역으로 옮겨가며 사지가 작열하며 불타오르고, 그가 청년이건 중년이건 노년이건, 불로 죽습니다. 이것도 그에게 때맞춘 때의 죽음입니다. 6) 대왕이여, 예전에 다른 사람을 물로 죽인 자는 수십만 년 동안 사지가 부서지고 괴멸하고 파괴되고 무력해지고 마음은 동요하고, 그가 청년이건 중년이건 노년이건, 물로 죽습니다. 이것도 그에게 때맞춘 때의 죽음입니다. 7) 대왕이여, 예전에 다른 사람을 칼로 죽인 자는 [304] 수십만 년 동안 절단되고 파괴되고 산산이 박살나고 칼날에 찔리고, 그가 청년이건 중년이건 노년이건, 칼로 죽습니다. 이것도 그에게 때맞춘 때의 죽음입니다."

4. [밀린다 왕] "존자 나가세나여, 때아닌 때의 죽음이 있다고 말한다면, 나에게 그 경우에 대한 이유를 제시해 주십시오."

[나가세나] "대왕이여, 풀과 나무와 가지와 잎으로 쌓아올린 큰 불더미는, 그 연료가 소모하여 연료가 다하면 꺼집니다. 그 불을 두고 '재앙 없이 재난 없이 올바른 때에 꺼진 것이다.'라고 하는 것입니다.

대왕이여, 이와 마찬가지로 누구든지 수십만 년 살고 늙어서 수명이 다하여 재앙 없이 재난 없이 죽으면, 그를 두고 '때맞춘 때에 죽은 것이다.'라고 하는 것입니다. 대왕이여, 풀과 나무와 가지와 잎으로 쌓아올린 큰 불더미가 풀과 나무와 가지와 잎이 다 소모되지 않았는데, 큰 구름이 비를 내려 그 불이 꺼졌다면, 대왕이여, 큰 불더미는 때맞춘 때에 꺼진 것입니까?"

[밀린다 왕] "존자여, 그렇지 않습니다."

[나가세나] "대왕이여, 어째서 후자의 불더미는 전자의 불더미와 동일한 의미를 지니지 않는 것입니까?"

[밀린다 왕] "존자여, 우연한 구름에 의한 비에 저촉받아 그 불더미가 때아닌 때에 꺼진 것입니다."

[나가세나] "대왕이여, 이와 마찬가지로 누구든지 때아닌 때에 죽는다면, 우연한 질병에 저촉받거나, 바람에 기인하거나, 담즙에 기인하거나, 점액에 기인하거나, 체질로 인하거나, 계절의 변화로 인하거나, 부주의한 돌봄으로 인하거나, 돌발의 상황으로 인하거나, 굶주림으로 인하거나, 목마름으로 인하거나, 뱀에 물림으로 인하거나, 독을 마심으로 인하거나, 불로 인하거나, 물로 인하거나, 칼로 인하여 때아닌 때에 죽습니다."

5. [나가세나] "대왕이여, 하늘에 큰 구름이 떠서 골짜기와 평원을 채우면서 비를 내리면, 그것을 두고 '구름이 재앙 없이 재난 없이 비를 내린다.'라고 하는 것입니다. 대왕이여, 이와 마찬가지로 누구든지 오래 살아 늙어서 수명이 다하여 [305] 재앙 없이 재난 없이 죽으면, 그를 두고 '때맞춘 때에 죽는다.'라고 하는 것입니다. 대왕이여, 하늘에 큰 구름이 솟아올랐는데, 도중에 큰 바람이 불어와 휩쓸어갔다면, 대왕이여, 그 큰 구름은 때맞춘 때에 사라진 것입니까?"

[밀린다 왕] "존자여, 그렇지 않습니다."

[나가세나] "대왕이여, 어째서 후자의 구름은 전자의 구름과 동일한 의미를 지니지 않는 것입니까?"

[밀린다 왕] "존자여, 우연한 바람에 저촉받아 그 구름이 때아닌 때에 사라진 것입니다."

[나가세나] "대왕이여, 이와 마찬가지로 누구든지 때아닌 때에 죽는다면, 우연한 질병에 저촉받거나, 바람에 기인하거나, 담즙에 기인하거나, 점액에 기인하거나, 체질에 기인하거나, 계절의 변화에 기인하거나, 부주의한 돌봄에 기인하거나, 돌발의 상황에 기인하거나, 굶주림으로 인하거나, 목마름으로 인하거나, 뱀에 물림으로 인하거나, 독을 마심으로 인하거나, 불로 인하거나, 물로 인하거나, 칼로 인하여 때아닌 때에 죽습니다."

6. [나가세나] "대왕이여, 또한 강력한 독사뱀은 화가 나서 누구든지 사람을 물면, 그 독은 재앙 없이 재난 없이 죽음에 이르게 할 것입니다. 그 독을 두고 '재앙 없이 재난 없이 궁극의 목표에 도달했다.'고 하는 것입니다. 대왕이여, 이와 마찬가지로 누구든지 오래 살아 늙어서 수명이 다하여 재앙 없이 재난 없이 죽으면, 그를 두고 '재앙 없이 재난 없이 죽음에 도달했다.'고 하는 것입니다. 대왕이여, 강력한 독사뱀에게 물린 사람에게 도중에 땅꾼이 해독제를 주어 독을 제거했다면, 대왕이여, 그 독은 때맞춘 때에 사라진 것입니까?"

[밀린다 왕] "존자여, 그렇지 않습니다."

[나가세나] "대왕이여, 어째서 후자의 독은 전자의 독과 동일한 의미를 지니지 않은 것입니까?"

[밀린다 왕] "존자여, 우연한 해독제의 저촉을 받아 후자의 독이 궁극의 목표에 이르지 않고 사라졌기 때문입니다."

[나가세나] "대왕이여, 이와 마찬가지로 누구든지 때아닌 때에 죽는다면, 우연한 질병에 저촉받거나, 바람에 기인하거나, 담즙에 기인

하거나, 점액에 기인하거나, 체질에 기인하거나, 계절의 변화에 기인하거나, 부주의한 돌봄에 기인하거나, 돌발의 상황에 기인하거나, 굶주림으로 인하거나, 목마름으로 인하거나, 뱀에 물림으로 인하거나, 독을 마심으로 인하거나, 불로 인하거나, 물로 인하거나, 칼로 인하여 때아닌 때에 죽는 것입니다."

7. [나가세나] "대왕이여, 궁수가 활을 쏘았는데, [306] 그 화살이 가야할 진로의 최종목적지에 이른다면, 그 화살을 두고 '재앙 없이 재난 없이 가야할 진로의 최종목적지에 이르렀다.'고 하는 것입니다. 대왕이여, 이와 마찬가지로 누구든지 오래 살아 늙어서 수명이 다하여 재앙 없이 재난 없이 죽으면, 그를 두고 '재앙 없이 재난 없이 죽음에 도달했다.'고 하는 것입니다. 대왕이여, 그러나 궁수가 활을 쏘았는데, 누군가 그의 화살을 그 순간에 붙잡는다면, 대왕이여, 그 화살은 가야할 진로의 최종목적지에 이른다고 하겠습니까?"

[밀린다 왕] "존자여, 그렇지 않습니다."

[나가세나] "대왕이여, 어째서 후자의 화살은 전자의 화살과 동일한 의미를 지니지 않은 것입니까?"

[밀린다 왕] "존자여, 우연한 붙잡음으로 그 후자의 화살의 진로가 끊어졌기 때문입니다."

[나가세나] "대왕이여, 이와 마찬가지로 누구든지 때아닌 때에 죽는다면, 우연한 질병에 저촉받거나, 바람에 기인하거나, 담즙에 기인하거나, 점액에 기인하거나, 체질에 기인하거나, 계절의 변화에 기인하거나, 부주의한 돌봄에 기인하거나, 돌발의 상황에 기인하거나, 굶주림으로 인하거나, 목마름으로 인하거나, 뱀에 물림으로 인하거나, 독을 마심으로 인하거나, 불로 인하거나, 물로 인하거나, 칼로 인하여 때아닌 때에 죽습니다."

8. [나가세나] "대왕이여, 누군가가 동으로 만든 그릇을 두드리는데,

그 두드림으로 소리가 생겨나 가야할 진로의 최종목적지에 이른다면, 그 소리를 두고 '재앙 없이 재난 없이 가야할 진로의 최종목적지에 이르렀다.'고 하는 것입니다. 대왕이여, 이와 마찬가지로 누구든지 오래 살아 늙어서 수명이 다하여 재앙 없이 재난 없이 죽으면, 그를 두고 '재앙 없이 재난 없이 죽었다.'고 하는 것입니다. 대왕이여, 누군가가 동으로 만든 그릇을 두드릴 때, 그 두드림으로 소리가 생겨나는데, 소리가 생겨나 멀리 가기도 전에 누군가가 그릇을 만진다면 만짐과 동시에 소리는 사라질 것인데, 대왕이여, 그 소리를 두고 '가야할 진로의 최종목적지에 이르렀다.'고 할 수 있겠습니까?"

[밀린다 왕] "존자여, 그렇지 않습니다."

[나가세나] "대왕이여, 어째서 후자의 소리는 전자의 소리와 동일한 의미를 지니지 않는 것입니까?"

[밀린다 왕] "존자여, 우연한 만짐으로 인해 그 소리가 [307] 멈추었기 때문입니다."

[나가세나] "대왕이여, 이와 마찬가지로 누구든지 때아닌 때에 죽는다면, 우연한 질병에 저촉받거나, 바람에 기인하거나, 담즙에 기인하거나, 점액에 기인하거나, 체질에 기인하거나, 계절의 변화에 기인하거나, 부주의한 돌봄에 기인하거나, 돌발의 상황에 기인하거나, 굶주림으로 인하거나, 목마름으로 인하거나, 뱀에 물림으로 인하거나, 독을 마심으로 인하거나, 불로 인하거나, 물로 인하거나, 칼로 인하여 때아닌 때에 죽습니다."

9. [나가세나] "대왕이여, 밭에서 잘 자란 곡식의 씨앗이 올바로 내린 비로 인해서 온통 퍼져 풍요롭고 많은 열매를 맺고 수확의 때를 맞이한다면, 그 곡식을 두고 '재앙 없이 재난 없이 때맞춘 때에 도달했다.'고 하는 것입니다. 대왕이여, 이와 마찬가지로 누구든지 오래 살아 늙어서 수명이 다하여 재앙 없이 재난 없이 죽으면, 그를 두고 '재앙 없이 재난

없이 죽었다.'고 하는 것입니다. 대왕이여, 밭에서 잘 자란 곡식의 씨앗이 때아닌 때의 물의 결여로 인해 죽는다면, 대왕이여, 그 곡식을 두고 때맞춘 때에 도달한 것이라고 하겠습니까?"

[밀린다 왕] "존자여, 그렇지 않습니다."

[나가세나] "대왕이여, 어째서 후자의 곡식은 전자의 곡식과 동일한 의미를 지니지 않는 것입니까?"

[밀린다 왕] "존자여, 우연한 더위에 저촉받아 그 곡식이 죽었기 때문입니다."

[나가세나] "대왕이여, 이와 마찬가지로 누구든지 때아닌 때에 죽는다면, 우연한 질병에 저촉받거나, 바람에 기인하거나, 담즙에 기인하거나, 점액에 기인하거나, 체질에 기인하거나, 계절의 변화에 기인하거나, 부주의한 돌봄에 기인하거나, 돌발의 상황에 기인하거나, 굶주림으로 인하거나, 목마름으로 인하거나, 뱀에 물림으로 인하거나, 독을 마심으로 인하거나, 불로 인하거나, 물로 인하거나, 칼로 인하여 때아닌 때에 죽습니다."

10. [나가세나] "대왕이여, 그대는 '어린 곡식이 이삭이 나온 뒤에 벌레가 극성이라 뿌리와 더불어 파괴되었다.'라고 들어본 적이 있습니까?"

[밀린다 왕] "존자여, 들어 본 적이 있을 뿐만 아니라 예전에 보았습니다."

[나가세나] "대왕이여, 그 곡식은 때가 되어 망한 것입니까, 아니면 때아닌 때에 망한 것입니까?"

[밀린다 왕] "존자여, 때아닌 때입니다. 존자여, 만약에 곡식을 벌레들이 먹지 않았다면, 수확하는 시기를 맞이했을 것입니다."

[나가세나] "대왕이여, 우연히 해침을 받은 곡식은 망하고, 해침을 받지 않은 곡식은 수확하는 시기를 맞이하는 것입니까?"

[밀린다 왕] "존자여, 그렇습니다."

[나가세나] "대왕이여, [308] 이와 마찬가지로 누구든지 때아닌 때에 죽는다면, 우연한 질병에 저촉받거나, 바람에 기인하거나, 담즙에 기인하거나, 점액에 기인하거나, 체질에 기인하거나, 계절의 변화에 기인하거나, 부주의한 돌봄에 기인하거나, 돌발의 상황에 기인하거나, 굶주림으로 인하거나, 목마름으로 인하거나, 뱀에 물림으로 인하거나, 독을 마심으로 인하거나, 불로 인하거나, 물로 인하거나, 칼로 인하여 때아닌 때에 죽습니다."

11. [나가세나] "대왕이여, 그대는 '이삭이 나오고 결실의 무게로 휘어지고 완전히 여물었을 때, 우박이라는 일종의 폭우가 내려 알곡을 망쳤다.'고 들어본 적이 있습니까?"

[밀린다 왕] "존자여, 들어 본 적이 있을 뿐만 아니라 예전에 보았습니다."

[나가세나] "대왕이여, 그 곡식은 때가 되어 망한 것입니까, 아니면 때아닌 때에 망한 것입니까?"

[밀린다 왕] "존자여, 때아닌 때입니다. 존자여, 만약에 곡식에 우박이 들이치지 않았다면, 수확하는 시기를 맞이했을 것입니다."

[나가세나] "대왕이여, 우연히 해침을 받은 곡식은 망하고, 해침을 받지 않은 곡식은 수확하는 시기를 맞이하는 것입니까?"

[밀린다 왕] "존자여, 그렇습니다."

[나가세나] "대왕이여, 이와 마찬가지로 누구든지 때아닌 때에 죽는다면, 우연한 질병에 저촉받거나, 바람에 기인하거나, 담즙에 기인하거나, 점액에 기인하거나, 체질에 기인하거나, 계절의 변화에 기인하거나, 부주의한 돌봄에 기인하거나, 돌발의 상황에 기인하거나, 굶주림으로 인하거나, 목마름으로 인하거나, 뱀에 물림으로 인하거나, 독을 마심으로 인하거나, 불로 인하거나, 물로 인하거나, 칼로 인하여

때아닌 때에 죽습니다. 그러나 다가온 질병에 고통을 받지 않는다면, 때맞춘 때의 죽을 것입니다. 대왕이여, 이것이 바로 때아닌 때의 죽음이 있는 이유입니다."

12. [밀린다 왕] "존자 나가세나여, 놀라운 일입니다. 존자 나가세나여, 예전에 없었던 일입니다. 이유를 잘 제시했고 비유도 잘 들었습니다. 때아닌 때의 죽음에 관해 잘 해명했습니다. '때아닌 때의 죽음이 있다.'라는 것이 드러났고 밝혀졌고 분명해졌습니다. 존자 나가세나여, 사려 없이 혼란스런 사람이라도 그대의 비유로 '때아닌 때에 죽음이 있다.'라고 결론에 [309] 이를 것입니다. 하물며, 사려 깊은 사람은 말해 무엇하겠습니까? 존자여, 나는 첫 번째 비유을 통해 '때아닌 때의 죽음이 있다.'라고 확신했습니다. 그런데 그대의 해명을 계속해서 듣고 싶어 즉시 동의하지 않았던 것입니다."

여섯 번째 때아닌 때의 죽음에 대한 질문이 끝났다.

7. [탑묘에서 일어나는 기적에 대한 질문] (Cetiyapāṭihāriyapañha)

1. [밀린다 왕] "존자 나가세나여, 완전한 열반에 든 님들의 모든 탑묘에는 기적[808]이 있습니까, 아니면 어떤 자들의 탑묘에만 있습니까?"

[나가세나] "대왕이여, 어떤 자들의 탑묘에는 있고, 어떤 자들의 탑묘에는 없습니다."

[밀린다 왕] "존자여, 어떤 것들에는 있고 어떤 것들에는 없습니까?"

[나가세나] "대왕이여, 세 가지 중의 하나의 결의[809]에 의해서

---

808) pāṭihīra : DN. I. 212; III. 3; SN. IV. 290; AN. I. 170을 참조하라. DN. I. 212; 신통의 기적(iddhipāṭihāriya), 예지의 기적(ādesanāpāṭihāriya), 교계의 기적(anusāsanīpāṭihāriya)이 있다.

809) adhiṭṭhāna : 확립. 결정. 해결. 의지. 결의(決意). 수지(受持). 개인의 소유로의 결정. 지도. 가호(加護). 가지(加持). 섭지(攝持)의 뜻이 있다.

완전히 열반에 든 자의 탑묘에서 기적이 있게 됩니다. 세 가지란 어떤 것입니까? *1)* 대왕이여, 여기 거룩한 님이 신들과 인간을 연민하여 살아있을 때에 '이와 같은 탑묘에 기적이 있어라.'라고 결의합니다. 그의 결의에 의해서 탑묘에 기적이 있게 됩니다. 이와 같이 거룩한 님의 결의에 의해서 완전히 열반에 든 님의 탑묘에 기적이 있게 됩니다. *2)* 대왕이여, 또한 천신들이 인간을 연민하여 완전한 열반에 든 님의 탑묘에 '이 기적으로 정법이 항상 받들어지고 사람들이 청정한 믿음을 내어 착하고 건전한 것이 증대할 것이다.'라고 결의합니다. 이와 같이 천신들의 결의에 의해서 완전히 열반에 든 님의 탑묘에 기적이 있게 됩니다. *3)* 대왕이여, 또한 여자나 남자가 신심이 있고 청정한 믿음이 있고 현명하고 총명하고 슬기롭고 통찰을 갖추고 이치에 맞게 사유한 뒤에, 향이나 꽃타래나 옷이나 어떤 무엇인가를 탑묘에 바치고 '이러이러한 기적이 있기를 기원합니다.'라고 결의합니다. 그의 결의에 의해서 완전히 열반에 든 님의 탑묘에 기적이 있게 됩니다. 대왕이여, 이러한 세 가지 중의 하나의 결의에 의해서 완전히 열반에 든 님의 탑묘에 기적이 있게 됩니다."

2. [나가세나] "대왕이여, 그들의 결의가 없다면, 번뇌를 부수고 여섯 가지 곧바른 앎을 가지고 있고 마음의 자재에 도달한 자의 탑묘에라도 기적은 없게 됩니다. 대왕이여, [310] 기적이 없더라도, 그럼에도 불구하고, 우리는 그의 온전한 청정한 행위를 보고 '이 부처님의 제자는 완전한 열반에 들었다.'라고 단정하고 결정하고 확신해야 합니다."

[밀린다 왕] "존자 나가세나여, 현명하십니다. 참으로 그러하니, 그렇게 받아들이겠습니다."

일곱 번째 탑묘에서 일어나는 기적에 대한 질문이 끝났다.

8. [진리의 꿰뚫음에 대한 질문]

(Dhammābhisamayapañha)

1. [밀린다 왕] "존자 나가세나여, 올바로 실천하면, 그들 모두에게 진리의 꿰뚫음이 있습니까, 아니면 어떤 자에게는 없는 것입니까?"

[나가세나] "대왕이여, 어떤 자에게는 있고, 어떤 자에게는 없습니다. 대왕이여, *1)* 축생에게는 잘 실천하더라도 진리의 꿰뚫음은 없습니다. *2)* 아귀계에 태어난 자에게는 잘 실천하더라도 진리의 꿰뚫음은 없습니다. *3)* 잘못된 견해를 가진 자에게는 잘 실천하더라도 진리의 꿰뚫음은 없습니다. *4)* 속이는 자에게는 잘 실천하더라도 진리의 꿰뚫음은 없습니다. *5)* 어머니를 죽인 자에게는 잘 실천하더라도 진리의 꿰뚫음은 없습니다. *6)* 아버지를 죽인 자에게는 잘 실천하더라도 진리의 꿰뚫음은 없습니다. *7)* 거룩한 님을 죽인 자에게는 잘 실천하더라도 진리의 꿰뚫음은 없습니다. *8)* 참모임에 분열을 야기하는 자에게는 잘 실천하더라도 진리의 꿰뚫음은 없습니다. *9)* 여래에게 피를 흘리게 한 자에게는 잘 실천하더라도 진리의 꿰뚫음은 없습니다.[810] *10)* 도적의 마음으로 함께 사는 자에게는 잘 실천하더라도 진리의 꿰뚫음은 없습니다. *11)* 이교의 가르침을 따르는 자에게는 잘 실천하더라도 진리의 꿰뚫음은 없습니다. *12)* 수행녀를 능욕하는 자[811]에게는 잘 실천하더라도 진리의 꿰뚫음은 없습니다. *13)* 열세 가지 무거운 죄[812]

---

810) mātughātakassa … pe… pitughātakassa … pe … arahantaghātakassa … pe … saṅghabhedakassa … pe … lohituppādakassa : ① 어머니를 살해하는 것 ② 아버지를 살해하는 것 ③ 거룩한 님을 죽이는 것 ④ 악심을 품고 부처님의 몸에 피가 나게 하는 것 ⑤ 참모임의 화합을 깨뜨리는 것은 오역죄로 즉각적으로 효과가 나타나 지옥에 칠흑 같이 어두운 간극세계(無間地獄)에 떨어지는 것이므로 오무간업(五無間業: pañca kammāni ānantarikāni)이라고 한다. Vin. II. 193; AN. II. 130을 참조하라.

811) bhikkhunīdūsako : Smp. 1015에 따르면, 행실이 나쁜 자는 앞으로 자제하기로 한다면, 구족계를 받을 수 있지만, 수행녀를 능욕한 자는 출가할 수 없다. AN. V. 70-71에는 의무계율의 송출(誦出)이 차단되는 열 가지 경우가 있는데, 그 가운데 하나가 수행녀를 능욕한 자이다.

812) terasannagarukāpattī : 빠알리어로 쌍가디쎄싸(saṅghādisesa)라고 하고, 한역에는 승잔(僧殘)이라고 하고, 음사하여 승가바시사(僧伽婆尸沙)라고 한다. 쌍가디쎄

가운데 한 가지를 짓고 출죄하지 못한 자에게는 잘 실천하더라도 진리의 꿰뚫음은 없습니다. *14)* 성도착자에게는 잘 실천하더라도 진리의 꿰뚫음은 없습니다. *15)* 남녀추니에게는 잘 실천하더라도 진리의 꿰뚫음은 없습니다. *16)* 일곱 살 미만의 아이에게는 잘 실천하더라도 진리의 꿰뚫음은 없습니다. 대왕이여, 이러한 열여섯 종류의 사람들에게는 잘 실천하더라도 진리의 꿰뚫음은 없습니다."

2. [밀린다 왕] "존자 나가세나여, 앞의 열다섯 종류의 사람들은 부정되었는데, 그들에게 진리에 대한 꿰뚫음은 있어도 되고 없어도 됩니다만, 그런데 어떤 이유로 일곱 살 미만의 아이에게는 잘 실천하더라도 진리의 꿰뚫음은 없습니까? 먼저 이것에 관해서 질문이 있습니다. 어린아이는 탐욕이 없고, 분노가 없고, 미혹이 없고, 교만이 없고, 잘못된 견해가 없고, 불쾌가 없고, 감각적 쾌락에 대한 사유가 없지 않습니까? 그 아이는 번뇌에 오염되지 않아, 네 가지 진리를 단 한 번의 꿰뚫음으로 꿰뚫는데 알맞고 유능하고 적합합니다."

[나가세나] "대왕이여, 그러한 이유에 대하여 [311] '일곱 살 미만의 아이에게 잘 실천하더라도 진리의 꿰뚫음은 없다.'라는 사실과 관

싸(saṅghādisesa)라는 말은 승단잔류죄법을 의미하기도 하고, 여기에 속한 학습계율을 어기면, 승단잔류죄를 범하는 것이기 때문에 승단잔류죄를 지칭하기도 한다. 승단잔류죄는 승단추방죄에 다음 가는 무거운 죄에 해당한다. 수행승으로서의 목숨이 남아 있어 승단에 남아있을 수 있는 죄 또는 처음부터 끝까지 승단이 갈마를 통해서 관여하는 죄를 말한다. 여기에는 13개 조항(十三條 : 수행녀는 17개 조항)이 있는데, 성추행죄나 승단의 화합을 깨뜨리려고 한 죄, 남을 승단추방죄로 비방한 죄 등이 승단잔류죄를 범하는 것이다. 이것을 범하면 현전승가(現前僧伽)에서 격리처벌을 받고 참회를 해야 한다. 승단잔류죄 가운데 하나 또는 여럿을 어겼으나 단 하루도 – 다음날 일출 무렵까지 – 감추지 않고 최소한 네 명 이상의 청정수행승들에게 알렸을 때에 6일간 격리수용되는 것을 참회처벌(manatta)이라고 하고, 마지막 날 최소 20명 이상의 청정수행승이 참석한 가운데 승단으로 복귀하는 것을 출죄복귀라고 한다. 하루이상 숨겼을 때에는 첫날 네 명 이상의 청정수행승이 참석한 가운데 알리면, 숨긴 날짜만큼 격리생활을 해야 하고 추가로 6일간의 격리처벌을 의미하는 참회처벌을 받고 참회생활을 끝내면, 마지막 날 최소 20명 이상의 청정수행승이 참석한 가운데 출죄복귀가 이루어진다.

련해서 내가 말합니다. 대왕이여, 일곱 살 미만의 아이가 탐욕을 야기하는 것에 의해 탐욕에 물들 수 있고, 분노를 야기하는 것에 의해 분노에 찰 수 있고, 미혹을 야기하는 것에 의해 미혹에 빠질 수 있고, 도취를 야기하는 것에 의해 도취될 수 있다면, 그리고 그가 잘못된 견해를 식별하고, 쾌 · 불쾌를 식별할 수 있다면, 그리고 그가 선악을 성찰할 수 있다면, 그에게 진리의 꿰뚫음이 있을 수 있을 것입니다. 대왕이여, 그러나 일곱 살 미만의 아이는 그 마음이 무력하고 나약하고 작고 근소하고 왜소하고 우둔하고 불명료합니다. 반면에 조건지어지지 않은 열반계는 무겁고 중대하고 광대하고 위대합니다. 대왕이여, 일곱 살 미만의 아이는 그 마음이 무력하고 나약하고 작고 근소하고 왜소하고 우둔하고 불명료하므로, 무겁고 중대하고 심대하고 광대한, 조건지어지지 않은 열반계를 꿰뚫을 수 없습니다."

3. [나가세나] "대왕이여, 산의 왕 수메루는 무겁고 중대하고 심대하고 광대합니다. 대왕이여, 어떤 사람이 자신이 본래 지닌 완력과 힘과 노력으로 산의 왕 수메루를 들어 올릴 수 있겠습니까?"

[밀린다 왕] "존자여, 그렇지 않습니다."

[나가세나] "대왕이여, 무슨 까닭입니까?"

[밀린다 왕] "존자여, 사람의 힘은 나약하고 산의 제왕 수메루는 크기 때문입니다."

[나가세나] "대왕이여, 이와 마찬가지로 일곱 살 미만의 아이는 그 마음이 무력하고 나약하고 작고 근소하고 왜소하고 우둔하고 불명료하지만, 조건지어지지 않은 열반계는 무겁고 중대하고 광대하고 위대합니다. 일곱 살 미만의 아이는 그 마음이 무력하고 나약하고 작고 근소하고 왜소하고 우둔하고 불명료하므로, 무겁고 중대하고 심대하고 광대한, 조건지어지지 않은 열반계를 꿰뚫을 수 없습니다."

4. [나가세나] "대왕이여, 또한 이 대지는 길고 넓고 확장적이고 광활

하고 편재하고 웅대하고 심대하고 광대한데, 대왕이여, 그 대지를 물 한 방울로 적셔서 진흙으로 만들 수 있습니까?"

[밀린다 왕] "존자여, 그렇지 않습니다."

[나가세나] "대왕이여, 무슨 까닭입니까?"

[밀린다 왕] "존자여, 물방울은 작고 대지는 크기 때문입니다."

[나가세나] "대왕이여, 이와 마찬가지로 일곱 살 미만 아이는 그 마음이 무력하고 나약하고 [312] 작고 근소하고 왜소하고 우둔하고 불명료하지만, 조건지어지지 않은 열반계는 길고 넓고 확장적이고 광활하고 편재하고 웅대하고 심대하고 광대합니다. 일곱 살 미만의 아이는 그 마음이 미약하고 우둔하고 불명료하므로, 광대한, 조건지어지지 않은 열반계를 꿰뚫을 수 없습니다. 그러한 이유로 일곱 살 미만 아이는 아무리 잘 실천하여도 진리를 꿰뚫을 수 없습니다."

5. [나가세나] "대왕이여, 무력하고 미약하고 근소하고 작고 사소하고 활기 없는 불이 있다면, 대왕이여, 그러한 정도의 활기 없는 불로 신들을 포함한 인간의 세상에서 암흑을 부수고 광명을 비출 수 있겠습니까?"

[밀린다 왕] "존자여, 그렇지 않습니다."

[나가세나] "대왕이여, 무슨 까닭입니까?"

[밀린다 왕] "존자여, 불은 활기가 없고 세상은 크기 때문입니다."

[나가세나] "대왕이여, 이와 마찬가지로 일곱 살 미만 아이는 그 마음이 무력하고 나약하고 작고 근소하고 왜소하고 우둔하고 불명료하여, 커다란 무지의 암흑에 덮여 있습니다. 그러므로 그는 지혜의 광명을 나타낼 수 없는 것입니다. 그러한 이유로 일곱 살 미만 아이는 아무리 잘 실천하여도 진리를 꿰뚫을 수 없습니다."

6. [나가세나] "대왕이여, 예를 들어 병들고 길쭉하고 몸이 아주 작은 쌀라까 벌레[813]가 세 곳에 발정의 표시가 나있고, 길이가 구 완척,

폭이 삼 완척, 둘레가 십 완척, 높이가 팔 완척의 코끼리가 자신이 있는 곳으로 다가오는 것을 보고 삼키려고 덤벼든다면, 대왕이여, 쌀라까 벌레가 그 코끼리를 삼킬 수 있겠습니까?"

[밀린다 왕] "존자여, 그렇지 않습니다."

[나가세나] "대왕이여, 무슨 까닭입니까?"

[밀린다 왕] "존자여, 쌀라까 벌레는 작고, 코끼리는 크기 때문입니다."

[나가세나] "대왕이여, 일곱 살 미만 아이는 그 마음이 무력하고 나약하고 작고 근소하고 왜소하고 우둔하고 불명료하지만, 조건지어지지 않은 열반계는 위대합니다. 일곱 살 미만 아이는 그 마음이 무력하고 나약하고 작고 근소하고 왜소하고 우둔하고 불명료하므로, 광대한, 조건지어지지 않은 열반계를 꿰뚫을 수 없습니다. 그러한 이유로 일곱 살 미만 아이는 아무리 잘 실천하더라도 진리를 꿰뚫을 수 없습니다."

[밀린다 왕] "존자 나가세나여, 현명하십니다. 참으로 그러하니, 그렇게 받아들이겠습니다."

여덟 번째 진리의 꿰뚫음에 대한 질문이 끝났다.

9. [오로지 행복한 열반에 대한 질문]
(Ekantasukhanibbānapañha)

1. [밀린다 왕] "존자 나가세나여, [313] 열반은 오로지 행복한 것입니까, 아니면 고통과 섞여있는 것입니까?"

[나가세나] "대왕이여, 열반은 오로지 행복한 것이지, 고통과 섞여있는 것이 아닙니다."

---

813) sālakakimi : 의미가 불분명하지만 태국 본에서는 'sālikakimi'라고 읽는다. MQ. II. 147에 따르면, 'sālika'는 쌀, 'sālikā'는 새이므로 쌀이나 새에 기생하는 벌레이다.

[밀린다 왕] "존자 나가세나여, 우리는 '열반은 오로지 행복한 것이다.'라는 말을 믿지 못하겠습니다. 존자 나가세나여, 그것에 대해 우리는 '열반은 고통과 섞여 있다.'라고 이해합니다. 우리는 '열반은 고통과 섞여 있다.'라는 이유를 갖고 있습니다. 그 이유는 어떤 것입니까? 존자 나가세나여, 열반을 구하는 자들에게는 신체와 정신의 열뇌와 고뇌, 서있거나 걸어가거나 앉아있거나 누워있는 것, 먹는 것의 취득, 수면의 제어, 감관의 억제, 재산이나 곡물이나 사랑하는 사람이나 친척이나 친구의 상실이 분명히 있습니다. 그러나 누구든지 세상에서 행복하고 행복을 갖춘 자들은 그 모두가 다섯 가지 감각적 쾌락의 종류를 갖추고 감관을 향락하고 몰두하고, 갖가지 마음에 드는 여러 가지 아름다운 인상을 지닌 형상으로 시각을 향락하고 몰두하고, 갖가지 마음에 드는 노래와 음악과 같은 여러 가지 아름다운 인상을 지닌 소리로 청각을 향락하고 몰두하고, 갖가지 마음에 드는 꽃, 열매, 잎, 껍질, 뿌리, 나무심과 같은 여러 가지 아름다운 인상을 지닌 향기로 촉각을 향락하고 몰두하고, 갖가지 마음에 드는 단단하거나, 부드럽거나, 핥아야 할 것이나, 마셔야 할 것이나 풍미가 있는 음식과 같은 여러 가지 아름다운 인상을 지닌 맛으로 미각을 향락하고 몰두하고, 갖가지 마음에 드는 부드럽거나 미세하거나 유연하거나 연한 것과 같은 여러 가지 아름다운 인상을 지닌 감촉으로 촉각을 향락하고 몰두하고, 갖가지 마음에 들거나 들지 않는 선과 악, 정(淨)과 부정(不淨)과 같은 여러 가지 사유의 정신활동으로 정신을 향락하고 몰두합니다. 그러나 그대들은 그 시각, 청각, 후각, 미각, 촉각, 정신의 성장을 부수고 손상하고 자르고 방해하고 제지하고 억제합니다. 그러므로 신체도 고통에 시달리고, 정신도 고통에 시달리는 것입니다. 신체가 고통에 시달리면 신체적인 고통의 느낌을 느끼고, 정신이 고통에 시달리면 정신적인 고통의 느낌을 느끼는 것입니다. 유행자 마간디야[814]조차

도 [314] 세존을 비난하면서 '수행자 고따마는 성숙의 파괴자[815]이다.'라고 말하지 않았습니까? 이것이 내가 '열반은 고통과 섞여 있는 것이다.'라고 말하는 그 이유입니다."

2. [나가세나] "대왕이여, 열반은 고통과 섞여 있는 것이 아니고, 열반은 오로지 행복한 것입니다. 대왕이여, 그대가 '열반은 고통이다.'라고 말한다면, 그 고통은 열반이라고 하지 않고 열반의 깨달음이 이루어지기 그 전단계입니다. 그것은 열반을 추구하는 과정입니다. 대왕이여, 열반은 오로지 행복한 것이지 고통과 섞여 있는 것이 아닙니다. 그것에 관해 이유를 말하겠습니다. 대왕이여, 왕에게는 왕권의 행복이라는 것이 있습니까?"

[밀린다 왕] "존자여, 왕에게는 왕권의 행복이라는 것이 있습니다."

[나가세나] "대왕이여, 왕권의 행복이 고통과 섞여있는 것입니까?"

[밀린다 왕] "존자여, 그렇지 않습니다."

[나가세나] "대왕이여, 그런데 어째서 왕이 변경에서 반란이 일어나면 그 변경에 사는 자들을 진압하기 위해 대신들과 장군들과 고용인들과 병사들을 거느리고 출정하여 등에나 모기나 바람이나 열기에 시달리며 평지나 험지를 달리며 큰 전쟁을 치루고 생명의 위협을 감수합니까?"

---

814) Māgandiya : 꾸루(Kuru)국의 바라문으로 그에게 절세 미녀인 딸 마간디야(Māgandiyā)가 있었다. 그는 부처님의 상호(相好)에 감동을 받아 자신의 딸을 부처님에게 바치고 결혼시키려고 했다.

815) bhūnahuno : MN. I. 502에 나온다. 성숙(成熟)의 파괴자라는 뜻이다. 성숙(bhūna)-이론은 마간디야(Māgandiya)의 사상을 잘 보여준다. Pps. III. 211에 따르면, 성숙(bhūna)이라는 것은 이미 경험한 것에 집착하지 않고 예전에 결코 경험하지 못한 어떤 감각대상을 경험함으로써 여섯 감역에서 '지혜의 성장(vaḍḍhipaññā)'이 이루어질 수 있다는 견해를 말한다. 그러므로 그의 관점은 판단중지를 통해서 모든 가능한 경험을 기술하면서 체험의 강도와 다양성이 금지나 제한없이 추구될 수 있다는 것을 보여주는 현상학적인 태도와 가깝다. 그러나 MQ. II. 149에서는 뭇삶(존재; beings)의 파괴자라고 해석하고 있다.

[밀린다 왕] "존자 나가세나여, 그것은 왕권의 행복이라고 할 수 없습니다. 왕권의 행복을 추구하는 그 전단계입니다. 존자 나가세나여, 왕들은 고통을 통해 왕권을 추구한 뒤에 왕권의 행복을 누립니다. 존자 나가세나여, 이와 마찬가지로 왕권의 행복은 고통과 섞여있지 않고, 왕권의 행복과 고통은 다른 것입니다."

[나가세나] "대왕이여, 이와 마찬가지로 열반은 오로지 행복한 것이지, 고통과 섞여 있는 것이 아닙니다. 그러나 열반을 추구하는 자들은 신체와 정신을 고통으로 시달리게 하고 서있거나 걸어가거나 앉아있거나 누워있거나 먹는 것을 취득하고, 수면을 제어하고, 감관을 억제하고, 몸과 목숨을 버리고, 고통을 통해 열반을 추구하여 오로지 행복한 열반을 누리는 것입니다. 마치 적군을 정복한 왕의 왕권의 행복과 같습니다. 대왕이여, 이와 같이 열반은 오로지 행복한 것이지 고통과 섞여 있는 것이 아니고, 열반과 고통은 다른 것입니다."

3. [나가세나] "대왕이여, [315] '열반이 오로지 행복한 것이지 고통과 섞여 있는 것이 아니고, 열반과 고통은 다른 것이다.'라는 또 다른 이유를 들어보십시오. 대왕이여, 학예를 지닌 스승들에게는 학예의 행복이라는 것이 있습니까?"

[밀린다 왕] "존자여, 그렇습니다. 학예를 지닌 스승들에게는 학예의 행복이라는 것이 있습니다."

[나가세나] "대왕이여, 그런데 학예의 행복이 고통과 섞여 있는 것입니까?"

[밀린다 왕] "존자여 그렇지 않습니다."

[나가세나] "대왕이여, 어째서 저 스승들은 자신의 스승들에게 인사하고 자리에서 일어나 물을 가져오고 방을 청소하고 치목과 양치물을 제공하고, 남겨진 음식을 들고, 도향(塗香)을 해주고, 목욕을 시켜주고, 발을 씻겨주고, 자신의 마음을 누르고 타인의 마음을 따르고, 괴롭

게 잠자고, 거친 음식을 들며 몸을 괴롭히는 것입니까?"

[밀린다 왕] "존자 나가세나여, 그것은 학예의 행복이라고 할 수 없습니다. 학예의 행복을 추구하는 그 전단계가 그것입니다. 존자 나가세나여, 스승들은 고통을 통해서 학예를 추구한 뒤에 학예의 행복을 누립니다. 존자 나가세나여, 이와 마찬가지로 학예의 행복이 고통과 섞여 있는 것이 아닙니다. 학예의 행복과 고통은 다른 것입니다."

[나가세나] "대왕이여, 이와 마찬가지로 열반은 오로지 행복한 것이지, 고통과 섞여 있는 것이 아닙니다. 그러나 그 열반을 추구하는 자들은 신체와 정신을 괴롭히고, 서있거나 걸어가거나 앉아있거나 누워있거나 먹는 것을 억제하고, 수면을 제어하고, 감관을 제압하고, 몸과 목숨을 버리고, 고통을 통해서 열반을 추구하여 오로지 행복한 열반을 누리는 것입니다. 마치 스승들이 학예의 즐거움을 누리는 것과 같습니다. 대왕이여, 이와 같이 열반은 오로지 행복한 것이지 고통과 섞여 있는 것이 아니고, 열반과 고통은 다른 것입니다."

[밀린다 왕] "존자 나가세나여, 현명하십니다. 참으로 그러하니, 그렇게 받아들이겠습니다."

아홉 번째 오로지 행복한 열반에 대한 질문이 끝났다.

10. [열반의 형상과 특성에 대한 질문]
(Nibbānarūpasaṇṭhānapañha)

1. [밀린다 왕] "존자 나가세나여, '열반, 열반'이라고 말하는데, 열반의 형태나 윤곽이나 연수(年數)나 크기를, 비유나 이유나 원인이나 방법으로 [316] 지적하는 것이 가능합니까?"

[나가세나] "대왕이여, 열반에는 대응하는 것이 없습니다. 열반의 형태나 윤곽이나 연수나 크기를, 비유나 이유나 원인이나 방법으로 보여줄 수 없습니다."

[밀린다 왕] "존자 나가세나여, 나는 열반의 형태나 윤곽이나 연수나 크기를, 비유나 이유나 원인이나 방법으로 보여줄 수 없는 것에 동의하지 않습니다. 이유를 들어 납득시켜 주십시오."

2. [나가세나] "대왕이여, 좋습니다. 이유를 들어 납득시켜 드리겠습니다. 대왕이여, 큰 바다라는 것이 있습니까?"

[밀린다 왕] "존자여, 그러한 큰 바다가 있습니다."

[나가세나] "대왕이여, 누군가가 그대에게 '대왕이여, 큰 바다에 물이 얼마만큼 있습니까? 큰 바다에 사는 뭇삶들은 얼마나 많습니까?' 라고 묻는다면, 대왕이여, 이와 같이 물음을 받고, 그대는 어떻게 대답하겠습니까?"

[밀린다 왕] "존자여, 누군가가 나에게 '대왕이여, 큰 바다에 물이 얼마만큼 있습니까? 큰 바다에 사는 뭇삶들은 얼마나 많습니까?'라고 묻는다면, 존자여, 나는 그에게 '벗이여, 그대는 나에게 물을 만한 것이 못되는 것을 물었다. 그 질문은 누구도 물을 만한 것이 못된다. 그 물은 제쳐두어야 한다. 큰 바다는 자연과학자들에 의해 분석되지 않았다. 큰 바다에 물을 산정하거나 거기에 살고 있는 뭇삶을 산정할 수는 없다.'라고 대답할 것입니다."

3. [나가세나] "대왕이여, 그런데 어째서 존재하는 사실인 큰 바다에 관해 이와 같이 대답하는 것입니까? 차라리 헤아려서 그에게 '큰 바다에 이 정도의 물이 있고, 큰 바다에 이 정도의 뭇삶이 산다.'라고 말해야 하지 않겠습니까?"

[밀린다 왕] "존자여, 불가능합니다. 그 질문은 인식의 영역을 넘어선 것입니다."

[나가세나] "대왕이여, 존재하는 사실인 큰 바다에 물을 산정하거나 거기에 살고 있는 뭇삶을 산정할 수는 없는 것처럼, 대왕이여, 이와 마찬가지로 존재하는 사실인 열반의 형태나 윤곽이나 연수(年數)나

크기를, [317] 비유나 이유나 원인이나 방법으로 보여줄 수 없습니다. 대왕이여, 신통력이 있고 마음의 자재에 도달한 자는 큰 바다에 있는 물을 헤아리고 거기에 사는 뭇삶들을 헤아릴 수 있어도, 그 신통력이 있고 마음이 자재한 자가 열반의 형태나 윤곽이나 연수나 크기를, 비유나 이유나 원인이나 방법으로 보여줄 수 없습니다."

4. [나가세나] "대왕이여, 존재하는 사실인 열반의 형태나 윤곽이나 연수나 크기를, 비유나 이유나 원인이나 방법으로 보여줄 수 없는 또 다른 이유를 들어보십시오. 대왕이여, 천신들 가운데에는 비물질계의 몸을 가진 천신이 있습니까?"

[밀린다 왕] "존자여, 그렇습니다. 천신들 가운데에는 비물질계의 몸을 가진 천신이 있다고 들었습니다."

[나가세나] "대왕이여, 그 비물질계의 몸을 가진 천신들의 형태나 윤곽이나 연수나 크기를, 비유나 이유나 원인이나 방법으로 보여줄 수 있습니까?"

[밀린다 왕] "존자여, 그렇지 않습니다."

[나가세나] "대왕이여, 그렇다면 비물질계의 몸을 가진 천신은 없는 것입니까?"

[밀린다 왕] "존자여, 비물질계의 몸을 가진 천신은 있습니다. 그들의 형태나 윤곽이나 연수나 크기를, 비유나 이유나 원인이나 방법으로 보여줄 수 없습니다."

[나가세나] "대왕이여, 존재하는 뭇삶들인 비물질계의 몸을 지닌 천신들의 형태나 윤곽이나 연수나 크기를, 비유나 이유나 원인이나 방법으로 보여줄 수 없습니다. 대왕이여, 이와 마찬가지로 존재하는 사실인 열반의 형태나 윤곽이나 연수나 크기를, 비유나 이유나 원인이나 방법으로 보여줄 수 없습니다."

5. [밀린다 왕] "존자 나가세나여, 좋습니다. 오로지 행복한 열반은

있고, 열반의 형태나 윤곽이나 연수나 크기를, 비유나 이유나 원인이나 방법으로 보여줄 수 없습니다. 존자여, 그러나 비유로서 설명될 만한 다른 것에 포함된 열반의 특성이 있습니까?"

[나가세나] "대왕이여, 형태로는 아닐지라도 특성으로서는 무엇인가 비유로서 설명될 만한 것을 [318] 보여줄 수 있습니다."

[밀린다 왕] "존자 나가세나여, 내가 열반의 특성으로서도 일부분의 설명만이라도 얻을 수 있도록 신속히 말해 주십시오. 나의 심장의 열뇌를 꺼주시고 청량하고 감미로운 말씀의 미풍으로 그것을 제거해 주십시오."

[나가세나] "대왕이여, 연꽃의 한 가지 특성은 열반에 포함되어 있습니다. 물의 두 가지 특성, 해독제의 세 가지 특성, 큰 바다의 네 가지 특성, 음식의 다섯 가지 특성, 허공의 열 가지 특성, 마니보주의 세 가지 특성, 붉은 전단향의 세 가지 특성, 버터크림의 세 가지 특성, 산봉우리의 다섯 가지 특성이 열반에 포함되어 있습니다."

6. [밀린다 왕] "존자 나가세나여, '연꽃의 한 가지 특성은 열반에 포함되어 있다.'라고 말했는데, 어떤 연꽃의 한 가지 특성이 열반에 포함되어 있는 것입니까?"

[나가세나] "대왕이여, 연꽃은 물에 더럽혀지지 않듯이, 대왕이여, 이와 마찬가지로 열반은 온갖 번뇌로 더럽혀지지 않습니다. 대왕이여, 이 연꽃의 한 가지 특성이 열반에 포함되어 있는 것입니다."

7. [밀린다 왕] "존자 나가세나여, '물의 두 가지 특성이 열반에 포함되어 있다.'라고 말했는데, 어떤 물의 두 가지 특성이 열반에 포함되어 있는 것입니까?"

[나가세나] "*1)* 대왕이여, 물은 청량하여 열기를 식혀주듯이, 대왕이여, 이와 마찬가지로 열반은 청량하여 모든 번뇌의 열기를 식혀줍니다. 대왕이여, 이것이 물의 첫 번째 특성으로 열반에 포함되는 것입니

다. *2)* 대왕이여, 또한 물은 피로하고 두려워하고 목마르고 갈구하고 더위에 지친 사람이나 짐승을 갈증에서 풀어주듯이, 대왕이여, 이와 마찬가지로 열반은 감각적 쾌락의 욕망에 대한 갈애, 존재에 대한 갈애, 비존재에 대한 갈애라는 갈증을 풀어줍니다. 대왕이여, 이것이 물의 두 번째 특성으로 열반에 포함되는 것입니다. 대왕이여, 이러한 물의 두 가지 특성이 열반에 포함되어 있는 것입니다."

8. [밀린다 왕] "존자 나가세나여, '해독제의 세 가지 특성이 열반에 포함되어 [319] 있다.'라고 말했는데, 어떤 해독제의 세 가지 특성이 열반에 포함되어 있는 것입니까?"

[나가세나] "*1)* 대왕이여, 해독제는 독으로 괴로워하는 뭇삶들에게 의지처가 되듯이, 대왕이여, 이와 마찬가지로 열반은 번뇌의 독으로 괴로워하는 뭇삶들에게 의지처가 됩니다. 대왕이여, 이것이 해독제의 첫 번째 특성으로 열반에 포함되는 것입니다. *2)* 대왕이여, 또한 해독제가 질병들을 없애주듯이, 대왕이여, 이와 마찬가지로 열반은 온갖 괴로움을 없애줍니다. 대왕이여, 이것이 해독제의 두 번째 특성으로 열반에 포함되어 있습니다. *3)* 대왕이여, 또한 해독제는 감로[816)]이듯이, 대왕이여, 이와 마찬가지로 열반은 감로입니다. 대왕이여, 이것이 해독제의 세 번째 특성으로 열반에 포함되어 있습니다. 대왕이여, 이러한 해독제의 세 가지 특성이 열반에 포함되어 있습니다."

9. [밀린다 왕] "존자 나가세나여, '큰 바다의 네 가지 특성이 열반에 포함되어 있다.'라고 말했는데, 어떤 큰 바다의 네 가지 특성이 열반에 포함되어 있는 것입니까?"

[나가세나] "*1)* 대왕이여, 큰 바다에는 온갖 시체가 텅 비어 있듯이, 대왕이여, 이와 마찬가지로 열반에는 온갖 번뇌의 시체가 텅 비어 있

---

816) amata : 불사(不死)의 감로수란 의미를 지닌다.

습니다. 대왕이여, 이것이 큰 바다의 첫 번째 특성으로 열반에 포함되어 있습니다. *2)* 대왕이여, 그리고 또한 큰 바다는 광대하여 차안도 피안도 없고, 모든 하천을 수용하고서도 가득 차지 않듯이, 대왕이여, 이와 마찬가지로 열반은 광대하여 차안도 피안도 없고 모든 뭇삶을 수용하고 가득 차지 않습니다. 대왕이여, 이것이 큰 바다의 두 번째 특성으로 열반에 포함되어 있습니다. *3)* 대왕이여, 그리고 또한 큰 바다는 위대한 존재들의 처소이듯이, 대왕이여, 이와 마찬가지로 열반은 위대한 거룩한 님들의 티끌 없고, 번뇌를 부수고, 힘을 성취하고,[817] 자재를 얻은, 위대한 존재의 처소입니다. 대왕이여, 이것이 큰 바다의 세 번째 특성으로 열반에 포함되어 있습니다. *4)* 대왕이여, 그리고 또한 큰 바다는 헤아릴 수 없고 다양하고 풍요로운 파도의 꽃을 피우듯이, 대왕이여, 이와 마찬가지로 열반은 헤아릴 수 없고 다양하고 풍요롭고 청정한 명지에 의한 해탈의 꽃을 피웁니다. 대왕이여, 이것이 큰 바다의 네 번째 특성으로 열반에 포함되어 있습니다. 대왕이여, 이러한 큰 바다의 네 가지 특성이 열반에 포함되어 있습니다."

10. [밀린다 왕] "존자 나가세나여, '음식의 [320] 다섯 가지 특성이 열반에 포함되어 있다.'라고 말했는데, 어떤 음식의 다섯 가지 특성이 열반에 포함되어 있는 것입니까?"

[나가세나] "*1)* 대왕이여, 음식이 모든 뭇삶의 수명을 유지하듯이, 대왕이여, 이와 마찬가지로 열반은 깨달아졌을 때 늙고 죽음을 없애주고 수명을 유지시킵니다. 대왕이여, 이것이 음식의 첫 번째 특성으로 열반에 포함되어 있습니다. *2)* 대왕이여, 그리고 또한 음식이 모든 뭇삶의 힘을 증대시키듯이, 대왕이여, 이와 마찬가지로 열반은 깨달아졌을 때 모든 뭇삶의 신통의 힘을 증대시킵니다. 대왕이여, 이것이 음식의 두 번째 특성으로 열반에 포함되어 있습니다. *3)* 대왕이여, 그리고

817) balappatta : 여래의 십력(十力)이 아니라, 오력(五力)을 말한다.

또한 음식이 모든 뭇삶의 아름다운 용모를 만들어내듯이, 대왕이여, 이와 마찬가지로 열반은 깨달아졌을 때 모든 뭇삶의 아름다운 특성을 만들어냅니다. 대왕이여, 이것이 음식의 세 번째 특성으로 열반에 포함되어 있습니다. *4)* 대왕이여, 그리고 또한 음식이 모든 뭇삶의 근심을 가라앉히듯이, 대왕이여, 이와 마찬가지로 열반은 깨달아졌을 때 모든 뭇삶의 번뇌로 인한 근심을 가라앉힙니다. 대왕이여, 이것이 음식의 네 번째 특성으로 열반에 포함되어 있습니다. *5)* 대왕이여, 그리고 또한 음식이 모든 뭇삶의 주림과 쇠약을 제거해 주듯이, 대왕이여, 이와 마찬가지로 열반은 깨달아졌을 때 모든 뭇삶의 온갖 괴로움으로 인한 주림과 쇠약을 제거해줍니다. 대왕이여, 이것이 음식의 다섯 번째 특성으로 열반에 포함되어 있습니다. 대왕이여, 이러한 음식의 다섯 가지 특성이 열반에 포함되어 있습니다."

11. [밀린다 왕] "존자 나가세나여, '허공의 열 가지 특성[818]이 열반에 포함되어 있다.'라고 말했는데, 어떤 허공의 열 가지 특성이 열반에 포함되어 있는 것입니까?"

[나가세나] "대왕이여, 허공이 *1)* 생겨나지도 않고, *2)* 늙지도 않고, *3)* 죽지도 않고, *4)* 사몰하지 않고, *5)* 다시 태어나지 않고, *6)* 정복하기 어렵고, *7)* 도적에게 빼앗기지 않고, *7)* 의존을 여의고, *8)* 새들의 활동영역이고, *9)* 장애가 없고, *10)* 끝이 없듯이, 대왕이여, [321] 이와 마찬가지로 열반도 *1)* 생겨나지도 않고, *2)* 늙지도 않고, *3)* 죽지도 않고, *4)* 사몰하지 않고, *5)* 다시 태어나지 않고, *6)* 정복하기 어렵고, *7)* 도적에게 빼앗기지 않고, *7)* 의존을 여의고, *8)* 고귀한 님들의 활동영역이고, *9)* 장애가 없고, *10)* 끝이 없습니다. 이러한 허공의 열 가지 특성이 열반에 포함되어 있습니다."

---

818) dasa guṇā : 실제 설명에서는 Milnṭ. 65에서처럼 열한 가지로 되어 있다.

12. [밀린다 왕] "존자 나가세나여, '마니보주의 세 가지 특성이 열반에 포함되어 있다.'라고 말했는데, 어떤 마니보주의 세 가지 특성이 열반에 포함되어 있는 것입니까?"

[나가세나] "*1)* 대왕이여, 마니보주가 소망을 들어주듯이, 대왕이여, 이와 마찬가지로 열반은 소망을 들어줍니다. 대왕이여, 이것이 마니보주의 첫 번째 특성으로 열반에 포함되어 있습니다. *2)* 대왕이여, 그리고 또한 마니보주가 기쁨을 만들어내듯이, 대왕이여, 이와 마찬가지로 열반은 기쁨을 만들어냅니다. 대왕이여, 이것이 마니보주의 두 번째 특성으로 열반에 포함되어 있습니다. *3)* 대왕이여, 그리고 또한 마니보주가 광채를 만들어내듯이, 대왕이여, 이와 마찬가지로 열반은 광채를 만들어냅니다. 대왕이여, 이것이 마니보주의 세 번째 특성으로 열반에 포함되어 있습니다. 대왕이여, 이러한 마니보주의 세 가지 특성이 열반에 포함되어 있습니다."

13. [밀린다 왕] "존자 나가세나여, '붉은 전단향의 세 가지 특성이 열반에 포함되어 있다.'라고 말했는데, 어떤 붉은 전단향의 세 가지 특성이 열반에 포함되어 있는 것입니까?"

[나가세나] "*1)* 대왕이여, 붉은 전단향이 얻기 어렵듯이, 대왕이여, 이와 마찬가지로 열반은 얻기 어렵습니다. 대왕이여, 이것이 붉은 전단향의 첫 번째 특성으로 열반에 포함되어 있습니다. *2)* 대왕이여, 그리고 또한 붉은 전단향이 견줄 수 없는 탁월한 향기를 지니듯이, 대왕이여, 이와 마찬가지로 열반은 견줄 수 없는 탁월한 향기를 지니고 있습니다. 대왕이여, 이것이 붉은 전단향의 두 번째 특성으로 열반에 포함되어 있습니다. *3)* 대왕이여, 그리고 또한 붉은 전단향이 선인들의 찬사를 받듯이, 대왕이여, 이와 마찬가지로 열반은 고귀한 님들의 찬사를 받습니다. 대왕이여, 이것이 붉은 전단향의 세 번째 특성으로 열반에 포함되어 있습니다. 대왕이여, 이러한 붉은 전단향의 세 가지

특성이 열반에 포함되어 있습니다."

14. [밀린다 왕] "존자 나가세나여, [322] '버터크림[819]의 세 가지 특성이 열반에 포함되어 있다.'라고 말했는데, 어떤 버터크림의 세 가지 특성이 열반에 포함되어 있는 것입니까?"

[나가세나] "*1)* 대왕이여, 버터크림이 아름다운 색깔을 갖추고 있듯이, 대왕이여, 이와 마찬가지로 열반은 덕성의 아름다운 색깔을 갖추고 있습니다. 대왕이여, 이것이 버터크림의 첫 번째 특성으로 열반에 포함되어 있습니다. *2)* 대왕이여, 그리고 또한 버터크림이 아름다운 향기를 갖추고 있듯이, 대왕이여, 이와 마찬가지로 열반은 계행의 아름다운 향기를 갖추고 있습니다. 대왕이여, 이것이 버터크림의 두 번째 특성으로 열반에 포함되어 있습니다. *3)* 대왕이여, 그리고 또한 버터크림이 맛있는 풍미를 갖추고 있듯이, 대왕이여, 이와 마찬가지로 열반은 불사의 풍미를 갖추고[820] 있습니다. 대왕이여, 이것이 버터크림의 세 번째 특성으로 열반에 포함되어 있습니다. 대왕이여, 이러한 버터크림의 세 가지 특성이 열반에 포함되어 있습니다."

15. [밀린다 왕] "존자 나가세나여, '산봉우리의 다섯 가지 특성이 열반에 포함되어 있다.'라고 말했는데, 어떤 산봉우리의 다섯 가지 특성이 열반에 포함되어 있는 것입니까?"

[나가세나] "*1)* 대왕이여, 산봉우리는 높이 솟아있듯이, 대왕이여, 이와 마찬가지로 열반은 높이 솟아있습니다. 대왕이여, 이것이 산봉우리의 첫 번째 특성으로 열반에 포함되어 있습니다. *2)* 대왕이여, 그리고 또한 산봉우리는 동요하지 않듯이, 대왕이여, 이와 마찬가지로 열반은 동요하지 않습니다. 대왕이여, 이것이 산봉우리의 두 번째 특성으로 열반에 포함되어 있습니다. *3)* 대왕이여, 그리고 또한 산봉우리는

---

819) sappimaṇḍa : 액상버터의 크림을 말한다. 한역에는 제호(醍醐)라고 한다.
820) rasasampanna : 미얀마 본에는 불사(不死)즉 감로(甘露)가 보강되어 있다.

오르기 어렵듯이, 대왕이여, 이와 마찬가지로 열반은 온갖 번뇌가 오르기 어렵습니다. 대왕이여, 이것이 산봉우리의 세 번째 특성으로 열반에 포함되어 있습니다. 4) 대왕이여, 그리고 또한 산봉우리에는 모든 종자가 생장하지 못하듯이, 대왕이여, 이와 마찬가지로 열반에는 온갖 번뇌가 생장하지 못합니다. 대왕이여, 이것이 산봉우리의 네 번째 특성으로 열반에 포함되어 있습니다. 5) 대왕이여, 그리고 또한 산봉우리는 애착과 혐오를 벗어나있듯이, 대왕이여, 이와 마찬가지로 열반은 애착과 혐오를 벗어나있습니다. 대왕이여, 이것이 산봉우리의 다섯 번째 특성으로 열반에 포함되어 있습니다. 대왕이여, [323] 이러한 산봉우리의 다섯 가지 특성이 열반에 포함되어 있습니다."

[밀린다 왕] "존자 나가세나여, 현명하십니다. 참으로 그러하니, 그렇게 받아들이겠습니다."

열 번째 열반의 형상과 특성에 대한 질문이 끝났다.

11. [열반의 깨달음에 대한 질문]
(Nibbānasacchikaraṇapañha)

1. [밀린다 왕] "존자 나가세나여, 그대들은 '열반은 과거가 아니고, 미래가 아니고, 현재가 아니고 이미 생겨난 것도 아니고, 아직 생겨나지 않는 것도 아니고, 지금 생겨날 수 있는 것도 아니다.'라고 말합니다. 존자 나가세나여, 누구든지 올바로 실천하는 자가 열반을 깨닫는다면, 그는 이미 생겨난 것을 깨닫는 것입니까, 아니면 생겨난 뒤에 깨닫는 것입니까?"

[나가세나] "대왕이여, 누구든지 올바로 실천하는 자가 열반을 깨닫는다면, 그는 이미 생겨난 것을 깨닫는 것도 아니고 생겨난 뒤에 깨닫는 것도 아닙니다. 대왕이여, 그러나 그가 올바로 실천하여 깨닫는 열반계는 존재하는 것입니다."

[밀린다 왕] "존자 나가세나여, 이 질문에 대하여 은밀히 해명하지 마시고, 열어서 공개적으로 해명하십시오. 의욕과 열정으로 그대가 배운 모든 것을 여기에 쏟아 부십시오. 세상 사람들은 당혹하고 의심하고 의혹에 빠져있습니다. 이러한 내적인 허물의 화살을 부수어주십시오."

2. [나가세나] "대왕이여, 적정하고 행복하고 승묘한 열반계는 존재하며, 올바로 실천하는 자는 최승자의 가르침에 따라 형성된 것들을 파악하여 지혜로써 그것을 깨닫는 것입니다. 대왕이여, 제자가 스승의 가르침에 따라 지혜로 학문을 깨우치듯이, 대왕이여, 이와 마찬가지로 올바로 실천하는 자는 최승자의 가르침에 따라 지혜로써 열반을 깨닫는 것입니다. 그런데 어떻게 그 열반을 보아야 합니까? 재앙을 여읜 것으로, 재난을 여읜 것으로, 두려움을 여읜 것으로, 안온한 것으로, 적정한 것으로, 행복한 것으로, 쾌적한 것으로, 승묘한 것으로, 청정한 것으로, 청량한 것으로 보아야 합니다."

3. [나가세나] "대왕이여, 어떤 사람이 많은 장작더미로 쌓인 작열하며 타오르는 불속에 놓여 있다가 노력하여 그곳에서 벗어나 불이 없는 장소로 [324] 들어가 그곳에서 최상의 안락을 얻는 것처럼, 대왕이여, 이와 마찬가지로 올바로 실천하는 자는 이치에 맞게 정신활동을 기울여 세 종류의 불[821]을 떠나 최상의 안락인 열반을 깨닫는 것입니다. 대왕이여, 여기서 불은 세 종류의 불과 같다고 보아야 하고, 불속에 놓여 있던 사람은 올바로 실천하는 자와 같다고 보아야 하고, 불이 없는 장소는 열반과 같다고 보아야 합니다."

4. [나가세나] "대왕이여, 또는 어떤 사람이 뱀 · 개 · 인간의 사체나 신체의 배설물의 구덩이더미 속에 들어가, 사체의 결발에 뒤엉켜 있다가 노력으로 그곳을 벗어나 시체가 없는 장소로 들어가 그곳에서 최상

---

821) tividhaggi : Miln. 97과 주석을 참조하라.

의 안락을 얻는 것처럼, 대왕이여, 이와 마찬가지로 올바로 실천하는 자는 이치에 맞게 정신활동을 기울여 번뇌의 사체를 떠나 최상의 안락인 열반을 깨닫는 것입니다. 대왕이여, 여기서 시체는 다섯 가지 감각적 쾌락의 욕망의 대상과 같다고 보아야 하고, 시체 속에 뒤엉켜 있던 사람은 올바로 실천하는 자와 같다고 보아야 하고, 시체가 없는 장소는 열반과 같다고 보아야 합니다."

5. [나가세나] "대왕이여, 또는 어떤 사람이 두려워하고 공포스럽고 동요하고 마음이 전도되고 혼란되어 있다가 노력으로 거기에서 벗어나 단단하고 견고하고 동요하지 않는 두려움 없는 장소로 들어가 그곳에서 최상의 안락을 얻는 것처럼, 대왕이여, 이와 마찬가지로 올바로 실천하는 자는 이치에 맞게 정신활동을 기울여 두려움과 공포를 떠나 최상의 안락인 열반을 깨닫는 것입니다. 대왕이여, 여기서 두려움은 생노병사를 조건으로 끊임없이 생겨나는 윤회의 두려움과 같다고 보아야 하고, 두려워하는 사람은 올바로 실천하는 자와 같다고 보아야 하고, 두려움이 없는 장소는 열반과 같다고 보아야 합니다."

6. [나가세나] "대왕이여, 또는 어떤 사람이 진창이나 진흙으로 오염되고 더러워진 장소에 빠졌다가 노력으로 그 진창이나 진흙을 제거하고 청정하고 티끌을 여읜 장소로 가서 거기에서 최상의 안락을 얻는 것처럼, 대왕이여, 이와 마찬가지로 올바로 실천하는 자는 이치에 맞게 정신활동을 기울여 번뇌의 진창과 진흙을 떠나 최상의 안락인 열반을 깨닫는 것입니다. 대왕이여, 여기서 진창은 이득과 칭송과 명예와 같다고 보아야 하고, [325] 진창에 빠져있던 사람은 올바로 실천하는 자와 같다고 보아야 하고, 청정하고 티끌을 여읜 장소는 열반과 같다고 보아야 합니다."

7. [나가세나] "대왕이여, 그렇다면 올바로 실천하는 자는 어떻게 해서 그 열반을 깨닫는 것입니까? 대왕이여, 올바로 실천하는 자는 형성

된 것들의 작용을 파악하고, 작용을 파악할 때 거기서 태어남을 보고, 늙음을 보고, 병듦을 보고, 죽음을 보고, 거기서 어떤 행복도 쾌락도 보지 않고, 처음에도 중간에도 끝에도 그는 거기에 붙잡을 만한 어떤 것이 있다고 보지 않습니다. 대왕이여, 사람이 대낮의 열기에 뜨거워진 철환이 불타고 달구어지고 작열할 때 처음도 중간도 끝도 붙잡을 만한 어떤 것이 있다고 보지 않는 것처럼, 대왕이여, 이와 마찬가지로 올바로 실천하는 자는 형성된 것들의 작용을 파악하고, 작용을 파악할 때 거기서 태어남을 보고, 늙음을 보고, 병듦을 보고, 죽음을 보고, 거기서 어떤 행복도 쾌락도 보지 않고, 처음에도 중간에도 끝에도 그는 거기에 붙잡을 만한 어떤 것이 있다고 보지 않습니다. 그가 붙잡을 만한 어떤 것이 있다고 보지 않을 때, 그의 마음에는 혐오가 나타나고, 그의 몸에는 발열이 나타나서, 그는 구호처도 없이 의지처도 없이, 피난처가 없는 자가 되어 존재에서 싫어하여 떠나게 됩니다."

8. [나가세나] "대왕이여, 사람이 불타고 작열하는 거대한 불더미 속에 들어갔다면, 그는 구호처도 없이 의지처도 없이, 피난처가 없는 자가 되어 존재에서 싫어하여 떠나게 되는 것처럼, 대왕이여, 이와 마찬가지로 그가 붙잡을 만한 어떤 것이 있다고 보지 않을 때, 그의 마음에는 혐오가 나타나고, 그의 몸에는 발열이 나타나고, 그는 구호처도 없이 의지처도 없이, 피난처가 없는 자가 되어 존재에서 싫어하여 떠나게 됩니다. 그가 형성된 것들의 작용에서 두려움을 발견할 때에 다음과 같은 마음이 생겨납니다. '그런데 실로 이 형성된 것들의 작용은 타오르는 것이고 작열하는 것이고 고통이 많은 것이고 절망이 많은 것이다. 만약 누군가가 형성된 것들의 작용의 여읨, 즉 일체 형성된 것들의 멈춤, 일체 집착대상의 버림, 갈애의 부숨, 사라짐,[822] 소멸,

---

822) virāga : Vism. 290: 괴멸적(壞滅的)사라짐(khayavirāga)과 구경적(究竟的)사라짐(accantavirāga)이 있다. 그 가운데 괴멸적 사라짐은 형성들의 찰나적 파괴를 말

열반을 얻는다면, 그것이 적정한 것이고 수승한 것이다.' 이와 같이 그가 이러한 형성된 것들의 작용의 여읨에 그의 마음이 뛰어들면 청정한 믿음을 발견하고 [326] 환호하고 '마침내 나는 출리를 얻었다.'라고 기뻐합니다. 대왕이여, 사람이 길을 잃고 낯선 지방에 들어섰다가 빠져나갈 길을 발견하고 거기에 뛰어들면 청정한 믿음을 발견하고 환호하고 '마침내 나는 빠져나갈 길을 얻었다.'라고 기뻐하듯이, 대왕이여, 이와 마찬가지로 이러한 형성된 것들의 작용에서 두려움을 보는 자는 그 작용의 여읨에 그의 마음이 뛰어들면 청정한 믿음을 발견하고 환호하며 '마침내 나는 출리를 얻었다.'라고 기뻐합니다."

9. [나가세나] "그는 형성된 것들의 작용을 여의는 길을 향해 노력하고 추구하고 닦고 익힙니다. 그에게 그것을 목표로 새김이 확립되고, 그것을 목표로 정진이 확립되고, 그것을 목표로 희열이 확립됩니다. 그의 그 마음이 이렇게 끊임없이 정신활동을 기울일 때, 그는 형성된 것들의 작용을 뛰어넘어 그 작용을 여읜 상태로 들어갑니다. 대왕이여, 형성된 것들의 작용을 여읜 상태에 도달한 올바로 실천하는 자를 두고 '열반을 깨닫는다.'라고 하는 것입니다."

[밀린다 왕] "존자 나가세나여, 현명하십니다. 참으로 그러하니, 그렇게 받아들이겠습니다."

열한 번째 열반의 깨달음에 대한 질문이 끝났다.

12. [열반이 저장된 장소에 대한 질문]
(Nibbānasannihitapañha)

1. [밀린다 왕] "존자 나가세나여, 열반이 저장된 장소가 동쪽이나 남쪽이나 서쪽이나 북쪽의 지역이나, 위나 아래나 아니면 옆쪽에 있는 것입니까?"

하고, 구경적 사라짐은 열반을 말한다.

[나가세나] "대왕이여, 열반이 저장된 장소가 동쪽이나 남쪽이나 서쪽이나 북쪽의 지역이나, 위나 아래나 아니면 옆쪽에 있는 것이 아닙니다."

[밀린다 왕] "존자 나가세나여, 열반이 저장된 장소가 없다면, 그로 인해 열반은 없는 것이고, 그 열반을 깨달은 사람에게도 깨달음은 잘못된 것입니다. 그것에 대한 이유를 말하겠습니다. 존자 나가세나여, 대지에는 곡물이 생겨나는 밭이 있고, 향기가 생겨나는 꽃이 있고, 꽃이 생겨나는 수풀이 있고, 열매가 생겨나는 나무가 있고, 보석이 생겨나는 광산이 있어서, 그곳에 누군가가 이것저것 원하는 것이 있으면, 그곳에 가서 그것을 가져오듯이, 존자 나가세나여, 이와 마찬가지로 만약에 [327] 열반이 있으면, 열반이 생겨나는 장소도 기대할 수 있습니다. 존자 나가세나여, 열반이 생겨나는 장소가 없기 때문에 나는 열반은 없다고 말합니다. 그 열반을 깨달은 사람에게도 깨달음은 잘못된 것입니다."

2. [나가세나] "대왕이여, 열반이 저장된 장소는 없어도 그 열반은 있는 것입니다. 올바로 실천하는 자는 이치에 맞는 정신활동을 통해서 열반을 깨닫는 것입니다. 대왕이여, 그런데 불이라는 것은 있는데, 그것이 저장된 장소는 없어도, 두 개의 나뭇조각을 마찰하면, 불을 얻듯이, 대왕이여, 이와 마찬가지로 열반은 있는데, 그것이 저장된 장소는 없어도, 올바로 실천하는 자가 이치에 맞는 정신활동을 통해서 열반을 깨닫는 것입니다."

3. [나가세나] "대왕이여, 또는 일곱 가지 보물[823]이라는 것, 예를

---

823) satta ratanāni : 일반적 칠보(七寶)는 금, 은, 진주, 보석, 묘목(猫目), 금강(金剛), 산호(珊瑚)를 말한다. 여기서는 전륜왕(轉輪王)의 칠보를 말한다. ① 보물수레바퀴(cakkaratana) ② 보물 코끼리(hatthiratana) ③ 보물 말(assaratana) ④ 보물보석(maṇiratana) ⑤ 보물 여자(itthiratana) ⑥ 보물 장자(gahapatiratana) ⑦ 보물 대신(pariṇāyakaratana)이 있다.

들어, ① 보물 수레바퀴 ② 보물 코끼리 ③ 보물 말 ④ 보물 보석 ⑤ 보물 ⑥ 보물 장자 ⑦ 보물 대신이 있는데, 그러한 보물이 저장된 장소는 없어도, 왕족의 전사가 올바로 실천하면, 그 실천의 힘으로 그 보물들이 그에게 다가오는 것처럼, 대왕이여, 이와 마찬가지로 열반은 있는데, 그것이 저장된 장소는 없어도, 올바로 실천하는 자가 이치에 맞는 정신활동을 통해서 열반을 깨닫는 것입니다."

4. [밀린다 왕] "존자 나가세나여, 열반이 있는 장소는 없다고 칩시다. 거기에 입각해서 올바로 실천하는 자가 깨닫는 그 입각처는 있습니까?"

[나가세나] "대왕이여, 그렇습니다. 거기에 입각해서 올바로 실천하는 자가 깨닫는 입각처는 있습니다."

[밀린다 왕] "존자여, 무엇이 올바로 실천하는 자가 깨닫는 입각처입니까?"

[나가세나] "대왕이여, 계행이 입각처입니다. 계행에 의존하여 이치에 맞게 정신활동을 기울이면, 스키타이[824]나 박트리아[825]나 중국이나 찔라따[826]나 알렉산드리아나 니꿈바[827]나 바라나씨나 꼬쌀라나 카슈미르나 간다라나, 수메루 산의 정상이거나 하느님세계나 어떤 곳에 입각하더도, 올바로 실천하는 자에게는 열반의 깨달음이 있는 것입니다. 대왕이여, 누구든지 눈 있는 사람은 [328] 스키타이나 박트리아나 중국이나 찔라따나 알렉산드리아나 니꿈바나 바라나씨나 꼬쌀라나 카슈미르나 간다라나, 수메루 산의 정상이거나 하느님세계나 어떤 곳에 입각하더라도 허공을 볼 수 있듯이, 대왕이여, 이와 마찬가지로 계행에 의존하여 이치에 맞게 정신활동을 기울이면, 스키타이나

---

824) Saka : 스키타이(Scythia)를 뜻한다.
825) Yavana : 그리스계의 박트리아(Bactria)를 뜻한다.
826) Cilāta : Vilāta라고도 읽은데, 위치는 북인도이겠지만 불분명하다. Kirāta는 히말라야 또는 티베트를 말한다.
827) Nikumba : Nigumba라고도 읽는데, 위치는 불분명하다.

박트리아나 중국이나 찔라따나 알렉산드리아나 니꿈바나 바라나씨나 꼬쌀라나 카슈미르나 간다라나, 수메루 산의 정상이거나 하느님세계이나 어떤 곳에 입각하더라도, 올바로 실천하는 자에게는 열반의 깨달음이 있는 것입니다. 대왕이여, 또는 그가 스키타이나 박트리아나 중국이나 찔라따나 알렉산드리아나 니꿈바나 바라나씨나 꼬쌀라나 카슈미르나 간다라나, 수메루 산의 정상이거나 하느님세계나 어떤 곳에 입각하더라도, 그에게는 동방[828]이 존재하듯이, 대왕이여, 이와 마찬가지로 계행에 의존하여 이치에 맞게 정신활동을 기울이면, 스키타이나 박트리아나 중국이나 찔라따나 알렉산드리아나 니꿈바나 바라나씨나 꼬쌀라나 카슈미르나 간다라나, 수메루 산의 정상이거나 하느님세계나 어떤 곳에 입각하더라도, 올바로 실천하는 자에게는 열반의 깨달음이 있는 것입니다."

[밀린다 왕] "존자 나가세나여, 현명하십니다. 그대는 열반에 관해 설명했고, 열반의 깨달음에 대해 설명했고, 계행의 덕성을 묘사했고, 올바른 실천을 보여주었고, 진리의 깃발을 세웠고, 진리의 통로를 확보했고, 열심히 노력하는 자의 올바른 노력이 헛되지 않음을 보여주었습니다. 참으로 그러하니, 고귀하고 뛰어난 스승이여, 그대로 받아들이겠습니다."

열두 번째 열반이 저장된 장소에 대한 질문이 끝났다.
세 번째 벳싼따라의 품이 끝났다.
이 품에 열두 개의 질문으로 이루어졌다.

제4장 추론의 품

(Anumānavagga)

---

828) pubbadisā : QKM. II. 204에서는 '그 전면의 지평선'이라고 해석했다.

1. [추론에 대한 질문]
(Anumānapañha)[829]

1. 그때 [329] 밀린다 왕은 존자 나가세나가 있는 곳으로 다가갔다. 가까이 다가가서 함께 인사하고, 한쪽에 물러앉았다. 한쪽으로 물러앉아 밀린다 왕은 알기 원하고 듣기 원하고 새기길 원하고 앎의 광명을 보기 원하고 무지를 부수기 원하고 앎의 광명을 일으키길 원하고 무지의 어둠을 몰아내길 원하여 수승한 결의와 노력과 새김과 알아차림을 일으켜 존자 나가세나에게 이렇게 말했다.

2. [밀린다 왕] "존자 나가세나여, 그대는 부처님을 보았습니까?"

[나가세나] "대왕이여, 그렇지 않습니다."

[밀린다 왕] "그러면 그대의 스승은 부처님을 본 적이 있습니까?"

[나가세나] "대왕이여, 그렇지 않습니다."

[밀린다 왕] "존자 나가세나여, 그대가 참으로 부처님을 본 적이 없고, 그대의 스승도 실제로 부처님을 본 적이 없습니다. 존자 나가세나여, 그렇다면 부처님은 없는 것입니다. 여기서 부처님은 알려질 수 없는 존재입니다."

[나가세나] "대왕이여, 그대에게 크샤트리아 종성에 속한 왕조의 조상이었던 옛 귀족들이 있었습니까?"

[밀린다 왕] "존자여, 그렇습니다. 무슨 의심이 있겠습니까? 나에게는 크샤트리아 종성에 속한 왕조의 조상이었던 옛 귀족들이 있었습니다."

[나가세나] "대왕이여, 그대가 옛 귀족들을 본 적이 있습니까?"

[밀린다 왕] "존자여, 그렇지 않습니다."

[나가세나] "대왕이여, 그렇다면, 그대를 가르쳤던 왕립사제들, 장

---

829) Anumānapañha : QKM. II. 206; MQ. II. 169; FKM. 295에서는 제5편으로 분류하고 있다. MKQ. III. 130에서는 별장(別章)으로 처리하고 있다.

군들, 사법관들, 대신들이 있는데, 그들이 그 옛 귀족들을 본 적이 있습니까?"

[밀린다 왕] "존자여, 그렇지 않습니다."

[나가세나] "대왕이여, 만약에 그대가 옛 귀족들을 본 적이 없고, 또한 그대를 가르쳤던 옛 귀족들도 본 적이 없다면, 그로 인해 옛 귀족들은 없는 것입니다. 여기서 옛 귀족들은 알려질 수 없는 존재입니다."

3. [밀린다 왕] "존자 나가세나여, 옛 귀족들이 사용한 용품들, 예를 들어 흰 일산, [330] 터번, 신발, 불자, 보검과 값비싼 침상이 있는데, 그것으로 우리는 '옛 귀족들이 존재했다.'라고 알고 믿는 것입니다."

[나가세나] "대왕이여, 이와 마찬가지로 우리는 세존을 알고 믿는 것입니다. '저 세존이 존재했다.'라고 알고 믿는 그 이유가 있습니다. 그 이유는 어떤 것입니까? 대왕이여, 저 세존, 아는 님, 보는 님, 거룩한 님, 올바로 원만히 깨달은 님께서 사용하신 용품들, 예를 들어 네 가지 새김의 토대, 네 가지 올바른 노력, 네 가지 신통의 기초, 다섯 가지 능력, 다섯 가지 힘, 일곱 가지 깨달음 고리, 여덟 가지 고귀한 길이 있는데,830) 그것을 통해서 신들과 인간의 세상은 '저 세존은 존재했다.'라고 알고 믿는 것입니다. 대왕이여, 이러한 이유, 이러한 원인, 이러한 방도, 이러한 추론으로 '저 세존은 존재했다.'라고 알아야 합니다.

'많은 사람을 제도하시고,
취착을 부수고 적멸에 들었으니,
추론으로 알려지는 것이라,
그 인간 가운데 최상자는 실존했다.'"831)

---

830) cattāro satipaṭṭhānā, cattāro sammappadhānā, cattāro iddhipādā, pañcindriyāni, pañca balāni, satta bojjhaṅgā, ariyo aṭṭhaṅgiko maggo : 한역의 삼십칠조도품(三十七助道品), 즉 서른일곱 가지 깨달음에 도움이 되는 원리(sattatiṁsa bodhipakkhiyā dhammā : 三十七菩提分法)를 나열한 것이다. 상세한 설명은 이 책의 해제를 보라.

4. [밀린다 왕] "존자 나가세나여, 비유를 들어주십시오."

[나가세나] "대왕이여, 도시의 건축사가 도시를 건설하려고 할 때 제일 먼저 평평하고 굴곡이 없으며 자갈이나 암석이 없고 위험이 없고 결함이 없는 쾌적한 부지를 살펴본 뒤에 평탄하지 않은 곳을 평탄하게 만들고 그루터기들과 가시덤불들을 제거하고 그곳에 아름답고, 규칙적이고, 구획이 나뉘어 있고, 해자와 보루가 파였고, 견고한 성문과 감시탑과 성벽이 있고, 넓은 십자로와 사거리와 교차로와 광장이 있고, 깨끗하고 평탄한 왕립도로가 있고, 내부에 상점이 잘 자리 잡고, 유원, 정원, 못, 연못, 우물이 갖추어 있고, 많은 종류의 신전이 장엄되어 있고, 일체의 결함이 없는 도시를 건설한다고 합시다. 그가 도시가 어느 곳이나 융성해졌을 때 다른 지역으로 간다고 합시다. 그리고 그 도시는 나중에 번영하고 풍요하고 먹을 것이 풍부하고 안온하고 번성하고 [331] 행복하고 재앙이 없고 재난이 없고 갖가지 종류의 사람들이 붐빌 것입니다. 수많은 전사들, 바라문들, 평민들, 노예들, 상병(象兵)들, 기병들, 전차병들, 보병들, 사수들, 검술사들, 기수들, 전령들, 식량보급대들, 용감한 왕자들, 돌격대들, 코끼리 같은 대력을 지닌 영웅들, 갑옷을 입은 전사들, 전투사들, 노예의 자식들, 용병의 자식들, 씨름꾼들, 회계사들, 요리사들, 조리사들, 이발사들, 목욕사들, 대장장이들, 꽃타래의 장인들, 금가공사들, 은가공사들, 납가공사들, 주석가공사들, 구리가공사들, 합금가공사들, 철가공사들, 보석가공사들, 직조공들, 도자공들, 소금제조자들, 피혁가공사들, 수레제조자들, 상아세공사들, 밧줄제조자들, 빗제조자들, 실제조자들, 바구니제조자들, 활제조자들, 현제조자들, 화살제조자들, 화가들, 염료제조자들, 염색공들, 직조기술자들, 재봉사들, 금분석자들, 옷상인들, 향료상인들, 건

831) bahū jane tārayitvā | nibbuto upadhikkhaye | anumānena ñātabbaṁ | atthi so dvipaduttamo'ti ||

초꾼들, 나무꾼들, 고용인들, 야채행상들, 과일행상들, 근류(根類)행상들, 쌀밥행상들, 과자행상들, 물고기행상들, 육고기행상들, 술상인들, 배우들, 무용가들, 곡예사들, 마술사들, 음유시인들, 역사들, 시체를 태우는 자들, 사원의 꽃청소부들, 죽세공들, 사냥꾼들, 유녀들, 무희들, 뚜쟁이들, 스키타이인들, 박트리아인들, 중국인들, 찔라따인들, 웃제니[832]인들, 바루깟차[833]인들, 바라나씨인들, 꼬쌀라인들, 아빠란따[834]인들, 마가다인들, 싸께따[835]인들, 쑤랏타[836]인들, 빠바[837]인들, 꼬뚬바라인들, 마투라[838]인들, 알렉산드리아인들, 카슈미르인들, 간다라인들이 그 도시에 살려고 와서 다양한 지방의 사람들이 새롭고 잘 구획되고 결점이 없고 나무랄 데 없는 쾌적한 그 도시를 보고 추론하여 '이러한 도시를 만든 그 도시의 건축사는 참으로 현명하다.' 라고 압니다."

5. [나가세나] "대왕이여, 이와 마찬가지로 저 세존께서는 동일한 자가 없고, 동등한 자가 없고, 견줄 자가 없고, 같은 자가 없고, 비할 자가 없고, 셀 수 없고, 한계가 없고, 측량할 수 없고, 잴 수 없는 덕성을 지니고, 덕성의 궁극에 도달하고, 무한히 단호하고, 무한한 위광을 지니고, 무한한 정진을 지니고, 무한한 힘을 지니고, 부처님의 힘의 궁극에 [332] 도달하고, 악마와 그의 군대를 정복하고, 삿된 견해의 그물을 찢고 무지를 버리고 명지를 일으키고 진리의 횃불을 들고 일체지를

---

832) Ujjenī : 아반띠(Avanti)국의 수도. 오래된 무역로로 바라나씨와 연결되어 있다.
833) Bharukaccha : 바루(Bharu)국의 항구로 쑤반나부미(Suvaṇṇabhūmi)로 가는 상인들이 이용했다.
834) Aparanta : 삼차결집이후 아쇼카 왕의 전법이 이루어진 곳으로 이 나라는 오늘날의 북 Gujarāt 등을 포함한다.
835) Sāketa : 꼬쌀라 국의 옛 수도였던 도시로 인도의 육대 도시 가운데 하나였다.
836) Suraṭṭha : 부처님 사후100년 경 이 나라 왕의 이름은 삥갈라(Piñgala)였다. 오늘날의 Kathiawad와 일치한다.
837) Pāvā : 부처님의 마지막 여행에서 들른 말라(Malla)족의 도시이다.
838) Madhurā : 야무나(Yamunā)에 위치한 쑤라쎄나(Surasena)의 수도.

언어 전쟁에서 승리한 자로서, 진리의 도시를 세운 것입니다. 대왕이여, 세존께서 세운 진리의 도시는 계행을 보루로 삼고 부끄러움을 아는 것을 해자로 삼고, 앎을 성문의 성곽으로 삼고, 정진을 감시탑으로 삼고, 믿음을 기둥으로 삼고, 새김을 문지기로 삼고, 지혜를 전각으로 삼고, 경장을 교차로로 삼고, 논장을 광장으로 삼고, 율장을 법정으로 삼고, 새김의 토대를 거리로 삼습니다. 대왕이여, 그런데 그 새김의 토대라는 거리는 이와 같은 상점, 즉 꽃가게, 향가게, 과일가게, 해독제가게, 약국, 감로가게, 보석가게, 잡화가게가 널려 있습니다."

6. [밀린다 왕] "존자 나가세나여, 세존이신 부처님의 꽃가게란 어떤 것입니까?"

[나가세나] "대왕이여, 저 세존, 아는 님, 보는 님, 거룩한 님, 올바로 원만히 깨달은 님께서 명상대상에 대한 분류에 대하여 설했습니다. 예를 들어 무상에 대한 지각, 괴로움에 대한 지각, 무아에 대한 지각, 부정에 대한 지각, 재난에 대한 지각, 버림에 대한 지각, 사라짐에 대한 지각, 소멸에 대한 지각, 일체의 세상에 즐길 것이 없다는 것에 대한 지각, 일체의 형성된 것들의 무상에 대한 지각, 호흡에 대한 새김, 부풀어 오른 시체에 대한 지각, 푸른 어혈을 지닌 시체에 대한 지각, 고름이 가득 찬 시체에 대한 지각, 단편으로 절단된 시체에 대한 지각, 동물이 먹고 남은 시체에 대한 지각, 사지가 흩어진 시체에 대한 지각, 난도되어 갈라진 시체에 대한 지각, 피가 흐르는 시체에 대한 지각, 벌레가 우글거리는 시체에 대한 지각, 해골이 드러난 시체에 대한 지각,839)

839) dasa asubhā : Vism. 110에 나오는 열 가지 부정(十不淨 : dasa asubhā)에 대한 지각을 계발할 수 있다. ① 부풀어 오른 시체에 대한 지각(膨脹想 : uddhumātakasaññā) ② 푸른 어혈을 지닌 시체에 대한 지각(青瘀想 : vinīlakasaññā) ③ 고름이 가득 찬 시체에 대한 지각(膿爛想 : vipubbakasaññā) ④ 단편으로 절단된 시체에 대한 지각(斷壞想 : vicchiddakasaññā) ⑤ 동물이 먹고 남은 시체에 대한 지각(食殘想 vikkhāyitakasaññā) ⑥ 사지가 흩어진 시체에 대한 지각(散亂想 : vikkhittakasaññā) ⑦ 난도되어 갈라진 시체에 대한 지각(斬斫離散想 : hatavik-

자애에 대한 지각, 연민에 대한 지각, 기쁨에 대한 지각, 평정에 대한 지각, 죽음에 대한 새김, 신체에 대한 새김이 있는데, 대왕이여, 이러한 것들이 세존이신 부처님께서 명상대상으로 분류하여 설명하신 것입니다. 누구든 늙음과 죽음에서 벗어나고자 하는 자는 이들 가운데 어느 하나를 명상대상으로 취합니다. 그는 그 대상을 통해서 탐욕에서 벗어나고, 분노에서 벗어나고, 어리석음에서 벗어나고, 교만에서 벗어나고, 삿된 견해에서 벗어나고, 윤회를 건너가고, 갈애의 흐름을 차단하고, 세 가지 티끌을 정화하고, 모든 번뇌를 제거하고 때 없이 티끌 없이 청정하고 순수하고 태어남이 없고, [333] 늙음이 없고, 죽음이 없고, 행복하고, 청량하고, 두려움을 여의고, 최상의 도시인 열반의 도시로 들어가 거룩한 경지에서 마음을 해탈시킵니다. 대왕이여, 이것을 두고 '세존의 꽃가게'라고 하는 것입니다.

'선업의 대가를 벌어서
가게로 가라.
명상대상을 사서
그것으로 해탈 가운데 해탈하라.'"840)

7. [밀린다 왕] "존자 나가세나여, 세존이신 부처님의 향가게는 어떤 것입니까?"

[나가세나] "대왕이여, 저 세존께서는 계행의 분류에 대하여 설하셨습니다. 그 계행의 향을 바른 세존의 제자들은 신들을 포함한 인간의 세상에 계행의 향기를 물들이고 훈습하게 하고, 그 향기는 사방으로도 사잇방향으로도 순풍으로도 역풍으로도 날리고 또 날리며 널리 퍼져나

---

khittakasaññā) ⑧ 피가 흐르는 시체에 대한 지각(血塗想 : lohitakasaññā) ⑨ 벌레가 우글거리는 시체에 대한 지각(蟲聚想 : puḷuvakasaññā) ⑩ 해골이 드러난 시체에 대한 지각(骸骨想 : aṭṭhikasaññā).

840) kammamūlaṁ gahetvāna | āpaṇaṁ upagacchatha | ārammaṇaṁ kiṇitvāna | tato muccatha muttiyā'ti ||

갑니다. 계행의 분류란 어떤 것입니까? 귀의의 계행,841) 다섯 가지 계행,842) 여덟 가지 계행,843) 열 가지 계행,844) 다섯 가지 송출에 포함된 것으로서의 빠띠목카에 의해 제어되는 계행845)이 있습니다. 대왕이여, 이것을 두고 '세존의 향가계'라고 하는 것입니다. 대왕이여, 신들 가운데 신인 세존께서는 이와 같이 싯구를 읊으셨습니다.

[세존] '꽃향기는 바람을 거슬러 가지 못한다.
전단향도 따가라향도 말리까향도,
그러나 참사람의 향기는 바람을 거슬러 가니
참사람의 향기는 모든 방향으로 퍼져간다.846)

841) saraṇasīla : 삼귀의(三歸依)를 말한다.
842) pañcaṅgasīla : 다섯 가지 계행(五戒: pañcasīla)으로 다음의 열 가지 계율 가운데 첫 다섯 가지를 뜻한다.
843) aṭṭhaṅgasīla : 팔재계(八齋戒: aṭṭhaṅguposatha)에 대한 약칭이다. 다음의 열 가지 계행 가운데 7과 8을 합해서 7번째 계행으로 하고 9번을 8번으로 해서 모두 8가지 계행을 포살일에 지키는 것을 말한다.
844) dasaṅgasīla : 열 가지 학습계율(dasa sikkhāpadāni : 十學處)을 말한다. 1. 살아있는 생명을 해치는 것을 삼가는 것(不殺生 : pāṇātipātā veramaṇī), 2. 주지 않은 것을 빼앗는 것을 삼가는 것(不偸盜 : adinnādānā veramaṇī), 3. 사랑을 나눔에 잘못을 범하는 것을 삼가는 것(不邪淫 : kāmesu micchācārā veramaṇī), 4. 거짓을 말하는 것을 삼가는 것(不妄語 : musāvādā veramaṇī), 5. 곡주나 과일주 등의 취기 있는 것에 취하는 것을 삼가는 것(不飮酒 : surāmerayamajjapamādaṭṭhānā veramaṇī), 6. 때아닌 때에 먹는 것을 삼가는 것(不非時食戒 : vikālabhojanā veramaṇī), 7. 노래·춤·음악·연극 등을 보는 것을 삼가는 것(不得歌舞娼技及觀聽 : naccagītavāditavisūkadasanā veramaṇī), 8. 꽃다발·향료·크림을 가지고 화장하고 장식하는 것을 삼가는 것(不得脂粉塗身 : mālāgandhavilepanadhāraṇamaṇḍanavibhūsanaṭṭhānā veramaṇī), 9. 높은 침대나 큰 침대에서 자는 것을 삼가는 것(不得上高廣大床 : uccāsayanamahāsayanā veramaṇī), 10. 금은을 받는 것을 삼가는 것(不蓄金銀寶戒 : jātarūparaJātapaṭiggahaṇā veramaṇī).
845) pañcuddesapariyāpannaṁ pātimokkhasaṁvarasīlaṁ : 다섯 가지 송출에 포함된 것이란 모든 계율을 오편죄(五篇罪 : pañca āpattikkhandhā : Vin. V, 91)로 나눌 경우, 승단추방죄의 다발(pārājikāpattikkhandha), 승단잔류죄의 다발(saṅghādisesāpattikkhandha), 속죄죄의 다발(pācittiyāpattikkhandha), 고백죄의 다발(pāṭidesaniyāpattikkhandha), 악작죄의 다발(dukkaṭāpattikkhandha)을 의미하는 것이다.

전단향, 따가라향, 웁빨라향
또는 밧씨키향이 있지만,
이러한 향기의 종류 가운데
계행의 향기야말로 최상이다.847)

전단향과 따가라향과 같은
그 향기는 보잘 것 없지만,
계행을 지닌 님의 높은 향기는
실로 천상계에까지 이른다.'"848)

8. [밀린다 왕] "존자 나가세나여, 세존이신 부처님의 과일가게란 어떤 것입니까?"

[나가세나] "대왕이여, 세존께서는 열매(果位)들에 대하여 설하셨습니다. 예를 들어, 흐름에 든 경지, 한 번 돌아오는 경지, 돌아오지 않는 경지, 거룩한 경지, 있음을 여읜 경지의 성취, 인상을 여읜 경지의 성취, 소망을 여읜 경지의 성취849)가 있습니다. 누구든지 [334] 과위를 원하는 자는 선업의 대가를 지불하고 바라던 열매, 즉 흐름에 든 경지이든, 한 번 돌아오는 경지이든, 돌아오지 않는 경지이든, 거룩한 경지이든, 있음을 여읜 경지의 성취이든, 인상을 여읜 경지의 성취이든, 소망을 여읜 경지의 성취이든, 그 열매를 사는 것입니다. 대왕이여, 어떤 사람에게든지 항상 열매 맺는 망고나무가 있다면, 그가 사러오는 사람이 오기 전에 먼저 열매를 따지는 않습니다. 그러나 사는 사람이

846) na pupphagandho paṭivātameti | na candanaṁ tagaramallikā vā | satañ ca gandhoṣpaṭivātameti | sabbā disā sappuriso pavāti || Dhp. 54.

847) candanaṁ tagaraṁ vāpi | uppalaṁ atha vassikī | etesaṁ gandhajātānaṁ | sīlagandho anuttaro || Dhp. 55.

848) appamatto ayaṁ gandho | yāyaṁ tagaracandanī | yo ca sīlavataṁ gandho | vāti devesu uttamo || Dhp. 56.

849) suññataphalasamāpatti animittaphalasamāpatti appaṇihitaphalasamāpatti : 공(空), 무상(無相), 무원(無願)의 삼매를 말하는 것이다.

왔을 때는 대가를 받고 '보시오, 이 망고나무는 항상 열매를 맺는 망고나무입니다. 거기서 원하는 만큼의 풋풋하거나, 설익었거나, 솜털이 달려있거나, 익지 않았거나, 익은 열매를 가져가시오.'라고 말합니다. 그는 자신이 지불한 돈에 따라서 풋풋한 것을 원하면 풋풋한 것을 가져가고, 설익은 것을 원하면 설익은 것을 가져가고, 솜털이 달려있는 것을 원하면 솜털이 달려있는 것을 가져가고, 익지 않은 것을 원하면 익지 않은 것을 가져가고, 익은 것을 원하면 익은 것을 가져갑니다. 대왕이여, 이와 마찬가지로 열매를 원하는 자는 선업의 대가를 지불하고 바라던 열매, 즉 흐름에 든 경지이든, 한 번 돌아오는 경지이든, 돌아오지 않는 경지이든, 거룩한 경지이든, 있음을 여읜 경지의 성취이든, 인상을 여읜 경지의 성취이든, 소망을 여읜 경지의 성취이든 그 열매를 사는 것입니다. 대왕이여, 이것을 두고 '세존의 과일가게'라고 하는 것입니다.

'사람들은 선업의 대가를 지불하고
불사의 열매를 얻는다.
불사의 열매를 산 사람들은
그로 인해 행복해진다.'"850)

9. [밀린다 왕] "존자 나가세나여, 세존이신 부처님의 해독제가게란 어떤 것입니까?"

[나가세나] "대왕이여, 세존께서는 해독제들에 대하여 설하셨습니다. 그 해독제들로 세존께서는 신들을 포함한 인간의 세계를 번뇌의 독에서 벗어나게 했습니다. 그 해독제들이란 어떤 것입니까? 대왕이여, 세존께서는 이러한 네 가지 거룩한 진리, 즉 괴로움의 거룩한 진리, 괴로움의 발생의 거룩한 진리, 괴로움의 소멸의 거룩한 진리, 괴로움

---

850) kammamūlaṁ janā datvā | gaṇhanti amatamphalaṁ | tena te sukhitā honti | ye kītā amatapphalan'ti ||

의 소멸로 이끄는 길의 거룩한 진리를 설하셨습니다. 이와 관련해서 어떤 자들이라도 궁극의 앎을 구하여 네 가지 진리의 가르침을 듣는다면, 그들은 태어남에서 벗어나고, [335] 늙음에서 벗어나고, 죽음에서 벗어나고, 슬픔, 비탄, 고통, 근심, 절망에서 벗어납니다. 대왕이여, 이것을 두고 '세존의 해독제가게'라고 하는 것입니다.

'독을 제거하는
어떤 해독제들이라도
가르침의 해독제와 같은 것은 없다.
수행승들이여, 이것을 마셔라.'"851)

가르침의 약을 마신 자는
늙음과 죽음에서 벗어날 것이며,
수행하고 통찰하여
집착의 소멸인 열반에 들게 되리."852)

10. [밀린다 왕] "존자 나가세나여, 세존이신 부처님의 약가게란 어떤 것입니까?"

[나가세나] "대왕이여, 세존께서는 약들에 대하여 설하셨는데, 그 약들로 세존께서는 신들과 인간을 치료했습니다. 즉 네 가지 새김의 토대, 네 가지 올바른 노력, 네 가지 신통의 기초, 다섯 가지 능력, 다섯 가지 힘, 일곱 가지 깨달음 고리, 여덟 가지 고귀한 길이 있는데, 이러한 약들로 세존께서는 삿된 견해를 배설하게 하고, 삿된 의도를 배설하게 하고, 삿된 언어를 배설하게 하고, 삿된 행위를 배설하게 하고, 삿된 생활을 배설하게 하고, 삿된 정진을 배설하게 하고, 삿된

851) ye keci agadā loke | visānaṁ paṭibāhakā | dhammāgadasamaṁ natthi, etaṁ pivatha bhikkhavo'ti ‖

852) dhammosadhaṃ pivitvāna | ajarāmaraṇā siyuṃ : bhāvayitvā ca passitvā | nibbutā upadhikkhaye'ti ‖

새김을 배설하게 하고, 삿된 삼매를 배설하게 하고, 탐욕을 토하게 하고, 분노를 토하게 하고, 어리석음을 토하게 하고, 교만을 토하게 하고, 잘못된 견해를 토하게 하고, 의심을 토하게 하고, 흥분을 토하게 하고, 해태와 혼침을 토하게 하고, 부끄러움을 모르고 창피함을 모르는 것을 토하게 하고, 일체의 번뇌를 토하게 합니다. 대왕이여, 이것을 두고 '세존의 약가게'라고 하는 것입니다.

'어떤 약들이라도 세상에는
많은 다양한 종류가 있지만,
가르침의 약과 같은 것은 없다.
수행승들이여, 이것을 마셔라.'"853)

가르침의 약을 마신 자는
늙음과 죽음에서 벗어날 것이며,
수행하고 통찰하여
집착의 소멸인 열반에 들게 되리."854)

11. [밀린다 왕] "존자 나가세나여, 세존이신 부처님의 감로가게란 어떤 것입니까?"

[나가세나] "대왕이여, 세존께서는 감로에 대하여 설하셨습니다. 그 감로로 세존께서는 신들을 포함한 인간의 세계를 관정시켰습니다. 그 감로로 관정을 [336] 받은 신들과 인간은 태어남, 늙음, 병듦, 죽음, 슬픔, 비탄, 고통, 근심, 절망에서 벗어났습니다. 그 감로란 어떤 것입니까? 그것은 바로 신체에 대한 새김입니다. 대왕이여, 신들가운데 신인 세존께서는 '신체에 대한 새김을 향유하는 자들은 감로를 향유하

853) ye keci osadhā loke | vijjanti vividhā bahū | dhammosadhasamaṁ natthi | etaṁ pivatha bhikkhavo ||

854) dhammosadhaṃ pivitvāna | ajarāmaraṇā siyuṃ : bhāvayitvā ca passitvā | nibbutā upadhikkhaye'ti ||

는 것이다.'라고 말씀하셨습니다. 대왕이여, 이것을 두고 '세존의 감로 가게'라고 하는 것입니다.

'병든 사람들을 보고
감로가게를 여셨으니,
선업으로 그것을 사서 수행승들이여,
감로를 취하라.'"[855]

12. [밀린다 왕] "존자 나가세나여, 세존이신 부처님의 보석가게란 어떤 것입니까?"

[나가세나] "대왕이여, 세존께서는 보석들에 대하여 설하셨는데, 그 보석들로 장식하고 세존의 제자들은 신들을 포함한 인간의 세계를 널리 비추고, 밝게 비추고, 환히 비추고, 불타고, 빛나면서 위로 아래로 옆으로 광명을 보여줍니다. 그 보석들은 어떤 것입니까? ① 계행의 보석, ② 삼매의 보석, ③ 지혜의 보석, ④ 해탈의 보석, ⑤ 해탈에 대한 앎과 봄의 보석, ⑥ 분석적인 앎의 보석, ⑦ 깨달음 고리의 보석입니다."

13. [나가세나] "대왕이여, 세존의 계행의 보석은 어떤 것입니까? 계율수호적 계행, 감관제어적 계행, 생활청정적 계행, 필수자구의지적 계행,[856] 짧은 크기의 계행 , 중간 크기의 계행, 긴 크기의 계행,[857] 길에서 지켜야 할 계행, 경지에서 지켜야 할 계행,[858]이 있습니다."

---

855) byādhitaṁ janataṁ disvā | amatāpaṇaṁ pasārayi | kammena taṁ kiṇitvāna | amataṁ ādetha bhikkhavo'ti ||

856) pāṭimokkhasaṁvarasīla, indriyasaṁvarasīla), ājīvaparisuddhisīla, paccayannissitasīla) : 네 가지 청정을 위한 계행(四淨戒 : catupārisuddhisīla : Vism. 35)으로 각각 한역에서는 별해탈율의계(別解脫律儀戒), 근율의계(根律儀戒), 활명편정계(活命遍淨戒), 구의지계(具依止戒)라고 한다.

857) cūḷasīlaṁ majjhimasīlaṁ mahāsīlaṁ : DN. I. 4-12를 참조하라.

858) maggasīlaṁ phalasīlaṁ : 각각 성자의 길(四向)과 경지(四果), 즉 사쌍팔배의 계행을 말한다.

[나가세나] "대왕이여, 신들의 세계, 악마들의 세계, 하느님들의 세계, 성직자들과 수행자들, 그리고 그 후예들의 세계는 계행의 보석으로 장식한 사람을 갈구하고 원합니다. 대왕이여, 계행의 보석들로 장식한 수행승은 사방으로도 사잇방향으로도 위로도 아래로도 옆으로도 널리 비추고 환히 비춥니다. 아래로는 아비지옥을 위로는 궁극적인 미세한 물질로 이루어진 신들의 하느님세계에 이르기까지의 그 안의 모든 보석들을 뛰어넘고 제압하고 압도합니다. 대왕이여, 이와 같은 계행의 보석들이 세존의 보석가게에 진열되어 있습니다. 이것을 두고, '세존의 계행의 보석'이라고 하는 것입니다.

'부처님의 가게에는
이와 같은 [337] 계행들이 있다.
선업으로 그것을 사서
그대들에게 보석을 장식하라.'"[859)]

14. [나가세나] "대왕이여, 세존의 삼매의 보석이란 어떤 것입니까? 사유도 있고 숙고도 있는 삼매, 사유는 없고 숙고만 있는 삼매, 사유도 없고 숙고도 없는 삼매, 있음을 여읜 삼매, 인상을 여읜 삼매, 소망을 여읜 삼매입니다. 대왕이여, 삼매의 보석을 장식한 수행승에게는 감각적 쾌락의 욕망에 매인 사유, 분노에 매인 사유, 폭력에 매인 사유, 교만, 흥분, 잘못된 견해, 의심, 번뇌에 토대를 둔 갖가지 악한 사유들의 그 모든 것들이 삼매에 닿아 흐트러지고, 해체되고, 흩어지고, 존립하지 못하고 안착하지 못합니다. 대왕이여, 연잎위의 물방울은 흐트러지고, 해체되고, 흩어지고, 존립하지 못하고 안착하지 못합니다. 그것은 무슨 까닭입니까? 연꽃이 청정하기 때문입니다. 대왕이여, 이와 마찬가지로 삼매의 보석을 장식한 수행승에게는 감각적 쾌락의 욕망

---

859) evarūpāni sīlāni | santi buddhassa āpaṇe | kammena taṁ kiṇitvāna | ratanaṁ vo piḷandhathā'ti ||

에 매인 사유, 분노에 매인 사유, 폭력에 매인 사유, 교만, 흥분, 잘못된 견해, 의심, 번뇌에 토대를 둔 갖가지 악한 사유들의 그 모든 것들이 삼매에 닿아 흐트러지고, 해체되고, 흩어지고, 존립하지 못하고 안착하지 못합니다. 그것은 무슨 까닭입니까? 삼매가 청정하기 때문입니다. 대왕이여, 이것을 두고 '세존의 삼매의 보석'이라고 하는 것입니다. 대왕이여, 이와 같은 삼매의 보석이 세존의 보석가게에 진열되어 있습니다.

'삼매의 보석 꽃타래를 지니면
사악한 사유는 일어나지 않고,
마음은 흐트러지지 않는다.
그것을 그대들은 장식하라.'"860)

15. [나가세나] "대왕이여, 세존의 지혜의 보석이란 어떤 것입니까? 대왕이여, 고귀한 제자는 '이것이 착하고 건전한 것이다.'라고 있는 그대로 분명히 알고, '이것이 악하고 불건전한 것이다.'라고 있는 그대로 분명히 알고, '이것이 죄가 있는 것이다. 이것이 죄가 없는 것이다. 이것이 실행할 만한 것이다. 이것이 실행할 만한 것이 아니다. 이것은 저열한 것이다. 이것은 수승한 것이다. 이것은 어두운 것이다. 이것은 밝은 것이다. 이것은 [338] 어둡기도 하고 밝기도 한 것이다.'라고 있는 그대로 분명히 알고, '이것은 괴로움이다.'라고 있는 그대로 분명히 알고, '이것은 괴로움의 발생이다.'라고 있는 그대로 분명히 알고, '이것은 괴로움의 소멸이다.'라고 있는 그대로 분명히 알고, '이것은 괴로움의 소멸에 이르는 길이다.'라고 있는 그대로 분명히 압니다. 대왕이여, 이것을 두고 '세존의 지혜의 보석'이라고 하는 것입니다.

'지혜의 보석 꽃타래를 지니면

---

860) samādhiratanamālassa | kuvitakkā na jāyare | na ca vikkhipate cittaṁ | etaṁ tumhe piḷandhathā'ti || 경전에서 추적불가

존재는 길게 전개되지 않는다.
신속히 불사(不死)에 닿으니
그는 존재를 기뻐하지 않는다.'"861)

16. [나가세나] "대왕이여, 세존의 해탈의 보석이란 어떤 것입니까? 대왕이여, 해탈의 보석이란 거룩한 님의 경지를 말하는 것입니다. 대왕이여, 수행승이 거룩한 경지에 도달하면 '해탈의 보석으로 장식된 자.'라고 불립니다. 대왕이여, 어떤 사람이 진주꿰미, 마니주, 황금, 산호의 장식으로 치장하고, 알로에, 따가라862)향, 딸리싸까863)향, 붉은 전단향을 몸에 바르고, 쇠나무꽃, 뿐나가꽃, 쌀라꽃, 싸랄라꽃, 짬빠까꽃, 황색재스민꽃, 아띠뭇따까꽃,864) 나팔꽃, 청련화, 쌍엽재스민꽃, 말리까꽃865)으로 장식했는데, 꽃타래와 향과 보석의 장식으로 다른 사람들을 뛰어넘어 널리 비추고 환희 비추고 밝게 비추고 빛나게 비추고 찬란히 비추고, 불타고, 작열하고, 우월하고, 저들을 압도합니다. 대왕이여, 이와 마찬가지로 거룩한 님의 경지에 도달하고 번뇌를 부수고 해탈의 보석으로 장식한 님은 이러저러한 관점에서866) 해탈한 수행승들을 뛰어넘어 널리 비추고 환희 비추고 밝게 비추고 빛나게 비추고 찬란히 비추고, 불타고, 작열하고, 우월하고, 해탈로 저들을 압도합니다. 그것은 무슨 까닭입니까? 대왕이여, 이 장식, 즉 해탈의 장식이 모든 장식 가운데 최상이기 때문입니다. 대왕

---

861) paññāratanamālassa | na ciraṁ vattate bhavo | khippaṁ phasseti amataṁ | na ca so rocate bhave'ti ‖ 여기서 앞의 존재는 존재의 다발(五蘊)을 의미하고, 두 번째 존재는 삼유(三有)로서 감각적 쾌락의 욕망계의 존재(欲有), 미세한 물질계의 존재(色有), 비물질계의 존재(無色有)를 뜻한다.

862) Tagara : 학명은 Tabernaemontana coronaria이다.

863) Tālīsaka : 학명은 Flacourtia cataphracta이다.

864) Atimuttaka : 학명은 Gaertnera racemose로 넝쿨식물의 일종이다.

865) Mallika : 아라비안 재스민이다.

866) upādāyupādāya : 흐름에 든 님, 한 번 돌아오는 님, 돌아오지 않는 님의 경우를 뜻한다.

이여, 이것을 두고 '세존의 해탈의 보석'이라고 하는 것입니다.

'마니주의 꽃타래를 한 주인을
재가자들은 우러러본다.
그러나 신들을 포함한 세상은
해탈의 보석의 꽃타래를 우러러본다.'"867)

17. [나가세나] "대왕이여, 세존의 해탈에 대한 앎과 봄의 보석868) 이란 어떤 것입니까? 대왕이여, 성찰의 앎을 두고 세존의 '해탈에 대한 앎과 봄의 보석'이라고 [339] 하는 것입니다. 그 앎으로 고귀한 제자는 길과 경지와 열반과 이미 버린 번뇌와 아직 남아 있는 번뇌를 성찰합니다.

'궁극적 앎으로 깨달은
성자들은 할 일을 해 마쳤다.
그 앎의 보석을 얻기 위해
승자의 적자들은 노력하라.'"869)

18. [나가세나] "대왕이여, 세존의 분석적인 앎의 보석이란 어떤 것입니까? 대왕이여, 네 가지 분석적인 앎, 즉 의취에 대한 분석적인 앎, 원리에 대한 분석적인 앎, 언어에 대한 분석적인 앎, 맥락에 대한 분석적인 앎이 있습니다.870) 대왕이여, 이러한 네 가지 분석적인 앎의

---

867) maṇimālādharaṁ geha- | jano sāmiṁ udikkhati | vimuttiratanamālantu | udikkhanti sadevakā'ti ||

868) vimuttiñāṇadassanaratana : 해탈지견(解脫知見)의 보석을 말한다.

869) ye ñāṇena bujjhanti | ariyā katakiccataṁ | taṁ ñāṇaratanaṁ laddhuṁ | vāyametha jinorasā'ti ||

870) catasso kho, mahārāja, paṭisambhidāyo atthapaṭisambhidā dhammapaṭisambhidā niruttipaṭisambhidā paṭibhānapaṭisambhidāti : 네 가지 분석적인 앎(四無碍解 : cattāro paṭisambhidā : Vism. 440 참조)에 대한 언급이다. ① 의취에 대한 분석적인 앎(義無碍解 : atthapaṭisambhidā) : 결과와 관련된 분석적인 앎 ② 원리에 대한 분석적인 앎(法無碍解 : dhammapaṭisambhidā) : 원인과 관련된 분석적인 앎 ③ 언어에 대한 분석적인 앎(詞無碍解 : niruttipaṭisambhidā) : 의취와 조건

보석을 장식한 수행승은 왕족의 모임이든, 바라문의 모임이든, 장자의 모임이든, 수행자의 모임이든, 어떤 모임이든 다가가는 모임마다 두려움 없이, 부끄러움 없이, 공포를 여의고, 전율을 여의고, 놀라지 않고, 털이 곤두서는 일이 없이 대중에게 다가갑니다. 대왕이여, 전사나 전쟁의 용사는 다섯 가지 무기[871]로 무장하고 두려움 없이 '만약 적이 멀리 있으면, 화살로 넘어뜨리리라. 그보다 가까이 있으면, 투창으로 쳐부수리라, 그보다 가까이 있으면, 창으로 쳐부수리라. 그보다 가까이 있으면, 휘어진 칼로 쳐부수리라. 바로 가까이에 있다면, 휘어진 칼로 두 조각을 내리라. 신변에 다가오면, 단도로 찔러버리리라.'라고 생각하고 전장에 들어갑니다. 대왕이여, 이와 마찬가지로 네 가지 분석적인 앎의 보석을 장식한 수행승은 두려워하지 않고 '*1)* 누구든지 나에게 의취에 대한 분석적인 앎에 대하여 질문하면, 그에게 의취로 의취를 설할 것이고, 이유로 이유를 설할 것이고, 원인으로 원인을 설할 것이고, 방도로 방도를 설할 것이고, 의심을 풀어주고, 의혹을 몰아내고, 질문에 대한 해명으로 그를 만족시킬 것이다. *2)* 누구든지 나에게 원리에 대한 분석적인 앎[872]에 대하여 질문하면, 그에게 원리로 원리를 설할 것이고, 불사로 불사를 설할 것이고, 무위로 무위를 설할 것이고, 열반으로 열반을 설할 것이고, 있음의 여읨으로 있음의 여읨을 설할 것이고, 인상의 여읨으로 [340] 인상의 여읨을 설할 것이고, 바램의 여읨으로 바램의 여읨을 설할 것이고,[873] 부동으로 부동을

을 서술하는 언어에 대한 분석적인 앎 ④ 맥락에 대한 분석적인 앎(辨無碍解 : paṭibhānapaṭisambhidā) : 앞의 세 가지 분석적인 앎의 맥락에 대한 분석적인 앎을 뜻한다.

871) pañcāvudha : MQ. II. 185에 따르면, usu, satti, kaṇaya, maṇḍalagga, churitā인데 의미가 확실하지가 않다. FKM. 305에 따르면, 화살, 투창, 창, 휘어진 칼, 단도를 의미한다.

872) 원리에 대한 분석적인 앎(法無碍解 : dhammapaṭisambhidā) : 원인과 관련된 분석적인 앎인데, 여기서 나가세나는 진리에 대한 분석적인 앎으로 해석하고 있다.

873) suññatena suññataṁ kathayissāmi, animittena animittaṁ kathayi-

설할 것이고, 의심을 풀어주고, 의혹을 몰아내고, 질문에 대한 해명으로 그를 만족시킬 것이다. *3)* 누구든지 나에게 언어에 대한 분석적인 앎에 대하여 질문하면, 그에게 언어로 언어를 설할 것이고, 단어로 단어를 설할 것이고, 구절로 구절을 설할 것이고, 철자로 철자를 설할 것이고, 연성으로 연성을 설할 것이고, 자음으로 자음을 설할 것이고, 억양으로 억양을 설할 것이고. 음절로 음절을 설할 것이고, 모음으로 모음을 설할 것이고, 개념으로 개념을 설할 것이고, 관용적 표현으로 관용적 표현을 설할 것이고, 의심을 풀어주고, 의혹을 몰아내고, 질문에 대한 해명으로 그를 만족시킬 것이다. *4)* 누구든지 나에게 맥락에 대한 분석적인 앎에 대하여 질문하면, 그에게 맥락으로 맥락을 설할 것이고, 비유로 비유를 설할 것이고, 특징으로 특징을 설할 것이고, 내용으로 내용을 설할 것이고, 의심을 풀어주고, 의혹을 몰아내고, 질문에 대한 해명으로 그를 만족시킬 것이다.'라고 생각하고 사람들의 모임에 다가갑니다. 대왕이여, 이것을 두고 '여래의 분석적인 앎의 보석'이라고 하는 것입니다.

'분석적인 앎을 사서
궁극적 앎을 촉지하는 자는,
두려움 없이 불안 없이
신들을 포함한 세상에서 빛난다.'"[874]

19. [나가세나] "대왕이여, 세존의 깨달음 고리의 보석이란 어떤 것입니까? 대왕이여, 일곱 가지 깨달음 고리, 즉 새김의 깨달음 고리, 탐구의 깨달음 고리, 정진의 깨달음 고리, 희열의 깨달음 고리, 안온의 깨달음 고리, 집중의 깨달음 고리, 평정의 깨달음 고리가 있습니다.[875]

---

ssāmi, appaṇihitena appaṇihitaṁ kathayissāmi : Miln. 413을 참조하라.

874) paṭisambhidā kiṇitvāna | ñāṇena phassayeyya yo | acchambhito anubbiggo | atirocati sadevake'ti ||

875) satta sambojjhaṅgā : 일곱 가지 깨달음 고리(七覺支)를 나열한 것이다. 상세한

대왕이여, 이러한 일곱 가지 깨달음 고리로 장식한 수행승은 모든 어둠을 몰아내고 신들과 인간을 포함한 세상을 밝히고 훤히 비추고 그 세상에 광명을 놓습니다. 대왕이여, 이것을 두고 '세존의 깨달음 고리의 보석'이라고 하는 것입니다.

'깨달음 고리라는 보석 꽃타래를 지니면,
신들과 인간이 [341] 그에게 예경한다.
선업으로 그것을 사서
그대들에게 그 보석을 장식하라.'"876)

20. [밀린다 왕] "존자 나가세나여, 세존이신 부처님의 잡화가게란 어떤 것입니까?"

[나가세나] "대왕이여, 세존의 잡화가게란 아홉 부류의 가르침,877) 사리와 유품, 탑묘, 참모임의 보물입니다. 대왕이여, 잡화가게에 세존께서는 태어남의 성취를 진열하였고, 재보의 성취를 진열하였고, 수명의 성취를 진열하였고, 건강의 성취를 진열하였고, 용모의 성취를 진열하였고, 지혜의 성취를 진열하였고, 인간적 행복의 성취를 진열하였고, 천상의 행복의 성취를 진열하였고, 열반의 행복의 성취를 진열하였습니다. 이 가운데 각각의 성취를 원하는 자들은 선업의 대가를 주고 각각 원하는 성취를 사는데, 어떤 자들은 계행을 지킴으로써 사고, 어떤 자들은 포살을 지킴으로써 삽니다. 그들은 적은 선업의 대가를 지불하고 이러저러한 성취를 얻습니다. 대왕이여, 예를 들어 상인의 가게에서 사람들이 참깨와 완두콩과 콩을, 소량의 쌀이나 완두콩이나 콩으로 교환하거나 적은 대가를 지불하고 얻습니다. 대왕이여, 이와

것은 Miln. 83과 그 주석을 보라.

876) bojjhaṅgaratanamālassa | uṭṭhahanti sadevakā |, kammena taṁ kiṇitvāna | ratanaṁ vo piḷandhathā'ti ||

877) navaṅgasāsana : 아홉 부류의 가르침, 즉 구분교(九分敎)에 대해서는 Miln. 21과 주석을 참조하라.

마찬가지로 세존의 잡화가게에서는 적은 양의 선업의 대가로 이러저러한 성취를 얻습니다. 대왕이여, 이것을 두고 '세존의 잡화가게'라고 하는 것입니다.

'수명, 건강 그리고 용모,
천계, 고귀한 가문을 얻는 것과,
무위(無爲), 불사(不死)가
최승자의 잡화가게에 있다.[878]

적거나 많은 선업의
대가로 얻어지는 것이다.
믿음의 대가로 사서
수행승들이여, 번영하라.'"[879]

21. [나가세나] "대왕이여, 세존께서 설하신 진리의 도시에는 이와 같은 사람들이 살고 있습니다. 경전에 정통한 자들, 계율에 정통한 자들, 논장에 정통한 자들, 설법하는 자들, ≪자타카≫를 송출하는 자들, ≪디가니까야≫를 송출하는 자들, ≪맛지마니까야≫를 송출하는 자들, [342] ≪쌍윳따니까야≫를 송출하는 자들, ≪앙긋따라니까야≫를 송출하는 자들, ≪쿳다까니까야≫를 송출하는 자들, 계행을 갖춘 자들, 삼매를 갖춘 자들, 지혜를 갖춘 자들, 깨달음 고리를 갖춘 자들, 통찰하는 자들, 자신의 목적을 지향하는 자들, 숲속에서 지내는 자들, 나무 아래서 지내는 자들, 노천에서 지내는 자들, 짚더미 위에서 지내는 자들, 무덤가에서 지내는 자들, 눕지 않고 앉아서 지내는 자들, 올바로 실천하는 자들, 과위를 향유하는 자들, 과위를 갖춘 학인들, 흐름에

---

878) āyu arogatā vaṇṇaṁ | saggaṁ uccākulīnatā | asaṅkhatañca amataṁ | atthi sabbāpaṇe jine ‖ 무위(無爲), 불사(不死)는 열반의 다른 이름이다.
879) appena bahukenāpi | kammamūlena gayhati | kiṇitvā saddhāmūlena | samiddhā hotha bhikkhavo'ti ‖

든 자들, 한 번 돌아오는 자들, 돌아오지 않는 자들, 거룩한 님, 세 가지 명지를 지닌 자들, 여섯 가지 곧바른 앎을 지닌 자들, 신통력을 갖춘 자들, 지혜로 궁극에 이른 자들, 그리고 새김의 토대, 올바른 노력, 신통의 기초, 능력, 힘, 깨달음 고리, 고귀한 길, 선정, 해탈, 삼매, 성취, 미세한 물질계, 비물질계, 적정과 행복의 성취에 밝은 자들, 이러한 거룩한 님들로 대나무숲이나 갈대숲처럼 진리의 도시는 붐비고 조밀하고 가득 차고 번잡합니다. 이러한 시가 있습니다.

'탐욕을 떠난 자들, 분노를 떠난 자들,
어리석음을 떠난 자들, 번뇌를 여읜 자들,
갈애를 떠난 자들, 취착이 없는 자들,
그들이 진리의 도시에 산다.[880]

숲속에 사는 자들, 투타행을 하는 자들,
선정에 드는 자들, 누더기 옷을 입는 자들,
멀리 여읨을 즐기는 자들, 견고한 자들,
그들이 진리의 도시에 산다.[881]

앉아서 자는 자들, 깔개 위에서 자는 자들,
또는 서있거나 걸어다는 자들,
분소의를 입은 자들,
모든 그들이 진리의 도시에 산다.[882]

가죽옷을 네 번째의 옷으로[883]

---

880) vītarāgā vītadosā | vītamohā anāsavā | vītataṇhā anādānā | dhammanagare vasanti te ||

881) āraññikā dhutadharā | jhāyino lūkhacīvarā | vivekābhiratā dhīrā | dhammanagare vasanti te ||

882) nesajjikā santhatikā | athopi ṭhānacaṅkamā | paṁsukūladharā sabbe | dhammanagare vasanti te ||

883) cammakhaṇḍacatutthakā : Vin. II. 22에서 가죽옷의 사용이 허락되었다.

세벌 옷을 입은 자들,
한 자리에서의 식사에 만족하는 자들, 지자들,
그들이 진리의 도시에 산다.884)

욕심이 적은 자들, 사려깊은 자들, 현명한 자들,
음식을 삼가는 자들, 탐욕을 여읜 자들,
얻건 얻지 못하건 만족하는 자들,
그들이 진리의 도시에 산다.885)

선정에 든 자들, 선정을 즐기는 자들, 견고한 자들,
적정한 마음을 지닌 자들, 삼매에 든 자들,
아무것도 없는 상태를 원하는 자들,
그들이 진리의 도시에 산다.886)

올바로 향하는 자들, 경지에 도달한 자들,
배울 것이 있는 학인들, 경지를 아는 자들,
최상의 목표를 열망하는 자들,
그들이 진리의 도시에 산다.887)

티끌을 여읜 님들, 흐름에 든 님들,
한 번 돌아오는 님들,
돌아오지 않는 님들, 거룩한 님들,
그들이 진리의 도시에 산다.888)

---

884) ticīvaradharā santā | cammakhaṇḍacatutthakā | ratā ekāsane viññū | dhammanagare vasanti te ||

885) appicchā nipakā dhīrā | appāhārā alolupā | lābhālābhena santuṭṭhā | dhammanagare vasanti te ||

886) jhāyī jhānaratā dhīrā | santacittā samāhitā | ākiñcaññaṁ patthayānā | dhammanagare vasanti te ||

887) paṭipannā phalaṭṭhā ca | sekkhā phalasamaṅgino | āsīsakā uttamatthaṁ | dhammanagare vasanti te ||

888) sotāpannā ca vimalā | sakadāgāmino ca ye | anāgāmī ca arahanto |

새김의 토대에 밝은 자들,
깨달음 고리의 수행을 즐기는 자들,
통찰을 닦는 자들, 가르침을 지닌 자들,
그들이 진리의 도시에 산다.889)

신통의 [343] 기초에 밝은 자들,
삼매의 수행을 즐기는 자들,
네 가지 올바른 노력에 전념하는 자들,
그들이 진리의 도시에 산다.890)

곧바른 앎의 완성에 도달한 자들,
아버지의 영역을 즐기는 자들,891)
허공을 걸어 다니는 자들,
그들이 진리의 도시에 산다.892)

눈을 아래로 뜬 자들, 헤아려 말하는 자들,
감관의 문을 수호하는 자들, 제어하는 자들,
최상의 가르침에 잘 단련된 자들,
그들이 진리의 도시에 산다.893)

세 가지 명지에 통달한 자들,

---

dhammanagare vasanti te ||

889) satipaṭṭhānakusalā | bojjhaṅgabhāvanāratā | vipassakā dhammadharā | dhammanagare vasanti te ||

890) iddhipādesu kusalā | samādhibhāvanāratā | sammappadhānānuyuttā | dhammanagare vasanti te ||

891) pettike gocare ratā : 자신의 조상들이 거닐던 곳을 말한다. 네 가지 새김의 토대(四念處 : cattāro satipaṭṭhānā)를 말한다.

892) abhiññāpāramippattā | pettike gocare ratā | antalikkhamhi caraṇā | dhammanagare vasanti te ||

893) okkhittacakkhū mitabhāṇī | guttadvārā susaṁvutā | sudantā uttame dhamme | dhammanagare vasanti te ||

여섯 가지 곧바른 앎을 지닌 자들,
신통으로 완성에 이른 자들, 지혜로 완성에 이른 자들,
그들이 진리의 도시에 산다.'"894)

22. [나가세나] "*1)* 대왕이여, 수행승들이 측량할 수 없는 최상의 앎을 지니고, 집착을 여의고, 견줄 수 없는 덕성을 지니고, 비교할 수 없는 명성을 지니고, 비교할 수 없는 위광을 지니고, 가르침의 수레바퀴를 굴리고, 지혜의 완성에 이르면, 대왕이여, 이와 같은 수행승들을 두고 세존의 진리의 도시에서는 '가르침의 장군들'이라고 합니다. *2)* 대왕이여, 그리고 수행승들이 신통을 갖추고, 분석적인 앎을 갖추고, 두려움 없음에 도달하고, 공중을 걸어 다니고, 동등하기 어렵고, 정복하기 어렵고, 지지하는 것 없이 걷고, 바다와 산을 지탱하는 대지를 흔들고, 달과 해를 만지고, 신통변화와 결의를 일깨우는데 밝고, 신통의 완성에 이르면, 대왕이여, 이와 같은 수행승들을 두고 세존의 진리의 도시에서 '왕립사제들'이라고 하는 것입니다. *3)* 대왕이여, 그리고 수행승들이 두타행의 덕성를 갖추고, 욕망을 여의고, 만족할 줄 알고, 탁발에서 암시하는 것을 싫어하고, 차제로 탁발하고, 꿀벌처럼 향기를 맡고 멀리 떨어진 숲으로 들어가, 몸과 목숨을 돌보지 않고 거룩한 경지에 도달하고, 두타행의 덕성으로 최상의 칭송을 받으면, 대왕이여, 이와 같은 수행승들을 두고 세존의 진리의 도시에서 '사법관들'이라고 하는 것입니다. *4)* 대왕이여, 그리고 수행승들이 청정하고 티끌을 여의고, 번뇌가 없고, 죽어 다시 태어나는 것에 밝고,895) 하늘눈의 완성에 이르면, 대왕이여, 이와 같은 수행승들을 두고 세존의 진리의 도시에서 '도시의 불을 밝히는 자들'이라고 하는 것입니다. *5)* 대왕이여, 그리

894) tevijjā chaḷabhiññā ca | iddhiyā pāramiṁ gatā | paññāya pāramippattā | dhammanagare vasanti te'ti ||
895) cutūpapātakusalā : 생사윤회에 밝은 것을 뜻한다.

고 수행승들이 많이 배우고, [344] 전승에 밝고, 가르침을 지니고, 계율을 지니고, 논모[896]를 지니고, 철자의 무성음, 유성음, 장음, 단음, 중음, 경음의 구별에 밝고 아홉 부류의 가르침에 통달하면, 대왕이여, 이와 같은 수행승들을 두고 세존의 진리의 도시에서 '진리의 수호자들'이라고 하는 것입니다. *6)* 대왕이여, 그리고 수행승들이 계율을 알고, 계율에 밝고, 그 인연이야기에 밝고, 유죄와 무죄, 중죄와 경죄, 교정될 수 있는 것과 교정될 수 없는 것,[897] 출죄, 고백, 절복, 참회, 사면복귄, 한시퇴출, 사죄조치에 밝고, 계율의 완성에 이르면, 대왕이여, 이와 같은 수행승들을 두고 세존의 진리의 도시에서 '유능한 환전상들'[898]이라고 하는 것입니다. *7)* 대왕이여, 그리고 수행승들이 수승한 해탈의 꽃의 꽃타래로 묶고, 가장 뛰어난 최상의 고귀하고 승묘한 상태에 도달하고, 많은 사람의 사랑을 받고 총애를 받는다면, 대왕이여, 이와 같은 수행승들을 두고 세존의 진리의 도시에서 '꽃을 파는 자들'이라고 하는 것입니다. *8)* 대왕이여, 그리고 수행승들이 네 가지 진리를 이해하여 꿰뚫고, 진리를 보고, 가르침을 식별하고, 네 가지 수행자의 삶의 결실 가운데 의혹을 건너고 결실의 안락을 얻고, 다른 실천자들과 그 결실을 나누어 가지면, 대왕이여, 이와 같은 수행승들을 두고 세존의 진리의 도시에서 '과일을 파는 자들'이라고 하는 것입니다. *9)* 대왕이여, 그리고 수행승들이 고귀한 계행의 수승한 향을 바르고, 갖가지 많은 덕성을 지니고 번뇌의 티끌의 악취를 제거하면, 대왕이여, 이와 같은 수행승들을 두고 세존의 진리의 도시에서 '향을 파는 자들'이라고 하는 것입니다. *10)* 대왕이여, 그리고 수행승들이 진리를 갈망하고, 대화가 사랑스럽고, 보다 상세한 가르침과 보다 상

896) mātika : 한역으로 논모(論母), 논의의 주제를 뜻한다.
897) satekicchaatekiccha : MQ. II. 194에 따르면, 죄와 관련된 계율용어는 아니다.
898) rūpadakkhā : MQ. II. 195에 따른 '환전상들이나 대출업자들'이다. FKM. 309에 따르면, '형상에 밝은 자들(Formkundigen)'이다.

세한 계율에 크게 환희하고, 숲속에서 지내고, 나무 아래서 지내고, 빈 집에서 지내고, 고귀한 가르침의 정수를 마시고, 신체적으로나 언어적으로나 정신적으로 고귀한 가르침의 정수에 뛰어들고, 언변이 뛰어나고, 가르침들 가운데 가르침의 탐구를 실천하고, 여기건 저기건 소욕에 대한 이야기, 지족에 대한 이야기, 멀리 여읨에 대한 이야기, 사교의 여읨에 대한 이야기, 용맹정진에 대한 이야기, 계행에 대한 이야기, 삼매에 대한 이야기, 지혜에 대한 이야기, 해탈에 대한 이야기, 해탈에 대한 앎과 봄에 대한 각각의 이야기가 있는 곳이 있다면, [345] 각각의 그곳으로 가서 그 이야기의 정수를 마신다면, 대왕이여, 이와 같은 수행승들을 두고 세존의 진리의 도시에서 '깨달음에 목마른 자들'이라고 하는 것입니다. *11)* 대왕이여, 그리고 수행승들이 밤의 시작에서 밤의 끝까지 깨어있음의 실천에 전념하고, 앉거나 서거나 걸으면서 밤낮을 보내고, 번뇌를 제거하기 위해 수행의 실천에 전념하고 자신의 목표를 추구하면, 대왕이여, 이와 같은 수행승들을 두고 세존의 진리의 도시에서 '도시의 파수꾼들'이라고 하는 것입니다. *12)* 대왕이여, 그리고 수행승들이 아홉 부류의 가르침을 의미로, 음절로, 방법으로, 이유로, 원인으로, 예화로, 가르치고 외우고 설명하고 상세히 반복하면, 대왕이여, 이와 같은 수행승들을 두고 세존의 진리의 도시에서 '가르침의 판매자들'이라고 하는 것입니다. *13)* 대왕이여, 그리고 수행승들이 가르침의 보물로 부유하고, 전승과 교설과 배운 것의 재보로 부유하고, 그 표현과 모음과 자음과 특징을 꿰뚫고 지식이 해박하면, 대왕이여, 이와 같은 수행승들을 두고 세존의 진리의 도시에서 '가르침의 재정관들'이라고 하는 것입니다. *14)* 대왕이여, 그리고 수행승들이 위대한 가르침을 꿰뚫고 명상대상의 변별과 해석에 숙달하고, 학습계율의 완성에 이르면, 대왕이여, 이와 같은 수행승들을 두고 세존의 진리의 도시에서 '칭송받는 법률가들'이라고 하는 것입니다."

23. [나가세나] “대왕이여, 세존께서 설하신 진리의 도시는 이와 같이 잘 구획되었고, 이와 같이 잘 건설되었고, 이와 같이 잘 정비되었고, 이와 같이 잘 완성되었고, 이와 같이 잘 확립되었고, 이와 같이 잘 수호되었고, 이와 같이 잘 수비되었으므로, 이와 같이 적들이 정복하기 어려운 도시가 되었습니다. 대왕이시여, 이러한 이유, 이러한 원인, 이러한 방법, 이러한 추론에 의해서 ‘저 세존은 존재했다.’라고 알 수 있습니다.

‘잘 구획되어 만들어진
쾌적한 도시를 보고
건축가의 위대성을
추론으로 아는 것처럼,899)

마찬가지로 세상의 구호자의
뛰어난 진리의 도시를 보고
'저 세존이 존재했다.'라고
추론을 통해서 안다.900)

바다의 [346] 파도를 보고
파도가 존재하는 것처럼
'저 바다는 클 것이다.'라고
사람들은 추론으로 안다.901)

마찬가지로 부처님을 추론으로 안다.
'근심을 여의고, 어떤 경우라도 불패이고

---

899) yathāpi nagaraṁ disvā | suvibhattaṁ manoramaṁ | anumānena jānanti | vaḍḍhakissa mahattanaṁ ||

900) tatheva lokanāthassa | disvā dhammapuraṁ varaṁ | anumānena jānanti | atthi so bhagavā iti ||

901) anumānena jānanti | ūmiṁ disvāna sāgare | yathāyaṁ dissate ūmi | mahanto so bhavissati ||

갈애의 부숨에 도달하여
존재의 윤회에서 벗어난 것을'[902]

신들을 포함한 세계는
파도를 보고서 추론으로 알 수 있으리.
'진리의 파도의 전파자인
부처님은 최상자일 것이다.'[903]

높이 솟은 산을 보고서
'이 높이 솟은 산,
그것은 히말라야 산일 것이다.'라고
사람들은 추론을 안다.[904]

마찬가지로 진리의 산이
청량하고 취착이 없고
높이 솟고 부동이고
잘 확립되어 있는 것을 본다.[905]

그 진리의 산을 보고
'그대로 그 위대한 영웅은
최상자, 부처님일 것이다.'라고
추론으로 알 수 있으리.[906]

사람들은 코끼리 왕의

---

902) tathā buddhaṁ sokanudaṁ | sabbatthamaparājitaṁ | taṇhakkhayamanuppattaṁ | bhavasaṁsāramocanaṁ ||

903) anumānena ñātabbaṁ | ūmiṁ disvā sadevake | yathā dhammūmivipphāro | aggo buddho bhavissati ||

904) anumānena jānanti | disvā accuggataṁ giriṁ | yathā accuggato eso | himavā so bhavissati ||

905) tathā disvā dhammagiriṁ | sītībhūtaṁ nirūpadhiṁ | accuggataṁ bhagavato | acalaṁ suppatiṭṭhitaṁ ||

906) anumānena ñātabbaṁ | disvāna dhammapabbataṁ | tathā hi so mahāvīro | aggo buddho bhavissati ||

발자국을 보고
'그 코끼리는 거대하다.'라고
추론을 통해 아는 것처럼,907)

마찬가지로 박멸자인908)
부처님-코끼리의 발자국을 보고
'그 코끼리는 거대할 것이다.'라고
사람들은 추론으로 안다.909)

작은 동물들이 두려워하는 것을 보고
'백수의 왕의 포효로
이 작은 동물들이 무서워하고 있다.'라고
사람들은 추론으로 안다.910)

마찬가지로 당혹하고
두려워하는 마음을 품은 이교도들을 보고
'가르침의 제왕께서 포효하셨다.'라고
추론으로 알 수 있으리.911)

대지가 청량해지고 푸르러지고
잘 관개된 것을 보고
'거대한 구름의 비로 청량해졌다.'라고
사람들은 추론으로 안다.912)

---

907) yathāpi gajarājassa | padaṁ disvāna mānusā | anumānena jānanti | mahā eso gajo iti ||

908) vibhāvino : 집착, 혐오, 미혹의 괴멸자를 뜻한다.

909) tatheva buddhanāgassa | padaṁ disvā vibhāvino | anumānena jānanti | uḷāro so bhavissati ||

910) anumānena jānanti | bhīte disvāna kummige | migarājassa saddena | bhītāme kummigā iti ||

911) tatheva titthiye disvā | vitthate bhītamānase | anumānena ñātabbaṁ | dhammarājena gajjitaṁ ||

912) nibbutaṁ pathaviṁ disvā | haritapattaṁ mahodikaṁ | anumānena jānanti | mahāmeghena nibbutaṁ ||

마찬가지로 즐거워하고
환희하는 사람들을 보고
'가르침의 비에 만족하고 있다.'라고
추론으로 알 수 있으리.913)

대지가 질척거리는
진흙과 늪지로 변한 것을 보고
'광대한 홍수의 더미가 존재했다.'라고
사람들은 추론으로 안다.914)

이와 마찬가지로
흙먼지와 진흙에 가라앉은 사람들,
진리의 강으로 실려가
진리의 바다에 던져진 사람들을 보고915)

불사의 진리에 도달한
신들과 인간이 사는 대지를 보고
'광대한 진리의 다발이 존재했다.'라고
추론으로 알 수 있으리.916)

최상의 향기를 맡고서
'이러한 향기가 풍기는데,
꽃이 핀 나무들이 있을 것이다.'라고
사람들은 [347] 추론으로 안다.917)

---

913) tathevimaṁ janaṁ disvā | āmoditapamoditaṁ | anumānena ñātabbaṁ | dhammameghena tappitaṁ ||

914) laggaṁ disvā bhusaṁ paṅkaṁ | kalaladdagataṁ mahiṁ | anumānena jānanti | vārikkhandho mahā gato ||

915) tathevimaṁ janaṁ disvā | rajapaṅkasamohitaṁ | vahitaṁ dhammanadiyā | visaṭṭhaṁ dhammasāgare ||

916) dhammāmatagataṁ disvā | sadevakamimaṁ mahiṁ | anumānena ñātabbaṁ | dhammakkhandho mahā gato ||

917) anumānena jānanti | ghāyitvā gandhamuttamaṁ | yathāyaṁ vāyate ga-

이와 마찬가지로 계행의 향기가
신들과 인간에 풍기는데,
'위없는 부처님이 존재했다.'라고
추론으로 알 수 있으리.'"918)

24. [나가세나] "대왕이여, 이와 같은 백 가지 이유로도 천 가지 이유로도, 백 가지 원인으로도 천 가지 원인으로도, 백 가지 방법으로도 천 가지 방법으로도, 백 가지 비유로도 천 가지 비유로도, 부처님의 힘을 나타낼 수 있습니다. 대왕이여, 유능한 꽃타래의 장인이 갖가지 꽃더미로 스승의 가르침에 따라 각각의 사람의 모습에 따라 갖가지 색깔의 꽃타래의 종류에 따라 꽃더미를 만들어내듯, 대왕이여, 이와 마찬가지로 저 세존께서는 무한한 덕성, 측량할 수 없는 덕성을 가진 분으로 갖가지 색깔의 꽃더미를 만들어냅니다. 나는 이제 최승자의 가르침에서 꽃을 엮는 꽃타래의 장인처럼, 옛 스승들의 길을 통해서도, 나의 깨우침의 힘을 통해서도, 헤아릴 수 없는 이유와 추론을 통해서도, 부처님의 힘을 드러낼 수 있습니다. 그러니, 그대는 그것에 대해 듣고자 열의를 일으켜야 합니다."

[밀린다 왕] "존자 나가세나여, 이러한 이유와 추론으로 부처님의 힘을 설명하는 다른 사람을 발견하기 힘듭니다. 존자 나가세나여, 존자께서 나의 질문에 대하여 수승하고 다채로운 답변을 주신 것에 만족합니다."

첫 번째 추론에 대한 질문이 끝났다.
네 번째 추론의 품이 끝났다.
이 품은 한 개의 질문으로 이루어졌다.
제5편 추론으로 풀리는 질문이 끝났다.

---

ndho | hessanti pupphitā dumā ||

918) tathevāyaṁ sīlagandho | pavāyati sadevake | anumānena ñātabbaṁ | atthi buddho anuttaro'ti ||

제6편 두타행의 덕성에 대한 질문 (Dhutaṅgapañha)

1. [두타행의 덕성에 대한 질문] (Dhutaṅgapañha)

1. [밀린다 왕] '왕은 숲속에 [348] 살며
두타행의 덕성에 뛰어든 수행승들을 보았다.
그리고 돌아오지 않는 경지에
들어선 재가자를 보았다.919)

그 두 가지를 관찰하고
커다란 의혹이 일어났다.
'재가자가 진리를 깨닫는다면,
두타행의 고리는 효과가 없을 것이다.920)

갖가지 이교적 교리를 논파하고
삼장(三藏)에 통달한
최승의 논사에게 자 질문해보자.
그가 나에게 의혹을 제거하리라.'921)

2. 그래서 밀린다 왕은 존자 나가세나가 있는 곳을 찾아갔다. 가까이 다가가서 존자 나가세나에게 인사하고 한쪽으로 물러나 앉았다. 한쪽

---

919) passatāraññake bhikkhū | ajjhogāḷhe dhute guṇe | puna passati gihī rājā | anāgāmiphale ṭhite ‖ 열세 가지 두타행의 덕성 또는 고리(dhutaguṇā=dhutaṅgāni)에 관해서는 Miln. 359와 주석을 참조하라.

920) ubhopi te viloketvā | uppajji saṁsayo mahā | bujjheyya ce gihī dhamme | dhutaṅgaṁ nipphalaṁ siyā ‖ 두타행의 고리는 두타행의 덕성과 동의어로 쓰였다.

921) paravādivādamathanaṁ | nipuṇaṁ piṭakattaye | handa pucche kathiseṭṭhaṁ | so me kaṅkhaṁ vinessatī'ti ‖

으로 앉아서 밀린다 왕은 존자 나가세나에게 이렇게 말했다.

[밀린다 왕] "존자 나가세나여, 누구든지 집에 사는 재가자로서 처자가 북적이는 집에서922) 살면서, 까씨 국의 전단향을 사용하고, 꽃타래와 향과 크림으로 치장하고, 금은을 향유하고, 마니, 진주, 황금이 박혀있는 터번을 쓰고, 적정한 궁극의 열반을 깨달은 사람이 있습니까?"

[나가세나] "대왕이여, 백 명만이 있는 것이 아니고, 이백도 아니고, 삼백, 사백, 오백도 아니고, 천명, 십만 명, 십억 명도 아니고 백억 명도 아니고, 일조 명도 아닙니다. 대왕이여, 열 명, 스무 명, 백 명, 천 명의 관찰에 대해 언급하는 것은 그만둡시다. 내가 그대에게 어떤 방식으로 설명해 주어야합니까?"

[밀린다 왕] "자신이 직접 말해주십시오."

3. [나가세나] "대왕이여, 그렇다면 백이든 천이든 십만이든 천만이든 십억이든 백억이든 일조이든 그대에게 말하겠습니다. 어떤 것이든 아홉 부류의 부처님 말씀 가운데 버리고 없애는 삶의 실천과 고귀한 두타행고리의 덕성에 의존하는 [349] 그 모든 것들이 여기에 합류할 것입니다. 대왕이여, 요철이 있거나 굴곡지거나 저지대나 고지대의 지역에 내린 빗물은 모두가 그곳에서 흘러나가 광대한 큰 바다에 합류하듯이, 대왕이여, 이와 마찬가지로 받아들이는 자가 있다면,923) 어떤 것이든 아홉 부류의 부처님 말씀 가운데 버리고 없애는 삶의 실천과 고귀한 두타행고리의 덕성에 의존하는 그 모든 것들이 여기에 합류할 것입니다. 대왕이여, 나의 풍부한 경험과 예지를 통해서 이유들에 대한 설명이 합류할 것이고, 그러면 그 의미가 잘 분석되고 치장되고 완성되고 완결될 것입니다. 대왕이여, 유능한 서사의 스승이 의뢰를

922) puttasambādhasayanaṁ : '아이들로 붐비는 침상'을 말한다.
923) sampādake sati : '획득하는 자가 있다면'이라는 뜻인데, 왕을 뜻한다.

받고 서사할 때 자신의 경험과 예지를 통해서 이유들에 대한 설명을 통해 서사를 완성할 것이고, 이와 같이 그 서사는 끝나고 완성되고 완결될 것입니다. 이와 마찬가지로 또한 나의 풍부한 경험과 예지를 통해서 이유들에 대한 설명이 합류할 것이고, 그로 인해 그 의미가 잘 분석되고 다채롭게 되고 완전해지고 청정해지고 완결될 것입니다."

4. [나가세나] "대왕이여, 싸밧티[924] 시에는 오천만의 고귀한 제자들, 청신사들과 청신녀들이 있었습니다. 그 가운데 삼십오만 칠천 명은 돌아오지 않는 경지를 성취했는데, 그들 모두가 재가자로서 출가하지 않았습니다. 또한 거기서 간담바[925] 나무 아래서 쌍신변이 행해질 때 이억 명이 진리에 대한 꿰뚫음에 도달했습니다. 또한 「라훌라에 대한 가르침의 작은 경」,[926] 「고귀한 축복의 경」,[927] 「평등한 마음에 대한 법문」,[928] 「파멸의 경」, 「투쟁과 논쟁의 경」, 「작은 전열의 경」. 「큰 전열의 경」, 「서두름의 경」, 「싸리뿟따의경」[929]이 설해졌을 때, 헤아릴 수 없는 천신들에게 진리에 대한 꿰뚫음이 있었습니다. 라자가하 시에 세존의 고귀한 제자들인 삼십오만 명의 청신사, 청신녀가 있었는데, 그 당시에 코끼리 다나빨라까가 조복되었을 때, 구억 명의

924) Sāvatthī : 부처님 당시 꼬쌀라(Kosala) 국의 수도로 사위성(舍衛城)이라 한역한다. 네팔 국경지역에 놓여 있는 오늘날의 고락뿌르(Gorakhpur)의 북서쪽에 위치하고 있다. 이 도시의 이름은 성자 싸밧타(Sāvattha)가 살았던 데서 유래한다고도 하고, 상업도시이므로 대상(隊商)들이 만나서 '어떤 상품이 있는가(kim bhandan atthi)'라고 물으면 '사밤앗티(sabham atthi : 모든 것이 있다)'라고 대답한 데서 유래한다고도 한다. 부처님께서는 승원생활의 대부분을 이곳에서 보내셨다.

925) Gaṇḍamba : 싸밧티 시의 성문 앞에 있는 망고 나무이다. 깐담바(Kaṇḍamba)라고도 읽는다. 이 나무 아래서 부처님은 쌍신변(雙神變)을 행했다.

926) Cūḷarāhulovāda : MN. 147을 보라.

927) Mahāmaṅgalasutta : Stn. 46를 보라.

928) Samacittapariyāya : AN. I. 61 이하를 참조하라.

929) Parābhavasutta : Stn. 18; Kalahavivādasutta : Stn. 168; Cūḷabyūhasutta : Stn. 171; Mahābyūhasutta : Stn. 174; Tuvaṭakasutta : Stn. 179; Sāriputtasutta : Stn. 185 모두 숫타니파타의 경들이다.

뭇삶들이, 「피안가는 길의 품」930)의 빠싸나까 탑묘931) 모임에서 일억사천만 명의 뭇삶들이, 인다쌀라932) 동굴에서 팔억 명의 천신들이, 또한 바라나씨 시 이씨빠따나 지역 미가다야에서 [350] 있었던 최초의 설법에서 일억 팔천만 명의 하느님들과 헤아릴 수 없는 천신들이, 또한 서른셋 신들의 하늘나라의 빤두깜발라씰라933) 보좌에서 아비담마를 설하였을 때 팔억 명의 천신들이, 다시 세존께서 천상에서 하강한 쌍깟싸934) 성문에서 일어난 세계개현935)의 신통변화에서 삼억 명의 청정한 믿음을 지닌 사람들과 천신들이 진리를 꿰뚫었습니다. 또한 싸끼야 족 까삘라밧투 시의 니그로다 승원에서 「부처님 종성의 경」936)과 「광대한 모임의 경」937)이 설해졌을 때, 헤아릴 수 없는 천신들이 진리를 꿰뚫었습니다. 또한 꽃타래의 장인인 쑤마나938)의 집회, 가라하딘나939)의 집회, 재정관 아난다940)의 집회, 사명외

930) Pārāyanavagga : Stn. 190
931) Pāsāṇakacetiya : Stn. 1013 참조. 바위로 만들어진 탑묘로 라자가하 시 근처에 있다.
932) indasālaguhā : 라자가하 시의 동쪽에 있는 암바싼다라는 바라문 마을의 북쪽에 있는 베디야까 산에 있었다. Smv. 697에 따르면, 이 동굴은 두 개의 산 사이에 있었다. 그 입구에 인다쌀라(Indasāla) 나무가 있었기 때문에 인다쌀라 동굴이라고 불렸다. 나중에 담장으로 둘러싸고 문과 창문을 달아 칠식공사(漆喰工事)와 화만공사(華鬘工事)와 만공사(蔓工事)로 장식을 끝내고 부처님에게 기증되었다. 그러나 예전에 불리던 대로 인다쌀라 동굴이라고 불렸다.
933) Paṇḍukambalasilā : 빠릿찻따 꼬빌라라(Pāricchattaka-Kovilāla) 나무 아래에 있는 제석천의 보좌의 이름이다. 부처님께서 서른셋 신들의 하늘나라에 방문했을 때 이 보좌에 앉아서 어머니에게 가르침을 설했다.
934) Saṅkassa : 한역에는 승갈사(僧羯奢)라고 한다. 싸밧티 시에서 13요자나 떨어진 도시로 부처님께서는 서른셋 신들의 하늘나라의 천상에서 아비담마(Abhidham- ma : 論藏)를 설하고 지상으로 돌아와 간담바 나무 아래서 쌍신변을 행한 장소이다.
935) lokavivaraṇa : 위로는 범천계와 아래로는 아비지옥의 개현을 말한다
936) Buddhavaṁsa : 불종성경(佛種姓經)을 말한다.
937) Mahāsamayasutta : DN. 20
938) Sumana : Miln. 291과 주석을 보라.
939) Garahadinna : DhpA. I. 434에서 그는 자이나교도였으나, 불타는 숯불 구덩이를 연꽃 침상으로 변화시키는 부처님의 기적을 보고 불교신자가 되었다.

도[941] 잠부까[942]의 집회, 천자 만두까[943]의 집회, 천자 맛타꾼달리[944]왕의 집회, 도시의 유녀 쑬라싸[945]의 집회, 도시의 유녀 씨리마[946]의 집회, 직조공의 딸[947]의 집회, 쭐라 쑤밧다[948]의 집회, 싸께따 시 바라문[949]의 장례식 집회, 쑤나빠란따에서 살았던 뿐나[950]와의 집회, 「제석천의 질문」[951]에서의 집회, 「담장 밖의 경」[952]에서의 집회, 「보배의 경」[953]에서의 집회가 이루어졌을 때, 각각 팔만사천 명의 뭇삶들이 진리를 꿰뚫었습니다. 세존께서 세상에 계시는 한, 세

---

940) Ānanda : Dhp. 62와 관련된다. 역자의 법구경-담마파다를 보라.

941) Ājīvaka : 한역에는 사명외도(邪命外道)라고 한다. 원어 아지비까는 원래의 단어의 의미는 '비난받지 않는 삶을 영위하는 자'를 의미하는데, 불교에서는 잘못된 생활을 영위하는 자란 뜻으로 번역한다. 대표적인 사명외도 막칼리 고쌀라(Makkhali Gosāla : Miln. 4의 주석 참조)는 강한 의미의 운명론자이자 결정론자였다. 상세한 것은 바샴(A.L.Basham)의 저술을 보라: 『History and Doctrines of the Ājīvikas』, London, 1951.

942) Jambuka : Dhp. 70과 관계된다. 역자의 법구경-담마파다를 보라.

943) Maṇḍūka : Vism. 208에 따르면, 세존께서 각가라 연못의 언덕에서 짬빠 시에 사는 주민들에게 법문을 하실 때 한 개구리가 세존의 목소리에 대하여 인상을 파악하였다. 그때 한 목우자가 지팡이에 의지하여 서 있으면서, 그의 머리를 눌렀다. 그는 곧바로 죽어서 서른셋 신들의 천상세계에 12요자나가 되는 황금궁전에 태어났다. 잠에서 깨어난 듯이, 거기서 천녀의 무리에 둘러싸인 자신을 보고 "오! 내가 여기에 태어나다니. 내가 어떤 업을 지었는가?"라고 마음을 전향하면서 부처님의 목소리에서 그 인상을 파악한 것 이외에는 아무 것도 보지 못했다.

944) Maṭṭhakuṇḍali : Dhp. 2와 관계된다. 역자의 법구경-담마파다를 보라.

945) Sulasā : Jāt. 419를 보라.

946) Sirimā : Dhp. 147과 관련된다. 역자의 법구경-담마파다를 보라.

947) pesakāradhītu : Dhp. 174와 관련된다. 역자의 법구경-담마파다를 보라.

948) Cūḷasubhadda : Dhp. 304와 관련된다. 역자의 법구경-담마파다를 보라.

949) Sāketabrāhmaṇa : Dhp. 225와 관련된다. 역자의 법구경-담마파다를 보라.

950) Sūnāparantaka : Thag. 70과 관계된다. 쑤나빠란따(Sunāparanta)국의 쑵빠라까빳따나(Suppārakapaṭṭana)항구에 있는 장자의 집에서 태어나서 '뿐나(Puṇṇa)'라는 이름을 얻은 수행승을 쑤나빠란따까라고 지칭한 것이다. 역자의 테라가타-장로게를 보라.

951) Sakkapañha : DN. 21을 보라.

952) Tirokuṭṭasutta : Khp. 7을 보라.

953) Ratanasutta : Stn. 39를 보라.

권역[954]과 십육대국[955] 가운데 세존께서 지내셨던 각각의 장소에는 언제나 한결같이 둘, 셋, 넷, 다섯, 백, 천, 십만 명의 천신들과 인간들이 적멸의 궁극적 열반을 깨우쳤습니다. 대왕이여, 천신들은 재가자이지 출가자는 아닙니다. 대왕이여, 이들과, 다른 수조 명의 천신들은 집에서 사는 재가자로서 감각적 욕망을 향유하면서 적멸의 궁극적 열반을 깨우쳤습니다."

5. [밀린다 왕] "존자 나가세나여, 집에서 사는 재가자로서 감각적 욕망을 향유하면서 적멸의 궁극적 열반을 깨우쳤다면, 이러한 두타행의 고리는 무슨 목적에 봉사하는 것입니까? 그러한 이유로 두타행의 고리는 [351] 소용이 없는 것이 됩니다. 존자 나가세나여, 주문이나 약이 없이 질병이 치유될 수 있다면, 몸을 쇠약하게 만드는 구토제나 하제가 무슨 소용입니까? 만약에 주먹으로 적을 제압할 수 있다면, 칼, 창, 화살, 활, 석궁, 몽둥이, 망치가 무슨 소용이겠습니까? 만약에 마디, 굴곡, 동혈, 가시, 가지를 타고 나무에 오를 수 있다면, 길고 단단한 사다리를 구하는 것이 무슨 소용이 있겠습니까? 만약에 맨땅에 누워도 몸이 편할 수 있다면, 감촉이 좋은 훌륭한 큰 침대를 구하는 것이 무슨 소용이 있겠습니까? 만약에 혼자서 위험하고 두렵고 험난한 황야를 건널 수 있다면, 무장하고 완비된 훌륭한 큰 캐러밴을 구하는 것이 무슨 소용이 있겠습니까? 만약에 강과 호수를 팔로 저어서

---

954) maṇḍala : Pps. II. 150에 따르면, 대권역, 중권역, 내권역이 있는데, 각각 900, 600, 300요자나에 이른다.

955) mahājanapada : AN. I. 213에 나온다. Aṅga, Magadha, Kāsī, Kosala, Vajji, Malla, Cetiya, Vaṁsa, Kuru, Pañcāla, Maccha, Sūrasena, Assaka, Avanti, Gandhāra, Kamboa : 부처님 당시에 인도를 지배하던 십육대국(十六大國 : soḷasa mahājanapadā)의 이름이다. 그러나 Niddesa에서는 간다라 대신에 깔링가(Kaliṅga)를 집어넣고, 자이나교의 바가바띠쑤뜨라(Bhagavatīsutra)에서는 Aṅga, Baṅga, Magadha, Malaya, Mālava, Accha, Vaccha, Kocchaka, Pāḍha, Lāḍha, Bajji, Moli, Kāsī, Kosala, Avaha, Sambhuttara의 열여섯 국가를 들고 있다. Journal of PTS 1897-1901 참조하라.

건널 수 있다면, 튼튼한 교량이나 배를 구하는 것이 무슨 소용이 있겠습니까? 만약에 자신의 재산으로 먹고 입을 수 있다면, 남에게 시중을 들고 세상의 비위를 맞추고 앞뒤로 치닫는 것이 무슨 소용이 있겠습니까? 만약에 못을 파지 않고 물을 얻을 수 있다면, 우물이나 못이나 연못을 파는 것이 무슨 소용이 있겠습니까? 존자 나가세나여, 이와 마찬가지로 만약에 집에서 사는 재가자가 감각적 욕망을 향유하면서 적멸의 궁극적 열반을 깨우친다면, 고귀한 두타행의 덕성을 지키는 것이 무슨 소용이겠습니까?"

6. [나가세나] "대왕이여, 이러한 스물여덟 가지 두타행의 고리의 덕성은 모든 부처님이 원하고 바라 맞이했던 두타행의 고리가 본래 갖추고 있는 여실한 덕성입니다. 스물여덟 가지란 어떤 것입니까? 대왕이여, 두타행의 고리는 *1)* 청정한 생활을 하는 것, *2)* 안락한 과보를 누리는 것, *3)* 허물이 없는 것, *4)* 다른 사람을 괴롭히지 않는 것, *5)* 두려움 없는 것, *6)* 번거로움이 없는 것, *7)* 오로지 선을 증대시키는 것, *8)* 퇴전이 없는 것, *9)* 속임이 없는 것, *10)* 수호하는 것, *11)* 바라는 것을 주는 것, *12)* 모든 뭇삶을 길들이는 것, *13)* 자제의 요익을 누리는 것, *14)* 어울리는 것, *15)* 의존하지 않는 것, *16)* 속박에서 벗어나는 것, *17)* 탐욕을 멸하는 것, *18)* 분노를 멸하는 것, *19)* 어리석음을 멸하는 것, *20)* 교만을 버리는 것, *21)* 삿된 사유를 끊는 것, *22)* 의혹을 건너는 것, *23)* 나태를 부수는 것, *24)* 불쾌를 버리는 것, *25)* 참는 것, *26)* 견줄 수 없는 것, *27)* 헤아릴 수 없는 것, *28)* 온갖 괴로움의 소멸에 도달하는 것의 특성을 지녔습니다. 대왕이여, 이러한 스물여덟 가지 두타행의 고리의 덕성은 [352] 모든 부처님이 원하고 바라 맞이했던 두타행의 고리가 본래 갖추고 있는 여실한 덕성입니다."

7. [나가세나] "대왕이여, 그러한 두타행의 고리의 덕성을 올바로 실천하는 자들은 열여덟 가지 덕성을 갖추게 됩니다. 열여덟 가지란 어떤

것입니까? 그들의 *1)* 행위는 아주 청정하고, *2)* 실천의 길은 잘 완성되고, *3)* 신체적으로나 언어적으로 잘 수호되고, *4)* 마음의 행로는 지극히 청정하고, *5)* 정진은 잘 발휘되고, *6)* 두려움은 소멸되고, *7)* 자아에 대한 잘못된 견해를 떠나고, *8)* 원한이 그치고, *9)* 자애가 확립되고, *10)* 자양이 완전히 알려지고,[956] *11)* 모든 뭇삶의 존경을 받고, *12)* 음식의 분량을 알고, *13)* 깨어있음에 전념하고, *14)* 집을 여의고, *15)* 편안한 곳이면 어디든 지내고, *16)* 악을 혐오하고, *17)* 멀리 여읨을 즐기고, *18)* 항상 방일하지 않는 것입니다. 대왕이여, 그러한 두타행의 덕성을 올바로 실천하는 자들은 이러한 열여덟 가지 덕성을 갖추게 됩니다."

9. [나가세나] "대왕이여, 이러한 두타행의 덕성에 적합한 열사람이 있습니다. 열 사람이란 어떤 자들입니까? *1)* 믿음이 있는 자, *2)* 부끄러움을 아는 자, *3)* 견고한 자, *4)* 속이지 않는 자, *5)* 목표를 추구하는 자, *6)* 탐욕이 없는 자, *7)* 배움을 열망하는 자, *8)* 결정에 확고한 자, *9)* 혐책으로 가득하지 않는 자,[957] *10)* 자애를 닦는 자입니다. 대왕이여, 이러한 두타행의 덕성에 적합한 열사람이 있습니다. 대왕이여, 집에서 사는 재가자로서 감각적 욕망을 향유하면서 궁극적 목표인 열반을 깨우친 자들이 있다면, 그들 모두는 전생에 열세 가지 두타행의 덕성를 실천하여 토대로 만들었고, 거기서 행위와 실천을 정화하고 오늘날 이제 재가자가 되어 궁극적 목표인 열반을 깨우친 것입니다. 대왕이여, 숙련된 궁수가 제자들에게 먼저 우선 훈련장에서 활의 종류

---

956) āhāro pariññāto hoti : 자양(滋養)이란 음식을 말한다. MN. I. 48; AIV. 106 '거칠거나 미세한 물질적인 자양, 두 번째로는 접촉의 자양, 세 번째는 의도의 자양, 네 번째로는 의식의 자양이 있다.'

957) anujjhānabahula : CPD.에 따르면, '결코 쉽게 위범하지 못하는 자'인데, MQ. 209에서는 Dhp.263 '남의 잘못을 보고서 항상 혐책의 상념을 지니면, 그의 번뇌는 증가하니, 번뇌의 부숨과는 멀어지리.'과 관련된 단어로 보고 있다.

와 활을 들어 올리려 잡고 주먹을 쥐고 손가락을 굽히고 발을 놓고 화살을 잡고 장착하고 시위를 당기고 멈추고 조준하고 쏘고, 건초로 만든 사람모양이나 쇠똥의 더미, 풀, 짚, 진흙의 더미, 나뭇조각의 과녁을 꿰뚫는 방법을 가르치고 왕 앞으로 가서 궁술을 시현한 뒤에 준마, 수레, 코끼리, 말, 재보, 곡물, 가공한 금, 황금, 하녀, 하인, 처첩, 마을을 얻습니다. [353] 대왕이여, 이와 마찬가지로 집에서 사는 재가자로서 감각적 욕망을 향유하면서 궁극적 목표인 열반을 깨우친 자들이 있다면, 그들 모두는 전생에 열세 가지 두타행의 덕성을 실천하여 토대로 만들었고, 거기서 행위와 실천을 정화하고 오늘날 이제 재가자가 되어 궁극적 목표인 열반을 깨우친 것입니다."

10. [나가세나] "대왕이여, 두타행의 덕성을 전생에 실천하지 않고 단 한 번의 생에서 거룩한 경지를 깨우치지는 못합니다. 그러나 최상의 정진, 최상의 실천으로, 그와 같은 선지식인 스승을 통해서[958] 거룩한 경지를 깨우치는 것입니다. 대왕이여, 내과의사나 외과의사는 스승에게 재물로 대가를 주거나 봉사의 의무를 다하고 집도, 절단, 표시, 천관, 화살뽑기, 상처의 세척, 건조, 약의 도포, 토사제나 하제의 조제와 관장을 따라 배우면서 의학에 대해 학습하고 실천하고 숙달하여 환자들에게 치료를 위해 다가갑니다. 대왕이여, 이와 마찬가지로 집에서 사는 재가자로서 감각적 욕망을 향유하면서 궁극적 목표인 열반을 깨우친 자들이 있다면, 그들 모두는 전생에 열세 가지 두타행의 덕성를 실천하여 토대로 만들었고, 거기서 행위와 실천을 정화하고 오늘날 이제 재가자가 되어 궁극적 목표인 열반을 깨우친 것입니다."

11. [나가세나] "대왕이여, 두타행의 덕성으로 청정해지지 않은 자들에게 진리에 대한 꿰뚫음은 없습니다. 대왕이여, 물을 대지 않으면

958) tathārūpena ācariyena kalyāṇamittena : 궁수와 같은 자를 말한다. 선지식(善知識)은 선우(善友)의 다른 번역으로 동의어이다.

씨앗의 성장이 없듯이, 대왕이여, 이와 마찬가지로 두타행의 덕성으로 청정해지지 않은 자들에게 진리에 대한 꿰뚫음은 없습니다. 대왕이여, 착하고 건전한 것을 행하지 않고 선한 일을 하지 않은 자들이 좋은 운명에 태어나지 않듯이, 대왕이여, 이와 마찬가지로 두타행의 덕성으로 청정해지지 않은 자들에게 진리에 대한 꿰뚫음은 없습니다."

12. [나가세나] "대왕이여, 두타행의 덕성은 청정을 바라는 자들을 위해 안립처라는 의미에서 대지와 같은 것입니다. 대왕이여, 두타행의 덕성은 청정을 바라는 자들을 위해 모든 번뇌의 티끌을 씻어준다는 의미에서 물과 같은 것입니다. 대왕이여, 두타행의 덕성은 청정을 바라는 자들을 위해 모든 번뇌의 숲을 불태워준다는 의미에서 불과 같은 것입니다. 대왕이여, [354] 두타행의 덕성은 청정을 바라는 자들을 위해 모든 번뇌의 티끌과 먼지를 날려버린다는 의미에서 바람과 같은 것입니다. 대왕이여, 두타행의 덕성은 청정을 바라는 자들을 위해 모든 번뇌의 질병을 치유한다는 의미에서 해독제와 같은 것입니다. 대왕이여, 두타행의 덕성은 청정을 바라는 자들을 위해 모든 번뇌의 독을 해소한다는 의미에서 감로와 같은 것입니다. 대왕이여, 두타행의 덕성은 청정을 바라는 자들을 위해 모든 수행자의 삶의 특성이라는 곡물을 키워준다는 의미에서 밭과 같은 것입니다. 대왕이여, 두타행의 덕성은 청정을 바라는 자들을 위해 바라고 원하는 모든 고귀한 성취를 실현시킨다는 의미에서 여의주와 같은 것입니다. 대왕이여, 두타행의 덕성은 청정을 바라는 자들을 위해 윤회의 크나큰 바다의 피안에 도달하게 한다는 의미에서 배와 같은 것입니다. 대왕이여, 두타행의 덕성은 청정을 바라는 자들을 위해 늙고 죽는 공포로부터 위로를 준다는 의미에서 공포의 피난처와 같은 것입니다. 대왕이여, 두타행의 덕성은 청정을 바라는 자들을 위해 번뇌의 괴로움에 시달릴 때에 도움을 준다는 의미에서 어머니와 같은 것입니다. 대왕이여, 두타행의 덕성은 청정을

바라는 자들을 위해 착하고 건전한 것의 성장을 바랄 때 모든 수행자의 삶의 덕성을 생겨나게 한다는 의미에서 아버지와 같은 것입니다. 대왕이여, 두타행의 덕성은 청정을 바라는 자들을 위해 모든 수행자의 결실을 맺기 위한 덕성을 추구하는데 신뢰를 준다는 의미에서 친구와 같은 것입니다. 대왕이여, 두타행의 덕성은 청정을 바라는 자들을 위해 모든 번뇌의 더러움에 오염되지 않는다는 의미에서 연꽃과 같은 것입니다. 대왕이여, 두타행의 덕성은 청정을 바라는 자들을 위해 번뇌의 악취를 제거시켜준다는 의미에서 네 종류의 뛰어난 향[959]과 같은 것입니다. 대왕이여, 두타행의 덕성은 청정을 바라는 자들을 위해 여덟 가지 세상의 원리[960]라는 바람에 흔들리게 하지 않는다는 의미에서 산왕인 수메루 산과 같은 것입니다. 대왕이여, 두타행의 덕성은 청정을 바라는 자들을 위해 모든 경우에 장애를 여의고 광활하고 확대되고 편만하고 광대한 것을 추구한다는 의미에서 허공과 같은 것입니다. 대왕이여, 두타행의 덕성은 청정을 바라는 자들을 위해 번뇌의 티끌을 운반해 버려준다는 의미에서 강과 같은 것입니다. 대왕이여, 두타행의 덕성은 청정을 바라는 자들을 위해 태어남의 황야[961]와 번뇌의 숲과 밀림을 건너게 해준다는 의미에서 좋은 안내자와 같은 것입니다. 대왕이여, 두타행의 덕성은 청정을 바라는 자들을 위해 온갖 두려움을 여의고, 안온하고, 안전한 최상의 수승한 열반의 도시로 도달하게 해준다는 의미에서 거대한 캐러밴의 지도자와 같은 것입니다. 대왕이여, 두타행의 덕성은 [355] 청정을 바라는 자들을 위해 형성된 것들의 자성을 보여준다는 의미에서 잘 닦여져 티끌이 없는 거울과

959) catujjātiyavaragandha : Jāt. I. 256에서는 네 가지 향합(香盒)이 언급되지만, 어떤 향을 담은 것인지는 밝혀져 있지 않다. PED.에 의하면, 재스민, 샤프란, 터어키향(turukkha), 그리스향(yavana)이라고 하지만, MQ. 213에 따르면, 정통성이 없다.

960) aṭṭhalokadhamma : 팔세법(八世法); ① 이득(利) ② 불익(不益) ③ 명예(名譽) ④ 불명예(不名譽) ⑤ 칭찬(稱讚) ⑥ 비난(非難) ⑦ 행복(樂) ⑧ 불행(苦).

961) jātikantāra : 태어남의 괴로움을 비유한 것이다.

같은 것입니다. 대왕이여, 두타행의 덕성은 청정을 바라는 자들을 위해 번뇌의 곤봉이나 화살이나 창을 막아준다는 의미에서 방패와 같은 것입니다. 대왕이여, 두타행의 덕성은 청정을 바라는 자들을 위해 번뇌의 비나 세 종류의 불의 작열하는 열기를 막아준다는 의미에서 일산과 같은 것입니다. 대왕이여, 두타행의 덕성은 청정을 바라는 자들을 위해 바라고 원하던 대상이라는 의미에서 달과 같은 것입니다. 대왕이여, 두타행의 덕성은 청정을 바라는 자들을 위해 어리석음의 어둠이나 암흑을 몰아내준다는 의미에서 해와 같은 것입니다. 대왕이여, 두타행의 덕성은 청정을 바라는 자들을 위해 수많은 종류의 수행자의 덕성이라는 고귀한 보석을 생산해 낸다는 의미에서 그리고 한계 없고 헤아릴 수 없고 측량할 수 없다는 의미에서 바다와 같은 것입니다."

13. [나가세나] "대왕이여, 이와 같이 두타행의 덕성은 청정을 바라는 자들을 위해 크게 도움이 됩니다. 그것은 모든 고뇌와 열뇌를 없애주고, 불쾌를 없애주고, 두려움을 없애주고, 윤회의 반복을 없애주고, 마음의 불모지를 없애주고, 티끌을 없애주고, 근심을 없애주고, 고통을 없애주고, 탐욕을 없애주고, 성냄을 없애주고, 어리석음을 없애주고, 교만을 없애주고, 잘못된 견해를 없애주고, 일체의 악을 없애주고, 명성을 가져오고, 요익을 가져오고, 행복을 가져오고, 평안을 가져오고, 희열을 가져오고, 멍에로부터 안온을 가져오는 것으로서, 허물이 없고, 그 과보가 기쁨과 행복이고, 공덕의 더미이고, 공덕의 쌓임이고, 한계가 없고, 헤아릴 수가 없고 측량할 수 없는, 고귀하고 수승한 최상의 것입니다."

14. [나가세나] "대왕이여, 사람들이 생존을 위해 음식을 먹고, 후생을 위해 약을 섭취하고, 도움을 위해 친구를 사귀고, 건너기 위해 배를 타고, 좋은 향기를 위해 꽃타래와 향을 사용하고, 안전을 위하여 두려움으로부터의 피난처를 이용하고, 토대를 위하여 대지를 사용하고,

학예를 위하여 스승을 섬기고, 명성을 위하여 왕들을 섬기고, 소원을 이루기 위하여 마니보주를 사용하는 것처럼, 대왕이여, 이와 마찬가지로 일체 수행자의 삶의 덕성을 부여받기 위하여 고귀한 자들은 두타행의 덕성을 섬기는 것입니다."

15. [나가세나] "대왕이여, 물은 종자를 자라게 하기 위한 것이고, 불은 [356] 불타기 위한 것이고, 자양은 체력을 키우기 위한 것이고, 넝쿨은 묶기 위한 것이고, 칼은 끊기 위한 것이고, 음료는 갈증을 해소하기 위한 것이고, 재물은 만족하기 위한 것이고, 배는 건너가기 위한 것이고, 약은 병을 치료하기 위한 것이고, 수레는 편안히 가기 위한 것이고, 피난처는 두려움을 없애기 위한 것이고, 왕은 수호하기 위한 것이고, 방패는 몽둥이, 흙덩이, 곤봉, 화살, 창을 막아내기 위한 것이고, 스승은 가르치기 위한 것이고, 어머니는 양육하기 위한 것이고, 거울은 쳐다보기 위한 것이고, 장식은 아름답게 하기 위한 것이고, 옷은 입기 위한 것이고, 사다리는 오르기 위한 것이고, 저울은 무게를 달기 위한 것이고, 진언은 외우기 위한 것이고, 무기는 위협을 막아내기 위한 것이고, 등불은 어둠을 몰아내기 위한 것이고, 바람은 열기를 식히기 위한 것이고, 학예는 생계를 영위하기 위한 것이고, 해독제는 생명을 보호하기 위한 것이고, 광산은 보석을 산출하기 위한 것이고, 보석은 치장하기 위한 것이고, 명령은 어기지 않기 위한 것이고, 주권은 통치를 지속하기 위한 것입니다. 대왕이여, 이와 마찬가지로 두타행의 덕성은 수행자의 삶의 씨앗을 키우기 위한 것이고, 번뇌의 티끌을 불태우기 위한 것이고, 신통의 힘을 키우기 위한 것이고, 새김과 제어로 묶기 위한 것이고, 의혹과 의심을 끊기 위한 것이고, 갈애의 갈증을 해소하기 위한 것이고, 진리의 꿰뚫음으로 안식을 얻기 위한 것이고, 네 가지 거센 흐름962)을 건너기 위한 것이고, 번뇌의 병을

---

962) caturogha : 한역에는 사폭류(四暴流)라고 한다. ① 감각적 쾌락의 욕망의 거센

치료하기 위한 것이고, 열반의 안락을 얻기 위한 것이고, 태어남, 늙음, 병듦, 죽음, 슬픔, 비탄, 고통, 근심, 절망의 두려움을 제거하기 위한 것이고, 수행자의 삶의 특징을 수호하기 위한 것이고, 불만족과 잘못된 사유를 막기 위한 것이고, 모든 수행자의 삶의 목표를 가르치기 위한 것이고, 모든 수행자의 삶의 덕성을 키우기 위한 것이고, 멈춤과 관찰, 길과 경지, 열반을 보기 위한 것이고, 전 세계에서 찬양받고 찬탄받는 위대한 큰 아름다움을 만들기 위한 것이고, 모든 악한 존재의 운명을 막기 위한 것이고, 수행자의 삶의 목표인 바위산의 정상에 오르기 위한 것이고, 굽고 구부러진 불평등한 마음을 버리기 위한 것이고, 섬겨야 하거나 섬기지 말아야 할 원리를 잘 공부하기 위한 것이고, 모든 번뇌의 적을 위협하기 위한 것이고, 무지의 어둠을 부수기 위한 것이고, 세 종류의 불의 열기와 열뇌를 식혀주기 위한 것이고, 부드럽고 승묘하고 적정한 성취를 완성하기 위한 것이고, 모든 수행자의 삶의 덕성을 수호하기 위한 것이고, 깨달음 고리의 뛰어난 보석을 산출하기 위한 것이고, 수행자들을 장엄하기 위한 것이고, 허물이 없고 미묘하고 승묘하고 적정한 지복을 거스르지 [357] 않기 위한 것이고, 모든 수행자의 삶의 고귀한 원리를 터득하기 위한 것입니다. 대왕이여, 이처럼 각각의 두타행의 덕성은 이러한 덕성들을 파악하기 위한 것입니다. 대왕이여, 이와 같이 두타행의 덕성은 견줄 수 없고 헤아릴 수 없고 같은 것이 없고 동등한 것이 없고, 상대가 없고, 우월한 자가 없고, 최상이고, 수승하고, 현저하고, 탁월하고, 확장되고, 널찍하고, 퍼져있고, 편만하고, 귀중하고, 무게있고 강력합니다.

16. [나가세나] "대왕이여, 사람이 악을 원하고 욕망으로 가득하고 속이고 탐욕스럽고 게걸스럽고, 이득을 추구하고, 명성을 원하고, 수

흐름(欲流 kām'ogha), ② 존재의 거센 흐름(有流: bhav'ogha), ③ 견해의 거센 흐름(見流: diṭṭh'ogha), ④ 무지의 거센 흐름(無明流: avijj'ogha)이 있다

행자로서 적당하지 않고, 적응하지 못하고, 가치가 없고, 부적절한데, 두타행의 덕성을 실천한다면, 그는 두 배로 처벌에 직면하고, 온갖 덕성의 살해에 직면하고, 현세에서 경멸, 조소, 비난, 조롱, 비방, 제외, 퇴출, 배제, 추방을 받고, 미래세에 백 요자나 크기의 뜨겁고 이글거리고 타오르고 작열하는 불꽃의 꽃타래가 넘실대는 대아비지옥에서 수조 년 동안 위로 아래로 옆으로 거품의 표면으로 구르고 솟아 오르며 들볶이다가, 그곳에서 벗어나 사지와 손발가락들이 여위고 거칠어지고 검게 타고, 머리는 부풀고 팽창하고 구멍투성이가 되고, 굶주리고 목마르고, 모습이 괴이하고, 무섭고, 귀는 찢어지고, 눈은 깜박거리고, 사지는 상처투성로 썩어가고, 온몸은 구더기가 득실거리고, 창자는 마치 바람을 향해 타오르는 불더미처럼 불타고 타오르며 의지처도 피난처도 없이 눈물을 흘리고 슬피 울면서 동정을 구하여 울부짖고 비탄하고 갈애로 불타버린, 수행자의 모습을 한 대아귀가 되어, 땅위에 떠돌며 고통으로 절규하게 됩니다."

17. [나가세나] "대왕이여, 누군가가 적당하지 않고, 적응하지 못하고, 상응하지 못하고, 가치가 없고, 부적절하고, 저열하고, 비천한데, 왕족의 관정을 받아 왕위에 오른다면, 그는 손이 잘리고, 발이 잘리고, 손발이 함께 잘리고, 귀가 잘리고, 코가 잘리고, 귀와 코가 함께 잘리고, 두개골이 잘리고 [358] 뜨거운 쇳덩이가 부어지고, 살점이 떼어지고 모래로 씻겨 소라모양으로 빛나는 해골이 되고, 막대기로 입이 벌려지고 귀가 뚫어지고, 몸을 기름에 적셔져 불 위에 태워지고, 손에 기름이 적셔져 불로 태워지고, 목에서부터 다리까지 피부가 벗겨져 스스로 밟고, 상반신의 피부가 벗겨져 하반신에 입혀지고, 영양의 자세로 양 팔꿈치와 양 무릎에 쇠고리가 채워지고 철판 위에 고정되어 사방에서 뜨거워지고, 양쪽의 갈고리를 잡아당겨 피부와 살과 힘줄이 찢겨지고, 동전 모양으로 살점이 떨어져나가고, 신체가 흉기로 찔리고

회즙이 들어와 분리되어 뼈만 남고, 양쪽 귓구멍이 철봉으로 뚫리고 그것이 회전되고, 외피가 잘리고 뼈가 절구에 갈아져 모발에 싸이어 짚으로 둥글게 한 발판처럼 되고, 뜨거운 기름에 끓여지고, 개에 먹히고, 산 채로 꼬챙이에 끼워지고, 칼로 머리가 잘리는 온갖 다양한 형벌을 받습니다. 무슨 까닭입니까? 대왕이여, 누군가가 적당하지 않고, 적응하지 못하고, 상응하지 못하고, 가치가 없고, 부적절하고, 저열하고, 비천한데, 위대한 왕권의 자리에 자신을 올렸으니, 한계를 벗어난 것입니다. 대왕이여, 이와 마찬가지로 사람이 악을 원하고 욕망으로 가득하고 속이고 탐욕스럽고 게걸스럽고, 이득을 추구하고, 명성을 원하고, 수행자로서 적당하지 않고, 적응하지 못하고, 가치가 없고, 부적절한데, 두타행의 덕성을 실천한다면, 그는 두 배로 처벌에 직면하고, 온갖 덕성의 살해에 직면하고, 현세에서 경멸, 조소, 비난, 조롱, 비방, 제외, 퇴출, 배제, 추방을 받고, 미래세에 백 요자나 크기의 뜨겁고 이글거리고 타오르고 작열하는 불꽃의 꽃타래가 넘실대는 대아비지옥에서 수조 년 동안 위로 아래로 횡으로 거품의 표면으로 구르고 솟아 오르며 들볶이다가, 그곳에서 벗어나 사지와 지절들이 여위고 거칠어지고 검게 타고, 머리는 부풀고 팽창하고 구멍투성이가 되고, 굶주리고 목마르고, 모습이 괴이하고, 무섭고, 귀는 찢어지고, 눈은 깜박거리고, 사지는 상처투성로 썩어가고, 온몸은 구더기가 득실거리고, 내장은 바람으로 거세져 불타고 작열하는 불더미처럼 불타고 타오르며 의지처도 피난처도 없이 눈물을 흘리고 슬피 울면서 동정을 구하여 울부짖으며 비탄하고 갈애로 불타버린 수행자의 모습을 한 대아귀가 되어 땅 위에 떠돌며 고통으로 절규하게 됩니다.

18. [나가세나] "대왕이여, 누군가가 적당하고, 적응하고, 상응하고, 가치가 있고, 적절하고, 욕망을 여의고, 자족하고, 멀리 여의고, 사귀지 않고, 열심히 정진하고, 스스로 노력하고, 기만하지 않고, 속이지 않고,

게걸스럽지 않고, 이득을 원하지 않고, 명성을 원하지 않고, 칭송을 원하지 않고, 신심을 가지고 신심으로 출가하여 늙음과 죽음에서 벗어나길 원하여 '교계를 통달하겠다.'라고 두타행의 덕성을 실천하다면, 두 가지로 영예를 누릴 만합니다. *1)* 그는 목욕하는 자나 크림을 바르는 자에게 품질 좋은 재스민 꽃이나 말리까963) 꽃 등의 꽃처럼, 배고픈 자에게 맛있는 음식처럼, 갈증이 나는 자에게 청량하고 깨끗한 향기로운 음료처럼, 독으로 중독된 자에게 뛰어난 약초처럼, 빨리 가고자 하는 자에게 준마가 끄는 수레처럼, 이득을 바라는 자에게 여의보주처럼, 관정을 받고자 하는 자에게964) 순백의 때 묻지 않은 흰 일산처럼, 진리를 원하는 자에게 최상의 거룩한 경지의 성취처럼, 신들과 인간에게 사랑을 받고 마음에 들고, 그들이 원하고, 총애하는 자가 됩니다. *2)* 그는 네 가지 새김의 토대가 닦아 완성하고, 네 가지 올바른 노력, 네 가지 신통의 기초, 다섯 가지 능력, 다섯 가지 힘, 일곱 가지 깨달음 고리, 여덟 가지 고귀한 길이 닦아 완성하고, 멈춤과 통찰을 얻어, 원리의 파악에 의한 실천을 성숙시키고, 네 가지 수행자의 삶의 결실, [359] 네 가지 분석적인 앎, 세 가지 명지, 여섯 가지 곧바른 앎과 수행자의 삶, 모두를 갖출 수 있게 되어, 해탈이라는 순백의, 때 묻지 않은 흰 일산으로 관정을 받습니다."

19. [나가세나] "대왕이여, 왕이 왕족의 고귀한 가문 태생으로, 왕족의 관정으로 관정을 받았을 때, 백성과 시민, 지방민들, 관리들, 군인들, 서른여덟 종류의 왕의 수행원들,965) 배우들, 무희들, 행운을 예언하는 자들, 축복을 말하는 자들, 수행자들, 성직자들, 모든 이교적 무리들이 그를 찾아옵니다. 그는 항구, 보석광산, 저장소, 세관 등 지상에서

963) mallikā : 말리까 꽃은 '아라비아 재스민'이라고 하며, 향기로운 나무이다.
964) abhisiñcitukāmassa : 세자가 왕위에 즉위할 때 관정을 받는다.
965) rājaparisā : 대신, 문지기 등을 말한다.

어떤 곳이든 여러 나라 사람들을 고문과 형벌로 다스리면서 모든 곳을 자신의 소유로 만들어버립니다. 대왕이여, 이와 마찬가지로 적당하고, 적응하고, 상응하고, 가치가 있고, 적절하고, 욕망을 여의고, 자족하고, 멀리 여의고, 사귀지 않고, 열심히 정진하고, 스스로 노력하고, 기만하지 않고, 속이지 않고, 게걸스럽지 않고, 이득을 원하지 않고, 명성을 원하지 않고, 칭송을 원하지 않고, 신심을 가지고 신심으로 출가하여 늙음과 죽음에서 벗어나길 원하여 '교계를 통달하겠다.'라고 두타행의 덕성을 실천하는 자는 두 가지로 공양을 누릴 만합니다. 그는 신들과 인간에게 사랑을 받고 마음에 들고, 그들이 원하고, 소원하는 바가 됩니다. 목욕하는 자나 크림을 바르는 자에게 품질 좋은 쑤마나꽃이나 말리까 꽃 등의 꽃처럼, 배고픈 자에게 맛있는 음식처럼, 갈증이 나는 자에게 청량하고 깨끗한 향기로운 음료처럼, 독으로 중독된 자에게 뛰어난 약초처럼, 빨리 가고자 하는 자에게 준마가 끄는 수레처럼, 이득을 바라는 자에게 여의보주처럼, 관정을 받고자 하는 자에게 순백의 때 묻지 않은 흰 일산처럼, 진리를 원하는 자에게 최상의 거룩한 경지의 성취처럼, 사랑을 받고 마음에 들고, 그가 원하고, 소원하는 바가 됩니다. 그에게 네 가지 새김의 토대가 닦여져 완전해지고, 네 가지 올바른 노력, 네 가지 신통의 기초, 다섯 가지 능력, 다섯 가지 힘, 일곱 가지 깨달음 고리, 여덟 가지 고귀한 길이 닦여져 완전해집니다. 그는 멈춤과 통찰에 얻고, 그에게 진리의 파악에 의한 실천이 성숙합니다. 그리고 네 가지 수행자의 삶의 결실, 네 가지 분석적인 앎, 세 가지 명지, 여섯 가지 곧바른 앎과 수행자의 원리, 모두가 그에게 갖추어질 수 있게 됩니다. 그는 해탈이라는 순백의 때 묻지 않은 흰 일산으로 관정을 받습니다."

20. [나가세나] "대왕이여, 열세 가지 두타행의 덕성(고리)966)이 있

966) terasa dhutaguṇā : 열세 가지 두타행의 고리(terasa dhutaṅgāni)라고도 하

습니다. 그것으로 마음이 정화되면 열반의 큰 바다에 들어가 많은 종류의 진리의 유희를 즐기고, 미세한 물질계와 비물질계의 여덟 가지 성취[967]로 나아가고, 신족통, 천이통, 타심통, 숙명통, 천안통, 누진통[968]을 얻습니다. 열세 가지란 어떤 것입니까? *1)* 누더기옷만을 입는 수행, *2)* 세 벌 옷만을 지니는 수행, *3)* 발우에 받은 음식만을 먹는 수행, *4)* 차례대로 구별없이 걸식하는 수행, *5)* 하루 한 번 한 자리에서 식사하는 수행, *6)* 하나의 발우만으로 식사하는 수행, *7)* 제 시간이 지난 후에 식사하지 않는 수행, *8)* 숲속 한가한 곳에서 지내는 수행, *9)* 나무 아래에서 지내는 수행, *10)* 노천에서 지내는 수행, *11)* 묘지에서 지내는 수행, *12)* 주어진 처소 그대로 수용하는 수행, *13)* 항상 앉아서 지내는 수행입니다. 대왕이여, 이러한 열세 가지 두타행의 덕성이 전생에 [360] 추구되고 실천되고 수행되고 숙달되고 행해지고 실행되고 완성됨으로써, 그는 모든 수행자의 삶에 도달하고, 모든 적정의 행복한 성취가 그에게 갖추어질 수 있게 됩니다."

21. [나가세나] "대왕이여, 항구에서 무역으로 부유해진 선주가 큰 바다로 나아가 방가,[969] 딱꼴라,[970] 중국, 쏘비라,[971] 쑤랏타, 알렉

며, 각각의 한역 명칭은 다음과 같다. *1)* 분소의지(糞掃衣支: paṁsukūlikaṅga) *2)* 단삼의지 (但三衣支: tecīvarikaṅga). *3)* 상걸식지(常乞食支: piṇḍapātikaṅga) *4)* 차제걸식지(次第乞食支: sapadānacarikaṅga). *5)* 일좌식지(一座食支 : ekāsanikaṅga). *6)* 일발식지(一鉢食支 : pattapiṇḍikaṅga) *7)* 시후불식지(時後不食支 : khalupacchābhattikaṅga) *8)* 아란야주지(阿蘭若住支 : āraññikaṅga) *9)* 수하주지(樹下住支 : rukkhamūlikaṅga) *10)* 노지주지(露地住支 : abbhokāsikaṅga) *11)* 총간주지(塚間住支 : sosānikaṅga). *12)* 수처주지(隨處住支 : yathāsanthatikaṅga). *13)* 상좌불와지(常坐不臥支 : nesajjikaṅga)

967) aṭṭhasamapatti : 한역에는 팔등지(八等至)라고 한다. Miln. 214와 그 주석을 참조하라.

968) iddhividha, dibbasotadhātu, paracittavijānana, pubbenivāsānussati, dibbacakkhu, sabbāsavakkhaya : 육신통(六神通 : chaḷabhiññā)으로 Miln. 141의 '여섯 가지 곧바른 앎'과 그 주석을 참조하라.

969) Vaṅga : 오늘날의 벵갈 지방이다.

970) Takkola : 인도의 북-알코트(Alacot) 지방이다.

산드리아, 꼴라빳따나,[972] 쑤반나부미[973]로, 배가 항해하는 곳이면 다른 어디라도 가는 것처럼, 대왕이여, 이와 마찬가지로 이러한 열세 가지 두타행의 덕성이 전생에 추구되고 실천되고 수행되고 숙달되고 행해지고 실행되고 완성됨으로써, 그가 모든 수행자의 삶에 도달하고, 모든 적정의 행복한 성취가 그에게 갖추어질 수 있게 됩니다."

22. [나가세나] "대왕이여, 농부가 먼저 밭에 해가 되는 풀, 나뭇조각, 돌을 제거하고 경작하고 파종하고 제 때에 물을 대고 보호하고 수호하고 수확하고 탈곡하여 많은 곡물을 얻으면, 누구라도 가난하고 걸식하고 유랑하고 비참한 사람들은 그에게 거두어들여질 수가 있습니다. 대왕이여, 이와 마찬가지로 이러한 열세 가지 두타행의 덕성이 전생에 추구되고 실천되고 수행되고 숙달되고 행해지고 실행되고 완성됨으로써, 그가 모든 수행자의 삶에 도달하고, 모든 적정의 행복한 성취가 그에게 갖추어질 수 있게 됩니다."

23. [나가세나] "대왕이여, 고귀한 태생으로서 관정을 받은 왕족이 고문과 형벌을 받은 수형자들을 교도할 때, 그가 지배자, 자재자, 주권자로서 생각하는 대로 행하여, 모든 대지가 그의 소유가 될 수 있게 됩니다. 대왕이여, 이와 마찬가지로 이러한 열세 가지 두타행의 덕성이 전생에 추구되고 실천되고 수행되고 숙달되고 행해지고 실행되고 완성됨으로써, 그가 최승자의 탁월한 가르침에서 지배자, 자재자, 주권자로서 생각하는 대로 행하여, 모든 수행자의 덕성을 갖출 수 있게 됩니다."

24. [나가세나] "대왕이여, 장로 우빠쎄나 방간따뿟따[974]는 버리고

971) Sovīra : 오늘날의 캠베이(Cambay) 만(灣)의 머리에 있는 에더(Eder)이다.
972) Kolapaṭṭana : MQ. II. 222에 따르면, Coromandel 해안에 있다.
973) Suvaṇṇabhūmi : 남 미얀마에서 싱가포르에 이르는 인도네시아 지역이다.
974) Upasena Vaṅgantaputta : 부처님의 제자 수행승 가운데 '단정한 님 가운데 제일(samantapāsādikānaṁ aggo)'이다. 그는 바라문 가문에서 아버지 방간따(Vaṅ-

없애는 두타행의 덕성를 원만히 수행한 뒤에, 싸밧티 시에서 제정된 참모임의 규율을 무시하고,975) 대중을 데리고, 홀로 명상에 드신, 사람들을 길들이는 님께 다가가서, 그 세존의 두발에 머리를 조아리고 한쪽으로 물러나 앉지 않았습니까? 그러나 세존께서는 잘 지도받은 대중을 쳐다보고 기뻐하고 만족하고 환희하고 용약하여 대중과 함께 대화를 주고받으며 순수하고 청정한 목소리로 이렇게 말했습니다.

[세존] '우빠쎄나여, 그대의 대중은 기쁨에 넘쳐 있다. 어떻게 그 회중을 지도했는가?'

그는 일체지자이자 신들 가운데 신인 부처님의 질문을 받고, 있는 그대로의 본래의 성품으로 세존께 이와 같이 말씀드렸습니다.

[우빠쎄나 방간따뿟따] '세존이시여, 누구든지 저에게 다가와 출가나 의지조치976)를 부탁하면, 저는 그에게 [361] '나는 숲속 한가한 곳에서 지내는 수행자, 발우에 받은 음식만을 먹는 수행자, 세 벌 옷만

---

ganta)와 어머니 루빠싸리(Rūpasārī) 사이에서 싸리뿟따의 남동생으로 태어났다. 그는 베다를 배웠으나 어느 날 부처님의 설법을 듣고 출가하였다. 싸리뿟따의 세 명의 누이동생 짤라(Cālā), 우빠짤라(Upacālā), 씨쑤빠짤라(Sisūpacālā)가 있었는데, 모두 출가하여 승려가 되었다. 우빠쎄나는 출가한지 일 년 만에 다른 수행승을 출가시켰다. 그래서 부처님은 그의 성급함을 꾸짖었다. 그는 칭찬을 기대했는데 꾸짖음을 당하자 오히려 자신을 성찰하여 거룩한 님이 되었다. 그는 매력적이고 현명한 설법자였기 때문에 많은 사람을 교화시킬 수 있었다. Vin. III. 230을 참조하라.

975) anādiyitvā sāvatthiyā saṅghassa katikaṁ : 이 규율은 세존께서 삼 개월 동안 홀로 떨어져 명상하기 위해, 음식을 조달하는 자를 제외하고는 아무도 세존에게 접근해서는 안 된다는 것이었다.

976) nissaya : 한역으로 의지(依止) 또는 의지갈마(依止羯磨)라고 한다. 출가한 지 5년이 안 되었거나 5년이 지났더라도 지도를 받지 않고 혼자 지낼 만한 소양이 없는 수행승이나 나쁜 버릇이 있는 수행승, 즉 어리석어 총명하지 못하고 죄가 많고 충고를 받아들이지 않고, 재가자와 부적절한 관계 속에서 재가자와 함께 지내고, 그만큼 수행승들이 그에게 격리처벌을 주고, 가중처벌을 주고, 참회처벌을 주고, 출죄복귀를 주는데 지쳤다면, 친교사(恩師)와 떨어져 지낼 때에 자격을 갖춘 훌륭한 수행승에게 위탁하여 지도를 받으며 지내게 하는 참모임의 조치를 말한다. 필자는 의지조치 또는 의지조치의 갈마(nissayakamma)라고 번역한다. 이러한 의지제도가 없었다면, 불교가 오랜 세월 명맥을 유지하기 어려웠을 것이다. 상세한 것은 MV. I. 25, 27, 36, 37, 53, 72, 73, IX. 7; CV. I. 9; Vin. V. 180등을 참조하라.

을 걸치는 수행자입니다. 만약에 그대도 숲속 한가한 곳에서 지내는 수행자, 발우에 받은 음식만을 먹는 수행자, 세 벌 옷만을 걸치는 수행자가 되려고 한다면, 내가 그대에게 출가를 시켜줄 것이고 의지조치를 줄 것입니다.'라고 말했습니다. 세존이시여, 만약에 저의 말을 듣고 즐거워하고 기뻐한다면, 그에게 저는 출가를 시키고 의지조치를 주었습니다. 만약에 즐거워하지 않고 기뻐하지 않는다면, 그에게 저는 출가를 시키지 않고 의지조치를 주지 않았습니다. 세존이시여, 이와 같이 대중을 지도했습니다.'

대왕이여, 이와 마찬가지로 두타행의 뛰어난 덕성을 실천하는 자는 최승자의 가르침의 지배자, 자재자, 주권자로서 생각하는 대로 행하며, 오로지 적정하고 행복한 성취가 그에게 갖추어질 수 있게 됩니다."

25. [나가세나] "대왕이여, 연꽃은 뿌리에서 솟아나 성숙하면 청정해지고 매끄럽고 부드러워지고 갖고 싶고 향기가 좋고 사랑스럽고 원하는 것이 되고 찬탄받고 물과 진흙에 더럽혀지지 않고 작은 꽃잎이나 화사나 과피로 장식되어 있어 벌떼들에게 섬김받고 청량한 물 속에서 자라나듯이, 대왕이여, 이와 마찬가지로 열세 가지 두타행의 덕성이 전생에 추구되고 실천되고 수행되고 숙달되고 행해지고 실행되고 완성됨으로써, 고귀한 제자는 서른 가지 뛰어난 덕성을 갖춥니다. 서른 가지 뛰어난 덕성은 어떤 것입니까? *1)* 마음이 유순하고 온화하고 부드럽고 자애로 넘치고, *2)* 번뇌가 부서지고 파괴되고 괴멸되고, *3)* 교만과 오만이 파괴되고 꺾어지고, *4)* 신념이 부동이고 견고하고 확고하고 의심할 바가 없어지고, *5)* 성취가 원만하고 기쁘고 즐겁고 바람직하고 적정하고 행복하고, *6)* 계행이 고귀하고 뛰어나고 견줄 수 없고 청정한 향기로 가득 하고, *7)* 신들과 인간의 사랑을 받고 마음에 들고, *8)* 번뇌를 부순 고귀한 뛰어난 사람들의 부러움을 사고, *9)* 신들과 인간의 존경을 받고 공양을 받고, *10)* 슬기롭고 지성적인 현명한 사람들의

칭찬, 찬탄, 찬사, 칭송을 받고, *11)* 이 세상이나 저 세상에서나 세상에 물들지 않고, *12)* 작은 허물에서 두려움을 보고, *13)* 광대하고 뛰어난 성취를 바라는 자들에게 뛰어난 목표인 길과 경지를 얻고, *14)* 약속된 풍요롭고 수승한 필수품을 얻고, *15)* 집 없이 잠을 자고, *16)* 선정에 전념하는 자의 뛰어난 열기로 지내고, *17)* 번뇌의 [362] 그물을 풀고, *18)* 존재의 운명의 장애가 부서지고 깨지고 뒤틀리고 끊어지고, *19)* 부동의 성품을 지니고, *20)* 고귀한 삶을 영위하고, *21)* 허물 없음을 즐기고, *22)* 존재의 운명에서 벗어나고, *23)* 모든 의혹을 뛰어넘고, *24)* 해탈에 전념하고, *25)* 진리를 보고, *26)* 부동하고 견고한 피난처에 이르고, *27)* 잠재적 경향을 제거하고,[977] *28)* 일체의 번뇌의 부숨에 도달하고, *29)* 적정하고 행복한 성취에 자주 머물고, *30)* 모든 수행자의 덕성을 갖춥니다. 이와 같이 서른 가지 뛰어난 덕성을 갖춥니다."

26. [나가세나] "대왕이여, 장로 싸리뿟따가 세상의 스승이신 부처님을 제외하고 일만 세계에서 최상의 분이 아니셨습니까? 그도 한량없이 헤아릴 수 없는 겁 동안 선근을 쌓고 바라문 집안에 기뻐할 만한 감각적 욕락과 수백 가지의 나패와 큰 재산을 버리고 최승자의 가르침에 출가하여 이러한 열세 가지 두타행의 덕성에 의해서 신체, 언어, 정신을 다스렸고 이제 오늘날 끝이 없는 덕성을 갖추고 고따마 세존의 뛰어난 교계에 가르침의 수레바퀴를 굴리는 자가 되었습니다. 대왕이여, 신들 가운데 신인 세존께서는 탁월한 ≪앙굿따라니까야≫의 해명에서 '수행승들이여, 나는 싸리뿟따처럼 여래께서 굴린 위없는 가르침의 수레바퀴를 올바로 따라 굴리는 다른 유일한 사람을 보지 못했다. 수행승들이여, 싸리뿟따는 여래께서 굴린 위없는 가르침의 수레바퀴를 올바로 따라 굴린다.'라고[978] 말씀하셨습니다."

---

977) samucchinnānusayo : AN. IV. 9 일곱 가지가 있다.
978) nāhaṁ, bhikkhave, aññaṁ ekapuggalampi samanupassāmi, yo evaṁ

[밀린다 왕] "존자 나가세나여, 어떤 아홉 부류의 가르침979)이든 그리고 출세간적인 비원인적 행위980)이든, 세상에서 널리 알려진 탁월한 성취이든, 그들은 모두 열세 가지 두타행의 덕성와 결합된 것입니다."

첫 번째 두타행의 덕성에 대한 질문이 끝났다.
이 편은 한 개의 질문으로 이루어졌다.
제6편 두타행의 덕성에 대한 질문\이 끝났다.

tathāgatena anuttaraṁ dhammacakkaṁ pavattitaṁ sammadeva anuppavatteti, yathayidaṁ sāriputto, sāriputto. bhikkhave, tathāgatena anuttaraṁ dhammacakkaṁ pavattitaṁ sammadeva anuppavattetī'ti : AN. I. 23

979) navaṅgasāsana : 아홉 부류의 가르침(九分敎)에 대해서는 Miln. 21과 주석을 참조하라.

980) lokuttarā kiriyā : 출세간적이란 경지(果位), 열반, 성취[九次第定]와 관계된 것을 말하고, 비원인적 행위란 '세간적 결과를 낳지 않은 행위'를 말한다.

제7편 비유의 논의에 대한 질문
(Opammakathāpañha)

I. 논의의 주제(論母)

(Mātikā)

1. [밀린다 왕] "존자 나가세나여, [363] 어느 정도의 특성을 갖춘 수행승이 거룩한 경지를 깨우치겠습니까?"

[나가세나] "대왕이여, 세상에서 거룩한 경지를 깨우치고자 하는 수행승은 이러한 특성들을 파악해야 합니다."

2. 제1장 당나귀의 품(Gadrabhavagga)

[나가세나] "1.당나귀의 한 가지 특성을 파악해야 합니다. 2. 닭의 다섯 가지 특성을 파악해야 합니다. 3. 다람쥐의 한 가지 특성을 파악해야 합니다. 4. 암표범의 한 가지 특성을 파악해야 합니다. 5. 수표범의 두 가지 특성을 파악해야 합니다. 6. 거북이의 다섯 가지 특성을 파악해야 합니다. 7. 대나무의 한 가지 특성을 파악해야 합니다. 8. 활의 한 가지 특성을 파악해야 합니다. 9. 까마귀의 두 가지 특성을 파악해야 합니다. 10. 원숭이의 두 가지 특성을 파악해야 합니다."

3. 제2장 바다의 품(Samuddavagga)

[나가세나] "11. 조롱박의 한 가지 특성을 파악해야 합니다. 12. 연꽃의 세 가지 특성을 파악해야 합니다. 13. 씨앗의 두 가지 특성을 파악해야 합니다. 14. 아름다운 쌀라 나무의 한 가지 특성을 파악해야 합니다. 15. 배의 세 가지 특성을 파악해야 합니다. 16. 닻의 두 가지 특성을 파악해야 합니다. 17. 돛대의 한 가지 특성을 파악해야 합니

다. 18. 조타수의 세 가지 특성을 파악해야 합니다. 19. 선원의 한 가지 특성을 파악해야 합니다. 20. 바다의 다섯 가지 특성을 파악해야 합니다."

4. 제3장 땅의 품(Pathavīvagga)

[나가세나] "21. 땅의 다섯 가지 특성을 파악해야 합니다. 22. 물의 다섯 가지 특성을 파악해야 합니다. 23. 불의 다섯 가지 특성을 파악해야 합니다. 24. 바람의 다섯 가지 특성을 파악해야 합니다. 25. 산의 다섯 가지 특성을 파악해야 합니다. 26. 허공의 다섯 가지 특성을 파악해야 합니다. 27. 달의 다섯 가지 특성을 파악해야 합니다. 28. 해의 다섯 가지 특성을 파악해야 합니다. 29. 제석천의 세 가지 특성을 파악해야 합니다. 30. 전륜왕의 네 가지 특성을 파악해야 합니다."

5. 제4장 흰개미의 품(Upacikāvagga)

[나가세나] "31. 흰개미의 한 가지 특성을 파악해야 합니다. 32. 고양이의 두 가지 특성을 파악해야 합니다. 33 쥐의 한 가지 특성을 파악해야 합니다. 34. 전갈의 한 가지 특성을 파악해야 합니다. 35. 족제비의 한 가지 특성을 [364] 파악해야 합니다. 36. 늙은 승냥이의 두 가지 특성을 파악해야 합니다. 37. 사슴의 세 가지 특성을 파악해야 합니다. 38. 소의 네 가지 특성을 파악해야 합니다. 39. 돼지의 두 가지 특성을 파악해야 합니다. 40. 코끼리의 다섯 가지 특성을 파악해야 합니다."

6. 제5장 사자의 품(Sīhavagga)

[나가세나] "41. 사자의 일곱 가지 특성을 파악해야 합니다. 42. 황금빛 백조의 세 가지 특성을 파악해야 합니다. 43. 빠나히까 새의 두 가지 특성을 파악해야 합니다. 44. 집비둘기의 한 가지 특성을 파악해야 합니다. 45. 올빼미의 두 가지 특성을 파악해야 합니다. 46. 딱따구리의 한 가지 특성을 파악해야 합니다. 47. 박쥐의 한 가지 특성을

파악해야 합니다. 48. 거머리의 한 가지 특성을 파악해야 합니다. 49. 뱀의 세 가지 특성을 파악해야 합니다. 50. 비단뱀의 한 가지 특성을 파악해야 합니다."

7. 제6장 원숭이의 품(Makkaṭavagga)

[나가세나] "51. 길거미의 한 가지 특성을 파악해야 합니다. 52. 젖먹이의 한 가지 특성을 파악해야 합니다. 53. 반점있는 거북이의 한 가지 특성을 파악해야 합니다. 54. 삼림의 다섯 가지 특성을 파악해야 합니다. 55. 나무의 세 가지 특성을 파악해야 합니다. 56. 비구름의 다섯 가지 특성을 파악해야 합니다. 57. 마니주의 세 가지 특성을 파악해야 합니다. 58. 사냥꾼의 네 가지 특성을 파악해야 합니다. 59. 어부의 두 가지 특성을 파악해야 합니다. 60. 목수의 두 가지 특성을 파악해야 합니다."

8. 제7장 물단지의 품(Kumbhavagga)

[나가세나] "61. 물단지의 한 가지 특성을 파악해야 합니다. 62. 검은 쇠의 두 가지 특성을 파악해야 합니다. 63. 일산의 세 가지 특성을 파악해야 합니다. 64. 밭의 세 가지 특성을 파악해야 합니다. 65. 해독제의 두 가지 특성을 파악해야 합니다. 66. 음식의 세 가지 특성을 파악해야 합니다. 67. 궁술사의 네 가지 특성을 파악해야 합니다."981)

9. [기타 전승되지 않는 것]

[나가세나] "68. 왕의 네 가지 특성을 파악해야 합니다. 69. 문지기의 두 가지 특성을 파악해야 합니다. 70. 숫돌의 한 가지 특성을 파악해야 합니다. 71. 등불의 두 가지 특성을 파악해야 합니다. 72. 공작새의 두 가지 특성을 파악해야 합니다. 73. 준마의 두 가지 특성을 파악해야 합니다. 74. 술집의 두 가지 특성을 파악해야 합니다. 75. 문주(門柱)

981) 트랭크너의 PTS.본은 여기까지의 비유에 관한 논의만을 다루고 있다.

의 두 가지 특성을 파악해야 합니다. 76. 저울의 한 가지 특성을 파악해야 합니다. 77. 칼의 두 가지 특성을 파악해야 합니다. 78. 물고기의 두 가지 특성을 파악해야 합니다. 79. 빚쟁이의 한 가지 [365] 특성을 파악해야 합니다. 80. 환자의 두 가지 특성을 파악해야 합니다. 81. 죽은 자의 두 가지 특성을 파악해야 합니다. 82. 강의 두 가지 특성을 파악해야 합니다. 83. 황소의 한 가지 특성을 파악해야 합니다. 84. 길의 두 가지 특성을 파악해야 합니다. 85. 세리(稅吏)의 한 가지 특성을 파악해야 합니다. 86. 도둑의 세 가지 특성을 파악해야 합니다. 87. 매의 한 가지 특성을 파악해야 합니다. 88. 개의 한 가지 특성을 파악해야 합니다. 89. 의사의 세 가지 특성을 파악해야 합니다. 90. 임산부의 두 가지 특성을 파악해야 합니다. 91. 암야크의 한 가지 특성을 파악해야 합니다. 92. 청견조(靑樫鳥)의 두 가지 특성을 파악해야 합니다. 93. 비둘기의 세 가지 특성을 파악해야 합니다. 94. 외눈박이의 두 가지 특성을 파악해야 합니다. 95. 농부의 세 가지 특성을 파악해야 합니다. 96. 암승냥이의 한 가지 특성을 파악해야 합니다. 97. 녹수낭의 두 가지 특성을 파악해야 합니다. 98. 숟가락의 한 가지 특성을 파악해야 합니다. 99. 빚쟁이의 세 가지 특성을 파악해야 합니다. 100. 시험관의 한 가지 특성을 파악해야 합니다. 101. 마부의 두 가지 특성을 파악해야 합니다. 102. 음식제공자의 두 가지 특성을 파악해야 합니다. 103. 재봉사의 한 가지 특성을 파악해야 합니다. 104. 선원의 한 가지 특성을 파악해야 합니다. 105. 말벌의 두 가지 특성을 파악해야 합니다."[982]

논의의 주제가 끝났다.

---

982) 68-105까지의 38개의 주제에 대한 구체적 논의는 Miln. 뿐만 아니라 MilnṬ에서도 등장하지 않는다.

Ⅱ. 비유의 논의에 대한 질문 (Opammakathāpañha)

제1장 당나귀의 품

(Gadrabhavagga)

1. [당나귀의 특성에 대한 질문] (Gadrabhaṅgapañha)

1. [밀린다 왕] "존자 나가세나여, 그대는 '당나귀의 한 가지 특성을 파악해야 한다.'라고 말했는데, 어떤 한 가지 특성을 파악해야 합니까?"

2. [나가세나] "대왕이여, 당나귀는 쓰레기더미도 네거리도 광장도 마을어귀에도 왕겨더미에도 어느 곳이든지 눕지만, 오래 눕지 않습니다. 대왕이여, 이와 마찬가지로 [366] 수행자와 수행에 전념하는 자는 풀을 깐 자리이건 나뭇잎으로 만든 자리이건 나뭇조각으로 만든 침상이건, 맨땅이건 어디서든 가죽매트를 펴고 어디서든 눕지만, 오래 누워서는 안 됩니다. 대왕이여, 이것이 파악해야 할 당나귀의 한 가지 특성입니다."

3. [나가세나] "대왕이여, 신들 가운데 신인 세존께서는 '수행승들이여, 오늘날 나의 제자들은 통나무를 베개를 삼아 방일하지 않고 열심히 정진하고 있다.'라고[983] 말씀하셨습니다.

[세존] '가부좌를 하고 앉아 있을 때
무릎으로 비가 들이치지만 않는다면,

983) kaliṅgarūpadhānā, bhikkhave, etarahi mama sāvakā viharanti appamattā ātāpino padhānasmin'ti : SN. II. 267 참조하라.

자신에 전념하는 수행승이
평안한 삶을 살기에 족하다.'"984)

당나귀의 특성에 대한 질문이 끝났다.

2. [닭의 특성에 대한 질문]
(Kukkuṭaṅgapañha)

1. [밀린다 왕] "존자 나가세나여, 그대는 '닭의 다섯 가지 특성을 파악해야 한다.'라고 말했는데, 어떤 다섯 가지 특성을 파악해야 합니까?"

2. [나가세나] "대왕이여, 닭은 때맞추어 적당한 시간에 보금자리에 듭니다. 대왕이여, 이와 마찬가지로 수행자와 수행에 전념하는 자는 때맞추어 탑묘의 주변을 청소하고 음용수와 용수를 준비하고, 몸을 돌보고 목욕하고, 탑묘에 예배하고, 법랍이 높은 수행승들을 뵈러 가고 때맞추어 적당한 시간에 한적한 수행처985)로 들어가야 합니다. 대왕이여, 이것이 파악해야 할 닭의 첫 번째 특성입니다."

3. [나가세나] "대왕이여, 그리고 또한 닭은 때맞추어 적당한 시간에 일어납니다. 대왕이여, 이와 마찬가지로 수행자와 수행에 전념하는 자는 때맞추어 적당한 때에 탑묘의 주변을 청소하고 음용수와 용수를 준비하고, 몸을 돌보고, 탑묘에 예배하고, 다시 한적한 수행처로 들어가야 합니다. 대왕이여, 이것이 파악해야 할 닭의 두 번째 특성입니다."

4. [나가세나] "대왕이여, 그리고 또한 닭이 땅을 파고 또 파고 먹이를 찾아 먹습니다. 대왕이여, 이와 마찬가지로 수행자와 수행에 전념하는 자는 성찰하고 또 성찰해서 '이것은 놀이, 사치, [367] 장식이나 치장

---

984) pallaṅkena nisinnassa | jaṇṇuke nābhivassati | alaṁ phāsuvihārāya | pahitattassa bhikkhuno || Thag. 985.

985) suññāgāra : 한역에는 공한처(空閑處)라고 한다. 원래 '텅 빈 집'이라는 뜻이나 '텅 빈 장소', '사람이 살지 않는 곳', '한적한 곳'을 의미하기도 한다.

을 위해서가 아니라 이 몸이 살아있는 한 그 몸을 유지하고 해를 입지 않도록 하고 청정한 삶을 살기 위한 것이다. 그래서 나는 예전의 불편했던 경험을 제거하고 새로운 고통을 초래하지 않겠다. 이것으로 나는 허물 없이 안온하게 살리라.'라고[986] 음식을 먹어야 합니다. 대왕이여, 이것이 파악해야 할 닭의 세 번째 특성입니다."

5. [나가세나] "대왕이여, 신들 가운데 신이신 세존께서는 이렇게 말씀하셨습니다.

[세존] '황야에서 아들의 살점을 먹는 것처럼,[987]
수레 축에 기름을 바르는 것처럼,[988]
새김을 잃지 않고 몸을 지탱하기 위해.
그와 같이 음식을 섭취해야 하리.'"[989]

6. [나가세나] "대왕이여, 그리고 또한 닭은 눈이 있지만 밤에는 장님입니다. 대왕이여, 이와 마찬가지로 수행자와 수행에 전념하는 자는 장님이 아니지만 장님처럼 지내야 합니다. 숲속에도 탁발하는 마을에서나 탁발하러 다닐 때에도 유혹적인 형상, 소리, 냄새, 맛, 감촉의 현상들에 대하여 장님, 귀머거리, 벙어리처럼 지내야 하고, 인상을 파악해서도 안 되고 연상을 파악해서도 안 됩니다. 대왕이여, 이것이 파악해야 할 닭의 네 번째 특성입니다."

---

986) neva davāya na madāya na maṇḍanāya na vibhūsanāya, yāvadeva imassa kāyassa ṭhitiyā yāpanāya vihiṁsūparatiyā brahmacariyānuggahāya, iti purāṇañca vedanaṁ paṭihaṅkhāmi navañca vedanaṁ na uppādessāmi, yātrā ca me bhavissati anavajjatā ca phāsuvihāro cā'ti : SN. IV. 176; MN. I. 273, 355

987) kantāre puttamaṁsaṁva : SN. II. 98 부부가 황야를 빠져나오기 위해 귀한 아들을 죽여서 말린 고기나 꼬챙이에 꿴 고기를 만들어 아들의 고기를 먹으면서 '외아들아, 어디에 있니? 외아들아, 어디에 있니?'라고 통곡했다.

988) akkhassabbhañjanaṁ yathā; SN. IV. 177을 참조하라.

989) kantāre puttamaṁsaṁva | akkhassabbhañjanaṁ yathā | evaṁ āhari āhāraṁ | yāpanatthamamucchito'ti ‖ 경전에서 추적불가

7. [나가세나] "대왕이여, 장로 마하 깟짜야나가 이렇게 말했습니다.

[마하 깟짜야나] '눈 있는 자는 오히려 눈먼 자와 같고,
귀 있는 자는 오히려 귀먹은 자와 같아야 한다.990)
지혜가 있는 자는 오히려 바보와 같고
힘센 자는 오히려 허약한 자와 같아야 한다.991)
생각건대 의취가 성취되었을 때,
죽음의 침상에992) 누워야 하기 때문이다.'993)

---

990) cakkhumāssa yathā andho, sotavā badhiro yathā : ThagA. II. 210에 따르면, '눈 있는 자라도 포기해야 할 것이 보일 때에 눈먼 자가 보지 못하는 것처럼 해야 하고, 귀 있는 자라도 포기해야 할 것이 들릴 때에 귀먹은 자가 못들은 것처럼 해야 한다.'라는 뜻이다.

991) paññav'assa yathā mūgo, balavā dubbalor iva : ThagA. II. 210에 따르면, '여기서 지혜로운 자는 말에 밝은 자이다. 말에 밝은 자라도 말해서는 안 될 것에 벙어리처럼 되어야 하고, 힘센 자라도 해서는 안 될 일에 대해서는 허약한 자, 즉 무능한 자처럼 되어야 한다.'라는 뜻이다.

992) matasāyikaṁ : 이 시는 '죽음의 침상(matasāyikaṁ)'이라는 구절과 관련해서 이 시 전체는 아주 난해하다. ThagA. II. 210에서 담마빨라는 '스스로 해야 할 일이 생겨났을 때 죽음의 침상에 누워있더라도, 그 해야 할 일은 극복되어야지, 놓쳐버려져서는 안 된다. 또는 그것이 행해질 수 없더라도 현명한 자라면, 부적당한 일을 행할 수는 없다.'라고 주석을 달고 있다. 이러한 주석은 노먼(EV. 202)의 말대로 담마빨라도 이 시를 제대로 이해하지 못하고 있음을 시사한다. 초기의 번역가들, 노이만(SV. 370)과 리스 데이비즈 부인(PB. 240)은 '사유의 침상'이라는 의미로 번역하고 있음을 알 수 있다. 호너(I. B. Horner : MQ. II. 231) 여사도 일반적으로 죽음으로 번역되는 '마따(mata)'라는 단어가 '사유'를 뜻할 가능성이 있다고 주장했다. 그들의 주장을 받아들여 사유의 침상이라고 번역한다고 하면, 그것은 '역설적인 사유'를 뜻하는 것일까? 그러한 해석도 문맥상 난해하기는 마찬가지이다. 마스나가 레이호(長老. 210)는 '그래서 이익이 생기면, 사자(死者)가 누운 것처럼 누워야 하리'라고 번역했다. 역설적인 사유를 해서 이익이 생긴다면 죽은 자처럼 누워야 한다는 것은 무슨 뜻일까? 그의 번역은 모든 문장을 더욱 난해하게 만든다. '나카무라 하지메(佛告. 114)는 노먼과 유사하게 이 구절과 관련된 문장을 '만약에 목적이 달성되면, 사자(死者)의 와상(臥床)에 누워야 하리.'라고 번역했지만, 그의 번역도 애매하기는 마찬가지인데도, 이 구절에 대해서 주석을 달지 않았다. 그의 번역과 그의 번역을 옮긴 박용길의 번역은 불교의 이념과는 맞지 않는 허무주의적이고 자포자기적인 냄새가 난다. 역자는 이 구절과 관련해서 이 시 전체를 이해한다는 것은 불교의 영향을 받은 수피즘을 이해하지 않으면 불가능하다고 생각한다. 13세기 수피 아부 아지드는 이렇게

8. [나가세나] "대왕이여, 그리고 또한 닭은 흙덩이, 막대기, 몽둥이, 곤봉으로 두들겨 맞아도 자기 집을 버리지 않습니다. 대왕이여, 이와 마찬가지로 수행자와 수행에 전념하는 자는 옷을 만들거나 건물을 수선하거나 의무를 실천할 때나 송출할 때나 송출하게 할 때나 이치에 맞게 정신활동을 기울이는 것을 버리지 않습니다. 대왕이여, 이치에 맞게 성찰하는 것이야말로 수행자의 자기 집입니다. 대왕이여, 이것이 파악해야 할 닭의 다섯 번째 특성입니다."

9. [나가세나] "대왕이여, [368] 신들 가운데 신이신 세존께서는 '수행승들이여, 수행승에게 자신의 활동경계, 아버지의 영역은 무엇인가? 그것은 바로 네 가지 새김의 토대이다.'라고994) 말씀하셨습니다. 대왕이여, 가르침의 장군 장로 싸리뿟따는 이렇게 말했습니다.

[싸리뿟따] '잘 조련된 코끼리는
자신의 코를 짓밟지 않고

말했다 : '나는 어떤 관점에서든 가난보다 나은 부는 보지 못했다. 나는 어떤 관점에서든 무능보다 나은 유능은 보지 못했다. 나는 어떤 관점에서든 완전한 침묵보다 강하게 빛나는 등불은 보지 못했다. 나는 어떤 관점에서든 벙어리보다 나은 유창함은 보지 못했다.' 여기서 '가난, 무능, 침묵, 벙어리'는 '눈먼 자, 귀먹은 자, 바보, 허약한 자'와 비견될 수 있는 것으로 완전한 적멸을 상징하는 것이고, '죽음의 침상'도 역설적인 것으로 역시 완전한 적멸을 뜻하는 것이다. 노이만(SV. 370)의 번역은 이 난해한 시를 잘 소화하여 원어와는 다르지만, 비교적 원의를 잘 이해하여 완전히 창작적인 윤문을 하고 있음을 알 수 있다 : '날카로운 눈으로 눈먼 것처럼 보이고, 날카로운 귀로 벙어리처럼 보이고, 날카로운 지혜로 무디게 보이고, 날카로운 의취로 멍청하게 보이니, 생각건대, 적멸이 옳으니, 사려 깊게 휴식을 취하리.'

993) cakkhumāssa yathā andho | sotavā badhiro yathā | paññav'assa yathā mūgo | balavā dubbalor iva | atha atthe samuppanne | sayetha matasāyikan'ti ‖ Thag. 501.

994) ko ca, bhikkhave, bhikkhuno gocaro sako pettiko visayo? Yadidaṁ cattāro satipaṭṭhānā'ti : SN. V. 149. '아버지의 영역'이란 낯선 영역이 아닌 고향을 의미한다. 이 진술은 '수행승들이여, 수행승들에게 자신의 활동경계가 아닌 곳, 낯선 영역이란 무엇인가? 그것은 바로 다섯 가지 감각적 쾌락의 종류이다.'의 반대개념의 내용으로 구성된 것이다.

자신의 생계를 강구하여
다양한 먹을 것을 식별하듯이,995)
이와 마찬가지로 방일하지 않는
부처님의 아들이라면
최상의 뛰어난 정신활동을 지닌
최승자의 말씀을 짓밟아서는 안 되리.'"996)

두 번째 닭의 특성에 대한 질문이 끝났다.

3. [다람쥐의 특성에 대한 질문]
(Kalandakaṅgapañha)

1. [밀린다 왕] "존자 나가세나여, 그대는 '다람쥐의 한 가지 특성을 파악해야 한다.'라고 말했는데, 어떤 한 가지 특성을 파악해야 합니까?"

2. [나가세나] "대왕이여, 다람쥐는 적으로부터 공격을 받으면 꼬리를 두드려서 크게 만들어 그 꼬리의 곤봉으로 적을 막아냅니다. 대왕이여, 이와 마찬가지로 수행자와 수행에 전념하는 자는 번뇌의 적으로부터 공격을 받으면, 새김의 토대라는 곤봉을 두드려서 크게 만들고 그 새김의 토대라는 곤봉으로 모든 번뇌를 막아내야 합니다. 대왕이여, 이것이 파악해야 할 다람쥐의 한 가지 특성입니다."

3. [나가세나] "대왕이여, 장로 쭐라 빤타까가 이렇게 말했습니다.

[쭐라 빤타까] '수행자의 덕성을 파괴하는
번뇌들이 공격하면,

---

995) yathā sudanto mātaṅgo | sakaṁ soṇḍaṁ na maddati | bhakkhābhakkhaṁ vijānāti | attano vuttikappanaṁ || 경전에서 추적불가. MN. I. 45에 따르면, 전장에서 코끼리는 오직 자신의 코만을 보호한다. Pps. III. 128에 따르면, 코끼리는 코를 보호하기 위해 코를 입안에 넣는다.

996) tatheva buddhaputtena | appamattena vā pana | jinavacanaṁ na madditabbaṁ | manasikāravaruttaman'ti || 경전에서 추적불가

새김의 토대로 이루어진 곤봉으로
거듭해서 부숴야 하리.'"997)

세 번째 다람쥐의 특성에 대한 질문이 끝났다.

4. [암표범의 특성에 대한 질문]
(Dīpiniyaṅgapañha)

1. [밀린다 왕] "존자 나가세나여, 그대는 '암표범의 한 가지 특성을 파악해야 한다.'라고 말했는데, 어떤 한 가지 특성을 파악해야 합니까?"

2. [나가세나] "대왕이여, 암표범은 한번 임신하면 다시는 수표범에게 다가가지 않습니다. 대왕이여, 이와 마찬가지로 수행자와 수행에 전념하는 자는 미래에 다시 태어나고 생겨나고 수태되고 죽고 파멸하고 괴멸하고 멸망하는 것과 윤회의 두려움과 악한 존재의 운명과 불평등과 고뇌를 보고서 '나는 윤회하는 존재로 [369] 다시 태어나지 않겠다.'라고 이치에 맞게 정신활동을 기울여야 합니다. 대왕이여, 이것이 파악해야 할 암표범의 한 가지 특성입니다."

3. [나가세나] "대왕이여, 신들 가운데 신이신 세존께서는 『숫타니파타』의 소치는 「다니야의 경」에서 이렇게 말씀하셨습니다.

[세존] '황소처럼 모든 속박들을 끊고,
코끼리처럼 냄새나는 넝쿨을998) 짓밟아,
나는 다시 모태에 들지 않을 것이니,999)

997) yadā kilesā opatanti | sāmaññaguṇadhaṁsanā | satipaṭṭhānalaguḷena | hantabbā te punappunan'ti ‖ 경전에서 추적불가

998) pūtilataṁ : Prj. II. 40에 따르면, 의학용 넝쿨식물의 일종인 갈로찌라따(galocilatā)를 말하는데, 우리의 아름다운 몸이 실제로는 '썩은 냄새나는 몸(pūtikāya)'인 것을 의미한다.

999) nānahaṁ puna upessaṁ gabbhaseyyaṁ : 윤회하지 않는다는 뜻이다. SN. I. 173의 우다야경[Udayasutta]에 다음과 같은 세존의 말씀이 있다: 목우는 자꾸만 젖을 짜고, 송아지는 자꾸만 어미를 찾네. 사람들은 자꾸만 지치고 두려워하고, 어리석

하늘이여, 비를 뿌리려거든 비를 뿌리소서.'"1000)

네 번째 암표범의 특성에 대한 질문이 끝났다.

5. [수표범의 특성에 대한 질문]
(Dīpikaṅgapañha)

1. [밀린다 왕] "존자 나가세나여, 그대는 '수표범의 두 가지 특성을 파악해야 한다.'라고 말했는데, 어떤 두 가지 특성을 파악해야 합니까?"

2. [나가세나] "대왕이여, 수표범은 숲속에서 수풀이나 밀림이나 산림에 의지하여 은거하면서 맹수를 잡습니다. 대왕이여, 이와 마찬가지로 수행자와 수행에 전념하는 자는 한적한 장소, 숲이나 나무 아래, 산, 협곡, 산굴, 묘지, 산림, 노천, 짚더미, 조용한 곳, 소음이 없는 곳, 인기척이 없는 곳, 사람과 격리된 곳, 홀로 명상에 들기에 적합한 곳에서 수행해야 합니다. 대왕이여, 수행자와 수행에 전념하는 자가 한적한 장소에서 수행하면 머지않아 여섯 가지 곧바른 앎에서 자재를 얻습니다. 대왕이여, 이것이 파악해야 할 수표범의 첫 번째 특성입니다. 가르침을 결집한 장로들이 이렇게 말했습니다.

[결집장로들] '수표범이
은거하다가 야수를 포획하듯이,
수행을 닦으며 통찰하는
부처님의 아들은
한적한 숲속에 들어가
위없는 경지를 획득한다.'1001)

은 자는 자꾸만 모태에 드네.

1000) usabho-r-iva chetva bandhanāni | (iti bhagavā) nāgo pūtilataṁ va dāḷ- ayitvā | n'āhaṁ puna upessaṁ gabbhaseyyaṁ | atha ce patthayasī pavassa deva || Stn. 29.

1001) yathāpi dīpiko nāma | nilīyitvā gaṇhatī mige | tathevāyaṁ buddhaputto

3. [나가세나] "대왕이여, 그리고 또한 수표범은 어떤 맹수를 죽이더라도 왼쪽 옆구리를 땅에 대고 쓰러진 것을 먹지 않습니다. 대왕이여, 이와 마찬가지로 수행자와 수행에 전념하는 자는 대나무의 보시나, 잎사귀의 보시나, 꽃의 보시나, 열매의 보시나, 목욕의 보시나, 점토의 보시나, 세안용 도분의 보시나, 이 닦는 버들가지의 보시나, 입을 헹굴 물의 보시나, [370] 아첨하거나, 비위를 맞추거나, 장난치거나, 발로 뛰어다니거나, 약을 처방하거나, 사자를 보내거나, 심부름을 보내거나, 음식을 교환하거나, 시물을 주거나, 택지학으로나, 점성술로나, 사지(四肢)의 점을 보는, 부처님에 의해서 경멸받은 삿된 삶의 방식으로 조달된 음식을 향유해서는 안 됩니다. 대왕이여, 이것이 파악해야 할 수표범의 두 번째 특성입니다."

4. [나가세나] "대왕이여, 가르침의 장군 장로 싸리뿟따가 이렇게 말했습니다.1002)

[싸리뿟따] '언어적 암시의 영향으로
생겨난 달콤한 죽을
내가 만약에 먹었더라면,
나의 삶은 비난을 받았으리라.1003)

비록 나의 창자가
밖으로 튀어나와 꿈틀대더라도,
목숨을 버릴지언정
나의 삶을 파괴하지 않으리.'"1004)

| yuttayogo vipassako | araññaṁ pavisitvāna | gaṇhāti phalamuttaman'ti || Vism. 270 옛 성인들의 말로 되어 있다.

1002) bhāsitampetaṁ, mahārāja, therena sāriputtena dhammasenāpatinā : Vism. 42에 목갈라나에게 한 말로 되어 있다.

1003) vacīviññattivipphārā | uppannaṁ madhupāyasaṁ | sace bhutto bhaveyyāhaṁ | sājīvo garahito mama || Vism. 42

다섯 번째 수표범의 특성에 대한 질문이 끝났다.

6. [거북이의 특성에 대한 질문]
(Kummaṅgapañha)

1. [밀린다 왕] "존자 나가세나여, 그대는 '거북이의 다섯 가지 특성을 파악해야 한다.'라고 말했는데, 어떤 다섯 가지 특성을 파악해야 합니까?"

2. [나가세나] "대왕이여, 물에 사는 거북이는 물속에서만 주거합니다. 대왕이여, 이와 마찬가지로 수행자와 수행에 전념하는 자는 모든 생명이 있는 존재와 인간들을 위하여 요익과 연민을 지니고, 광대하고 고귀하고 무량하고 원한 없고 적의 없는 자애의 마음으로 일체의 세계에 채워서 주거해야 합니다. 대왕이여, 이것이 파악해야 할 거북이의 첫 번째 특성입니다."

3. [나가세나] "대왕이여, 그리고 또한 거북이는 물에 떠다니면서 머리를 들고 무엇인가를 보면 그 자리에서 '저들이 나를 다시 보지 못하게 하겠다.'라고 가라앉아 깊이 잠수합니다. 대왕이여, 이와 마찬가지로 수행자와 수행에 전념하는 자는 번뇌가 엄습하면 '번뇌가 다시는 나를 보지 못하게 해야겠다.'라고 수행대상의 정수에 가라앉아 깊이 잠수해야 합니다. 대왕이여, 이것이 파악해야 할 거북이의 두 번째 특성입니다."

4. [나가세나] "대왕이여, 그리고 또한 [371] 거북이는 물에서 나와 몸을 따뜻하게 합니다. 대왕이여, 이와 마찬가지로 수행자와 수행에 전념하는 자는 앉고 일어서고 눕고 걷는 것으로부터 마음을 철수해서 올바른 노력 가운데 마음을 따뜻하게 해야 합니다. 대왕이여, 이것이

1004) yadipi me antaguṇaṁ | nikkhamitvā bahi care | neva bhindeyyaṁ ājīvaṁ | cajamānopi jīvitaṁ || Vism. 42

파악해야 할 거북이의 세 번째 특성입니다."

5. [나가세나] "대왕이여, 그리고 또한 거북이는 땅을 파고 멀리 떨어진 곳에 거처를 마련합니다. 대왕이여, 이와 마찬가지로 수행자와 수행에 전념하는 자는 이득과 명성과 칭송을 버리고, 텅 빈 곳, 외진 곳, 작은 숲, 삼림, 산, 협곡, 산굴, 조용하고 소음 없는 멀리 떨어진 곳에 들어가서 한적한 장소에 거처를 마련해야 합니다. 대왕이여, 이것이 파악해야 할 거북이의 네 번째 특성입니다."

6. [나가세나] "대왕이여, 장로 우빠쎄나 방간따뿟따가 이렇게 말했습니다.

[우빠쎄나 방간따뿟따]
'멀리 떠나서 적막하고
맹수가 출몰하는 곳,1005)
홀로 명상하기 위해,1006) 수행승은
그러한 처소로 자주 가야 하리.'"1007)

7. [나가세나] "대왕이여, 그리고 또한 거북이는 거닐다가 무엇인가를 보거나 소리를 들으면, 목과 사지를 자신의 등껍질에 집어넣고 몸을 보호하면서 움직이지 않고 가만히 있습니다. 대왕이여, 이와 마찬가지로 수행자와 수행에 전념하는 자는 모든 곳에서 형상, 소리, 냄새, 맛, 감촉, 사실이 엄습해올 때, 여섯 감관의 문에서 제어의 문을 단속하여 정신을 모아서 감관을 제어하고, 새김과 알아차림으로 수행자의 삶을 지키면서 지내야 합니다. 대왕이여, 이것이 파악해야 할 거북이

1005) vāḷamiganisevitaṁ : ThagA. II. 247에 따르면, 사자와 호랑이 등의 맹수가 출몰하는 곳은 사람들을 떠나 멀리 떨어진 곳을 상징적으로 표현한 것이다.
1006) paṭisallānakāraṇā : ThagA. II. 247에 따르면, '여러 대상으로부터 마음을 전향(轉向)하여 명상주제에 마음을 확립시키기 위하여'라는 뜻이다.
1007) vivittaṁ appanigghosaṁ | vāḷamiganisevitaṁ | seve senāsanaṁ bhikkhu | paṭisallānakāraṇā ‖ Thag. 577.

의 다섯 번째 특성입니다."

8. [나가세나] "대왕이여, 신들 가운데 신인 세존께서는 뛰어난 ≪쌍윳따니까야≫에서 거북이의 비유의 경에서 이렇게 말씀하셨습니다.

[세존] '거북이가 자기의 등껍질에
팔다리를 당겨 넣듯이,1008)
수행승은 정신의 사유를1009) 거둬들이고
집착을 여의고1010) [372] 남을 해치지 않고,
완전히 소멸하여1011)
누구도 비난하지 않아야 하리.'"1012)

여섯 번째 거북이의 특성에 대한 질문이 끝났다.

7. [대나무의 특성에 대한 질문]
(Vaṁsaṅgapañha)

1. [밀린다 왕] "존자 나가세나여, 그대는 '대나무의 한 가지 특성을 파악해야 한다.'라고 말했는데, 어떤 한 가지 특성을 파악해야 합니까?"

2. [나가세나] "대왕이여, 대나무는 바람이 불면 거기에 순응하고 다

1008) kummo va aṅgāni sake kapāle : Srp. I. 36에 따르면, 이 경은 유혹자인 자칼과 악마가 입구를 발견하지 못하는 상태를 설명한 것이다. 거북이에 관한 이러한 내용은 자이나 문헌(Sūyagaḍaṅgasutta I. 8. 13, JPTS 1891. 49)이나 힌두교의 성전인 『바가바드기타』와 병행한다.

1009) manovitakke : 한역에는 '의념(意念)'이라고 번역하지만 념(念)은 일반적으로 '새김'을 뜻하므로 적절한 번역이 아니다. 이 복합어의 두 번째 구성요소인 'vitakka'는 한역에는 '심(尋)' 또는 '각(覺)'이라고도 하는데, 여기서는 '사유'라고 번역한다. 사유는 첫 번째 선정에서 생겨나 두 번째 선정에서는 사라진다.

1010) anissito : Srp. I. 37에 따르면, 갈애(taṅhā)나 사견(diṭṭhi)에 집착하거나 의지하지 않는 것을 의미한다.

1011) parinibbuto : '완전한 열반에 들어'라고 옮길 수도 있다. 오염(kilesā)에서 완전히 벗어난 상태를 말한다.

1012) kummo va aṅgāni sake kapāle | samodahaṁ bhikkhu manovitakke | anissito aññam aheṭhayāno | parinibbuto na upavadeyya kañci'ti ‖ SN. I. 7

른 방향을 취하지 않습니다. 대왕이여, 이와 마찬가지로 수행자와 수행에 전념하는 자는 세존이신 부처님께서 말씀하신 아홉 부류의 가르침[1013]으로 이루어진 스승의 가르침에 따라, 허용된 것을 지키고 죄를 짓지 않고 수행자의 덕성을 추구합니다. 대왕이여, 이것이 파악해야 할 대나무의 한 가지 특성입니다."

3. [나가세나] "대왕이여, 장로 라훌라[1014]가 말했습니다.

1013) navaṅgasāsana : 아홉 부류의 가르침(九分敎)에 대해서는 Miln. 21과 주석을 참조하라.

1014) Rāhula : 부처님의 제자 수행승 가운데 '배우기를 열망하는 님 가운데 제일(密行第一 : aggo sikkhākāmānaṁ)'이다. Ppn. II. 737에 따르면, 고따마 붓다(Gotama Buddha)의 외아들이다. 아버지가 출가하던 날 태어났다. 부처님께서 깨달음을 성취한 뒤 쑷도다나 왕의 초청으로 까삘라밧투 시를 처음 방문했을 때 라훌라의 어머니는 아들을 부처님에게 보내서 유산의 승계를 요청했다. 부처님은 침묵한 채 공양을 들고 왕궁을 떠났다. 라훌라가 좇아 나서자 부처님은 마침내 싸리뿟따를 시켜 라훌라를 참모임에 출가시켰다. 이 소식을 들은 왕은 어린 아이들의 출가는 부모의 허락을 맡아야 한다고 요청하자 부처님은 이에 동의했다. 그러나 라훌라는 이미 출가했고 부처님은 그에게 많은 가르침을 전했다. 어렸을 때 라훌라는 한 줌의 모래를 집어 들고 '오늘 내가 이 모래알처럼 많은 가르침을 얻기를 바란다.'고 기도했다. 라훌라가 일곱 살이었을 때 부처님은 「암발랏티까에서 라훌라를 가르친 경(Ambalatthikarāhulovādasutta : MN. I. 414)」을 설해 농담으로라도 거짓말을 하지 말 것을 설했고, 라훌라가 열여덟 살 때 「라훌라에 대한 훈계의 큰 경(Mahārāhulovādasutta : MN. I. 420)」을 통해 위빠싸나 명상을 가르쳤으며, 나중에 지혜가 무르익었을 때 「라훌라에 대한 훈계의 작은 경「Cūlarāhulovādasutta : MN. III. 277)」을 설해 깨달음을 얻어 거룩한 님이 되도록 했다. ThagA. II. 124에 따르면, 그도 이전의 부처님들 아래서 덕성을 닦고, 여기저기 생에서 공덕을 쌓으면서 빠두뭇따라(Padumuttara)부처님 당시에 훌륭한 가문에 태어나 성년이 되자 스승께서 한 수행승을 '배우기를 열망하는 님 가운데 제일(aggaṁ sikkhākāmānaṁ)'의 자리에 세우는 것을 보고 자신도 그와 같은 자가 되고자, 처소를 청소하여 빛나게 하는 등의 크나큰 공덕을 쌓고 서원을 세웠다. 그는 거기서 죽어서 천상계와 인간계를 윤회하다가 고따마 부처님께서 탄생할 무렵, 보살에 의해서 야쏘다라 비의 태에서 태어나 '라훌라'라는 이름을 얻고, 많은 왕족들의 보살핌 속에서 자랐다. 그의 출가에 대해서는 율장의 다발부(Vin. I. 60)에 전승되어 온 대로이다. 그는 출가해서 스승에게서 많은 경구로써 교훈을 얻어 궁극적 앎이 성숙하자 통찰에 매진하여 거룩한 경지를 얻었다(Ap. I. 60 참조). 그는 거룩한 경지에 도달하고 나서 자신의 실천을 성찰하는 것을 통해 궁극적 앎을 선언하면서 아래 네 편의 시(Thag. 295-298)를 읊었다.

[라훌라] '아홉 부류의 가르침에
언제나 수순하여 따르고
허용된 것을 지키고 죄를 짓지 않았으니,
나는 악한 존재의 운명을 건넜다.'"1015)

일곱 번째 대나무의 특성에 대한 질문이 끝났다.

8. [활의 특성에 대한 질문]
(Cāpaṅgapañha)

1. [밀린다 왕] "존자 나가세나여, 그대는 '활의 한 가지 특성을 파악해야 한다.'라고 말했는데, 어떤 한 가지 특성을 파악해야 합니까?"

2. [나가세나] "대왕이여, 활은 잘 다듬어지고 균형이 잡히고 위와 아래가 동일하게 굽어져 있고, 굳어져 있지 않습니다. 대왕이여, 이와 마찬가지로 수행자와 수행에 전념하는 자는 장로나 신참이나, 중년이나 동년배와 잘 지내고 불화를 피해야 합니다. 대왕이여, 이것이 파악해야 할 활의 한 가지 특성입니다."

3. [나가세나] "대왕이여, 신들 가운데 신인 세존께서는 「비두라 현자의 본생이야기」1016)에서 이렇게 말씀하셨습니다.

[세존] '활처럼 배를 비워 휘게 하고,
현자로서 대나무처럼 유연하여,
남의 심기를 거스르지 않으면,
그는 궁정인의 삶을 살 수 있으리.'"1017)

1015) navaṅgaṁ buddhavacanaṁ | anulometvāna sabbadā | kappiye anavajjasmiṁ | ṭhatvāpāyaṁ samuttarin'ti ‖ 경전에서 추적불가

1016) Vidhurapuṇṇakajātaka : Jāt. 545. 원 제목은 Vidhurapaṇḍitajātaka이다.

1017) cāpo v'ūnudaro dhīro | vaṁso vāpi pakampaye | paṭilomaṁ na vatteyya | sa rājavasatiṁ vase ‖ Jāt. 545 MKQ. III. 216에서는 '현자는 활처럼 차제로 구부러지며, 대나처럼 굽어지는 쪽을 따르되, 거스르는 일이 없다면, 그는 왕궁에 머물게

여덟 번째 활의 특성에 대한 질문이 끝났다.

9. [까마귀의 특성에 대한 질문]
(Vāyasaṅgapañha)

1. [밀린다 왕] "존자 나가세나여, 그대는 '까마귀의 두 가지 특성을 파악해야 한다.'라고 말했는데, 어떤 두 가지 특성을 파악해야 합니까?"

2. [나가세나] "대왕이여, 까마귀는 염려하고 걱정하고 조심하고 유념하여 행동합니다. 대왕이여, [373] 이와 마찬가지로 수행자와 수행에 전념하는 자는 염려하고 걱정하고 조심하고 유념하여 새김을 확립하고 감관을 제어하여 행동합니다. 대왕이여, 이것이 파악해야 할 까마귀의 첫 번째 특성입니다."

3. [나가세나] "대왕이여, 그리고 또한 까마귀는 무언가 먹을 것을 보고 친지들과 나누어서 먹습니다. 대왕이여, 이와 마찬가지로 수행자와 수행에 전념하는 자는 여법하게 얻은 정당한 소득이 발우 한 그릇에 담긴 것뿐이라도, 그러한 소득을 계행을 갖춘 동료들과 나누어 먹어야 합니다. 대왕이여, 이것이 파악해야 할 까마귀의 두 번째 특성입니다."

4. [나가세나] "대왕이여, 가르침의 장군 싸리뿟따가 이렇게 말했습니다.

[싸리뿟따] '사람들이 나에게 공양한다면,
수행자(고행자)인 나는 얻는 대로,
모든 자들과 함께 나눈 뒤에
그 후에 비로소 음식을 먹으리라.'"1018)

되리라.'라고 번역하고 있다.

1018) sace me upanāmenti | yathāladdhaṁ tapassino | sabbe saṁvibhajitvāna | tato bhuñjāmi bhojanan'ti ‖ 경전에서 추적불가

아홉 번째 까마귀의 특성에 대한 질문이 끝났다.

10. [원숭이의 특성에 대한 질문]
(Makkaṭaṅgapañha)

1. [밀린다 왕] "존자 나가세나여, 그대는 '원숭이의 두 가지 특성을 파악해야 한다.'라고 말했는데, 어떤 두 가지 특성을 파악해야 합니까?"

2. [나가세나] "대왕이여, 원숭이가 거처를 구할 때, 나뭇가지가 무성하고 피난처가 될 만한 장소, 큰 나무가 있는 격리된 장소에 거처를 구합니다. 대왕이여, 이와 마찬가지로 수행자와 수행에 전념하는 자는 부끄러움을 알고, 품행이 방정하고, 계행을 지키고, 좋은 성격을 지니고, 많이 배우고, 가르침을 따르고, 계율을 지키고, 사랑스럽고, 성실하고, 공경 받을 만하고, 가르침을 주고, 충고를 받아들이고, 훈계하고, 인식하게 하고, 교시하고, 독려하고, 고무하고, 기쁘게 하는 이와 같은 선지식인 스승에 의지를 구해야 합니다. 대왕이여, 이것이 파악해야 할 원숭이의 첫 번째 특성입니다."

3. [나가세나] "대왕이여, 그리고 또한 나무 위에서 다니거나 서거나 앉고 만약에 잠이 들면 그 장소를 거처로 삼아 밤을 보냅니다. 대왕이여, 이와 마찬가지로 수행자와 수행에 전념하는 자는 숲을 마주 대해야 하며, 숲에서 서고 걷고 앉고 [374] 눕고 자야 하고, 그곳에서 또한 새김의 토대를 닦아야 합니다. 대왕이여, 이것이 파악해야 할 원숭이의 두 번째 특성입니다."

4. [나가세나] "대왕이여, 가르침의 장군 싸리뿟따가 이렇게 말했습니다.

[싸리뿟따] '걷거나 서있거나
앉거나 누워있거나,

수행승은 숲속에서 빛나야 하리.
숲속의 수행이 찬양받듯.'"1019)

열 번째 원숭이의 특성에 대한 질문이 끝났다.
첫 번째 당나귀의 품이 끝났다.
이 품은 열 개의 질문으로 이루어졌다.

"당나귀뿐만 아니라 닭,
다람쥐, 암표범, 수표범
거북이, 대나무와 활과
까마귀 그리고 원숭이로 이루어졌다."1020)

제2장 바다의 품

(Samuddavagga)

1. [조롱박의 특성에 대한 질문]

(Lābulataṅgapañha)

1. [밀린다 왕] "존자 나가세나여, 그대는 '조롱박의 한 가지 특성을 파악해야 한다.'라고 말했는데, 어떤 한 가지 특성을 파악해야 합니까?"

2. [나가세나] "대왕이여, 조롱박은 풀이나 나뭇가지를 덩굴손으로 붙들어 매고 그 위에서 성장합니다. 대왕이여, 이와 마찬가지로 수행자와 수행에 전념하는 자는 거룩한 경지에 성장하고자 하는 자로서 마음으로 명상대상을 붙들고 거룩한 경지로 성장해 나아가야 합니다.

1019) caṅkamantopi tiṭṭhanto | nisajjāsayanena vā | pavane sobhate bhikkhu | pavanantaṁva vaṇṇitan'ti. ‖ 경전에서 추적불가. 단, Dhp. 305를 참조하라.

1020) gadrabho ceva kukkuṭo | kalando dīpini dīpiko | kummo vaṁso ca cāpo ca | vāyaso atha makkaṭo'ti ‖ 제7편의 각 장에만 후렴시가 있는 것으로 보아 제7편은 다른 편과는 후대의 상이한 시기에 부가되었을 것이다.

대왕이여, 이것이 파악해야 할 조롱박의 한 가지 특성입니다."

3. [나가세나] "대왕이여, 가르침의 장군 싸리뿟따가 이렇게 말했습니다.

[싸리뿟따] '조롱박이 풀이나
나뭇가지나 넝쿨을
덩굴손으로 붙들어 매고,
그 위에서 성장하듯이,1021)

이와 마찬가지로 거룩한 경지를 원하는
부처님의 아들은
더 이상 배울 것이 없는 경지에
명상대상을 붙들어 매고 성장해야 한다.'"1022)

첫 번째 조롱박의 특성에 대한 질문이 끝났다.

2. [연꽃의 특성에 대한 질문]
(Padumaṅgapañha)

1. [밀린다 왕] "존자 나가세나여, 그대는 '연꽃의 세 가지 특성을 파악해야 한다.'라고 말했는데, 어떤 세 가지 특성을 파악해야 합니까?"

2. [나가세나] "대왕이여, [375] 연꽃은 물에서 나고 물에서 자라지만 물에 오염되지 않습니다. 대왕이여, 이와 마찬가지로 수행자와 수행에 전념하는 자는 가족, 수행자의 무리, 이득, 명성, 칭송, 존경 그리고 필수품의 향유를 통해서, 그 모든 경우에 오염되지 말아야 합니다. 대왕이여, 이것이 파악해야 할 연꽃의 첫 번째 특성입니다."

1021) yathā lābulatā nāma | tiṇe kaṭṭhe latāya vā | āḷambitvā soṇḍikāhi | tato vaḍḍhati uppari ‖ 경전에서 추적불가
1022) tatheva buddhaputtena | arahattaphalakāminā | ārammaṇaṁ ālambitvā | vaḍḍhitabbaṁ asekkhaphale'ti ‖ 경전에서 추적불가

3. [나가세나] "대왕이여, 그리고 또한 연꽃은 물로부터 솟아오릅니다. 대왕이여, 이와 마찬가지로 수행자와 수행에 전념하는 자는 일체의 세계를 극복하고 솟아올라 출세간의 원리에 확고하게 정립되어야 합니다. 대왕이여, 이것이 파악해야 할 연꽃의 두 번째 특성입니다."

4. [나가세나] "대왕이여, 그리고 또한 연꽃은 아주 작은 미풍에 의해서도 흔들립니다. 대왕이여, 이와 마찬가지로 수행자와 수행에 전념하는 자는 아주 작은 번뇌라도 제어해야 하고, 그 속에서 두려움을 보아야 합니다. 대왕이여, 이것이 파악해야 할 연꽃의 세 번째 특성입니다."

5. [나가세나] "대왕이여, 신들 가운데 신인 세존께서는 '사소한 잘못에서 두려움을 보고 학습계율을 받아 배우라.'라고[1023] 말씀하셨습니다."

두 번째 연꽃의 특성에 대한 질문이 끝났다.

3. [씨앗의 특성에 대한 질문]
(Bījaṅgapañha)

1. [밀린다 왕] "존자 나가세나여, 그대는 '씨앗의 두 가지 특성을 파악해야 한다.'라고 말했는데, 어떤 두 가지 특성을 파악해야 합니까?"

2. [나가세나] "대왕이여, 씨앗이 아무리 작더라도 비옥한 토양에 뿌려지고 하늘이 올바로 비를 내린다면, 아주 많은 열매를 맺습니다. 대왕이여, 이와 마찬가지로 수행자와 수행에 전념하는 자는 계행을 실천하여 완전한 수행자의 삶의 결실을 맺도록 올바로 실천해야 합니다. 대왕이여, 이것이 파악해야 할 씨앗의 첫 번째 특성입니다."

3. [나가세나] "대왕이여, 그리고 또한 씨앗은 잘 개간된 밭에 뿌려지

1023) aṇumattesu vajjesu bhayadassāvī samādāya sikkhati sikkhāpadesū'ti : MN. I. 33

면 빠르게 성장합니다. 대왕이여, 이와 마찬가지로 마음은 수행자와 수행에 전념하는 자에 의해 잘 포착되고 한적한 수행처에서 완전히 정화되어 새김의 토대의 뛰어난 밭에 뿌려지면, 빠르게 성장합니다. 대왕이여, 이것이 파악해야 할 씨앗의 두 번째 특성입니다. [376] 대왕이여, 장로 아누룻다가 이렇게 말했습니다.

[아누룻다] '잘 일구어진 밭에,
씨앗이 심어지면,
그 열매가 풍요롭게 되고,
농부를 만족시키듯.1024)

이와 마찬가지로 수행자의 마음은
한적한 수행처에서 정화되어
네 가지 새김의 토대의 밭에서
그 결실이 빠르게 성장한다.'"1025)

세 번째 씨앗의 특성에 대한 질문이 끝났다.

4. [아름다운 쌀라 나무의 특성에 대한 질문]
(Sālakalyāṇikaṅgapañha)

1. [밀린다 왕] "존자 나가세나여, 그대는 '아름다운 쌀라 나무의 한 가지 특성을 파악해야 한다.'라고 말했는데, 어떤 한 가지 특성을 파악해야 합니까?"

2. [나가세나] "대왕이여, 아름다운 쌀라 나무는 땅속에서 일백 완척이나 그 이상 뿌리를 뻗어 자랍니다. 대왕이여, 이와 마찬가지로 수행

1024) yathāpi khette parisuddhe | bījañcassa patiṭṭhitaṁ | vipulaṁ tassa phalaṁ hoti | api toseti kassakaṁ || 경전에서 추적불가

1025) tatheva yogino cittaṁ | suññāgāre visodhitaṁ | satipaṭṭhānakhettamhi | khippameva virūhatī'ti || 경전에서 추적불가

자와 수행에 전념하는 자는 네 가지 수행자의 삶의 결실, 네 가지 분석적인 앎, 여섯 가지 곧바른 앎, 모든 수행자의 삶을 한적한 수행처에서 완성해야 합니다. 대왕이여, 이것이 파악해야 할 아름다운 쌀라 나무의 한 가지 특성입니다."

3. [나가세나] "대왕이여, 장로 라홀라가 말했습니다.

[라훌라] '아름다운 쌀라 나무는
땅속에 뿌리 뻗어
땅속으로 깊숙이
백완 척까지도 자란다.1026)

때가 무르익어
그 나무가 크게 자라나면,
위로 솟아 하루만에
백 완척이라도 성장한다.1027)

위대한 영웅이여, 이와 같이
아름다운 쌀라 나무처럼,
한적한 수행처에 있으면서
나는 가르침으로 성장하리.'"1028)

네 번째 아름다운 쌀라 나무의 특성에 대한 질문이 끝났다.

1026) sālakalyāṇikā nāma | pādapo dharaṇīruho | antopathaviyaṁ yeva | satahatthopi vaḍḍhati ‖ 경전에서 추적불가

1027) yathā kālamhi sampatte | paripākena so dumo | uggañchitvāna ekāhaṁ | satahatthopi vaḍḍhati ‖ 경전에서 추적불가

1028) evamevāhaṁ mahāvīra | sālakalyāṇikā viya | abbhantare suññāgāre | dhammato abhivaḍḍhayin'ti ‖ 경전에서 추적불가. 단, CPD.에서처럼, 'abhivaḍḍhayiṁ'은 'abhivaḍḍhisaṁ'으로 읽어야 한다. 샴본은 'abhivaḍḍhati'라고 읽고 있다.

5. [배의 특성에 대한 질문] (Nāvaṅgapañha)

1. [밀린다 왕] "존자 나가세나여, 그대는 '배의 세 가지 특성을 파악해야 한다.'라고 말했는데, 어떤 세 가지 특성을 파악해야 합니까?"

2. [나가세나] "대왕이여, 배는 여러 종류의 목재의 결합에 의한 조합을 통해서 많은 사람을 피안으로 건네줍니다. 대왕이여, 이와 마찬가지로 수행자와 수행에 전념하는 자는 품행, 계행, 덕성, 크고 작은 의무, 여러 종류의 가르침의 결합에 의한 조합을 통해서 신들과 인간을 피안으로 건네주어야 합니다. 대왕이여, 이것이 파악해야 할 배의 첫 번째 특성입니다."

3. [나가세나] "대왕이여, 그리고 또한 배는 온갖 [377] 파도의 천둥치는 듯한 힘과 소용돌이치는 듯한 힘을 견뎌냅니다. 대왕이여, 이와 마찬가지로 수행자와 수행에 전념하는 자는 온갖 번뇌가 지닌 파도의 힘과 이득, 존경, 칭송, 명성, 공양, 예경, 다른 가정[1029]에서 비난받거나 칭찬 받는 것, 행복과 고통, 존경과 경멸, 그리고 온갖 허물을 지닌 파도의 힘을 견뎌내야 합니다. 대왕이여, 이것이 파악해야 할 배의 두 번째 특성입니다."

4. [나가세나] "대왕이여, 그리고 또한 배는 측량할 수 없고 끝이 없고 해안이 없고 동요 없고 바닥이 깊고 큰 소음이 있고, 거대어, 바다괴어, 바다괴물[1030]의 어군이 사는 광대한 큰 바다를 운행합니다. 대왕이여, 이와 마찬가지로 수행자와 수행에 전념하는 자는 '세 번 굴린 열두 가지 특상'[1031]으로 네 가지 진리를 이해하고 꿰뚫도록 마음을 운행해

1029) parakula : 태어난 가정이 아니라, 후원자가 아닌 가정을 뜻한다.
1030) timī timiṅgalā timirapiṅgalā : 거대어는 바다괴어가 삼킬 수 있고, 바다괴어는 바다괴물이 삼킬 수 있다.
1031) 이것은 세 번 굴린 열두 가지 특상[三轉十二行相 : tiparivaṭṭadvādasākāra]이

야 합니다. 대왕이여, 이것이 파악해야 할 배의 세 번째 특성입니다."

5. [나가세나] "대왕이여, 신들 가운데 신인 세존께서는 탁월한 ≪쌍윳따니까야≫의 「진리의 쌍윳따」[1032]에서 '수행승들이여, 그대들은 사유할 때에 '이것은 괴로움이다.'라고 사유하고, '이것은 괴로움의 발생이다.'라고 사유하고, '이것은 괴로움의 소멸이다.'라고 사유하고, '이것은 괴로움의 소멸로 이끄는 길이다.'라고 사유해야 한다.'라고[1033] 말씀하셨습니다."

다섯 번째 배의 특성에 대한 질문이 끝났다.

6. [닻의 특성에 대한 질문]
(Nāvālagganakaṅgapañha)

1. [밀린다 왕] "존자 나가세나여, 그대는 '닻의 두 가지 특성을 파악해야 한다.'라고 말했는데, 어떤 두 가지 특성을 파악해야 합니까?"

2. [나가세나] "대왕이여, 닻은 많은 파도가 소용돌이치고 수류가 격동하는 광대한 큰 바다의 해안에 배를 고정시키고 정박시켜서 사방팔

라고 알려진 것과 관계된다. ① 괴로움의 거룩한 진리는 궁극적으로 다섯 가지 존재의 다발과 여섯 가지 감역에 대한 것이다. 그것은 완전히 알려져야 한다(pariññeyya). 그것은 나에게 완전히 알려졌다. ② 괴로움의 발생의 거룩한 진리는 갈애에 대한 것이다. 그것은 제거되어야 한다(pahātabba). 그것은 나에게서 제거되었다. ③ 소멸의 거룩한 진리는 열반에 대한 것이다. 그것은 실현되어야 한다(sacchikatabba). 그것은 나에게 실현되었다. ④ 괴로움의 소멸로 이끄는 길의 거룩한 진리는 여덟 가지 고귀한 길에 대한 것이다. 그것은 닦여져야 한다(bhāvetabba). 그것은 나에게 닦여졌다. 이와 같이 각각의 네 가지 거룩한 진리가 각각 '이다' '되어야 한다' '되었다'로 세 번 굴려진다. 여기서 '이다.'는 견도(見道)를 나타내는 시전(示轉)이고, '되어야 한다.'는 수도(修道)를 의미하는 권전(勸轉)이고, '되었다'는 무학도(無學道)를 지시하는 증전(證轉)이다. 이렇게 세 번 굴린 열두 가지 특상이 완성된다.

1032) Saccasaṁyutta : SN. V. 413

1033) idaṁ dukkhan'ti vitakkeyyātha, ayaṁ dukkhasamudayo'ti vitakkeyyātha, ayaṁ dukkhanirodho'ti vitakkeyyātha, ayaṁ dukkhanirodhagāminī paṭipadā'ti vitakkeyyāthā'ti : SN. V. 418

방으로 끌려 다니지 않도록 합니다. 대왕이여, 이와 마찬가지로 수행자와 수행에 전념하는 자는 탐욕, 성냄, 어리석음의 소용돌이가 가져오는 큰 사유의 충격에서 마음을 정박시켜서 사방팔방으로 끌려 다니지 않도록 해야 합니다. 대왕이여, 이것이 파악해야 할 닻의 첫 번째 특성입니다."

3. [나가세나] "대왕이여, 그리고 또한 닻은 떠다니지 않고 가라앉아 백 완척의 물속에 배를 고정시키고 정박시킵니다. 대왕이여, 이와 마찬가지로 수행자와 수행에 전념하는 자는 이득, 명성, 칭송, 존경, 예경, 공양, 숭배 가운데 이득과 명성이 최고조에 달했더라도 [378] 마음이 떠다녀서는 안 되고, 몸을 지탱할 만큼 마음을 정박시켜야 합니다. 대왕이여, 이것이 파악해야 할 닻의 두 번째 특성입니다."

4. [나가세나] "대왕이여, 가르침의 장군 싸리뿟따가 이렇게 말했습니다.

[싸리뿟따] '바다에 있는 닻이
떠다니지 않고 가라앉듯이,
그대들은 이득과 칭송을 받아도,
떠다니지 말고, 가라앉아야 하리.'"1034)

여섯 번째 닻의 특성에 대한 질문이 끝났다.

7. [돛대의 특성에 대한 질문]
(Kūpaṅgapañha)

1. [밀린다 왕] "존자 나가세나여, 그대는 '돛대의 한 가지 특성을 파악해야 한다.'라고 말했는데, 어떤 한 가지 특성을 파악해야 합니까?"

2. [나가세나] "대왕이여, 돛대는 밧줄과 아릿줄과 돛을 갖고 있습니

1034) yathā samudde lagganakaṁ | na plavati visīdati | tatheva lābhasakkāre | mā plavatha visīdathā'ti || 경전에서 추적불가

다. 대왕이여, 이와 마찬가지로 수행자와 수행에 전념하는 자는 새김과 알아차림을 갖추어야 합니다. 나아갈 때나 돌아올 때나, 앞을 보거나 둘러보거나, 팔을 구부리거나 팔을 펴거나, 가사와 발우와 의복을 수하거나, 식사하거나, 물을 마시거나, 음식을 씹거나, 맛을 보거나, 대소변을 보거나, 가거나, 서거나, 앉거나, 눕거나, 깨어있거나, 말하거나, 침묵하거나, 알아차림을 행해야 합니다. 대왕이여, 이것이 파악해야 할 돛대의 한 가지 특성입니다."

3. [나가세나] "대왕이여, 신들 가운데 신인 세존께서는 '수행승들이여, 수행승은 새김을 확립하고 올바로 알아차려야 한다. 이것이 그대들을 위한 나의 가르침이다.'라고[1035] 말씀하셨습니다."

일곱 번째 돛대의 특성에 대한 질문이 끝났다.

8. [조타수의 특성에 대한 질문]
(Niyāmakaṅgapañha)

1. [밀린다 왕] "존자 나가세나여, 그대는 '조타수의 세 가지 특성을 파악해야 한다.'라고 말했는데, 어떤 세 가지 특성을 파악해야 합니까?"

2. [나가세나] "대왕이여, 조타수는 밤낮으로 항상 지속적으로 방일하지 않고 주의 깊게 노력을 기울여 배를 나아가게 합니다. 대왕이여, 이와 마찬가지로 수행자와 수행에 전념하는 자는 마음을 제어하고 자제하여 밤낮으로 항상 지속적으로 방일하지 않고 주의 깊게 노력을 기울여 이치에 맞는 정신활동으로 마음을 제어해야 합니다. 대왕이여, 이것이 파악해야 할 조타수의 첫 번째 특성입니다."

3. [나가세나] "대왕이여, 신들 가운데 신인 세존께서는 『담마파다』에서 [379] 이렇게 말씀하셨습니다.

1035) sato, bhikkhave, bhikkhu vihareyya sampajāno, ayaṁ vo amhākaṁ anusāsanī'ti : DN. II. 94

[세존] '방일하지 않음을 기뻐하고[1036]
자신의 마음을 수호하라.[1037]
진흙에 빠진 상아코끼리가 자신을 건지듯이,
험한 길에서 자신을 구출[1038]하라.'"[1039]

4. [나가세나] "대왕이여, 그리고 또한 조타수는 무엇이든 큰 바다에 있는 좋은 것이든, 나쁜 것이든 그 모든 것을 알고 있습니다. 대왕이여, 이와 마찬가지로 수행자와 수행에 전념하는 자는 착하고 건전한 것이나 악하고 불건전한 것, 허물이 있는 것과 허물이 없는 것, 저열한 것과 수승한 것, 어두운 것과 밝은 것과 상대적인 것이 뒤섞인 것을 구별해야 합니다. 대왕이여, 이것이 파악해야 할 조타수의 두 번째 특성입니다."

4. [나가세나] "대왕이여, 그리고 또한 조타수는 '누구라도 조타장치를 만져서는 안 된다.'라고 조타장치를 봉인합니다. 대왕이여, 이와 마찬가지로 수행자와 수행에 전념하는 자는 '어떤 것이라도 악하고 불건전한 사유에 관해 사유해서는 안 된다.'라고 마음에 제어의 봉인을 해야 합니다. 대왕이여, 이것이 파악해야 할 조타수의 세 번째 특성입니다."

1036) appamādaratā : DhpA. IV. 26에 따르면, 새김을 확립하고 주의 깊은 것에 기뻐함을 의미한다.

1037) sacittamanurakkhatha : DhpA. IV. 26에 따르면, 자기 자신의 마음을 형상, 소리, 냄새, 맛, 감촉, 사실과 관련하여 어떤 잘못도 범하지 않게 하는 것을 뜻한다.

1038) duggā uddharath'attānaṁ paṅke sanno'va kuñjaro : DhpA. IV. 26에 따르면, 진창에 빠진 상아코끼리가 손발로 노력하여 진창의 수렁에서 자신을 일으켜서 단단한 땅 위에 서듯, 그대도 번뇌의 진창에서 자신을 일으켜 열반의 단단한 땅 위에 서야 한다.

1039) appamādaratā hotha | sacittamanurakkhatha | duggā uddharath 'attānaṁ | paṅke sanno'va kuñjaro || Dhp. 327. 이 시가 설해진 인연담은 DhpA. IV. 25-26에 등장한다.

5. [나가세나] “대왕이여, 신들 가운데 신인 세존께서는 탁월한 ≪쌍윳따니까야≫에서 ‘수행승들이여, 악하고 불건전한 사유, 즉 감각적 쾌락의 욕망에 매인 사유, 분노에 매인 사유, 폭력에 매인 사유에 관해 사유하지 말라.’라고1040) 말씀하셨습니다.

여덟 번째 조타수의 특성에 대한 질문이 끝났다.

9. [선원의 특성에 대한 질문]
(Kammakāraṅgapañha)

1. [밀린다 왕] “존자 나가세나여, 그대는 ‘선원의 한 가지 특성을 파악해야 한다.’라고 말했는데, 어떤 한 가지 특성을 파악해야 합니까?”

2. [나가세나] “대왕이여, 선원은 ‘나는 고용인으로 이 배에서 일을 하고 있다. 나는 이 배로 인해서 음식과 임금을 받고 있다. 내가 방일해서는 안 된다. 방일하지 말고 나는 배를 운항시켜야 한다.’라고 생각합니다. 대왕이여, 이와 마찬가지로 수행자와 수행에 전념하는 자는 ‘나는 이 네 가지 위대한 존재로 구성된 몸을 항상 지속적으로 성찰하면서 방일하지 않고 새김을 확립하여 새김 있고 알아차리고 삼매에 들어 심일경성1041)으로 태어남, 늙음, 병듦, 죽음, 슬픔, 비탄, 고통, 근심, 절망에서 벗어나야 하므로 나는 방일하지 말아야 한다.’라고 생각해야 합니다. 대왕이여, 이것이 파악해야 할 선원의 한 가지 특성입니다.”

3. [나가세나] “대왕이여, 가르침의 장군 싸리뿟따가 이렇게 말했습

1040) mā, bhikkhave, pāpake akusale vitakke vitakkeyyātha, seyyathīdaṁ, kāmavitakkaṁ byāpādavitakkaṁ vihiṁsāvitakkan'ti. : SN. V. 417 올바른 사유, 착하고 건전한 사유에 반대되는 그릇된 사유, 악하고 불건전한 사유이다. 한역에는 삼불선심(三不善尋: tayo vitakkā)으로 감각적 쾌락의 욕망에 매인 사유(欲尋 : kāmavitakka), 분노에 매인 사유(瞋恚尋 : byāpādavitakka), 폭력에 매인 사유(害尋 : vihiṁsāvitakka)를 말한다.

1041) ekaggatā : Miln. 56과 그 주석을 보라.

니다.

[싸리뿟따] '이 몸을 [380] 성찰하라.
거듭해서 완전히 알아라.
몸에서 그 본성을 보고
그대들은 마침내 괴로움을 끝내야 하리.'"1042)

아홉 번째 선원의 특성에 대한 질문이 끝났다.

10. [바다의 특성에 대한 질문]
(Samuddaṅgapañha)

1. [밀린다 왕] "존자 나가세나여, 그대는 '바다의 다섯 가지 특성을 파악해야 한다.'라고 말했는데, 어떤 다섯 가지 특성을 파악해야 합니까?"

2. [나가세나] "대왕이여, 큰 바다는 죽은 사체와 함께 살지 않습니다. 대왕이여, 이와 마찬가지로 수행자와 수행에 전념하는 자는 탐욕, 성냄, 어리석음, 교만, 사견, 위선, 악의, 질투, 인색, 속임, 기만, 왜곡, 불평등, 악행이나 번뇌의 티끌과 함께 살지 말아야 합니다. 대왕이여, 이것이 파악해야 할 바다의 첫 번째 특성입니다."

3. [나가세나] "대왕이여, 그리고 또한 큰 바다는 진주, 마니주, 청금석, 진주모, 산호, 수정, 갖가지 보석을 쌓아두고 소장하여 감추고 밖으로 흩어버리지 않습니다. 대왕이여, 이와 마찬가지로 수행자와 수행에 전념하는 자는 길, 경지, 선정, 해탈, 삼매, 성취, 통찰, 곧바른 앎, 갖가지 덕성의 보물을 얻어서 감추고 밖으로 꺼내지 말아야 합니다. 대왕이여, 이것이 파악해야 할 바다의 두 번째 특성입니다."

1042) kāyaṁ imaṁ sammasatha | parijānātha punappunaṁ | kāye sabhāvaṁ disvāna | dukkhassantaṁ karissathā'ti ‖ 경전에서 추적불가

4. [나가세나] “대왕이여, 그리고 또한 큰 바다는 광대한 큰 존재들과 함께 삽니다. 대왕이여, 이와 마찬가지로 수행자와 수행에 전념하는 자는 욕망을 여의고, 만족을 알고, 두타행을 논하고, 버리고 없애는 삶을 살고, 품행을 갖추고, 부끄러움을 알고, 방정하고, 공경 받을 만하고, 가르침을 주고, 충고를 받아들이고, 훈계하고, 인식하게 하고, 교시하고, 독려하고, 고무하고, 기쁘게 하는 이와 같은 선지식인 동료와 가까이 살아야 합니다. 대왕이여, 이것이 파악해야 할 바다의 세 번째 특성입니다.”

5. [나가세나] “대왕이여, 그리고 또한 큰 바다는 신선한 물로 가득 찬 강가, 야무나, 아찌라바띠, 싸라부, 마히 강과 같은 십만의 강과 하늘에 내리는 비의 물줄기로 가득 차더라도 해안을 침범하지 않습니다. 대왕이여, 이와 마찬가지로 수행자와 수행에 전념하는 자는 이득과 칭송과 명예와 예경과 존경과 공양 때문에, 목숨을 위해서라도, 고의로 학습계율을 범하지 말아야 합니다. 대왕이여, 이것이 [381] 파악해야 할 바다의 네 번째 특성입니다.”

6. [나가세나] “대왕이여, 신들 가운데 신인 세존께서는 ‘대왕이여, 크나큰 바다는 안정되어 있어 해안을 침범하지 않듯이, 대왕이여, 이와 마찬가지로 내가 제자들을 위해 제정한 학습계율을 나의 제자들은 목숨을 위해서라도 침범하지 않는다.’라고1043) 말씀하셨습니다.”

7. [나가세나] “대왕이여, 그리고 또한 큰 바다는 온갖 강들, 강가 강, 야무나 강, 아찌라바띠 강, 싸라부 강, 마히 강과 하늘에 내리는 비의 물줄기로 가득 차지 않습니다. 대왕이여, 이와 마찬가지로 수행자와

1043) seyyathāpi, mahārāja, mahāsamuddo ṭhitadhammo velaṁ nātikkamati, evameva kho, mahārāja, yaṁ mahā sāvakānaṁ sikkhāpadaṁ paññattaṁ, taṁ mama sāvakā jīvitahetupi nātikkamantī'ti : Ud. 55; Vin. II. 238 ‘대왕이여’가 아니라 ‘수행승들이여’라고 되어 있다.

수행에 전념하는 자는 송출, 질문, 청문, 기억, 결정, 그리고 논장, 율장, 심오한 경장, 그리고 언어의 분석, 언어의 접속, 언어의 연성, 언어의 해석, 그리고 최승자의 뛰어난 아홉 부류의 가르침1044)을 배우더라도 싫증을 내지 말아야 합니다. 대왕이여, 이것이 파악해야 할 바다의 다섯 번째 특성입니다."

8. [나가세나] "대왕이여, 신들 가운데 신인 세존께서는 「쑤따쏘마의 본생이야기」1045)에서 이렇게 말씀하셨습니다.

[세존] '불꽃이 건초와 나무를 태우면서,
바다가 강물로 채우면서,
만족할 줄 모르듯이, 최상의 왕이여,
이처럼 그 현자들은 듣고도,
좋은 교설에 만족을 모른다.'"1046)

열 번째 바다의 특성에 대한 질문이 끝났다.
두 번째 바다의 품이 끝났다.
이 품은 열 개의 질문으로 이루어졌다.

"조롱박과 연꽃,
씨앗, 아름다운 쌀라 나무
배와 닻과 돛대와 조타수
선원과 바다가 있다.
이로써 바다의 품이라 불린다."1047)

1044) navaṅgasāsana : 아홉 부류의 가르침(九分敎)에 대해서는 Miln. 21과 주석을 참조하라.

1045) Sutasomajātaka : Mahāsutasomajātaka : Jāt. 537

1046) aggi yathā tiṇakaṭṭhaṁ dahanto | na kappatī sāgaro va nadībhi | evam pi te paṇḍitā rājaseṭṭha | sutvā na tappanti subhāsitena || Jāt. 537

1047) lābulatā ca padumaṁ | bījaṁ sālakalyāṇikā | nāvā ca nāvālagganaṁ | kūpo niyāmako tathā | kammakāro samuddo ca | vaggo tena pavuccatī'ti ||

제3장 땅의 품

(Pathavīvagga)

1. [땅의 특성에 대한 질문]

(Pathavīaṅgapañha)

1. [밀린다 왕] "존자 나가세나여, [382] 그대는 '땅의 다섯 가지 특성을 파악해야 한다.'라고 말했는데, 어떤 다섯 가지 특성을 파악해야 합니까?"

2. [나가세나] "대왕이여, 땅은 바람직한 것이나 바람직하지 않은 것, 즉 장뇌, 침향, 따가라향, 전단향, 울금향 등을 뿌리거나, 담즙, 점액, 고름, 피, 땀, 지방, 침, 콧물, 관절액, 소변, 대변 등을 뿌려도 의연합니다. 대왕이여, 이와 마찬가지로 수행자와 수행에 전념하는 자는 바람직한 것이나 바람직하지 않은 것, 이득이나 불익, 명예나 치욕, 비난이나 찬사, 행복이나 고통의 모든 경우에 의연해야 합니다. 대왕이여, 이것이 파악해야 할 땅의 첫 번째 특성입니다."

3. [나가세나] "대왕이여, 그리고 또한 땅은 장식이나 치장을 여의고 자기의 향을 풍깁니다. 대왕이여, 이와 마찬가지로 수행자와 수행에 전념하는 자는 치장을 여의고 자신의 계행의 향기를 풍겨야 합니다. 대왕이여, 이것이 파악해야 할 땅의 두 번째 특성입니다."

4. [나가세나] "대왕이여, 그리고 또한 땅은 틈이 없고 갈라지지 않고 구멍나지 않고 비어있지 않고 두텁고 조밀하고 광대합니다. 대왕이여, 이와 마찬가지로 수행자와 수행에 전념하는 자는 틈이 없고 갈라지지 않고 구멍나지 않고 비어있지 않고 두텁고 조밀하고 광대한 계행을 닦아야 합니다. 대왕이여, 이것이 파악해야 할 땅의 세 번째 특성입니다."

5. [나가세나] "대왕이여, 그리고 또한 땅은 마을, 소도시, 도시, 지방, 나무, 산, 강, 저수지, 연못, 짐승, 새, 사람, 남자, 여자의 무리를 지탱하고 있어도 피곤을 모릅니다. 대왕이여, 이와 마찬가지로 수행자와 수행에 전념하는 자는 훈계하고 가르치고 교수하고 교시하고 조언하고, 격려하고, 찬사를 하더라도, 설법하는데 피곤을 몰라야 합니다. 대왕이여, 이것이 파악해야 할 땅의 네 번째 특성입니다."

6. [나가세나] "대왕이여, 그리고 또한 땅은 애착과 혐오를 여의었습니다. 대왕이여, 이와 마찬가지로 수행자와 수행에 전념하는 자는 애착과 혐오를 여의고 땅과 같은 마음으로 지내야 합니다. 대왕이여, 이것이 파악해야 할 땅의 다섯 번째 특성입니다."

7. [나가세나] "대왕이여, [383] 재가의 여자신도 쭐라 쑤밧다[1048]는 자신의 수행자들을 찬양하면서 이렇게 말했습니다.

[쭐라 쑤밧다] '내가 마음으로 분노하여
도끼로 한 팔을 자르거나,
내가 기뻐하여
향기나는 크림을 바를지라도,[1049]
저자에게 혐오가 없고
이자에게 탐착이 없으니,
그러한 마음들은 땅과 같으니,
나의 수행자들은 그와 같다.'"[1050]

첫 번째 땅의 특성에 대한 질문이 끝났다.

1048) Cūḷa Subhaddā : Miln. 350을 보라.
1049) ekañce bāhaṁ vāsiyā | tacche kupitamānasā | ekañce v'āhaṁ gandhena | ālimpeyya pamoditā ‖ 경전에서 추적불가
1050) amusmiṁ paṭigho natthi | rāgo asmiṁ na vijjati | pathavīsamacittā te | tādisā samaṇā mamā'ti ‖ 경전에서 추적불가

2. [물의 특성에 대한 질문]
(Āpaṅgapañha)

1. [밀린다 왕] "존자 나가세나여, 그대는 '물의 다섯 가지 특성을 파악해야 한다.'라고 말했는데, 어떤 다섯 가지 특성을 파악해야 합니까?"

2. [나가세나] "대왕이여, 물은 잘 확립되고 동요하지 않고 방해받지 않고 본성적으로 청정합니다. 대왕이여, 이와 마찬가지로 수행자와 수행에 전념하는 자는 거짓말, 수다, 점치는 일, 사기치는 일을 떠나고 잘 확립되고 동요하지 않고 방해받지 않고 본성적으로 청정한 행위를 해야 합니다. 대왕이여, 이것이 파악해야 할 물의 첫 번째 특성입니다."

3. [나가세나] "대왕이여, 그리고 또한 물은 본성적으로 청량합니다. 대왕이여, 이와 마찬가지로 수행자와 수행에 전념하는 자는 모든 뭇삶에 대하여 그들의 요익을 추구하고 연민을 일으키고 인내와 자애와 호의를 갖추어야 합니다. 대왕이여, 이것이 파악해야 할 물의 두 번째 특성입니다."

4. [나가세나] "대왕이여, 그리고 또한 물은 더러운 것을 깨끗하게 합니다. 대왕이여, 이와 마찬가지로 수행자와 수행에 전념하는 자는 마을이나 숲에서 친교사나 궤범사나, 궤범사와 동일한 자[1051]와 모든 경우에 쟁사[1052]를 하지 말아야 하고 그러한 기회를 만들지 말아야

1051) ācariyamatta : Smp. 1085에 따르면, 법랍이 6년인 궤범사는 법랍이 없는 자를 가르치고, 법랍이 7년인 궤범사는 법랍이 1년인 자를 가르치고, 법랍이 8년인 궤범사는 법랍이 2년인 자를 가르치고, 법랍이 9년인 궤범사는 법랍이 3년인 자를 가르치고, 법랍이 10년인 궤범사는 법랍이 4년인 자를 가르친다.

1052) adhikaraṇa : 한역하여 쟁사(諍事)라고 한다. 쟁사죄법에는 네 가지 쟁사(cattāri adhikaraṇāni), 즉 사쟁사(四諍事)가 있다. 그 네 가지는 ① 논쟁에 관한 쟁사(vivādādhikaraṇa), 즉 논쟁사(論爭事), ② 비난에 관한 쟁사(anuvādādhikaraṇa), 즉 비난사(非難事), ③ 죄악에 관한 쟁사(āpattādhikaraṇa), 즉 죄쟁사(罪諍事), ④ 의무에 관한 쟁사(kiccādhikaraṇa), 즉 행쟁사(行諍事)가 있다. Vin. II. 87; Vin. III. 163; MN. II. 247-250; AN. I. 99를 참조하라.

합니다. 대왕이여, 이것이 파악해야 할 물의 세 번째 특성입니다."

5. [나가세나] "대왕이여, 그리고 또한 물은 많은 사람이 원하는 것입니다. 대왕이여, 이와 마찬가지로 수행자와 수행에 전념하는 자는 욕망을 여의고, 만족하고, 멀리 여의고, 홀로 명상을 닦아, 항상 모든 세상이 원하는 자가 되어야 합니다. 대왕이여, 이것이 파악해야 할 물의 네 번째 특성입니다."

6. [나가세나] "대왕이여, 그리고 또한 물은 누구에게도 불익을 주지 않습니다. 대왕이여, 이와 마찬가지로 수행자와 수행에 전념하는 자는 타인과 다툼, 싸움, 논쟁, 분쟁, 안달, 불쾌의 유발, [384] 신체적 · 언어적 · 정신적인 악을 행하지 말아야 합니다. 대왕이여, 이것이 파악해야 할 물의 다섯 번째 특성입니다."

7. [나가세나] "대왕이여, 세존께서는 「깐하의 전생이야기」에서 이렇게 말씀하셨습니다.

[세존] '제석천이여, 소원을 들어준다면,
모든 뭇삶의 지배자여,
어느 누구의 정신이나 몸이나
제석천이여, 나로 인해
상처받지 않기를 바란다.
제석천이여, 이러한 소원을 원하리.'"1053)

두 번째 물의 특성에 대한 질문이 끝났다.

3. [불의 특성에 대한 질문]

(Tejaṅgapañha)

1053) varañce me ado sakka | sabbabhūtānam issara | na mano vā sarīraṁ vā | maṁkate sakka kassaci | kadāci upahaññetha | etaṁ sakka varaṁ vare'ti ‖ Jāt. 440

1. [밀린다 왕] "존자 나가세나여, 그대는 '불의 다섯 가지 특성을 파악해야 한다.'라고 말했는데, 어떤 다섯 가지 특성을 파악해야 합니까?"

2. [나가세나] "대왕이여, 불은 풀과 장작, 나뭇가지, 잎을 태웁니다. 대왕이여, 이와 마찬가지로 수행자와 수행에 전념하는 자는 안으로나 밖으로나, 좋아하거나 좋아하지 않는 대상을 경험하는 번뇌가 있다면, 그 모든 것을 궁극적 앎의 불로 태워버려야 합니다. 대왕이여, 이것이 파악해야 할 불의 첫 번째 특성입니다."

3. [나가세나] "대왕이여, 그리고 또한 불은 자비가 없고 연민이 없습니다. 대왕이여, 이와 마찬가지로 수행자와 수행에 전념하는 자는 일체의 번뇌에 대하여 자비가 없고 연민이 없어야 합니다. 대왕이여, 이것이 파악해야 할 불의 두 번째 특성입니다."

4. [나가세나] "대왕이여, 그리고 또한 불은 추위를 막아냅니다. 대왕이여, 이와 마찬가지로 수행자와 수행에 전념하는 자는 정진의 열기와 열의를 일으켜 번뇌를 막아내야 합니다. 대왕이여, 이것이 파악해야 할 불의 세 번째 특성입니다."

5. [나가세나] "대왕이여, 그리고 또한 불은 애착과 혐오에서 벗어나 온기를 일으킵니다. 대왕이여, 이와 마찬가지로 수행자와 수행에 전념하는 자는 애착과 혐오를 벗어나 불과 같은 마음으로 지내야 합니다. 대왕이여, 이것이 파악해야 할 불의 네 번째 특성입니다."

6. [나가세나] "대왕이여, 그리고 또한 불은 어둠을 몰아내고 광명을 비춥니다. 대왕이여, 이와 마찬가지로 수행자와 수행에 전념하는 자는 무명의 어둠을 몰아내고 지혜의 광명을 비추어주어야 합니다. 대왕이여, 이것이 파악해야 할 불의 다섯 번째 특성입니다."

7. [나가세나] "대왕이여, 신들 가운데 신인 세존께서는 자신의 아들 라훌라에게 이와 같이 [385] '라훌라여, 불에 대한 명상을 닦아라.

라훌라여, 불에 대한 명상을 닦으면, 악하고 불건전한 상태가 생겨났더라도, 그것이 마음을 사로잡지 못한다.'라고[1054] 말씀하셨습니다."

세 번째 불의 특성에 대한 질문이 끝났다.

4. [바람의 특성에 대한 질문]
(Vāyuṅgapañha)

1. [밀린다 왕] "존자 나가세나여, 그대는 '바람의 다섯 가지 특성을 파악해야 한다.'라고 말했는데, 어떤 다섯 가지 특성을 파악해야 합니까?"

2. [나가세나] "대왕이여, 바람은 아름다운 꽃이 피어있는 우거진 숲속으로 불어옵니다. 대왕이여, 이와 마찬가지로 수행자와 수행에 전념하는 자는 해탈의 아름다운 꽃이 피어 있는 명상대상의 숲속에서 즐겨야 합니다. 대왕이여, 이것이 파악해야 할 바람의 첫 번째 특성입니다."

3. [나가세나] "대왕이여, 그리고 또한 바람은 대지의 식물이나 수목의 무리를 뒤흔들어 떨쳐버립니다. 대왕이여, 이와 마찬가지로 수행자와 수행에 전념하는 자는 숲속으로 가서 형성된 것들을 조사하여 번뇌를 뒤흔들어 떨쳐버려야 합니다. 대왕이여, 이것이 파악해야 할 바람의 두 번째 특성입니다."

4. [나가세나] "대왕이여, 그리고 또한 바람은 허공을 거닙니다. 대왕이여, 이와 마찬가지로 수행자와 수행에 전념하는 자는 출세간의 가르침에 마음을 거닐게 해야 합니다. 대왕이여, 이것이 파악해야 할 바람의 세 번째 특성입니다."

1054) tejosamaṁ rāhula, bhāvanaṁ bhāvehi, tejosamaṁ hi te, rāhula, bhāvanaṁ bhāvayato uppannā akusaladhammā cittaṁ na pariyādāya ṭhassantī'ti | MN. I. 424: '라훌라여, 불에 대한 명상을 닦아라. 라훌라여, 불에 대한 명상을 닦으면, 쾌·불쾌의 접촉이 생겨났더라도 그것이 마음을 사로잡지 못한다.'라고 되어 있다.

5. [나가세나] "대왕이여, 그리고 또한 바람은 향기를 누립니다. 대왕이여, 이와 마찬가지로 수행자와 수행에 전념하는 자는 자신의 뛰어한 계행의 탁월한 향기를 누려야 합니다. 대왕이여, 이것이 파악해야 할 바람의 네 번째 특성입니다."

6. [나가세나] "대왕이여, 그리고 또한 바람은 주처가 없고 거처가 없습니다. 대왕이여, 이와 마찬가지로 수행자와 수행에 전념하는 자는 주처가 없고 거처가 없이 독립적으로 모든 상황에서 해탈을 누려야 합니다. 대왕이여, 이것이 파악해야 할 바람의 다섯 번째 특성입니다."

10. [나가세나] "대왕이여, 신들 가운데 신인 세존께서는 『숫타니파타』에서 이렇게 말씀하셨습니다.

[세존] '친밀한 데서[1055] 두려움이[1056] 생기고,
거처에서[1057] 더러운 먼지가[1058] 생겨난다.
거처도 두지 않고 친밀함도 두지 않으니,
이것이 바로 성자의 통찰이다.'"[1059]

1055) santhavāto : 갈애와 견해에 대한 친밀(taṇhādiṭṭhisanthava)을 말한다. Prj. II. 254-255에 따르면, 이 경의 첫 번째 네 개의 시들(Stn. 207-210)은 세존께서 싸밧티 시의 한 마을에 계실 때에 불행한 한 여인이 지아비를 잃고 자식을 출가시키고 자신도 수행녀의 참모임에 들어왔다. 모자는 싸밧티 시에서 우기를 보내면서 수행녀와 비구로서 자주 만났는데, 서로 무엇인가 손안에 얻으면, 찾아가서 가져다주곤 했다. 서로 자주 만나고 보는 사이에 욕정이 생겨나 출가신분이라는 생각이나 어머니와 아들이라는 생각을 잊어버리고 한계를 넘어서서 근친상간의 죄를 범하게 되었다. 그들은 비난을 받고는 환속하였다. 이 이야기를 수행승에게 들은 세존께서는 이것과 관련해서 '맹독이나 끓는 기름이나 작열하는 청동처럼 여성을 피하라.'라고 하면서 이 네 편의 시를 읊은 것이다. 이 이야기와 관련하여 AN. III. 67에 어머니와 아들의 경(Mātuputtikasutta)이 있다.

1056) bhayaṁ : Prj. II. 255에 따르면, 막강한 번뇌의 두려움(balavakilesabhayaṁ)을 말한다.

1057) niketā : Prj. II. 255에 따르면, 번뇌들의 주처로서(kilesānaṁ nivāsatthena) 번뇌를 수반하는 대상(有漏所緣 : sāsava-ārammaṇaṁ)을 말한다.

1058) rajo : Prj. II. 255에 따르면, 탐·진·치의 먼지(ragadosamoharajo)를 말한다.

1059) santhavāto bhayaṁ jātaṁ | niketā jāyate rajo | aniketam asanthavaṁ |

네 번째 바람의 특성에 대한 질문이 끝났다.

5. [바위산의 특성에 대한 질문] (Pabbataṅgapañha)

1. [밀린다 왕] "존자 나가세나여, 그대는 '바위산의 다섯 가지 특성을 파악해야 한다.'라고 말했는데, 어떤 다섯 가지 특성을 파악해야 합니까?"

2. [나가세나] "대왕이여, [386] 바위산은 움직이지 않고 흔들리지 않고 요동하지 않습니다. 대왕이여, 이와 마찬가지로 수행자와 수행에 전념하는 자는 존경과 경멸, 존중과 경시, 공경과 불경, 명예와 치욕, 비난과 칭찬, 행복과 고통, 좋아하는 것과 좋아하지 않는 것의 모든 경우와, 그리고 형상, 소리, 냄새, 맛, 감촉, 사실에서, 탐욕을 일으키는 것들에 탐욕을 일으키지 말아야 하고, 성냄을 일으키는 것들에 성냄을 일으키지 말아야 하고, 미혹을 일으키는 것들에 미혹을 일으키지 말아야 하고, 흔들리지 말고 동요하지 말고, 바위산처럼 부동이 되어야 합니다. 대왕이여, 이것이 파악해야 할 바위산의 첫 번째 특성입니다."

3. [나가세나] "대왕이여, 신들 가운데 신인 세존께서는 이렇게 말씀하셨습니다.

[세존] '아주 단단한 바위덩이가
바람에 움직이지 않듯이,[1060]
이와 같이 현명한 님은
비난과 칭찬에 흔들리지 않[1061]는다.[1062]

---

etaṁ ve munidassanaṁ ‖ Stn. 207.

1060) selo yathā ekaghano vātena na samīrati : DhpA. II. 148-149에 따르면, 균열이 없는 단단한 덩어리의 바위는 동풍 등의 바람에 흔들리지 않고 진동하지 않고 움직이지 않는다.

1061) evaṁ nindāpasaṁsāsu na samiñjanti paṇḍitā : DhpA. II. 149에 따르면,

4. [나가세나] "대왕이여, 그리고 또한 바위산은 견고하여 어떤 것과도 섞이지 않습니다. 대왕이여, 이와 마찬가지로 수행자와 수행에 전념하는 자는 견고하여 섞이지 말아야 하고, 누구와도 사귀지 말아야 합니다. 대왕이여, 이것이 파악해야 할 바위산의 두 번째 특성입니다."

5. [나가세나] "대왕이여, 신들 가운데 신인 세존께서는 이렇게 말씀하셨습니다.

[세존] '집에 사는 자나 집이 없는 자나
그 양자와의 교제를 여의고[1063)]
집없이 유행하며 욕망을 떠난 님,[1064)]
그를 나는 존귀한 님이라고 부른다.'"[1065)]

6. [나가세나] "대왕이여, 그리고 또한 바위산 위에는 씨앗이 자라지 않습니다. 대왕이여, 이와 마찬가지로 수행자와 수행에 전념하는 자는 자신의 마음에 번뇌를 키우지 말아야 합니다. 대왕이여, 이것이 파악해야 할 바위산의 세 번째 특성입니다."

이와 마찬가지로 현자도 일상적인 사람의 여덟 가지 양상 — 이득, 손해, 수치, 명예, 비난, 칭찬, 안락, 고통에 의해서 만족하거나 불만족하거나 고양되거나 혐오하는 것 — 을 극복하면, 비난에도 칭찬에도 흔들리지 않는다.

1062)selo yathā ekaghano | vātena na samīrati | evaṁ nindāpasaṁsāsu | na samiñjanti paṇḍitā || Dhp. 81. 이 시의 인연담은 DhpA. II. 148에 있다.

1063) asaṁsaṭṭhaṁ gahaṭṭhehi anāgārehi cūbhayaṁ : DhpA. IV. 173에 따르면, 집에 사는 자나 집 없는 자에게 오염되지 않는 것을 뜻한다. 다섯 가지 교제(pañcasaṁsagga), 즉 보는 것을 통한 교제(dassanasaṁsagga), 듣는 것을 통한 교제(savanasaṁsagga), 대화를 통한 교제(samullāpasaṁsagga), 향유를 통한 교제(paribhogasaṁsagga), 신체를 통한 교제(kāyasaṁsagga)를 갖지 않기 때문에 집착 없이 유행하는 자를 말한다.

1064) anokāsariṁ appicchaṁ : DhpA. IV. 174에 따르면, 재가자의 삶인 집착의 삶을 이끌지 않는 자를 말한다.

1065) asaṁsaṭṭhaṁ gahaṭṭhehi | anāgārehi cūbhayaṁ | anokāsariṁ appicchaṁ | tamahaṁ brūmi brāhmaṇaṁ || Dhp. 404. 이 시가 설해진 데는 인연담은 DhpA. IV. 169-173를 보라.

7. [나가세나] "대왕이여, 장로 쑤부띠가 이렇게 말했습니다.[1066]

[쑤부띠] '탐욕을 수반하는 마음이
나에게 생겨난다면
자신을 성찰하여
홀로 그것을 나는 다스리리.[1067]

탐욕을 일으키는 것에 탐욕을 일으키고
성냄을 일으키는 것에 성냄을 일으키고
미혹을 일으키는 것에 미혹을 일으키니,
그대는 숲에서 떠나거라.[1068]

이곳은 [387] 티끌을 여읜
수행자들(고행자들)의 청정한 처소이니,
청정한 곳을 오염시키지 말라,
그대는 숲에서 떠나거라.'"[1069]

8. [나가세나] "대왕이여, 그리고 또한 바위산은 높이 솟아있습니다. 대왕이여, 이와 마찬가지로 수행자와 수행에 전념하는 자는 궁극적 앎으로 높이 솟아있어야 합니다. 대왕이여, 이것이 파악해야 할 바위산의 네 번째 특성입니다."

9. [나가세나] "대왕이여, 신들 가운데 신인 세존께서는 이렇게 말씀하셨습니다.

1066) bhāsitampetaṁ, mahārāja, therena subhūtinā : 아래의 세 시는 Ap. I. 67에 등장한다.

1067) rāgūpasaṁhitaṁ cittaṁ | yadā uppajjāte mama | sayaṁva paccavekkhāmi | ekaggotaṁ damemahaṁ ‖ Ap. I. 67

1068) rajjase rajanīye ca | dussanīye ca dussase | muyhasemohanīye ca | nikkhamassu vanā tuvaṁ ‖ Ap. I. 67

1069) visuddhānaṁ ayaṁ vāso | nimmalānaṁ tapassinaṁ | mā kho visuddhaṁ dūsesi | nikkhamassu vanā tuvan'ti ‖ Ap. I. 67

[세존] '슬기로운 님은
방일하지 않음으로 방일을 쫓아내고1070)
지혜의 전당에1071) 올라
슬픔을 여읜 님이 슬퍼하는 사람들을1072) 살핀다.
산정에 오른 슬기로운 님이
지상의 미혹한 존재들을 굽어1073)보듯.'"1074)

10. [나가세나] "대왕이여, 그리고 또한 바위산은 위로 들어 올려지지도 않고 아래로 향해 쓰러지지도 않습니다. 대왕이여, 이와 마찬가지로 수행자와 수행에 전념하는 자는 위로 들어 올려 지지도 아래로 향해 쓰러지지도 말아야 합니다. 대왕이여, 이것이 파악해야 할 바위산의 다섯 번째 특성입니다."

11. [나가세나] "대왕이여, 재가의 여자신도 쭐라 쑤밧다1075)는 자

1070) pamādaṁ appamādena yadā nudati paṇḍito : DhpA. I. 258에 따르면, 연못으로 흘러드는 신선한 물이, 오래된 물을 움직여 자리를 내주지 않고 쫓아내고 한쪽 끝에서 다른 쪽으로 가도록 몰아내듯, 총명한 사람은 방일하지 않음을 키워서 방일에 자리를 내주지 않고 방일하지 않음으로써 방일을 쫓아낸다. 방일을 쫓아낸 자는 자신에게 이로운 일을 성취하여 지혜의 전당(paññāpāsāda)으로 가는 계단을 오를 수 있다.

1071) paññāpāsādam : DhpA. I. 258, Dag. 86. 18. Dps. 17에 따르면, 지혜의 전당은 하늘 높이 치솟은 궁전으로 하늘눈(dibbacakkhu : 天眼)이라는 보다 높은 의식으로 구성된 지혜를 상징한다. 거기에는 슬픔의 화살이 뽑혀졌기 때문에 슬픔이 없다.

1072) sokiniṁ pajaṁ : DhpA. I. 258에 따르면, 고통의 화살에 맞아서 그것을 제거하지 못하기 때문에 슬퍼하며 죽어서 다시 태어나는 사람들을 말한다.

1073) pabbataṭṭho'va bhummaṭṭhe dhīro bāle avekkhati : DhpA. I. 258에 따르면, 총명한 자는 산 위에 올라가 대지를 굽어보듯, 하늘눈으로 굽어본다. 산에 올라가면, 별다른 노력 없이 지상을 굽어볼 수 있듯, 궁전의 꼭대기에 서면, 궁전을 둘러싼 건물을 볼 수 있다. 마찬가지로 총명한 사람, 번뇌를 부순 거룩한 님은 윤회의 씨앗이 제거되지 않아, 죽고 다시 태어나는 미혹한 존재들을 볼 수 있다.

1074) pamādaṁ appamādena | yadā nudati paṇḍito | paññāpāsādamāruyha | asoko sokiniṁ pajaṁ | pabbataṭṭho'va bhummaṭṭhe | dhīro bāle avekkhati || Dhp. 28. 이 시가 설해진 인연담은 DhpA. I. 258-260에 있다.

신의 수행자들을 찬양하면서 이렇게 말했습니다.

[쭐라 쑤밧다] '세상은 이득으로 들어 올려지고
불익으로 아래로 향해 쓰러진다.
이득과 불익을 동일하게 보는 자들,
그러한 자들이 나의 수행자들이다.'"1076)

다섯 번째 산의 특성에 대한 질문이 끝났다.

6. [허공의 특성에 대한 질문]
(Ākāsaṅgapañha)

1. [밀린다 왕] "존자 나가세나여, 그대는 '허공의 다섯 가지 특성을 파악해야 한다.'라고 말했는데, 어떤 다섯 가지 특성을 파악해야 합니까?"

2. [나가세나] "대왕이여, 허공은 어떤 곳에서도 사로잡히지 않습니다. 대왕이여, 이와 마찬가지로 수행자와 수행에 전념하는 자는 어떤 경우에도 번뇌에 사로잡히지 말아야 합니다. 대왕이여, 이것이 파악해야 할 허공의 첫 번째 특성입니다."

3. [나가세나] "대왕이여, 그리고 또한 허공에는 선인이나 고행자, 비인간, 새떼가 운행합니다. 대왕이여, 이와 마찬가지로 수행자와 수행에 전념하는 자는 형성된 것들에 대하여 '무상하다, 괴로운 것이다, 무아이다(실체가 없다).'라고 정신활동을 행해야 합니다. 대왕이여, 이것이 파악해야 할 허공의 두 번째 특성입니다."

4. [나가세나] "대왕이여, 그리고 또한 허공은 외경을 불러일으킵니다. 대왕이여, 이와 마찬가지로 [388] 수행자와 수행에 전념하는 자는 모

1075) Cūḷa Subhaddā : Miln. 350을 보라.
1076) lābhena unnato loko | alābhena ca onato | lābhālābhena ekatthā | tādisā samaṇā mamā'ti ‖ DhpA. III. 468

든 존재의 다시 태어남에 외경을 일으켜야지 애착을 일으켜서는 안 됩니다. 대왕이여, 이것이 파악해야 할 허공의 세 번째 특성입니다."

5. [나가세나] "대왕이여, 그리고 또한 허공은 끝이 없고 헤아릴 수 없고 측량할 수 없습니다. 대왕이여, 이와 마찬가지로 수행자와 수행에 전념하는 자는 끝없는 계행을 지니고 측량할 수 없는 앎을 지녀야 합니다. 대왕이여, 이것이 파악해야 할 허공의 네 번째 특성입니다."

6. [나가세나] "대왕이여, 그리고 또한 허공은 걸리지 않고 의착하지 않고 의존하지 않고 장애를 받지 않습니다. 대왕이여, 이와 마찬가지로 수행자와 수행에 전념하는 자는 가정, 모임, 이득, 거처, 장애, 필수품[1077]과 온갖 번뇌의 모든 경우에 걸리지 말아야 하고, 의착하지 않고 의존하지 않고 장애를 받지 말아야 합니다. 대왕이여, 이것이 파악해야 할 허공의 다섯 번째 특성입니다."

7. [나가세나] "대왕이여, 신들 가운데 신인 세존께서는 자신의 아들 라훌라에게 '라훌라여, 예를 들어, 허공이 아무 것에도 한정지어지지 않듯이, 이와 마찬가지로 라훌라여, 그대는 허공에 대한 명상을 닦아라. 라훌라여, 허공에 대한 명상을 닦으면, 이미 생겨난 즐겁거나 괴로운 감촉이 마음을 사로잡지 못한다.'라고[1078] 말씀하셨습니다."

1077) kule gaṇe lābhe āvāse palibodhe paccaye : Vism. 90-93에 따르면, 가정은 친척이나 후원자를 말하고 모임은 경전이나 논장을 배우는 학생을 말하고, 이득은 네 가지 필수자구를 더 갖는 것을 말하고, 거처는 모두에게 장애는 아니지만 수리할 사람에게는 장애가 된다. 장애에 관해서는 Vin. I. 265에 나와 있다. "수행승들이여, 까티나 특권의 해제와 관련하여 두 가지 장애란 어떤 것인가? ① 처소에 관련된 장애와 ② 의복에 관련된 장애이다. *1)* 수행승들이여, 처소와 관련된 장애란 어떤 것인가? 수행승들이여, 수행승이 여기서 지내거나 그 처소에서 지내면서 '나는 돌아가겠다.'라는 기대를 가지고 떠나버린다. 수행승들이여, 처소와 관련된 장애는 이와 같다. *2)* 수행승들이여, 의복과 관련된 장애란 어떤 것인가? 수행승들이여, 여기 수행승에게 옷이 만들어진 것이 아니거나, 불완전하게 만들어진 것이거나, 옷에 대한 희망이 실현되지 않았다. 수행승들이여, 의복과 관련된 장애는 이와 같다. 수행승들이여, 까티나특권의 해제와 관련하여 두 가지 장애란 이와 같다."

여섯 번째 허공의 특성에 대한 질문이 끝났다.

7. [달의 특성에 대한 질문] (Candaṅgapañha)

1. [밀린다 왕] "존자 나가세나여, 그대는 '달의 다섯 가지 특성을 파악해야 한다.'라고 말했는데, 어떤 다섯 가지 특성을 파악해야 합니까?"

2. [나가세나] "대왕이여, 달은 백분(白分)[1079]에 떠오르면서 점점 더 증대합니다. 대왕이여, 이와 마찬가지로 수행자와 수행에 전념하는 자는 품행과 계행과 덕성과 바른 습관과 바른 실천, 전승의 파악, 홀로 명상에 들기, 새김의 토대, 감관의 문의 수호, 음식에서 분량을 아는 것, 깨어있음의 전념을 점점 더 증대시켜야 합니다. 대왕이여, 이것이 파악해야 할 달의 첫 번째 특성입니다."

3. [나가세나] "대왕이여, 그리고 또한 달은 강력한 제어자입니다. 대왕이여, 이와 마찬가지로 수행자와 수행에 전념하는 자는 욕망에 대하여 강력한 제어자가 되어야 합니다. 대왕이여, 이것이 파악해야 할 달의 두 번째 특성입니다."

4. [나가세나] "대왕이여, 그리고 또한 달은 밤중에 운행합니다. 대왕이여, 이와 마찬가지로 수행자와 수행에 전념하는 자는 세상을 멀리 여의어야 합니다. 대왕이여, 이것이 파악해야 할 달의 [389] 세 번째 특성입니다."

5. [나가세나] "대왕이여, 그리고 또한 달은 천궁을 깃발로 삼습니다.

1078) seyyathāpi, rāhula ākāso na katthaci patiṭṭhito, evameva kho tvaṁ, rāhula, ākāsasamaṁ bhāvanaṁ bhāvehi, ākāsasamaṁ hi te, rāhula, bhāvanaṁ bhāvayato uppannā manāpāmanāpā phassā cittaṁ pariyādāya ṭhassantī'ti : MN. I. 424

1079) sukkapakkha : 백분(白分)은 달이 밝아지는 보름간을 말하고 흑분(黑分)은 달이 차츰 어두워지는 보름간을 말한다.

대왕이여, 이와 마찬가지로 수행자와 수행에 전념하는 자는 계행을 깃발로 삼아야 합니다. 대왕이여, 이것이 파악해야 할 달의 네 번째 특성입니다."

6. [나가세나] "대왕이여, 그리고 또한 달은 사람들의 서원과 소망을 담고 떠오릅니다. 대왕이여, 이와 마찬가지로 수행자와 수행에 전념하는 자는 사람들의 서원과 소망을 담고 가정을 방문해야 합니다. 대왕이여, 이것이 파악해야 할 달의 다섯 번째 특성입니다."

7. [나가세나] "대왕이여, 신들 가운데 신인 세존께서는 탁월한 ≪쌍윳따니까야≫에서 '수행승들이여, 그대들은 달과 같이[1080] 몸을 멀리하고 마음을 멀리하고 언제나 처음 방문하는 자처럼[1081] 가족들에게 겸손하게 가정집을 방문해야 한다.'라고[1082] 말씀하셨습니다."

일곱 번째 달의 특성에 대한 질문이 끝났다.

8. [태양의 특성에 대한 질문]
(Sūriyaṅgapañha)

1. [밀린다 왕] "존자 나가세나여, 그대는 '태양의 일곱 가지 특성을 파악해야 한다.'라고 말했는데, 어떤 일곱 가지 특성을 파악해야 합니까?"

2. [나가세나] "대왕이여, 태양은 모든 물을 말려버립니다. 대왕이여, 이와 마찬가지로 수행자와 수행에 전념하는 자는 모든 번뇌를 남김없

1080) candupamā : Srp. II. 165에 따르면, 달이 하늘에 떠올라 누구에게도 친밀하거나 애정을 느끼거나 집착하거나 선호하거나 탐착하거나 사로잡히지 않고 모든 사람에게 사랑스럽고 만족스럽게 대하며 어둠을 몰아내고 빛을 비추듯, 수행승도 마찬가지로 모든 사람을 대하되 번뇌의 어둠을 부수고, 지혜의 빛을 비추어야 한다.

1081) niccanavakā : Srp. II. 166에 따르면, 모든 사람을 한 가족처럼 손님으로 반기듯이 대하는 것을 말한다.

1082) candūpamā, bhikkhave, kulāni upasaṅkamatha, apakasseva kāyaṁ apakassa cittaṁ niccanavakā kulesu appagabbhā'ti : SN. II. 197-198

이 말려버려야 합니다. 대왕이여, 이것이 파악해야 할 태양의 첫 번째 특성입니다."

3. [나가세나] "대왕이여, 그리고 또한 태양은 밤의 어둠을 몰아냅니다. 대왕이여, 이와 마찬가지로 수행자와 수행에 전념하는 자는 온갖 탐욕의 어둠, 분노의 어둠, 어리석음의 어둠, 교만의 어둠, 사견의 어둠, 번뇌의 어둠, 모든 악행의 어둠을 몰아내야 합니다. 대왕이여, 이것이 파악해야 할 태양의 두 번째 특성입니다."

4. [나가세나] "대왕이여, 그리고 또한 태양은 언제나 운행합니다. 대왕이여, 이와 마찬가지로 수행자와 수행에 전념하는 자는 언제나 이치에 맞는 정신활동을 행해야 합니다. 대왕이여, 이것이 파악해야 할 태양의 세 번째 특성입니다."

5. [나가세나] "대왕이여, 그리고 또한 태양은 빛무리를 지닙니다. 대왕이여, 이와 마찬가지로 수행자와 수행에 전념하는 자는 명상대상의 빛무리를 지녀야 합니다. 대왕이여, 이것이 파악해야 할 태양의 네 번째 특성입니다.

6. [나가세나] "대왕이여, 그리고 또한 태양은 커다란 대중의 무리에 온기를 불어넣으며 운행합니다. 대왕이여, 이와 마찬가지로 수행자와 수행에 전념하는 자는 품행, 계행, 덕성 [390] 바른 습관, 바른 실천, 선정, 해탈, 삼매, 성취, 능력, 힘, 깨달음 고리, 새김의 토대, 올바른 노력, 그리고 신통의 토대로 신들과 인간의 세상에 온기를 불어넣어야 합니다. 대왕이여, 이것이 파악해야 할 태양의 다섯 번째 특성입니다."

7. [나가세나] "대왕이여, 그리고 태양은 또한 라후[1083]에 대한 외경의 두려움을 지니고 운행합니다. 대왕이여, 이와 마찬가지로 수행자와 수행에 전념하는 자는 악행이나 악한 존재의 운명, 험한 황야, 과보로

1083) Rāhu : 일식현상을 악마로 의인화한 것이다. Miln. 23과 그 주석을 참조하라.

나락으로 떨어지고 번뇌의 그물에 얽히고 사견의 덩어리에 감기고, 삿된 길로 나아가고 악한 길을 실천하는 뭇삶들을 보고 크나큰 외경의 두려움을 지니고 정신활동을 기울여야 합니다. 대왕이여, 이것이 파악해야 할 태양의 여섯 번째 특성입니다."

8. [나가세나] "대왕이여, 그리고 또한 태양은 좋은 것과 나쁜 것을 드러나게 합니다. 대왕이여, 이와 마찬가지로 수행자와 수행에 전념하는 자는 능력, 힘, 깨달음 고리, 새김의 토대, 올바른 노력, 신통의 토대, 세간적 · 출세간적 원리를 드러내야 합니다. 대왕이여, 이것이 파악해야 할 태양의 일곱 번째 특성입니다."

9. [나가세나] "대왕이여, 장로 방기싸1084)는 이렇게 말했습니다.

[방기싸] '태양이 떠올라
뭇삶에게 형상, 그리고
정(淨)과 부정(不淨)
좋은 것과 나쁜 것을 보여주듯이,1085)

1084) Vaṅgīsa : 부처님의 제자 수행승 가운데 '언변이 있는 자 가운데 제일(paṭibhānavantānaṁ aggaṁ)'이다. Prj. II. 344-347에 따르면, 방기싸는 바라문 가문에 태어났다. 그는 사람의 두개골 형상을 관찰하고 전생의 그 소유자의 윤회에 관해 알아 맞추는 능력을 가지고 있었다. 그래서 그는 전 인도를 유행하며 많은 재물을 모았다. 부처님은 그에게 완전한 열반에 든 거룩한 분(阿羅漢)의 두개골을 보여주고, 그의 윤회에 관해 알아낼 수 있는지를 시험했다. 방기싸는 물론 알아내지 못했다. 아라한은 윤회하지 않기 때문이다. 그래서 방기싸는 부처님의 제자인 니그로다깝빠(Nigrodhakappa)를 친교사로 하여 출가하여 피부-오개조(두발, 몸털, 손발톱, 이빨, 피부)에 대한 명상을 전수 받아 아라한의 경지에 오른다. 그리고 나서 부처님을 다시 방문하여 아름다운 비유와 은유로서 부처님을 찬양한다. 그래서 그는 시인(kāvyacitta, kāveyyamatta)으로서 이름을 떨친다. SN. I. 186에는 방기싸가 자신에게 욕정이 일어나는 것을 극복한 시들과 자신의 언변 때문에 마음이 교만해질까 스스로를 충고하는 시들이 나온다. Thag. 1209~1279는 이 방기싸가 지은 것으로 되어 있다.

1085) yathāpi sūriyo udayanto | rūpaṁ dasseti pāṇinaṁ | suciñca asuciñcāpi | kalyāṇañcāpi pāpakaṁ || 출처 경전에서 추적불가

가르침을 지닌 자로서
수행승은 무명에 가려진 사람들에게
태양이 떠오른 것처럼,
다양한 길을 보여준다.'"1086)

여덟 번째 태양의 특성에 대한 질문이 끝났다.

9. [제석천의 특성에 대한 질문]
(Sakkaṅgapañha)

1. [밀린다 왕] "존자 나가세나여, 그대는 '제석천의 세 가지 특성을 파악해야 한다.'라고 말했는데, 어떤 세 가지 특성을 파악해야 합니까?"

2. [나가세나] "대왕이여, 제석천은 오로지 안락만을 지니고 있습니다. 대왕이여, 이와 마찬가지로 수행자와 수행에 전념하는 자는 오로지 멀리 여읨의 안락을 즐겨야 합니다. 대왕이여, 이것이 파악해야 할 제석천의 첫 번째 특성입니다."

3. [나가세나] "대왕이여, 그리고 또한 제석천은 천신들을 보고 도와주어 그들에게 기쁨이 생겨나게 합니다. 대왕이여, 이와 마찬가지로 수행자와 수행에 전념하는 자는 착하고 건전한 것에 활동적이고 예리하고 평화로운 마음이 생겨나도록 도와주어, 그것에서 기쁨이 생겨나게 하고, 자신을 일으키게 하고, 적응하게 하고, 노력을 기울이게 해야 합니다. [391] 대왕이여, 이것이 파악해야 할 제석천의 두 번째 특성입니다."

4. [나가세나] "대왕이여, 그리고 또한 제석천에게 불만족은 일어나지 않습니다. 대왕이여, 이와 마찬가지로 수행자와 수행에 전념하는 자는 한적한 수행처에서 불만족을 일으켜서는 안 됩니다. 대왕이여,

1086) tathā bhikkhu dhammadharo | avijjāpihitaṁ janaṁ | pathaṁ dasseti vividhaṁ | ādiccovudayaṁ yathā'ti ‖ 출처 경전에서 추적불가

이것이 파악해야 할 제석천의 세 번째 특성입니다."

5. [나가세나] "대왕이여, 장로 쑤부띠는 이렇게 말했습니다.

[쑤부띠] '위대한 영웅이시여,
제가 당신의 가르침에 출가한 이래,
감각적 쾌락의 욕망을 수반하는
마음이 일어난 것을 알지 못합니다.'"1087)

아홉 번째 제석천의 특성에 대한 질문이 끝났다.

10. [전륜왕의 특성에 대한 질문]
(Cakkavattiṅgapañha)

1. [밀린다 왕] "존자 나가세나여, 그대는 '전륜왕의 네 가지 특성을 파악해야 한다.'라고 말했는데, 어떤 네 가지 특성을 파악해야 합니까?"

2. [나가세나] "대왕이여, 전륜왕은 네 가지 섭수의 토대1088)로 사람들을 도와줍니다. 대왕이여, 이와 마찬가지로 수행자와 수행에 전념하는 자는 사부대중의 마음을 도와주고 위로하고 기쁘게 해 주어야 합니다. 대왕이여, 이것이 파악해야 할 전륜왕의 첫 번째 특성입니다."

3. [나가세나] "대왕이여, 그리고 또한 전륜왕의 영토에는 도적들이 활동하지 못합니다. 대왕이여, 이와 마찬가지로 수행자와 수행에 전념하는 자는 감각적 쾌락의 욕망에 매인 사유, 분노에 매인 사유, 폭력에 매인 사유을 일으켜서는 안 됩니다. 대왕이여, 이것이 파악해야 할

1087) sāsane te mahāvīra | yato pabbajito ahaṁ | nābhijānāmi uppannaṁ | mānasaṁ kāmasaṁhitan'ti. ‖ MN. III. 125에 박꿀라 존자의 다음과 같은 말이 있다:'벗이여 깟싸빠여, 내가 출가한 이래 팔십 년 동안 단 한 번도 나의 안에서 감각적 쾌락에 대한 욕망에 관한 지각이 일어난 기억이 없다.'

1088) cattāri saṅgahavatthūni : 한역에는 사섭사(四攝事)라고 한다. 네 가지 섭수의 토대는 ① 보시하는 것(布施 : dāna), ② 사랑스러운 말을 하는 것(愛語 : peyyavajja), ③ 유익한 행위를 하는 것(利行 : atthacariya), ④ 동등하게 배려하는 것(同事 : samānattatā)을 뜻한다.

전륜왕의 두 번째 특성입니다."

4. [나가세나] "대왕이여, 신들 가운데 신인 세존께서는 이렇게 말씀하셨습니다.

[세존] '사유의 적정을 즐기고
항상 새김을 갖고 부정(不淨)을 닦으면,1089)
실로 종식에 이르는 자가 그이니1090)
그가 악마의 속박을 끊으1091)리.'"1092)

5. [나가세나] "대왕이여, 그리고 또한 전륜왕은 선량한 사람과 사악한 사람을 조사하면서 날마다 바다에 둘러싸인 대지를 순찰합니다. 대왕이여, 이와 마찬가지로 수행자와 수행에 전념하는 자는 신체적인 행위, 언어적인 행위, 정신적인 행위를 날마다 '참으로 나는 이러한 세 가지 관점에서 허물없이 하루를 보냈는가?'라고 성찰해야 합니다. 대왕이여, 이것이 파악해야 할 전륜왕의 [392] 세 번째 특성입니다."

6. [나가세나] "대왕이여, 신들 가운데 신인 세존께서는 탁월한 ≪앙굿따라니까야≫1093)에서 '출가자는 '나는 어떻게 낮과 밤을 보내야 할까?'라고 자주 성찰해야 한다.'라고1094) 말씀하셨습니다.

1089) vitakkupasame ca yo rato asubhaṁ bhāvayati sadā sato : DhpA. IV. 68에 따르면, 첫 번째 선정에서 신체의 열 가지 부정한 모습[十不淨 : dasa asubhā : Dhp. 8의 주석 참조]에 대한 지각을 닦는 것이 잘못된 사유를 여의는 것이다.

1090) esa kho vyantikāhiti : DhpA. IV. 69에 따르면, 세 가지 세계(三界)에 태어남으로 이끄는 갈애의 종식에 이르는 자를 말한다.

1091) esa checchati mārabandhanaṁ : DhpA. IV. 69에 따르면, 세 가지 존재(三有)의 윤회인 악마의 속박을 끊는다는 뜻이다.

1092) vitakkupasame ca yo rato | asubhaṁ bhāvayati sadā sato | esa kho vyantikāhiti | esa checchati mārabandhanaṁ || Dhp. 350 DhpA. IV. 65-69에 이 시에 대한 인연담이 있다.

1093) Aṅguttaranikāya : AN. V. 80. PTS.본에서는 Ekuttaranikāya로 되어 있다.

1094) kathambhūtassa me rattindivā vītivattantīti pabbajitena abhiṇhaṁ paccavekkhitabban'ti : AN. V. 88

7. [나가세나] "대왕이여, 그리고 또한 전륜왕에게는 안팎의 수호가 잘 준비되어 있습니다.1095) 대왕이여, 이와 마찬가지로 수행자와 수행에 전념하는 자는 안팎의 번뇌에 대항하여 수호하기 위해 새김의 문지기를 세워야 합니다. 대왕이여, 이것이 파악해야 할 전륜왕의 네 번째 특성입니다."

8. [나가세나] "대왕이여, 신들 가운데 신인 세존께서는 '수행승들이여, 고귀한 제자는 새김의 파수꾼으로 악하고 불건전한 것을 버리고 착하고 건전한 것을 닦고, 허물을 버리고 허물 없음을 닦고, 자신의 청정을 수호한다.'라고1096) 말씀하셨습니다."

열 번째 전륜왕의 특성에 대한 질문이 끝났다.
세 번째 땅의 품이 끝났다.
이 품은 열 개의 질문으로 이루어졌다.

땅, 물, 그리고 불,
바람과 산
허공, 달, 태양, 제석천과
전륜왕으로 이루어졌다.1097)

제4장 흰개미의 품

(Upacikāvagga)

1095) cakkavattissa abbhantarabāhirārakkhā susaṁvihitā hoti : SN. I. 73을 참조하라.

1096) satidovāriko, bhikkhave, ariyasāvako akusalaṁ pajahati kusalaṁ bhāveti, sāvajjaṁ pajahati, anavajjaṁ bhāveti, suddhamattānaṁ pariharatī'ti : AN. IV. 11

1097) pathavī āpo ca tejo ca | vāyo ca pabbatena ca | ākāso candasūriyo ca | sakko ca cakkavattinātī ||

1. [흰개미의 특성에 대한 질문] (Upacikaṅgapañha)

1. [밀린다 왕] "존자 나가세나여, 그대는 '흰개미의 한 가지 특성을 파악해야 한다.'라고 말했는데, 어떤 한 가지 특성을 파악해야 합니까?"

2. [나가세나] "대왕이여, 흰개미는 지붕을 만들고 자신을 단속하고 먹이를 구하러 다닙니다. 대왕이여, 이와 마찬가지로 수행자와 수행에 전념하는 자는 계행에 의한 제어의 지붕을 만들어 마음을 단속하고 탁발하러 다녀야 합니다. 대왕이여, 계행에 의한 제어의 지붕을 통해 수행자와 수행에 전념하는 자는 모든 두려움을 뛰어넘기 때문입니다. 대왕이여, 이것이 파악해야 할 [393] 흰개미의 한 가지 특성입니다."

3. [나가세나] "대왕이여, 장로 우빠쎄나 방간따뿟따가 이렇게 말했습니다.

[우빠쎄나 방간따뿟따]
'계행에 의한 제어의
지붕이 있는 마음을 만들어
세상에 물들지 않고
완전히 두려움에서 해탈한다.'"1098)

첫 번째 흰개미의 특성에 대한 질문이 끝났다.

2. [고양이의 특성에 대한 질문] (Biḷāraṅgapañha)

1. [밀린다 왕] "존자 나가세나여, 그대는 '고양이의 두 가지 특성을 파악해야 한다.'라고 말했는데, 어떤 두 가지 특성을 파악해야 합니까?"

1098) sīlasaṁvarachadanaṁ | yogī katvāna mānasaṁ | anupalitto lokena | bhayā ca parimuccatī'ti || 경전에서 추적불가

2. [나가세나] "대왕이여, 고양이는 동굴에 들어가도 동혈에 들어가도 누옥에 들어가도 쥐만을 찾아다닙니다. 대왕이여, 이와 마찬가지로 수행자와 수행에 전념하는 자는 마을로 가도, 숲속으로 가도, 나무 밑으로 가도, 텅빈 집으로 가도, 항상 지속적으로 방일하지 않고 '신체에 대한 새김'이라는 음식을 찾아다녀야 합니다. 대왕이여, 이것이 파악해야 할 고양이의 첫 번째 특성입니다."

3. [나가세나] "대왕이여, 그리고 또한 고양이는 가까운 곳에서만 먹이를 구합니다. 대왕이여, 이와 마찬가지로 수행자와 수행에 전념하는 자는 다섯 가지 집착다발에서 '물질은 이와 같고, 물질의 발생은 이와 같고, 물질의 소멸은 이와 같고, 느낌은 이와 같고, 느낌의 발생은 이와 같고, 느낌의 소멸은 이와 같고, 지각은 이와 같고, 지각의 발생은 이와 같고, 지각의 소멸은 이와 같고, 형성은 이와 같고, 형성의 발생은 이와 같고, 형성의 소멸은 이와 같고, 의식은 이와 같고, 의식의 발생은 이와 같고, 의식의 소멸은 이와 같다.'라고 생멸을 관찰해야 합니다. 대왕이여, 이것이 파악해야 할 고양이의 두 번째 특성입니다."

4. [나가세나] "대왕이여, 신들 가운데 신인 세존께서는 이렇게 말씀하셨습니다.

[세존] '이 몸에서 멀리
벗어나서는 안 된다.
궁극적인 미세한 물질로 이루어진 신들의 하느님세계가
무슨 소용이 있겠는가?
실제로 현재에서
자신의 몸에 대하여 알아야 하리.'"1099)

1099) na ito dūre bhavitabbaṁ | bhavaggaṁ kiṁ karissati | paccuppannamhi vohāre | sake kāyamhi vindathā'ti ‖ 경전에서 추적불가

두 번째 고양이의 특성에 대한 질문이 끝났다.

3. [쥐의 특성에 대한 질문]
(Undūraṅgapañha)

1. [밀린다 왕] "존자 나가세나여, 그대는 '쥐의 한 가지 특성을 파악해야 한다.'라고 말했는데, 어떤 한 가지 특성을 파악해야 합니까?"

2. [나가세나] "대왕이여, 쥐는 여기저기로 돌아다니면서 먹이를 구하러 다닙니다. 대왕이여, 이와 마찬가지로 [394] 수행자와 수행에 전념하는 자는 여기저기로 돌아다니면서 이치에 맞게 정신활동을 구하는 자가 되어야 합니다. 대왕이여, 이것이 파악해야 할 고양이의 한 가지 특성입니다."

3. [나가세나] "대왕이여, 장로 우빠쎄나 방간따뿟따가 이렇게 말했습니다.

[우빠쎄나 방간따뿟따]
'통찰자로서 지내며
가르침을 머리로 삼고
움츠려들지 않고
적정에 들어 새김을 확립한다.'"1100)

세 번째 쥐의 특성에 대한 질문이 끝났다.

4. [전갈의 특성에 대한 질문]
(Vicchikaṅgapañha)

1. [밀린다 왕] "존자 나가세나여, 그대는 '전갈의 한 가지 특성을 파악해야 한다.'라고 말했는데, 어떤 한 가지 특성을 파악해야 합니까?"

1100) dhammāsīsaṁ karitvāna | viharanto vipassako | anolīno viharati | upasanto sadā sato'ti ‖ 경전에서 추적불가

2. [나가세나] “대왕이여, 전갈은 꼬리를 무기로 지니고 꼬리를 세우고 다닙니다. 대왕이여, 이와 마찬가지로 수행자와 수행에 전념하는 자는 앎을 무기로 삼고 앎을 확립해야 합니다. 대왕이여, 이것이 파악해야 할 전갈의 한 가지 특성입니다.”

3. [나가세나] “대왕이여, 장로 우빠쎄나 방간따뿟따가 이렇게 말했습니다.

[우빠쎄나 방간따뿟따]
‘앎의 칼을 집어 들고
통찰을 닦는 자는
일체의 두려움에서 벗어나니,
윤회하는 존재 가운데 정복하기 어려운 자이다.’”1101)

네 번째 전갈의 특성에 대한 질문이 끝났다.

5. [족제비의 특성에 대한 질문] (Nakulaṅgapañha)

1. [밀린다 왕] “존자 나가세나여, 그대는 ‘족제비의 한 가지 특성을 파악해야 한다.’라고 말했는데, 어떤 한 가지 특성을 파악해야 합니까?”

2. [나가세나] “대왕이여, 족제비는 뱀에게 다가갈 때 약을 몸에 바르고1102) 뱀을 잡으러 다가갑니다. 대왕이여, 이와 마찬가지로 수행자와 수행에 전념하는 자는 분노와 위해가 많고, 다툼, 싸움, 논쟁, 적대를 일삼는 세상으로 다가갈 때에 자애의 약을 마음에 발라야 합니다. 대왕이여, 이것이 파악해야 할 족제비의 한 가지 특성입니다.”

3. [나가세나] “대왕이여, 가르침의 장군 싸리뿟따가 이렇게 말했습

1101) ñāṇakhaggaṁ gahetvāna | viharanto vipassako | parimuccati sabbabhayā | duppasaho ca so bhave'ti ‖ 경전에서 추적불가

1102) bhesajjena kāyaṁ paribhāvetvā : 뱀독에 대한 해독제를 말한다.

니다.

[싸리뿟따] '그러므로 자신에게나 남에게도
자애의 수행을 닦아야 하는 것이다.
실로 자애의 마음으로 충만해야 한다.
이것이 부처님의 가르침이다.'"1103)

다섯 번째 족제비의 특성에 대한 질문이 끝났다.

6. [늙은 승냥이의 특성에 대한 질문] (Jarasiṅgālaṅgapañha)

1. [밀린다 왕] "존자 나가세나여, [395] 그대는 '늙은 승냥이의 두 가지 특성을 파악해야 한다.'라고 말했는데, 어떤 두 가지 특성을 파악해야 합니까?"

2. [나가세나] "대왕이여, 늙은 승냥이는 음식을 얻어서 혐오하지 않고 먹고 싶은 만큼만 먹습니다. 대왕이여, 이와 마찬가지로 수행자와 수행에 전념하는 자는 음식을 얻어서 혐오하지 않고 몸을 유지시킬 만큼만 먹어야 합니다. 대왕이여, 이것이 파악해야 할 늙은 승냥이의 첫 번째 특성입니다."

3. [나가세나] "대왕이여, 장로 마하 깟싸빠가 말했습니다.

[마하 깟싸빠] '처소에서 내려와서 나는,
시내로 탁발하러 들어왔다.
음식을 먹고 있는 나병환자를 보고
공손하게 그의 곁에 다가1104)섰다.1105)

1103) tasmā sakaṁ paresampi | kātabbā mettabhāvanā | mettacittena pharitabbaṁ | etaṁ buddhāna sāsanan'ti ‖ 경전에서 추적불가.

1104) sakkaccaṃ taṃ upaṭṭhahiṃ : ThagA. III. 139에 따르면, '그 나병환자에게 크나큰 성취를 얻게 하기 위해 걸식을 청원하는 자로 맛있는 탁발음식을 보시하는 자에게 가는 자처럼 다가갔다.'라는 뜻이다.

문드러진 손으로 그는,
나에게 자기 음식의 일부를 건넸다.
음식을 발우에 던질 때에
그의 손가락도 그 곳에 떨어[1106]졌다.[1107]

담장의 아래에서 나는,
그 음식을 한주먹 먹었는데,
먹으면서도 먹고 나서도
나에게 혐오가 일어나지 않[1108]았다.'[1109]

4. [나가세나] "대왕이여, 늙은 승냥이는 음식을 얻어서 '거친 것인가 맛있는 것인가'라고 조사하지 않습니다. 대왕이여, 이와 마찬가지로 수행자와 수행에 전념하는 자는 음식을 얻고서 '거친 것인가 맛있는 것인가, 조리된 것인가 조리되지 않은 것인가'라고 조사하지 말아야 하고, 얻은 대로 만족해야 합니다. 대왕이여, 이것이 파악해야 할 늙은 승냥이의 두 번째 특성입니다."

5. [나가세나] "대왕이여, 장로 우빠쎄나 방간따뿟따가 이렇게 말했습니다.

[우빠쎄나 방간따뿟따]

1105) senāsanamhā oruyha | nagaraṃ piṇḍāya pāvisiṃ | bhuñjantaṃ purisaṃ kuṭṭhiṃ | sakkaccaṃ taṃ upaṭṭhahiṃ ‖ (PTS. Thag. 1054.)Thag. 1060.

1106) aṅgulī p'ettha chijJātha : ThagA. III. 139에 따르면, '그곳에, 즉 발우에 그의 손가락이 잘려서 음식과 함께 떨어졌다.'는 뜻이다.

1107) so me pakkena hatthena | ālopaṃ upanāmayi | ālopaṃ pakkhipantassa | aṅgulī p'ettha chijJātha ‖ (PTS. Thag. 1055). Thag. 1061.

1108) jegucchaṃ me na vijJāti : ThagA. III. 139에 따르면, '혐오스러운 것에 대하여 혐오스럽지 않은 지각이 일어나는 고귀한 신통의 탁월성에 도달했기 때문에, 장로는 그것을 먹는데 혐오를 일으키지 않았다.'는 뜻이다.

1109) kuḍḍamūlañ ca nissāya | ālopaṃ taṃ abhuñjisaṃ | bhuñjamāne va bhutte vā | jegucchaṃ me na vijJāti ‖ (PTS. Thag. 1056). Thag. 1062.

'거친 것이라도 만족하여야 하리.
다른 더욱 맛있는 것을 구하지 말아야 하리.
맛에 탐착하는 마음은
선정을 닦기를 즐거워하지 않는다.
어떤 것으로든 만족하는 자는
수행자의 경지를 원만히 하리.'"[1110]

여섯 번째 늙은 승냥이의 특성에 대한 질문이 끝났다.

7. [사슴의 특성에 대한 질문] (Migaṅgapañha)

1. [밀린다 왕] "존자 나가세나여, 그대는 '사슴의 세 가지 특성을 파악해야 한다.'라고 말했는데, 어떤 세 가지 특성을 파악해야 합니까?"

2. [나가세나] "대왕이여, 사슴은 낮에 숲에서 지내고 밤에는 노천에서 지냅니다. 대왕이여, 이와 마찬가지로 수행자와 수행에 전념하는 자는 낮에 숲에서 지내고 밤에는 노천에서 지내야 합니다. 대왕이여, 이것이 [396] 파악해야 할 사슴의 첫 번째 특성입니다."

3. [나가세나] "대왕이여, 신들 가운데 신인 세존께서는 「몸의 털이 곤두서는 법문」[1111]에서 '싸리뿟따여, 한겨울에 밤이 한랭할 때, 보름의 전 팔일과 후 팔일 사이에 눈이 내리는 기간 동안,[1112] 나는 노천에서 밤을 지새우고 숲에서 낮을 보냈다. 그리고 뜨거운 여름의 마지막 달에는, 나는 노천에서 낮을 보내고 숲에서 밤을 지냈다.'라고[1113]

1110) lūkhenapi ca santusse | nāññaṁ patthe rasaṁ bahuṁ | rasesu anugiddhassa | jhāne na ramate mano | itarītarena santuṭṭho | sāmaññaṁ paripūratī'ti ‖ 경전에서 추적불가

1111) lomahaṁsanapariyāya : 사자후에 대한 큰 경[Mahāsīhanādasutta: MN. 12]를 말한다.

1112) antaraṭṭhake himapātasamaye : 보름 기간씩 나뉘는 역법에서 12월 하순과 1월 초순의 보름 기간 동안의 북인도의 차가운 기후를 말한다.

말씀하셨습니다.”

4. [나가세나] “대왕이여, 그리고 또한 사슴은 칼이나 화살이 엄습해 올 때 피해서 달아나고 몸에 접근시키지 않습니다. 대왕이여, 이와 마찬가지로 수행자와 수행에 전념하는 자는 번뇌가 엄습해올 때 피해서 달아나 마음에 접근시키지 말아야 합니다. 대왕이여, 이것이 파악해야 할 사슴의 두 번째 특성입니다.”

5. [나가세나] “대왕이여, 그리고 또한 사슴은 사람들을 발견하면 ‘저들이 나를 발견하지 말기를!’이라고 생각하고 바로 그 발견한 장소에서 그들을 피해 달아납니다. 대왕이여, 이와 마찬가지로 수행자와 수행에 전념하는 자는 다툼, 싸움, 이론, 논쟁을 일삼고, 악계를 지니고, 게으르고, 교제를 즐기는 자들을 발견하면 ‘저들이 나를 발견하지 말기를! 나는 저들을 보지 않으리!’라고 생각하고 그 발견한 장소에서 그들을 피해 달아나야 합니다. 대왕이여, 이것이 파악해야 할 사슴의 세 번째 특성입니다.”

6. [나가세나] “대왕이여, 가르침의 장군 싸리뿟따가 이렇게 말했습니다.

[싸리뿟따] ‘악을 원하고, 게으르고,
정진이 없고, 배움이 적고, 무례한 자와
결코 내가 관계하지 않는다면,
누구에 의해 세상에 무엇이 일어나겠는가?’”1114)

일곱 번째 사슴의 특성에 대한 질문이 끝났다.

1113) so kho ahaṁ, sāriputta, yā tā rattiyo sītā hemantikā antaraṭṭhakā himapātasamayā, tathārūpāsu rattīsu rattiṁ abbhokāse viharāmi, divā vanasaṇḍe. gimhānaṁ pacchime māse divā abbhokāse viharāmi, rattiṁ vanasaṇḍe'ti : MN. I. 79

1114) mā me kadāci pāpiccho | kusīto hīnaviriyo | appassuto anādaro | kena lokasmiṃ kiṃ siyā || Thag. 987.

8. [황소의 특성에 대한 질문] (Gorūpaṅgapañha)

1. [밀린다 왕] "존자 나가세나여, 그대는 '황소의 네 가지 특성을 파악해야 한다.'라고 말했는데, 어떤 네 가지 특성을 파악해야 합니까?"

2. [나가세나] "대왕이여, 황소는 자신의 외양간을 버리지 않습니다. 대왕이여, 이와 마찬가지로 수행자와 수행에 전념하는 자는 '이 몸은 무상하고 파괴되고 마멸되고 파손되고 괴멸되고야 마는 것이다.'라고[1115] 생각하고 자신의 몸을 버리지 말아야 합니다. 대왕이여, 이것이 파악해야 할 황소의 첫 번째 특성입니다."

3. [나가세나] "대왕이여, 그리고 또한 황소는 짐을 싣고 고락을 겪으면서 짐을 운반합니다. 대왕이여, 이와 마찬가지로 수행자와 수행에 전념하는 자는 청정한 삶을 싣고 [397] 고락을 겪으면서 목숨이 다하고 숨이 끊어질 때까지 청정한 삶을 살아야 합니다. 대왕이여, 이것이 파악해야 할 황소의 두 번째 특성입니다."

4. [나가세나] "대왕이여, 그리고 또한 황소는 갈증으로 갈망할 때 물을 마십니다. 대왕이여, 이와 마찬가지로 수행자와 수행에 전념하는 자는 궤범사나 친교사의 가르침을 욕구하고 좋아하고 청정한 믿음을 가지고 갈망하며 받아들여야 합니다. 대왕이여, 이것이 파악해야 할 황소의 세 번째 특성입니다."

5. [나가세나] "대왕이여, 그리고 또한 황소는 누군가에 의해 끌려가면서도 짐을 운반합니다. 대왕이여, 이와 마찬가지로 수행자와 수행에 전념하는 자는 장로나 신참이나 중참의 수행승 및 재가신도의 훈계와 가르침을 머리를 조아리고 받아들여야 합니다. 대왕이여, 이것이 파악

1115) aniccucchādanaparimaddanabhedanavikiraṇaviddhaṁsanadhammo ayaṁ kāyo'ti : DN. I. 76; MN. I. 144; SN. IV. 83 이것에 대해 MQ. II. 274에서는 '이 몸은 무상·도유(塗油)·마찰·분해·파멸에 종속된 것이다.'라고 번역하고 있다.

해야 할 황소의 네 번째 특성입니다."

6. [나가세나] "대왕이여, 가르침의 장군 싸리뿟따가 이렇게 말했습니다.

[싸리뿟따] '태어나 일곱 살이 되어
바로 오늘 출가한 자,
그가 나를 가르쳐도
나는 머리 조아려 받아들이리라.1116)

그를 보면 그에게
진지한 관심과 애정을 표하고,
거듭 그를 존경하면서
스승의 자리에 세우리라.'"1117)

여덟 번째 황소의 특성에 대한 질문이 끝났다.

9. [멧돼지의 특성에 대한 질문]
(Varāhaṅgapañha)

1. [밀린다 왕] "존자 나가세나여, 그대는 '멧돼지의 두 가지 특성을 파악해야 한다.'라고 말했는데, 어떤 두 가지 특성을 파악해야 합니까?"

2. [나가세나] "대왕이여, 멧돼지는 불타고 작열하는 여름철이 오면 물에 다가갑니다. 대왕이여, 이와 마찬가지로 수행자와 수행에 전념하는 자는, 분노로 인하여 마음이 혼란해지고 방해받고 산란해지고 불타오르게 되면, 청량하고 감로와 같은 수승한 자애의 수행에 다가가야 합니다. 대왕이여, 이것이 파악해야 할 멧돼지의 첫 번째 특성입니다."

1116) tadahu pabbajito santo | jātiyā sattavassiko | sopi maṁ anusāseyya | sampaṭicchāmi matthake || 경전에서 추적불가

1117) tibbaṁ chandañca pemañca | tasmiṁ disvā upaṭṭhape | ṭhapeyyācariyaṭṭhāne | sakkacca naṁ punappunan'ti || 경전에서 추적불가

3. [나가세나] "대왕이여, 그리고 또한 멧돼지는 진흙탕 물에 다가가서 코로 땅을 파고 웅덩이를 만들고 웅덩이에 눕습니다. 대왕이여, 이와 마찬가지로 수행자와 수행에 전념하는 자는 [398] 정신에 몸을 놓아두고1118) 명상대상의 안으로 들어가 누어야 합니다.1119) 대왕이여, 이것이 파악해야 할 멧돼지의 두 번째 특성입니다."

4. [나가세나] "대왕이여, 장로 삔돌라바라드와자는 이렇게 말했습니다.

[삔돌라바라드와자] '통찰하는 자는
몸에서 본질을 보고 살펴서
홀로 친구가 없이
명상대상의 한 가운데 눕는다.'"1120)

아홉 번째 멧돼지의 특성에 대한 질문이 끝났다.

10. [코끼리의 특성에 대한 질문]
(Hatthiṅgapañha)

1. [밀린다 왕] "존자 나가세나여, 그대는 '코끼리의 다섯 가지 특성을 파악해야 한다.'라고 말했는데, 어떤 다섯 가지 특성을 파악해야 합니까?"

2. [나가세나] "대왕이여, 코끼리는 돌아다니면서 땅을 부숩니다. 대왕이여, 이와 마찬가지로 수행자와 수행에 전념하는 자는 몸을 성찰하면서 모든 번뇌를 부수어야 합니다. 대왕이여, 이것이 파악해야 할

1118) mānase kāyaṁ nikkhipitvā : MQ. 275에 따르면, 신체에 대한 명상으로 새김의 첫 번째 적용에 해당한다.

1119) ārammaṇantaragatena sayitabbaṁ : FKM. 362에 따르면, 새김의 대상인 무상 등을 관찰하면서 쉬는 것을 뜻한다.

1120) kāye sabhāvaṁ disvāna | vicinitvā vipassako | ekākiyo adutiyo | seti ārammaṇantare'ti ‖ 경전에서 추적불가

코끼리의 첫 번째 특성입니다.”

3. [나가세나] “대왕이여, 그리고 또한 코끼리는 온몸으로 앞을 보고, 곧바로 바라보되, 사방팔방으로 둘러보지 않습니다. 대왕이여, 이와 마찬가지로 수행자와 수행에 전념하는 자는 온몸으로 앞을 보고, 곧바로 바라보되, 사방팔방으로 둘러보아서는 안 되고, 위를 보아서도 안 되고, 아래로 보아서도 안 되고, 멍에의 길이만큼 앞을 보아야 합니다. 대왕이여, 이것이 파악해야 할 코끼리의 두 번째 특성입니다.”

4. [나가세나] “대왕이여, 그리고 또한 코끼리는 일정한 잠자리를 갖지 않고, 먹이터로 가더라도 그 장소를 거처로서 삼지 않고, 항구적으로 거처하는 집을 갖고 있지 않습니다. 대왕이여, 이와 마찬가지로 수행자와 수행에 전념하는 자는 일정한 잠자리를 갖지 말아야 하고, 거처 없이 탁발하며 다녀야 합니다. 만약에 통찰자가 마음에 들고 적당하고 쾌적한 장소에 있는 원형당이나 나무밑이나 동굴이나 산비탈을 보면, 그곳을 그대로 주처로 삼아야 하며, 항구적으로 거처하는 집으로 삼지 말아야 합니다. 대왕이여, 이것이 파악해야 할 코끼리의 세 번째 특성입니다.”

5. [나가세나] “대왕이여, 그리고 또한 코끼리는 물속에 뛰어 들거나, 맑고 때를 여읜 청량한 물로 가득 차 있고 황련화, 청련화, 홍련화, 백련화로 뒤덮인 커다란 광대한 [399] 연못에 뛰어 들어가, 훌륭한 코끼리의 유희를 즐깁니다. 대왕이여, 이와 마찬가지로 수행자와 수행에 전념하는 자는 맑고 때 없이 청정하고 혼탁하지 않은, 탁월한 진리의 물로 가득 차 있고 해탈의 꽃으로 뒤덮인 광대한 새김의 토대의 연못에 뛰어들어, 궁극적 앎으로, 형성된 것들을 떨쳐버리고 제거하고, 수행자의 유희를 즐겨야 합니다. 대왕이여, 이것이 파악해야 할 코끼리의 네 번째 특성입니다.”

6. [나가세나] "대왕이여, 그리고 또한 코끼리는 새김을 확립하고 발을 들어 올리고, 새김을 확립하고 발을 내려놓습니다. 대왕이여, 이와 마찬가지로 수행자와 수행에 전념하는 자는 새김을 확립하고 올바로 알아차림으로써 발을 들어 올리고 새김을 확립하고 올바로 알아차림으로써 발을 내려놓아야 하며, 나아가고 돌아올 때나 팔을 굽히고 펼 때에나 모든 경우에 새김을 확립하고 올바로 알아차려야 합니다. 대왕이여, 이것이 파악해야 할 코끼리의 다섯 번째 특성입니다."

7. [나가세나] "대왕이여, 신들 가운데 신인 세존께서는 이와 같이 탁월한 ≪쌍윳따니까야≫에서 말씀하셨습니다.

[세존] '신체적으로 자제하는 것도 훌륭하고,
언어적으로 자제하는 것도 훌륭하고,
정신적으로 자제하는 것도 훌륭하고,
모든 면에서 자제하는 것은 훌륭하니,
어디서든 자제하고 부끄러워 할 줄 아는 님을
참으로 수호된 사람이라 한다.'"1121)

열 번째 코끼리의 특성에 대한 질문이 끝났다.
네 번째 흰개미의 품이 끝났다.
이 품은 열 개의 질문으로 이루어졌다.

흰개미와 고양이, 쥐와 전갈,
족제비, 승냥이, 사슴, 황소,
멧돼지, 코끼리와
더불어 열 가지로 이루어졌다.1122)

1121) kāyena saṁvaro sādhu | sādhu vācāya saṁvaro | manasā saṁvaro sādhu | sādhu sabbattha saṁvaro | sabbattha saṁvuto lajjī | rakkhito ti pavuccatī'ti ‖ SN. I. 73 이 시(a-d)는 Dhp. 361; Peṭ. 57; Mil. 167; Uv. 7 : 11; P-Dhp. 51; G-Dhp. 52; Mvu. III. 423; Abhi-k-bh. p. 208와 병행한다.

제5장 사자의 품

(Sīhavagga)

1. [사자의 특성에 대한 질문]
(Sīhaṅgapañha)

1. [밀린다 왕] “존자 나가세나여, [400] 그대는 ‘사자의 일곱 가지 특성을 파악해야 한다.’라고 말했는데, 어떤 일곱 가지 특성을 파악해야 합니까?”

2. [나가세나] “대왕이여, 사자는 실로 밝고 때가 없고 청정하고 결백합니다. 대왕이여, 이와 마찬가지로 수행자와 수행에 전념하는 자는 밝고 때가 없고 청정하고 결백한 마음으로 회한을 멀리 떠나야 합니다. 대왕이여, 이것이 파악해야 할 사자의 첫 번째 특성입니다.”

3. [나가세나] “대왕이여, 그리고 또한 사자는 네 발로 용맹하게 걷습니다. 대왕이여, 이와 마찬가지로 수행자와 수행에 전념하는 자는 네 가지 신통의 기초라는 발로 걸어야 합니다. 대왕이여, 이것이 파악해야 할 사자의 두 번째 특성입니다.”

4. [나가세나] “대왕이여, 그리고 또한 사자는 아름답고 품위있는 갈기를 지니고 있습니다. 대왕이여, 이와 마찬가지로 수행자와 수행에 전념하는 자는 아름답고 품위 있는 계행의 갈기를 지녀야 합니다. 대왕이여, 이것이 파악해야 할 사자의 세 번째 특성입니다.”

5. [나가세나] “대왕이여, 그리고 또한 사자는 목숨을 잃을 지라도 누구에게도 굽히지 않습니다. 대왕이여, 이와 마찬가지로 수행자와 수행에 전념하는 자는 의복과 탁발음식과 와좌구와 필수의약을 조달

1122) upacikā biḷāro ca | undūro vicchikena ca | nakulo siṅgālo migo | go-rūpo varāho hatthinā dasā'ti ||

하지 못하더라도 누구에게도 굽혀서는 안 됩니다. 대왕이여, 이것이 파악해야 할 사자의 네 번째 특성입니다."

6. [나가세나] "대왕이여, 그리고 또한 사자는 차례대로 먹이를 먹고, 먹이가 놓여있는 곳에서 원하는 만큼만 먹고, 맛있는 음식을 찾아다니지 않습니다. 대왕이여, 이와 마찬가지로 수행자와 수행에 전념하는 자는 차례로 탁발[1123]을 해야 하지, 특별한 가정을 찾아다니지 말아야 하고, 이전의 집을 거르지 말고 가정을 방문해야 하며, 음식을 찾아다니지 말아야 하며, 어떤 장소에서 한 덩어리의 음식을 얻으면 그곳에서 몸을 유지하기에 적당한 만큼만 먹어야 하고, 맛있는 음식을 찾아다니지 말아야 합니다. 대왕이여, 이것이 파악해야 할 사자의 다섯 번째 특성입니다."

7. [나가세나] "대왕이여, 그리고 또한 사자는 저장된 음식을 먹지 않고 한 번 먹이를 먹으면 다시는 그것을 찾지 않습니다. 대왕이여, 이와 마찬가지로 수행자와 수행에 전념하는 자는 저장된 음식을 먹어서는 안 됩니다.[1124] 대왕이여, 이것이 파악해야 할 사자의 여섯 번째 특성입니다."

8. [나가세나] "대왕이여, [401] 그리고 또한 사자는 음식을 얻지 못

1123) sapadānabhakkha : 한역에서 차제걸식(次第乞食)이라고 한다. Sekh. 33. Smp. 893; Srp. I. 205; SnA. 118 부자의 집이건 가난한 자의 집이건 차별하지 않고 차례로 탁발을 하는 것을 말한다.

1124) asannidhikāraparibhoginā bhavitabbaṁ : Pāc. 38 식잔숙계⊙(食殘宿戒) | Khu-Pāc. 38(Nī-Pāc. 121) : 어떤 수행승이든 저장해 두었다가 단단한 음식이나 부드러운 음식을 씹거나 먹는다면, 단순속죄죄를 범하는 것이다.(yo pana bhikkhu sannidhikārakaṁ khādanīyaṁ vā bhojanīyaṁ vā khādeyya vā bhuñjeyya vā, pācittiyan'ti). Vin. I. 209에서는 필수의약에 해당하는 음식은 일주일 이상 보관해서는 안 된다. DN. III. 235; MN. I. 523; AN. IV. 370에 따르면, 거룩한 님은 저장한 것을 자신의 감각적 쾌락을 위해서 사용해서는 안 된다. Vin. II. 300에서 '소금이 없을 경우 나는 먹을 수 없다.'라고 생각하고 뿔에 소금을 가지고 다니는 것이 허용되지 않았다.

해도 두려워하지 않고, 음식을 얻어도 음식에 유혹되지 않고 도취되지 않고 매혹되지 않고 먹습니다. 대왕이여, 이와 마찬가지로 수행자와 수행에 전념하는 자는 음식을 얻지 못해도 두려워하지 않고, 음식을 얻어도 음식에 유혹되지 않고 도취되지 않고 매혹되지 않고 그 가운데 위험을 직시하고 욕망의 여읨을 분명히 알고[1125] 먹어야 합니다. 대왕이여, 이것이 파악해야 할 사자의 일곱 번째 특성입니다."

9. [나가세나] "대왕이여, 신들 가운데 신인 세존께서는 탁월한 ≪쌍윳따니까야≫에서 마하 깟싸빠에 대하여 칭찬하면서 '수행승들이여, 여기 이 깟싸빠는 어떤 탁발음식에도 만족한다. 그는 어떤 탁발음식에도 만족하는 것을 칭찬한다. 그래서 그는 탁발음식 때문에 삿되거나 부적절한 행위를 하지 않는다. 그는 탁발음식을 얻지 못해도 동요되지 않고 탁발음식을 얻어도 그것에 집착하지 않고 미혹되지 않고 탐닉하지 않고 위험을 직시하고 욕망의 여읨을 분명히 알고 그것을 향유한다.'라고[1126] 말씀하셨습니다."

첫 번째 사자의 특성에 대한 질문이 끝났다.

2. [황금빛 백조의 특성에 대한 질문] (Cakkavākaṅgapañha)

1. [밀린다 왕] "존자 나가세나여, 그대는 '황금빛 백조의 세 가지 특성을 파악해야 한다.'라고 말했는데, 어떤 세 가지 특성을 파악해야

1125) agadhito amucchito anajjhāpanno ādīnavadassāvī nissaraṇapañño paribhuñJāti : Srp. II. 163에 의하면, 위험을 직시하고(ādīnavadassāvī)는 '모든 세속적인 것에 집착하는 것의 재난을 보면서'라는 뜻이다. 욕망의 여읨을 분명히 알고(nissaraṇapañño)는 '세속적인 것의 속박에서 벗어남을 분명히 알고'라는 뜻이다.

1126) santuṭṭhoyaṁ, bhikkhave, kassapo itarītarena piṇḍapātena, itarītarapiṇḍapātasantuṭṭhiyā ca vaṇṇavādī, na ca piṇḍapātahetu anesanaṁ appatirūpaṁ āpajJāti, aladdhā ca piṇḍapātaṁ na paritassati, laddhā ca piṇḍapātaṁ agadhito amucchito anajjhosanno ādīnavadassāvī nissaraṇapañño paribhuñJātī'ti : SN. II. 94

합니까?"

2. [나가세나] "대왕이여, 황금빛 백조는 목숨이 다하기까지 아내를 버리지 않습니다. 대왕이여, 이와 마찬가지로 수행자와 수행에 전념하는 자는 목숨이 다하기까지 이치에 맞게 정신활동을 기울이는 것을 버려서는 안 됩니다. 대왕이여, 이것이 파악해야 할 황금빛 백조의 첫 번째 특성입니다."

3. [나가세나] "대왕이여, 그리고 또한 황금빛 백조는 쎄발라 수초나 빠나까[1127] 수초를 먹는데, 그것으로 만족하고 그 만족으로 체력과 용모가 퇴전하지 않습니다. 대왕이여, 이와 마찬가지로 수행자와 수행에 전념하는 자는 어떤 것이라도 얻으면 만족해야 합니다. 대왕이여, 수행자와 수행에 전념하는 자는 어떤 것이라도 얻어서 그것에 만족하면, 계행이 퇴전하지 않고, 삼매가 퇴전하지 않고, 지혜가 퇴전하지 않고, 해탈이 퇴전하지 않고, 해탈에 대한 앎과 봄이 퇴전하지 않고, 일체의 착하고 건전한 원리가 퇴전하지 않습니다. 대왕이여, 이것이 파악해야 할 황금빛 백조의 [402] 두 번째 특성입니다."

4. [나가세나] "대왕이여, 그리고 또한 황금빛 백조는 뭇삶들을 해치지 않습니다. 대왕이여, 이와 마찬가지로 수행자와 수행에 전념하는 자는 몽둥이를 버리고 칼을 버리고 부끄러움을 알고 자애를 갖추고 일체의 살아있는 뭇삶의 요익에 대한 기원과 연민을 닦아야 합니다. 대왕이여, 이것이 파악해야 할 황금빛 백조의 세 번째 특성입니다."

5. [나가세나] "대왕이여, 신들 가운데 신인 세존께서는 「황금빛 백조의 본생이야기」[1128]에 대하여 이렇게 말씀하셨습니다.

[세존] '죽이지 않고 살해하지 않고

1127) paṇaka(=paṇṇaka) : 수초의 일종이다.
1128) Cakkavākajātaka : Jāt. 451

정복하지 않고 약탈하지 않고
일체의 존재에 대하여 자애로운 님에게
누구도 결코 원한을 품지 않으리.'"1129)

두 번째 황금빛 백조의 특성에 대한 질문이 끝났다.

3. [빼나히까 새의 특성에 대한 질문] (Peṇāhikaṅgapañha)

1. [밀린다 왕] "존자 나가세나여, 그대는 빼나히까1130) 새의 두 가지 특성을 파악해야 한다.'라고 말했는데, 어떤 두 가지 특성을 파악해야 합니까?"

2. [나가세나] "대왕이여, 빼나히까 새는 자기 남편의 질시 때문에 새끼를 키우지 않습니다. 대왕이여, 이와 마찬가지로 수행자와 수행에 전념하는 자는 자신 안에 번뇌가 생겨나면 질시해야 하고, 새김의 토대를 적용하여 올바른 제어의 동굴에 넣고, 정신의 문에서 신체에 대한 새김을 닦아야 합니다. 대왕이여, 이것이 파악해야 할 빼나히까 새의 첫 번째 특성입니다."

3. [나가세나] "대왕이여, 그리고 또한 빼나히까 새는 숲속에서 대낮에 먹이를 구하러 다니고 저녁에는 자신을 지키기 위해 새떼의 무리에 합류합니다. 대왕이여, 이와 마찬가지로 수행자와 수행에 전념하는 자는 장애에서 해탈하기 위해 홀로 멀리 여읨을 닦아야 하고, 거기서 즐거움을 얻지 못하면 비난에 대한 두려움에서 자신을 지키기 위해 참모임에 들어가 참모임의 보호를 받으며 지내야 합니다. 대왕이여, 이것이 파악해야 할 빼나히까 새의 두 번째 특성입니다."

1129) yo na hanti na ghāteti | na jināti na jāpaye | mettaṁ so sabbabhūtānaṁ | veraṁ tassa na kenacīti ‖ Jāt. 451; AN. IV. 150 = It. 27

1130) Peṇāhikā : QKM. II. 343에 따르면, 빼나히까 새는 새끼를 키우지 않고 나무의 균열된 틈 속에 새끼를 넣어버린다.

4. [나가세나] "대왕이여, 하느님 싸함빠띠는 세존 앞에서 이렇게 말했습니다.

[싸함빠띠] '인적이 없는 외딴 거처를 찾아라.
결박을 끊기 위해 유행하라.
만약 거기서 즐거움을 찾지 못하면,
자신을 수호하고 새김을 확립하여 참모임 속에 살라.'"1131)

세 번째 뻬나히까 새의 특성에 대한 질문이 끝났다.

4. [집비둘기의 특성에 대한 질문] (Gharakapotaṅgapañha)

1. [밀린다 왕] "존자 나가세나여, [403] 그대는 '집비둘기의 한 가지 특성을 파악해야 한다.'라고 말했는데, 어떤 한 가지 특성을 파악해야 합니까?"

2. [나가세나] "대왕이여, 집비둘기는 다른 집, 사람들이 사는 집에 살면서 그들의 소유에 대하여 어떤 특징도 취하지 않고 중립적이고, 지각을 충분히 확립하고 지냅니다. 대왕이여, 이와 마찬가지로 수행자와 수행에 전념하는 자는 다른 사람들이 사는 집에 가면 그 집안의 부인이나 남자나 침상이나 의자나 의복이나 장식품이나 오락물이나 향유물이나 갖가지 음식물에 대하여 그 특징을 취하지 말고 중립적이어야 하고, 수행자의 대한 지각을 확립하고 지내야 합니다. 대왕이여, 이것이 파악해야 할 집비둘기의 하나의 특성입니다."

3. [나가세나] "대왕이여, 신들 가운데 신인 세존께서는 「나라다의

1131) sevetha pantāni senāsanāni | careyya saññojanavippamokkhā | save ratiṁ nādhigacchaye tattha | saṅghe vase rakkhitatto satīmā ‖ SN. I. 15 4; saññojanavippamokkhā는 Srp. I. 220에 따르면, saṁyojanavippamokkhāya로 읽어야 한다. Thag. 142와 병행한다.

작은 본생이야기」1132)에서 이렇게 말씀하셨습니다.

[세존] '다른 집에 들어가,
마실 것이나 먹을 것을 보면,
적당히 먹고 적당히 즐겨라.
그리고 물질에 마음을 두지 마라.'"1133)

네 번째 집비둘기의 특성에 대한 질문이 끝났다.

5. [올빼미의 특성에 대한 질문]
(Ulūkaṅgapañha)

1. [밀린다 왕] "존자 나가세나여, 그대는 '올빼미의 두 가지 특성을 파악해야 한다.'라고 말했는데, 어떤 두 가지 특성을 파악해야 합니까?"

2. [나가세나] "대왕이여, 올빼미는 까마귀와 적대적인 관계에 있어, 밤에 까마귀의 무리에게 다가가 많은 까마귀를 죽입니다. 대왕이여, 이와 마찬가지로 수행자와 수행에 전념하는 자는 무지와 적대적인 관계를 형성해야 하고, 홀로 명상에 들어 무지를 쳐부수어야 하고 그 뿌리째 잘라버려야 합니다. 대왕이여, 이것이 파악해야 할 올빼미의 첫 번째 특성입니다."

3. [나가세나] "대왕이여, 그리고 또한 올빼미는 훌륭하게 홀로 앉아 있습니다. 대왕이여, 이와 마찬가지로 수행자와 수행에 전념하는 자는 홀로 명상에 드는 것에서 즐거움을 발견하고 홀로 명상에 드는 것을 즐겨야 합니다. 대왕이여, 이것이 파악해야 할 올빼미의 두 번째 특성입니다."

1132) Cūḷanāradajātaka : Jāt. 106에서 이 경을 인용하고 있는데, 그 제목은 나라다의 작은 본생이야기(Cūḷanāradakassapajātaka)이다.

1133) pavisitvā parakulaṁ | pānatthaṁ bhojanāya vā | mitaṁ khāde mitaṁ bhuñje | na ca rūpe manaṁ kare || Jāt. 477

4. [나가세나] "대왕이여, 신들 가운데 신인 세존께서는 탁월한 ≪쌍윳따니까야≫에서 '수행승이여, 여기 수행승이 홀로 명상에 드는 것에서 즐거움을 발견하고 홀로 명상에 드는 것을 즐기면, 1)'이것은 괴로움이다.'라고 있는 그대로 분명히 알고 2)'이것은 괴로움의 발생이다.'라고 [404] 있는 그대로 분명히 알고 3)'이것은 괴로움의 소멸이다.'라고 있는 그대로 분명히 알고 4)'이것은 괴로움의 소멸로 이끄는 길이다.'라고 있는 그대로 분명히 안다.'라고[1134] 말씀하셨습니다."

다섯 번째 올빼미의 특성에 대한 질문이 끝났다.

6. [딱따구리의 특성에 대한 질문]
(Satapattaṅgapañha)

1. [밀린다 왕] "존자 나가세나여, 그대는 '딱따구리의 한 가지 특성을 파악해야 한다.'라고 말했는데, 어떤 한 가지 특성을 파악해야 합니까?"

2. [나가세나] "대왕이여, 딱따구리는 울음을 울어서 다른 자들에게 안전한지 위험한지를 알려줍니다. 대왕이여, 이와 마찬가지로 수행자와 수행에 전념하는 자는 다른 자들에게 가르침을 설하면서 지옥[1135]을 두려운 곳이라고 가르쳐 주고, 열반을 안온한 곳이라고 가르쳐주어

1134) idha, bhikkhave, bhikkhu paṭisallānārāmo paṭisallānarato 'idaṁ dukkhan'ti yathābhūtaṁ pajānāti, 'ayaṁ dukkhasamudayo'ti yathā bhūthaṁ pajānāti, 'ayaṁ dukkhanirodho'ti yathābhūtaṁ pajānāti, 'ayaṁ dukkhanirodhagāminī paṭipadā'ti yathābhūtaṁ pajānātī'ti : SN. V. 414와 유사.

1135) vinipāta : '비참한 곳' 또는 '타락한 곳'이지만 여기서는 열반과 대비되므로 지옥으로 번역한다. Mrp. I. 57에 따르면, 괴로운 곳(苦處 : apāya), 나쁜 곳(惡趣 : duggati), 비참한 곳(墮處 : vinipāta), 지옥(地獄 : niraya)의 하나로 모두 지옥의 동의어이다. 그러나 Las. I. 51에 따르면, 이 말들은 각각 서로 다른 네 가지 하층의 세계를 의미한다. 즉 차례로 축생(畜生 : tiracchāna), 아귀의 세계(餓鬼 : pettivisaya), 아수라의 무리(阿修羅 : asuranikāya), 지옥(地獄 : niraya)을 의미한다. 지옥은 어원적으로 '산산 조각난 것'이라는 뜻이 있다. 그런데 경전 상에서는 네 가지는 동의어로서 네 가지 하층의 세계를 모두 지칭하는 것으로 사용되는 것 같다.

야 합니다. 대왕이여, 이것이 파악해야 할 딱따구리의 한 가지 특성입니다."

3. [나가세나] "대왕이여, 장로 삔돌라바라드와자가 이렇게 말했습니다.

[삔돌라바라드와자]
'지옥에는 두려움의 전율이 있고,
열반에는 광대한 안락이 있다.
이러한 두 가지 경우들을
수행자는 설해 보여야 하리.'"1136)

여섯 번째 딱따구리의 특성에 대한 질문이 끝났다.

7. [박쥐의 특성에 대한 질문]
(Vaggulingapañha)

1. [밀린다 왕] "존자 나가세나여, 그대는 '박쥐의 두 가지 특성을 파악해야 한다.'라고 말했는데, 어떤 두 가지 특성을 파악해야 합니까?"

2. [나가세나] "대왕이여, 박쥐는 집으로 들어가 날아다니다가 그곳에 체류하지 않고 나옵니다. 대왕이여, 이와 마찬가지로 수행자와 수행에 전념하는 자는 마을로 탁발하러 들어가 차례로 탁발한 뒤에 얻은 탁발음식을 가지고 그곳에 체류하지 않고 재빨리 밖으로 나와야 합니다. 대왕이여, 이것이 파악해야 할 박쥐의 첫 번째 특성입니다."

3. [나가세나] "대왕이여, 그리고 또한 박쥐는 다른 자들의 집에 머물 때에 그들에게 손해를 끼치지 않습니다. 대왕이여, 이와 마찬가지로 수행자와 수행에 전념하는 자는 가정을 방문해서 너무 많이 요구하거나, 암시를 하거나, 품행이 불량하거나, 너무 말을 많이 하거나, 그들의

1136) niraye bhayasantāsaṁ | nibbāne vipulaṁ sukhaṁ | ubhayānetānatthāni | dassetabbāni yoginā'ti ‖ 경전에서 추적불가.

행복과 불행에 무관심하거나, 그들에게 어떤 것이라도 후회를 일으키게 해서는 안 되고, 그들의 본업을 져버리게 해서는 안 되고, 모든 경우에 그들의 번영을 기원해야 합니다. 대왕이여, 이것이 파악해야 할 박쥐의 두 번째 특성입니다. [405] 대왕이여, 신들 가운데 신인 세존께서는 ≪디가니까야≫의 「위대한 사람의 특징의 경」1137)에서 이렇게 말씀하셨습니다.

[세존] '믿음, 계행, 배움, 이해,
희사, 원리, 많은 좋은 것을 통해서
그리고 재물, 곡식, 토지,
처자식, 네 발 달린 짐승을 통해서1138)

친지, 친구, 친척을 통해서
그리고 힘, 용모, 행복을 통해서
양면으로 '어떻게 이웃들이
퇴보하지 않을 수 있을까'라고 바라며
그는 번영과 성공을 열망했다.'"1139)

일곱 번째 박쥐의 특성에 대한 질문이 끝났다.

8. [거머리의 특성에 대한 질문]
(Jalūkaṅgapañha)

1. [밀린다 왕] "존자 나가세나여, 그대는 '거머리의 한 가지 특성을 파악해야 한다.'라고 말했는데, 어떤 한 가지 특성을 파악해야 합니까?"

1137) Lakkhaṇasutta : DN. III. 142.
1138) saddhāya sīlena sutena buddhiyā | cāgena dhammena bahūhi sādhuhi | dhanena dhaññena ca khettavatthunā | puttehi dārehi catuppadehi ca || DN. III. 165
1139) ñātīhi mittemi ca bandhavehi ca | balena vaṇṇena sukhena c'ūbhayaṃ | kathaṃ na hāyeyyuṃ pare'ti icchati | addhaṃ samiddhañ ca panābhikaṅkhati || DN. III. 165

2. [나가세나] “대왕이여, 거머리는 달라붙는 곳이라면 그곳에 강하게 달라붙어 피를 빨아들입니다. 대왕이여, 이와 마찬가지로 수행자와 수행에 전념하는 자는 마음이 달라붙는 그 대상을 색깔이나 형태나 방향이나 위치나 한계나 특징이나 인상의 관점에서 강하게 확립시켜 그 대상을 통해서 순수한 해탈의 정수를 마셔야 합니다. 대왕이여, 이것이 파악해야 할 거머리의 한 가지 특성입니다.”

3. [나가세나] “대왕이여, 장로 아누룻다가 이렇게 말했습니다.

[아누룻다] ‘대상에 확립된
청정한 마음을 지니고
그 마음으로
순수한 해탈의 정수를 마셔야 한다.’”1140)

여덟 번째 거머리의 특성에 대한 질문이 끝났다.

9. [뱀의 특성에 대한 질문]
(Sappaṅgapañha)

1. [밀린다 왕] “존자 나가세나여, 그대는 ‘뱀의 세 가지 특성을 파악해야 한다.’라고 말했는데, 어떤 세 가지 특성을 파악해야 합니까?”

2. [나가세나] “대왕이여, 뱀은 배로 기어갑니다. 대왕이여, 이와 마찬가지로 수행자와 수행에 전념하는 자는 지혜로 나아가야 합니다. 대왕이여, 수행자가 지혜로 나아갈 때 마음은 바른 이치의 길을 가며 잘못된 특징을 버리게 하고 바른 특징을 갖추게 합니다. 대왕이여, [406] 이것이 파악해야 할 뱀의 첫 번째 특성입니다.”

3. [나가세나] “대왕이여, 그리고 또한 뱀은 기어가면서 약초를 피해

1140) parisuddhena cittena | ārammaṇe patiṭṭhāya | tena cittena pātabbaṁ | vimuttirasamasecanan'ti || 경전에서 추적불가

서 갑니다. 대왕이여, 이와 마찬가지로 수행자와 수행에 전념하는 자는 가면서 악행을 피해서 가야 합니다. 대왕이여, 이것이 파악해야 할 뱀의 두 번째 특성입니다."

4. [나가세나] "대왕이여, 그리고 또한 뱀은 사람들을 보고 괴로워하고 근심하고 타개할 궁리를 합니다. 대왕이여, 이와 마찬가지로 수행자와 수행에 전념하는 자는 잘못된 생각이 일어나 불만족이 생겨나면 '나는 오늘 방일하게 보냈다. 그것은 다시 회복할 수 없다.'라고 괴로워하고 근심하고 타개할 궁리를 해야 합니다. 대왕이여, 이것이 파악해야 할 뱀의 세 번째 특성입니다."

5. [나가세나] "대왕이여, 세존께서는 「발라띠야의 본생이야기」[1141]에서 두 낀나라[1142]에 대하여 이렇게 말했습니다.

[세존] '사냥꾼이여, 우리는
어느 날 하룻밤 헤어졌다.
즐기지 않았어도 서로를 회상하면서
'그날은 다시 오지 않으리.'라고
그 하룻밤을 애석히 여기며 슬퍼하고 있다.'"[1143]

아홉 번째 뱀의 특성에 대한 질문이 끝났다.

10. [비단뱀의 특성에 대한 질문]
(Ajagaraṅgapañha)

1. [밀린다 왕] "존자 나가세나여, 그대는 '비단뱀의 한 가지 특성을 파악해야 한다.'라고 말했는데, 어떤 한 가지 특성을 파악해야 합니까?"

1141) Bhallāṭiyajātaka : Jāt. 504
1142) kinnara : Miln. 267과 그 주석을 보라.
1143) may'ekarattaṁ vippavasimha ludda | akāmakā aññamaññaṁ sarantā | tam ekarattaṁ anutappamānā | socāma sā ratti punaṁ na hossati ‖ Jāt. 504

2. [나가세나] "대왕이여, 비단뱀은 크나큰 몸집을 갖고 있어 여러 날 가엾게 배불리 먹이를 얻지 못해 배가 비어있어도, 몸을 부양할 정도의 먹이로만 연명합니다. 대왕이여, 이와 마찬가지로 수행자와 수행에 전념하는 자는 탁발행을 따르고, 다른 사람으로 부터 탁발음식을 얻어서, 다른 사람이 주는 것에 기대를 걸지 않고, 자진해서 갖는 것을 삼가기 때문에 배부르게 먹을 것을 얻기 힘들고, 또한 목표를 추구하는 훌륭한 가문의 아들이라도 네다섯 모금 식사하면 나머지는 물로 배를 채워야 합니다. 대왕이여, 이것이 파악해야 할 비단뱀의 한 가지 특성입니다."

3. [나가세나] "대왕이여, 가르침의 장군 싸리뿟따가 [407] 이렇게 말했습니다.

[싸리뿟따] "물기 있거나 마른 것을 먹으면서[1144]
너무 배부르게 먹지 말라.
배를 비우고 적량을 알아
새김을 확립하고 수행승은 유행해야 하리."[1145]

네다섯 모금 식사하고,[1146]
그리고 물을 마시면,
자신에 전념하는 수행승이
평안한 삶을 살기에 족하다.'"[1147]

열 번째 비단뱀의 특성에 대한 질문이 끝났다.

1144) allaṃ sukkhaṃ vā bhuñjanto : ThagA. III. 99에 따르면, 버터 등의 습기가 있거나 기름진 것이나 껍질 등의 거친 것을 말한다.

1145) allaṃ sukkhaṃ vā bhuñjanto | na bāḷhaṃ suhito siyā | ūnūdaro mitāhāro | sato bhikkhu paribbaje || Thag. 982. JA. no. 255에서 병행한다.

1146) cattāro pañca ālope abhutvā : ThagA. III. 99에 따르면, 네다섯 모금, 네다섯 주먹, 네다섯 조각을 먹는다는 뜻으로, 맨손바닥에 음식을 펴서 먹는다.

1147) cattāro pañca ālope | abhutvā udakaṃ pive | alaṃ phāsuvihārāya | pahitattassa bhikkhuno || Thag. 983.

다섯 번째 사자의 품이 끝났다.
이 품은 열 개의 질문으로 이루어졌다.

사자와 황금백조,
뻬나히까 새, 집비둘기,
올빼미, 딱따구리, 박쥐,
거머리, 뱀, 비단뱀,
이것으로 사자의 품이라고 불린다.1148)

제6장 원숭이의 품

(Makkaṭakavagga)

1. [길거미의 특성에 대한 질문]

(Panthamakkaṭakaṅgapañha)

1. [밀린다 왕] "존자 나가세나여, 그대는 '길거미의 한 가지 특성을 파악해야 한다.'라고 말했는데, 어떤 한 가지 특성을 파악해야 합니까?"

2. [나가세나] "대왕이여, 길거미는 길위에 거미줄을 치는데, 그 그물에 벌레나 파리나 개미가 걸려든다면, 그것을 잡아먹습니다. 대왕이여, 이와 마찬가지로 수행자와 수행에 전념하는 자는 여섯 감관의 문에 새김의 토대의 그물을 치고 그곳에 번뇌의 파리가 걸려든다면, 그 자리에서 죽여야 합니다. 대왕이여, 이것이 파악해야 할 길거미의 한 가지 특성입니다."

3. [나가세나] "대왕이여, 장로 아누룻다는 이렇게 말했습니다.

1148) kesarī cakkavāko ca | peṇāhi gharakapotako | ulūko satapatto ca | vagguli ca jalūpikā | sappo ajagaro ceva | vaggo tena pavuccatī'ti ||

[아누룻다] '뛰어난 위없는 새김의 토대로
마음을 여섯 감관의 문에서 제어하라.
번뇌가 거기에 걸려든다면
통찰자는 그것들을 죽여야 하리.'"1149)

첫 번째 길거미의 특성에 대한 질문이 끝났다.

2. [젖먹이의 특성에 대한 질문]
(Thanassitadārakaṅgapañha)

1. [밀린다 왕] "존자 나가세나여, 그대는 '젖먹이의 한 가지 특성을 파악해야 한다.'라고 말했는데, 어떤 한 가지 특성을 [408] 파악해야 합니까?"

2. [나가세나] "대왕이여, 젖먹이는 자신의 목표에 매달리고 젖이 필요하면 웁니다. 대왕이여, 이와 마찬가지로 수행자와 수행에 전념하는 자는 자신의 목표에 매달려, 모든 상황에서, 즉 송출, 질문, 올바른 노력, 멀리 여읨, 스승과 함께 거주하는 것, 선지식을 섬기는 것에서 가르침의 지혜를 닦아야 합니다. 대왕이여, 이것이 파악해야 할 젖먹이의 한 가지 특성입니다."

3. [나가세나] "대왕이여, 신들 가운데 신인 세존께서는 ≪디가니까야≫의 「완전한 열반의 큰 경」1150)에서 '자 아난다여, 그대들은 진실한 목표를 향해 노력하고 진실한 목표에 전념하라. 진실한 목표를 향해 방일하지 말고 열성을 기울여 스스로 노력하라.'라고1151) 말씀하

1149) cittaṁ niyame chasu dvāresu | satipaṭṭhānavaruttame | kilesā tattha laggā ce | hantabbā te vipassinā'ti ‖ 경전에서 추적불가
1150) Parinibbānasutta : '완전한 열반의 큰 경'[Mahāparinibbānasutta: MN. 16]을 말한다.
1151) iṅghaṁ tumhe, ānanda, sāratthe ghaṭatha, sāratthe anuyuñJātha; sāratthe appamattā ātāpino pahitattā viharathā'ti : DN. II. 141

셨습니다."

두 번째 젖먹이의 특성에 대한 질문이 끝났다.

3. [반점 있는 육지거북이의 특성에 대한 질문] (Cittakadharakummaṅgapañha)

1. [밀린다 왕] "존자 나가세나여, 그대는 '반점있는 육지거북이의 한 가지 특성을 파악해야 한다.'라고 말했는데, 어떤 한 가지 특성을 파악해야 합니까?"

2. [나가세나] "대왕이여, 반점 있는 육지거북이는 물을 두려워하여 물을 피해서 다니지만, 물을 피하는 것으로 수명이 줄어들지는 않습니다. 대왕이여, 이와 마찬가지로 수행자와 수행에 전념하는 자는 방일에서 위험을 보고 불방일에서 수승한 덕성을 보아야 하지만, 그 위험을 보는 것으로 수행자의 덕성이 줄어들지 않고, 오히려 열반에 다가갑니다. 대왕이여, 이것이 파악해야 할 반점 있는 육지거북이의 한 가지 특성입니다."

3. [나가세나] "대왕이여, 신들 가운데 신인 세존께서는 『담마파다』에서 이렇게 말씀하셨습니다.

[세존] '방일하지 않음을 즐거워하고
방일 가운데 두려움을 보는 수행승은
퇴전할 수 없으니[1152]
열반이 그의 눈앞에[1153] 있다.'"[1154]

1152) abhabbo parihānāya : DhpA. I. 285에 따르면, 항상 깨어 있어, 방일하지 않는 수행승은 멈춤[止 : samatha]과 통찰[觀 : vipassana]의 수행과정이나 길(magga)과 경지(phala)에서 멀어질 수가 없다.

1153) nibbānasseva santike : DhpA. I. 285에 따르면, 그는 번뇌가 소멸한 잔여가 없는 완전한 열반[無依般涅槃 : anupādāparinibbāna]의 앞에 있다는 뜻이다. Sdk. 22에 따르면, 즉 번뇌가 소멸한 거룩한 님의 생시에 존재의 다발[五蘊 : pañca-

세 번째 반점 있는 육지거북이의 특성에 대한 질문이 끝났다.

4. [삼림의 특성에 대한 질문]
(Pavanaṅgapañha)

1. [밀린다 왕] “존자 나가세나여, 그대는 ‘삼림의 다섯 가지 특성을 파악해야 한다.’라고 말했는데, 어떤 다섯 가지 특성을 파악해야 합니까?”

2. [나가세나] “대왕이여, 삼림이라는 것은 부정한 사람을 덮어줍니다. 대왕이여, 이와 마찬가지로 수행자와 수행에 전념하는 자는 다른 사람들의 죄와 허물을 덮어주어야지 폭로해서는 안 됩니다. 대왕이여, 이것이 파악해야 할 삼림의 첫 번째 특성입니다.”

3. [나가세나] “대왕이여, 그리고 또한 삼림에는 많은 군중이 텅 비어 있습니다. 대왕이여, 이와 마찬가지로 수행자와 [409] 수행에 전념하는 자에게는 탐욕, 성냄, 어리석음, 교만, 삿된 견해의 그물과 온갖 번뇌가 텅 비어 있어야 합니다. 대왕이여, 이것이 파악해야 할 삼림의 두 번째 특성입니다.”

4. [나가세나] “대왕이여, 그리고 또한 삼림은 멀리 떨어져 있어 사람들의 번잡을 여의었습니다. 대왕이여, 이와 마찬가지로 수행자와 수행에 전념하는 자는 악하고 불건전한 성품을 지닌 고귀하지 못한 자들로부터 멀리 떨어져야 합니다. 대왕이여, 이것이 파악해야 할 삼림의 세 번째 특성입니다.”

---

kkhandha]의 ‘잔여가 있는 열반’(有餘涅槃 : saupādisesanibbāna)뿐만 아니라 거룩한 님의 사후에 존재의 다발의 ‘잔여가 없는 열반’[無餘涅槃 : anupādisesanibbāna] 앞에 있다는 뜻이다.

1154) appamādarato bhikkhu | pamāde bhayadassivā | abhabbo parihānāya | nibbānasseva santike ‖ Dhp. 32. DhpA. I. 283-286에 이 시가 설해진 인연담이 있다.

5. [나가세나] "대왕이여, 그리고 또한 삼림은 적정하고 청정합니다. 대왕이여, 이와 마찬가지로 수행자와 수행에 전념하는 자는 적정하고 청정해야 하고, 적멸에 들어 교만을 버리고 위선을 버려야 합니다. 대왕이여, 이것이 파악해야 할 삼림의 네 번째 특성입니다."

6. [나가세나] "대왕이여, 그리고 또한 삼림은 고귀한 사람들이 의존하는 곳입니다. 대왕이여, 이와 마찬가지로 수행자와 수행에 전념하는 자는 고귀한 사람들과 사귀는 자가 되어야 합니다. 대왕이여, 이것이 파악해야 할 삼림의 다섯 번째 특성입니다."

7. [나가세나] "대왕이여, 신들 가운데 신인 세존께서는 탁월한 ≪쌍윳따니까야≫에서 이렇게 말씀하셨습니다.

> [세존] '멀리 떠나 스스로 노력하고
> 선정에 드는 고귀한 님,
> 항상 정진에 힘쓰는
> 현명한 님과 함께 지내야 하리.'"1155)

네 번째 삼림의 특성에 대한 질문이 끝났다.

5. [나무의 특성에 대한 질문]
(Rukkhaṅgapañha)

1. [밀린다 왕] "존자 나가세나여, 그대는 '나무의 세 가지 특성을 파악해야 한다.'라고 말했는데, 어떤 세 가지 특성을 파악해야 합니까?"

2. [나가세나] "대왕이여, 나무는 꽃과 열매를 맺습니다. 대왕이여, 이와 마찬가지로 수행자와 수행에 전념하는 자는 해탈의 꽃과 수행자의 삶의 결실을 맺어야 합니다. 대왕이여, 이것이 파악해야 할 삼림의

1155) pavivittehi ariyehi | pahitattehi jhāyihi | niccaṁ āraddhaviriyehi | paṇḍitehi sahāvase'ti ‖ SN. II. 158

첫 번째 특성입니다."

3. [나가세나] "대왕이여, 그리고 또한 나무는 다가오고 접근하는 사람들에게 그늘을 제공합니다. 대왕이여, 이와 마찬가지로 수행자와 수행에 전념하는 자는 다가오고 접근하는 사람들에게 물질적 호의나 정신적 호의로 친절히 맞이해야 합니다. 대왕이여, 이것이 파악해야 할 나무의 두 번째 특성입니다."

4. [나가세나] "대왕이여, 그리고 또한 나무는 [410] 자신이 제공하는 그늘에 차별을 두지 않습니다. 대왕이여, 이와 마찬가지로 수행자와 수행에 전념하는 자는 일체 뭇삶에 차별을 두어서는 안 되고, 도적들이나 살해자들이나 적들에 대해서도 자신에 대해서도 동일하게 '부디 이 뭇삶들이 원한 없이 분노 없이 재앙이 없이 행복하게 자신을 보살필지어다.'라고 자애를 닦아야 합니다. 대왕이여, 이것이 파악해야 할 나무의 세 번째 특성입니다."

5. [나가세나] "대왕이여, 가르침의 장군 싸리뿟따가 이렇게 말했습니다.

[싸리뿟따] '살해를 도모한 데바닷따에 대해서나
도적인 앙굴리말라에 대해서나
다나빨라까에 대해서나 라홀라에 대해서나
성자께서는 모든 자들에게 평등했다.'"1156)

다섯 번째 나무의 특성에 대한 질문이 끝났다.

6. [비구름의 특성에 대한 질문]
(Meghaṅgapañha)

1156) vadhake devadattamhi | core aṅgulimālake | dhanapāle rāhule ca | sabbattha samako munī'ti ‖ DhpA. I. 146; ≒ Pps. II. 387, Ap. 47

1. [밀린다 왕] "존자 나가세나여, 그대는 '비구름의 다섯 가지 특성을 파악해야 한다.'라고 말했는데, 어떤 다섯 가지 특성을 파악해야 합니까?"

2. [나가세나] "대왕이여, 비구름은 먼지와 티끌이 생겨나면 그것을 가라앉힙니다. 대왕이여, 이와 마찬가지로 수행자와 수행에 전념하는 자는 번뇌의 먼지와 티끌이 생겨나면 그것을 가라앉혀야 합니다. 대왕이여, 이것이 파악해야 할 비구름의 첫 번째 특성입니다."

3. [나가세나] "대왕이여, 그리고 또한 비구름은 대지의 열기를 식혀 줍니다. 대왕이여, 이와 마찬가지로 수행자와 수행에 전념하는 자는 자애의 수행으로 신들과 인간의 세계를 청량하게 해 주어야 합니다. 대왕이여, 이것이 파악해야 할 비구름의 두 번째 특성입니다."

4. [나가세나] "대왕이여, 그리고 또한 비구름은 모든 씨앗을 성장하게 합니다. 대왕이여, 이와 마찬가지로 수행자와 수행에 전념하는 자는 일체 뭇삶들에게 믿음을 일으켜, 그들이 그 믿음으로 세 가지 성취, 즉 천신으로 태어나는 성취, 인간으로 태어나는 성취, 그리고 궁극적 목표인 열반의 지복을 얻는 성취에 이르기까지, 그들을 성장하게 해야 합니다. 대왕이여, 이것이 파악해야 할 비구름의 세 번째 특성입니다."

5. [나가세나] "대왕이여, 그리고 또한 비구름은 계절에 맞춰 일어나 지상에서 자라는 풀과 나무와 넝쿨과 덤불과 약초와 교목들을 지켜줍니다. 대왕이여, 이와 마찬가지로 수행자와 수행에 전념하는 자는 이치에 맞게 정신활동을 기울여 그 이치에 맞는 정신활동으로 수행자의 덕성을 수호해야 합니다. 모든 착하고 건전한 원리는 이치에 맞는 정신활동에서 유래하기 때문입니다. 대왕이여, 이것이 파악해야 할 비구름의 네 번째 특성입니다."

6. [나가세나] "대왕이여, 그리고 또한 [411] 비구름은 비를 내리면

서 강이나 저수지나 연못, 골짜기, 협곡, 여울, 웅덩이, 우물을 빗물로 가득 채웁니다. 대왕이여, 이와 마찬가지로 수행자와 수행에 전념하는 자는 경전에 대한 학습을 통해 가르침의 비구름으로 비를 내려 깨우침을 바라는 사람들의 마음을 채워주어야 합니다. 대왕이여, 이것이 파악해야 할 비구름의 다섯 번째 특성입니다."

7. [나가세나] "대왕이여, 가르침의 장군 싸리뿟따가 이렇게 말했습니다.

[싸리뿟따] '깨우칠 수 있는 사람을 보면,
십만 요자나 거리이더라도,
그 위대한 해탈자께서는
순식간에 찾아가서 깨우치셨다.'"1157)

여섯 번째 비구름의 특성에 대한 질문이 끝났다.

7. [마니보주의 특성에 대한 질문]
(Maṇiratanaṅgapañha)

1. [밀린다 왕] "존자 나가세나여, 그대는 '마니보주의 세 가지 특성을 파악해야 한다.'라고 말했는데, 어떤 세 가지 특성을 파악해야 합니까?"

2. [나가세나] "대왕이여, 마니보주는 오로지 청정합니다. 대왕이여, 이와 마찬가지로 수행자와 수행에 전념하는 자는 오로지 청정한 생활을 영위해야 합니다. 대왕이여, 이것이 파악해야 할 마니보주의 첫 번째 특성입니다."

3. [나가세나] "대왕이여, 그리고 또한 마니보주는 어떤 다른 것과도 섞이지 않습니다. 대왕이여, 이와 마찬가지로 수행자와 수행에 전념하

1157) bodhaneyyaṁ janaṁ disvā | satasahasse pi yojane | khaṇena upagantvāna | bodheti taṁ mahāmuni || Jāt. I. 28

는 자는 악한 일들이나 악한 친구들과 섞여서는 안 됩니다. 대왕이여, 이것이 파악해야 할 마니보주의 두 번째 특성입니다."

4. [나가세나] "대왕이여, 그리고 또한 마니보주는 양질의 보석과 결합되어 있습니다. 대왕이여, 이와 마찬가지로 수행자와 수행에 전념하는 자는 최상의 뛰어난 성자들과 함께 살아야 합니다. 그는 흐름에 든 님, 한 번 돌아오는 님, 돌아오지 않는 님, 거룩한 님, 세 가지 명지를 갖춘 님, 여섯 가지 곧바른 앎에 이른 님과 같은 수행자의 마니보주와 함께 살아야 합니다. 대왕이여, 이것이 파악해야 할 마니보주의 세 번째 특성입니다."

5. [나가세나] "대왕이여, 신들 가운데 신인 세존께서는 『숫타니파타』에서 이렇게 말씀하셨습니다.

[세존] '청정한 자들이라면 서로 새김을 확립하고
청정한 사람들과 함께 살도록 하라.
그리하면 서로 화합하여
슬기롭게 괴로움의 종식을 이루리라.'"1158)

일곱 번째 마니보주의 특성에 대한 질문이 끝났다.

8. [사냥꾼의 특성에 대한 질문]
(Māgavikaṅgapañha)

1. [밀린다 왕] "존자 나가세나여, [412] 그대는 '사냥꾼의 네 가지 특성을 파악해야 한다.'라고 말했는데, 어떤 네 가지 특성을 파악해야 합니까?"

2. [나가세나] "대왕이여, 사냥꾼은 방심하지 않습니다. 대왕이여, 이와 마찬가지로 수행자와 수행에 전념하는 자는 방심하지 말아야 합니

1158) suddhā suddhehi saṃvāsaṃ | kappayavho patissatā | tato samaggā nipakā | dukkhassantaṃ karissathāti || Stn. 283.

다. 대왕이여, 이것이 파악해야 할 사냥꾼의 첫 번째 특성입니다."

3. [나가세나] "대왕이여, 그리고 또한 사냥꾼은 마음을 짐승에 고정시킵니다. 대왕이여, 이와 마찬가지로 수행자와 수행에 전념하는 자는 마음을 명상의 대상에 고정시켜야 합니다. 대왕이여, 이것이 파악해야 할 사냥꾼의 두 번째 특성입니다."

4. [나가세나] "대왕이여, 그리고 또한 사냥꾼은 사냥 할 올바른 시간을 압니다. 대왕이여, 이와 마찬가지로 수행자와 수행에 전념하는 자는 홀로 명상을 닦는 시간에 대해 '지금이 독좌정관에 들 시간이다. 지금이 독좌정관에서 나올 시간이다.'라고 알아야 합니다. 대왕이여, 이것이 파악해야 할 사냥꾼의 세 번째 특성입니다."

5. [나가세나] "대왕이여, 그리고 또한 사냥꾼은 짐승을 보고 '이것을 내가 포획하리라.'라고 흐뭇해합니다. 대왕이여, 이와 마찬가지로 수행자와 수행에 전념하는 자는 명상의 대상에 대하여 '나는 더욱 승묘한 것을 획득하겠다.'라고 기뻐하고 흐뭇해해야 합니다. 대왕이여, 이것이 파악해야 할 사냥꾼의 네 번째 특성입니다."

6. [나가세나] "대왕이여, 장로 모가라자[1159]는 이렇게 말했습니다.

1159) Mogharāja : 부처님의 제자 수행승 가운데 '거친 옷을 걸치는 님 가운데 제일(lūkhacīvaradharānaṃ aggo)이다. Ppn. II. 669에 따르면, 그는 바바린(Bāvarin)의 십육 제자 가운데 한사람으로 제자로서 다른 십오 명과 함께 선생의 지시로 부처님을 뵙고자 북쪽으로 올라와서 부처님을 만나 대담을 하고 귀의해 아라한이 되었으며 겨울에도 노천에서 잠을 잔 것으로 유명하다. ThagA. II. 72에 따르면, 그도 이전의 부처님들 아래서 덕성을 닦고, 빠두뭇따라(Padumuttara)부처님 당시에 훌륭한 가문에 태어나, 성년이 되어 어느 날 스승께 가르침을 듣는데, 스승께서 한 수행승을 '거친 옷을 걸치는 님 가운데 제일'의 자리에 세우는 것을 보고 자신도 그러한 사람이 되고자 서원을 세우고 여기저기 생에서 공덕을 지으면서 앗타닷씬(Atthadassiin)부처님 당시에 바라문 가문에 태어나 바라문의 학문과 지식을 습득하고 바라문학인들에게 학문과 지식을 가르치다가 부처님께서 수행승들의 무리에 둘러싸여 가는 것을 보고, 청정한 믿음의 마음이 생겨나 오체투지하고 합장하여 여섯 편의 시(Ap. I. 87)로써 찬탄하고, 그릇을 채워서 꿀을 보시했다. 스승은 꿀을 받고 감사를 표했다. 그는 그 공덕으로 천상계와 인간계를 윤회하다가 깟싸빠(Kassapa)부처님 당시에 깟타바하

[모가라자] '스스로 노력하는 수행승은
명상대상을 얻고
'나는 더욱 승묘한 것을 획득하겠다.'라고
점점 더 환희를 일으켜야 한다.'"1160)

여덟 번째 사냥꾼의 특성에 대한 질문이 끝났다.

9. [어부의 특성에 대한 질문] (Bāḷisikaṅgapañha)

1. [밀린다 왕] "존자 나가세나여, 그대는 '어부의 두 가지 특성을 파악해야 한다.'라고 말했는데, 어떤 두 가지 특성을 파악해야 합니까?"

2. [나가세나] "대왕이여, 어부는 낚시로 물고기를 낚아 올립니다. 대왕이여, 이와 마찬가지로 수행자와 수행에 전념하는 자는 앎으로 보다 높은 수행자의 경지를 낚아 올려야 합니다. 대왕이여, 이것이 파악해야 할 어부의 첫 번째 특성입니다."

나(Kaṭṭhavāhana)왕의 대신으로, 스승을 초빙하기 위해 천 명의 부하들을 파견하여 스승에게 가서 가르침을 듣고 확신을 얻어 출가하여, 이만 년 동안 수행자의 삶을 살다가 그 곳에서 죽어서 한 부처님과 부처님 사이 시대에 좋은 곳으로 윤회하다가 고따마 부처님 께서 태어날 무렵, 바라문의 가문에 태어나 '모가라자'라는 이름을 얻었다. 그는 바라문 바바리야(Bāvāriya)에게서 지식을 배우고, 외경이 생겨나 고행적 삶에 출가하여, 천 명의 고행자에 둘러싸여 있다가, 아지따(Ajīta)등과 함께 스승 앞에 파견되어 열다섯 번째로 질문을 제기하여 질문에 대한 답변이 끝나갈 때(Stn. 976-1031, 1116-1119) 거룩한 경지를 얻었다(Ap. I. 87 참조). 그는 거룩한 경지를 얻고 나서 솜씨가 거칠고 실올이 거칠고 염색이 거친 특별히 세 가지 거친 것을 갖춘 분소의를 입었다. 그래서 그를 스승께서는 '거친 옷을 걸치는 님 가운데 제일'의 자리에 세웠다. 나중에 예전의 업의 조건의 영향으로 장로의 몸에 발진과 종기 등이 생겨나 자라났다. 그는 '처소가 더럽다.'라고 겨울에도 마가다 국의 들에서 지푸라기를 깔고 살았다. 어느 날 그가 알현을 위해 가서 인사를 하고 자리에 앉자, 스승께서는 환영의 말로 첫 번째 시(Thag. 207)를 읊으면서 질문하자, 스승의 질문을 받고 장로는 그 의취를 밝히면서 두 번째 시(Thag. 208)를 읊었다.

1160) ārammaṇe labhitvāna | pahitattena bhikkhunā | bhiyyo hāso janetabbo | adhigacchissāmi uttarin'ti ‖ 경전에서 추적불가

3. [나가세나] "대왕이여, 그리고 또한 어부는 작은 미끼를 죽여서 광대한 어획물을 획득합니다. 대왕이여, [413] 이와 마찬가지로 수행자와 수행에 전념하는 자는 세간의 작은 물질적 재산을 버려야 합니다. 대왕이여, 세간의 재산을 버린 뒤에 수행자와 수행에 전념하는 자는 광대한 수행자의 경지를 얻는 것입니다. 대왕이여, 이것이 파악해야 할 어부의 두 번째 특성입니다."

4. [나가세나] "대왕이여, 장로 라훌라는 이렇게 말했습니다.

[라훌라] '세간의 재물을 버리고
있음의 여읨, 인상의 여읨, 바램의 여읨
이라는 세 가지 해탈[1161]과
네 가지 경지와 여섯 가지 곧바른 앎을 얻으라.'"[1162]

아홉 번째 어부의 특성에 대한 질문이 끝났다.

10. [목수의 특성에 대한 질문] (Tacchakaṅgapañha)

1. [밀린다 왕] "존자 나가세나여, 그대는 '목수의 두 가지 특성을 파악해야 한다.'라고 말했는데, 어떤 네 가지 특성을 파악해야 합니까?"

2. [나가세나] "대왕이여, 목수는 먹줄을 따라서 나무를 자릅니다. 대왕이여, 이와 마찬가지로 수행자와 수행에 전념하는 자는 최승자의 가르침에 따라 계행의 땅에 입각하여 믿음의 손으로 지혜의 톱을 들고 번뇌를 잘라내야 합니다. 대왕이여, 이것이 파악해야 할 목수의 첫 번째 특성입니다."

1161) tividhavimokkha : 삼해탈(三解脫)은 있음의 여읨(空), 인상의 여읨(無相), 바램의 여읨(無願)을 뜻한다.

1162) suññatañcānimittañca | vimokkhañcāppaṇihitaṁ | caturo phale chaḷabhiññā | cajitvā lokāmisaṁ labhe'ti || Ap. I. 42와 유사하지만, Upāli에게 소속되어 있다.

3. [나가세나] "대왕이여, 그리고 또한 목수는 목재의 연약한 부분을 제거하고 단단한 부분만을 획득합니다. 대왕이여, 이와 마찬가지로 수행자와 수행에 전념하는 자는 영원주의와 허무주의, '영혼과 신체는 동일하다는 이론', '영혼과 신체는 다르다는 이론', '이것이 최상이다 다른 것이 최상이다는 논쟁', '만들어지지 않은 것은 있을 수 없다는 이론',1163) '인간의 노력은 무익하다는 이론.',1164) '청정한 삶을 부정하는 청정한 삶',1165) '뭇삶의 멸망위에 새로운 뭇삶이 출현한다는 이론', '형성된 것들은 영원히 존재한다는 이론', '행위의 주체와 행위의 과보를 받는 자가 동일하다는 이론', '행위의 주체와 행위의 과보를 받는 자가 다르다는 이론', '이러한 업의 과보에 대한 잘못된 견해와 작용의 결과에 대한 잘못된 견해'와 같은 다른 논쟁의 길을 제거하고, 형성된 것들의 본성인 제일의공(第一義空),1166) 즉, 활동을 여의고 생명을 여읜1167) 필경공(畢竟空)1168)을 획득해야 합니다. 대왕이여, 이것이 파악해야 할 목수의 두 번째 특성입니다."

1163) akataṃ abhabbaṁ : 이교적 이론이다. '만들어지지 않은 것'은 열반을 의미한다. Ud, 80을 참조하라.

1164) apurisakāraṁ : DN. I. 53에 따르면, 막칼리 고쌀라(Makkhali Gosāla)의 이론이다.

1165) abrahmacariyavāsa : MN. I. 514에 따르면, 이교도들의 '평안을 주지 못하는 네 가지 종류의 청정한 삶들'을 말한다.

1166) paramasuññatā : 연기즉공(緣起則空)의 의미에서 궁극적인 공(空)을 뜻한다. 최승진실의 공, 일체의 미혹이 없어진 절대적 경지를 지칭한다. 이 개념은 대품반야경 등의 대승경전에 등장한다.

1167) nirīhanijjīvatā : Vism. 595의 다음과 같은 진술을 참고하라: '꼭두각시가 공(空)하고, 생명이 없고, 활동도 없고, 흥미도 없지만, 단지 나무와 실의 결합으로 가기도 하고 서기도 하고 활동이 있고 흥미가 있는 것처럼 보인다. 이와 같이 명색(名色)도 공하고, 생명이 없고, 활동이 없지만, 단지 상호 결합으로 가기도 하고 서기도 하고 활동이 있고 흥미가 있는 것처럼 보인다고 볼 수 있다.'

1168) accantasuññatā : 필경공(畢竟空)은 유(有)에 대한 무(無)의 단공(單空)이 아니고 상대적인 공을 다시 비운 절대부정인 공을 의미한다. 대품반야경, 유마경 등에 등장한다.

4. [나가세나] "대왕이여, 신들 가운데 신인 세존께서는 『숫타니파타』에서 이렇게 말씀하셨습니다.

[세존] '쌀겨처럼 [414] 그를 키질하여
쓰레기처럼 날려 버려라.1169)
그리하여 수행자가 아니면서
수행자인 체하는 악한 욕망에 사로잡혀 있고,
수행의 초원에서 악을 행하는 자들,
그 쌀겨들을 날려 버려야 한다.1170)
청정한 자들이라면 서로 새김을 확립하고
청정한 사람들과 함께 살도록 하라."1171)

열 번째 목수의 특성에 대한 질문이 끝났다.
열 번째 원숭이의 품이 끝났다.
이 품은 열 개의 질문으로 이루어졌다.

길거미, 젖먹이, 거북이,
삼림, 나무의 다섯과
비구름, 마니보주,
사냥꾼, 어부와 목수로 이루어졌다.1172)

제7장 물단지의 품

(Kumbhavagga)

1169) kāraṇḍavaṃ niddhamatha | kasambuṃ apakassatha || Stn. 281cd.
1170) tato palāpe vāhetha | assamaṇe samaṇamānīne | niddhamitvāna pāpicche | pāpaācāragocare || Stn. 282.
1171) suddhā suddhehi saṃvāsaṃ | kappayavho patissatā | Stn. 283ab
1172) makkaṭo dārako kummo | vanaṁ rukkho ca pañcamo | megho maṇi māgaviko | bāḷisī tacchakena cā'ti ||

1. [물단지의 특성에 대한 질문]
(Kumbhaṅgapañha)

1. [밀린다 왕] "존자 나가세나여, 그대는 '물단지의 한 가지 특성을 파악해야 한다.'라고 말했는데, 어떤 한 가지 특성을 파악해야 합니까?"

2. [나가세나] "대왕이여, 물단지는 가득 차면 소리를 내지 않습니다. 대왕이여, 이와 마찬가지로 수행자와 수행에 전념하는 자는 성전의 전승, 진리의 파악, 진리의 통달, 수행자의 삶의 궁극에 이르러도 소리를 내서는 안 됩니다. 그는 자만해서도 안 되고, 교만을 드러내서도 안 되고, 자만을 여의고, 교만을 여의어야 하고, 정직하고, 수다스럽지 않고, 겸손해야 합니다. 대왕이여, 이것이 파악해야 할 물단지의 한 가지 특성입니다."

3. [나가세나] "대왕이여, 신들 가운데 신인 세존께서는 『숫타니파타』에서 이렇게 말씀하셨습니다.

[세존] '모자라는 것은 소리를 내지만,
가득 찬 것은 아주 조용하다.
어리석은 자는 반쯤 물을 채운 항아리 같고,
지혜로운 님은 가득 찬 연못과 같다.'"1173)

첫 번째 물단지의 특성에 대한 질문이 끝났다.

2. [검은 쇠의 특성에 대한 질문]
(Kāḷāyasaṅgapañha)

1. [밀린다 왕] "존자 나가세나여, 그대는 '검은 쇠의 두 가지 특성을 파악해야 한다.'라고 말했는데, 어떤 두 가지 특성을 파악해야 합니까?"

1173) yad ūnakaṃ taṃ saṇati | yaṃ pūraṃ santam eva taṃ | aḍḍhakumbhūpamo bālo | rahado pūro'va paṇḍito ‖ Stn. 721

2. [나가세나] "대왕이여, [415] 검은 쇠는 잘 연단되면 무거운 물건을 운반합니다. 대왕이여, 이와 마찬가지로 수행자와 수행에 전념하는 자는 이치에 맞게 정신활동을 기울여 결의한 것을 실행해야 합니다. 대왕이여, 이것이 파악해야 할, 검은 쇠의 첫 번째 특성입니다."

3. [나가세나] "대왕이여, 그리고 또한 검은 쇠는 스스로 흡수한 물을 토해내지 않습니다. 대왕이여, 이와 마찬가지로 수행자와 수행에 전념하는 자는 '지고한 저 세존께서는 올바로 원만히 깨달은 님이고, 가르침은 잘 설해졌고, 참모임은 잘 실천한다.'라고[1174] 자신에게 믿음이 생겨나면 다시는 토해내서는 안 됩니다. 또한 '물질은 무상하다. 느낌은 무상하다. 지각은 무상하다. 형성은 무상하다. 의식은 무상하다.'라고[1175] 자신에게 앎이 생겨나면, 다시는 그것을 토해내서는 안 됩니다. 대왕이여, 이것이 파악해야 할, 검은 쇠의 두 번째 특성입니다."

4. [나가세나] "대왕이여, 신들 가운데 신인 세존께서는 이렇게 말씀하셨습니다.

> [세존] '통찰 가운데 청정해진 사람,
> 성자의 지위가 결정되어 수승한 경지에 이른 님,
> 그는 두려움을 여의었으니, 한 부분만이 아니라,
> 모든 관점에서 최상의 경지에 이르렀다.'"[1176]

두 번째 검은 쇠의 특성에 대한 질문이 끝났다.

1174) uḷāro so bhagavā sammāsambuddho, svākkhāto dhammo, suppaṭipanno saṅgho'ti : MN. I. 37(단 uḷāro제외)

1175) rūpaṁ aniccaṁ, vedanā aniccā, saññā aniccā, saṅkhārā aniccā, viññāṇaṁ aniccan'ti : Vin. I. 14

1176) dassanamhi parisodhito naro | ariyadhamme niyato visesagū | nappavedhati anekabhāgaso | sabbaso ca mukhabhāvānameva so'ti ‖ 경전에서 추적불가

3. [일산의 특성에 대한 질문]
(Chattaṅgapañha)

1. [밀린다 왕] "존자 나가세나여, 그대는 '일산(日傘)1177)의 세 가지 특성을 파악해야 한다.'라고 말했는데, 어떤 세 가지 특성을 파악해야 합니까?"

2. [나가세나] "대왕이여, 일산은 머리 위에서 운행을 합니다. 대왕이여, 이와 마찬가지로 수행자와 수행에 전념하는 자는 번뇌의 머리 위에서 운행을 해야 합니다. 대왕이여, 이것이 파악해야 할 일산의 첫 번째 특성입니다."

3. [나가세나] "대왕이여, 그리고 또한 일산은 윗부분이 자루에 의해 지지됩니다. 대왕이여, 이와 마찬가지로 수행자와 수행에 전념하는 자는 이치에 맞는 정신활동의 자루를 지지대로 삼아야 합니다. 대왕이여, 이것이 파악해야 할 일산의 두 번째 특성입니다."

4. [나가세나] "대왕이여, 그리고 또한 일산은 바람과 열기와 비를 막아줍니다. 대왕이여, 이와 마찬가지로 수행자와 수행에 전념하는 자는 다양한 종류의 수많은 견해를 지닌 수행자들이나 성직자들의 망상의 바람, 세 가지 종류의 불1178)의 열기, 번뇌의 비를 막아야 합니다. 대왕이여, 이것이 [416] 파악해야 할 목수의 세 번째 특성입니다."

5. [나가세나] "대왕이여, 가르침의 장군 싸리뿟따가 이렇게 말했습니다.

[싸리뿟따] '일산이 넓게 펴지고,
구멍이 없고, 견고하여,

1177) chatta : 양산(陽傘), 일산(日傘), 우산(雨傘)을 뜻한다. 왕의 관정식, 즉 즉위식을 할 때에도 일산을 사용한다.
1178) tividhaggi : 탐욕 성냄 어리석음의 불을 말한다.

바람과 열기와
많은 비를 막아주는 것처럼,1179)
이와 마찬가지로 부처님의 아들도,
계행의 일산을 지니고 청정하니,
번뇌의 비와
세 종류의 불의 열기를 막아낸다.'"1180)

세 번째 일산의 특성에 대한 질문이 끝났다.

4. [밭의 특성에 대한 질문]

(Khettaṅgapañha)

1. [밀린다 왕] "존자 나가세나여, 그대는 '밭의 세 가지 특성을 파악해야 한다.'라고 말했는데, 어떤 세 가지 특성을 파악해야 합니까?"

2. [나가세나] "대왕이여, 밭은 수로를 갖추고 있습니다. 대왕이여, 이와 마찬가지로 수행자와 수행에 전념하는 자는 바른 실천에 따르는 크고 작은 의무의 수로를 갖추어야 합니다. 대왕이여, 이것이 파악해야 할 밭의 첫 번째 특성입니다."

3. [나가세나] "대왕이여, 그리고 또한 밭은 두렁을 갖추고 있고, 그 두렁을 물이 흘러나가지 못하게 지켜서 곡물을 무르익게 합니다. 대왕이여, 이와 마찬가지로 수행자와 수행에 전념하는 자는 계행과 부끄러움을 아는 것의 두렁을 갖추어, 그 계행과 부끄러움을 아는 것으로 수행자의 덕성을 수호하고 네 가지 수행자의 삶의 결실을 거두어야 합니다. 대왕이여, 이것이 파악해야 할 밭의 두 번째 특성입니다."

1179) yathāpi chattaṁ vipulaṁ | acchiddaṁ thirasaṁhitaṁ | vātātapaṁ nivāreti | mahatī meghavuṭṭhiyo ‖ 경전에서 추적불가

1180) tatheva buddhaputtopi | sīlachattadharo suci | kilesavuṭṭhiṁ vāreti | santāpatividhaggayo'ti ‖ 경전에서 추적불가

4. [나가세나] "대왕이여, 그리고 또한 밭은 생산성을 갖추고 있어, 경작자를 흐뭇하게 해 주는데, 적은 종자를 뿌려도 많아지고, 많은 종자를 뿌리면 더욱 많아집니다. 대왕이여, 이와 마찬가지로 수행자와 수행에 전념하는 자는 생산성을 갖추고 광대한 경지를 주는 자가 되어서, 보시하는 사람들을 흐뭇하게 해 주어야 하는데, 적게 주어도 많아지고, 많이 주면 더욱 많아지도록 해야 합니다. 대왕이여, 이것이 파악해야 할 밭의 세 번째 특성입니다."

5. [나가세나] "대왕이여, 율장에 정통한 장로 우빨리는 이렇게 말했습니다.

[우빨리] '풍부한 생산성을 부여하는
밭과 같이 되어야 한다.
광대한 과보를 주는 이것을 두고
뛰어난 밭이라 하는 것이다.'"1181)

네 번째 밭의 특성에 대한 질문이 끝났다.

5. [해독제의 특성에 대한 질문]
(Agadaṅgapañha)

1. [밀린다 왕] "존자 나가세나여, [417] 그대는 '해독제의 두 가지 특성을 파악해야 한다.'라고 말했는데, 어떤 두 가지 특성을 파악해야 합니까?"

2. [나가세나] "대왕이여, 해독제에는 벌레가 생기지 않습니다. 대왕이여, 이와 마찬가지로 수행자와 수행에 전념하는 자는 마음에 번뇌가 생기지 않게 해야 합니다. 대왕이여, 이것이 파악해야 할 해독제의 첫 번째 특성입니다."

1181) khettūpamena bhavitabbaṁ | uṭṭhānavipuladāyinā | esa khettavaro nāma | yo dadāti vipulaṁ phalan'ti ||

3. [나가세나] "대왕이여, 그리고 또한 해독제는 씹거나 닿거나 보았거나 먹었거나 마셨거나 삼켰거나 맛본 것의 모든 독을 제거합니다. 대왕이여, 이와 마찬가지로 수행자와 수행에 전념하는 자는 탐욕, 성냄, 어리석음, 교만이나 삿된 견해의 모든 독을 제거해야 합니다. 대왕이여, 이것이 파악해야 할 해독제의 두 번째 특성입니다."

4. [나가세나] "대왕이여, 신들 가운데 신인 세존께서는 이렇게 말씀하셨습니다.

[세존] '형성된 것들의 본성과 의미를
보고자 하는 수행자는
번뇌의 독을 없애기 위해
해독제처럼 되어야 하리라.'"1182)

다섯 번째 해독제의 특성에 대한 질문이 끝났다.

6. [음식의 특성에 대한 질문]
(Bhojanaṅgapañha)

1. [밀린다 왕] "존자 나가세나여, 그대는 '음식의 세 가지 특성을 파악해야 한다.'라고 말했는데, 어떤 세 가지 특성을 파악해야 합니까?"

2. [나가세나] "대왕이여, 음식은 모든 뭇삶의 토대입니다. 대왕이여, 이와 마찬가지로 수행자와 수행에 전념하는 자는 모든 뭇삶을 위한 길의 토대가 되어야 합니다. 대왕이여, 이것이 파악해야 할 음식의 첫 번째 특성입니다."

3. [나가세나] "대왕이여, 그리고 또한 음식은 모든 뭇삶의 체력을 증진시킵니다. 대왕이여, 이와 마찬가지로 수행자와 수행에 전념하는

1182) saṅkhārānaṁ sabhāvatthaṁ | daṭṭhukāmena yoginā | agadeneva hotabbaṁ | kilesavisanāsane'ti || 경전에서 추적불가

자는 공덕을 증진시켜야 합니다. 대왕이여, 이것이 파악해야 할 음식의 두 번째 특성입니다."

4. [나가세나] "대왕이여, 그리고 또한 음식은 모든 뭇삶이 원하는 것입니다. 대왕이여, 이와 마찬가지로 수행자와 수행에 전념하는 자는 모든 세상 사람들이 원하는 자가 되어야 합니다. 대왕이여, 이것이 파악해야 할 음식의 세 번째 특성입니다."

5. [나가세나] "대왕이여, 장로 마하 목갈라나는 이렇게 말했습니다.

[마하 목갈라나] '자제, [418] 제어,
계행, 실천에 의해서,
수행자는 모든 세상 사람들이
원하는 자가 되어야 하리.'"1183)

여섯 번째 음식의 특성에 대한 질문이 끝났다.

7. [궁술사의 특성에 대한 질문]
(Issāsaṅgapañha)

1. [밀린다 왕] "존자 나가세나여, 그대는 '궁술사의 네 가지 특성을 파악해야 한다.'라고 말했는데, 어떤 네 가지 특성을 파악해야 합니까?"

2. [나가세나] "대왕이여, 궁술사는 화살을 쏠 때 두 발을 땅 위에 단단히 고정시키고, 무릎을 곧추세우고, 화살의 다발을 허리춤에 두고, 몸을 단단하게 굳히고, 두 손을 들어서 활줄의 중앙에 두고, 주먹을 쥐고, 손가락의 사이를 벌리지 않고, 목을 지탱하고, 눈과 입을 닫고, 과녁을 겨누고, '내가 쏘아야겠다.'라고 환희합니다. 대왕이여, 이와 마찬가지로 수행자와 수행에 전념하는 자는 계행의 땅에 정진의 발을 확립하고, 관용과 온유가 결여되지 않도록 하고, 수호에 마음을 두고,

---

1183) saṁyamena niyamena | sīlena paṭipattiyā | patthitena bhavitabbaṁ | sabbalokassa yoginā'ti || 경전에서 추적불가

자제와 제어에 자신을 인도하고, 욕망과 탐닉을 정복하고, 이치에 맞는 정신활동으로 마음의 틈을 주지 말고, 정진에 분발하고, 여섯 감관의 문을 닫고, 새김을 확립하고, '모든 번뇌를 궁극적 앎의 화살로 내가 쏘아 맞추리라.'라고 환희를 일으켜야 합니다. 대왕이여, 이것이 파악해야 할 궁술사의 첫 번째 특성입니다."

3. [나가세나] "대왕이여, 그리고 또한 궁술사는 굽었거나 뒤틀리거나 굴곡이 있는 화살대를 바로 잡기 위해 '화살을 바로 잡는 기계'를 돌봅니다. 대왕이여, 이와 마찬가지로 수행자와 수행에 전념하는 자는 굽었거나 뒤틀리거나 굴곡이 있는 마음을 바로 잡기 위해 신체에 대한 새김의 토대라는 '화살을 바로 잡는 기계'를 돌보아야 합니다. 대왕이여, 이것이 파악해야 할 궁술사의 두 번째 특성입니다."

4. [나가세나] "대왕이여, 그리고 또한 궁술사는 과녁을 맞추는 연습을 합니다. 대왕이여, 이와 마찬가지로 수행자와 수행에 전념하는 자는 이 몸에 대하여 수행을 해야 합니다. 대왕이여, 수행자와 수행에 전념하는 자는 이 몸에 대하여 어떻게 수행을 해야 합니까? 무상한 것이라고 생각하고 수행을 해야 합니다. 괴로운 것이라고 생각하고 수행을 해야 합니다. 실체가 없는 것이라고 생각하고 수행을 해야 합니다. 질병이라고 생각하고 수행을 해야 합니다. 종기라고 생각하고 수행을 해야 합니다. 화살이라고 생각하고 수행을 해야 합니다. 통한이라고 생각하고 수행을 해야 합니다. 아픔이라고 생각하고 수행을 해야 합니다. 타자(他者)라고 생각하고 수행을 해야 합니다. 괴멸하는 것이라고 생각하고 수행을 해야 합니다. 역병이라고 생각하고 수행을 해야 합니다. 재앙이라고 생각하고 수행을 해야 합니다. 공포스러운 것이라고 생각하고 수행을 해야 합니다. 재난이라고 생각하고 수행을 해야 합니다. 동요하는 것이라고 생각하고 수행을 해야 합니다. 쉽게 부서지는 것이라고 생각하고 수행을 해야 합니다. 항상하지 않는 것이

라고 생각하고 수행을 해야 합니다. 보호처가 아니라고 생각하고 수행을 해야 합니다. 피난처가 아니라고 생각하고 수행을 해야 합니다. 귀의처가 아니라고 생각하고 수행을 해야 합니다. 공허한 것이라고 생각하고 수행을 해야 합니다. 비어있는 것이라고 생각하고 수행을 해야 합니다. 공(空)한 것이라고 생각하고 수행을 해야 합니다. 위험한 것이라고 생각하고 수행을 [419] 해야 합니다. 변화에 종속된 것이라고 생각하고 수행을 해야 합니다. 견고하지 못한 것이라고 생각하고 수행을 해야 합니다. 통한의 근원이라고 생각하고 수행을 해야 합니다. 살인자라고 생각하고 수행을 해야 합니다. 허무한 것이라고 생각하고 수행을 해야 합니다. 번뇌를 수반하는 것이라고 생각하고 수행을 해야 합니다. 형성된 것이라고 생각하고 수행을 해야 합니다. 태어남에 종속된 것이라고 생각하고 수행을 해야 합니다. 늙음에 종속된 것이라고 생각하고 수행을 해야 합니다. 질병에 종속된 것이라고 생각하고 수행을 해야 합니다. 죽음에 종속된 것이라고 생각하고 수행을 해야 합니다. 슬픔에 종속된 것이라고 생각하고 수행을 해야 합니다. 비탄에 종속된 것이라고 생각하고 수행을 해야 합니다. 절망에 종속된 것이라고 생각하고 수행을 해야 합니다. 번뇌에 종속된 것이라고 생각하고 수행을 해야 합니다. 대왕이여, 이와 같이 수행자와 수행에 전념하는 자는 이 몸에 대하여 수행을 해야 합니다. 대왕이여, 이것이 파악해야 할 궁술사의 세 번째 특성입니다."

5. [나가세나] "대왕이여, 그리고 또한 궁술사는 아침저녁으로 궁술을 연습합니다. 대왕이여, 이와 마찬가지로 수행자와 수행에 전념하는 자는 아침저녁으로 명상대상에 대하여 수행해야 합니다. 대왕이여, 이것이 파악해야 할 궁술사의 네 번째 특성입니다."

6. [나가세나] "대왕이여, 가르침의 장군 싸리뿟따가 이렇게 말했습니다.

[싸리뿟따] '아침 저녁으로 궁술사가
궁술을 연습하는데,
그 연습을 포기하지 않고
대가를 얻는 것처럼,1184)

마찬가지로 부처님의 아들도
몸에 대하여 수행을 닦아
몸에 대한 수행을 포기하지 않고
거룩한 경지를 깨우친다.'"1185)

일곱 번째 궁술사의 특성에 대한 질문이 끝났다.
일곱 번째 바다의 품이 끝났다.
이 품은 일곱 개의 질문으로 이루어졌다.

물단지와 검은 쇠,
일산과 밭과 해독제
음식과 궁술사,
작금의 현자들이 언급한 것이다.1186)

제7편 비유 이야기에 대한 질문이 끝났다.

- 밀린다팡하의 맺음말 -

(Nigamana)

1184) yathā issāsako nāma | sāyaṁ pātaṁ upāsati | upāsanaṁ ariñcanto | labhate bhattavetanaṁ || 경전에서 추적불가

1185) tatheva buddhaputtopi | karoti kāyupāsanaṁ | kāyupāsanaṁ ariñcanto | arahattamadhigacchatī'ti || 경전에서 추적불가

1186) kumbho ca kāḷāyaso ca | chattaṁ khettañca agado | bhojanena ca issāso | vuttaṁ dāni vidūhī'ti ||

1. 스물두 개의 품으로 꾸며진 육부에서 이 책에 전해진 이백 예순두 개의 밀린다 왕의 질문이 끝났다. 그러나 전해지지 않은 마흔 두 개의 질문이 있다. 전해진 것과 전해지지 않은 것을 합하면 삼백 네 개의 질문이 된다.1187) 이 모두가 『밀린다팡하』라고 불리는 것이다.

2. 왕과 장로의 문답이 끝나자 팔백사십만 요자나 크기의 이 대지가 물가에 이르기까지 여섯 번 진동하였고, 번개가 번득이고, 천신들이 천상의 꽃비를 내렸다. 위대한 하느님은 찬탄하였고, 큰 바다의 심연에서 우레 소리처럼 큰 소리가 울렸다. 이리하여 밀린다 왕과 신하의 무리들도1188) 존자 나가세나에게 머리를 조아려 합장하고 예경했다.

3. 밀린다 왕은 마음으로 [420] 지극히 기뻐하며 교만한 마음을 부수고, 부처님의 가르침의 정수를 생각하고 삼보에 대한 의심을 완전히 제거하고, 혼란 없이 고집 없이 장로의 덕성, 출가, 실천, 품행에 지극한 청정한 믿음을 내어 신뢰하고, 탐착을 떠나 교만과 고집을 버리고, 뱀의 제왕이 독이빨을 버린 것처럼, 이렇게 말했다.

[밀린다 왕] "존자 나가세나여, 훌륭하십니다. 존자께서는 부처님의 경계와 관련된 질문에 잘 답변하였습니다. 이 부처님의 가르침에 대하여 가르침의 장군 싸리뿟따를 제외하고 존자와 동등한 다른 자는 존재하지 않습니다. 존자 나가세나여, 나의 불찰을 용서해 주십시오. 존자 나가세나여, 저를 재가의 남자신도로 받아주십시오, 오늘부터 목숨이 다하도록 귀의하겠습니다."

1187) 이것이 어떻게 계산된 것인지 알기가 어렵다. 이처럼 오래된 작품에는 그 구성에서 많은 불일치가 발견된다. 역자가 복원한 번역 판본은 245개의 질문으로 구성되어 있고 제7편 「비유의 논의에 대한 질문」에서 제목만 전해지는 37개의 질문을 합하면 282개가 된다. 필자는 이 질문들을 미얀마 6차결집본의 인터넷판본에 준해서 모두 7편으로 나눈 뒤에 장의 번호, 질문의 번호를 순서에 따라 매겼다.

1188) orodhagaṇā : 원래 '후궁의 무리들'이라는 뜻이나 신하들인 박트리아인 들을 지칭했을 것이다.

4. 그리고 왕은 군대와 함께 장로 나가세나에게 공경을 표하고 '밀린다'라는 이름의 정사를 만들어 장로에게 헌정하고 네 가지 필수자구로 나가세나와 번뇌를 부순 십억 명의 수행승들에게 공양하였다. 그 후 다시 장로의 지혜에 청정한 믿음을 내어 아들에게 왕국을 물려주고 집에서 집없는 곳으로 출가하여 통찰을 닦아 거룩한 경지를 얻었다. 그 때문에 이처럼 말해진다.

'지혜는 세상에서 찬양받는다.
정법자들의 설법도 찬양받는다.
지혜로 의혹을 끊고
현자들은 적멸을 얻는다.1189)

지혜를 몸에 갖추고
거기에 새김이 결여되지 않은 님,
그가 공양을 받을 만한 님,
가장 높고 위없는 님이다.1190)

그러므로 현명한 사람은
자신의 요익을 바로 보고
탑묘가 공양 받는 것처럼
지혜를 지닌 님을 공양해야 하리.'"1191)

밀린다팡하가 끝났다.

1189) paññā pasatthā lokasmiṁ | katā saddhammaṭṭhitiyā | paññāya vimatiṁ hantvā | santiṁ papponti paṇḍitā ‖ 경전에서 추적불가
1190) yasmiṁ khandhe ṭhitā paññā | sati tattha anūnakā | pūjā visesassādhāro | aggo seṭṭho anuttaro ‖ 경전에서 추적불가
1191) tasmā hi paṇḍito poso | sampassaṁ hitamattano | paññavantaṁ bhipūjeyya | cetiyaṁ viya sādaro'ti ‖ 경전에서 추적불가

밀린다팡하

부 록

약 어 표

AN.	Aṅguttara Nikāya
Ap.	Apadāna
Bor.	보르헤스의 불교강의
Cdb.	The Connected Discourse of the Buddha
Car.	Cariyāpiṭaka
CV.	Cullavagga in Vinayapiṭaka
Las.	Die Lehrreden des Buddha aus Angereihten Sammlung
Dhk.	Dhātukathā
Dhp.	The Dhammapada
DhpA.	Dhammapadaṭṭhakathā
Dhs.	Dhammasaṅgaṇī
DN.	Dīgha Nikāya
FKM.	Die Fragen des Königs Milindo
Ggs.	Die in Gruppen geordnete Sammlung
Krs.	The Book of the Kindred Sayings
Kath.	Kathāvatthu
MN.	Majjhima Nikāya
MV.	Mahāvagga in Vinayapiṭaka
Miln.	Milindapañha
Mrp.	Manorathapūraṇī = ANA.
MKQ.	ミリンタ王の問い
MQ.	Milinda's Questions
Nett.	Nettipakaraṇā.
Pāc.	Pācittiya
Paṭ.	Paṭṭhāna
Ppn.	Dictionary of Pāli Proper Names
Pps.	Papañcasūdani
Prj.	Paramatthajotikā I.
PTS.	Pali Text Society
Pug.	Puggalapaññatti
QKM.	The Question of King Milinda
SN.	Saṁyutta Nikāya
Srp.	Sāratthappakāsinī = SNA.
Stn.	Suttanipāta
Smp.	Samantapāsādikā = VinA.
Smv.	Sumaṅgalavilāsinī = DNA.
Thag.	Theragathā
ThagA.	Theragathā-Aṭṭhakathā
Thig.	Therīgātha
Ud.	Udāna
UdA.	Udānaṭṭhakathā
Uv.	Udānavarga
Vin.	Vinaya Piṭakaṁ
Vibh.	Vibhaṅga
Vism.	Visuddhimagga
Ymk.	Yamaka

참 고 문 헌

● 원전류(빠알리)

『The Milindapañho: being Dialogue between King Milinda and the Buddhist Sage Nāgasena』 The Pāli Text, Edited by V. Trenckner. London, 1880.
『那先比丘經A본』(T. 32; 694-703)
『那先比丘經B본』(T. 32; 703-719);

● 원전류(근현대번역)

『The Question of King Milinda』 tr. by T. W. Rhys Davids, SBE 35. 36, 1890. 1894, Rep. 1963. New York. N.Y.
『Milinda's Questions』 tr. by Miss. I. B. Horner. M. A. 1964 The Pali Text Society Oxford. 1999
『The Debate of King Milinda』 an Abridgement of The Milinda Pañha. Edited by Bhikkhu Pesala, First Hardback Edition 1991, published by Motilal Banarsidass, Delhi. Revised 1998, First Pocket Edition May, 2000
『Die Fragen des Königs Menandros』 übersezt von F. Otto Schrader. Berlin 1905
『Die Fragen des Milindo』 übersezt von Nyanatiloka, Leipzig 1919 / teilweise neu übersezt von Nyanatiloka. Ansata Verlag. Schweiz. 1985.
『Les questions de Milinda』 trduit du Pali par Louis Finot, (Les classiques de l'orient, vol. VIII. Paris 1923.
國譯彌蘭陀王問經 山上曹源 國譯大藏經, 1919
彌蘭陀王問經 金森西俊, 南傳大藏經, 59:
『ミリンダの問い』 中村元, 早島鏡正, 平凡社 1963,
『밀린다 왕문경』 서경수 한글대장경201. 동국역경원. 1961.
『밀린다 왕문경』 1, 2』 불전간행회. 민족사. 1997
『미란타왕문경』 이사카미젠오. 이원섭 역, 현암사 2001.
『미란왕의 물음』 서정형 역해, 공감과 소통, 2020
『나선비구경』 제안 용하스님 편역. 정변지사. 2020.

● 밀린다팡하 연구자료

「Buddhism of the Northwest and The Milindapañha」 by. Sarita Khettry, IHC: Proceedings, 68th Session. 2007
「Greeks and Buddhism, Historical Contacts in the Development of a Universal Religion」 by Demetrios Th. Vassiliades, The Eastern Buddhist, 2004. New Series, Vol. 36 No. 1/2. pp. 134-183

「Greek Buddha: Pyrroh's Encounter with Early Buddhism in Central Asia」 by Stephen Batchelor, Contemporary Buddhism, 2016.
「Pyrrhonism: How the Ancient Greeks Reinvented Buddhism」 by Kuzminski, A drian. Rowman & Littlefield Publishers, Inc. New York, 2008
『Outlines of Pyrrhonism』 by Sextus, Empiricus, tr. by R. G. Bury, Harvard Univ ersity Pressm Cambridge, 2000.
『Milindapanha and Nagasenabhiksusutra』 A Comparative Study through Pali an d Chinese sources. by Bhikkhu Tich Minh Chau of Viet-Nam. Nava Nālanā Mahāvihāra Agent: Calcuttaa: Firma K.L. Mukhopadhyaya, 1964.
「Discussion on the Self in Milindapanha on Chariot: New translation and Comment」. Lev I. Titlin. Institute of Philosophy, Russian Academy of Sciences. 2021.
「Buddhism of the Nothwest and the Milindapanha」 by Sarita Khettry, Proceedin gs of the Indian History Congress, 2007. Vol. 68. Pat One. pp. 105-111.
「Greeks and Buddhism: Historical Contacts in the Development of a Universal Religion」 by Demetrios Vassiliades. The Estern Buddhist. 2004, New Series, Vol. 36. No. 1/2. 2004. pp. 134-183.
「Milindapañha and Nāgasenabhikṣusūtra」 by Bikkhu Dr. Thich Minh Chau of Vi et-Nam. Nava Nālanda Mahāvihāra Agent: Calcutta; Firma K. L. Mukhopad hyay, 1964.
「나선비구경연구 I」 윤병식. 인도학인도철학 I. 민족사 pp83-114.
「밀린다팡하에 나타난 나가세나의 불교관」 金泰完, 부산대학교 대학원 철학과. 1992.
「인도-그리스 불교와 피로니즘에 관한 연구」 오영국. 동국대학교 대학원 인도철학과 석사학위논문. 2024.
「보르헤스의 불교강의」 보르헤스(Lorge Luis Borges) 김홍근역. blog. naver.com/ se vang/20001743816. 2000.
『유명한 청학자들의 생애와 사상』 디오게네스 라에르티오스 지음, 김주일 · 김인곤 · 김재홍 · 이정호 옮김. 나남. 2021.

● **기타 원전류 참고문헌**

『The Visuddhimagga of Buddhaghosa』 ed. C. A. F. Rhys Davisds, D. Litt. M. A. PTS. London. 1975
『Paramatthamañjūsā』 Ācariya Dhammapāla, commentary to the Visuddhimagga (Visuddhimaggamahā-ṭīkā). Latin script edition on Chaṭṭha Saṁgāyana CDR OM of Vipassana Research Institute, Igatpuri. No English translation.
『Vimuttimagga and Visuddhimagga a Comparative Study』 by P. V. Bapat, 1937. Poona
『解脫道論と清淨道論の比較硏究』: P. V. Vapat, Vimuttimagga and Visuddhimagga, a comparative study; pp.114-137 水野弘元 佛教硏究會 1939.5 佛教硏究
『Buddhaghosuppatti』 edited and translated into English, by J. Gray, Luzac and

Co. London, 1892.
『Dīpavaṁsa(Chronicle of Ceylon)』 English translation by H. Oldenberg, London, 1879.
『Cūlavaṁsa or Minor Chronicle of Ceylon or Mahāvaṁsa Part II. English transla tion by W. Geiger, PTS London.
『The Early History of Buddhism in Ceylon』 by E. W. Adikaram, Sri Lanka, 1946.
『Guide through Visuddhimagga』 U. Dhammaratana, Sarnath, 1964
『History of Indian Literature』 by M. Winternitz, English translation by Mrs. S. Ketkar and Miss H. Kohn, Calcutta University, 1933.
『The Life and Work of Buddhaghosa』 by B.C. Law, Thacker, and Spink, Calcutt a and Simla, 1923. Mahāvaṁsa or Great Chronicle of Ceylon, English translat ion by W. Geiger, PTS. London. Pali-English Dictionary, Pali Text Society, London.
『The Pali Literature of Ceylon』 by G.P. Malalasekera, Royal Asiatic Society, Lon don, 1928. Reprinted by BPS, Kandy, 1994.
『Pali Literature and Language』 by W. Geiger, English translation by Batakrishn a Ghosh, Calcutta University, 1943.
『Theravada Buddhism in Burma』 by Niharranjan Ray, Calcutta University, 1946 pp. 24 ff.
『The Path of Freedom(Vimuttimagga)』 privately circulated English translation from the Chinese by N.R.M. Ehara, V.E.P. Pulle and G.S. Prelis. Printed editi on, Colombo 1961; reprinted by BPS. Kandy 1995. Revised BPS. edition forth coming in 2010.
『Vimuttimagga and Visuddhimagga』-Comparative Study, by P.V. Bapat, Poona, 1937. Reprinted by BPS. 2010.
『Vinaya Piṭakaṁ』 Roman character. vol. I-V. ed. Hermann Oldenberg, Londo n : Pali Text Society, 1879-1883.
『Samantapāsādikā』 Roman character. vol. I-VII. by Buddhaghosa. ed. by J. Taka kusu & M. Nagai. London PTS. 1927-1947
『The Books of the Discipline』 vol. I-V, tr. I. B. Horner. London : Pali Text Socie ty, 1938-1966. vol. I. Suttavibhanga. London : PTS. 1938. Vol. II. Suttavibhan ga. London : PTS. 1940. vol. III. Suttavibhaṅga. London : PTS. 1942. Vol. IV. M āhavagga. London : PTS. 1951. Vol. V. Cullavagga. London : PTS. 1952. Vol. VI. Parivāra London : PTS. 1966.
『Vinaya Texts』 tr. T. W. Rhys Davids & H. Oldenberg. Secred Books of the East. [Vol. I. Patimokkha. London : SBE, 1881; Delhi, 1968. Vol. II. Mahavag ga. London : SBE, 1882; Delhi, 1968. Vol. III. Cullavagga. London : SBE, 1885; Delhi, 1969. Oxford : Clarendon Fress. 1882-1885
『The Patimokkha』 being the Buddhist Office of the Confession of Preists. tr. J. F. Dickson. London : 1975.

『Aṅguttara Nikāya』 ed. by R. Moms & E. Hardy, 5vols. London : PTS. 1885-1900. tr. by F. L. Woodward & E. M. Hare,
『The Book of the Gradual Sayings(Aṅguttara Nikāya)』 5vols. London : PTS. 1932-1936), trans. by F. L. Woodward, M. A./Mrs. Rhys Davids D.Litt. M. A.
『Die Lehrreden des Buddha aus Angereihten Sammlung : Aṅguttara Nikāya』 übersetzt von Nyanatiloka. 5vols. Braunschweig Aurum Verlag : 1993.
『Numerical Discourses of The Buddha』 An Anthology of Suttas from Aṅguttaranikāya)tr. by Nyanaponika & Bhikkhu Bodhi. Vistaar Publications. New Dhelhi 2000.
『Apadāna』 ed. M.E. Lilley, 2 vols. London : PTS. 1925, 1927; reprinted as one, 2000
『Manorathapūraṇī』 ed. by M. Walleser & H. Kopp, 5vols. London : PTS. 1924-1926.
『Abhidhammāvatāra』 by Buddhadatta. / [Rangoon] : Marammaratthe Buddhasāsanasamitiyā muddaṇayantālaye muddāpitā, 1962
『Abhidhammatthasaṅgaha(Comprehensive Manual of Abhidhamma)』 tr.by Bodhi Bhikkhu. Kandy : Buddhist Publication Society. 1993.
『Abhidharmakośabhasyam of Vasubandhu』 ed. by Pradhan, P. Patna : K. P. Jayaswal Research Institute, 1975. tr. by Louis de la Vallée Poussin, 4vols, eng. tr. by Pruden, L. M. Berkeley : Asian Humanities Press. 1988.
『Abhidharmasamuccayabhāṣya』 ed. by Tatia, N. Tibetan Sanskrit Works Series, 17. Patna : 1976.
『Avadānaśataka 2vols.』 Bibliotheca Buddhica 3. ed. by Speyer, J. S. St. Petesburg : PTS. 1902-1909.
『Āyuṁparyantasūtra』 ed. by Enomoto, F. Hartman, J-U. and Matsumura, H. Sanskrit-Texte aus dem buddhistischen Kanon : Neuentdeckungen und Neueditionen, 1. Göttingen : 1989.
『Catuṣpariṣatsūtra』 Abhandlung der Deutschen Akademie der Wissenschaften zu Berlin, Kalsse für Sprachen, Literatur, und Kunst)ed. and tr. by Waldschmidt, E. Berlin : 1952-1962.
『Chandrasūtra-Buddha Frees the Disc of the Moon』 ed. and tr. by Waldschmidt, E. Bulletin of the School of Oriental and African Studies. 33 : 1 1976.
『Dhammapada』 ed. by Sūriyagoḍa Sumangala. London : PTS. 1914.
『Dhammapada [Khuddakanikāya vol. I.』 ed. by J. Kashyap. Nālandā-Devanāgarī Pali Series.
『Dhamapadaṭṭhakathā』 The Commentary of Dhammapada, 4vols. ed. by H. C. Norman, M. A. London : PTS. 1906-1915; 1993.
『Buddhist Legends』 trs. by Eugene Watson Burlingame, from original Pali Text of Dhammapada Commentary. London : PTS. 1995
『Dīgha Nikāya』 ed. by T. W. Rhys Davids & J. E. Carpenter, 3vols. London : PTS. 1890-1911. tr. by T. W. & C. A. F. Rhys Davids, 『Dialogues of the Buddha』 3vol

s. London : PTS. 1899-1921.
『Dīgha Nikāya』 ed. by T. W. Rhys Davids & J. Estin Carpenter, 3vols. London : PTS. 1890-1911.
『Sumaṅgalavilāsinī』 ed. by T. W. Rhys Davids & J. Estin Carpenter, W. Stede 3vols. London : PTS. 1886-1932.
『Dīghanikāyaṭṭhakathāṭīkā : Līnatthappakāsinī』 ed. by Lily De Silva, 3vols. London : PTS. 1970.
『Divyāvadāna』 ed. by Cowell. E. B. and R. A. Neil. London : PTS. 1914.
『The Gilgit Manuscript of Saṅghabhedavastu』 ed. Gnoli, R. Serie Orientale Roma, 49 2parts. Rome : 1077-1978.
『Gāndhārī Dhammapada』 ed. by Brough. John. London : Oxford University, 1962.
『Itivuttaka』 ed. by E. Windish. London : PTS. 1889.
『Kaṅkhāvitaraṇī』 by Buddhaghosa, ed. by K. R. Norman and William Pruitt. Oxford : PTS. 2003
『Khuddakanikāya』 vol. 1. Chaṭṭhasaṅgāyana ed. of Tipitaka 1956.
『The Jātakas or Stories of the Buddha's Former Births 6vols.』 ed. by Cowell. E. B. London : PTS. 1969.
『Majjhima Nikāya』 ed. by V. Trenckner & R. Chalmers, 3vols. London : PTS. 1887-1901)
『Papañcasūdanī』 ed. by J. H. Woods, D. Kosambi & I. B. Horner, 5vols. London : PTS. 1922-1938)
『Middle Length Sayings』 tr. I. B. Homer, 3vols. London : PTS. 1954-1959.
『Die Reden Gotamo Buddhos aus der Mittleren Sammlung Majjhimanikāyo des Pālikanons zum Erstenmal Übersetzt von Karl Eugen Neumann, Artemis Verlag Zürich. 3Vol. 1te Aufl. 1896-1902. 2te Aufl. 1921. 3te Aufl. 1956.
『Further Dialogues of the Buddha』 tr. by Lord Chalmers : Sacred Books of Buddhists Series vols. V, VI. 1926, 1927.
『The Collection Of The Middle Length Sayings』 vol. 1-3 : tr. by I. B. Horner; The Pali Text Society London, First ed. 1954, Second ed. 1976
『Buddhas Reden, Majjhimanikāya, Die Sammlung der mittleren Texte des buddhistischen Pali-Kanons』 Übersetzt von Kurt Schmidt. Werner Kristkeitz Verlag. 1989.
『The Middle Length Discourses of the Buddha, A New Translation of Majjhima Nikāya』 Tr. by Bikkhu Ñāṇamoli and Bikhu Bodhi. Wisdom Publication. Boston. 1995
『Mahāvastu』 ed. by Senart, E. 3 parts. Paris 1882-1897; tr. by John, J. J. 3vols. London : Luzac, 1949-1956.
『Mahāvaṁsa』 ed. by W. Geiger, ; The Pali Text Society London, First ed. 1908
『The Great Chronicle of Ceylon』 tr. by Wilhelm Geiger assisted by Mabel H. Bode, ; PTS. London, First ed. 1912.

『Maha Pirit Pota(The Great Book of Protection)』 tr. by Lokuliyana, Lionel. Colombo : Mrs. H. M. Gunasekera Trust.
『Mahāparinirvāṇasūtra』 Abhandlungen der Deutschen Akademie der Wissenschaften zu Berlin, Kalsse für Sprachen, Literatur, und Kunst. ed. and tr. by Waldschmidt, E. Berlin : 1950-1951.
『Mahāsamājasūtra』 inclided in 『Central Asian Sūtra Fragments and their Relations to the Chinese Āgamas』 in Bechert 1980.
『Milindapañha』 ed. by V Trenckner. London : PTS. 1928. tr. by I. B. Horner, 『Milinda's Questions』 2vols. London : PTS. 1963-1964.
『Mūlasarvāstivādavinayavastu』 Part III of Gilgit Manuscript. ed. by Dutt, Nalinaksha. Calcutta, Srinagar : 1939-1959.
『Niddesa I = Mahāniddesa I. II』 ed. by De La Vallée Poussin and E. J. Thomas London : PTS. 1916, 1917.
『Niddesa II = Cullaniddesa』 ed. by W. Stede. London : PTS. 1918.
『On a Sanskrit Version of the Verahaccāni Sutta of the Saṁyuttanikāya』 Nachrichten der Akademie der Wissenschaften in Göttingen : Vandenhoeck and Ruprecht, 1980.
『Paramatthadīpanī』 ed. by Frank L. Woodward. London : PTS. 1977.
『Paramatthajotikā I. The Khuddakapāṭha』 ed. by Helmer Smith. London : PTS. 1978.
『Paramatthajotikā II.』 ed. by Helmer Smith vols. I. II. III. London : PTS. 1989.
『Patna-Dhammapada』 ed. by Cone, Margaret. Journal of the Pali Text Society 13 : 101-217. London : PTS. 1989.
『Paṭisambhidāmagga I. II』 ed. by Taylor. London : PTS. 1905-1907.
『Saṁyutta Nikāya』 ① Roman Script. ed. by L. Feer, 6vols. London : PTS. 1884-1904; Ee2 : 1998. ② Burmese Script. Chaṭṭhasaṅgāyana-edition, 3 vols. Rangoon : Buddhasāsana Samiti, 1954.
『The Connected Discourse of the Buddha. A New Translation of the Saṁyuttanikāya)2vols.』 tr. by Bhikkhu Bodhi, Boston : Wisdom Publication, 2000
『The Book of the Kindered Sayings, 5vols.』 tr. by C. A. F. Rhys Davids & F. L. Woodward, (London : PTS. 1917-1930)
『Die in Gruppen geordnete Sammlung(Saṁyuttanikāya) aus dem Pāli-Kanon der Buddhisten』 2vols. übersetzt von W. Geiger. Munich-Neubiberg. Oskar Schloss Verlag. 1925.
『Die Reden des Buddha-Gruppierte Sammlung aus dem Pāli-Kanon』 übersetzt von W. Geiger, Nyāponika Mahāthera, H. Hecker. (Herrnschrott. Verlag Beyerlein & Steinschulte 2003)
『On a Sanskrit Version of the Verahaccāni Sutta of the Saṁyuttanikāya』 by E. Waldschmidt. Nachrichiten der Akademie der Wissenschaften in Göttingen P

hilologisch-Historische Klasse. Göttingen : Vandenhoeck and Ruprecht, 1980.
『Nidāna Saṁyutta』 edited by Myanmar Pitaka Association, Yangon, 1992.
『Sanskithandschriften aus den Turfanfunden』 Verzeichnis der Orientalischen Handschriften in Deutschland. Wiesbaden, Stuttgart : 1965.
『Sāratthappakāsinī : Saṁyuttanikāyaṭṭhakathā』 ed. by Woodward, F. L. 3vols. London : PTS. 1977.
『Spuṭārthā Abhidharmakośavākhyā』 ed. by Wogihara und Yaśomitra 2parts. Tokyo : 1032-1936.
『Sumaṅgalavilāsini』 ed. by T. W. Rhys Davids, J. E. Carpenter & W. Stede, 3vols. London : PTS. 1886-1932.
『Suttanipata』 ed. by Andersen, D. & Smith, H. London : PTS. 1984.
『Suttanipāta Aṭṭhakathā』 ed. by H. Smith, 2vols. London : PTS. 1916-1917
『Suttanipāta』, edited by Dines Andersen& Helmer Smith. first published in 1913. published for PTS. by Routledge & Kegan Paul. 1965. London.
『Suttanipāta』, edited by Ven. Suriya Sumangala P. V. Bapat, Devanagari characters. Bibliotheca Indo Buddhica 75, Sri Satguru Publications, Poona 1924, Delhi, 1990.
『Suttanipāta』 Pali Text with Translation into English and notes by N. A. Jayawickrama Post-Graduate Institude of Pali & Buddhist Studies. University of Kelaniya, Srilanka. 2001.
『The Suttanipāta』. tr. by Saddhatissa Ven. H. Curzon Press Ltd. London 1985.
『Śrāvakabhūmi』 ed. by Shukla, K. Tibetan Sanskrit Works Series, 14. Patna : 1973.
『Thera-Theri-Gathā』 tr. by A. F. Rhys Davids, 『Psalms of the Early Buddhists』 2vols. London : PTS. 1903-1913. tr. by Norman. K. P. 『Elders' Verses I. II』 London : PTS. 1969-1971.
『Śarīrārthagāthā of the Yogācārabhūmi』 in F. Enomoto, J-U Hartman, and Matsumura, Sanskrit Texte aus dem buddhistischen Kanaon : Neuentdeckung und Neuedition, 1. Göttingen. 1989.
『Vimānavatthu』 ed. by Jayawickrama, N. A. London : PTS. 1977.
『Visuddhimagga of Buddhaghosa』 ed. by Rhcys Davids, C. A. F. London : PTS. 1975.
『Visuddhimagga of Buddhaghosācariya』 Henry Clarke Warren and Dharmananda Kosambi. Cāmbridge, Mass : Harvard University Press. 1950.
『Vibhaṅga』 tr. by Thittila, Ashin 『The Book of Analysis』 London : PTS. 1969.
『Udāna』 ed. by Steinthal, P. London : PTS. 1885.
『The Udāna(The solemn Utterances of the Buddha)』 tr. by D. M. Strong. London : Luzac 1902.
『The Udāna』 tr. by Frank L. Woodward. in Monor Anthologies of Pali Canon II. Sacred Books of the Buddhists. Vol. 8. London : PTS. 1935.
『The Udāna』 tr. by John D. Irland, Kandy : Budddhist Publication Society 1990.

『The Udāna』 tr. by Masefield, P. London : PTS. 1994.
『Upanisads』 ed. & tr. by S. Radhakrishnan, 『The Principal Upaniṣads』 2nd ed. London : George Allen & Unwin, 1953. : tr. by R. E. Hume, 『The Thirteen Principal Upaniṣads』 2nd ed. London : Oxford University Press, 1934.
『Die Reden Gotamo Buddhos』 aus der längeren Sammlung Dīghanikāyo des Pāli kanons zum Erstenmal Übersetzt von Karl Eugen Neumann, Artemis Verlag Zürich. 3Vol. 1te Aufl. 1896-1902.
『Dialogues of Buddha』 trs. by Rhys. Davids : London, Pali Text Society 1899-1910.
『Dīghanikāya,』 Das Buch der Langen Texte des Buddhistischen Kanons in Aus wahl Übersetzt von Dr. R. Otto Franke. Göttingen Vandenhoeck & Ruprecht 1913.
『The Long Discourses of the Buddha』 A Translation of the Dīgha Nikāya, trs. by Maurice Walshe. Wisdom Publication. Boston. 1987, 1995
『Über das Brahmajālasūtra』 Asia Major, Herausgeber Bruno Shindler unter Mitwirk ung von Friedlich Weller vol. IX. Leipzig Verlag Asia Majot GMBH 1933.
『Das Mahāparinirvāṇasūtra』 Text in Sanskrit und Tibetisch, verglichen mit der Pāli nebst einer Übersetzung der Chinesischen Entsprechung im Vinaya der Mūlasarvāstivādins. Auf Grund von Turfan-Handschriften und bearbeitet vo n Ernst Waldschmidt : Akademic Verlag Berlin 1950.
『Die Überlieferung vom Lebensende des Buddha』 Eine Vergleichende Analyse des Mahāparinirvāṇasūtra und seiner Textensprechungen von Ernst Waldsc hmidt : Göttingen Vandenhoeck & Ruprecht 1948.
『The Four Foundation of Mindfulness』 by Ven. Silananda. Boston 1990
『長阿含經』 22권 大正新修大藏經 一卷
『中阿含經』 60권 大正新修大藏經 一卷
『雜阿含經』 50권 大正新修大藏經 二卷
『增一阿含經』 51권 大正新修大藏經 二卷
『別譯雜阿含經』 16권 大正新修大藏經 二卷

● 기타 불교학일반참고문헌

Banejee. A. C. 『Sarvāstivāda Literature』 Calcutta, 1959.
Barua, D. K. 『An Analytical Study of Four Nikāyas』 Delhi : Munshiram Manoha rlal Publisher. 2003.
Basham, A. L. 『History and Doctrine of the Ājīvikas』 Delhi : Motilal Banarsidass. 1981.
Bechert, Heinz. 『Buddhism in Ceylon and Studies in Religious Syncretism in Bu ddist Countries』 Göttingen : Vandenhoeck and Ruprecht, 1978.
Bodhi Bhikkhu. 『The Noble Eightfold Path』 Kandy : Buddhist Publication Societ y, 1984.

Bodhi Bhikkhu. 『Transcendental Dependent Arising』 Kandy : Buddhist Publication Society, 1980.
Bunge, M. 『Causality and Modern Science』. New York : Dover Publications Inc. 1986.
Chakravarti, U. 『The Social Dimensions of Early Buddhism』. Oxford : Oxford University Press, 1987.
Dhammakusala, Ambalangoda. 『Saddharmasāgara nam vū dharmapadavarṇanā』 9 vols. Colombo : Maha Bodhi Press, 1926.
Dharmananda, Morontuduve Śrī Ñāneśvara. 『Saddharmakaumudī nam bhāvārtthavivaraṇasahitā dhamma padapāḷiya』 The Dhammapada with a Snhalese Translation, Commentary, and Annotation Entitled Saddharmakaumudī, Finally revised and approved by Kahāvē Śrī Sumaṅgala Ratanasāra, 3rd edition. Colombo : Śrī Bhāratī Press, 1946.
Enomoto, Fumio. 『A Comprehensive Study of the Chinese Saṁyuktāgama』 Kyoto 1994.
Fahs, A. 『Grammatik des Pali』 Leipzig : Verlag Enzyklopädie, 1989.
Frauwallner, E. 『Die Philosophie des Buddhismus』 Berlin : Akademie Verlag, 1958.
Gethin, R. M. L. 『The Buddhist Path to Awakening : A Study of the Bodhipakkhiyā Dhammā』 Leiden : Brill, 1992.
Glasenapp, H. V. 『Pfad zur Erleuchtung(Das Kleine, das Grosse und das Diamant-Fahrzeug)』 Köln : Eugen Diederichs Verlag, 1956.
Goleman, D. 『The Buddha on Meditation and Higher States of Consciousness』 The Wheel Publication no.189/190 Kandy : Buddhist Publication Society, 1980.
Gombrich, Richard F. 『How Buddhism Began : The Conditioned Genesis of the Early Teachings』 Athlone : London & Atlantic Highlands, N. J. 1996.
Hamilton, Sue. 『Identity and Experience : The Constitution of the Human Being according to Early Buddhism』 London : Luzac, 1996.
Hinüber, Oskar von. 『A Handbook of Pāli Literature』 Berlin,New York : Walter de Guyter, 1996.
Hiriyanna, M. 『Outlines of Indian Philosophy』 London : George Allen &Unwin, 1932.
Hoffman, F. J. 『Rationality and Mind in Early Buddhism』 Delhi : Motilal Banarsidass, 1987.
Htoon, U. C. 『Buddhism and the Age of Science』 The Wheel Publication no.36/37. Kandy : Buddhist Publication Society, 1981.
Jayatilleke, K. N. etc, 『Buddhism and Science』 The Wheel Publication no.3. Kandy : Buddhist Publication Society, 1980.
Jayatilleke, K. N. 『Early Buddhist Theory of Knowlege』 Delhi : Motilal Banarsidass, 1963.

Johansson, R. E. A. 『The Dynamic Psychology of Early Buddhism』 London : Curzon Press Ltd. 1979.
Johansson, R. E. A. 『The Psychology of Nirvana』 London : George Allen & Unwin Ltd. 1969.
John Holt, 『Canonical Buddhism of the Vinayapiṭaka』 Delhi Motilal Banarsidass, 1981,
Kalupahana, D. J. 『Buddhist Philosophy, A Historical Analysis』 Honolulu : The University Press of Hawaii, 1976.
Kalupahana, D. J. 『A History of Buddhist Philosophy』 Honolulu : The University Press of Hawaii, 1992.
Kalupahana, D. J. 『Causality : The Central philosophy of Buddhism』 Honolulu : The University Press of Hawai, 1975.
Karunaratne, W. S. 『The Theory of Causality in Early Buddhism』 Colombo : Indumati Karunaratne, 1988.
Kim, Jaegwon. 『Supervenience and Mind』 New York : Cambridge Press, 1933)
Kirfel, W. 『Die Kosmographie der Inder』 Bonn : Schroeder, 1920.
Knight, C. F. etc, 『Concept and Meaning』 The Wheel Publication no.250. Kandy : Buddhist Publication Society, 1977.
Lambert Schmidthausen, 『Buddhism and Nature』 Tokyo : The International Institude for Buddhist Studies 1991. Studia Philologica Buddhica Occational Paper Series, 7. p. 43
Macdonell, A. A. 『A Vedic Reader for Students』 Oxford : Oxford University Press, 1917.
Macy, J. 『Mutual Causality in Buddhism and General Systems Theory』 New York : State University of New York Press, 1992.
Malalasekera, G. P. & Jayatilleke, K. N. 『Buddhism and Race Question』 Paris : UNESCO, 1958.
Murti, T. R. V. 『The Central Philosophy of Buddhism』 London : George Allen & Unwin Ltd. 1955.
Ñāṇamoli, Bhikkhu. 『The Life of Buddha according to the Pāli Canon』 Kandy : Buddhist Publication Society, 1992.
Ñāṇananda, Bhikkhu. 『Concept and Reality in Early Buddhist Thought』 Kandy : Buddhist Publication Society, 1971.
Narada, Maha Thera. 『The Buddha and His Teaching』 Kuala Lumpur : Buddhist Missionary Society, 1964.
Norman, K. R. 『Pāli Literature, including the Canonical Literature in Prakrit and Sanskrit of the Hīnayāna Schools of Buddhism』 Wiesbaden : Otto Harrassowitz, 1983.
Norman, K. R. 『The Group of Discourses』 Revised Translation with Introduction and Notes. PTS. London. 1992

Nyanaponika Thera & Helmut Hecker. 『Great Disciples of the Buddha : Their Lives, Their Works, Their Legacy』 Boston : Wisdom Publication, 1997.
Nyanaponika. 『The Five Mental Hindrances and their Conquest』 The Wheel no. 26. Kandy : Buddhist Publication Society, 1961.
Nyanaponika. 『The Four Nutritments of Life』 The Wheel no. 105/106, Kandy : Buddhist Publication Society, 1961.
Nyanoponika Thera, 『The Heart of Buddhist Meditation』 London : Rider, 1962.
Oldenberg, H. 『Buddha : sein Leben, seine Lehre, seine Gemeinde』 Stuttgart : Magnus Verlag, 1881.
Oldenberg, H. 『Religion des Veda』 3Aufl. Stuttgart und Berlin : Magnus Verlag. 1923.
Oskar von Hinüber 『A Handbook of Pāli Literature』 Berlin und New York : Walter de Gruyter. 1996.
Pande, G. C. 『Studies in the Origins of Buddhism』 Allahabad : University of Allahabad, 1957.
Piyananda, D. 『The Concept of Mind in Early Buddhism』 Cathoric University of America, 1974.
Rahula, W. S. 『History of Budddism in Ceylon』 Colombo, 1956.
Rahula, W. S. 『What the Buddha Taught』 London & Bedford : Gardon Fraser, 1978.
Sayādaw, Mahāsi. 『Pāticcāsamuppāda』 tr. by U Aye Maung(Rangoon : Buddasāsana Nuggaha Organization, 1982.
Sayādaw, Mahāsi. 『The Great Discourse on the Wheel of Dhamma』 tr. by U Ko Lay(Rangoon : Buddhasāsana Nuggaha Organization, 1981.
Schmidthausen L. Buddhism and Nature, Tokyo : International Institute for Buddhist Studies 1991.
Schumann, H. W. 『The Historical Buddha』 tr. by M. O'C Walshe Arkana. London : Penguin Group, 1989.
Soma Thera, 『The Way of Mindfulness : The Satipaṭṭhāna Sutta and its Commentary』 Kandy : BPS. 1975.
Stebbing, L. S. 『A Modern Introduction to Logic』 London : Metuen & Co. 1962.
Story, F. 『Dimensions of Buddhist Thought』 The Wheel Publication no.212/213/214 Kandy : Buddhist Publication Society.
Varma, V. P. 『Early Buddhism and It's Origin』 Delhi : Munshiram Monoharlal, 1973.
Watanabe, F. 『Philosophy and Its Development in the Nikāyas and Abhidhamma』 Delhi : Motilal Banarsidass, 1983.
Wettimuny, R. G. de S. 『The Buddha's Teaching and the Ambiguity of Existence』 Colombo : M. D. Gunasena & Co. Ltd. 1977.
Wettimuny, R. G. de S. 『The Buddha's Teaching』 Colombo : M. D. Gunasena

& Co. Ltd. 1977.
Wijesekera, O. H. 『Buddhist and Vedic Studies』 Delhi : Motilal Banarsidass, 1994.
Wijesekera, O. H. 『Knowledge & Conduct : Buddhist Contributions to Philosophy and Ethics』 Kandy : Buddhist Publication Society, 1977.
Winternitz, M. 『History of Indian Literature』 vol. 2 Dheli : Motilal Banarsidass, 1963.
Wittgenstein, L. 『Philosophische Untersuchungen』 『Ludwig Wittgenstein Werkausgabe』 Band. I. Frankfurt am Main, 1984.

● 일반단행본(한국, 일본)

대림·각묵 『아비달마 길라잡이』 상·하 울산 : 초기불전연구원 2010년
강종미 『아비달마해설서』 I. II. 서울 : 도다가 마을 2009년
길희성, 『인도철학사』 서울 : 민음사, 1984.
김동화, 『원시불교사상』 서울 : 보련각, 1988.
김재권 외, 『수반의 형이상학』 서울 : 철학과 현실사, 1994.
김재권, 『수반과 심리철학』 서울 : 철학과 현실사, 1994.
목정배 『계율학개론』 서울 : 장경각 2001.
木村泰賢, 『原始佛教思想論』 東京 : 大法倫閣, 昭和43.
木村泰賢, 『印度六派哲學』 『木村泰賢全集』 第2卷, 昭和43.
석지관 『남북전비구율장비교연구』 서울 : 대각회출판부, 1976.
석지관 『비구니계율연구』 서울 : 대각회출판부, 1977.
水野弘元, 『原始佛教』 京都 : 平樂寺書店, 1956.
원의범, 『인도철학사상』 서울 : 집문당, 1980.
전재성, 『범어문법학』 서울 : 한국빠알리성전협회, 2002.
정태혁, 『인도종교철학사』 서울 : 김영사, 1985.
정태혁, 『인도철학』 서울 : 학연사, 1988.
舟橋一哉, 『原始佛教思想の硏究』 京都 : 法藏館, 昭和27.
中村元, 『ブッダの ことば』, 東京 岩波書店, 1981.
中村元, 『原始佛教の思想』上,下. 東京 : 春秋社, 昭和45.
中村元, 『原始佛教の生活倫理』 東京 : 春秋社, 昭和47.
和什哲郎, 『原始佛教の實踐哲學』 東京 : 岩波書店, 昭和15.
히라카와 아키라(平川彰)/석혜능 역 『비구계의 연구』 서울 : 민족사 2002-2011.
히라카와 아키라(平川彰)/석혜능 역 『비구니율의 연구』 서울 : 민족사 2011

● 논문잡지류(동서양)

Charles S. Prebish. 「Vinaya and Pratimokṣa, The Foundation of Buddhist Ethics」 in Studies in the History of Buddhism, ed. by A. K. Narain, Dehli , B. R. Publishing Corrporation, 1980), p. 248

Chatallian, G. 「Early Buddhism and the Nature of Philosophy」『Journal of Indian philosophy』 vol.11 no.2. 1983.
Franke, R. O. 「Das einheitliche Thema des Dighanikāya : Gotama Buddha ist ein Tathāgata」「Die Verknüpfung der Dīghanikāya-Suttas untereinander」「Majjhi manikāya und Suttanipāta, Die Zusammenhänge der Majjhimanikāyasuttas」「Der einheitliche Grundgedanke des Majjhimanikāya : Die Erziehung gemass der Lehre (Dhamma-Vinaya)」「Der Dogmatische Buddha nach dem Dīghanikāya」「Die Buddhalehre in ihrer erreichbarältesten Gestalt im Dīghanikāya」「Die Buddhlehre in ihrer erreichbarältesten Gestalt」『Kleine Schliften』(Wiesbaden : Franz Steiner Verlag, 1978)
Fryba, M. 「Suññatā : Experience of Void in Buddhist Mind Training」 SJBS. vol. 11. 1988
Geiger, W. 「Pāli Dhamma」『Kleine Schriften』 Wiesbaden : Franz Steiner Verlag, 1973.
Gethin, R. 「The Five Khandhas : Their Treatment in the Nikāyas and Early Abhidhamma」『Journal of Indian Philosophy』 vol.14 no.1. 1986.
Heimann, B. 「The Significance of Prefixes in Sanskrit Philosophical Terminology」 RASM vol. 25. 1951
Hoffman, E. J. 「Rationablity in Early Buddhist Four Fold Logic」『Journal of Indian Philosophy』 vol.10 no.4. 1982
Karunadasa, Y. 「Buddhist Doctrine of Anicca」『The Basic Facts of Existence』 Kandy : Buddhist Publication Society, 1981.
Premasiri, P. D. 「Early Buddhist Analysis of Varieties of Cognition」 SJBS vol.1. 1981.
Wijesekera, O. H. de A. 「Vedic Gandharva and Pali Gandhabba」『Ceyron University Review』 vol.3 no.1. April, 1945.
水野弘元, 「解脫道論と清淨道論原の比較研究」, 『佛教研究』 Vol. 3 No.2 pp.114-137 佛教研究會 1939.5

● **사전류**

Anderson, D. 『A Pāli Reader with Notes and Glossary』 2parts. London & Leipzig : Copenhagen, 1901-1907.
Bothlingk, O. und Roth, R. 『Sanskrit-Wörterbuch』 7Bande St. Petersburg : Kaiserischen Akademie der Wissenschaften, 1872-1875.
Buddhadatta, A. P. 『Concise Pāli-English Dictionary』 Colombo : 1955.
Childers, R. C. 『A Dictionary of the Pali Language』 London : 1875.
Edgerton, F. 『Buddhist Hybrid Sanskrit Grammar and Dictionary』 2vols. New Haven : Yale Univ. 1953.
Glare 『Oxford Latin Dictionary』 Oxford : The Clarendon Press. 1983.
Hermann Krings usw. 『Handbuch Philosophischer Grundbegriffe』 München : Kö

sel Verlag, 1973.
Malalasekera, G. P. 『Encyclopadia of Buddhism』 Ceylon : The Government of Sri Lanka, 1970-.
Malalasekera, G. P. 『Dictionary of Pāli Proper Names』 vol.1, 2 London : PTS. 1974.
Monier Williams, M. 『A Sanskrit-English Dictionary』 Oxford, 1899
Nyanatiloka, 『Buddhistisches Wörterbuch』 Konstanz : Christiani Konstanz, 1989
Rhys Davids, T. W. and Stede, W. 『Pali-English Dictionary』 London : PTS. 1921-1925.
Uhlenbeck, C. C. 『Etymologisches Wörterbuch des Alt-Indischen Sprache』 Osnabrück, 1973
Trenckner, V. 『A Critical Pali Dictionary』 Vol. I. II, Copenhagen, 1924 - 48.
V. S. Apte, 『The Practical Sanskrit-English Dictionary』 Poona : Prasad Prakshan, 1957.
水野弘元, 『パーリ語辭典』 東京 : 春秋社, 1968.
鈴木學術財團, 『梵和大辭典』 東京 : 講談社, 1974. 增補改訂版 1979.
雲井昭善, 『巴和小辭典』 京都 : 法藏館, 1961.
耘虛龍夏, 『佛教辭典』 서울 : 東國譯經院, 1961.
全在星, 『빠알리어사전』 서울 : 한국빠알리성전협회, 2012.
中村元, 『佛教語大辭典』 東京 : 東京書籍, 1971.
織田得能, 『佛教大辭典』 東京 : 大藏出版株式會社, 1953.
弘法院 編輯部, 『佛教學大辭典』 서울 : 弘法院, 1988.

● **문법류**

Allen, W. S. 『Phonetic in Ancient India』 Oxford University Press, London, 1965
Allen, W. S. 『The Theoretica Phonetic and Historical Bases of Wordjuntion in Sanskrit』 The Hague, Paris, 1965
Anderson, D. A. 『Pāli Reader with Notes and Glossary』 2 parts, London and Leipzig. Copenhagen, 1901-1907
Böthlingk, O. 『Pāṇini's Grammatik. Georg Olms Verlagsbuchhanddun』 Hildesheim, 1964
Buddhadatta, A P. 『Aids to Pali Conversation and Translation』 Colombo, 1974
Buddhadatta, A P. 『The New Pali Course』 I, II, Colombo, 1974
Buddhadatta, A. P. 『Concise Pāli-English Dictionary』 Colombo 1955.
Childers, R. C. A. 『Dictionary of the Pali Language』 London 1875
Fahs, A. 『Grammatik des Pali, Verlag Enzyklopädie』 Leipzig, 1989 1989
Franke, A. D. 『Sarvasammataśikṣā』 Göttingen, 1866
Geiger, W. 『Pali Literatur und Sprache』 Straßburg. 1916.
Malalasekera, G. P. 『Dictionary of Pāli Proper Names』 Vol. I. II, London P.T.S.

1974.
Oskar von Hinüber. 『Das Buddhistische Recht und die Phonetik』 Studien zur Indologie und Iranistik Heft 13-14. Reinbek, 1987
Rhys Davids, T. W. and Stede, W. 『Pali-English Dictionary』 P.T.S London , 1921-1925
Warder, A.K. 『Introduction to Pali』 PTS. London. 1963
Weber, A. 『Pāṇiniyaśikṣā』 Indische Studien IV. pp. 345-371, 1858
Weber, A. 『Vājasaneyiprātiśākhya』 Indische Studien IV. pp. 65-171, pp. 177-331, 1858
Whitney, W. D. 『Indische Grammatik』 übersetzt von Heinlich Zimmer : Leipzig, 1979

빠알리어 한글표기법

빠알리어는 구전되어 오다가 각 나라 문자로 정착되었으므로 고유한 문자가 없다. 그러므로 일반적으로 빠알리성전협회(Pali Text Society)의 표기에 따라 영어 알파벳을 보완하여 사용한다. 빠알리어의 알파벳은 41개이며, 33개의 자음과 8개의 모음으로 되어 있다.

자음(子音)	폐쇄음(閉鎖音)				비음(鼻音)
	무성음(無聲音)		유성음(有聲音)		
	무기음	대기음	무기음	대기음	무기음
① 후음(喉音)	ka 까	kha 카	ga 가	gha 가	ṅa 나
② 구개음(口蓋音)	ca 짜	cha 차	ja 자	jha 자	ña 냐
③ 권설음(捲舌音)	ṭa 따	ṭha 타	ḍa 다	ḍha 다	ṇa 나
④ 치음(齒音)	ta 따	tha 타	da 다	dha 다	na 나
⑤ 순음(脣音)	pa 빠	pha 파	ba 바	bha 바	ma 마
⑥ 반모음(半母音)	ya 야, 이야 va 바, 와				
⑦ 유활음(流滑音)	ra 라 la ㄹ라 ḷa ㄹ라				
⑧ 마찰음(摩擦音)	sa 싸				
⑨ 기식음(氣息音)	ha 하				
⑩ 억제음(抑制音)	ṁ = ṃ -ㅇ, -ㅁ, -ㄴ				

모음에는 단모음과 장모음이 있다. a, ā, i, ī, u, ū, e, o 모음의 발음은 영어와 같다. 단 단음은 영어나 우리말의 발음보다 짧고, 장음은 영어나 우리말보다 약간 길다. 단음에는 a, i, u가 있고, 장음에는 ā, ī, ū, e, o가 있다. 유의할 점은 e와 o는 장모음이지만 종종 복자음 앞에서 짧게 발음된다 : metta, okkamati.

자음의 발음과 한글표기는 위의 도표와 같다. ka는 '까'에 가깝게 발음되고, kha는 '카'에 가깝게 소리나므로 그대로 표기한다. ga, gha는 하나는 무기음이고 하나는 대기음이지만 우리말에는 구별이 없으므로 모두 '가'으로 표기한다. 발음에서 특히 유의해야 할 것은 aṅ은 '앙'으로, añ은 '얀'으로, aṇ은 '안, 언'으로, an은 '안'으로, aṁ은 그 다음에 오는 소리가 ① ②

③ ④ ⑤일 경우에는 각각 aṅ, añ, aṇ, an, am으로 소리나며, 모음일 경우에는 '암', 그 밖의 다른 소리일 경우에는 '앙'으로 소리난다. 그리고 y와 v일 경우에는 일반적으로 영어처럼 발음되지만 그 앞에 자음이 올 경우와 모음이 올 경우 각각 발음이 달라진다. 예를 들어 aya는 '아야'로 tya는 '띠야'로 ava는 '아바'로 tva는 '뜨와'로 소리난다. 또한 añña는 어원에 따라 '앙냐' 또는 '안냐'로 소리난다. 예를 들어 *sk.* saṁjñā에서 유래한 saññā는 쌍냐로 *sk.* prajñā에서 유래한 paññā는 '빤냐'로 읽는 것이 좋다. yya는 '이야'로 소리난다. 폐모음 ② ③ ④가 묵음화되어 받침이 될 경우에는 ㅅ, ①은 ㄱ ⑤는 ㅂ으로 표기한다.

글자의 사전적 차제는 위의 모음과 자음의 왼쪽부터 오른쪽으로의 차제와 일치한다. 단지 ṁ은 항상 모음과 결합하여 비모음에 소속되므로 해당 모음의 뒤에 배치된다.

불교의 세계관 · 우주관

불교의 세계관은 일반적으로 알려진 것처럼 단순히 신화적인 비합리성에 근거하는 것이 아니라 인간의 정신세계인 명상 수행의 차제에 대응하는 방식으로 합리적으로 조직되었다. 물론 고대 인도의 세계관을 반영하고 있는 것은 사실이지만 언어의 한계를 넘어선다면 보편적인 우주의 정신세계를 다루고 있다고 볼 수 있다.

여기서 세계의 존재(有 : bhava)라고 하는 것은, 엄밀히 말하면 육도윤회하는 무상한 존재를 의미하며, 감각적 쾌락의 욕망의 세계(欲界), 미세한 물질의 세계(色界), 비물질의 세계(無色界)라는 세 가지 세계의 존재가 언급되고 있다. 감각적 쾌락의 욕망의 세계, 즉 감각적 욕망계의 존재(欲有 : kāmabhava)는 지옥, 축생, 아귀, 수라, 인간뿐만 아니라 욕계의 하늘에 사는 거친 신체를 지닌 존재를 의미한다.

미세한 물질의 세계, 즉 색계에 사는 존재(色有 : rūpabhava)는 하느님세계의 하느님의 권속인 신들의 하느님세계(梵衆天)에서 궁극적인 미세한 물질로 이루어진 신들의 하느님세계(色究竟天=有頂天)에 이르기까지 첫 번째 선정에서 네 번째 선정에 이르기까지 명상의 깊이를 조건으로 화생되는 세계를 말한다. 따라서 이 세계들은 첫 번째 선정의 하느님세계(初禪天)에서부터 청정한 삶을 사는 신들의 하느님세계(Suddhāvāsakāyikā devā : 淨居天은 無煩天, 無熱天, 善現天, 善見天, 色究竟天)까지의 이름으로도 불린다. 첫 번째 선정의 하느님세계부터는 하느님세계에 소속된다.

가장 높은 단계의 세계인 비물질의 세계, 즉 무색계에 사는 존재(無色有 : arūpabhava)에는 '무한공간의 하느님세계의 신들'(空無邊處天), '무한의식의 하느님세계의 신들'(識無邊處天), '아무 것도 없는 하느님세계의 신들'(無所有處天), '지각하는 것도 아니고 지각하지 않는 것도 아닌 하느님세계의 신들'(非想非非想處天)이 있다. '무한공간의 신들의 하느님세계'에서 '지각하는 것도 아니고 지각하지 않는 것도 아닌 신들의 하느님세계'에 이르기까지는 첫 번째 비물질계의 선정에서 네 번째의 비물질계의 선정에 이르기까지의 명상의 깊이를 조건으로 화현하는 비물질의 세계이다.

이들 하늘나라(天上界)나 하느님세계(梵天界)에 사는 존재들은 화생, 인간은 태생, 축생은 태생·난생·습생·화생의 발생방식을 일반적으로 택하고 있다. 그것들의 형성조건은 윤리적이고 명상적인 경지를 얼마만큼 성취했는지에 달려 있다.

하늘나라의 감각적 쾌락의 욕망의 세계에 태어나려면 믿음과 보시와 지계와 같은 윤리적인 덕목을 지켜야 한다. 인간으로 태어나기 위해서는 오계에 대한 인식이 있어야 한다. 그리고 아수라는 분노에 의해서, 축생은 어리석음과 탐욕에 의해서, 아귀는 간탐과 집착에 의해서, 지옥은 잔인과 살생을 저지르는 것에 의해서 태어난다.

미세한 물질의 세계에 속해 있는 존재들은 첫 번째 선정[初禪]에서부터 네 번째 선정[四禪]에 이르기까지 명상의 깊이에 따라 차별적으로 하느님세계에 태어난다. 미세한 물질의 세계의 최상층에 태어나는 존재들은 돌아오지 않는 님[不還者]의 경지를 조건으로 한다. 물질이 소멸한 비물질적 세계의 존재들은 '무한공간의 신들의 하느님세계'에서 '지각하는 것도 아니고 지각하지 않는 것도 아닌 신들의 하느님세계'에 이르기까지 비물질적 세계의 선정의 깊이에 따라 차별적으로 각각의 세계에 태어난다.

불교에서 여섯 갈래의 길(六道)은 천상계, 인간, 아수라, 아귀. 축생, 지옥을 말하는데, 이 때 하늘나라(天上界)는 감각적 쾌락의 욕망이 있는 하늘나라(欲界天)와 하느님세계(梵天界)로 나뉘며, 하느님세계는 다시 미세한 물질의 세계와 비물질의 세계로 나뉜다. 그리고 부처님은 이러한 육도윤회의 세계를 뛰어넘어 불생불멸하는 자이다. 여기 소개된 천상의 세계, 즉. 하늘의 세계에 대하여 이 책에서는 다음과 같이 번역한다.

1) 감각적 쾌락의 욕망의 세계의 여섯 하늘나라

① 네 위대한 왕들의 하늘나라(Cātummahārājikā devā : 四王天) ② 서른셋 신들의 하늘나라(Tāvatiṁsā devā : 三十三天=忉利天) ③ 축복 받는 신들의 하늘나라(Yāmā devā : 夜摩天) ④ 만족을 아는 신들의 하늘나라(Tusitā devā : 兜率天) ⑤ 창조하고 기뻐하는 신들의 하늘나라(Nimmānaratī devā : 化樂天) ⑥ 다른 신들이 만든 존재를

향수하는 신들의 하늘나라(Paranimmitavasavattino devā : 他化自在天),

2) 첫 번째 선정의 세계의 세 하느님세계

⑦ 하느님의 권속인 신들의 하느님세계(Brahmapārisajjā devā : 梵衆天) ⑧ 하느님을 보좌하는 신들의 하느님세계(Brahmapurohitā devā : 梵輔天) ⑨ 위대한 신들의 하느님세계(Mahābrahmā devā : 大梵天). 그리고 이들 ⑦ — ⑨ 하느님세계를 '하느님의 무리인 신들의 하느님세계(Brahmakāyikā devā : 梵身天)'라고 한다.

3) 두 번째 선정의 세계의 세 하느님세계

⑩ 작게 빛나는 신들의 하느님세계(Parittābhā devā : 小光天) ⑪ 한량없이 빛나는 신들의 하느님세계(Appamāṇābhā devā : 無量光天) ⑫ 빛이 흐르는 신들의 하느님세계(Ābhāssarā devā : 極光天, 光音天)

4) 세 번째 선정의 세계의 세 하느님세계

⑬ 작은 영광의 신들의 하느님세계(Parittasubhā devā : 小淨天) ⑭ 한량없는 영광의 신들의 하느님세계(Appamāṇasubhā devā : 無量淨天) ⑮ 영광으로 충만한 신들의 하느님세계(Subhakiṇṇā devā : 遍淨天)

5) 네 번째 선정의 세계의 아홉 하느님세계

⑯ 번뇌의 구름이 없는 신들의 하느님세계(Anabbhakā devā : 無雲天「大乘佛教」) ⑰ 공덕으로 태어나는 신들의 하느님세계(Puññappasavā devā : 福生天「大乘佛教」) ⑱ 광대한 경지를 갖춘 신들의 하느님세계(Vehapphalā devā : 廣果天)⑲ 지각을 초월한 신들의 하느님세계(Asaññasattā devā : 無想有情天)= 승리하는 신들의 하느님세계(Abhibhū devā : 勝者天) ⑳ 성공으로 타락하지 않는 신들의 하느님세계(Avihā devā : 無煩天) ㉑ 타는 듯한 고뇌를 여윈 신들의 하느님세계(Atappā devā : 無熱天) ㉒ 선정이 잘 이루어지는 신들의 하느님세계(Sudassā devā : 善現天) ㉓ 관찰이 잘 이루어지는 신들의 하느님세계(Sudassī devā : 善見天) ㉔ 궁극적인 미세한 물질로 이루어진 신들의 하느님세계(Akaniṭṭhā devā : 色究竟天=有頂天) 그리고 이 가운데 ⑳-㉔의 다섯 하느님세계는 청정한 삶을 사는 신들의 하느님세계(Suddhāvāsā devā : 淨居天)이라고도 한다.

6)비물질적 세계에서의 네 하느님세계

㉕ 무한공간의 세계의 하느님세계(Ākāsānañcāyatanabrahmaloka : 空無邊處天) ㉖ 무한의식의 세계의 하느님세계(Viññāṇañcāyatanabrahmaloka : 識無邊處天) ㉗ 아무것도 없는 세계의 하느님세계(Ākiñcaññāyatanabrahmaloka : 無所有處天) ㉘ 지각하는 것도 아니고 지각하지 않는 것도 아닌 세계의 하느님세계(Nevasaññānāsaññā-yatanabrahmaloka : 非想非非想處天)

불교의 세계관

<table>
<tr><th>형성조건</th><th>발생방식</th><th colspan="2">명 칭(漢譯 : 수명)</th><th colspan="4">분 류</th></tr>
<tr><td>無形象</td><td>化生</td><td colspan="2">nevasaññanāsaññāyatana(非想非非想處天 : 84,000劫)
akiñcaññāyatana (無所有處天 : 60,000劫)
viññāṇañcāyatana(識無邊處天 : 40,000劫)
ākāsānañcāyatana(空無邊處天 : 20,000劫)</td><td rowspan="9">梵
天
界</td><td>無
色
界</td><td rowspan="11">天
上
界</td><td rowspan="12">善
業
報
界</td></tr>
<tr><td colspan="4">형상 또는 물질의 소 멸</td><td></td></tr>
<tr><td>不還者의
清淨
(四禪)</td><td>化生</td><td>akaniṭṭha(色究竟天=有頂天 : 16000劫)
sudassin(善見天 : 8,000劫)
sudassa(善現天 : 4,000劫)
atappa(無熱天 : 2,000劫)
aviha(無煩天 : 1,000劫)</td><td>suddhāvāsa
(淨居天)</td><td rowspan="6">色
界</td></tr>
<tr><td>四禪</td><td>化生</td><td colspan="2">asaññasatta(無想有情天)=abhibhū(勝者天 : 500劫)
vehapphala(廣果天 : 500劫)
puññappasava(福生天 : 大乘)
anabhaka(無雲天 : 大乘)</td></tr>
<tr><td>三禪</td><td>化生</td><td colspan="2">subhakiṇṇa(遍淨天 : 64劫)
appamāṇasubha(無量淨天 : 32劫)
parittasubha(小淨天 : 16劫)</td></tr>
<tr><td>二禪</td><td>化生</td><td colspan="2">ābhassara(極光天 : 8劫)
appamāṇābha(無量光天 : 4劫)
parittābha(小光天 : 2劫)</td></tr>
<tr><td>初禪</td><td>化生</td><td colspan="2">mahābrahmā(大梵天 : 1劫)
brahmapurohita(梵輔天 : 1/2劫)
brahmapārisajja(梵衆天 : 1/3劫)</td></tr>
<tr><td colspan="4">다섯 가지 장애(五障)의 소멸</td></tr>
<tr><td>信
布施
持戒</td><td>化生</td><td colspan="2">paranimmitavasavattī
(他化自在天 : 500天上年=9,216百萬年)
nimmāṇarati(化樂天 : 8,000天上年=2,304百萬年)
tusita(兜率天 : 4,000天上年=576百萬年)
yāma(夜摩天 : 2,000天上年=144百萬年)
tāvatiṁsa(三十三天 : 1,000天上年=36百萬年)
cātumāharājikā(四天王 : 500天上年=9百萬年)</td><td>天
上
의
欲
界</td><td rowspan="7">欲
界</td></tr>
<tr><td>五戒</td><td>胎生</td><td colspan="3">manussa(人間 : 非決定)</td><td>人間</td></tr>
<tr><td>瞋恚</td><td>化生</td><td colspan="3">asura(阿修羅 : 非決定)</td><td>修羅</td><td rowspan="6">惡
業
報
界</td></tr>
<tr><td>吝嗇
執著</td><td>化生</td><td colspan="3">peta(餓鬼 : 非決定)</td><td>餓鬼</td></tr>
<tr><td>愚癡
貪欲</td><td>胎生 卵生
濕生 化生</td><td colspan="3">tiracchāna(畜生 : 非決定)</td><td>畜生</td></tr>
<tr><td>殘忍
殺害</td><td>化生</td><td colspan="3">niraya(地獄 : 非決定)</td><td rowspan="2">地獄</td></tr>
<tr><td colspan="5">※ 天上의 欲界의 하루는 四天王부터 他化自在天까지 각각 인간의 50년, 100년, 200년, 400년, 800년, 1,600년에 해당하고 人間이하의 수명은 결정되어 있지 않다.</td></tr>
</table>

주요번역술어

갈애(渴愛 : taṇhā)
감각적 쾌락(欲 : kāma)
감각적 쾌락에 대한 갈애(欲愛 : kāmataṇhā)
감각적 쾌락에 대한 욕망(欲貪 : kāmarāga)
감각적 쾌락에 대한 집착(愛取 : kām'upadhi)
감각적 쾌락의 거센 흐름(欲流 : kām'ogha)
감각적 쾌락의 세계(欲界 : kāmaloka)
감촉(觸 : phoṭṭhabba)
강생(降生 : okkanti)
거룩한 경지를 얻은 사람(阿羅漢果 : arahattaphala)
거룩한 경지를 향하는 사람(阿羅漢向 : arahattamagga)
거룩한 님, 범천(梵天 : Brāhmaṇa)
거룩한 님, 아라한(阿羅漢 : Arahant)
거센 흐름(暴流 : ogha)
거짓말을 하지 않음(不妄語 : musāvāda veramaṇī)
거칠거나 미세한 물질적 자양(麤細摶食 : kabaliṅkāro āhāro oḷāriko sukhumo)
겁(劫 : kalpa)
견해에 대한 이해(見審諦忍 : diṭṭhinijjhānakhanti)
견해의 거센 흐름(見流 : diṭṭh'ogha)
경장(經藏 : suttapiṭaka)
고요한 몸(寂靜身 : santikāya)
고요함, 적정(寂靜 : santi)
곡주나 과즙주 등 취하게 하는 것을 마시지 않음(不飮酒 : surāmerayamajjapamādaṭṭhānā veramaṇī)
공무변처(空無邊處天 : Ākāsānañcāyatana)
공무변처천(空無邊處天 : Ākāsānañcāyatanūpagā devā)
공무변처천(空無邊處天 : Ākāsānañcāyatanūpagā devā)
관계에 대한 지식(類智 : anvaye ñāṇaṁ)
관찰이 잘 이루어지는 신들의 하느님세계(善見天 : Sudassī devā)
광과천(廣果天 : Vehapphalā devā)
괴로운 곳(苦處 : upāya)
괴로움에 대한 진리(苦聖諦 : dukkhaariyasaccāni)
괴로움의 소멸에 대한 진리(滅聖諦 : dukkhanirodhaariyasaccāni)
괴로움의 소멸에 이르는 진리(道聖諦 : dukkhanirodhagāminīpaṭipadāariyasaccāni)
괴로움의 원인에 대한 진리(集聖諦 : dukkhasamudayaariyasaccāni)
괴롭힘이 없는 신들의 하느님세계(無熱天 : Atappā devā)
교만(慢 : māna)
궁극적인 미세한 물질로 이루어진 신들의 하느님세계(色究竟天 : Akaniṭṭhā devā)
극광천(極光天 : Ābhāssarānā devā)
기마부대(馬軍 : assakāya)
긴자까바쌋타(煉瓦堂, 繁耆迦精舍 : Giñjakāvasatha)
깃자꾸따 산(靈鷲山 : Gijjhakūṭapabhata)
깔란다까니바빠(栗鼠飼養園 : Kalandakanivāpa)
깨달은 님, 부처님(佛 : Buddha)
꿰뚫어보는 지혜(明達慧 : nibbedhikapañña)
나쁜 곳(惡處 : duggati)
난생(卵生 : aṇḍaja)
냄새(香 : gandha)
넓은 지혜(廣慧 : puthupañña)
네 가지 마음새김의 토대(四念處 : cattaro satipaṭṭhānā)
네 가지 성스러운 진리(四聖諦 : cattāri ariyasaccāni)
네 가지 신통력의 토대(四神足 또는 四如意足 : cattāro iddhipādā)
네 가지 자양(四食 : cāttāro āhārā)
네 가지 큰 존재(四大 : cattāro mahābhūtāni)
네 번째 선정(四禪 : catutthajjhāna)
네 쌍으로 여덟이 되는 참 사람(四雙八輩 : cattāri purisayugāni aṭṭhapurisapugalā)
네 위대한 왕의 하늘나라(cātummahārājikā devā : 四天王)
논장(論藏 : abhidhammapiṭaka)
누진통(漏盡通 : āsavakkhayaabhiñña)
느낌(受 : vedāna)
느낌에 대한 관찰(受隨觀 : vedanānupassanā)
느낌의 다발(受蘊 : vedanākkhandha)
늙고 죽음(老死 : jarāmaraṇa)
니그로다 승원(尼俱律園 : Nigrodhārāma)
다섯 가지 감각적 쾌락(五欲樂 : pañcakāmaguṇa)
다섯 가지 계행, 오계(五戒 : pañcasīla)
다섯 가지 낮은 경지의 장애(五下分結 : orambhāgiyāni saṁyojjanāni)
다섯 가지 높은 경지의 장애(五上分結 : uddhambhāgiyāni saṁyojjanāni)
다섯 가지 능력(五根 : pañca indriyāni)
다섯 가지 장애(五障 : pañca nīvaraṇāni)
다섯 가지 존재의 다발(五蘊 : pañcakkhandha)
다섯 가지 존재의 집착다발(五取蘊 : pañca upādānakkhandā)
대범천(大梵天 : Mahābrahmā devā)
도리천(忉利天 : tāvatiṁsā)
도솔천(兜率天 : tusitā devā)
돌아오지 않는 경지를 얻은 사람(不還果 : anāgāmīphala)
돌아오지 않는 경지를 향하는 사람(不還向 : anāgāmīmagga)
두 번째 선정(二禪 : dutiyajjhāna)
따뽀다 온천 승원(Tapodārāma)
라자가하(王舍城 : Rājagaha)
마음(心 : citta)
마음에 대한 관찰(心隨觀 : cittānupassanā)
마음에 의한 해탈(心解脫 : cetovimutti)

마음의 분노, 마음의 저항(有對 : paṭigha)
마음의 통일, 한마음(心一境性 : ekaggacitta)
만족(欲 : ruci)
만족을 아는 신의 하늘 나라(tusitā devā : 兜率天)
맛(味 : rasa)
멀리 여읨, 홀로 있음(遠離 : viveka)
명색(名色 : nāmarūpa)
명예를 주는 보시(yasadāyakaṁ)
명쾌한 지혜(疾慧 : hāsapañña)
몸에 대한 관찰(身隨觀 : kāyānupassanā)
무량광천(無量光天 : Appamāṇābhānā devā)
무량정천(Appamāṇasubhānā devā : 無量淨天)
무명, 무지, 진리를 모르는 것(無明 : avijjā)
무번천(無煩天 : Avihā devā)
무소유처(無所有處 : Ākiñcaññāyata devā)
무소유처천(無所有處天 : Ākiñcaññāyatanūpagā devā)
무열천(無熱天 : Atappā devā)
무지의 거센 흐름(無明流 : avijj'ogha)
무한공간의 세계(空無邊處 : ākāsānañcāyatana)
무한공간의 신들의 하느님세계(Ākāsānañcāyatanūpagā devā : 空無邊處天)
무한의식의 세계(識無邊處 : viññāṇānañcāyatana)
무한의식의 신들의 하느님세계(識無邊處天 : Viññāṇañcāyatanūpagā devā)
무형상에 대한 욕망(無色貪 : arūparāga)
무형상의 세계(無色界 : arūpaloka)
물질, 형상(色 : rūpa)
물질의 다발(色蘊 : rūpakkhandha)
뭇삶, 생명, 존재, 사람(衆生 : satta)
미가다야(鹿野園 : Migadāya)
미가라마뚜 강당(鹿子母講堂 : Migāramatu)
미각(舌 : jihvā)
미각의 접촉(舌觸 : jihvāsamphassa)
미각의 접촉에서 생겨난 의식의 영역(舌觸識處 : jihvāsamphassaviññāṇāyatana)
미각의식(舌識 : jivhāviññāṇa)
미신적 관습에 대한 집착(戒禁取 : sīlabbatapatāmāsa)
믿음(信 : saddhā)
바라문, 성직자(婆羅門 : brāhmaṇa)
방지의 노력(律儀勤 : saṁvarappadhāna)
배움(聞 : anussava)
버림의 노력(斷勤 : pahānappadhāna)
번뇌(煩惱 : āsavā)
번뇌를 소멸하는 능력(漏盡通 : āsavakkhaya)
번뇌의 끊음에 관한 완전한 이해(斷遍知 : pahānapariññā)
범보천(梵輔天 : Brahmapurohitā devā)
범중천(梵衆天 : brahmakāyikā devā)
법, 현상, 성품, 사물, 사실, 가르침, 진리(法 : dhamma)
벨루바나(竹林 : Veḷuvana)
보내버림, 포기(捨遣 : vossagga)
보살(菩薩 : Bodhisatta)
부끄러움(愧 : otappa)
분노(瞋恚 : vyāpāda)
불사(不死 : amaraṁ)
비상비비상처(非想非非想處天 : Nevasaññānāsaññāyatana)
비상비비상처천(非想非非想處天 : Nevasaññānāsaññāyatanūpagā devā)
비존재(無 : natthi)
비존재에 대한 갈애(無有愛 : vibhavataṇhā)
비참한 곳(無樂處, 墮處 : vinipāta)
빛이 흐르는 신들의 하느님세계(極光天 : Ābhassarānā devā)
빠른 지혜(速慧 : javanapañña)
빠쎄나디(波斯匿王 : Pasenadi)
뿝바라마 승원(東園 : Pubbārāma)
사건, 사물, 사실, 현상(法 : dhamma)
사라짐(離貪 : virāga)
사람, 참 사람(補特伽羅 : puggala)
사람을 잘 길들이시는 님(調御丈夫 : Purisadammasārathī)
사랑을 나눔에 잘못을 범하지 않음(不邪婬 : kāmesu micchācārā veramaṇī)
사물에 대한 관찰(法隨觀 : dhammānupassanā)
사실에 대한 관찰(法隨觀 : dhammānupassanā)
사실에 대한 지식(法智 : dhamme ñāṇaṁ)
사실의 상태에 대한 지식(法住智 : dhammaṭṭhitiñāṇaṁ)
사유(尋 : vitakka)
사천왕(四天王 : cātummahārājikā devā)
살아 있는 생명을 해치지 않음(不殺生戒 : pāṇātipātaveramaṇī)
삼십삼천(三十三天 : tāvatiṁsā)
삼장(三藏 : tripiṭaka, tipiṭaka)
삿된 길(邪道 : micchāpatipadā)
새김, 마음새김(念 : sati)
색(色 : rūpa)
색구경천(色究竟天 : Akaniṭṭhā devā)
생명지속의 상태(有分 : bhavaṅga)
생물, 존재, 귀신(鬼神 : bhūta)
서른 셋 신들의 하늘 나라(tāvatiṃsā devā : 三十三天)
선견천(善見天 : Sudassī devā)
선녀(仙女 : accharā)
선정(禪定 : dhyāna)
선정이 잘 이루어지는 신들의 하느님 세계(善現天 : Sudassā devā)
선현천(善現天 : Sudassā devā)
성공으로 타락하지 않는 신들의 하느님 세계(無煩天 : Avihā devā)
성냄(瞋 : dosa)
성취를 주는 보시(sampattidāyakaṁ)
세 가지 배움(三學 : tayo sikkhā)
세 번째 선정(三禪 : tatiyajjhāna)
세상에 존귀하신 님(世尊 : Bhagavant)
세상을 아는 님(世間解 : Lokavidū)
세존(世尊 : bhagavant)
소광천(小光天 : Parittābhānā devā)
소리(聲 : sadda)

소정천(小淨天 : Parittasubhānā devā)
수태의식(結生識 : paṭisandhiviññāṇa)
수행승(比丘 : bhikhhu)
수행의 노력(修勤 : bhāvanāppadhāna)
수행자(沙門 : samaṇā)
수호의 노력(守護勤 : anurakkhaṇāppadhāna)
숙고(伺 : vicāra)
숙명통(宿命通 : pubbenivasānussati)
스승(師 : satthā)
습생(濕生 : saṃsedaja)
승리자(勝者 : jina)
시각(眼 : cakkhu)
시각의 접촉(眼觸 : cakkhusamphassa)
시각의 접촉에서 생겨난 의식의 영역(眼觸識處 : cakkhusa mphassaviññāṇāyatana)
시각의식(眼識 : cakkhuviññāṇa)
시간을 초월하는(akālika)
신들과 인간의 스승이신 님(天人師 : Satthā devamanussā naṁ)
신족통(神足通 : iddhi)
신체적 형성(身行 : kāyasaṃkhāra)
실체가 있다는 견해(有身見 : sakkāyadiṭṭhi)
싫어하여 떠남(厭離 : nibbidā)
심리적인 배움(增上心學 : adhicittasikkha)
싸끼야 족의 성자, 석가모니(釋迦牟尼 : Sākyamuni)
싸밧티 시(舍衛城 : Sāvatthī)
쓸 데 없는 말을 하지 않음(不綺語 : samphappalāpā veram aṇī)
아나타삔디까 승원(給孤獨園 : Anāthapiṇḍikārāma)
아나타삔디까(給孤獨 : Anāthapiṇḍika)
아무 것도 없는 세계(無所有處 : ākiṃcaññāyatana)
아무 것도 없는 신들의 하느님 세계(無所有處天 : Ākiñcaññ āyatanūpagā devā)
아자따쌋뚜(Ajātasattu)
악마, 귀신(非人 : amanussā)
알려진 것에 대한 완전한 이해(知遍知 : ñātapariññā)
야마천(yāmā devā : 夜摩天)
야차(夜叉 : yakkha)
양자에 의한 해탈(俱分解脫 : ubhato bhāgavimuttā)
어리석음(痴 : moha)
언어적 형성(口行 : vacisaṃkhāra)
업, 행위(業 : kamma)
여덟 가지 바른 길, 여덟 가지 성스러운 길(八正道 : ariyaaṭṭ haṅgikamagga)
여러 가지의 '나는 해탈했다.'는 지견(解脫知見 : vimittiñña ṇadassanakkhandha)
여러 가지의 계율(戒蘊 : sīlakkhandha)
여러 가지의 삼매(定蘊 : sāmadhikkhandha)
여러 가지의 지혜(慧蘊 : paññakkhandha)
여러 가지의 해탈(解脫蘊 : vimittikkhandha)
여리작의(如理作意 : yoniso manasikāra)
여섯 가지 감각능력(六根 : chaindriya)
여섯 가지 감각대상(六境 : chavisaya)
여섯 가지 의식(六識 : chaviññāṇa)
여섯 감역, 여섯 가지 감각영역(六入 : saḷāyatana)
연기(緣起 : paṭiccasamuppāda)
열반(涅槃 : nibbāna)
열여덟 가지 인식의 세계(十八界 : aṭṭhadasa dhātuyo)
영광으로 충만한 신들의 하느님 세계(遍淨天 : Subhakiṇṇā devā)
영원주의(常見 : sassatadiṭṭhi)
예리한 지혜(利慧 : tikkhapañña)
예지적인 배움(增上慧學 : adhipaññasikkhā)
오염된 번뇌에 대한 집착(煩惱取 : kiles'upadhi)
올바로 원만히 깨달은 님(正等覺者 : Sammāsambudha)
올바른 가르침(正法 : saddhamma)
올바른 견해(正見 : sammādiṭṭhi)
올바른 길(正道 : sammāpaṭipadā)
올바른 길로 잘 가신 님(善逝 : Sugata)
올바른 사유(正思惟 : sammasaṅkappa)
올바른 새김(正念 : sammāsati)
올바른 생활(正命 : sammāājīva)
올바른 언어(正言 : sammāvācā)
올바른 정진(正精進 : sammāvāyāma)
올바른 집중(正定 : sammāsamādhi)
올바른 행위(正業 : sammākammanta)
와서보라고 할 만한(ehipassika)
완전한 이해(遍知 : pariññā)
요정(accharā)
위대한 경지로 얻은 신들의 하느님 세계(廣果天 : Vehappha lā devā)
위대한 신들의 하느님 세계(大梵天 : Mahābrahmā devā)
위대한 영웅(大雄 : mahāvira)
위없이 높은 님(無上師 : Anuttaro)
유령(pisācā)
유분, 생명지속의 상태(有分 : bhavaṅga)
윤리적 배움(增上戒學 : adhisīlasikkhā)
윤회(輪廻 : saṁsāra)
윤회의 바다를 건넘에 관한 완전한 이해(度遍知 : tīraṇapari ññā)
율장(律藏 : vinayapiṭaka)
의도의 자양(意思食 : manosañcetanā āhāro)
의식(識 : viññāṇa)
의식의 다발(識蘊 : viññāṇakkhandha)
의식의 자양(識食 : viññāṇa āhāro)
의심, 모든 일에 대한 의심(疑 : vicikicchā)
의지(欲 : chanda)
이간질하는 말을 하지 않음(不兩舌 : pisuṇāya vācāya vera maṇī)
이렇게 오신 님, 여래(如來 : Tathāgata)
이씨빠따나 승원(仙人墮處 : Isipatanārāma)
이치에 맞게 정신활동을 기울임(如理作意 : yoniso masikāra)
인간의 네 가지 자태(威儀路 : iriyāpathā)
인연법을 깨달은 자, 홀로 깨달은 자(辟支佛, 獨覺, 緣覺 : pa

ccekabuddha)
일시적인 마음에 의한 해탈(samadhikā cetovimutti)
일체지자(一切知者 : sabbaññu)
자기정당화(掉擧 : uddhacca)
자따까(本生譚 : Jātaka)
자만하는 마음(慢 : māna)
자신이 만든 존재를 지배하는 신들의 하늘 나라(他化自在天 : paranimmitavasavattino devā)
자유(自由 : pamokkha)
자이나교도(尼乾陀徒 : nigaṇṭhā)
작게 빛나는 신들의 하느님 세계(小光天 : Parittābhānā devā)
작은 영광의 신들의 하느님 세계(小淨天 : Parittasubhānā devā)
잘못된 견해(邪見 : diṭṭhi)
장미사과나무(閻浮樹 : jambu)
장애(對 : paṭigha)
재가신자, 청신사(淸信士, 居士, 優婆塞 : Upāsaka)
재가의 여신자, 청신녀(靑信女, 優婆夷 : Upāsikā)
전생(轉生 : abhinibbatti)
전향, 주의를 기울임(轉向 : āvajjana)
접촉(觸 : phassa, samphassa)
접촉의 자양(細觸食 : phasso āhāro)
정신(意 : mano)
정신의 접촉(意觸 : manosamphassa)
정신의 접촉에서 생겨난 의식의 영역(意觸識處 : manosamphassaviññāṇāyatana)
정신의식(意識 : manoviññāṇa)
정신적 형성(意行 : manosaṃkhāra)
정진(精進 : viriya)
제따바나 숲(祇陀林, 祇樹 : Jetavana)
제석천(帝釋天 : sakka)
조건적 생성(緣起 : paṭiccasamuppāda)
존재(有 : atthi, bhava)
존재에 대한 갈애(有愛 : bhavataṇhā)
존재의 거센 흐름(有流 : bhav'ogha)
존재의 다발들에 대한 집착(蘊取 : khandh'upadhi)
주어지지 않은 것을 빼앗지 않음(不偸盜 : adinnādānā veramaṇī)
주의를 기울임, 전향(轉向 : āvajjana)
죽음의 신, 야마의 세계(死神 : yama)
중도(中道 : majjhimapaṭipadā)
지각(想 : saññā)
지각과 느낌이 소멸하는 선정(想受滅定 : saññāvedayitanirodha)
지각의 다발(想蘊 : saññākkhanda)
지각하는 것도 아니고 지각하지 않는 것도 아닌 세계(非想非非想處 : nevasaññanāsaññāyatana)
지각하는 것도 아니고 지각하지 않는 것도 아닌 신들의 하느님 세계(非想非非想處天 : Nevasaññānāsaññāyatanūpagā devā)
지멸, 소멸(止滅 : nirodha)
지위, 과보, 공덕(果 : phala)
지혜(慧 : paññā)
지혜에 의한 해탈(慧解脫 : paññāvimutti)
지혜와 덕행을 갖춘 님(明行足 : Vijjācaraṇasampanna)
진리의 제왕(法王, Dammarāja)
집중(三昧 : samādhi)
집착(染著 : saṅgā, 取, 取著 : upadhi)
집착(取著 : upādāna)
착하지 못한 법, 불건전한 상태 (不善法 : akusalā dhammā)
참사람(善人, 善男子, 正人, 正士, 善士 : sappurisa)
창조하고 기뻐하는 신의 하늘 나라(化樂天 : nimmānaratī devā)
창피함(愧 : ottappa)
천안통(天眼通 : dibbacakkhu)
천이통(天耳通 : dibbasota)
천자(天子 : devaputtā)
첫 번째 선정(初禪 : paṭhamajjhāna)
청각(耳 : sota)
청각의 접촉(耳觸 : sotasamphassa)
청각의 접촉에서 생겨난 의식영역(耳觸識處 : sotasamphassaviññāṇāyatana)
청각의식(耳識 : sotaviññāṇa)
초월적 능력(神足通 : iddhi)
촉각(身 : kāya)
촉각의 접촉(身觸 : kāyasamphassa)
촉각의 접촉에서 생겨난 의식영역(身觸識處 : kāyasamphassaviññāṇāyatana)
촉각의식(身識 : kāyaviññāṇa)
추악한 말을 하지 않음(不惡口 : pharusāya vācāya veramaṇī)
축복의 신의 하늘 나라(yāmā devā : 夜摩天)
크나큰 지혜(大慧 : mahāpañña)
타락한 곳(無樂處, 墮處 : vinipāta)
타인의 마음을 꿰뚫어보는 능력(他心通 : parassa cetopariyañāṇa)
타화자재천(他化自在天 : paranimmitavasavattino devā)
탄생(誕生 : sañjāti)
탐구(思惟 : vimaṁsā)
탐욕(貪 : rāga)
태생(胎生 : jalābuja)
태어남(生 : jāti)
편정천(遍淨天 : Subhakiṇṇā devā)
하느님 세계에서 하느님을 보좌하는 신들의 하늘나라(梵輔天 : Brahmapurohitā devā)
하느님 세계의 하느님의 권속인 신들의 하늘나라(梵衆天 : brahmakāyikā devā)
하늘 귀(天耳通 : dibbasota)
하늘 눈(天眼通 : dibbacakkhu)
하늘사람(天人, 天神 : devatā)
하늘의 딸(神女 : devadhītaro)
학인(學人 : sekhā)
한 번 돌아오는 경지를 얻은 사람(一來果 : sakadāgāmīphala)
한 번 돌아오는 경지를 향하는 사람(一來向 : sakadāgāmīm

agga)
한량 없는 영광의 신들의 하느님 세계(Appamāṇasubhānā devā : 無量淨天)
한량 없이 빛나는 신들의 하느님 세계(無量光天 : Appamāṇābhānā devā)
해탈(解脫 : vimutti, nimokkha)
행복을 주는 보시(sukhadāyakaṁ)
행복한 곳(善趣 : sugati)
허무주의(斷見 : ucchedadiṭṭhi)
형상에 대한 분석(行覺想 : ākāraparivitakka)
형상에 대한 욕망(色貪 : rūparāga)
형상에 대한 지각(色想 : rūpasañña)
형상의 세계(色界 : rūpaloka)
형성(行 : saṅkhārā)
형성의 다발(行蘊 : saṇkhārakkhandha)
홀연히 생겨남(化生 : opapātika)
화냄(瞋 : dosa)
화락천(化樂天 : nimmānaratī devā)
화생(化生 : opapātika)
후각(鼻 : ghāna)
후각의 접촉(鼻觸 : ghānasamphassa)
후각의 접촉에서 생겨난 의식의 영역(鼻觸識處 : ghānasamphassaviññāṇāyatana)
후각의식(鼻識 : ghānaviññāṇa)
흐름에 든 경지를 얻은 사람(sottāpattiphala : 豫流果)
흐름에 든 경지를 향하는 사람(sottāpattimagga : 豫流向)
abhidhammapiṭaka : 논장(論藏)
abhinibbatti : 전생(轉生)
accharā : 선녀(仙女)
accharā : 요정
adhicittasikkha : 심리적인 배움(增上心學)
adhipaññasikkhā : 예지적인 배움(增上慧學)
adhisīlasikkhā : 윤리적 배움(增上戒學)
adinnādānā veramaṇī : 주어지지 않은 것을 훔치지 않음(不偸盜)
Ajātasattu : 아자따쌋뚜
akusalā dhammā : 착하지 못한 법(不善法)
Akaniṭṭhā devā : 궁극적인 미세한 물질로 이루어진 신들의 하느님 세계(色究竟天)
akālika : 시간을 초월하는
amanussā : 악마, 귀신(非人)
amaraṁ : 불사(不死)
anāgāmīmagga : 돌아오지 않는 경지를 향하는 사람(不還向)
anāgāmīphala : 돌아오지 않는 경지를 얻은 사람(不還果)
Anāthapiṇḍikārāma : 아나타삔디까 승원(給孤獨園)
Anāthapiṇḍīka : 아나타삔디까(給孤獨)
anurakkhaṇāppadhāna : 수호의 노력(守護勤)
anussava : 배움(聞)
Anuttaro : 위없이 높은 님(無上師)
anvaye ñāṇaṁ : 관계에 대한 지식(類智)
aṇḍaja : 난생(卵生)
Appamāṇābhānā devā : 한량 없이 빛나는 신들의 하느님 세계(無量光天)
Appamāṇasubhānā devā : 한량 없는 영광의 신들의 하느님 세계(無量淨天))
Arahant : 거룩한 님, 아라한(阿羅漢)
arahattamagga : 거룩한 경지를 향하는 사람(阿羅漢向)
arahattaphala : 거룩한 경지를 얻은 사람(阿羅漢果)
ariyaaṭṭhaṅgikamagga : 여덟 가지 성스러운 길 (八正道)
arūpaloka : 무형상의 세계(無色界)
arūparāga : 무형상에 대한 욕망(無色貪)
assakāya : 기마부대(馬軍)
Atappā devā : 괴롭힘이 없는 신들의 하느님 세계(無熱天)
atthi, bhava : 존재(有)
aṭṭhadasa dhātuyo : 열 여덟 가지 세계(十八界)
avijj'ogha : 무지의 거센 흐름(無明流)
avijjā : 무명(無明), 진리를 모르는 것
Avihā devā : 성공으로 타락하지 않는 신들의 하느님 세계(無煩天)
ākāraparivitakka : 형상에 대한 분석(行覺想)
ākāsānañcāyatana : 무한공간의 세계(空無邊處)
Ākāsānañcāyatanūpagā devā : 무한공간의 신들의 하느님 세계(空無邊處天)
ākiṃcaññāyatana : 아무 것도 없는 세계(無所有處)
Ākiñcaññāyatanūpagā devā : 아무 것도 없는 신들의 하느님 세계(無所有處天)
āvajjana : 전향(轉向), 주의를 기울임
āsavakkhaya : 번뇌의 부숨. 번뇌의 소멸(漏盡通)
āsavā : 번뇌(煩惱)
Ābhāssarānā devā : 빛이 흐르는 신들의 하느님 세계(極光天)
Bhagavant : 세상에 존귀하신 님, 세존(世尊)
bhav'ogha : 존재의 거센 흐름(有流)
bhavaṅga : 생명지속의 상태(有分)
bhavataṇhā : 존재에 대한 갈애(有愛)
bhāvanāppadhāna : 수행의 노력(修勤)
bhikhhu : 수행승(比丘)
bhūta : 생물, 존재, 귀신(鬼神)
Bodhisatta : 보살(菩薩)
Brahma : 거룩한 님, 범천(梵天), 하느님
brahmakāyikā devā : 하느님 세계의 하느님의 권속인 신들의 하늘(梵衆天)
Brahmapurohitā devā : 하느님 세계에서 하느님을 보좌하는 신들의 하늘(梵輔天)
brāhmaṇa : 바라문(婆羅門), 성직자
Buddha : 부처님, 깨달은 님(佛)
cakkhusamphassaviññāṇāyatana : 시각의 접촉에서 생겨난 의식의 영역(眼觸識處)
cakkhusamphassa : 시각의 접촉(眼觸)
cakkhuviññāṇa : 시각의식(眼識)
cakkhu : 시각(眼)
cattaro satipaṭṭhānā : 네 가지 마음새김의 토대(四念處)
cattāri ariyasaccāni : 네 가지 성스러운 진리(四聖諦)
cattāri purisayugāni aṭṭhapurisapugalā : 네 쌍으로 여덟

이 되는 참 사람(四雙八輩)
cattāro iddhipādā : 네 가지 신통력의 토대(四神足, 四如意足)
cattāro mahābhūtāni : 네 가지 큰 존재(四大)
catutthajjhāna : 네 번째 선정(四禪)
cāttāro āhārā : 네 가지 자양(四食)
cātummahārājikā devā : 네 하늘 나라 대왕의 신들의 하늘(四天王)
cetovimutti : 마음에 의한 해탈, 마음에 의한 해탈(心解脫)
chaindriya : 여섯 가지 감각능력(六根)
chavisaya : 여섯 가지 감각대상(六境)
chaviññāṇa : 여섯 가지 의식(六識)
chanda : 의지(欲)
citta : 마음(心)
cittānupassanā : 마음에 대한 관찰(心隨觀)
dammarāja : 진리의 제왕(法王)
devadhītaro : 하늘의 딸(神女)
devaputtā : 천자(神子)
devatā : 하늘사람(天人, 天神)
dhammaṭṭhitiñāṇaṁ : 사실의 상태에 대한 지식(法住智)
dhamma : 법, 현상, 성품, 사물, 사실, 가르침, 진리(法)
dhamme ñāṇaṁ : 사실에 대한 지식(法智)
dhammānupassanā : 사실에 대한 관찰, 사물에 대한 관찰(法隨觀)
dhyāna : 선정(禪定)
dibbacakkhu : 하늘 눈(天眼通)
dibbasota : 하늘 귀(天耳通)
diṭṭhi : 잘못된 견해(邪見)
diṭṭhinijjhānakhanti : 견해에 대한 이해(見審諦忍)
diṭṭh'ogha : 견해의 거센 흐름(見流)
dosa : 성냄, 화냄(瞋)
duggati : 나쁜 곳, 나쁜 세계(惡處)
dukkhaariyasaccāni : 괴로움에 대한 진리(苦聖諦)
dukkhanirodhaariyasaccāni : 괴로움의 소멸에 대한 진리(滅聖諦)
dukkhanirodhagāminīpaṭipadāariyasaccāni : 괴로움의 소멸에 이르는 진리(道聖諦)
dukkhasamudayaariyasaccāni : 괴로움의 원인에 대한 진리(集聖諦)
dutiyajjhāna : 두 번째 선정(二禪)
ehipassika : 와서보라고 할 만한
ekaggacitta : 한마음, 마음의 통일(心一境性)
gandha : 냄새(香)
ghāna : 후각(鼻)
ghānasamphassaviññāṇāyatana : 후각의 접촉에서 생겨난 의식의 영역(鼻觸識處)
ghānasamphassa : 후각의 접촉(鼻觸)
ghānaviññāṇa : 후각의식(鼻識)
Gijjhakūṭapabhata : 깃자꾸따 산(靈鷲山)
Giñjakāvasatha : 긴자까바쌋타(煉瓦堂, 繁耆迦精舍)
hāsapañña : 명쾌한 지혜(疾慧)
iddhi : 초월적 능력, 신족통(神足通)
iriyāpathā : 인간의 네 가지 자태(威儀路)
Isipatanārāma : 이씨빠따나 승원(仙人墮處)
jalābuja : 태생(胎生)
jambu : 장미사과나무(閻浮樹)
jarāmaraṇa : 늙고 죽음(老死)
javanapañña : 빠른 지혜(速慧)
Jātaka : 자따까(本生譚)
jāti : 태어남(生)
Jetavana : 제따바나 숲(祇陀林, 祇樹)
jihvāsamphassaviññāṇāyatana : 미각의 접촉에서 생겨난 의식의 영역(舌觸識處)
jihvāsamphassa : 미각의 접촉(舌觸)
jihvā : 미각(舌)
jina : 승리자(勝者)
jivhāviññāṇa : 미각의식(舌識)
kabaliṅkāro āhāro oḷāriko sukhumo : 거칠거나 미세한 물질적 자양(麤細摶食)
Kalandakanivāpa : 깔란다까니바빠(栗鼠飼養園)
kalpa : 겁(劫)
kamma : 업, 행위(業)
kāma : 감각적 쾌락(欲)
kāmaloka : 감각적 쾌락의 세계(欲界)
kāmarāga : 감각적 쾌락에 대한 욕망(欲貪)
kāmataṇhā : 감각적 쾌락에 대한 갈애(欲愛)
kāmesu micchācārā veramaṇī : 사랑을 나눔에 잘못을 범하지 않음(不邪婬)
kām'ogha : 감각적 쾌락의 거센 흐름(欲流)
kām'upadhi : 감각적 쾌락에 대한 집착(愛取)
kāya : 촉각(身)
kāyasamphassaviññāṇāyatana : 촉각의 접촉에서 생겨난 의식영역(身觸識處)
kāyasamphassa : 촉각의 접촉(身觸)
kāyasaṃkhāra : 육체적 형성(身行)
kāyaviññāṇa : 촉각의식(身識)
kāyānupassanā : 몸에 대한 관찰(身隨觀)
khandh'upadhi : 존재의 다발들에 대한 집착(蘊取)
kiles'upadhi : 오염된 번뇌에 대한 집착(煩惱取)
Lokavidū : 세상을 아는 님(世間解)
mahāpañña : 크나큰 지혜(大慧)
Mahābrahmā devā : 위대한 신들의 하느님 세계(大梵天)
mahāvira : 위대한 영웅(大雄)
majjhimapaṭipadā : 중도(中道)
mano : 정신(意)
manosañcetanā āhāro : 의도의 자양(意思食)
manosamphassaviññāṇāyatana : 정신의 접촉에서 생겨난 의식의 영역(意觸識處)
manosamphassa : 정신의 접촉(意觸)
manosaṃkhāra : 정신적 형성(意行)
manoviññāṇa : 정신의식(意識)
māna : 자만하는 마음, 교만(慢)
micchāpatipadā : 삿된 길(邪道)
Migadāya : 미가다야(鹿野園)
Migāramatu : 미가라마뚜 강당(鹿子母講堂)

moha : 어리석음(痴)
musāvāda veramaṇī : 거짓말을 하지 않음(不妄語)
natthi : 비존재(無)
nāmarūpa : 명색(名色)
nevasaññanāsaññāyatana : 지각하는 것도 아니고 지각하지 않는 것도 아닌 세계(非想非非想處)
nibbedhikapañña : 꿰뚫어보는 지혜(明達慧)
nibbidā : 싫어하여 떠남(厭離)
nibbāna : 열반(涅槃)
nigaṇṭhā : 자이나교도(尼乾陀徒)
Nigrodhārāma : 니그로다 승원(尼俱律園)
nimmānaratī devā : 창조하고 기뻐하는 신의 하늘 나라(化樂天)
nirodha : 지멸, 소멸(止滅)
Nevasaññānāsaññāyatana : 지각하는 것도 아니고 지각하지 않는 것도 아닌 세계(非想非非想處)
Nevasaññānāsaññāyatanūpagā devā : 지각하는 것도 아니고 지각하지 않는 것도 아닌 신들의 하느님 세계(非想非非想處天)
ñātapariññā : 알려진 것에 대한 완전한 이해(知遍知)
ogha : 거센 흐름(暴流)
okkanti : 강생(降生)
opapātika : 홀연히 생겨남, 화생(化生·者)
orambhāgiyāni saṁyojjanāni : 다섯 가지 낮은 경지의 장애(五下分結)
ottappa : 창피함(愧)
paccekabuddha : 인연법을 깨달은 자, 홀로 깨달은 자(辟支佛, 獨覺, 緣覺)
pahānapariññā : 번뇌의 끊음에 관한 완전한 이해(斷遍知)
pahānappadhāna : 버림의 노력(斷勤)
pañca indriyāni : 다섯 가지 능력(五根)
pañca nīvaraṇāni : 다섯 가지 장애(五障)
pañca upādānakkhandā : 다섯 가지의 집착된 존재의 다발(五取蘊)
pañcakāmaguṇa : 다섯 가지 감각적 쾌락(五欲樂)
pañcakkhandha : 다섯 가지 존재의 다발(五蘊)
pañcasīla : 다섯 가지 계행, 오계(五戒)
paññā : 지혜(慧)
paññakkhandha : 여러 가지의 지혜(慧蘊)
paññāvimutti : 지혜에 의한 해탈(慧解脫)
pamokkha : 자유(自由)
paranimmitavasavattino devā : 자신이 만든 존재를 지배하는 신의 하늘 나라(他化自在天)
parassa cetopariyañāṇa : 타인의 마음을 꿰뚫어보는 능력(他心通)
pariññā : 완전한 이해(遍知)
Parittābhānā devā : 작게 빛나는 신들의 하느님 세계(小光天)
Parittasubhānā devā : 작은 영광의 신들의 하느님 세계(小淨天)
Pasenadi : 빠쎄나디(波斯匿王)
paṭhamajjhāna : 첫 번째 선정(初禪)
paṭiccasamuppāda : 조건적 생성, 연기(緣起)
paṭigha : 마음의 분노, 마음의 저항(有對)
paṭigha : 장애(對)
paṭisandhiviññāṇa : 수태의식(結生識)
pāṇātipātaveramaṇī : 살아 있는 생명을 해치지 않음(不殺生戒)
phala : 지위, 과보, 공덕(果)
pharusāya vācāya veramaṇī : 추악한 말을 하지 않음(不惡口)
phassa, samphassa : 접촉(觸)
phasso āhāro : 접촉의 자양(細觸食)
phoṭṭhabba 감촉(觸)
pisuṇāya vācāya veramaṇī : 이간질을 하지 않음(不兩舌)
pisācā : 유령
pubbenivasānussati : 숙명통(宿命通)
Pubbārāma : 뿝바라마 승원(東園)
puggala : 참 사람, 사람(補特伽羅)
Purisadammasārathī : 사람을 길들이시는 님(調御丈夫)
puthupañña : 넓은 지혜(廣慧)
rasa : 맛(味)
rāga : 탐욕(貪)
Rājagaha : 라자가하 시(王舍城)
ruci : 만족(欲)
rūpa : 물질, 형상(色)
rūpakkhandha : 물질의 다발(色蘊)
rūpaloka : 형상의 세계(色界)
rūparāga : 형상에 대한 욕망(色貪)
rūpasañña : 형상에 대한 지각(色想)
sabbaññu : 일체지자(一切知者)
sadda : 소리(聲)
saddhamma : 올바른 가르침(正法)
saddhā : 믿음(信)
sakadāgāmīmagga : 한 번 돌아오는 경지를 향하는 사람(一來向)
sakadāgāmīphala : 한 번 돌아오는 경지를 얻은 사람(一來果)
sakka : 제석천(帝釋天)
sakkāyadiṭṭhi : 실체가 있다는 견해(有身見)
saḷāyatana : 여섯 가지 감각영역, 여섯 감역(六入)
samadhikā cetovimutti : 일시적인 마음에 의한 해탈
samaṇā : 수행자(沙門)
samādhi : 집중(三昧)
sammasaṅkappa : 올바른 사유(正思惟)
sammāājīva : 올바른 생활(正命)
sammādiṭṭhi : 올바른 견해(正見)
sammākammanta : 올바른 행위(正業)
sammāpaṭipadā : 올바른 길(正道)
sammāsamādhi : 올바른 집중(正定)
Sammāsambudha : 올바로 원만히 깨달은 님(正等覺者)
sammāsati : 올바른 마음새김(正念)
sammāvācā : 올바른 언어(正言)
sammāvāyāma : 올바른 정진(正精進)
sampattidāyakaṁ : 성취를 주는 보시
samphappalāpā veramaṇī : 쓸데없는 말을 하지 않음(不綺語)

samsāra : 윤회(輪廻)
saṁvarappadhāna : 방지의 노력(律儀勤)
saṃsedaja : 습생(濕生)
santi : 고요함, 적정(寂靜)
santikāya : 고요한 몸(寂靜身)
sañjāti : 탄생(誕生)
saññā : 지각(想)
saññākkhanda : 지각의 다발(想蘊)
saññāvedayitanirodha : 지각과 느낌이 소멸하는 선정(想受滅定)
saṅgā : 집착(染著, 取, 取著)
saṅkhārā :형성(行)
saṇkhārakkhandha : 형성의 다발(行蘊)
sappurisa : 참 사람(善人, 善男子, 正人, 正士, 善士)
sassatadiṭṭhi : 영원주의(常見)
sati : 마음새김(念)
satta : 뭇삶, 생명, 존재, 사람(衆生)
satthā : 스승(師)
Satthā devamanussānaṁ : 신들과 인간의 스승이신 님(天人師)
Sākyamuni : 싸끼야 족의 성자, 석가모니(釋迦牟尼)
sāmadhikkhandha : 여러 가지의 삼매(定蘊)
Sāvatthī 싸밧티 시(舍衛城)
sekhā : 학인(學人)
sīlabbatapatāmāsa : 미신적 관습에 대한 집착(戒禁取)
sīlakkhandha : 여러 가지의 계율(戒蘊)
sota : 청각(耳)
sotasamphassaviññāṇāyatana : 청각의 접촉에서 생겨난 의식영역(耳觸識處)
sotasamphassa : 청각의 접촉(耳觸)
sotaviññāṇa : 청각의식(耳識)
sottāpattimagga : 흐름에 든 경지를 향하는 사람(豫流向)
sottāpattiphala : 흐름에 든 경지를 얻은 사람(豫流果)
Subhakiṇṇā devā : 영광으로 충만한 신들의 하느님 세계(遍淨天)
Sugata : 올바른 길로 잘 가신 님, 행복하신 분(善逝)
sugati : 행복한 곳(善趣)
sukhadāyakaṁ : 행복을 주는 보시
Sudassā devā : 선정이 잘 이루어지는 신들의 하느님 세계(善現天)
Sudassī devā : 관찰이 잘 이루어지는 신들의 하느님 세계(善見天)
surāmerayamajjapamādaṭṭhānā veramaṇī : 곡주나 과즙주 등 취하게 하는 것을 마시지 않음(不飮酒)
suttapiṭaka : 경장(經藏)
taṇhā : 갈애(渴愛)
Tapodārāma : 따뽀다 온천 승원
Tathāgata : 이렇게 오신 님, 여래(如來)
tatiyajjhāna : 세 번째 선정(三禪)
tayo sikkhā : 세 가지 배움(三學)
tāvatiṁsā : 서른 셋 신들의 하늘 나라, 도리천(忉利天), 삼십삼천(三十三天)
tikkhapañña : 예리한 지혜(利慧)
tipiṭaka : 삼장(三藏)
tīraṇapariññā : 윤회의 바다에서 건넘에 관한 완전한 이해(度遍知)
tusitā devā : 만족을 아는 신의 하늘 나라(兜率天)
ubhato bhāgavimuttā : 양자에 의한 해탈(俱分解脫)
ucchedadiṭṭhi : 허무주의(斷見)
uddhaccakukkucca : 자기정당화(掉擧惡作)
uddhambhāgiyāni saṁyojjanāni : 다섯 가지 높은 경지의 장애(五上分結)
upadhi : 집착(取, 取著)
upādāna : 집착(取著)
upāsaka : 재가신자, 청신사(淸信士), 우바새(優婆塞)
upāsikā : 재가의 여신자, 청신녀(靑信女), 우바이(優婆夷)
upāya : 괴로운 곳(苦處)
vacisaṃkhāra : 언어적 형성(口行)
vedanākkhandha : 느낌의 다발(受蘊)
vedanānupassanā : 느낌에 대한 관찰(受隨觀)
vedāna : 느낌(受)
Veḷuvana : 벨루바나(竹林)
vibhavataṇhā : 비존재에 대한 갈애(無有愛)
vicāra : 숙고(伺)
vicikicchā : 의심, 모든 일에 대한 의심(疑)
Vijjācaraṇasampanna : 지혜와 덕행을 갖춘 님(明行足)
vimaṁsā : 탐구(思惟)
vimittikkhandha : 여러 가지의 해탈(解脫蘊)
vimittiññāṇadassanakkhandha : 여러 가지의 '나는 해탈했다.'는 지견(解脫知見)
vimutti, nimokkha : 해탈(解脫)
vinayapiṭaka : 율장(律藏)
vinipāta : 비참한 곳, 타락한 곳(無樂處, 墮處)
viññāṇa āhāro : 의식의 자양(識食)
viññāṇakkhandha : 의식의 다발(識蘊)
viññāṇa : 의식(識)
viññāṇānañcāyatana : 무한의식의 세계(識無邊處)

고유명사와 법수 및 질문 색인

한국빠알리성전협회
Korea Pali Text Society
Founded 1997 by Cheon, Jae Seong

한국빠알리성전협회는 빠알리성전협회의 한국대표인 전재성 박사가 빠알리성전, 즉 불교의 근본경전인 빠알리삼장의 대장경을 우리말로 옮겨 널리 알리기 위한 목적으로, 당시 빠알리성전협회 회장인 리챠드 곰브리지 박사의 승인을 맡아 1997년 설립하였습니다. 그 구체적 사업으로써 빠알리성전을 우리말로 옮기는 한편, 부처님께서 사용하신 빠알리어의 이해를 돕기 위하여, 사전, 문법서를 발간하였으며, 기타 연구서, 잡지, 팸플릿, 등을 출판하고 있습니다. 부처님의 가르침을 빠알리어에서 직접 우리말로 옮겨 보급함으로써 부처님의 가르침이 누구에게나 쉽게 다가가고, 명료하게 이해되도록 더욱 노력할 것입니다. 한국빠알리성전협회는 부처님의 가르침이 널리 퍼짐으로써, 이 세상이 지혜와 자비가 가득한 사회로 나아가게 되기를 바랍니다.

한국빠알리성전협회 120-090 서울 서대문구 모래내로 430 성원A. 102-102
TEL : 02-2631-1381, 070-7767-8437 FAX : 02-2219-3748
이메일 kpts@naver.com

빠알리성전협회
Pali Text Society

세계빠알리성전협회는 1881년 리스 데이비드 박사가 '빠알리성전의 연구를 촉진시키고 발전시키기 위해' 영국의 옥스퍼드에 만든 협회로 한 세기가 넘도록 동남아 각국에 보관되어 있는 빠알리 성전을 로마자로 표기하고, 교열 출판한 뒤에 영어로 옮기고 있습니다. 또한 사전, 색인, 문법서, 연구서, 잡지 등의 보조서적을 출판하여 부처님 말씀의 세계적인 전파에 불멸의 공헌을 하고 있습니다.

President : Dr. R. M. L. Gethinn, Pali Text Society
73 Lime Walk Headington Oxford Ox3 7AD, England

빠알리성전간행

이 세상에 꽃비가 되어 흩날리는 모든 공덕의 근원은 역사적인 부처님께서 몸소 실천하신 자비의 한걸음 한걸음 속에 있습니다. 한국빠알리성전협회는 부처님의 가르침을 생생한 원음으로 만나고자 원하는 분들을 위하여 부처님말씀을 살아 있는 오늘의 우리말로 번역 보급하고 있습니다. 불교를 알고자 하는 분이나 좀 더 깊은 수행을 원하는 분에게 우리말 빠알리대장경은 세상에 대한 앎과 봄의 지혜를 열어줄 것입니다. 한국빠알리성전협회에 내시는 후원금이나 회비 그리고 책판매수익금은 모두 빠알리성전의 우리말 번역과 출판, 보급을 위해 쓰입니다. 작은 물방울이 모여서 바다를 이루듯, 작은 정성이 모여 역경불사가 원만히 성취되도록 많은 격려와 성원을 부탁드립니다.

신한은행 110-005-106360 국민은행 752-21-0363-543
우리은행 110-319399-02-101 농 협 023-02-417420

예금주 : 전재성

명예 발간인을 초빙합니다.

빠알리성전협회에서는 경전은 기본적으로 천권 단위로 출간을 합니다. 새로 번역되는 경전의 출간뿐만 아니라 이미 역출하여 발간된 경전도 지속적으로 재간하여 가르침의 혈통이 법계에 끊이지 않고 전파되도록 개인이나 가족단위로 기부가 이루어지고 있습니다. 본 협회에서는 한 번에 천권 단위의 경전을 출간할 때 필요한 최소한의 출판비를 전액 기부하시는 분에게는 그 경전의 명예 발간인으로 초대되어 발간사를 헌정하는 전통을 갖고 있습니다. 이미 출간된 많은 경전이 오 년 내지 칠 년이 지나 재출간을 기다리고 있습니다. 명예발간인은 역경된 빠알리성전의 출간뿐만 아니라 그러한 재출간이나 개정본 출간에도 발간사를 헌정할 수 있습니다. 또한 원한다면, 명예발간인은 본협회 발행의 경전들 가운데 어떤 특정한 경전을 지정하여 출간비를 보시할 수도 있습니다. 단, 그럴 경우 경전에 따라서 재출간되기까지 상당한 시일이 소요될 수 있습니다.

빠알리대장경의 구성※

빠알리삼장				주석서
Vinaya Piṭaka(律藏)※※				Aṭṭhakathā(義釋)
1	3	Bhikkhuvibhaṅga(比丘分別)	Suttavibhaṅga 경설부 (經分別)	Samantapāsādikā(善見律毘婆沙疏)
2	4	Bhikkhunīvibhaṅga(比丘尼分別)		Samantapāsādikā(善見律毘婆沙疏)
3	1	Mahāvagga(大品)	Khandhaka 다발부 (犍度部)	Samantapāsādikā(善見律毘婆沙疏)
4	2	Cullavagga(小品)		Samantapāsādikā(善見律毘婆沙疏)
5		Parivāra(附隨)		Samantapāsādikā(善見律毘婆沙疏)
6		Pātimokkha(波羅提木叉)		Kaṅkhāvitaraṇī(解疑疏)
Sutta Piṭaka(經藏)				Aṭṭhakathā(義釋)
1		Dīghanikāya(長部)		Sumaṅgalavilāsinī(妙吉祥讚)
2		Majjhimanikāya(中部)		Papañcasūdanī(滅戲論疏)
3		Saṁyuttanikāya(相應部)		Sāratthappakāsinī(要義解疏)
4		Aṅguttaranikāya(增支部)		Manorathapūraṇī(如意成就)
5		Khuddakanikāya(小部)		Aṭṭhakathā(義釋)
	1	Khuddakapāṭha(小誦經)		Paramatthajotikā(I)(勝義明疏)
	2	Dhammapada(法句經)		Dhamapadaṭṭhakathā(法句義釋)
	3	Udāna(自說經)		Paramatthadīpanī(I)(勝義燈疏)
	4	Itivuttaka(如是語經)		Paramatthadīpanī(II)(勝義燈疏)
	5	Suttanipāta(經集)		Paramatthajotikā(II)(勝義明疏)
	6	Vimānavatthu(天宮事)		Paramatthadīpanī(III)(勝義燈疏)
	7	Petavatthu(餓鬼事)		Paramatthadīpanī(IV)(勝義燈疏)
	8	Theragāthā(長老偈)		Paramatthadīpanī(V)(勝義燈疏)
	9	Therīgāthā(長老尼偈)		Paramatthadīpanī(VI)(勝義燈疏)
	10	Jātaka(本生經)		Jātakaṭṭhavaṇṇanā(本生經讚)
	11	Niddesa(義釋)		Saddhammapajjotikā(妙法明釋)
	12	Paṭisambhidāmagga(無碍解道)		Saddhammappakāsinī(妙法解疏)
	13	Apadāna(譬喩經)		Visuddhajanavilāsinī(淨人贊疏)
	14	Buddhavaṁsa(佛種姓經)		Madhuratthavilāsinī(如蜜義讚)
	15	Cariyāpiṭaka(所行藏)		Paramatthadīpanī(VII)(勝義燈疏)
Abhidhamma Piṭaka(論藏)				Aṭṭhakathā(義釋)
1		Dhammasaṅgaṇi(法集論)		Aṭṭhasālinī(勝義論疏)
2		Vibhaṅga(分別論)		Sammohavinodani(除迷妄疏)
3		Dhātukathā(界論)		Pañcappakaraṇatthakathā(五論義疏)
4		Puggalapaññatti(人施設論)		Pañcappakaraṇatthakathā(五論義疏)
5		Kathavatthu(論事)		Pañcappakaraṇatthakathā(五論義疏)
6		Yamaka(雙論)		Pañcappakaraṇatthakathā(五論義疏)
7	1	Tikapaṭṭhāna = Paṭṭh. I	발취론 (發趣論)	Pañcappakaraṇatthakathā(五論義疏)
	2	Dukapaṭṭhāna = Paṭṭh. II		Pañcappakaraṇatthakathā(五論義疏)

※ 빠알리대장경에는 위의 삼장이외에 삼장외 문헌으로 『청정도론』, 『밀린다팡하(미얀마에서는 소부)』와 같은 중요한 문헌들이 포함된다.

※※율장의 순서는 왼쪽번호가 빠알리대장경의 순서이고 오른쪽번호가 올덴베르크가 편집한 빠알리성전협회의 출간순서이다.

KĀLI GA
MOR
Kapilavatthu I
SAKIYA
Lumbinī
Sāvatthi
Kapilavatthu II
KOLIYA
ACIRAVATĪ
Sāketa
(Ayojjhā)
Kusināra
Lucknow
Gorakhpur
KOSALA
GHĀGARA
KĀLĀMA
VAMSĀ
GANGES
GOMATI
KĀSI
GANGES
YAMUNĀ
Prayāga
(Allāhabād)
Sārnāth
Kosambī
Benares
M
AVANTI
부처님 당시의 도시들
부처님 이후의 도시들
네팔 국경선
부처님 당시의 강줄기
무역로